메가스터디
고등과학 기본서

투플러스 2+

실전에 강하다! 내신과 수능을 한번에!

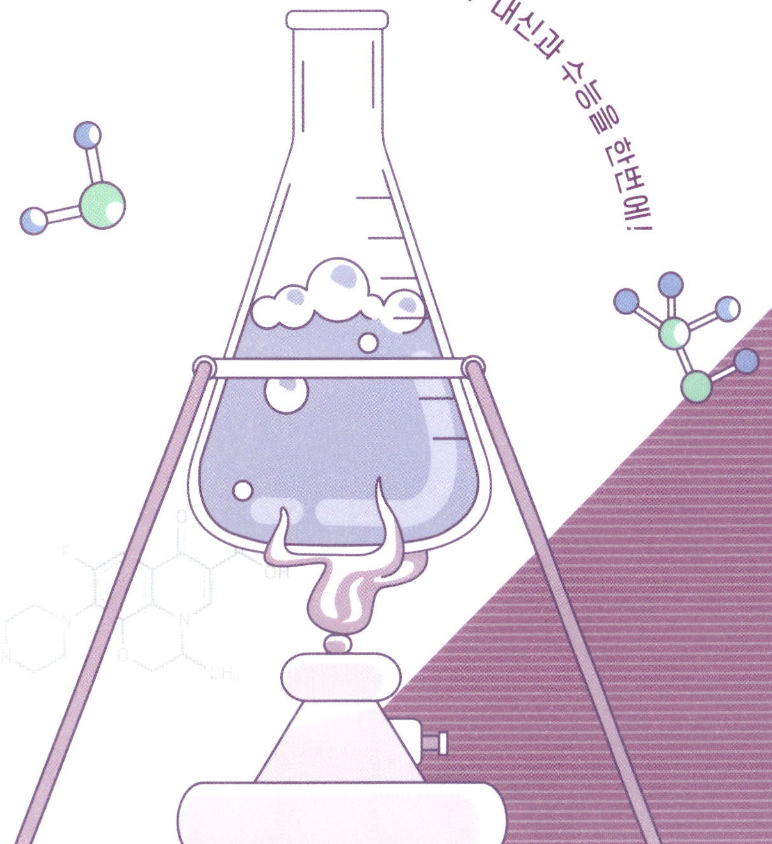

화학 Ⅰ

내신 대비 + 수능 대비

9종 교과서 개념 정리 | 학교 시험 빈출 자료 | 최신 수능 빈출 자료

진짜 공부 챌린지 내/가/스/터/디

메가스터디BOOKS

저자

서오일 선생님 이화여자고등학교
노동규 선생님 인창고등학교
권기섭 선생님 중산고등학교

화학 Ⅰ

발행일	2021년 12월 31일
펴낸곳	메가스터디(주)
펴낸이	손은진
개발 책임	배경윤
개발	이지애, 김윤희, 김수현, 이희진
디자인	이정숙, 주희연
제작	이성재, 장병미
주소	서울시 서초구 효령로 304(서초동) 국제전자센터 24층
대표전화	1661.5431 (내용 문의 02-6984-6915 / 구입 문의 02-6984-6868,9)
홈페이지	http://www.megastudybooks.com
출판사 신고 번호	제 2015-000159호

메가스터디BOOKS

'메가스터디북스'는 메가스터디㈜의 출판 전문 브랜드입니다.
유아/초등 학습서, 중고등 수능/내신 참고서는 물론, 지식, 교양, 인문 분야에서 다양한 도서를 출간하고 있습니다.

메가스터디
고등과학 기본서

투플2+ 러스

실전에 강하다! 내신과 수능을 한또에!

화학 I

내신 대비

9종 교과서
개념 정리

학교 시험
빈출 자료

학교 시험
대비 문제

2+

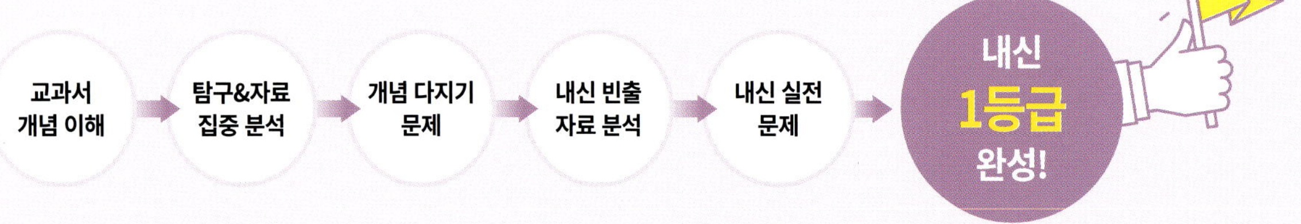

투플러스
2+
화학 Ⅰ
내신 대비

구성과 특징

개념

체계적인 학습 단계를 통해 9종 교과서 **"개념 잡고 분석력 기르기"**

1 교과서 완벽 분석

주제별 내용 정리

9종 교과서의 중요 내용을 빠짐없이 정리했습니다.

개념

주제별 핵심 개념을 한 문장으로 제시했습니다.

자료&탐구 분석

주요 그림이나 탐구 자료는 자세히 분석했습니다.

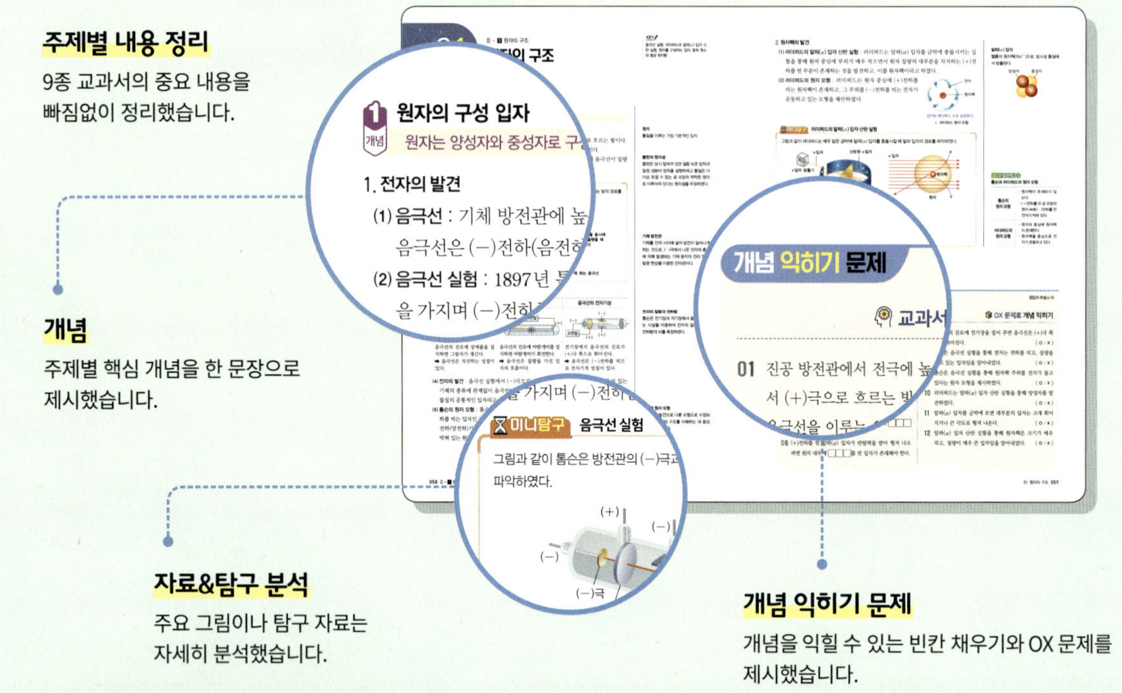

개념 익히기 문제

개념을 익힐 수 있는 빈칸 채우기와 OX 문제를 제시했습니다.

2 교과서 개념 더하기

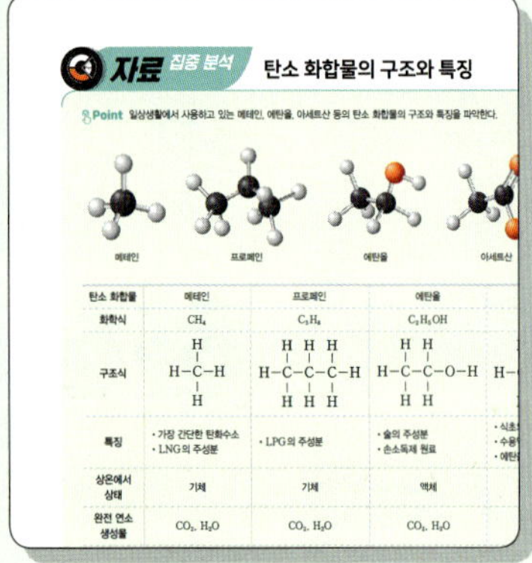

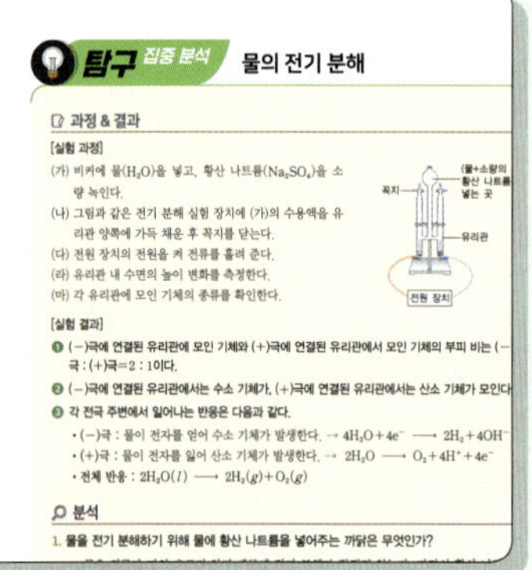

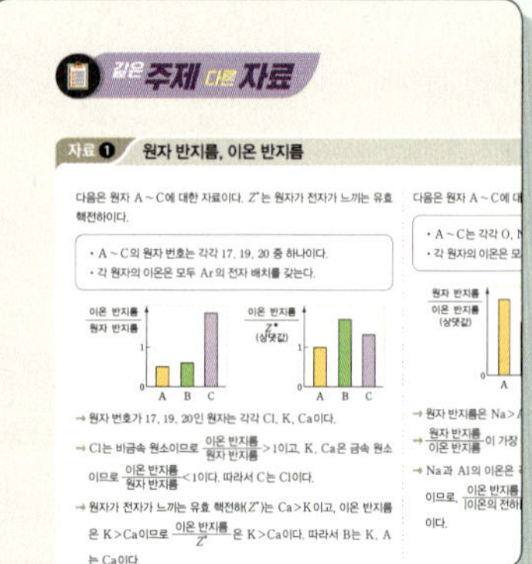

자료 집중 분석

중요 자료를 단계적으로 분석하고, 예제 를 제시하여 완벽하게 이해할 수 있습니다.

탐구 집중 분석

중요 탐구를 <과정&결과> – <분석>의 단계로 자세하게 설명하고, 예제 를 제시하여 완벽하게 이해할 수 있습니다.

같은 주제 다른 자료

같은 주제에 대해 다양한 다른 자료를 제시하고 분석하여 완벽하게 이해할 수 있습니다.

3 문제로 개념 완벽 이해

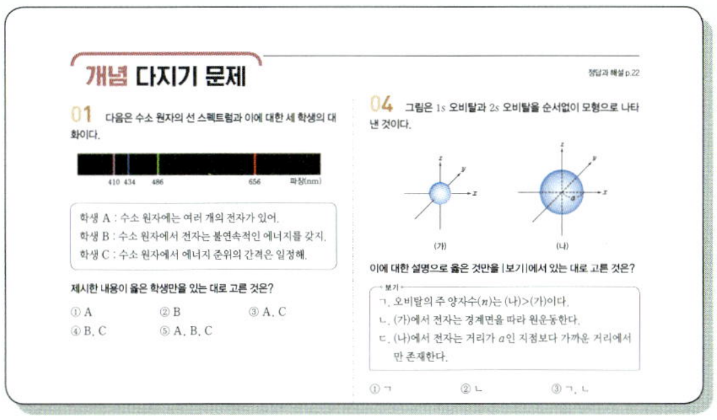

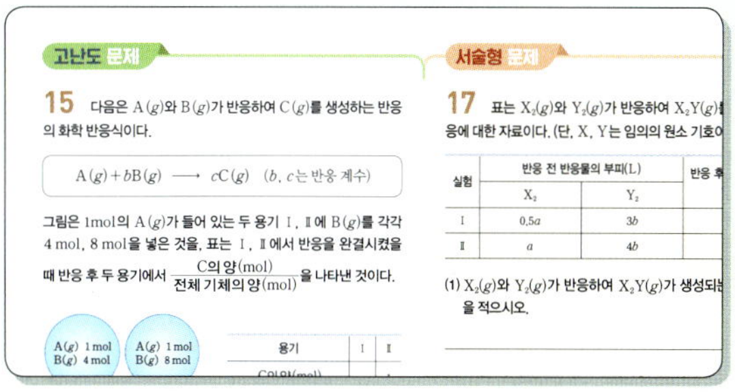

개념 다지기 문제

배운 개념을 문제로 확인하여 실력을 다질 수 있습니다. 학교 시험에 꼭 나올만한 중요한 문제는 대표 유형문제 로 표시했습니다.

고난도 문제

난이도 중상의 문제로 실력을 향상시킬 수 있습니다.

서술형 문제

학교 시험에 출제되는 서술형 문제 풀이를 통해 개념을 스스로 정리할 수 있습니다.

실전 내신

학교 기출 문제 분석을 통한 "내신 1등급 완성하기"

4 최신 학교 기출 문제 분석

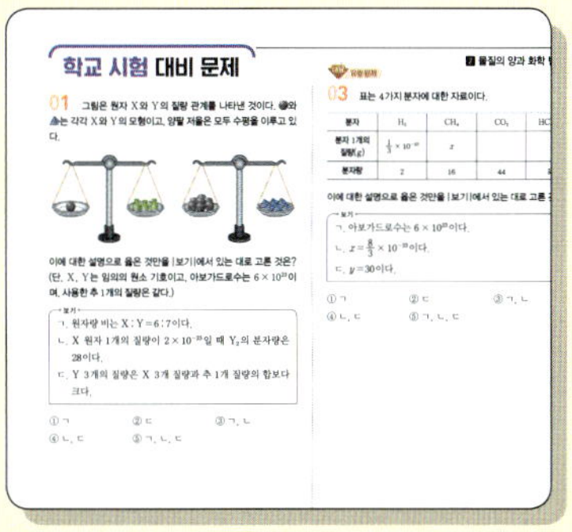

학교 시험 빈출 자료 마스터

전국의 학교 기출 문제 분석을 통해 중단원별 빈출 자료와 OX문제를 제시하여 빈출 개념을 정리할 수 있습니다.

학교 시험 대비 문제

중단원별 학교 시험 빈출 유형 문제를 빠짐없이 수록했으며, 고난도 문제와 서술형 문제를 통해 내신 1등급을 완벽하게 대비할 수 있습니다.

5 내신 1등급 완성

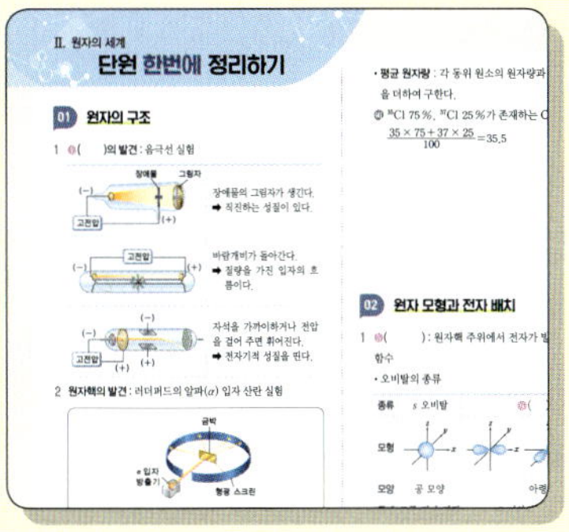

단원 한번에 정리하기

대단원별로 핵심 개념을 스스로 정리할 수 있도록 빈칸 채우기 문제를 수록했습니다.

1등급 실전 문제

실제 학교 시험에 대비할 수 있도록 학교 시험 형태로 서술형 문제를 포함하여 25문항을 수록했습니다.

차례

Contents

Ⅲ 화학 결합과 분자의 세계

Ⅳ 역동적인 화학 반응

투플러스 vs 9종 교과서 함께 보기

I 화학의 첫걸음

중단원		소단원		투플러스	교학사	금성	동아	미래엔	비상	상상	지학사	천재	YBM
1 화학과 인류		01	화학과 우리 생활	010~017	13~23	13~25	11~23	14~27	11~22	15~27	13~23	11~18	13~19 23~30
2 물질의 양과 화학 반응식		02	화학식량과 몰	024~031	27~35	29~33	29~35	28~35	27~33	31~37	27~33	23~29	35~40
		03	화학 반응식과 용액의 농도	032~041	39~45	34~43	36~45	36~47	34~42	41~51	34~42	30~43	41~43 47~56

II 원자의 세계

중단원		소단원		투플러스	교학사	금성	동아	미래엔	비상	상상	지학사	천재	YBM
1 원자의 구조		01	원자의 구조	058~065	57~61	55~61	57~63	58~67	55~59	63~66	57~61	55~64	67~73
		02	원자 모형과 전자 배치	066~073	65~77	62~73	66~74	68~79	60~68	71~79	62~70	65~77	77~87
2 원소의 주기적 성질		03	주기율표	082~089	81~85	77~82	81~87	82~87	75~79	83~87	77~82	81~86	91~97
		04	원소의 주기적 성질	090~099	86~91	83~87	89~97	88~95	80~85	91~98	84~92	87~94	101~109

I 화학의 첫걸음

1 화학과 인류

01 화학과 우리 생활

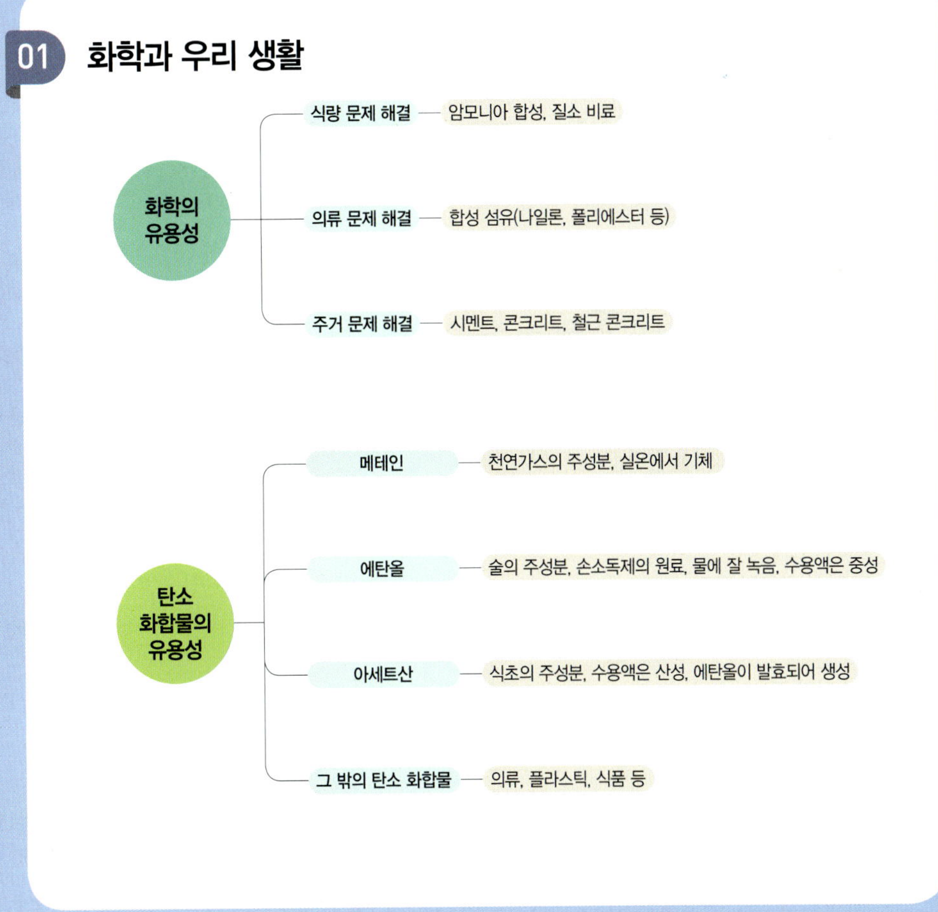

01 화학과 우리 생활

1 개념 화학과 식량 문제 해결

암모니아를 원료로 하는 질소 비료는 식량 부족 문제를 해결하는 데 기여하였다.

1. **식량 문제** : 산업 혁명 이후 급격한 인구 증가로 식물의 퇴비나 동물의 분뇨와 같은 천연 비료에 의존하던 농업이 한계에 이르러 농업 생산량이 부족하게 되었다.

2. **식량 문제 해결** : 급격한 인구 증가에 따른 식량 부족의 위기를 질소를 포함한 화학 비료의 개발로 해결하였다.

   (1) **암모니아의 합성** : 하버는 암모니아(NH_3)를 합성하기 위한 최적의 온도, 압력, 촉매 조건을 연구하여 공기 중의 질소(N_2)와 수소(H_2)를 반응시켜 암모니아를 대량으로 생산하는 방법을 개발하였다.

   • 암모니아의 합성 화학 반응식 : $N_2 + 3H_2 \longrightarrow 2NH_3$

   (2) **질소 비료** : 암모니아를 이용하여 질소 비료를 대량 생산함으로써 농산물의 생산량이 늘어나 식량 문제 해결에 크게 기여하였다.

   (3) **다양한 농업용 화학 약품 개발** : 살충제, 제초제, 복합 비료 등이 개발되어 농산물의 생산량이 크게 증대하였다.

생명체와 질소
식물의 생장에는 질소(N)가 꼭 필요하지만 대부분의 생명체는 공기 중의 질소(N_2)를 직접 이용하지 못하므로 질소 비료의 공급이 필요하다.

비닐하우스의 이용
계절과 날씨에 크게 영향을 받지 않고 식량을 생산할 수 있다.

2 개념 화학과 의류 문제 해결

합성 섬유의 개발로 값이 싸고 대량 생산이 쉬운 의복을 이용할 수 있게 되었다.

1. **의류 문제** : 면, 마, 비단, 모 등의 천연 섬유는 구김이 잘 가고, 수명이 오래 가지 않으며 합성 섬유보다 비싸고 대량 생산이 어렵다.

2. **합성 섬유 개발과 의류 문제 해결** ── 만드는 원료에 따라 다양한 특징을 갖는 섬유를 만들 수 있다.

   (1) **합성 섬유의 개발** : 석유나 천연가스 등을 원료로 나일론, 폴리에스터 등과 같이 질기고 값이 싸며, 대량 생산이 쉬운 합성 섬유를 개발하였다.

   • **나일론** : 1937년 캐러더스가 개발한 최초의 합성 섬유이다. 값이 싸고 질기며 신축성이 좋은 특징이 있다. 스타킹, 운동복 등 의류뿐만 아니라 낙하산, 밧줄, 그물, 칫솔 등 산업용으로도 이용된다.

   • **폴리에스터** : 내구성이 좋고 신축성이 있으며 구김이 적고 빨리 마르는 특징이 있어 다양한 의류용 섬유로 이용된다.

   • **폴리아크릴로나이트릴** : 모와 유사한 보온성을 지니며, 니트, 양말, 안전복 등에 이용된다.

   (2) **천연 섬유와 합성 섬유의 특징**

기능성 섬유
합성 섬유에 다양한 기능을 더해 개발한 섬유
• 고어텍스 : 물이 스며들지 않고 수증기가 통과하는 기능이 있어 등산복, 운동복에 사용된다.
• 스마트 의류 : 정보 기술과 섬유 기술을 융합한 첨단 의류로 추위나 더위 같은 환경이나 인체의 자극을 감지하여 몸을 보호한다.
• 케블라 : 강철보다 5배나 강하고, 가벼운 합성 섬유로 방탄복, 헬멧, 비행기 타이어 등에 이용된다.

구분	천연 섬유	합성 섬유
종류	면, 마, 비단 등	나일론, 폴리에스터 등
특징	• 흡습성, 촉감이 좋다. • 질기지 않아 쉽게 닳는다. • 원료가 제한적이고 대량 생산하기 어렵다.	• 질기고 쉽게 닳지 않는다. • 대량 생산이 가능하다. • 천연 섬유에 비해 가격이 비교적 저렴하다.

   (3) **합성 섬유 개발의 의의** : 화학의 발달과 함께 개발된 여러 가지 합성 섬유로 값싸고 다양한 기능이 있는 의복을 제작하고 이용할 수 있게 되었다.

합성 염료
화석 연료를 원료로 개발하여 천연 염료에 비해 구하기 쉽고, 값이 싸며 다양한 색깔을 나타내므로 원하는 색깔의 섬유와 옷을 만들 수 있다.

개념 화학의 발달로 철, 시멘트, 콘크리트 등의 새로운 건축 재료를 개발하여 대규모 건설이 가능해졌다.

1. 주거 문제 : 산업 혁명 이후 급격한 인구 증가로 인해 대규모 주거 공간과 주거 환경 변화가 필요해졌다. 나무, 흙, 돌 등의 자연에서 얻은 재료만을 이용한 건축은 대규모 건축이 어렵다.

2. 주거 문제 해결

(1) 시멘트, 콘크리트, 철근, 단열재, 페인트와 같은 화학을 이용한 건축 재료의 발달로 대규모 건설이 가능해졌고, 편안한 주거 환경이 만들어져 주거 문제를 해결할 수 있었다.

(2) 건축 재료와 특징

건축 재료	특징
철	• 단단하고 내구성이 뛰어나 골조나 배관 등에 이용 • 철의 제련 : 철광석(Fe_2O_3)을 코크스(C)와 함께 용광로에서 높은 온도로 가열하여 얻을 수 있음
시멘트	석회석($CaCO_3$)을 가열하여 얻은 생석회(CaO)를 점토와 섞은 건축 재료로 건축이나 토목 재료의 접착제로 사용
콘크리트	시멘트에 물, 모래, 자갈 등을 혼합한 건축 재료로 물과 반응하면 돌처럼 굳어짐
철근 콘크리트	콘크리트의 단점을 보완하여 콘크리트 속에 철근을 넣어 강도를 높인 건축 재료
유리	모래에 포함된 이산화 규소(SiO_2)를 원료로 만들며, 단단하고 투명하여 건축물의 외벽과 창 등에 사용
스타이로폼	단열재로 사용하며 열을 차단하는 데 사용
페인트	건물 벽을 보호하고 아름답게 꾸미는 데 사용
알루미늄	가볍고 단단하여 창틀, 건물 외벽에 사용

주거 문제와 화석 연료의 이용
석탄, 석유, 천연가스 등의 화석 연료를 난방과 취사에 이용하면서 주거 환경이 개선되었고, 화석 연료를 원료로 만든 다양한 플라스틱 소재를 사용하면서 삶의 질이 향상되었다.

강의 포인트 ◎
화학과 건강 문제의 해결
화학의 발전으로 합성 의약품이 개발되어 질병의 예방과 치료가 쉬워졌다.
• 아스피린 : 최초의 합성 의약품, 진통, 해열제
• 페니실린 : 최초의 항생제

개념 익히기 문제

정답과 해설 p.02

🧠 교과서 문장으로 개념 익히기

01 하버는 공기 중의 ☐☐와 수소를 반응시켜 암모니아를 합성하는 방법을 개발하였다.

02 질소 비료의 원료인 ☐☐☐☐☐의 합성 방법 개발은 식량 문제 해결에 기여하였다.

03 나일론과 같은 ☐☐☐☐는 면, 마와 같은 ☐☐☐☐보다 질기고 대량 생산이 더 쉽다.

04 캐러더스가 개발한 최초의 합성 섬유인 ☐☐☐은 스타킹, 밧줄, 그물 등에 이용된다.

05 ☐☐☐는 석회석($CaCO_3$)을 가열하여 생석회로 만든 후 점토를 혼합한 건축 재료이다.

06 ☐☐는 모래 속에 포함된 이산화 규소(SiO_2)를 원료로 만들며, 건물의 외벽과 창 등에 이용된다.

📦 OX 문제로 개념 익히기

07 대부분의 생명체는 공기 중의 질소(N_2)를 직접 이용한다. (O / X)

08 암모니아의 대량 합성 방법의 개발은 인류의 식량 부족 문제를 해결하는 데 기여하였다. (O / X)

09 나일론은 면보다 흡습성이 뛰어나다. (O / X)

10 천연 섬유는 합성 섬유에 비해 질기고 세탁이 간편하다. (O / X)

11 콘크리트는 시멘트에 모래, 자갈 등을 섞고 물로 반죽하여 만든 건축 재료이다. (O / X)

12 스타이로폼은 건물 내부의 열이 외부로 빠져나가는 것을 막는 단열재로 이용된다. (O / X)

4 탄소 화합물

개념 탄소(C)를 기본 골격으로 수소(H), 산소(O), 질소(N) 등이 결합하여 만들어진 화합물이다.

1. **탄소 화합물** : 탄소(C) 원자에 수소(H), 산소(O), 질소(N), 황(S), 할로젠(F, Cl, Br, I) 등이 공유 결합하여 만들어진 화합물이다.
   - (1) **탄소 화합물의 다양성** : 탄소 원자는 원자가 전자 수가 4이므로 원자 1개에 최대 4개의 원자와 공유 결합하고 다른 탄소 원자와 연속적으로 결합할 수 있다. 다른 C 원자뿐만 아니라 H, O, N 등의 원자와도 결합하므로 구성 원소의 가짓수는 적으나 무수히 많은 종류의 탄소 화합물이 존재한다.
   - (2) **탄소 화합물의 종류** : 생명체를 구성하는 물질인 단백질, 지방, 탄수화물뿐만 아니라, 생활에 필요한 연료, 플라스틱, 합성 섬유, 의약품 등도 모두 탄소 화합물이다.
2. **탄화수소** : 탄소(C)와 수소(H)로만 이루어진 탄소 화합물이다. _{가솔린, 디젤, LPG 등}
   - (1) 연소할 때 많은 에너지를 방출하므로 연료로 많이 사용되며, 완전 연소하면 이산화 탄소(CO_2)와 물(H_2O)이 생성된다.
   - (2) **탄화수소의 종류**

탄화수소	메테인(CH_4)	프로페인(C_3H_8)	뷰테인(C_4H_{10})
분자 모형			
끓는점(℃)	−162	−42	−0.5
특징	• 가장 간단한 탄화수소 • 액화 천연가스(LNG)의 주성분 • 실온에서 기체 • 물과 섞이지 않음	• 액화 석유가스(LPG)의 주성분 • 실온에서 기체 • 물과 섞이지 않음	• 액화 석유가스(LPG)의 주성분 • 실온에서 기체 • 물과 섞이지 않음

5 탄소 화합물의 종류

개념 메테인, 에탄올, 아세트산은 대표적인 탄소 화합물이다.

1. **메테인(CH_4)** : 탄소 원자를 중심으로 4개의 수소 원자가 결합한 정사면체의 입체 구조인 탄화수소이다.
   - (1) 실온에서 기체이며, 주로 천연가스에서 얻는다.
   - (2) 액화 천연가스(LNG)나 압축 천연가스(CNG) 형태의 연료로 이용된다.

▲ 메테인

   - (3) **액화 천연가스(LNG)** : 천연가스를 그 주성분인 메테인의 끓는점 이하로 냉각하여 액화한 것이다.
2. **에탄올(C_2H_5OH)** : 에테인(C_2H_6)에서 수소(H) 원자 1개 대신 하이드록시기(−OH)가 탄소 원자에 결합한 탄소 화합물이다.
   - (1) 술의 주성분으로 효모를 이용하여 당을 발효시켜 만든다.
   - (2) 살균 및 소독 작용을 하므로 소독용 의약품으로 이용되며, 음료 제조나 자동차 연료로도 사용된다.

▲ 에탄올

   - (3) 물에 잘 녹는 부분과 잘 녹지 않는 부분이 함께 존재하므로 물과 기름에 모두 잘 녹는다.
     - • 하이드록시기(−OH) 부분은 물에 잘 녹는 부분으로 알코올의 특성을 나타낸다.
     - • 나머지 탄화수소 부분은 다른 탄화수소를 용해시킨다.
   - (4) 상온에서 무색의 액체이며, 수용액은 중성이다.

탄소 화합물의 종류와 개수가 많은 까닭
탄소(C)가 최대 4개의 원자와 결합할 수 있기 때문이다.

탄소 화합물의 다양한 구조
결합하는 탄소 원자의 수가 증가함에 따라 사슬 모양, 고리 모양 등의 다양한 모양을 만들 수 있기 때문에 다양한 화합물이 존재한다.

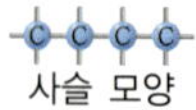

강의 포인트
탄소 화합물의 연소
탄소 화합물에는 탄소(C)와 수소(H)가 포함되어 있으므로 완전 연소시키면 이산화 탄소와 물이 생성된다.

연료의 연소 생성물 확인
- • 이산화 탄소 : 석회수에 넣으면 석회수가 뿌옇게 흐려진다.
- • 물 : 푸른색 염화 코발트 종이는 물을 만나면 붉게 변한다.

메테인의 연소 반응 모형
완전 연소하면 이산화 탄소와 물을 생성한다.

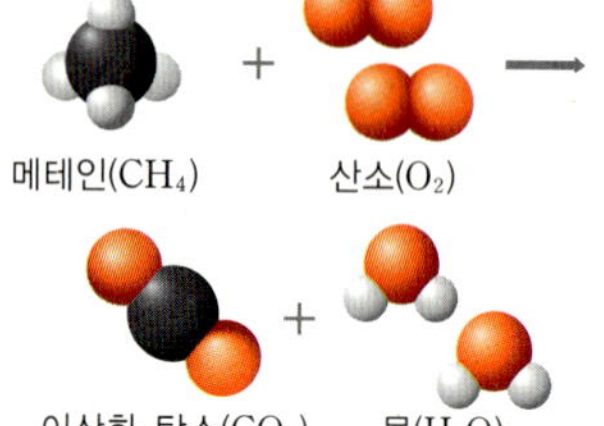

메탄올(CH_3OH)
무색의 휘발성 액체로 독성이 있으며, 물, 에탄올과 잘 섞이고, 경주용 자동차의 연료, 연료 전지, 플라스틱을 합성하는 원료 등으로 사용된다.

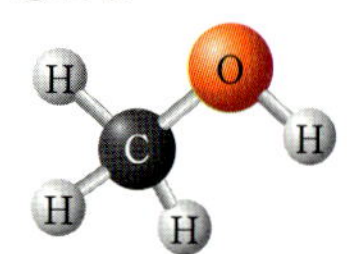

3. **아세트산(CH_3COOH)** : 메테인(CH_4)에서 수소(H) 원자 1개 대신 카복실기($-COOH$)
   가 탄소 원자에 결합한 탄소 화합물이다.
   (1) 자극이 강한 냄새와 신맛이 있고, 물에 녹아 약한 산성
       을 띤다.
   (2) 아스피린과 같은 의약품의 원료로 사용되고, 식초는
       3 ~ 6 % 아세트산 수용액으로 음식을 조리하는 데 이
       용된다.
   (3) 자연 상태에서 에탄올이 발효되어 만들어진다.

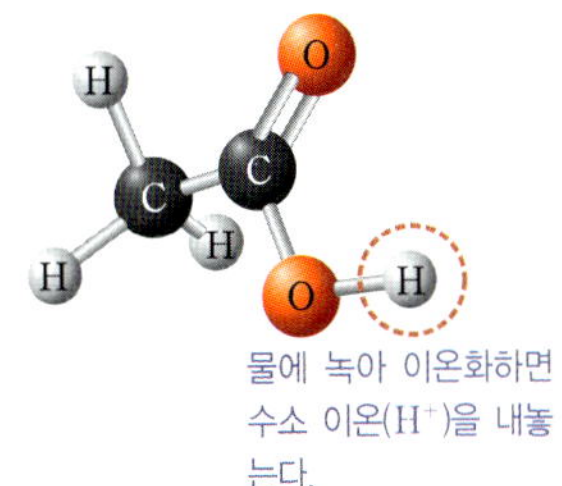

6 그 밖의 탄소 화합물

개념 식품, 의류, 의약품, 화장품, 플라스틱, 합성 고무 등은 모두 탄소 화합물이다.

1. **포도당($C_6H_{12}O_6$)** : 식물의 광합성을 통해 생성되며, 생물체 내의
   세포에서 산소와 반응하여 생물체가 활동하는 데 필요한 에너지
   를 생성한다.
2. **플라스틱** : 원유에서 분리되는 나프타를 원료로 하여 합성하는 탄소
   화합물로 합성 수지라고 한다.
   예 폴리에틸렌, 폴리스타이렌 등
3. **아세틸 살리실산($C_9H_8O_4$)** : 최초의 합성 의약품으로 해열제나 진
   통제로 사용되며, 아스피린이라고 한다.
4. **생활 속의 탄소 화합물**
   (1) **식품** : 탄수화물, 단백질, 지방 등
   (2) **의류** : 면, 마, 모, 나일론, 폴리에스터 등
   (3) **의약품** : 아스피린, 항생제, 항암제 등
   (4) **기타** : 비누, 합성 세제 등

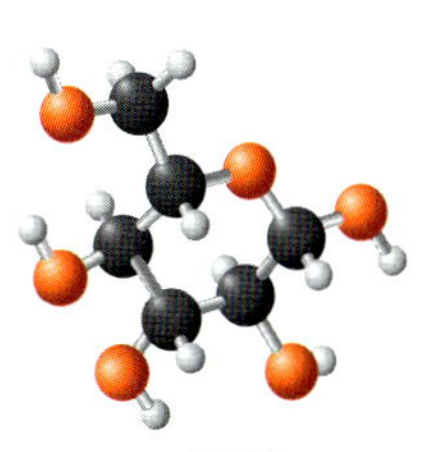

▲ 포도당

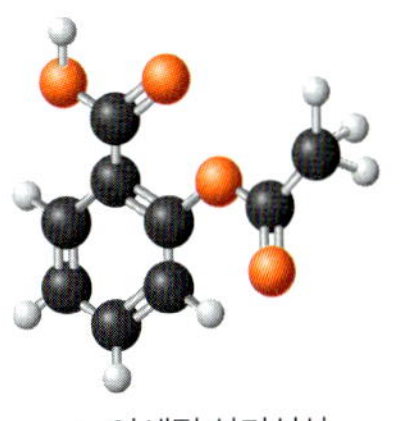

▲ 아세틸 살리실산

개념 익히기 문제

정답과 해설 p.02

📖 교과서 문장으로 개념 익히기

13 탄소 원자 1개는 최대로 다른 원자 ☐개와 결합할 수
   있으므로 탄소 화합물은 다양한 구조의 화합물이 존재
   한다.

14 탄화수소는 탄소와 ☐☐로만 이루어진 탄소 화합물
   이다.

15 탄화수소가 완전 연소하면 ☐☐☐☐☐와 물이 생
   성된다.

16 천연가스의 주성분은 ☐☐☐이다.

17 아세트산 수용액의 액성은 ☐☐이다.

18 ☐☐☐은 술의 주성분인 탄소 화합물이며, ☐☐
   ☐☐☐가 탄소 원자에 결합되어 있어 물에 잘 녹
   는다.

📦 OX 문제로 개념 익히기

19 $\dfrac{\text{H 원자 수}}{\text{C 원자 수}}$는 메테인($CH_4$)이 아세트산($CH_3COOH$)
   의 2배이다. (O / X)

20 에탄올(C_2H_5OH)이 완전 연소하면 물과 이산화 탄소가
   생성된다. (O / X)

21 프로페인(C_3H_8)은 액화 천연가스의 주성분이다.
   (O / X)

22 아세트산(CH_3COOH)이 발효되면 에탄올(C_2H_5OH)
   이 생성된다. (O / X)

23 아스피린, 포도당, 단백질은 모두 탄소 화합물이다.
   (O / X)

24 에탄올(C_2H_5OH) 수용액과 아세트산(CH_3COOH) 수
   용액은 모두 산성이다. (O / X)

탄소 화합물의 구조와 특징

🖑 **Point** 일상생활에서 사용하고 있는 메테인, 에탄올, 아세트산 등의 탄소 화합물의 구조와 특징을 파악한다.

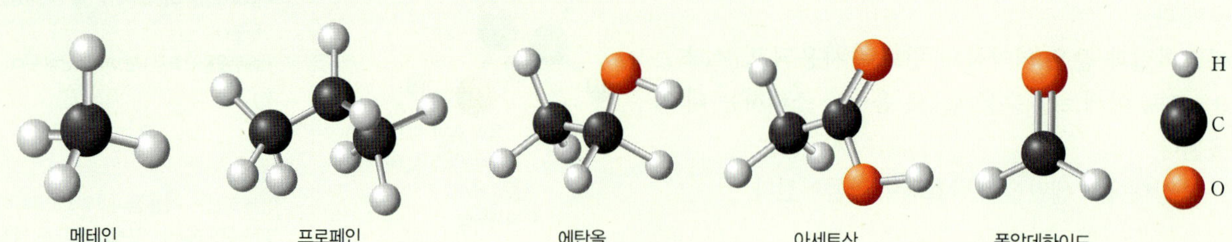

탄소 화합물	메테인	프로페인	에탄올	아세트산	폼알데하이드
화학식	CH_4	C_3H_8	C_2H_5OH	CH_3COOH	CH_2O
구조식	H | H–C–H | H	H H H | | | H–C–C–C–H | | | H H H	H H | | H–C–C–O–H | | H H	H O | || H–C–C–O–H | H	O || H–C–H
특징	• 가장 간단한 탄화수소 • LNG의 주성분	• LPG의 주성분	• 술의 주성분 • 손소독제 원료	• 식초의 주성분 • 수용액은 산성 • 에탄올을 발효시켜 얻음	• 플라스틱이나 가구용 접착제 원료
상온에서 상태	기체	기체	액체	액체	기체
완전 연소 생성물	CO_2, H_2O	CO_2, H_2O	CO_2, H_2O	CO_2, H_2O	CO_2, H_2O
물에 대한 용해성	녹지 않음	녹지 않음	잘 녹음	잘 녹음	잘 녹음

1. 메테인, 프로페인, 에탄올, 아세트산, 폼알데하이드는 탄소(C) 원자에 수소(H), 산소(O)가 결합한 형태이므로 탄소 화합물이다.
2. 메테인, 프로페인, 폼알데하이드는 상온에서 기체 상태이고, 에탄올과 아세트산은 상온에서 액체 상태이다.
3. 에탄올은 하이드록시기($-OH$)가 있어서 물에 잘 녹는다.
4. 아세트산은 카복실기($-COOH$)가 있어서 물에 잘 녹는다.
5. 폼알데하이드는 극성 분자이므로 극성 용매인 물에 잘 녹는다.

예제 ❶

그림은 탄소 화합물 (가)~(다)의 구조식을 나타낸 것이다. (가)~(다)는 각각 메테인, 프로페인, 에탄올 중 하나이다.

H H H
\| \| \|
H–C–C–C–H
\| \| \|
H H H
(가)

H H
\| \|
H–C–C–O–H
\| \|
H H
(나)

H
\|
H–C–H
\|
H
(다)

(가)~(다)에 대한 설명으로 옳은 것은?

① 탄화수소는 1가지이다.
② (가)는 (나)보다 물에 잘 녹는다.
③ (가)는 LNG의 주성분이다.
④ (나)는 손소독제를 만드는 데 사용된다.
⑤ 완전 연소 생성물의 가짓수는 (나)>(다)이다.

예제 ❷ 서술형

정답과 해설 p.02

그림은 탄소 화합물 (가)와 (나)의 분자 모형을 나타낸 것이다.

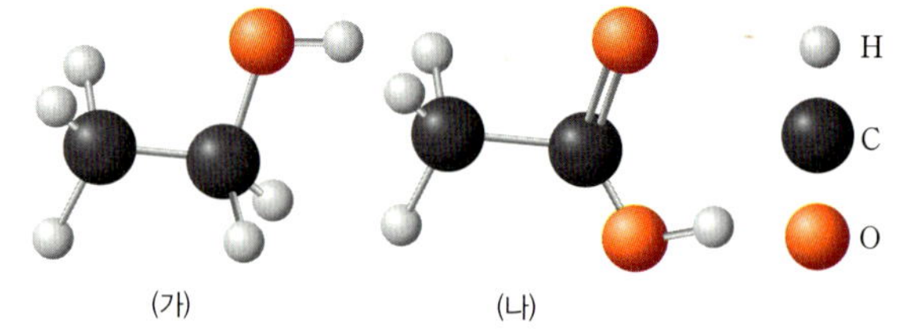

(1) (가)와 (나)의 물에 대한 용해성을 그 까닭과 함께 설명하시오.

(2) (가)와 (나)의 수용액의 액성을 적고, 그 까닭을 설명하시오.

(3) (가)가 사용되는 용도를 2가지 이상 쓰시오.

개념 다지기 문제

01 다음은 물질 X에 대한 자료이다.

- 캐러더스가 개발한 최초의 합성 섬유이다.
- 질기고 신축성이 좋다.

X에 대한 설명으로 옳은 것만을 |보기|에서 있는 대로 고른 것은?

> **보기**
> ㄱ. 대량 생산이 가능하다.
> ㄴ. 탄소 화합물이다.
> ㄷ. X로 만든 옷은 면으로 만든 옷보다 흡습성이 뛰어나다.

① ㄱ　　　　　② ㄷ　　　　　③ ㄱ, ㄴ
④ ㄴ, ㄷ　　　　⑤ ㄱ, ㄴ, ㄷ

대표 유형 문제

02 다음은 화학이 우리 실생활에 영향을 준 2가지 사례이다.

- 하버는 공기 중의 질소를 수소와 반응시켜 (㉠)을/를 대량으로 합성하는 방법을 개발하였다.
- 시멘트에 물, 모래, 자갈 등을 혼합한 건축 재료인 (㉡)을/를 개발하였다.

이에 대한 설명으로 옳은 것만을 |보기|에서 있는 대로 고른 것은?

> **보기**
> ㄱ. ㉠은 질소 비료의 원료로 이용된다.
> ㄴ. ㉡의 개발은 주거 문제 해결에 기여하였다.
> ㄷ. ㉠과 ㉡은 모두 대량 생산이 가능하다.

① ㄱ　　　　　② ㄷ　　　　　③ ㄱ, ㄴ
④ ㄴ, ㄷ　　　　⑤ ㄱ, ㄴ, ㄷ

03 천연 섬유인 면과 합성 섬유인 나일론의 특징을 비교했을 때, 나일론의 특징만을 모두 고르면?

① 성분 원소에 탄소(C)가 포함되어 있다.
② 스타킹, 그물 등에 이용된다.
③ 질기고 신축성이 좋다.
④ 가격이 비싸다.
⑤ 세탁하기 어렵다.

04 다음은 실생활 문제 해결과 관련된 물질이다.

> (가) 나일론　　(나) 시멘트　　(다) 질소 비료

(가)~(다)가 실생활 문제 해결에 기여한 분야를 가장 바르게 연결한 것은?

	(가)	(나)	(다)
①	의류 문제	식량 문제	건강 문제
②	의류 문제	주거 문제	식량 문제
③	식량 문제	주거 문제	건강 문제
④	주거 문제	의류 문제	식량 문제
⑤	주거 문제	식량 문제	의류 문제

05 다음은 물질 X를 합성하는 화학 반응식이다.

$$N_2 + 3H_2 \xrightarrow[\text{고온, 고압}]{\text{철 촉매}} 2X$$

이에 대한 설명으로 옳은 것만을 |보기|에서 있는 대로 고른 것은?

> **보기**
> ㄱ. X는 질소 비료의 원료로 이용된다.
> ㄴ. 대부분의 생명체는 N_2를 직접 이용한다.
> ㄷ. X의 합성 방법 개발은 식량 부족 문제를 해결하는 데 기여하였다.

① ㄱ　　　　　② ㄴ　　　　　③ ㄱ, ㄷ
④ ㄴ, ㄷ　　　　⑤ ㄱ, ㄴ, ㄷ

06 그림은 탄소 화합물의 분자 모형을 나타낸 것이다.

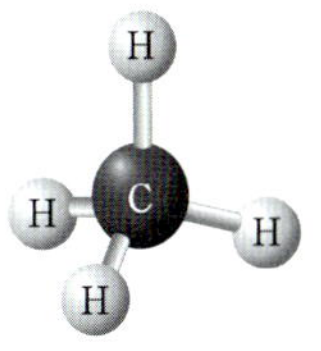

이에 대한 설명으로 옳은 것만을 |보기|에서 있는 대로 고른 것은?

> **보기**
> ㄱ. 상온에서 기체이다.
> ㄴ. 천연가스의 주성분이다.
> ㄷ. 완전 연소 생성물은 2가지이다.

① ㄱ　　　　　② ㄷ　　　　　③ ㄱ, ㄴ
④ ㄴ, ㄷ　　　　⑤ ㄱ, ㄴ, ㄷ

개념 다지기 문제

07 에탄올(C_2H_5OH)과 아세트산(CH_3COOH)의 공통점만을 |보기|에서 있는 대로 고른 것은?

┌─ 보기 ─
ㄱ. 탄소 화합물이다.
ㄴ. 수용액은 산성이다.
ㄷ. 분자 내에 물에 잘 녹는 부분이 있다.
└─

① ㄱ 　　② ㄴ 　　③ ㄱ, ㄷ
④ ㄴ, ㄷ 　　⑤ ㄱ, ㄴ, ㄷ

08 다음은 물질 (가)에 대한 자료이다.

- 분자당 탄소(C) 원자 수가 메테인의 2배이다.
- 분자 내에 카복실기($-COOH$)를 가지고 있다.
- $\dfrac{\text{H 원자 수}}{\text{C 원자 수}}=2$이다.

물질 (가)에 대한 설명으로 옳은 것만을 |보기|에서 있는 대로 고른 것은?

┌─ 보기 ─
ㄱ. 메테인보다 물에 잘 녹는다.
ㄴ. 에탄올을 발효시켜 얻을 수 있다.
ㄷ. 식초의 주성분이다.
└─

① ㄱ 　　② ㄷ 　　③ ㄱ, ㄴ
④ ㄴ, ㄷ 　　⑤ ㄱ, ㄴ, ㄷ

09 그림은 탄소 화합물에 대한 세 학생의 대화이다.

제시한 내용이 옳은 학생만을 있는 대로 고른 것은?

① A 　　② B 　　③ A, C
④ B, C 　　⑤ A, B, C

10 그림은 2가지 알코올 (가)와 (나)를 분자 모형으로 나타낸 것이다. (가)와 (나)는 각각 메탄올, 에탄올 중 하나이다.

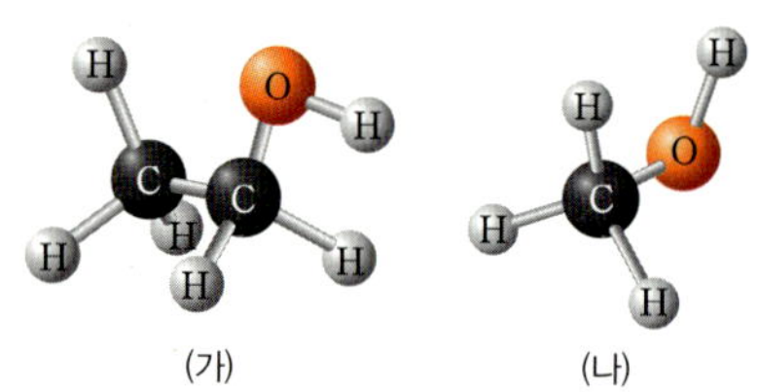

이에 대한 설명으로 옳은 것만을 |보기|에서 있는 대로 고른 것은?

┌─ 보기 ─
ㄱ. (가)는 술의 주성분이다.
ㄴ. (나)는 물에 잘 녹는다.
ㄷ. (가)와 (나)는 모두 연료로 이용된다.
└─

① ㄱ 　　② ㄷ 　　③ ㄱ, ㄴ
④ ㄴ, ㄷ 　　⑤ ㄱ, ㄴ, ㄷ

11 다음은 탄소 화합물 (가)～(다)에 대한 설명이다. (가)～(다)는 각각 메테인, 에탄올, 아세트산 중 하나이다.

- (가)는 (나)가 산화하여 만들어지며, 식초의 주성분이다.
- (나)는 소독용 의약품으로 사용된다.
- (다)는 가장 간단한 탄화수소이다.

(가)～(다)에 대한 설명으로 옳은 것만을 |보기|에서 있는 대로 고른 것은?

┌─ 보기 ─
ㄱ. (가)는 (다)보다 물에 잘 녹는다.
ㄴ. 상온에서 액체 상태인 것은 1가지이다.
ㄷ. 완전 연소 생성물의 가짓수는 모두 같다.
└─

① ㄱ 　　② ㄴ 　　③ ㄱ, ㄷ
④ ㄴ, ㄷ 　　⑤ ㄱ, ㄴ, ㄷ

12 다음은 2가지 탄소 화합물 (가)와 (나)에 대한 자료이다. (가)와 (나)는 각각 아세트산, 아스피린 중 하나이다.

- (가)는 살리실산과 (나)를 반응시켜 합성한다.
- 아세트산과 아스피린의 분자 모형

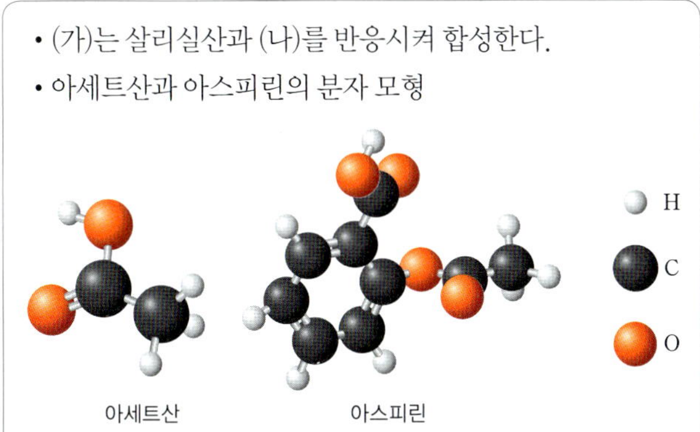

이에 대한 설명으로 옳은 것만을 |보기|에서 있는 대로 고른 것은?

|보기|
ㄱ. (가)는 합성 의약품이다.
ㄴ. (나)의 수용액은 산성이다.
ㄷ. $\dfrac{\text{O 원자 수}}{\text{C 원자 수}}$는 (나)가 (가)의 2배보다 크다.

① ㄱ ② ㄷ ③ ㄱ, ㄴ
④ ㄴ, ㄷ ⑤ ㄱ, ㄴ, ㄷ

13 다음은 3가지 탄소 화합물 (가)~(다)에 대한 자료이다.

- (가)~(다)의 분자 모형은 각각 다음 중 하나이다.

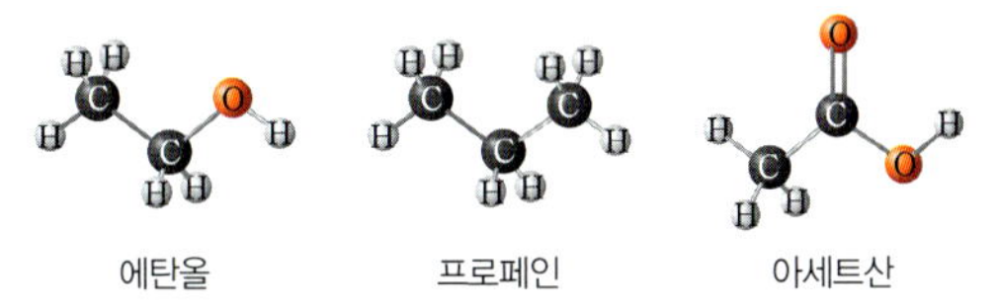

- $\dfrac{\text{H 원자 수}}{\text{C 원자 수}}$의 비는 (가) : (나)=3 : 2이다.

이에 대한 설명으로 옳은 것만을 |보기|에서 있는 대로 고른 것은?

|보기|
ㄱ. (가)와 (다)는 모두 연료로 사용된다.
ㄴ. (나)의 수용액은 산성이다.
ㄷ. (다)는 실온에서 액체이다.

① ㄱ ② ㄷ ③ ㄱ, ㄴ
④ ㄴ, ㄷ ⑤ ㄱ, ㄴ, ㄷ

14 표는 천연 섬유와 합성 섬유의 특징을 나타낸 것이다.

구분	(㉠) 섬유	(㉡) 섬유
종류	나일론, 폴리에스터 등	면, 마, 비단 등
특징	(가)	• 흡습성, 촉감이 좋다. • 질기지 않아 쉽게 닳는다. • 원료가 제한적이고 대량 생산이 어렵다.

(1) ㉠과 ㉡에 들어갈 알맞은 용어를 쓰시오.

(2) (가)에 들어갈 ㉠ 섬유의 특징을 3가지 이상 설명하시오.

15 그림은 탄소 화합물 (가)~(다)의 구조식을 나타낸 것이다. (가)~(다)는 각각 아세트산, 에탄올, 메탄올 중 하나이다.

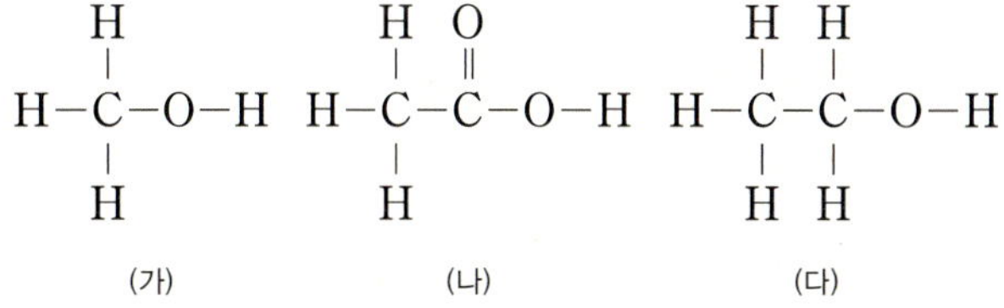

(1) (가)~(다)의 이름을 각각 쓰시오.

(2) (가)와 (다)의 공통점을 3가지 이상 설명하시오.

(3) (나)와 (다)의 제법을 용어 '발효'를 넣어 설명하시오.

학교 시험 빈출 자료 MASTER

01 화학과 우리 생활

1 화학의 유용성

다음은 식량 문제, 의류 문제, 주거 문제, 건강 문제 해결에 기여한 화학 물질에 대한 자료이다.

암모니아의 합성	나일론의 합성
1900년대 하버는 공기 중의 질소를 수소와 반응시켜 암모니아를 합성하였다.	1930년대 캐러더스는 매우 질기고 유연한 나일론을 합성하였다.
철의 제련	아스피린 합성
철광석을 코크스와 섞어 용광로에 넣고 가열하면 순수한 철을 얻을 수 있다.	1890년대 호프만은 살리실산의 부작용을 줄일 수 있는 아세틸 살리실산(아스피린)을 합성하였다.

● 다음 설명 중 옳은 것은 ○표, 옳지 <u>않은</u> 것은 ×표 하시오.

1 암모니아는 질소 비료의 원료이다. ○ / ×

2 암모니아 합성 방법 개발은 식량 문제 해결에 기여하였다.

○ / ×

3 면이나 비단 같은 천연 섬유는 나일론보다 질기고 값이 싸며 대량 생산이 더 쉽다. ○ / ×

4 콘크리트 속에 철근을 넣어 콘크리트의 강도를 높게 한 철근 콘크리트는 주택, 건물, 도로 등의 건설에 이용된다. ○ / ×

5 나일론과 아스피린은 모두 탄소 화합물이다. ○ / ×

6 제초제나 살충제와 같은 농약의 사용은 농업 생산성을 감소시켰다. ○ / ×

2 대표적인 탄소 화합물

다음은 3가지 탄소 화합물의 분자 모형과 특징이다.

메테인	에탄올	아세트산
• 천연가스의 주성분으로 연료로 많이 사용된다. • 실온에서 기체 상태이며, 물에 잘 녹지 않는다.	• 술의 주성분, 손소독제의 원료로 사용된다. • 물과 기름에 모두 잘 녹는다.	• 물에 녹아 산성을 띤다. 식초의 주성분이다. • 알코올이 발효되어 만들어진다.

● 다음 설명 중 옳은 것은 ○표, 옳지 <u>않은</u> 것은 ×표 하시오.

1 메테인은 에탄올보다 물에 잘 녹는다. ○ / ×

2 아세트산을 발효시키면 에탄올이 만들어진다. ○ / ×

3 메테인과 아세트산은 모두 실온에서 액체 상태로 존재한다.

○ / ×

4 $\dfrac{\text{H 원자 수}}{\text{C 원자 수}}$ 는 메테인>에탄올>아세트산이다. ○ / ×

5 메테인, 에탄올은 완전 연소 생성물의 가짓수가 같다.

○ / ×

6 아세트산에는 탄소 원자에 하이드록시기($-OH$)가 결합되어 있다. ○ / ×

3 그 밖의 탄소 화합물

그림은 3가지 탄소 화합물의 구조식이다.

메탄올　　　　프로페인　　　　포도당

● 다음 설명 중 옳은 것은 ○표, 옳지 <u>않은</u> 것은 ×표 하시오.

1 메탄올과 프로페인은 모두 연료로 사용된다. ○ / ×

2 메탄올과 포도당은 모두 프로페인보다 물에 잘 녹는다.

○ / ×

3 프로페인의 완전 연소 생성물은 1가지이다. ○ / ×

4 프로페인은 탄화수소이다. ○ / ×

5 $\dfrac{\text{H 원자 수}}{\text{C 원자 수}}$ 는 메탄올이 포도당의 2배이다. ○ / ×

학교 시험 대비 문제

01 다음은 화학이 실생활의 문제 해결에 기여한 사례이다.

> 천연 섬유는 동식물로부터 얻기 때문에 생산량이 일정하지 않으며 생산 과정에 많은 시간이 든다는 문제가 있다. 이에 화학자들은 석유 등을 원료로 하여 대량으로 생산할 수 있는 ㉠합성 섬유를 개발하였다.

㉠으로 가장 적절한 것은?

① 나일론   ② 에탄올   ③ 시멘트
④ 포도당   ⑤ 암모니아

02 다음은 실생활 문제 해결에 기여한 3가지 물질과 이에 대한 설명이다.

> 3가지 물질 (가)~(다)는 각각 다음 중 하나이다.
>
>   
> 나일론   질소 비료   시멘트
>
> • (가)는 식량 문제 해결에 기여하였다.
> • (나)는 콘크리트를 만드는 데 사용되며 주거 문제 해결에 기여하였다.
> • (다)는 합성 섬유이다.

이에 대한 설명으로 옳은 것만을 |보기|에서 있는 대로 고른 것은?

> **보기**
> ㄱ. (가)~(다)는 모두 대량 생산이 가능하다.
> ㄴ. (가)는 공기 중의 질소와 수소를 합성하여 만든 물질을 원료로 하여 만든다.
> ㄷ. (다)는 탄소 화합물이다.

① ㄱ   ② ㄷ   ③ ㄱ, ㄴ
④ ㄴ, ㄷ   ⑤ ㄱ, ㄴ, ㄷ

03 그림은 플라스틱 용기에 들어 있는 손소독제를 나타낸 것이다.

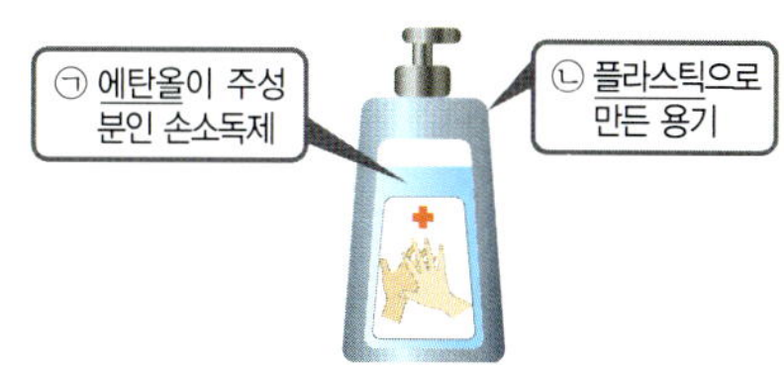

이에 대한 설명으로 옳은 것만을 |보기|에서 있는 대로 고른 것은?

> **보기**
> ㄱ. ㉠과 ㉡은 모두 물에 잘 녹는다.
> ㄴ. ㉡은 탄소 화합물이다.
> ㄷ. ㉠에는 카복실기(−COOH)가 있다.

① ㄱ   ② ㄴ   ③ ㄷ
④ ㄱ, ㄴ   ⑤ ㄴ, ㄷ

04 그림은 우리 생활에 영향을 준 물질 ㉠에 대한 1970년대 신문 광고를 나타낸 것이다.

㉠에 대한 설명으로 옳은 것만을 |보기|에서 있는 대로 고른 것은?

> **보기**
> ㄱ. 스타킹의 재료로 이용된다.
> ㄴ. 천연 섬유보다 질기다.
> ㄷ. 면 제품보다 흡습성이 뛰어나다.

① ㄱ   ② ㄷ   ③ ㄱ, ㄴ
④ ㄴ, ㄷ   ⑤ ㄱ, ㄴ, ㄷ

학교 시험 대비 문제

05 다음은 탄소 화합물에 대한 설명이다.

> 탄소 화합물이란 탄소(C)를 기본으로 수소(H), 산소(O), 질소(N) 등이 결합하여 만들어진 화합물이다.

이에 대한 설명으로 옳은 것만을 |보기|에서 있는 대로 고른 것은?

보기
ㄱ. 염화 나트륨(NaCl)은 탄소 화합물이다.
ㄴ. 탄소 화합물에서 C 원자 1개는 최대로 다른 원자 3개와 결합할 수 있다.
ㄷ. 합성 섬유는 모두 탄소 화합물에 속한다.

① ㄱ ② ㄷ ③ ㄱ, ㄴ
④ ㄴ, ㄷ ⑤ ㄱ, ㄴ, ㄷ

06 다음은 물질 X에 대한 설명이다.

> • 액화 천연가스(LNG)의 주성분이다.
> • 구성 원소는 탄소와 수소이다.

X로 옳은 것은?

① 나일론 ② 메테인 ③ 에탄올
④ 아세트산 ⑤ 암모니아

대표 유형문제

07 그림은 물질 (가)와 (나)의 분자 모형을 나타낸 것이다.

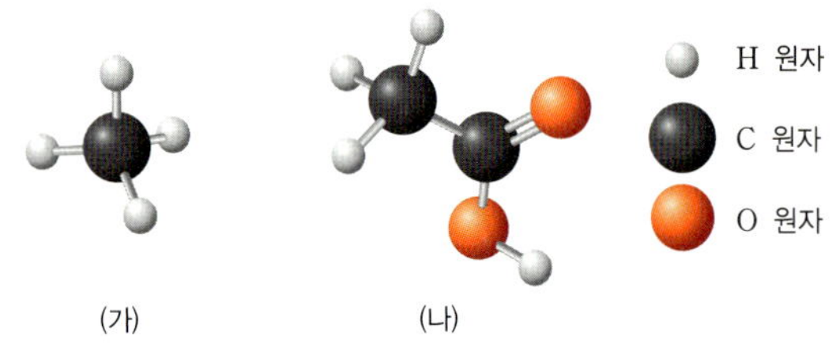

이에 대한 설명으로 옳은 것만을 |보기|에서 있는 대로 고른 것은?

보기
ㄱ. (가)는 천연가스의 주성분이다.
ㄴ. (나)의 수용액은 중성이다.
ㄷ. $\dfrac{\text{H 원자 수}}{\text{C 원자 수}}$ 는 (가)가 (나)의 2배이다.

① ㄱ ② ㄴ ③ ㄱ, ㄷ
④ ㄴ, ㄷ ⑤ ㄱ, ㄴ, ㄷ

08 그림은 카드의 앞면에는 탄소 화합물의 분자 모형을, 뒷면 (가)에는 그에 해당하는 물질에 대한 설명을 나타낸 것이다.

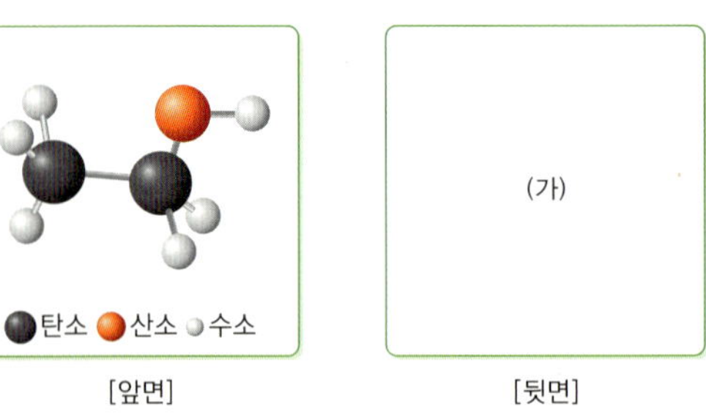

(가)에 해당하는 내용으로 옳은 것만을 |보기|에서 있는 대로 고른 것은?

보기
ㄱ. 술의 주성분이다.
ㄴ. 곡물이나 과일을 발효시켜 얻을 수 있다.
ㄷ. 발효시키면 식초의 주성분인 물질을 얻을 수 있다.

① ㄱ ② ㄷ ③ ㄱ, ㄴ
④ ㄴ, ㄷ ⑤ ㄱ, ㄴ, ㄷ

대표 유형문제

09 그림은 분자 (가)와 (나)를 모형으로 나타낸 것이다.

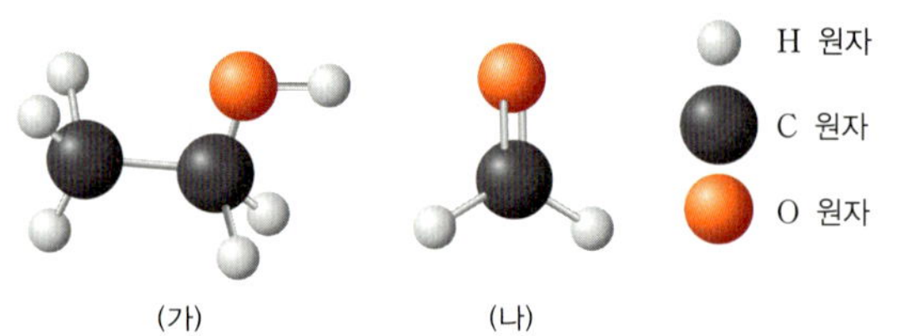

이에 대한 설명으로 옳은 것만을 |보기|에서 있는 대로 고른 것은?

보기
ㄱ. (가)는 에탄올이다.
ㄴ. (나)에는 H 원자와 결합하지 않은 O 원자가 있다.
ㄷ. $\dfrac{\text{H 원자 수}}{\text{C 원자 수}}$ 는 (가)가 (나)보다 크다.

① ㄱ ② ㄷ ③ ㄱ, ㄴ
④ ㄴ, ㄷ ⑤ ㄱ, ㄴ, ㄷ

10

그림은 4가지 탄소 화합물의 분자 모형을 나타낸 것이다.

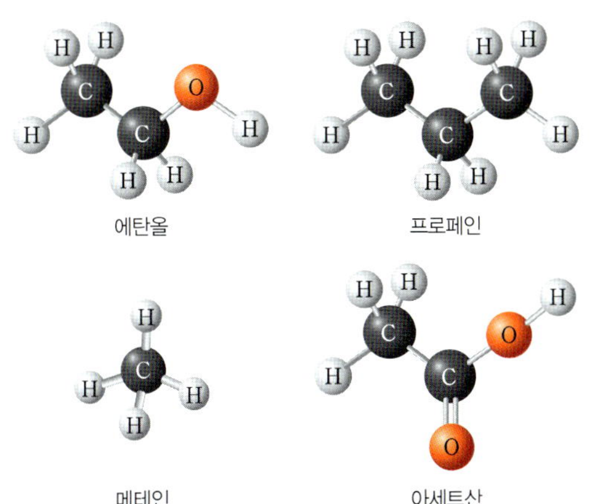

4가지 탄소 화합물에 대한 설명으로 옳은 것만을 |보기|에서 있는 대로 고른 것은?

> **보기**
> ㄱ. 탄화수소는 1가지이다.
> ㄴ. 분자당 H 원자 수는 프로페인이 가장 크다.
> ㄷ. 완전 연소 생성물의 가짓수는 모두 같다.

① ㄱ   ② ㄴ   ③ ㄷ
④ ㄱ, ㄴ   ⑤ ㄴ, ㄷ

11

그림은 분자 (가)~(다)의 분자 모형을 순서없이 나타낸 것이다. (가)~(다)는 각각 메테인, 에탄올, 폼알데하이드 중 하나이고, $\dfrac{\text{H 원자 수}}{\text{O 원자 수}}$ 는 (다)가 (나)의 3배이다.

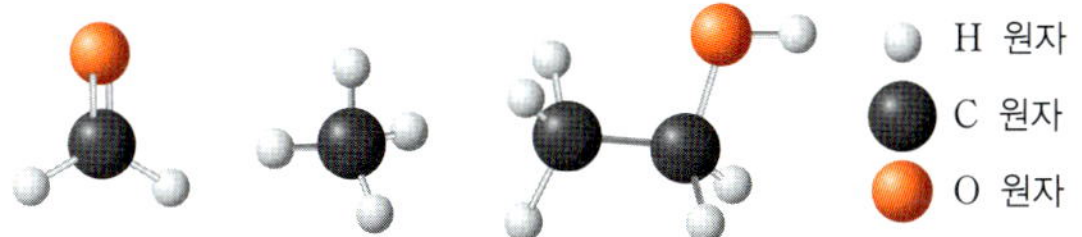

이에 대한 설명으로 옳은 것만을 |보기|에서 있는 대로 고른 것은?

> **보기**
> ㄱ. (나)는 탄화수소이다.
> ㄴ. (가)와 (다)는 연료로 사용된다.
> ㄷ. (다)는 소독용 의약품으로 사용된다.

① ㄱ   ② ㄴ   ③ ㄱ, ㄷ
④ ㄴ, ㄷ   ⑤ ㄱ, ㄴ, ㄷ

12

다음은 화학이 실생활 문제 해결에 기여한 2가지 사례이다.

> • 20세기 초 하버는 공기 중의 질소를 수소와 반응시켜 (가) 을/를 대량으로 합성하는 방법을 개발하였다.
> • 캐러더스는 최초의 합성 섬유인 (나) 을 개발하였다.

(1) (가)와 (나)에 해당하는 물질을 각각 쓰시오.

(2) (가)와 (나)의 개발이 실생활 문제 해결에 기여한 부분을 각각 쓰시오.

(3) (나)의 특징 3가지 이상을 천연 섬유와 비교하여 설명하시오.

13

그림은 탄소 화합물 (가)~(다)의 구조식을 나타낸 것이다. (가)~(다)는 각각 아세트산, 에탄올, 메테인 중 하나이다.

$$
\begin{array}{ccc}
\begin{array}{c} H \\ | \\ H-C-H \\ | \\ H \end{array} &
\begin{array}{c} H \quad O \\ |\quad\, \| \\ H-C-C-O-H \\ | \\ H \end{array} &
\begin{array}{c} H \quad H \\ |\quad\, | \\ H-C-C-O-H \\ |\quad\, | \\ H \quad H \end{array} \\
\text{(가)} & \text{(나)} & \text{(다)}
\end{array}
$$

(1) (가)~(다)의 이름을 각각 쓰시오.

(2) (가)~(다) 중 연료로 이용되는 물질을 모두 찾아 $\dfrac{\text{H 원자 수}}{\text{C 원자 수}}$ 를 등호 또는 부등호로 비교하시오.

(3) (가)~(다)의 물에 대한 용해도를 비교하고, 물에 잘 녹는 물질의 수용액의 액성과 물에 잘 녹는 까닭을 설명하시오.

I 화학의 첫걸음

2 물질의 양과 화학 반응식

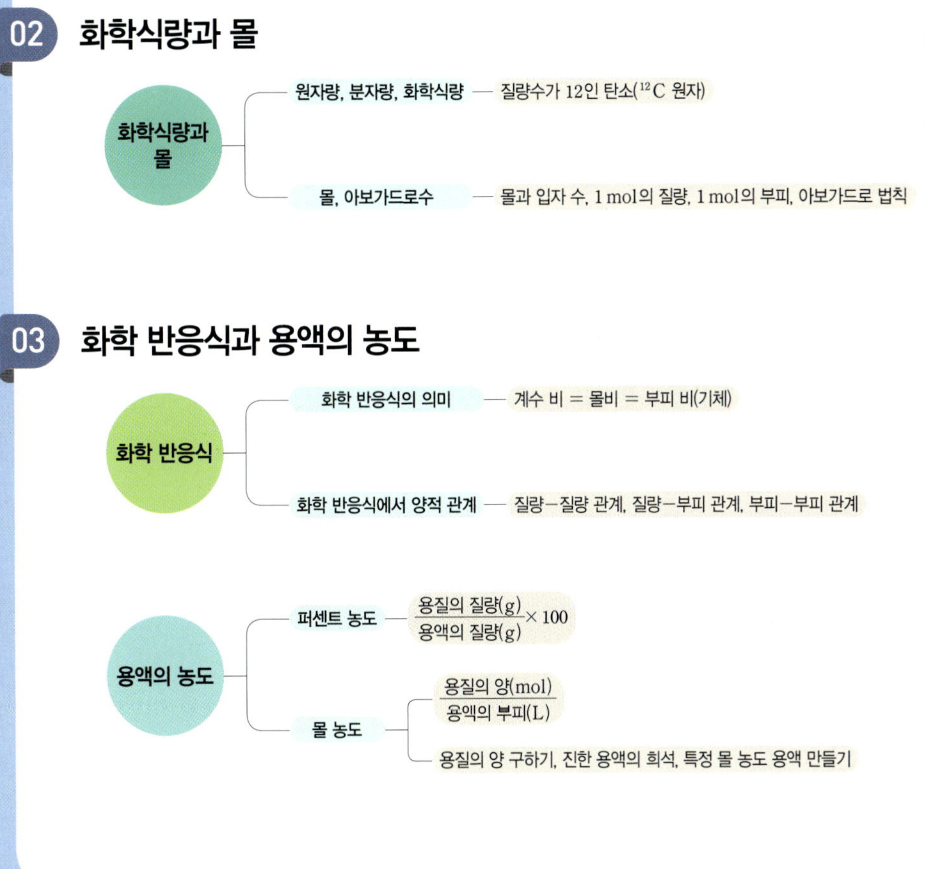

02 화학식량과 몰

1 화학식량

개념 원자량은 질량수가 12인 탄소(^{12}C) 원자의 질량을 12로 정하고 이를 기준으로 하여 나타낸 상대적인 질량이다.

└── 질량수＝양성자 수＋중성자 수

1. 원자량 : 질량수가 12인 탄소(^{12}C) 원자의 질량을 12로 정하고 이 값을 기준으로 하여 비교한 원자의 상대적 질량이다. 원자량은 상대적인 값이므로 단위가 없다.

(1) 원자량을 사용하는 까닭 : 원자의 질량은 매우 작아서 원자 1개의 질량을 직접 측정할 수 없고, 실제 질량을 그대로 사용하기도 매우 불편하다. 따라서 탄소(^{12}C) 원자와 비교한 상대적인 질량을 원자량으로 사용한다.

C 원자 1개의 질량과 H 원자 12개의 질량이 같다. ➡ C의 원자량×1＝H의 원자량×12 ➡ C의 원자량이 12이므로 H의 원자량은 1이다.	C 원자 4개의 질량과 O 원자 3개의 질량이 같다. ➡ C의 원자량×4＝O의 원자량×3 ➡ C의 원자량이 12이므로 O의 원자량은 16이다.

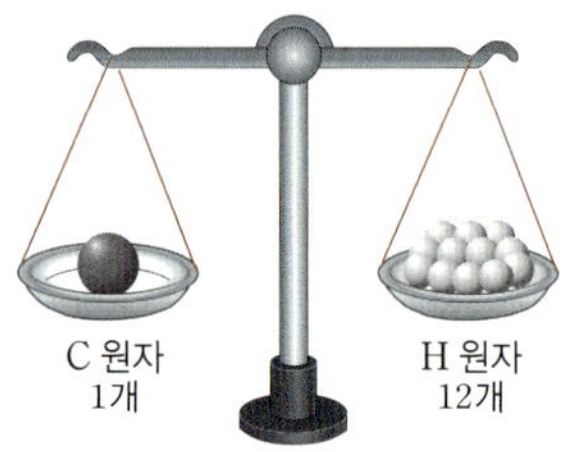

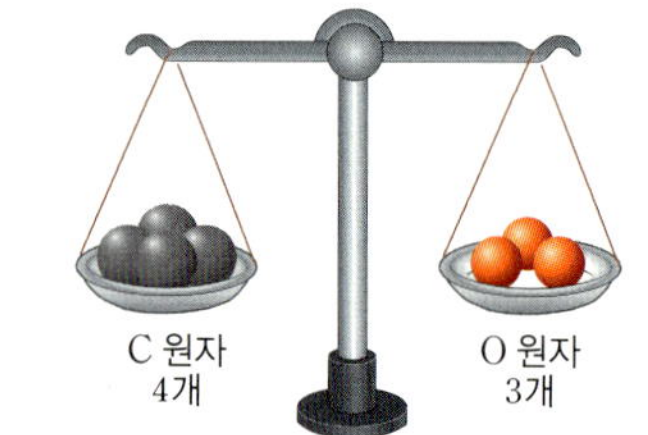

(2) 여러 가지 원소의 원소 기호와 원자량

원소	원소 기호	원자량	원소	원소 기호	원자량
수소	H	1	나트륨	Na	23
탄소	C	12	황	S	32
질소	N	14	염소	Cl	35.5
산소	O	16	칼륨	K	40

2. 분자량 : 분자의 상대적 질량으로 분자를 이루는 모든 원자의 원자량을 합한 값이다. 분자량도 상대적인 질량이므로 단위가 없다.

예 **이산화 탄소(CO_2)의 분자량** : (C의 원자량)×1＋(O의 원자량)×2
$$=12 \times 1 + 16 \times 2 = 44$$

예 **물(H_2O)의 분자량** : (H의 원자량)×2＋(O의 원자량)×1
$$=1 \times 2 + 16 \times 1 = 18$$

3. 화학식량 : 염화 나트륨(NaCl), 탄산 칼슘($CaCO_3$)과 같은 이온 결합 물질, 철(Fe), 구리(Cu)와 같은 금속 결합 물질, 흑연(C)과 같이 분자가 아닌 물질은 화학식을 이루는 모든 원소들의 원자량의 합으로 화학식량을 정한다.

예 **염화 나트륨(NaCl)의 화학식량** : (Na의 원자량)×1＋(Cl의 원자량)×1
$$=23 \times 1 + 35.5 \times 1 = 58.5$$

예 **염화 칼슘($CaCl_2$)의 화학식량** : (Ca의 원자량)×1＋(Cl의 원자량)×2
$$=40 \times 1 + 35.5 \times 2 = 111$$

원자 1개의 실제 질량

원자	원자 1개의 질량(g)
H	1.6×10^{-24}
C	1.99×10^{-23}
O	2.66×10^{-23}

질량수
원자핵을 구성하는 양성자 수와 중성자 수의 합이다.

원자량, 분자량, 화학식량은 단위가 없다.

화학식
원소의 기호와 숫자를 사용하여 물질을 구성하는 원자의 종류와 수를 나타낸 것으로 분자량은 화학식량에 포함된다.

NaCl의 화학식량
나트륨 이온(Na^+)과 염화 이온(Cl^-)이 1:1로 결합하고 있다.
➡ $23 \times 1 + 35.5 \times 1 = 58.5$

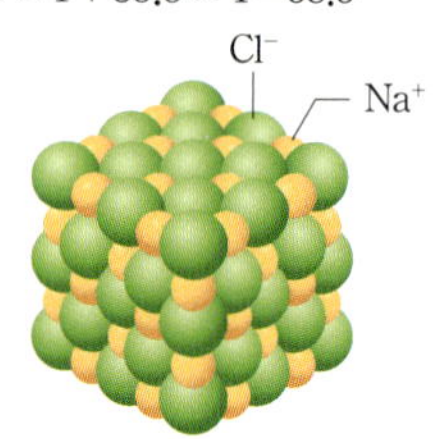

이온의 질량
원자에서 전자의 질량은 원자핵에 비해 매우 작으므로 원자와 이온의 질량은 거의 같다.
Na^+의 질량≒Na의 질량

② 몰

1. 몰(mole) : 원자, 분자, 이온과 같이 크기가 매우 작은 입자 수를 나타낼 때 사용하는 묶음 단위이다.

(1) **묶음 단위를 사용하는 까닭** : 원자나 분자는 매우 작고 가벼워서 물질의 양이 적어도 그 속에 많은 수의 입자가 들어 있어 묶음 단위를 사용하면 편리하다.

(2) **1몰** : 질량수 12인 탄소 원자(^{12}C) 12 g에 들어 있는 C 원자 수이며, ^{12}C 12 g에는 6.02×10^{23}개의 C 원자가 들어 있다.

$$1몰 = 입자\ 6.02 \times 10^{23}개$$

2. 아보가드로수(N_A) : 원자나 분자 1 mol은 6.02×10^{23}개의 입자를 뜻하며, 6.02×10^{23}을 아보가드로수라고 한다.

(1) **몰과 아보가드로 수** : 원자, 분자, 이온 등 입자의 종류에 관계없이 입자 1 mol에는 그 입자 6.02×10^{23}개가 들어 있다.

(2) **몰과 입자 수의 관계**

$$몰(mol) = \frac{입자\ 수}{6.02 \times 10^{23}/mol} \quad \Rightarrow \quad 입자\ 수 = 몰(mol) \times (6.02 \times 10^{23}/mol)$$

(3) 화합물의 양(mol)을 알면 그 화합물을 구성하는 입자의 양(mol)도 알 수 있다.
- **예** 물(H_2O) 분자 1 mol에는 수소(H) 원자 2 mol과 산소(O) 원자 1 mol이 들어 있다.
- **예** 염화 칼슘($CaCl_2$) 1 mol에는 칼슘 이온(Ca^{2+}) 1 mol과 염화 이온(Cl^-) 2 mol이 들어 있다.

몰
몰은 '더미'를 뜻하는 라틴어 mole에서 유래하였다. 몰을 단위로 사용할 때는 'mol'로 쓴다.

몰과 입자 수의 관계
1 mol : 입자 6.02×10^{23}개

원자 1 mol
1 × 원자 6.02×10^{23}개

원자 2 mol
2 × 원자 6.02×10^{23}개

분자 1 mol
1 × 분자 6.02×10^{23}개

분자 2 mol
2 × 분자 6.02×10^{23}개

개념 익히기 문제

정답과 해설 p.06

🧠 교과서 문장으로 개념 익히기

01 질량수가 12인 탄소 원자의 질량을 12로 정하고 이를 기준으로 원자들의 질량을 상대적으로 나타낸 값을 ☐☐☐이라고 한다.

02 분자량은 분자를 구성하는 모든 원자의 ☐☐☐의 합으로 나타낸다.

03 이온 결합 물질, 금속 결합 물질 등 분자가 아닌 물질에서 화학식을 이루는 각 원자의 원자량의 합을 ☐☐☐☐이라고 한다.

04 1 mol은 ☐☐☐개의 입자를 뜻하며, ☐☐☐을 아보가드로수라고 한다.

05 물(H_2O) 분자 2 mol에 들어 있는 수소(H) 원자 수는 ☐☐☐개이다.

06 산소(O) 원자 ☐ mol은 산소(O) 원자 3.01×10^{22}개이다.

📦 OX 문제로 개념 익히기

07 질량수가 12인 탄소(^{12}C) 원자 1개의 질량은 12 g이다. (O / X)

08 N_2 1 mol과 NH_3 0.5 mol에 들어 있는 전체 원자 수는 같다. (O / X)

09 CO_2 1 mol에 들어 있는 산소(O) 원자 수는 6.02×10^{23}개이다. (O / X)

10 물(H_2O) 분자 3.01×10^{22}개에 들어 있는 수소(H) 원자의 양은 1 mol이다. (O / X)

11 뷰테인(C_4H_{10}) 1 mol에 들어 있는 전체 원자의 양은 14 mol이다. (O / X)

3 몰과 질량

1. 1 mol의 질량 : 물질 1 mol의 질량은 화학식량 뒤에 그램(g) 단위를 붙인 값과 같다.

(1) 탄소(^{12}C) 원자 1 mol(6.02×10^{23}개)의 질량은 12 g으로 이 값은 탄소의 원자량인 12에 g을 붙인 값과 같다.

(2) 원자 1 mol의 질량은 원자량에 g을 붙인 값과 같고, 분자 1 mol의 질량은 분자량에 g을 붙인 값과 같다.

구분	1 mol의 질량	예
원자	원자량 g	수소(H)의 원자량 : 1 ➡ H 원자 1 mol의 질량 : 1 g
분자	분자량 g	물(H_2O)의 분자량 : 18 ➡ H_2O 분자 1 mol의 질량 : 18 g
이온 결합 물질	화학식량 g	염화 칼슘($CaCl_2$)의 화학식량 : 111 ➡ $CaCl_2$ 1 mol의 질량 : 111 g

예 이산화 탄소(CO_2) 분자 1 mol을 이루는 탄소(C) 원자와 산소(O) 원자의 입자 수와 질량

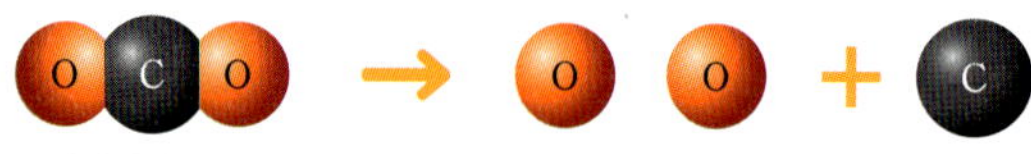

구분	이산화 탄소 분자	산소 원자	탄소 원자
물질의 양(mol)	1	2	1
입자 수	6.02×10^{23}개	$2 \times 6.02 \times 10^{23}$개	6.02×10^{23}개
질량	44 g	$2 \times 16 = 32$ g	12 g

2. 1 mol의 질량과 물질의 양(mol) : 일정한 질량의 물질에 들어 있는 입자의 개수는 그 물질 1 mol의 질량과 비교하여 구할 수 있다.

(1) 물질의 양(mol)은 물질의 질량을 1 mol의 질량으로 나누어 구한다.

$$물질의\ 양(mol) = \frac{질량(g)}{1\ mol의\ 질량(g/mol)} = \frac{질량(g)}{물질의\ 몰질량(g/mol)}$$

예 이산화 탄소(CO_2) 8.8 g의 양(mol) $= \dfrac{8.8\ g}{44\ g/mol} = 0.2\ mol$

➡ 이산화 탄소(CO_2) 8.8 g에는 C 원자 0.2 mol과 O 원자 0.4 mol이 들어 있다.

(2) 물질의 질량은 1 mol의 질량에 물질의 양(mol)을 곱하여 구한다.

$$질량(g) = 1\ mol의\ 질량(g/mol) \times 물질의\ 양(mol)$$

예 암모니아(NH_3) 2 mol의 질량 $= 17\ g/mol \times 2\ mol = 34\ g$

➡ 암모니아(NH_3) 2 mol에는 N 원자 28 g과 H 원자 6 g이 들어 있다.
> — N 원자 2 mol과 H 원자 6 mol이 들어 있다.
> N 원자 2 mol의 질량 $= 14\ g/mol \times 2\ mol = 28\ g$
> H 원자 6 mol의 질량 $= 1\ g/mol \times 6\ mol = 6\ g$

4 몰과 기체의 부피

1. 아보가드로 법칙 : 온도와 압력이 같을 때 모든 기체는 같은 부피 속에 같은 수의 분자가 들어 있다.

(1) 기체 1 mol의 부피 : 0 ℃, 1 atm에서 모든 기체 1 mol의 부피는 22.4 L로 일정하다.
- 0 ℃, 1 atm에서 기체 22.4 L 속에는 6.02×10^{23}개의 기체 분자가 들어 있다.
- 온도와 압력이 달라지면 기체 1 mol의 부피도 달라진다.

물질 1 mol의 질량

물질	화학식	1 mol의 질량
메테인	CH_4	16 g
산소	O_2	32 g
염화 나트륨	NaCl	58.5 g
구리	Cu	64 g

0 ℃, 1 atm에서 기체의 부피와 양의 관계와 분자 모형

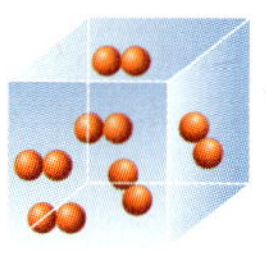

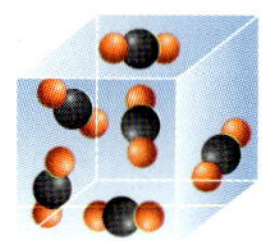

(2) **기체의 부피와 분자의 양(mol)** : 기체 분자의 양(mol)은 기체의 부피를 1 mol의 부피로 나누어 구한다.

$$기체 \ 분자의 \ 양(mol)= \frac{기체의 \ 부피(L)}{1 \ mol \ 의 \ 부피(L/mol)}$$

(3) **기체 1 mol의 양**(0 ℃, 1 atm)

분자(분자식)	수소(H_2)	이산화 탄소(CO_2)	암모니아(NH_3)
분자의 양(mol)	1	1	1
분자 수(개)	6.02×10^{23}	6.02×10^{23}	6.02×10^{23}
전체 원자 수(개)	$2 \times 6.02 \times 10^{23}$	$3 \times 6.02 \times 10^{23}$	$4 \times 6.02 \times 10^{23}$
질량(g)	2	44	17
부피(L)	22.4	22.4	22.4

(4) **기체의 양(mol)과 입자 수, 질량, 부피 사이의 관계**

$$물질의 \ 양(mol)= \frac{입자 \ 수}{6.02 \times 10^{23}(mol)} = \frac{질량(g)}{1 \ mol \ 의 \ 질량(g/mol)} = \frac{기체의 \ 부피(L)}{22.4 \ L/mol}(0 \ ℃, 1 \ atm)$$

(5) **기체의 밀도와 분자량** : 모든 기체는 같은 온도와 압력에서 같은 부피 속에 같은 수의 분자가 들어 있으므로 같은 부피에서 기체의 질량비는 분자 1개의 질량비와 같고, 분자 1개의 질량비는 분자량 비와 같다. 또한, 밀도$=\frac{질량}{부피}$이므로 기체의 분자량 비는 밀도 비와 같다.

$$\frac{A \ 기체의 \ 질량(g)}{B \ 기체의 \ 질량(g)} = \frac{A \ 기체의 \ 분자량}{B \ 기체의 \ 분자량} = \frac{A \ 기체의 \ 밀도}{B \ 기체의 \ 밀도} \ (같은 \ 온도, 같은 \ 압력, 같은 \ 부피에서)$$

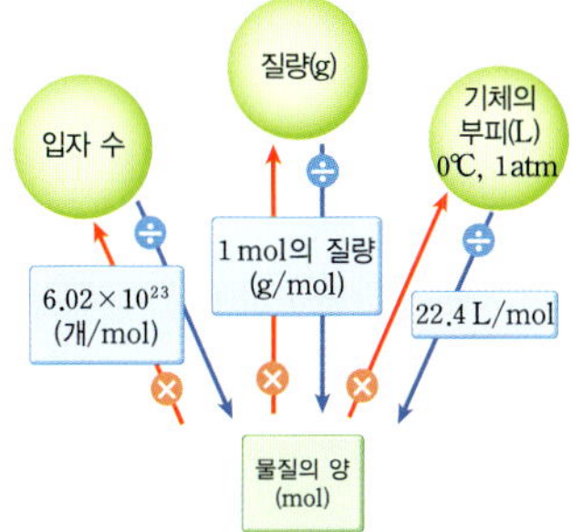

개념 익히기 문제

정답과 해설 p.06

🧠 교과서 문장으로 개념 익히기

12 원자 1 mol의 질량은 원자량에 〔 〕을 붙인 값과 같다.

13 CO_2 44 g에 들어 있는 산소(O) 원자의 질량은 〔 〕 g 이다.

14 아보가드로 법칙에 따르면 모든 기체는 〔 〕와 〔 〕이 같을 때 〔 〕〔 〕 속에 들어 있는 분자의 수가 같다.

15 t ℃, 1 atm에서 산소 기체 1 mol의 부피가 24 L일 때 수소 기체 2 mol의 부피는 〔 〕 L이다.

16 0 ℃, 1 atm에서 암모니아(NH_3) 기체 5.6 L에 들어 있는 수소(H) 원자의 양은 〔 〕 mol이다.

17 온도와 압력이 같을 때 기체의 밀도 비와 기체의 〔 〕〔 〕〔 〕는 같다.

🎲 OX 문제로 개념 익히기

18 물(H_2O) 1.8 g에 들어 있는 H 원자의 수는 6.02×10^{22} 개이다. (O / X)

19 분자 1 g에 들어 있는 분자 수는 분자량이 클수록 크다. (O / X)

20 같은 온도, 같은 압력에서 물질의 상태에 관계없이 같은 부피에 들어 있는 분자 수는 같다. (O / X)

21 서로 다른 두 기체의 온도, 압력, 부피가 같을 때 두 기체의 분자 수가 같으므로 기체 분자 1개의 질량비는 분자량 비와 같다. (O / X)

22 0 ℃, 1 atm에서 기체의 부피 비와 분자량 비는 같다. (O / X)

23 0 ℃, 1 atm에서 같은 질량의 $CH_4(g)$과 $H_2(g)$의 부피 비는 1 : 8이다. (분자량은 CH_4이 16, H_2가 2이다.) (O / X)

1 mol의 질량과 부피 알아보기

🔖 **Point** 몰과 질량, 몰과 기체의 부피 관계를 이해한다.

1. 그림은 물(H_2O), 구리(Cu), 탄소(C), 포도당($C_6H_{12}O_6$) 1 mol의 질량을 각각 나타낸 것이다.

(1) **화학식량** : 화학식을 이루는 모든 원소들의 원자량의 합
물(18), 구리(64), 탄소(12), 포도당(180)

(2) **1 mol의 질량** : 물 18 g, 구리 64 g, 탄소 12 g, 포도당 180 g

(3) 물질의 양(mol)$=\dfrac{\text{물질의 질량(g)}}{1\,\text{mol 의 질량(g/mol)}}$ 이다.

⟶ H_2O 분자 1 mol은 18 g이고, 2 mol은 36 g이다.

⟶ $C_6H_{12}O_6$ 18 g에는 C 원자 0.6 mol, H 원자 1.2 mol, O 원자 0.6 mol이 들어 있다.

⟶ Cu 3.2 g의 양은 $\dfrac{3.2\,\text{g}}{64\,\text{g/mol}}=0.05$ mol이다.

⟶ 포도당 0.4 mol 의 질량은 0.4 mol × 180 g/mol = 72 g 이다.

2. 그림은 0 ℃, 1 atm에서 메테인(CH_4) 기체, 산소(O_2) 기체, 이산화 탄소(CO_2) 기체 1 mol의 부피와 질량을 나타낸 것이다.

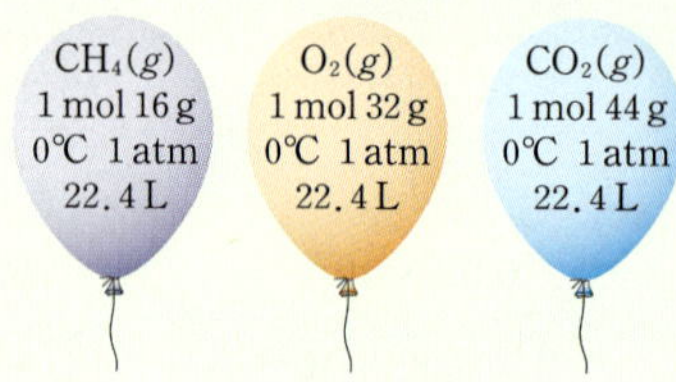

(1) 0 ℃, 1 atm에서 기체 분자의 양(mol)$=\dfrac{\text{기체의 부피(L)}}{22.4\,\text{L/mol}}$ 이다.

⟶ 0 ℃, 1 atm에서 메테인 기체, 산소 기체, 이산화 탄소 기체는 모두 1 mol의 부피가 22.4 L로 같다.

⟶ 0 ℃, 1 atm에서 $CH_4(g)$ 2 mol의 부피는 44.8 L이고, $O_2(g)$ 5.6 L의 양은 0.25 mol이며, $CO_2(g)$ 11.2 L의 질량은 22 g이다.

(2) 기체에서 같은 온도, 같은 압력, 같은 부피일 때 질량비=분자량 비=밀도 비이다.
$CH_4 : O_2 : CO_2 = 16 : 32 : 44 = 4 : 8 : 11$

정답과 해설 p.06

예제 ❶

그림은 0 ℃, 1 atm에서 3가지 물질의 양(mol)을 나타낸 것이다. N_A는 아보가드로수이다.
이에 대한 설명으로 옳은 것만을 |보기|에서 있는 대로 고른 것은? (단, O의 원자량은 16이다.)

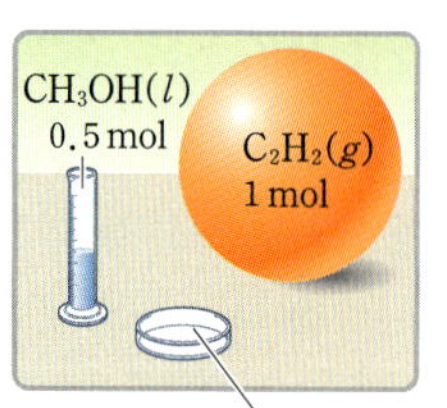

┌ 보기 ┐
ㄱ. H 원자 수는 C_2H_2이 CH_3OH보다 크다.
ㄴ. CH_3OH에 들어 있는 O 원자의 질량은 8 g이다.
ㄷ. NaCl에 들어 있는 Na^+의 수는 N_A 개이다.

① ㄱ   ② ㄴ   ③ ㄷ
④ ㄱ, ㄴ   ⑤ ㄴ, ㄷ

예제 ❷ 서술형

$CH_3OH(l)$ 1 mol의 부피를 구하기 위해 추가로 필요한 자료를 |보기|에서 있는 대로 골라 기호를 적고, $CH_3OH(l)$ 1 mol과 $H_2(g)$ 1 mol의 부피를 비교하시오.

┌ 보기 ┐
ㄱ. 밀도
ㄴ. 분자량
ㄷ. 전체 원자의 양

____

____

개념 다지기 문제

01 화학식량과 몰에 대한 설명으로 옳지 <u>않은</u> 것은? (단, H, C, O의 원자량은 각각 1, 12, 16이다.)

① 원자 1 mol의 질량은 원자량에 g을 붙인 값과 같다.

② 분자 1 mol에는 아보가드로수만큼의 분자가 들어 있다.

③ CO_2 4.4 g에 들어 있는 O 원자 수와 H_2O 3.6 g에 들어 있는 O 원자 수는 같다.

④ 분자량은 분자를 이루는 모든 원자들의 원자량을 합한 값이다.

⑤ H_2O분자 1 mol에 들어 있는 H 원자의 질량은 1 g이다.

02 $t\,°C$, 1 atm에서 6 L의 용기에 들어 있는 이산화 탄소(CO_2) 기체에 대한 설명으로 옳지 <u>않은</u> 것은? (단, C, O의 원자량은 각각 12, 16이고, $t\,°C$, 1 atm에서 기체 1 mol의 부피는 24 L이다.)

① CO_2의 분자량은 44이다.

② 용기 속 O 원자의 양(mol)은 0.5 mol이다.

③ 용기 속 탄소의 질량은 6 g이다.

④ 용기 속 CO_2의 질량은 11 g이다.

⑤ 용기 속 CO_2의 분자 수는 $t\,°C$, 1 atm C_2H_6 기체 0.75 L에 들어 있는 전체 원자 수와 같다.

03 다음은 몇 가지 물질의 양을 나타낸 것이다.

(가) 수소(H_2) 분자 0.5 mol
(나) 암모니아(NH_3) 분자 3.4 g
(다) 0 °C, 1 atm에서 메테인(CH_4) 기체 11.2 L

이에 대한 설명으로 옳은 것만을 |보기|에서 있는 대로 고른 것은? (단, H, C, N의 원자량은 각각 1, 12, 14이고, 0 °C, 1 atm에서 기체 1 mol의 부피는 22.4 L이다.)

|보기|
ㄱ. H 원자 수는 (다)>(가)>(나)이다.
ㄴ. 물질의 질량은 (다)가 (가)의 4배이다.
ㄷ. (나)에서 전체 원자의 양은 0.8 mol이다.

① ㄱ   ② ㄴ   ③ ㄱ, ㄷ
④ ㄴ, ㄷ   ⑤ ㄱ, ㄴ, ㄷ

04 그림은 탄소(C)에 대한 수소(H)와 산소(O)의 상대적 질량을 나타낸 것이다.

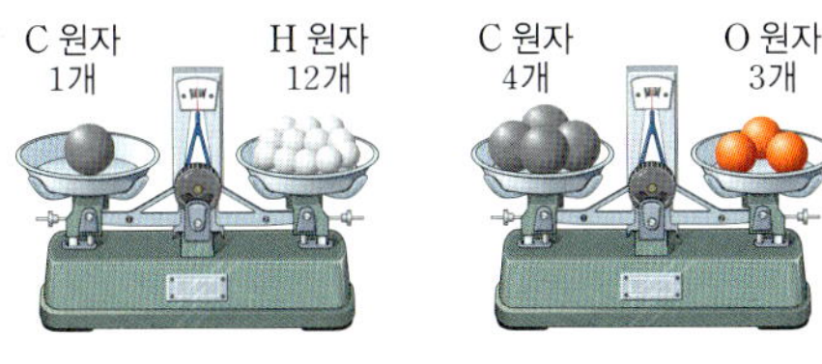

탄소(C)의 원자량을 24로 정한 경우에 대한 설명으로 옳은 것만을 |보기|에서 있는 대로 고른 것은?

|보기|
ㄱ. O의 원자량은 16이다.
ㄴ. CO_2 44 g에는 O 원자 1 mol이 들어 있다.
ㄷ. H_2 1 mol의 질량은 4 g이다.

① ㄱ   ② ㄴ   ③ ㄷ
④ ㄱ, ㄴ   ⑤ ㄴ, ㄷ

05 다음은 메테인(CH_4) 1 mol의 질량을 구하는 과정이다.

(가) 메테인 1 mol의 질량은 메테인의 분자량에 (㉠)을 붙인 값에 해당함을 파악한다.
(나) 메테인의 분자량을 구한다.
　➡ CH_4의 분자량
　　=C의 원자량+H의 원자량×(㉡)
　　=12+(㉢)=16
(다) CH_4 1 mol의 질량은 (㉣)이다.

이에 대한 설명으로 옳은 것만을 |보기|에서 있는 대로 고른 것은?

|보기|
ㄱ. ㉠은 'g'이다.
ㄴ. ㉢은 ㉡의 2배이다.
ㄷ. C_2H_6 ㉣에 들어 있는 C의 양은 1 mol보다 크다.

① ㄱ   ② ㄴ   ③ ㄱ, ㄷ
④ ㄴ, ㄷ   ⑤ ㄱ, ㄴ, ㄷ

개념 다지기 문제

대표 유형문제

06 표는 원소 A∼C로 이루어진 물질 (가)∼(다)에 대한 자료이다.

물질	(가)	(나)	(다)
분자식	AB_2	AB	C_2B
분자량	44	28	18

이에 대한 설명으로 옳은 것만을 |보기|에서 있는 대로 고른 것은? (단, A∼C는 임의의 원소 기호이다.)

―보기―
ㄱ. 같은 질량에 들어 있는 B 원자 수는 (가)>(다)이다.
ㄴ. 원자량 비는 A : B = 3 : 4이다.
ㄷ. 분자 A_2C_2 1.3 g에 들어 있는 C 원자의 양은 0.1 mol이다.

① ㄱ ② ㄴ ③ ㄱ, ㄷ
④ ㄴ, ㄷ ⑤ ㄱ, ㄴ, ㄷ

대표 유형문제

07 그림은 0 ℃, 1 atm에서 실린더 속에 들어 있는 기체 X와 기체 Y를 나타낸 것이다. X와 Y는 각각 O_2, CH_4 중 하나이며, (가)와 (나)에서 기체의 질량은 같다.

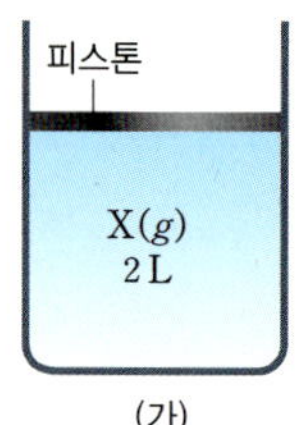

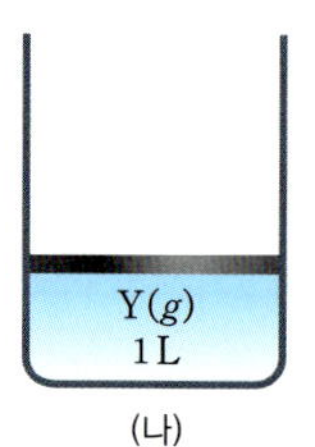

이에 대한 설명으로 옳은 것만을 |보기|에서 있는 대로 고른 것은? (단, H, C, O의 원자량은 각각 1, 12, 16이고, 피스톤의 질량과 마찰은 무시한다.)

―보기―
ㄱ. X는 O_2이다.
ㄴ. 기체의 밀도는 (나)가 (가)의 2배이다.
ㄷ. 총 원자 수 비는 (가) : (나)=5 : 2이다.

① ㄱ ② ㄴ ③ ㄷ
④ ㄱ, ㄴ ⑤ ㄴ, ㄷ

대표 유형문제

08 표는 0 ℃, 1 atm에서 강철 용기 속에 들어 있는 암모니아(NH_3), 이산화 탄소(CO_2), 프로페인(C_3H_8) 기체에 대한 자료이다.

기체	양(mol)	질량(g)	부피(L)
NH_3	x	1.7	V_1
CO_2	y	a	5.6
C_3H_8	0.5	b	V_2

이에 대한 설명으로 옳은 것만을 |보기|에서 있는 대로 고른 것은? (단, H, C, N, O의 원자량은 각각 1, 12, 14, 16이고, 0 ℃, 1 atm에서 기체 1 mol의 부피는 22.4 L이다.)

―보기―
ㄱ. $5x=2y$이다.
ㄴ. $a=2b$이다.
ㄷ. $V_1+V_2>14$이다.

① ㄱ ② ㄴ ③ ㄱ, ㄷ
④ ㄴ, ㄷ ⑤ ㄱ, ㄴ, ㄷ

09 그림은 기체 C_2H_6과 C_3H_4이 용기 (가)와 (나)에 각각 들어 있는 모습을 나타낸 것이다. 두 용기 속 기체의 온도와 압력, 질량은 같다.

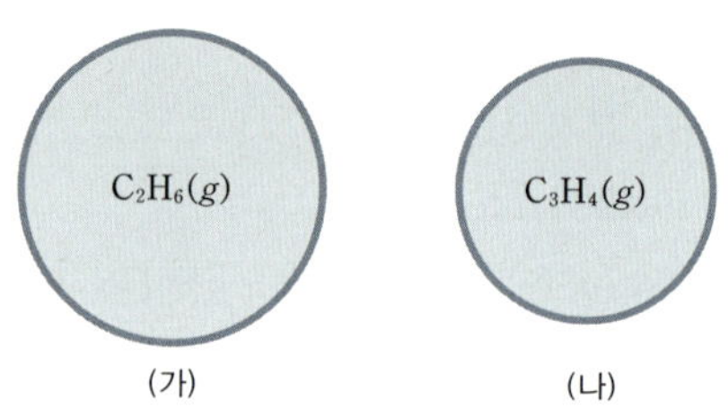

이에 대한 설명으로 옳은 것만을 |보기|에서 있는 대로 고른 것은? (단, H, C, 원자량은 각각 1, 12이다.)

―보기―
ㄱ. 기체의 부피 비는 (가) : (나)=3 : 2이다.
ㄴ. H 원자 수 비는 (가) : (나)=2 : 1이다.
ㄷ. 기체의 밀도는 (가)>(나)이다.

① ㄱ ② ㄴ ③ ㄷ
④ ㄱ, ㄴ ⑤ ㄴ, ㄷ

고난도 문제

10 그림은 일정한 온도와 압력에서 3가지 기체 X~Z가 실린더에 들어 있는 것을 나타낸 것이다. X~Z는 각각 암모니아(NH_3), 이산화 탄소(CO_2), 프로페인(C_3H_8) 중 하나이고, 전체 원자 수 비는 (가):(다)$=9:8$이며, $x<3$이다.

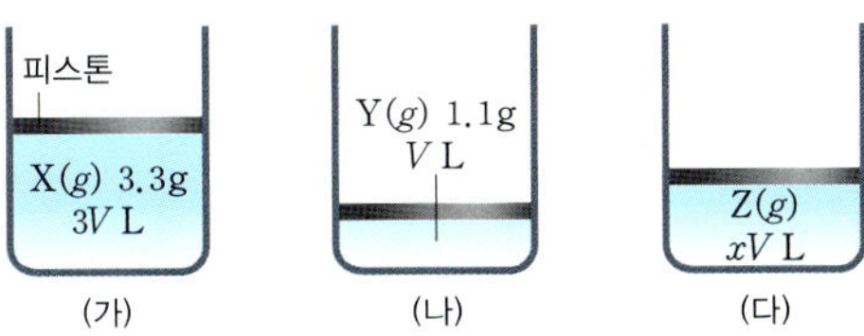

(가)~(다)를 비교한 것으로 옳은 것만을 |보기|에서 있는 대로 고른 것은? (단, H, C, N, O의 원자량은 각각 1, 12, 14, 16이고, 피스톤의 질량과 마찰은 무시한다.)

— 보기 —
ㄱ. Y는 C_3H_8이다.
ㄴ. $x=2$이다.
ㄷ. (다)에서 분자의 양은 0.05 mol이다.

① ㄱ　　　② ㄷ　　　③ ㄱ, ㄴ
④ ㄴ, ㄷ　　　⑤ ㄱ, ㄴ, ㄷ

11 표는 $t\,°C$, 1 atm에서 원소 A, B로 이루어진 기체 (가)와 (나)에 대한 자료이다.

기체	(가)	(나)
분자식	AB	AB_2
1 g에 들어 있는 전체 원자 수(상댓값)	$\dfrac{1}{7}$	$\dfrac{3}{22}$

이에 대한 설명으로 옳은 것만을 |보기|에서 있는 대로 고른 것은? (단, A~C는 임의의 원소 기호이다.)

— 보기 —
ㄱ. 분자 1개의 질량비는 (가):(나)$=7:11$이다.
ㄴ. 원자량 비는 A:B$=4:3$이다.
ㄷ. $t\,°C$, 1 atm에서 기체 1 L에 들어 있는 A 원자 수는 (가)가 (나)의 2배이다.

① ㄱ　　　② ㄴ　　　③ ㄱ, ㄷ
④ ㄴ, ㄷ　　　⑤ ㄱ, ㄴ, ㄷ

서술형 문제

12 표는 원소 X~Z로 이루어진 3가지 분자에 대한 자료이다. 아보가드로수는 $6×10^{23}$이다.

분자	XY_4	Y_2	XY_2Z	XZ_2
분자 1개의 질량(g)	x	$\dfrac{1}{3}×10^{-23}$		
분자량	16		30	y

x와 y를 구하고, 그 과정을 아보가드로수, X~Z의 원자량을 이용하여 서술하시오. (단, X~Z는 임의의 원소 기호이다.)

13 그림은 용기 (가)와 (나)에 기체가 각각 들어 있는 것을 나타낸 것이다. 기체의 온도와 압력은 $t\,°C$, 1 atm이며, 기체 1 mol의 부피는 30 L이다. (단, A, B는 임의의 원소 기호이고, C(탄소)의 원자량은 12이다.)

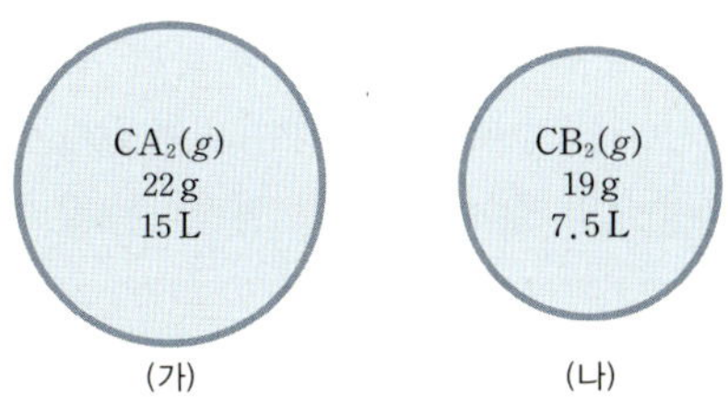

(1) (가)와 (나)에서 각각 A 원자와 B 원자의 양(mol)을 구하고, 그 과정을 기체의 부피와 기체의 양(mol)의 관계를 사용하여 서술하시오.

(2) A, B의 원자량을 각각 구하시오.

03 화학 반응식과 용액의 농도

1 화학 반응식

개념 화학 반응식에서 반응물과 생성물에 있는 원자의 종류와 개수는 같다.

1. **화학 반응식** : 화학 반응을 화학식과 기호를 사용하여 나타낸 식이다.
2. **화학 반응식 만들기** : 화학 반응이 일어날 때 반응 전후에 원자가 새로 생겨나거나 없어지지 않으므로 반응 전후 원자의 종류와 수는 변하지 않는다. 따라서 반응물과 생성물에 있는 원자의 종류와 개수가 같도록 계수를 맞춘다. ─── 질량 보존 법칙이 성립한다.

   예 질소(N_2) 기체와 수소(H_2) 기체가 반응하여 암모니아(NH_3) 기체가 생성되는 반응을 화학 반응식으로 나타내기

1단계	반응물과 생성물을 화학식으로 나타낸다.	반응물	생성물
		질소 : N_2, 수소 : H_2	암모니아 : NH_3
2단계	• 반응물의 화학식은 화살표(→)의 왼쪽에, 생성물의 화학식은 오른쪽에 쓴다. • 반응물 또는 생성물이 2가지 이상이면 각 물질은 '+'로 연결한다.	• 질소+수소 ⟶ 암모니아 • $N_2+H_2 \longrightarrow NH_3$	
3단계	• 반응물과 생성물에 있는 원자의 종류와 총수가 같도록 화학식 앞의 계수를 맞춘다. • 계수는 가장 간단한 정수비로 나타내고, 1이면 생략한다.	• N 원자 수를 맞추기 위해 NH_3 앞에 계수 2를 쓴다. $N_2+H_2 \longrightarrow 2NH_3$ • H 원자 수를 맞추기 위해 H_2 앞에 계수 3을 쓴다. $N_2+3H_2 \longrightarrow 2NH_3$	
4단계	물질의 상태를 표시할 경우 ( ) 안에 기호를 써서 표시한다.	$N_2(g)+3H_2(g) \longrightarrow 2NH_3(g)$	

3. **화학 반응식의 의미** : 화학 반응식을 통해 반응물과 생성물의 종류와 물질의 양(mol), 질량, 기체의 부피 등의 양적 관계를 알 수 있다.

   (1) 화학 반응식에서 계수 비는 반응 몰비, 분자 수 비와 같고, 기체의 경우 같은 온도와 압력에서 기체의 부피 비는 계수 비와 같다.

   (2) 화학 반응식의 계수 비와 반응 질량비는 같지 않다.

> 계수 비 ＝ 몰비 ＝ 분자 수 비 ＝ 부피 비(기체의 경우) ≠ 질량비

화학 반응식	$CH_4(g)$	+	$2O_2(g)$	⟶	$CO_2(g)$	+	$2H_2O(l)$
물질의 종류와 상태	메테인(기체)		산소(기체)		이산화 탄소(기체)		물(액체)
물질의 양(mol)	1		2		1		2
분자 수(개)	6.02×10^{23}		$2 \times 6.02 \times 10^{23}$		6.02×10^{23}		$2 \times 6.02 \times 10^{23}$
분자 수 비	1	:	2	:	1	:	2
부피(L) (0 °C, 1 atm)	1×22.4		2×22.4		1×22.4		
부피 비	1	:	2	:	1		
질량(g)	16		64		44		36
질량비	4	:	16	:	11	:	9

화살표의 의미
화학 반응식에서 화살표(→)는 반응물이 생성물로 변하였음을 나타낸다.

화학 반응식에서 물질의 상태

상태	약자
고체	s
액체	l
기체	g
수용액	aq

질량 보존 법칙
화학 반응이 일어나는 동안 반응 전과 후에 원자가 새로 생기거나 없어지지 않으므로 화학 반응에서 반응물의 질량의 총합과 생성물의 질량의 총합은 같다.

질량(g)＝1 mol의 질량(g/mol) × 물질의 양(mol)에서 1 mol의 질량은 화학식량에 따라 다르므로 질량비와 계수 비는 같지 않다.

기체 반응 법칙
화학 반응에서 반응하는 기체와 생성되는 기체 사이에는 일정한 부피 비가 성립한다.

❷ 화학 반응식에서 양적 관계

개념 화학 반응에서 계수 비=반응 몰비의 관계를 이용하여 반응물의 질량이나 부피를 구할 수 있다.

1. 화학 반응에서 양적 관계 : 화학 반응식에서 몰비는 계수 비와 같으므로 이를 이용하여 반응물이나 생성물 중 한 물질의 질량이나 부피를 알면 나머지 물질의 양(mol)을 계산할 수 있다.

2. 화학 반응에서 질량 – 질량 관계

⨁ 질소(N_2) 1.4 g이 모두 반응할 때 생성되는 암모니아(NH_3)의 질량 구하기

1단계	화학 반응식 완성하기	$N_2(g) + 3H_2(g) \longrightarrow 2NH_3(g)$
2단계	N_2 1.4 g의 양(mol)을 구한다.	N_2의 양$(mol) = \dfrac{1.4\,g}{28\,g/mol} = 0.05\,mol$
3단계	'계수 비=몰비'를 이용하여 생성물의 양(mol)을 구한다.	N_2와 NH_3의 계수 비가 1:2이므로 N_2 0.05 mol이 반응하면 NH_3 0.1 mol이 생성된다.
4단계	NH_3의 양(mol)을 질량으로 바꾼다.	NH_3의 질량=양(mol)×1 mol의 질량(g/mol) $= 0.1\,mol \times 17\,g/mol = 1.7\,g$

3. 화학 반응에서 부피 – 질량 관계

⨁ 0 ℃, 1 atm에서 메테인(CH_4) 4.48 L를 완전 연소시킬 때 생성되는 물(H_2O)의 질량 구하기

1단계	화학 반응식 완성하기	$CH_4(g) + 2O_2(g) \longrightarrow CO_2(g) + 2H_2O(l)$
2단계	CH_4 4.48 L의 양(mol)을 구한다.	$CH_4(g)$의 양$(mol) = \dfrac{4.48\,L}{22.4\,L/mol} = 0.2\,mol$
3단계	'계수 비=몰비'를 이용하여 H_2O의 양(mol)을 구한다.	CH_4과 H_2O의 계수 비가 1:2이므로 CH_4 0.2 mol이 반응하면 H_2O 0.4 mol이 생성된다.
4단계	H_2O의 양(mol)을 질량으로 바꾼다.	H_2O의 질량=양(mol)×1 mol의 질량(g/mol) $= 0.4\,mol \times 18\,g/mol = 7.2\,g$

강의 포인트 ◎

물질의 질량 구하기

1. 화학 반응에서 물질의 양(mol)과 질량 관계를 이용하면 반응물과 생성물 중 어느 한쪽의 질량만 알아도 다른 물질의 질량을 구할 수 있다.

2. 화학 반응에서 각 물질의 계수 비와 기체의 부피 비가 같다는 것을 이용하면 반응물과 생성물 중 어느 한 기체의 부피만 알아도 다른 기체의 질량을 구할 수 있다.

개념 익히기 문제

정답과 해설 p.08

🧠 교과서 문장으로 개념 익히기

01 화학 반응식을 만들 때 반응물과 생성물에 있는 원자의 ▢▢와 ▢▢가 같도록 계수를 맞춘다.

02 화학 반응식에서 물질의 상태가 고체일 때는 ▢로, 기체일 때는 ▢로 괄호 안에 표시한다.

03 $2H_2(g) + O_2(g) \longrightarrow 2H_2O(g)$의 반응에서 $H_2O(g)$ 30 L가 생성될 때 같은 온도와 압력에서 반응한 $O_2(g)$의 부피는 ▢ L이다.

04 $2H_2(g) + O_2(g) \longrightarrow 2H_2O(l)$의 반응에서 O_2 1.6 g이 반응할 때 생성되는 H_2O의 양은 ▢ mol이다.

05 수소(H_2) 기체와 질소(N_2) 기체가 반응하여 암모니아(NH_3) 기체가 생성되는 반응에서 수소 기체 0.3 g이 반응하면 암모니아 ▢ mol이 생성된다.

🧊 OX 문제로 개념 익히기

06 화학 반응식에서 반응 몰비와 반응 질량비는 같다.

(O / X)

07 온도와 압력이 같은 기체의 경우 화학 반응식에서 계수 비는 반응 기체의 부피 비와 같다. (O / X)

08 화학 반응에서 반응 전후에 원자는 새로 생기거나 없어지지 않으므로 원자의 종류와 수는 변하지 않는다.

(O / X)

09 0 ℃, 1 atm에서 에탄올(C_2H_5OH) 4.6 g을 완전 연소시킬 때 생성되는 이산화 탄소(CO_2) 기체의 부피는 4.48 L이다. (단, 에탄올의 분자량은 46이다.) (O / X)

10 0 ℃, 1 atm에서 메테인(CH_4) 기체 2.24 L를 완전 연소시키면 H_2O 1.8 g이 생성된다. (O / X)

1. 퍼센트 농도 : 용액 $100\,g$에 녹아 있는 용질의 질량(g)으로 나타내며, 단위는 %를 사용한다.

$$\text{퍼센트 농도}(\%)=\frac{\text{용질의 질량}(g)}{\text{용액의 질량}(g)}\times 100=\frac{\text{용질의 질량}(g)}{(\text{용매}+\text{용질})\text{의 질량}(g)}\times 100$$

예 물 $160\,g$에 포도당 $40\,g$을 녹인 수용액 : 용액의 질량은 $200\,g$, 용질의 질량은 $40\,g$이다.
- 퍼센트 농도$(\%)=\dfrac{\text{용질의 질량}(g)}{\text{용액의 질량}(g)}\times 100=\dfrac{40\,g}{200\,g}\times 100=20\,\%$

2. 용질의 질량 구하기 : 퍼센트 농도와 용액의 질량을 알면 용액에 녹아 있는 용질의 질량을 구할 수 있다.

$$\text{용질의 질량}(g)=\text{용액의 질량}(g)\times\frac{\text{퍼센트 농도}(\%)}{100}$$

예 $20\,\%$ 수산화 나트륨 수용액 $50\,g$에 들어 있는 수산화 나트륨의 질량
- 수용액 $100\,g$에는 수산화 나트륨 $20\,g$이 녹아 있으므로 수용액 $50\,g$에는 수산화 나트륨 $10\,g$이 녹아 있다.
- 수산화 나트륨의 질량$(g)=$용액의 질량$(g)\times\dfrac{\text{퍼센트 농도}(\%)}{100}=50\,g\times\dfrac{20}{100}=10\,g$

4 몰 농도
개념 　용액 $1\,L$ 속에 녹아 있는 용질의 양(mol)을 나타낸다.

1. 몰 농도 : 용액 $1\,L$ 속에 녹아 있는 용질의 양(mol)으로 나타내며, 단위는 mol/L 또는 M이다.

$$\text{몰 농도}(M)=\frac{\text{용질의 양}(mol)}{\text{용액의 부피}(L)}$$

예 설탕 $34.2\,g$이 녹아 있는 설탕물 $250\,mL$의 몰 농도(설탕의 분자량 : 342)
- 수용액의 부피 : $250\,mL \times 1L/1000\,mL=0.25\,L$
- 용질의 양(mol) : $\dfrac{34.2\,g}{342\,g/mol}=0.1\,mol$
- 몰 농도$=\dfrac{0.1\,mol}{0.25\,L}=0.4\,M$

2. 용질의 양(mol) 구하기 : 용액의 몰 농도와 부피를 알면 용질의 양(mol)을 구할 수 있다.

$$\text{용질의 양}(mol)=\text{용액의 몰 농도}(mol/L)\times\text{용액의 부피}(L)$$

예 $0.2\,M$ 수산화 나트륨 수용액 $250\,mL$에 녹아 있는 수산화 나트륨의 양(mol)과 질량
- 수산화 나트륨의 양$(mol)=0.2\,mol/L \times 0.25\,L=0.05\,mol$
- 수산화 나트륨의 질량$=0.05\,mol \times 40\,g/mol=2\,g$($NaOH$의 화학식량 : 40)

3. $0.1\,M$ 포도당 수용액 $250\,mL$ 만들기
(1) 전자 저울을 이용하여 포도당 $4.5\,g$을 측정한다.
- $0.1\,M$ 포도당 수용액 $250\,mL$에 들어 있는 포도당의 양(mol) : $0.1\,mol/L \times 0.25\,L=0.025\,mol$
- 포도당 $0.025\,mol$의 질량 : $0.025\,mol \times 180\,g/mol=4.5\,g$(포도당의 분자량 : 180)

(2) (1)에서 측정한 포도당을 적당량의 증류수가 들어 있는 비커에 모두 녹인다.
(3) (2)의 포도당 수용액을 $250\,mL$ 부피 플라스크에 넣고, 증류수로 비커를 씻어 묻어 있는 용액까지 넣는다.

용액, 용매, 용질
- 용액 : 용질과 용매가 균일하게 섞인 혼합물이다.
- 용매 : 용질을 녹이는 물질이다.
- 용질 : 용매에 녹는 물질이다.
- 설탕물에서 물에 녹는 설탕은 용질, 설탕을 녹이는 물은 용매, 용매와 용질이 고르게 섞인 설탕물은 용액이다.

농도와 온도
- 퍼센트 농도는 온도나 압력의 영향을 받지 않는다.
- 용액의 부피는 온도에 따라 변하므로 몰 농도는 온도에 따라 달라진다.

퍼센트 농도가 같아도 용질의 종류에 따라 일정한 질량의 용액에 녹아 있는 용질의 입자 수가 다르다.
➡ $10\,\%$ 포도당 수용액 $100\,g$과 $10\,\%$ 설탕물 $100\,g$에 녹아 있는 용질의 질량은 $10\,g$으로 같지만 입자 수는 다르다.

특정 몰 농도의 용액을 만들 때 필요한 실험 기구
- 부피 플라스크 : 일정 부피의 용액을 만들 때 사용
- 전자 저울 : 용질의 질량을 측정할 때 사용

(4) 표시선까지 증류수를 넣고 부피 플라스크의 마개를 막고 잘 섞는다.

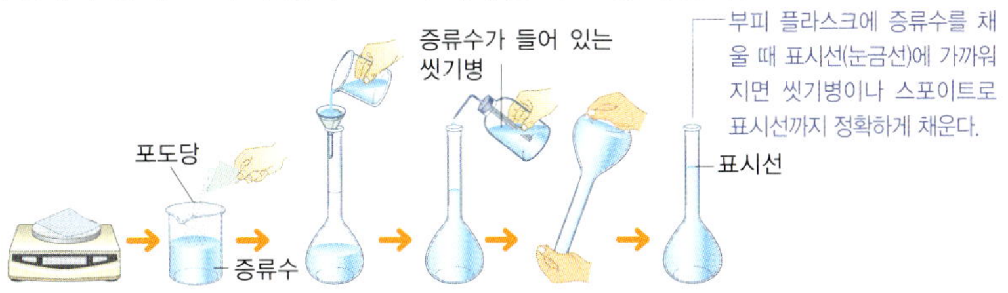

250 mL의 용액을 만들 때 물 250 mL를 부피 플라스크에 먼저 채운 뒤 용질을 녹이면 용액의 부피가 250 mL와 달라질 수 있으므로 원하는 몰 농도의 용액을 만들 수가 없다.

4. **용액의 희석** : 진한 농도의 용액에 증류수를 가하여 묽혀도 용질의 양(mol)은 변하지 않는다.

(1) 용액의 몰 농도가 M_1 mol/L인 용액 V_1 L에 증류수를 가하여 몰 농도가 M_2 mol/L인 용액 V_2 L를 만들 때 두 용액에 녹아 있는 용질의 양(mol)이 같으므로 다음과 같은 관계가 성립한다.

$$용질의 \ 양(mol)=용액의 \ 몰 \ 농도(mol/L)×용액의 \ 부피(L)$$
$$=M_1 × V_1 = M_2 × V_2 \quad \Rightarrow M_2 = \frac{M_1 × V_1}{V_2}$$

강의 포인트 🔍
용액의 부피(L)=
$$\frac{용질의 \ 양(mol)}{용액의 \ 몰 \ 농도(mol/L)}$$

예 0.2 M 수산화 나트륨 수용액 100 mL에 증류수를 가하여 수용액의 부피가 200 mL가 되었다면 $0.2 M × 0.1 L = x M × 0.2 L$에서 $x=0.1$이므로 수용액의 몰 농도는 0.1 M가 된다.

예 0.1 M 설탕물을 희석하여 0.01 M 설탕물 200 mL를 만들려면, 0.01 M 설탕물 200 mL에 녹아 있는 설탕의 양이 $0.01 M × 0.2 L = 0.002$ mol이므로 0.1 M 설탕물에서 0.002 mol을 얻는 데 필요한 부피를 구해야 한다. 용액의 부피(L)=$\frac{0.002 \ mol}{0.1 \ mol/L}$ $=0.02$ L에서 20 mL이다.

개념 익히기 문제

정답과 해설 p.08

🧠 교과서 문장으로 개념 익히기

11 수산화 나트륨 수용액에서 용질은 ☐☐☐☐☐, 용매는 ☐이다.

12 퍼센트 농도는 용액 ☐ g에 녹아 있는 용질의 질량(g)을 나타낸다.

13 용질의 질량(g)=☐☐의 질량×$\frac{퍼센트 \ 농도(\%)}{100}$ 이다.

14 ☐☐☐는 용액 1 L에 녹아 있는 용질의 양(mol)으로 나타낸다.

15 특정한 몰 농도의 용액을 만들 때 ☐☐☐☐☐☐는 표시선까지 용매를 채워 일정 부피의 용액을 만드는 데 사용된다.

16 진한 농도의 용액에 증류수를 가하여 묽힐 때 용액 속에 녹아 있는 ☐☐☐☐(mol)은 변하지 않는다.

📦 OX 문제로 개념 익히기

17 몰 농도는 용액의 온도의 영향을 받지 않는다. (O / X)

18 15 % 설탕물 50 g에 녹아 있는 설탕의 질량은 30 g이다. (O / X)

19 10 % 설탕물 100 g과 20 % 포도당 수용액 50 g에서 물의 질량은 설탕물이 포도당 수용액의 2배이다. (O / X)

20 0.4 M 포도당 수용액 100 mL에 녹아 있는 포도당의 질량은 7.2 g이다. (포도당의 분자량 : 180) (O / X)

21 NaOH 2 g이 녹아 있는 수용액 100 mL에 증류수를 가하여 용액의 부피가 200 mL가 되었을 때, 용액의 몰 농도는 0.25 M이다. (NaOH 화학식량 : 40) (O / X)

22 어떤 몰 농도의 용액에 증류수를 가하면 용질의 양(mol)은 감소하고, 용액의 부피는 증가한다. (O / X)

과정 & 결과

[탐구 과정]

(가) 탄산 칼슘과 묽은 염산이 반응하는 화학 반응식을 완성한다.

(나) 탄산 칼슘($CaCO_3$) 1 g을 준비한다.

(다) 삼각 플라스크에 묽은 염산(HCl) 100 mL를 넣고 질량을 측정한다.

(라) (다)의 삼각 플라스크를 저울에 올려놓은 상태에서 탄산 칼슘을 넣어 반응시킨다.

(마) 반응이 완전히 끝나면 삼각 플라스크의 질량을 측정한다.

(바) 탄산 칼슘 2 g, 3 g으로 (다)~(마)의 과정을 반복한다.

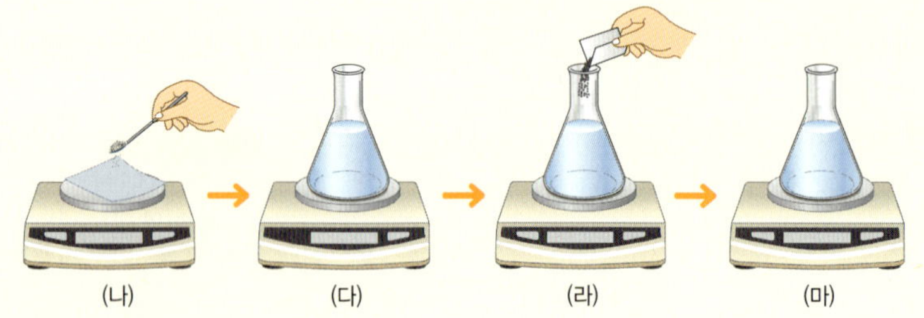

[결과]

• 화학 반응식 : $CaCO_3(s) + 2HCl(aq) \longrightarrow CaCl_2(aq) + H_2O(l) + CO_2(g)$

반응한 탄산 칼슘의 질량(g)	1	2	3
생성된 이산화 탄소의 질량(g)	0.44	0.88	1.32

분석

1. 반응한 탄산 칼슘의 양(mol)과 생성된 이산화 탄소의 양(mol)

⋯ 탄산 칼슘 1 g의 양 = 0.01 mol

⋯ 이산화 탄소 0.44 g의 양 = 0.01 mol

⋯ 탄산 칼슘 2 g의 양 = 이산화 탄소 0.88 g의 양 = 0.02 mol

⋯ 탄산 칼슘 3 g의 양 = 이산화 탄소 1.32 g의 양 = 0.03 mol

⋯ 화학 반응식에서 반응 몰비는 $CaCO_3 : CO_2 = 1 : 1$이다.

2. 질량 보존 법칙 : 반응물의 질량의 합과 생성물의 질량의 합은 같다.

⋯ (나)의 탄산 칼슘의 질량 + (다)의 삼각 플라스크와 묽은 염산의 질량
= (마)의 삼각 플라스크와 남은 용액의 질량 + 생성된 이산화 탄소의 질량

탐구 목표

탄산 칼슘과 묽은 염산의 반응 실험으로 화학 반응에서 반응물과 생성물 사이의 양적 관계를 설명할 수 있다.

탐구 포인트

반응한 탄산 칼슘의 질량과 생성된 이산화 탄소의 질량을 통해 반응 몰비를 구한 후 반응 계수 비와 비교한다.

정답과 해설 p.09

예제 ❶

탄산 칼슘($CaCO_3$) 5 g을 0.1 M 염산($HCl(aq)$) 100 mL에 넣고 반응을 완결시켰을 때에 대한 설명으로 옳지 <u>않은</u> 것은? (단, 온도는 t ℃, 1 atm으로 일정하고, t ℃, 1 atm에서 기체 1 mol의 부피는 30 L이며, $CaCO_3$의 화학식량은 100이다.)

① 화학 반응식은 $CaCO_3(s) + 2HCl(aq)$
$\longrightarrow CaCl_2(aq) + H_2O(l) + CO_2(g)$이다.

② 탄산 칼슘 5 g의 양은 0.05 mol이다.

③ 생성되는 기체의 부피는 t ℃, 1 atm에서 0.15 L이다.

④ 탄산 칼슘은 모두 반응한다.

⑤ 생성되는 H_2O의 양은 0.005 mol이다.

예제 ❷ 서술형

그림과 같이 t ℃, 1 atm에서 $Mg(s)$ 1.2 g을 충분한 양의 염산($HCl(aq)$)과 반응시킨 후 발생하는 기체의 부피를 측정하였다. (단, t ℃, 1 atm에서 기체 1 mol의 부피는 24 L이고, Mg의 원자량은 24이다.)

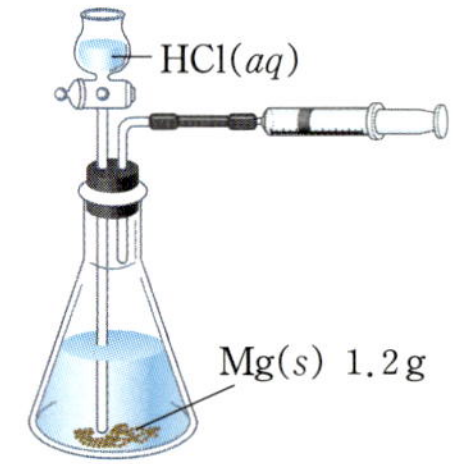

(1) $Mg(s)$과 $HCl(aq)$이 반응할 때의 화학 반응식을 쓰시오.

(2) 반응한 Mg의 양(mol)을 구한 후, 발생한 H_2의 양(mol)과 부피를 구하시오.

자료 ❶   퍼센트 농도를 몰 농도로 변환하기

※ 화학식량이 x인 용질이 녹아 있는 $a\,\%$ 수용액의 밀도가 $d\,g/mL$ 일 때 수용액의 몰 농도 구하기 ①

→ $a\,\%$ 수용액은 용액 $100\,g$에 용질 $a\,g$이 녹아 있다.

→ 용액 $100\,g$의 부피 : $\dfrac{100\,g}{d\,g/mL} \times \dfrac{1\,L}{1000\,mL} = \dfrac{1}{10\,d}\,L$

→ 용질의 양(mol) : $\dfrac{a\,g}{x\,g/mol} = \dfrac{a}{x}\,mol$

→ 몰 농도 : $\dfrac{\dfrac{a}{x}\,mol}{\dfrac{1}{10d}\,L} = \dfrac{10ad}{x}\,M$

예 $98\,\%$ 황산(H_2SO_4)의 몰 농도 구하기(단, $98\,\%$ 황산의 밀도는 $1.84\,g/mL$이고, H_2SO_4의 분자량은 98이다.)

→ 용액 $100\,g$의 부피 : $\dfrac{100\,g}{1.84\,g/mL} \times \dfrac{1\,L}{1000\,mL} = \dfrac{1}{18.4}\,L$

→ 용질의 양(mol) : $\dfrac{98\,g}{98\,g/mol} = 1\,mol$

→ 몰 농도 : $\dfrac{1\,mol}{\dfrac{1}{18.4}\,L} = 18.4\,M$

※ 화학식량이 x인 용질이 녹아 있는 $a\,\%$ 수용액의 밀도가 $d\,g/mL$ 일 때 수용액의 몰 농도 구하기 ②

→ 용액 $1\,L$의 질량 구하기 : $1000\,mL \times d\,g/mL = 1000d\,g$

→ 용액 $1\,L$ 속에 들어 있는 용질의 질량 구하기 :

$$1000d\,g \times \dfrac{a}{100} = 10ad\,g$$

→ 용액 $1\,L$ 속에 들어 있는 용질의 양(mol) : $\dfrac{10ad\,g}{x\,g/mol}$

$$= \dfrac{10ad}{x}\,mol$$

→ 몰 농도 : $\dfrac{\dfrac{10ad}{x}\,mol}{1\,L} = \dfrac{10ad}{x}\,M$

예 $10\,\%$ $NaOH(aq)$의 몰 농도 구하기(단, $NaOH(aq)$의 밀도는 $1.01\,g/mL$이고, $NaOH$의 화학식량은 40이다.)

→ 용액 $1\,L$의 질량 : $1000\,mL \times 1.01\,g/mL = 1010\,g$

→ 용액 $1\,L$ 속에 들어 있는 용질의 질량 구하기 :

$$1010\,g \times \dfrac{10}{100} = 101\,g$$

→ 용액 $1\,L$ 속에 들어 있는 용질의 양(mol) :

$$\dfrac{101\,g}{40\,g/mol} = \dfrac{101}{40}\,mol$$

→ 몰 농도 : $\dfrac{\dfrac{101}{40}\,mol}{1\,L} = \dfrac{101}{40}\,M$

자료 ❷   수용액의 농도 변환 및 농도 비교

※ 화학식량이 x인 용질이 녹아 있는 $b\,M$ 수용액의 밀도가 $d\,g/mL$ 일 때 수용액의 퍼센트 농도 구하기

→ $b\,M$ 수용액 $1\,L$에는 용질 $b\,mol$이 녹아 있다.

→ 용액 $1\,L$에 녹아 있는 용질의 질량 : $b\,mol \times x\,g/mol = bx\,g$

→ 용액 $1\,L$의 질량 : $1000\,mL \times d\,g/mL = 1000d\,g$

→ 퍼센트 농도 $= \dfrac{\text{용질의 질량(g)}}{\text{용액의 질량(g)}} \times 100$

$$= \dfrac{bx\,g}{1000d\,g} \times 100 = \dfrac{bx}{10d}\,\%$$

예 $0.1\,M$ 포도당 수용액 $500\,mL$의 퍼센트 농도 구하기 (단, 포도당 수용액의 밀도는 $1\,g/mL$이고, 포도당의 분자량은 180이다.)

→ $0.1\,M$ 수용액 $0.5\,L$에는 용질 $0.05\,mol$이 녹아 있다.

→ 용액 $0.5\,L$에 녹아 있는 용질의 질량 : $0.05\,mol \times 180\,g/mol$ $= 9\,g$

→ 용액 $0.5\,L$의 질량 : $500\,mL \times 1\,g/mL = 500\,g$

→ 용액 $0.5\,L$의 퍼센트 농도 $= \dfrac{9\,g}{500\,g} \times 100 = 1.8\,\%$

→ $0.1\,M$ 포도당 수용액의 퍼센트 농도는 $1.8\,\%$이다.

그림은 서로 다른 농도의 포도당 수용액 (가)와 (나)이다. 포도당의 분자량은 180이다.

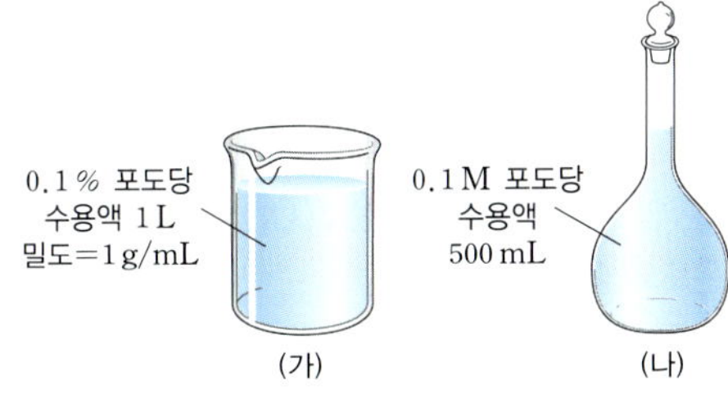

→ (가)와 (나)에 녹아 있는 포도당의 질량

(가) : 밀도가 $1\,g/mL$이므로 용액의 질량은 $1000\,g$이다. 따라서 녹아 있는 용질의 질량은 $1000\,g \times \dfrac{0.1}{100} = 1\,g$이다.

(나) : 용질의 양은 $0.1\,M \times 0.5\,L = 0.05\,mol$이므로 용질의 질량은 $0.05\,mol \times 180\,g/mol = 9\,g$이다

→ (가)의 몰 농도는 $\dfrac{1}{180}\,mol \times \dfrac{1}{1\,L} = \dfrac{1}{180}\,M$이다.

→ (나)에서 $200\,mL$를 취하여 $1\,L$의 부피 플라스크에 넣고 표시선까지 증류수를 채운 용액의 몰 농도(x)는 $0.1\,M \times 0.2\,L = x \times 1\,L$에서 $x = 0.02\,M$이다.

개념 다지기 문제

01 다음은 질소와 수소가 반응하는 화학 반응식이다.

$$N_2(g) + 3H_2(g) \longrightarrow aNH_3(g) \ (a\text{는 반응 계수})$$

이에 대한 설명으로 옳은 것은? (단, 온도와 압력은 일정하다.)

① $a=1$이다.
② 전체 원자 수는 반응 전이 반응 후보다 크다.
③ 반응이 일어나면 기체 분자 수는 감소한다.
④ 반응이 일어나면 전체 기체의 부피는 증가한다.
⑤ 원소의 가짓수는 반응 전이 반응 후보다 많다.

02 다음은 물질 (가)의 분해 반응의 화학 반응식이다.

$$2 \boxed{\text{(가)}} \longrightarrow 2H_2O + O_2$$

이에 대한 설명으로 옳은 것만을 |보기|에서 있는 대로 고른 것은?
(단, H, O의 원자량은 각각 1, 16이다.)

— 보기 —
ㄱ. (가)는 H_2O_2이다.
ㄴ. (가) 1 mol이 분해되면 O_2 4 mol이 생성된다.
ㄷ. (가) 3.4 g이 반응하면 H_2O 3.6 g이 생성된다.

① ㄱ ② ㄴ ③ ㄱ, ㄷ
④ ㄴ, ㄷ ⑤ ㄱ, ㄴ, ㄷ

03 다음은 암모니아(NH_3)와 산소(O_2)의 반응에 대한 화학 반응식이다. 온도와 압력은 일정하다.

$$4NH_3(g) + aO_2(g) \longrightarrow bNO(g) + cH_2O(g)$$
$$(a \sim c \text{는 반응 계수})$$

이에 대한 설명으로 옳은 것만을 |보기|에서 있는 대로 고른 것은?

— 보기 —
ㄱ. $a+b+c=15$이다.
ㄴ. NH_3 1 mol이 반응하면 H_2O 3 mol이 생성된다.
ㄷ. 전체 기체의 밀도는 반응 후>반응 전이다.

① ㄱ ② ㄴ ③ ㄱ, ㄷ
④ ㄴ, ㄷ ⑤ ㄱ, ㄴ, ㄷ

04 다음은 수소(H_2) 기체와 산소(O_2) 기체를 반응시켜 수증기($H_2O(g)$)를 생성하는 반응에 관한 실험이다.

$H_2(g)$ 0.2 g과 $O_2(g)$ 3.2 g을 실린더에 넣고 반응을 완결시킨다.

반응 후 실린더 속 기체에 대한 설명으로 옳은 것만을 |보기|에서 있는 대로 고른 것은? (단, 온도와 압력은 $t \, ^\circ\!C$, 1 atm으로 일정하고, $t \, ^\circ\!C$, 1 atm에서 기체 1 mol의 부피는 24 L이며, H, O의 원자량은 각각 1, 12이다.)

— 보기 —
ㄱ. 남은 반응물은 H_2이다.
ㄴ. 생성된 H_2O의 질량은 1.8 g이다.
ㄷ. 반응 후 실린더의 부피 속 기체의 1.2 L이다.

① ㄱ ② ㄴ ③ ㄷ
④ ㄱ, ㄴ ⑤ ㄴ, ㄷ

05 다음은 금속 M과 $HCl(aq)$의 반응과 관련된 실험이다.

[화학 반응식]
$$M(s) + 2HCl(aq) \longrightarrow MCl_2(aq) + X(g)$$

[실험 과정]
$t \, ^\circ\!C$, 1 atm에서 $M(s)$ $w \text{ g}$을 충분한 양의 $HCl(aq)$과 반응시켰을 때 발생하는 $X(g)$의 부피를 측정한다.

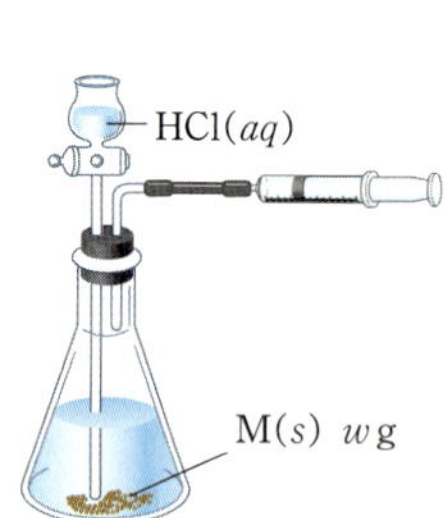

[실험 결과 및 자료]
· $t \, ^\circ\!C$, 1 atm에서 발생한 $X(g)$의 부피: 4.8 L
· $t \, ^\circ\!C$, 1 atm에서 기체 1 mol의 부피 : 24 L

이에 대한 설명으로 옳은 것만을 |보기|에서 있는 대로 고른 것은? (단, M은 임의의 원소 기호이다.)

— 보기 —
ㄱ. $X(g)$는 H_2이다.
ㄴ. M의 원자량은 $5w$이다.
ㄷ. 반응한 HCl의 양은 0.2 mol이다.

① ㄱ ② ㄷ ③ ㄱ, ㄴ
④ ㄴ, ㄷ ⑤ ㄱ, ㄴ, ㄷ

 유형 문제

06 다음은 포도당($C_6H_{12}O_6$)이 발효하여 에탄올(C_2H_5OH)과 이산화 탄소(CO_2)가 생성되는 반응의 화학 반응식이다.

$$C_6H_{12}O_6(aq) \longrightarrow aC_2H_5OH(aq)+aCO_2(g)$$
$$(a는 반응 계수)$$

$t\,^\circ\text{C}$, $1\,\text{atm}$에서 포도당을 발효시켜 에탄올 $2.3\,\text{g}$이 생성되었을 때에 대한 설명으로 옳은 것은? (단, H, C, O의 원자량은 각각 1, 12, 16이고, $t\,^\circ\text{C}$, $1\,\text{atm}$에서 기체 $1\,\text{mol}$의 부피는 $24\,\text{L}$이며, 아보가드로수는 6.0×10^{23}이다.)

① $a=4$이다.
② 반응한 포도당은 $9\,\text{g}$이다.
③ 생성된 에탄올은 $0.02\,\text{mol}$이다.
④ 생성된 이산화 탄소 기체의 부피는 $t\,^\circ\text{C}$, $1\,\text{atm}$에서 $1.2\,\text{L}$이다.
⑤ 생성된 에탄올에 들어 있는 H 원자 수는 3.0×10^{21}이다.

07 다음은 탄산 칼슘($CaCO_3$)을 열분해하는 반응에서 양적 관계를 확인하는 실험이다.

[화학 반응식]

$$CaCO_3(s) \xrightarrow{\text{가열}} CaO(s)+X(g)$$

[과정]
(가) 도가니의 질량(w_1)을 측정한다.
(나) 도가니에 탄산 칼슘($CaCO_3$)을 넣고 도가니의 전체 질량(w_2)을 측정한다.
(다) 일정 시간 동안 가열한 후 도가니의 전체 질량(w_3)을 측정한다.

이에 대한 설명으로 옳은 것만을 |보기|에서 있는 대로 고른 것은? (단, C, O, Ca의 원자량은 각각 12, 16, 40이다.)

┌─ 보기 ─
ㄱ. X는 CO_2이다.
ㄴ. 생성된 X의 양(mol)은 $\dfrac{w_2-w_3}{44}$ mol이다.
ㄷ. 반응한 탄산 칼슘의 질량은 $\dfrac{25 \times (w_2-w_1)}{11}$ g이다.
└─

① ㄱ   ② ㄷ   ③ ㄱ, ㄴ
④ ㄴ, ㄷ   ⑤ ㄱ, ㄴ, ㄷ

08 그림은 XY(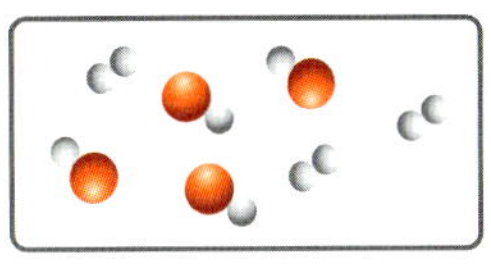)와 Y_2()를 반응시켰을 때 반응 전과 후 용기에 존재하는 물질을 분자 모형으로 나타낸 것이다.

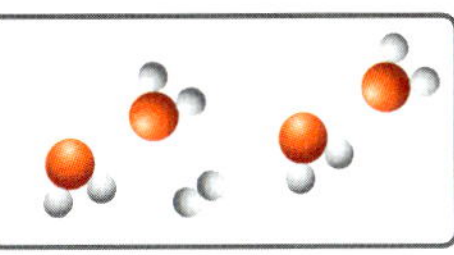

반응 전   반응 후

이에 대한 설명으로 옳은 것만을 |보기|에서 있는 대로 고른 것은? (단, X, Y는 임의의 원소 기호이다.)

┌─ 보기 ─
ㄱ. 전체 원자 수는 반응 전이 반응 후보다 크다.
ㄴ. 화학 반응식은 $2XY+Y_2 \longrightarrow XY_2$이다.
ㄷ. 반응 몰비는 $XY:Y_2=2:1$이다.
└─

① ㄱ   ② ㄷ   ③ ㄱ, ㄴ
④ ㄴ, ㄷ   ⑤ ㄱ, ㄴ, ㄷ

09 다음은 기체 A_2와 B_2가 반응하여 기체 X가 생성되는 반응의 화학 반응식이다.

$$aA_2(g) + bB_2(g) \longrightarrow 2X(g) \ (a, b는 반응 계수)$$

그림은 $6\,\text{mol}$의 B_2가 들어 있는 용기에 A_2의 양을 달리하여 넣고 반응을 완결시켰을 때 생성된 X의 양을 나타낸 것이다.

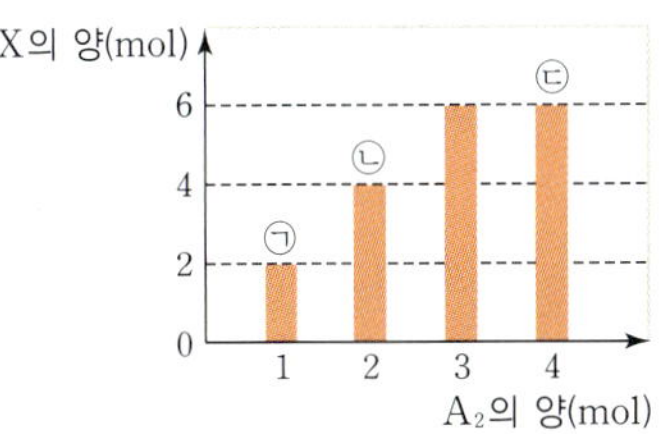

이에 대한 설명으로 옳은 것만을 |보기|에서 있는 대로 고른 것은? (단, A, B는 임의의 원소 기호이다.)

┌─ 보기 ─
ㄱ. X의 분자식은 A_2B이다.
ㄴ. ㉠에서 반응 후 남은 B_2의 양은 $4\,\text{mol}$이다.
ㄷ. 반응 후 전체 기체의 양은 ㉢에서가 ㉡에서보다 $1\,\text{mol}$ 많다.
└─

① ㄱ   ② ㄴ   ③ ㄱ, ㄷ
④ ㄴ, ㄷ   ⑤ ㄱ, ㄴ, ㄷ

10 다음 수용액 중 녹아 있는 용질의 질량이 가장 큰 수용액은? (단, H, C, O의 원자량은 각각 1, 12, 16이다.)

① 30 % $NaOH(aq)$ 10 g

② 0.1 M $C_6H_{12}O_6(aq)$ 100 mL

③ 15 % $C_6H_{12}O_6(aq)$ 15 g

④ 2 M $C_6H_{12}O_6(aq)$ 6 mL

⑤ 0.5 M $C_{12}H_{22}O_{11}(aq)$ 20 mL

11 농도에 대한 설명으로 옳은 것은?

① 20 % 포도당 수용액 50 g에는 포도당 20 g이 들어 있다.

② 0.1 M 설탕 수용액 100 mL에는 설탕 0.1 mol이 들어 있다.

③ 0.1 M 포도당 수용액 100 mL와 0.2 M 설탕물 50 mL에 들어 있는 용질의 질량은 같다.

④ 0.5 M 설탕물 10 mL에 증류수를 넣어 만든 50 mL의 설탕물의 농도는 0.1 M이다.

⑤ 포도당의 질량은 25 °C인 5 % 포도당 수용액 100 g에서가 50 °C인 5 % 포도당 수용액 100 g에서보다 크다.

대표 유형 문제

12 다음은 x M $NaOH(aq)$을 만드는 실험 과정이다.

[실험 과정]

(가) 2 M $NaOH(aq)$ 100 mL를 만든다.

(나) (가)의 수용액 20 mL를 취하여 500 mL ☐㉠☐에 넣는다.

(다) (나)의 ☐㉠☐의 표시선까지 증류수를 채워 x M $NaOH(aq)$을 만든다.

이에 대한 설명으로 옳은 것만을 |보기|에서 있는 대로 고른 것은? (단, NaOH의 화학식량은 40이다.)

보기

ㄱ. '부피 플라스크'는 ㉠으로 적절하다.

ㄴ. (가)에서 수용액에 들어 있는 NaOH의 질량은 8 g이다.

ㄷ. $x=0.08$이다.

① ㄱ   ② ㄷ   ③ ㄱ, ㄴ

④ ㄴ, ㄷ   ⑤ ㄱ, ㄴ, ㄷ

13 그림은 농도가 서로 다른 $NaOH(aq)$ (가)와 (나)를 나타낸 것이다.

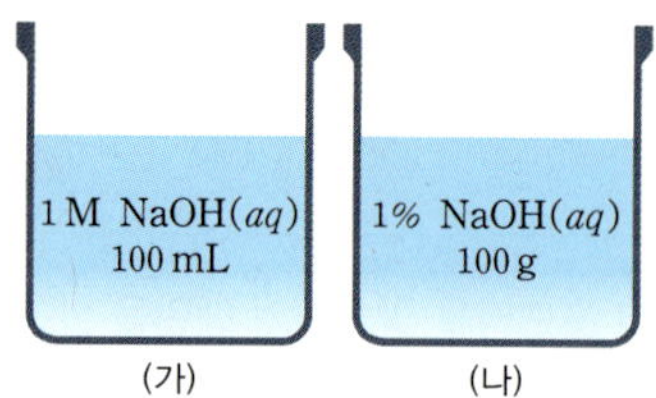

이에 대한 설명으로 옳은 것만을 |보기|에서 있는 대로 고른 것은? (단, NaOH의 화학식량은 40이고, 온도는 일정하다.)

보기

ㄱ. 수용액에 들어 있는 NaOH의 질량은 (가)가 (나)의 4배이다.

ㄴ. (가)에 $NaOH(s)$ 4 g을 추가하면 수용액의 몰 농도가 2 M이 된다.

ㄷ. (나)에 물 100 g을 추가하면 퍼센트 농도가 0.5 %가 된다.

① ㄱ   ② ㄴ   ③ ㄱ, ㄷ

④ ㄴ, ㄷ   ⑤ ㄱ, ㄴ, ㄷ

14 그림은 서로 다른 농도의 A 수용액 (가)와 (나)를 나타낸 것이다.

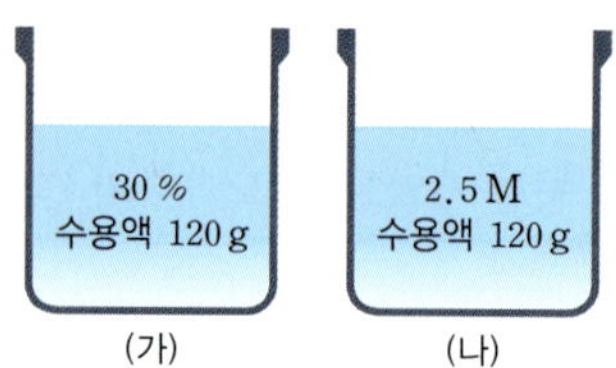

이에 대한 설명으로 옳은 것만을 |보기|에서 있는 대로 고른 것은? (단, A의 화학식량은 120이고, 2.5 M $A(aq)$의 밀도는 1.2 g/mL이다.)

보기

ㄱ. A의 질량은 (가)>(나)이다.

ㄴ. (가)에서 A의 양은 0.3 mol이다.

ㄷ. (나)에서 퍼센트 농도는 25 %이다.

① ㄱ   ② ㄷ   ③ ㄱ, ㄴ

④ ㄴ, ㄷ   ⑤ ㄱ, ㄴ, ㄷ

15 다음은 A(g)와 B(g)가 반응하여 C(g)를 생성하는 반응의 화학 반응식이다.

$$A(g) + bB(g) \longrightarrow cC(g) \quad (b, c\text{는 반응 계수})$$

그림은 1 mol의 A(g)가 들어 있는 두 용기 Ⅰ, Ⅱ에 B(g)를 각각 4 mol, 8 mol을 넣은 것을, 표는 Ⅰ, Ⅱ에서 반응을 완결시켰을 때 반응 후 두 용기에서 $\dfrac{\text{C의 양(mol)}}{\text{전체 기체의 양(mol)}}$을 나타낸 것이다.

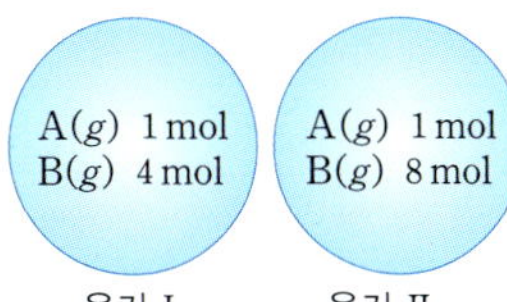

용기	Ⅰ	Ⅱ
$\dfrac{\text{C의 양(mol)}}{\text{전체 기체의 양(mol)}}$	1	$\dfrac{1}{3}$

이에 대한 설명으로 옳은 것만을 |보기|에서 있는 대로 고른 것은?

|보기|
ㄱ. $b+c=6$이다.
ㄴ. Ⅱ에서 반응 후 C의 양은 2 mol이다.
ㄷ. 반응 후 분자 수 비는 Ⅰ : Ⅱ = 1 : 3이다.

① ㄱ   ② ㄷ   ③ ㄱ, ㄴ   ④ ㄴ, ㄷ   ⑤ ㄱ, ㄴ, ㄷ

대표 유형 문제

16 다음은 진한 염산으로 묽은 염산 200 mL를 만드는 실험 과정과 자료이다.

[실험 과정]
(가) 피펫으로 진한 염산 40 mL를 취하여 200 mL의 부피 플라스크에 넣는다.
(나) (가)의 부피 플라스크에 증류수를 가하여 표시선까지 채운다.

[자료]
- (가)에서 진한 염산의 퍼센트 농도 : 36.5 %
- (가)에서 진한 염산의 밀도 : 1.25 g/mL
- HCl의 화학식량 36.5
- (나)에서 묽은 염산의 밀도 : 1 g/mL

이에 대한 설명으로 옳은 것만을 |보기|에서 있는 대로 고른 것은?

|보기|
ㄱ. (가)에서 HCl의 양은 0.25 mol이다.
ㄴ. (나)에서 HCl(aq)의 몰 농도는 2.5 M이다.
ㄷ. (나)에서 퍼센트 농도는 10 %보다 작다.

① ㄱ   ② ㄴ   ③ ㄷ   ④ ㄱ, ㄴ   ⑤ ㄴ, ㄷ

17 표는 X$_2(g)$와 Y$_2(g)$가 반응하여 X$_2$Y(g)를 생성하는 반응에 대한 자료이다. (단, X, Y는 임의의 원소 기호이다.)

실험	반응 전 반응물의 부피(L)		반응 후 남은 반응물의 양(mol)
	X$_2$	Y$_2$	
Ⅰ	0.5a	3b	xb
Ⅱ	a	4b	0

(1) X$_2(g)$와 Y$_2(g)$가 반응하여 X$_2$Y(g)가 생성되는 화학 반응식을 쓰시오.

(2) a와 b의 비, x를 구하고 그 과정을 설명하시오.

18 그림은 농도가 다른 A 수용액 (가)와 (나)를 혼합한 후, 증류수를 추가하여 800 g인 수용액 (다)를 만드는 과정을 나타낸 것이다.

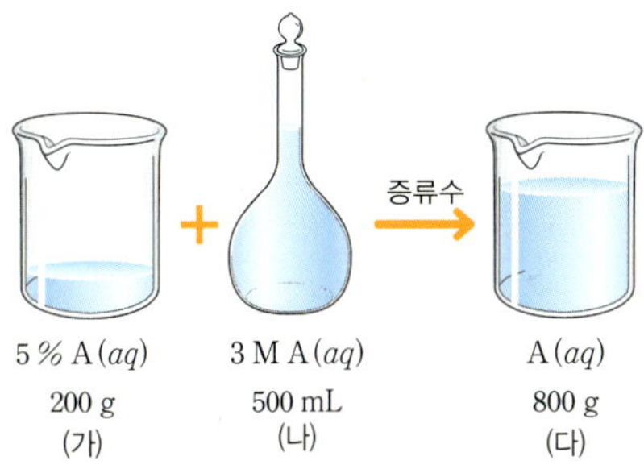

(다)에서 A(aq)의 몰 농도를 구하고, 그 과정을 (가)와 (나)에서 구한 A의 양(mol)을 포함하여 설명하시오. (단, A의 화학식량은 100이고, (다)에서 A(aq)의 밀도는 1 g/mL이며, 온도는 일정하다.)

학교 시험 빈출 자료 MASTER

02 화학식량과 몰

1 화학식량

그림은 탄소(C)에 대한 수소(H)와 산소(O)의 상대적인 질량을 나타낸 것이다.

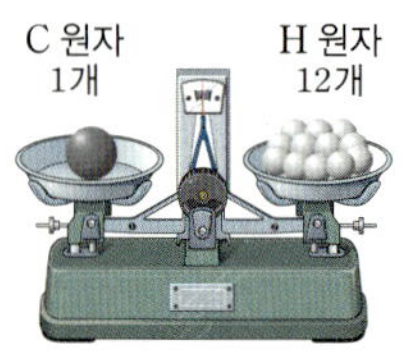
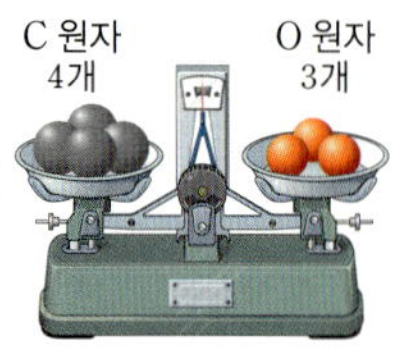

- C 원자 1개와 H 원자 12개의 질량이 같으므로 C의 원자량이 12일 때 H의 원자량은 1이다.
- C 원자 4개와 O 원자 3개의 질량이 같으므로 C의 원자량이 12일 때 O의 원자량은 16이다.

● 다음 설명 중 옳은 것은 ○표, 옳지 <u>않은</u> 것은 ×표 하시오.

1 원자 1개의 질량은 O 원자가 C 원자의 $\frac{4}{3}$ 배이다.　○ / ×

2 O 원자 3개의 질량은 H 원자 36개의 질량과 같다.　○ / ×

3 C의 원자량이 12일 때 폼알데하이드(CH_2O)의 분자량은 22이다.　○ / ×

4 1 mol의 질량은 원자량 뒤에는 그램(g) 단위를, 분자량 뒤에는 킬로그램(kg) 단위를 붙인 값이다.　○ / ×

5 염화 나트륨($NaCl$)의 화학식량은 나트륨의 원자량과 염소의 원자량의 합과 같다.　○ / ×

2 1 mol의 질량

그림은 몇 가지 물질의 1 mol을 나타낸 것이다. H, O, Cu의 원자량은 각각 1, 16, 64이고, 아보가드로수는 6.02×10^{23}이다.

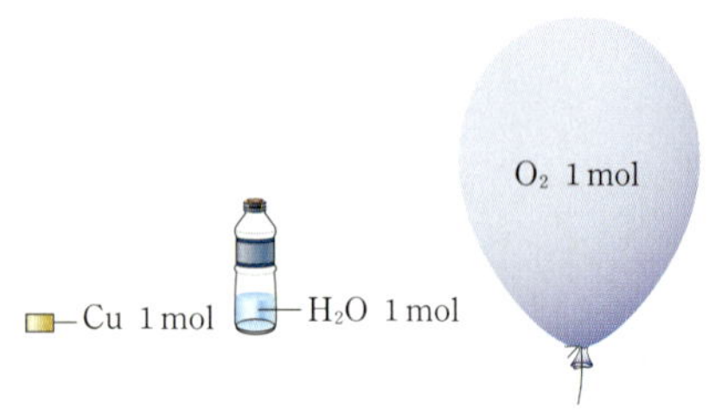

● 다음 설명 중 옳은 것은 ○표, 옳지 <u>않은</u> 것은 ×표 하시오.

1 물질 1 mol의 질량은 화학식량이 클수록 크다.　○ / ×
2 Cu 3.2 g에는 Cu 원자 6.02×10^{22}개가 들어 있다.　○ / ×
3 물질의 양(mol)은 물질의 질량을 1 mol의 질량으로 나누어 구한다.　○ / ×
4 H_2O 18 g에 들어 있는 O 원자 수와 O_2 32 g에 들어 있는 O 원자 수는 같다.　○ / ×
5 H_2O 9 g에 들어 있는 전체 원자의 양은 1.5 mol이다.　○ / ×
6 Cu 원자 3.01×10^{23}개의 질량과 O_2 분자 1 mol의 질량은 같다.　○ / ×

3 1 mol의 부피

그림은 0 ℃, 1 atm에서 서로 다른 부피의 기체 (가)~(다)를 나타낸 것이다. H, C, N, O의 원자량은 각각 1, 12, 14, 16이다.

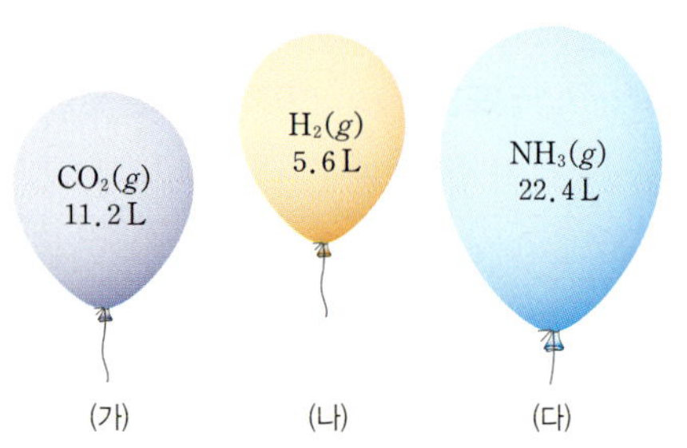

● 다음 설명 중 옳은 것은 ○표, 옳지 <u>않은</u> 것은 ×표 하시오.

1 기체 분자 수는 (다)가 (가)의 2배이다.　○ / ×
2 전체 원자 수는 (다)가 (나)의 4배이다.　○ / ×
3 기체의 질량은 (가)가 (나)의 44배이다.　○ / ×
4 기체의 밀도는 (가)가 (다)보다 크다.　○ / ×
5 H 원자의 질량은 (다)가 (나)의 6배이다.　○ / ×
6 온도와 압력이 같을 때 모든 기체는 같은 부피 속에 같은 수의 분자가 들어 있다.　○ / ×

03 화학 반응식과 용액의 농도

4 화학 반응에서 양적 관계

그림은 $A(g) \longrightarrow 2B(g)$의 반응이 일어날 때 기체 A와 B의 양적 관계를 나타낸 것이다. A의 분자량은 92이다.

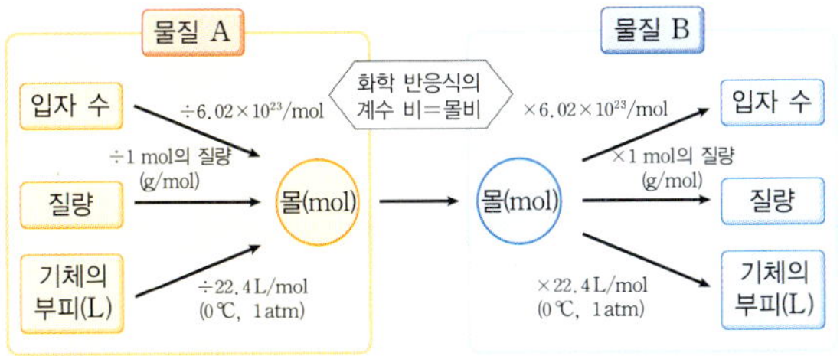

● 다음 설명 중 옳은 것은 ○표, 옳지 않은 것은 ×표 하시오.

[온도와 압력은 0 ℃, 1 atm이다.]

1 A 1 mol이 반응할 때 생성되는 B의 분자 수는 $2 \times 6.02 \times 10^{23}$개이다. ○ / ×

2 A 4.6 g이 반응할 때 생성되는 $B(g)$의 부피는 1.12 L이다. ○ / ×

3 $A(g)$ 5.6 L가 반응할 때 생성되는 B의 질량은 23 g이다. ○ / ×

4 B 4.6 g이 생성될 때 반응한 A의 질량은 9.2 g이다. ○ / ×

5 $A(g)$ 5.6 L가 반응할 때 생성되는 B의 분자 수는 3.01×10^{23}개이다. ○ / ×

5 화학 반응에서 부피-질량 관계

다음은 메테인(CH_4) 기체 5.6 L를 완전 연소시킬 때 생성되는 $CO_2(g)$의 부피와 $H_2O(l)$의 질량을 구하는 과정이다. 온도와 압력은 0 ℃, 1 atm으로 일정하고, 0 ℃, 1 atm에서 기체 1 mol의 부피는 22.4 L이다.

1단계 : 화학 반응식을 구한다.
$$CH_4(g) + 2O_2(g) \longrightarrow CO_2(g) + 2H_2O(l)$$
2단계 : CH_4의 양(mol)을 구한다.
$$CH_4의 양(mol) = \frac{부피(L)}{1\ mol의\ 부피(L/mol)}$$
$$= (\quad \bigcirc \quad)$$
3단계 : CO_2와 H_2O의 양(mol)을 구한다.
4단계 : CO_2의 부피와 H_2O의 질량을 구한다.

● 다음 설명 중 옳은 것은 ○표, 옳지 않은 것은 ×표 하시오.

1 반응 계수 비는 $CH_4 : CO_2 : H_2O = 1 : 1 : 2$이다. ○ / ×

2 ⊙은 '$\dfrac{5.6\ L}{22.4\ L/mol} = 0.25\ mol$'이 적절하다. ○ / ×

3 생성된 물질의 양(mol)은 CO_2가 H_2O의 2배이다. ○ / ×

4 4단계에서 구한 $CO_2(g)$의 부피는 $0.25\ mol \times 22.4\ L/mol = 5.6\ L$이다. ○ / ×

5 생성된 $H_2O(l)$의 부피는 11.2 L이다. ○ / ×

6 생성된 물질의 질량비는 $CO_2 : H_2O = 1 : 2$이다. ○ / ×

6 특정 몰 농도의 용액 만들기

그림은 0.1 M NaOH 수용액 500 mL를 만드는 과정을 나타낸 것이다. NaOH의 화학식량은 40이다.

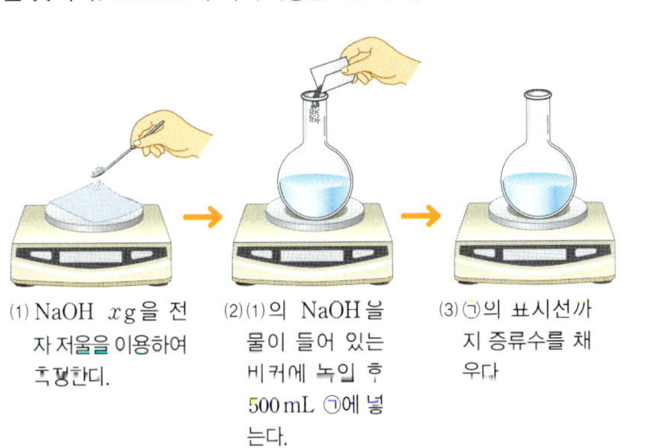

● 다음 설명 중 옳은 것은 ○표, 옳지 않은 것은 ×표 하시오.

1 0.1 M NaOH 수용액 500 mL에 들어 있는 NaOH의 양은 0.05 mol이다. ○ / ×

2 $x = 2$이다. ○ / ×

3 ⊙은 부피 플라스크이다. ○ / ×

4 부피 플라스크에 증류수를 표시선까지 먼저 채운 후 NaOH x g을 넣어도 수용액의 몰 농도는 0.1 M이나. ○ / ×

학교 시험 대비 문제

01 그림은 원자 X와 Y의 질량 관계를 나타낸 것이다. ●와 ▲는 각각 X와 Y의 모형이고, 양팔 저울은 모두 수평을 이루고 있다.

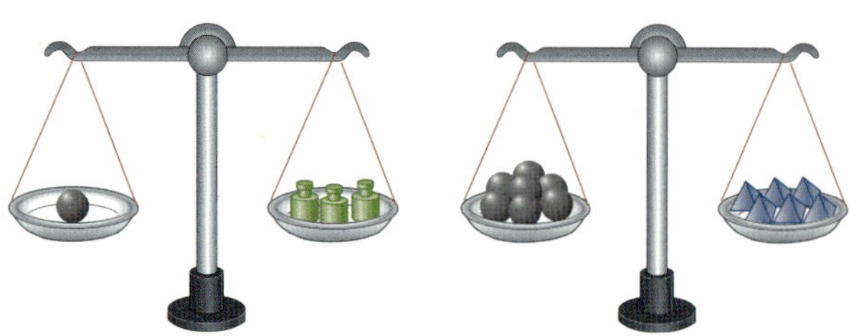

이에 대한 설명으로 옳은 것만을 |보기|에서 있는 대로 고른 것은? (단, X, Y는 임의의 원소 기호이고, 아보가드로수는 6×10^{23}이며, 사용한 추 1개의 질량은 같다.)

> **보기**
> ㄱ. 원자량 비는 $X : Y = 6 : 7$이다.
> ㄴ. X 원자 1개의 질량이 2×10^{-23}일 때 Y_2의 분자량은 28이다.
> ㄷ. Y 3개의 질량은 X 3개 질량과 추 1개 질량의 합보다 크다.

① ㄱ   ② ㄷ   ③ ㄱ, ㄴ
④ ㄴ, ㄷ   ⑤ ㄱ, ㄴ, ㄷ

02 그림은 같은 질량의 기체 A와 B가 서로 다른 부피의 용기에 각각 들어 있는 것을 나타낸 것이다. 두 용기 속 기체의 온도와 압력은 같다.

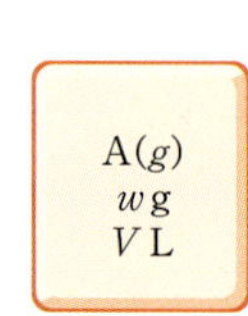
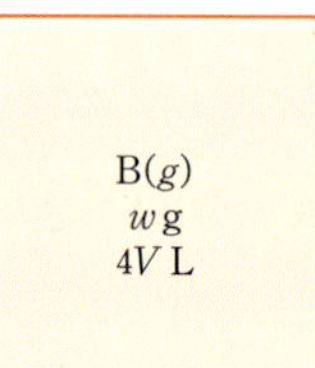

$\dfrac{\text{B의 분자량}}{\text{A의 분자량}}$ 은?

① $\dfrac{1}{4}$ ② $\dfrac{1}{2}$ ③ 1
④ 2   ⑤ 4

03 표는 4가지 분자에 대한 자료이다.

분자	H_2	CH_4	CO_2	HCHO
분자 1개의 질량(g)	$\dfrac{1}{3} \times 10^{-23}$	x		
분자량	2	16	44	y

이에 대한 설명으로 옳은 것만을 |보기|에서 있는 대로 고른 것은?

> **보기**
> ㄱ. 아보가드로수는 6×10^{23}이다.
> ㄴ. $x = \dfrac{8}{3} \times 10^{-23}$이다.
> ㄷ. $y = 30$이다.

① ㄱ   ② ㄷ   ③ ㄱ, ㄴ
④ ㄴ, ㄷ   ⑤ ㄱ, ㄴ, ㄷ

04 그림은 같은 온도와 압력에서 용기 (가)와 (나)에 몇 가지 기체가 들어 있는 것을 모형으로 나타낸 것이다.

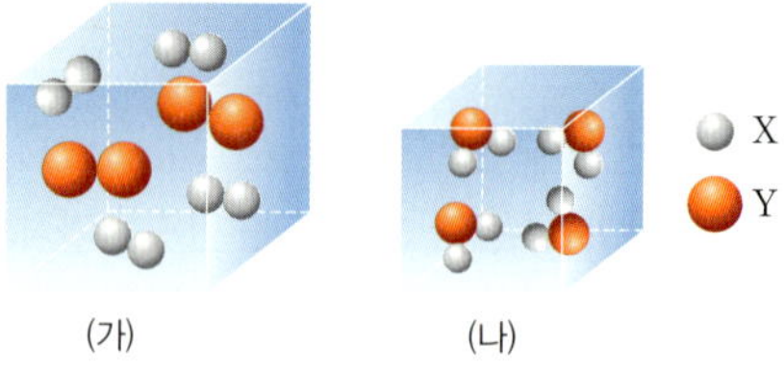

이에 대한 설명으로 옳은 것만을 |보기|에서 있는 대로 고른 것은? (단, X, Y는 임의의 원소 기호이며, 기체는 서로 반응하지 않는다.)

> **보기**
> ㄱ. 부피 비는 (가) : (나) $= 3 : 2$이다.
> ㄴ. 전체 기체의 밀도 비는 (가) : (나) $= 2 : 3$이다.
> ㄷ. 전체 원자 수는 (가) > (나)이다.

① ㄱ   ② ㄷ   ③ ㄱ, ㄴ
④ ㄴ, ㄷ   ⑤ ㄱ, ㄴ, ㄷ

05

다음은 $t\,^\circ\!C$, $1\,atm$에서 $H_2(g)$와 $O_2(g)$가 반응하여 $H_2O(g)$를 생성하는 반응의 화학 반응식이다.

$$a H_2(g) + O_2(g) \longrightarrow b H_2O(g)\ (a,\ b\text{는 반응 계수})$$

$t\,^\circ\!C$, $1\,atm$에서 H_2 $1\,mol$을 모두 반응시켰을 때 이에 대한 설명으로 옳은 것만을 |보기|에서 있는 대로 고른 것은? (단, 온도와 압력은 일정하고, $t\,^\circ\!C$, $1\,atm$에서 기체 $1\,mol$의 부피는 V L이다.)

> ─ 보기 ─
> ㄱ. $a = b$이다.
> ㄴ. 반응한 O_2의 질량은 생성된 H_2O의 질량보다 크다.
> ㄷ. 생성된 $H_2O(g)$의 부피는 $2V$ L이다.

① ㄱ   ② ㄴ   ③ ㄷ
④ ㄱ, ㄴ   ⑤ ㄱ, ㄷ

06

다음은 탄산 칼슘($CaCO_3$)과 묽은 염산(HCl)의 반응과 관련된 실험이다. $CaCO_3$의 화학식량은 M이다.

> [화학 반응식]
> $$CaCO_3 + 2HCl \longrightarrow CaCl_2 + H_2O + X$$
>
> [실험 과정]
> (가) $CaCO_3(s)$의 질량 $\boxed{w_1}$ g을 측정하였다.
> (나) 충분한 양의 묽은 염산이 들어 있는 삼각 플라스크의 질량을 측정하였더니 $\boxed{w_2}$ g이었다.
> (다) (나)의 삼각 플라스크에 (가)의 $CaCO_3(s)$을 넣었더니 기체 X가 발생하였다.
> (라) 반응이 완전히 끝난 후 용액이 들어 있는 삼각 플라스크의 질량을 측정하였더니 $\boxed{w_3}$ g이었다.

이에 대한 설명으로 옳은 것만을 |보기|에서 있는 대로 고른 것은? (단, 물의 증발과 물에 대한 기체 X의 용해는 무시한다.)

> ─ 보기 ─
> ㄱ. X는 CO_2이다.
> ㄴ. 반응에서 생성된 X의 양(mol)은 $\dfrac{w_1}{M}$ mol 이다.
> ㄷ. X의 분자량은 $\dfrac{M \times (w_1 + w_2 - w_3)}{w_1}$ 이다.

① ㄱ   ② ㄷ   ③ ㄱ, ㄴ
④ ㄴ, ㄷ   ⑤ ㄱ, ㄴ, ㄷ

07

다음은 $0.5\,M$ $NaOH(aq)$을 만들기 위해 수행한 활동이다.

> (가) $NaOH(s)$ $10\,g$을 소량의 증류수가 들어 있는 비커에 녹인 후, 이 수용액을 ⑦ 에 모두 넣었다.
> (나) (가)의 ⑦ 에 증류수를 표시선까지 넣은 후, 마개를 막고 잘 섞어서 $0.5\,M$ $NaOH(aq)$을 만들었다.

이에 대한 설명으로 옳은 것만을 |보기|에서 있는 대로 고른 것은? (단, $NaOH$의 화학식량은 40이고, $0.5\,M$ $NaOH(aq)$의 밀도는 $1\,g/mL$이다.)

> ─ 보기 ─
> ㄱ. '$250\,mL$ 부피 플라스크'는 ⑦으로 적절하다.
> ㄴ. (가)에서 수용액 속 $NaOH$의 양(mol)은 $0.5\,mol$이다.
> ㄷ. (나)에서 $NaOH(aq)$의 퍼센트 농도는 $2\,\%$이다.

① ㄱ   ② ㄷ   ③ ㄱ, ㄴ
④ ㄴ, ㄷ   ⑤ ㄱ, ㄴ, ㄷ

08

표는 같은 질량의 용질 A와 B가 각각 녹아 있는 수용액에 대한 자료이다. $A(aq)$과 $B(aq)$의 밀도는 같다.

수용액	$A(aq)$	$B(aq)$
용질의 화학식량	180	60
부피(L)	3	1

$B(aq)$의 값이 $A(aq)$의 값의 3배인 것만을 |보기|에서 있는 대로 고른 것은?

> ─ 보기 ─
> ㄱ. 용질의 양(mol)
> ㄴ. 퍼센트 농도
> ㄷ. 몰 농도

① ㄱ   ② ㄷ   ③ ㄱ, ㄴ
④ ㄴ, ㄷ   ⑤ ㄱ, ㄴ, ㄷ

1등급 도전!
고난도 문제

09 다음은 기체 A와 B가 반응하여 기체 C를 생성하는 반응의 화학 반응식이다. a, c는 반응 계수이고, 모두 3 이하의 자연수이다.

$$a\text{A}(g) + \text{B}(g) \longrightarrow c\text{C}(g)$$

그림은 실린더에 A(g)와 B(g)를 넣고 반응을 완결시켰을 때 반응 전과 후의 모습을 나타낸 것이다.

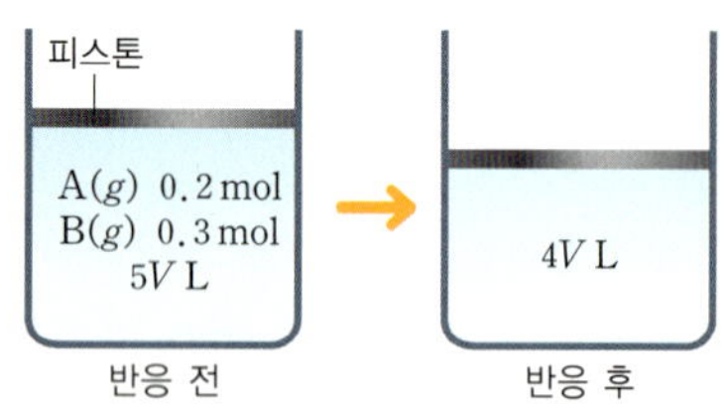

$\dfrac{c}{a}$는? (단, 기체의 온도와 압력은 일정하고, 피스톤의 질량과 마찰은 무시한다.)

① $\dfrac{1}{3}$　　　② $\dfrac{1}{2}$　　　③ 1

④ $\dfrac{3}{2}$　　　⑤ 2

10 다음은 HCl(aq)과 관련된 2가지 반응의 화학 반응식이다.

- $\text{Mg}(s) + 2\text{HCl}(aq) \longrightarrow \text{MgCl}_2(aq) + \text{H}_2(g)$
- $\text{NaHCO}_3(s) + \text{HCl}(aq)$
  $\longrightarrow \text{NaCl}(aq) + \text{H}_2\text{O}(l) + \text{CO}_2(g)$

그림 (가)와 (나)는 같은 양(mol)의 Mg(s)과 NaHCO$_3(s)$에 각각 같은 농도의 HCl(aq)을 조금씩 넣어 반응시킬 때, 넣어 준 HCl(aq)의 부피에 따른 생성된 기체의 질량을 나타낸 것이다.

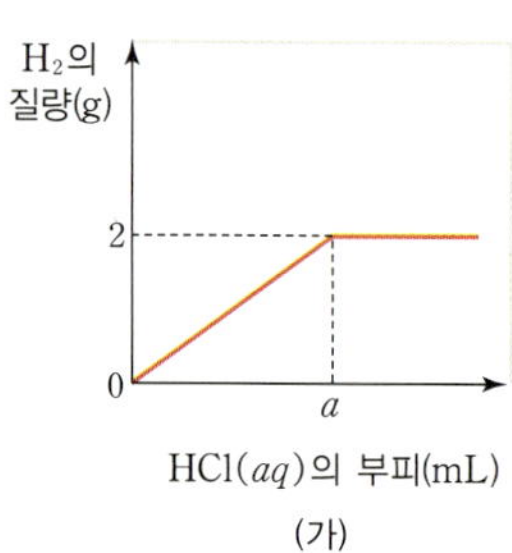

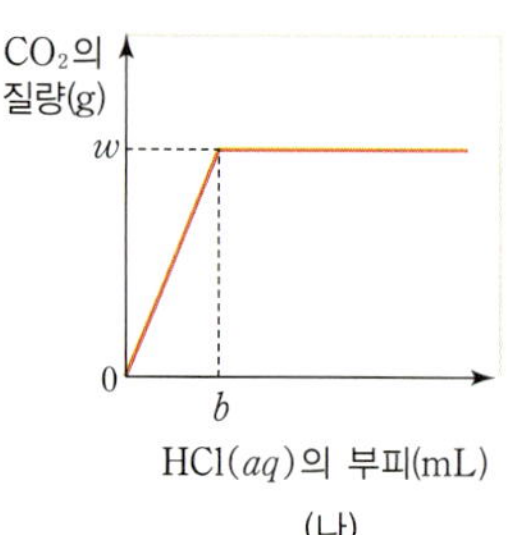

$\dfrac{b \times w}{a}$는? (단, H$_2$, CO$_2$의 분자량은 각각 2, 44이고, 온도는 일정하다.)

① 1　　② 2　　③ 11　　④ 22　　⑤ 44

대표 유형 문제

11 그림은 같은 질량의 황산 구리(CuSO$_4$)와 A가 각각 녹아 있는 수용액 (가)와 (나)를 나타낸 것이다.

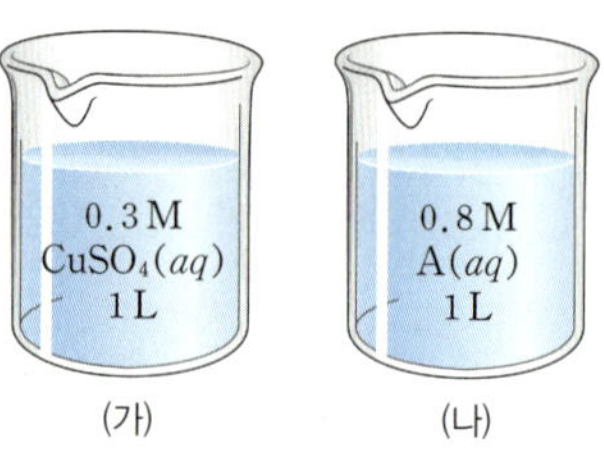

이에 대한 설명으로 옳은 것만을 |보기|에서 있는 대로 고른 것은? (단, CuSO$_4$의 화학식량은 160이다.)

┌ 보기 ┐
ㄱ. (가)에 녹아 있는 CuSO$_4$의 질량은 24 g이다.
ㄴ. (나)에 녹아 있는 A의 양은 0.8 mol이다.
ㄷ. A의 화학식량은 60이다.

① ㄱ　　　　② ㄷ　　　　③ ㄱ, ㄴ
④ ㄴ, ㄷ　　　⑤ ㄱ, ㄴ, ㄷ

대표 유형 문제

12 다음은 용액의 농도와 관련된 실험이다. X의 화학식량은 60이다.

(가) 3 % X(aq) 200 g을 준비한다.
(나) (가)의 수용액에 X(s) 9 g을 넣어 모두 녹인다.
(다) 500 mL ◯ 에 (나)에서 만든 수용액을 모두 넣은 후 표시선까지 물을 넣고 섞어 a M X(aq)을 만든다.

이에 대한 설명으로 옳은 것만을 |보기|에서 있는 대로 고른 것은?

┌ 보기 ┐
ㄱ. '부피 플라스크'는 ◯으로 적절하다.
ㄴ. (가)의 수용액에 녹아 있는 X의 질량은 3 g이다.
ㄷ. a=0.5이다.

① ㄱ　　　　② ㄴ　　　　③ ㄱ, ㄷ
④ ㄴ, ㄷ　　　⑤ ㄱ, ㄴ, ㄷ

13 표는 물질 X_2와 X_2Y에 대한 자료이다.

물질	X_2	X_2Y
전체 원자 수	N_A	$6N_A$
질량(g)	14	88

X_2와 X_2Y의 양(mol)과 분자량을 구하고, X와 Y의 원자량을 비교하시오. (단, X와 Y는 임의의 원소 기호이고, N_A는 아보가드로 수이다.)

14 그림은 실린더에 $C_3H_x(g)$과 $O_2(g)$의 혼합 기체 $3\,mol$을 넣고 반응을 완결시켰을 때 반응 전과 후의 모습을 나타낸 것이다.

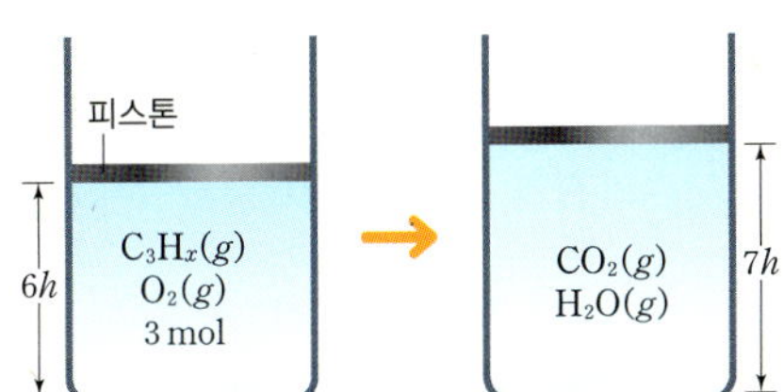

생성된 H_2O의 질량을 구하고, 그 과정을 설명하시오. (단, H, C, O의 원자량은 각각 1, 2, 16이고, 반응 전과 후 기체의 온도와 압력은 일정하며, 피스톤의 질량과 마찰은 무시한다.)

15 표는 A 수용액 (가), (나)에 대한 자료이다. A의 화학식량은 100이고, (가)의 밀도는 $d\,g/mL$이다.

수용액	물의 질량(g)	A의 질량(g)	농도(%)
(가)	60	a	$3b$
(나)	200	$2a$	$2b$

(가)의 몰 농도를 구하고, 그 과정을 설명하시오.

16 그림은 수산화 나트륨($NaOH$) 수용액 (가)와 이를 묽혀 각각 만든 수용액 (나)와 (다)를 나타낸 것이다.

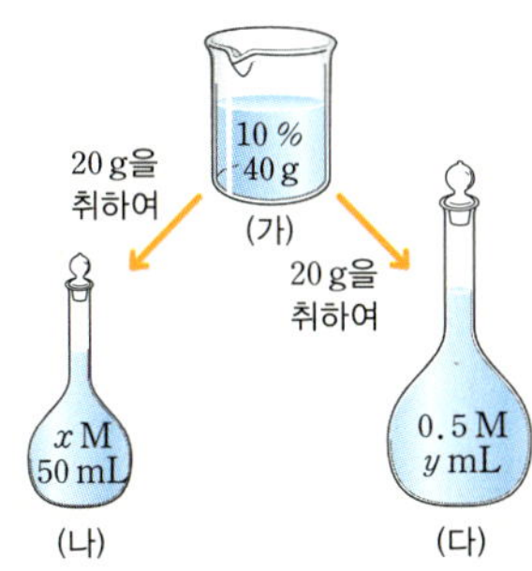

x, y의 값을 풀이 과정과 함께 설명하시오. (단, $NaOH$의 화학식량은 40이다.)

단원 한번에 정리하기

01 화학과 우리 생활

1 식량 문제 해결 : 하버는 공기 중의 질소를 수소와 반응시켜 ❶(   )를 대량으로 합성하는 방법을 개발하였다.

- **식량 문제** : 인구의 급격한 증가로 퇴비나 분뇨와 같은 천연 비료에 의존하던 농업이 한계에 이르렀다.
- **암모니아 대량 생산의 의의** : 암모니아를 원료로 만든 질소 비료는 농산물의 생산량을 늘려 식량 문제 해결에 기여하였다.

2 의류 문제 해결 : 천연 섬유의 단점을 보완한 합성 섬유를 개발하여 의류 문제를 해결하였다.

구분	천연 섬유	합성 섬유
종류	면, 마, 비단 등	나일론, 폴리에스터 등
특징	• 흡습성, 촉감이 좋다. • 질기지 않아 쉽게 닳는다. • 원료가 제한적이고 대량 생산이 어렵다.	• 질기고 쉽게 닳지 않는다. • 대량 생산이 가능하다. • 천연 섬유에 비해 가격이 비교적 저렴하다.

- ❷(   ) : 캐러더스가 개발한 최초의 합성 섬유로 질기고, 신축성이 좋아 의류뿐만 아니라 밧줄, 그물 등 산업용으로 이용된다.

3 주거 문제 해결 : 시멘트, 콘크리트, 철근 콘크리트 등 건축 재료의 발달로 대규모 건설이 가능해졌다.

건축 재료	특징
시멘트	석회석($CaCO_3$)을 가열하여 얻은 생석회(CaO)를 점토와 섞은 건축 재료
❸( )	시멘트에 모래, 자갈 등을 섞고 물로 반죽한 뒤 건조한 것
철근 콘크리트	콘크리트 속에 철근을 넣어 콘크리트의 강도를 높인 건축 재료

4 ❹(   ) : 탄소(C) 원자에 수소(H), 산소(O), 질소(N), 황(S), 할로젠(F, Cl, Br, I) 등이 공유 결합하여 만들어진 화합물이다.

- **탄소 화합물의 다양성** : 탄소 원자는 원자가 전자 수가 4이므로 원자 1개가 최대 4개의 원자와 공유 결합하므로 다른 탄소 원자와 연속적으로 결합할 수 있다.
- **탄화수소** : 탄소(C)와 수소(H)로만 이루어진 탄소 화합물, 메테인(CH_4), 프로페인(C_3H_8), 뷰테인(C_4H_{10}) 등으로 완전 연소하면 이산화 탄소(CO_2)와 물(H_2O)이 생성된다.

5 대표적인 탄소 화합물

- **메테인(CH_4)** : 액화 천연가스(LNG)의 주성분으로 가장 간단한 탄소 화합물이며 실온에서 기체이다.
- ❺(   ) : 술의 주성분으로 손소독제의 원료로 이용되며, 물과 기름에 모두 잘 녹고 수용액은 중성이다.
- **아세트산(CH_3COOH)** : 식초의 주성분으로 수용액은 ❻(   )이고, 에탄올이 발효되면 생성된다.

탄소 화합물	메테인 (CH_4)	에탄올 (C_2H_5OH)	아세트산 (CH_3COOH)
분자 모형			

02 화학식량과 몰

1 화학식량

- ❼(   ) : 질량수가 12인 탄소(^{12}C) 원자의 질량을 12로 정하고 이 값을 기준으로 하여 비교한 원자의 상대적 질량이다.

원자	수소(H)	탄소(C)	산소(O)	나트륨(Na)
원자량	1	12	16	23

- **분자량** : 분자의 상대적 질량으로 분자를 이루는 모든 원자의 원자량을 합한 값
- **화학식량** : 분자가 아닌 물질의 화학식을 이루는 모든 원소들의 원자량의 합

2 1몰 : 질량수가 12인 탄소 원자(^{12}C) 12 g에 들어 있는 C 원자 수이며, ^{12}C 12 g에는 ❽(   )개의 원자가 들어 있다.

- **아보가드로수(N_A)** : 원자나 분자 1 mol은 6.02×10^{23}개의 입자를 뜻하며, 6.02×10^{23}을 아보가드로수라고 한다.
- **몰과 입자 수의 관계**

$$몰(mol) = \frac{입자\ 수}{6.02 \times 10^{23}/mol}$$
$$\Rightarrow 입자\ 수 = 몰(mol) \times (6.02 \times 10^{23}/mol)$$

3 1 mol의 질량 : 물질 1 mol의 질량은 화학식량 뒤에 그램(g) 단위를 붙인 값과 같다.

- **1 mol의 질량과 물질의 양(mol)**

$$물질의\ 양(mol) = \frac{질량(g)}{1\ mol의\ 질량(g/mol)}$$
$$\Rightarrow 질량(g) = 1\ mol의\ 질량(g/mol) \times 물질의\ 양(mol)$$

4 **기체 1 mol의 부피** : 0 ℃, 1 atm에서 모든 기체 1 mol의 부피는 22.4 L로 일정하다.

- **⑨(　　　　　)** : 온도와 압력이 같을 때 모든 기체는 같은 부피 속에 같은 수의 분자가 들어 있다.

5 **기체의 밀도와 분자량** : 밀도$=\dfrac{질량}{부피}$이므로 같은 온도, 같은 압력에서 기체의 분자량 비는 밀도 비와 **⑩(　　)**.

$$\dfrac{A\ 기체의\ 분자량}{B\ 기체의\ 분자량}=\dfrac{A\ 기체의\ 밀도}{B\ 기체의\ 밀도}$$

03 화학 반응식과 용액의 농도

1 **화학 반응식** : 화학 반응을 화학식과 기호를 사용하여 나타낸 식이다.

- 화학 반응식에서 반응물과 생성물에 있는 원자의 **⑪(　　)**와 **⑫(　　)**는 같다.
- **화학 반응식 만들기**

1단계	반응물과 생성물을 화학식으로 나타낸다.
2단계	반응물의 화학식은 화살표(→)의 왼쪽에, 생성물의 화학식은 오른쪽에 쓴다.
3단계	반응물과 생성물에 있는 원자의 종류와 개수가 같도록 화학식 앞의 계수를 맞춘다.
4단계	물질의 상태를 표시할 경우 (　) 안에 기호를 써서 표시한다.

2 **화학 반응식의 의미** : 화학 반응식을 통해 반응물과 생성물의 종류와 물질의 양(mol), 질량, 기체의 부피 등의 양적 관계를 알 수 있다.

- 계수 비=**⑬(　　)**=분자 수 비=부피 비(기체인 경우)≠질량비

3 **화학 반응에서 양적 관계** : 화학 반응식에서 계수 비는 몰비와 같으므로 이를 이용하여 반응물이나 생성물 중 한 물질의 질량이나 부피를 알면 나머지 물질의 양을 계산할 수 있다.

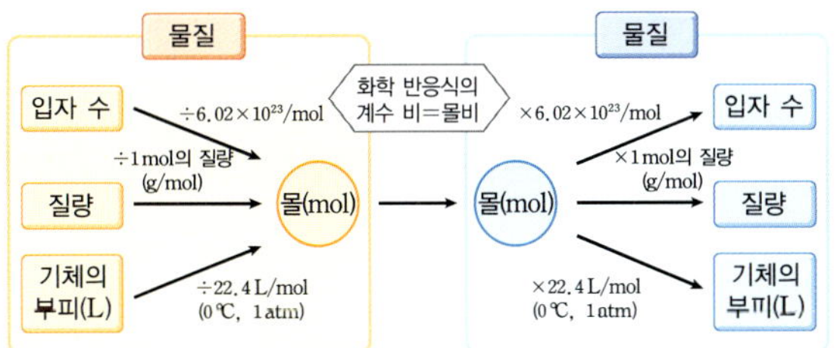

- **화학 반응식에서 질량 – 부피 – 질량 관계**

〈0 ℃, 1 atm에서 메테인(CH_4) 기체 4 g을 완전 연소시킬 때 생성되는 $CO_2(g)$의 부피와 $H_2O(l)$의 질량〉

화학 반응식 : $CH_4(g)+2O_2(g)\longrightarrow CO_2(g)+2H_2O(l)$

반응 몰비 : $CH_4 : CO_2 : H_2O=$**⑭(　　)**

$CH_4(g)$ 4 g의 양 : $\dfrac{4\,g}{16\,g/mol}=0.25\,mol$

$CO_2(g)$의 부피 $=0.25\,mol\times$**⑮(　　)**$=5.6\,L$

H_2O의 질량 $=0.5\,mol\times18\,g/mol=9\,g$

- **화학 반응식에서 부피 – 부피 – 질량 관계**

〈0 ℃, 1 atm에서 프로페인(C_3H_8) 기체 11.2 L를 완전 연소시킬 때 생성되는 $CO_2(g)$의 부피와 $H_2O(l)$의 질량〉

화학 반응식 :

$C_3H_8(g)+5O_2(g)\longrightarrow 3CO_2(g)+4H_2O(l)$

반응 몰비 : $C_3H_8 : CO_2 : H_2O=1 : 3 : 4$

$C_3H_8(g)$ 11.2 L의 양 $=\dfrac{11.2\,L}{22.4\,L/mol}=0.5\,mol$

$CO_2(g)$의 부피 $=1.5\,mol\times22.4\,L/mol=33.6\,L$

$H_2O(l)$의 질량 $=2\,mol\times18\,g/mol=36\,g$

4 **⑯(　　)** : 용액 100 g에 녹아 있는 용질의 질량(g)으로 나타내며, 단위는 %를 사용한다.

- 퍼센트 농도(%)$=\dfrac{용질의\ 질량(g)}{용액의\ 질량(g)}\times100$

- 용질의 질량(g)$=$용액의 질량(g)$\times\dfrac{퍼센트\ 농도(\%)}{100}$

- 온도나 압력이 변해도 용액과 용질의 질량이 변하지 않으므로 퍼센트 농도는 달라지지 않는다.

- 퍼센트 농도가 같아도 용질의 종류에 따라 일정 질량의 용액에 녹아 있는 용질의 입자 수가 다르다.

5 **몰 농도** : 용액 1 L 속에 녹아 있는 용질의 양(mol)으로 나타내며, 단위는 mol/L 또는 M이다.

- 몰 농도(M)$=\dfrac{⑰(　　　)}{용액의\ 부피(L)}$

- 용질의 양(mol)$=$용액의 몰 농도(mol/L)$\times$용액의 부피(L)

- 용액의 부피는 온도에 따라 변하므로 몰 농도는 온도에 따라 달라진다.

- 몰 농도가 같으면 용질의 종류가 다르더라도 같은 부피의 용액에 녹아 있는 용질의 입자 수는 같다.

6 **진한 용액의 희석**

진한 농도의 용액에 증류수를 가하여 묽혀도 용질의 양(mol)은 변하지 않는다.

⇨ 용질의 양(mol)

　＝용액의 몰 농도(mol/L)×용액의 부피(L)

- $M_1\times V_1=M_2\times V_2$

(처음 용액의 몰 농도와 부피 : M_1 mol/L, V_1 L, 나중 용액의 몰 농도와 부피 : M_2 mol/L, V_2 L)

- $M_2=\dfrac{M_1\times V_1}{V_2}$

01 (3점)

다음은 물질 X와 Y에 대한 설명이다.

- X는 천연가스의 주성분이다.
- Y는 술의 주성분이다.
- Y 분자에는 하이드록시기($-OH$)가 1개 있다.
- 1분자당 C 원자 수는 Y가 X의 2배이다.

이에 대한 설명으로 옳은 것만을 |보기|에서 있는 대로 고른 것은?

보기
ㄱ. X는 프로페인이다.
ㄴ. Y는 X보다 물에 잘 녹는다.
ㄷ. X와 Y는 완전 연소시킬 때 연소 생성물이 같다.

① ㄱ   ② ㄴ   ③ ㄷ
④ ㄱ, ㄴ   ⑤ ㄴ, ㄷ

02 (3점)

다음은 화학이 실생활의 문제 해결에 기여한 사례이다.

- 하버는 공기 중의 질소 기체를 수소 기체와 반응시켜 ㉠ 을/를 대량 합성하는 방법을 개발하여 (가) 해결에 기여하였다.
- ㉡ 에 모래와 자갈을 혼합하여 물과 반죽하면 돌처럼 굳어지는데 이것을 ㉢ (이)라고 하며, ㉡ 은/는 주거 문제 해결에 기여하였다.

이에 대한 설명으로 옳은 것만을 |보기|에서 있는 대로 고른 것은?

보기
ㄱ. ㉠은 탄소 화합물이다.
ㄴ. '식량 문제'는 (가)로 적절하다.
ㄷ. ㉡은 '콘크리트', ㉢은 '시멘트'이다.

① ㄱ   ② ㄴ   ③ ㄷ
④ ㄱ, ㄴ   ⑤ ㄴ, ㄷ

03 (3점)

표는 일상생활에서 사용하는 물질 (가)~(다)의 성분 원소와 (가)~(다)로 만든 제품을 나타낸 것이다.

물질	(가)	(나)	(다)
성분 원소	C, H, O, N	N, H 등	C, H, O
제품	나일론	질소 비료	설탕

이에 대한 설명으로 옳은 것만을 |보기|에서 있는 대로 고른 것은?

보기
ㄱ. (가)와 (다)는 탄소 화합물이다.
ㄴ. (나)는 인류의 식량 문제 해결에 기여하였다.
ㄷ. (가)는 대량 생산이 가능하다.

① ㄱ   ② ㄷ   ③ ㄱ, ㄴ
④ ㄴ, ㄷ   ⑤ ㄱ, ㄴ, ㄷ

04 (4점)

그림은 3가지 탄소 화합물의 분자 모형을 나타낸 것이다.

메테인   에탄올   프로페인

3가지 탄소 화합물의 공통점만을 |보기|에서 있는 대로 고른 것은?

보기
ㄱ. 연료로 사용된다.
ㄴ. 실온에서 기체이다.
ㄷ. 완전 연소 생성물이 2가지이다.

① ㄱ   ② ㄴ   ③ ㄱ, ㄷ
④ ㄴ, ㄷ   ⑤ ㄱ, ㄴ, ㄷ

05 그림은 분자 (가)와 (나)의 구조식을 나타낸 것이고, (가)와 (나)는 각각 메탄올과 메테인 중 하나이다. (3점)

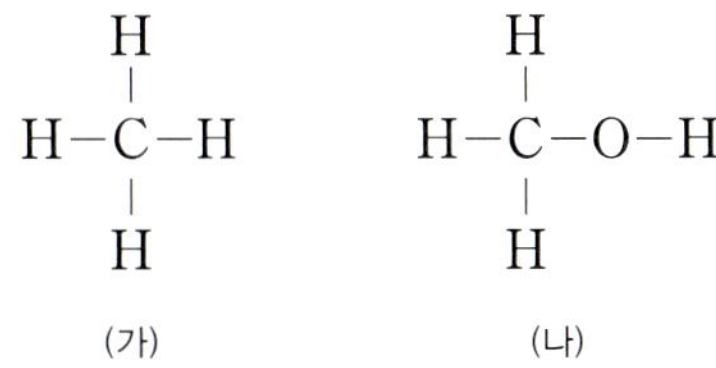

(가)   (나)

(가)와 (나)에 대한 설명으로 옳은 것을 <u>모두</u> 고르면?

① (가)는 천연가스의 주성분이다.

② (가)는 (나)보다 물에 잘 녹는다.

③ (나)는 술의 주성분이다.

④ (가)와 (나) 1 mol씩을 완전 연소시켰을 때 생성되는 H_2O 의 양(mol)은 같다.

⑤ 자연 상태에서 (나)가 발효되면 식초의 주성분 물질이 생성된다.

06 그림은 원자 X~Z의 질량 관계를 나타낸 것이다. Y의 원자량은 a이다. (4점)

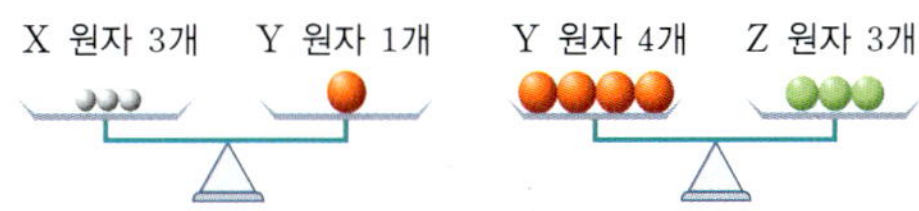

이에 대한 설명으로 옳은 것만을 |보기|에서 있는 대로 고른 것은? (단, X~Z는 임의의 원소 기호이다.)

> **보기**
> ㄱ. YZ_2의 분자량은 $\dfrac{11a}{3}$이다.
> ㄴ. 원자 1 mol의 질량은 Z가 X의 4배이다.
> ㄷ. Z 원자 1개의 질량은 X 원자 2개와 Y 원자 1개를 합한 질량과 같다.

① ㄱ   ② ㄷ   ③ ㄱ, ㄴ

④ ㄴ, ㄷ   ⑤ ㄱ, ㄴ, ㄷ

07 표는 물질 X_2Y와 Y_2에 대한 자료이다. (3점)

물질	X_2Y	Y_2
전체 원자 수	$6N_A$	$3N_A$
질량(g)	36	48

이에 대한 설명으로 옳지 <u>않은</u> 것은? (단, X와 Y는 임의의 원소 기호이고, N_A는 아보가드로수이다.)

① Y_2의 분자량은 32이다.

② 분자의 양(mol)은 X_2Y가 Y_2의 2배이다.

③ X 원자 1개의 질량은 $\dfrac{1}{N_A}$ g이다.

④ 원자량 비는 X : Y = 1 : 16이다.

⑤ X_2Y 분자 1개의 질량은 $\dfrac{18}{N_A}$ g이다.

08 그림은 물병에 $H_2O(l)$이, 풍선에 $CH_4(g)$이 들어 있는 모습을 나타낸 것이다. (3점)

이에 대한 설명으로 옳은 것만을 |보기|에서 있는 대로 고른 것은? (단, H, C, O의 원자량은 각각 1, 12, 16이고, 20 ℃, 1 atm에서 기체 1 mol의 부피는 24 L이다.)

> **보기**
> ㄱ. 물질의 양(mol)은 물병 속 H_2O이 풍선 속 CH_4의 5배이다.
> ㄴ. 풍선 속 CH_4의 질량은 8 g이다.
> ㄷ. 물병 속 H_2O에 들어 있는 H 원자의 양은 10 mol이다.

① ㄱ   ② ㄴ   ③ ㄱ, ㄴ

④ ㄴ, ㄷ   ⑤ ㄱ, ㄴ, ㄷ

1등급 실전 문제

09 (3점)

표는 W~Z 원자 1개의 질량을 나타낸 것이다.

원자	W	X	Y	Z
1개의 질량(g)	$\frac{1}{6} \times 10^{-23}$	2×10^{-23}	$\frac{7}{3} \times 10^{-23}$	$\frac{8}{3} \times 10^{-23}$

이에 대한 설명으로 옳은 것만을 |보기|에서 있는 대로 고른 것은? (단, W~Z는 임의의 원소 기호이고, 아보가드로수는 6×10^{23}이다.)

|보기|

ㄱ. 1g에 포함된 원자 수는 $XW_4 > Z_2$이다.

ㄴ. XZ_2와 Y_2Z의 분자량은 같다.

ㄷ. W_2Z 1.8g에 들어 있는 W의 양은 0.2 mol이다.

① ㄱ　　　　② ㄷ　　　　③ ㄱ, ㄴ
④ ㄴ, ㄷ　　　⑤ ㄱ, ㄴ, ㄷ

10 (3점)

그림은 기체 (가)와 (나)의 1 g당 분자 수를 나타낸 것이다. (가)와 (나)는 각각 AB_2, AB_3 중 하나이다.

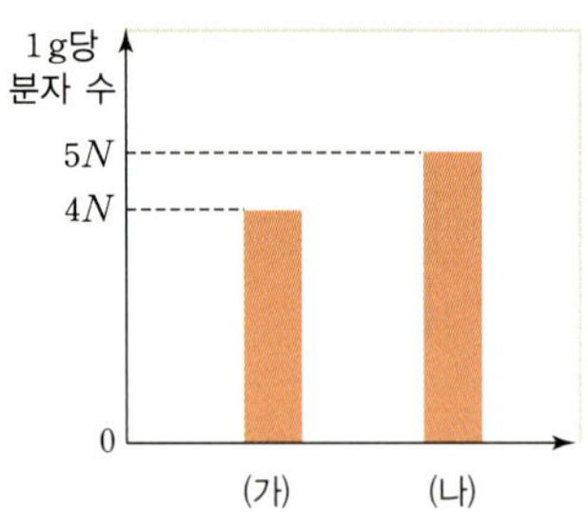

이에 대한 설명으로 옳은 것만을 |보기|에서 있는 대로 고른 것은? (단, A, B는 임의의 원소 기호이다.)

|보기|

ㄱ. (가)는 AB_2이다.

ㄴ. 원자량은 A > B이다.

ㄷ. 같은 온도와 압력에서 기체 1 g의 부피는 (가) > (나)이다.

① ㄱ　　　　② ㄴ　　　　③ ㄷ
④ ㄱ, ㄴ　　　⑤ ㄴ, ㄷ

11 (4점)

그림은 용기 (가)~(다)에 기체가 각각 들어 있는 것을 나타낸 것이다. 기체의 온도와 압력은 같고, H의 원자량은 1이다.

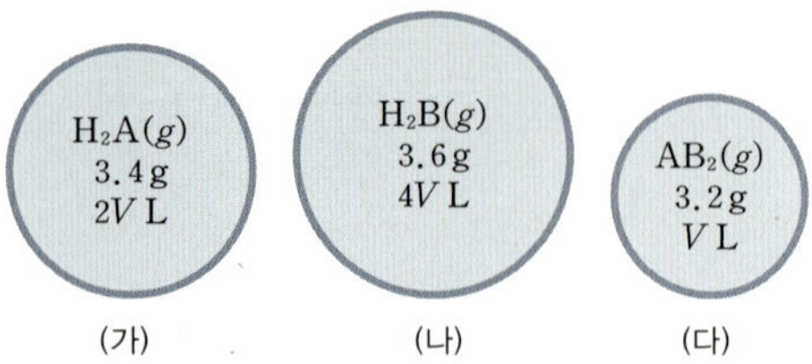

이에 대한 설명으로 옳은 것만을 |보기|에서 있는 대로 고른 것은? (단, A, B는 임의의 원소 기호이다.)

|보기|

ㄱ. 원자량 비는 A : B = 1 : 2이다.

ㄴ. 1g에 들어 있는 H 원자 수는 (나)에서가 (가)에서의 2배보다 크다.

ㄷ. B 원자의 질량은 (나)에서가 (다)에서의 2배이다.

① ㄱ　　　　② ㄷ　　　　③ ㄱ, ㄴ
④ ㄴ, ㄷ　　　⑤ ㄱ, ㄴ, ㄷ

12 (4점)

다음은 A_2와 B_2가 반응하여 X를 생성하는 화학 반응식이다.

$$A_2(g) + bB_2(g) \longrightarrow cX(g) \ (b, c는 반응 계수)$$

그림은 1 L의 $A_2(g)$가 들어 있는 실린더에 $B_2(g)$를 부피를 달리하여 넣고 반응시켰을 때, 넣어 준 B_2의 부피에 따른 반응 후 전체 기체의 부피를 나타낸 것이다.

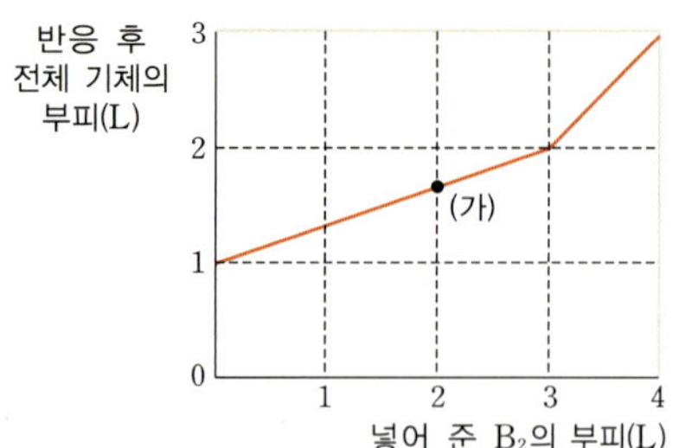

이에 대한 설명으로 옳은 것만을 |보기|에서 있는 대로 고른 것은? (단, A와 B는 임의의 원소 기호이고, 온도와 압력은 일정하다.)

|보기|

ㄱ. $b \times c = 2$이다.

ㄴ. X의 분자식은 AB_2이다.

ㄷ. (가)에서 반응 후 기체의 양(mol)은 X가 A_2의 4배이다.

① ㄱ　　　　② ㄷ　　　　③ ㄱ, ㄴ
④ ㄴ, ㄷ　　　⑤ ㄱ, ㄴ, ㄷ

13

(4점) 다음은 화학 반응에서 양적 관계를 알아보는 실험이다.

[실험 과정]
(가) 탄산 칼슘($CaCO_3$)의 질량을 측정한다.
(나) 묽은 염산(HCl) 100 mL를 삼각 플라스크에 넣은 후, 질량을 측정한다.
(다) (가)에서 측정한 탄산 칼슘을 (나)의 삼각 플라스크에 넣으면서 반응시킨다.
(라) 반응이 완전히 끝나면 용액이 들어 있는 삼각 플라스크의 질량을 측정한다.
(마) 탄산 칼슘의 질량을 변화시키면서 (가)~(라)를 반복한다.

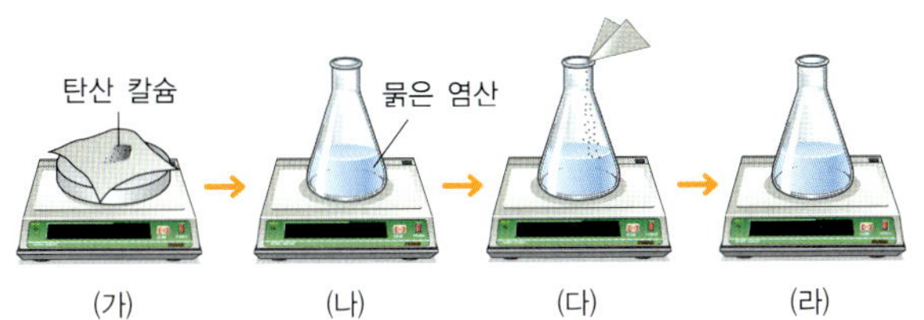

[실험 결과]

실험	I	II	III	IV	V
탄산 칼슘의 질량(g)	1.00	2.00	3.00	4.00	5.00
생성된 기체의 질량(g)	0.44	0.88	x	1.44	y

이에 대한 설명으로 옳은 것만을 |보기|에서 있는 대로 고른 것은? (단, C, O, Ca의 원자량은 각각 12, 16, 40이며, 물의 증발과 물에 대한 기체의 용해는 무시한다.)

보기
ㄱ. $y - x = 0.44$이다.
ㄴ. 생성된 기체는 H_2이다.
ㄷ. 반응한 $CaCO_3(s)$과 생성된 기체의 몰비는 1 : 1이다.

① ㄱ
② ㄷ
③ ㄱ, ㄴ
④ ㄴ, ㄷ
⑤ ㄱ, ㄴ, ㄷ

14

(3점) 그림은 강철 용기에 메탄올(CH_3OH)과 산소(O_2)를 넣고 반응시켰을 때, 반응 전과 후 용기에 존재하는 물질과 양을 나타낸 것이다.

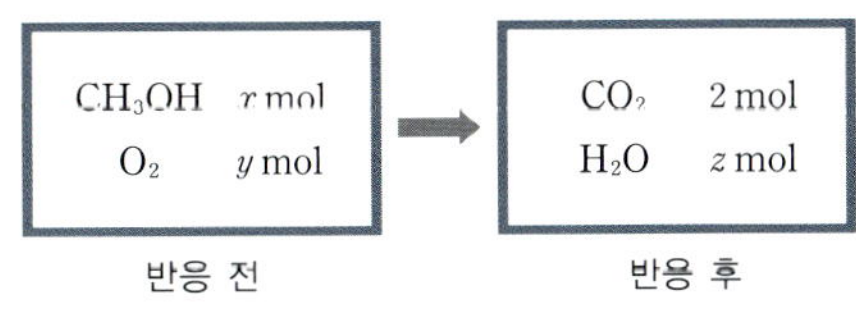

$\dfrac{x+z}{y}$ 는?

① 2
② 4
③ 6
④ 8
⑤ 9

15

(4점) 다음은 마그네슘(Mg)과 염산(HCl(aq))의 화학 반응식이다.

$$Mg(s) + 2HCl(aq) \longrightarrow MgCl_2(aq) + H_2(g)$$

그림은 t ℃, 1 atm에서 x M HCl(aq) 0.1 L에 Mg을 질량을 달리하여 넣었을 때, Mg의 질량에 따른 생성물 H_2의 부피를 나타낸 것이다.

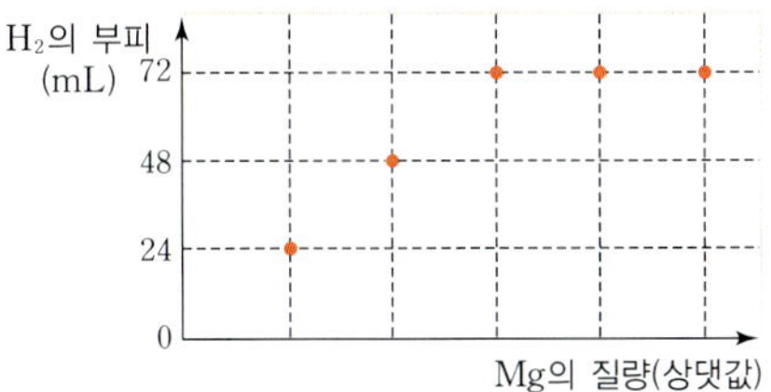

x는? (단, t ℃, 1 atm에서 기체 1 mol의 부피는 24 L이다.)

① 0.006
② 0.03
③ 0.06
④ 0.3
⑤ 0.6

16

(4점) 다음은 A(g)와 B(g)가 반응하여 C(g)를 생성하는 반응의 화학 반응식이다.

$$aA(g) + B(g) \longrightarrow aC(g) \quad (a는 반응 계수)$$

표는 실린더에 A(g)와 B(g)를 넣고 반응을 완결시킨 실험 I ~ III에 대한 자료이다.

실험	반응 전			반응 후
	A(g)의 질량(g)	B(g)의 질량(g)	전체 기체의 밀도(상댓값)	전체 기체의 부피(상댓값)
I	4	3	4	4
II	4	4	5	
III	12	2	5	x

$\dfrac{x}{a}$ 는? (단, 기체의 온도와 압력은 일정하다.)

① $\dfrac{3}{2}$
② $\dfrac{7}{3}$
③ 3
④ $\dfrac{7}{2}$
⑤ 4

17 다음은 0.2 M 포도당 수용액을 만드는 실험 과정이다. (3점)

[실험 과정]
(가) 포도당 x g을 적당량의 증류수가 들어 있는 비커에 넣어 녹인다.
(나) (가)의 용액을 250 mL □ ㉠ 에 모두 넣는다.
(다) 표시선까지 증류수를 채운 후 □ ㉠ 의 마개를 막고 여러 번 흔들어 용액을 잘 섞는다.

이에 대한 설명으로 옳은 것만을 |보기|에서 있는 대로 고른 것은?
(단, 포도당의 분자량은 180이고, (다)에서 수용액의 밀도는 1 g/mL이다.)

┌─ 보기 ─
ㄱ. $x=9$이다.
ㄴ. '부피 플라스크'는 ㉠으로 적절하다.
ㄷ. (다)에서 수용액의 퍼센트 농도는 3.6 %이다.
└

① ㄱ   ② ㄷ   ③ ㄱ, ㄴ
④ ㄴ, ㄷ   ⑤ ㄱ, ㄴ, ㄷ

18 그림은 30 ℃의 1 M 포도당($C_6H_{12}O_6(aq)$) 200 mL가 20 ℃로 될 때 부피가 변화된 모습을 나타낸 것이다. (4점)

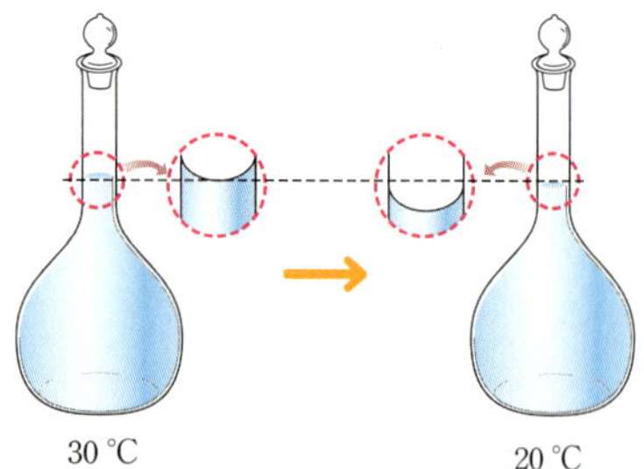

이에 대한 설명으로 옳은 것만을 |보기|에서 있는 대로 고른 것은?
(단, 용기는 밀폐되어 있고, 물의 증발은 무시한다.)

┌─ 보기 ─
ㄱ. 퍼센트 농도는 30 ℃일 때가 20 ℃일 때보다 크다.
ㄴ. 몰 농도는 20 ℃일 때가 30 ℃일 때보다 크다.
ㄷ. 20 ℃일 때 수용액 속 $C_6H_{12}O_6$의 양은 0.2 mol이다.
└

① ㄱ   ② ㄴ   ③ ㄱ, ㄷ
④ ㄴ, ㄷ   ⑤ ㄱ, ㄴ, ㄷ

19 그림 (가)는 NaOH 4 g이 녹아 있는 수용액 100 mL를, (나)는 (가)를 며칠 동안 두었더니 수용액의 부피가 80 mL로 줄어든 모습을 나타낸 것이다. (4점)

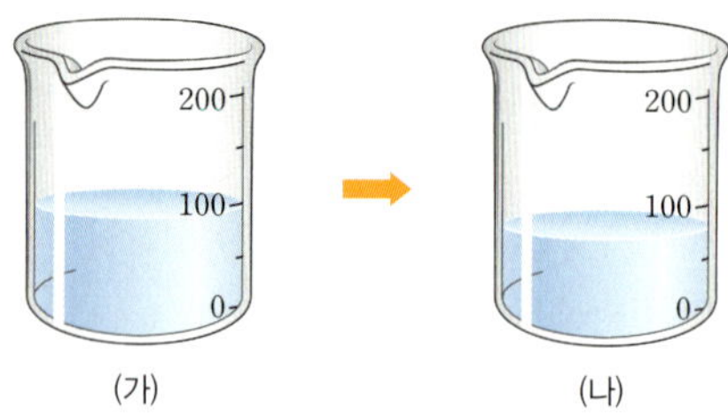

이에 대한 설명으로 옳은 것만을 |보기|에서 있는 대로 고른 것은?
(단, NaOH의 화학식량은 40이며, 온도는 일정하다.)

┌─ 보기 ─
ㄱ. NaOH(aq)의 퍼센트 농도는 (나)>(가)이다.
ㄴ. NaOH(aq)의 몰 농도는 (가)>(나)이다.
ㄷ. (나)에서 NaOH(s) 2.4 g을 추가한 용액의 몰 농도는 (가)의 2배이다.
└

① ㄱ   ② ㄴ   ③ ㄱ, ㄷ
④ ㄴ, ㄷ   ⑤ ㄱ, ㄴ, ㄷ

20 그림은 20 ℃에서 농도가 서로 다른 A 수용액 (가)와 (나)를 나타낸 것이다. A의 화학식량은 100이고, (나)의 밀도는 1.2 g/mL이다. (4점)

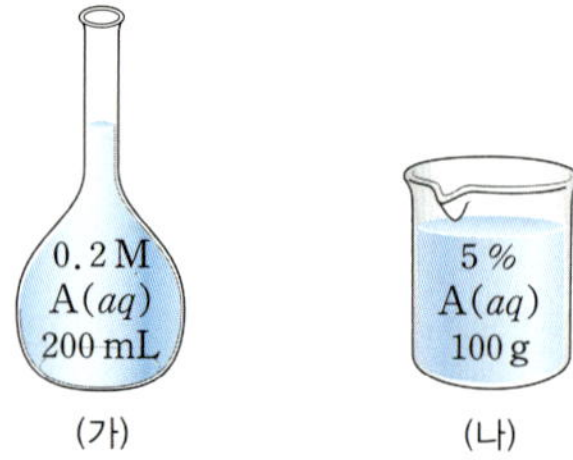

이에 대한 설명으로 옳은 것만을 |보기|에서 있는 대로 고른 것은?

┌─ 보기 ─
ㄱ. 용해된 A의 질량은 (가)>(나)이다.
ㄴ. 몰 농도는 (나)가 (가)의 3배이다.
ㄷ. 수용액의 부피는 (가)가 (나)의 2배이다.
└

① ㄱ   ② ㄴ   ③ ㄷ
④ ㄱ, ㄴ   ⑤ ㄴ, ㄷ

서술형 **문제**

21 그림은 탄소 화합물 (가)~(다)의 분자 모형을 순서 없이 나타낸 것이다. $\dfrac{\text{H 원자 수}}{\text{C 원자 수}}$ (가)가 (나)의 2배이다.

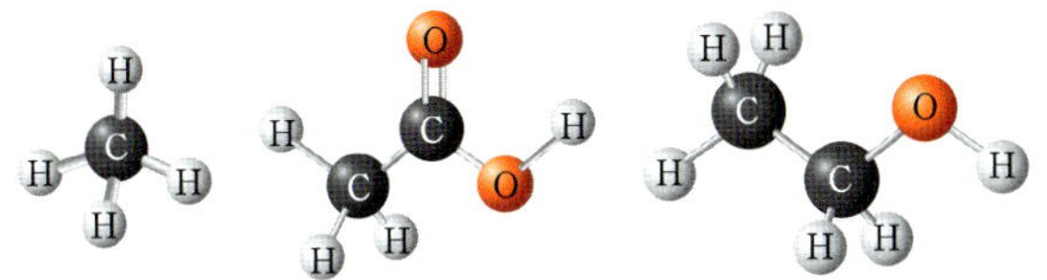

(1) (가)~(다)의 분자 이름을 각각 쓰시오. 2점

(2) (가)~(다)의 실온에서 물질의 상태를 각각 쓰시오. 3점

(3) (가)~(다)의 주요 특징을 사용 용도와 관련지어 각각 1가지씩 설명하시오. 3점

22 그림 (가)~(다)는 3가지 기체가 각각 들어 있는 용기를 나타낸 것이다. A, B는 임의의 원소 기호이고, A, B의 원자량은 각각 14, 1이며, (가)~(다)에서 온도와 압력은 $t\,°C$, 1 atm으로 같다.

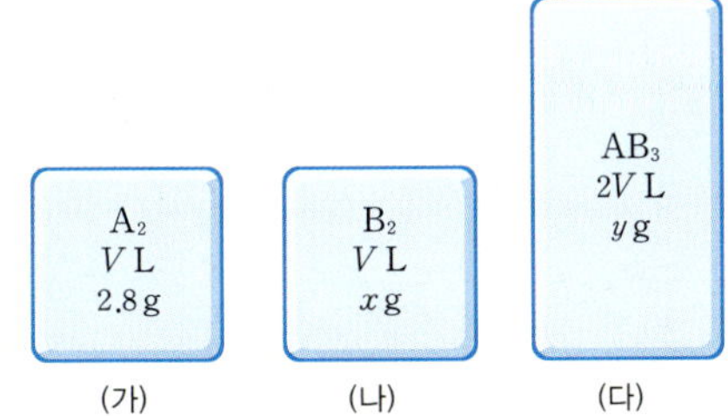

(1) x, y를 각각 구하시오. 3점

(2) $t\,°C$, 1 atm에서 $A_2B_2(g)$ 6 g의 부피를 구하고, 그 과정을 설명하시오. 5점

23 그림은 20 °C에서 농도가 서로 다른 A 수용액 (가)와 (나)를 나타낸 것이다. A의 화학식량은 40이고, (나)의 밀도는 1 g/mL이다.

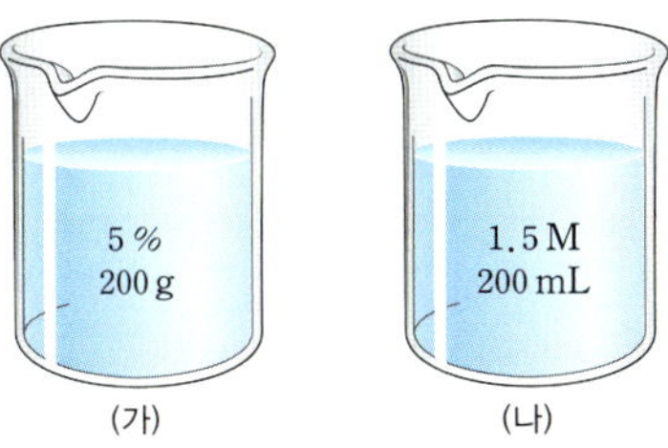

(1) (가)와 (나)에서 A의 질량을 각각 구하고, 그 과정을 설명하시오. 4점

(2) (나)에서 $A(aq)$의 퍼센트 농도를 구하시오. 3점

24 다음은 $A(g)$와 $B(g)$가 반응하여 $C(g)$가 생성되는 반응의 화학 반응식이다.

$$aA(g) + B(g) \longrightarrow cC(g) \quad (a,\ c\text{는 반응 계수})$$

그림 (가)는 용기에 $A(g)$와 $B(g)$를 넣었을 때를, (나)는 반응이 진행되는 과정을, (다)는 반응이 완결되었을 때를 나타낸 것이다.

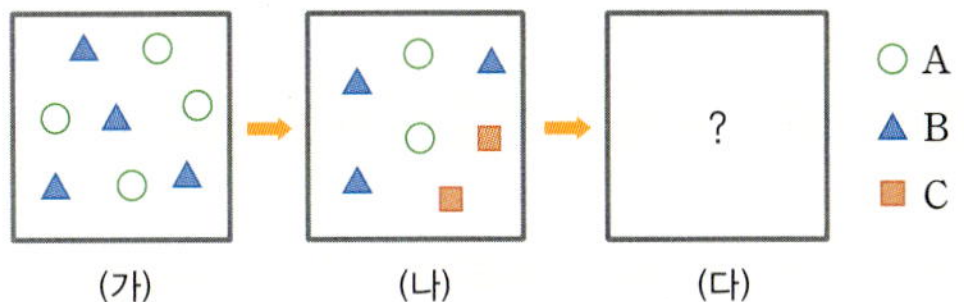

(1) a, c를 구하고, 그 과정을 설명하시오. 4점

(2) (다)에 들어 있는 물질의 몰비를 쓰시오. 3점

II 원자의 세계

01 원자의 구조

- 원자의 구성 입자
  - 전자
  - 원자핵
    - 양성자
    - 중성자
  - 동위 원소
    - 질량수
    - 평균 원자량 — 존재 비유

02 원자 모형과 전자 배치

- 원자 모형
  - 보어 원자 모형 — 전자 껍질
  - 현대 원자 모형 — 오비탈 — 양자수
  - 전자 배치 규칙
    - 쌓음 원리
    - 훈트 규칙
    - 파울리 배타 원리

01 원자의 구조

원자의 구성 입자

개념 원자는 양성자와 중성자로 구성된 원자핵과 전자로 구성되어 있다.

1. 전자의 발견

(1) 음극선 : 기체 방전관에 높은 전압을 걸었을 때 (−)극에서 (+)극으로 흐르는 빛이다. 음극선은 (−)전하(음전하)를 띠며, 질량을 가진 입자인 전자의 흐름이다.

(2) 음극선 실험 : 1897년 톰슨은 음극선에 대한 몇 가지 실험 결과를 통해 음극선이 질량을 가지며 (−)전하를 띤 입자의 흐름임을 알아내었다.

미니탐구 음극선 실험

그림과 같이 톰슨은 방전관의 (−)극과 (+)극에 높은 전압을 걸었을 때, 음극에서 양극으로 흐르는 빛의 경로를 파악하였다.

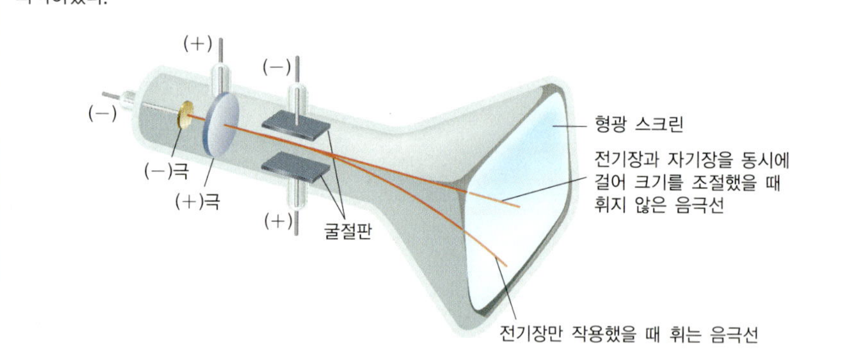

(3) 음극선의 성질

음극선의 직진성	음극선의 입자성	음극선의 전자기성
음극선의 진로에 장애물을 설치하면 그림자가 생긴다. ➡ 음극선은 직진하는 성질이 있다.	음극선의 진로에 바람개비를 설치하면 바람개비가 회전한다. ➡ 음극선은 질량을 가진 입자의 흐름이다.	전기장에서 음극선의 진로가 (+)극 쪽으로 휘어진다. ➡ 음극선은 (−)전하를 띠므로 전자기적 성질이 있다.

(4) 전자의 발견 : 음극선 실험에서 (−)극으로 사용한 금속의 종류와 방전관에 들어 있는 기체의 종류에 관계없이 음극선이 같은 특성을 보이므로 음극선의 구성 입자가 모든 물질의 공통적인 입자라고 생각하였고, 이를 전자라고 명명하였다.

(5) 톰슨의 원자 모형 : 톰슨은 음극선 실험을 통해 원자가 (−)전하를 띠는 입자인 전자를 포함하고 있음을 확인하였고, (+)전하(양전하)가 고르게 분포된 공에 (−)전하를 띤 전자가 박혀 있는 원자 모형을 제안하였다.

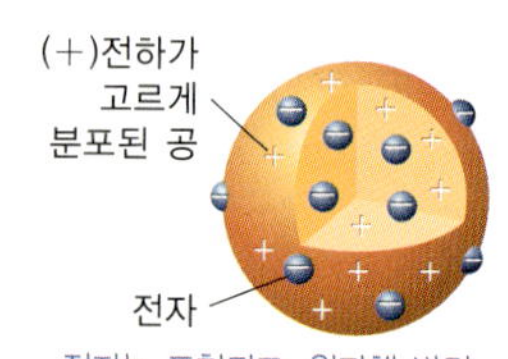

전자는 표현되고, 원자핵 발견 이전이므로 원자핵은 표현되지 않는다.

▲ 톰슨 원자 모형

원자
물질을 이루는 가장 기본적인 입자

돌턴의 원자설
돌턴은 당시 알려져 있던 질량 보존 법칙과 일정 성분비 법칙을 설명하려고 물질은 더 이상 쪼갤 수 없는 공 모양의 딱딱한 원자로 이루어져 있다는 원자설을 주장하였다.

기체 방전관
기체를 전극 사이에 넣어 방전이 일어나게 하는 것으로, (−)극에서 나온 전자의 충돌에 의해 발생되는 기체 분자의 전리 현상, 발광 현상을 이용한 전자관이다.

전자의 질량과 전하량
톰슨은 전기장과 자기장에서 음극선이 휘는 사실을 이용하여 전자의 질량에 대한 전하량의 비를 측정하였다.

톰슨의 원자 모형
원자핵의 발견으로 다른 모형으로 수정되었지만, 원자의 구조를 이해하는 데 중요한 발판이 되었다.

2. 원자핵의 발견

(1) **러더퍼드의 알파(α) 입자 산란 실험** : 러더퍼드는 알파(α) 입자를 금박에 충돌시키는 실험을 통해 원자 중심에 부피가 매우 작으면서 원자 질량의 대부분을 차지하는 (+)전하를 띤 부분이 존재하는 것을 발견하고, 이를 원자핵이라고 하였다.

(2) **러더퍼드의 원자 모형** : 러더퍼드는 원자 중심에 (+)전하를 띠는 원자핵이 존재하고, 그 주위를 (−)전하를 띠는 전자가 운동하고 있는 모형을 제안하였다.

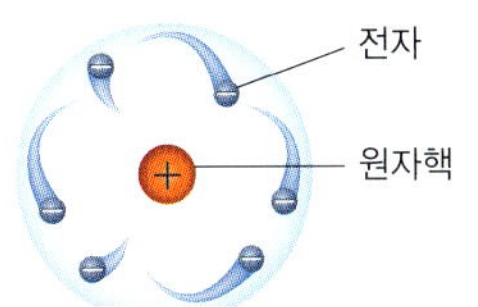

▲ 러더퍼드 원자 모형

알파(α) 입자
헬륨의 원자핵(He^{2+})으로, 방사성 물질에서 방출된다.

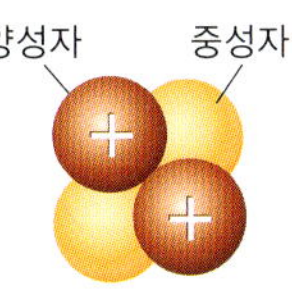

⏳ 미니탐구　러더퍼드의 알파(α) 입자 산란 실험

그림과 같이 러더퍼드는 매우 얇은 금박에 알파(α) 입자를 충돌시킬 때 알파 입자의 경로를 파악하였다.

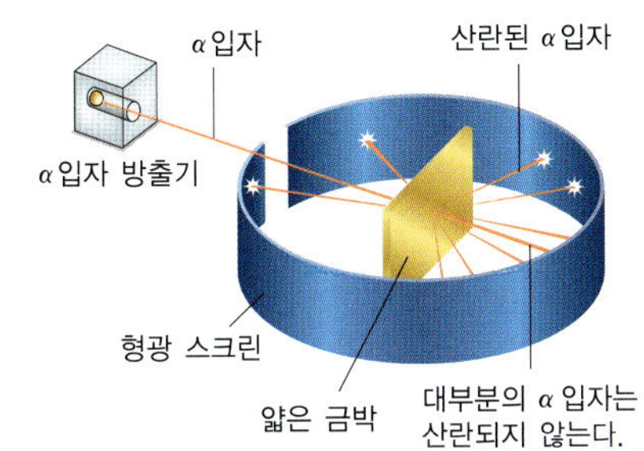

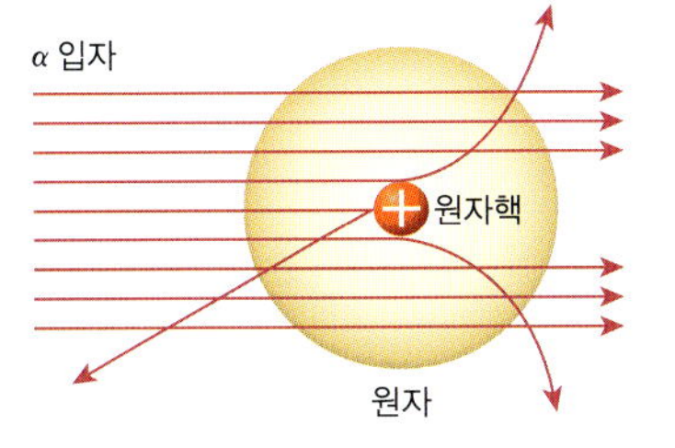

1. 대부분의 α 입자가 금박을 통과한다.
   ➡ 원자의 대부분은 빈 공간임을 알 수 있다.
2. 극히 일부의 α 입자가 크게 휘거나 튕겨져 나온다.
   ➡ 원자의 중심에 (+)전하를 띠고 크기가 매우 작으며 질량이 큰 입자가 존재한다.

강의 포인트 🔍
톰슨과 러더퍼드의 원자 모형

톰슨의 원자 모형	• 원자핵이 존재하지 않는다. • (+)전하를 띤 공 모양의 원자 속에 (−)전하를 띤 전자가 박혀 있다.
러더퍼드의 원자 모형	• 원자의 중심에 원자핵이 존재한다. • 원자핵을 중심으로 전자가 운동하고 있다.

개념 익히기 문제

정답과 해설 p.19

🧠 교과서 문장으로 개념 익히기

01 진공 방전관에서 전극에 높은 전압을 걸었을 때 (−)극에서 (+)극으로 흐르는 빛을 □□□이라고 한다.

02 음극선을 이루는 입자가 원자를 구성하는 공통적인 입자라고 생각하고, 이 입자를 □□라고 하였다.

03 음극선 실험에서 음극선의 진로에 바람개비를 설치하면 바람개비가 돌아가는 것으로부터 음극선을 구성하는 입자는 □□이 있음을 알 수 있다.

04 헬륨의 원자핵으로 방사성 물질에서 방출되는 입자를 □□ 입자라고 한다.

05 러더퍼드는 알파(α) 입자 산란 실험으로부터 □□□을 발견하였다.

06 (+)전하를 띤 알파(α) 입자가 반발력을 받아 튕겨 나오려면 원자 내부에 □□□를 띤 입자가 존재해야 한다.

🎲 OX 문제로 개념 익히기

07 음극선의 진로에 전기장을 걸어 주면 음극선은 (+)극 쪽으로 휘어진다. (O / X)

08 톰슨은 음극선 실험을 통해 전자는 전하를 띠고, 질량을 갖고 있는 입자임을 알아내었다. (O / X)

09 톰슨은 음극선 실험을 통해 원자핵 주위를 전자가 돌고 있다는 원자 모형을 제시하였다. (O / X)

10 러더퍼드는 알파(α) 입자 산란 실험을 통해 양성자를 발견하였다. (O / X)

11 알파(α) 입자를 금박에 쏘면 대부분의 입자는 크게 휘어지거나 큰 각도로 튕겨 나온다. (O / X)

12 알파(α) 입자 산란 실험을 통해 원자핵은 크기가 매우 작고, 질량이 매우 큰 입자임을 알아내었다. (O / X)

1. 원자를 구성하는 입자의 성질

구성 입자		질량(g)	상대적 질량	전하량(C)	상대적 전하
원자핵	양성자(p)	1.673×10^{-24}	거의 비슷 1	$+1.6 \times 10^{-19}$	+1
	중성자(n)	1.675×10^{-24}	1	0 (전하를 띠지 않음)	0 (반대 전하)
전자(e⁻)		9.109×10^{-28}	$\dfrac{1}{1837}$	-1.6×10^{-19}	-1

(1) 양성자 : (+)전하를 띠며 원자핵을 구성하는 입자로, 원자를 구성하는 양성자 수가 그 원소의 원자 번호이다.

(2) 중성자 : 전하를 띠지 않으며 원자핵을 구성하는 입자로, 양성자와 질량이 거의 같다.

(3) 전자 : 양성자와 전하량의 크기는 같고 부호는 반대인 (−)전하를 띠는 입자이다.

2. 원자의 표시

(1) 원자 번호 : 원자의 종류는 원자핵 속 양성자 수에 따라 달라지므로 원자 번호는 양성자 수로 정하며, 원소 기호의 왼쪽 아래에 표시한다. 전기적으로 중성인 원자는 양성자 수와 전자 수가 같다.

원자는 양성자 수=전자 수

> 원자 번호=양성자 수=원자의 전자 수

(2) 질량수 : 원자핵을 구성하는 양성자 수와 중성자 수를 합한 수이며, 원소 기호의 왼쪽 위에 표시한다.

> 질량수=양성자 수+중성자 수

(3) 원자의 표시 : 원소 기호에 원자 번호와 질량수를 표시하여 나타낸다.

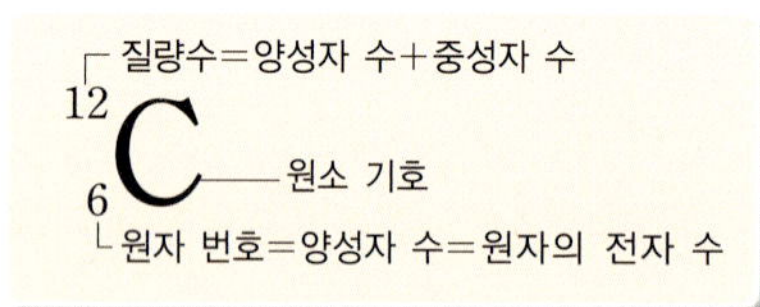

3. 동위 원소

(1) 양성자 수가 같아 원자 번호는 같으나 중성자 수가 달라 질량수가 다른 원소이다.

(2) 동위 원소는 화학적 성질은 같으나, 질량이 다르므로 물리적 성질은 다르다.

동위 원소는 전자 수가 같으므로 화학적 성질이 같다.

[수소(H)의 동위 원소]

동위 원소	$^{1}_{1}\text{H}$	$^{2}_{1}\text{H}$	$^{3}_{1}\text{H}$
모형			
양성자 수 같음	1	1	1
중성자 수 다름	0	1	2
질량수 다름	1	2	3

- 3가지 동위 원소의 양성자 수는 모두 1이다. ➡ 전자 수가 같으므로 화학적 성질이 같다.
- $^{1}_{1}\text{H}$, $^{2}_{1}\text{H}$, $^{3}_{1}\text{H}$의 질량수는 각각 1, 2, 3이므로 원자핵을 구성하는 중성자 수는 각각 0, 1, 2이다.
- ➡ 양성자와 질량이 거의 비슷한 중성자의 수가 다르므로 원자의 질량 등 물리적 성질이 다르다.

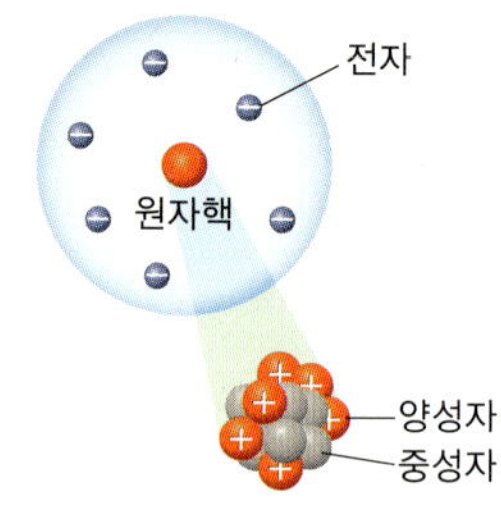
원자의 구조

원소의 종류와 양성자 수
원소의 종류가 같으면 양성자 수가 같으며, 원소의 종류에 따라 양성자 수가 다르다.

X선의 파장과 원자핵 속 양성자 수
모즐리는 원자에 전자 빔을 발사할 때 발생하는 X선의 파장과 원자핵 속의 양성자 수 사이의 관계를 발견하였다. 이로부터 원소의 화학적 성질을 결정하는 것은 양성자 수라는 것을 밝혀내어 양성자 수를 원자 번호로 나타내었다.

질량수
전자의 질량은 양성자와 중성자의 질량에 비해 무시할 수 있을 정도로 작으므로 양성자 수와 중성자 수가 원자의 질량을 결정한다. 따라서 질량수를 양성자 수와 중성자 수의 합으로 나타낸다.

방사성 동위 원소
동위 원소 중에 불안정하여 스스로 원자핵이 붕괴되는 핵반응을 하면서 방사선을 방출하는 원소들이 있는데, 이를 방사성 동위 원소라고 한다. 수소의 동위 원소 중에 3중수소($^{3}_{1}\text{H}$)는 방사성 동위 원소이다.

4. 평균 원자량

(1) **평균 원자량** : 자연계에 존재하는 동위 원소의 존재 비율을 고려하여 평균값으로 나타 낸 원자량이다.

(2) **평균 원자량 구하는 방법** : (동위 원소의 원자량)×(동위 원소의 자연 존재 비율)의 합으 로 계산한다.

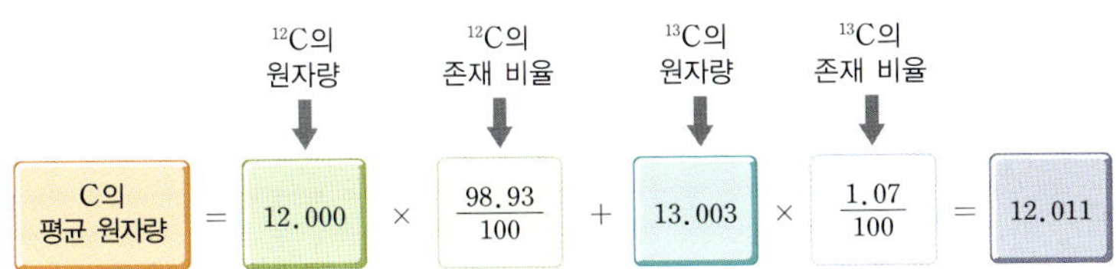

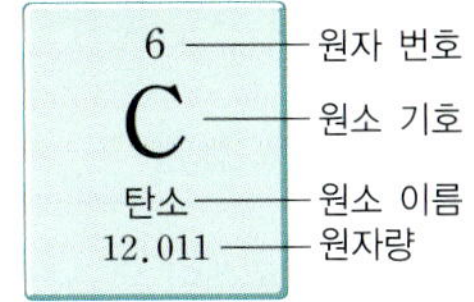

주기율표에 주어진 각 원소의 원자량은 여러 동위 원소들이 섞여 있는 자연 상태에서 측정한 것이므로 평균 원자량이다.

⧗ 미니탐구 염소(Cl)의 평균 원자량 및 Cl_2 분자의 존재 비율 구하기

표는 자연계에 존재하는 염소(Cl)의 원자량과 존재 비율을 나타낸 것이다.

동위 원소	원자량	존재 비율(%)
^{35}Cl	35	75
^{37}Cl	37	25

1. ^{35}Cl의 존재 비율인 75 %와 ^{37}Cl의 존재 비율인 25 %의 합이 100 %이므로 자연계에 존재하는 Cl의 동위 원소는 ^{35}Cl와 ^{37}Cl 2가지이다.

2. Cl의 평균 원자량은 다음과 같이 구할 수 있다.

Cl의 평균 원자량 = ^{35}Cl의 원자량 × ^{35}Cl의 존재 비율 + ^{37}Cl의 원자량 × ^{37}Cl의 존재 비율

$$= 35 \times \frac{75}{100} + 37 \times \frac{25}{100} = 35.5$$

3. 자연계에는 분자량이 서로 다른 3가지 Cl_2 분자가 존재한다.

분자	$^{35}Cl_2$	$^{35}Cl\,^{37}Cl$	$^{37}Cl_2$
분자량	70	72	74
존재 비율	$\frac{3}{4} \times \frac{3}{4} = \frac{9}{16}$	$\frac{3}{4} \times \frac{1}{4} + \frac{1}{4} \times \frac{3}{4} = \frac{6}{16}$	$\frac{1}{4} \times \frac{1}{4} = \frac{1}{16}$

평균 분자량

자연계에 존재하는 분자의 존재 비율을 고려하여 평균값으로 나타낸 분자량이다.

예 Cl_2 분자의 평균 분자량

$$70 \times \frac{9}{16} + 72 \times \frac{6}{16} + 74 \times \frac{1}{16}$$
$$= 71$$

개념 익히기 문제

정답과 해설 p.19

🧠 교과서 문장으로 개념 익히기

13 양성자와 ☐☐의 전하량은 크기가 같고 부호는 반대 이다.

14 양성자 수는 같으나 중성자 수가 달라서 질량수가 다른 원소를 ☐☐☐☐라고 한다.

15 동위 원소는 양성자 수와 전자 수가 같으므로 ☐☐☐ 성질은 같으나 질량수가 다르므로 물리적 성질이 다르 다.

16 원소 기호의 왼쪽 아래에 ☐☐☐☐를 쓰고, 왼쪽 위에 ☐☐☐를 쓴다.

17 원자의 원자량은 동위 원소의 존재 비율을 고려한 ☐☐ 원자량으로 나타낸다.

🎲 OX 문제로 개념 익히기

18 중성자는 양성자와 질량이 거의 같으며 전하를 띠지 않는 입자이다.　　　　　　　　　(○ / ×)

19 $^{1}_{1}$H는 양성자 수, 중성자 수, 전자 수가 모두 1이다.

　　　　　　　　　　　　　　　(○ / ×)

20 $^{3}_{2}$He에서 중성자 수는 2이다.　　　(○ / ×)

21 ^{12}C의 존재 비율이 $a\%$, ^{13}C의 존재 비율이 $b\%$일 때 평균 원자량은 $\frac{12a+13b}{100}$이다. (단, ^{12}C와 ^{13}C의 원자량은 각각 12, 13이고, $a+b=100$이다.)　(○ / ×)

22 B의 동위 원소가 ^{10}B, ^{11}B의 2가지이고, ^{10}B, ^{11}B의 원자량은 각각 10, 11이며 평균 원자량이 10.8일 때 존재 비율은 ^{10}B > ^{11}B이다.　　　　　(○ / ×)

톰슨의 음극선 실험과 러더퍼드의 α 입자 산란 실험

📝 과정 & 결과

1. 그림은 톰슨의 음극선 실험 결과를 나타낸 것이다.

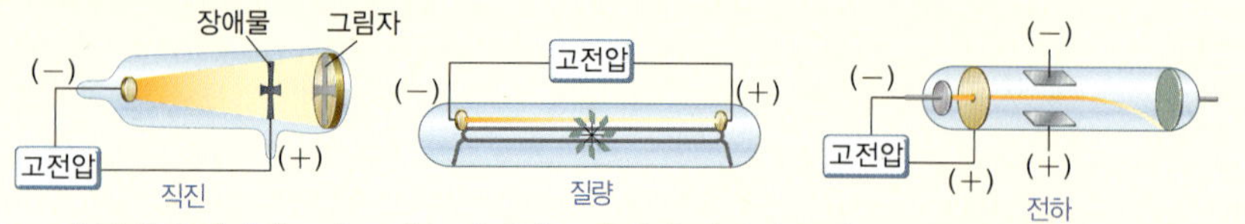

⋯ **음극선의 직진성** : 음극선은 직진하는 성질이 있어 음극선의 진로에 장애물을 설치하면 음극선이 장애물을 통과하지 못하므로 그림자가 생긴다.

⋯ **음극선의 입자성** : 음극선의 진로에 바람개비를 설치하면 음극선이 바람개비에 부딪혀 힘을 가하므로 바람개비가 회전한다. 음극선이 질량을 가진 입자의 흐름임을 알 수 있다.

⋯ **음극선의 전자기성** : 음극선의 진로의 수직으로 전기장을 걸어 주면 음극선은 (+)극 쪽으로 휘어진다. 이로부터 음극선은 (−)전하를 가진 입자의 흐름임을 알 수 있다.

2. 그림은 러더퍼드의 알파(α) 입자 산란 실험 결과를 나타낸 것이다.

금박 주위에 형광 스크린을 장치하고 α 입자를 금박에 충돌시킨다.

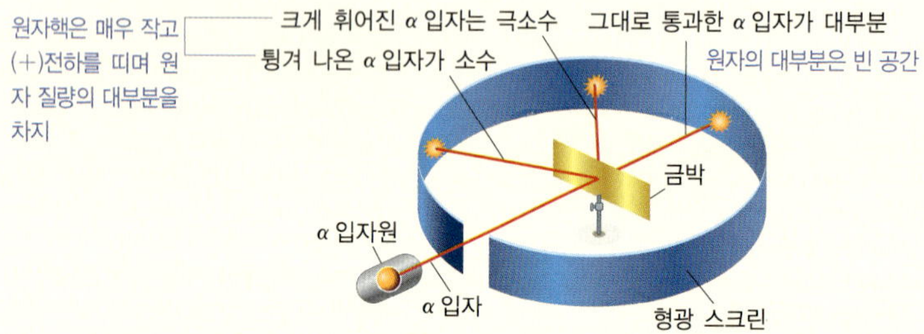

⋯ 대부분의 α 입자가 금박을 그대로 통과하므로 금박을 구성하고 있는 원자의 대부분은 빈 공간이다.

⋯ 극히 일부의 α 입자가 금박에서 크게 휘어지거나 튕겨 나오므로 α 입자를 크게 휘어지게 하거나 튕겨 내는 입자는 크기가 매우 작고, (+)전하를 띠며, 원자 질량의 대부분을 차지한다.

🔍 분석

1. 음극선 실험 결과로부터 알 수 있는 사실은 무엇인가?

⋯ 음극선 실험에서 (−)극으로 사용한 금속의 종류에 관계없이 음극선이 같은 특성을 보이므로 음극선의 구성 입자가 모든 물질의 공통적인 입자라고 생각하고, 이를 전자라고 명명하였다.

2. 알파(α) 입자 산란 실험 결과로부터 알 수 있는 사실은 무엇인가?

⋯ 원자 중심에 원자 질량의 대부분을 차지하면서 크기가 매우 작고 (+)전하를 띠는 입자를 발견하고, 이를 원자핵이라고 하였다.

🎯 탐구 목표

전자와 원자핵을 발견하게 된 실험 과정 및 결과를 설명할 수 있다.

🔬 탐구 포인트

톰슨의 음극선 실험 결과로 음극선의 성질을 파악하고, 러더퍼드의 알파(α) 입자 산란 실험 결과에서 알파 입자의 경로가 가지는 의미를 분석하여 전자와 원자핵의 발견 과정을 알 수 있다.

예제 ❶

톰슨의 음극선 실험과 러더퍼드의 알파(α) 입자 산란 실험으로부터 발견된 입자를 각각 X, Y라고 할 때 X, Y에 대한 설명으로 옳지 않은 것은?

① X는 (−)전하를 띤다.

② Y는 모든 원자에 존재한다.

③ Y는 원자 질량의 대부분을 차지한다.

④ 모든 원자에서 X의 수는 Y의 수와 같다.

⑤ 모든 원자에서 X의 총 전하량과 Y의 전하량의 크기는 같다.

예제 ❷ 서술형

그림은 러더퍼드의 알파(α) 입자 산란 실험에서 α 입자가 원자를 통과할 때의 모습을 모형으로 나타낸 것이다.

이로부터 알 수 있는 원자핵의 성질을 설명하시오.

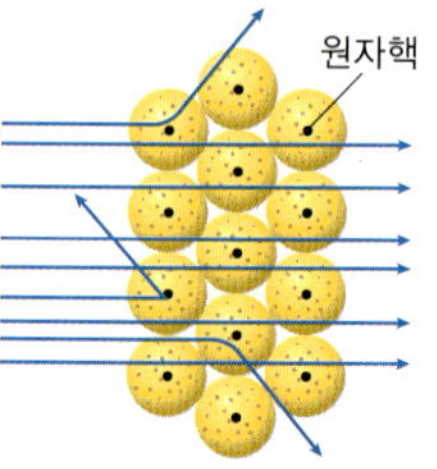

정답과 해설 p.19

개념 다지기 문제

01 다음은 원자를 구성하는 입자의 존재를 확인한 실험에 대한 자료이다.

> (가) 톰슨은 음극선 실험을 통해 ⬚ ㉠ ⬚ 의 존재를 발견하였다.
>
> (나) 러더퍼드는 알파(α) 입자 산란 실험을 통해 ⬚ ㉡ ⬚ 의 존재를 발견하고, 원자의 대부분이 빈 공간임을 확인하였다.

이에 대한 설명으로 옳은 것만을 |보기|에서 있는 대로 고른 것은?

> ─ 보기 ─
> ㄱ. ㉠은 전자이다.
> ㄴ. 입자의 질량은 ㉠이 ㉡보다 크다.
> ㄷ. 모든 원자에서 ㉠의 수와 ㉡의 수는 같다.

① ㄱ   ② ㄷ   ③ ㄱ, ㄴ
④ ㄱ, ㄷ   ⑤ ㄴ, ㄷ

대표 유형문제

02 그림은 러더퍼드의 α 입자 산란 실험을 나타낸 것이다.

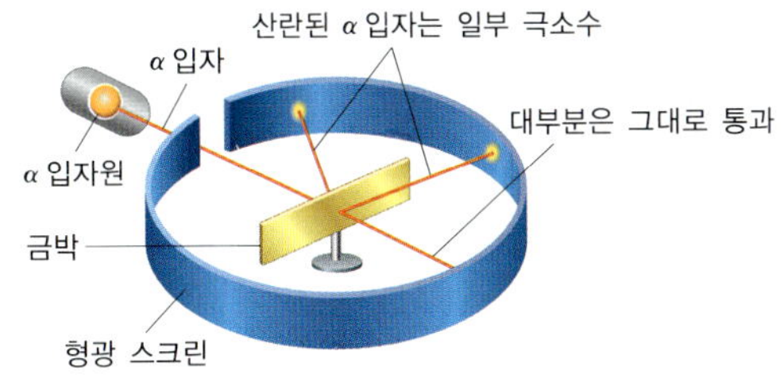

이 실험으로 발견된 입자에 대한 설명으로 옳은 것만을 |보기|에서 있는 대로 고른 것은?

> ─ 보기 ─
> ㄱ. 양성자이다.
> ㄴ. (+)전하를 띤다.
> ㄷ. 원자에서 대부분의 공간을 차지한다.

① ㄱ   ② ㄴ   ③ ㄱ, ㄷ
④ ㄴ, ㄷ   ⑤ ㄱ, ㄴ, ㄷ

[03~04] 다음은 입자 X를 발견한 실험에 대한 자료이다.

> • 방전관에 들어 있는 두 금속에 고전압을 걸어 주었더니 직진하는 음극선이 관찰되었다.
> • 음극선의 진행 방향의 수직으로 전기장을 걸어 주었더니 음극선이 (+)극 쪽으로 휘어졌다.

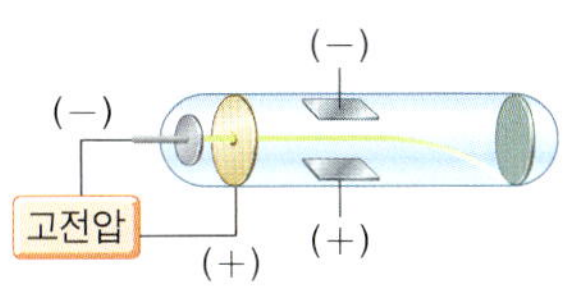

03 X에 대한 설명으로 옳은 것만을 |보기|에서 있는 대로 고른 것은?

> ─ 보기 ─
> ㄱ. (−)전하를 띠는 입자이다.
> ㄴ. 모든 원자에 존재한다.
> ㄷ. 원자 대부분의 질량을 차지한다.

① ㄱ   ② ㄴ   ③ ㄱ, ㄴ
④ ㄱ, ㄷ   ⑤ ㄴ, ㄷ

대표 유형문제

04 위 실험의 결과를 근거로 제안된 원자 모형으로 가장 적절한 것은?

①    ② 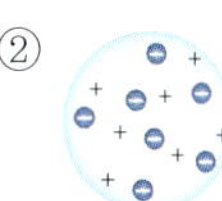   ③ 

④ 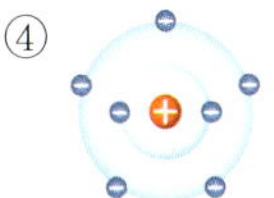   ⑤ 

05 표는 원자를 구성하는 입자 (가)~(다)에 대한 자료이다.

구성 입자	(가)	(나)	(다)
질량(상댓값)	1	1	x
|전하량|(상댓값)	1	0	1

이에 대한 설명으로 옳은 것만을 |보기|에서 있는 대로 고른 것은?

> ─ 보기 ─
> ㄱ. (가)는 양성자이다.
> ㄴ. $x > 1$이다.
> ㄷ. 원자에서 (나)와 (다) 사이에 전기적 인력이 작용한다.

① ㄱ   ② ㄴ   ③ ㄱ, ㄷ
④ ㄴ, ㄷ   ⑤ ㄱ, ㄴ, ㄷ

대표 유형 문제

06 표는 원자 $X \sim Z$에 대한 자료이다.

원자	중성자 수	질량수	전자 수
X	7	a	7
Y	8	15	
Z	8	16	

이에 대한 설명으로 옳은 것만을 |보기|에서 있는 대로 고른 것은? (단, $X \sim Z$는 임의의 원소 기호이다.)

┌─ 보기 ─
ㄱ. $a = 14$이다.
ㄴ. Y는 Z의 동위 원소이다.
ㄷ. Z의 양성자 수는 Y보다 1만큼 크다.
└─

① ㄱ   ② ㄴ   ③ ㄱ, ㄷ
④ ㄴ, ㄷ   ⑤ ㄱ, ㄴ, ㄷ

대표 유형 문제

07 그림은 원자 (가)~(다)를 구성하는 입자 A와 B의 수를 나타낸 것이다. (가)는 (나)의 동위 원소이고, A와 B는 각각 양성자, 중성자, 전자 중 하나이다.

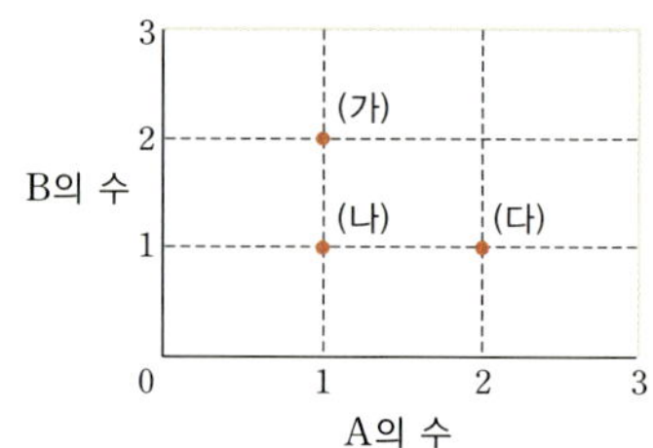

이에 대한 설명으로 옳은 것만을 |보기|에서 있는 대로 고른 것은?

┌─ 보기 ─
ㄱ. B는 양성자이다.
ㄴ. 질량수는 (가)와 (다)가 같다.
ㄷ. (가)와 (나)의 전자 수의 합은 (다)의 전자 수와 같다.
└─

① ㄱ   ② ㄴ   ③ ㄱ, ㄷ
④ ㄴ, ㄷ   ⑤ ㄱ, ㄴ, ㄷ

08 그림은 원자 X의 구성 입자를 모형으로 나타낸 것이다. 🔴, ⚫, 🔵은 각각 양성자, 중성자, 전자 중 하나이다.

X의 원자 번호와 질량수를 원소 기호에 옳게 나타낸 것은? (단, X는 임의의 원소 기호이다.)

① $^{2}_{1}X$ ② $^{3}_{1}X$ ③ $^{2}_{2}X$

④ $^{3}_{2}X$ ⑤ $^{2}_{3}X$

[09~10] 그림은 자연계에 존재하는 X와 Y의 동위 원소의 존재 비율을 나타낸 것이다. ^{a}X, ^{a+2}X, ^{b}Y, ^{b+2}Y의 원자량은 각각 a, $a+2$, b, $b+2$이다.

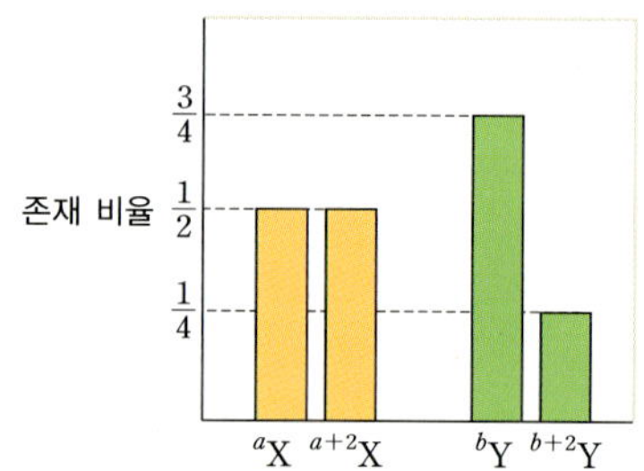

09 이에 대한 설명으로 옳은 것만을 |보기|에서 있는 대로 고른 것은?

┌─ 보기 ─
ㄱ. X의 평균 원자량은 $a+1$이다.
ㄴ. X_2는 분자량이 서로 다른 3가지 분자로 존재한다.
ㄷ. 자연계에서 $\dfrac{^{a}X_2의\ 존재\ 비율(\%)}{^{a}X^{b+2}Y의\ 존재\ 비율(\%)} = 2$이다.
└─

① ㄱ   ② ㄷ   ③ ㄱ, ㄴ
④ ㄴ, ㄷ   ⑤ ㄱ, ㄴ, ㄷ

10 Y_2의 평균 분자량으로 옳은 것은?

① $2b$ ② $2b + \dfrac{1}{4}$ ③ $2b + \dfrac{1}{2}$

④ $2b + 1$ ⑤ $2b + 2$

11 그림은 자연계에 존재하는 원소 $_1X$와 $_{17}Y$의 동위 원소의 존재 비율을 나타낸 것이다.

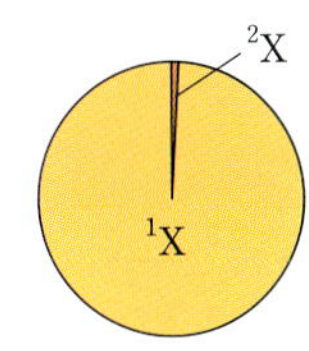
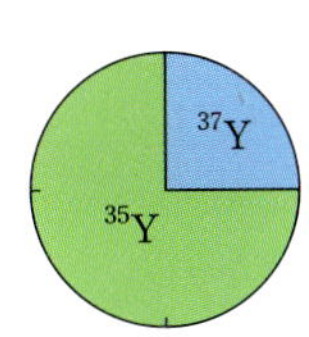

이에 대한 설명으로 옳은 것만을 |보기|에서 있는 대로 고른 것은? (단, X, Y는 임의의 원소 기호이고, ^1X, ^2X, ^{35}Y, ^{37}Y의 원자량은 각각 1, 2, 35, 37이다.)

> |보기|
> ㄱ. X의 평균 원자량은 1.5보다 작다.
> ㄴ. 분자량이 서로 다른 XY 분자는 4가지이다.
> ㄷ. 1 mol의 Y_2 중
> $$\frac{\text{분자량이 72인 } Y_2 \text{에 들어 있는 중성자 수}}{\text{분자량이 70인 } Y_2 \text{에 들어 있는 중성자 수}} = \frac{19}{54}$$ 이다.

① ㄱ ② ㄷ ③ ㄱ, ㄴ
④ ㄴ, ㄷ ⑤ ㄱ, ㄴ, ㄷ

 유형 문제

12 표는 자연계에 존재하는 모든 X_2 분자 (가)~(다)에 대한 자료이다.

분자	(가)	(나)	(다)
분자량	n	$n+2$	$n+4$
존재 비율(%)	$3a$	$2a$	b

이에 대한 설명으로 옳은 것만을 |보기|에서 있는 대로 고른 것은? (단, X는 임의의 원소 기호이다.)

> |보기|
> ㄱ. X의 동위 원소는 2가지이다.
> ㄴ. X의 평균 원자량은 $\frac{1}{2}n+1$보다 작다.
> ㄷ. $\frac{a}{b}=3$이다.

① ㄱ ② ㄷ ③ ㄱ, ㄴ
④ ㄴ, ㄷ ⑤ ㄱ, ㄴ, ㄷ

13 다음은 러더퍼드의 알파(α) 입자 산란 실험이다.

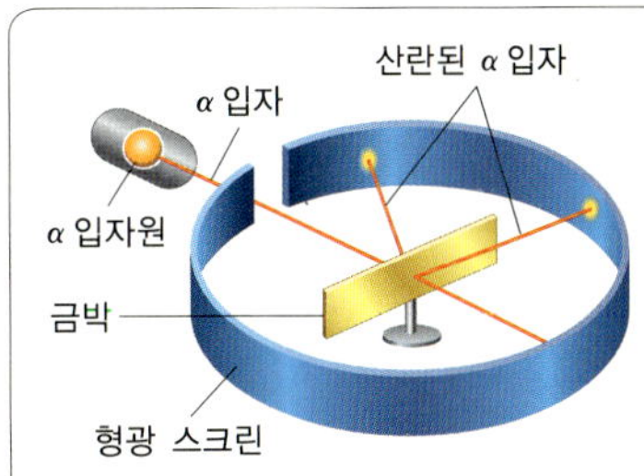

대부분의 α 입자는 통과하지만, 극소수의 α 입자는 경로가 크게 휘어지거나 튕겨 나온다.

이 실험의 결과로부터 알 수 있는 원자의 성질 2가지를 설명하시오.

14 그림은 원자 X ~ Z를 모형으로 나타낸 것이다. 🔴, ⚫, 🔵 은 각각 전자, 양성자, 중성자 중 하나이다.

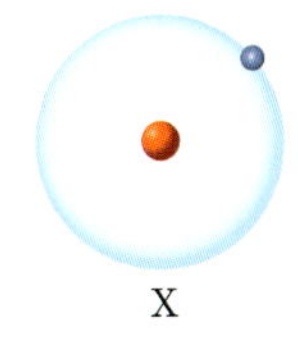

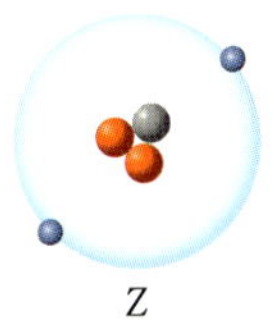

(1) Y의 원자 번호를 쓰시오.

(2) X ~ Z 중 동위 원소를 찾아 쓰고, 그 까닭을 설명하시오.

15 표는 원자 $_{29}X$에 대한 자료이다. 자연계에 존재하는 $_{29}X$의 동위 원소는 ^{63}X, ^{65}X 2가지이고, X의 평균 원자량은 63.5이다. (단, X는 임의의 원소 기호이다.)

원자	^{63}X	^{65}X
원자량	63	65
존재 비율(%)	a	b

(1) a, b를 구하시오.

(2) $\dfrac{\text{X 1 mol에 들어 있는 } ^{65}X \text{의 중성자 수}}{\text{X 1 mol에 들어 있는 } ^{63}X \text{의 중성자 수}}$ 를 구하고, 풀이 과정을 설명하시오.

02 원자 모형과 전자 배치

1 보어 원자 모형

개념 전자는 원자핵 주위의 불연속적인 전자 껍질을 따라 원운동하고 있다는 원자 모형

1. 수소 원자의 선 스펙트럼 : 수소 기체가 들어 있는 방전관에 고전압을 걸어 주면 빛이 방출되는데, 이 빛을 프리즘으로 분해하면 특정한 파장의 빛으로 이루어진 불연속인 선 스펙트럼이 나타난다.

스펙트럼

빛을 파장에 따라 분산시켜 얻은 색의 띠

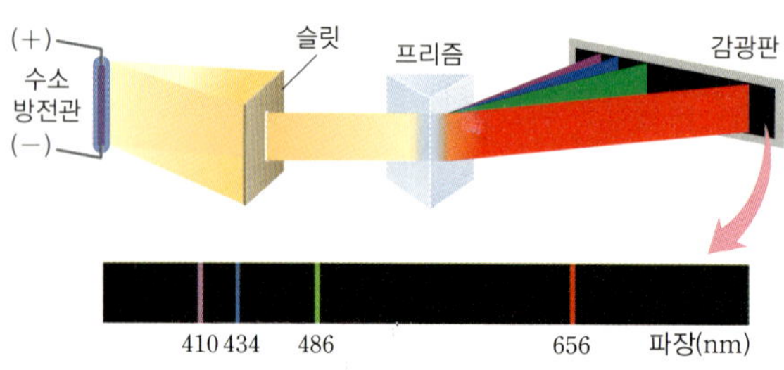

2. 보어 원자 모형

(1) 보어가 수소 원자의 불연속적인 선 스펙트럼을 설명하기 위해 제안하였다.

(2) 전자는 원자핵 주위의 특정한 에너지 준위를 가진 원형 궤도를 따라 원운동하고, 이러한 불연속적인 전자의 궤도를 전자 껍질이라고 한다.

❶ 원자핵에서 가까운 전자 껍질부터 K($n=1$), L($n=2$), M($n=3$)… 전자 껍질로 나타내며, n은 주 양자수이다.

❷ 전자 껍질의 에너지 준위는 원자핵에서 멀어질수록 높아진다.
  → K<L<M<…

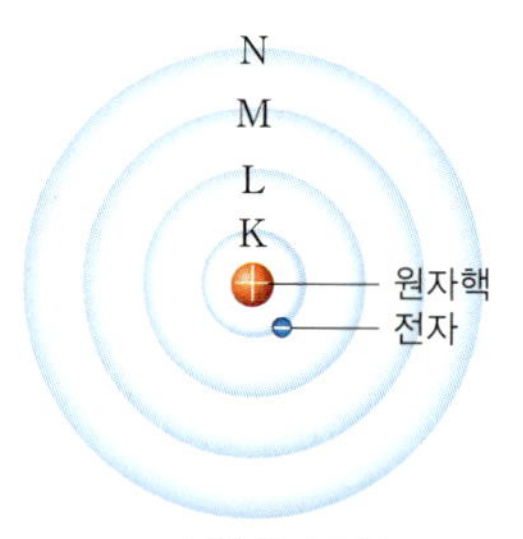

▲ 보어 원자 모형

수소 원자에서 전자 껍질의 에너지 준위
- 전자 껍질의 에너지 준위는 불연속적인 값을 갖는다.
- 수소 원자에서 전자 껍질의 에너지 준위는 주 양자수(n)에 의해서만 결정된다.

$$E_n = -\frac{1312}{n^2} \text{ kJ/mol } (n=1, 2, 3\cdots)$$

전자의 전이와 에너지 출입

전자가 다른 전자 껍질로 전이할 때는 전자 껍질의 에너지 준위 차이에 해당하는 에너지를 흡수 또는 방출한다.

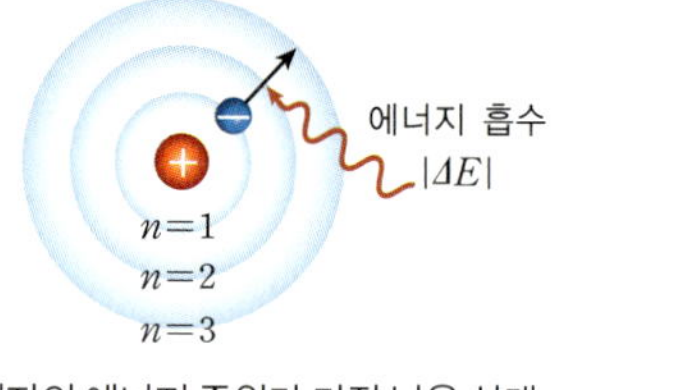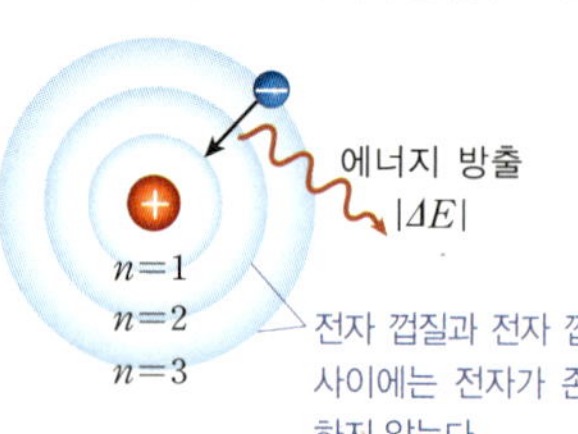

- **바닥상태** : 전자의 에너지 준위가 가장 낮은 상태
- **들뜬상태** : 바닥상태에 있던 전자가 에너지를 흡수하여 에너지 준위가 높은 상태

강의 포인트
전자 전이와 선 스펙트럼
- 바닥상태 원자가 에너지를 흡수하여 전자가 전이되면 들뜬상태의 원자가 되고, 들뜬상태 원자에서 바닥상태 원자가 될 때 에너지를 방출한다.
- 전자 껍질의 에너지 준위는 불연속적이므로 방출되는 빛의 스펙트럼에서 불연속적인 선이 나타난다.

2 현대 원자 모형

개념 오비탈은 원자핵 주위의 공간에서 전자가 존재하는 확률 분포를 나타내는 원자 모형

1. 오비탈(궤도 함수)

(1) **오비탈** : 원자핵 주위의 공간에서 전자가 발견될 확률 분포를 나타내는 함수이며, 주 양자수(n)와 오비탈의 모양을 의미하는 s, p, d 등의 기호를 사용하여 나타낸다.

(2) 오비탈을 나타내는 방법

❶ **점밀도 그림** : 전자가 발견될 확률을 점의 밀도로 나타낸다.

❷ **경계면 그림** : 전자가 발견될 확률이 90 %가 되는 지점을 연결한 경계면으로 나타낸다.

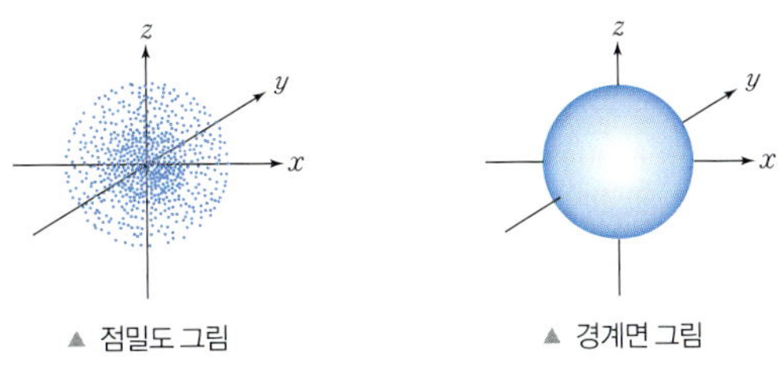

▲ 점밀도 그림 　　　　　 ▲ 경계면 그림

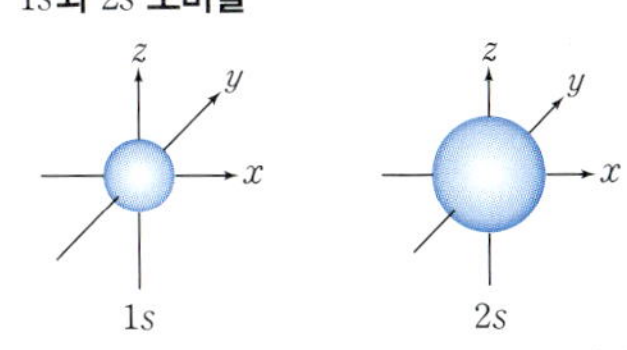

1s와 2s 오비탈은 모양은 같지만, 주 양자수(n)가 클수록 전자가 발견될 오비탈의 크기가 커진다.

(3) 오비탈의 종류

오비탈	모형	특징
s 오비탈		• 구형으로 모든 전자 껍질에 존재한다. • 원자핵으로부터의 거리가 같으면 방향에 관계없이 전자가 발견될 확률이 같다.
p 오비탈		• 아령 모양으로, L 전자 껍질부터 존재한다. • 원자핵을 중심으로 3차원 공간에 x축, y축, z축 방향으로 존재하며, 한 전자 껍질에 에너지 준위가 같은 p_x, p_y, p_z 오비탈이 존재한다.

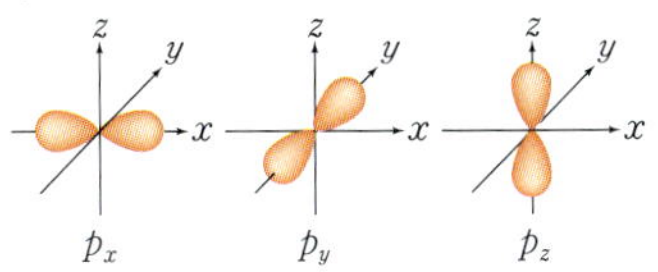

• 같은 전자 껍질에 존재하는 3가지 오비탈의 에너지 준위는 같고, 방향만 다르다.
• 방향성이 있어 원자핵으로부터의 거리가 같더라도 방향에 따라 전자가 발견될 확률이 다르다.

(4) 오비탈의 표시

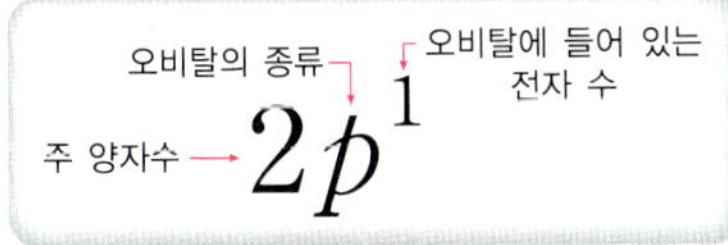

주 양자수는 2이고 오비탈은 p이며, 이 오비탈에 전자가 1개 존재한다.

개념 익히기 문제

정답과 해설 p.21

🧠 교과서 문장으로 개념 익히기

01 보어 원자 모형에서 전자는 원자핵 주위의 특정한 에너지 준위를 가진 원형 궤도를 따라 [　　　]한다.

02 보어 원자 모형에서 불연속적인 전자의 궤도를 [　　][　　]이라고 한다.

03 원자핵 주위의 공간에서 전자가 발견될 확률 분포를 나타내는 함수를 [　　　]이라고 한다.

04 s 오비탈의 모양은 [　　]으로 모든 전자 껍질에 존재한다.

05 같은 전자 껍질에 존재하는 3가지 p 오비탈은 [　][　][　]는 같고, 방향만 다르다.

06 2s 오비탈은 주 양자수(n)가 [　]이고, 오비탈의 모양은 [　　]이다.

🎲 OX 문제로 개념 익히기

07 보어는 수소 원자의 불연속적인 선 스펙트럼을 설명하기 위해 보어 원자 모형을 제안하였다. (O / X)

08 전자 껍질의 에너지 준위는 원자핵에서 멀어질수록 높아진다. (O / X)

09 전자의 에너지 준위가 가장 낮아서 안정한 상태를 바닥상태라고 한다. (O / X)

10 s 오비탈의 모양은 아령형이고, p 오비탈의 모양은 구형이다. (O / X)

11 p 오비탈은 원자핵으로부터의 거리가 같으면 방향에 관계없이 전자가 발견될 확률이 같다. (O / X)

12 L 전자 껍질에는 에너지 준위가 같은 3가지 p 오비탈이 존재한다. (O / X)

2. 오비탈과 양자수

(1) 주 양자수(n)

❶ 오비탈의 크기와 에너지를 결정하며, 보어 원자 모형에서 전자 껍질을 나타낸다.

주 양자수(n)	1	2	3	4
전자 껍질	K	L	M	N

❷ 주 양자수가 증가할수록 오비탈의 크기와 에너지 준위는 커지고, 전자는 원자핵으로부터 멀어진다.

(2) 방위(부) 양자수(l)

❶ 오비탈의 모양을 결정하는 양자수이다.

❷ 주 양자수가 n일 때 방위(부) 양자수(l)는 $0 \leq l \leq n-1$의 정숫값을 갖는다.

> 주 양자수가 2일 때 방위 양자수는 $0 \leq l \leq 1$로 0과 1이다.

방위(부) 양자수(l)	0	1	2	3
오비탈	s	p	d	f

(3) 자기 양자수(m_l)

❶ 오비탈의 공간적인 방향을 결정하는 양자수이다.

❷ 방위(부) 양자수가 l일 때 자기 양자수(m_l)는 $-l \leq m_l \leq +l$의 정숫값을 갖는다.

❸ 방위(부) 양자수가 l인 오비탈은 $(2l+1)$개이고, 각각 방향은 다르지만 에너지 준위는 같다.

(4) 스핀 자기 양자수(m_s)

❶ 외부에서 전기장을 걸어 주었을 때, 전자의 자기 상태가 위쪽과 아래쪽의 두 방향으로 나누어지는 것과 관련된 양자수이다.

❷ 스핀 자기 양자수는 $+\dfrac{1}{2}$, $-\dfrac{1}{2}$의 2가지가 가능하다.

3가지 양자수에 따른 오비탈의 종류와 수

전자 껍질	K	L		M		
주 양자수(n)	1	2		3		
방위(부) 양자수(l)	0	0	1	0	1	2
오비탈의 종류	$1s$	$2s$	$2p$	$3s$	$3p$	$3d$
자기 양자수(m_l)	0	0	$-1,\ 0,\ +1$	0	$-1,\ 0,\ +1$	$-2,\ -1,\ 0,\ +1,\ +2$
오비탈 수	1	1	3	1	3	5
	1	4		9		
최대 수용 전자 수($2n^2$)	2	8		18		

③ 전자 배치

전자는 쌓음 원리, 파울리 배타 원리, 훈트 규칙에 따라 배치된다.

1. 쌓음 원리

(1) 바닥상태에서 전자는 에너지 준위가 낮은 오비탈부터 차례대로 채워진다.

(2) 수소 원자에서 오비탈의 에너지 준위 : 주 양자수(n)에 의해서만 결정된다.

$$1s < 2s = 2p < 3s = 3p = 3d < \cdots$$

(3) 다전자 원자에서 오비탈의 에너지 준위 : 주 양자수(n)와 방위(부) 양자수(l)에 의해서 결정된다.

$$1s < 2s < 2p < 3s < 3p < 4s < 3d < 4p < \cdots$$

현대 원자 모형과 양자수

오비탈의 에너지, 크기, 모양 등을 나타내기 위해 양자수라는 개념을 원자 모형에 도입하였다.

양자수와 오비탈 표시

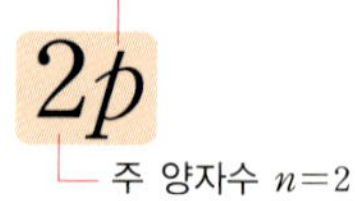

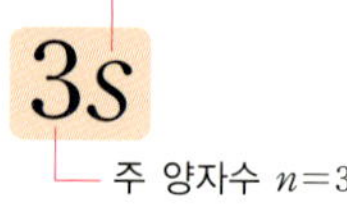

스핀 자기 양자수

전자는 스스로 회전하는 스핀 운동을 하며, 스핀 방향이 다른 2가지 상태가 존재한다. 1개의 오비탈에는 스핀 방향이 다른 전자가 최대 2개까지 수용된다.

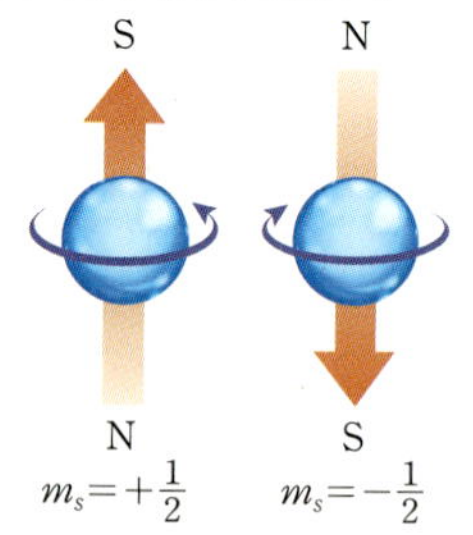

다전자 원자에서 오비탈의 에너지 준위

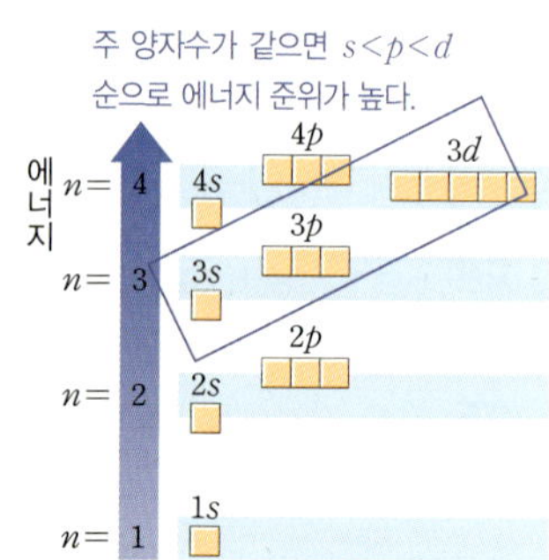

2. 파울리 배타 원리

(1) 1개의 오비탈에는 최대 2개의 전자가 채워질 수 있으며, 1개의 오비탈에 2개의 전자가 채워질 때 두 전자의 스핀 자기 양자수(m_s)는 서로 다르다.

예 베릴륨($_4$Be) : 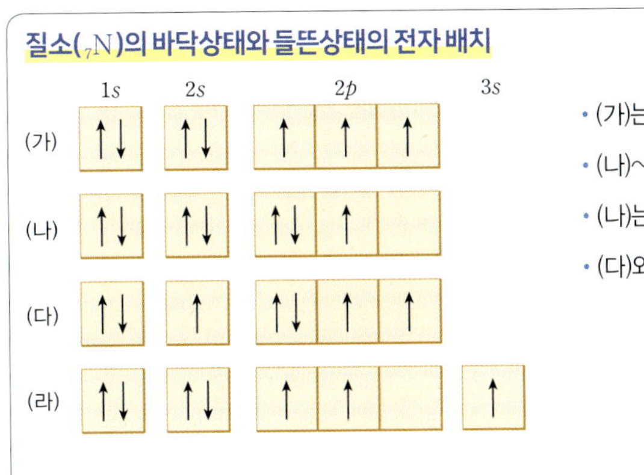

(2) 같은 원자에는 4가지 양자수가 모두 같은 전자는 존재할 수 없으며, 파울리 배타 원리에 어긋나는 전자 배치는 불가능한 전자 배치이다.

3. 훈트 규칙 : 바닥상태의 전자 배치에서 에너지 준위가 같은 오비탈에 전자가 채워질 때 가능한 한 전자가 쌍을 이루지 않아 홀전자 수가 크도록 배치한다.

4. 바닥상태의 전자 배치 : 쌓음 원리, 파울리 배타 원리, 훈트 규칙을 모두 만족하는 전자 배치로, 에너지가 가장 낮은 상태이다.

> **질소($_7$N)의 바닥상태와 들뜬상태의 전자 배치**
>
> - (가)는 바닥상태의 전자 배치이다.
> - (나)~(라)는 들뜬상태의 전자 배치이다.
> - (나)는 훈트 규칙에 어긋난다.
> - (다)와 (라)는 쌓음 원리에 어긋난다.

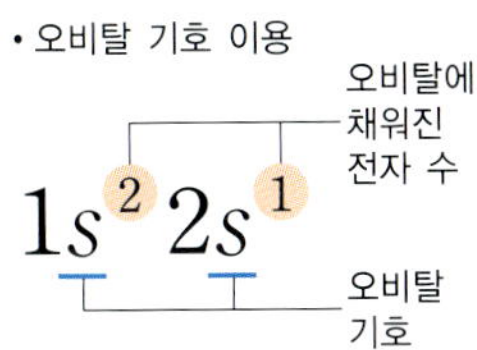

전자 배치 표시 방법
- 오비탈 상자 모형 이용
- 오비탈 기호 이용

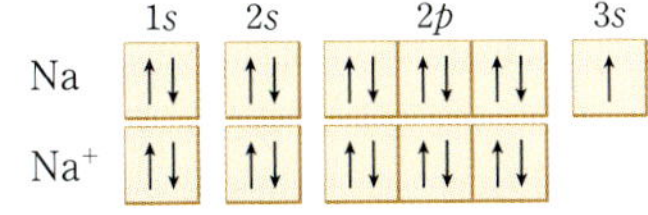

$1s^2\, 2s^1$

오비탈에 채워진 전자 수 / 오비탈 기호

강의 포인트

양이온의 전자 배치

원자가 가장 바깥 전자 껍질의 전자를 모두 잃고 양이온이 되면 18족 원소의 전자 배치와 같아진다.

예 Na과 Na$^+$의 전자 배치

음이온의 전자 배치

원자가 전자를 얻어 가장 바깥 전자 껍질의 전자가 8개인 음이온이 되면 18족 원소의 전자 배치와 같아진다.

예 F과 F$^-$의 전자 배치

개념 익히기 문제

정답과 해설 p.21

🧠 교과서 문장으로 개념 익히기

13 ☐☐☐☐는 오비탈의 크기와 에너지를 결정하는 양자수이다.

14 ☐☐☐☐는 오비탈의 모양을 결정하는 양자수이다.

15 수소 원자에서 오비탈의 에너지 준위는 ☐☐☐☐에 의해서만 결정된다.

16 ☐☐☐☐☐☐에 어긋나는 전자 배치는 불가능한 전자 배치이다.

17 쌓음 원리, 파울리 배타 원리, 훈트 규칙을 모두 만족하는 전자 배치를 ☐☐☐☐ 전자 배치라고 한다.

18 바닥상태 전자 배치에서 에너지 준위가 같은 오비탈에는 가능한 한 ☐☐☐ 수가 크도록 배치한다.

📦 OX 문제로 개념 익히기

19 주 양자수(n)가 증가할수록 오비탈의 크기와 에너지는 커진다. (O / X)

20 $2p$ 오비탈의 주 양자수(n)는 2이고, 방위(부) 양자수(l)는 1이다. (O / X)

21 주 양자수가 2인 전자 껍질에는 2개의 오비탈이 존재한다. (O / X)

22 $_4$Be에서 ⏐↑↓⏐ ⏐↑⏐ 의 전자 배치는 파울리 배타 원리에 어긋난다. (O / X)

23 다전자 원자에서 $3s$ 오비탈의 에너지 준위는 $3p$ 오비탈의 에너지 준위보다 낮다. (O / X)

24 $_7$N에서 ⏐↑↓⏐ ⏐↑↓⏐ ⏐↑↓⏐↑⏐ ⏐의 전자 배치는 훈트 규칙에 어긋나므로 들뜬상태 전자 배치이다. (O / X)

자료 ❶   오비탈과 양자수

그림은 오비탈 (가), (나)를 모형으로 나타낸 것이고, 표는 오비탈 A, B에 대한 자료이다. (가), (나)는 각각 A, B 중 하나이다.

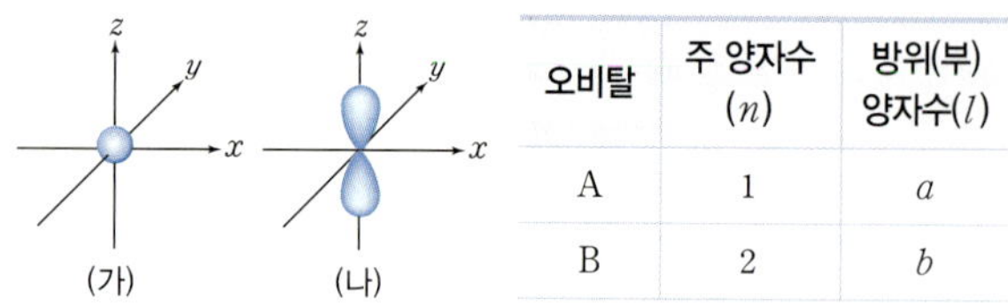

오비탈	주 양자수 (n)	방위(부) 양자수 (l)
A	1	a
B	2	b

→ (가) : 오비탈의 모양이 구형이므로 s 오비탈이다.

→ (나) : 오비탈의 모양이 아령형이므로 p 오비탈이다.

→ $n=1$인 K 전자 껍질에는 $1s$ 오비탈만 존재하므로 A는 $1s$ 오비탈이고 $l=0$이다.

→ $n=2$인 L 전자 껍질에는 $2s$ 오비탈과 $2p$ 오비탈이 존재하는데, A는 (가)에 해당하므로 B는 (나)에 해당한다. 따라서 B는 $2p$ 오비탈이므로 $l=1$이다.

→ $a=0$, $b=1$이다.

표는 수소 원자의 오비탈 (가)~(다)에 대한 자료이다. n, l, m_l은 각각 주 양자수, 방위(부) 양자수, 자기 양자수이다.

	$n+l$	$l+m_l$
(가)	1	0
(나)	2	0
(다)	3	1

→ $n+l=1$인 오비탈은 $n=1$, $l=0$인 $1s$ 오비탈이다. 따라서 (가)는 $1s$ 오비탈이다.

→ $n+l=2$인 오비탈은 $n=2$, $l=0$인 $2s$ 오비탈이다. 따라서 (나)는 $2s$ 오비탈이다.

→ $n+l=3$인 오비탈은 $n=2$, $l=1$인 $2p$ 오비탈과 $n=3$, $l=0$인 $3s$ 오비탈이 있다. $l+m_l=1$인 오비탈은 p 오비탈이므로 (다)는 $2p$ 오비탈이다.

→ 수소 원자에서 에너지 준위는 (가)<(나)=(다)이다.

자료 ❷   바닥상태 원자의 전자 배치

표는 2, 3주기 바닥상태 원자 X ~ Z에 대한 자료이다.

원자	X	Y	Z
$\dfrac{s \text{ 오비탈의 전자 수}}{\text{전체 전자 수}}$ (상댓값)	2	4	5
홀전자 수	3	a	a

→ 2, 3주기 바닥상태 원자는 s 오비탈의 전자 수가 4 ~ 6 중 하나이다.

→ 바닥상태 전자 배치에서 홀전자 수가 3인 원자는 15족 원소이므로 X는 질소(N) 또는 인(P) 중 하나이다.

　따라서 X의 $\dfrac{s \text{ 오비탈의 전자 수}}{\text{전체 전자 수}}$ 는 $\dfrac{4}{7}$, $\dfrac{6}{15}$ 중 하나이다.

→ $\dfrac{s \text{ 오비탈의 전자 수}}{\text{전체 전자 수}}$ 의 비가 X : Y : Z=2 : 4 : 5이므로 X가 N일 때 Y와 Z에 해당하는 원자는 없다.

→ X는 P이므로 Y는 B이다.

→ Z는 Li 또는 Be인데 Y(B)의 홀전자 수가 1이므로 $a=1$이고 Z는 Li이다.

　X(P) : $1s^22s^22p^63s^23p^3$
　Y(B) : $1s^22s^22p^1$
　Z(Li) : $1s^22s^1$

다음은 원자 번호가 20 이하인 바닥상태 원자 X ~ Z에 대한 자료이다.

- X ~ Z 각각의 전자 배치에서
　$\dfrac{p \text{ 오비탈에 들어 있는 전자 수}}{s \text{ 오비탈에 들어 있는 전자 수}}=\dfrac{3}{2}$ 으로 같다.
- 원자 번호는 X>Y>Z이다.

→ X ~ Z는 p 오비탈에 전자가 들어 있으므로 원자 번호가 5 ~ 20인 원자이다.

→ X ~ Z의 s 오비탈에 들어 있는 전자 수는 4, 6, 8 중 하나이다.

→ s 오비탈에 들어 있는 전자 수가 4, 6, 8일 때 p 오비탈에 들어 있는 전자 수는 각각 6, 9, 12이므로 X ~ Z의 원자 번호는 각각 10, 15, 20 중 하나이다.

→ 원자 번호는 X>Y>Z이므로 X는 원자 번호 20인 Ca, Y는 원자 번호 15인 P, Z는 원자 번호 10인 Ne이다.

　X(Ca) : $1s^22s^22p^63s^23p^64s^2$
　Y(P) : $1s^22s^22p^63s^23p^3$
　Z(Ne) : $1s^22s^22p^6$

개념 다지기 문제

01 다음은 수소 원자의 선 스펙트럼과 이에 대한 세 학생의 대화이다.

학생 A : 수소 원자에는 여러 개의 전자가 있어.
학생 B : 수소 원자에서 전자는 불연속적인 에너지를 갖지.
학생 C : 수소 원자에서 에너지 준위의 간격은 일정해.

제시한 내용이 옳은 학생만을 있는 대로 고른 것은?

① A ② B ③ A, C
④ B, C ⑤ A, B, C

02 그림은 수소 원자의 3가지 전자 배치를 원자 모형으로 나타낸 것이다.

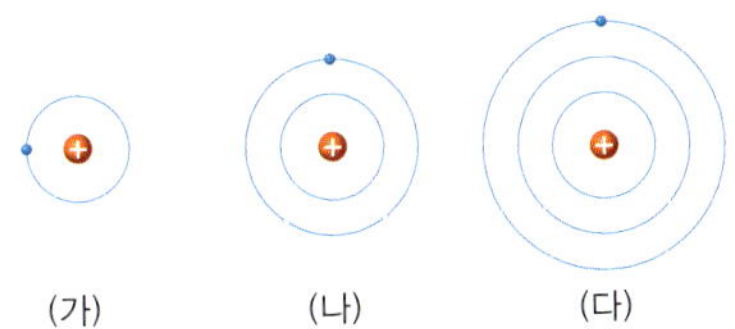

이에 대한 설명으로 옳은 것만을 |보기|에서 있는 대로 고른 것은?

보기
ㄱ. (가)는 바닥상태이다.
ㄴ. (가)에서 (나)로 전이될 때 전자는 에너지를 방출한다.
ㄷ. 전자의 주 양자수(n)는 (다)에서가 (나)에서보다 크다.

① ㄱ ② ㄴ ③ ㄷ
④ ㄱ, ㄷ ⑤ ㄴ, ㄷ

03 오비탈에 대한 설명으로 옳은 것만을 |보기|에서 있는 대로 고른 것은?

보기
ㄱ. 전자 발견 확률 분포를 나타낸 것이다.
ㄴ. s 오비탈의 모양은 구형이다.
ㄷ. p 오비탈은 모든 전자 껍질에 손재한다.

① ㄱ ② ㄴ ③ ㄱ, ㄴ
④ ㄴ, ㄷ ⑤ ㄱ, ㄴ, ㄷ

04 그림은 $1s$ 오비탈과 $2s$ 오비탈을 순서없이 모형으로 나타낸 것이다.

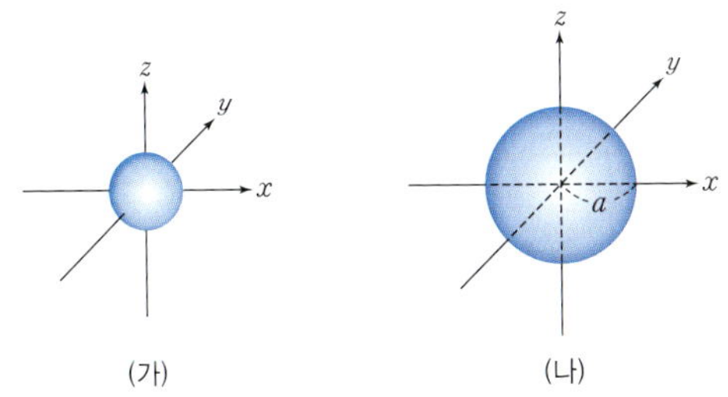

이에 대한 설명으로 옳은 것만을 |보기|에서 있는 대로 고른 것은?

보기
ㄱ. 오비탈의 주 양자수(n)는 (나)>(가)이다.
ㄴ. (가)에서 전자는 경계면을 따라 원운동한다.
ㄷ. (나)에서 전자는 거리가 a인 지점보다 가까운 거리에서만 존재한다.

① ㄱ ② ㄴ ③ ㄱ, ㄴ
④ ㄱ, ㄷ ⑤ ㄴ, ㄷ

대표 유형문제

05 그림은 에너지 준위가 같은 오비탈 (가)와 (나)를 모형으로 나타낸 것이다.

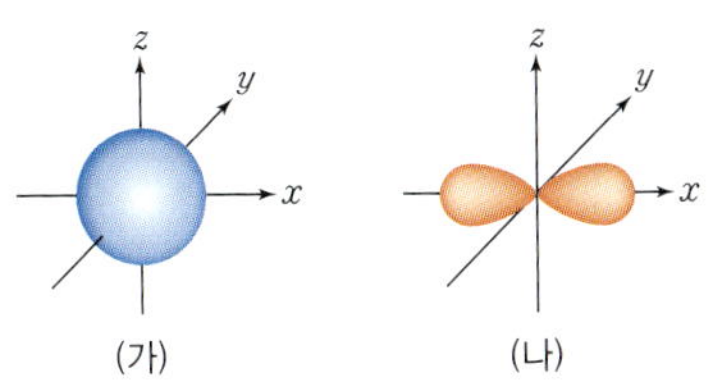

(가)와 (나)에 대한 설명으로 옳은 것만을 |보기|에서 있는 대로 고른 것은??

보기
ㄱ. 주 양자수(n)는 (나)>(가)이다.
ㄴ. 방위(부) 양자수(l)는 (나)>(가)이다.
ㄴ. 바닥상태인 수소 원자에서 전자는 (가)에 들어 있다.

① ㄱ ② ㄴ ③ ㄱ, ㄷ
④ ㄴ, ㄷ ⑤ ㄱ, ㄴ, ㄷ

06 다음은 바닥상태의 알루미늄(Al)에서 원자가 전자가 들어 있는 오비탈에 대한 자료이다.

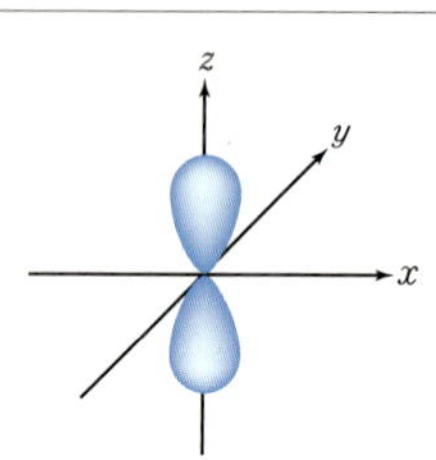

- 주 양자수(n)는 a이다.
- 방위(부) 양자수(l)는 b이다.
- 전자의 |스핀 자기 양자수(m_s)|는 c이다.

$(a+b) \times c$는?

① 1   ② $\dfrac{3}{2}$ ③ 2

④ $\dfrac{5}{2}$ ⑤ 3

07 표는 3가지 오비탈 (가)~(다)에 대한 자료이다.

오비탈	(가)	(나)	(다)
주 양자수(n)	1	2	3
방위(부) 양자수(l)	x	1	x

이에 대한 설명으로 옳은 것만을 |보기|에서 있는 대로 고른 것은?

보기
ㄱ. (가)는 $1s$이다.
ㄴ. $n+l$은 (다)>(나)이다.
ㄷ. 수소 원자에서 (나)보다 에너지 준위가 낮은 오비탈 수는 2이다.

① ㄱ   ② ㄷ   ③ ㄱ, ㄴ

④ ㄴ, ㄷ   ⑤ ㄱ, ㄴ, ㄷ

08 다음 중 $_5$B의 전자 배치로 가능하지 <u>않은</u> 것은?

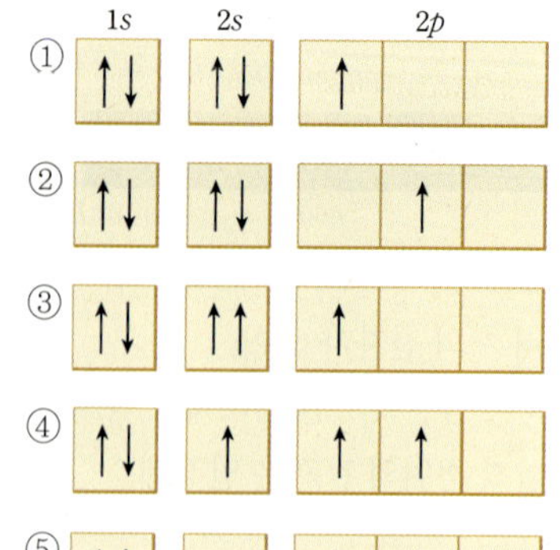

09 다음은 바닥상태 원자 X~Z의 전자 배치이다.

$$X : 1s^2 2s^2 2p^4 \qquad Y : 1s^2 2s^2 2p^6 \qquad Z : 1s^2 2s^2 2p^6 3s^2$$

이에 대한 설명으로 옳은 것만을 |보기|에서 있는 대로 고른 것은? (단, X~Z는 임의의 원소 기호이다.)

보기
ㄱ. Y와 Z의 홀전자 수는 모두 0이다.
ㄴ. 원자가 전자 수는 X가 Z의 2배이다.
ㄷ. 전자가 들어 있는 p 오비탈 수는 Y가 X보다 크다.

① ㄱ   ② ㄴ   ③ ㄱ, ㄴ

④ ㄱ, ㄷ   ⑤ ㄴ, ㄷ

10 표는 2, 3주기 바닥상태 원자 X~Z에 대한 자료이다. X~Z 중 2주기 원소는 2가지이고, $b>1$이다.

원자	X	Y	Z
원자가 전자 수	a	b	$a+b$
홀전자 수	c		
전자가 들어 있는 p 오비탈 수		$c+1$	$c+1$

이에 대한 설명으로 옳은 것만을 |보기|에서 있는 대로 고른 것은? (단, X~Z는 임의의 원소 기호이다.)

보기
ㄱ. $a+b+c=6$이다.
ㄴ. 홀전자 수는 X가 Y보다 크다.
ㄷ. Y와 Z의 $\dfrac{p\ \text{오비탈의 전자 수}}{s\ \text{오비탈의 전자 수}}$는 모두 1이다.

① ㄱ   ② ㄷ   ③ ㄱ, ㄴ

④ ㄴ, ㄷ   ⑤ ㄱ, ㄴ, ㄷ

고난도 문제

11 표는 원자 번호가 18 이하인 바닥상태 원자 X ~ Z에 대한 자료이다. 홀전자 수는 Y>X이고, $n>0$이다.

원자	X	Y	Z
$\dfrac{p\ \text{오비탈에 들어 있는 전자 수}}{s\ \text{오비탈에 들어 있는 전자 수}}$	$3n$	$4n$	$5n$

이에 대한 설명으로 옳은 것만을 |보기|에서 있는 대로 고른 것은? (단, X ~ Z는 임의의 원소 기호이다.)

|보기|
ㄱ. 원자가 전자 수는 Z>X이다.
ㄴ. Y의 홀전자 수는 1이다.
ㄷ. Z에서 전자가 들어 있는 오비탈 수는 9이다.

① ㄱ   ② ㄴ   ③ ㄱ, ㄷ
④ ㄴ, ㄷ   ⑤ ㄱ, ㄴ, ㄷ

12 표는 2주기 원자 X ~ Z에 대한 자료이다. 원자 번호는 Z>Y>X이고, X ~ Z의 전자 배치에서 모두 훈트 규칙을 만족한다.

원자	오비탈의 전자 수				홀전자 수
	$1s$	$2s$	$2p$	$3s$	
X	2	2	a	1	3
Y	2		5		1
Z	2	2	b	1	2

이에 대한 설명으로 옳은 것만을 |보기|에서 있는 대로 고른 것은? (단, X ~ Z는 임의의 원소 기호이다.)

|보기|
ㄱ. $a+b=9$이다.
ㄴ. 바닥상태에서 홀전자 수는 X>Y이다.
ㄷ. 바닥상태에서 전자가 들어 있는 오비탈 수는 Z>X 이다.

① ㄱ   ② ㄴ   ③ ㄱ, ㄷ
④ ㄴ, ㄷ   ⑤ ㄱ, ㄴ, ㄷ

서술형 문제

13 다음은 오비탈 (가)와 (나)에 대한 자료이다.

- (가)의 주 양자수(n)는 3이다.
- 방위(부) 양자수(l)는 (나)>(가)이다.
- 오비탈의 에너지 준위는 (가)>(나)이다.

(1) (가)와 (나)에 해당하는 오비탈을 쓰시오.

(2) (나)가 가질 수 있는 자기 양자수(m_l)를 모두 쓰고, 그 까닭을 설명하시오.

14 다음은 원자 번호가 17 이하인 바닥상태 원자 X ~ Z에 대한 자료이다. 주 양자수와 방위(부) 양자수는 각각 n, l이다.

- 홀전자 수는 Y가 Z보다 크다.
- X ~ Z의 전자 배치에서 $n+l=3$인 전자 수

원자	X	Y	Z
$n+l=3$인 전자 수	3	5	8

X ~ Z의 원자가 전자 수 합을 구하고, 그 까닭을 설명하시오.

15 다음은 바닥상태 2, 3주기 원자 (가)~(다)에 대한 자료이다.

- 3주기 원소는 2가지이다.
- (나)의 원자가 전자 수는 2이다.
- (가)와 (나)의 s 오비탈의 전자 수는 각각 4, 6이다.
- (가)와 (다)의 p 오비탈의 전자 수는 각각 1, 6이다.

(1) (다)의 s 오비탈의 전자 수를 구하시오.

(2) (가)~(다)의 홀전자 수를 비교하고, 그 까닭을 설명하시오.

01 원자의 구조

1 음극선 실험

그림은 음극선 실험을 나타낸 것이다.

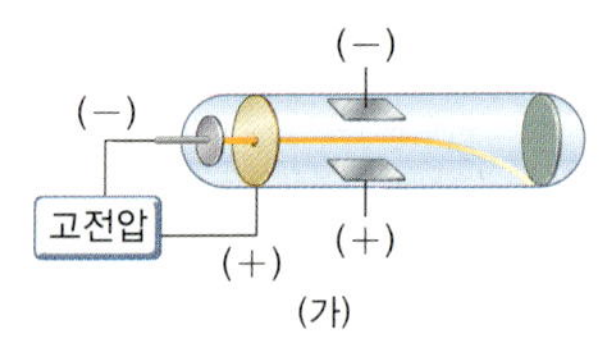

● 다음 설명 중 옳은 것은 ○표, 옳지 않은 것은 ×표 하시오.

1 (가)의 실험 결과로 음극선은 (−)전하를 띠는 입자의 흐름임을 알 수 있다. ○ / ×

2 (나)의 실험 결과로 음극선은 질량을 가진 입자의 흐름임을 알 수 있다. ○ / ×

3 (가)와 (나)의 실험 결과로 원자에는 원자핵이 있음을 알게 되었다. ○ / ×

4 (가)와 (나)의 실험 결과로 (+)전하가 고르게 분포된 공에 (−)전하를 띤 전자가 박혀 있는 원자 모형이 제안되었다.

○ / ×

2 알파(α) 입자 산란 실험

그림은 알파(α) 입자 산란 실험을 나타낸 것이다.

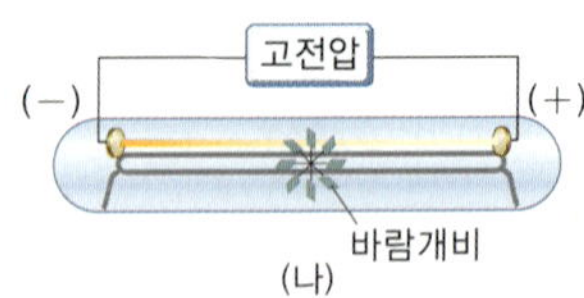

● 다음 설명 중 옳은 것은 ○표, 옳지 않은 것은 ×표 하시오.

1 실험 결과로부터 원자에는 원자핵이 있음을 알 수 있다.

○ / ×

2 실험 결과로부터 원자의 대부분은 빈 공간임을 알 수 있다.

○ / ×

3 원자의 중심에 (−)전하를 띠고, 크기가 매우 작은 입자가 존재함을 알 수 있다. ○ / ×

4 실험 결과로부터 가운데 원자핵이 있고, 그 주위를 전자가 운동하고 있는 원자 모형이 제안되었다. ○ / ×

5 톰슨 원자 모형으로 알파(α) 입자 산란 실험의 결과를 설명할 수 있다. ○ / ×

3 동위 원소와 평균 원자량

표는 자연계에 존재하는 염소(Cl)의 원자량과 존재 비율을 나타낸 것이다.

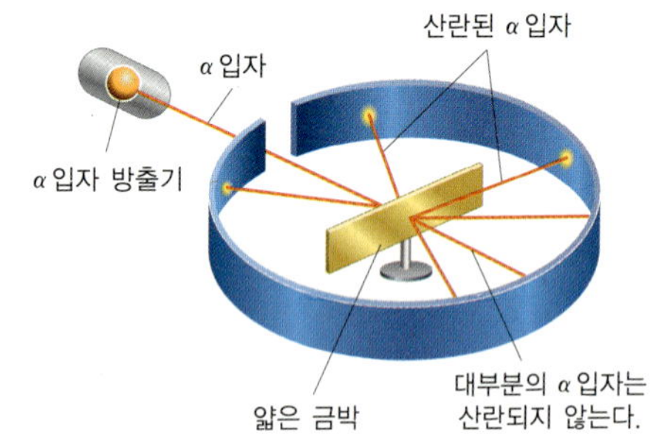

동위 원소	원자량	존재 비율(%)
^{35}Cl	35	75
^{37}Cl	37	25

● 다음 설명 중 옳은 것은 ○표, 옳지 않은 것은 ×표 하시오.

1 Cl의 평균 원자량은 35.5이다. ○ / ×

2 중성자 수는 ^{37}Cl > ^{35}Cl 이다. ○ / ×

3 1 mol의 Cl에 들어 있는 중성자의 양은 18 mol이다. ○ / ×

4 Cl_2는 분자량이 다른 4가지 분자로 존재한다. ○ / ×

5 분자량이 70인 Cl_2 분자의 존재 비율은 분자량이 72인 Cl_2 분자의 존재 비율의 9배이다. ○ / ×

6 분자량이 72인 Cl_2 분자의 존재 비율은 $\dfrac{75}{2}$ %이다. ○ / ×

02 원자 모형과 전자 배치

4 오비탈과 양자수

그림은 수소 원자의 오비탈 (가)~(다)를 모형으로 나타낸 것이다. 수소 원자의 바닥상태 전자 배치에서 전자는 (다)에 들어 있고, (가)와 (나)의 주 양자수(n)는 같다.

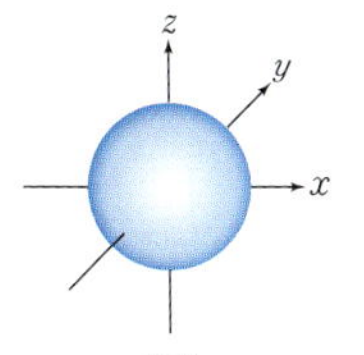
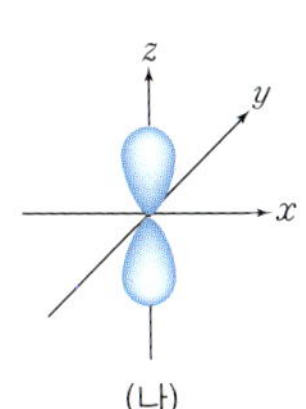
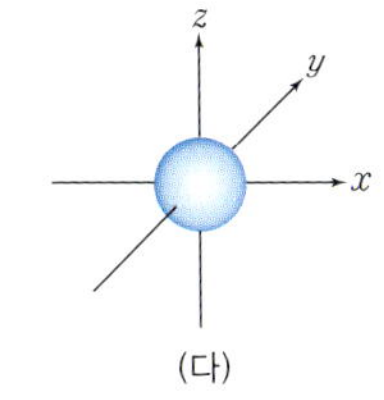

(가)　　　　(나)　　　　(다)

● 다음 설명 중 옳은 것은 ○표, 옳지 <u>않은</u> 것은 ×표 하시오.

1 (다)는 $1s$ 오비탈이다.　○ / ×

2 주 양자수(n)는 (나)가 (다)보다 크다.　○ / ×

3 방위(부) 양자수(l)는 (가)가 (다)보다 크다.　○ / ×

4 오비탈의 에너지 준위는 (나)가 (가)보다 크다.　○ / ×

5 (가)는 방향과 관계없이 원자핵으로부터 거리가 같다면 전자 발견 확률이 동일하다.　○ / ×

6 (나)는 -1, 0, $+1$의 3가지 자기 양자수(m_l)를 가질 수 있다.

○ / ×

5 전자 배치 규칙

그림은 $_7$N 원자의 4가지 전자 배치를 나타낸 것이다.

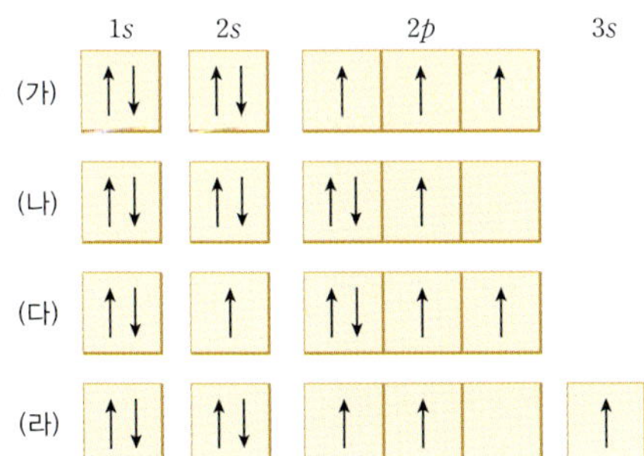

● 다음 설명 중 옳은 것은 ○표, 옳지 <u>않은</u> 것은 ×표 하시오.

1 (가)는 바닥상태 전자 배치이다.　○ / ×

2 (나)는 훈트 규칙에 어긋난다.　○ / ×

3 (다)와 (라)는 모두 파울리 배타 원리에 어긋난다.　○ / ×

4 (가)에서 방위(부) 양자수(l)가 1인 전자의 수는 3이다.

○ / ×

5 방위(부) 양자수(l)가 0인 전자의 수는 (라)>(나)이다.

○ / ×

6 전자 배치

표는 바닥상태 원자 (가)~(다)에 대한 자료이다.

원자	s 오비탈에 있는 전자 수	p 오비탈에 있는 전자 수	홀전자 수
(가)	a	6	1
(나)	4	3	b
(다)	3	c	d

● 다음 설명 중 옳은 것은 ○표, 옳지 <u>않은</u> 것은 ×표 하시오.

1 (가)의 바닥상태 전자 배치는 $1s^2 2s^2 2p^6 3s^1$이다.　○ / ×

2 (나)와 (다)는 모두 2주기 원소이다.　○ / ×

3 $a+b+c+d=15$이다.　○ / ×

4 원자가 전자 수는 (다)가 (가)보다 크다.　○ / ×

5 전자가 들어 있는 p 오비탈의 수는 (나)가 (가)보다 크다.

○ / ×

학교 시험 대비 문제

유형 문제

01 그림은 톰슨의 음극선 실험을 나타낸 것이다.

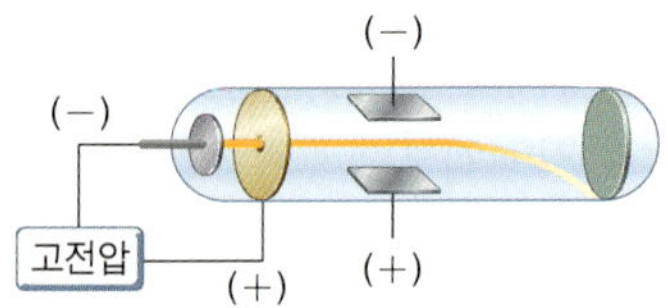

이 실험을 통해 유추할 수 있는 음극선의 성질로 옳은 것만을 |보기|에서 있는 대로 고른 것은?

> **보기**
> ㄱ. 직진성이 있다.
> ㄴ. (−)전하를 띤 입자의 흐름이다.
> ㄷ. 질량을 가진 입자의 흐름이다.

① ㄱ   ② ㄴ   ③ ㄱ, ㄴ
④ ㄱ, ㄷ   ⑤ ㄴ, ㄷ

02 다음은 러더퍼드의 알파(α) 입자 산란 실험이다.

> 그림과 같이 금박에 α 입자를 충돌시키면 대부분의 α 입자는 금박을 통과하고, 극히 일부의 α 입자는 크게 휘거나 되튕겨 나온다.
>
> 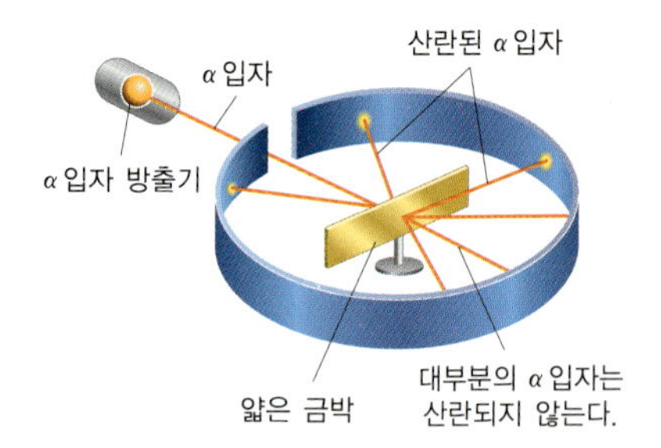
>

이 실험 결과로 알 수 있는 것만을 |보기|에서 있는 대로 고른 것은?

> **보기**
> ㄱ. 원자의 대부분은 빈 공간이다.
> ㄴ. 원자의 중심에는 원자핵이 있다.
> ㄷ. 원자에는 (−)전하를 띠는 입자가 존재한다.

① ㄱ   ② ㄷ   ③ ㄱ, ㄴ
④ ㄴ, ㄷ   ⑤ ㄱ, ㄴ, ㄷ

03 원자를 구성하는 입자에 대한 설명으로 옳지 <u>않은</u> 것은?

① 원자핵은 (+)전하를 띤다.
② 모든 원자에는 중성자가 존재한다.
③ 양성자와 전자의 전하량의 크기는 같다.
④ 입자의 질량은 중성자가 전자보다 크다.
⑤ 양성자와 전자 사이에 전기적 인력이 작용한다.

유형 문제

04 표는 원자를 구성하는 입자 (가)~(다)에 대한 자료이다. (가)~(다)는 각각 양성자, 중성자, 전자 중 하나이다.

입자	(가)	(나)	(다)
질량(상댓값)	a	a	b
|전하량|(상댓값)		c	c

이에 대한 설명으로 옳은 것만을 |보기|에서 있는 대로 고른 것은?

> **보기**
> ㄱ. $a > b$이다.
> ㄴ. (가)는 중성자이다.
> ㄷ. 원자핵을 구성하는 입자는 (가)와 (다)이다.

① ㄱ   ② ㄷ   ③ ㄱ, ㄴ
④ ㄴ, ㄷ   ⑤ ㄱ, ㄴ, ㄷ

05 다음은 3가지 원자를 원소 기호로 나타낸 것이다.

> $^{7}_{3}\text{Li}$ $^{14}_{6}\text{C}$ $^{16}_{8}\text{O}$

이에 대한 설명으로 옳은 것만을 |보기|에서 있는 대로 고른 것은?

> **보기**
> ㄱ. $^{7}_{3}\text{Li}$의 양성자 수는 3이다.
> ㄴ. $^{16}_{8}\text{O}^{2-}$의 전자 수는 10이다.
> ㄷ. $^{14}_{6}\text{C}$의 중성자 수는 $^{16}_{8}\text{O}$와 같다.

① ㄱ   ② ㄷ   ③ ㄱ, ㄴ
④ ㄴ, ㄷ   ⑤ ㄱ, ㄴ, ㄷ

06 그림은 원자 X와 Y를 원자 모형으로 나타낸 것이다. ●, ●, ●은 원자를 구성하는 입자이다.

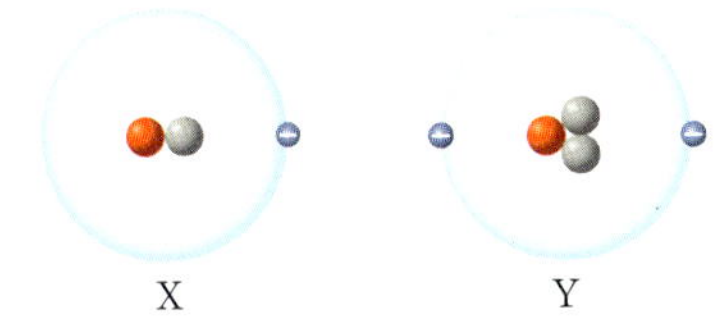

이에 대한 설명으로 옳은 것만을 |보기|에서 있는 대로 고른 것은?
(단, X, Y는 임의의 원소 기호이다.)

> **보기**
> ㄱ. ●은 양성자이다.
> ㄴ. 중성자 수는 Y>X이다.
> ㄷ. 질량수 비는 X : Y=2 : 3이다.

① ㄱ   ② ㄷ   ③ ㄱ, ㄴ
④ ㄱ, ㄷ   ⑤ ㄴ, ㄷ

대표 유형 문제

07 그림은 자연계에 존재하는 X, Y의 존재 비율을 각각 나타낸 것이다.

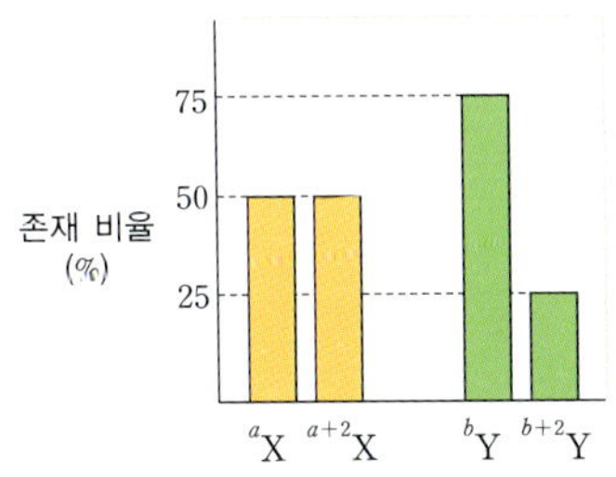

이에 대한 설명으로 옳은 것만을 |보기|에서 있는 대로 고른 것은?
(단, X, Y는 임의의 원소 기호이고, ^{a}X, ^{a+2}X, ^{b}Y, ^{b+2}Y의 원자량은 각각 a, $a+2$, b, $b+2$이다.)

> **보기**
> ㄱ. X_2는 분자량이 다른 3가지 분자로 존재한다.
> ㄴ. Y의 평균 원자량은 $2b+1$이다.
> ㄷ. $\dfrac{\text{분자량이 } 2a \text{인 } X_2 \text{의 존재 비율(%)}}{\text{분자량이 } 2b \text{인 } Y_2 \text{의 존재 비율(%)}} = \dfrac{4}{9}$이다.

① ㄱ   ② ㄴ   ③ ㄱ, ㄷ
④ ㄴ, ㄷ   ⑤ ㄱ, ㄴ, ㄷ

08 양자수에 대한 설명으로 옳은 것만을 |보기|에서 있는 대로 고른 것은?

> **보기**
> ㄱ. 주 양자수(n)는 오비탈의 에너지를 결정한다.
> ㄴ. s 오비탈의 방위(부) 양자수(l)는 0이다.
> ㄷ. p 오비탈의 자기 양자수(m_l)는 $+\dfrac{1}{2}$과 $-\dfrac{1}{2}$이 가능하다.

① ㄱ   ② ㄷ   ③ ㄱ, ㄴ   ④ ㄴ, ㄷ   ⑤ ㄱ, ㄴ, ㄷ

대표 유형 문제

09 그림은 바닥상태 나트륨($_{11}$Na) 원자에서 전자가 들어 있는 오비탈 중 (가)와 (나)를 모형으로 나타낸 것이다. Na에서 원자가 전자는 (가)에 들어 있고, n과 l은 각각 주 양자수와 방위(부) 양자수이다.

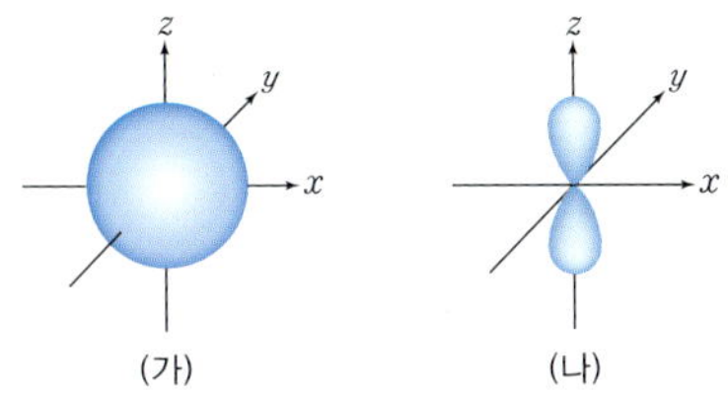

이에 대한 설명으로 옳은 것만을 |보기|에서 있는 대로 고른 것은?

> **보기**
> ㄱ. n은 (가)>(나)이다.
> ㄴ. $n+l$은 (가)=(나)이다.
> ㄷ. 오비탈에 들어 있는 전자 수는 (가)>(나)이다.

① ㄱ   ② ㄷ   ③ ㄱ, ㄴ   ④ ㄴ, ㄷ   ⑤ ㄱ, ㄴ, ㄷ

대표 유형 문제

10 표는 수소 원자의 오비탈 X∼Z에 대한 자료이다. n, l, m_l은 각각 주 양자수, 방위(부) 양자수, 자기 양자수이다.

오비탈	X	Y	Z
n	2	2	3
$n+l$	a	b	a
$l+m_l$		c	

이에 대한 설명으로 옳은 것만을 |보기|에서 있는 대로 고른 것은?

> **보기**
> ㄱ. $a+b+c=6$이다.
> ㄴ. X와 Y의 에너지 준위는 같다.
> ㄷ. 방위(부) 양자수(l)는 Z>Y이다.

① ㄱ   ② ㄴ   ③ ㄱ, ㄷ   ④ ㄴ, ㄷ   ⑤ ㄱ, ㄴ, ㄷ

11 다음은 오비탈 (가)~(다)에 대한 자료이다.

- (가)의 모양은 구형이다.
- (가)와 (나)의 주 양자수(n)는 모두 2이다.
- (나)와 (다)는 주 양자수(n)와 방위(부) 양자수(l)의 합이 같다.

이에 대한 설명으로 옳은 것만을 |보기|에서 있는 대로 고른 것은?

> |보기|
> ㄱ. (가)는 $2s$이다.
> ㄴ. $n+m_l$은 (다)>(가)이다.
> ㄷ. 방위(부) 양자수(l)는 (나)>(가)이다.

① ㄱ   ② ㄷ   ③ ㄱ, ㄴ
④ ㄴ, ㄷ   ⑤ ㄱ, ㄴ, ㄷ

대표 유형문제

12 그림은 원자 $X \sim Z$의 전자 배치를 나타낸 것이다.

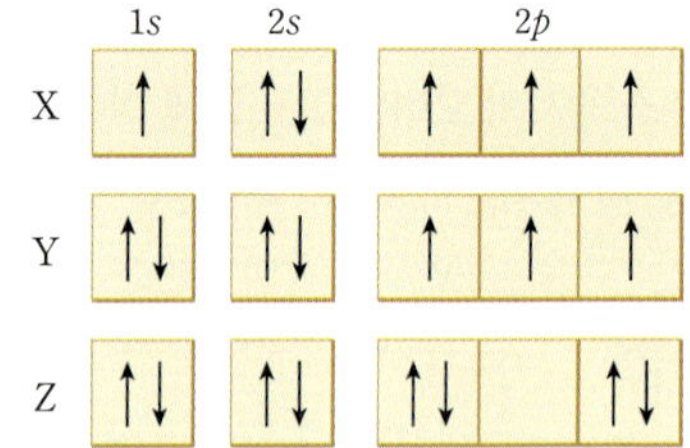

이에 대한 설명으로 옳은 것만을 |보기|에서 있는 대로 고른 것은? (단, $X \sim Z$는 임의의 원소 기호이다.)

> |보기|
> ㄱ. X는 들뜬상태이다.
> ㄴ. Y는 13족 원소이다.
> ㄷ. Z의 전자 배치는 훈트 규칙에 어긋난다.

① ㄱ   ② ㄴ   ③ ㄱ, ㄴ
④ ㄱ, ㄷ   ⑤ ㄴ, ㄷ

13 다음은 $_{12}\mathrm{Mg}$의 전자 배치이다.

$$1s^2 2s^2 2p^5 3s^2 3p^1$$

이에 대한 설명으로 옳은 것만을 |보기|에서 있는 대로 고른 것은?

> |보기|
> ㄱ. 원자가 전자 수는 3이다.
> ㄴ. 들뜬상태이다.
> ㄷ. 쌓음 원리에 어긋난다.

① ㄱ   ② ㄴ   ③ ㄱ, ㄷ
④ ㄴ, ㄷ   ⑤ ㄱ, ㄴ, ㄷ

대표 유형문제

14 표는 바닥상태 원자 A, B에서 오비탈에 들어 있는 전자 수에 대한 자료이다.

원자	오비탈에 들어 있는 전자 수		
	$1s$	$2s$	$2p$
A	2	2	2
B	2	2	4

이에 대한 설명으로 옳은 것만을 |보기|에서 있는 대로 고른 것은? (단, A, B는 임의의 원소 기호이다.)

> |보기|
> ㄱ. 원자가 전자 수는 B가 A의 2배이다.
> ㄴ. A와 B의 홀전자 수는 모두 2이다.
> ㄷ. 오비탈에 들어 있는 모든 전자의 방위(부) 양자수(l)의 합은 B가 A의 2배이다.

① ㄱ   ② ㄴ   ③ ㄱ, ㄷ
④ ㄴ, ㄷ   ⑤ ㄱ, ㄴ, ㄷ

15 다음은 바닥상태 원자 A, B의 원자가 전자만을 오비탈에 나타낸 것이다. n, l은 각각 주 양자수, 방위(부) 양자수이다.

$$A : 2s^2 2p^4 \qquad B : 3s^2$$

이에 대한 설명으로 옳은 것만을 |보기|에서 있는 대로 고른 것은?

> |보기|
> ㄱ. s 오비탈의 전자 수는 B가 A의 2배이다.
> ㄴ. $n+l=3$인 전자의 수는 B가 A의 2배이다.
> ㄷ. 전자가 들어 있는 p 오비탈의 수는 B가 A의 2배이다.

① ㄱ   ② ㄴ   ③ ㄱ, ㄷ
④ ㄴ, ㄷ   ⑤ ㄱ, ㄴ, ㄷ

16 다음은 자연계에 존재하는 X, Y에 대한 자료이다.

- X는 $^{23}_{11}$X로만 존재하며, 원자량은 23이다.
- Y는 $^{35}_{17}$Y, $^{37}_{17}$Y로만 존재하며, 원자량은 각각 35, 37 이다.
- Y의 평균 원자량은 35.5이다.

이에 대한 설명으로 옳은 것만을 |보기|에서 있는 대로 고른 것은? (단, X, Y는 임의의 원소 기호이다.)

보기
ㄱ. Y_2는 분자량이 다른 4가지 분자로 존재한다.

ㄴ. $\dfrac{X^{35}Y의\ 존재\ 비율(\%)}{X^{37}Y의\ 존재\ 비율(\%)}=3$이다.

ㄷ. $\dfrac{X^{35}Y\ 1\ mol에\ 들어\ 있는\ 중성자\ 수}{X^{37}Y\ 1\ mol에\ 들어\ 있는\ 중성자\ 수}<1$이다.

① ㄱ ② ㄴ ③ ㄱ, ㄷ
④ ㄴ, ㄷ ⑤ ㄱ, ㄴ, ㄷ

17 표는 바닥상태 원자 X ~ Z에 대한 자료이다. n, l은 각각 주 양자수, 방위(부) 양자수이다.

원자	X	Y	Z
$l=0$인 전자의 총 수	5		
$l=1$인 전자의 총 수		5	10

이에 대한 설명으로 옳은 것만을 |보기|에서 있는 대로 고른 것은? (단, X ~ Z는 임의의 원소 기호이다.)

보기
ㄱ. X ~ Z의 홀전자 수의 합은 4이다.

ㄴ. 원자가 전자의 주 양자수는 Y가 X보다 크다.

ㄷ. $\dfrac{전자가\ 들어\ 있는\ s\ 오비탈의\ 수}{전자가\ 들어\ 있는\ p\ 오비탈의\ 수}$ 는 X가 Z보다 크다.

① ㄱ ② ㄴ ③ ㄱ, ㄷ
④ ㄴ, ㄷ ⑤ ㄱ, ㄴ, ㄷ

18 그림은 원자 모형 A ~ C를 나타낸 것이다. A ~ C는 각각 톰슨 원자 모형, 보어 원자 모형, 현대 원자 모형 중 하나이다.

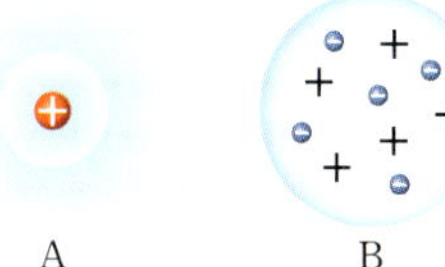
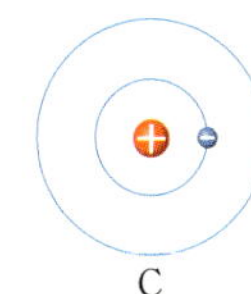

러더퍼드의 알파(α) 입자 산란 실험의 결과를 설명할 수 있는 원자 모형을 모두 고르고, 그 까닭을 설명하시오.

19 표는 바닥상태 원자 Mg에서 전자가 들어 있는 오비탈 (가)와 (나)에 대한 자료이다.

오비탈	(가)	(나)
주 양자수(n)	3	
방위(부) 양자수(l)		1

(1) (가)와 (나)의 에너지 준위를 등호 또는 부등호로 비교하시오.

(2) (나)가 가질 수 있는 자기 양자수(m_l)를 쓰고, 그 까닭을 설명하시오.

20 그림은 학생이 그린 $_8$O 원자의 3가지 전자 배치를 나타낸 것이다.

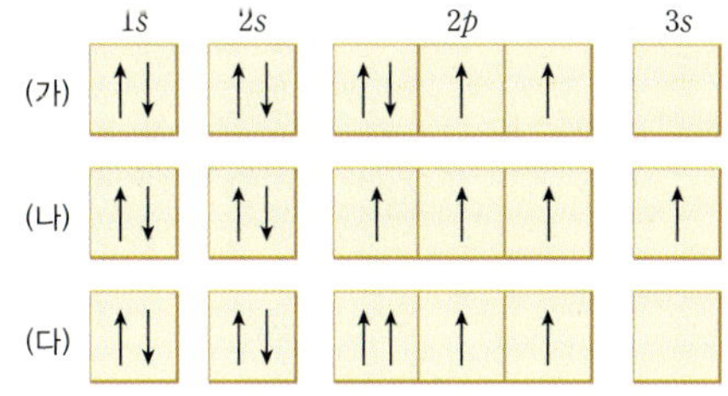

(1) (가)~(다) 중 존재할 수 없는 전자 배치를 고르고, 그 까닭을 설명하시오.

(2) (가)~(다) 중 들뜬상태의 전자 배치를 고르고, 그 까닭을 설명하시오.

II 원자의 세계

2 원소의 주기적 성질

03 주기율표
주기율표
주기율
멘델레예프 — 원자량
모즐리 — 원자 번호(양성자 수)
주기 — 전자 껍질 수
족 — 원자가 전자 수 — 화학적 성질
금속, 비금속

04 원소의 주기적 성질
원소의 주기적 성질
유효 핵전하 — 가려막기 효과
원자 반지름 — 이온 반지름
이온화 에너지 — 순차 이온화 에너지

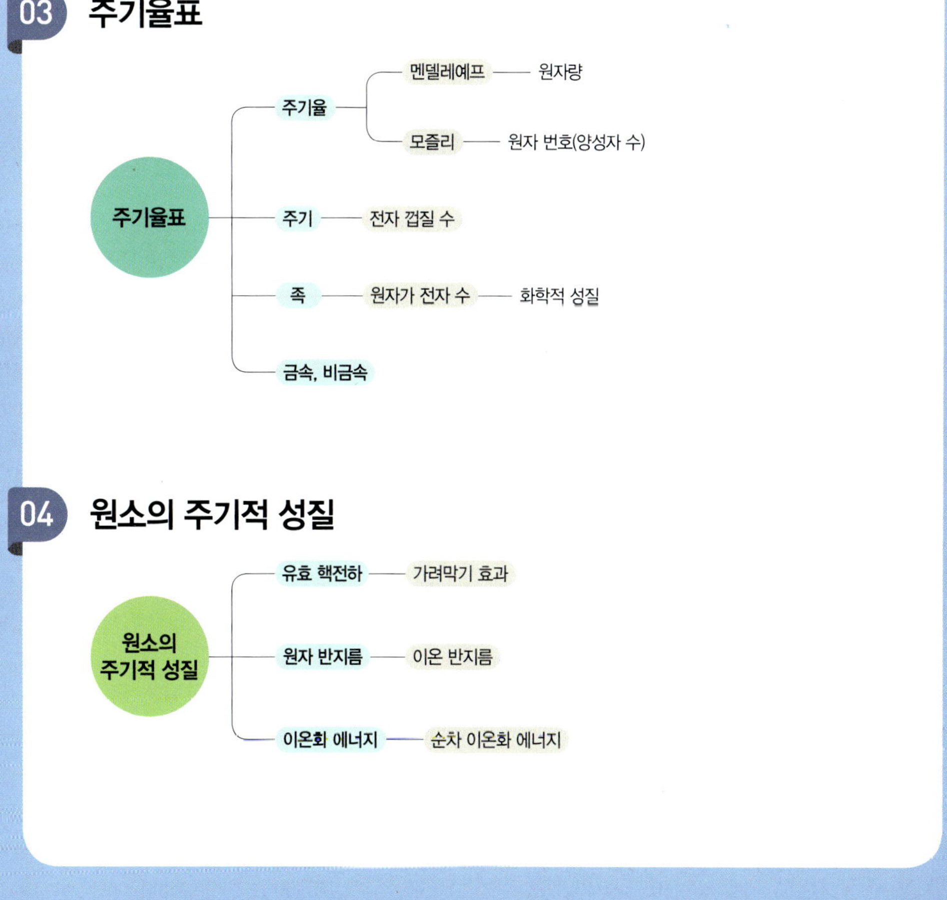

03 주기율표

❶ 주기율표

개념 원소를 원자 번호에 따라 배열할 때 성질이 비슷한 원소가 주기적으로 나타나는 것을 주기율이라고 한다.

1. 주기율의 발견

(1) 되베라이너의 세 쌍 원소설(1816) : 화학적 성질이 비슷한 세 쌍 원소에서 원소들의 물리적 성질의 관계가 원자량과 관련 있음을 발견하였다.

원소	Ca(칼슘)	Sr(스트론튬)	Ba(바륨)
원자량	40.1	87.6	137.3
밀도(g/mL)	1.54	2.60	3.66
녹는점(℃)	845	778	710

(2) 뉴랜즈의 옥타브설(1865) : 당시까지 알려진 원소들을 원자량 순서로 배열하면 여덟 번째마다 화학적 성질이 비슷한 원소가 나타나는 규칙성을 발견하였다.

원소의 옥타브

F Na Mg Al Si P S Cl …

➡ 한 옥타브(8개)마다 비슷한 성질이 나타난다.

(3) 멘델레예프(1869)

❶ 당시까지 발견된 63종의 원소들을 원자량이 커지는 순서대로 나열하면 일정한 간격을 두고 성질이 비슷한 원소들이 주기적으로 나타남을 발견하였다.

❷ 주기율에 따라 최초의 주기율표를 만들었으며, 주기성이 맞지 않는 부분은 빈칸으로 남겨두었다.

➡ 주기율표 상의 위치로부터 새로운 원소의 존재 가능성과 성질을 예측하였고, 이후에 이러한 성질을 갖는 원소가 실제로 발견되었다.

멘델레예프의 정확성

멘델레예프는 규소(Si)와 주석(Sn) 사이에 발견되지 않은 원소를 에카 실리콘(Es)이라고 예비명을 붙이고 성질을 예측하였다.

➡ 이후 과학자에 의해 이 원소가 지금의 저마늄(Ge)임을 알게 되었다.

성질	원소	원자량	밀도(g/cm³)	녹는점	색	산화물
예측 값	에카 실리콘(Es)	73.4	5.5	800 ℃ 이상	진회색	EsO_2
실제 값	저마늄(Ge)	72.6	5.32	958.5 ℃	회백색	GeO_2

❸ 원소들을 원자량 순서로 나열하였을 때 주기성이 일치하지 않는 부분이 나타나는 단점이 있다.

원소 기호	Ar(아르곤)	K(칼륨)	Co(코발트)	Ni(니켈)	Te(텔루륨)	I(아이오딘)
원자 번호	18	19	27	28	52	53
원자량	39.95	39.10	58.93	58.69	127.60	126.90

세 쌍 원소의 원자량

세 쌍 원소 중 가운데 원소의 원자량은 양쪽 끝 원소들의 평균 원자량과 같다.

원소	Li (리튬)	Na (나트륨)	K (칼륨)
원자량	7	23	39
원소	Cl (염소)	Br (브로민)	I (아이오딘)
원자량	35.5	80	127

옥타브 법칙

도→레→미→파→솔→라→시
Li Be B C N O F
도→레→미→파→솔→라→시
Na Mg Al Si P S Cl
도→레
K Ca

멘델레예프

당시 알려진 63가지 원소의 원자량과 여러 가지 화학적·물리적 성질을 기록한 카드를 만들고, 이 카드들을 이리저리 배열하면서 규칙성을 찾았다. 이 과정을 반복하면서 원소들을 원자량에 따라 배열하면 여덟 번째 카드마다 화학적 성질이 비슷한 원소가 나타나는 것을 발견하였다.

(4) 모즐리(1913)

❶ 원소에 대한 X선 실험을 통해 주기율을 결정하는 것은 원자량이 아니라 양성자 수(원자 번호)임을 밝혔다.

❷ 멘델레예프 이후에 발견된 원소를 포함시키고, 원자 번호에 따라 원소들을 배열하여 현대의 주기율표의 기초가 되는 새로운 주기율표를 완성하였다.

2. 주기율표

(1) 주기율 : 원소들을 원자 번호 순으로 나열할 때 성질이 비슷한 원소가 일정한 간격을 두고 주기적으로 나타나는 성질

8   8

H　He　Li　Be　B　C　N　O　F　Ne　Na　Mg　Al　Si　P　S　Cl　Ar　K　Ca

8   8

8의 간격을 두고 비슷한 성질을 갖는 원소가 주기적으로 나타난다.

(2) 주기율이 나타나는 까닭 : 원소의 화학적 성질을 결정하는 원자가 전자 수가 주기적으로 변하기 때문이다.

(3) 주기율표 : 주기율에 따라 원소들을 원자 번호 순으로 배열하여 화학적 성질이 비슷한 원소가 같은 세로줄에 오도록 배열한 표

주기	족
• 주기율표의 가로줄 • 1~7주기로 구성	• 주기율표의 세로줄 • 1~18족으로 구성
• 같은 주기 원소들은 바닥상태에서 전자가 들어 있는 전자 껍질 수가 같다. • 전자 껍질 수는 주기 번호와 같다.	• 같은 족 원소들은 원자가 전자 수가 같아 화학적 성질이 비슷하다. • 원자가 전자 수는 족 번호의 끝자리 수와 같다.(단, 18족 제외)

└ 원자가 전자 수 0

모즐리

영국 물리학자로, 1910년 맨체스터 대학의 강사로 있으면서 러더퍼드의 지도로 X선 연구를 하였으며, X선 산란 실험의 연구 결과 '모즐리 법칙'을 발견하였다.

강의 포인트 ◎

동족 원소

같은 족에 속해 있는 원소들을 동족 원소라고 하는데, 동족 원소들은 원자가 전자 수가 같으므로 화학적 성질이 비슷하다. 또한 각 족에는 이름이 있으며 1족 원소는 알칼리 금속, 17족 원소는 할로젠 원소, 18족 원소는 비활성 기체라고 한다.

개념 익히기 문제

정답과 해설 p.27

🧠 교과서 문장으로 개념 익히기

01 멘델레예프는 원소들을 □□□ 순서대로 나열하여 주기율표를 만들었다.

02 모즐리는 X선 실험을 통해 주기율을 결정하는 것은 원자량이 아니라 □□□□□ 또는 □□□□임을 밝혔다.

03 원소들을 원자 번호 순으로 나열할 때 성질이 비슷한 원소가 일정한 간격을 두고 주기적으로 나타나는 성질을 □□□이라고 한다.

04 주기율표에서 가로줄을 □□, 세로줄을 □이라고 한다.

05 같은 주기 원소들은 바닥상태에서 전자가 들어 있는 □□□□□□가 같다.

06 같은 족 원소들은 □□□□□□□가 같으므로 화학적 성질이 비슷하다.

📦 OX 문제로 개념 익히기

07 현대의 주기율표는 원소를 양성자 수(원자 번호) 순으로 배열하였다. (O / X)

08 전자가 들어 있는 전자 껍질 수가 같은 원소들은 같은 주기에 속한다. (O / X)

09 원소의 화학적 성질을 결정하는 원자가 전자 수가 주기적으로 변하기 때문에 주기율이 나타난다. (O / X)

10 현대의 주기율표에서 족은 1~18족으로 구성된다. (O / X)

11 주기율표에서 16족 원소의 원자가 전자 수는 6이다. (O / X)

12 주기율표에서 3주기 원소들은 화학적 성질이 비슷하다. (O / X)

❷ 주기율표와 전자 배치

 원소의 주기적 성질은 원자들의 전자 배치와 관련이 있다.

1. 원소의 전자 배치

(1) 원자가 전자

❶ **원자가 전자** : 원소의 화학적 성질을 결정하는 것으로, 18족 원소를 제외하고는 가장 바깥 전자 껍질의 전자 수와 같다.

족	1	2	13	14	15	16	17	18
원자가 전자 수	1	2	3	4	5	6	7	0

❷ 18족 원소는 가장 바깥 전자 껍질에 8개(단, He은 2개)의 전자를 채우고 있어 다른 원소와 반응을 거의 하지 않으므로 원자가 전자 수가 0이다.

(2) 원자가 전자의 주기성 : 주기율표에서 원소의 가장 바깥 전자 껍질의 전자 배치를 나타내 보면 원자가 전자 수가 주기적으로 변한다.

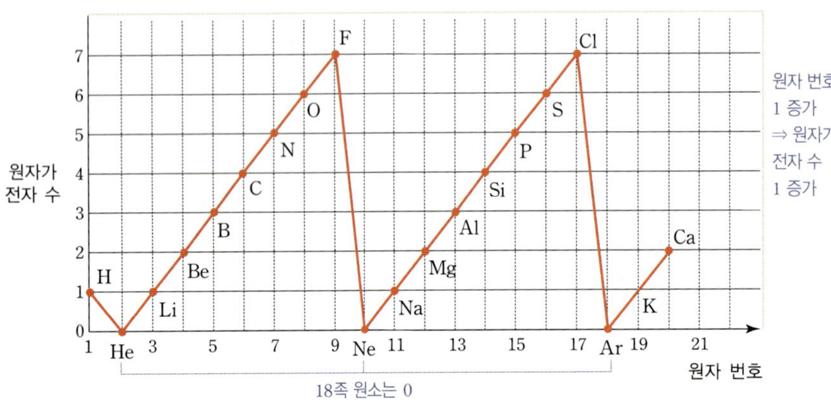

> **18족 원소의 원자가 전자 수**
> 18족 비활성 기체의 전자 배치에서 가장 바깥 전자 껍질에 He은 2개, 나머지 원소는 8개의 전자가 배치된다. 그러나 비활성 기체는 화학적인 활성이 없어 화학 결합을 하지 않으므로 화학 결합에 참여하는 전자 수는 0이다. 따라서 18족 원소의 원자가 전자 수는 0이다.

원소의 전자 배치

그림은 바닥상태 원자에서 가장 바깥 전자 껍질의 전자 배치를 나타낸 것이다.

주기 \ 족	1	2	13	14	15	16	17	18
1	$1s^1$							$1s^2$
2	$2s^1$	$2s^2$	$2s^22p^1$	$2s^22p^2$	$2s^22p^3$	$2s^22p^4$	$2s^22p^5$	$2s^22p^6$
3	$3s^1$	$3s^2$	$3s^23p^1$	$3s^23p^2$	$3s^23p^3$	$3s^23p^4$	$3s^23p^5$	$3s^23p^6$
4	$4s^1$	$4s^2$	$4s^24p^1$	$4s^24p^2$	$4s^24p^3$	$4s^24p^4$	$4s^24p^5$	$4s^24p^6$
5	$5s^1$	$5s^2$	$5s^25p^1$	$5s^25p^2$	$5s^25p^3$	$5s^25p^4$	$5s^25p^5$	$5s^25p^6$
6	$6s^1$	$6s^2$	$6s^26p^1$	$6s^26p^2$	$6s^26p^3$	$6s^26p^4$	$6s^26p^5$	$6s^26p^6$
7	$7s^1$	$7s^2$						
가장 바깥 전자 껍질의 전자 배치	ns^1	ns^2	ns^2np^1	ns^2np^2	ns^2np^3	ns^2np^4	ns^2np^5	ns^2np^6
원자가 전자 수	1	2	3	4	5	6	7	0

- 각 족에 속한 원소들의 원자가 전자 수가 같아 화학적 성질이 비슷하다.
  ⇒ 원자가 전자 수가 주기적으로 반복되어 나타나기 때문에 화학적 성질도 주기적으로 반복된다.
- 각 주기에 속한 원소들의 전자 껍질 수는 주기 번호와 같고, 족의 원자가 전자 수는 족 번호의 끝자리 수와 같다. (단, 18족은 제외)
- 18족 비활성 기체는 가장 바깥 전자 껍질에 전자가 2 또는 8개가 채워진 안정한 전자 배치를 가지므로, 원자가 전자 수는 0이다.
- 주기율표에서의 위치를 통해 그 원소의 전자 배치를 알 수 있다.
  예 3주기 17족 원소인 $_{17}Cl$의 가장 바깥 전자 껍질의 전자 배치가 $3s^23p^5$이므로 $_{17}Cl$의 전자 배치는 다음과 같다. ➡ $1s^22s^22p^63s^23p^5$
  예 4주기 1족 원소인 $_{19}K$의 가장 바깥 전자 껍질의 전자 배치가 $4s^1$이므로 $_{19}K$의 전자 배치는 다음과 같다.
  ➡ $1s^22s^22p^63s^23p^64s^1$

> **가장 바깥 전자 껍질의 전자 배치**
> 전자가 들어 있는 가장 바깥 전자 껍질의 s 오비탈과 p 오비탈에 들어 있는 전자 수의 합이 족 번호의 끝자리 수와 같다.

2. 원소의 분류

(1) **금속 원소** : 전자를 잃어 양이온이 되기 쉬운 원소이다.

예 $Na \longrightarrow Na^+ + e^-$

(2) **비금속 원소** : 전자를 얻어 음이온이 되기 쉬운 원소이다.

예 $F + e^- \longrightarrow F^-$

(3) **준금속 원소** : 금속과 비금속의 경계 부분에 위치한다.

예 붕소(B), 규소(Si), 저마늄(Ge), 비소(As)

금속 원소와 비금속 원소의 비교

구분	금속 원소	비금속 원소
주기율표에서의 위치	왼쪽, 가운데	오른쪽
열과 전기의 전도성	크다.	작다.(단, 흑연은 예외)
산화물의 특징	물에 녹아 염기성을 나타낸다.	물에 녹아 산성을 나타낸다.
상온(25 ℃)에서의 상태	대부분 고체(단, 수은은 액체)	대부분 기체, 고체(단, 브로민은 액체)
특징	• 산과 반응하면 수소 기체가 발생한다. • 금속성이 크다.	• 상온에서 기체로 존재하는 것이 많다. • 비금속성이 크다.

비활성 기체

18족 비활성 기체는 금속이 아니므로 비금속으로 분류된다. 그러나 안정하므로 음이온이 되기 어렵다.

암기 꼭!

• 금속성 : 전자를 잃고 산화되기 쉬운 성질
• 비금속성 : 전자를 얻어 환원되기 쉬운 성질
• 같은 주기에서 1족 원소는 전자를 잃기 가장 쉬우므로 금속성이 가장 크고, 17족 원소는 전자를 얻기 가장 쉬우므로 비금속성이 가장 크다.

개념 익히기 문제

정답과 해설 p.27

🔧 교과서 문장으로 개념 익히기

13 바닥상태 전자 배치에서 가장 바깥 전자 껍질에 존재하며 원소의 화학적 성질을 결정하는 전자를 ☐☐☐ ☐☐라고 한다.

14 18족 원소인 비활성 기체는 다른 원소와 거의 반응을 하지 않으므로 원자가 전자 수는 ☐이다.

15 17족 원자의 바닥상태 전자 배치에서 가장 바깥 전자 껍질의 전자 배치는 ☐☐☐이다.

16 ☐☐ 원소는 주기율표에서 왼쪽과 가운데 부분에 위치하며, 전자를 잃고 양이온이 되기 쉽다.

17 ☐☐☐ 원소는 주기율표에서 오른쪽 부분에 위치하며, 전자를 얻고 음이온이 되기 쉽다.

📦 OX 문제로 개념 익히기

18 바닥상태의 전자 배치가 $1s^2 2s^2 2p^4$인 원자는 2주기 원소이다. (O / X)

19 He과 Be은 모두 가장 바깥 전자 껍질의 전자 수가 2로 같으므로 모두 2족 원소이다. (O / X)

20 원자가 전자의 전자 배치가 $3s^2 3p^3$인 원소는 3주기 5족 원소이다. (O / X)

21 수은(Hg)을 제외한 금속 원소는 상온에서 고체로 존재한다. (O / X)

22 비금속 원소는 열전도성과 전기 전도성이 매우 작다.

(O / X)

자료 ❶ 주기율표와 전자 배치

그림은 주기율표의 일부를 나타낸 것이다.

족 주기	1	2	13	14	15	16	17	18
1	A							
2	B					C	D	
3	E							

→ A는 원자가 전자 수가 1이고, 비금속 원소인 수소(H)이다.

→ B, E는 원자가 전자 수가 모두 1인 알칼리 금속으로 화학적 성질이 비슷하다.

→ A는 비금속 원소, B와 E는 금속 원소이므로 A는 B, E와 화학적 성질이 다르다.

→ B, C, D는 모두 2주기 원소이며, 바닥상태에서 전자가 들어 있는 전자 껍질 수는 모두 2이다.

→ A ~ E의 바닥상태 전자 배치는 다음과 같다.

A(H) : $1s^1$

B(Li) : $1s^2 2s^1$

C(O) : $1s^2 2s^2 2p^4$

D(F) : $1s^2 2s^2 2p^5$

E(Na) : $1s^2 2s^2 2p^6 3s^1$

다음은 원자 X ~ Z에 대한 자료이다.

원자	가장 바깥 전자 껍질	
	종류	전자 수
X	L	4
Y	L	㉠
Z	M	2

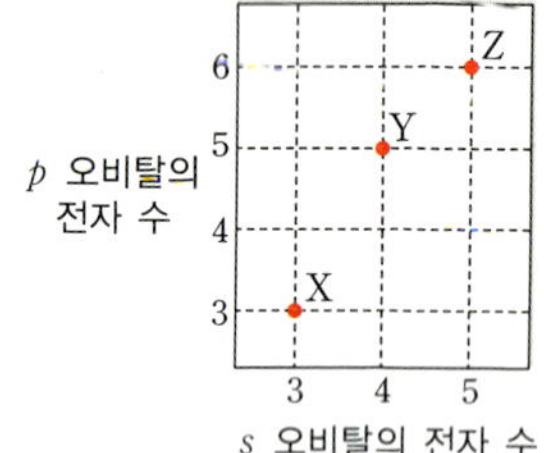

→ X는 가장 바깥 전자 껍질의 종류가 L이고 s 오비탈의 전자 수가 3이므로 들뜬상태이다. 따라서 X의 전자 배치는 $1s^2 2s^1 2p^3$이다.

→ X의 바닥상태 전자 배치는 $1s^2 2s^2 2p^2$이다.

→ Y는 가장 바깥 전자 껍질의 종류가 L이고 s 오비탈의 전자 수가 4, p 오비탈의 전자 수가 5이므로 바닥상태이다. 따라서 Y의 전자 배치는 $1s^2 2s^2 2p^5$이고 ㉠은 7이다.

→ Z는 가장 바깥 전자 껍질의 종류가 M이고 s 오비탈의 전자 수가 5, p 오비탈의 전자 수가 6인데 M 전자 껍질의 전자 수가 2이므로 들뜬상태이다. 따라서 Z의 바닥상태 전자 배치는 $1s^2 2s^2 2p^6 3s^1$이다.

→ X는 2주기 14족 원소인 C(탄소)이다.

→ Y는 2주기 17족 원소인 F(플루오린)이다.

→ Z는 3주기 1족 원소인 Na(나트륨)이다.

자료 ❷ 전자 배치와 주기율

표는 4가지 원자의 전자 배치를 나타낸 것이다.

원자	전자 배치	원자	전자 배치
A	$1s^2 2s^2 2p^4$	C	$1s^2 2s^2 2p^6 3s^2$
B	$1s^2 2s^2 2p^6 3s^1$	D	$1s^2 2s^2 2p^6 3s^2 3p^5$

→ A : 원자가 전자의 주 양자수(n)가 2이고 원자가 전자 수가 6이므로 2주기 16족 원소인 O(산소)이다.

→ B : 원자가 전자의 주 양자수(n)가 3이고 원자가 전자 수가 1이므로 3주기 1족 원소인 Na(나트륨)이다.

→ C : 원자가 전자의 주 양자수(n)가 3이고 원자가 전자 수가 2이므로 3주기 2족 원소인 Mg(마그네슘)이다.

→ D : 원자가 전자의 주 양자수(n)가 3이고 원자가 전자 수가 7이므로 3주기 17족 원소인 Cl(염소)이다.

→ A와 D는 비금속 원소이다.

→ B와 C는 금속 원소이다.

다음은 4가지 이온의 전자 배치이다.

- A^+ : $1s^2$
- B^- : $1s^2 2s^2 2p^6$
- C^{2-} : $1s^2 2s^2 2p^6$
- D^+ : $1s^2 2s^2 2p^6 3s^2 3p^6$

→ A^+ : 이온은 He의 전자 배치를 갖고, 이온의 전하는 +1이므로 A의 전자 배치는 $1s^2 2s^1$이다.

→ B^- : 이온은 Ne의 전자 배치를 갖고, 이온의 전하는 −1이므로 B의 전자 배치는 $1s^2 2s^2 2p^5$이다.

→ C^{2-} : 이온은 Ne의 전자 배치를 갖고, 이온의 전하는 −2이므로 C의 전자 배치는 $1s^2 2s^2 2p^4$이다.

→ D^+ : 이온은 Ar의 전자 배치를 갖고, 이온의 전하는 +1이므로 D의 전자 배치는 $1s^2 2s^2 2p^6 3s^2 3p^6 4s^1$이다.

→ A는 2주기 1족 원소인 Li(리튬)이다.

→ B는 2주기 17족 원소인 F(플루오린)이다.

→ C는 2주기 16족 원소인 O(산소)이다.

→ D는 4주기 1족 원소인 K(칼륨)이다.

→ A와 D는 원자가 전자 수가 같으므로 화학적 성질이 비슷한 알칼리 금속이다.

개념 다지기 문제

01 현대 주기율표에 대한 설명으로 옳은 것만을 |보기|에서 있는 대로 고른 것은?

> ─ 보기 ─
> ㄱ. 원자량의 크기 순서로 배열한다.
> ㄴ. 주기는 전자가 들어 있는 전자 껍질 수와 같다.
> ㄷ. 같은 가로줄에 있는 원소는 원자가 전자 수가 같다.

① ㄱ   ② ㄴ   ③ ㄷ
④ ㄱ, ㄷ   ⑤ ㄴ, ㄷ

02 그림은 주기율표의 일부를 나타낸 것이다.

족\주기	1	2	13	14	15	16	17	18
1	A							
2	B						C	
3		D		E		F		

A ~ F에 대한 설명으로 옳은 것만을 |보기|에서 있는 대로 고른 것은? (단, A ~ F는 임의의 원소 기호이다.)

> ─ 보기 ─
> ㄱ. 금속 원소는 3가지이다.
> ㄴ. 원자가 전자 수가 1인 원소는 2가지이다.
> ㄷ. 전자가 들어 있는 전자 껍질 수가 3인 원소는 3가지이다.

① ㄱ   ② ㄴ   ③ ㄷ
④ ㄱ, ㄷ   ⑤ ㄴ, ㄷ

03 표는 4가지 원자의 전자 배치를 나타낸 것이다.

원자	전자 배치	원자	전자 배치
A	$1s^2 2s^2 2p^4$	C	$1s^2 2s^2 2p^6 3s^2$
B	$1s^2 2s^2 2p^6 3s^1$	D	$1s^2 2s^2 2p^6 3s^2 3p^5$

A ~ D에 대한 설명으로 옳은 것만을 |보기|에서 있는 대로 고른 것은? (단, A ~ D는 임의의 원소 기호이다.)

> ─ 보기 ─
> ㄱ. A의 원자가 전자 수는 4이다.
> ㄴ. 금속 원소는 2가지이다.
> ㄷ. 3주기 원소는 3가지이다.

① ㄱ   ② ㄴ   ③ ㄱ, ㄷ
④ ㄴ, ㄷ   ⑤ ㄱ, ㄴ, ㄷ

04 그림은 원자 A ~ D의 전자 배치를 모형으로 나타낸 것이다.

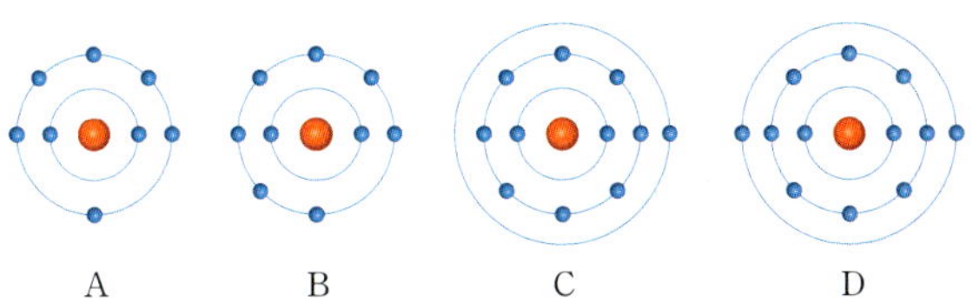

A ~ D에 대한 설명으로 옳은 것만을 |보기|에서 있는 대로 고른 것은? (단, A ~ D는 임의의 원소 기호이다.)

> ─ 보기 ─
> ㄱ. 원자가 전자 수는 B>A이다.
> ㄴ. C와 D는 모두 3주기 원소이다.
> ㄷ. 18족 원소의 전자 배치를 갖는 이온의 전자 수는 C가 B보다 크다.

① ㄱ   ② ㄷ   ③ ㄱ, ㄴ
④ ㄴ, ㄷ   ⑤ ㄱ, ㄴ, ㄷ

05 그림은 바닥상태인 원자 A ~ D의 원자가 전자 수와 전자가 들어 있는 전자 껍질 수를 나타낸 것이다.

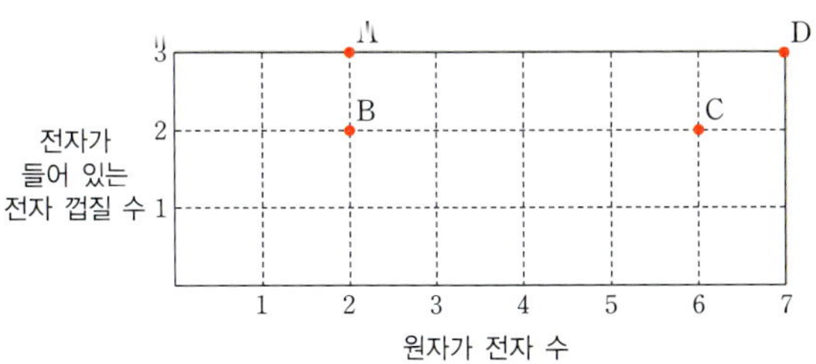

이에 대한 설명으로 옳은 것만을 |보기|에서 있는 대로 고른 것은? (단, A ~ D는 임의의 원소 기호이다.)

> ─ 보기 ─
> ㄱ. A와 B는 화학적 성질이 비슷하다.
> ㄴ. A와 D는 모두 3주기 원소이다.
> ㄷ. 전자가 들어 있는 p 오비탈 수는 A가 C보다 크다.

① ㄱ   ② ㄷ   ③ ㄱ, ㄴ
④ ㄴ, ㄷ   ⑤ ㄱ, ㄴ, ㄷ

06 다음은 원자 X에 대한 자료이다.

- 전자가 들어 있는 전자 껍질 수는 3이다.
- 원자가 전자 수는 4이다.

바닥상태 X 원자에서 원자가 전자의 배치로 가장 적절한 것은?
(단, X는 임의의 원소 기호이다.)

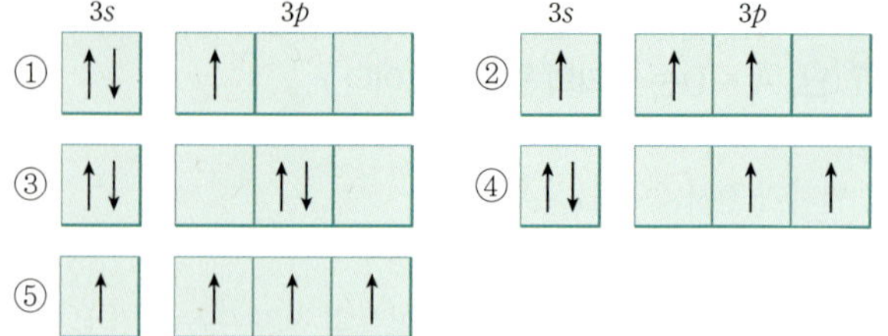

대표 유형문제

07 그림은 이온 $_{10}X^+$의 전자 배치를 나타낸 것이다.

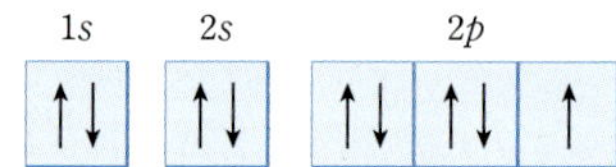

X에 대한 설명으로 옳지 <u>않은</u> 것은? (단, X는 임의의 원소 기호이다.)

① 2주기 원소이다.
② 18족 원소이다.
③ 원자가 전자 수는 0이다.
④ 상온에서 기체로 존재한다.
⑤ 전자를 얻어 음이온이 되기 쉽다.

08 다음은 바닥상태의 원자 X와 Y에 대한 자료이다.

- X의 원자가 전자 수는 7이다.
- Y는 3주기 금속 원소이다.
- 홀전자 수는 X가 Y보다 크다.
- 전자가 들어 있는 오비탈 수는 Y가 X보다 크다.

이에 대한 설명으로 옳은 것만을 |보기|에서 있는 대로 고른 것은?
(단, X와 Y는 임의의 원소 기호이다.)

┌─ 보기 ─
ㄱ. X는 2주기 원소이다.
ㄴ. Y의 전자 배치는 $1s^2 2s^2 2p^6 3s^2$이다.
ㄷ. X와 Y의 안정한 이온의 전자 배치는 서로 같다.

① ㄱ　　　　② ㄴ　　　　③ ㄱ, ㄷ
④ ㄴ, ㄷ　　　⑤ ㄱ, ㄴ, ㄷ

09 그림은 3가지 원소를 2가지 기준 (가)와 (나)로 분류한 벤 다이어그램을 나타낸 것이다.

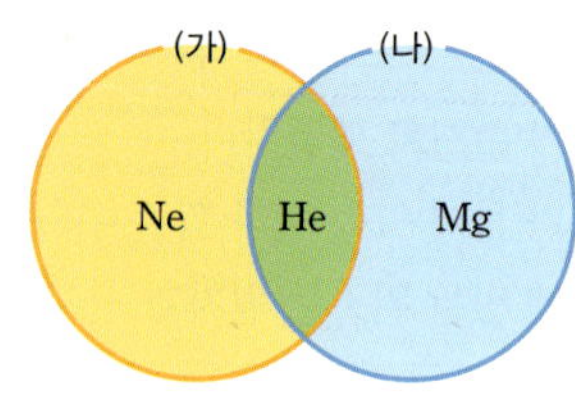

기준 (가)와 (나)로 가장 적절한 것은?

	(가)	(나)
①	비금속 원소이다.	금속 원소이다.
②	18족 원소이다.	2족 원소이다.
③	2주기 원소이다.	3주기 원소이다.
④	18족 원소이다.	원자가 전자 수가 2이다.
⑤	비활성 기체이다.	가장 바깥 껍질의 전자 수가 2이다.

대표 유형문제

10 다음은 원자 X에 대한 자료이다.

- 바닥상태 전자 배치

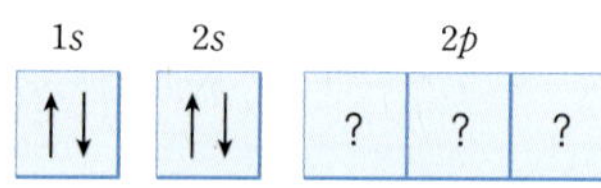

- 전자가 들어 있는 오비탈 수는 5이다.
- 홀전자 수는 2이다.

이에 대한 설명으로 옳은 것만을 |보기|에서 있는 대로 고른 것은?
(단, X는 임의의 원소 기호이다.)

┌─ 보기 ─
ㄱ. 원자가 전자 수는 6이다.
ㄴ. $2p$ 오비탈의 전자 수는 2이다.
ㄷ. 전자가 들어 있는 전자 껍질 수는 3이다.

① ㄱ　　　　② ㄴ　　　　③ ㄱ, ㄴ
④ ㄱ, ㄷ　　　⑤ ㄴ, ㄷ

고난도 문제

11 다음은 바닥상태 원자 A ~ D에 대한 자료이다.

- A ~ D는 각각 (가)~(라) 중 하나에 해당한다.
- 홀전자 수는 A>B이다.
- 원자가 전자 수는 D>B이다.
- 원자가 전자의 주 양자수(n)는 A>C이다.

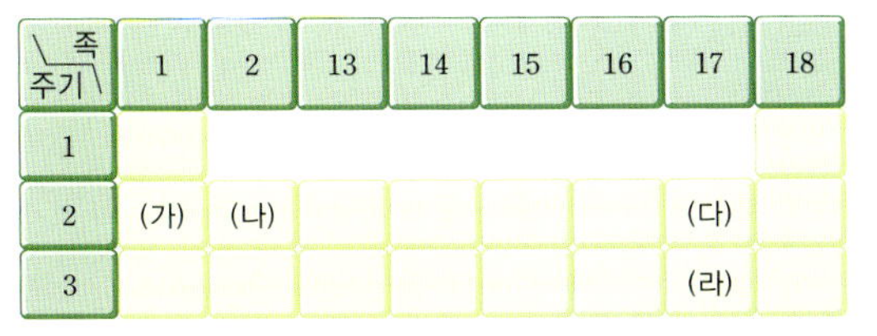

족 주기	1	2	13	14	15	16	17	18
1								
2	(가)	(나)					(다)	
3							(라)	

이에 대한 설명으로 옳은 것만을 |보기|에서 있는 대로 고른 것은? (단, A ~ D는 임의의 원소 기호이다.)

> **보기**
> ㄱ. C는 1족 원소이다.
> ㄴ. A와 D는 화학적 성질이 비슷하다.
> ㄷ. s 오비탈의 전자 수는 D가 B보다 크다.

① ㄱ   ② ㄷ   ③ ㄱ, ㄴ
④ ㄴ, ㄷ   ⑤ ㄱ, ㄴ, ㄷ

12 표는 바닥상태 원자 A ~ D를 분류 기준에 따라 분류한 자료이다. A ~ D는 모두 전자가 들어 있는 p 오비탈 수가 3이다.

분류 기준	예	아니요
홀전자가 있는가?	A, B	C, D
s 오비탈의 전자 수는 4인가?	B, D	A, C
$\dfrac{p\ \text{오비탈의 전자 수}}{s\ \text{오비탈의 전자 수}}=1$인가?	B, C	A, D

이에 해당하는 원자에 대한 설명으로 옳은 것만을 |보기|에서 있는 대로 고른 것은? (단, A ~ D는 임의의 원소 기호이다.)

> **보기**
> ㄱ. B는 O이다.
> ㄴ. A와 C는 모두 전자를 잃고 양이온이 되기 쉽다.
> ㄷ. 원자가 전자의 주 양자수(n)는 A가 D보다 크다.

① ㄱ   ② ㄴ   ③ ㄱ, ㄷ
④ ㄴ, ㄷ   ⑤ ㄱ, ㄴ, ㄷ

서술형 문제

13 그림은 4가지 원소의 양성자 수와 원자량을 카드에 나타낸 것이다.

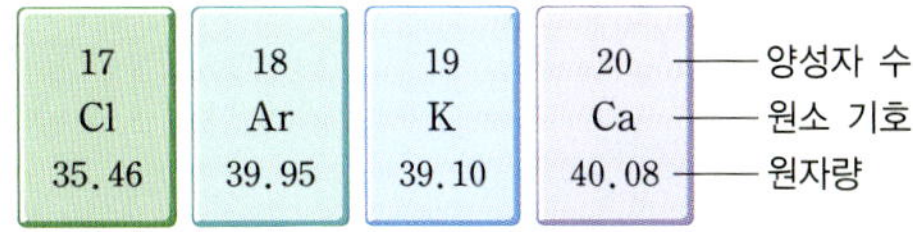

(1) 멘델레예프가 정한 기준에 따라 원소를 배열하고, 그 까닭을 설명하시오.

(2) 모즐리가 정한 기준에 따라 원소를 배열하고, 그 까닭을 설명하시오.

14 그림은 1 ~ 3주기 원소의 원자가 전자 수를 나타낸 것이다.

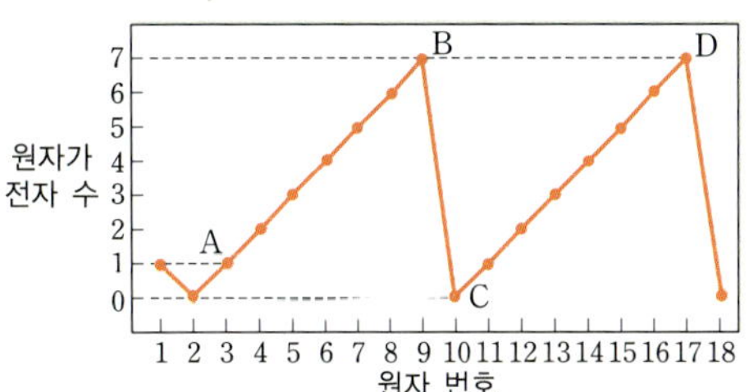

(1) A ~ D 중 화학적 성질이 비슷한 원소를 모두 찾아 쓰고, 그 까닭을 설명하시오.

(2) C의 원자가 전자 수가 0인 까닭을 설명하시오.

15 그림은 주기율표의 일부를 나타낸 것이다.

족 주기	1	2	13	14	15	16	17
2	Li	Be	B	C	N	O	F
3	Na	Mg	Al	Si	P	S	Cl

(1) 금속 원소를 찾아 모두 쓰시오.

(2) 황(S)과 화학적 성질이 비슷한 원소를 찾아 쓰고, 그 까닭을 설명하시오.

04 원소의 주기적 성질

❶ 유효 핵전하

개념 전자에 실제로 작용하는 핵전하로, 같은 주기에서 원자 번호가 클수록 원자가 전자가 느끼는 유효 핵전하는 크다.

1. 유효 핵전하 : 전자에 작용하는 실질적인 핵전하이다.

(1) 다전자 원자에서 전자와 원자핵 사이의 인력은 전자들 사이의 반발력에 의해 감소하기 때문에 전자에는 핵전하만큼의 인력이 작용하지 못한다.

(2) **가려막기 효과** : 다전자 원자에서 다른 전자들에 의해 핵이 가려지는 현상이다. 가려막기 효과가 커질수록 원자가 전자가 느끼는 유효 핵전하는 작아진다.

(3) **수소 원자와 다전자 원자의 유효 핵전하**

수소(H) 원자 전자 1개	다전자 원자
• 전자 사이의 반발력이 작용하지 않으며, 원자핵과 전자 사이의 인력만 존재한다. • 전자가 느끼는 유효 핵전하는 핵전하와 같다.	• 전자 사이의 반발력이 작용하여 원자핵과 전자 사이의 인력이 약해진다. • 전자가 느끼는 유효 핵전하는 핵전하보다 작다. 예 C(탄소)

2. 원자 번호 증가에 따른 유효 핵전하 : 같은 주기에서 원자 번호가 증가할수록 원자가 전자가 느끼는 유효 핵전하는 증가한다. 주기가 바뀔 때에는 전자 껍질 수가 증가하여 가려막기 효과가 크게 증가하므로 원자가 전자가 느끼는 유효 핵전하가 크게 감소한다.

❷ 원자 반지름

개념 원자 반지름은 같은 족에서 원자 번호가 증가할수록, 같은 주기에서 원자 번호가 감소할수록 커진다.

1. 원자 반지름 : 같은 종류의 원자가 결합했을 때 원자핵 사이의 거리의 절반을 원자 반지름으로 정의한다.

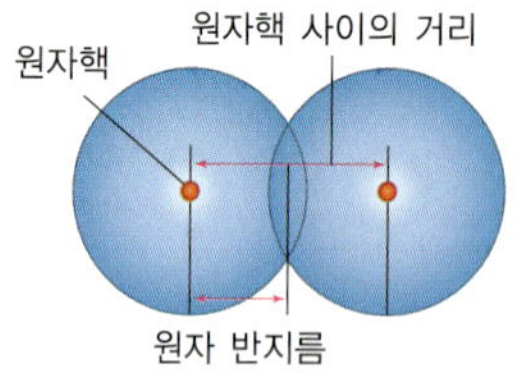

2. 원자 반지름의 주기적 변화

같은 주기	원자 번호가 증가할수록 원자 반지름이 작아진다. ➡ 전자 껍질 수는 같고, 양성자 수의 증가로 원자가 전자가 느끼는 유효 핵전하가 증가하여 원자핵과 전자 사이의 전기적 인력이 증가하기 때문이다.
같은 족	원자 번호가 증가할수록 원자 반지름이 커진다. ➡ 전자 껍질 수가 커져 원자핵과 원자가 전자 사이의 거리가 증가하기 때문이다.

네온(Ne)과 나트륨(Na)의 원자가 전자가 느끼는 유효 핵전하

2주기 18족 Ne에서 3주기 1족 Na으로 주기가 바뀔 때 안쪽 전자 껍질에 있는 전자들 때문에 가려막기 효과가 크게 증가하므로 원자가 전자가 느끼는 유효 핵전하는 크게 감소한다.

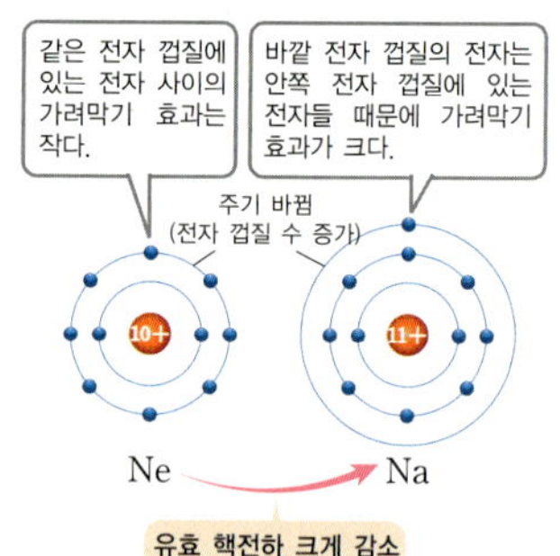

나트륨(Na)과 수소(H)의 원자 반지름

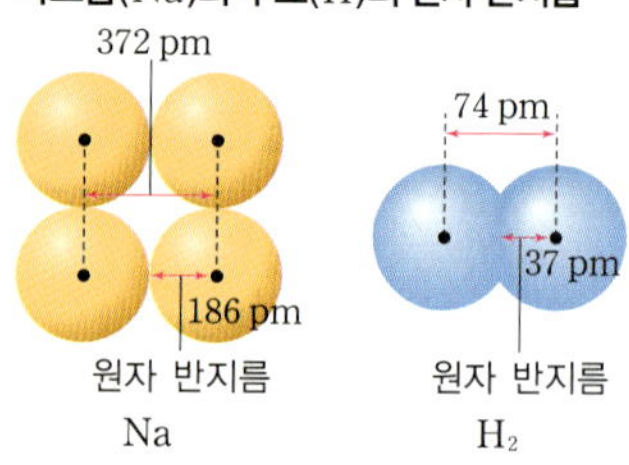

원자 반지름에 영향을 주는 요인

• 전자 껍질 수 : 같은 족에서 전자 껍질 수가 증가할수록 원자핵과 원자가 전자 사이의 거리가 멀어진다.

• 유효 핵전하 : 같은 주기에서 원자가 전자가 느끼는 유효 핵전하가 증가할수록 원자핵과 원자가 전자 사이의 인력이 증가한다.

이온 반지름

1. 금속과 비금속의 이온 반지름

$\dfrac{\text{이온 반지름}}{\text{원자 반지름}} < 1$ ｜ $\dfrac{\text{이온 반지름}}{\text{원자 반지름}} > 1$

금속 (2∼4주기 1족, 2족, 3주기 13족 원소)	비금속 (2, 3주기 15족∼17족 원소)
양이온 반지름 < 원자 반지름	음이온 반지름 > 원자 반지름
원자가 전자를 잃어 양이온이 되면 전자 껍질 수가 감소하므로 원자 반지름보다 이온 반지름이 작다.	원자핵의 전하량, 전자 껍질 수는 같은데 전자 수가 커져 전자 사이의 반발력이 증가하므로 원자 반지름보다 이온 반지름이 크다.

2. 이온 반지름의 주기적 변화

같은 족	원자 번호가 증가할수록 전자 껍질 수가 증가하므로 양이온과 음이온의 반지름은 커진다. ⑩ $Li^+ < Na^+$, $F^- < Cl^-$
같은 주기	18족 원소와 같은 전자 배치를 갖는 양이온은 같은 주기 원소의 음이온보다 전자 껍질 수가 작기 때문에 이온 반지름이 작다. ⑩ $Li^+ < F^-$, $Na^+ < Cl^-$

전자 배치 동일

전자 수가 같은 이온(등전자 이온)의 이온 반지름

- 전자 수가 같은 양이온과 음이온의 경우 전자 껍질 수와 전자 수가 같으므로 전자 사이의 반발력은 같다.
- 양성자 수가 달라 가장 바깥 전자 껍질에 있는 전자가 느끼는 유효 핵전하가 다르므로 원자 번호가 증가할수록 이온 반지름이 작아진다.
- ⑩ Ne의 전자 배치를 갖는 이온의 이온 반지름

$$_7N^{3-} > {_8O^{2-}} > {_9F^-} > {_{11}Na^+} > {_{12}Mg^{2+}} > {_{13}Al^{3+}}$$

2주기 음이온 ｜ 3주기 양이온

Li과 Li$^+$의 반지름

Li이 Li$^+$이 될 때 전자 껍질 수가 감소하므로 이온 반지름은 원자 반지름보다 작아진다.

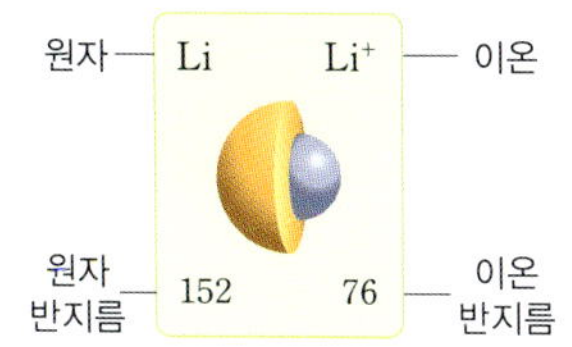

개념 익히기 문제

정답과 해설 p.29

🧠 교과서 문장으로 개념 익히기

01 ⬚⬚⬚⬚⬚는 전자에 작용하는 실질적인 핵전하이다.

02 다전자 원자에서 ⬚⬚⬚⬚⬚⬚로 인해 전자에 작용하는 원자핵의 인력이 약해진다.

03 같은 종류의 두 원자가 결합되어 있을 때 두 원자핵 사이 거리의 반을 ⬚⬚⬚⬚⬚이라고 한다.

04 같은 주기에서 원자 번호가 증가할수록 원자가 전자가 느끼는 유효 핵전하가 증가하므로 원자 반지름은 ⬚⬚한다.

05 금속 원소의 원자가 18족 원소의 전자 배치를 갖는 이온이 될 때 이온 반지름은 원자 반지름보다 ⬚⬚.

06 전자 수가 같은 이온은 원자 번호가 커질수록 ⬚⬚가 증가하므로 이온 반지름은 작아진다.

🎲 OX 문제로 개념 익히기

07 전자가 2개 이상인 원자에서 전자가 느끼는 유효 핵전하는 양성자 수에 의한 핵전하와 같다　(O / X)

08 원자가 전자가 느끼는 유효 핵전하는 N 원자가 O 원자보다 크다.　(O / X)

09 같은 족에서 원자 번호가 증가할수록 전자 껍질 수가 증가하여 원자 반지름은 증가한다.　(O / X)

10 Li은 F보다 원자 반지름이 크다.　(O / X)

11 원자가 전자를 얻어 음이온이 되면 유효 핵전하는 감소한다.　(O / X)

12 금속 원소는 원자 반지름이 이온 반지름보다 크다.
　(O / X)

개념 기체 상태의 원자에서 전자 1개를 떼어 내는 데 필요한 최소한의 에너지이다.

1. 이온화 에너지

(1) 기체 상태의 원자에서 전자 1개를 떼어 내는 데 필요한 최소한의 에너지이다.

$$M(g) + E \longrightarrow M^+(g) + e^- \quad (E : \text{이온화 에너지})$$

(2) 이온화 에너지가 작을수록 전자를 떼어 내기가 쉬워지므로 양이온이 되기 쉽다.

예 나트륨(Na) 원자의 이온화 에너지

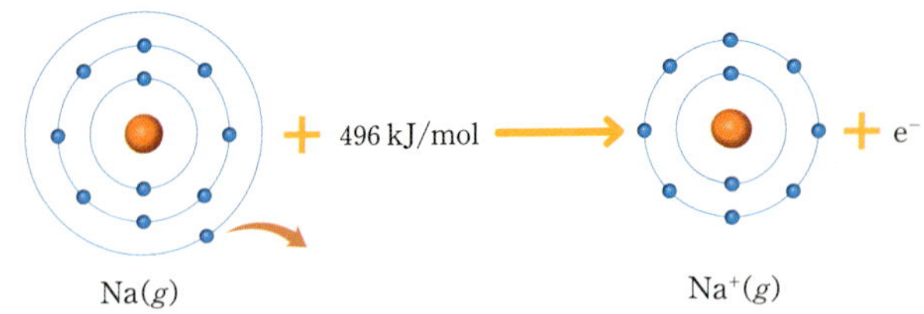

2. 이온화 에너지의 주기적 변화

(1) **같은 족** : 원자 번호가 증가할수록 전자 껍질 수가 증가하여 원자핵과 원자가 전자 사이의 거리가 멀어져 정전기적 인력이 감소하므로 이온화 에너지는 감소한다.

· $Li(g) + 520\,kJ \longrightarrow Li^+(g) + e^-$

· $Na(g) + 496\,kJ \longrightarrow Na^+(g) + e^-$

(2) **같은 주기** : 원자 번호가 증가할수록 원자가 전자가 느끼는 유효 핵전하가 증가하여 원자핵과 원자가 전자 사이의 정전기적 인력이 커지므로 이온화 에너지는 대체로 증가한다.

2, 3주기에서
2족>13족
15족>16족

· $Li(g) + 520\,kJ \longrightarrow Li^+(g) + e^-$

· $Be(g) + 899\,kJ \longrightarrow Be^+(g) + e^-$

이온화 에너지

그림은 원자 번호가 1 ~ 20인 원자의 이온화 에너지를 나타낸 것이다.

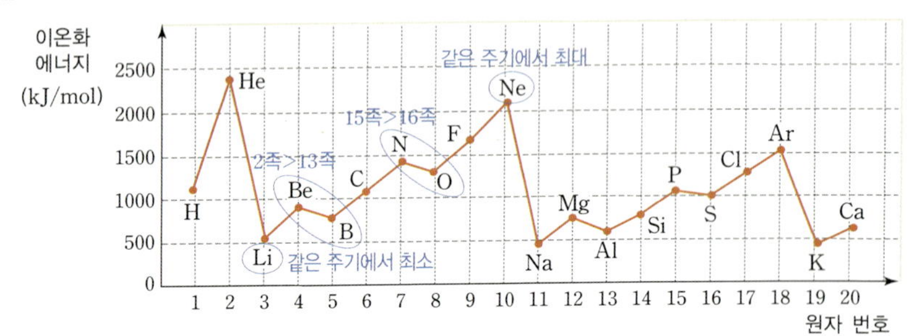

1. 같은 주기에서 이온화 에너지는 원자 번호가 증가할수록 대체로 증가한다.

➡ 원자 번호가 증가할수록 원자가 전자가 느끼는 유효 핵전하가 증가하기 때문이다.

2. 같은 족에서 이온화 에너지는 원자 번호가 증가할수록 작아진다.

➡ 원자 번호가 증가할수록 전자 껍질 수가 증가하여 원자핵과 원자가 전자 사이의 인력이 감소하기 때문이다.

3. 같은 주기에서 1족 원소의 이온화 에너지가 가장 작고, 18족 원소의 이온화 에너지가 가장 크다.

3. 순차 이온화 에너지

(1) **순차 이온화 에너지** : 기체 상태의 원자에서 전자를 1개씩 차례대로 떼어 내는 데 필요한 단계별 에너지이다.

$$M(g) + E_1 \longrightarrow M^+(g) + e^- \quad (E_1 : \text{제1 이온화 에너지})$$

$$M^+(g) + E_2 \longrightarrow M^{2+}(g) + e^- \quad (E_2 : \text{제2 이온화 에너지})$$

$$M^{2+}(g) + E_3 \longrightarrow M^{3+}(g) + e^- \quad (E_3 : \text{제3 이온화 에너지})$$

강의 포인트 ◎

Be의 이온화 에너지가 B보다 큰 까닭

전자 배치
$Be : 1s^2 2s^2$
$B : 1s^2 2s^2 2p^1$

➡ Be은 에너지 준위가 낮은 $2s$ 오비탈에서 전자를 떼어 내야 하므로 B의 $2p$ 오비탈에서 전자를 떼어 낼 때보다 더 큰 에너지가 필요하다.

N의 이온화 에너지가 O보다 큰 까닭

전자 배치
$N : 1s^2 2s^2 2p^3$
$O : 1s^2 2s^2 2p^4$

➡ O는 $2p$ 오비탈에 전자가 채워질 때 쌍을 이루므로 전자 사이의 반발력이 작용하여 에너지가 높으므로 N보다 전자를 떼어 내기 쉽다.

Be의 순차 이온화 에너지

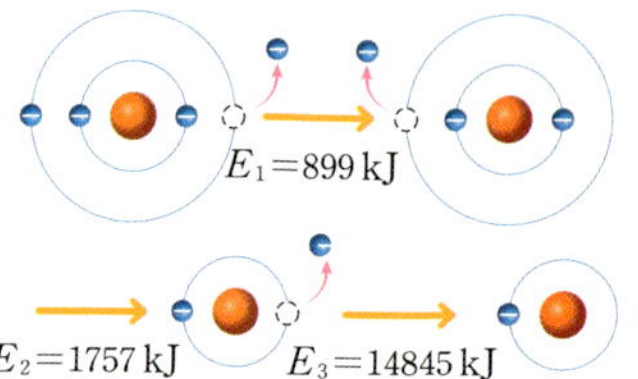

(2) **순차 이온화 에너지의 크기** : 전자를 떼어 낼수록 이온의 전자 수가 감소하여 전자 사이의 반발력이 감소하고 유효 핵전하가 증가하므로 순차가 커질수록 이온화 에너지는 커진다.

⑩ 나트륨(Na)의 순차 이온화 에너지(kJ / mol)

E_1	E_2	E_3	E_4	E_5
496	4562	6912	9543	13353

급격히 증가

(3) **순차 이온화 에너지와 원자가 전자 수의 결정** : 원자가 전자를 모두 떼어 낸 후, 그 다음 전자를 떼어 낼 때는 안쪽 전자 껍질에 있는 전자를 떼어 내야 하므로 이온화 에너지가 급격히 증가한다. 따라서 순차 이온화 에너지가 급격히 증가하기 전까지 떼어 낸 전자 수는 원자가 전자 수와 같다.

> **순차 이온화 에너지와 원자가 전자 수**
>
> 표는 Na, Mg, Al 원자의 전자 배치와 순차 이온화 에너지에 대한 자료이다.
>
> | 원자 | 전자 배치 | | | 순차 이온화 에너지(kJ / mol) | | | | 원자가 전자 수 |
> |---|---|---|---|---|---|---|---|---|
> | | K | L | M | E_1 | E_2 | E_3 | E_4 | |
> | $_{11}$Na | 2 | 8 | 1 | 496 $\ll$ | 4562 | 6912 | 9543 | 1 |
> | $_{12}$Mg | 2 | 8 | 2 | 738 | 1451 $\ll$ | 7733 | 10540 | 2 |
> | $_{13}$Al | 2 | 8 | 3 | 578 | 1817 | 2745 $\ll$ | 11577 | 3 |
>
> · Na에서 제2 이온화 에너지가 제1 이온화 에너지보다 크게 증가한 까닭은?
> ➡ Na에서 M 전자 껍질의 전자를 모두 떼어 낸 후 L 전자 껍질의 전자를 떼어 내야 하므로 전자를 떼어 낼 때 첫 번째 전자를 떼어 낼 때보다 더 많은 에너지가 필요하다.
>
> · Na, Mg, Al의 원자가 전자 수는?
> ➡ Na, Mg, Al의 경우 각각 $E_1 \ll E_2$, $E_2 \ll E_3$, $E_3 \ll E_4$에서 급격히 순차 이온화 에너지가 증가하므로 Na, Mg, Al의 원자가 전자 수는 각각 1, 2, 3임을 알 수 있다.
>
> · Al 원자가 Ne의 전자 배치를 갖는 이온이 될 때 필요한 최소한의 에너지는?
> ➡ Al이 Ne의 전자 배치를 갖는 이온은 Al^{3+}으로 Al이 Al^{3+}이 되려면 $E_1 + E_2 + E_3$의 에너지가 필요하므로 5140 kJ/mol이다.
> $\lfloor$ 578 + 1817 + 2745

유효 핵전하와 순차 이온화 에너지

전자를 떼어 낼수록 전자 사이의 반발력은 감소하므로 전자의 가려막기 효과가 감소한다. 가려막기 효과가 감소하고 전자가 느끼는 유효 핵전하가 증가하여 원자핵과 전자 사이의 인력이 증가하므로 전자를 떼어 내기 더 어려워진다. 따라서 전자를 떼어 낼수록 순차 이온화 에너지는 커진다.

암기 꼭!

순차 이온화 에너지에서 제n 이온화 에너지가 급격히 증가하면 원자가 전자 수는 $(n-1)$이다.

개념 익히기 문제

정답과 해설 p.29

🧠 교과서 문장으로 개념 익히기

13 기체 상태 원자에서 전자 1개를 떼어 낼 때 필요한 최소한의 에너지를 ☐☐☐☐☐☐라고 한다.

14 같은 주기에서 원자 번호가 증가할수록 원자가 전자가 느끼는 ☐☐☐☐☐가 증가하므로 이온화 에너지는 대체로 증가한다.

15 같은 족에서 원자 번호가 증가할수록 ☐☐☐☐가 증가하므로 이온화 에너지는 감소한다.

16 전자를 떼어 낼수록 전자 사이의 반발력이 감소하고 유효 핵전하가 증가하므로 순차 이온화 에너지는 ☐☐한다.

17 순차 이온화 에너지가 급격히 증가하기 전까지 떼어 낸 전자 수는 ☐☐☐☐☐☐와 같다.

📦 OX 문제로 개념 익히기

18 1족에서 원자의 이온화 에너지는 H>Li>Na>K이다. (O / X)

19 2주기에서 원자의 이온화 에너지는 Li<Be<B<C이다. (O / X)

20 같은 주기에서 18족 원자의 이온화 에너지가 가장 크다. (O / X)

21 제2 이온화 에너지의 크기는 He이 Li보다 크다. (O / X)

22 어떤 3주기 원자의 순차 이온화 에너지가 $E_n \ll E_{n+1}$일 때 이 원자의 원자가 전자 수는 $n+1$이다. (O / X)

🖐 **Point** 주기율표에서 이온 반지름과 이온화 에너지의 주기적 변화에 대해 알아보고, 제시된 자료로부터 원자의 종류를 알아내야 한다.

이온 반지름의 주기적 변화

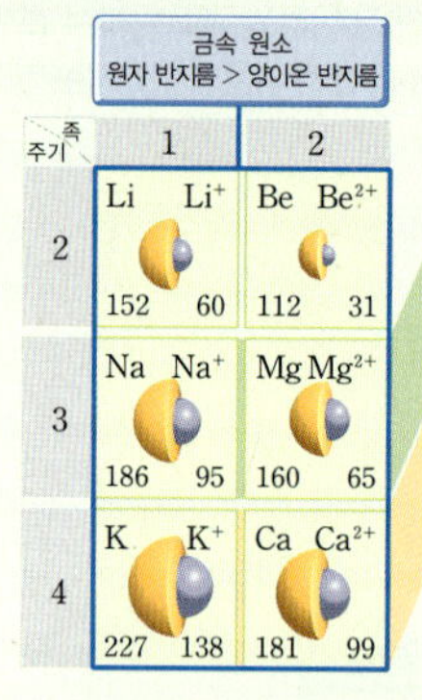

- 금속 원소 : 양이온 반지름<원자 반지름
  - ⟶ 전자를 잃어 전자 껍질 수가 감소하기 때문이다.
- 비금속 원소 : 음이온 반지름>원자 반지름
  - ⟶ 핵전하량과 전자 껍질 수는 같고, 전자 사이의 반발력이 증가하기 때문이다.
- 같은 주기의 이온 : 음이온 반지름 > 양이온 반지름
  - ⟶ 같은 주기에서 금속 원소의 이온(양이온)은 비금속 원소의 이온(음이온)보다 전자 껍질 수가 1만큼 작기 때문이다.
- 등전자 이온의 반지름 : $_8O^{2-} > _9F^- > _{11}Na^+ > _{12}Mg^{2+}$
  - ⟶ 원자 번호가 커질수록 감소한다.
  - ⟶ 전자 수가 같고 유효 핵전하가 증가하기 때문이다.

이온화 에너지의 주기적 변화

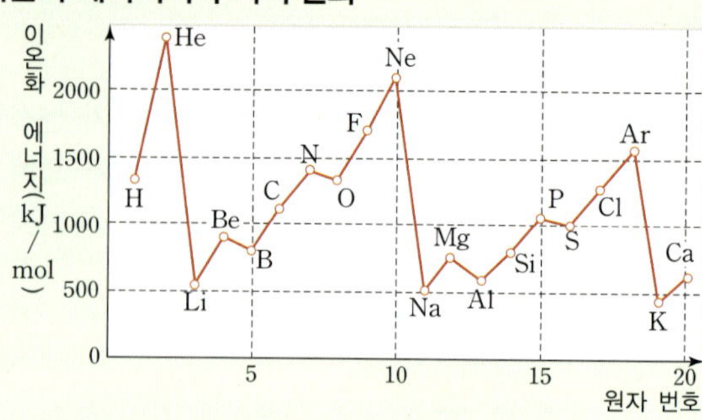

- 같은 주기 : 원자 번호가 증가할수록 대체로 증가한다.
  - ⟶ 원자 번호가 증가할수록 원자가 전자가 느끼는 유효 핵전하가 증가하기 때문이다.
- 같은 족 : 원자 번호가 증가할수록 감소한다.
  - ⟶ 원자핵과 원자가 전자 사이의 거리가 멀어져 원자핵과 원자가 전자 사이의 인력이 감소하기 때문이다.
- 같은 주기에서 1족 원자의 이온화 에너지가 가장 작고, 18족 원자의 이온화 에너지가 가장 크다.
  - ⟶ 주기가 바뀔 때 전자 껍질 수가 증가하여 원자핵과 원자가 전자 사이의 인력이 감소하기 때문이다.

예제 ❶

정답과 해설 p.30

다음은 원자 A ~ D에 대한 자료이다.

- A ~ D의 원자 번호는 각각 7, 8, 9, 11, 12, 13 중 하나이다.
- 각 원자의 이온은 Ne의 전자 배치를 갖는다.
- ⬚ ㉠ 은 원자 반지름과 이온 반지름 중 하나이다.

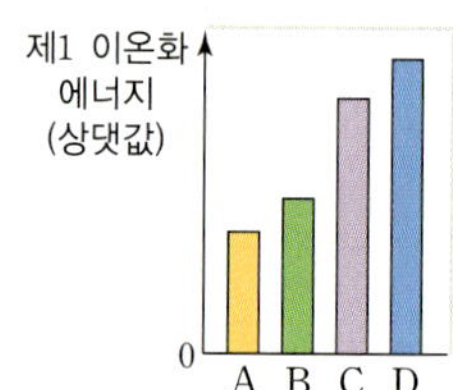
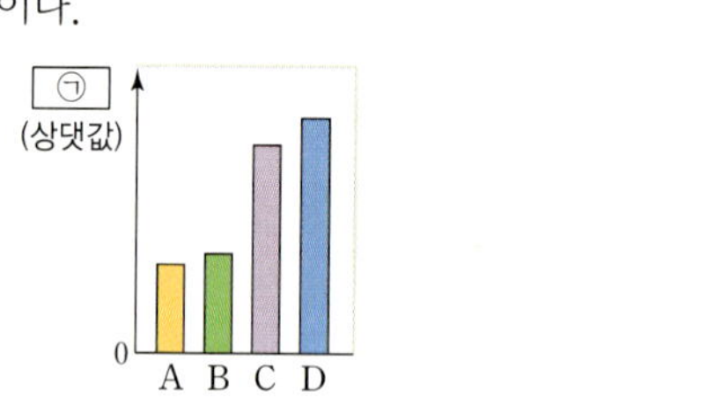

▶ **해결 전략**

1단계 : 원자 번호 7 ~ 13인 원자의 제1 이온화 에너지, 원자 반지름, 이온 반지름 변화를 파악한다.
2단계 : 같은 주기에서 제1 이온화 에너지와 원자 반지름 또는 이온 반지름이 모두 증가하는 경향의 원자들을 알아낸다.

A ~ D에 대한 설명으로 옳은 것만을 |보기|에서 있는 대로 고른 것은? (단, A ~ D는 임의의 원소 기호이다.)

> **보기**
> ㄱ. ㉠은 이온 반지름이다.
> ㄴ. B는 Mg이다.
> ㄷ. $\dfrac{\text{제1 이온화 에너지}}{\text{제2 이온화 에너지}}$ 는 C가 D보다 크다.

① ㄱ   ② ㄷ   ③ ㄱ, ㄴ
④ ㄴ, ㄷ   ⑤ ㄱ, ㄴ, ㄷ

자료 ❶ 원자 반지름, 이온 반지름

다음은 원자 A ~ C에 대한 자료이다. Z^*는 원자가 전자가 느끼는 유효 핵전하이다.

- A ~ C의 원자 번호는 각각 17, 19, 20 중 하나이다.
- 각 원자의 이온은 모두 Ar의 전자 배치를 갖는다.

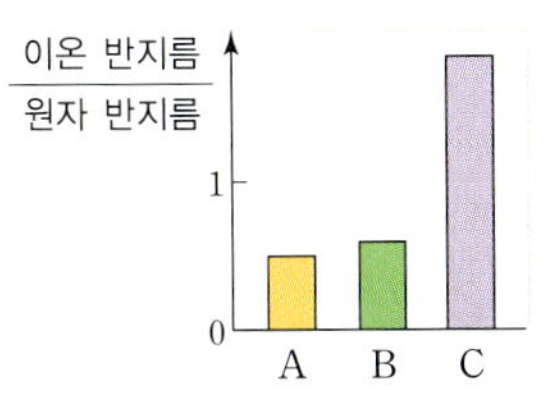
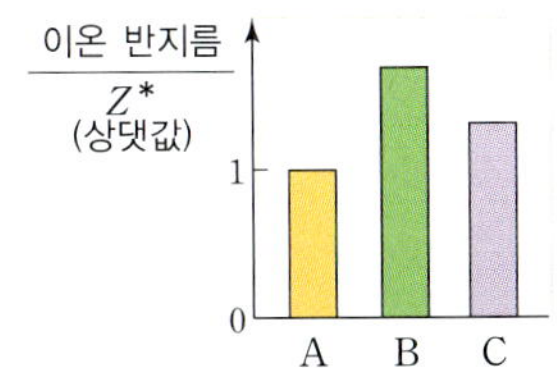

→ 원자 번호가 17, 19, 20인 원자는 각각 Cl, K, Ca이다.

→ Cl는 비금속 원소이므로 $\dfrac{\text{이온 반지름}}{\text{원자 반지름}} > 1$이고, K, Ca은 금속 원소이므로 $\dfrac{\text{이온 반지름}}{\text{원자 반지름}} < 1$이다. 따라서 C는 Cl이다.

→ 원자가 전자가 느끼는 유효 핵전하(Z^*)는 Ca>K이고, 이온 반지름은 K>Ca이므로 $\dfrac{\text{이온 반지름}}{Z^*}$은 K>Ca이다. 따라서 B는 K, A는 Ca이다.

다음은 원자 A ~ C에 대한 자료이다.

- A ~ C는 각각 O, Na, Al 중 하나이다.
- 각 원자의 이온은 모두 Ne의 전자 배치를 갖는다.

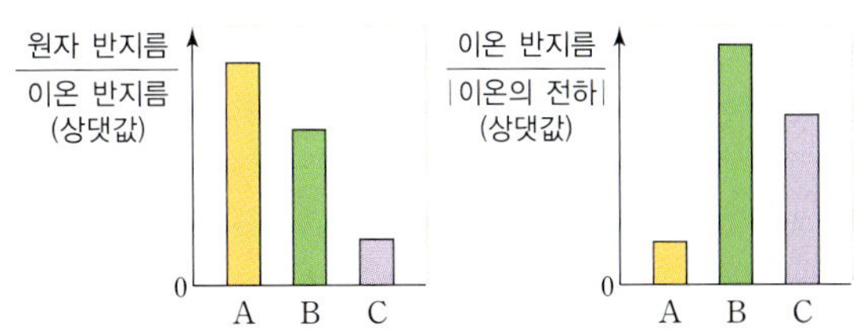

→ 원자 반지름은 Na>Al>O이고, 이온 반지름은 O>Na>Al이다.

→ $\dfrac{\text{원자 반지름}}{\text{이온 반지름}}$이 가장 작은 C는 O이다.

→ Na과 Al의 이온은 각각 Na^+, Al^{3+}이고 이온 반지름은 Na>Al이므로, $\dfrac{\text{이온 반지름}}{|\text{이온의 전하}|}$은 Na>Al이다. 따라서 B는 Na, A는 Al이다.

자료 ❷ 이온화 에너지

그림은 원자 A ~ E에 대한 자료이다. A ~ E의 원자 번호는 각각 3, 4, 11, 12, 13 중 하나이다.

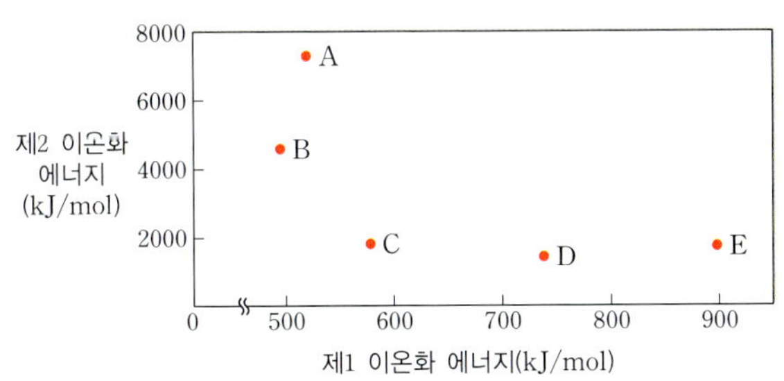

→ 원자 번호가 3, 4, 11, 12, 13인 원자는 각각 Li, Be, Na, Mg, Al이다.

→ 제2 이온화 에너지는 2주기 1족 원소인 Li이 가장 크고, 3주기 1족 원소인 Na이 두 번째로 크므로 A는 Li, B는 Na이다.

→ 같은 주기에서 제1 이온화 에너지는 2족 원소가 13족 원소보다 크고, 같은 족에서 제1 이온화 에너지는 2주기 원소가 3주기 원소보다 크다. 따라서 E는 Be, D는 Mg, C는 Al이다.

그림은 원자 a ~ g에 대한 자료이다. a ~ g의 원자 번호는 각각 8 ~ 14 중 하나이다.

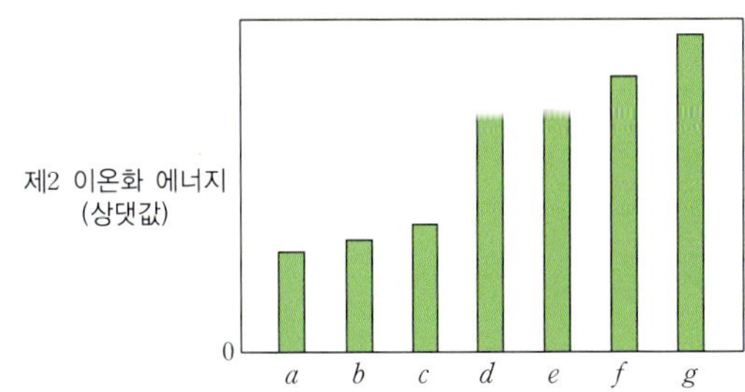

→ 원자 번호가 8 ~ 14인 원자는 각각 O, F, Ne, Na, Mg, Al, Si이다.

→ 제시된 원자 중 제2 이온화 에너지는 3주기 1족 원소인 Na이 가장 크고, 2주기 18족 원소인 Ne이 두 번째로 크므로 g는 Na, f는 Ne이다.

→ 제2 이온화 에너지는 3주기 2족 원소가 가장 작으므로 a는 Mg이다.

→ 같은 주기에서 제2 이온화 에너지는 13족 원소가 14족 원소보다 크고, 16족 원소가 17족 원소보다 크므로 b는 Si, c는 Al, d는 F, e는 O이다.

개념 다지기 문제

01 그림은 나트륨(Na)과 마그네슘(Mg)을 원자 모형으로 나타낸 것이다.

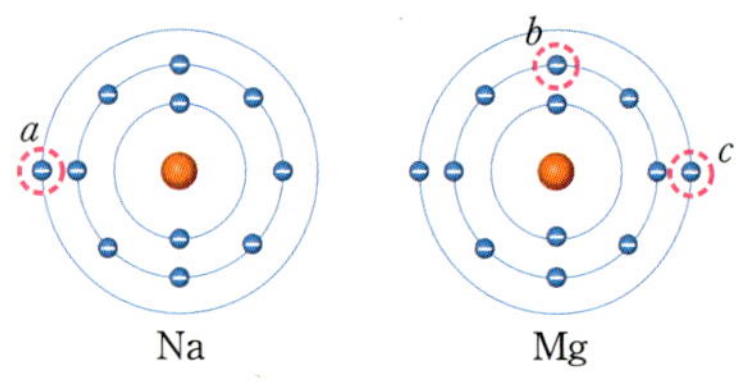

전자 $a \sim c$가 느끼는 유효 핵전하를 비교한 것으로 옳은 것은?

① $a > b > c$ ② $a > c > b$ ③ $b > a > c$
④ $b > c > a$ ⑤ $c > b > a$

대표 유형문제

02 다음은 바닥상태 원자 (가)~(다)에 대한 자료이다. (가)~(다)의 원자 번호는 각각 8, 9, 11, 12 중 하나이다.

- 원자 번호는 (가)>(나)>(다)이다.
- 홀전자 수는 (다)>(가)=(나)이다.

(가)~(다)에 대한 설명으로 옳은 것만을 |보기|에서 있는 대로 고른 것은?

┌ 보기 ┐
ㄱ. 2주기 원소는 1가지이다.
ㄴ. 원자 반지름은 (가)>(나)이다.
ㄷ. 원자가 전자가 느끼는 유효 핵전하는 (다)>(나)이다.

① ㄱ ② ㄴ ③ ㄷ
④ ㄱ, ㄷ ⑤ ㄴ, ㄷ

03 표는 4가지 원자 W ~ Z에 대한 자료이다.

원자	W	X	Y	Z
원자 번호	1	3	10	11
원자가 전자가 느끼는 유효 핵전하		x	5.9	2.7

이에 대한 설명으로 옳은 것만을 |보기|에서 있는 대로 고른 것은? (단, W ~ Z는 임의의 원소 기호이다.)

┌ 보기 ┐
ㄱ. $x < 5.9$이다.
ㄴ. $\dfrac{\text{원자가 전자가 느끼는 유효 핵전하}}{\text{핵전하}}$는 Y가 W보다 크다.
ㄷ. 원자가 전자가 느끼는 유효 핵전하가 Y>Z인 까닭은 주기가 바뀌면서 전자 껍질 수가 증가했기 때문이다.

① ㄱ ② ㄴ ③ ㄱ, ㄴ
④ ㄱ, ㄷ ⑤ ㄴ, ㄷ

04 그림은 원자 X ~ Z의 전자 배치를 모형으로 나타낸 것이다.

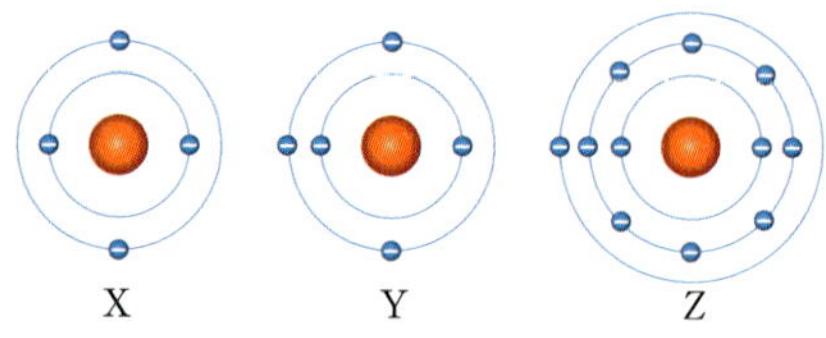

X ~ Z에 대한 설명으로 옳은 것만을 |보기|에서 있는 대로 고른 것은? (단, X ~ Z는 임의의 원소 기호이다.)

┌ 보기 ┐
ㄱ. 원자가 전자 수는 X>Z이다.
ㄴ. 원자 반지름은 Y>Z이다.
ㄷ. 원자가 전자가 느끼는 유효 핵전하는 X>Y이다.

① ㄱ ② ㄴ ③ ㄷ
④ ㄱ, ㄷ ⑤ ㄴ, ㄷ

대표 유형문제

05 그림은 3주기 원자 A ~ C의 $\dfrac{\text{이온 반지름}}{\text{원자 반지름}}$을 나타낸 것이다. A ~ C의 이온은 모두 18족 원소의 전자 배치를 갖는다.

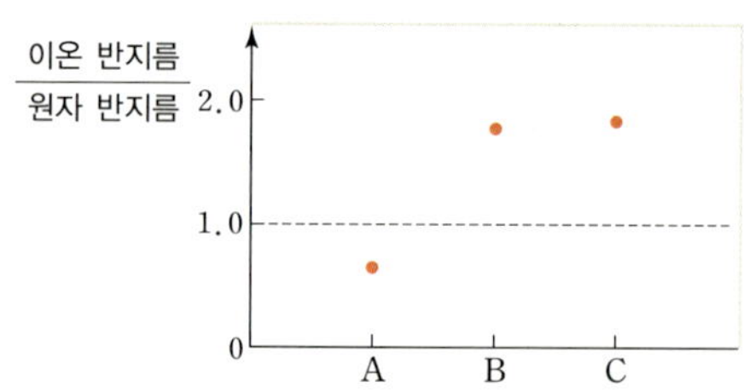

이에 대한 설명으로 옳은 것만을 |보기|에서 있는 대로 고른 것은? (단, A ~ C는 임의의 원소 기호이다.)

┌ 보기 ┐
ㄱ. B 이온과 C 이온의 전자 배치는 같다.
ㄴ. 원자 반지름은 A가 B보다 크다.
ㄷ. 원자가 전자가 느끼는 유효 핵전하는 C가 A보다 크다.

① ㄱ ② ㄷ ③ ㄱ, ㄴ
④ ㄴ, ㄷ ⑤ ㄱ, ㄴ, ㄷ

06 그림은 원자 A~D의 원자 반지름을 나타낸 것이다. A~D는 각각 O, F, Na, Mg 중 하나이다. A~D의 이온은 모두 Ne의 전자 배치를 갖는다.

이에 대한 설명으로 옳은 것만을 |보기|에서 있는 대로 고른 것은?

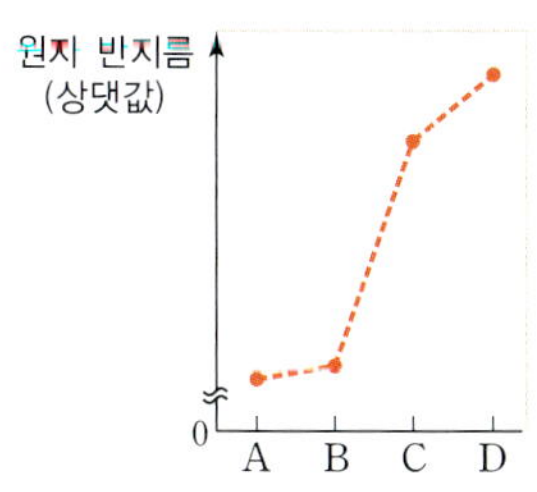

┌─ 보기 ─
ㄱ. B는 Mg이다.
ㄴ. 이온 반지름은 A>C이다.
ㄷ. 원자가 전자가 느끼는 유효 핵전하는 D>C이다.
└─

① ㄱ ② ㄴ ③ ㄱ, ㄷ
④ ㄴ, ㄷ ⑤ ㄱ, ㄴ, ㄷ

07 그림은 X^{2+}과 Y^-의 전자 배치를 나타낸 것이다.

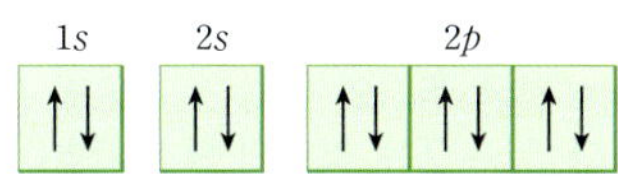

X와 Y에 대한 설명으로 옳은 것만을 |보기|에서 있는 대로 고른 것은? (단, X와 Y는 임의의 원소 기호이다.)

┌─ 보기 ─
ㄱ. 원자 번호는 X>Y이다.
ㄴ. 원자 반지름은 X>Y이다.
ㄷ. 제2 이온화 에너지는 X>Y이다.
└─

① ㄱ ② ㄷ ③ ㄱ, ㄴ
④ ㄴ, ㄷ ⑤ ㄱ, ㄴ, ㄷ

08 다음은 원자 X~Z에 대한 자료이다. X~Z는 각각 O, Na, Mg 중 하나이고, X~Z의 이온은 모두 Ne의 전자 배치를 갖는다.

• 이온 반지름 : X>Y
• 원자가 전자가 느끼는 유효 핵전하 : Y>Z

X~Z의 원자 반지름을 비교한 것으로 옳은 것은?

① X>Y>Z ② X>Z>Y ③ Y>X>Z
④ Z>X>Y ⑤ Z>Y>X

09 그림은 원자 A~D의 원자 반지름과 이온 반지름을 나타낸 것이다. A~D의 이온은 모두 Ne의 전자 배치를 갖는다.

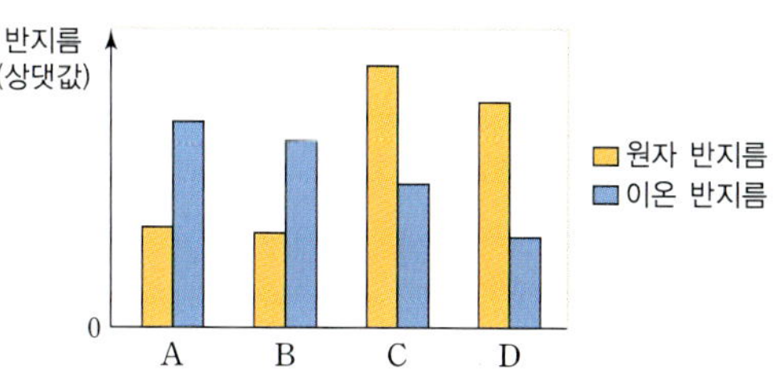

A~D에 대한 설명으로 옳은 것만을 |보기|에서 있는 대로 고른 것은? (단, A~D는 임의의 원소 기호이다.)

┌─ 보기 ─
ㄱ. A와 B는 모두 2주기 원소이다.
ㄴ. 제1 이온화 에너지는 B>C이다.
ㄷ. 원자가 전자가 느끼는 유효 핵전하는 C>D이다.
└─

① ㄱ ② ㄷ ③ ㄱ, ㄴ
④ ㄴ, ㄷ ⑤ ㄱ, ㄴ, ㄷ

10 그림은 2, 3주기 원소 A~D의 원자가 전자 수와 제1 이온화 에너지를 나타낸 것이다.

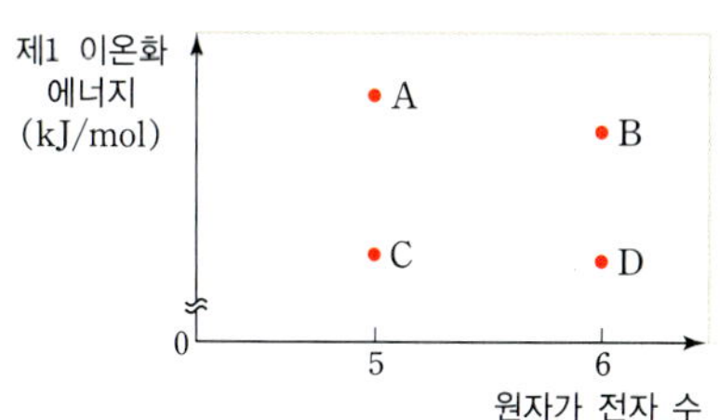

이에 대한 설명으로 옳은 것만을 |보기|에서 있는 대로 고른 것은? (단, A~D는 임의의 원소 기호이다.)

┌─ 보기 ─
ㄱ. D는 2주기 원소이다.
ㄴ. 원자 반지름은 C가 B보다 크다.
ㄷ. 제2 이온화 에너지는 B가 A보다 크다.
└─

① ㄱ ② ㄴ ③ ㄱ, ㄴ
④ ㄴ, ㄷ ⑤ ㄱ, ㄴ, ㄷ

개념 다지기 문제

대표 유형문제

11 다음은 2, 3주기 원자 A ~ C에 대한 자료이다.

- A ~ C의 원자가 전자 수는 각각 5, 6, 7이다.
- 제1 이온화 에너지는 A>B>C이다.

이에 대한 설명으로 옳은 것만을 |보기|에서 있는 대로 고른 것은? (단, A~C는 임의의 원소 기호이다.)

보기
ㄱ. A는 2주기 원소이다.
ㄴ. C^-은 Ar의 전자 배치를 갖는다.
ㄷ. 제2 이온화 에너지는 B가 A보다 크다.

① ㄱ   ② ㄷ   ③ ㄱ, ㄴ
④ ㄴ, ㄷ   ⑤ ㄱ, ㄴ, ㄷ

대표 유형문제

12 다음은 원자 (가)~(라)에 대한 자료이다. (가)~(라)는 각각 Li, C, O, F 중 하나이다.

- 바닥상태 전자 배치의 홀전자 수 : (가)=(나)
- 원자가 전자 수 : (가)>(다)
- 제2 이온화 에너지 : (라)>(다)

이에 대한 설명으로 옳은 것만을 |보기|에서 있는 대로 고른 것은?

보기
ㄱ. (가)는 C이다.
ㄴ. 원자 반지름은 (나)>(다)이다.
ㄷ. 제1 이온화 에너지는 (다)>(라)이다.

① ㄱ   ② ㄴ   ③ ㄱ, ㄷ
④ ㄴ, ㄷ   ⑤ ㄱ, ㄴ, ㄷ

13 그림은 원자 번호가 연속인 2, 3주기 원자 A ~ D의 순차 이온화 에너지를 나타낸 것이다. A ~ D는 원자 번호 순서가 아니다.

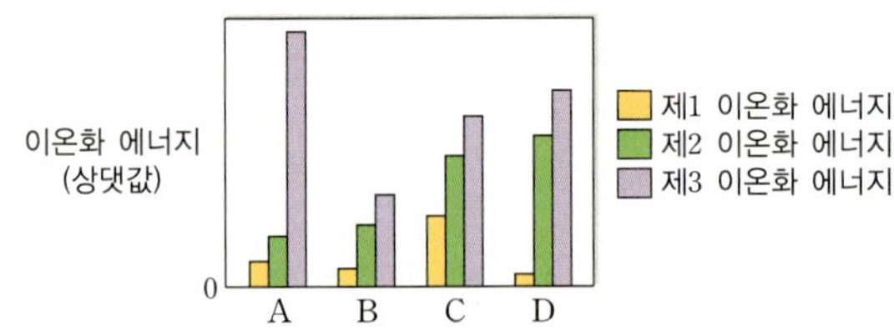

이에 대한 설명으로 옳은 것만을 |보기|에서 있는 대로 고른 것은? (단, A ~ D는 임의의 원소 기호이다.)

보기
ㄱ. 2주기 원소는 2가지이다.
ㄴ. 원자 반지름은 A가 B보다 크다.
ㄷ. 원자가 전자 수는 B가 D보다 크다.

① ㄱ   ② ㄴ   ③ ㄱ, ㄴ
④ ㄱ, ㄷ   ⑤ ㄴ, ㄷ

[14~15] 표는 같은 주기의 원자 X ~ Z의 순차 이온화 에너지에 대한 자료이다. X ~ Z는 임의의 원소 기호이다.

원자	순차 이온화 에너지(kJ / mol)			
	E_1	E_2	E_3	E_4
X	733	1447	7729	
Y	578	1814	2750	11580
Z	496	4565		9552

14 X ~ Z의 원자 번호를 옳게 비교한 것은?

① X>Y>Z   ② Y>X>Z   ③ Y>Z>X
④ Z>X>Y   ⑤ Z>Y>X

15 X ~ Z에 대한 설명으로 옳은 것만을 |보기|에서 있는 대로 고른 것은?

보기
ㄱ. 원자 반지름은 X>Z이다.
ㄴ. 원자가 전자가 느끼는 유효 핵전하는 Y>Z이다.
ㄷ. 18족 원소의 전자 배치를 갖는 이온의 반지름은 X>Y이다.

① ㄱ   ② ㄴ   ③ ㄱ, ㄷ
④ ㄴ, ㄷ   ⑤ ㄱ, ㄴ, ㄷ

16 표는 원자 A ~ D의 원자 반지름과 이온 반지름에 대한 자료이다. A ~ D는 각각 O, F, Na, Mg 중 하나이고, A ~ D의 이온은 모두 Ne의 전자 배치를 갖는다.

원자	A	B	C	D
원자 반지름(상댓값)	8	3.2	a	3.3
이온 반지름(상댓값)	3.3	b	4.9	7

이에 대한 설명으로 옳은 것만을 |보기|에서 있는 대로 고른 것은?

보기
ㄱ. $3.3 < a < 8$이다.
ㄴ. 원자가 전자가 느끼는 유효 핵전하는 B>D이다.
ㄷ. A ~ D 중 제2 이온화 에너지는 A가 가장 크다.

① ㄱ   ② ㄴ   ③ ㄱ, ㄷ
④ ㄴ, ㄷ   ⑤ ㄱ, ㄴ, ㄷ

17 다음은 원자 W ~ Z에 대한 자료이다.

- W ~ Z는 각각 Li, Be, B, N, O, F 중 하나이다.
- 각 원자의 이온은 모두 Ne의 전자 배치를 갖는다.
- ⊙과 ⓒ은 각각 원자 반지름과 제1 이온화 에너지 중 하나이다.

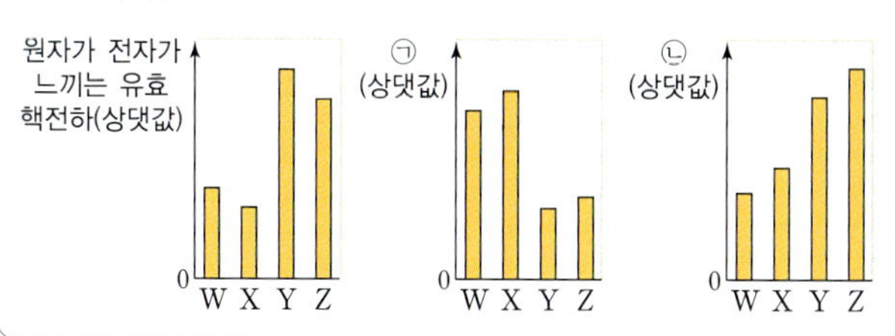

이에 대한 설명으로 옳은 것만을 |보기|에서 있는 대로 고른 것은?

보기
ㄱ. W는 B이다.
ㄴ. ⊙은 원자 반지름이다.
ㄷ. 2주기 원소 중 Y보다 제2 이온화 에너지가 큰 원소는 2가지이다.

① ㄱ   ② ㄷ   ③ ㄱ, ㄴ
④ ㄴ, ㄷ   ⑤ ㄱ, ㄴ, ㄷ

18 표는 2, 3주기 원소 A ~ D의 원자 반지름과 이온 반지름을 나타낸 것이다. A ~ D는 임의의 원소 기호이고, A ~ D의 이온은 모두 Ne의 전자 배치를 갖는다.

원소	A	B	C	D
원자 반지름(pm)	42	48	145	190
이온 반지름(pm)	119	124	65	95

A ~ D 중 금속 원소를 찾아 쓰고, 그 까닭을 설명하시오.

19 그림은 3주기 원자의 제1 이온화 에너지를 나타낸 것이다. A ~ D는 임의의 원소 기호이다.

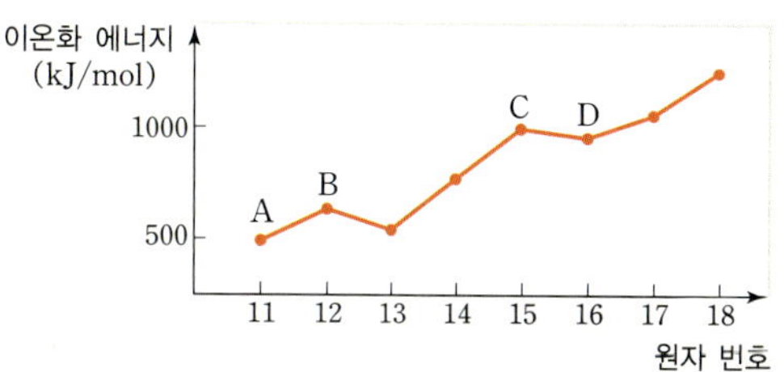

(1) A ~ D의 원자 반지름을 등호 또는 부등호로 비교하시오.

(2) C의 제1 이온화 에너지가 D보다 큰 까닭을 설명하시오.

20 다음은 원자 번호가 연속인 2주기 바닥상태 원자 W ~ Z에 대한 자료이다. W ~ Z는 임의의 원소 기호이다.

- 원자 번호는 Z>Y>X>W이다.
- W ~ Z의 홀전자 수의 합은 8이다.
- 제1 이온화 에너지는 X가 Y보다 크다.

(1) W와 X의 원자가 전자 수를 각각 구하시오.

(2) X ~ Z의 제2 이온화 에너지를 등호 또는 부등호로 비교하고, 그 까닭을 설명하시오.

학교 시험 _{빈출 자료} M☆STER

03 주기율표

1 주기율표

그림은 주기율표의 일부를 나타낸 것이다.

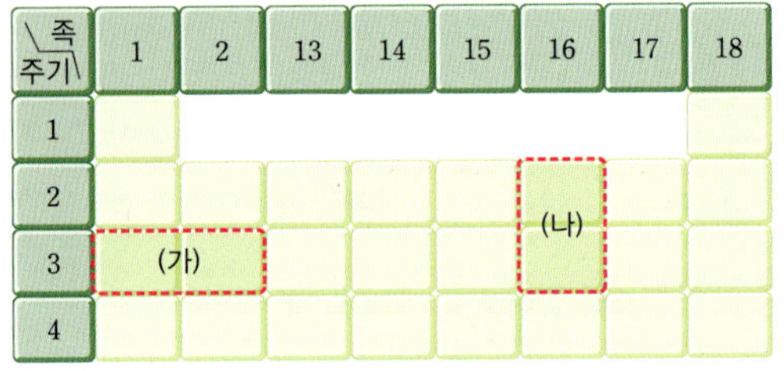

● 다음 설명 중 옳은 것은 ○표, 옳지 **않은** 것은 ×표 하시오.

1 주기율표의 가로줄은 주기이다. ○ / ×

2 주기율표의 세로줄은 족이다. ○ / ×

3 (가)에 해당하는 원소들은 원자가 전자 수가 같다. ○ / ×

4 (나)에 해당하는 원소들은 화학적 성질이 비슷하다. ○ / ×

5 (나)에 해당하는 원소들은 전자를 얻어 음이온이 되기 쉽다.

○ / ×

6 바닥상태 전자 배치에서 홀전자 수는 (가)가 (나)보다 크다.

○ / ×

2 주기율표의 전자 배치

그림은 바닥상태인 몇 가지 원자의 원자가 전자의 전자 배치를 나타낸 것이다.

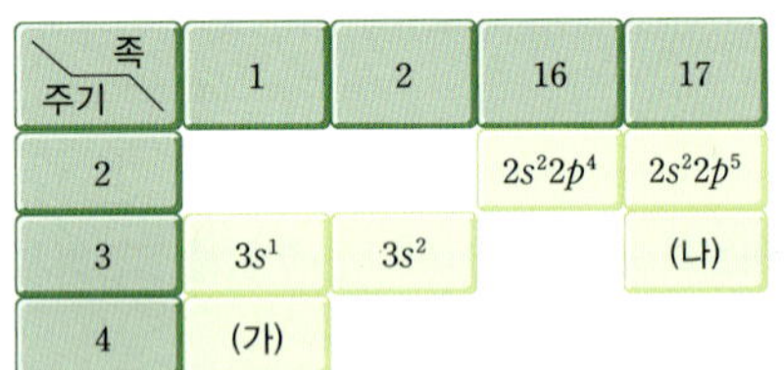

● 다음 설명 중 옳은 것은 ○표, 옳지 **않은** 것은 ×표 하시오.

1 16족 원소의 원자가 전자 수는 6이다. ○ / ×

2 (가)는 $4s^1$이다. ○ / ×

3 (나)는 $2s^22p^6$이다. ○ / ×

4 같은 족에 속한 원소들의 원자가 전자 수는 같다. ○ / ×

5 같은 주기에 속한 원소들의 원자가 전자는 모두 s 오비탈에만 들어 있다. ○ / ×

6 같은 주기에 속한 원소들은 전자가 들어 있는 오비탈 수가 같다. ○ / ×

04 원소의 주기적 성질

3 원자 반지름과 이온 반지름

그림 (가)는 원자 A~C의 원자 반지름을, (나)는 A~C의 이온 반지름을 나타낸 것이다. 각 원자의 이온은 Ne의 전자 배치를 가지며, ㉠~㉢은 각각 A~C의 이온 중 하나이다.

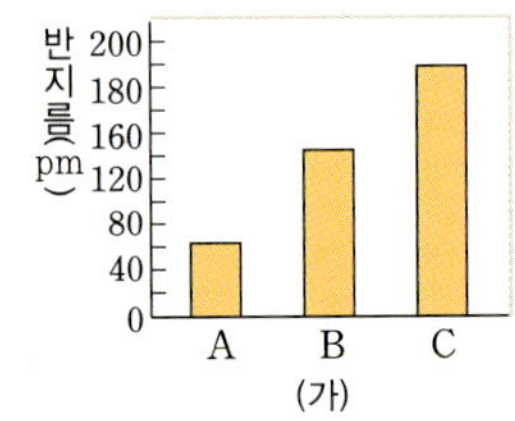
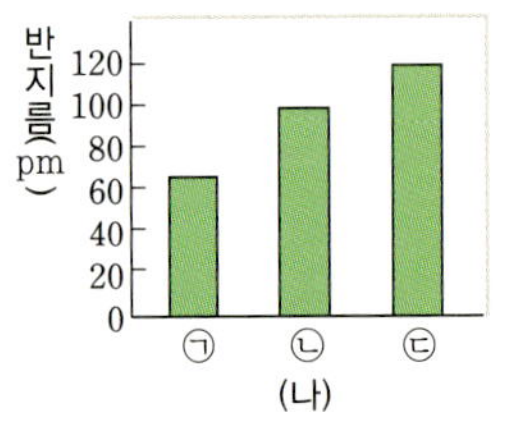

● 다음 설명 중 옳은 것은 ○표, 옳지 **않은** 것은 ×표 하시오.

1 같은 주기에서 원자 번호가 증가할수록 원자 반지름은 증가한다. ○ / ×

2 금속 원소는 원자 반지름이 이온 반지름보다 크다. ○ / ×

3 전자 수가 같은 이온의 반지름은 원자 번호가 클수록 작다.

○ / ×

4 A는 2주기 원소이다. ○ / ×

5 원자 번호는 C>B이다. ○ / ×

6 ㉢은 A의 이온이다. ○ / ×

4 원자, 이온 반지름과 유효 핵전하

그림은 2, 3주기 원자의 원자 및 이온 반지름과 원자가 전자가 느끼는 유효 핵전하를 나타낸 것이다.

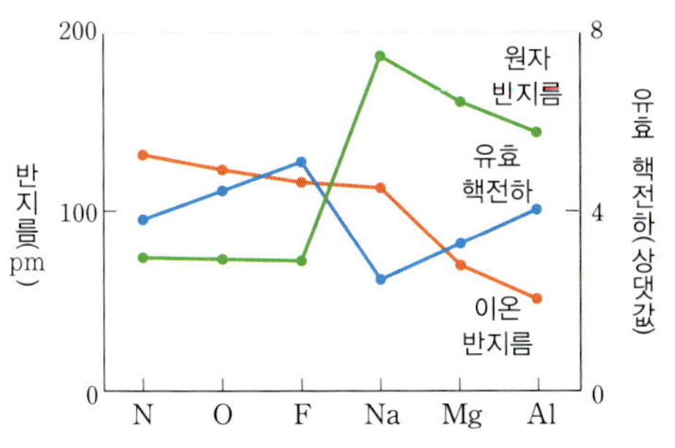

● 다음 설명 중 옳은 것은 ○표, 옳지 않은 것은 ×표 하시오.

1 같은 주기에서 원자 번호가 증가할수록 원자가 전자가 느끼는 유효 핵전하는 감소한다.   ○ / ×

2 유효 핵전하가 F>Na인 까닭은 주기가 바뀌면서 전자 껍질 수가 증가하여 가려막기 효과가 증가하기 때문이다.   ○ / ×

3 2주기에서 원자가 전자가 느끼는 유효 핵전하가 클수록 원자 반지름은 작다.   ○ / ×

4 비금속 원소는 원자 반지름이 이온 반지름보다 크다.   ○ / ×

5 Ne의 전자 배치를 갖는 이온의 반지름은 원자 번호가 클수록 크다.   ○ / ×

5 제1 이온화 에너지

그림은 2, 3주기 원자의 제1 이온화 에너지를 나타낸 것이다.

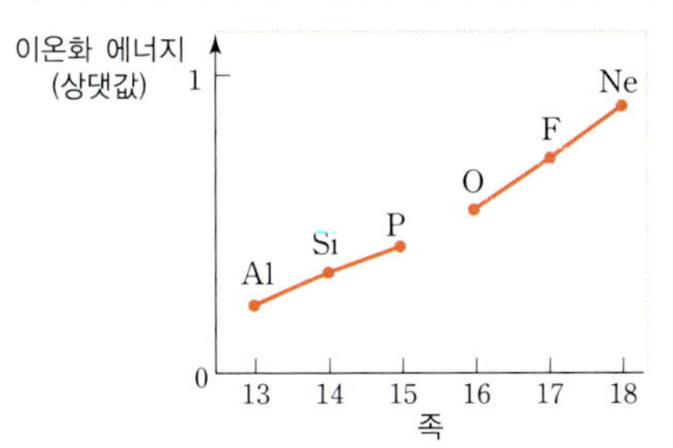

● 다음 설명 중 옳은 것은 ○표, 옳지 않은 것은 ×표 하시오.

1 같은 족에서 원자 번호가 증가할수록 전자 껍질 수가 증가하므로 제1 이온화 에너지가 커진다.   ○ / ×

2 제1 이온화 에너지가 F>O인 까닭은 원자가 전자의 유효 핵전하가 F>O이기 때문이다.   ○ / ×

3 2주기 15족 원자의 제1 이온화 에너지는 O보다 크다.

○ / ×

4 3주기 2족 원자의 제1 이온화 에너지는 Al보다 작다.

○ / ×

5 제2 이온화 에너지는 F이 O보다 크다.   ○ / ×

6 순차 이온화 에너지

그림은 3주기 원자 A~C의 순차 이온화 에너지를 나타낸 것이다.

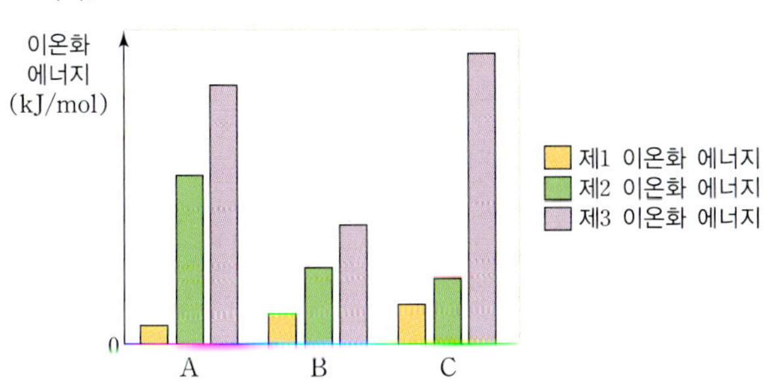

● 다음 설명 중 옳은 것은 ○표, 옳지 않은 것은 ×표 하시오.

1 순차 이온화 에너지가 증가하는 까닭은 남아 있는 전자가 느끼는 유효 핵전하가 증가하기 때문이다.   ○ / ×

2 원자 번호는 B>C>A이다.   ○ / ×

3 B의 원자가 전자 수는 3이다.   ○ / ×

4 원자가 전자를 모두 떼어 내는 데 필요한 최소한의 에너지는 C>B이다.   ○ / ×

5 원자 반지름은 A>B>C이다.   ○ / ×

학교 시험 대비 문제

01 다음은 원자 X의 전자 배치를 나타낸 것이다.

$$1s^2 2s^2 2p^6 3s^2$$

X에 대한 설명으로 옳은 것만을 |보기|에서 있는 대로 고른 것은? (단, X는 임의의 원소 기호이다.)

─ 보기 ─
ㄱ. 3주기 원소이다.
ㄴ. 2족 원소이다.
ㄷ. 금속 원소이다.

① ㄱ   ② ㄷ   ③ ㄱ, ㄴ
④ ㄴ, ㄷ   ⑤ ㄱ, ㄴ, ㄷ

 유형 문제

02 그림은 주기율표의 일부를 나타낸 것이다.

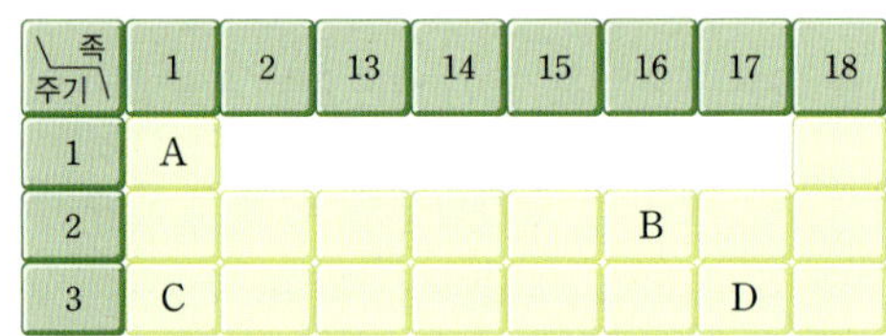

족 주기	1	2	13	14	15	16	17	18
1	A							
2						B		
3	C						D	

A ~ D에 대한 설명으로 옳은 것만을 |보기|에서 있는 대로 고른 것은? (단, A ~ D는 임의의 원소 기호이다.)

─ 보기 ─
ㄱ. A는 C와 화학적 성질이 비슷하다.
ㄴ. B의 원자가 전자의 전자 배치는 $2s^2 2p^4$이다.
ㄷ. C와 D는 전자가 들어 있는 전자 껍질 수가 같다.

① ㄱ   ② ㄴ   ③ ㄷ
④ ㄱ, ㄷ   ⑤ ㄴ, ㄷ

03 그림은 이온 A^{2+}과 B^{2-}의 전자 배치를 나타낸 것이다.

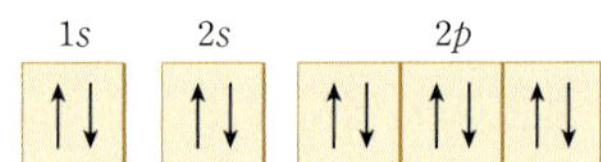

A와 B에 대한 설명으로 옳은 것만을 |보기|에서 있는 대로 고른 것은? (단, A와 B는 임의의 원소 기호이다.)

─ 보기 ─
ㄱ. A는 3주기 원소이다.
ㄴ. 원자가 전자 수는 A>B이다.
ㄷ. 원자가 전자의 주 양자수(n)는 A>B이다.

① ㄱ   ② ㄴ   ③ ㄱ, ㄷ
④ ㄴ, ㄷ   ⑤ ㄱ, ㄴ, ㄷ

04 표는 바닥상태인 원자 A ~ D를 분류 기준에 따라 분류한 것이다. A ~ D는 각각 O, F, Na, S 중 하나이다.

분류 기준	예	아니요
금속 원소인가?	C	A, B, D
홀전자 수가 1인가?	A, C	B, D

이에 대한 설명으로 옳은 것만을 |보기|에서 있는 대로 고른 것은?

─ 보기 ─
ㄱ. C는 Na이다.
ㄴ. 원자가 전자 수는 D가 A보다 크다.
ㄷ. B와 화학적 성질이 비슷한 것은 A이다.

① ㄱ   ② ㄴ   ③ ㄱ, ㄷ
④ ㄴ, ㄷ   ⑤ ㄱ, ㄴ, ㄷ

05 그림은 주기율표의 일부를 나타낸 것이다.

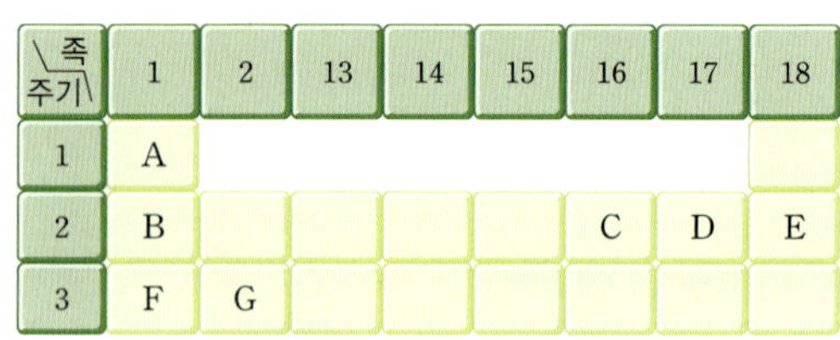

족 주기	1	2	13	14	15	16	17	18
1	A							
2	B					C	D	E
3	F	G						

A ~ G에 대한 설명으로 옳은 것만을 |보기|에서 있는 대로 고른 것은? (단, A ~ G는 임의의 원소 기호이다.)

─ 보기 ─
ㄱ. 금속 원소는 4가지이다.
ㄴ. 전자가 들어 있는 전자 껍질 수가 2인 원소는 4가지이다.
ㄷ. 전자를 얻어 음이온이 되기 쉬운 원소는 4가지이다.

① ㄱ   ② ㄴ   ③ ㄱ, ㄷ
④ ㄴ, ㄷ   ⑤ ㄱ, ㄴ, ㄷ

06 그림은 3주기 원자 A ~ D를 원자 모형으로 나타낸 것이다. 원자의 크기는 원자 반지름에 비례하고, B와 D의 홀전자 수는 각각 0, 1이다. 각 원자의 이온은 18족 원소의 전자 배치를 갖는다.

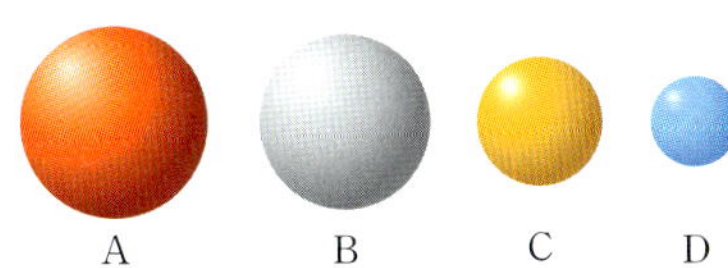

이에 대한 설명으로 옳은 것만을 |보기|에서 있는 대로 고른 것은? (단, A ~ D는 임의의 원소 기호이다.)

> **보기**
> ㄱ. 이온 반지름은 D>A이다.
> ㄴ. 제1 이온화 에너지는 A>B이다.
> ㄷ. 원자가 전자가 느끼는 유효 핵전하는 C>B이다.

① ㄱ   ② ㄷ   ③ ㄱ, ㄴ
④ ㄱ, ㄷ   ⑤ ㄴ, ㄷ

[07~08] 표는 2, 3주기 원자 A ~ D의 전자 배치를 나타낸 것이다. A ~ D는 임의의 원소 기호이다.

원자	전자 배치
A	$1s^2 2s^2 2p^3$
B	$1s^2 2s^2 2p^4$
C	$1s^2 2s^2 2p^5$
D	$1s^2 2s^2 2p^6 3s^1$

대표 유형 문제

07 이에 대한 설명으로 옳은 것만을 |보기|에서 있는 대로 고른 것은?

> **보기**
> ㄱ. 원자 반지름은 A>D이다.
> ㄴ. 제1 이온화 에너지는 A>B이다.
> ㄷ. 원자가 전자가 느끼는 유효 핵전하는 B>C이다.

① ㄱ   ② ㄴ   ③ ㄱ, ㄷ
④ ㄴ, ㄷ   ⑤ ㄱ, ㄴ, ㄷ

08 A ~ C의 제2 이온화 에너지를 비교한 것으로 옳은 것은?

① A>B>C   ② A>C>B   ③ B>A>C
④ B>C>A   ⑤ C>B>A

[09~10] 그림은 원자 A ~ D의 제2 이온화 에너지를 나타낸 것이다. A ~ D는 각각 O, F, Mg, Al 중 하나이고, 각 원자의 이온은 모두 Ne의 전자 배치를 갖는다.

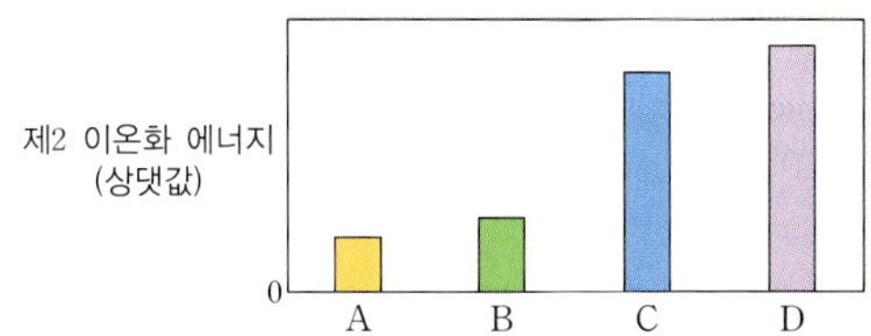

대표 유형 문제

09 A ~ D에 대한 설명으로 옳은 것만을 |보기|에서 있는 대로 고른 것은?

> **보기**
> ㄱ. A는 Mg이다.
> ㄴ. 원자 반지름은 C>B이다.
> ㄷ. 제1 이온화 에너지는 C>D이다.

① ㄱ   ② ㄴ   ③ ㄱ, ㄴ
④ ㄱ, ㄷ   ⑤ ㄴ, ㄷ

10 A ~ D의 이온 반지름(R)을 비교한 것으로 가장 적절한 것은?

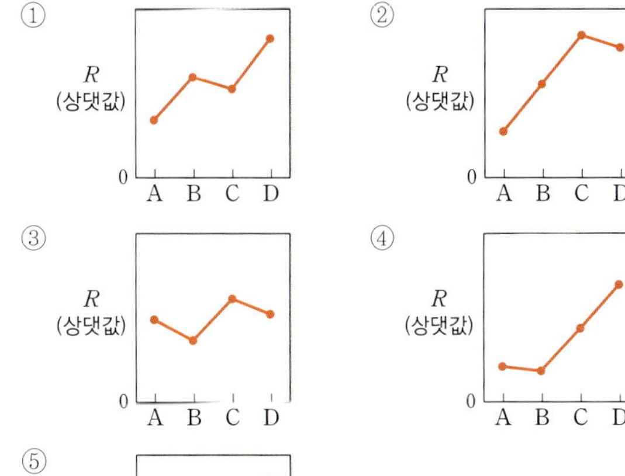

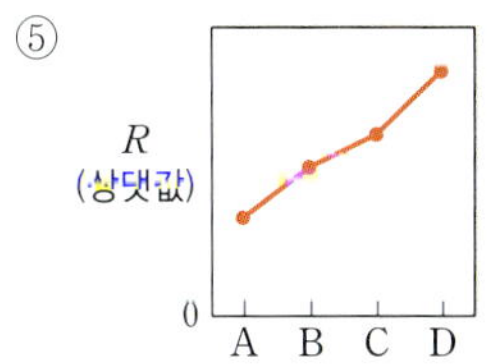

대표 유형문제

11 표는 바닥상태인 2, 3주기 원자 A ~ D에 대한 자료이다. 각 원자의 이온은 Ne의 전자 배치를 갖는다.

원자	A	B	C	D
원자 번호	n	$n+1$	$n+3$	$n+4$
홀전자 수	2	1	1	0

이에 대한 설명으로 옳은 것만을 |보기|에서 있는 대로 고른 것은? (단, A ~ D는 임의의 원소 기호이다.)

─보기─
ㄱ. A의 원자가 전자 수는 4이다.
ㄴ. $\dfrac{\text{이온 반지름}}{|\text{이온의 전하}|}$ 은 B가 D보다 크다.
ㄷ. $\dfrac{\text{제2 이온화 에너지}}{\text{제1 이온화 에너지}}$ 는 C가 A보다 크다.

① ㄱ   ② ㄴ   ③ ㄱ, ㄷ
④ ㄴ, ㄷ   ⑤ ㄱ, ㄴ, ㄷ

12 그림은 원자 번호가 연속인 2, 3주기 원자의 제1 이온화 에너지의 일부를 나타낸 것이다.

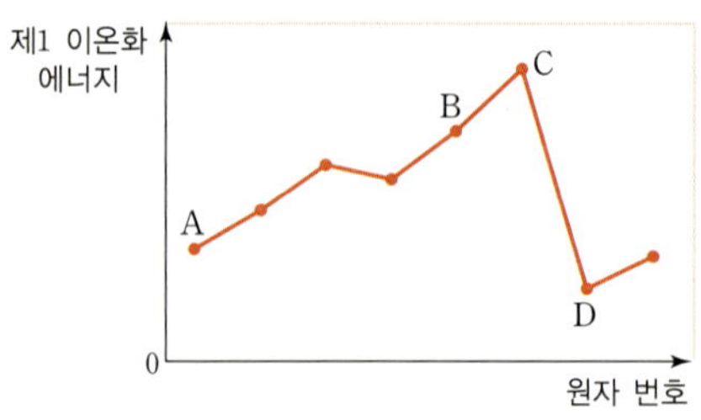

이에 대한 설명으로 옳은 것만을 |보기|에서 있는 대로 고른 것은? (단, A ~ D는 임의의 원소 기호이다.)

─보기─
ㄱ. 원자 반지름은 A가 D보다 크다.
ㄴ. 제2 이온화 에너지는 C가 B보다 크다.
ㄷ. 원자가 전자가 느끼는 유효 핵전하는 C가 D보다 크다.

① ㄱ   ② ㄴ   ③ ㄱ, ㄷ
④ ㄴ, ㄷ   ⑤ ㄱ, ㄴ, ㄷ

대표 유형문제

13 그림은 2, 3주기 원자 A ~ D의 이온 반지름을 나타낸 것이다. A ~ D는 각각 O, F, Mg, Al 중 하나이고, 각 원자의 이온은 Ne의 전자 배치를 갖는다.

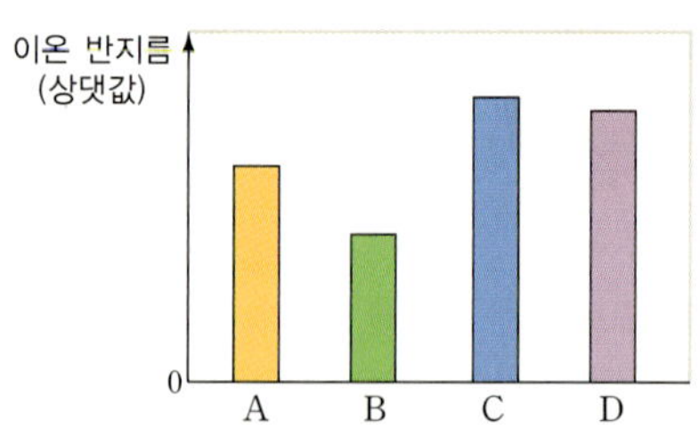

이에 대한 설명으로 옳은 것만을 |보기|에서 있는 대로 고른 것은?

─보기─
ㄱ. A는 $\dfrac{\text{이온 반지름}}{\text{원자 반지름}} > 1$이다.
ㄴ. 바닥상태 원자에서 홀전자 수는 C가 B보다 크다.
ㄷ. 2주기 원소 중 D보다 제2 이온화 에너지가 큰 원자는 2가지이다.

① ㄱ   ② ㄴ   ③ ㄱ, ㄴ
④ ㄱ, ㄷ   ⑤ ㄴ, ㄷ

대표 유형문제

14 다음은 바닥상태인 2주기 원자 X ~ Z에 대한 자료이다.

- X ~ Z의 홀전자 수의 합은 1이다.
- X ~ Z 중 제2 이온화 에너지는 X가 가장 크다.
- X ~ Z 중 원자가 전자가 느끼는 유효 핵전하는 Y가 가장 크다.

이에 대한 설명으로 옳은 것만을 |보기|에서 있는 대로 고른 것은? (단, X ~ Z는 임의의 원소 기호이다.)

─보기─
ㄱ. X는 Li이다.
ㄴ. 원자 반지름은 X가 Z보다 크다.
ㄷ. 제1 이온화 에너지는 Y가 Z보다 크다.

① ㄱ   ② ㄷ   ③ ㄱ, ㄴ
④ ㄴ, ㄷ   ⑤ ㄱ, ㄴ, ㄷ

15 다음은 원자 W~Z에 대한 자료이다.

- W~Z는 각각 P, S, K, Ca 중 하나이다.
- 각 원자의 이온은 모두 Ar의 전자 배치를 갖는다.
- ㉠과 ㉡은 각각 원자 반지름, 이온 반지름 중 하나이다.

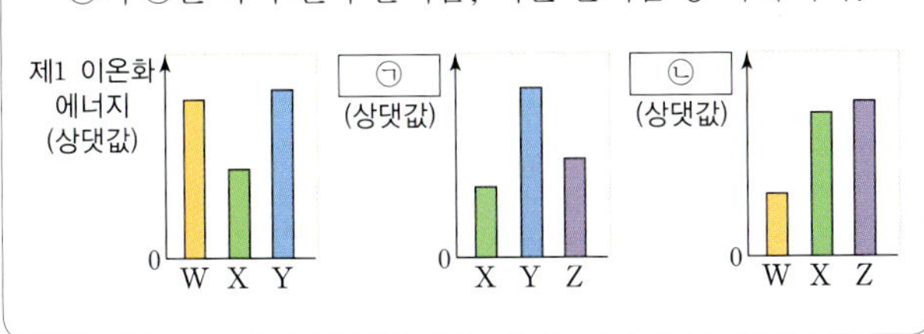

이에 대한 설명으로 옳은 것만을 |보기|에서 있는 대로 고른 것은?

┌ 보기 ┐
ㄱ. ㉠은 이온 반지름이다.
ㄴ. 제2 이온화 에너지는 Z>Y이다.
ㄷ. 원자가 전자가 느끼는 유효 핵전하는 Z가 X보다 크다.

① ㄱ 　② ㄷ 　③ ㄱ, ㄴ
④ ㄴ, ㄷ 　⑤ ㄱ, ㄴ, ㄷ

16 다음은 바닥상태 원자 A~C에 대한 자료이다.

- A~C의 원자 번호는 각각 8, 11, 12 중 하나이다.
- 각 원자의 이온은 모두 Ne의 전자 배치를 갖는다.
- $\dfrac{\text{이온 반지름}}{|\text{이온의 전하}|}$ 은 C가 가장 작다.
- $\dfrac{p \text{ 오비탈의 전자 수}}{s \text{ 오비탈의 전자 수}}$ 는 A=C이다.

이에 대한 설명으로 옳은 것만을 |보기|에서 있는 대로 고른 것은? (단, A~C는 임의의 원소 기호이다.)

┌ 보기 ┐
ㄱ. 원자가 전자 수는 A가 가장 크다.
ㄴ. 원자 반지름은 B가 가장 크다.
ㄷ. 원자가 전자가 느끼는 유효 핵전하는 C>B이다.

① ㄱ 　② ㄷ 　③ ㄱ, ㄴ
④ ㄴ, ㄷ 　⑤ ㄱ, ㄴ, ㄷ

17 다음은 주기율표의 일부와 원자 A~D에 대한 자료이다. A~D는 임의의 원소 기호이다.

족 \ 주기	1	2	13	14	15	16	17	18
1								
2						㉠	㉡	
3		㉢	㉣					

- A~D는 각각 ㉠~㉣ 중 하나이다.
- 제1 이온화 에너지는 D>C>B>A이다.

(1) A~D 중 ㉠과 ㉢에 해당하는 원자의 기호를 각각 쓰시오.

(2) Ne의 전자 배치를 갖는 A~D 이온의 반지름을 등호 또는 부등호로 비교하고, 그 까닭을 설명하시오.

18 표는 2, 3주기 원자 A~D의 원자 반지름과 이온 반지름을 나타낸 것이다. 각 원자의 이온은 모두 Ne의 전자 배치를 갖는다.

원소	A	B	C	D
원자 반지름(pm)	190	145	48	42
이온 반지름(pm)	95	65	124	119

A~D 중 금속 원소를 찾아 쓰고, 그 까닭을 설명하시오. (단, A~D는 임의의 원소 기호이다.)

19 그림은 원자 번호가 연속인 2주기 원자 W~Z의 제2 이온화 에너지(E_2)에 대한 제3 이온화 에너지(E_3)의 비를 나타낸 것이다. 원자 번호는 W<X<Y<Z이다. (단, W~Z는 임의의 원소 기호이다.)

(1) X의 원자가 전자 수를 구하시오.

(2) W~Z의 제2 이온화 에너지를 등호 또는 부등호로 비교하고, 그 까닭을 설명하시오.

단원 한번에 정리하기

01 원자의 구조

1 ❶( )의 발견 : 음극선 실험

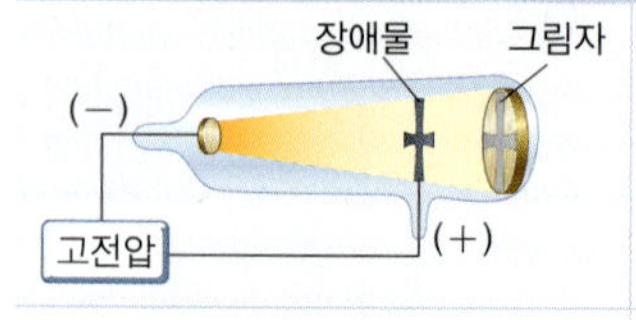

장애물의 그림자가 생긴다.
➡ 직진하는 성질이 있다.

바람개비가 돌아간다.
➡ 질량을 가진 입자의 흐름이다.

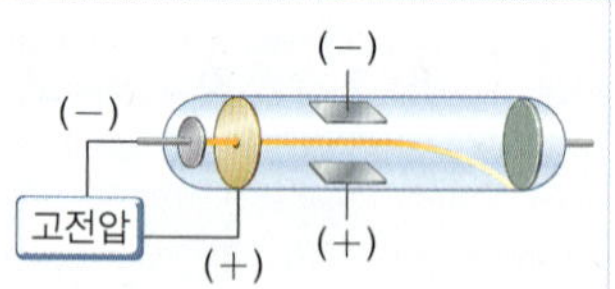

자석을 가까이하거나 전압을 걸어 주면 휘어진다.
➡ 전자기적 성질을 띤다.

2 원자핵의 발견 : 러더퍼드의 알파(α) 입자 산란 실험

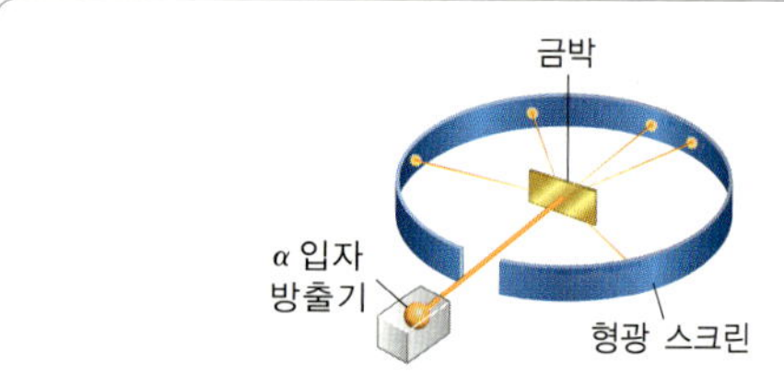

- 대부분의 알파(α) 입자가 금박을 통과한다.
  ➡ 원자의 대부분은 빈 공간이다.
- 소수의 알파(α) 입자가 크게 휘거나 튕겨져 나온다.
  ➡ 원자의 중심에 ❷( )전하를 띠며, 질량이 큰 부분이 존재한다.

3 원자를 구성하는 입자의 성질

구성 입자		질량(g)	상대적 질량	전하량(C)	상대적 전하
원자핵	중성자	1.675×10^{-24}	1	0	0
	양성자	1.673×10^{-24}	1	$+1.6 \times 10^{-19}$	$+1$
전자		9.109×10^{-28}	$\dfrac{1}{1837}$	-1.6×10^{-19}	-1

- ❸( )는 양성자와 질량이 거의 같고 전하를 띠지 않으며, 전자는 양성자와 전하량의 크기가 같고 부호는 반대이다.

4 ❹( ) : 양성자 수가 같아 화학적 성질이 같으나 중성자 수가 달라 질량 등의 물리적 성질이 다른 원소

구분	수소(^1_1H)	중수소(^2_1H)	3중 수소(^3_1H)
양성자 수	1	1	1
중성자 수	0	1	2
모형			

- **평균 원자량** : 각 동위 원소의 원자량과 존재 비율을 곱한 값을 더하여 구한다.

  예) ^{35}Cl 75 %, ^{37}Cl 25 %가 존재하는 Cl의 평균 원자량
  $$\frac{35 \times 75 + 37 \times 25}{100} = 35.5$$

02 원자 모형과 전자 배치

1 ❺( ) : 원자핵 주위에서 전자가 발견될 확률을 나타낸 함수

- 오비탈의 종류

종류	s 오비탈	❻( ) 오비탈
모형		
모양	공 모양	아령 모양
존재	모든 전자 껍질	$n=2$ 이상의 전자 껍질에만 존재

2 양자수

① **주 양자수(n)** : 오비탈의 크기와 에너지를 결정하는 양자수

② ❼( )(부) **양자수(l)** : 오비탈의 모양을 결정하는 양자수

③ **자기 양자수(m_l)** : 오비탈의 공간적인 방향을 결정하는 양자수

④ **스핀 자기 양자수(m_s)** : 전자의 운동 방향에 따라 결정되는 양자수

- 양자수와 오비탈의 관계

주 양자수(n)	1	2		3		
방위(부) 양자수(l)	0	0	❽( )	0	1	2
오비탈의 종류	$1s$	$2s$	$2p$	$3s$	$3p$	$3d$
자기 양자수(m_l)	0	0	$-1, 0, +1$	0	$-1, 0, +1$	$-2, -1, 0, +1, +2$
오비탈 수(n^2)	1	1	3	1	3	5
	1	4		9		
최대 수용 전자 수($2n^2$)	2	8		18		

3 오비탈의 에너지 준위

① **수소 원자** : 주 양자수에 의해서만 달라진다.

$$1s < 2s = 2p < 3s = 3p = 3d < 4s\cdots$$

② **다전자 원자** : 주 양자수뿐만 아니라 방위(부) 양자수에 따라서도 에너지 준위가 달라진다.

$$1s < 2s < 2p < 3s < 3p < 4s < 3d\cdots$$

4 전자 배치 규칙

① ⑨( ) : 바닥상태 원자에서 전자는 에너지 준위가 가장 낮은 오비탈부터 차례대로 채워진다.

② **파울리 배타 원리** : 4가지 양자수(n, l, m_l, m_s)가 모두 같은 전자는 존재할 수 없으므로 1개의 오비탈에 최대 ⑩( )개의 전자가 채워질 때 각 전자의 스핀 방향은 서로 다르다.

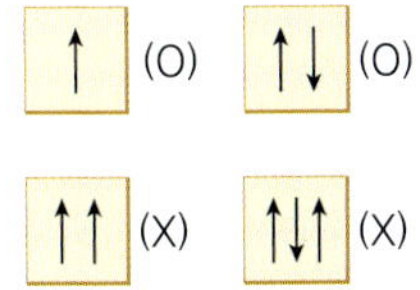

③ **훈트 규칙** : 바닥상태의 전자 배치에서 에너지 준위가 같은 오비탈에 전자가 채워질 때 가능한 한 전자가 쌍을 이루지 않고, ⑪( )가 크노록 배치를 한다.

⑩ $_6$C의 전자 배치

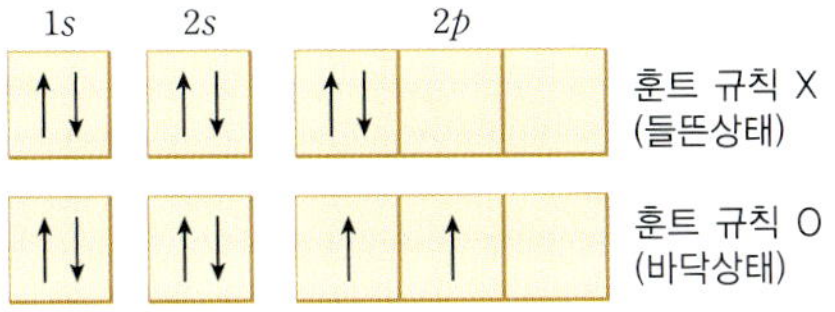

---

1 ⑫( ) : 원소를 원자 번호 순으로 나열했을 때 비슷한 원소가 일정한 간격을 두고 주기적으로 나타나는 성질

2 주기율표 : 원소들을 ⑬( ) 순으로 배열하여 화학적 성질이 비슷한 원소가 같은 세로줄에 오도록 배열한 표

3 주기율표의 구성

주기	• 주기율표의 가로줄로, 1~7주기가 있다. • 같은 주기 원소는 전자가 들어 있는 ⑭( ) 수가 같다.
족	• 주기율표의 세로줄로, 1~18족이 있다. • 같은 족 원소는 ⑮( ) 수가 같다.

---

04 원소의 주기적 성질

1 유효 핵전하 : 원자에서 어떤 전자 껍질에 채워진 전자가 실제로 느끼는 핵전하

➡ 다전자 원자의 경우 전자가 다른 전자를 가리므로 유효 핵전하가 원자핵의 핵전하보다 작다.

• **유효 핵전하의 주기성**

같은 주기	원자 번호가 커질수록 원자가 전자가 느끼는 유효 핵전하는 ⑯( )한다.
같은 족	원자 번호가 커질수록 원자가 전자가 느끼는 유효 핵전하는 증가한다.

2 원자 반지름

같은 주기	원자 번호가 커질수록 원자 반지름은 ⑰( )한다. ➡ 원자 번호가 커질수록 유효 핵전하가 커지므로 핵과 전자 사이의 인력이 커지기 때문
같은 족	원자 번호가 커질수록 원자 반지름이 증가한다. ➡ 원자 번호가 커질수록 전자 껍질 수가 커지기 때문

3 이온 반지름

양이온 반지름 (원자 반지름>양이온 반지름)	음이온 반지름 (원자 반지름<음이온 반지름)
원자가 전자를 잃고 양이온이 되면 반지름이 감소한다. ➡ 전자 껍질 수가 감소하기 때문	원자가 전자를 얻어 음이온이 되면 반지름이 ⑱( )한다. ➡ 전자 수가 커져 전자 사이의 반발력이 증가하기 때문

• **전자 수가 같은 이온의 반지름** : 원자 번호가 커질수록 유효 핵전하가 커져 이온 반지름은 ⑲( )한다.

4 이온화 에너지 : 기체 상태의 원자에서 전자 1개를 떼어 내는 데 필요한 에너지

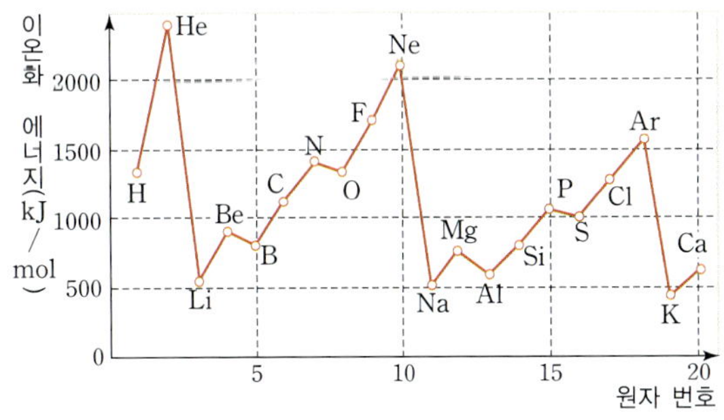

• **이온화 에너지의 주기성**

같은 주기	원자 번호가 커질수록 이온화 에너지는 대체로 ⑳( )한다. ➡ 원자 번호가 증가함에 따라 원자가 전자가 느끼는 유효 핵전하가 증가하기 때문
같은 족	원자 번호가 커질수록 이온화 에너지는 감소한다. ➡ 원자 번호가 증가함에 따라 전자 껍질 수가 커지기 때문

01 (3점) 그림은 러더퍼드의 알파(α) 입자 산란 실험에서 금속 내부의 원자에서 α 입자가 산란되는 모습을 나타낸 것이다.

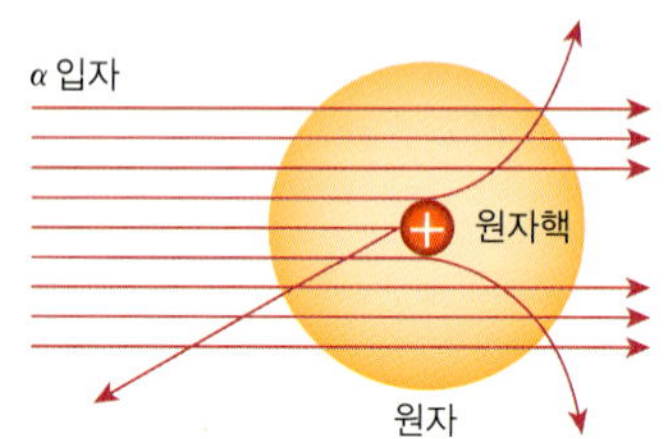

이에 대한 설명으로 옳은 것만을 |보기|에서 있는 대로 고른 것은?

|보기|
ㄱ. 원자는 대부분 비어 있다.
ㄴ. α 입자는 (−)전하를 띠는 입자이다.
ㄷ. 원자핵의 질량은 원자 질량의 대부분을 차지한다.

① ㄱ   ② ㄴ   ③ ㄱ, ㄴ
④ ㄱ, ㄷ   ⑤ ㄴ, ㄷ

03 (3점) 그림은 이온 (가)와 (나)의 구조를 모형으로 나타낸 것이다. (가)와 (나)의 전하는 같고, 🔴, ⚪, 🔵은 원자를 구성하는 입자이다.

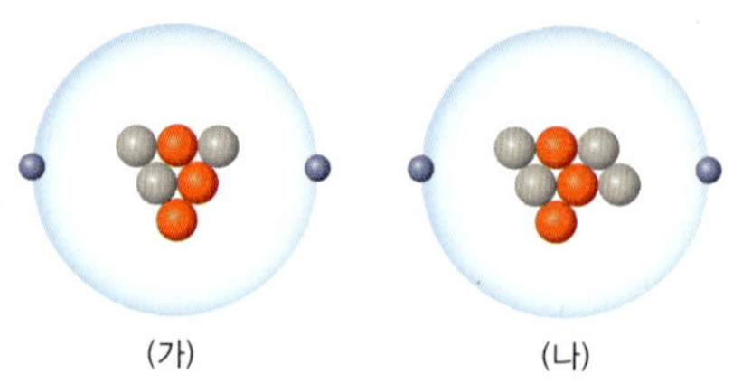

이에 대한 설명으로 옳은 것만을 |보기|에서 있는 대로 고른 것은?

|보기|
ㄱ. (가)의 원자는 (나)의 원자의 동위 원소이다.
ㄴ. 질량수는 (나)가 (가)보다 크다.
ㄷ. 모든 원자에는 ⚪이 들어 있다.

① ㄱ   ② ㄷ   ③ ㄱ, ㄴ
④ ㄴ, ㄷ   ⑤ ㄱ, ㄴ, ㄷ

04 (4점) 표는 원자 (가)~(다)에 대한 자료이다. ㉠은 양성자와 중성자 중 하나이다.

원자	(가)	(나)	(다)
양성자 수	5	6	6
질량수		13	
㉠의 수 − 전자의 수	1		0

이에 대한 설명으로 옳은 것만을 |보기|에서 있는 대로 고른 것은?

|보기|
ㄱ. ㉠은 양성자이다.
ㄴ. 중성자 수는 (다)가 (가)보다 크다.
ㄷ. (나)의 질량수는 (가)보다 2만큼 크다.

① ㄱ   ② ㄷ   ③ ㄱ, ㄴ
④ ㄴ, ㄷ   ⑤ ㄱ, ㄴ, ㄷ

02 (3점) 다음은 원자를 구성하는 입자에 대한 세 학생의 대화이다.

제시한 내용이 옳은 학생만을 있는 대로 고른 것은?

① A   ② B   ③ A, C
④ B, C   ⑤ A, B, C

05 (4점)
다음은 자연계에 존재하는 금속 원자 X에 대한 자료이다.

- X는 원자량이 다른 ^{63}X, ^{65}X의 2가지로 존재한다.
- ^{63}X, ^{65}X의 원자량은 각각 63, 65이다.
- X의 평균 원자량은 63.5이다.

이에 대한 설명으로 옳은 것만을 |보기|에서 있는 대로 고른 것은?
(단, X는 임의의 원소 기호이다.)

|보기|
ㄱ. X의 존재비는 ^{63}X : ^{65}X = 3 : 1이다.
ㄴ. 중성자 수는 ^{65}X가 ^{63}X보다 크다.
ㄷ. 1 g에 들어 있는 원자 수는 ^{63}X가 ^{65}X보다 크다.

① ㄱ　　　　　② ㄷ　　　　　③ ㄱ, ㄴ
④ ㄴ, ㄷ　　　　⑤ ㄱ, ㄴ, ㄷ

06 (4점)
표는 자연계에 존재하는 원자 X, Y와 분자 XY에 대한 자료이다.

- X는 ^{35}X, ^{37}X로 존재하고, Y는 ^{79}Y, ^{81}Y로 존재한다.
- $\dfrac{^{35}\text{X의 존재 비율}(\%)}{^{37}\text{X의 존재 비율}(\%)} = 3$이다.
- XY는 분자량이 서로 다른 3가지 분자 (가)~(다)로 존재한다.

분자	(가)	(나)	(다)
분자량	114	116	118
존재 비율(%)	$\frac{3}{8}n$	$\frac{1}{2}n$	$\frac{1}{8}n$

이에 대한 설명으로 옳은 것만을 |보기|에서 있는 대로 고른 것은?
(단, X, Y는 임의의 원소 기호이다.)

|보기|
ㄱ. XY의 평균 분자량은 116보다 작다.
ㄴ. $\dfrac{^{35}\text{X의 존재 비율}(\%)}{^{81}\text{Y의 존재 비율}(\%)} = \dfrac{4}{3}$이다.
ㄷ. $\dfrac{^{79}\text{Y}_2\text{의 존재 비율}(\%)}{^{81}\text{Y}_2\text{의 존재 비율}(\%)} = \dfrac{3}{2}$이다.

① ㄱ　　　　　② ㄷ　　　　　③ ㄱ, ㄴ
④ ㄱ, ㄷ　　　　⑤ ㄴ, ㄷ

07 (3점)
표는 바닥상태 원자 X에 대한 자료이다. X의 원자 번호는 20 이하이고, 전자 껍질 (가)~(다)는 각각 K, L, M 전자 껍질 중 하나이다.

전자 껍질	(가)	(나)	(다)
전자 껍질에 들어 있는 전자 수	$a+1$	a	$a+6$
전자가 들어 있는 오비탈 수	b		c

이에 대한 설명으로 옳은 것만을 |보기|에서 있는 대로 고른 것은?
(단, X는 임의의 원소 기호이다.)

|보기|
ㄱ. X의 원자가 전자 수는 3이다.
ㄴ. 전자 껍질에 있는 오비탈의 주 양자수(n)는 (가)>(다)이다.
ㄷ. $c = 2b$이다.

① ㄱ　　　　　② ㄷ　　　　　③ ㄱ, ㄴ
④ ㄴ, ㄷ　　　　⑤ ㄱ, ㄴ, ㄷ

08 (3점)
다음은 서로 다른 오비탈 (가)와 (나)에 대한 자료이다.

- (가)의 주 양자수(n)는 3이다.
- (나)의 주 양자수(n)는 3보다 작다.
- 방위(부) 양자수(l)는 (나)가 (가)보다 크다.

이에 대한 설명으로 옳은 것만을 |보기|에서 있는 대로 고른 것은?

|보기|
ㄱ. (가)의 자기 양자수(m_l)는 +1이다.
ㄴ. (나)는 $2p$ 오비탈이다.
ㄷ. $n+l$은 (나)>(가)이다.

① ㄱ　　　　　② ㄴ　　　　　③ ㄱ, ㄷ
④ ㄴ, ㄷ　　　　⑤ ㄱ, ㄴ, ㄷ

09 그림은 산소(O)의 전자 배치 (가)~(라)를 나타낸 것이다. `3점`

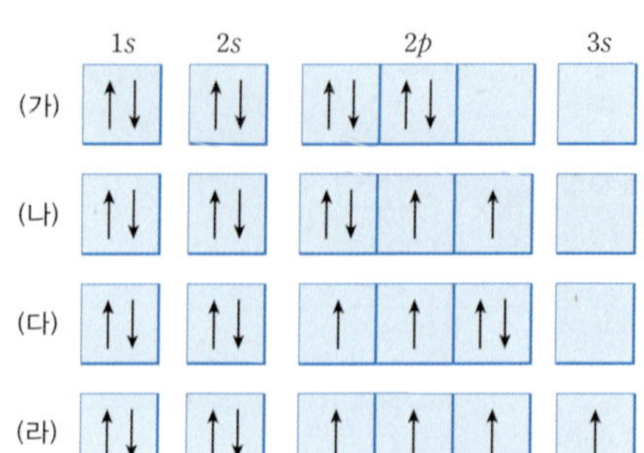

이에 대한 설명으로 옳은 것만을 |보기|에서 있는 대로 고른 것은?

─ 보기 ─
ㄱ. (가)는 훈트 규칙에 어긋난다.
ㄴ. (나)와 (다)는 모두 바닥상태 전자 배치이다.
ㄷ. (라)는 파울리 배타 원리에 어긋난다.

① ㄱ ② ㄷ ③ ㄱ, ㄴ
④ ㄴ, ㄷ ⑤ ㄱ, ㄴ, ㄷ

11 그림은 바닥상태 원자 X의 전자 배치를 모형으로 나타낸 것이다. `3점`

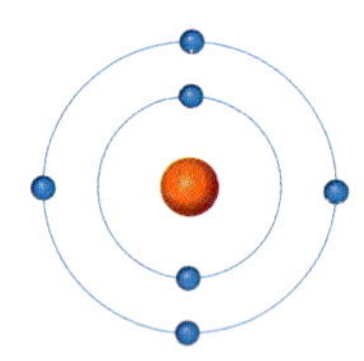

X에 대한 설명으로 옳지 <u>않은</u> 것은? (단, X는 임의의 원소 기호이다.)

① 14족 원소이다.
② 2주기 원소이다.
③ 원자 번호는 6이다.
④ 원자가 전자 수는 4이다.
⑤ 전자가 들어 있는 오비탈 수는 3이다.

10 표는 2, 3주기 바닥상태 원자 A~C의 전자 배치에 대한 자료이다. n은 주 양자수, l은 방위(부) 양자수이다. `4점`

원자	A	B	C
s 오비탈의 전자 수	$2a$	$3b$	
p 오비탈의 전자 수	$3a$	$5b$	
$n+l=3$인 전자 수	x	y	6

이에 대한 설명으로 옳은 것만을 |보기|에서 있는 대로 고른 것은? (단, A~C는 임의의 원소 기호이다.)

─ 보기 ─
ㄱ. A의 홀전자 수는 3이다.
ㄴ. C에서 $\dfrac{p\ \text{오비탈의 전자 수}}{s\ \text{오비탈의 전자 수}}=1$이다.
ㄷ. 전자가 들어 있는 p 오비탈 수는 B가 A보다 크다.

① ㄱ ② ㄴ ③ ㄱ, ㄷ
④ ㄴ, ㄷ ⑤ ㄱ, ㄴ, ㄷ

12 그림은 주기율표의 일부를 나타낸 것이다. `3점`

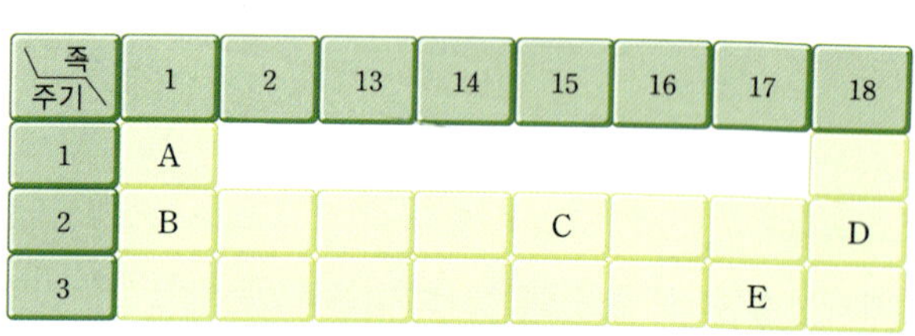

A~E에 대한 설명으로 옳은 것만을 |보기|에서 있는 대로 고른 것은? (단, A~E는 임의의 원소 기호이다.)

─ 보기 ─
ㄱ. 원자가 전자 수는 E가 C보다 크다.
ㄴ. B와 화학적 성질이 비슷한 원소는 1가지이다.
ㄷ. 전자가 들어 있는 전자 껍질 수가 2인 원소는 3가지이다.

① ㄱ ② ㄴ ③ ㄱ, ㄷ
④ ㄴ, ㄷ ⑤ ㄱ, ㄴ, ㄷ

13 (4점) 다음은 바닥상태 원자 $W \sim Z$에 대한 자료와 주기율표의 일부이다.

- (가)~(라)는 각각 $W \sim Z$ 중 하나이다.
- W는 홀전자 수와 원자가 전자의 주 양자수(n)가 같다.
- 원자가 전자 수는 Z가 W보다 크다.
- X와 Z는 전자가 들어 있는 전자 껍질 수가 같다.

족 주기	1	2	13	14	15	16	17
2		(가)				(나)	
3	(다)						(라)

이에 대한 설명으로 옳은 것만을 |보기|에서 있는 대로 고른 것은? (단, $W \sim Z$는 임의의 원소 기호이다.)

|보기|
ㄱ. (라)는 Z이다.
ㄴ. 원자 번호는 W가 X보다 크다.
ㄷ. 원자가 전자 수는 Y가 X보다 크다.

① ㄱ ② ㄴ ③ ㄱ, ㄴ
④ ㄱ, ㄷ ⑤ ㄴ, ㄷ

14 (3점) 표는 바닥상태 원자 X와 Y에 대한 자료이다. 각 원자의 이온은 18족 원소의 전자 배치를 갖는다.

원자	X	Y
원자가 전자의 전자 배치	$2s^2 2p^a$	$3s^2 3p^b$
홀전자 수	c	c
전자가 들어 있는 p 오비탈 수	d	$d+1$

이에 대한 설명으로 옳은 것만을 |보기|에서 있는 대로 고른 것은? (단, X, Y는 임의의 원소 기호이다.)

|보기|
ㄱ. $a+b=c+d$이다.
ㄴ. 이온 반지름은 $X>Y$이다.
ㄷ. 2주기 원소 중 X보다 제2 이온화 에너지가 큰 원자는 2가지이다.

① ㄱ ② ㄴ ③ ㄱ, ㄷ
④ ㄴ, ㄷ ⑤ ㄱ, ㄴ, ㄷ

15 (4점) 그림은 바닥상태인 3주기 원자 $A \sim D$에서 전자가 들어 있는 p 오비탈 수와 홀전자 수를 나타낸 것이다.

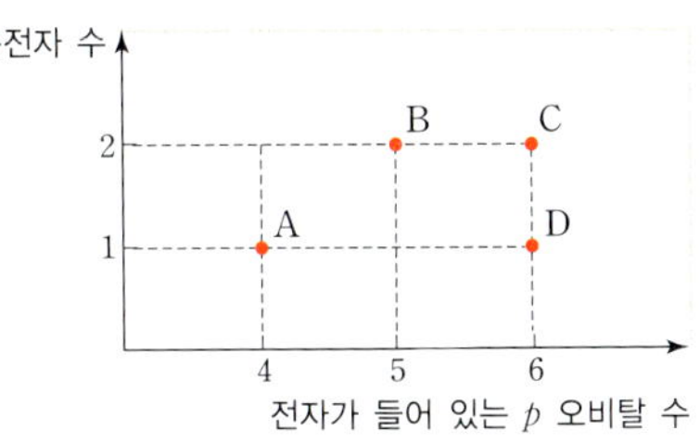

$A \sim D$에 대한 설명으로 옳은 것만을 |보기|에서 있는 대로 고른 것은? (단, $A \sim D$는 임의의 원소 기호이다.)

|보기|
ㄱ. 원자 반지름은 $A>C$이다.
ㄴ. 제2 이온화 에너지는 $B>A$이다.
ㄷ. 원자가 전자가 느끼는 유효 핵전하는 $C>D$이다.

① ㄱ ② ㄴ ③ ㄱ, ㄷ
④ ㄴ, ㄷ ⑤ ㄱ, ㄴ, ㄷ

16 (3점) 그림은 원자 $W \sim Z$의 이온 반지름을 나타낸 것이다. $W \sim Z$는 각각 Li, Be, O, F 중 하나이고, 각 원자의 이온은 18족 원소의 전자 배치를 갖는다.

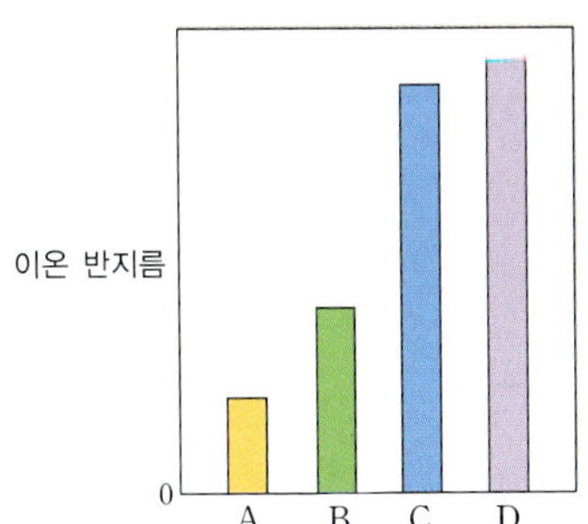

이에 대한 설명으로 옳은 것만을 |보기|에서 있는 대로 고른 것은?

|보기|
ㄱ. A는 Li이다.
ㄴ. 원자 반지름은 B가 C보다 크다.
ㄷ. 제1 이온화 에너지는 C가 D보다 크다.

① ㄱ ② ㄴ ③ ㄱ, ㄴ
④ ㄱ, ㄷ ⑤ ㄴ, ㄷ

1등급 실전 문제

17 다음은 2주기 바닥상태 원자 A ~ C에 대한 자료이다. (4점)

- A ~ C의 홀전자 수의 합은 6이다.
- 제1 이온화 에너지는 C>B>A이다.
- 원자 반지름은 B>A>C이다.

A ~ C에 대한 설명으로 옳은 것만을 |보기|에서 있는 대로 고른 것은? (단, A ~ C는 임의의 원소 기호이다.)

─ 보기 ─
ㄱ. 홀전자 수는 B>A이다.
ㄴ. 제2 이온화 에너지는 C>A이다.
ㄷ. 원자가 전자가 느끼는 유효 핵전하는 C>B이다.

① ㄱ   ② ㄴ   ③ ㄱ, ㄷ
④ ㄴ, ㄷ   ⑤ ㄱ, ㄴ, ㄷ

18 그림은 2, 3주기 원자 A ~ D의 이온 반지름과 제1 이온화 에너지를 나타낸 것이다. 각 원자의 이온은 모두 Ne과 같은 전자 배치를 가지며, 바닥상태 원자에서 A ~ D의 홀전자 수는 모두 다르다. (4점)

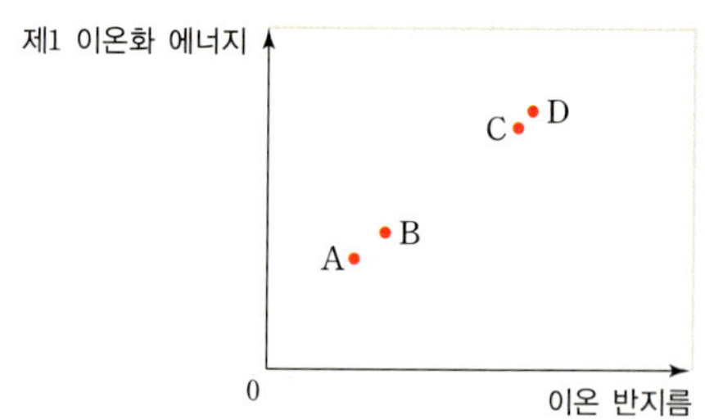

이에 대한 설명으로 옳은 것만을 |보기|에서 있는 대로 고른 것은? (단, A ~ D는 임의의 원소 기호이다.)

─ 보기 ─
ㄱ. A는 Al이다.
ㄴ. 제2 이온화 에너지는 C>D이다.
ㄷ. 전자가 들어 있는 p 오비탈 수는 B>C이다.

① ㄱ   ② ㄷ   ③ ㄱ, ㄴ
④ ㄴ, ㄷ   ⑤ ㄱ, ㄴ, ㄷ

19 다음은 2, 3주기 원자 A ~ C에 대한 자료이다. (4점)

- A는 15족, B와 C는 모두 16족 원소이다.
- 각 원자의 이온은 Ne의 전자 배치를 갖는다.

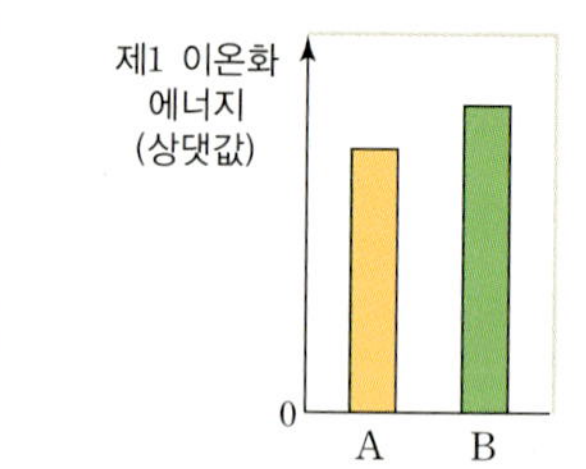

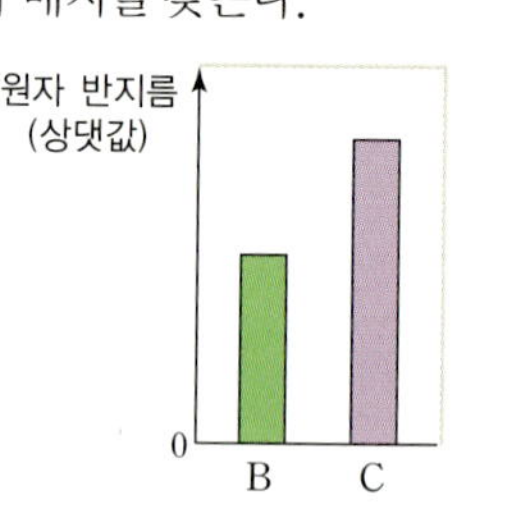

이에 대한 설명으로 옳은 것만을 |보기|에서 있는 대로 고른 것은?

─ 보기 ─
ㄱ. A는 2주기 원소이다.
ㄴ. 원자 반지름은 A가 C보다 크다.
ㄷ. 제1 이온화 에너지는 C가 B보다 크다.

① ㄱ   ② ㄴ   ③ ㄱ, ㄴ
④ ㄱ, ㄷ   ⑤ ㄴ, ㄷ

20 다음은 바닥상태 2주기 원자 A ~ D에 대한 자료이다. (4점)

- 홀전자 수는 C>B>A이다.
- 원자가 전자가 느끼는 유효 핵전하는 A>D>B>C 이다.

이에 대한 설명으로 옳은 것만을 |보기|에서 있는 대로 고른 것은? (단, A ~ D는 임의의 원소 기호이다.)

─ 보기 ─
ㄱ. A는 18족 원소이다.
ㄴ. 제1 이온화 에너지는 B가 C보다 크다.
ㄷ. 18족 원소의 전자 배치를 갖는 이온의 반지름은 D가 B 보다 크다.

① ㄱ   ② ㄴ   ③ ㄱ, ㄷ
④ ㄴ, ㄷ   ⑤ ㄱ, ㄴ, ㄷ

서술형 문제

21 그림은 원자 $X \sim Z$를 원자 모형으로 나타낸 것이다. ⚪, 🔴, ⊝은 원자를 구성하는 입자이고, $X \sim Z$는 임의의 원소 기호이다.

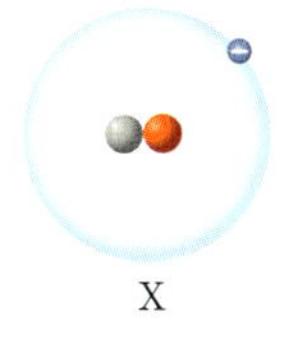
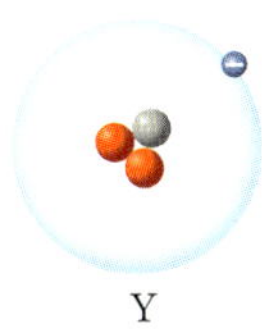
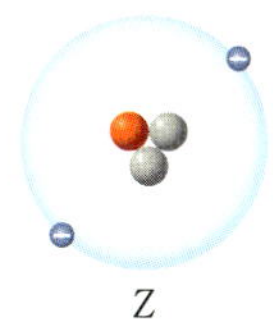

X   Y   Z

(1) 원자 Y를 원소 기호에 원자 번호와 질량수를 표시하여 나타내시오. **2점**

(2) $X \sim Z$ 중 동위 원소를 찾아 쓰고, 그 까닭을 설명하시오. **4점**

22 그림은 자연계에서 분자 X_2가 존재하는 비율을 나타낸 것이다. X는 임의의 원소 기호이고, $^a X$와 $^{a+2} X$의 원자량은 각각 a, $a+2$이다.

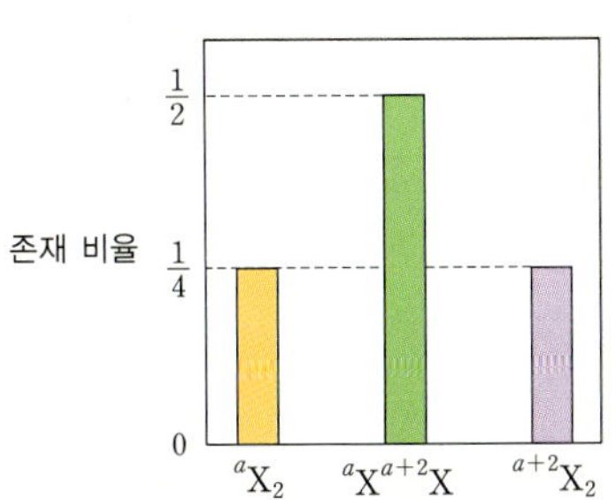

(1) $^a X$와 $^{a+2} X$의 존재 비율(%)을 각각 과정과 함께 구하시오. **3점**

(2) X의 평균 원자량을 구하시오. **3점**

23 표는 오비탈 (가)~(다)에 대한 자료이다. n은 주 양자수, l은 방위(부) 양자수이다.

오비탈	(가)	(나)	(다)
n	2	2	3
$n+l$		x	x

(1) (가), (나), (다)에서 해당하는 오비탈을 쓰시오. **3점**

(2) 바닥상태 $_{11}Na$ 원자에서 (가), (나), (다)에 들어 있는 전자 수를 각각 구하고, 그 까닭을 설명하시오. **4점**

24 그림은 원자 $A \sim D$의 이온 반지름을 나타낸 것이다. 각 원자의 이온은 Ne의 전자 배치를 가지며, $A \sim D$의 원자 번호는 각각 8, 9, 11, 12 중 하나이다. $A \sim D$는 임의의 원소 기호이다.

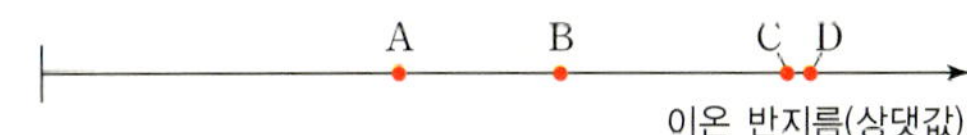

$A \sim D$의 원자 반지름을 등호 또는 부등호로 비교하고, 그 까닭을 설명하시오. **5점**

25 그림은 3주기 원자 $A \sim C$의 순차 이온화 에너지(E_n)를 나타낸 것이다. $A \sim C$는 임의의 원소 기호이다.

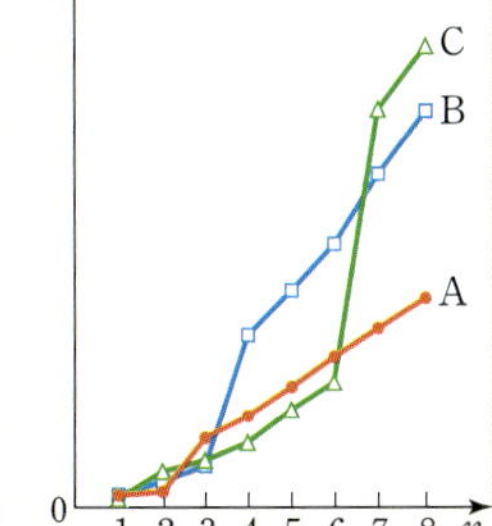

(1) $A \sim C$의 원자가 전자 수를 각각 구하시오. **3점**

(2) A와 B의 제1 이온화 에너지를 등호 또는 부등호로 비교하고, 그 까닭을 설명하시오. **3점**

III 화학 결합과 분자의 세계

01 이온 결합

- 이온 결합
  - 전기 분해
    - 물의 전기 분해 —— $2H_2O(l) \longrightarrow 2H_2(g) + O_2(g)$
    - 염화 나트륨의 전기 분해 —— $2NaCl \longrightarrow 2Na + Cl_2$
  - 이온 결합
    - 양이온 — 금속 원자 : 전자 잃고 양이온
    - 음이온 — 비금속 원자 : 전자 얻어 음이온

02 공유 결합과 금속 결합

- 공유 결합
  - 공유 결합의 형성 — $H + H \longrightarrow H_2$
  - 공유 결합의 종류
    - 단일 결합
    - 2중 결합
    - 3중 결합
- 금속 결합
  - 금속 양이온
  - 자유 전자 —— 금속의 특징 나타남

01 이온 결합

1 화학 결합의 전기적 성질

개념 이온 결합이나 공유 결합과 같은 화학 결합에는 전자가 관여하며, 이는 전기 분해를 통해 확인할 수 있다.

1. 전기 분해 : 화합물에 전류를 흘려 주어 성분 원소로 분해하는 과정으로, 이를 통해 화학 결합의 전기적 성질을 확인할 수 있다.

2. 물(H_2O)의 전기 분해

(1) 순수한 물은 전기가 잘 통하지 않으므로 황산 나트륨(Na_2SO_4)이나 수산화 나트륨($NaOH$)과 같은 전해질을 소량 물에 녹인 뒤 전류를 흘려 주면 물이 전기 분해된다.

(2) 물이 전기 분해되면 $(-)$극에서는 수소(H_2) 기체가, $(+)$극에서는 산소(O_2) 기체가 각각 발생한다. 물의 전기 분해 전체 반응식은 $2H_2O(l) \longrightarrow 2H_2(g) + O_2(g)$이고, H_2와 O_2가 2 : 1의 부피 비로 발생한다.

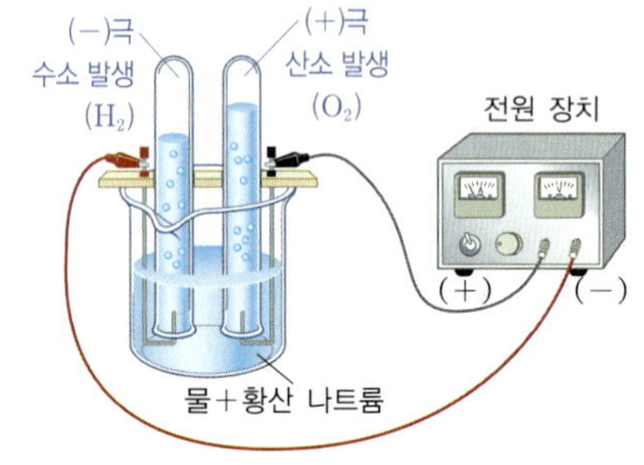

전극	$(-)$극	$(+)$극
발생한 물질	수소(H_2) 기체	산소(O_2) 기체
발생한 기체의 부피(상댓값)	2	1
화학 반응식	$4H_2O + 4e^- \longrightarrow 2H_2 + 4OH^-$	$2H_2O \longrightarrow O_2 + 4H^+ + 4e^-$
전체 반응식	$2H_2O(l) \longrightarrow 2H_2(g) + O_2(g)$	

(3) **물의 전기 분해 실험의 의의** : 물은 수소 원자와 산소 원자가 공유 결합하여 생성된 화합물이다. 공유 결합 물질인 물이 성분 원소로 전기 분해되는 것으로 보아, 원자들이 공유 결합하여 화합물을 생성할 때 전자가 관여한다는 것을 알 수 있다.

3. 염화 나트륨 용융액의 전기 분해

(1) 염화 나트륨 용융액(액체 상태의 염화 나트륨($NaCl(l)$)에 전류를 흘려 주면 $(-)$극에서는 금속 나트륨(Na)이 생성되고, $(+)$극에서는 염소(Cl_2) 기체가 발생한다.

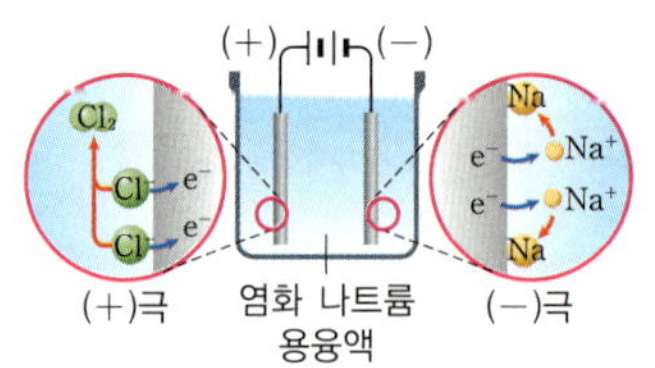

전극	$(-)$극	$(+)$극
발생한 물질	금속 나트륨(Na)	염소(Cl_2) 기체
생성된 물질의 양(mol)(상댓값)	2	1
화학 반응식	$2Na^+ + 2e^- \longrightarrow 2Na$	$2Cl^- \longrightarrow Cl_2 + 2e^-$
전체 반응식	$2NaCl(l) \longrightarrow 2Na(s) + Cl_2(g)$	

(2) **염화 나트륨 용융액의 전기 분해의 의의** : 염화 나트륨은 나트륨 이온(Na^+)과 염화 이온(Cl^-)이 이온 결합하여 생성된 화합물이다. 이온 결합 물질인 염화 나트륨이 성분 원소로 전기 분해되는 것으로 보아, 원자들이 이온 결합하여 화합물을 생성할 때 전자가 관여한다는 것을 알 수 있다.

전해질

수용액 상태에서 전류가 흐르는 물질을 전해질이라고 한다. 전해질은 물에 녹아 양이온과 음이온을 생성하고, 양이온은 $(-)$극으로, 음이온은 $(+)$극으로 이동하여 전류가 잘 흐르도록 한다. 소금($NaCl$), 황산 나트륨(Na_2SO_4), 수산화 나트륨($NaOH$) 등 물에 잘 녹는 이온 결합 물질들은 전해질이다.

강의 포인트 ◎

염화 나트륨의 전기 전도성

- 고체 상태($NaCl(s)$) : 양이온(Na^+)과 음이온(Cl^-)이 서로 단단하게 결합하고 있어 자유롭게 움직일 수 없으므로 전기 전도성이 없다.
- 액체 상태($NaCl(l)$) : 양이온(Na^+)과 음이온(Cl^-) 사이의 결합이 약해져 각 이온들이 자유롭게 움직일 수 있으므로 전기 전도성이 있다.
- ※ 염화 나트륨을 전기 분해하기 위해서는 전기 전도성이 있는 액체 상태여야 하므로, 염화 나트륨을 가열하여 용융액으로 만든 뒤 전기 분해한다.

② 화학 결합의 원리(옥텟 규칙)

18족 원소 이외의 원자들은 화학 결합을 통해 전자를 주고받거나 공유하여 옥텟 규칙을 만족하는 안정한 전자 배치를 이루려 한다.

1. 비활성 기체의 전자 배치

(1) **비활성 기체** : 주기율표의 18족에 속하는 원소로 주로 기체 상태로 존재한다.

　예 헬륨(He), 네온(Ne), 아르곤(Ar) 등 ——단원자 분자

(2) **비활성 기체의 전자 배치** : 가장 바깥 전자 껍질에 전자가 모두 채워져 화학적으로 안정하다.

　→ 가장 바깥 전자 껍질에 헬륨(He)은 2개, 네온(Ne)과 아르곤(Ar)은 8개의 전자가 배치됨

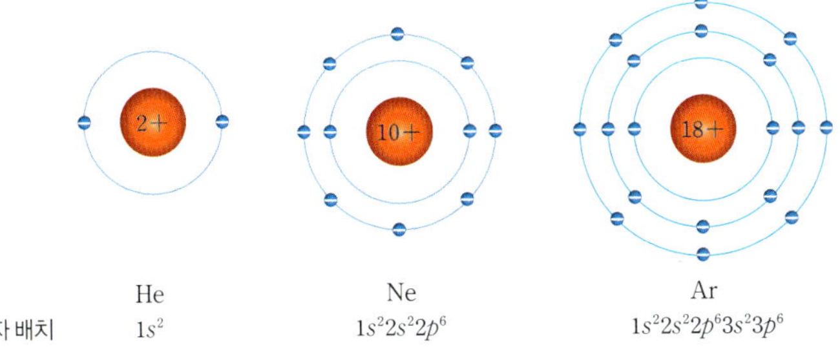

2. 옥텟 규칙(여덟 전자 규칙)

원자들이 전자를 잃거나 얻어서 비활성 기체(Ne, Ar)와 같이 가장 바깥 전자 껍질에 8개의 전자를 채워 안정한 전자 배치를 가지려는 경향이다.

3. 화학 결합과 옥텟 규칙

18족 원소 이외의 원자들은 화학 결합을 통해 전자를 주고받거나(이온 결합), 전자를 공유하여(공유 결합) 옥텟 규칙을 만족하는 안정한 전자 배치를 이룬다. 따라서 원자들이 화학 결합을 하는 원리는 옥텟 규칙을 만족하여 안정해지기 위함이다.

비활성 기체의 전자 배치

비활성 기체 중 He을 제외한 나머지 원소들의 가장 바깥 전자 껍질의 전자 배치는 $ns^2 np^6$으로 가장 바깥 전자 껍질이 8개의 전자로 채워져 있다(He은 $1s^2$로 2개의 전자가 채워져 있다.).

He의 전자 배치와 옥텟 규칙

원자가 He과 같은 전자 배치를 할 경우 Ne이나 Ar과 같은 전자 배치를 한 경우와 마찬가지로 화학적으로 안정하다. 다만, 가장 바깥 전자 껍질에 2개의 전자만 채워진 것이므로 옥텟 규칙을 만족한다고 표현하지 않는다.

개념 익히기 문제

정답과 해설 p.39

🧠 교과서 문장으로 개념 익히기

01 물에 황산 나트륨과 같은 전해질을 녹인 뒤 전류를 흘려주면 (−)극에서는 ☐☐ 기체가, (+)극에서는 ☐☐ 기체가 발생한다.

02 물이 전기 분해되는 현상으로 보아 물을 구성하는 수소와 산소 사이에 화학 결합이 형성될 때 ☐☐가 관여하며, 화학 결합은 전기적 인력으로 이루어진다는 것을 알 수 있다.

03 원자는 가장 바깥 전자 껍질이 모두 채워지거나 8개의 전자를 가질 때 가장 안정해지는데, 이것을 ☐☐ 규칙이라고 한다.

04 금속인 나트륨(Na) 원자는 전자 ☐개를 잃고 안정한 나트륨 이온이 되면서 옥텟 규칙을 만족하고 안정한 전자 배치를 이루게 된다.

🎲 OX 문제로 개념 익히기

05 물을 전기 분해하기 위해서는 황산 나트륨과 같은 전해질을 소량 넣어줘야 한다. （ O / X ）

06 물을 전기 분해하면 (−)극에서 산소 기체가, (+)극에서 수소 기체가 발생한다. （ O / X ）

07 염화 나트륨 용융액을 전기 분해할 때 (+)극에서는 염소(Cl_2) 기체가 발생한다. （ O / X ）

08 염화 나트륨 용융액을 전기 분해할 때 생성되는 물질의 몰비는 (−)극 : (+)극 = 2 : 1이다. （ O / X ）

09 가장 바깥 껍질에 전자를 8개 채우려는 경향을 옥텟 규칙이라고 한다. （ O / X ）

10 나트륨(Na) 원자는 전자 1개를 얻으면 네온(Ne)과 같은 전자 배치를 가지게 된다. （ O / X ）

③ 이온 결합

 양이온과 음이온 사이의 정전기적 인력에 의해 형성되는 화학 결합이다.

1. 이온의 형성

(1) **양이온의 형성** : 금속 원자는 옥텟 규칙을 만족하기 위해 전자를 잃어 양이온이 된다.

> **예** 나트륨(Na) 원자가 전자 1개를 잃어 Na^+이 되면 네온(Ne)과 같은 전자 배치를 한다.

(2) **음이온의 형성** : 비금속 원자는 옥텟 규칙을 만족하기 위해 전자를 얻어 음이온이 된다.

> **예** 염소(Cl) 원자가 전자 1개를 얻어 Cl^-이 되면 아르곤(Ar)과 같은 전자 배치를 한다.

2. 이온 결합 : 양이온과 음이온 사이의 정전기적 인력에 의해 형성되는 결합이다.

염화 나트륨($NaCl$)의 이온 결합

나트륨과 염소가 반응할 때 형성되는 나트륨 이온(Na^+)과 염화 이온(Cl^-) 사이의 정전기적 인력에 의해 이온 결합이 형성된다.

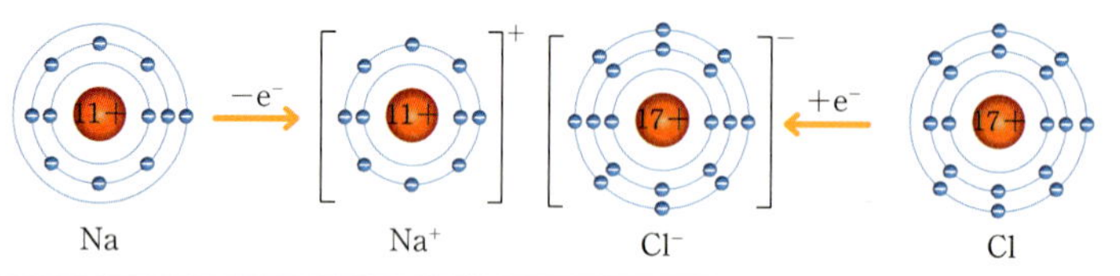

3. 이온 결합의 형성과 에너지 변화

(1) 서로 멀리 있던 양이온과 음이온 사이의 거리가 가까워지면 두 이온 사이에 작용하는 정전기적 인력에 의해 에너지가 낮아지고 안정해진다.

(2) 양이온과 음이온 사이의 거리가 매우 가까워지면 전자와 전자, 원자핵과 원자핵 사이의 반발력이 커져 에너지가 급격하게 높아지고 불안정해진다.

(3) 이온 사이의 인력과 반발력이 균형을 이루어 에너지가 가장 낮은 거리(r_0)에서 이온 결합이 형성된다.

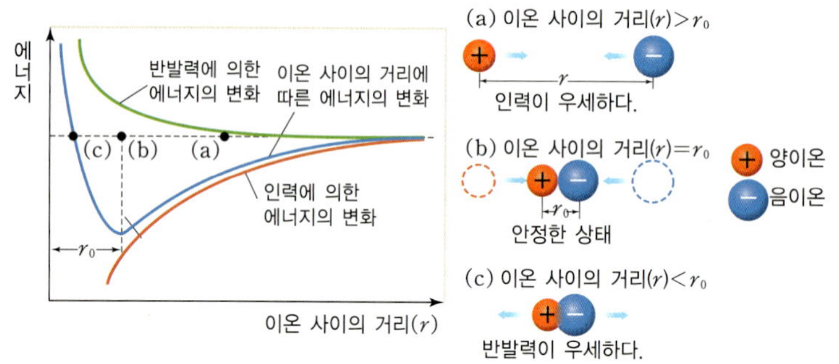

4. 이온 결합 물질의 화학식

(1) 이온 결합 물질은 전기적으로 중성이므로 양이온의 총 전하량과 음이온의 총 전하량의 합이 0이 되도록 하는 이온 수 비로 양이온과 음이온이 결합한다.

(2) A^{m+}과 B^{n-}이 결합한 화합물의 화학식은 $A_xB_y(x:y=n:m)$이고, x 또는 y가 1일 경우 생략한다. 양이온과 음이온의 개수 비는 가장 간단한 정수비로 나타낸다.

> **예** Na^+과 Cl^-이 1 : 1로 결합하면 각 이온의 총 전하량의 합이 0이 된다. → $NaCl$
> Mg^{2+}과 Cl^-이 1 : 2로 결합하면 각 이온의 총 전하량의 합이 0이 된다. → $MgCl_2$

(3) **여러 가지 이온 결합 물질의 화학식과 이름**

양이온	음이온	이온 수 비(양이온 수 : 음이온 수)	화학식	이름
Li^+	S^{2-}	2 : 1	Li_2S	황화 리튬
Mg^{2+}	OH^-	1 : 2	$Mg(OH)_2$	수산화 마그네슘
Ca^{2+}	CO_3^{2-}	1 : 1	$CaCO_3$	탄산 칼슘
Al^{3+}	O^{2-}	2 : 3	Al_2O_3	산화 알루미늄

이온 결합 물질의 화학 결합 모형

이온 결합을 구성하는 양이온과 음이온의 전자 배치를 각각 대괄호 안에 그린 뒤 이온의 전하를 표기하여 함께 나타낸다.

예 몇 가지 이온 결합 물질의 화학 결합 모형

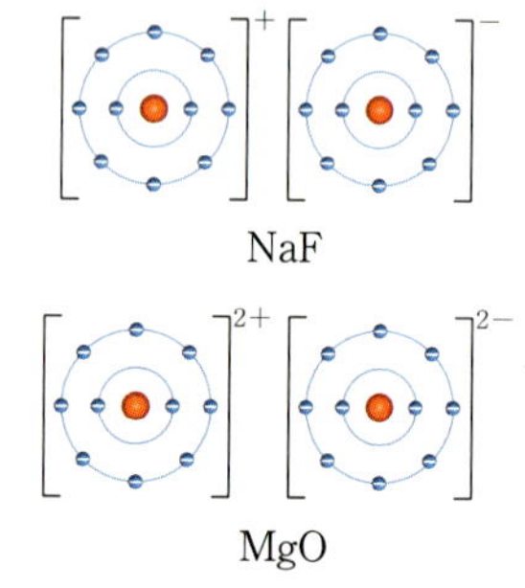

양이온과 음이온 사이의 인력과 반발력

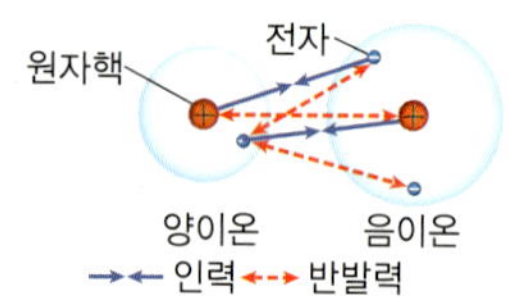

양이온과 음이온은 모두 원자핵과 전자로 이루어져 있어 한 이온의 원자핵과 다른 이온의 전자 사이에는 인력이 작용하고, 원자핵과 원자핵 또는 전자와 전자 사이에는 반발력이 작용한다.

이온 결합 물질의 명명법

이온 결합 물질의 이름을 읽을 때는 음이온을 먼저 읽고 양이온을 나중에 읽는다.

이온의 이름

· 양이온 : 원소 이름 뒤에 '~이온'을 붙여서 부른다. 철처럼 2종류 이상의 이온이 존재할 경우 로마 숫자로 해당 양이온의 전하를 표기하여 구별한다.

> **예** Na^+ : 나트륨 이온
> Fe^{2+} : 철(Ⅱ) 이온
> Fe^{3+} : 철(Ⅲ) 이온

· 음이온 : 원소 이름 뒤에 '~화 이온'을 붙여서 부른다. 원소 이름이 '~소'인 경우 '소'를 생략한다.

> **예** F^- : 플루오린화 이온
> Cl^- : 염화 이온

5. 이온 결합 물질의 성질

(1) 결정의 부서짐 : 고체 상태의 이온 결합 물질에 힘을 가하면 이온의 층이 밀리면서 두 층의 경계면에서 같은 전하를 띤 이온들 사이의 반발력이 작용하여 쉽게 부서진다.

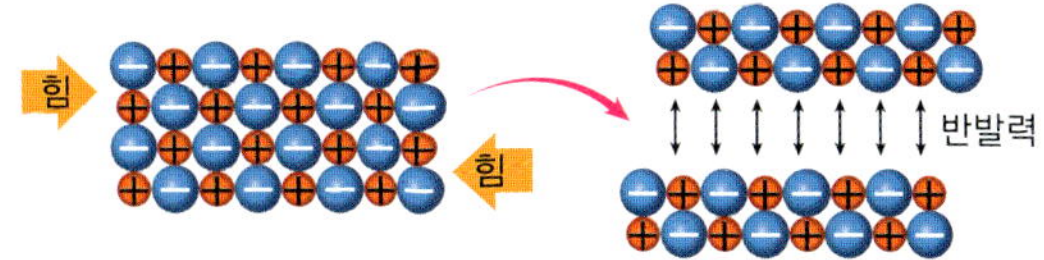

(2) 전기 전도성 : 이온 결합 물질은 이온의 이동이 불가능한 고체 상태에서는 전기 전도성이 없지만, 액체와 수용액 상태에서는 이온이 자유롭게 이동할 수 있으므로 전기 전도성이 있다.

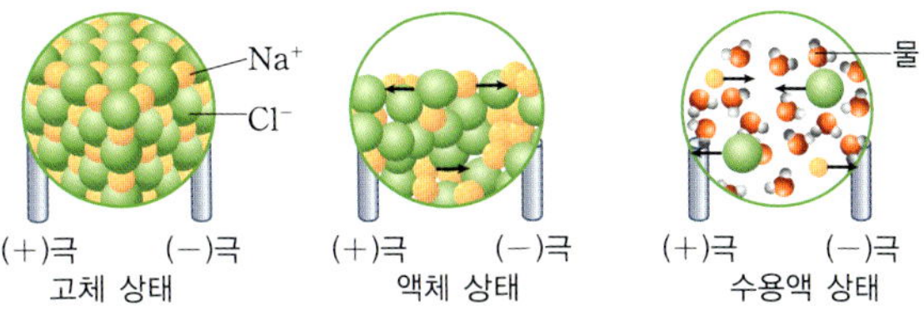

(3) 녹는점과 끓는점

- 이온 결합 물질은 녹는점과 끓는점이 높은 편이다.
- **이온 결합 물질 간의 녹는점 비교** : 이온 사이의 거리가 가까울수록, 이온의 전하량이 클수록 이온 결합력(이온 사이의 정전기적 인력)이 커져 녹는점이 더 높아진다.
- 📕 이온의 전하량 크기는 같고 이온 사이의 거리가 다른 경우의 녹는점

  ➡ $NaF > NaCl > NaBr > NaI$ 이온 반지름 : $F^- < Cl^- < Br^- < I^-$

  이온 사이의 거리는 비슷하고 이온의 전하량 크기가 다른 경우

  ➡ $BaO > NaCl$

화학식	NaF	NaCl	NaBr	MgO	CaO	BaO
이온 사이의 거리(pm)	231	276	291	210	240	275
녹는점(℃)	996	801	747	2825	2572	1972

이온 결합 물질의 용해성

대부분의 이온 결합 물질은 극성 용매인 물에 잘 녹으며, 물속에서 양이온과 음이온은 물 분자에 의해 둘러싸여 수화된다.

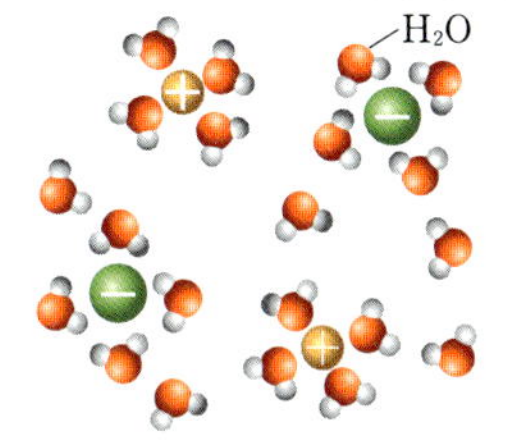

▲ 염화 나트륨의 수화

정전기적 인력(쿨롱 힘)

양이온과 음이온 사이의 정전기적 인력(F)은 각 이온의 전하량(Q)의 곱에 비례하고 이온 사이의 거리(r)의 제곱에 반비례한다.

$$F = k\frac{Q_1 Q_2}{r^2} \ (k는 \ 상수)$$

개념 익히기 문제

정답과 해설 p.39

🧠 교과서 문장으로 개념 익히기

11 금속 양이온과 비금속 음이온이 정전기적 인력으로 결합하는 것을 ☐☐ 결합이라고 한다.

12 양이온과 음이온은 인력과 반발력이 균형을 이루어 에너지가 가장 ☐☐ 거리에서 이온 결합을 형성한다.

13 이온 결합 물질은 ☐☐ 상태에서 양이온과 음이온이 강한 결합을 형성하고 있어 자유롭게 이동할 수 없으므로 전기 전도성이 없다. 그러나 ☐☐ 상태나 수용액 상태에서는 양이온과 음이온이 자유롭게 이동할 수 있으므로 전기 전도성이 있다.

📦 OX 문제로 개념 익히기

14 금속 원소는 주로 양이온이 되려 하고, 비금속 원소는 주로 음이온이 되려 한다. (O / X)

15 나트륨 이온(Na^+)과 산화 이온(O^{2-})은 1 : 1로 결합하여 안정한 화합물을 형성한다. (O / X)

16 이온 결합은 이온 사이의 인력과 반발력이 균형을 이루어 에너지가 최대가 되는 거리에서 형성된다. (O / X)

17 고체 상태의 이온 결합 물질은 힘을 가하면 쉽게 부서진다. (O / X)

📒 과정 & 결과

[실험 과정]

(가) 비커에 물(H_2O)을 넣고, 황산 나트륨(Na_2SO_4)을 소량 녹인다.

(나) 그림과 같은 전기 분해 실험 장치에 (가)의 수용액을 유리관 양쪽에 가득 채운 후 꼭지를 닫는다.

(다) 전원 장치의 전원을 켜 전류를 흘려 준다.

(라) 유리관 내 수면의 높이 변화를 측정한다.

(마) 각 유리관에 모인 기체의 종류를 확인한다.

[실험 결과]

❶ ($-$)극에 연결된 유리관에 모인 기체와 ($+$)극에 연결된 유리관에서 모인 기체의 부피 비는 ($-$)극 : ($+$)극$=2 : 1$이다.

❷ ($-$)극에 연결된 유리관에서는 수소 기체가, ($+$)극에 연결된 유리관에서는 산소 기체가 모인다.

❸ 각 전극 주변에서 일어나는 반응은 다음과 같다.

- ($-$)극 : 물이 전자를 얻어 수소 기체가 발생한다. ⋯ $4H_2O+4e^- \longrightarrow 2H_2+4OH^-$
- ($+$)극 : 물이 전자를 잃어 산소 기체가 발생한다. ⋯ $2H_2O \longrightarrow O_2+4H^++4e^-$
- 전체 반응 : $2H_2O(l) \longrightarrow 2H_2(g)+O_2(g)$

🔍 분석

1. 물을 전기 분해하기 위해 물에 황산 나트륨을 넣어주는 까닭은 무엇인가?

⋯ 물은 전류가 거의 흐르지 않기 때문에 전기 분해가 잘되지 않는다. 따라서 황산 나트륨과 같은 전해질(이온 결합 물질)을 소량 넣어주면 물속에 양이온과 음이온이 생성되어 자유롭게 이동하면서 전류가 잘 흐르게 하므로 전기 분해가 된다.

2. 물을 전기 분해하면 수소 기체와 산소 기체가 $2 : 1$의 부피 비로 발생하는 까닭은 무엇인가?

⋯ 물(H_2O) 분자 1개를 구성하는 수소(H)와 산소(O)가 각각 2개와 1개이므로, 일정한 양(mol)의 물을 분해하였을 때 발생하는 수소 기체(H_2)와 산소 기체(O_2)의 부피 비(몰 비)는 $H_2 : O_2=2 : 1$이다.

3. 물이 전기 분해되어 성분 원소로 나뉘어지는 것을 보면 무엇을 알 수 있는가?

⋯ 물이 수소와 산소의 화학 결합으로 이루어지는 과정에 전자가 관여함을 알 수 있다.

⚙️ 탐구 목표

물의 전기 분해 실험을 통해 물을 구성하는 성분 원소들의 화학 결합에 전자가 관여함을 알 수 있다.

유의 사항

1. 황산 나트륨을 소량 넣은 물을 유리관 양쪽에 가득 채운 후 꼭지를 닫아야 하는 까닭은?

→ 그렇게 하지 않았을 경우 미리 유리관에 공기가 들어가 있어 물로부터 전기 분해한 성분 원소 외에 불순물이 포함될 수 있다.

2. 각 유리관에 모인 기체의 종류를 확인하는 방법은?

→ 각 유리관의 꼭지를 약간 열어 기체가 새어 나오게 한 뒤 불꽃을 가까이 하면, ($-$)극에 연결된 유리관에서는 '퍽' 소리가 나며 타는 모습이 보이며 이는 수소(H_2) 기체의 특성이다. ($+$)극에 연결된 유리관에서는 불씨가 활활 타오르는 모습을 볼 수 있으며 이는 산소(O_2) 기체의 특성이다.

🔬 탐구 포인트

1. 물을 전기 분해하면 수소와 산소가 $2 : 1$의 부피 비로 발생한다.

2. 화합물이 전기 분해되는 것으로 보아 성분 원소들의 화학 결합에 전자가 관여함을 알 수 있다.

예제 ❶

위 실험 과정에 대한 설명으로 옳지 <u>않은</u> 것은?

① ($-$)극에서는 수소 기체가 발생한다.

② 순수한 물은 전기 분해가 잘되지 않는다.

③ 넣어준 전해질은 실험 과정에서 전기 분해되지 않는다.

④ 전기 분해 과정에서 산소와 수소는 $2 : 1$의 부피 비로 발생한다.

⑤ 이 실험을 통해 물 분자의 화학 결합에 전자가 관여함을 알 수 있다.

예제 ❷ 서술형

정답과 해설 p.40

그림은 물의 전기 분해 실험 장치를 이용하여 물을 전기 분해하는 모습을 나타낸 것이다.

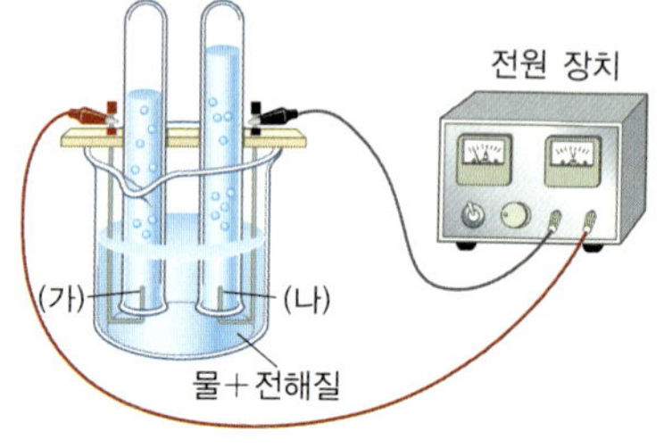

(1) 전극 (가)와 (나)는 각각 어떤 극인가?

(2) 이 실험을 통해 내릴 수 있는 결론을 설명하시오.

개념 다지기 문제

대표 유형 문제

01 그림은 물의 전기 분해 장치를 나타낸 것이다.

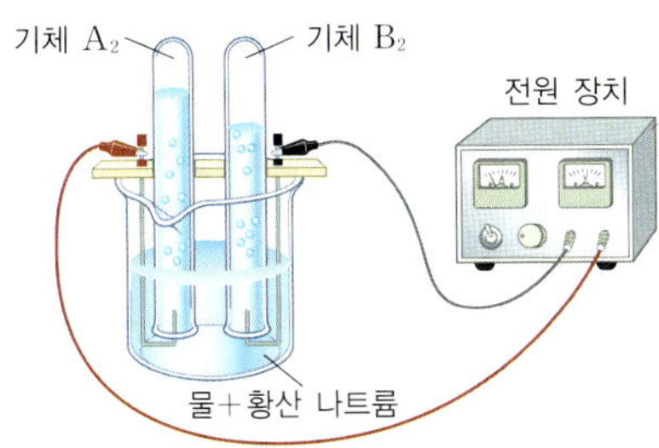

이에 대한 설명으로 옳은 것만을 |보기|에서 있는 대로 고른 것은? (단, A와 B는 임의의 원소 기호이다.)

> |보기|
> ㄱ. A_2는 수소(H_2)이다.
> ㄴ. B_2가 생성되는 시험관에 연결된 전극은 ($-$)극이다.
> ㄷ. 생성된 기체의 부피는 B_2가 A_2의 2배이다.

① ㄱ   ② ㄴ   ③ ㄱ, ㄷ
④ ㄴ, ㄷ   ⑤ ㄱ, ㄴ, ㄷ

02 다음은 학생 A가 작성한 실험 보고서의 일부이다.

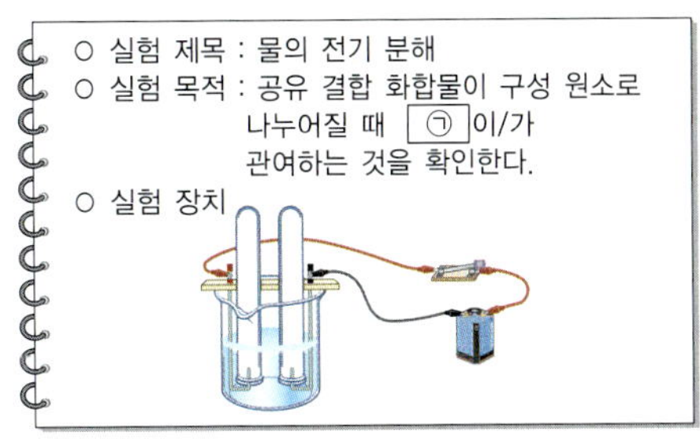

다음 중 ㉠으로 가장 적절한 것은?

① 열   ② 전자   ③ 이온
④ 금속   ⑤ 촉매

03 그림은 염화 나트륨 용융액($NaCl(l)$)을 전기 분해하는 장치를 나타낸 것이다.

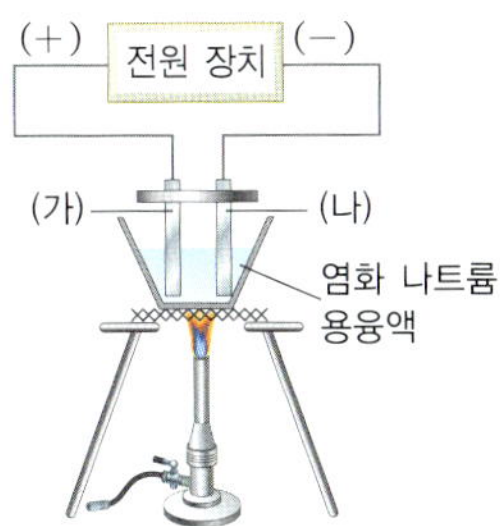

이에 대한 설명으로 옳은 것만을 |보기|에서 있는 대로 고른 것은?

> |보기|
> ㄱ. (가) 전극에서 생성되는 물질은 염소(Cl_2)이다.
> ㄴ. (나) 전극 주위에서 환원 반응이 일어난다.
> ㄷ. 고체 상태의 염화 나트륨은 전기 분해되지 않는다.

① ㄱ   ② ㄷ   ③ ㄱ, ㄴ
④ ㄴ, ㄷ   ⑤ ㄱ, ㄴ, ㄷ

04 그림은 원자 X와 Y의 전자 배치를 나타낸 것이다.

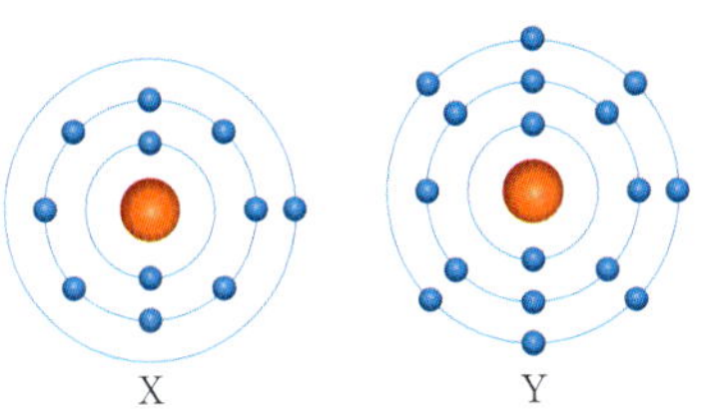

다음 각 X와 Y의 이온 중 옥텟 규칙을 만족하는 것은? (단, X와 Y는 임의의 원소 기호이다.)

	X의 이온	Y의 이온		X의 이온	Y의 이온
①	X^+	Y^-	②	X^+	Y^{2-}
③	X^{2+}	Y^-	④	X^{2+}	Y^{2-}
⑤	X^-	Y^+			

개념 다지기 문제

05 옥텟 규칙을 만족하는 원자 또는 이온으로 옳지 <u>않은</u> 것은?

① Na^+ ② Mg^{2+} ③ S^{2-}
④ Ne ⑤ Ar^{3+}

06 표는 몇 가지 이온의 전자 배치를 나타낸 것이다.

이온	전자 배치
A^+, B^{2+}, C^{2-}	$1s^2 2s^2 2p^6$
D^-, E^+	$1s^2 2s^2 2p^6 3s^2 3p^6$

이에 대한 설명으로 옳은 것만을 |보기|에서 있는 대로 고른 것은?

> |보기|
> ㄱ. 원자 번호는 D가 E보다 크다.
> ㄴ. A와 C로 이루어진 화합물은 수용액 상태에서 전기 전도성이 있다.
> ㄷ. B^{2+}와 D^-은 화합물 BD_2를 형성한다.

① ㄱ ② ㄴ ③ ㄱ, ㄴ
④ ㄱ, ㄷ ⑤ ㄴ, ㄷ

07 그림은 NaCl에서 이온 사이의 거리에 따른 에너지를 나타낸 것이다.

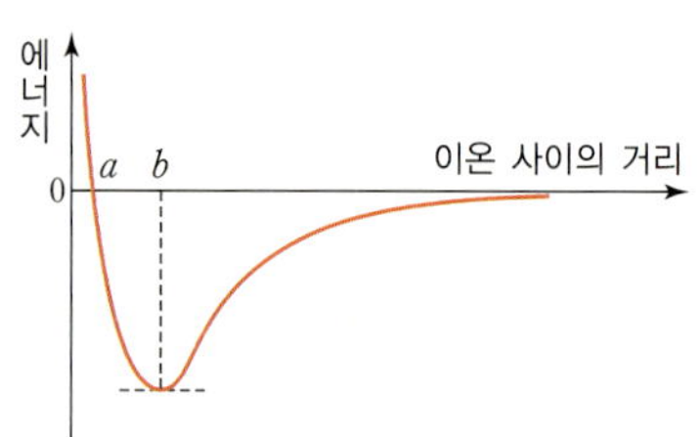

이에 대한 설명으로 옳은 것만을 |보기|에서 있는 대로 고른 것은?

> |보기|
> ㄱ. 이온 사이의 거리가 a일 때 Na^+과 Cl^- 사이에 인력과 반발력이 균형을 이룬다.
> ㄴ. NaCl에서 이온 결합을 형성할 때 이온 사이의 거리는 b이다.
> ㄷ. NaF에서 이온 결합이 형성될 때 이온 사이의 거리는 b보다 크다.

① ㄱ ② ㄴ ③ ㄱ, ㄷ
④ ㄴ, ㄷ ⑤ ㄱ, ㄴ, ㄷ

08 다음은 어떤 화합물을 화학 결합 모형으로 나타낸 것이다.

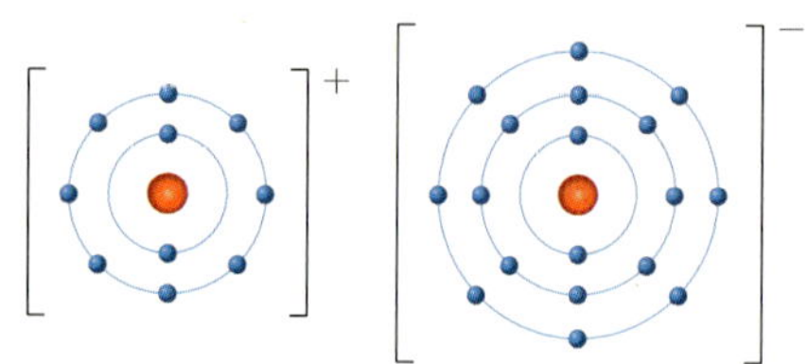

이 화합물에 대한 설명으로 옳은 것만을 |보기|에서 있는 대로 고른 것은?

> |보기|
> ㄱ. 이온 결합 물질이다.
> ㄴ. 화학식은 KF이다.
> ㄷ. 액체 상태에서 전기 전도성이 있다.

① ㄱ ② ㄴ ③ ㄱ, ㄷ
④ ㄴ, ㄷ ⑤ ㄱ, ㄴ, ㄷ

09 그림은 고체 화합물 XF에 외부 힘을 가했을 때의 변화를 모형으로 나타낸 것이다. X는 3주기 원소이다.

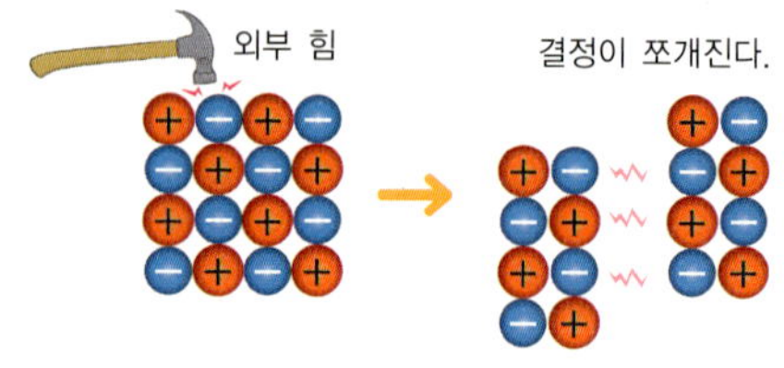

이에 대한 설명으로 옳은 것만을 |보기|에서 있는 대로 고른 것은? (단, X는 임의의 원소 기호이다.)

> |보기|
> ㄱ. X는 Na이다.
> ㄴ. XF에서 양이온과 음이온의 전자 배치는 서로 같다.
> ㄷ. $XF(s)$는 전기 전도성이 있다.

① ㄱ ② ㄷ ③ ㄱ, ㄴ
④ ㄴ, ㄷ ⑤ ㄱ, ㄴ, ㄷ

10 표는 3주기 원소 X, Y로 이루어진 이온 결합 물질 $XY(l)$를 전기 분해하였을 때, 각 전극에서 생성된 물질에 대한 자료이다. 바닥상태 원자 X와 Y의 홀전자 수는 같다.

전극	(−)극	(+)극
물질	$X(s)$	$Y_2(g)$
양(mol)(상댓값)	a	1

이에 대한 설명으로 옳은 것만을 |보기|에서 있는 대로 고른 것은? (단, X와 Y는 임의의 원소 기호이다.)

┌─ 보기 ─
ㄱ. Y는 염소(Cl)이다.
ㄴ. $a=2$이다.
ㄷ. XY에서 이온 반지름은 Y 이온이 X 이온보다 크다.

① ㄱ   ② ㄷ   ③ ㄱ, ㄴ
④ ㄴ, ㄷ   ⑤ ㄱ, ㄴ, ㄷ

11 그림은 이온 사이의 거리에 따른 이온 결합 물질의 녹는점의 차이를 알아보기 위해 비교해야 할 화합물에 대한 학생들의 대화이다.

제시한 내용이 옳은 학생만을 있는 대로 고른 것은?

① A   ② B   ③ A, C
④ B, C   ⑤ A, B, C

12 그림은 황산 나트륨(Na_2SO_4)을 소량 녹인 물에 전류를 흘려 주었을 때 두 전극에서 기체가 발생하는 것을 나타낸 것이다. A와 B는 임의의 원소이다.

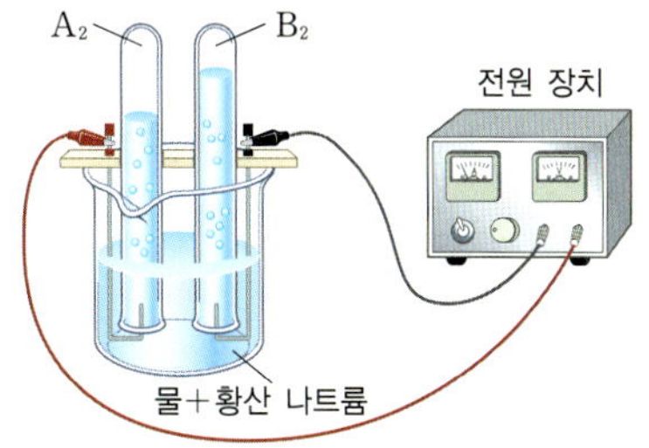

(1) A_2와 B_2의 이름을 각각 쓰시오.

(2) 물에 황산 나트륨을 소량 녹인 뒤 전기 분해하는 까닭을 설명하시오.

13 그림은 $NaCl(s)$의 구조를 나타낸 것이다.

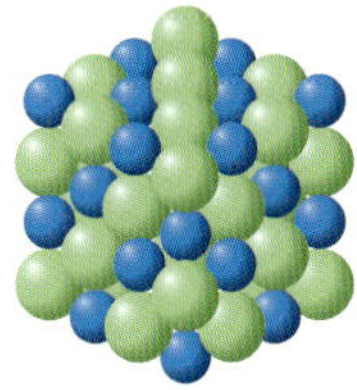

(1) $NaCl(s)$에 충격을 가했을 때 어떻게 될지 쓰시오.

(2) $NaCl(s)$이 전기 전도성이 없는 까닭을 설명하시오.

02 공유 결합과 금속 결합

1 공유 결합

개념 비금속 원소의 원자들이 전자쌍을 서로 공유하여 형성되는 화학 결합

1. 공유 결합의 형성 : 비금속 원소의 원자들이 각각 전자를 내놓아 전자쌍을 만들고, 이 전자쌍을 공유하여 공유 결합이 형성된다. 원자가 공유한 전자쌍을 공유 전자쌍이라고 부른다.

(1) 수소 분자(H_2)의 형성 : 수소 원자 2개가 각각 전자 1개씩을 내놓아 전자쌍 1개를 만들고, 이 전자쌍을 공유하여 결합한다. 이때 각각의 수소 원자는 헬륨과 같은 전자 배치를 가진다.

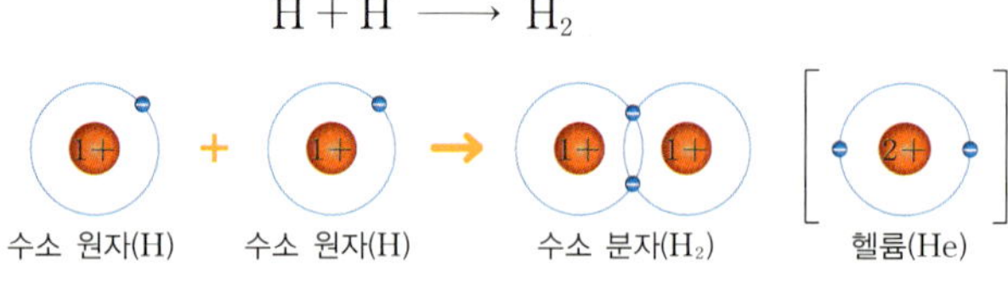

(2) 물 분자(H_2O)의 형성 : 수소 원자 2개와 산소 원자 1개가 각각 전자쌍을 1개씩 공유하여 결합한다. 이때 수소 원자는 헬륨과 같은 전자 배치를, 산소 원자는 네온과 같은 전자 배치를 가진다.

$$2H + O \longrightarrow H_2O$$

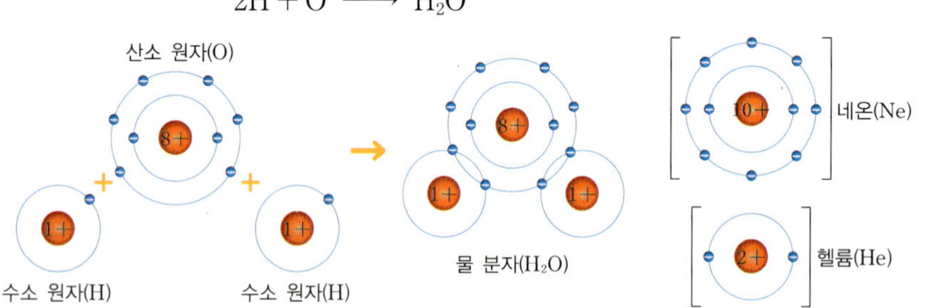

(3) 공유 결합과 옥텟 규칙 : 비금속 원소들은 필요한 만큼의 전자를 서로 공유하는 공유 결합을 통해 옥텟 규칙을 만족하며 안정해진다.

2. 공유 결합의 종류 : 단일 결합과 다중 결합(2중 결합 또는 3중 결합)이 있다.

(1) 단일 결합 : 두 원자가 1개의 전자쌍을 공유하는 결합이다.

　㉠ H_2, F_2, Cl_2, HF, HCl, H_2O, NH_3, CH_4 등

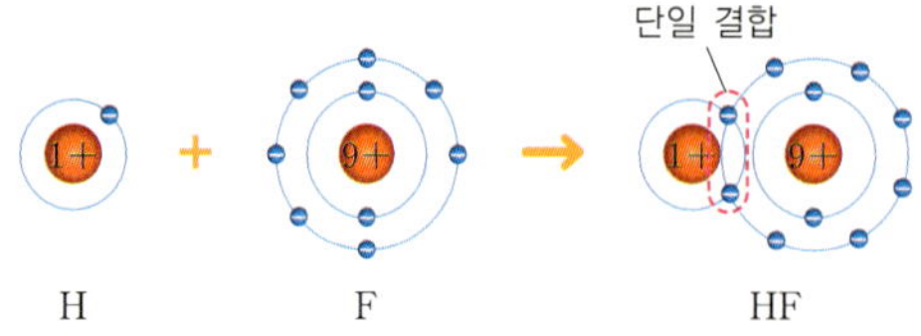

(2) 2중 결합 : 두 원자 사이에 2개의 전자쌍을 공유하는 결합이다.

　㉠ O_2, CO_2, CH_2O 등

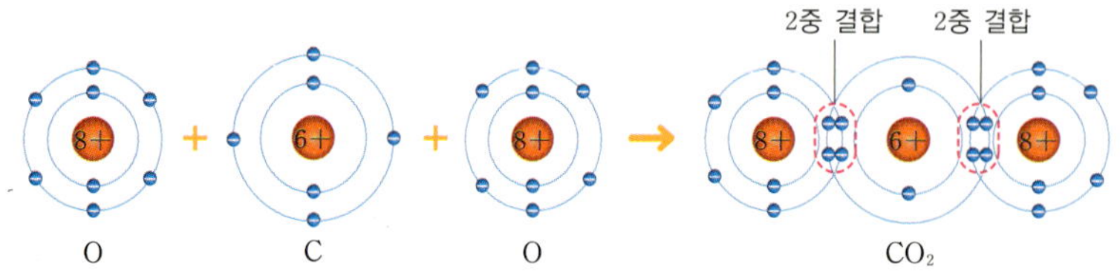

비금속 원소

주기율표에서 주로 오른쪽에 위치하는 원소들로 옥텟 규칙을 만족하기 위해 전자를 더 필요로 하는 원소들이다. 비금속 원소들 사이에는 전자를 주고받을 수 없어 전자쌍을 공유하며 결합하는 방식을 취한다(18족 원소 제외).

수소의 공유 결합

수소(H)는 He과 같은 전자 배치를 하며 안정해진다.

(3) **3중 결합** : 두 원자 사이에 3개의 전자쌍을 공유하는 결합이다.

　예 N_2, HCN 등

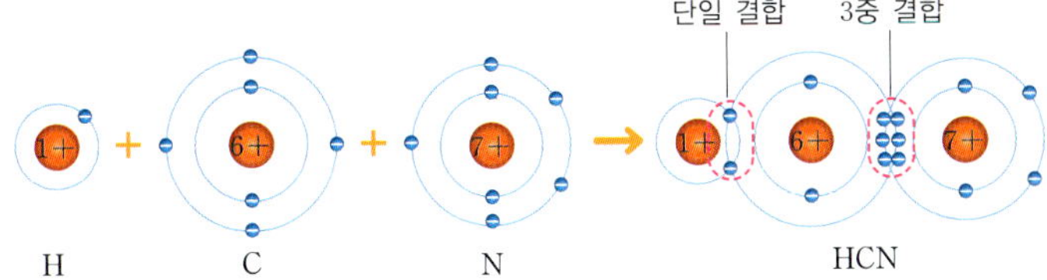

3. 공유 결합 물질의 성질

(1) 공유 결합 물질은 대부분 분자로 존재하는 경우가 많다. 분자를 이루는 공유 결합 물질은 분자 결정을 이룬다. 분자 결정을 이루는 물질들은 대부분 녹는점과 끓는점이 낮고 실온에서 액체나 기체 상태로 존재한다.

(2) 분자를 이루지 않는 공유 결합 물질도 존재하며, 이 물질의 고체는 공유 결정(원자 결정)을 이룬다. 공유 결정을 이루는 물질은 원자 사이의 인력이 커 녹는점이나 끓는점이 분자 결정보다 높으며 주로 고체 상태로 존재한다.

공유 결합 물질	드라이아이스(CO_2)	다이아몬드(C)	흑연(C)
결정 구조	분자 결정	공유 결정	공유 결정
구조 모형			
녹는점	$-78.5\ ℃$	$4000\ ℃$ 이상	$3550\ ℃$ 이상

(3) 공유 결합 물질은 대부분 고체 상태와 액체 상태, 수용액 상태에서 모두 전기 전도성이 없다. 단, 흑연(C)과 같이 고체 상태에서 전기 전도성이 있는 물질, 염화 수소(HCl)와 같이 수용액 상태에서 전기 전도성이 있는 물질도 존재한다.

개념 익히기 문제

정답과 해설 p.41

교과서 문장으로 개념 익히기

01 비금속 원자들이 각각 전자를 내놓아 전자쌍을 서로 공유하여 안정한 화합물을 생성하는 결합을 ☐☐ 결합이라고 한다.

02 전자쌍 1개를 공유하여 형성되는 결합을 ☐☐ 결합이라고 한다.

03 2개의 산소 원자는 ☐개의 전자쌍을 공유하여 산소 분자가 된다. 이와 같이 ☐개의 전자쌍을 공유하여 형성되는 결합을 2중 결합이라고 한다.

04 다이아몬드나 흑연은 수많은 ☐☐ 원자로 이루어진 공유 결정 물질이다.

05 공유 결합 물질은 이온 결합 물질과 달리 고체와 액체 상태에서 전기 전도성이 (있다 / 없다).

OX 문제로 개념 익히기

06 공유 결합은 금속 원자와 비금속 원자 사이에 형성된다.

(O / X)

07 공유 결합은 원자들이 전자를 내놓아 전자쌍을 서로 공유하여 형성되는 결합이다. (O / X)

08 3중 결합은 두 원자 사이에 3개의 전자쌍을 공유하여 형성되는 결합이다. (O / X)

09 공유 결합 물질은 대부분 고체 상태에서 전기 전도성이 있다. (O / X)

10 공유 결합 물질은 대부분 액체 상태에서 전기 전도성이 있다. (O / X)

② 금속 결합

개념 금속 원소에서 금속 양이온과 자유 전자 사이의 정전기적 인력에 의한 화학 결합

1. 금속 결합 : 금속 원소의 양이온과 자유 전자 사이의 정전기적 인력에 의한 결합이다.

(1) **자유 전자** : 금속 내부에서 금속 원자가 내놓은 원자가 전자로, 한 원자에 속해 있지 않고 수많은 금속 양이온 사이를 자유롭게 움직이면서 금속 양이온들을 결합시키는 역할을 한다.

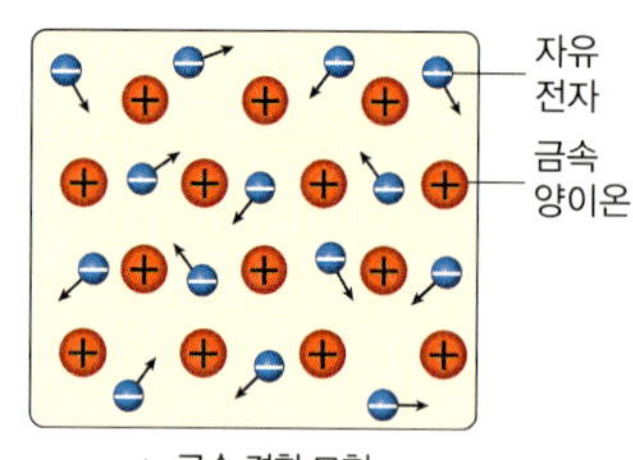

▲ 금속 결합 모형

(2) 금속 양이온들 사이에 자유 전자들이 움직여 다니면서 금속 양이온이 마치 전자의 바다에 잠겨 있는 것과 같은 모습으로, (+)전하를 띤 금속 양이온과 (−)전하를 띤 자유 전자 사이에 정전기적 인력이 작용하여 금속 양이온들이 서로 결합한다.

(3) **금속 결합 물질의 예** : 리튬(Li), 베릴륨(Be), 나트륨(Na), 마그네슘(Mg), 알루미늄(Al), 칼륨(K), 칼슘(Ca), 철(Fe), 구리(Cu) 등

(4) **금속 결정** : 금속 결합으로 금속 원자가 규칙적으로 배열된 고체이다.

2. 금속 결합 물질의 성질 : 금속의 여러 가지 성질은 대부분 자유 전자에 의해 나타난다.

(1) **광택** : 대부분 은백색 광택을 나타낸다. (단, 금은 노란색, 구리는 붉은색을 띤다.)

➡ 금속 표면의 자유 전자들이 빛을 흡수하였다가 다시 방출하기 때문이다.

(2) **전기 전도성** : 고체 상태와 액체 상태에서 모두 전기 전도성이 있다. 금속에 전압을 걸어주면 금속 양이온은 이동하지 않지만 자유 전자들은 (+)극 쪽으로 자유롭게 이동하면서 전류가 흐른다.

➡ 금속 내부에서 자유 전자가 자유롭게 이동할 수 있기 때문이다.

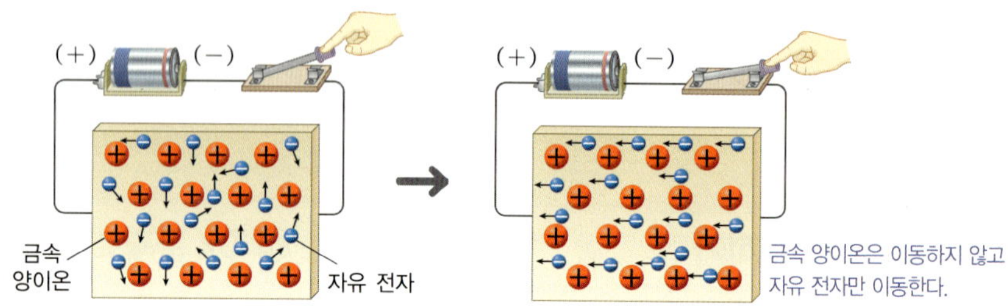

(3) **열 전도성** : 금속은 열 전도성이 좋아 가열하면 금속 전체가 빠르게 뜨거워진다.

➡ 금속을 가열하면 자유 전자가 열에너지를 얻게 되고, 큰 열에너지를 가진 자유 전자가 인접한 자유 전자와 금속 양이온에 열에너지를 전달하기 때문이다.

(4) **뽑힘성(연성)과 펴짐성(전성)** : 금속은 가느다란 실 모양으로 뽑아낼 수 있고(뽑힘성이 좋고), 얇은 판처럼 넓게 펼 수 있다(펴짐성이 좋다).

➡ 금속은 외부의 힘에 의해 변형되어도 자유 전자가 이동하면서 금속 양이온이 떨어져 나가는 것을 막아 금속 결합을 유지하기 때문이다.

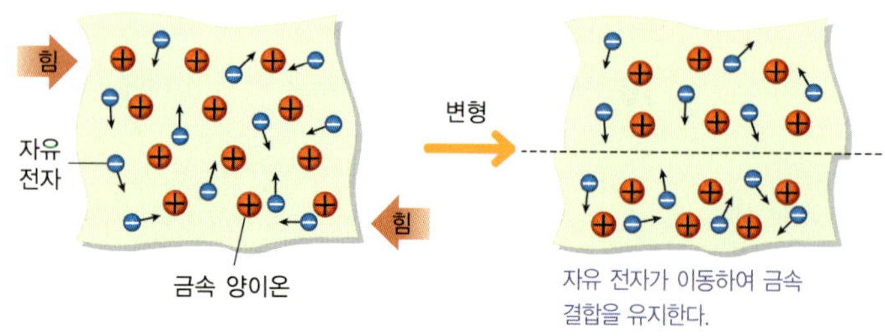

(5) **녹는점과 끓는점** : 금속은 금속 양이온과 자유 전자기 정전기적 인력에 의해 강하게 결합하고 있어 녹는점과 끓는점이 매우 높다. 따라서 상온에서 대부분 고체 상태로 존재한다. (단, 수은(Hg)은 액체 상태로 존재한다.)

❸ 화학 결합과 물질의 성질

개념 화학 결합의 종류에 따른 세기와 특성이 물질의 성질을 결정한다.

1. 화학 결합의 세기

(1) 물질의 녹는점은 일반적으로 공유 결정>이온 결정>금속 결정 순이다.

(2) 화학 결합의 세기가 강할수록 그 결합을 끊는 데 많은 에너지가 필요하게 되므로 더 높은 온도에서 상태 변화가 일어나게 된다. 따라서 녹는점이 높은 물질일수록 그 물질을 이루고 있는 화학 결합의 세기가 강하다.

2. 화학 결합의 종류에 따른 여러 가지 물질의 성질

물질	성질	녹는점($°C$)	끓는점($°C$)	전기 전도성	
				고체	액체
이온 결합 물질	NaCl	801	1465	없음	있음
	KF	858	1502	없음	있음
공유 결합 물질	H_2	-259	-253	없음	없음
	CH_4	-182	-162	없음	없음
	H_2O	0	100	없음	없음
금속 결합 물질	Na	98	889	있음	있음
	Fe	1538	2570	있음	있음

암기 꼭!

서로 다른 화학 결합 물질들의 전기 전도성 비교
일반적으로 공유/이온/금속 결합 물질의 상태별 전기 전도성은 다음과 같다.

전기 전도성	고체	액체
공유 결합 물질	×	×
이온 결합 물질	×	○
금속 결합 물질	○	○

개념 익히기 문제

정답과 해설 p.41

🧠 교과서 문장으로 개념 익히기

11 금속 내부의 금속 원자에서 빠져나온 전자들은 어느 금속 양이온에도 속하지 않고 금속 양이온 사이를 자유롭게 움직이는데, 이러한 전자들을 □□□□라고 한다.

12 금속 양이온과 자유 전자 사이에는 정전기적 인력이 작용하여 결합이 형성되는데, 이러한 결합을 □□ 결합이라고 한다.

13 금속은 대부분 가느다란 실처럼 길게 늘일 수 있는 □□□(□□)과 얇은 판처럼 넓게 펼 수 있는 □□□(□□)이 크다.

14 금속은 전하를 띤 입자의 이동이 자유로우므로 □□ 상태뿐 아니라 액체 상태에서도 전기 전도성이 있으며, 열 전도성도 크다.

📦 OX 문제로 개념 익히기

15 금속 결합은 금속 양이온과 비금속 음이온 사이의 정전기적 인력에 의해 형성되는 결합이다. (○ / X)

16 금속 결합 물질의 내부에는 자유 전자가 존재한다. (○ / X)

17 금속의 뽑힘성과 펴짐성이 좋은 것은 외부의 힘에 의해 금속이 변형되어도 자유 전자가 이동하여 금속 결합을 유지할 수 있기 때문이다. (○ / X)

18 금속 결합 물질은 고체 상태에서 전기 전도성이 없다. (○ / X)

19 금속 결합 물질은 액체 상태에서 전기 전도성이 있다. (○ / X)

화학 결합의 종류에 따른 물질의 성질

Point 화학 결합의 종류에 따라 전기 전도성, 녹는점 등 물질의 성질이 어떻게 다른지 알아보자.

(가) 5가지 고체 물질의 화학 결합의 종류, 결정 구조, 녹는점

물질	알루미늄(Al)	칼슘(Ca)	산화 알루미늄(Al_2O_3)	산화 칼슘(CaO)	다이아몬드(C)
화학 결합의 종류	금속 결합	금속 결합	이온 결합	이온 결합	공유 결합
결정 구조	금속 결정	금속 결정	이온 결정	이온 결정	공유 결정
녹는점	660 ℃	842 ℃	2054 ℃	2613 ℃	4440 ℃

- 5가지 고체 물질의 녹는점 비교
  ⋯➞ 녹는점은 다이아몬드>산화 칼슘>산화 알루미늄>칼슘>알루미늄 순이다.
  ⋯➞ 일반적으로 녹는점은 공유 결정>이온 결정>금속 결정 순서이며, 이로부터 5가지 고체를 이루는 화학 결합의 세기는 대체로 공유 결합이 가장 강하고, 금속 결합이 가장 약하다는 것을 알 수 있다.

(나) 4가지 물질의 성질

물질		철(Fe)	염화 나트륨(NaCl)	포도당($C_6H_{12}O_6$)	다이아몬드(C)
화학 결합의 종류		금속 결합	이온 결합	공유 결합	공유 결합
고체의 결정 구조		금속 결정	이온 결정	분자 결정	공유 결정
구성 입자 단위		금속 양이온, 자유 전자	양이온, 음이온	분자	원자
전기 전도성	고체	있음	없음	없음	없음
	액체	있음	있음	없음	없음

- 4가지 물질의 전기 전도성 비교
  ⋯➞ 고체 상태와 액체 상태에서 모두 전기 전도성이 있는 것은 금속 결합 물질인 철이다.
  ⋯➞ 고체 상태에서는 전기 전도성이 없지만 액체 상태에서 전기 전도성이 있는 것은 이온 결합 물질인 염화 나트륨이다.
  ⋯➞ 고체 상태와 액체 상태에서 모두 전기 전도성이 없는 것은 공유 결합 물질인 포도당과 다이아몬드이다.

정답과 해설 p.41

예제 ❶

다음은 3가지 물질이다.

> 알루미늄(Al)　　　산화 칼슘(CaO)　　　다이아몬드(C)

이에 대한 설명으로 옳은 것만을 |보기|에서 있는 대로 고른 것은?

보기
- ㄱ. Al(s)은 펴짐성(전성)이 있다.
- ㄴ. CaO(s)은 전기 전도성이 있다.
- ㄷ. C(s, 다이아몬드)는 공유 결정이다.

① ㄱ　　　　② ㄴ　　　　③ ㄱ, ㄷ
④ ㄴ, ㄷ　　　⑤ ㄱ, ㄴ, ㄷ

▶ **해결 전략**

1단계 : 3가지 물질이 각각 어떤 화학 결합으로 이루어진 물질인지 파악한다.

2단계 : 각 화학 결합 물질의 성질을 바탕으로 해당 물질들의 성질을 확인한다.

개념 다지기 문제

01 그림은 몇 가지 원자가 결합하여 화합물 (가)와 (나)를 각각 생성하는 과정을 모형으로 나타낸 것이다.

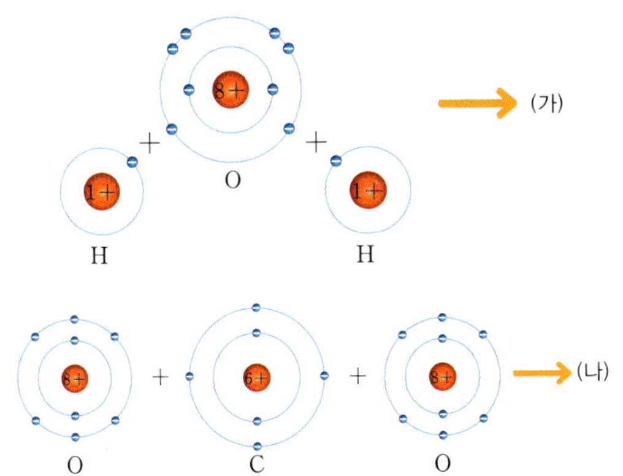

이에 대한 설명으로 옳은 것만을 |보기|에서 있는 대로 고른 것은?

> **보기**
> ㄱ. (가)와 (나)는 모두 공유 결합 물질이다.
> ㄴ. 공유된 전자쌍 수는 (나)가 (가)의 2배이다.
> ㄷ. (가)와 (나)에서 O 원자의 전자 배치는 같다.

① ㄱ 　　② ㄷ 　　③ ㄱ, ㄴ
④ ㄴ, ㄷ 　　⑤ ㄱ, ㄴ, ㄷ

03 공유 결합에 대한 설명으로 옳지 <u>않은</u> 것은?

① 비금속 원소의 원자 사이에 형성되는 결합이다.
② H_2O에는 2개의 단일 결합이 존재한다.
③ H 원자와 Cl 원자는 1개의 전자쌍을 공유하여 결합한다.
④ 2중 결합은 두 원자 사이에 2개의 전자를 공유하는 것이다.
⑤ 공유 결합한 원자들은 18족 원소와 같은 전자 배치를 가진다.

02 그림은 물질 (가)와 (나)를 화학 결합 모형으로 나타낸 것이다.

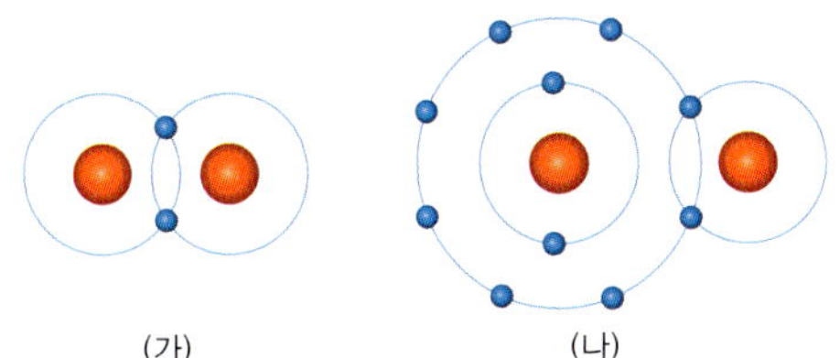

이에 대한 설명으로 옳은 것만을 |보기|에서 있는 대로 고른 것은?

> **보기**
> ㄱ. (가)는 공유 결합 물질이다.
> ㄴ. (나)는 HCl이다.
> ㄷ. 공유한 전자쌍의 수는 (나)가 (가)보다 크다.

① ㄱ 　　② ㄷ 　　③ ㄱ, ㄴ
④ ㄴ, ㄷ 　　⑤ ㄱ, ㄴ, ㄷ

04 그림은 바닥상태 원자 A와 B의 전자 배치를 나타낸 것이다.

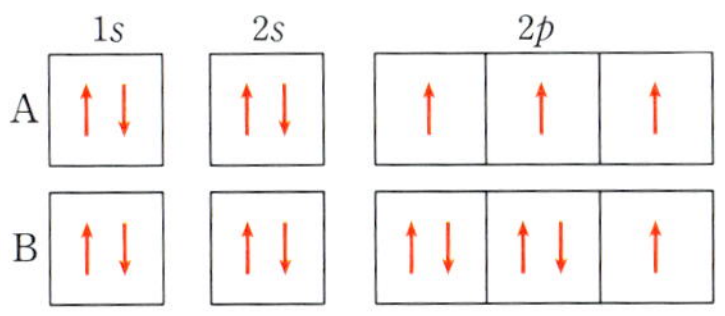

화합물 AB_3에 대한 설명으로 옳은 것만을 |보기|에서 있는 대로 고른 것은? (단, A와 B는 임의의 원소 기호이다.)

> **보기**
> ㄱ. 모든 구성 원자가 Ne의 전자 배치를 가진다.
> ㄴ. 액체 상태에서 전기 전도성이 있다.
> ㄷ. A와 B는 결합할 때 전자쌍 1개를 공유한다.

① ㄱ 　　② ㄴ 　　③ ㄱ, ㄷ
④ ㄴ, ㄷ 　　⑤ ㄱ, ㄴ, ㄷ

개념 다지기 문제

05 그림은 주기율표의 일부를 나타낸 것이다.

주기 \ 족	1	2	13	14	15	16	17	18
1	A							
2				B		C		
3							D	

이에 대한 설명으로 옳은 것만을 |보기|에서 있는 대로 고른 것은?
(단, A ~ D는 임의의 원소 기호이다.)

> **보기**
> ㄱ. A와 D가 결합한 화합물은 이온 결합 물질이다.
> ㄴ. 공유 전자쌍 수는 BC_2와 BA_4가 같다.
> ㄷ. CD_2의 모든 원자는 옥텟 규칙을 만족한다.

① ㄱ ② ㄷ ③ ㄱ, ㄴ
④ ㄴ, ㄷ ⑤ ㄱ, ㄴ, ㄷ

대표 유형 문제

06 그림은 원자 A ~ C의 전자 배치를 나타낸 것이다.

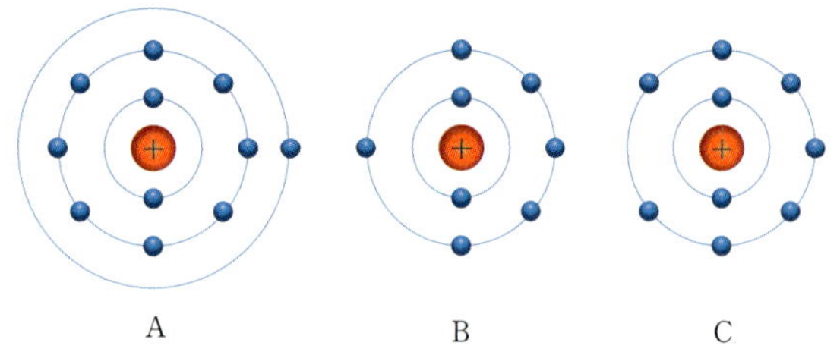

이에 대한 설명으로 옳은 것만을 |보기|에서 있는 대로 고른 것은?
(단, A ~ C는 임의의 원소 기호이다.)

> **보기**
> ㄱ. 화합물 AC는 공유 결합 물질이다.
> ㄴ. A_2B와 B_2에서 B는 모두 옥텟 규칙을 만족한다.
> ㄷ. B_2와 BC_2의 공유 전자쌍 수는 같다.

① ㄱ ② ㄷ ③ ㄱ, ㄴ
④ ㄴ, ㄷ ⑤ ㄱ, ㄴ, ㄷ

대표 유형 문제

07 그림은 고체 $X(s)$의 화학 결합을 모형으로 나타낸 것이다. $X(s)$는 전기 전도성이 있다.

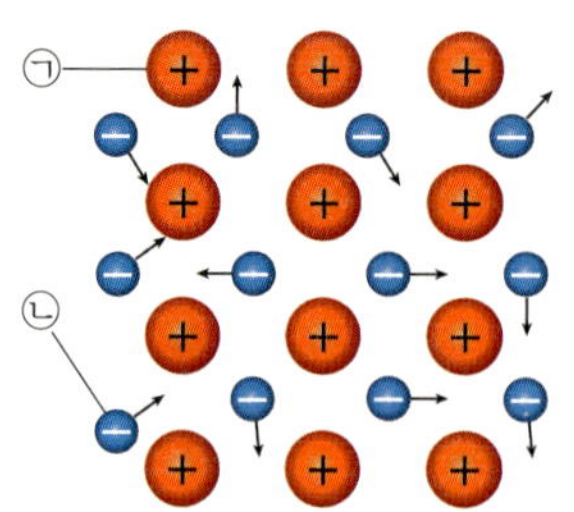

이에 대한 설명으로 옳은 것만을 |보기|에서 있는 대로 고른 것은?
(단, X는 임의의 원소 기호이다.)

> **보기**
> ㄱ. ㉡은 음이온이다.
> ㄴ. ㉠과 ㉡ 사이에는 정전기적 인력이 작용한다.
> ㄷ. 외부에서 힘을 가했을 때 $X(s)$는 쉽게 부서진다.

① ㄱ ② ㄴ ③ ㄷ
④ ㄱ, ㄴ ⑤ ㄴ, ㄷ

08 그림은 각각 흑연과 다이아몬드의 결정을 모형으로 나타낸 것이다.

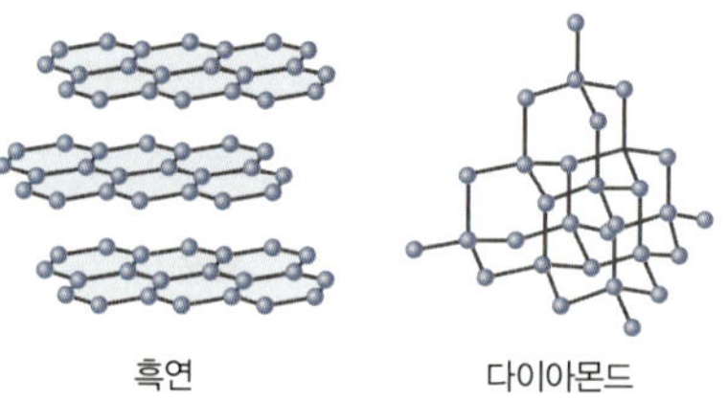

흑연과 다이아몬드의 공통점으로 옳은 것만을 |보기|에서 있는 대로 고른 것은?

> **보기**
> ㄱ. 탄소(C)로 이루어져 있다.
> ㄴ. 공유 결정이다.
> ㄷ. 전기 전도성이 있다.

① ㄱ ② ㄷ ③ ㄱ, ㄴ
④ ㄴ, ㄷ ⑤ ㄱ, ㄴ, ㄷ

고난도 문제

09 그림은 분자 (가)와 (나)를 화학 결합 모형으로 나타낸 것이다.

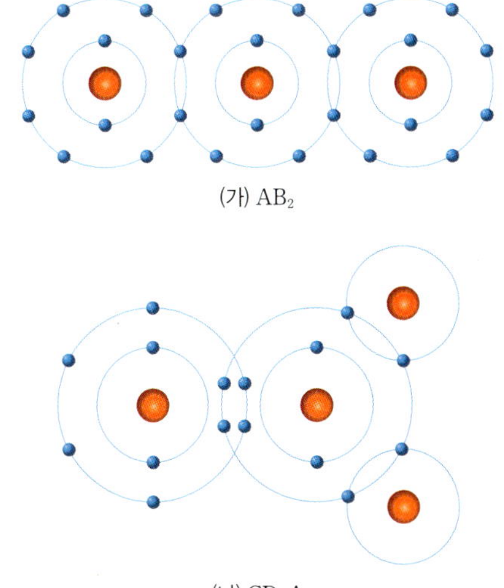

(가) AB_2

(나) CD_2A

이에 대한 설명으로 옳은 것만을 |보기|에서 있는 대로 고른 것은? (단, A ~ D는 임의의 원소 기호이다.)

|보기|
ㄱ. A와 B는 같은 족 원소이다.
ㄴ. 단일 결합의 수는 (가)와 (나)가 같다.
ㄷ. Ne의 전자 배치와 같은 원자의 수는 (가) : (나)=3 : 1 이다.

① ㄱ　　　　　② ㄴ　　　　　③ ㄱ, ㄷ
④ ㄴ, ㄷ　　　　⑤ ㄱ, ㄴ, ㄷ

10 그림은 물질 (가)와 (나)의 화학 결합을 각각 모형으로 나타낸 것이다.

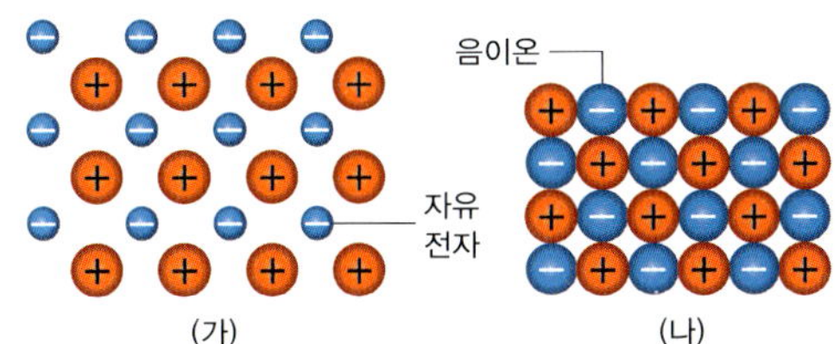

이에 대한 설명으로 옳은 것만을 |보기|에서 있는 대로 고른 것은?

|보기|
ㄱ. (가)는 금속 결합 물질이다.
ㄴ. (가)와 (나)에는 모두 양이온이 존재한다.
ㄷ. (가)와 (나)는 모두 액체 상태에서 전기 전도성이 있다.

① ㄱ　　　　　② ㄴ　　　　　③ ㄱ, ㄷ
④ ㄴ, ㄷ　　　　⑤ ㄱ, ㄴ, ㄷ

서술형 문제

11 그림은 2가지 물질 (가)와 (나)를 화학 결합 모형으로 나타낸 것이다.

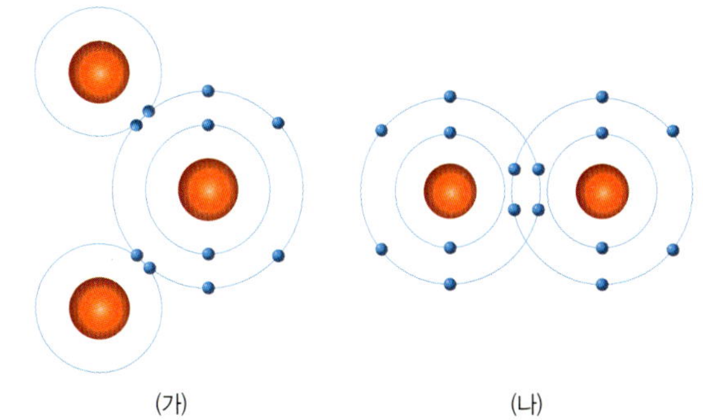

(1) (가)와 (나)의 화학식을 각각 쓰시오.

(2) (가)와 (나)의 공통점을 2가지만 쓰시오.

12 표는 물질 (가)~(다)에서 양이온과 음이온의 존재 유무를 나타낸 것이다. (가)~(다)는 각각 $NaCl(s)$, $Al(s)$, $CO_2(s)$ 중 하나이다.

물질	(가)	(나)	(다)
양이온	○	○	×
음이온	×	○	×

(○ : 있음, × : 없음)

(1) (가)~(다)는 각각 무엇인가?

(2) (가)~(다) 중 고체 상태에서 전기 전도성이 있는 물질은 무엇인지 쓰고, 그 까닭을 설명하시오.

01 이온 결합

1 물의 전기 분해 실험

그림은 물의 전기 분해 실험을 나타낸 것이다.

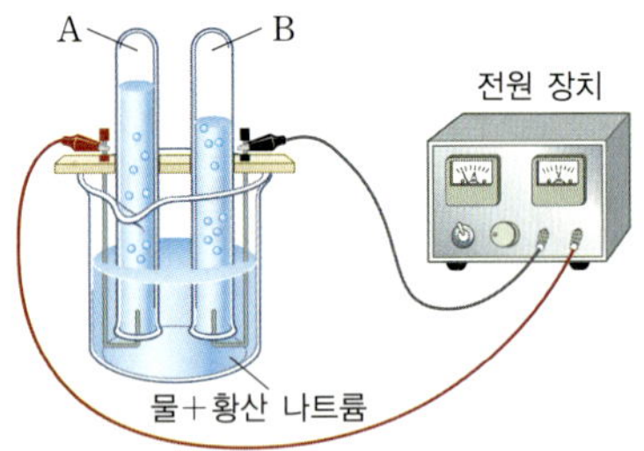

● 다음 설명 중 옳은 것은 ○표, 옳지 <u>않은</u> 것은 ×표 하시오.

1 A에서 모은 기체는 산소이다. ○ / ×

2 시험관에 각각 모은 기체의 부피는 $V_A : V_B = 1 : 2$이다.

○ / ×

3 물과 황산 나트륨이 모두 전기 분해된다. ○ / ×

4 B에 모인 기체 분자에는 다중 결합이 있다. ○ / ×

5 이 실험을 통해 물의 화학 결합에 전자가 관여한다는 것을 알 수 있다. ○ / ×

2 이온 결합의 형성과 에너지

그림은 양이온과 음이온이 결합하여 화합물을 형성할 때 이온 사이의 거리에 따른 에너지를 나타낸 것이다.

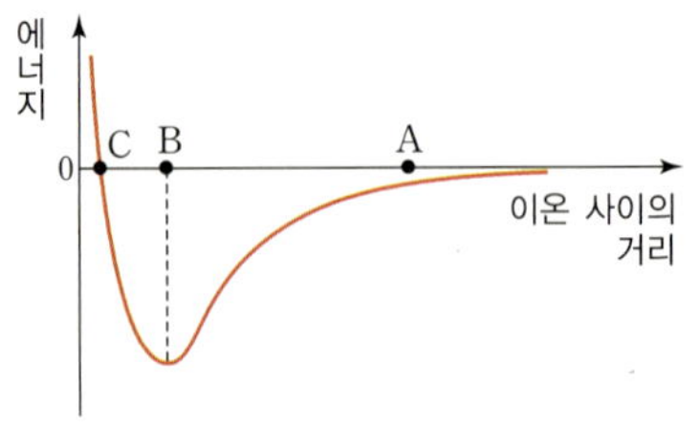

● 다음 설명 중 옳은 것은 ○표, 옳지 <u>않은</u> 것은 ×표 하시오.

1 A에서는 이온 사이의 인력이 반발력보다 크다. ○ / ×

2 B에서 이온 결합이 형성되어 안정한 화합물을 만든다.

○ / ×

3 C에서는 이온 사이의 인력과 반발력의 크기가 같다. ○ / ×

4 양이온과 음이온 사이의 거리가 가까울수록 안정하다.

○ / ×

5 이온 사이의 인력과 반발력이 균형을 이룰 때 에너지는 가장 높다. ○ / ×

3 이온 결합 물질의 녹는점 비교

표는 몇 가지 이온 결합 물질에서 이온 사이의 거리와 녹는점을 나타낸 것이다. A는 1족, B와 C는 2족 원소이다. A∼C, X∼Z는 임의의 원소 기호이다.

물질	이온 사이의 거리(pm)	녹는점(℃)
AX	231	996
AY	276	802
BZ	205	2825
CZ	239	2613

● 다음 설명 중 옳은 것은 ○표, 옳지 <u>않은</u> 것은 ×표 하시오.

1 AX에서 양이온은 A^+이다. ○ / ×

2 이온 반지름은 X^-이 Y^-보다 크다. ○ / ×

3 음이온의 전하량은 AY가 CZ보다 크다. ○ / ×

4 양이온의 반지름은 CZ가 BZ보다 크다. ○ / ×

5 이온 사이의 거리가 비슷한 두 이온 결합 물질 중 녹는점이 높은 물질은 양이온과 음이온의 전하량이 더 크다. ○ / ×

02 공유 결합과 금속 결합

4 화학 결합 모형

그림은 화합물 (가)와 (나)를 화학 결합 모형으로 나타낸 것이다.

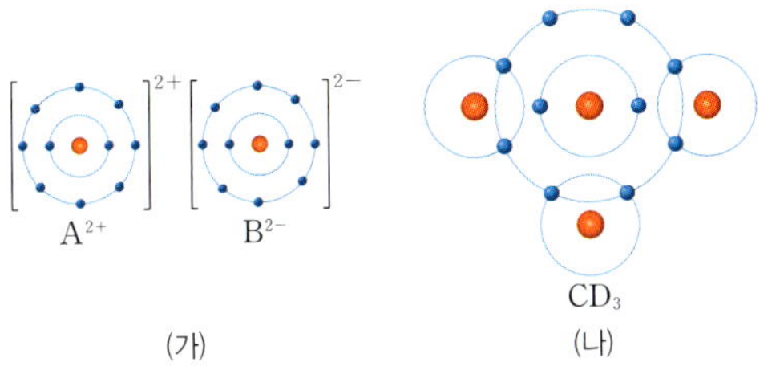

● 다음 설명 중 옳은 것은 ○표, 옳지 <u>않은</u> 것은 ×표 하시오.

1 A는 2주기 원소이다.　○ / ×

2 원자가 전자 수는 B>C이다.　○ / ×

3 A와 D는 같은 족 원소이다.　○ / ×

4 공유 전자쌍 수는 B_2와 D_2가 같다.　○ / ×

5 (가)와 (나)에서 A~C는 모두 Ne의 전자 배치를 가진다.

○ / ×

5 금속 결합의 형성

그림은 금속 Na의 모형을 나타낸 것이다.

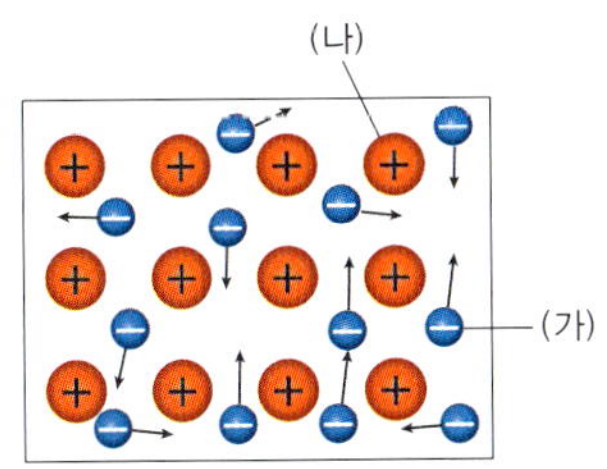

● 다음 설명 중 옳은 것은 ○표, 옳지 <u>않은</u> 것은 ×표 하시오.

1 (가)는 자유 전자이다.　○ / ×

2 (나)는 +1가 양이온이다.　○ / ×

3 Na은 뽑힘성(연성)이 있다.　○ / ×

4 Na은 고체 상태에서 전기 전도성이 없다.　○ / ×

5 전원 장치를 연결하여 전류를 흘려 주었을 때 (가)와 (나)는 각 각 (+)극과 (−)극으로 이동한다.　○ / ×

6 화학 결합과 물질의 성질

표는 물질 A~D의 성질에 대한 자료이다. A~D는 각각 이온 결합 물질, 공유 결합 물질, 금속 결합 물질 중 하나이다.

물질	녹는점(℃)	전기 전도성		물에 대한 용해도
		고체	액체	
A	801	없음	있음	크다.
B	1538	있음	있음	없다.
C	−210	없음	없음	작다.
D	3550	없음	없음	없다.

● 다음 설명 중 옳은 것은 ○표, 옳지 <u>않은</u> 것은 ×표 하시오.

1 A는 뽑힘성(전성)이 크다.　○ / ×

2 B에는 자유 전자가 존재한다.　○ / ×

3 A와 B에는 양이온이 존재한다.　○ / ×

4 C와 D는 공유 결합 물질이다.　○ / ×

5 B는 외부에서 힘을 주면 잘 부스러진다.　○ / ×

학교 시험 대비 문제

01

그림은 수산화 나트륨($NaOH$)이 소량 녹아 있는 물에 건전지를 넣었을 때 물이 분해되는 것을 나타낸 것이다. 동일한 시간 동안 발생한 기체의 부피는 전극 (가)에서가 (나)에서보다 크다.

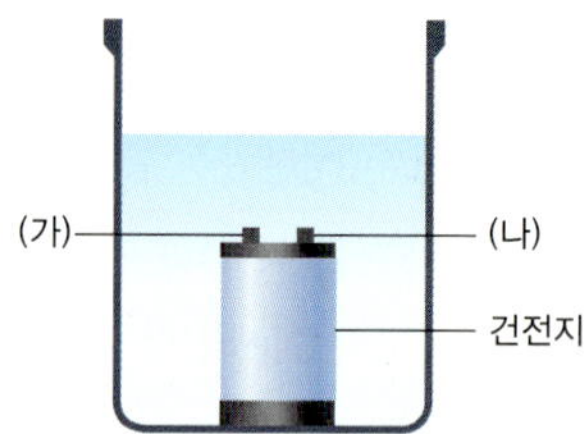

이에 대한 설명으로 옳은 것만을 |보기|에서 있는 대로 고른 것은?

> **보기**
> ㄱ. (가)는 (+)극이다.
> ㄴ. (나)에서 발생한 기체는 산소(O_2)이다.
> ㄷ. 이 실험 결과 물은 공유 결합 물질임을 알 수 있다.

① ㄱ 　② ㄴ 　③ ㄱ, ㄷ
④ ㄴ, ㄷ 　⑤ ㄱ, ㄴ, ㄷ

대표 유형문제

02

그림은 $NaCl(s)$과 $NaCl(aq)$을 각각 모형으로 나타낸 것이다.

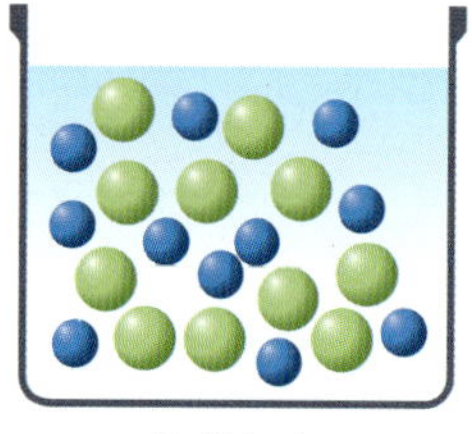

$NaCl(s)$　　　　$NaCl(aq)$

$NaCl(s)$과 $NaCl(aq)$에 대한 설명으로 옳은 것만을 |보기|에서 있는 대로 고른 것은?

> **보기**
> ㄱ. 이온은 $NaCl(aq)$에만 존재한다.
> ㄴ. $NaCl(s)$은 외부에서 힘을 가하면 쉽게 부스러진다.
> ㄷ. $NaCl(s)$과 $NaCl(aq)$은 모두 전기 전도성이 있다.

① ㄱ 　② ㄴ 　③ ㄱ, ㄷ
④ ㄴ, ㄷ 　⑤ ㄱ, ㄴ, ㄷ

03

다음 중 이온 결합 물질의 화학식으로 옳지 <u>않은</u> 것은?

① $NaCl$ 　② MgS 　③ Li_2O
④ CaO_2 　⑤ Al_2O_3

대표 유형문제

04

그림은 화합물 (가)와 (나)를 화학 결합 모형으로 나타낸 것이다.

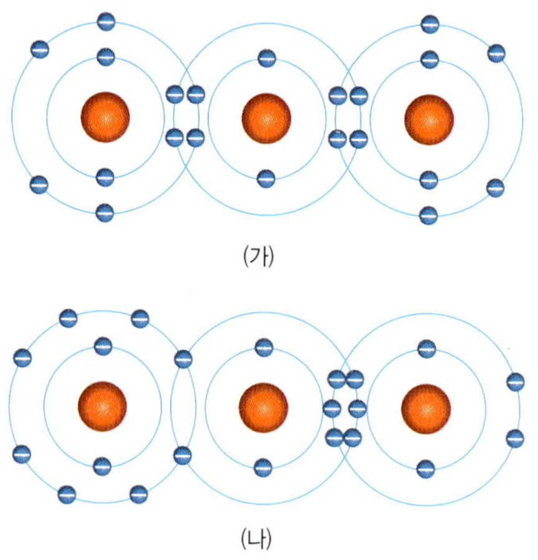

(가)

(나)

(가)와 (나)의 공통점으로 옳은 것만을 |보기|에서 있는 대로 고른 것은?

> **보기**
> ㄱ. 다중 결합이 존재한다.
> ㄴ. 공유 전자쌍 수가 4이다.
> ㄷ. Ne의 전자 배치를 가지는 원자 수는 3이다.

① ㄱ 　② ㄷ 　③ ㄱ, ㄴ
④ ㄴ, ㄷ 　⑤ ㄱ, ㄴ, ㄷ

05 그림은 화합물 AB의 화학 결합 모형을 나타낸 것이다.

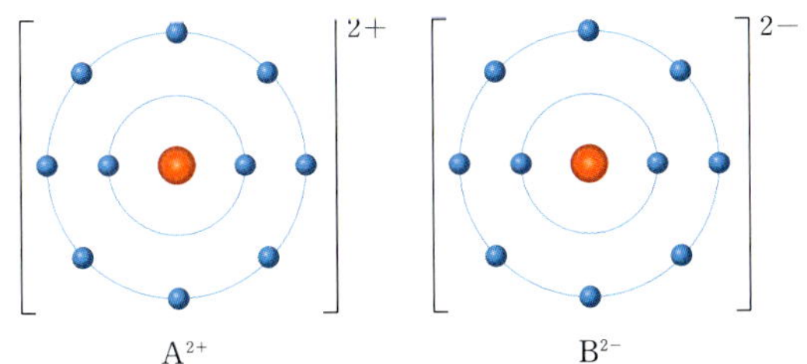

이에 대한 설명으로 옳은 것만을 |보기|에서 있는 대로 고른 것은? (단, A와 B는 임의의 원소 기호이다.)

─ 보기 ─
ㄱ. A와 B는 같은 주기 원소이다.
ㄴ. A^{2+}과 B^{2-}은 정전기적 인력에 의해 결합한다.
ㄷ. 이온 반지름은 A^{2+}이 B^{2-}보다 더 크다.

① ㄱ   ② ㄴ   ③ ㄷ
④ ㄱ, ㄴ   ⑤ ㄴ, ㄷ

06 다음은 3가지 2원자 분자 X_2, Y_2, Z_2에 대한 자료이다. X~Z는 각각 N, O, F 중 하나이고, X_2, Y_2, Z_2에서 모든 원자는 옥텟 규칙을 만족한다.

- 공유 전자쌍 수는 Y_2가 가장 크다.
- Z_2에는 다중 결합이 존재한다.

이에 대한 설명으로 옳은 것만을 |보기|에서 있는 대로 고른 것은?

─ 보기 ─
ㄱ. Y는 질소(N)이다.
ㄴ. X_2에는 2중 결합이 존재한다.
ㄷ. Z_2X_2와 YX_3의 공유 전자쌍 수는 같다.

① ㄱ   ② ㄴ   ③ ㄷ
④ ㄱ, ㄷ   ⑤ ㄴ, ㄷ

07 그림은 물(H_2O)을 전기 분해하였을 때 기체 A_2와 B_2가 각각 생성되는 것을 나타낸 것이다.

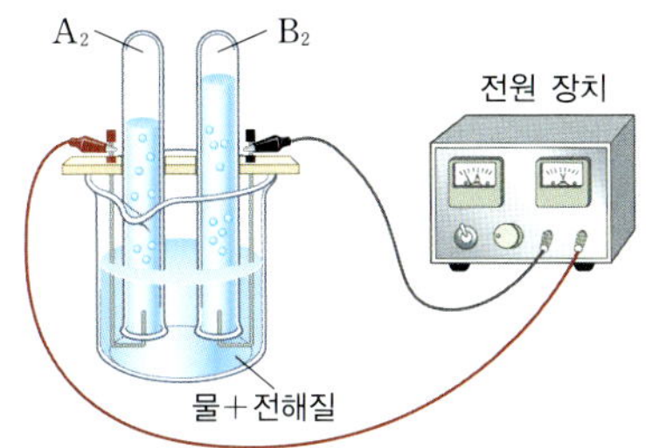

이에 대한 설명으로 옳은 것만을 |보기|에서 있는 대로 고른 것은? (단, A와 B는 임의의 원소 기호이다.)

─ 보기 ─
ㄱ. B_2는 공유 결합 물질이다.
ㄴ. A_2에는 다중 결합이 존재한다.
ㄷ. H_2O와 B_2의 공유 전자쌍 수는 같다.

① ㄱ   ② ㄴ   ③ ㄱ, ㄷ
④ ㄴ, ㄷ   ⑤ ㄱ, ㄴ, ㄷ

08 그림은 Na(s)을 이루는 입자들의 결합을 모형으로 나타낸 것이다.

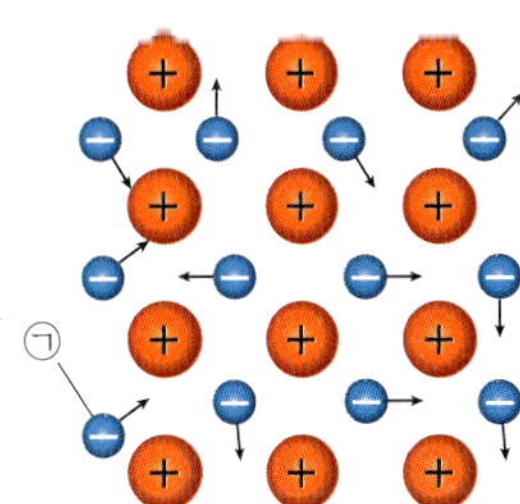

이에 대한 설명으로 옳은 것만을 |보기|에서 있는 대로 고른 것은?

─ 보기 ─
ㄱ. Na은 분자로 이루어져 있다.
ㄴ. Na(s) 내부에는 양이온이 존재한다.
ㄷ. 전류를 흘려 주면 ㉠은 (＋)극 쪽으로 이동한다.

① ㄱ   ② ㄴ   ③ ㄷ
④ ㄱ, ㄴ   ⑤ ㄴ, ㄷ

09 그림은 화합물 AB의 용융액을 전기 분해할 때 용융액 속의 입자들이 이동하는 모습을 나타낸 것이다. A와 B는 3주기 원소이고, A의 원자가 전자 수는 1이다.

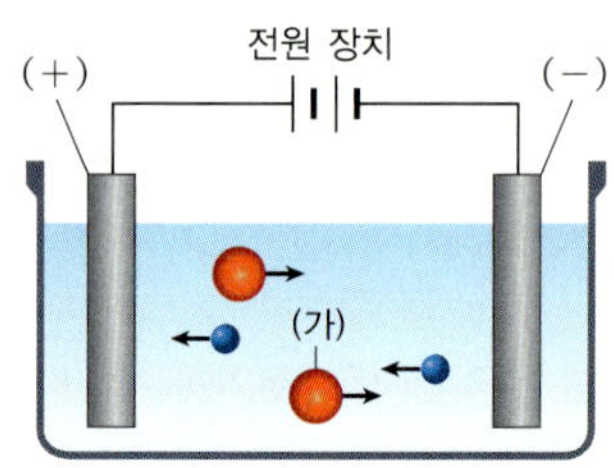

이에 대한 설명으로 옳은 것만을 |보기|에서 있는 대로 고른 것은? (단, A와 B는 임의의 원소 기호이다.)

> **보기**
> ㄱ. AB는 이온 결합 물질이다.
> ㄴ. (가)는 B^-이다.
> ㄷ. (+)극에서 $A(s)$가 생성된다.

① ㄱ　　　　　② ㄴ　　　　　③ ㄱ, ㄷ
④ ㄴ, ㄷ　　　　⑤ ㄱ, ㄴ, ㄷ

10 그림은 원자 A ~ C의 전자 배치를 나타낸 것이다.

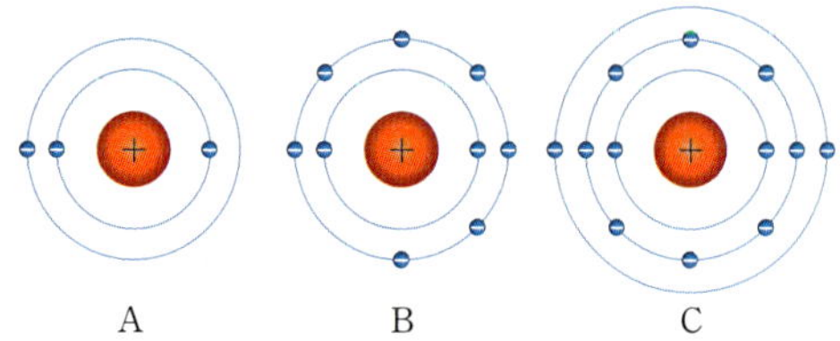

이에 대한 설명으로 옳은 것만을 |보기|에서 있는 대로 고른 것은? (단, A ~ C는 임의의 원소 기호이다.)

> **보기**
> ㄱ. A ~ C 중 금속 원소는 2가지이다.
> ㄴ. 화합물 AB에서 양이온과 음이온의 전자 배치는 서로 같다.
> ㄷ. C와 B로 이루어진 화합물의 화학식은 C_2B이다.

① ㄱ　　　　　② ㄷ　　　　　③ ㄱ, ㄴ
④ ㄴ, ㄷ　　　　⑤ ㄱ, ㄴ, ㄷ

11 그림은 화합물 (가)와 (나)를 화학 결합 모형으로 나타낸 것이다.

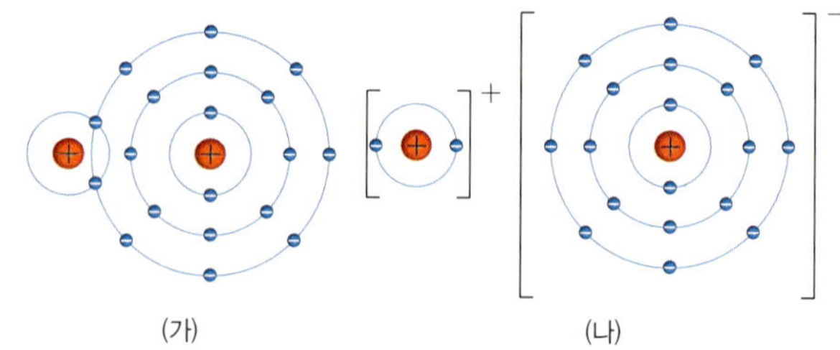

이에 대한 설명으로 옳은 것만을 |보기|에서 있는 대로 고른 것은?

> **보기**
> ㄱ. (가)는 HCl이다.
> ㄴ. (가)와 (나)는 화학 결합의 종류가 같다.
> ㄷ. (가)와 (나)에 동일한 원소가 포함되어 있다.

① ㄱ　　　　　② ㄴ　　　　　③ ㄱ, ㄷ
④ ㄴ, ㄷ　　　　⑤ ㄱ, ㄴ, ㄷ

12 다음은 4가지 물질의 화학식이다.

> Mg　　　NaCl　　　HCl　　　CO_2

이 물질들에 대한 설명으로 옳은 것만을 |보기|에서 있는 대로 고른 것은?

> **보기**
> ㄱ. 고체 상태에서 양이온이 존재하는 것은 2가지이다.
> ㄴ. 고체 상태에서 전기 전도성이 있는 것은 2가지이다.
> ㄷ. 액체 상태에서 전기 전도성이 있는 것은 2가지이다.

① ㄱ　　　　　② ㄴ　　　　　③ ㄱ, ㄷ
④ ㄴ, ㄷ　　　　⑤ ㄱ, ㄴ, ㄷ

13 표는 몇 가지 이온 결합 물질에 대한 자료이다.

물질	이온 사이의 거리(pm)	녹는점(℃)
NaF	231	996
NaCl	276	801
MgO	210	2825
BaO	275	1973

(1) 이온 사이의 거리가 녹는점에 미치는 영향을 알아보기 위해 다음 물질과 비교해야 하는 물질을 각각 쓰시오.

NaF과 ____㉠____, MgO과 ____㉡____

(2) NaCl과 BaO은 이온 사이의 거리가 비슷하지만 녹는점이 크게 차이난다. 그 까닭을 설명하시오.

14 그림은 Na^+과 Cl^-이 이온 결합을 형성할 때 이온 사이의 거리(r)에 따른 에너지를 나타낸 것이다.

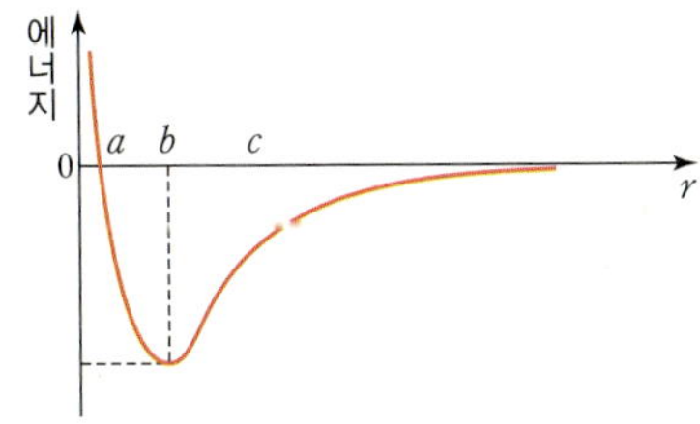

(1) Na^+과 Cl^- 사이의 반발력은 $r=a$일 때와 $r=c$일 때 중 어디에서 더 큰가?

(2) $a \sim c$ 중 이온 결합이 형성되는 거리(r)가 무엇인지 그 까닭과 함께 서술하시오.

15 그림은 물질 (가)와 (나)의 화학 결합을 모형으로 나타낸 것이다. (가)와 (나)는 각각 $NaCl(s)$, $Na(s)$ 중 하나이다.

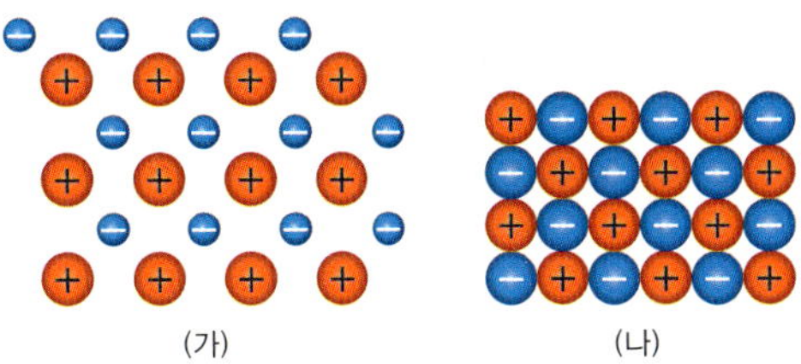

(1) (가)와 (나)의 화학식은 각각 무엇인지 쓰시오.

(2) (가)와 (나)에서 각각 (−)전하를 띠는 입자는 무엇인지 쓰시오.

16 그림은 화합물 (가)와 (나)를 화학 결합 모형으로 나타낸 것이다.

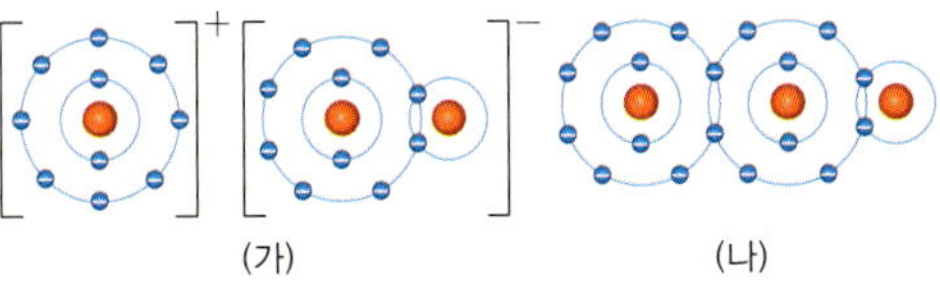

(1) (가)와 (나)의 화학식을 쓰시오.

(2) (가)와 (나) 중 힘을 가했을 때 쉽게 부서지는 물질은 무엇인지 그 까닭과 함께 서술하시오.

화학 결합과 분자의 세계

2 분자의 구조와 성질

03 결합의 극성과 루이스 전자점식

결합의 극성
- 전기 음성도 —— F의 전기 음성도 4.0
- 결합의 극성
  - 무극성 공유 결합 —— 같은 원자끼리의 공유 결합
  - 극성 공유 결합 —— 전기 음성도가 다른 두 원자 사이의 공유 결합
  - 쌍극자 모멘트(μ) —— $\mu = g \times r$

루이스 전자점식
- 원자의 루이스 전자점식 —— 나트륨(Na) 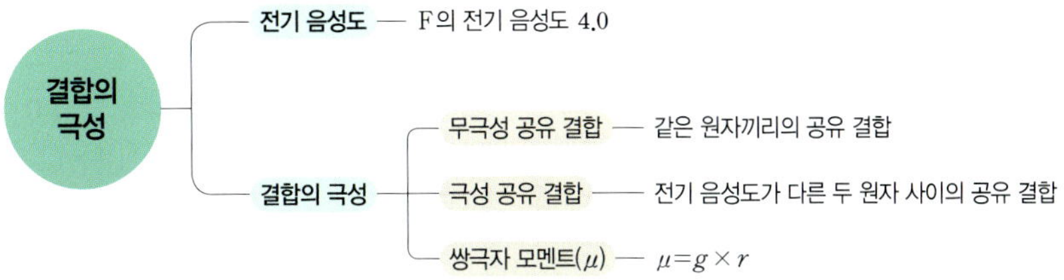
- 분자의 루이스 전자점식 —— 플루오린화 수소(HF) 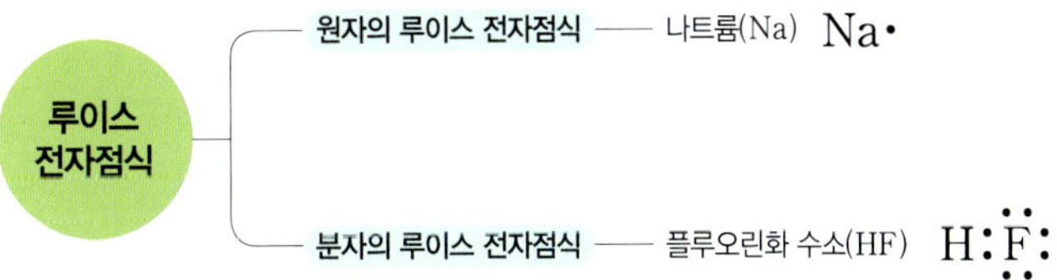

04 분자의 구조와 성질

분자의 구조
- 전자쌍 반발 이론 —— 비공유 전자쌍 사이의 반발력 > 공유 전자쌍 비공유 전자쌍 사이의 반발력 > 공유 전자쌍 사이의 반발력
- 결합각
  - 직선형 —— $180°$
  - 굽은형 —— $104.5°$
  - 평면 삼각형 —— $120°$
  - 정사면체형 —— $109.5°$
  - 삼각뿔형 —— $107°$
- 분자의 극성
  - 극성 분자 —— 분자의 쌍극자 모멘트가 0이 아님
  - 무극성 분자 —— 쌍극자 모멘트의 합이 0인 분자

03 결합의 극성과 루이스 전자점식

1 전기 음성도

개념 원자가 공유 결합을 이룬 후 공유 전자쌍을 자신 쪽으로 끌어당겨 전기적으로 (−)전하를 띠려는 경향이다.

1. 전기 음성도 : 공유 결합하는 원자가 공유 전자쌍을 끌어당기는 능력을 상대적인 수치로 나타낸 값이다.

(1) **전기 음성도의 기준** : 전기 음성도가 가장 큰 원소인 플루오린(F)의 전기 음성도를 4.0으로 정하고, 이 값을 기준으로 다른 원소들의 전기 음성도를 상대적으로 나타내었다.

(2) **전기 음성도의 크기** : 원자의 크기가 작을수록, 원자핵의 전하량이 클수록 공유 전자쌍을 끌어당기는 힘이 커지므로 전기 음성도가 커진다.

2. 전기 음성도의 주기적 성질

(1) 전기 음성도는 같은 주기에서는 원자 번호가 커질수록 커진다.(18족 제외)

예 $Li < Be < B < C < N < O < F$

(2) 전기 음성도는 같은 족에서는 원자 번호가 커질수록 작아진다.

예 $F > Cl > Br > I$

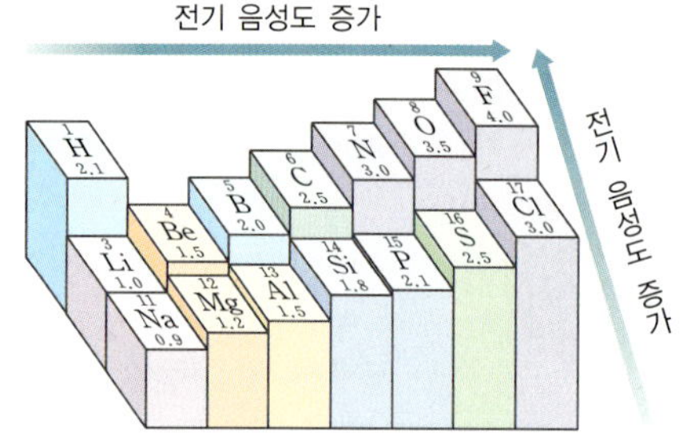

전기 음성도의 정의

미국의 화학자 폴링(Pauling, L., 1901 ~ 1994)이 1932년에 결합 에너지로부터 전기 음성도를 계산하여 정의하였다. 전기 음성도는 공유 전자쌍을 잡아당기는 힘의 크기를 상대적으로 비교하여 나타낸 값으로 단위가 없으며, 18족 원소의 경우 다른 원자와 결합을 하지 않으므로 전기 음성도는 18족 원소를 제외하고 다룬다.

2 결합의 극성과 쌍극자 모멘트

개념 공유 결합하는 두 원자의 전기 음성도 차이에 따라 극성 공유 결합과 무극성 공유 결합으로 나뉜다.

1. 결합의 극성

(1) **무극성 공유 결합** : 같은 원자와 원자 사이의 공유 결합이며, 결합한 두 원자의 전기 음성도가 같아 공유 전자쌍이 어느 한 원자 쪽으로 치우치지 않으므로 결합한 각 원자에 부분적인 전하가 생기지 않는다.

예 $H-H$, $Cl-Cl$, $O=O$, $N≡N$

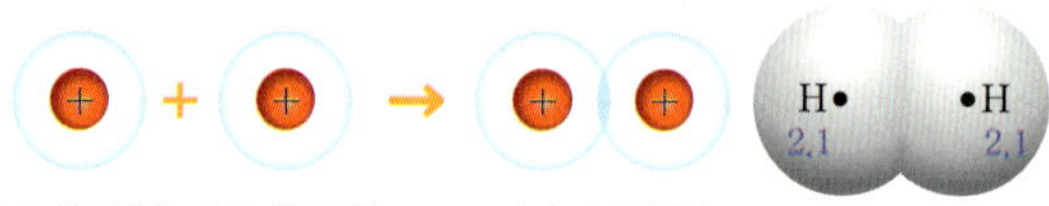

(2) **극성 공유 결합** : 전기 음성도가 다른 두 원자 사이의 공유 결합이며, 전기 음성도가 큰 원자가 공유 전자쌍을 자신 쪽으로 끌어당겨 부분적인 (−)전하(δ^-)를 띠고, 전기 음성도가 작은 원자는 부분적인 (+)전하(δ^+)를 띤다.

예 $\overset{\delta^+}{H}-\overset{\delta^-}{Cl}$, $\overset{\delta^+}{H}-\overset{\delta^-}{F}$

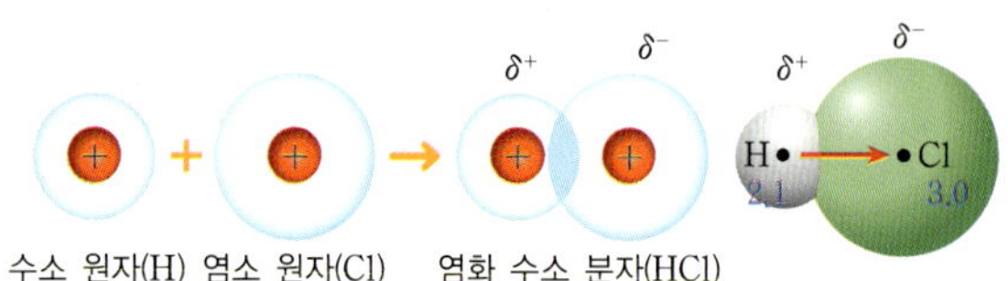

강의 포인트
극성
(+)전하를 띠는 극과 (−)전하를 띠는 극이 나뉘어서 나타나는 성질

부분적인 전하

원자가 전자 1개를 얻으면 음이온이 되면서 −1의 전하를, 전자 1개를 잃으면 양이온이 되면서 +1의 전하를 띤다. 극성 공유 결합의 경우 전자가 완전히 이동하는 것이 아니라 전자쌍이 치우쳐 전하를 띠게 되므로 부분적인 전하라고 하며, 그리스어의 δ(델타)로 표시한다. 이때 δ는 0보다 크고 1보다 작은 값이다.

2. 전기 음성도 차이에 따른 화학 결합의 구분

(1) 결합한 두 원자의 전기 음성도 차이가 클수록 공유 결합의 극성이 커진다.

(2) 결합한 두 원자의 전기 음성도 차이가 매우 크면 전기 음성도가 작은 원자에서 전기 음성도가 큰 원자로 전자가 완전히 이동하여 이온 결합을 형성한다.

결합의 종류	무극성 공유 결합	극성 공유 결합	이온 결합	전기 음성도 차이가 2.0 이상
전기 음성도 차이	없다.	작다.	크다.	
전자의 치우침	$X:X$	$X:Y$ δ^+ δ^-	M^+ Y^-	

공유 결합성이 커진다.　　　이온 결합성이 커진다.

3. 쌍극자 모멘트

(1) **쌍극자** : 두 원자가 극성 공유 결합을 할 때 크기가 같고 부호가 반대인 두 부분 전하 $(+q, -q)$가 일정한 거리(r)만큼 떨어져 부분적인 전하를 나타내는 것

(2) **쌍극자 모멘트(μ)** : 결합의 극성 정도를 나타내는 물리량으로, 결합하는 두 원자의 전하량(q)과 두 전하 사이의 거리(r)를 곱한 값으로 나타낸다.

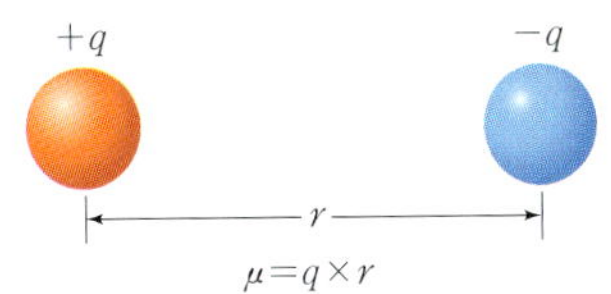

➡ 쌍극자 모멘트의 값이 클수록 결합의 극성이 크다.

(3) **쌍극자 모멘트의 표시** : 부분적인 $(+)$전하(δ^+)를 띠는 원자에서 부분적인 $(-)$전하(δ^-)를 띠는 원자 쪽으로 십자 화살표가 향하도록 표시한다.

분자	물(H_2O)	암모니아(NH_3)	이산화 탄소(CO_2)
전기 음성도	$H<O$	$H<N$	$C<O$
극성 공유 결합	$O-H(2개)$	$N-H(3개)$	$C=O(2개)$
구조 모형	H_2O	NH_3	CO_2

HF에서 쌍극자 모멘트의 표시

HF에서 전기 음성도가 작은 H 원자에서 전기 음성도가 큰 F 원자를 향하도록 십자 화살표를 표시한다.

δ^+　δ^-
$H-F$

정답과 해설 p.44

🧠 교과서 문장으로 개념 익히기

01 분자 내에서 공유 전자쌍을 끌어당기는 정도를 상대적 수치로 나타낸 것을 □□□□□라고 한다.

02 전기 음성도가 가장 큰 원소인 플루오린(F)의 전기 음성도를 □으로 정하고, 이 값을 기준으로 다른 원소들의 전기 음성도를 상대적으로 나타내었다.

03 전기 음성도가 같은 원자들은 (무극성 / 극성) 공유 결합을 이루고, 전기 음성도가 다른 원자들은 (부극성 / 극성) 공유 결합을 이룬다.

04 전기 음성도 차이가 있을 때는 극성 공유 결합을 형성하여 쌍극자 모멘트는 (0이다 / 0이 아니다).

📦 OX 문제로 개념 익히기

05 같은 족에서 원자 번호가 증가할수록 전기 음성도는 감소한다. (O / X)

06 같은 주기에서 원자 번호가 증가할수록 전기 음성도는 증가한다. (O / X)

07 공유 결합에서 공유 전자쌍은 전기 음성도가 작은 원자 쪽으로 끌린다. (O / X)

08 같은 원자 사이의 공유 결합은 무극성 공유 결합이다. (O / X)

09 극성 공유 결합의 쌍극자 모멘트는 0이다. (O / X)

루이스 전자점식과 구조식

원소 기호 주위에 원자가 전자를 점으로 나타낸 식으로, 화학 결합 시 옥텟 규칙을 만족하기 위해 필요한 전자 수를 쉽게 파악할 수 있다.

1. 루이스 전자점식

(1) 루이스 전자점식 : 원소 기호 주위에 해당 원소의 원자가 전자를 점으로 나타낸 식이다.

(2) 원자의 루이스 전자점식 : 원소 기호 상하좌우에 전자 1개씩 점으로 그린 다음, 다섯 번째 전자부터 쌍을 이루도록 그린다.

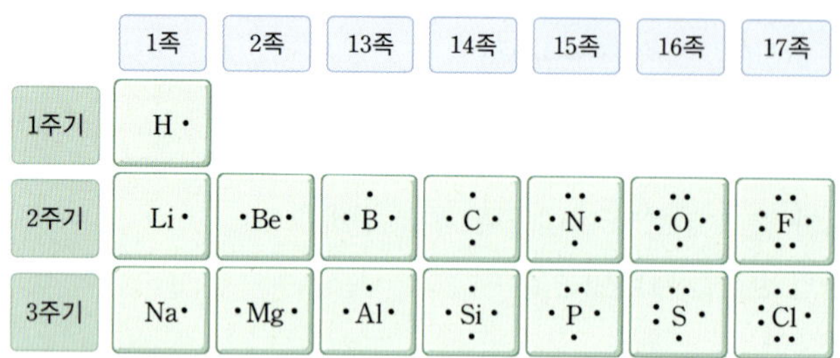

(3) 분자의 루이스 전자점식

❶ 각 원자를 루이스 전자점식으로 나타낸 후 결합을 형성하는 원자들이 모두 안정한 전자 배치가 되도록 전자를 배치한다.

❷ 공유 전자쌍은 두 원자의 원소 기호 사이에 표시하고, 비공유 전자쌍은 각 원소 기호 주변에 표시한다.

- **염소(Cl_2)** : 원자가 전자가 7개인 염소 원자는 다른 염소 원자와 1개의 전자쌍을 공유하여 옥텟 규칙을 만족한다.

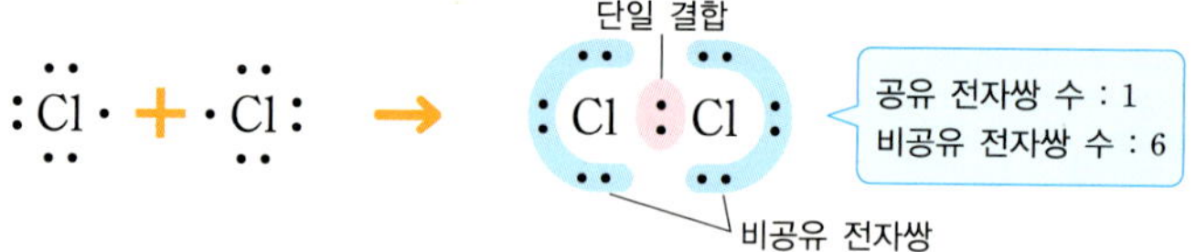

- **산소(O_2)** : 원자가 전자가 6개인 산소 원자는 다른 산소 원자와 2개의 전자쌍을 공유하여 옥텟 규칙을 만족한다.

- **메테인(CH_4)** : 원자가 전자가 4개인 탄소 원자는 수소 원자 4개와 각각 1개씩의 전자쌍을 공유하여 옥텟 규칙을 만족한다.

- **물(H_2O)** : 원자가 전자가 6개인 산소 원자는 수소 원자 2개와 각각 1개씩의 전자쌍을 공유하여 옥텟 규칙을 만족한다.

- **이산화 탄소(CO_2)** : 원자가 전자가 4개인 탄소 원자는 산소 원자 2개와 각각 2개씩의 전자쌍을 공유하여 옥텟 규칙을 만족한다.

주의! 오개념

루이스 전자점식에 원자가 전자만 나타내는 까닭

원자가 전자만 화학 결합에 참여하기 때문이다. 같은 족 원소들은 주기가 달라도 루이스 전자점식에 표현된 점의 수가 같다.

공유 전자쌍과 비공유 전자쌍
- 공유 전자쌍 : 결합에 참여하는 두 원자가 공유하는 전자쌍
- 비공유 전자쌍 : 결합에 참여하지 않고 한 원자에만 속해 있는 전자쌍

(4) **이온의 루이스 전자점식** : 원자의 루이스 전자점식으로부터 양이온은 잃은 전자 수만큼 점을 빼고, 음이온은 얻은 전자 수만큼 점을 더한 후 대괄호를 사용하여 각 이온의 전하를 나타낸다.

- **NaCl의 루이스 전자점식** : $[Na]^+$ $[:\overset{..}{\underset{..}{Cl}}:]^-$
- 2개 이상의 원자로 이루어진 이온(다원자 이온)의 루이스 전자점식

$[:\overset{..}{\underset{..}{O}}:H]^-$	$[H:\overset{..}{O}:H]^+$ 아래 H	$[H:\overset{H}{\underset{H}{N}}:H]^+$
수산화 이온(OH^-)	하이드로늄 이온(H_3O^+)	암모늄 이온(NH_4^+)

2. 구조식(루이스 구조식)

(1) 공유 결합하는 분자의 전자 배치를 간단하고 편리하게 나타내기 위하여 공유 전자쌍을 결합선(−)으로 나타낸 식이다. 비공유 전자쌍은 생략하기도 한다.

(2) 단일 결합은 결합선 1개(−)로 나타낸다.

구분	플루오린화 수소 (HF)	물 (H_2O)	암모니아 (NH_3)	메테인 (CH_4)
루이스 전자점식	$H:\overset{..}{\underset{..}{F}}:$	$H:\overset{..}{\underset{..}{O}}:H$	$H:\overset{..}{\underset{H}{N}}:H$ (위 H)	$H:\overset{H}{\underset{H}{C}}:H$
루이스 구조식	$H-F$	$H-O-H$	$H-\overset{\mid}{\underset{\mid}{N}}-H$ (위 H, 아래 H)	$H-\overset{\mid}{\underset{\mid}{C}}-H$

(3) 다중 결합의 경우에 2중 결합은 결합선 2개(=), 3중 결합은 결합선 3개(≡)로 나타낸다.

구분	산소(O_2)	질소(N_2)	이산화 탄소(CO_2)
루이스 전자점식	$:\overset{..}{O}::\overset{..}{O}:$	$:N⫶⫶N:$	$\overset{..}{O}::C::\overset{..}{O}$
루이스 구조식	$O=O$	$N≡N$	$O=C=O$

개념 익히기 문제

정답과 해설 p.44

🧠 교과서 문장으로 개념 익히기

10 원소 기호 주위에 ☐☐☐☐☐를 점으로 나타낸 식을 루이스 전자점식이라고 한다.

11 공유 결합에 참여하는 전자쌍을 ☐☐ 전자쌍이라 하고, 결합에 참여하지 않는 전자쌍을 ☐☐☐ 전자쌍이라고 한다.

12 두 원자 사이에 공유 전자쌍이 2개와 3개인 공유 결합을 2중 결합과 3중 결합이라고 하며, 각각 결합선 ☐개와 ☐개로 나타낸다.

🎲 OX 문제로 개념 익히기

13 산소(O)의 루이스 전자점식에서 O 원소 기호 주위의 점은 6개이다. (ㅇ / ✕)

14 원자가 전자 수가 7인 염소(Cl) 원자는 다른 염소 원자와 1개의 전자쌍을 공유하여 옥텟 규칙을 만족한다. (ㅇ / ✕)

15 이온은 루이스 전자점식이 존재하지 않는다. (ㅇ / ✕)

16 루이스 구조식에서 다중 결합은 결합선 1개로 나타낸다. (ㅇ / ✕)

 전기 음성도의 주기적 성질과 결합의 극성

🖐 **Point** 주기율표의 각 원소들의 전기 음성도 값과 주기적 성질을 알아보고, 전기 음성도 차이에 따른 결합 유형을 알아보자.

(가) 그림은 주기율표의 각 원소들이 가지는 전기 음성도 값과 주기적 성질을 나타낸 것이다.

전기 음성도 증가 →

1			13	14	15	16	17
H 2.1	2		B 2.0	C 2.5	N 3.0	O 3.5	F 4.0
Li 1.0	Be 1.5		Al 1.5	Si 1.8	P 2.1	S 2.5	Cl 3.0
Na 0.9	Mg 1.2		Ga 1.6	Ge 1.8	As 2.0	Se 2.4	Br 2.8
K 0.8	Ca 1.0		In 1.7	Sn 1.8	Sb 1.9	Te 2.1	I 2.5
Rb 0.8	Sr 1.0		Ti 1.8	Pb 1.9	Bi 1.9	Po 2.0	At 2.2
Cs 0.7	Ba 0.9						

전기 음성도 증가 ↑

⋯› 전기 음성도는 주기율표에서 오른쪽, 위쪽으로 갈수록 증가하는 경향이 있다. (단, 18족 원소 제외)

(나) 다음은 3가지 물질 염소(Cl_2), 염화 수소(HCl), 염화 나트륨(NaCl)에 대한 자료이다.

물질	염소(Cl_2)	염화 수소(HCl)	염화 나트륨(NaCl)
전기 음성도 차이	0	0.9	2.1
전자쌍의 치우침	Cl←⋮→Cl	δ^+ H—⋮→Cl δ^-	Na$^+$ Cl$^-$
결합 유형	무극성 공유 결합	극성 공유 결합	이온 결합

⋯› 결합한 두 원자의 전기 음성도 차이가 0이면 쌍극자 모멘트가 0이 되고 무극성 공유 결합을 한다.

⋯› 결합한 두 원자의 전기 음성도 차이가 작으면 극성 공유 결합을 한다.

⋯› 결합한 두 원자의 전기 음성도 차이가 크면 전자는 전기 음성도가 작은 원자에서 큰 원자로 옮겨가 이온이 되며, 이온 결합을 한다.

정답과 해설 p.44

예제 ❶

그림은 전기 음성도에 대한 자료이다.

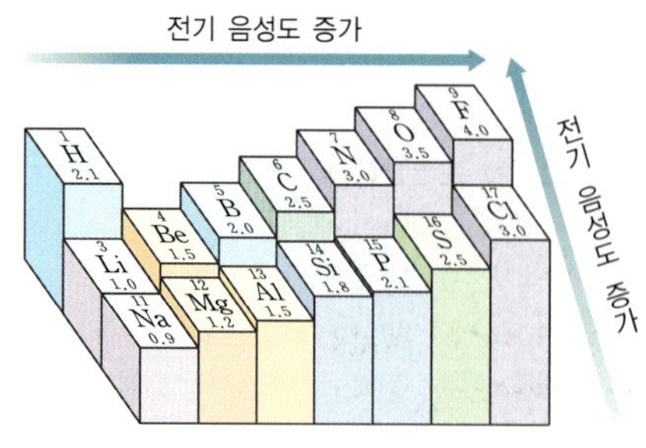

▶ **해결 전략**

1단계 : 전기 음성도의 정의와 주기적 성질을 확인한다.

2단계 : 확인한 사실을 적용하여 문항 설명의 진위를 판단한다.

전기 음성도에 대한 설명으로 옳지 <u>않은</u> 것은?

① 원자가 공유 전자쌍을 끌어당기는 능력을 상대적인 값으로 나타낸 것이다.

② 전기 음성도가 가장 큰 원소는 플루오린이다.

③ 같은 주기에서 원자 번호가 증가할수록 대체로 값이 커진다.

④ 같은 족에서 원자 번호가 증가할수록 대체로 값이 작아진다.

⑤ 수소(H)와 탄소(C)의 결합에서 부분적인 (−)전하(δ^-)를 띠는 것은 H이다.

개념 다지기 문제

01 표는 몇 가지 원자의 전기 음성도를 나타낸 것이다.

원자	H	O	Cl
전기 음성도	2.1	3.5	3.0

이에 대한 설명으로 옳은 것만을 |보기|에서 있는 대로 고른 것은?

|보기|
ㄱ. H_2와 O_2, Cl_2의 각 원자는 모두 부분적인 전하를 띠지 않는다.
ㄴ. O와 Cl이 공유 결합하면 부분적인 $(-)$전하를 띠는 것은 O이다.
ㄷ. 분자 H_2O_2에는 무극성 공유 결합이 존재한다.

① ㄱ   ② ㄷ   ③ ㄱ, ㄴ
④ ㄴ, ㄷ   ⑤ ㄱ, ㄴ, ㄷ

대표 유형 문제

02 그림은 주기율표의 일부를 나타낸 것이다.

족 주기	1	2	13	14	15	16	17	18
1	A							
2				B		C		
3							D	

이에 대한 설명으로 옳은 것만을 |보기|에서 있는 대로 고른 것은? (단, A ~ D는 임의의 원소 기호이다.)

|보기|
ㄱ. 전기 음성도는 C > B이다.
ㄴ. 분자 BA_4에서 부분적인 $(+)$전하(δ^+)를 띠는 원자 수는 1이다.
ㄷ. 분자 C_2D_2에는 무극성 공유 결합이 있다.

① ㄱ   ② ㄴ   ③ ㄱ, ㄷ
④ ㄴ, ㄷ   ⑤ ㄱ, ㄴ, ㄷ

03 그림 (가)와 (나)는 각각 염화 나트륨 용융액과 물을 전기 분해하는 실험을 나타낸 것이다. 물에는 황산 나트륨을 소량 첨가하였다.

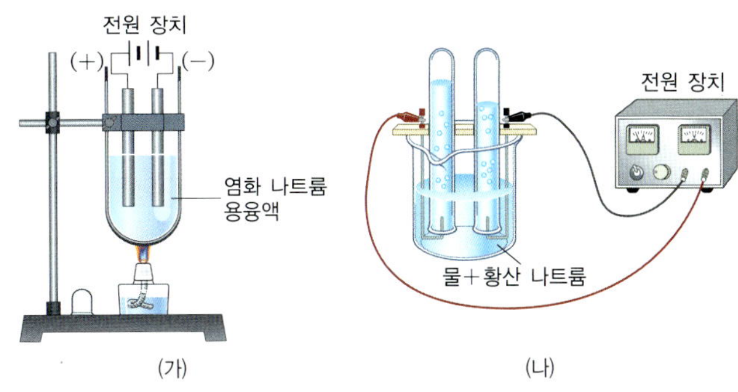

(가)와 (나)의 $(+)$극에서 각각 생성된 2가지 물질의 공통점으로 옳은 것만을 |보기|에서 있는 대로 고른 것은?

|보기|
ㄱ. 2원자 분자이다.
ㄴ. 무극성 공유 결합이 있다.
ㄷ. 다중 결합이 존재하지 않는다.

① ㄱ   ② ㄷ   ③ ㄱ, ㄴ
④ ㄴ, ㄷ   ⑤ ㄱ, ㄴ, ㄷ

04 결합의 극성에 대한 설명으로 옳지 않은 것은?

① 무극성 공유 결합은 쌍극자 모멘트가 0이다.
② NH_3에는 극성 공유 결합만 존재한다.
③ 무극성 공유 결합을 사이에 둔 두 원자는 전기 음성도가 서로 같다.
④ 공유 결합한 두 원자 중 전기 음성도가 큰 원자는 부분적인 $(+)$전하를 띤다.
⑤ 극성 공유 결합을 사이에 둔 두 원자는 부분적인 전하가 서로 다르다.

개념 다지기 문제

대표 유형문제

05 다음은 3가지 분자의 분자식이다.

$$CO_2 \qquad FCN \qquad COCl_2$$

3가지 분자의 공통점으로 옳은 것만을 |보기|에서 있는 대로 고른 것은?

― 보기 ―
ㄱ. 다중 결합을 가진다.
ㄴ. 분자의 모든 원자가 옥텟 규칙을 만족한다.
ㄷ. 중심 원자 주위에 공유 전자쌍만 존재한다.

① ㄱ   ② ㄷ   ③ ㄱ, ㄴ
④ ㄴ, ㄷ   ⑤ ㄱ, ㄴ, ㄷ

대표 유형문제

07 그림은 2주기 원소들을 루이스 전자점식으로 나타낸 것이다.

족 주기	1	2	13	14	15	16	17
2	Li·	·Be·	·B·	·C·	·N·	:O·	:F:

이에 대한 설명으로 옳은 것만을 |보기|에서 있는 대로 고른 것은?

― 보기 ―
ㄱ. Li과 F은 1쌍의 전자를 공유하여 결합한다.
ㄴ. BF_3와 NF_3의 공유 전자쌍 수는 같다.
ㄷ. BeF_2과 CO_2의 비공유 전자쌍 수는 같다.

① ㄱ   ② ㄴ   ③ ㄱ, ㄷ
④ ㄴ, ㄷ   ⑤ ㄱ, ㄴ, ㄷ

06 그림은 2주기 원소 A와 B의 수소 화합물 (가)와 (나)의 구조식이다. (가)와 (나)의 중심 원자는 모두 옥텟 규칙을 만족한다.

$$H-A-H \qquad H-\overset{\displaystyle H}{\underset{\displaystyle |}{B}}-H$$
(가)   (나)

이에 대한 설명으로 옳은 것만을 |보기|에서 있는 대로 고른 것은? (단, A와 B는 임의의 원소 기호이다.)

― 보기 ―
ㄱ. 원자가 전자 수는 A > B이다.
ㄴ. (가)의 공유 전자쌍 수와 비공유 전자쌍 수는 같다.
ㄷ. (나)에서 B는 부분적인 (+)전하를 띤다.

① ㄱ   ② ㄷ   ③ ㄱ, ㄴ
④ ㄴ, ㄷ   ⑤ ㄱ, ㄴ, ㄷ

08 표는 원자 X와 Y에 대한 자료이다.

원자	X	Y
원자 번호	7	17

원자 X와 Y가 공유 결합하여 이루어진 화합물 A의 루이스 전자점식으로 옳은 것은? (단, X와 Y는 임의의 원소 기호이고, A의 모든 원자는 옥텟 규칙을 만족한다.)

① :Y:X:Y:
② :Y:X:Y: :Y:
③ :Y:X:Y: :Y:
④ :Y:X:Y: :Y:
⑤ :Y: :Y:X:Y: :Y:

고난도 문제

09 다음은 5가지 분자의 분자식이다.

$$O_2 \qquad BeH_2 \qquad BF_3 \qquad CH_4 \qquad HCN$$

5가지 분자에 대한 설명으로 옳은 것만을 |보기|에서 있는 대로 고른 것은?

보기
ㄱ. 다중 결합이 있는 분자는 1가지이다.
ㄴ. 비공유 전자쌍이 없는 분자는 2가지이다.
ㄷ. 옥텟 규칙을 만족하지 않는 중심 원자가 있는 분자는 3가지이다.

① ㄱ ② ㄴ ③ ㄷ
④ ㄱ, ㄴ ⑤ ㄴ, ㄷ

10 그림은 1 ~ 2주기 원소 A ~ D로 이루어진 분자 (가)와 (나)의 루이스 전자점식을 나타낸 것이다.

$$A : B ⦂ C : \qquad \begin{array}{c} : D : \\ :: \\ A : B : A \end{array}$$

(가) (나)

이에 대한 설명으로 옳은 것만을 |보기|에서 있는 대로 고른 것은? (단, A ~ D는 임의의 원소 기호이다.)

보기
ㄱ. 전기 음성도는 D > C이다.
ㄴ. A가 띠는 부분적인 전하는 (가)와 (나)에서 서로 다르다.
ㄷ. Ne과 같은 전자 배치를 가진 원자 수는 (나)가 (가)보다 크다.

① ㄱ ② ㄷ ③ ㄱ, ㄴ
④ ㄴ, ㄷ ⑤ ㄱ, ㄴ, ㄷ

서술형 문제

11 그림은 2가지 물질 (가)와 (나)의 모형을 나타낸 것이다. (단, X와 Y는 임의의 원소 기호이다.)

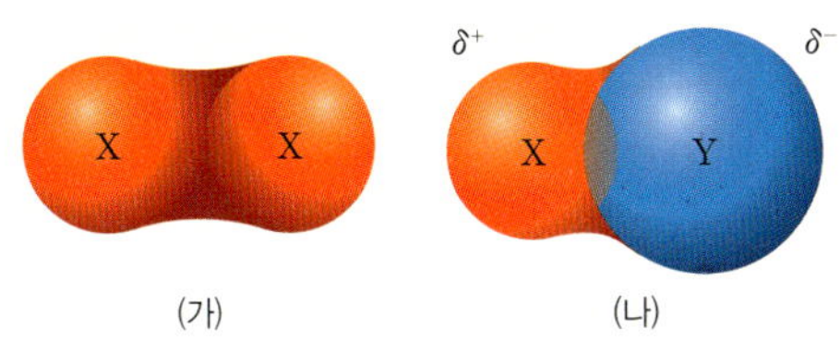

(1) (가)와 (나) 중 극성 공유 결합이 있는 것은 무엇인가?

(2) X와 Y 중 전기 음성도가 큰 것을 고르고, 그 까닭을 설명하시오.

12 그림은 2주기 원소 A ~ C로 이루어진 분자 (가)와 (나)의 루이스 전자점식을 나타낸 것이다. (단, A ~ C는 임의의 원소 기호이다.)

$$: A :: B :: A : \qquad : C : A : C :$$

(가) (나)

(1) (가)와 (나) 중 무극성 공유 결합이 있는 것은?

(2) 분자 BAC_2와 A_2C_2의 $\dfrac{\text{비공유 전자쌍 수}}{\text{공유 전자쌍 수}}$ 를 구하시오.

04 분자의 구조와 성질

① 전자쌍 반발 이론

개념 중심 원자 주위의 전자쌍들은 모두 (−)전하를 띠고 있어 서로 반발하여 가능한 멀리 떨어지려고 하며, 이를 통해 분자의 구조(모양)를 예측할 수 있다.

1. **전자쌍 반발 이론** : 분자 또는 이온에서 중심 원자 주위의 전자쌍들은 모두 (−)전하를 띠고 있어 서로 반발하여 가능한 멀리 떨어져 있으려고 한다는 이론이다.

2. **전자쌍 반발 이론에 따른 전자쌍의 배치** : 중심 원자 주위의 전자쌍 종류와 수에 따라 배열이 달라지며, 전자쌍들은 서로 가능한 멀리 떨어져 전자쌍 사이의 반발력이 최소가 되도록 한다.

전자쌍	2개	3개	4개
풍선 모형	중심 원자 / 전자쌍		
전자쌍의 배치와 결합각	180°	120°	109.5°
분자 구조	직선형	평면 삼각형	정사면체

3. **전자쌍 사이의 반발력 크기** : 공유 전자쌍은 2개의 원자가 공유하고 있으나, 비공유 전자쌍은 중심 원자에만 속해 있어 공유 전자쌍보다 더 큰 공간을 차지한다. 따라서 비공유 전자쌍 사이의 반발력은 공유 전자쌍 사이의 반발력보다 크다.

> 비공유 전자쌍 사이의 반발력 > 공유 전자쌍−비공유 전자쌍 사이의 반발력 > 공유 전자쌍 사이의 반발력

② 결합각과 분자의 구조

개념 전자쌍 반발 이론을 이용하면 분자 내 원자들의 3차원 배열 및 결합각을 예측할 수 있다.

1. **결합각** : 분자나 이온에서 중심 원자의 원자핵과 중심 원자와 공유 결합한 원자의 원자핵을 선으로 연결하였을 때 생기는 내각이다.

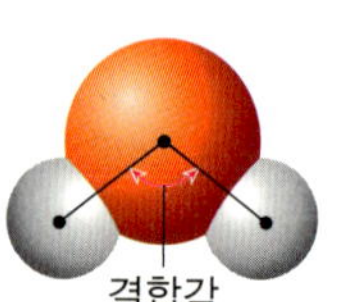

2. **분자의 구조**

(1) 중심 원자에 2개의 원자가 공유 결합한 분자는 직선형 구조를 갖는다.

분자식	BeH_2	BeF_2	CO_2	HCN
루이스 전자점식	H:Be:H	:F:Be:F:	:O::C::O:	H:C⋮⋮N:
분자 모형	H–Be–H 180°	F–Be–F 180°	O–C–O 180°	H–C–N 180°

옥텟 규칙의 예외

전자쌍 반발 이론과 풍선 모형
풍선을 같은 크기로 불어 각 풍선의 매듭을 묶은 뒤 풍선이 묶여 있는 모습을 관찰하면 중심 원자 주위의 전자쌍들의 배치와 유사하다. 풍선들이 서로 겹쳐지지 않도록 최대한 멀리 배치되는 것과 마찬가지로 중심 원자 주위의 전자쌍들 역시 서로 최대한 멀리 배치된다.

강의 포인트
공유 전자쌍과 비공유 전자쌍이 차지하는 공간

2원자 분자의 구조
결합한 원자가 2개뿐이므로 분자의 구조는 항상 직선형이다.

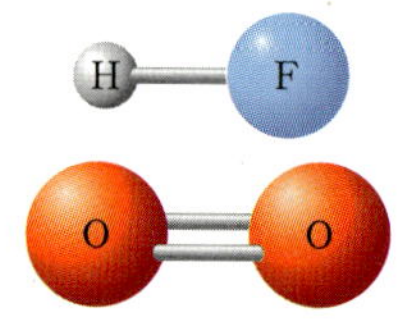

(2) 중심 원자에 3개의 원자가 공유 결합한 분자는 평면 삼각형 구조를 갖는다.

분자식	BF_3	BCl_3	CH_2O
루이스 전자점식			
분자 모형	120°	120°	결합각이 120°가 아님
	옥텟 규칙의 예외		

(3) 중심 원자에 4개의 원자가 공유 결합한 분자는 정사면체 또는 사면체 구조를 갖는다.
입체 구조

	결합한 원자가 모두 같은 경우		결합한 원자가 다른 경우	
분자식	CH_4	CF_4	CH_3Cl	CH_2Cl_2
루이스 전자점식				
분자 모형	109.5°	109.5°	결합각이 109.5°가 아님	
분자 구조	정사면체	정사면체	사면체	사면체

개념 익히기 문제

정답과 해설 p.45

🧠 교과서 문장으로 개념 익히기

01 ☐☐☐☐☐ 이론은 중심 원자의 전자쌍들이 정전기적 반발력을 최소화하기 위해 가능한 멀리 떨어져 있으려 한다는 이론이다.

02 BeF_2은 중심 원자 주위에 ☐개의 공유 전자쌍이 있으므로 이들 사이의 반발이 최소가 되려면 서로 반대편에 배열되어야 한다.

03 삼염화 붕소(BCl_3)는 중심 원자인 붕소(B) 주위에 3개의 공유 전자쌍이 존재하므로, 분자의 구조는 평면 삼각형이고 결합각은 ☐이다.

04 메테인(CH_4) 분자는 ☐☐☐☐ 구조를 이루며, 이때 결합각은 109.5°가 된다.

📦 OX 문제로 개념 익히기

05 중심 원자 주위의 전자쌍들은 가능한 멀리 떨어져 있으려고 한다. (O / X)

06 공유 전자쌍은 비공유 전자쌍보다 주변의 공간을 더 차지한다. (O / X)

07 중심 원자에 비공유 전자쌍이 없고 2개의 원자가 결합한 분자는 직선형 구조이다. (O / X)

08 BF_3의 구성 원자는 모두 동일 평면에 있다. (O / X)

09 정사면체 구조인 분자는 중심 원자 주위에 공유 전자쌍만 3개 있다. (O / X)

(4) 중심 원자에 비공유 전자쌍 1개가 있고 3개의 원자가 결합한 분자는 삼각뿔형 구조를 갖는다. ─입체 구조

분자식	NH_3	NF_3	PCl_3
루이스 전자점식	H : N : H H	: F : N : F : : F :	: Cl : P : Cl : : Cl :
분자 모형	비공유 전자쌍 N H H 107° H	비공유 전자쌍 N F F F	비공유 전자쌍 P Cl Cl Cl
분자의 구조	삼각뿔형	삼각뿔형	삼각뿔형

(5) 중심 원자에 비공유 전자쌍 2개가 있고 2개의 원자가 결합한 분자는 굽은형 구조를 갖는다. ─평면 구조

분자식	H_2O	OF_2	H_2S
루이스 전자점식	H : O : H	: F : O : F :	H : S : H
분자 모형	비공유 전자쌍 O H 104.5° H	비공유 전자쌍 O F F	비공유 전자쌍 S H H
분자의 구조	굽은형	굽은형	굽은형

개념 3 · 분자의 극성

분자의 구조에 따라 분자 전체의 전하가 고르게 분포하는지 알 수 있으며, 이를 통해 분자의 극성 유무로 극성 분자와 무극성 분자를 구별할 수 있다.

1. 극성 분자 : 분자 내에 전하가 고르게 분포하지 않고 한쪽으로 치우쳐서 부분적인 전하가 발생하는 분자로, 분자 구조가 비대칭이이어서 분자의 쌍극자 모멘트가 0이 아니다.

예

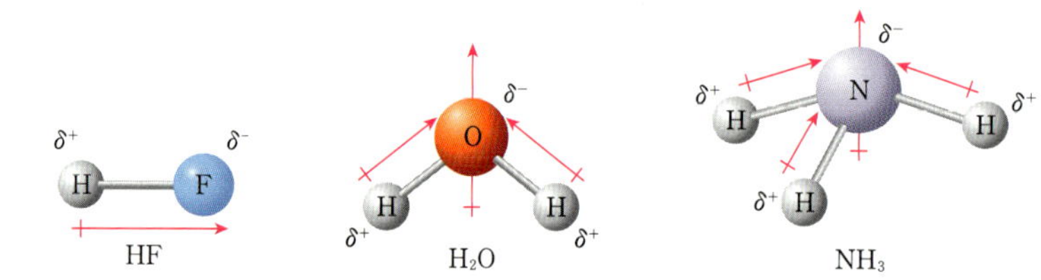

2. 무극성 분자 : 분자 내에 전하가 고르게 분포하여 부분적인 전하의 치우침이 없는 분자로, 분자 구조가 대칭이고 분자의 쌍극자 모멘트가 0이다.

(1) 무극성 공유 결합을 가진 2원자 분자는 모두 무극성 분자이다.

  예 H_2, N_2, O_2, F_2, Cl_2 등

(2) 극성 공유 결합을 가진 분자라도 분자 구조가 대칭을 이루어 결합의 쌍극자 모멘트 합이 0인 분자는 무극성 분자이다.

예

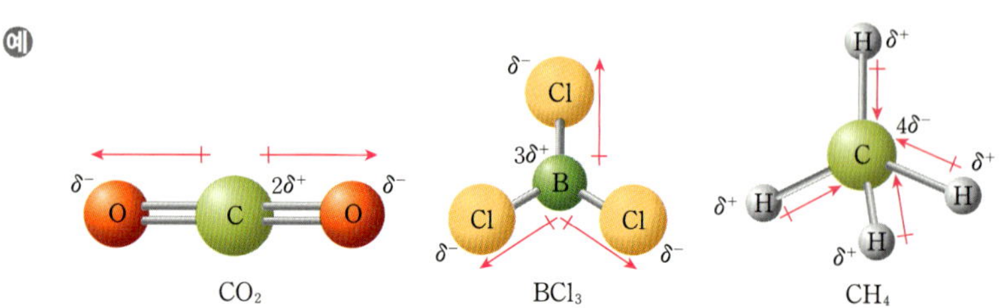

극성 유무에 따른 분자의 성질

분자의 극성 유무는 분자의 물리적, 화학적 성질에 영향을 미친다.

1. 용해성

(1) 극성 분자는 극성 용매에 잘 용해되고, 무극성 분자는 무극성 용매에 잘 용해된다.

(2) 극성 용매와 무극성 용매는 서로 섞이지 않고 층을 이룬다.

> 예 물(H_2O)은 극성 용매로 극성 분자(HCl, C_2H_5OH 등)나 이온 결합 물질($NaCl$, $CuSO_4$ 등)을 잘 녹인다. 사염화 탄소(CCl_4)는 무극성 용매로 무극성 분자(Br_2, I_2 등)를 잘 녹인다.

2. 전기적 성질

(1) 극성 분자에는 부분적인 (+)전하(δ^+)와 부분적인 (−)전하(δ^-)가 존재하므로 (+)나 (−)로 대전된 물체를 가까이 하면 끌리고, 전기장 속에서 일정한 방향으로 배열한다.

(2) 무극성 분자는 분자 내 전하가 고르게 분포하므로 대전된 물체를 가까이 해도 끌리지 않고, 전기장 속에서 무질서하게 배열한다.

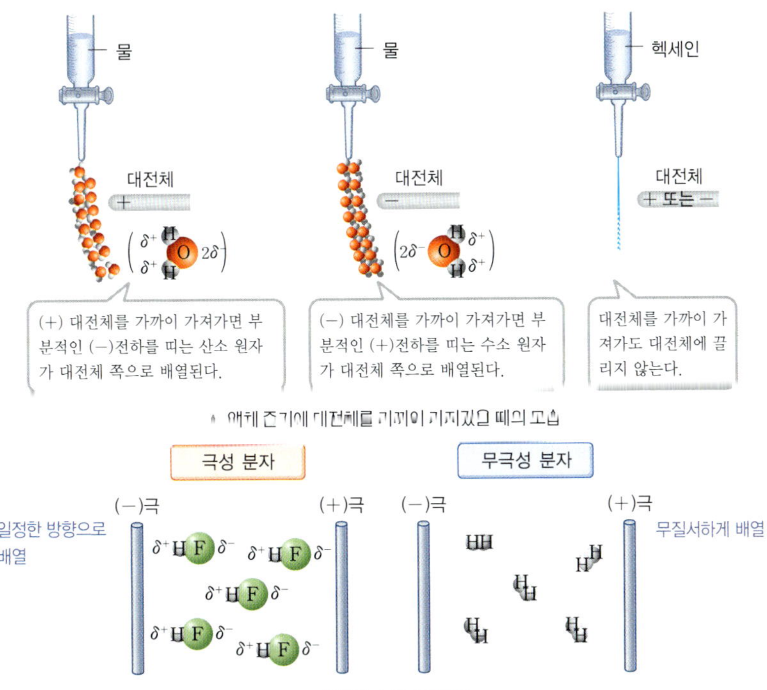

대표적인 극성 용매와 무극성 용매

- 극성 용매 : 물(H_2O), 에탄올(C_2H_5OH) 등
- 무극성 용매 : 사염화 탄소(CCl_4), n−헥세인(C_6H_{14}) 등

물질	분자량	녹는점 (℃)	끓는점 (℃)
CH_4	16	−183	−161
NH_3	17	−78	−33

개념 익히기 문제

정답과 해설 p.45

교과서 문장으로 개념 익히기

10 비공유 전자쌍 사이의 반발력은 공유 전자쌍 사이의 반발력보다 더 (크다 / 작다).

11 CH_4의 결합각은 109.5°, NH_3의 결합각은 ☐, H_2O의 결합각은 104.5°이다.

12 분자 내에 전하가 한쪽으로 치우쳐 있어 쌍극자 모멘트를 가지면 (무극성 / 극성) 분자이다.

13 극성 분자와 무극성 분자는 서로 잘 (섞인다 / 섞이지 않는다).

OX 문제로 개념 익히기

14 중심 원자 주위에 공유 전자쌍과 비공유 전자쌍이 각각 2개인 분자는 직선형 구조이다. (O / X)

15 분자 내에 전하가 고르게 분포되어 있지 않은 분자는 분자의 쌍극자 모멘트가 0이 아니다. (O / X)

16 CO_2와 NH_3는 모두 극성 분자이다. (O / X)

17 CH_4은 극성 용매인 물에 잘 녹는다. (O / X)

탐구 집중 분석 — 물질의 용해성 실험

📑 과정 & 결과

[실험 과정]

〈실험 1〉

(가) 물(H_2O)과 사염화 탄소(CCl_4)를 2개의 시험관에 각각 10 mL씩 넣는다.

(나) 물을 사염화 탄소가 담긴 시험관에 부어준 뒤 시험관 내부의 액체 모습을 관찰한다.

〈실험 2〉

(가) 4개의 시험관 A~D를 준비하여 A와 B에는 물(H_2O) 10 mL씩, C와 D에는 사염화 탄소(CCl_4) 10 mL씩 넣는다.

(나) 시험관 A와 C에는 황산 구리(Ⅱ)($CuSO_4$) 2 g씩, B와 D에는 아이오딘(I_2) 2 g씩 넣고 잘 흔들어 준 다음 용해되는지 관찰한다.

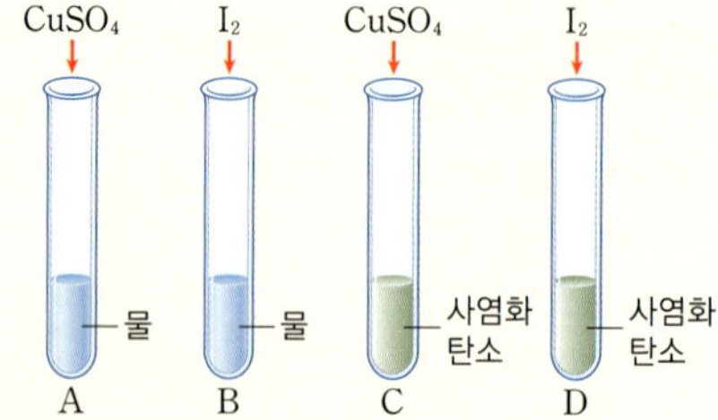

[실험 결과]

〈실험 1〉

- 물과 사염화 탄소는 섞이지 않고 층을 이루고 있다.

〈실험 2〉

- 황산 구리(Ⅱ)와 아이오딘의 용해 결과

시험관	A	B	C	D
결과	잘 녹음	거의 녹지 않음	거의 녹지 않음	잘 녹음

🔍 분석

1. 물(H_2O)과 사염화 탄소(CCl_4)가 섞이지 않는 까닭은 무엇인가?

⟶ 물은 극성 용매이고, 사염화 탄소는 무극성 용매이기 때문이다.

2. 황산 구리(Ⅱ)와 아이오딘은 어느 용매에 잘 녹았으며 그 까닭은 무엇인가?

⟶ 황산 구리(Ⅱ)는 이온 결합 물질이므로 극성 용매인 물에 잘 녹았다.

⟶ 아이오딘(I_2)은 무극성 물질이므로 무극성 용매인 사염화 탄소에 잘 녹았다.

🔧 탐구 목표

이온 결합 물질과 무극성 물질을 각각 극성 용매와 무극성 용매에 넣고 용해성을 관찰한다.

🔬 탐구 포인트

1. 무극성 물질은 무극성 용매에 잘 녹고, 극성 용매에는 잘 녹지 않는다.

2. 이온 결합 물질과 극성 물질은 극성 용매에 잘 녹고, 무극성 용매에는 잘 녹지 않는다.

3. 극성 용매와 무극성 용매는 섞이지 않는다.

예제 ❶

다음은 5가지 물질이다.

> 암모니아(NH_3)   브로민(Br_2)   에탄올(C_2H_5OH)
> 염화 나트륨($NaCl$)   사염화 탄소(CCl_4)

5가지 물질 중 물과 잘 섞이는 물질은 몇 가지인가?

① 1가지   ② 2가지   ③ 3가지
④ 4가지   ⑤ 5가지

예제 ❷ 서술형

정답과 해설 p.46

그림은 액체 A와 B를 흐르게 한 다음 (−)전하로 대전된 물체를 가까이했을 때의 모습을 나타낸 것이다. A와 B는 각각 물(H_2O)과 헥세인(C_6H_{14}) 중 하나이다.

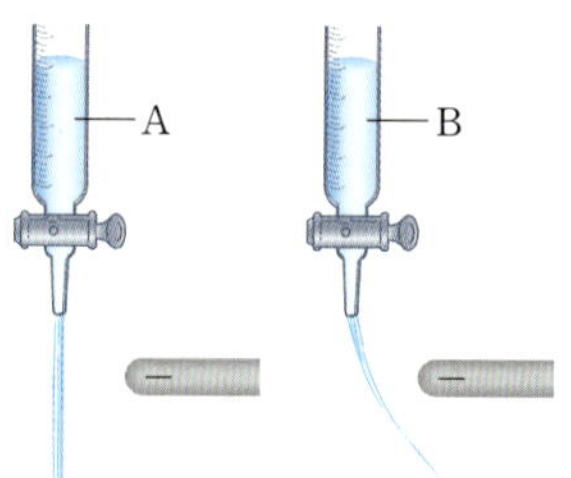

(1) A와 B는 각각 무엇인가?

(2) (−)전하로 대전된 물체 대신 (+)전하로 대전된 물체를 가까이 하면 실험 결과는 어떻게 될지 서술하시오.

개념 다지기 문제

01 전자쌍 반발 이론에 대한 설명으로 옳지 <u>않은</u> 것은?

① 전자쌍들은 (−)전하를 띠고 있다.

② 중심 원자 주위의 모든 전자쌍들은 서로 가능한 멀리 떨어지려고 한다.

③ 공유 전자쌍 사이의 반발력보다 비공유 전자쌍 사이의 반발력이 더 크다.

④ 분자의 구조를 예측할 때 중심 원자 주위의 공유 전자쌍들 사이의 반발력만 고려한다.

⑤ 중심 원자 주위에 2개의 공유 전자쌍만 존재할 때 두 전자쌍은 중심 원자를 사이에 두고 서로 반대 방향으로 배치된다.

대표 유형 문제

02 표는 중심 원자 주위의 공유 전자쌍 수에 따른 전자쌍 배치 (가)~(다)에 대한 자료이다.

전자쌍 배치	(가)	(나)	(다)
공유 전자쌍 수	2	a	4
배치 모양			109.5°

이에 대한 설명으로 옳은 것만을 |보기|에서 있는 대로 고른 것은?

보기

ㄱ. (가)에서 결합각은 180°이다.

ㄴ. $a=3$이다.

ㄷ. CH_4은 (다)와 같은 배치를 가진 분자이다.

① ㄱ 　② ㄷ 　③ ㄱ, ㄴ

④ ㄴ, ㄷ 　⑤ ㄱ, ㄴ, ㄷ

---

03 그림은 분자 (가)와 (나)에서 중심 원자 주위의 전자쌍 배치를 풍선을 이용하여 모형으로 나타낸 것이다.

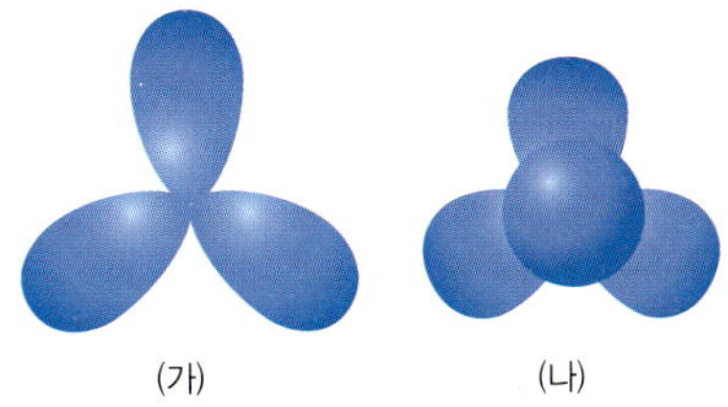

(가) 　(나)

다음 중 (가)와 (나)로 가장 적절한 것은?

	(가)	(나)		(가)	(나)
①	NH_3	CH_4	②	NF_3	$BeCl_2$
③	BCl_3	CO_2	④	BF_3	CCl_4
⑤	BeH_2	CF_4			

---

04 그림은 분자 (가)와 (나)의 루이스 전자점식이다.

$$H:\overset{..}{\underset{..}{O}}:H \qquad :\overset{..}{O}::C::\overset{..}{O}:$$

(가) 　(나)

다음 중 (가)와 (나)의 분자 구조로 옳은 것은?

	(가)	(나)		(가)	(나)
①	직선형	직선형	②	굽은형	직선형
③	직선형	굽은형	④	굽은형	굽은형
⑤	굽은형	사면체형			

05 분자 구조에 대한 설명으로 옳지 <u>않은</u> 것은?

① 중심 원자 주위에 전자쌍이 2개 존재하는 3원자 분자는 직선형 구조이다.

② 중심 원자 주위에 전자쌍이 3개 존재하는 4원자 분자는 평면 삼각형 구조이다.

③ 중심 원자 주위에 전자쌍이 4개 존재하는 5원자 분자는 사면체 구조이다.

④ 중심 원자 주위에 공유 전자쌍과 비공유 전자쌍이 각각 2개씩 있는 3원자 분자는 직선형 구조이다.

⑤ 중심 원자 주위에 공유 전자쌍 3개와 비공유 전자쌍 1개가 있는 4원자 분자는 삼각뿔형 구조이다.

07 그림은 2주기 원자 A ~ D의 루이스 전자점식이다.

$$\cdot \ddot{A} \cdot \qquad \cdot \ddot{B} \cdot \qquad \cdot \ddot{C} \cdot \qquad : \ddot{D} \cdot$$

이에 대한 설명으로 옳은 것만을 |보기|에서 있는 대로 고른 것은? (단, A ~ D는 임의의 원소 기호이다.)

| 보기 |

ㄱ. AD_3의 모든 원자는 동일 평면에 있다.

ㄴ. BD_4는 무극성 분자이다.

ㄷ. C_2D_2에는 다중 결합이 존재한다.

① ㄱ 　② ㄷ 　③ ㄱ, ㄴ

④ ㄴ, ㄷ 　⑤ ㄱ, ㄴ, ㄷ

08 다음은 물의 성질에 대한 실험이다.

[실험 과정]

(가) 뷰렛에 물을 넣은 후 꼭지를 열어 아래로 가느다란 물줄기가 흐르도록 한다.

(나) (−)전하를 띠는 대전체를 물줄기에 가까이 가져가 본다.

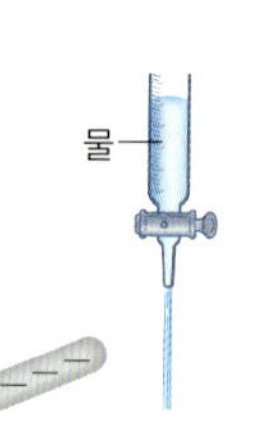

(나)에서 물줄기가 흐르는 모습과 물 분자의 배열을 나타낸 것으로 옳은 것은?

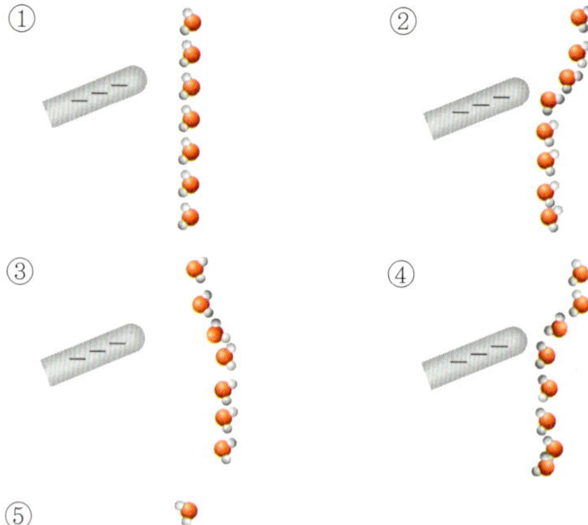

06 그림은 3가지 분자의 구조식을 나타낸 것이다.

$$H-O-H \qquad H-N-H \qquad H-C-H$$

결합각 $\alpha \sim \gamma$의 크기를 비교한 것으로 옳은 것은?

① $\alpha > \beta > \gamma$ 　② $\beta > \alpha > \gamma$

③ $\beta > \gamma > \alpha$ 　④ $\gamma > \alpha > \beta$

⑤ $\gamma > \beta > \alpha$

고난도 문제

09 다음은 분자의 특성에 대한 설명이다.

> (가) 분자의 쌍극자 모멘트가 0이 아니다.
> (나) 부분적인 (+)전하를 띤 원자 수가 2 이상이다.

특성 (가)와 (나)를 모두 만족하는 분자만을 |보기|에서 있는 대로 고른 것은?

> **보기**
> ㄱ. CO_2 ㄴ. CF_4
> ㄷ. NH_3 ㄹ. OF_2

① ㄷ   ② ㄱ, ㄹ   ③ ㄴ, ㄷ
④ ㄱ, ㄴ, ㄹ   ⑤ ㄴ, ㄷ, ㄹ

10 그림은 분자 (가)~(다)의 구조식을 나타낸 것이다.

$$F-B-F \quad\quad H-N-H \quad\quad Cl-C-Cl$$

(가)   (나)   (다)

이에 대한 설명으로 옳은 것만을 |보기|에서 있는 대로 고른 것은?

> **보기**
> ㄱ. (가)와 (나)는 공유 전자쌍 수가 같다.
> ㄴ. 결합각은 (가)가 (다)보다 크다.
> ㄷ. (나)와 (다)는 분자의 쌍극자 모멘트가 0이 아니다.

① ㄱ   ② ㄷ   ③ ㄱ, ㄴ
④ ㄴ, ㄷ   ⑤ ㄱ, ㄴ, ㄷ

서술형 문제

11 그림은 2가지 물질 암모니아(NH_3)와 물(H_2O)의 분자 구조를 모형으로 나타낸 것이다.

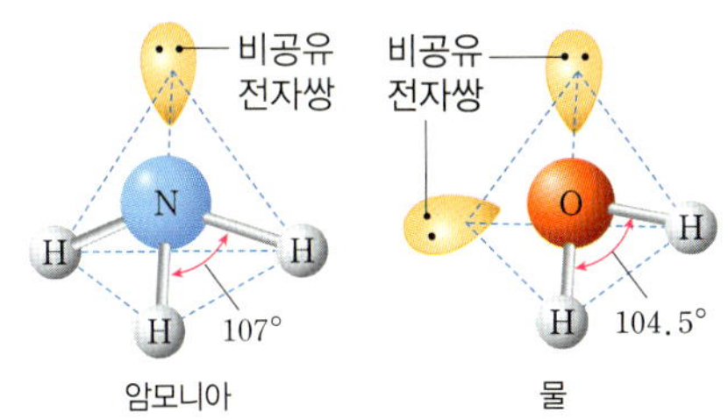

(1) 암모니아와 물 중 입체 구조인 것은 무엇인가?

(2) 물의 결합각이 암모니아보다 작은 까닭을 설명하시오.

12 그림은 화합물 X의 가는 액체 줄기에 (+)전하로 대전된 풍선을 가까이 가져갔을 때의 모습을 나타낸 것이다.

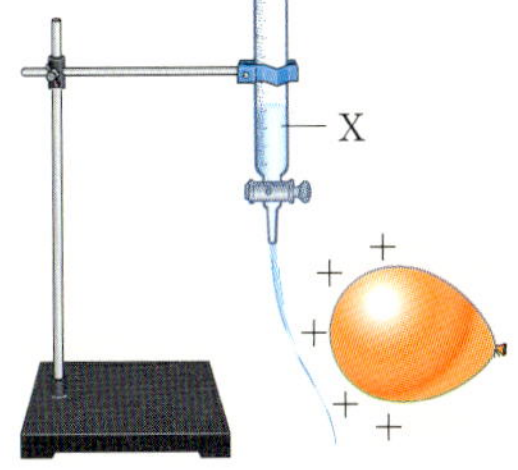

(1) X는 극성 물질과 무극성 물질 중 어느 것인가?

(2) (+)전하로 대전된 풍선 대신 (−)로 대전된 물체를 X의 액체 줄기에 가까이 가져갔을 때 액체 줄기가 떨어지는 모습은 어떤지 서술하시오.

03 결합의 극성과 루이스 전자점식

1 전기 음성도의 주기적 성질

그림은 2, 3주기 원자 $W \sim Z$의 전기 음성도를 나타낸 것이다.
W와 X는 14족, Y와 Z는 17족 원소이다.

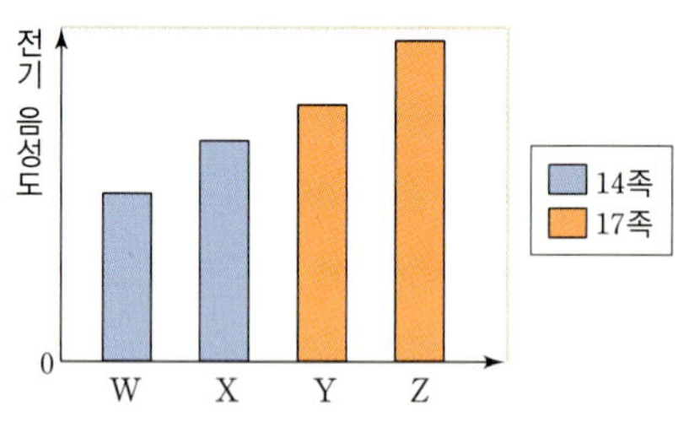

● 다음 설명 중 옳은 것은 ○표, 옳지 <u>않은</u> 것은 ×표 하시오.

1 W는 C(탄소)이다. ○ / ×

2 X와 Z는 같은 주기 원소이다. ○ / ×

3 YZ에서 Y는 부분적인 $(+)$전하를 띤다. ○ / ×

4 XY_4에서 부분적인 $(-)$전하를 띠는 원자 수는 1이다.
  ○ / ×

5 X_2Z_2에는 무극성 공유 결합이 있다. ○ / ×

2 루이스 전자점식

그림은 2주기 원자 $W \sim Z$의 루이스 전자점식을 나타낸 것이다. $W \sim Z$는 임의의 원소 기호이다.

$$\cdot \overset{\cdot}{\underset{\cdot}{W}} \cdot \quad \cdot \overset{\cdot\cdot}{\underset{\cdot}{X}} \cdot \quad \cdot \overset{\cdot\cdot}{\underset{\cdot\cdot}{Y}} \cdot \quad : \overset{\cdot\cdot}{\underset{\cdot\cdot}{Z}} \cdot$$

● 다음 설명 중 옳은 것은 ○표, 옳지 <u>않은</u> 것은 ×표 하시오.

1 W는 14족 원소이다. ○ / ×

2 공유 전자쌍 수는 X_2가 Y_2보다 크다. ○ / ×

3 WY_2에는 다중 결합이 존재한다. ○ / ×

4 비공유 전자쌍 수는 YZ_2가 XZ_3보다 크다. ○ / ×

5 ZWX의 $\dfrac{\text{비공유 전자쌍 수}}{\text{공유 전자쌍 수}}$는 1보다 크다. ○ / ×

3 전자쌍 반발 이론

그림은 2가지 분자 (가)와 (나)를 모형으로 나타낸 것이다. X와 Y는 임의의 2주기 원소 기호이다.

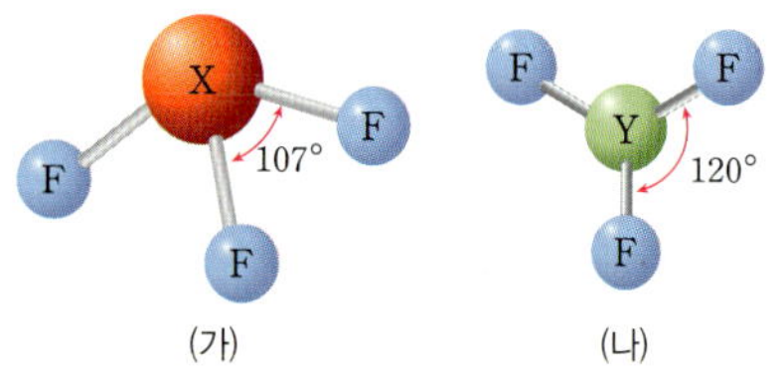

● 다음 설명 중 옳은 것은 ○표, 옳지 <u>않은</u> 것은 ×표 하시오.

1 X는 B(붕소)이다. ○ / ×

2 (가)의 모든 원자는 옥텟 규칙을 만족한다. ○ / ×

3 (나)는 입체 구조이다. ○ / ×

4 비공유 전자쌍 수는 (나)>(가)이다. ○ / ×

5 $\dfrac{\text{비공유 전자쌍 수}}{\text{공유 전자쌍 수}}$는 (가)>(나)이다. ○ / ×

04 분자의 구조와 성질

4 분자의 구조

다음은 몇 가지 분자의 분자식을 나타낸 것이다.

$$CH_4 \qquad NH_3 \qquad BeF_2 \qquad CH_2O \qquad CO_2$$

● 다음 설명 중 옳은 것은 ○표, 옳지 않은 것은 ×표 하시오.

1 옥텟 규칙을 만족하지 않는 원자를 포함하는 것은 1가지이다.　　○ / ×

2 입체 구조인 것은 2가지이다.　○ / ×

3 다중 결합을 가진 것은 1가지이다.　○ / ×

4 분자의 모든 원자가 직선 위에 있는 것은 3가지이다.　○ / ×

5 무극성 분자인 것은 3가지이다.　○ / ×

5 분자의 결합각과 극성

표는 2주기 원소 A∼C와 수소(H)가 결합한 분자 (가)∼(다)에 대한 자료이다. A∼C는 임의의 원소 기호이다.

분자	(가)	(나)	(다)
원소	A, H	B, H	C, H
공유 전자쌍 수	3	2	4
비공유 전자쌍 수	1	2	0
분자 구조	삼각뿔형	굽은형	정사면체
중심 원자의 결합각	107°	104.5°	㉠

● 다음 설명 중 옳은 것은 ○표, 옳지 않은 것은 ×표 하시오.

1 A∼C 중 원자가 전자 수는 C가 가장 크다.　○ / ×

2 ㉠은 '120°'이다.　○ / ×

3 (가)와 (나)는 극성 분자이다.　○ / ×

4 (나)의 모든 원자는 동일 평면 위에 존재한다.　○ / ×

5 (나)의 비공유 전자쌍 수는 A_2와 같다.　○ / ×

6 극성 물질과 무극성 물질의 성질

그림은 액체 X와 Y를 가늘게 흘러내리게 한 후 (−)로 대전된 풍선을 가까이 가져갔을 때의 모습을 나타낸 것이다. X와 Y는 모두 2주기 원소로 구성된 분자이다.

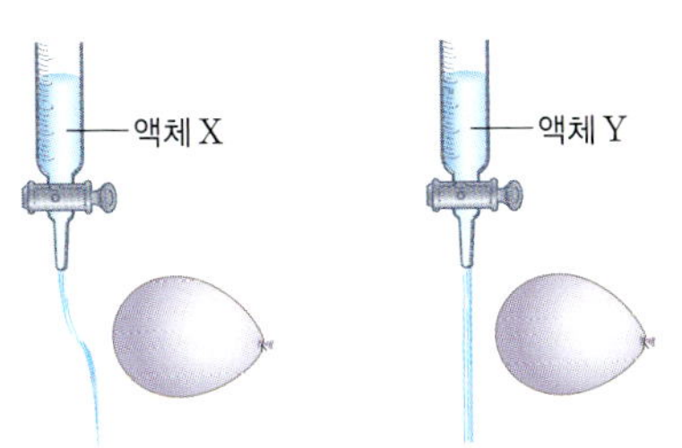

● 다음 설명 중 옳은 것은 ○표, 옳지 않은 것은 ×표 하시오.

1 X는 극성 물질이다.　○ / ×

2 Y는 물에 잘 섞인다.　○ / ×

3 X와 Y를 시험관에 함께 넣으면 섞이지 않고 층을 이룬다.　　○ / ×

4 Y는 분자의 쌍극자 모멘트가 0이다.　○ / ×

5 (−)로 대전된 풍선 대신 (+)로 대전된 물체를 X의 액체 줄기에 가까이 하면 액체 줄기는 대전체로부터 멀어진다.　○ / ×

학교 시험 대비 문제

01 그림은 2주기 바닥상태 원자 A∼D의 전기 음성도와 홀전자 수를 나타낸 것이다.

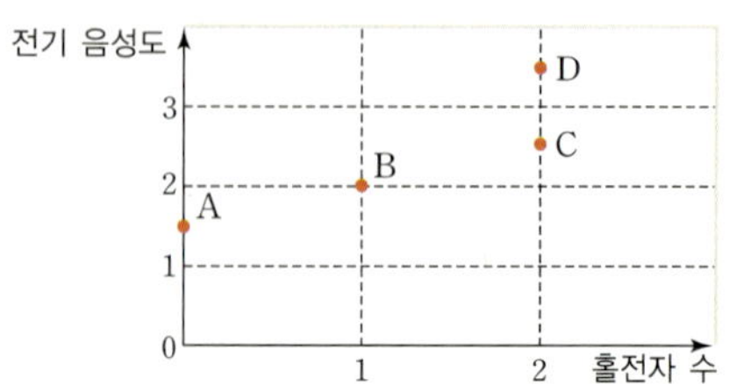

이에 대한 설명으로 옳은 것만을 |보기|에서 있는 대로 고른 것은? (단, A∼D는 임의의 원소 기호이다.)

> **보기**
> ㄱ. 원자 번호는 B>C이다.
> ㄴ. 2주기 원소 중 A보다 전기 음성도가 작은 것은 1가지이다.
> ㄷ. CD_2의 공유 전자쌍 수는 2이다.

① ㄴ ② ㄷ ③ ㄱ, ㄴ
④ ㄱ, ㄷ ⑤ ㄱ, ㄴ, ㄷ

02 다음은 3가지 분자의 분자식이다.

> BF_3 CH_4 O_2F_2

분자당 부분적인 (−)전하를 띤 원자 수를 비교한 것으로 옳은 것은?

① BF_3>CH_4>O_2F_2 ② BF_3>O_2F_2>CH_4
③ CH_4>BF_3>O_2F_2 ④ CH_4>O_2F_2>BF_3
⑤ O_2F_2>CH_4>BF_3

03 그림은 분자 (가)와 (나)의 구조식을 나타낸 것이다.

$$\begin{matrix} & H & H & & & & H & O & \\ & | & | & & & & | & \| & \\ H- & C- & C- & O-H & & H- & C- & C- & O-H \\ & | & | & & & & | & & \\ & H & H & & & & H & & \end{matrix}$$

(가) (나)

이에 대한 설명으로 옳은 것만을 |보기|에서 있는 대로 고른 것은?

> **보기**
> ㄱ. 비공유 전자쌍 수는 (나)가 (가)의 2배이다.
> ㄴ. (가)와 (나)에서 O는 모두 부분적인 (−)전하를 띤다.
> ㄷ. (가)와 (나)에는 모두 무극성 공유 결합이 있다.

① ㄱ ② ㄷ ③ ㄱ, ㄴ
④ ㄴ, ㄷ ⑤ ㄱ, ㄴ, ㄷ

유형문제

04 그림은 2주기 원자 A∼C의 루이스 전자점식이다.

$$A\cdot \quad :\overset{\displaystyle ..}{B}\cdot \quad :\overset{\displaystyle ..}{C}\cdot$$

이에 대한 설명으로 옳은 것만을 |보기|에서 있는 대로 고른 것은? (단, A∼C는 임의의 원소 기호이다.)

> **보기**
> ㄱ. B는 질소(N)이다.
> ㄴ. A_2C는 공유 결합 물질이다.
> ㄷ. 비공유 전자쌍 수는 B_2가 C_2보다 크다.

① ㄱ ② ㄷ ③ ㄱ, ㄴ
④ ㄴ, ㄷ ⑤ ㄱ, ㄴ, ㄷ

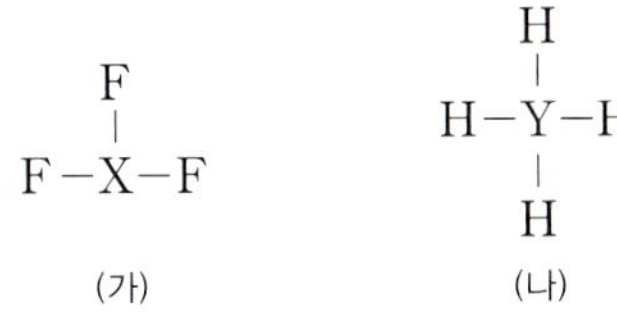

05 그림은 2주기 원소 X와 Y가 중심 원자인 분자 (가)와 (나)의 구조식을 나타낸 것이다. 원자가 전자 수는 Y>X이다.

$$F-X-F \text{(가)} \qquad \begin{array}{c} H \\ | \\ H-Y-H \\ | \\ H \end{array} \text{(나)}$$

(가)와 (나)의 공통점으로 옳은 것만을 |보기|에서 있는 대로 고른 것은? (단, X와 Y는 임의의 원소 기호이다.)

> **보기**
> ㄱ. 중심 원자는 옥텟 규칙을 만족한다.
> ㄴ. 중심 원자 주위에 비공유 전자쌍이 존재하지 않는다.
> ㄷ. 무극성 공유 결합이 있다.

① ㄱ   ② ㄴ   ③ ㄷ
④ ㄱ, ㄴ   ⑤ ㄴ, ㄷ

06 다음은 어떤 분자의 특성에 대한 설명이다.

> (가) 입체 구조이다.
> (나) 극성을 띠는 분자이다.

특성 (가)와 (나)를 모두 만족하는 분자로 옳은 것은?

① H_2O ② CO_2 ③ BF_3
④ NH_3 ⑤ CCl_4

07 그림은 분자 (가)와 (나)를 화학 결합 모형으로 나타낸 것이다.

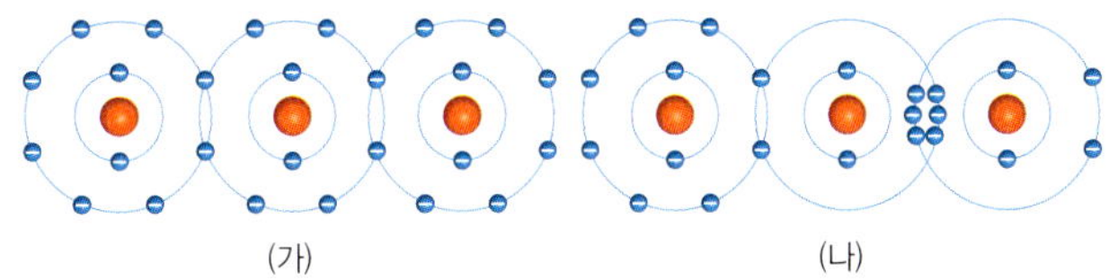

이에 대한 설명으로 옳은 것만을 |보기|에서 있는 대로 고른 것은?

> **보기**
> ㄱ. (가)는 분자의 쌍극자 모멘트가 0이다.
> ㄴ. (나)의 분자식은 FCN이다.
> ㄷ. (가)와 (나)는 모두 직선형 구조이다.

① ㄱ   ② ㄴ   ③ ㄱ, ㄷ
④ ㄴ, ㄷ   ⑤ ㄱ, ㄴ, ㄷ

08 다음은 액체의 용해도와 관련된 실험이다.

> [실험 과정 및 결과]
> (가) 시험관에 H_2O과 액체 Y, X를 차례로 넣었다.
> (나) 시험관 내부의 액체들은 그림과 같이 3개의 층으로 분리되었다.
> (다) 시험관은 힘껏 흔들어준 뒤 충분한 시간이 지나면 시험관 내부의 액체는 a개의 층을 이룬다.
>
> 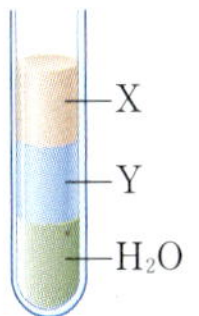
>

이에 대한 설명으로 옳은 것만을 |보기|에서 있는 대로 고른 것은?

> **보기**
> ㄱ. X는 극성 물질이다.
> ㄴ. 액체의 밀도는 Y가 H_2O보다 크다.
> ㄷ. $a=2$이다.

① ㄱ   ② ㄴ   ③ ㄱ, ㄷ
④ ㄴ, ㄷ   ⑤ ㄱ, ㄴ, ㄷ

1등급 도전!
고난도 문제

09 그림은 4가지 물질을 기준에 따라 분류한 것을 나타낸 것이다.

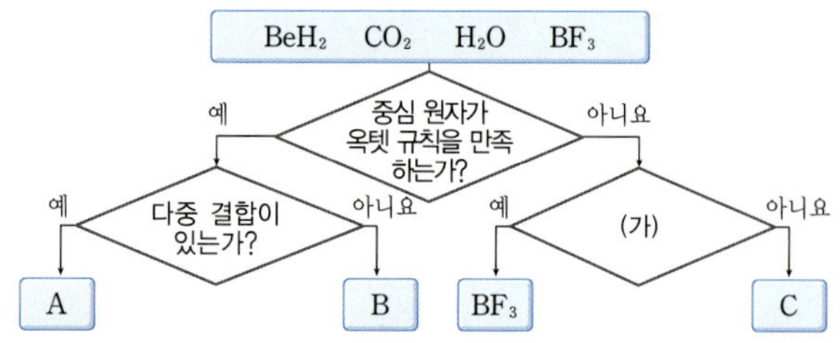

이에 대한 설명으로 옳은 것만을 |보기|에서 있는 대로 고른 것은?

|보기|
ㄱ. A는 CO_2이다.
ㄴ. B와 C는 공유 전자쌍 수가 같다.
ㄷ. '비공유 전자쌍이 존재하는가?'는 (가)로 적절하다.

① ㄱ
② ㄴ
③ ㄱ, ㄷ
④ ㄴ, ㄷ
⑤ ㄱ, ㄴ, ㄷ

10 표는 2주기 원자 A ~ C로 이루어진 분자 (가)~(다)에 대한 자료이다. (가)~(다)에서 모든 원자는 옥텟 규칙을 만족한다.

분자	구성 원소	분자당 원자 수	공유 전자쌍 수
(가)	A, B	3	2
(나)	B, C	3	4
(다)	A, B, C	4	4

이에 대한 설명으로 옳은 것만을 |보기|에서 있는 대로 고른 것은? (단, A ~ C는 임의의 원소 기호이다.)

|보기|
ㄱ. A는 플루오린(F)이다.
ㄴ. 비공유 전자쌍 수는 (가)가 (나)의 2배이다.
ㄷ. (나)와 (다)에는 다중 결합이 있다.

① ㄱ
② ㄷ
③ ㄱ, ㄴ
④ ㄴ, ㄷ
⑤ ㄱ, ㄴ, ㄷ

11 그림은 2주기 원소 A ~ C와 수소(H)로 이루어진 화합물 AH_4, BH_3, H_2C의 구조를 나타낸 것이디.

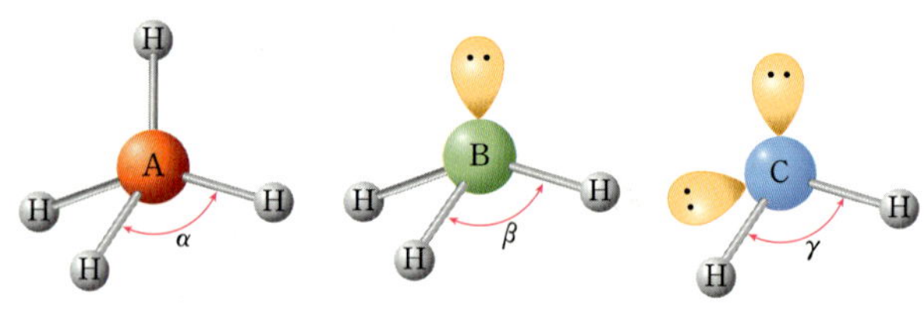

이에 대한 설명으로 옳은 것만을 |보기|에서 있는 대로 고른 것은? (단, A ~ C는 임의의 원소 기호이다.)

|보기|
ㄱ. 원자가 전자 수는 C > B > A이다.
ㄴ. α ~ γ 중 가장 큰 것은 γ이다.
ㄷ. AH_4, BH_3, H_2C 중 중심 원자가 옥텟 규칙을 만족하는 것은 1가지이다.

① ㄱ
② ㄷ
③ ㄱ, ㄴ
④ ㄴ, ㄷ
⑤ ㄱ, ㄴ, ㄷ

12 그림은 2주기 원자 W ~ Z로 이루어진 분자 (가)와 (나)의 구조식을 나타낸 것이다. 모든 원자는 옥텟 규칙을 만족한다.

$$W=X=W \qquad Y-X\equiv Z$$
$$\text{(가)} \qquad\qquad \text{(나)}$$

이에 대한 설명으로 옳은 것만을 |보기|에서 있는 대로 고른 것은? (단, W ~ Z는 임의의 원소 기호이다.)

|보기|
ㄱ. W ~ Z 중 전기 음성도는 X가 가장 작다.
ㄴ. 비공유 전자쌍 수는 (가)가 (나)보다 크다.
ㄷ. 분자의 쌍극자 모멘트는 (가)와 (나)가 같다.

① ㄱ
② ㄴ
③ ㄱ, ㄷ
④ ㄴ, ㄷ
⑤ ㄱ, ㄴ, ㄷ

서술형 문제

13 그림은 분자 AB와 BC를 모형으로 나타낸 것이다. 전기 음성도는 C>B>A이다.

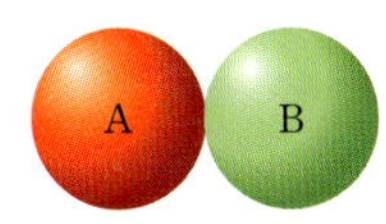 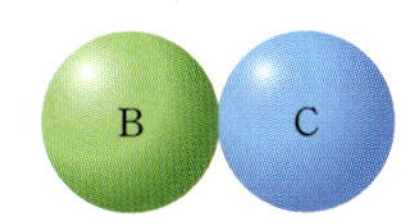

(1) 분자 AC에서 부분적인 (−)전하를 띠는 원자는 무엇인가?

(2) 분자 모형 AB와 BC에서의 쌍극자 모멘트(μ)를 화살표 (+⟶)를 이용하여 그리시오.

14 다음은 2가지 분자 (가)와 (나)의 분자식이다.

(가) O_2 (나) CO_2

(1) (가)와 (나)를 각각 루이스 전자점식으로 나타내시오.

(2) (가)와 (나)의 $\dfrac{\text{비공유 전자쌍 수}}{\text{공유 전자쌍 수}}$ 를 계산하고, $\dfrac{\text{비공유 전자쌍 수}}{\text{공유 전자쌍 수}}$ 가 큰 것을 고르시오.

15 다음은 분자 (가)에 대한 자료이다. X는 임의의 2주기 원소 기호이다.

- (가)는 C, O, X로 이루어져 있다.
- (가)는 4원자 분자이고 분자 내 모든 원자는 옥텟 규칙을 만족한다.
- (가)의 결합각은 2종류이다.

(1) X는 무엇인가?

(2) (가)의 루이스 구조식을 그리고, (가)의 분자 구조를 쓰시오.

16 그림은 3가지 루이스 구조식 (가)~(다)를 나타낸 것이다.

$$\begin{array}{ccc}
\text{H} & \text{H} & \text{F} \\
| & | & | \\
\text{H}-\text{C}-\text{H} & \text{H}-\text{C}-\text{F} & \text{H}-\text{C}-\text{H} \\
| & | & | \\
\text{H} & \text{F} & \text{F} \\
\text{(가)} & \text{(나)} & \text{(다)}
\end{array}$$

(1) (가)와 (나)의 쌍극자 모멘트를 비교하시오.

(2) (다)는 극성 분자와 무극성 분자 중 어떤 것인지, 그 까닭과 함께 설명하시오.

단원 한번에 정리하기

01 이온 결합

1 물의 전기 분해 : $2H_2O(l) \longrightarrow 2$ ❶(　　　)$(g)+$❷(　　　)(g)

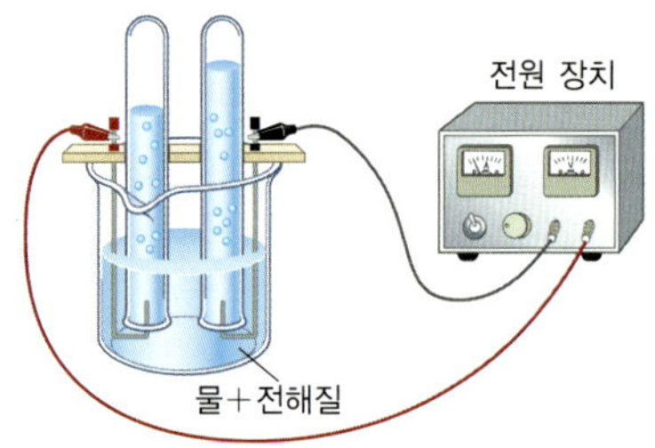

- **물의 전기 분해의 의미** : 화학 결합이 형성될 때에는 전자가 관여함을 알 수 있다.

2 염화 나트륨 용융액의 전기 분해

$$2NaCl(l) \longrightarrow 2Na(s)+Cl(g)$$

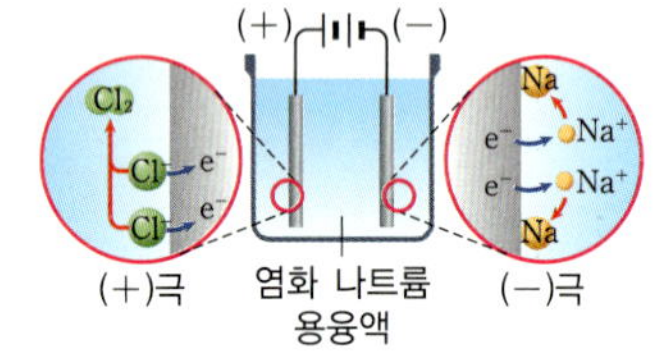

3 옥텟 규칙과 화학 결합의 원리 : 18족 원소를 제외한 원소들은 가장 바깥 전자 껍질에 전자 ❸(　　)개를 가지려는 경향인 옥텟 규칙을 만족하기 위해 다양한 화학 결합을 한다.

4 이온 결합 : 금속 원소의 ❹(　　　　)과 비금속 원소의 ❺(　　　) 사이의 정전기적 인력에 의해 형성되는 결합이다.

5 이온 결합의 형성 : 금속 원자와 비금속 원자가 서로 전자를 주고받아 각자 비활성 기체와 같은 전자 배치를 가지는 양이온과 음이온이 되고, 이들 사이의 정전기적 ❻(　　　)으로 결합이 형성된다.

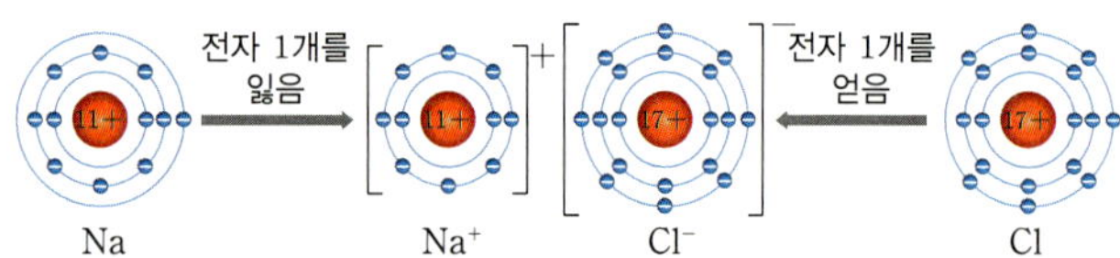

6 이온 결합과 에너지 : 양이온과 음이온 사이의 인력과 반발력이 균형을 이루어 에너지가 가장 ❼(　　　) 거리에서 이온 결합이 형성된다.

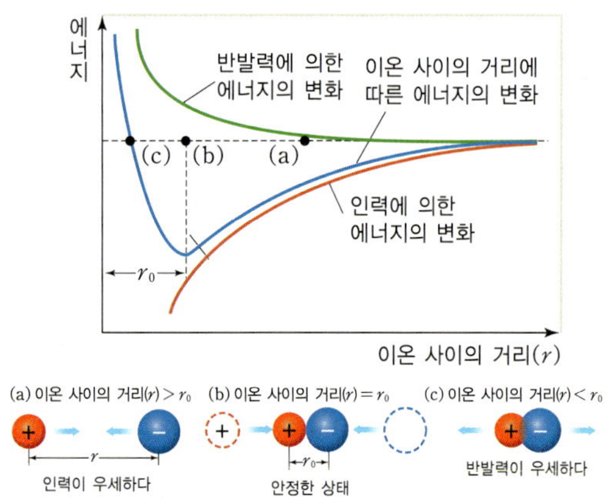

02 공유 결합과 금속 결합

1 공유 결합 : 비금속 원소의 원자와 원자 사이에 ❽(　　　)쌍을 공유하여 형성되는 화학 결합이다.

2 공유 결합의 형성 : 비금속 원자들이 자신의 전자를 내놓아 전자쌍을 만들고, 그 전자쌍을 공유하여 결합함으로서 각 원자는 비활성 기체와 같은 전자 배치를 가진다.

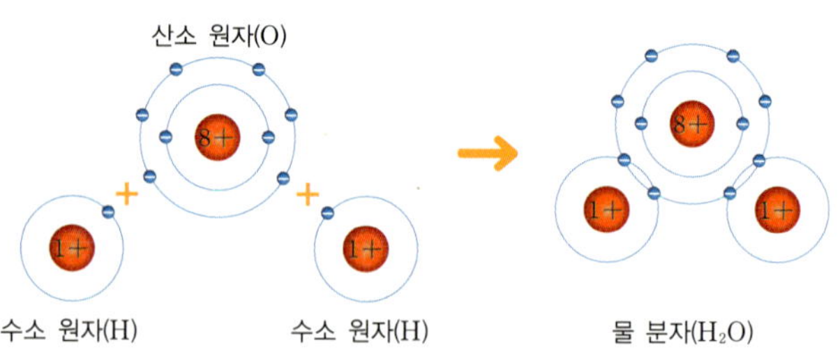

3 단일 결합과 다중 결합 : 두 원자가 ❾(　　)개의 전자쌍을 공유하는 결합을 단일 결합, 2개 이상의 전자쌍을 공유하는 결합을 다중 결합이라고 하며, 다중 결합에는 ❿(　　　) 결합과 3중 결합이 있다.

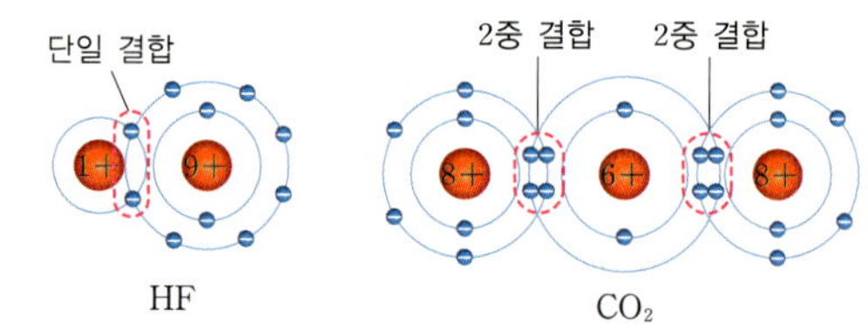

4 금속 결합 : 금속 양이온과 ⓫(　　　　　) 사이의 정전기적 인력에 의해 형성된 결합이다.

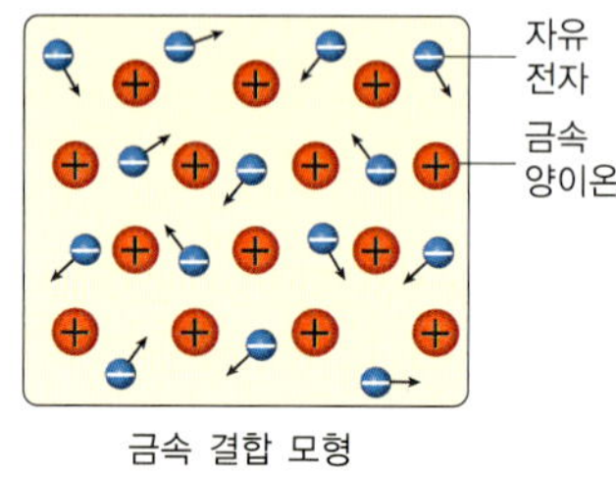

5 화학 결합과 물질의 성질

화학 결합	이온 결합	공유 결합		금속 결합
결정 구조	이온 결정	⓬(　　　) 결정	공유 결정	금속 결정
구성 입자 단위	양이온, 음이온	분자	원자	금속 양이온, 자유 전자
녹는점과 끓는점	높음	낮음	매우 높음	높음
전기 전도성 (고체)	⓭(　　　)	없음	없음	있음
전기 전도성 (액체)	있음	없음	없음	⓮(　　　)

03 결합의 극성과 루이스 전자점식

1 ⑮( ) : 공유 결합에서 원자가 공유 전자쌍을 끌어 당기는 힘을 상대적인 값으로 나타낸 것이다.

2 **전기 음성도의 주기적 성질** : 같은 주기에서 원자 번호가 ⑯( ), 같은 족에서 원자 번호가 ⑰( ) 전기 음성도는 대체로 증가한다.

주기\족	1	2	3~12	13	14	15	16	17
1	H							
2	Li	Be		B	C	N	O	F
3	Na	Mg		Al	Si	P	S	Cl
4	K	Ca		Ga	Ge	As	Se	Br
5	Rb	Sr		In	Sn	Sb	Te	I
6	Cs	Ba		Ti	Pb	Bi	Po	At
7	Fr	Ra						

전기 음성도 증가 →

3 **결합의 극성과 쌍극자 모멘트**

- **무극성 공유 결합** : 같은 원자 사이에 형성되는 공유 결합으로, 두 원자의 전기 음성도가 같아 공유 전자쌍의 치우침이 없으므로 쌍극자 모멘트가 ⑱( )이다.
  예 $H-H$, $Cl-Cl$, $O=O$, $N≡N$

- ⑲( ) **공유 결합** : 서로 다른 원자 사이에 형성되는 공유 결합으로, 두 원자의 전기 음성도 차이에 의해 공유 전자쌍이 특정 원자쪽으로 치우치므로 쌍극자 모멘트가 0이 아니다.
  예 $\overset{\delta+}{H}-\overset{\delta-}{Cl}$, $\overset{\delta+}{H}-\overset{\delta-}{F}$

4 **루이스 전자점식** : 원소 기호 주위에 원자가 전자를 ⑳( )으로 표시하여 나타낸 식이다.

- **분자의 루이스 전자점식** : 공유 전자쌍은 두 원자의 원소 기호 사이에 표시하고, 비공유 전자쌍은 각 원소 기호 주변에 표시한다.

단일 결합
$$:\overset{..}{Cl}\cdot + \cdot\overset{..}{Cl}: \rightarrow :\overset{..}{Cl}:\overset{..}{Cl}:$$
비공유 전자쌍
Cl₂

- **이온의 루이스 전자점식** : 원자의 루이스 전자점식에서 이온의 전하만큼 전자를 빼거나 더해서 표시한다.

$$[Na]^+ \left[:\overset{..}{\underset{..}{Cl}}:\right]^-$$
NaCl

5 **루이스 구조식** : 루이스 전자점식에서 공유 전자쌍을 결합선 (—)으로 나타낸 식이다.

$$\begin{array}{c} H \\ | \\ H-C-H \\ | \\ H \end{array} \quad H-O-H \quad H-C≡N$$
CH₄   H₂O   HCN

04 분자의 구조와 성질

1 **전자쌍 반발 이론** : 분자 또는 이온의 중심 원자 주위의 전자쌍들이 정전기적 반발력을 최소화하기 위해 서로 가능한 ㉑( ) 떨어지려고 한다는 이론이다.

전자쌍	2개	3개	4개
전자쌍의 배치와 결합각	180°	120°	109.5°
분자 구조	직선형	평면 삼각형	정사면체

2 **전자쌍 사이의 반발력 크기**

비공유 전자쌍 사이의 반발력	>	공유 전자쌍–비공유 전자쌍 사이의 반발력	>	공유 전자쌍 사이의 반발력

3 ㉒( ) : 중심 원자의 원자핵과 공유 결합한 원자의 원자핵을 선으로 연결하였을 때 생기는 내각이다.

4 **분자의 극성**

- **극성 분자** : 분자 내 전하가 고르게 분포하지 않아 부분적인 전하가 발생하는 분자로 쌍극자 모멘트가 0이 아니다.
  예 HF, H_2O, NH_3, CH_2O, CH_2Cl_2 등

- **무극성 분자** : 분자 내 전하가 고르게 분포하여 부분적인 전하의 치우침이 없는 분자로 쌍극자 모멘트가 0이다.
  예 F_2, CO_2, BeF_2, BF_3, CH_4, CCl_4 등

- **분자의 구조**

분자식	CH_4	NH_3	H_2O
분자 모형	109.5°	비공유 전자쌍, 107°	비공유 전자쌍, 104.5°
분자의 구조	정사면체	삼각뿔형	㉓( )
결합각	109.5°	㉔( )	104.5°
극성 유무	무극성	극성	극성

5 **극성 분자와 무극성 분자의 성질**

- **용해성** : 극성 물질은 극성 용매에, 무극성 물질은 무극성 용매에 잘 용해된다.

- **전기적 성질** : 극성 물질은 전기장에서 일정하게 배열되며 전기적 성질을 가진다. 무극성 물질은 전기적 성질이 없다.

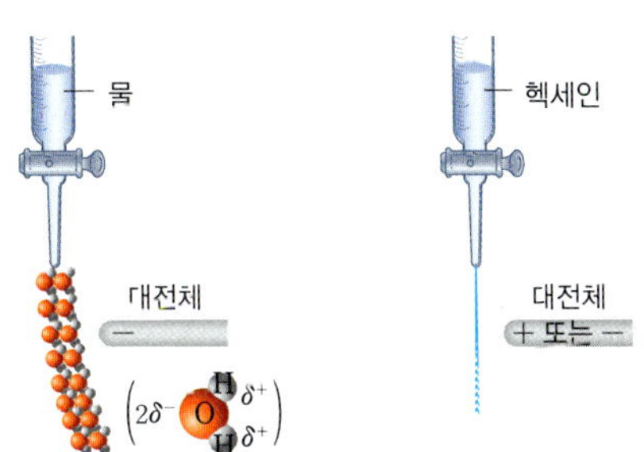

1등급 실전 문제

★ 객관식 1~20번 : 70점 / 서술형 21~24번 : 30점
★ 문항별 배점은 다르며, 문항별로 별도 표기하였습니다.

학교 시험 대비 50 min.

---

01 (4점)

그림 (가)와 (나)는 각각 물과 염화 나트륨 용융액을 전기 분해하는 실험을 나타낸 것이다. 물에는 황산 나트륨을 소량 첨가하였다.

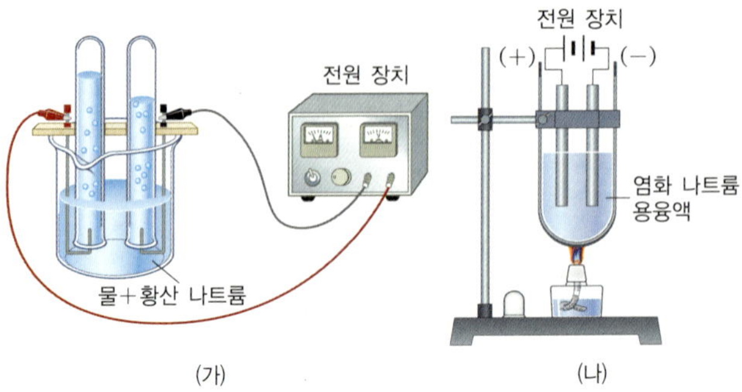

(가)와 (나)의 공통점으로 옳은 것만을 |보기|에서 있는 대로 고른 것은?

|보기|
ㄱ. 실험 과정에서 나트륨($Na(s)$)이 생성된다.
ㄴ. 실험 결과를 통해 화합물이 생성될 때 전자가 관여함을 알 수 있다.
ㄷ. (+)극과 (−)극에서 각각 생성되는 물질의 몰비는 (+) : (−)=1:2이다.

① ㄱ　　　　② ㄴ　　　　③ ㄷ
④ ㄱ, ㄴ　　　⑤ ㄴ, ㄷ

---

02 (3점)

그림은 기체 상태의 원자 X와 Y가 반응하여 화합물 XY를 생성하는 과정을 나타낸 것이다.

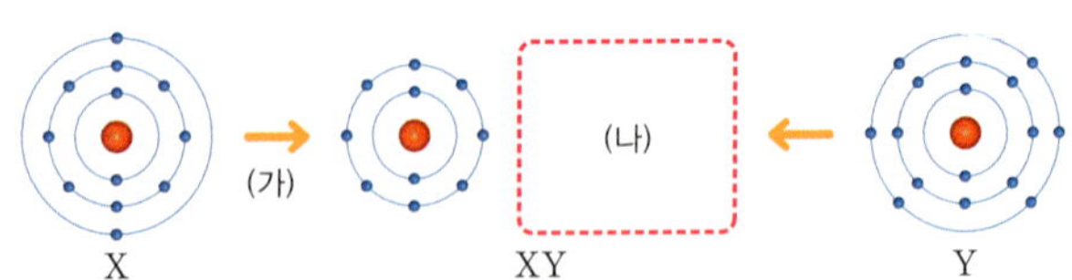

이에 대한 설명으로 옳은 것만을 |보기|에서 있는 대로 고른 것은? (단, X와 Y는 임의의 원소 기호이다.)

|보기|
ㄱ. Y는 비금속 원소이다.
ㄴ. (가)에서 X는 전자를 잃는다.
ㄷ. (나)는 Ar과 전자 배치가 같다.

① ㄱ　　　　② ㄷ　　　　③ ㄱ, ㄴ
④ ㄴ, ㄷ　　　⑤ ㄱ, ㄴ, ㄷ

---

03 (3점)

다음은 물질 XY에 대한 실험이다.

[실험 과정]
(가) $XY(s)$에 전기 전도성 측정기를 연결하여 전구가 켜지는지 확인한다.
(나) $XY(l)$에 전기 전도성 측정기를 연결하여 전구가 켜지는지 확인한다.

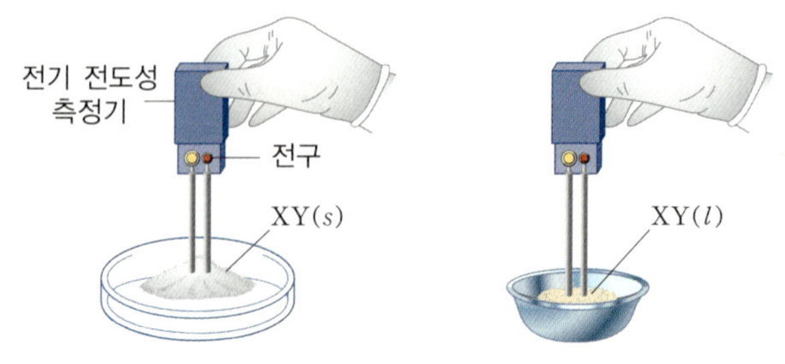

[실험 결과]
• (가)에서는 전구가 켜지지 않았고, (나)에서는 전구가 켜졌다.

이에 대한 설명으로 옳은 것만을 |보기|에서 있는 대로 고른 것은? (단, X와 Y는 임의의 원소 기호이다.)

|보기|
ㄱ. XY는 이온 결합 물질이다.
ㄴ. $XY(s)$와 $XY(l)$에는 모두 음이온이 존재한다.
ㄷ. XY 대신 포도당($C_6H_{12}O_6$)을 사용하여 위 실험을 하면 같은 실험 결과를 얻을 수 있다.

① ㄱ　　　　② ㄷ　　　　③ ㄱ, ㄴ
④ ㄴ, ㄷ　　　⑤ ㄱ, ㄴ, ㄷ

---

04 (3점)

다음 중 이온 결합 물질의 화학식으로 옳지 <u>않은</u> 것은?

① NH_4Cl　　　② $Mg(NO_3)_2$　　　③ Li_2OH
④ $CaCO_3$　　　⑤ $Al_2(SO_4)_3$

---

05 4점

그림은 화합물 NaF에서 이온 **사이**의 거리(r)에 따른 에너지를 나타낸 것이다.

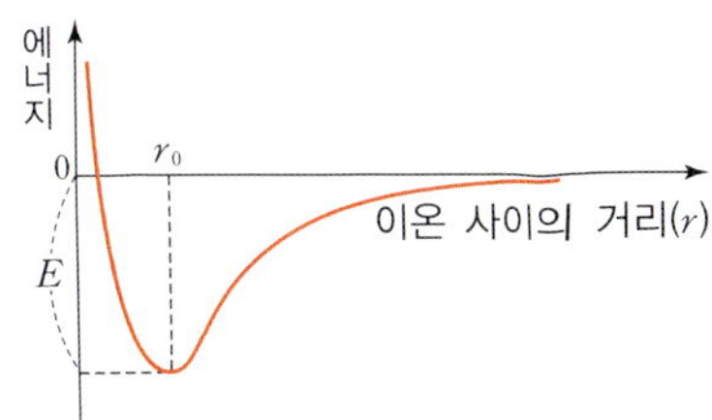

이에 대한 설명으로 옳은 것만을 |보기|에서 있는 대로 고른 것은?

|보기|
ㄱ. Na^+의 이온 반지름은 $\frac{1}{2}r_0$보다 작다.
ㄴ. KCl에서 이온 사이의 거리는 r_0보다 크다.
ㄷ. 에너지가 $-\frac{1}{2}E$인 r값은 2가지이다.

① ㄱ   ② ㄷ   ③ ㄱ, ㄴ
④ ㄴ, ㄷ   ⑤ ㄱ, ㄴ, ㄷ

06 4점

표는 3가지 화합물 (가)~(다)에 대한 자료이다.

화합물	(가)	(나)	(다)
화학식	NaF	NaCl	CaO
이온 사이의 거리(pm)	231	a	239
녹는점($^\circ$C)	b	802	c

이에 대한 설명으로 옳은 것만을 |보기|에서 있는 대로 고른 것은?

|보기|
ㄱ. $a > 231$이다.
ㄴ. $c > 802 > b$이다.
ㄷ. MgO의 녹는점은 (다)보다 높다.

① ㄱ   ② ㄴ   ③ ㄱ, ㄷ
④ ㄴ, ㄷ   ⑤ ㄱ, ㄴ, ㄷ

07 3점

그림은 원자 $A \sim C$의 전자 배치를 나타낸 것이다.

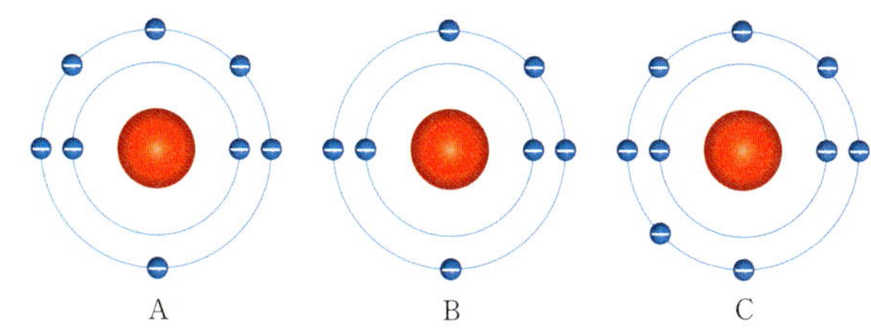

공유 결합 물질 A_2C_x, BC_y에서 $\dfrac{y}{x}$는? (단, $A \sim C$는 임의의 원소 기호이고, A_2C_x, BC_y의 모든 원자는 옥텟 규칙을 만족한다.)

① $\dfrac{1}{3}$ ② $\dfrac{1}{2}$ ③ $\dfrac{3}{4}$
④ $\dfrac{3}{2}$ ⑤ 2

08 4점

그림은 화합물 (가)와 (나)를 화학 결합 모형으로 나타낸 것이다.

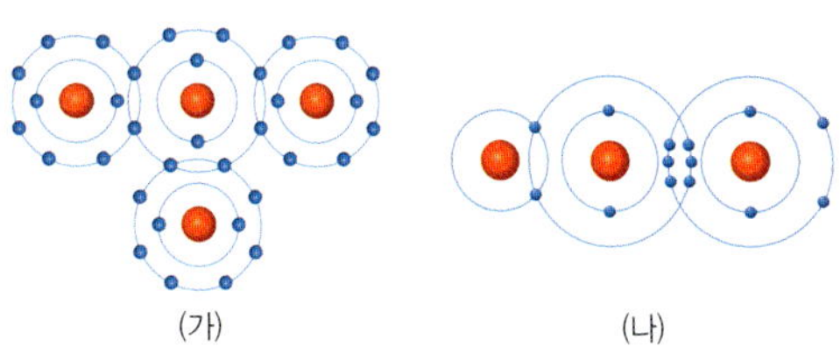

이에 대한 설명으로 옳은 것만을 |보기|에서 있는 대로 고른 것은?

|보기|
ㄱ. (가)에는 옥텟 규칙을 만족하지 않는 원자가 있다.
ㄴ. (나)에는 3중 결합이 존재한다.
ㄷ. (가)와 (나)에 공통으로 존재하는 원소는 2가지이나.

① ㄱ   ② ㄴ   ③ ㄷ
④ ㄱ, ㄴ   ⑤ ㄴ, ㄷ

1등급 실전 문제

09 다음은 분자 (가)~(다)에 대한 설명이다. (가)~(다)는 각각 BCl_3, NH_3, CF_4 중 하나이다. `4점`

- 공유 전자쌍 수는 (가)가 (나)보다 크다.
- (다)에는 옥텟 규칙을 만족하지 않는 원자가 존재한다.

이에 대한 설명으로 옳은 것만을 |보기|에서 있는 대로 고른 것은?

> **보기**
> ㄱ. (나)는 NH_3이다.
> ㄴ. (가)의 모든 원자는 전자 배치가 같다.
> ㄷ. 공유 전자쌍 수는 (나)가 (다)보다 크다.

① ㄱ   ② ㄷ   ③ ㄱ, ㄴ
④ ㄴ, ㄷ   ⑤ ㄱ, ㄴ, ㄷ

10 다음은 금속이 실생활에서 이용되는 예를 나타낸 것이다. `3점`

- 주방용 포일은 두꺼운 알루미늄을 얇게 펴 만들 수 있으며, 이는 금속의 ㉠ 이 좋은 것을 이용한 사례이다.
- 구리선은 저항이 낮아 각종 전기 용품에 사용되고 있으며, 이는 금속의 ㉡ 이 좋은 것을 이용한 사례이다.

이에 대한 설명으로 옳은 것만을 |보기|에서 있는 대로 고른 것은?

> **보기**
> ㄱ. '뽑힘성(연성)'은 ㉠으로 적절하다.
> ㄴ. '전기 전도성'은 ㉡으로 적절하다.
> ㄷ. 금속의 ㉠과 ㉡이 좋은 것은 모두 자유 전자 때문이다.

① ㄱ   ② ㄴ   ③ ㄱ, ㄷ
④ ㄴ, ㄷ   ⑤ ㄱ, ㄴ, ㄷ

11 그림은 3가지 고체 (가)~(다)의 결정 구조를 모형으로 나타낸 것이다. `3점`

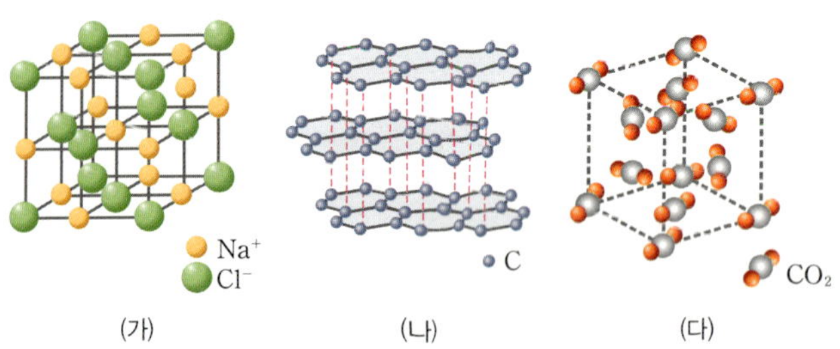

이에 대한 설명으로 옳은 것만을 |보기|에서 있는 대로 고른 것은?

> **보기**
> ㄱ. (가)와 (나)는 전기 전도성이 있다.
> ㄴ. (나)와 (다)는 공유 결정이다.
> ㄷ. (가)~(다)는 모두 힘을 가하면 쉽게 부서진다.

① ㄱ   ② ㄷ   ③ ㄱ, ㄴ
④ ㄴ, ㄷ   ⑤ ㄱ, ㄴ, ㄷ

12 다음은 바닥상태 원자 $X \sim Z$에 대한 자료이다. $X \sim Z$는 각각 F, O, Cl 중 하나이다. `4점`

- 전기 음성도는 $X > Z$이다.
- 홀전자 수는 $Y = Z$이다.

이에 대한 설명으로 옳은 것만을 |보기|에서 있는 대로 고른 것은? (단, $X \sim Z$는 임의의 원소 기호이다.)

> **보기**
> ㄱ. 원자가 전자 수는 $X > Y$이다.
> ㄴ. Z는 3주기 원소이다.
> ㄷ. XZ_2와 XY_2에서 X는 모두 부분적인 $(-)$전하를 띤다.

① ㄱ   ② ㄴ   ③ ㄷ
④ ㄱ, ㄴ   ⑤ ㄴ, ㄷ

13 (4점)

다음은 분자 (가)~(다)에 대한 자료이다. (가)~(다)는 각각 NH_3, CH_4, N_2 중 하나이다.

- 공유 전자쌍 수는 (가)>(다)이다.
- (나)에는 무극성 공유 결합이 있다.

이에 대한 설명으로 옳은 것만을 |보기|에서 있는 대로 고른 것은?

|보기|
ㄱ. (가)는 NH_3이다.
ㄴ. 비공유 전자쌍 수는 (나)>(다)이다.
ㄷ. 부분적인 (−)전하를 띠는 원자 수는 (가)와 (다)가 같다.

① ㄱ ② ㄷ ③ ㄱ, ㄴ
④ ㄴ, ㄷ ⑤ ㄱ, ㄴ, ㄷ

14 (3점)

그림은 2주기 원소 X~Z와 수소(H)로 이루어진 분자 (가)와 (나)의 구조식을 나타낸 것이다.

$$\begin{array}{c} Y \\ \| \\ H-X-H \end{array} \qquad H-X\equiv Z$$
$$\text{(가)} \qquad \text{(나)}$$

이에 대한 설명으로 옳은 것만을 |보기|에서 있는 대로 고른 것은? (단, X~Z는 임의의 원소 기호이다.)

|보기|
ㄱ. Z의 원자가 전자 수는 3이다.
ㄴ. XY_2에는 다중 결합이 존재하지 않는다.
ㄷ. $\dfrac{\text{비공유 전자쌍 수}}{\text{공유 전자쌍 수}}$ 는 (가)가 (나)의 2배이다.

① ㄱ ② ㄷ ③ ㄱ, ㄴ
④ ㄴ, ㄷ ⑤ ㄱ, ㄴ, ㄷ

15 (3점)

그림은 3주기 원소 A와 B로 이루어진 화합물 AB를 루이스 전자점식으로 나타낸 것이다.

$$[A]^+ \left[\vcenter{:}\overset{\cdots}{\underset{\cdots}{B}}\vcenter{:} \right]^-$$

이에 대한 설명으로 옳은 것만을 |보기|에서 있는 대로 고른 것은? (단, A와 B는 임의의 원소 기호이다.)

|보기|
ㄱ. AB는 이온 결합 물질이다.
ㄴ. B는 염소(Cl)이다.
ㄷ. A^+과 B^-의 전자 배치는 서로 같다.

① ㄱ ② ㄷ ③ ㄱ, ㄴ
④ ㄴ, ㄷ ⑤ ㄱ, ㄴ, ㄷ

16 (4점)

그림은 H_2O 분자의 루이스 전자점식을 나타낸 것이다. ㉠~㉣은 O 원자 주위의 전자쌍들이다.

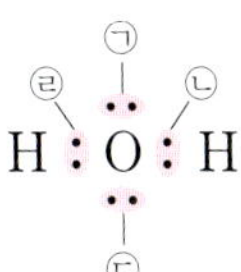

이에 대한 설명으로 옳은 것만을 |보기|에서 있는 대로 고른 것은?

|보기|
ㄱ. ㉠은 비공유 전자쌍이다.
ㄴ. ㉡과 ㉢ 사이의 반발력은 ㉡과 ㉣ 사이의 반발력보다 크다.
ㄷ. H_2O은 무극성 분자이다.

① ㄱ ② ㄷ ③ ㄱ, ㄴ
④ ㄴ, ㄷ ⑤ ㄱ, ㄴ, ㄷ

17 표는 분자 (가)~(다)에 대한 자료이다. $X \sim Z$는 2주기 원소이다. (4점)

분자	구성 원소	분자 구조
(가)	X, F	평면 삼각형
(나)	Y, F	삼각뿔형
(다)	Z, F	정사면체

(가)~(다)에 대한 설명으로 옳은 것만을 |보기|에서 있는 대로 고른 것은? (단, $X \sim Z$는 임의의 원소 기호이다.)

┌─ 보기 ──────────────────────────────┐
ㄱ. 원자가 전자 수는 $X > Z$이다.
ㄴ. 공유 전자쌍 수는 (가)와 (나)가 같다.
ㄷ. 결합각이 가장 큰 것은 (다)이다.
└─────────────────────────────────────┘

① ㄱ　　　　② ㄴ　　　　③ ㄱ, ㄷ
④ ㄴ, ㄷ　　⑤ ㄱ, ㄴ, ㄷ

18 그림은 원자 $A \sim D$의 전기 음성도를 나타낸 것이다. $A \sim D$는 각각 H, C, O, F 중 하나이다. (3점)

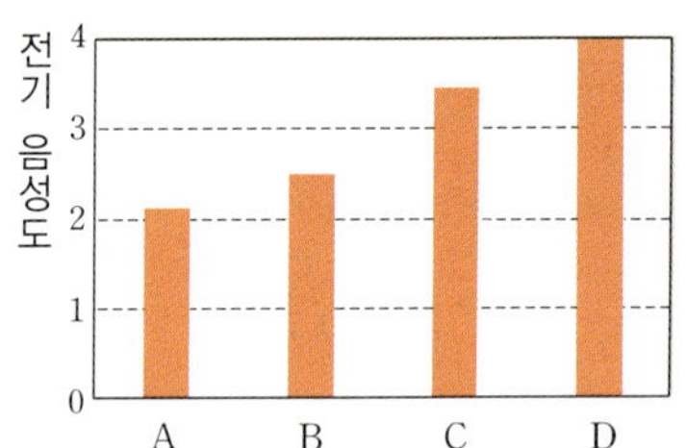

이에 대한 설명으로 옳은 것만을 |보기|에서 있는 대로 고른 것은?

┌─ 보기 ──────────────────────────────┐
ㄱ. A는 H이다.
ㄴ. 분자 A_2C와 CD_2에서 모두 C는 부분적인 (−)전하를 띤다.
ㄷ. 분자의 쌍극자 모멘트는 BC_2가 BA_4보다 크다.
└─────────────────────────────────────┘

① ㄱ　　　　② ㄷ　　　　③ ㄱ, ㄴ
④ ㄴ, ㄷ　　⑤ ㄱ, ㄴ, ㄷ

19 그림은 4가지 분자 또는 이온의 구조식을 나타낸 것이다. (4점)

$$H-O-H \qquad [H-O-H]^+ \qquad H-N-H \qquad [H-N-H]^+$$
(가)　　　　　(나)　　　　　(다)　　　　　(라)

(가)~(라)에 대한 설명으로 옳은 것만을 |보기|에서 있는 대로 고른 것은?

┌─ 보기 ──────────────────────────────┐
ㄱ. 비공유 전자쌍 수는 (가)가 가장 크다.
ㄴ. (나)와 (다)는 모두 삼각뿔형 구조이다.
ㄷ. (라)의 결합각은 $109.5°$이다.
└─────────────────────────────────────┘

① ㄱ　　　　② ㄷ　　　　③ ㄱ, ㄴ
④ ㄴ, ㄷ　　⑤ ㄱ, ㄴ, ㄷ

20 다음은 액체 $A \sim D$의 용해도와 관련된 실험이다. (3점)

┌──┐
[실험 과정 및 결과]
(가) 액체 A를 물에 넣었더니 잘 섞였다.
(나) 액체 B를 A에 넣었더니 잘 섞였다.
(다) 액체 C를 B에 넣었더니 섞이지 않고 층을 이루었다.
(라) 액체 D를 C에 넣었더니 잘 섞였다.
└──┘

이에 대한 설명으로 옳은 것만을 |보기|에서 있는 대로 고른 것은?

┌─ 보기 ──────────────────────────────┐
ㄱ. A는 극성 물질이다.
ㄴ. B를 D에 넣으면 잘 섞인다.
ㄷ. C를 물에 넣으면 섞이지 않고 층을 이룬다.
└─────────────────────────────────────┘

① ㄱ　　　　② ㄴ　　　　③ ㄱ, ㄷ
④ ㄴ, ㄷ　　⑤ ㄱ, ㄴ, ㄷ

21

그림은 화합물 (가)와 (나)를 화학 결합 모형으로 나타낸 것이다.

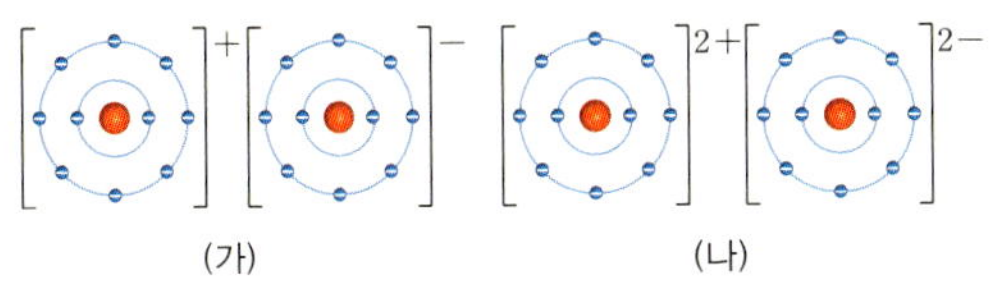

(1) (가)와 (나)의 화학식을 쓰시오. **3점**

(가) : ___________ , (나) : ___________

(2) 이온 사이의 거리는 (가)가 231 pm, (나)가 210 pm일 때, 1 atm에서 녹는점이 더 높은 것은 무엇이며, 그 까닭을 설명하시오. **4점**

22

그림은 이온 결합이 형성될 때 이온 사이의 거리에 따른 에너지를, 표는 3가지 이온 결합 물질에서 이온 사이의 거리(r_0)와 에너지의 절댓값($|E|$)을 나타낸 것이다.

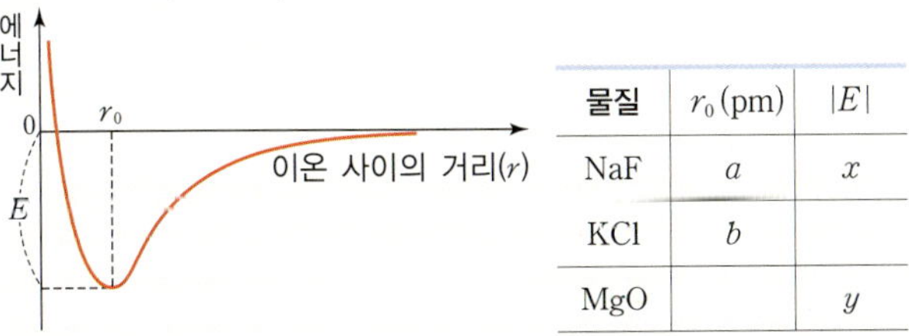

물질	r_0(pm)	$|E|$
NaF	a	x
KCl	b	
MgO		y

(1) a와 b 중 큰 것은 무엇인지 그 까닭과 함께 설명하시오. **4점**

(2) $y > x$일 때 MgO과 NaF의 녹는점이 높은 것은 무엇인지 그 까닭과 함께 설명하시오. **4점**

23

다음은 바닥상태 원자 A ~ D의 전자 배치를 나타낸 것이다. A ~ D는 임의의 원소 기호이다.

- A : $1s^2 2s^1$
- B : $1s^2 2s^2 2p^4$
- C : $1s^2 2s^2 2p^5$
- D : $1s^2 2s^2 2p^6 3s^2 3p^1$

(1) A와 C로 이루어진 안정한 화합물 (가)와, B와 D로 이루어진 안정한 화합물 (나)의 화학식을 A ~ D로 나타내시오. **3점**

(2) 다양한 상태의 물질 A(s), BC$_2$(l)와 DC$_3$(l)의 전기 전도성을 설명하시오. **4점**

24

다음은 단일 결합으로 구성된 분자에서 극성 공유 결합의 특성에 대해 학생 A가 가설을 세우고 수행한 활동이다.

[가설]
- 극성 공유 결합에서   ⊙

[활동]
- H, F, Cl의 전기 음성도를 찾아 크기를 비교한다.
- HF, HCl, ClF의 부분적인 (+)전하(δ^+)와 부분적인 (−)전하(δ^-)가 표시된 그림을 찾는다.

(1) HF, HCl, ClF의 부분적인 (+)전하(δ^+)와 부분적인 (−)전하(δ^-)를 다음 그림에 표시하시오. **4점**

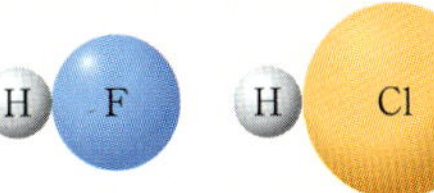

(2) ⊙에 들어갈 문장을 쓰시오. **4점**

IV 역동적인 화학 반응

1 화학 반응에서의 동적 평형

01 동적 평형

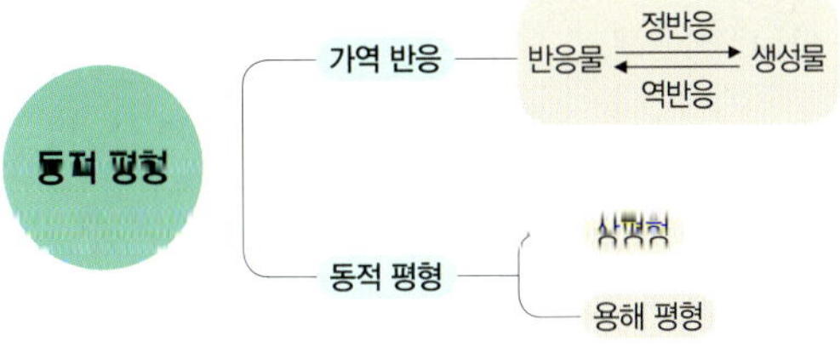

02 물의 자동 이온화와 pH

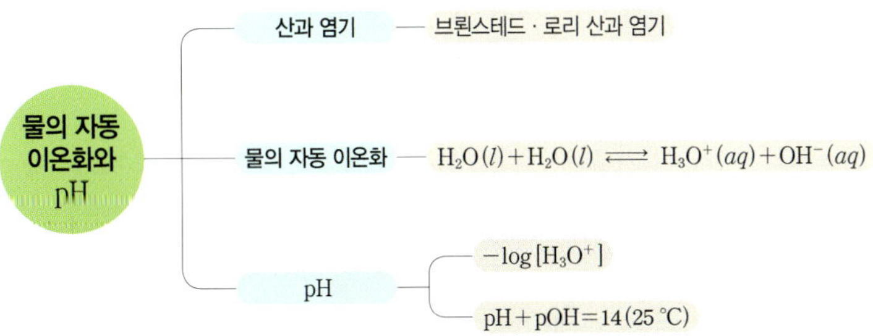

03 산 염기 중화 반응

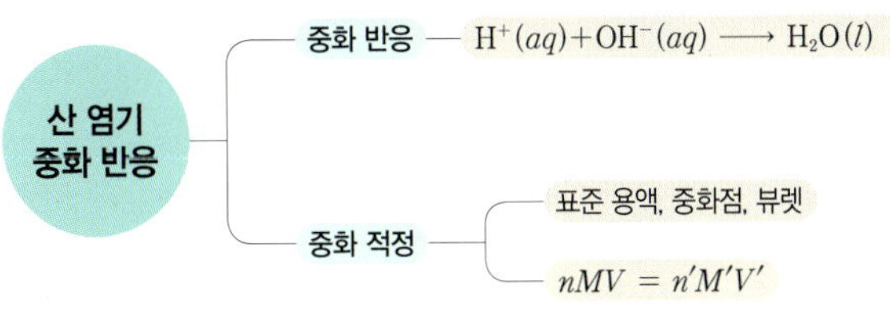

01 동적 평형

1 가역 반응

개념 반응 조건에 따라 정반응과 역반응이 모두 일어날 수 있는 반응

1. 정반응과 역반응 : 정반응은 반응물이 생성물로 되는 반응이고, 역반응은 정반응의 생성물이 다시 반응물로 되는 반응이다. 정반응과 역반응은 반응 방향이 반대이다.

2. 가역 반응 : 반응 조건에 따라 정반응과 역반응이 모두 일어날 수 있는 반응이다. 화학 반응식에서 $\rightleftharpoons$ 로 나타낸다.

$$\text{반응물} \underset{\text{역반응}}{\overset{\text{정반응}}{\rightleftharpoons}} \text{생성물}$$

물의 응고와 융해	염화 코발트 육수화물의 생성과 분해	석회 동굴에서 일어나는 반응
$H_2O(l) \rightleftharpoons H_2O(s)$	$CoCl_2(\text{푸른색}) + 6H_2O \rightleftharpoons$ $CoCl_2 \cdot 6H_2O(\text{붉은색})$	$CaCO_3(s) + CO_2(g) + H_2O(l)$ $\rightleftharpoons Ca(HCO_3)_2(aq)$
물이 응고되는 것을 정반응이라고 하면 얼음이 녹는 반응은 역반응이다.	푸른색 염화 코발트에 물을 떨어뜨려 붉은색 염화 코발트 육수화물이 생성되는 반응은 정반응이고, 염화 코발트 육수화물을 가열하면 역반응이 일어난다.	석회암 속 탄산 칼슘($CaCO_3$)이 이산화 탄소(CO_2)를 포함한 물과 반응하여 탄산수소 칼슘($Ca(HCO_3)_2$)을 생성하는 정반응으로 석회 동굴이 만들어지고, 역반응으로 종유석, 석순 등이 만들어진다.

3. 비가역 반응 : 한쪽 방향으로만 진행되는 반응으로, 역반응이 거의 일어나지 않는다.

예 연료의 연소, 금속과 산의 반응, 중화 반응, 앙금 생성 반응 등
　　　정반응만 일어난다.　　　　정반응이 훨씬 우세하여 역반응이 일어나지 않는 것처럼 보인다.

2 동적 평형

개념 가역 반응에서 정반응 속도와 역반응 속도가 같아서 겉으로 보기에 반응이 일어나지 않는 것처럼 보이는 상태

1. 동적 평형 : 가역 반응에서 정반응 속도와 역반응 속도가 같아서 반응이 정지된 것처럼 보이지만 실제로는 반응이 일어나고 있는 상태이다. 동적 평형 상태에서는 반응물과 생성물의 양이 일정하게 유지된다.

밀폐 용기에 $NO_2(g)$ 또는 $N_2O_4(g)$를 넣었을 때의 반응

- $NO_2(g)$**만 넣었을 때의 반응** : 적갈색의 $NO_2(g)$를 넣으면 $2NO_2(g) \rightleftharpoons N_2O_4(g)$ 반응이 일어나서 무색의 $N_2O_4(g)$가 생성되므로 색이 옅어지고 동적 평형에 도달하면 더 이상 색 변화가 일어나지 않는다.

- $N_2O_4(g)$**만 넣었을 때의 반응** : 무색의 $N_2O_4(g)$를 넣으면 $N_2O_4(g) \rightleftharpoons 2NO_2(g)$ 반응이 일어나서 적갈색의 $NO_2(g)$가 생성되므로 색이 진해지고 동적 평형에 도달하면 더 이상 색 변화가 일어나지 않는다.

가역 반응과 비가역 반응

화학 반응은 역반응이 가능한 가역 반응과 역반응이 일어나지 않거나 정반응에 비해 무시할 수 있을 만큼 거의 일어나지 않는 비가역 반응으로 구분할 수 있다.

- 가역 반응 : 정반응과 역반응이 일어나는 속도가 거의 같다.
- 비가역 반응 : 정반응과 역반응이 일어나는 속도 차이가 커서 한쪽 방향으로의 반응만 일어나는 것처럼 보인다.

이산화 질소(NO_2)와 사산화 이질소(N_2O_4) 사이의 동적 평형

- NO_2만 넣었을 때 : 처음에는 NO_2가 N_2O_4로 되는 반응이 주로 일어나지만, 점점 N_2O_4가 NO_2로 되는 반응이 많이 일어나 동적 평형에 도달하게 된다. 동적 평형에 도달한 후 NO_2와 N_2O_4의 농도가 일정하게 유지된다.
- N_2O_4만 넣었을 때 : 처음에는 N_2O_4가 NO_2로 되는 반응이 주로 일어나지만, 점점 NO_2가 N_2O_4로 되는 반응이 많이 일어나 동적 평형에 도달하게 된다. 동적 평형에 도달한 후 N_2O_4와 NO_2의 농도가 일정하게 유지된다.

2. **상평형** : 2가지 이상의 상태가 공존할 때 상태가 변하는 속도가 같아서 겉보기에 상태 변화가 일어나지 않는 것처럼 보이는 동적 평형 상태이다. 액체와 기체 사이, 고체와 기체 사이, 고체와 액체 사이에서 나타난다.

밀폐된 용기에 액체를 넣었을 때의 상평형

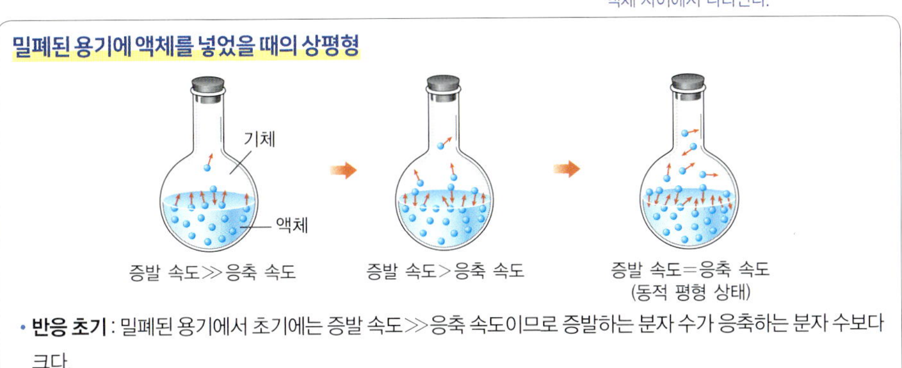

- **반응 초기** : 밀폐된 용기에서 초기에는 증발 속도≫응축 속도이므로 증발하는 분자 수가 응축하는 분자 수보다 크다.
- **반응 중간** : 증발한 기체의 분자 수가 증가하면서 응축 속도가 점점 빨라지게 되어 증발 속도>응축 속도인 상태가 되고, 시간이 지날수록 응축 속도는 빨라지게 되어 증발 속도에 가까워진다.
- **동적 평형 상태** : 동적 평형에 도달하면 증발 속도=응축 속도에 도달하게 되어 더 이상 반응이 일어나지 않는 것처럼 보이는 동적 평형 상태에 도달하게 된다. 동적 평형에서는 기체와 액체의 양이 일정하게 유지되는 상평형 상태에 도달한다.

3. **용해 평형** : 용질이 용해되는 속도와 석출되는 속도가 같아서 겉보기에 용해나 석출이 일어나지 않는 것처럼 보이는 상태이다.

용매에 고체 용질을 넣었을 때의 용해 평형

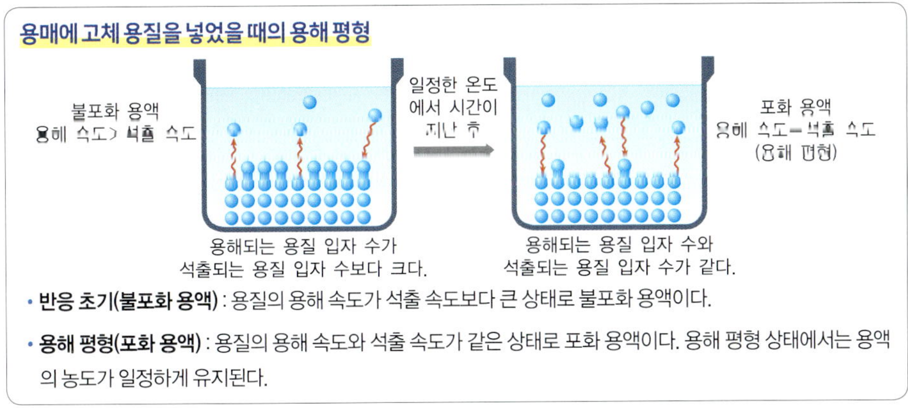

- **반응 초기(불포화 용액)** : 용질의 용해 속도가 석출 속도보다 큰 상태로 불포화 용액이다.
- **용해 평형(포화 용액)** : 용질의 용해 속도와 석출 속도가 같은 상태로 포화 용액이다. 용해 평형 상태에서는 용액의 농도가 일정하게 유지된다.

밀폐된 용기에 액체를 넣었을 때의 증발 속도와 응축 속도

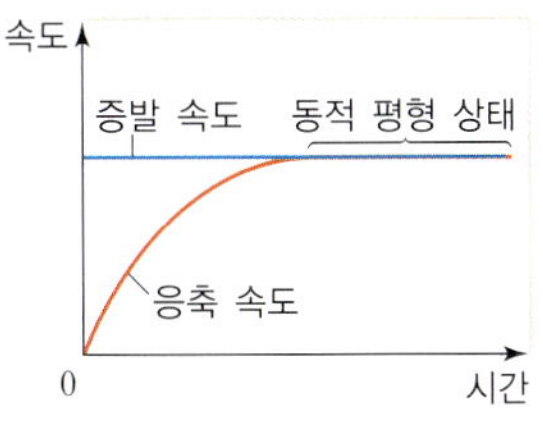

여러 가지 상평형
- 얼음과 물 사이의 상평형 :
  $H_2O(s) \rightleftharpoons H_2O(l)$
- 승화성 아이오딘의 고체와 기체 사이의 상평형 : $I_2(s) \rightleftharpoons I_2(g)$

기체와 액체의 용해 평형
뚜껑을 열지 않은 탄산음료에서는 이산화 탄소가 음료에 녹는 반응과 이산화 탄소가 음료에서 빠져나오는 반응이 동적 평형을 이루고 있다. 이를 화학 반응식으로 나타내면 $CO_2(aq) \rightleftharpoons CO_2(g)$이고 이 평형 상태는 조건에 따라 정반응 또는 역반응의 속도가 더 빨라지게 된다.

정답과 해설 p.51

개념 익히기 문제

교과서 문장으로 개념 익히기

01 반응 조건에 따라 정반응과 역반응이 모두 일어날 수 있는 반응을 □□□□이라고 한다.

02 가역 반응에서 정반응 속도와 역반응 속도가 같아서 반응이 정지된 것처럼 보이는 상태를 □□□□이라고 한다.

03 2가지 이상의 상태가 공존할 때 상태가 변하는 속도가 같아서 상태 변화가 일어나지 않는 것처럼 보이는 동적 평형 상태를 □□□이라고 한다.

04 용해 평형 상태에서는 용질의 용해 속도와 □□□□가 같아 용액의 농도가 일정하게 유지된다.

OX 문제로 개념 익히기

05 연료의 연소, 금속과 산의 반응, 중화 반응은 가역 반응이다. (O / X)

06 밀폐된 용기에 물을 넣은 후 동적 평형 상태가 되면 증발과 응축은 일어나지 않는다. (O / X)

07 밀폐된 용기에 액체를 넣었을 때 시간에 따라 증발 속도는 감소하고 응축 속도는 증가하여 동적 평형 상태에 도달한다. (O / X)

08 밀폐 용기에 $NO_2(g)$만 넣어도 $N_2O_4(g)$가 생성된다. (O / X)

자료 ❶ 밀폐 용기에서 물의 증발 속도와 응축 속도

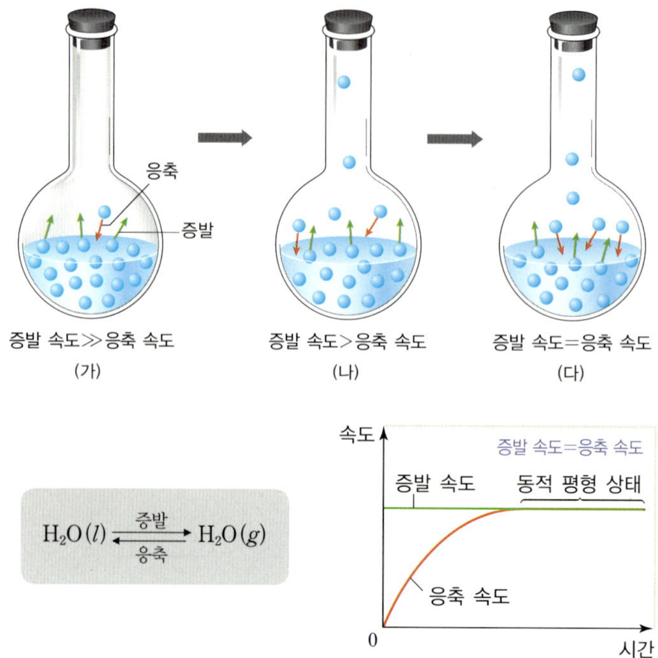

→ (가) : 밀폐된 용기에 물을 넣으면 물의 증발 속도≫응축 속도이므로 물의 증발이 일어나게 되어 $H_2O(g)$의 분자 수가 증가하게 되고 수면의 높이는 감소하게 된다.

→ (나) : $H_2O(g)$의 분자 수가 증가하게 되므로 $H_2O(g) \longrightarrow H_2O(l)$ 반응이 일어나게 되는데, 이를 물의 응축 속도가 증가한 것으로 나타낼 수 있다. 물의 증발 속도는 온도에 따라 달라지므로 온도가 같은 상태라면 (가)에서와 (나)에서 물의 증발 속도는 같다. 따라서 물의 증발 속도는 일정한 상태에서 물의 응축 속도가 점점 증가하게 되는 상태이다.

→ (다) : 물의 증발 속도와 응축 속도가 같아져서 더 이상 반응이 일어나지 않는 것처럼 보이는 동적 평형 상태에 도달한다. 이때 수면의 높이는 일정하게 유지된다.

자료 ❷ 물에 설탕을 넣었을 때 용해 속도와 석출 속도

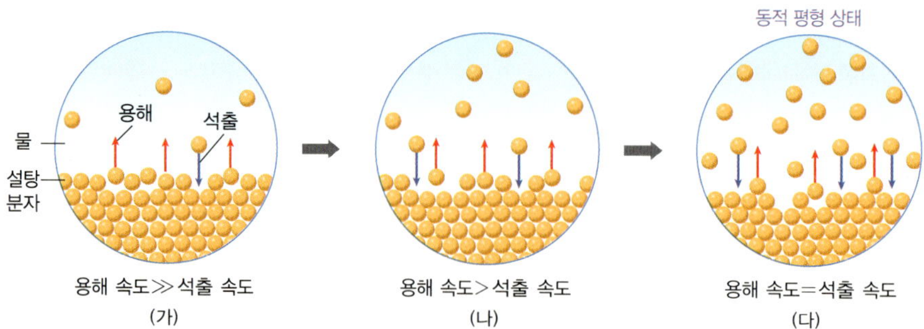

→ (가) : 물에 설탕을 넣어 주면 설탕의 용해 속도≫석출 속도이므로 녹는 설탕의 양이 증가하게 된다. 이때 용액의 농도는 증가하게 된다.

→ (나) : 물에 용해된 설탕 분자 수가 (가)보다 크므로 용해 속도>석출 속도이고 이때 용해 속도는 (가)에서와 같고, 석출 속도가 증가해서 두 속도 차이가 감소하게 된 상태이다. 이때에도 용액의 농도는 증가한다.

→ (다) : 용해 평형에 도달한 상태로 더 이상 설탕 분자가 용해되지 않는 것처럼 보이지만 실제로는 용해 속도=석출 속도이므로 용해 반응과 석출 반응은 일어나는 상태이다. 이때 용액의 농도는 일정하게 유지된다.

개념 다지기 문제

01 다음은 석회 동굴에서 일어나는 반응의 화학 반응식이다.

$$CaCO_3(s) + CO_2(g) + H_2O(l) \rightleftharpoons Ca(HCO_3)_2(aq)$$

이 반응에 대한 설명으로 옳은 것만을 |보기|에서 있는 대로 고른 것은?

> **보기**
> ㄱ. 가역 반응이다.
> ㄴ. 정반응으로 석회 동굴이 생성된다.
> ㄷ. 역반응으로 종유석, 석순이 생성된다.

① ㄱ ② ㄷ ③ ㄱ, ㄴ
④ ㄴ, ㄷ ⑤ ㄱ, ㄴ, ㄷ

대표 유형 문제

02 그림 (가)는 밀폐된 용기에 물을 넣은 상태를, (나)는 충분한 시간이 지난 후의 모습을 모형으로 나타낸 것이다.

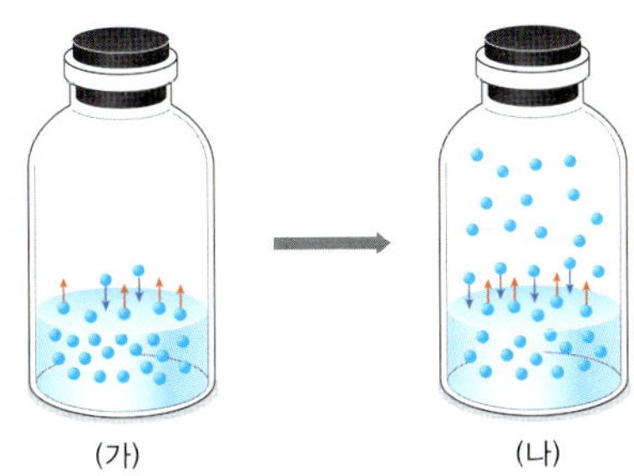

이에 대한 설명으로 옳은 것만을 |보기|에서 있는 대로 고른 것은? (단, 온도는 일정하다.)

> **보기**
> ㄱ. 물의 증발 속도는 (가)에서가 (나)에서보다 크다.
> ㄴ. (나)에서는 물의 증발 속도와 응축 속도가 같다.
> ㄷ. 용기 속 $H_2O(g)$의 분자 수는 (나)에서가 (가)에서보다 크다.

① ㄱ ② ㄴ ③ ㄱ, ㄴ
④ ㄱ, ㄷ ⑤ ㄴ, ㄷ

03 다음은 3가지 반응에 대한 설명이다.

> (가) 수증기가 액화되어 물이 된다.
> (나) 메테인을 연소시키면 물과 이산화 탄소가 생성된다.
> (다) 물에 설탕을 녹이면 설탕물이 된다.

(가)~(다) 중 가역 반응만을 있는 대로 고른 것은?

① (가) ② (나) ③ (가), (다)
④ (나), (다) ⑤ (가), (나), (다)

대표 유형 문제

04 그림은 물에 설탕을 넣어 충분한 시간이 지나 동적 평형 상태에 도달한 것을 나타낸 것이다.

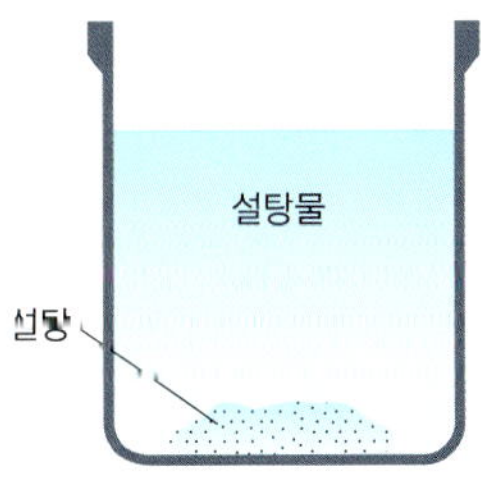

이에 대한 설명으로 옳은 것만을 |보기|에서 있는 대로 고른 것은? (단, 온도는 일정하다.)

> **보기**
> ㄱ. 설탕의 용해는 일어나지 않는다.
> ㄴ. 설탕물의 농도는 일정하다.
> ㄷ. 설탕을 더 넣으면 석출 속도가 용해 속도보다 커진다.

① ㄱ ② ㄴ ③ ㄷ
④ ㄱ, ㄷ ⑤ ㄴ, ㄷ

05 동적 평형 상태에 대한 설명으로 옳은 것만을 |보기|에서 있는 대로 고른 것은?

> **보기**
> ㄱ. 정반응 속도와 역반응 속도가 같다.
> ㄴ. 정반응과 역반응은 모두 일어나지 않는다.
> ㄷ. 비가역 반응에서도 동적 평형 상태가 존재한다.

① ㄱ ② ㄴ ③ ㄱ, ㄷ
④ ㄴ, ㄷ ⑤ ㄱ, ㄴ, ㄷ

개념 다지기 문제

대표 유형 문제

06 그림은 밀폐된 용기에 $H_2O(l)$을 넣었을 때 시간에 따른 H_2O의 증발 속도와 응축 속도를 나타낸 것이다. ㉠과 ㉡은 각각 증발 속도, 응축 속도 중 하나이다.

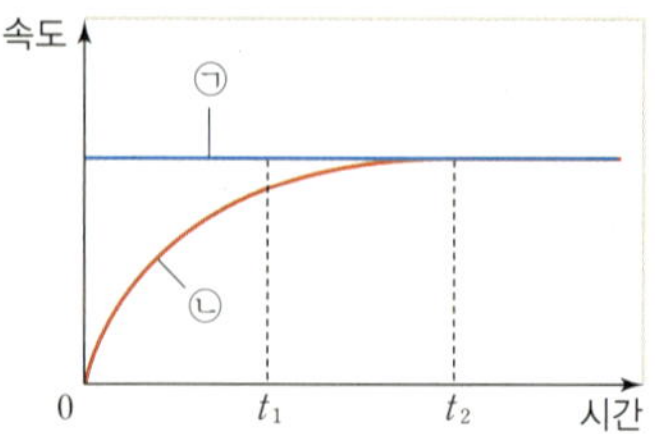

이에 대한 설명으로 옳은 것만을 |보기|에서 있는 대로 고른 것은? (단, 온도는 일정하다.)

|보기|
ㄱ. ㉠은 증발 속도이다.
ㄴ. t_2일 때 동적 평형 상태이다.
ㄷ. t_1일 때 $\dfrac{H_2O(g)의\ 응축\ 속도}{H_2O(l)의\ 증발\ 속도}=1$이다.

① ㄱ 　　② ㄷ 　　③ ㄱ, ㄴ
④ ㄴ, ㄷ 　　⑤ ㄱ, ㄴ, ㄷ

대표 유형 문제

07 표는 밀폐된 진공 용기 안에 $X(l)$를 넣은 후 시간에 따른 $\dfrac{X(g)의\ 양(mol)}{X(l)의\ 양(mol)}$에 대한 자료이다. $0<t_1<t_2<t_3$이고, t_2에서 동적 평형 상태에 도달하였다.

시간	t_1	t_2	t_3
$\dfrac{X(g)의\ 양(mol)}{X(l)의\ 양(mol)}$	a	1	b

이에 대한 설명으로 옳은 것만을 |보기|에서 있는 대로 고른 것은? (단, 온도는 일정하다.)

|보기|
ㄱ. $a=1$이다.
ㄴ. $b>1$이다.
ㄷ. t_3일 때 $\dfrac{X(g)의\ 응축\ 속도}{X(l)의\ 증발\ 속도}=1$이다.

① ㄱ 　　② ㄷ 　　③ ㄱ, ㄴ
④ ㄱ, ㄷ 　　⑤ ㄴ, ㄷ

08 그림 (가)는 밀폐된 진공 용기에 $NO_2(g)$를 넣은 초기 상태를, (나)는 충분한 시간이 지난 뒤 $N_2O_4(g)$가 생성되어 평형을 이룬 상태를 나타낸 것이다.

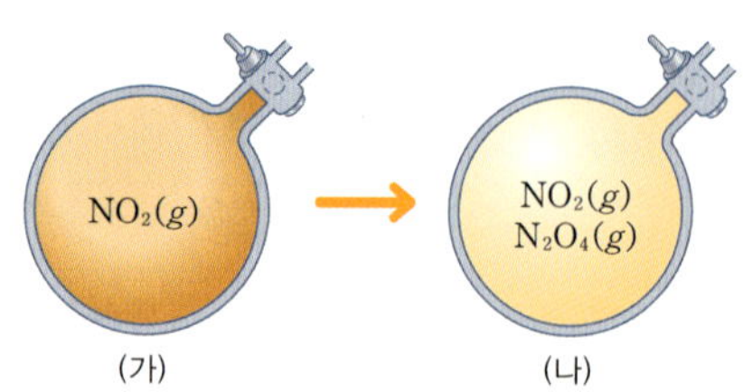

이에 대한 설명으로 옳은 것만을 |보기|에서 있는 대로 고른 것은? (단, 온도는 일정하다.)

|보기|
ㄱ. $NO_2(g)$가 $N_2O_4(g)$로 되는 반응은 가역 반응이다.
ㄴ. 기체의 양(mol)은 (가)>(나)이다.
ㄷ. (나)에서는 반응이 일어나지 않는다.

① ㄱ 　　② ㄷ 　　③ ㄱ, ㄴ
④ ㄱ, ㄷ 　　⑤ ㄴ, ㄷ

09 그림은 일정량의 물이 들어 있는 진공 상태의 밀폐 용기에서 시간에 따른 물의 증발 속도와 응축 속도를 나타낸 것이다.

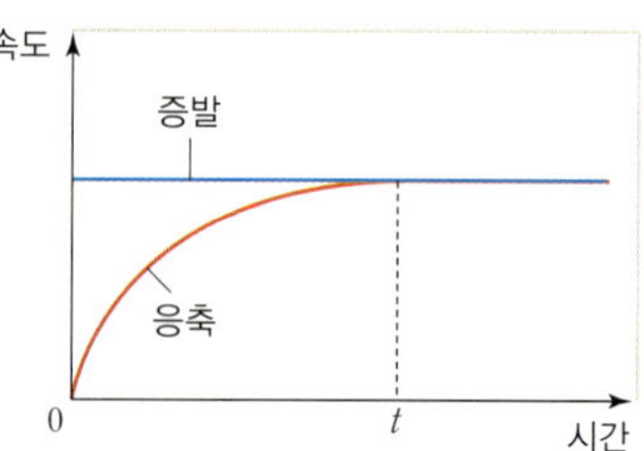

이에 대한 설명으로 옳은 것만을 |보기|에서 있는 대로 고른 것은? (단, 온도는 일정하다.)

|보기|
ㄱ. $0 \sim t$ 동안 $H_2O(l)$의 양은 감소한다.
ㄴ. t 이후에 동적 평형 상태에 도달한다.
ㄷ. $\dfrac{H_2O(l)의\ 양(mol)}{H_2O(g)의\ 양(mol)}$은 t 이후에 감소한다.

① ㄱ 　　② ㄷ 　　③ ㄱ, ㄴ
④ ㄴ, ㄷ 　　⑤ ㄱ, ㄴ, ㄷ

고난도 문제

10 그림 (가)는 $NaCl(aq)$을, (나)는 (가)에 $NaCl(s)$을 더 넣은 후 동적 평형 상태에 도달한 것을 나타낸 것이다.

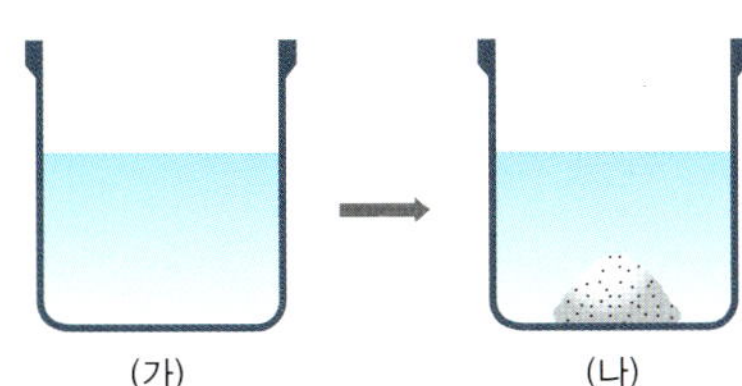

이에 대한 설명으로 옳은 것만을 |보기|에서 있는 대로 고른 것은?

보기
ㄱ. (가)는 동적 평형 상태이다.
ㄴ. 수용액의 농도는 (나)>(가)이다.
ㄷ. $NaCl(aq) \longrightarrow NaCl(s)$ 반응의 속도는 (가)와 (나)에서 같다.

① ㄱ ② ㄴ ③ ㄱ, ㄷ
④ ㄴ, ㄷ ⑤ ㄱ, ㄴ, ㄷ

11 그림 (가)는 밀폐된 진공 상태의 용기에 $H_2O(l)$을 넣은 것을, (나)는 충분한 시간이 흐른 뒤의 모습을 나타낸 것이다. h_1, h_2는 각각 (가), (나)에서 수면의 높이이다.

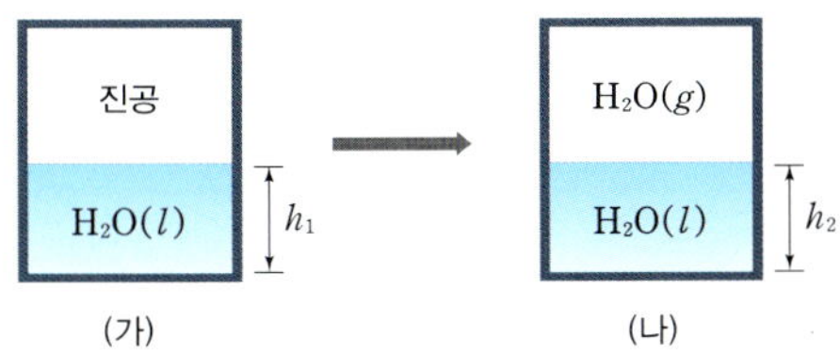

이에 대한 설명으로 옳은 것만을 |보기|에서 있는 대로 고른 것은? (단, 온도는 일정하다.)

보기
ㄱ. $h_1 > h_2$이다.
ㄴ. (나)에서 $H_2O(l) \Longleftrightarrow H_2O(g)$ 반응의 정반응과 역반응의 속도는 같다.
ㄷ. (나)에 물을 추가하면 물의 증발 속도가 빨라진다.

① ㄱ ② ㄷ ③ ㄱ, ㄴ
④ ㄴ, ㄷ ⑤ ㄱ, ㄴ, ㄷ

서술형 문제

12 그림 (가)는 물에 설탕($C_{12}H_{22}O_{11}$)을 넣고 충분한 시간이 지난 후의 모습을, (나)는 묽은 염산($HCl(aq)$)에 마그네슘(Mg)을 넣었을 때 기체가 발생하는 모습을 나타낸 것이다.

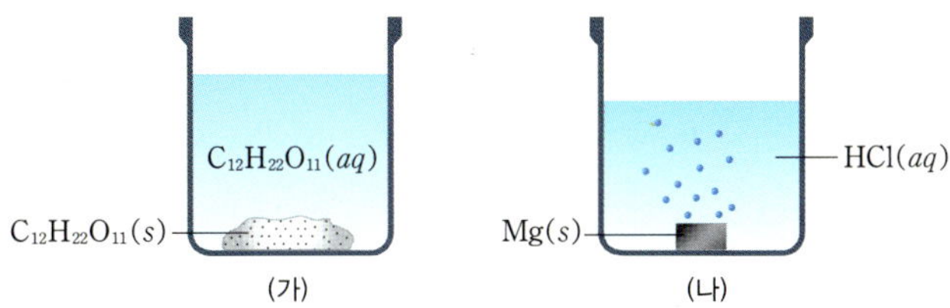

(1) (가)와 (나)를 가역 반응, 비가역 반응으로 구분하시오.

(2) (가)와 (나) 중 동적 평형 상태에 도달한 것이 있다면 고르고, 그 까닭을 설명하시오.

13 표는 밀폐된 진공 용기 속에 $H_2O(l)$을 넣은 후 3가지 상태에서의 $H_2O(l)$과 $H_2O(g)$의 양(mol)에 대한 자료이다. $t_1 \sim t_3$은 시간 순서가 아니다.

시간	t_1	t_2	t_3
$H_2O(l)$의 양(mol)	a	$1.1a$	a
$H_2O(g)$의 양(mol)	$1.1b$	b	xb

x를 구하고, 그 까닭을 설명하시오.

14 그림은 일정한 온도에서 밀폐된 진공 상태의 용기에 $C_2H_5OH(l)$을 넣은 후 시간에 따른 $C_2H_5OH(l)$의 양(mol)을 나타낸 것이다.

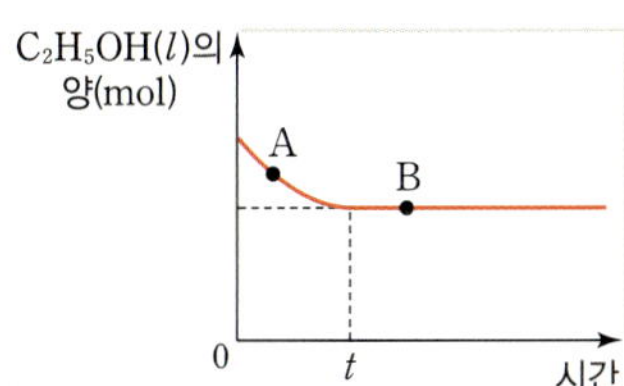

(1) A와 B에서 C_2H_5OH의 증발 속도를 비교하고, 그 까닭을 설명하시오.

(2) A와 B에서 C_2H_5OH의 응축 속도를 비교하고, 그 까닭을 설명하시오.

02 물의 자동 이온화와 pH

개념 1 브뢴스테드 · 로리 산과 염기

양성자(H^+)를 주는 물질을 산, 양성자(H^+)를 받는 물질을 염기로 정한다.

1. **아레니우스 정의** : 산과 염기가 물에 녹아서 이온화하는 것을 근거로 한 정의이다.

  (1) **산** : 수용액에서 수소 이온(H^+)을 내놓는 물질이다. 예 HCl, H_2SO_4, CH_3COOH

   $$HCl(aq) \longrightarrow H^+(aq) + Cl^-(aq), \quad H_2SO_4(aq) \longrightarrow 2H^+(aq) + SO_4^{2-}(aq)$$

  (2) **염기** : 수용액에서 수산화 이온(OH^-)을 내놓는 물질이다.

   예 $NaOH$, KOH, $Ca(OH)_2$

   $$NaOH(aq) \longrightarrow Na^+(aq) + OH^-(aq)$$

   $$Ca(OH)_2(aq) \longrightarrow Ca^{2+}(aq) + 2OH^-(aq)$$

  (3) **아레니우스 정의의 한계** : H^+을 내놓지 않는 산 또는 OH^-을 내놓지 않는 염기의 경우에는 설명하기 어렵다.

2. **브뢴스테드 · 로리 정의** : 아레니우스 정의보다 확장된 산과 염기에 대한 정의로 양성자(H^+)의 이동으로 설명한다.

  (1) **산** : 양성자(H^+)를 주는 물질(양성자 주개)이다.

$$\underset{산}{HCl} + \underset{염기}{H_2O} \rightleftharpoons Cl^- + H_3O^+$$

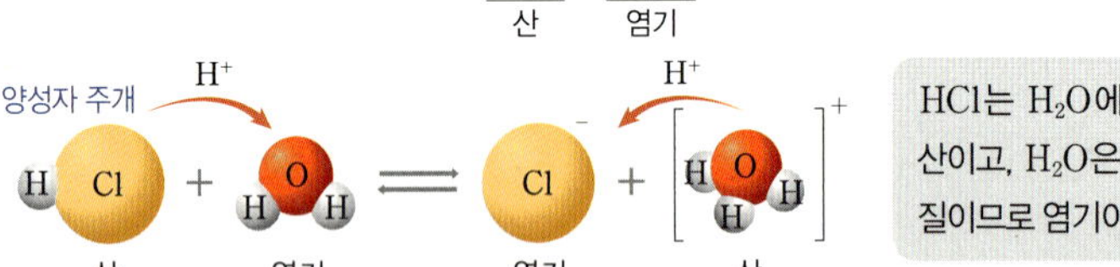

HCl는 H_2O에게 H^+를 주는 물질이므로 산이고, H_2O은 HCl로부터 H^+를 받는 물질이므로 염기이다.

  (2) **염기** : 양성자(H^+)를 받는 물질(양성자 받개)이다.

$$\underset{염기}{NH_3} + \underset{산}{H_2O} \rightleftharpoons NH_4^+ + OH^-$$

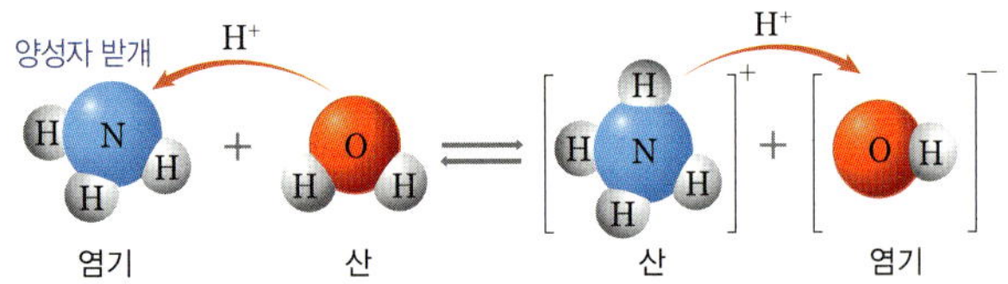

NH_3는 H_2O로부터 H^+를 받는 물질이므로 염기이고, H_2O은 NH_3에게 H^+를 주는 물질이므로 산이다.

암기 꼭!

산과 염기의 정의 확장

브뢴스테드 · 로리 산 염기 정의가 아레니우스 산 염기 정의보다 확장된 개념이므로 아레니우스 정의로 산인 물질은 브뢴스테드 · 로리 정의로도 산이다.

브뢴스테드 · 로리 산 염기 정의

브뢴스테드와 로리는 서로 다른 나라의 과학자였으나 서로 연구 결과가 같아 두 사람의 이름을 모두 따서 산 염기 정의로 나타내었다. 이외에도 여러 과학자들이 제안한 확장된 산 염기 정의들이 있다.

강의 포인트

양쪽성 물질

반응하는 물질에 따라서 산 또는 염기로 작용할 수 있는 물질이다. 어떤 산 염기와 반응하느냐에 따라 달라진다.

$HCl + H_2O \longrightarrow Cl^- + H_3O^+$ 반응에서 H_2O은 브뢴스테드 · 로리 염기이고, $NH_3 + H_2O \longrightarrow NH_4^+ + OH^-$ 반응에서 H_2O은 브뢴스테드 · 로리 산이다. H_2O은 산 또는 염기로 작용할 수 있는 양쪽성 물질이다.

개념 익히기 문제

정답과 해설 p.53

교과서 문장으로 개념 익히기

01 물에 녹아서 수소 이온(H^+)을 내놓는 물질은 아레니우스 정의에 따라 ☐이다.

02 브뢴스테드 · 로리 산 염기 정의에서는 ☐☐☐(H^+)의 이동으로 설명한다.

03 브뢴스테드 · 로리 정의에서 양성자(H^+)를 받는 물질은 ☐☐이다.

OX 문제로 개념 익히기

04 브뢴스테드 · 로리 산 염기 정의는 아레니우스 산 염기 정의보다 확장된 개념이다. (O / X)

05 브뢴스테드 · 로리 정의에 의하면 $HCl(aq)$에서 H_2O은 염기로 정의한다. (O / X)

06 암모니아(NH_3)는 아레니우스 정의에 의하면 염기이다. (O / X)

2 물의 자동 이온화

매우 적은 양의 물이 이온화하여 동적 평형을 이룬다는 이론

1. 물의 자동 이온화 : 물은 소량이 이온화하여 H^+의 이동이 생기고 H_3O^+과 OH^-이 존재하게 된다.

(1) **물의 자동 이온화 반응식** : 물의 자동 이온화 반응은 H^+의 이동이 있는 가역 반응이다. 이때 생성물은 H_3O^+, OH^-이다.

$$H_2O(l) + H_2O(l) \rightleftharpoons H_3O^+(aq) + OH^-(aq)$$

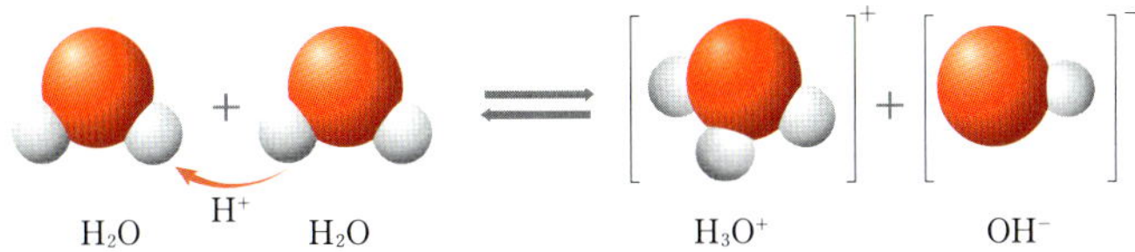

(2) **물의 이온화 상수(K_w)** : 물의 자동 이온화 반응은 동적 평형 상태이므로 정반응 속도와 역반응 속도가 같은 상태이다. 따라서 물의 자동 이온화 반응에서 생성된 H_3O^+과 OH^-의 몰 농도는 일정하고 두 이온의 몰 농도 곱을 물의 이온화 상수(K_w)라고 한다. K_w는 온도가 같으면 일정하고 온도에 따라 변한다.

$$\text{몰비 } 1:1$$
$$H_2O(l) + H_2O(l) \rightleftharpoons H_3O^+(aq) + OH^-(aq) \qquad K_w = [H_3O^+][OH^-]$$

(3) 25 °C에서 K_w : 순수한 물의 $[H_3O^+] = [OH^-] = 1 \times 10^{-7}$ M이므로 $K_w = 1 \times 10^{-14}$이다.

$$[H_3O^+][OH^-] = 1 \times 10^{-14} \quad (25\,°C)$$

2. 수용액의 액성 : $[H_3O^+] > [OH^-]$이면 산성, $[H_3O^+] = [OH^-]$이면 중성, $[H_3O^+] < [OH^-]$이면 염기성이다.

3 pH

수용액의 $[H_3O^+]$를 나타내기 위해 고안한 수소 이온 농도 지수

1. pH : $[H_3O^+]$의 상용로그 값에 음의 부호를 붙인 것이다.

$$pH = -\log[H_3O^+]$$

 $[H_3O^+] = 10^{-3}$ M이면 pH=3이다.

(1) **pH와 $[H_3O^+]$의 관계** : $[H_3O^+]$가 클수록 pH가 작고, $[H_3O^+]$가 작을수록 pH가 크다. pH 차가 1이면 $[H_3O^+]$는 10배 차이이다.

(2) **pOH** : pOH는 pH와 같이 $[OH^-]$의 상용로그 값에 음의 부호를 붙인 것이다.

$$pOH = -\log[OH^-]$$

(3) **pH와 pOH의 합** : 25 °C에서 $[H_3O^+][OH^-] = 1 \times 10^{-14}$이므로 pH + pOH = 14이다.

$$pH + pOH = 14 \quad (25\,°C)$$

물의 자동 이온화 반응

물의 자동 이온화 반응에서 물은 H^+를 주는 물질인 브뢴스테드 · 로리 산으로도 작용하고, H^+를 받는 물질인 브뢴스테드 · 로리 염기로도 작용한다.

몰 농도의 표시

대괄호 '[ ]' 안에 물질을 나타내면 그 물질에 대한 몰 농도를 나타낸다.

물의 이온화 상수(K_w)와 온도

온도(°C)	K_w
0	0.11×10^{-14}
20	0.68×10^{-14}
25	1×10^{-14}
40	2.92×10^{-14}
60	9.61×10^{-14}

온도가 높아질수록 K_w는 커진다.

주의! 오개념

물의 이온화 상수(K_w)

물의 자동 이온화 반응에서는 반응물과 생성물의 농도가 일정한 상태를 유지하게 되므로 반응물과 생성물의 농도 곱은 일정한 값을 나타낸다.

pH를 제안한 과학자

덴마크의 화학자 쇠렌센이 농도값이 너무 작아 불편하므로 이러한 불편을 개선하기 위해서 pH를 제안한 것이다. pOH, pK_a 등도 이와 같이 제안되어 사용되는 것이다.

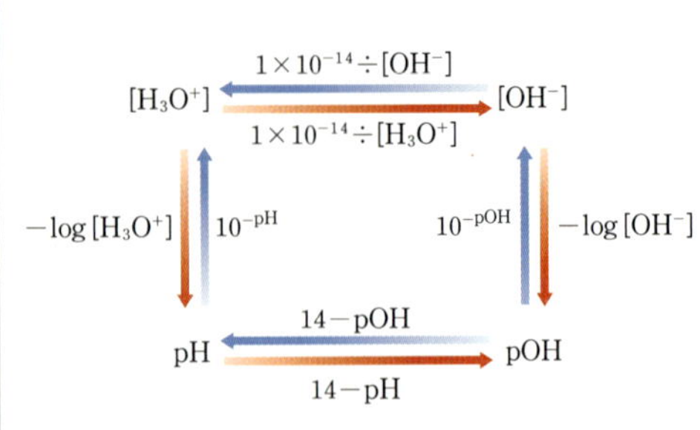

- 25 °C에서 $[H_3O^+][OH^-]=1 \times 10^{-14}$이므로 $[H_3O^+]=\dfrac{1 \times 10^{-14}}{[OH^-]}$이고, $[OH^-]=\dfrac{1 \times 10^{-14}}{[H_3O^+]}$이다.
- $pH=-\log[H_3O^+]$이므로 $[H_3O^+]=10^{-pH}$이다.
- $pOH=-\log[OH^-]$이므로 $[OH^-]=10^{-pOH}$이다.
- 25 °C에서 $pH+pOH=14$이므로 $pH=14-pOH$이고, $pOH=14-pH$이다.

2. 25 °C에서 수용액의 액성과 pH : 25 °C 산성 용액에서 pH는 7보다 작고, 중성 용액의 pH는 7이며, 염기성 용액에서 pH는 7보다 크다.

(1) 25 °C에서 중성 용액 : 물의 자동 이온화에 의해 $[H_3O^+]$과 $[OH^-]$가 1×10^{-7} M로 같으므로 $pH=7$이다.

(2) 25 °C에서 산성 용액 : $[H_3O^+]>[OH^-]$인 용액이므로 $[H_3O^+]>1 \times 10^{-7}$ M이고, $[OH^-]<1 \times 10^{-7}$ M이다. 따라서 $pH<7$이고, $pOH>7$이다.

(3) 25 °C에서 염기성 용액 : $[H_3O^+]<[OH^-]$인 용액이므로 $[H_3O^+]<1 \times 10^{-7}$ M이고, $[OH^-]>1 \times 10^{-7}$ M이다. 따라서 $pH>7$이고, $pOH<7$이다.

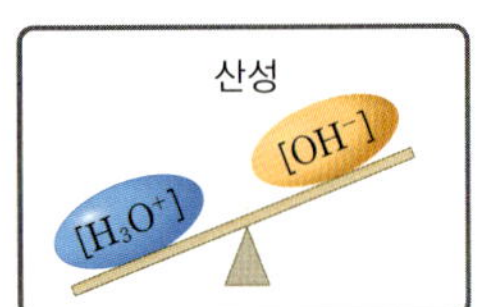

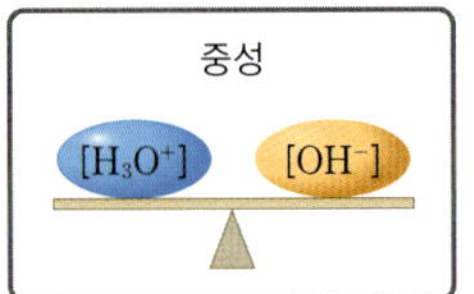

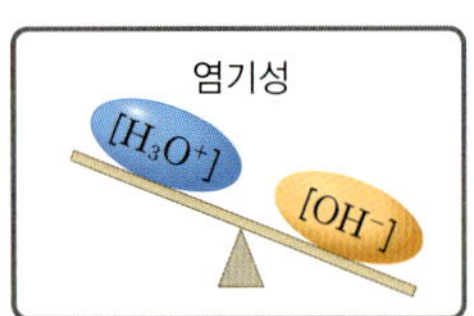

수용액의 액성	농도(25 °C)	pH 및 pOH(25 °C)
산성	$[H_3O^+]>1.0 \times 10^{-7}$ M $>[OH^-]$	$pH<7$, $pOH>7$
중성	$[H_3O^+]=1.0 \times 10^{-7}$ M $=[OH^-]$	$pH=7$, $pOH=7$
염기성	$[H_3O^+]<1.0 \times 10^{-7}$ M $<[OH^-]$	$pH>7$, $pOH<7$

미니탐구 그래프로 수용액의 액성 분석하기

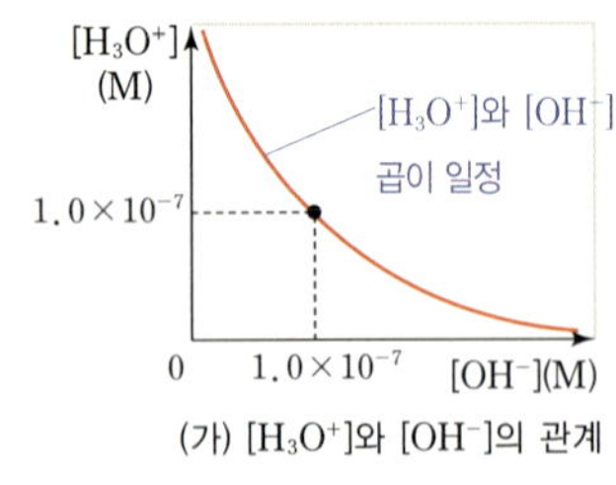

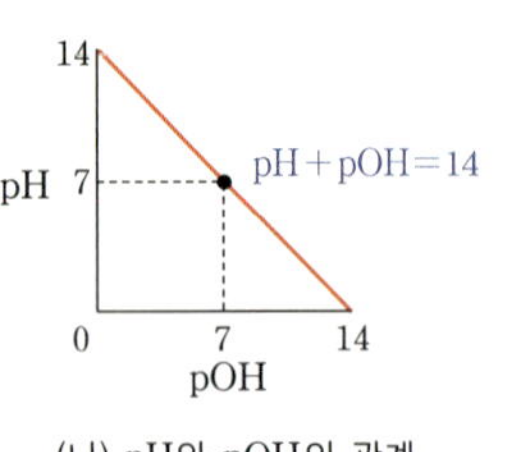

- (가) 25 °C에서 $[H_3O^+][OH^-]=1 \times 10^{-14}$이므로 $[H_3O^+]$와 $[OH^-]$는 서로 반비례 관계이다.
- (나) 25 °C에서 $pH+pOH=14$이므로 $pH=-pOH+14$로 1차 함수 관계이다.

3. 25 °C 수용액에서 pH, pOH, $[H_3O^+]$, $[OH^-]$: pH는 산과 염기의 수용액에서 몰 농도와 관계되는 값이므로 수용액의 부피와는 무관하게 구할 수 있고, H_3O^+ 또는 OH^-의 양(mol)은 수용액의 부피가 있어야 구할 수 있다.

예 25 °C 0.01 M $HCl(aq)$ 200 mL : $[H_3O^+]=0.01$ M이므로 $pH=2$, $pOH=14-2=12$, $\dfrac{pOH}{pH}=\dfrac{12}{2}=6$, $\dfrac{[OH^-]}{[H_3O^+]}=\dfrac{10^{-12}}{10^{-2}}=10^{-10}$이고, H_3O^+의 양은 0.01 M $\times 0.2$ L $=0.002$ mol이다.

산성 용액과 염기성 용액

- 중성인 물에 산을 넣으면 H_3O^+의 몰 농도가 증가하게 되는데 K_w는 일정하므로 OH^-의 양이 감소하게 된다. 따라서 $[H_3O^+]>1 \times 10^{-7}$ M$>[OH^-]$가 된다.
- 중성인 물에 염기를 넣으면 OH^-의 몰 농도가 증가하게 되는데 K_w는 일정하므로 H_3O^+의 양이 감소하게 된다. 따라서 $[OH^-]>1 \times 10^{-7}$ M$>[H_3O^+]$가 된다.

암기 꼭!

pH와 pOH

- $pH<7$인 산성 용액에서도 OH^-이 존재하고, $pOH<7$인 염기성 용액에서도 H_3O^+이 존재한다.
- 수용액에서 산성이 증가하면 $[H_3O^+]$가 증가, $[OH^-]$가 감소하고, pH가 감소, pOH가 증가한다.
- 수용액에서 염기성이 증가하면 $[H_3O^+]$가 감소, $[OH^-]$가 증가하고, pH가 증가, pOH가 감소한다.

4. 우리 주위 물질의 pH

(1) pH의 측정 방법 : pH 시험지, pH 미터, 지시약 등으로 pH를 측정할 수 있다.

▲ pH 시험지

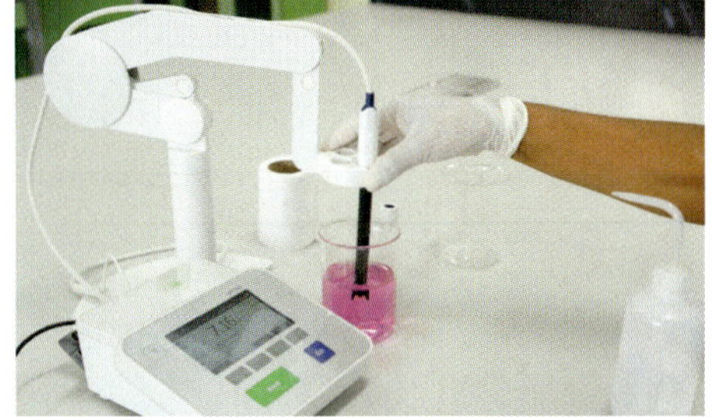

▲ pH 미터

pH 시험지와 pH 미터

pH 시험지는 만능 지시약을 묻힌 것으로 대략적인 pH를 알 수 있고, pH 미터는 $[H_3O^+]$에 따른 전기 전도도의 차이를 이용한 것으로 기준이 되는 용액의 pH를 이용하여 상댓값으로 측정한다.

지시약	pH 범위	산에서의 색	중성에서의 색	염기에서의 색
페놀프탈레인	8.0 ~ 9.6	무색	무색	붉은색
메틸 오렌지	3.1 ~ 4.4	붉은색	노란색	노란색
리트머스	5.0 ~ 8.0	붉은색	–	푸른색
BTB	6.0 ~ 7.6	노란색	초록색	파란색

(2) pH의 범위 : 대부분의 물질들의 pH 범위는 0 ~ 14이다. 이론적으로는 음의 값을 가질 수도 있다.

> **예** 25 ℃에서 1 M HCl(aq)의 $[H_3O^+]=1$ M이므로 pH는 0이고, pOH=14이다. 또한 1 M NaOH(aq)의 $[OH^-]=1$ M이므로 pOH=0이고, pH=14이다.

(3) 다양한 물질의 pH : 레몬, 토마토, 커피, 우유는 pH가 7보다 작아 산성을 띠고, 혈액, 베이킹 소다, 비누, 하수구 세척액은 pH가 7보다 커서 염기성을 띤다.

| | 위액 | | 커피 | 증류수 | 베이킹 소다 | | 1 M NaOH(aq) |
| 1 M HCl(aq) | 레몬 | 토마토 | 우유 | 혈액 | 비누 | 하수구 세척액 |

$[H_3O^+]$	1	10^{-1}	10^{-2}	10^{-3}	10^{-4}	10^{-5}	10^{-6}	10^{-7}	10^{-8}	10^{-9}	10^{-10}	10^{-11}	10^{-12}	10^{-13}	10^{-14}
pH	0	1	2	3	4	5	6	7	8	9	10	11	12	13	14
수용액의 액성	산성						중성						염기성		
pOH	14	13	12	11	10	9	8	7	6	5	4	3	2	1	0
$[OH^-]$	10^{-14}	10^{-13}	10^{-12}	10^{-11}	10^{-10}	10^{-9}	10^{-8}	10^{-7}	10^{-6}	10^{-5}	10^{-4}	10^{-3}	10^{-2}	10^{-1}	1

개념 익히기 문제

정답과 해설 p.53

교과서 문장으로 개념 익히기

07 순수한 물 중 아주 적은 양이 이온화하여 동적 평형을 이루는 것을 물의 ☐☐☐☐☐라고 한다.

08 물의 자동 이온화 반응에서 생성된 H_3O^+과 OH^-의 몰 농도 곱을 물의 ☐☐☐☐(K_w)라고 한다.

09 25 ℃ 수용액에서 $[H_3O^+][OH^-]$은 ☐☐이다.

10 25 ℃ 수용액에서 pH와 pOH의 합은 ☐이다.

11 25 ℃에서 pH가 7보다 큰 용액은 ☐☐이고, pH가 7보다 작은 용액은 ☐☐이다.

OX 문제로 개념 익히기

12 물의 자동 이온화 반응에서 물은 산과 염기로 모두 작용한다. (O / X)

13 물의 이온화 상수(K_w)는 수용액의 온도가 달라지면 달라지는 값이다. (O / X)

14 pH는 $[H_3O^+]$의 싱용로그 값에 양의 부호를 붙인 것이다. (O / X)

15 25 ℃에서 산성 용액의 $[H_3O^+]$는 1×10^{-7} M보다 크다. (O / X)

16 25 ℃ 0.01 M NaOH(aq)의 pH는 12이다. (O / X)

🔖**Point** 수용액의 $[H_3O^+]$ 또는 $[OH^-]$를 통해 여러 가지 수용액에 대한 정보를 알아보자.

그림은 25 °C에서 4가지 수용액에 들어 있는 $[H_3O^+]$ 또는 $[OH^-]$를 나타낸 것이다. 25 °C에서 물의 이온화 상수(K_w)는 1×10^{-14}이다.

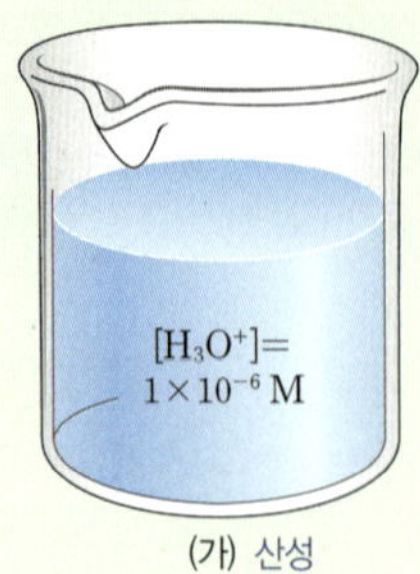

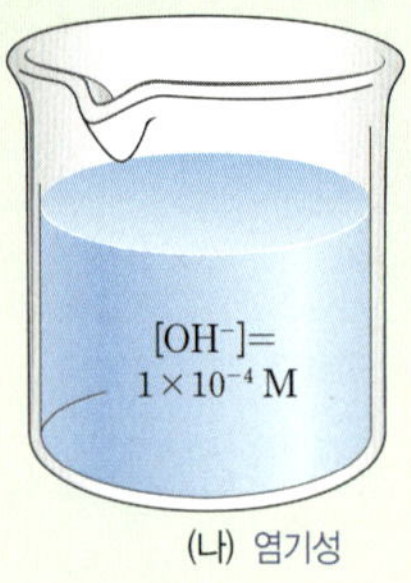

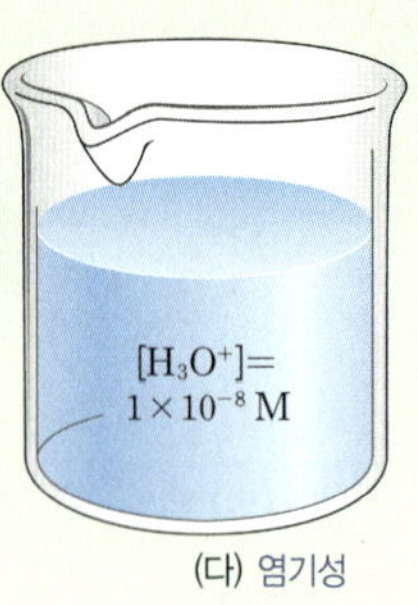

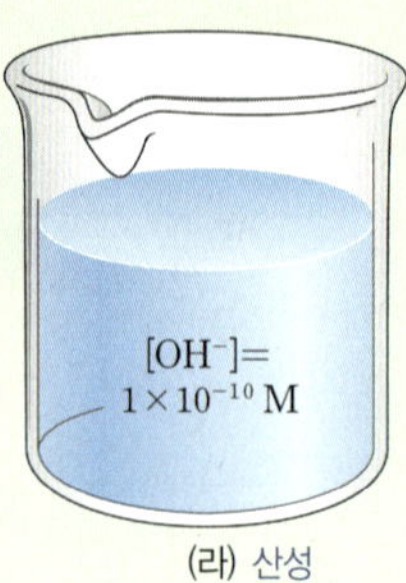

⋯ $pH = -\log[H_3O^+]$이고, $pOH = -\log[OH^-]$이다.

⋯ 25 °C에서 $[H_3O^+][OH^-] = 1 \times 10^{-14}$이므로 $pH + pOH = 14$이다. $pH = 14 - pOH$이고, $pOH = 14 - pH$이다.

⋯ 25 °C에서 중성 수용액은 $[H_3O^+] = [OH^-] = 1 \times 10^{-7}$ M이므로 $\dfrac{[OH^-]}{[H_3O^+]} = 1$이고, 산성 수용액은 $[H_3O^+] > [OH^-]$이므로 $\dfrac{[OH^-]}{[H_3O^+]} < 1$이며, 염기성 수용액은 $[OH^-] > [H_3O^+]$이므로 $\dfrac{[OH^-]}{[H_3O^+]} > 1$이다.

구분 \ 수용액	(가)	(나)	(다)	(라)
pH	6	10	8	4
pOH	8	4	6	10
$\dfrac{[OH^-]}{[H_3O^+]}$	$\dfrac{10^{-8}}{10^{-6}} = 10^{-2} < 1$	$\dfrac{10^{-4}}{10^{-10}} = 10^6 > 1$	$\dfrac{10^{-6}}{10^{-8}} = 10^2 > 1$	$\dfrac{10^{-10}}{10^{-4}} = 10^{-6} < 1$
액성	산성	염기성	염기성	산성

정답과 해설 p.53

예제 ❶

그림은 25 °C에서 A ∼ C 수용액의 pH를 나타낸 것이다.

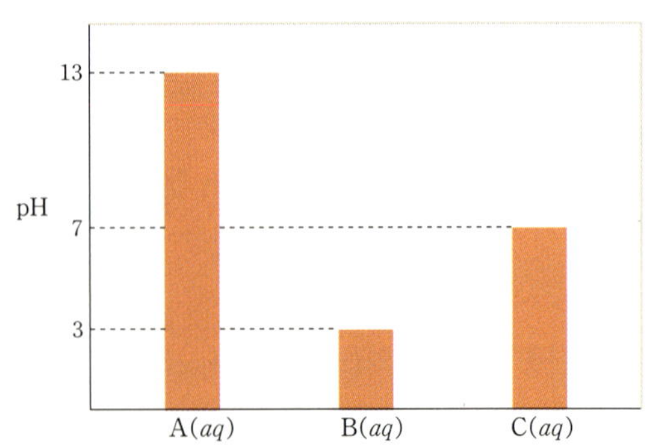

▶ **해결 전략**

1단계 : A ∼ C 수용액의 $[H_3O^+]$를 구한다.

2단계 : K_w가 1×10^{-14}로 일정한 것을 이용하여 pOH, $[OH^-]$ 등을 구한다.

이에 대한 설명으로 옳은 것은? (단, 25 °C에서 물의 이온화 상수(K_w)는 1×10^{-14}이다.)

① A(aq)은 산성이다.

② A(aq)의 $[OH^-] = 1$ M이다.

③ B(aq)의 pOH는 3이다.

④ C(aq)은 산성이다.

⑤ $[H_3O^+]$는 B(aq)이 C(aq)의 10^4배이다.

개념 다지기 문제

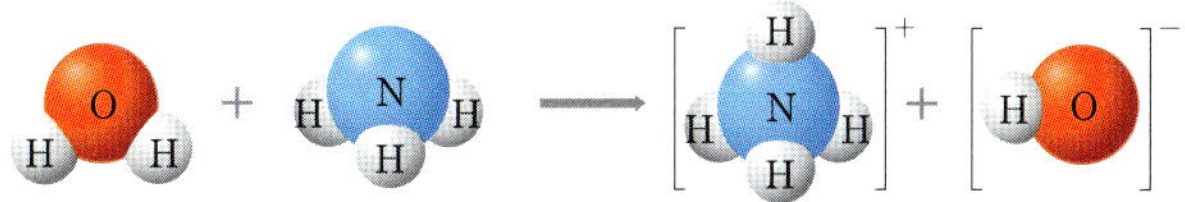

01 그림은 암모니아(NH_3)를 물에 녹였을 때의 변화를 모형으로 나타낸 것이다.

이에 대한 설명으로 옳은 것만을 |보기|에서 있는 대로 고른 것은?

┌ 보기 ┐
ㄱ. NH_3는 H^+를 받는 물질이다.
ㄴ. NH_3는 아레니우스 산이다.
ㄷ. H_2O은 브뢴스테드·로리 염기이다.

① ㄱ　　　　② ㄷ　　　　③ ㄱ, ㄴ
④ ㄱ, ㄷ　　　⑤ ㄴ, ㄷ

03 다음은 산 염기 반응의 화학 반응식이다.

(가) $HCN(aq)+H_2O(l) \longrightarrow$ ⬜㉠⬜ $(aq)+H_3O^+(aq)$

(나) ⬜㉠⬜ $(aq)+H_2O(l) \longrightarrow HCN(aq)+$ ⬜㉡⬜ (aq)

(다) $HCN(aq)+$ ⬜㉡⬜ $(aq) \longrightarrow$ ⬜㉠⬜ $(aq)+H_2O(l)$

이에 대한 설명으로 옳은 것만을 |보기|에서 있는 대로 고른 것은?

┌ 보기 ┐
ㄱ. ㉠은 CN^-이다.
ㄴ. (나)에서 H_2O은 브뢴스테드·로리 산이다.
ㄷ. (다)에서 ㉡은 브뢴스테드·로리 염기이다.

① ㄱ　　　　② ㄴ　　　　③ ㄱ, ㄷ
④ ㄴ, ㄷ　　　⑤ ㄱ, ㄴ, ㄷ

04 물의 이온화 상수(K_w)에 대한 설명으로 옳은 것만을 |보기|에서 있는 대로 고른 것은?

┌ 보기 ┐
ㄱ. $[H_3O^+][OH^-]$이다.
ㄴ. 50 ℃에서 1×10^{-14}이다.
ㄷ. 25 ℃ 물에 소량의 HCl을 첨가하면 K_w는 감소한다.

① ㄱ　　　　② ㄴ　　　　③ ㄱ, ㄷ
④ ㄴ, ㄷ　　　⑤ ㄱ, ㄴ, ㄷ

대표 유형문제

02 다음은 산 염기 반응의 화학 반응식이다.

(가) $HCN(aq)+H_2O(l) \rightleftharpoons H_3O^+(aq)+CN^-(aq)$

(나) $(CH_3)_3N(aq)+HF(aq) \rightleftharpoons (CH_3)_3NH^+(aq)+F^-(aq)$

(다) $NH_3(aq)+H_2O(l) \rightleftharpoons NH_4^+(aq)+OH^-(aq)$

이에 대한 설명으로 옳은 것만을 |보기|에서 있는 대로 고른 것은?

┌ 보기 ┐
ㄱ. (가)에서 HCN은 브뢴스테드·로리 산이다.
ㄴ. (나)에서 $(CH_3)_3N$은 브뢴스테드·로리 염기이다.
ㄷ. (가)와 (다)에서 H_2O은 브뢴스테드·로리 염기이다.

① ㄱ　　　　② ㄷ　　　　③ ㄱ, ㄴ
④ ㄱ, ㄷ　　　⑤ ㄴ, ㄷ

대표 유형문제

05 그림은 25 ℃에서 $NaOH(s)$ 4g을 물에 녹여 만든 1 L $NaOH(aq)$을 나타낸 것이다. $NaOH$의 화학식량은 40이다.
이에 대한 설명으로 옳은 것만을 |보기|에서 있는 대로 고른 것은? (단, 25 ℃에서 물의 이온화 상수(K_w)는 1×10^{-14}이다.)

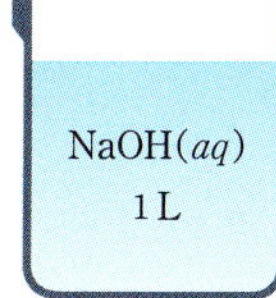

┌ 보기 ┐
ㄱ. $pH=13$이다.
ㄴ. $[H_3O^+]=0.1\,M$이다.
ㄷ. $[Na^+]=1 \times 10^{-13}\,M$이다.

① ㄱ　　　　② ㄴ　　　　③ ㄷ
④ ㄱ, ㄷ　　　⑤ ㄴ, ㄷ

대표 유형문제

06 표는 25 °C에서 3가지 수용액 (가)~(다)에 대한 자료이다.

수용액	(가)	(나)	(다)
$\dfrac{[OH^-]}{[H_3O^+]}$	10^{-2}	10^2	10^6

이에 대한 설명으로 옳은 것만을 |보기|에서 있는 대로 고른 것은?
(단, 25 °C에서 물의 이온화 상수(K_w)는 1×10^{-14}이다.)

─○ 보기 ○─
ㄱ. (가)는 염기성이다.
ㄴ. (나)의 pH=8이다.
ㄷ. $[OH^-]$는 (나) : (다)=1 : 100이다.

① ㄱ   ② ㄷ   ③ ㄱ, ㄴ
④ ㄱ, ㄷ   ⑤ ㄴ, ㄷ

대표 유형문제

07 표는 25 °C에서 수용액 (가)~(다)에 대한 자료이다.

수용액	(가)	(나)	(다)
pH	3	4	10
부피(mL)	100	10	200

(가)~(다)에 대한 설명으로 옳은 것만을 |보기|에서 있는 대로 고른 것은? (단, 25 °C에서 물의 이온화 상수(K_w)는 1×10^{-14}이다.)

─○ 보기 ○─
ㄱ. 산성 수용액은 2가지이다.
ㄴ. (다)에서 $[OH^-]=1 \times 10^{-4}$ M이다.
ㄷ. H_3O^+의 양(mol)은 (가)와 (나)가 같다.

① ㄱ   ② ㄷ   ③ ㄱ, ㄴ
④ ㄴ, ㄷ   ⑤ ㄱ, ㄴ, ㄷ

08 표는 25 °C에서 수용액 (가)~(다)에 대한 자료이다. (나)는 산성 용액이고, ㉠과 ㉡은 각각 H_3O^+, OH^- 중 하나이다.

수용액	(가)	(나)	(다)
[㉠](M)	1×10^{-7}	1×10^{-5}	
[㉡](M)	1×10^{-7}		1×10^{-10}

이에 대한 설명으로 옳은 것만을 |보기|에서 있는 대로 고른 것은?
(단, 25 °C에서 물의 이온화 상수(K_w)는 1×10^{-14}이다.)

─○ 보기 ○─
ㄱ. ㉠은 OH^-이다.
ㄴ. pH는 (나)가 (다)보다 크다.
ㄷ. $\dfrac{[OH^-]}{[H_3O^+]}$는 (가)가 (나)의 10^3배이다.

① ㄱ   ② ㄴ   ③ ㄷ
④ ㄱ, ㄷ   ⑤ ㄴ, ㄷ

09 그림은 25 °C에서 $HCl(aq)$ (가)에 물을 가하여 수용액 (나)를 만드는 과정을 나타낸 것이다.

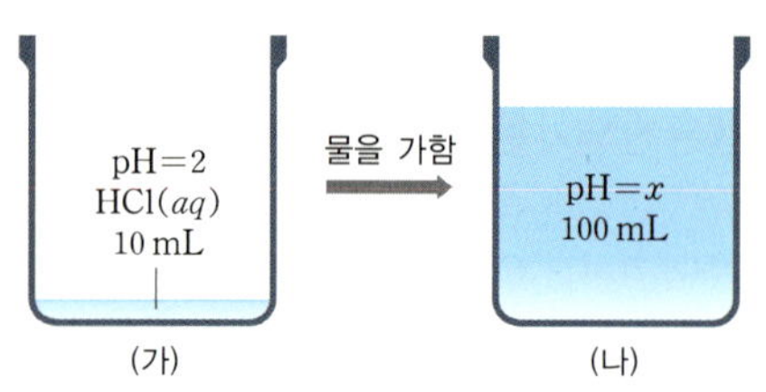

이에 대한 설명으로 옳은 것만을 |보기|에서 있는 대로 고른 것은? (단, 25 °C에서 물의 이온화 상수(K_w)는 1×10^{-14}이다.)

─○ 보기 ○─
ㄱ. $x=3$이다.
ㄴ. (나)에서 $\dfrac{pOH}{pH}=\dfrac{11}{3}$이다.
ㄷ. $\dfrac{[OH^-]}{[H_3O^+]}$의 비는 (가) : (나)=1 : 100이다.

① ㄱ   ② ㄷ   ③ ㄱ, ㄴ
④ ㄴ, ㄷ   ⑤ ㄱ, ㄴ, ㄷ

10 표는 25 °C에서 농도가 서로 다른 HCl(aq) (가)와 (나)에 대한 자료이다.

HCl(aq)	(가)	(나)
pH	2	12
H_3O^+의 양(mol)	1×10^{-3}	x
부피(mL)	y	10

이에 대한 설명으로 옳은 것만을 |보기|에서 있는 대로 고른 것은?
(단, 25 °C에서 물의 이온화 상수(K_w)는 1×10^{-14}이다.)

─ 보기 ─
ㄱ. $x = 1 \times 10^{-14}$이다.
ㄴ. $y = 100$이다.
ㄷ. (가)와 (나)를 혼합한 용액은 중성이다.

① ㄱ 　② ㄷ 　③ ㄱ, ㄴ
④ ㄴ, ㄷ 　⑤ ㄱ, ㄴ, ㄷ

11 그림은 25 °C에서 A(aq) (가)에 물을 가하여 수용액 (나)를 만드는 과정을 나타낸 것이다.

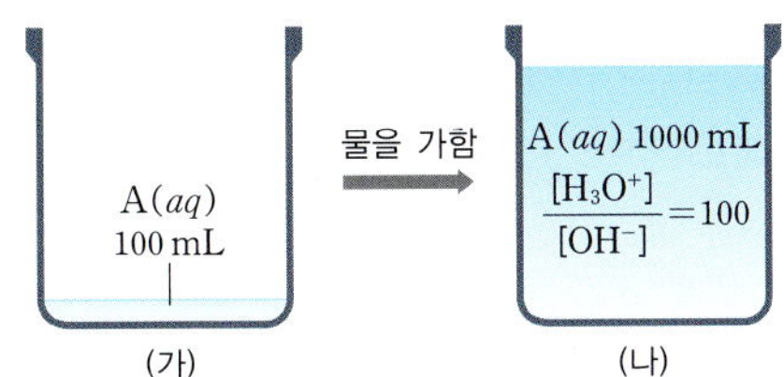

이에 대한 설명으로 옳은 것만을 |보기|에서 있는 대로 고른 것은?
(단, 25 °C에서 물의 이온화 상수(K_w)는 1×10^{-14}이다.)

─ 보기 ─
ㄱ. (가)의 pH=5이다.
ㄴ. (나)의 pOH=8이다.
ㄷ. $\dfrac{pOH}{pH}$는 (가)가 (나)의 $\dfrac{27}{20}$배이다.

① ㄱ 　② ㄴ 　③ ㄱ, ㄷ
④ ㄴ, ㄷ 　⑤ ㄱ, ㄴ, ㄷ

12 다음은 25 °C에서 물의 자동 이온화 반응의 화학 반응식이다.

$$H_2O + H_2O \rightleftharpoons H_3O^+ + OH^-$$

25 °C에서 물의 이온화 상수(K_w)가 1×10^{-14}인 까닭을 설명하시오.

13 표는 25 °C에서 부피가 100 mL인 수용액 (가)와 (나)에 대한 자료이다.

수용액	pH	이온의 양(mol)	
		H_3O^+	OH^-
(가)	4		a
(나)	b	10^{-10}	

$a \times b$를 구하는 과정을 포함하여 설명하시오.

14 그림은 수산화 나트륨 수용액(NaOH(aq))을 나타낸 것이다. NaOH(aq)에서 $\dfrac{[OH^-]}{[H_3O^+]} = 1 \times 10^{12}$이다.

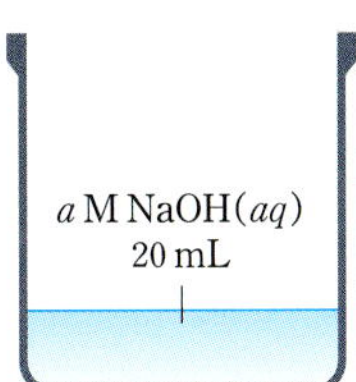

(1) a는?

(2) NaOH(aq)의 pH를 12로 만드는 방법을 설명하시오.

03 산 염기 중화 반응

❶ 산 염기 중화 반응

개념 산과 염기가 반응하여 물과 염을 생성하는 반응

1. 중화 반응

(1) 중화 반응 : 산 수용액과 염기 수용액이 반응하여 물과 염을 생성하는 반응

(2) 중화 반응 모형 : 산인 염화 수소(HCl)의 수용액과 염기인 수산화 나트륨($NaOH$)의 수용액을 혼합하면 수소 이온(H^+)과 수산화 이온(OH^-)이 반응하여 물(H_2O)이 생성된다.

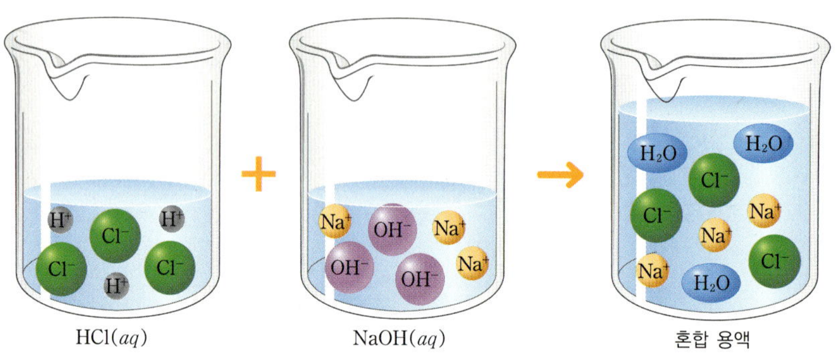

> **[화학 반응식]**
>
> $HCl(aq) \longrightarrow H^+(aq) + Cl^-(aq)$
>
> $NaOH(aq) \longrightarrow Na^+(aq) + OH^-(aq)$
>
> $HCl(aq) + NaOH(aq) \longrightarrow H_2O(l) + NaCl(aq)$
>
> 산　　　염기　　　　　물　　염
>
> 수용액에서 $Na^+(aq)$과 $Cl^-(aq)$으로 존재한다.

2. 중화 반응의 알짜 이온 반응식

(1) H^+과 OH^-만이 반응에 참여한 이온이므로 이들을 알짜 이온이라고 하고, 중화 반응의 알짜 이온 반응식은 다음과 같다.

> $H^+(aq) + OH^-(aq) \longrightarrow H_2O(l)$　　반응 몰비 $H^+ : OH^- = 1 : 1$

(2) 구경꾼 이온 : 화학 반응에서 반응에 참여하지 않고 반응 후에도 용액에 그대로 남아 있는 이온이다. $HCl(aq)$과 $NaOH(aq)$의 중화 반응에서 구경꾼 이온은 Na^+과 Cl^-으로 구경꾼 이온은 반응 후에 수용액 속에 남아 있다.

❷ 중화 반응의 양적 관계

개념 중화 반응에서 H^+과 OH^-은 1 : 1의 몰비로 반응한다.

1. 중화 반응의 양적 관계 : 중화 반응에서 산 수용액에 들어 있는 H^+과 염기 수용액에 들어 있는 OH^-은 1 : 1의 몰비로 반응하여 H_2O을 생성한다.

$H^+(aq) + OH^-(aq) \longrightarrow H_2O(l)$

(1) 산이 내놓는 H^+의 양(mol) : 산 수용액의 가수(n_1)와 몰 농도(M_1)와 부피(V_1)를 곱하면 산이 내놓는 H^+의 양(mol)을 구할 수 있다.

중화 반응에서 산과 염기

중화 반응에서 산은 H^+을 내놓는 물질, 염기는 OH^-을 내놓는 물질이다. (아레니우스 정의)

중화 반응의 이용

- 위산이 과다하게 분비되어 속이 쓰릴 때 제산제를 먹는다.
- 생선 비린내를 없애기 위해서 레몬즙을 뿌린다.
- 벌레에 물렸을 때 암모니아수를 바른다.
- 산성화된 토양에 석회 가루를 뿌린다.

(2) 염기가 내놓는 OH^-의 양(mol) : 염기 수용액의 가수(n_2)와 몰 농도(M_2)와 부피(V_2)를 곱하면 염기가 내놓는 OH^-의 양(mol)을 구할 수 있다.

2. **산 수용액과 염기 수용액이 완전히 중화되기 위한 조건** : $n_1M_1V_1=n_2M_2V_2$일 때 완전히 중화된다. 이때 생성된 물의 양(mol)도 이와 같다.

산	1가산	HCl, CH_3COOH
	2가산	H_2SO_4, H_2CO_3
	3가산	H_3PO_4
염기	1가염기	$NaOH$, KOH
	2가염기	$Ca(OH)_2$, $Ba(OH)_2$
	3가염기	$Al(OH)_3$

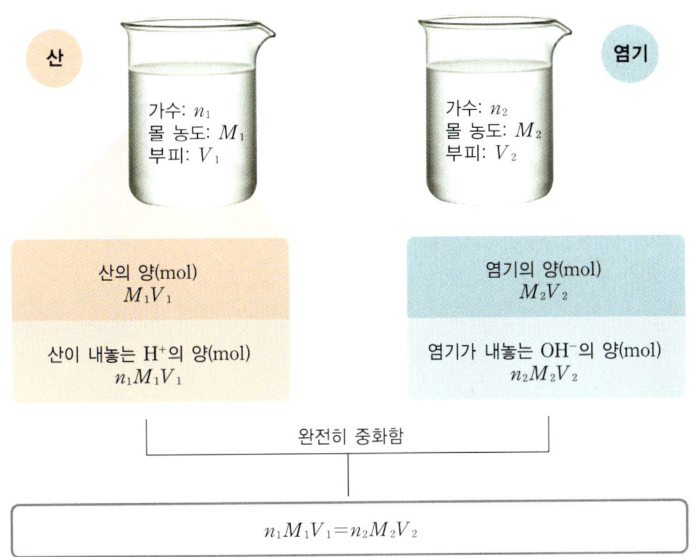

예 0.1 M $H_2SO_4(aq)$ 100 mL를 완전히 중화하는 데 필요한 0.1 M $NaOH(aq)$의 부피는 200 mL이다.

몰 농도 $=\dfrac{용질의 양 (mol)}{용액의 부피 (L)}$ ➡ 용질의 양(mol)=몰 농도×용액의 부피(L)

➡ 0.1 M $H_2SO_4(aq)$ 100 mL에 들어 있는 H^+의 양(mol)은 $2 \times 0.1 \times 0.1 = 0.02$ mol이므로 이를 중화시키기 위해 필요한 OH^-의 양은 0.02 mol이다. 따라서 필요한 0.1 M $NaOH(aq)$의 부피는 0.2 L=200 mL이다.

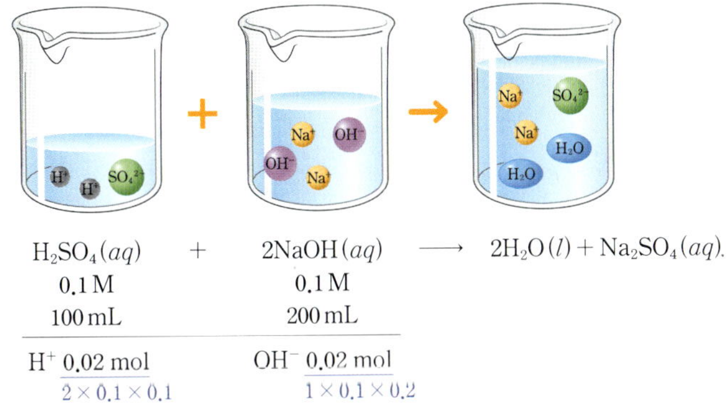

개념 익히기 문제

정답과 해설 p.54

🧠 교과서 문장으로 개념 익히기

01 산 수용액과 염기 수용액이 반응하여 물과 염을 생성하는 반응을 ☐☐☐☐이라고 한다.

02 중화 반응에서 H^+과 OH^-은 ☐의 몰비로 반응한다.

03 0.1 M $HCl(aq)$ 10 mL를 완전히 중화하는 데 필요한 0.2 M $NaOH(aq)$의 부피는 ☐ mL이다.

04 0.1 M $H_2SO_4(aq)$ 100 mL에 들어 있는 H^+의 양은 ☐ mol이다.

📦 OX 문제로 개념 익히기

05 중화 반응에서 H^+과 OH^-은 알짜 이온이다. (O / X)

06 산 수용액과 염기 수용액이 완전히 중화할 때 구경꾼 이온의 수는 항상 서로 같다. (O / X)

07 H_2SO_4은 2가 산이다. (O / X)

08 $HCl(aq)$에 $NaOH(aq)$을 가하여 완전히 중화되면 수용액의 전체 이온 수는 반응 전보다 감소한다. (O / X)

1. 중화 적정 : 중화 반응에서 산 수용액의 H^+과 염기 수용액의 OH^-이 $1:1$의 몰비로 반응함을 이용하여 농도를 모르는 산 또는 염기 수용액의 농도를 표준 용액으로 중화 반응시켜 농도를 구하는 방법

(1) 표준 용액 : 중화 적정에서 농도를 알고 있는 산 수용액이나 염기 수용액이다.

(2) 중화점 : 중화 적정에서 산의 H^+의 양(mol)과 염기의 OH^-의 양(mol)이 같아지는 지점을 중화점이라고 한다.

(3) 중화 적정 방법 : 농도를 모르는 산 또는 염기 수용액의 부피를 측정하여 삼각 플라스크에 지시약과 함께 넣고, 이와 중화 반응할 수 있는 농도를 아는 표준 용액을 뷰렛에 넣은 후 중화점에 도달할 때까지 넣어 준 표준 용액의 부피를 구하여 농도를 결정한다.

└ 반응에 따라 넣어 주는 지시약의 종류는 다르다.

(4) 중화 적정에 사용되는 실험 기구 : 피펫은 액체인 물질의 부피를 정확하게 취하여 옮길 때 사용하고, 뷰렛은 가하는 표준 용액의 부피를 측정할 때 사용하며, 삼각 플라스크는 농도를 모르는 수용액을 담고 중화 반응이 일어나게 하는 반응 용기로 사용된다.

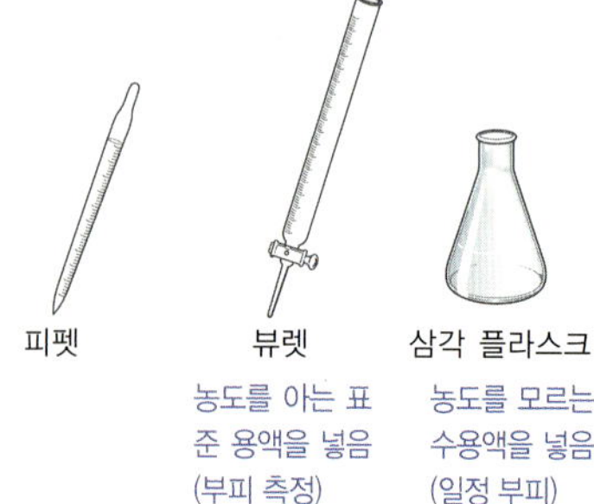

미니탐구 중화 적정으로 묽은 염산의 농도 구하기

| 실험 과정 및 결과 |

(가) 농도를 모르는 묽은 염산($HCl(aq)$)의 수용액을 피펫으로 $20\ mL$만큼 취해 삼각 플라스크에 넣는다.

(나) 삼각 플라스크에 페놀프탈레인 용액을 $2 \sim 3$방울 넣는다.

(다) 표준 용액인 $0.1\ M\ NaOH(aq)$을 뷰렛에 넣고, 삼각 플라스크에 떨어뜨리면서 섞어 준다.

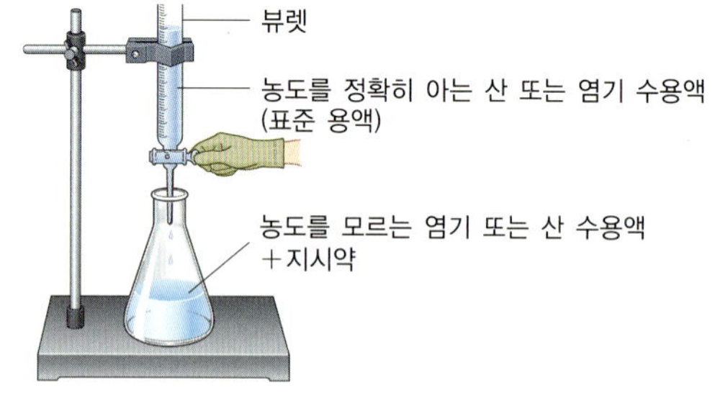

(라) 삼각 플라스크의 혼합 용액의 색이 전체적으로 변하는 순간까지 넣어 준 표준 용액의 부피를 측정하였더니 $40\ mL$였다.

(마) $HCl(aq)$의 몰 농도를 x M라고 하면, 중화 반응의 양적 관계에 따라 $1 \times x \times 0.02 = 1 \times 0.1 \times 0.04$이고 $HCl(aq)$의 농도를 구하면 $x=0.2$ M이다.

2. 중화 적정 모형

(1) 중화 적정과 용액의 액성 : 중화 적정에서는 중화점에 도달할 때까지 표준 용액을 가해야 하는데 중화점에 도달하는 과정에서 용액의 액성이 변화하게 된다.

　　예 농도를 모르는 묽은 염산($HCl(aq)$)을 수산화 나트륨($NaOH$) 표준 용액으로 적정할 때의 반응 모형

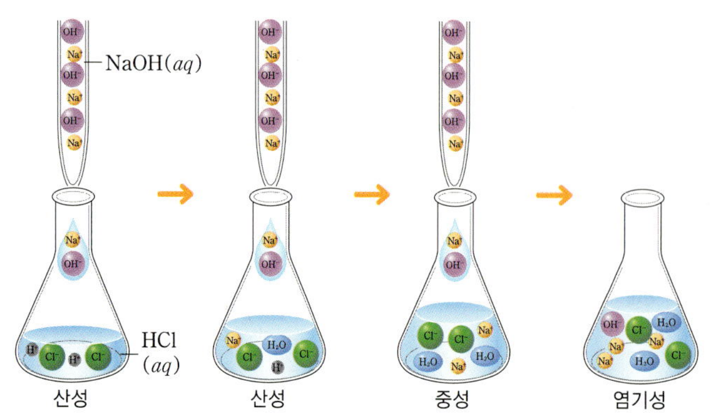

(2) **중화 적정에서 이온 수 변화**

❶ **H⁺의 수** : OH⁻과 반응하여 H_2O이 되므로 이온 수는 감소한다.

❷ **Cl⁻의 수** : 구경꾼 이온이므로 이온 수는 일정하다.

❸ **Na⁺의 수** : 구경꾼 이온이므로 이온 수는 계속 증가한다.

❹ **OH⁻의 수** : H⁺이 모두 반응(중화점)한 후에 이온 수가 증가한다.

(3) **중화 적정에서 이온의 몰 농도** : 중화 적정에서 반응하는 산과 염기의 가수, 몰 농도, 부피에 따라서 중화 적정에서 이온의 몰 농도는 달라진다. 중화 적정에서 이온 수 변화와 수용액의 부피 증가를 같이 고려해야 한다.

예 0.1 M $HCl(aq)$ 100 mL가 들어 있는 삼각 플라스크에 0.2 M $NaOH(aq)$을 가할 때 이온의 양(mol)과 몰 농도는 다음과 같다.

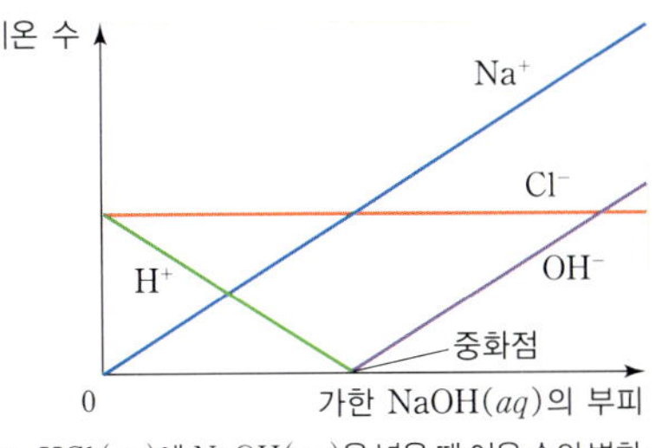

▲ HCl(aq)에 NaOH(aq)을 넣을 때 이온 수의 변화

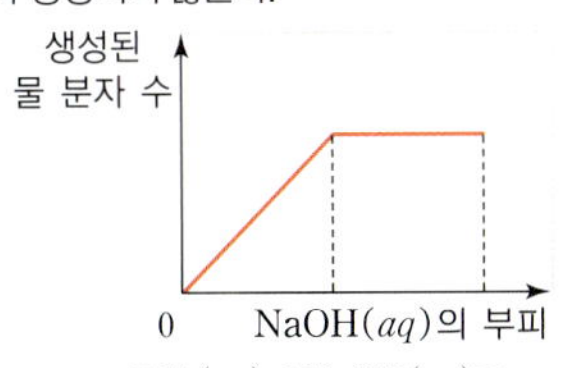

중화 적정에서 생성된 물 분자 수
중화점까지는 생성되는 물 분자 수가 증가하지만 중화점 이후에는 더 이상 물 분자가 생성되지 않는다.

▲ HCl(aq)에 NaOH(aq)을 가했을 때 생성된 물 분자 수

가한 NaOH(aq)의 부피(mL)	이온의 양(mol)				
	H⁺	Cl⁻	Na⁺	OH⁻	전체 이온
0	0.01 $=0.1 \times 0.1$	0.01	0	0	0.02
25	0.005 $=0.01-0.005$	0.01	0.005 $=0.2 \times 0.025$	0	0.02
50(중화점)	0	0.01	0.01	0	0.02
100	0	0.01	0.02	0.01	0.04

중화점까지 일정

가한 NaOH(aq)의 부피(mL)	이온의 몰 농도(M)				
	H⁺	Cl⁻	Na⁺	OH⁻	전체 이온
0	0.1	0.1	0	0	$0.2 = \dfrac{0.02}{0.1}$
25	0.04 $=\dfrac{0.005}{0.125}$	0.08 $=\dfrac{0.01}{0.125}$	0.04	0	0.16
50(중화점)	0	$\dfrac{1}{15}=\dfrac{0.01}{0.15}$	$\dfrac{1}{15}$	0	$\dfrac{2}{15}$
100	0	$0.05 = \dfrac{0.01}{0.2}$	0.1	0.05	0.2

이온의 몰 농도(M)
이온의 몰 농도는 이온의 양(mol)을 혼합 수용액의 부피(L)로 나누어서 구한다.

정답과 해설 p.54

개념 익히기 문제

🧠 교과서 문장으로 개념 익히기

09 농도를 모르는 산 또는 염기 수용액을 표준 용액으로 □□□□하여 농도를 구한다.

10 중화 적정 실험에서는 □□□에 도달할 때까지 표준 용액을 가해야 한다.

11 HCl(aq)의 농도를 결정하는 중화 적정 실험에서는 □□□으로 페놀프탈레인 용액을 사용하는 것이 적절하다.

12 중화 적정 실험에서는 농도를 아는 표준 용액을 □□에 넣어야 한다.

🧊 OX 문제로 개념 익히기

13 중화 적정 실험에서 삼각 플라스크에 넣어 준 1가 산의 부피와 중화점까지 넣어 준 1가 염기의 표준 용액의 부피가 같다면 넣어 준 산의 몰 농도는 표준 용액의 몰 농도와 같다. (O / X)

14 중화 적정 실험에서는 중화점에 도달한 혼합 용액의 액성을 중성으로 본다. (O / X)

15 HCl(aq)에 NaOH(aq)을 가하여 중화 적정할 때 중화점까지 혼합 용액 속 전체 이온 수는 감소한다. (O / X)

16 HCl(aq)에 NaOH(aq)을 가하여 중화 적정할 때 중화점에서 Na⁺과 Cl⁻의 몰 농도는 같다. (O / X)

과정 & 결과

[실험 과정]

(가) 피펫으로 식초 10 mL를 취하여 부피 플라스크에 넣고 증류수를 넣어 100 mL가 되게 한다.

(나) (가)에서 만든 용액 20 mL를 피펫으로 취해 삼각 플라스크에 넣고 페놀프탈레인 용액을 2~3방울 떨어뜨린다.

(다) 뷰렛에 0.1 M NaOH 표준 용액을 넣고 꼭지를 잠시 열었다가 닫아 표준 용액을 조금 흘려준다. ➡ 뷰렛의 아랫부분이 비어 있으면 가해 준 표준 용액의 부피보다 작게 측정되기 때문이다.

(라) 뷰렛에 표준 용액을 채운 후 눈금을 읽는다.

(마) 뷰렛 꼭지를 열어 0.1 M NaOH 표준 용액을 삼각 플라스크에 조금씩 떨어뜨린다.

(바) 붉은색이 나타나면 삼각 플라스크를 흔들어 주면서 한 방울씩 떨어뜨리고 붉은색이 사라지지 않을 때 꼭지를 잠근 후 뷰렛의 눈금을 읽어 가해 준 표준 용액의 부피를 구한다.

(사) 식초 속 아세트산의 함량을 구한다.

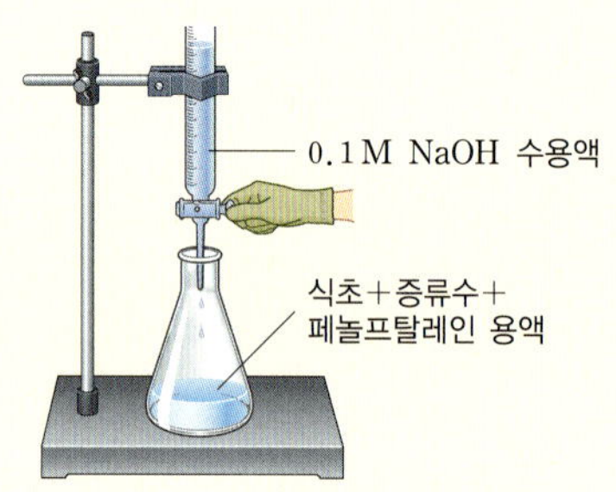

[실험 결과 및 조건]

❶ (바)에서 구한 표준 용액의 부피 : 20 mL

❷ 식초의 밀도 : 1 g/mL

❸ 식초에는 산이 아세트산(CH_3COOH)만 있다고 가정하고, CH_3COOH의 분자량은 60이다.

분석

⋯ 0.1 M $NaOH(aq)$ 20 mL에 들어 있는 OH^-의 양(mol)은 0.002 mol이므로 (나)에서 용액의 몰 농도를 x M라고 하면 $1 \times x \times 0.02 = 1 \times 0.1 \times 0.02$이므로 $x = 0.1$이다.

⋯ (나)의 용액은 (가)에서의 몰 농도의 $\frac{1}{10}$ 배이므로 (가)에서 식초의 몰 농도는 1 M이다. 따라서 식초 10 mL에 들어 있는 H^+의 양은 0.01 mol이다.

⋯ 식초 속에 아세트산만 있다고 가정했으므로 CH_3COOH의 양은 0.01 mol이고, 질량은 0.01 mol × 60 g/mol = 0.6 g이다.

⋯ 식초의 밀도는 1 g/mL이므로 식초의 질량은 10 g이고, 식초 속 아세트산의 함량은 $\frac{0.6}{10} \times 100 = 6\,\%$이다.

탐구 목표

식초 속 아세트산의 함량(퍼센트 농도)을 중화 적정 실험을 통해 구할 수 있다.

표준 용액

중화 적정에서 농도를 모르는 산이나 염기의 농도를 구하기 위해서 반응시켜 주는 농도를 아는 용액

탐구 포인트

중화 적정으로 식초의 몰 농도를 구한 후, 식초의 밀도와 아세트산의 분자량을 이용하여 식초 속 아세트산의 질량을 구하고 함량(퍼센트 농도)을 구한다.

예제 ❶

위 실험에 대한 설명으로 옳지 **않은** 것은?

① (가) 과정 후 식초의 몰 농도는 증류수를 넣기 전의 $\frac{1}{10}$ 배이다.

② (바)에서 생성된 H_2O의 양은 0.002 mol이다.

③ (가)에서 식초 10 mL에 들어 있는 CH_3COOH의 양은 0.1 mol이다.

④ (가)에서 식초 10 mL의 질량은 10 g이다.

⑤ (사)에서 식초 속 아세트산의 함량은 6 %이다.

예제 ❷ 서술형

정답과 해설 p.55

농도를 모르는 CH_3COOH 수용액 10 mL를 완전히 중화하는 데 0.1 M NaOH 수용액 25 mL를 사용하였다.
CH_3COOH 수용액의 몰 농도를 구하고, 그 과정을 설명하시오.

____

____

____

개념 다지기 문제

01 그림은 $NaOH(aq)$에 $HCl(aq)$을 가하는 과정을 나타낸 것이다.

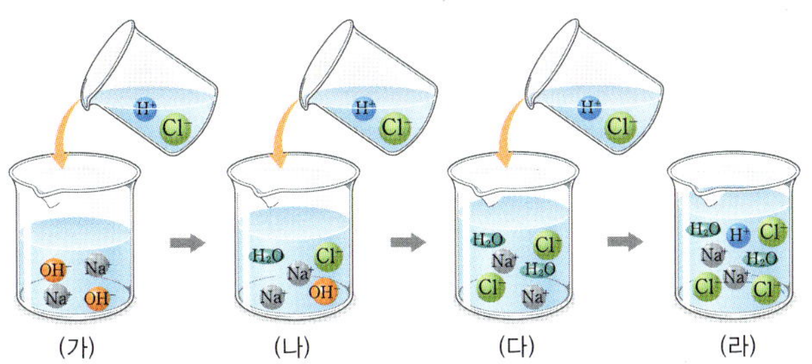

이에 대한 설명으로 옳은 것만을 |보기|에서 있는 대로 고른 것은?

> **보기**
> ㄱ. 중화점은 (다)이다.
> ㄴ. (라)의 용액은 산성이다.
> ㄷ. 생성된 물의 양(mol)은 (다)>(라)이다.

① ㄱ   ② ㄷ   ③ ㄱ, ㄴ
④ ㄱ, ㄷ   ⑤ ㄱ, ㄴ, ㄷ

03 그림 (가)~(다)는 산 HA 수용액 20 mL에 염기 BOH 수용액을 10 mL씩 2번 넣었을 때, 수용액 속 이온을 모형으로 나타낸 것이다.

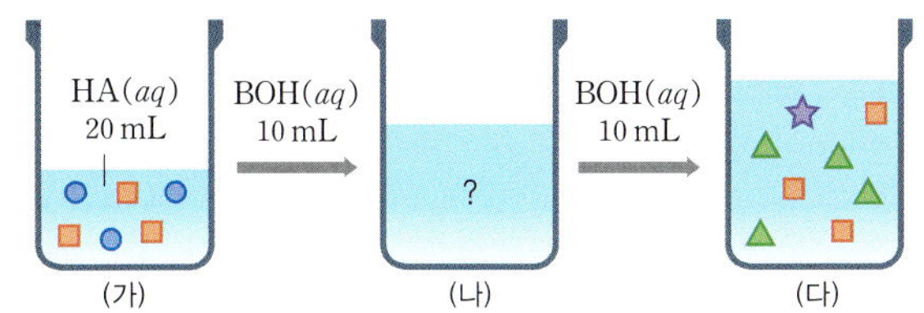

이에 대한 설명으로 옳은 것만을 |보기|에서 있는 대로 고른 것은? (단, 물의 자동 이온화는 무시한다.)

> **보기**
> ㄱ. ★은 OH^-이다.
> ㄴ. (나)의 수용액은 산성이다.
> ㄷ. 몰 농도 비는 HA(aq) : BOH(aq)=3 : 4이다.

① ㄱ   ② ㄷ   ③ ㄱ, ㄴ
④ ㄱ, ㄷ   ⑤ ㄱ, ㄴ, ㄷ

대표 유형문제

02 표는 $HCl(aq)$과 $NaOH(aq)$의 부피를 달리하여 혼합한 용액 (가)~(다)에 대한 자료이다.

혼합 용액	혼합 전 용액의 부피(mL)		용액의 액성	전체 음이온 수
	$HCl(aq)$	$NaOH(aq)$		
(가)	80	30	산성	$2N$
(나)	30	20	염기성	N
(다)	40	20	㉠	N

이에 대한 설명으로 옳은 것만을 |보기|에서 있는 대로 고른 것은? (단, 온도는 일정하고, 혼합 용액의 부피는 혼합 전 각 용액의 부피의 합과 같으며, 물의 자동 이온화는 무시한다.)

> **보기**
> ㄱ. ㉠은 산성이다.
> ㄴ. 혼합 전 용액의 몰 농도는 $NaOH(aq)$이 $HCl(aq)$의 2배이다.
> ㄷ. 생성된 물 분자 수는 (다)가 (나)의 2배이다.

① ㄱ   ② ㄴ   ③ ㄱ, ㄴ
④ ㄱ, ㄷ   ⑤ ㄴ, ㄷ

대표 유형문제

04 표는 25 °C에서 0.4 M $HCl(aq)$과 x M $NaOH(aq)$를 부피를 달리하여 혼합한 용액 (가)와 (나)에 대한 자료이다.

혼합 용액	수용액의 부피(mL)		이온 수비	액성
	$HCl(aq)$	$NaOH(aq)$		
(가)	20	10	$Na^+ : Cl^-$=1 : 8	
(나)	10	40		㉠

이에 대한 설명으로 옳은 것만을 |보기|에서 있는 대로 고른 것은? (단, 온도는 일정하고, 혼합 용액의 부피는 혼합 전 각 용액의 부피의 합과 같으며, 물의 자동 이온화는 무시한다.)

> **보기**
> ㄱ. x=0.1이다.
> ㄴ. (나)에서 $[Na^+]$=0.1 M이다.
> ㄷ. ㉠은 중성이다.

① ㄱ   ② ㄴ   ③ ㄷ
④ ㄱ, ㄷ   ⑤ ㄴ, ㄷ

개념 다지기 문제

05 표는 $HCl(aq)$, $NaOH(aq)$의 부피를 달리하여 혼합한 용액에 대한 자료이다.

혼합 용액		(가)	(나)
혼합 전 용액의 부피(mL)	$HCl(aq)$	20	20
	$NaOH(aq)$	10	20
전체 이온 수		$3N$	$4N$

이에 대한 설명으로 옳은 것만을 |보기|에서 있는 대로 고른 것은? (단, 물의 자동 이온화는 무시한다.)

> **보기**
> ㄱ. (가)의 액성은 산성이다.
> ㄴ. (나)에 들어 있는 Cl^- 수는 $3N$이다.
> ㄷ. 몰 농도 비는 $HCl(aq) : NaOH(aq) = 3 : 4$이다.

① ㄱ ② ㄴ ③ ㄱ, ㄷ
④ ㄴ, ㄷ ⑤ ㄱ, ㄴ, ㄷ

06 그림은 $HCl(aq)$ 50 mL에 $KOH(aq)$을 넣어 반응시킬 때 $KOH(aq)$의 부피에 따른 혼합 용액에 들어 있는 2가지 이온 수를 나타낸 것이다.

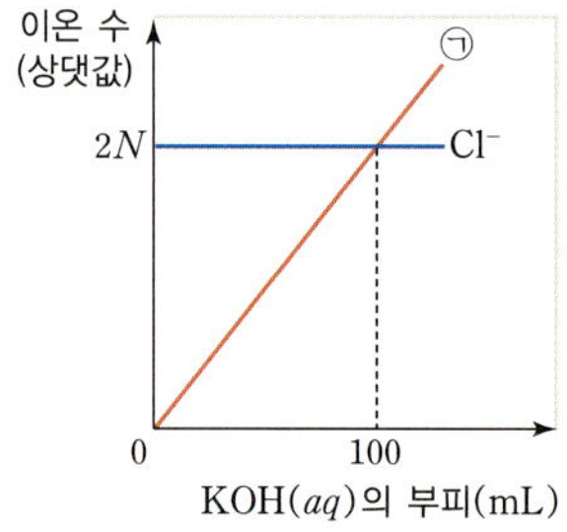

이에 대한 설명으로 옳은 것만을 |보기|에서 있는 대로 고른 것은? (단, 물의 자동 이온화는 무시한다.)

> **보기**
> ㄱ. ㉠은 K^+이다.
> ㄴ. $KOH(aq)$ 150 mL를 넣었을 때 생성된 물 분자 수는 $3N$이다.
> ㄷ. 몰 농도 비는 $HCl(aq) : KOH(aq) = 2 : 1$이다.

① ㄱ ② ㄴ ③ ㄱ, ㄷ
④ ㄴ, ㄷ ⑤ ㄱ, ㄴ, ㄷ

대표 유형문제

[07~08]

다음은 아세트산(CH_3COOH) 수용액의 농도를 알아보기 위한 실험이다.

> **[자료]**
> • $CH_3COOH(aq)$의 밀도 : 1 g/mL
> • CH_3COOH의 분자량 : 60
>
> **[실험 과정]**
> (가) CH_3COOH 10 mL를 삼각 플라스크에 넣고 페놀프탈레인 용액을 2~3방울 넣는다.
> (나) 0.1 M $NaOH(aq)$ 표준 용액을 ㉠ 에 넣고 스탠드에 고정시킨다.
> (다) (가)의 삼각 플라스크에 (나)의 표준 용액을 조금씩 떨어뜨리면서 잘 흔들어 준다.
> (라) 혼합 용액 전체의 색이 ㉡ 으로 변하는 순간까지 넣어 준 표준 용액의 부피를 측정한다.
>
> **[실험 결과]**
> • 넣어 준 $NaOH(aq)$ 표준 용액의 부피 : 40 mL

07 이 실험에 대한 설명으로 옳은 것만을 |보기|에서 있는 대로 고른 것은?

> **보기**
> ㄱ. '뷰렛'은 ㉠으로 적절하다.
> ㄴ. ㉡은 노란색이다.
> ㄷ. $CH_3COOH(aq)$의 몰 농도는 0.4 M이다.

① ㄱ ② ㄴ ③ ㄱ, ㄷ
④ ㄴ, ㄷ ⑤ ㄱ, ㄴ, ㄷ

08 이 실험으로부터 구한 $CH_3COOH(aq)$의 퍼센트 농도(%)는?

① 1.2 ② 2.4 ③ 6
④ 12 ⑤ 24

고난도 문제

고난도 문제

09 다음은 중화 반응 실험이다.

[실험 과정]
(가) $HCl(aq)$과 $NaOH(aq)$을 준비한다.
(나) $HCl(aq)$ 20 mL와 $NaOH(aq)$ 10 mL를 혼합하여 용액 Ⅰ을 만든다.
(다) Ⅰ에 $HCl(aq)$ 10 mL를 넣어 용액 Ⅱ를 만든다.
(라) Ⅱ에 $HCl(aq)$ 또는 $NaOH(aq)$ x mL를 넣어 중성 용액 Ⅲ을 만든다.

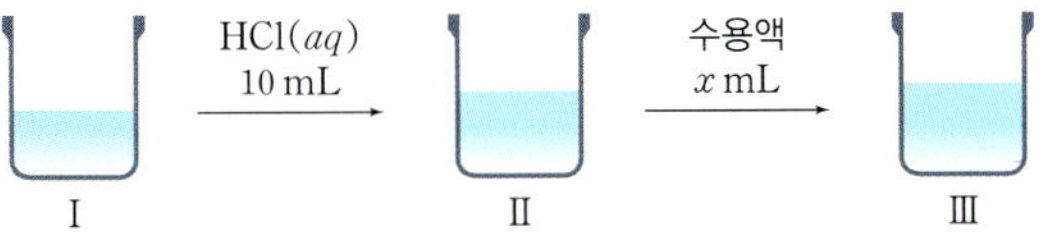

[실험 결과]
• 용액 Ⅰ, Ⅱ, Ⅲ에 들어 있는 양이온 수는 각각 $5N$, $6N$, $6N$이다.

이에 대한 설명으로 옳은 것만을 |보기|에서 있는 대로 고른 것은? (단, 물이 자동 이온화는 무시한다.)

보기
ㄱ. Ⅰ의 액성은 산성이다.
ㄴ. $x=2$이다.
ㄷ. 몰 농도 비는 $HCl(aq):NaOH(aq)=4:5$이다.

① ㄱ ② ㄴ ③ ㄷ
④ ㄱ, ㄷ ⑤ ㄴ, ㄷ

10 표는 $HCl(aq)$, $NaOH(aq)$, $KOH(aq)$의 부피를 달리하여 혼합한 용액에 대한 자료이다.

혼합 용액	혼합 전 용액의 부피(mL)			혼합 용액의 음이온 수	생성된 물 분자 수
	$HCl(aq)$	$NaOH(aq)$	$KOH(aq)$		
(가)	10	10	20	$4N$	x
(나)	20	10	10	$4N$	$2.5N$

이에 대한 설명으로 옳은 것만을 |보기|에서 있는 대로 고른 것은? (단, 물의 자동 이온화는 무시한다.)

보기
ㄱ. (가)는 염기성이다.
ㄴ. $x=2N$이다.
ㄷ. 몰 농도 비는 $HCl(aq):KOH(aq)=2:3$이다.

① ㄱ ② ㄴ ③ ㄷ
④ ㄱ, ㄴ ⑤ ㄴ, ㄷ

서술형 문제

11 그림은 25 °C에서 산 $HA(aq)$과 염기 $BOH(aq)$ 각각 10 mL에 들어 있는 이온을 모형으로 나타낸 것이다. ■과 ☆은 양이온이다. (단, 물의 자동 이온화는 무시한다.)

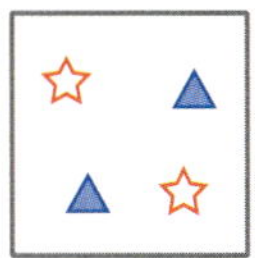

두 수용액을 혼합하였을 때 혼합 용액에 들어 있는 이온 수에 대하여 설명하시오.

12 그림은 x M $NaOH(aq)$ 10 mL에 y M $HCl(aq)$ 20 mL를 넣어 혼합하였을 때 혼합 용액에 존재하는 이온 수의 비율을 나타낸 것이다. (단, 물의 자동 이온화는 무시한다.)

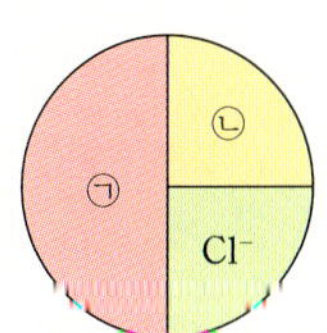

(1) ㉠와 ㉡에 해당하는 이온을 쓰시오.

(2) $x:y$를 구하고, 그 까닭을 설명하시오.

13 그림은 x M $H_2SO_4(aq)$ 20 mL에 y M $NaOH(aq)$을 넣어 혼합하였을 때 혼합 용액에 존재하는 $\dfrac{Na^+ \text{ 수}}{SO_4^{2-} \text{ 수}}$를 나타낸 것이다. (단, 물의 자동 이온화는 무시한다.)

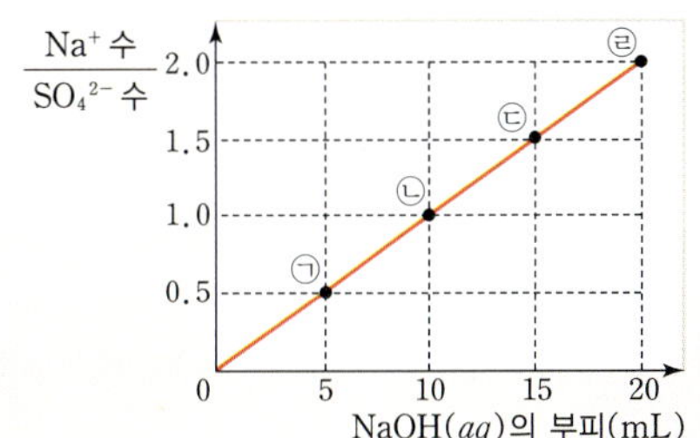

(1) ㉠~㉣ 중 중화점을 고르시오.

(2) $x:y$를 구하고, 그 까닭을 설명하시오.

01 동적 평형

1 밀폐된 용기에서의 기화

그림은 밀폐된 용기에 물을 넣었을 때의 변화를 나타낸 것이다. (다)에서 동적 평형 상태에 도달하였다. (단, 온도는 일정하다.)

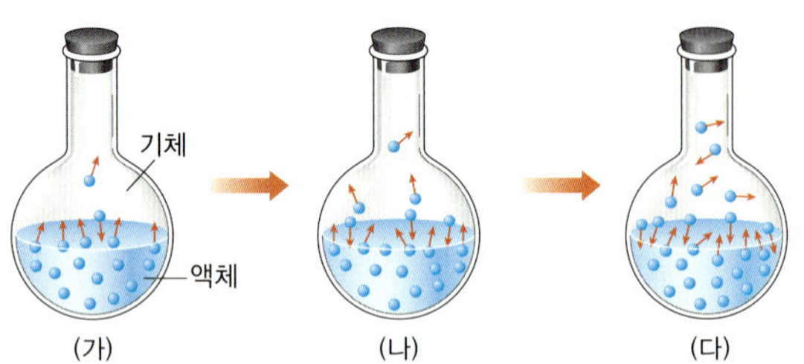

● 다음 설명 중 옳은 것은 ○표, 옳지 않은 것은 ×표 하시오.

1 증발 속도는 (가)>(나)이다.　○ / ×

2 (다)에서 물의 증발은 일어나지 않는다.　○ / ×

3 응축 속도는 (나)>(가)이다.　○ / ×

4 $H_2O(l)$의 양(mol)은 (나)>(다)이다.　○ / ×

5 (다)에서 증발 속도와 응축 속도는 같다.　○ / ×

6 H_2O의 $\dfrac{\text{응축 속도}}{\text{증발 속도}}$ 는 (다)>(나)이다.　○ / ×

2 증발 속도와 응축 속도

그림은 일정량의 $H_2O(l)$을 넣고 밀폐시킨 후 시간에 따른 H_2O의 증발 속도와 응축 속도를 나타낸 것이다. (단, 온도는 일정하다.)

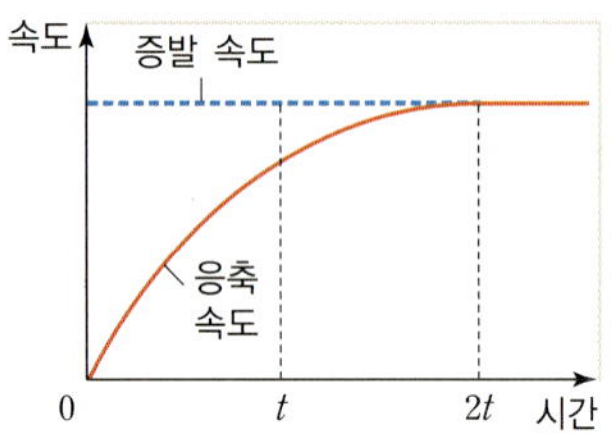

● 다음 설명 중 옳은 것은 ○표, 옳지 않은 것은 ×표 하시오.

1 $2t$에서 동적 평형에 도달한다.　○ / ×

2 $2t$ 이후 H_2O의 증발은 일어나지 않는다.　○ / ×

3 $H_2O(g)$의 양(mol)은 $2t$에서가 t에서보다 많다.　○ / ×

4 물의 증발은 가역 반응이다.　○ / ×

5 $\dfrac{H_2O(g)\text{의 양(mol)}}{H_2O(l)\text{의 양(mol)}}$ 은 t에서가 $2t$에서보다 크다.　○ / ×

6 $2t$ 이후 수면의 높이는 일정하게 유지된다.　○ / ×

3 동적 평형 상태

표는 밀폐된 진공 용기 안에 $X(l)$를 넣은 후 시간에 따른 X의 $\dfrac{\text{응축 속도}}{\text{증발 속도}}$ 와 $\dfrac{X(g)\text{의 양(mol)}}{X(l)\text{의 양(mol)}}$ 에 대한 자료이다.

$0<t_1<t_2<t_3$이고, $c>1$이다. (단, 온도는 일정하다.)

시간	t_1	t_2	t_3
$\dfrac{\text{응축 속도}}{\text{증발 속도}}$	a	b	1
$\dfrac{X(g)\text{의 양(mol)}}{X(l)\text{의 양(mol)}}$		1	c

● 다음 설명 중 옳은 것은 ○표, 옳지 않은 것은 ×표 하시오.

1 t_2에서 동적 평형 상태에 도달한 것이다.　○ / ×

2 $X(l)$의 기화는 가역 반응이다.　○ / ×

3 $b>a$이다.　○ / ×

4 t_1에서 $\dfrac{X(g)\text{의 양(mol)}}{X(l)\text{의 양(mol)}}=1$이다.　○ / ×

02 물의 자동 이온화와 pH

4 산 염기의 정의

다음은 3가지 반응의 화학 반응식이다.

(가) $HCl(aq) + H_2O(l) \rightleftharpoons$
$$H_3O^+(aq) + Cl^-(aq)$$
(나) $NH_3(aq) + H_2O(l) \rightleftharpoons$
$$NH_4^+(aq) + OH^-(aq)$$
(다) $CH_3COOH(aq) + NH_3(aq) \rightleftharpoons$
$$CH_3COO^-(aq) + NH_4^+(aq)$$

● 다음 설명 중 옳은 것은 ○표, 옳지 않은 것은 ×표 하시오.

1 (가)에서 HCl는 아레니우스 산이다.   ○ / ×

2 (가)에서 H_2O은 아레니우스 염기이다.   ○ / ×

3 (나)에서 NH_3는 브뢴스테드·로리 염기이다.   ○ / ×

4 (나)에서 H_2O은 브뢴스테드·로리 산이다.   ○ / ×

5 (다)에서 CH_3COOH은 브뢴스테드·로리 산이다.   ○ / ×

6 (다)에서 NH_3는 브뢴스테드·로리 염기이다.   ○ / ×

5 수용액의 pH

그림은 25 ℃에서 수용액 (가)~(다)를 나타낸 것이다. (단, 25 ℃에서 물의 이온화 상수(K_w)는 1×10^{-14}이다.)

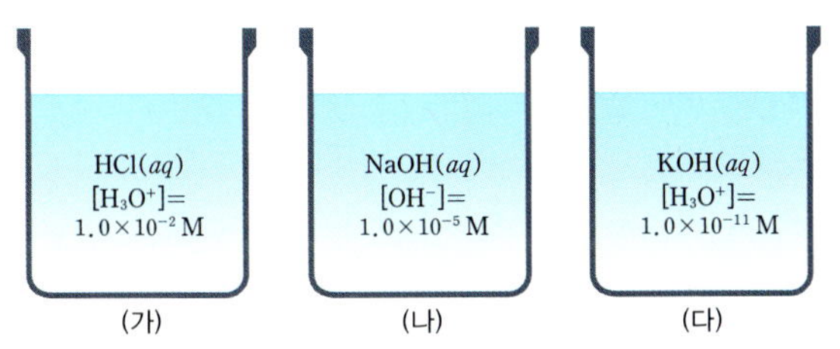

● 다음 설명 중 옳은 것은 ○표, 옳지 않은 것은 ×표 하시오.

1 (가)의 pH=2이다.   ○ / ×

2 (나)의 pH=5이다.   ○ / ×

3 (다)의 $[OH^-]=1 \times 10^{-3}$이다.   ○ / ×

4 $[OH^-]$는 (다)가 (나)의 100배이다.   ○ / ×

5 (다)에서 $[K^+]=1 \times 10^{-3}$ M이다.   ○ / ×

6 $\dfrac{\text{(가)에서 pOH}}{\text{(나)에서 pH}} = \dfrac{3}{4}$이다.   ○ / ×

6 수용액의 pH와 이온의 양(mol)

표는 25 ℃에서 농도가 서로 다른 $HCl(aq)$ (가)와 (나)에 대한 자료이다. (단, 25 ℃에서 물의 이온화 상수(K_w)는 1×10^{-14}이다.)

$HCl(aq)$	(가)	(나)
pH	2	6
H_3O^+의 양(mol)	x	1×10^{-7}
부피(mL)	100	y

● 다음 설명 중 옳은 것은 ○표, 옳지 않은 것은 ×표 하시오.

1 (가)에서 $x=1 \times 10^{-3}$이다.   ○ / ×

2 (나)의 pOH=8이다.   ○ / ×

3 $y=0.1$이다.   ○ / ×

4 (가)에서 $\dfrac{[OH^-]}{[H_3O^+]}=10^{-10}$이다.   ○ / ×

5 (나)에서 $[H_3O^+]$는 $[OH^-]$의 100배이다.   ○ / ×

03 산 염기 중화 반응

7 중화 적정

다음은 아세트산(CH_3COOH)의 몰 농도를 알아보기 위한 중화 적정 실험이다. (단, 온도는 일정하다.)

[실험 과정]

(가) $CH_3COOH(aq)$ 10 mL를 B에 넣은 후 지시약을 2~3방울 떨어뜨린다.

(나) 0.1 M NaOH 표준 용액을 A에 넣는다.

(다) 꼭지를 열어 중화 적정 실험을 수행하면서 수용액의 색이 전체적으로 변하는 순간 적정을 멈추고 적정에 사용된 $NaOH(aq)$의 부피를 측정한다.

[실험 결과]

• (다)에서 측정한 $NaOH(aq)$의 부피 : 50 mL

● 다음 설명 중 옳은 것은 ○표, 옳지 않은 것은 ×표 하시오.

1 B는 삼각 플라스크이다. ○ / ×

2 A는 뷰렛이다. ○ / ×

3 $CH_3COOH(aq)$의 몰 농도는 0.05 M이다. ○ / ×

4 (다)에서 생성된 H_2O의 양(mol)은 0.005 mol이다. ○ / ×

5 (가)에서 사용한 지시약으로는 페놀프탈레인 용액이 적절하다. ○ / ×

8 중화 반응의 양적 관계

표는 $HCl(aq)$과 $NaOH(aq)$의 부피를 달리하여 혼합한 용액 (가)와 (나)에 대한 자료이다. (단, 혼합 용액의 부피는 혼합 전 각 용액의 부피의 합과 같고, 물의 자동 이온화는 무시한다.)

혼합 용액	혼합 전 용액의 부피(mL)		전체 이온 수
	$HCl(aq)$	$NaOH(aq)$	
(가)	5	10	$2N$
(나)	10	10	$3N$

● 다음 설명 중 옳은 것은 ○표, 옳지 않은 것은 ×표 하시오.

1 (가)는 산성이다. ○ / ×

2 (나)는 염기성이다. ○ / ×

3 생성된 물의 몰비는 (가) : (나)=3 : 4이다. ○ / ×

4 Cl^-의 몰 농도 비는 (가) : (나)=2 : 3이다. ○ / ×

5 몰 농도 비는 $HCl(aq)$: $NaOH(aq)$=3 : 2이다. ○ / ×

9 중화 반응의 양적 관계

표는 $HCl(aq)$, $HBr(aq)$, $NaOH(aq)$의 부피를 달리하여 혼합한 용액에 대한 자료이다. (단, 혼합 용액의 부피는 혼합 전 각 용액의 부피의 합과 같고, 물의 자동 이온화는 무시한다.)

혼합 용액		(가)	(나)
혼합 전 용액의 부피(mL)	$HCl(aq)$	V	V
	$HBr(aq)$	V	$3V$
	$NaOH(aq)$	$3V$	$6V$
혼합 용액에 존재하는 음이온 수의 비율		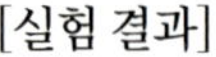	

● 다음 설명 중 옳은 것은 ○표, 옳지 않은 것은 ×표 하시오.

1 ㉠은 Br^-이다. ○ / ×

2 (가)는 중성이다. ○ / ×

3 (나)는 염기성이다. ○ / ×

4 전체 이온의 몰 농도 비는 (가) : (나)=5 : 6이다. ○ / ×

5 몰 농도 비는 $HCl(aq)$: $NaOH(aq)$=2 : 1이다. ○ / ×

학교 시험 대비 문제

01 표는 밀폐된 진공 용기 안에 $H_2O(l)$을 넣은 후 시간에 따른 $H_2O(l)$과 $H_2O(g)$의 양에 대한 자료이다. $0 < t_1 < t_2 < t_3$이고, t_2일 때 $H_2O(l)$과 $H_2O(g)$는 동적 평형 상태에 도달하였다.

시간	t_1	t_2	t_3
$H_2O(l)$의 양(mol)	a	b	b
$H_2O(g)$의 양(mol)	c	d	㉠

이에 대한 설명으로 옳은 것만을 |보기|에서 있는 대로 고른 것은? (단, 온도는 일정하다.)

―보기―
ㄱ. ㉠은 d이다.
ㄴ. t_1일 때 $\dfrac{\text{응축 속도}}{\text{증발 속도}} < 1$이다.
ㄷ. $a > b$이다.

① ㄱ ② ㄷ ③ ㄱ, ㄴ
④ ㄱ, ㄷ ⑤ ㄱ, ㄴ, ㄷ

대표 유형 문제

02 그림 (가)는 25 ℃에서 일정량의 물을 밀폐된 둥근바닥 플라스크에 넣은 모습을, (나)는 충분한 시간이 지난 후의 모습을 나타낸 것이다.

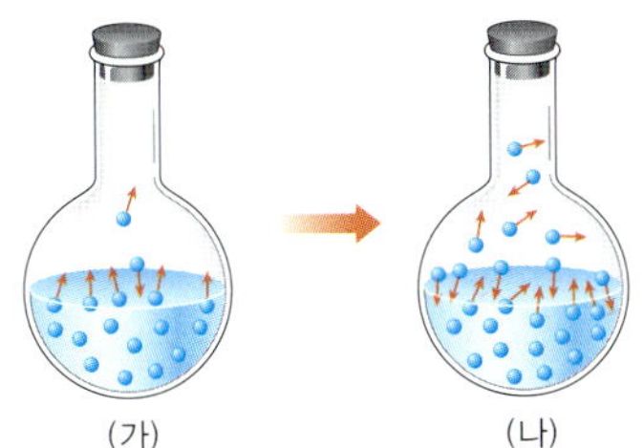

이에 대한 설명으로 옳은 것만을 |보기|에서 있는 대로 고른 것은? (단, 온도는 일정하다.)

―보기―
ㄱ. (가)에서 증발 속도 > 응축 속도이다.
ㄴ. (나)에서는 증발이 일어나지 않는다.
ㄷ. 증발 속도는 (가)에서가 (나)에서보다 크다.

① ㄱ ② ㄷ ③ ㄱ, ㄴ
④ ㄱ, ㄷ ⑤ ㄴ, ㄷ

03 그림 (가)는 일정한 온도에서 진공 상태의 용기에 액체 브로민($Br_2(l)$)을 넣고 밀폐시킨 후의 모습을, (나)는 충분한 시간이 지난 후의 모습을 나타낸 것이다.

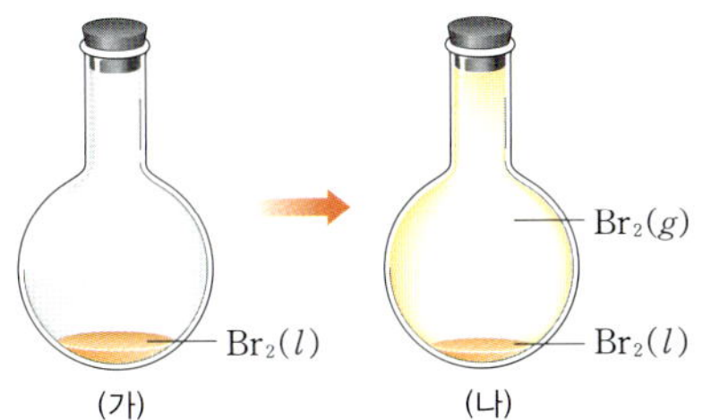

이에 대한 설명으로 옳은 것만을 |보기|에서 있는 대로 고른 것은?

―보기―
ㄱ. $Br_2(l)$의 기화는 가역 반응이다.
ㄴ. $Br_2(g)$의 응축 속도는 (가)=(나)이다.
ㄷ. (나)에서 Br_2의 증발 속도와 응축 속도는 같다.

① ㄱ ② ㄴ ③ ㄱ, ㄴ
④ ㄱ, ㄷ ⑤ ㄴ, ㄷ

04 다음은 $NO_2(g)$가 $N_2O_4(g)$를 생성하는 반응의 화학 반응식이다.

$$2NO_2(g) \rightleftharpoons N_2O_4(g)$$

그림 (가)는 밀폐 용기에 $NO_2(g)$를 넣은 초기 상태를, (나)는 충분한 시간이 지난 후의 평형 상태를 나타낸 것이다.

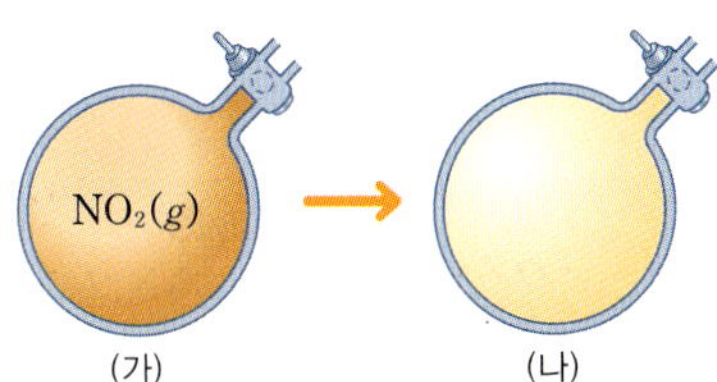

이에 대한 설명으로 옳은 것만을 |보기|에서 있는 대로 고른 것은?

―보기―
ㄱ. (나)에는 $N_2O_4(g)$만 존재한다.
ㄴ. (가)에서는 정반응 속도 > 역반응 속도이다.
ㄷ. 기체의 양(mol)은 (나) > (가)이다.

① ㄱ ② ㄴ ③ ㄷ
④ ㄱ, ㄷ ⑤ ㄴ, ㄷ

05 다음은 산 염기 반응 (가)~(다)의 화학 반응식이다.

(가) $H_3O^+(aq) + NH_3(g) \longrightarrow H_2O(l) + NH_4^+(aq)$
(나) $HCOOH(l) + H_2O(l) \longrightarrow$
$$HCOO^-(aq) + H_3O^+(aq)$$
(다) $CO_3^{2-}(aq) + H_2O(l) \longrightarrow$
$$HCO_3^-(aq) + OH^-(aq)$$

이에 대한 설명으로 옳은 것만을 |보기|에서 있는 대로 고른 것은?

보기
ㄱ. (가)에서 H_3O^+은 브뢴스테드 · 로리 산이다.
ㄴ. (나)에서 HCOOH은 아레니우스 산이다.
ㄷ. (다)에서 CO_3^{2-}은 브뢴스테드 · 로리 산이다.

① ㄱ　　　　② ㄷ　　　　③ ㄱ, ㄴ
④ ㄱ, ㄷ　　　⑤ ㄱ, ㄴ, ㄷ

대표 유형 문제

06 그림은 2가지 화학 반응식이다.

(가) $H_2CO_3 + H_2O \rightleftharpoons HCO_3^- + H_3O^+$
(나) $HCO_3^- + H_2O \rightleftharpoons CO_3^{2-} + H_3O^+$

이에 대한 설명으로 옳은 것만을 |보기|에서 있는 대로 고른 것은?

보기
ㄱ. (가)에서 HCO_3^-은 브뢴스테드 · 로리 염기이다.
ㄴ. (나)에서 H_3O^+은 브뢴스테드 · 로리 산이다.
ㄷ. (가)와 (나)에서 H_2O은 모두 브뢴스테드 · 로리 염기이다.

① ㄱ　　　　② ㄷ　　　　③ ㄱ, ㄴ
④ ㄱ, ㄷ　　　⑤ ㄱ, ㄴ, ㄷ

07 그림은 물과 관련된 반응을 모형으로 나타낸 것이다.

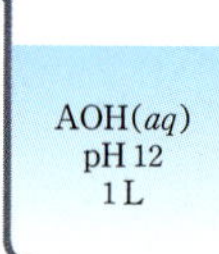

이에 대한 설명으로 옳은 것만을 |보기|에서 있는 대로 고른 것은?

보기
ㄱ. 이 반응은 물의 자동 이온화 반응이다.
ㄴ. $[H_3O^+] = [OH^-]$이다.
ㄷ. 이 반응에서 H_2O은 산으로만 작용한다.

① ㄱ　　　　② ㄷ　　　　③ ㄱ, ㄴ
④ ㄱ, ㄷ　　　⑤ ㄱ, ㄴ, ㄷ

대표 유형 문제

08 그림은 25 °C에서 $AOH(s)$ x g을 물에 녹여 만든 pH가 12인 1 L $AOH(aq)$을 나타낸 것이다. AOH의 화학식량은 a이다.
이에 대한 설명으로 옳은 것만을 |보기|에서 있는 대로 고른 것은? (단, 온도는 일정하고, 25 °C에서 물의 이온화 상수(K_w)는 1×10^{-14}이다.)

보기
ㄱ. $x = 0.01a$이다.
ㄴ. $[OH^-] = 1 \times 10^{-12}$ M이다.
ㄷ. 이 수용액에서 100 mL를 취한 용액의 pH = 13이다.

① ㄱ　　　　② ㄴ　　　　③ ㄷ
④ ㄱ, ㄷ　　　⑤ ㄴ, ㄷ

09 표는 25 °C에서 2가지 수용액의 $\dfrac{pOH}{pH}$에 대한 자료이다.

수용액	(가)	(나)
$\dfrac{pOH}{pH}$	1	6

(가)와 (나)의 pH 차는? (단, 온도는 일정하고, 25 °C에서 물의 이온화 상수(K_w)는 1×10^{-14}이다.)

① 3　　　　② 5　　　　③ 7
④ 8　　　　⑤ 10

10

표는 25 °C에서 수용액 (가)~(다)에 대한 자료이다.

수용액	$[H_3O^+]$ (M)	$[OH^-]$ (M)	pOH
(가)	1.0×10^{-3}		
(나)		1.0×10^{-1}	
(다)			10

이에 대한 설명으로 옳은 것만을 |보기|에서 있는 대로 고른 것은? (단, 온도는 일정하고, 25 °C에서 물의 이온화 상수(K_w)는 1×10^{-14}이다.)

┌─ 보기 ─
ㄱ. (가)의 pOH=3이다.
ㄴ. (나)의 pH=13이다.
ㄷ. (다)의 $[H_3O^+]=1 \times 10^{-10}$ M이다.
└─

① ㄱ ② ㄴ ③ ㄱ, ㄴ
④ ㄱ, ㄷ ⑤ ㄴ, ㄷ

11

그림 (가)~(다)는 25 °C의 3가지 수용액을 나타낸 것이다.

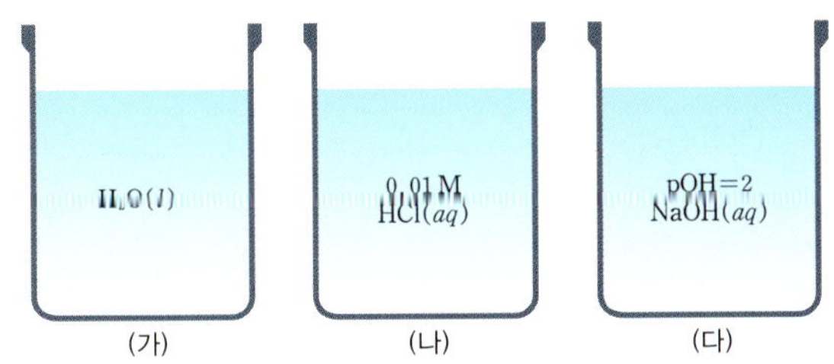

이에 대한 설명으로 옳은 것만을 |보기|에서 있는 대로 고른 것은? (단, 온도는 일정하고, 25 °C에서 물의 이온화 상수(K_w)는 1×10^{-14}이다.)

┌─ 보기 ─
ㄱ. $\dfrac{(가)의 pH}{(나)의 pH} = \dfrac{7}{2}$이다.

ㄴ. $\dfrac{(다)의 pH}{(나)의 pOH} = \dfrac{1}{6}$이다.

ㄷ. (다)에서 $\dfrac{[OH^-]}{[H_3O^+]} = 10^{10}$이다.
└─

① ㄱ ② ㄷ ③ ㄱ, ㄴ
④ ㄱ, ㄷ ⑤ ㄱ, ㄴ, ㄷ

12

다음은 아세트산(CH_3COOH) 수용액의 농도를 알아보기 위한 실험이다.

[실험 과정]
(가) $CH_3COOH(aq)$ 10 mL를 삼각 플라스크에 넣고 페놀프탈레인 용액을 1~2방울 넣는다.
(나) 0.1 M $NaOH(aq)$을 ☐Ⓖ 에 넣고 스탠드에 고정시킨다.
(다) (가)의 삼각 플라스크에 (나)의 $NaOH(aq)$을 조금씩 떨어뜨리면서 잘 섞는다.
(라) 혼합 용액의 색이 전체적으로 변하는 순간까지 넣어 준 $NaOH(aq)$의 부피를 측정한다.

[실험 결과]
• 넣어 준 $NaOH(aq)$의 부피는 20 mL였다.

이에 대한 설명으로 옳은 것만을 |보기|에서 있는 대로 고른 것은?

┌─ 보기 ─
ㄱ. ㉠으로 가장 적절한 것은 '뷰렛'이다.
ㄴ. $CH_3COOH(aq)$의 몰 농도는 0.2 M이다.
ㄷ. (라)에서 생성된 H_2O의 양은 0.02 mol이다.
└─

① ㄱ ② ㄷ ③ ㄱ, ㄴ
④ ㄱ, ㄷ ⑤ ㄱ, ㄴ, ㄷ

13

표는 x M $HCl(aq)$과 y M $NaOH(aq)$의 부피를 달리하여 혼합한 용액 (가), (나)에 대한 자료이다.

혼합 용액	혼합 전 수용액의 부피(mL)		혼합 용액의 양이온 수
	$HCl(aq)$	$NaOH(aq)$	
(가)	100	20	N
(나)	40	60	$2N$

이에 대한 설명으로 옳은 것만을 |보기|에서 있는 대로 고른 것은? (단, 온도는 일정하고, 혼합 용액의 부피는 혼합 전 각 용액의 부피의 합과 같으며, 물의 자동 이온화는 무시한다.)

┌─ 보기 ─
ㄱ. (가)는 산성이다.
ㄴ. $x : y = 3 : 10$이다.
ㄷ. $\dfrac{Cl^- 수}{Na^+ 수}$ 의 비는 (가) : (나)=15 : 2이다.
└─

① ㄱ ② ㄷ ③ ㄱ, ㄴ
④ ㄱ, ㄷ ⑤ ㄱ, ㄴ, ㄷ

1등급 도전!
고난도 문제

14 그림은 50 °C의 황산 구리(Ⅱ) 포화 수용액을 냉각시킨 것을 나타낸 것이다.

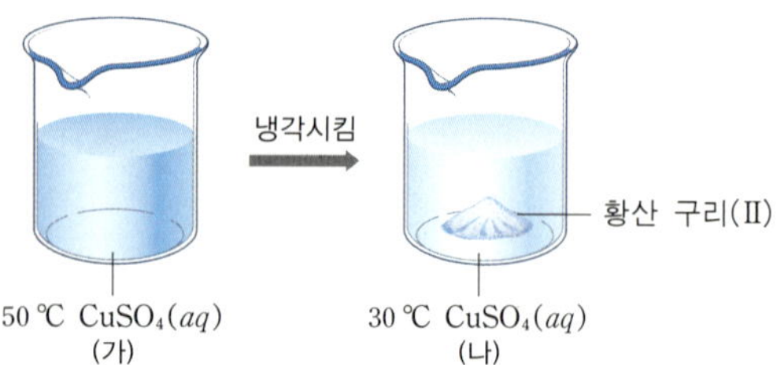

이에 대한 설명으로 옳은 것만을 |보기|에서 있는 대로 고른 것은? (단, 물의 증발은 무시한다.)

보기
ㄱ. (가)는 동적 평형 상태이다.
ㄴ. 수용액의 농도는 (가)>(나)이다.
ㄷ. (나)에서 용해 속도와 석출 속도는 같다.

① ㄱ ② ㄷ ③ ㄱ, ㄴ
④ ㄱ, ㄷ ⑤ ㄱ, ㄴ, ㄷ

15 그림은 25 °C에서 2가지 $HCl(aq)$ (가)와 (나)를 혼합한 후 물을 추가하여 혼합 용액 (다)를 만드는 것을 나타낸 것이다. (다)에서 pH=1이다.

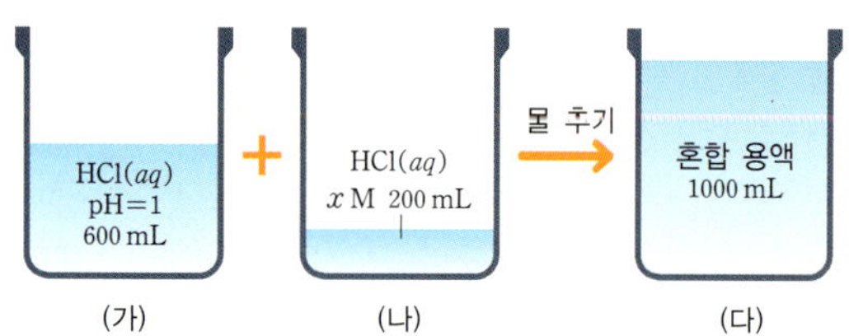

이에 대한 설명으로 옳은 것만을 |보기|에서 있는 대로 고른 것은? (단, 온도는 일정하고, 25 °C에서 물의 이온화 상수(K_w)는 1×10^{-14}이다.)

보기
ㄱ. x=0.2이다.
ㄴ. (다)에 들어 있는 HCl의 양은 0.01 mol이다.
ㄷ. (나)에서 $[OH^-]$=5×10^{-12} M이다.

① ㄱ ② ㄴ ③ ㄱ, ㄷ
④ ㄴ, ㄷ ⑤ ㄱ, ㄴ, ㄷ

16 다음은 아세트산 수용액($CH_3COOH(aq)$)의 중화 적정 실험이다.

[실험 과정]
(가) 0.5 M $CH_3COOH(aq)$을 준비한다.
(나) (가)의 수용액 x mL에 물을 넣어 50 mL 수용액을 만든다.
(다) 삼각 플라스크에 (나)에서 만든 수용액 20 mL를 넣고 페놀프탈레인 용액을 2~3방울 떨어뜨린다.
(라) 0.2 M $NaOH(aq)$을 뷰렛에 넣고 (다)의 삼각 플라스크에 한 방울씩 떨어뜨리면서 삼각 플라스크를 흔들어 준다.
(마) (다)의 삼각 플라스크 속 수용액 전체가 붉게 변하는 순간 적정을 멈추고, 적정에 사용된 $NaOH(aq)$의 부피(V)를 측정한다.

[실험 결과]
• V=40 mL

x는? (단, 온도는 25 °C로 일정하다.)

① 20 ② 40 ③ 50
④ 100 ⑤ 200

17 표는 혼합 용액 (가)~(다)에 대한 자료이다.

	혼합 용액	(가)	(나)	(다)
혼합 전 용액의 부피 (mL)	$HCl(aq)$	30	0	10
	$H_2SO_4(aq)$	0	15	10
	$NaOH(aq)$	20	10	x
혼합 용액의 액성		중성	산성	염기성
$[Na^+] + [H^+]$		3	6	5

이에 대한 설명으로 옳은 것만을 |보기|에서 있는 대로 고른 것은? (단, 온도는 일정하고, 혼합 용액의 부피는 혼합 전 각 용액의 부피의 합과 같으며, 물의 자동 이온화는 무시한다.)

보기
ㄱ. x=40이다.
ㄴ. 몰 농도 비는 $H_2SO_4(aq)$: $NaOH(aq)$=2:3이다.
ㄷ. 모든 음이온의 몰 농도 비는 (나) : (다)=18:25이다.

① ㄱ ② ㄴ ③ ㄱ, ㄷ
④ ㄴ, ㄷ ⑤ ㄱ, ㄴ, ㄷ

18 그림은 밀폐된 용기에 $X(l)$를 넣은 후 시간에 따른 물질의 양(mol)을 나타낸 것이다. A와 B는 각각 $X(l)$, $X(g)$ 중 하나이다.

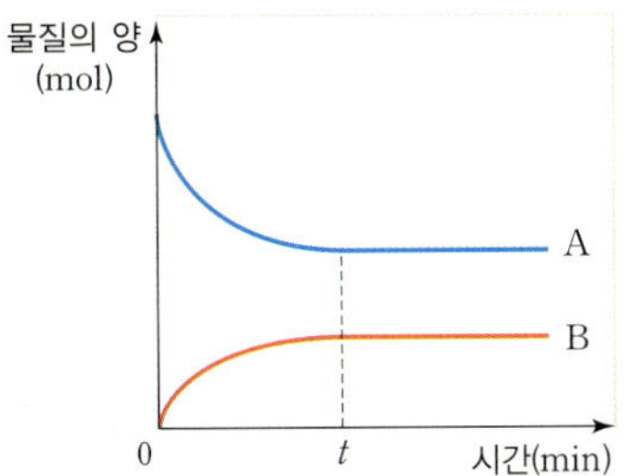

(1) A와 B에 해당하는 물질을 쓰시오.

(2) t min 이후가 동적 평형 상태인 까닭을 설명하시오.

19 다음은 산 염기 반응의 화학 반응식이다.

> (가) $CH_3COOH(aq) + H_2O(l) \longrightarrow$
> $\qquad\qquad\qquad CH_3COO^-(aq) + H_3O^+(aq)$
> (나) $NH_3(g) + H_2O(l) \longrightarrow NH_4^+(aq) + OH^-(aq)$

(가)와 (나)의 반응물에서 브뢴스테드·로리 산 염기를 구분하고, 그 까닭을 설명하시오.

20 표는 3가지 $25\,°C$ 수용액 (가)~(다)의 $\dfrac{pH}{pOH}$ 를 나타낸 것이다.

수용액	(가)	(나)	(다)
$\dfrac{pH}{pOH}$	1	$\dfrac{1}{6}$	$\dfrac{5}{2}$

(가)~(다)에서 $[H_3O^+]$를 비교하고, 그 까닭을 설명하시오. (단, $25\,°C$에서 물의 이온화 상수(K_w)는 1×10^{-14}이다.)

21 그림은 $HCl(aq)$과 $NaOH(aq)$을 혼합하였을 때 이온 모형을 나타낸 것이다. (단, 물의 자동 이온화는 무시한다.)

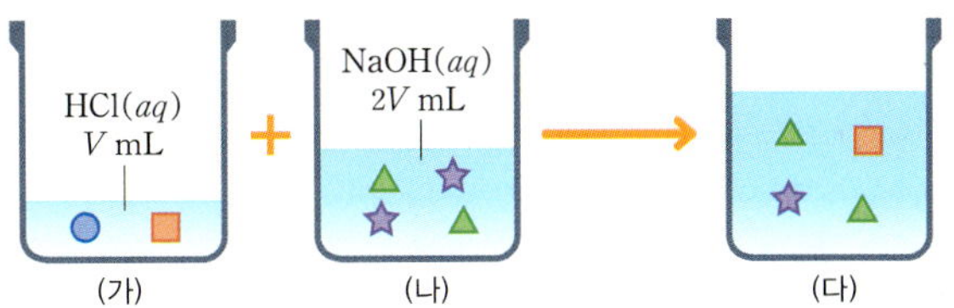

(1) ●, ■, ▲, ★은 각각 어떤 이온인지 쓰시오.

(2) $HCl(aq)$과 $NaOH(aq)$의 몰 농도 비를 과정을 포함하여 구하시오.

22 표는 $HCl(aq)$과 $NaOH(aq)$의 부피를 달리하여 혼합한 용액 Ⅰ~Ⅲ에 대한 자료이다. (단, 온도는 일정하고, 혼합 용액의 부피는 혼합 전 각 용액의 부피의 합과 같으며, 물의 자동 이온화는 무시한다.)

혼합 용액	혼합 전 용액의 부피(mL)		전체 양이온의 양(mol)	액성
	$HCl(aq)$	$NaOH(aq)$		
Ⅰ	20	30	1×10^{-2}	산성
Ⅱ	20	40	1.2×10^{-2}	염기성
Ⅲ	30	40	$x \times 10^{-2}$	㉠

(1) $HCl(aq)$과 $NaOH(aq)$의 몰 농도를 각각 구하고, 그 까닭을 설명하시오.

(2) x를 구하고, 그 까닭을 설명하시오.

(3) ㉠을 쓰고, 그 까닭을 설명하시오.

IV 역동적인 화학 반응

2 산화 환원 반응과 열의 출입

04 산화 환원 반응

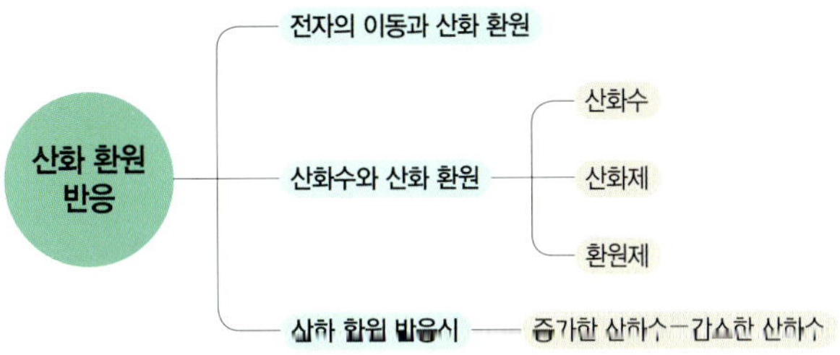

05 화학 반응에서 열의 출입

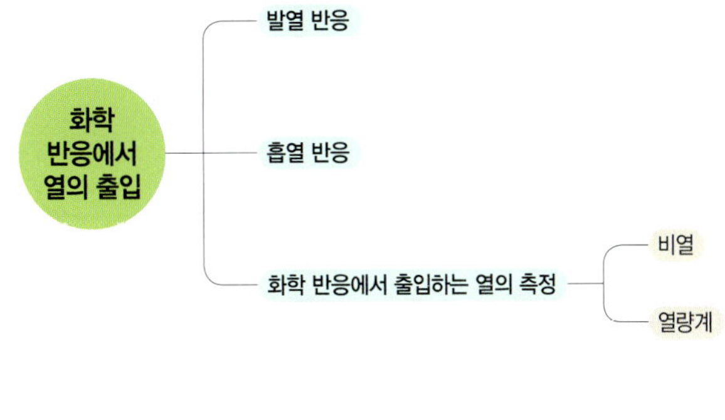

04

산화 환원 반응

1 산화와 환원

개념 전자를 잃는 반응은 산화 반응, 전자를 얻는 반응은 환원 반응

1. 산소의 이동과 산화 환원

(1) **산화** : 산소를 얻는 반응이다. 예 $C + O_2 \longrightarrow CO_2$

(2) **환원** : 산소를 잃는 반응이다. 예 $2MgO \longrightarrow 2Mg + O_2$

2. 전자의 이동과 산화 환원 : 산소의 이동에 의한 산화 환원만으로 다양한 산화 환원 반응을 설명하기 어려워 전자의 이동으로 산화 환원 반응을 설명한다.

(1) **산화** : 전자를 잃는 반응이다. 예 $Zn \longrightarrow Zn^{2+} + 2e^-$

(2) **환원** : 전자를 얻는 반응이다. 예 $Cu^{2+} + 2e^- \longrightarrow Cu$

3. 산화 환원 반응의 동시성 : 산화 환원 반응에서 한 물질이 전자를 잃어 산화되면 다른 물질이 이 전자를 얻어 환원되므로 산화 환원 반응은 동시에 일어난다.

> 산화되는 물질이 잃은 전자 수 = 환원되는 물질이 얻은 전자 수

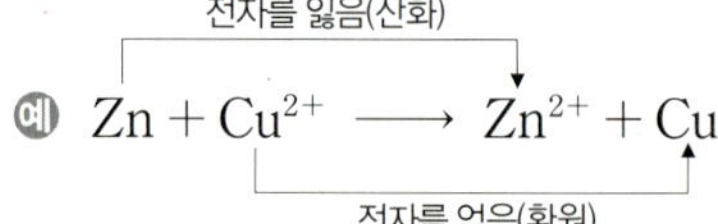

예 $Zn + Cu^{2+} \longrightarrow Zn^{2+} + Cu$

Zn 1 mol이 산화될 때 전자 2 mol을 잃고, Cu^{2+} 1 mol이 2 mol의 전자를 얻어 환원된다.

강의 포인트

용광로에서의 산화 환원

- 철의 제련 과정에는 다양한 산화 환원 반응이 관여한다.
- 탄소(C)가 주성분인 코크스가 불완전 연소되어 일산화 탄소가 된다.
$2C(s) + O_2(g) \longrightarrow 2CO(g)$
➡ C가 산화되고, O_2가 환원된다.
- 일산화 탄소가 산화 철을 환원시킨다.
$Fe_2O_3(s) + 3CO(g) \longrightarrow 2Fe(l) + 3CO_2(g)$
➡ CO가 산화되고, Fe_2O_3이 환원된다.

🔬 미니탐구 아연과 황산 구리(Ⅱ) 수용액의 반응

황산 구리(Ⅱ)($CuSO_4$) 수용액에 아연(Zn)판을 넣으면 Zn판에서 붉은색의 물질이 석출되고, $CuSO_4$ 수용액의 푸른색은 옅어진다.

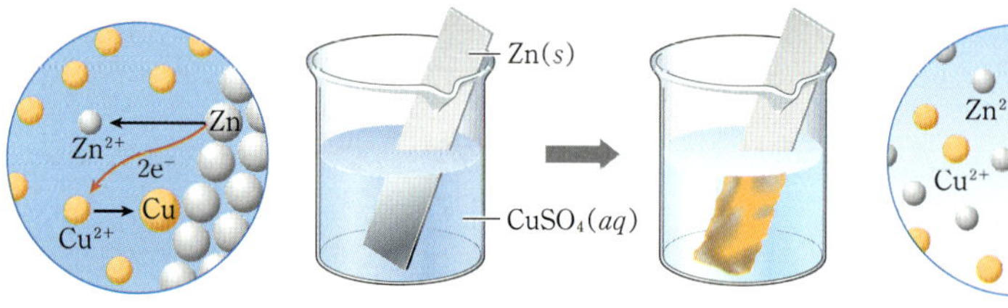

1. **Zn판에서의 반응** : Zn판에서는 Zn이 산화되고, 붉은색인 Cu가 석출된다.

2. **수용액의 반응** : $CuSO_4$ 수용액의 푸른색은 Cu^{2+} 때문인데 푸른색이 옅어지는 것으로 보아 Cu^{2+} 수가 감소함을 알 수 있다.

3. **산화 환원 반응** : Zn이 산화되고, Cu^{2+}이 환원되는 산화 환원 반응이 일어난다.

$Zn(s) \longrightarrow Zn^{2+}(aq) + 2e^-$ ➡ 산화 전자를 잃음
$Cu^{2+}(aq) + 2e^- \longrightarrow Cu(s)$ ➡ 환원 전자를 얻음

$Zn(s) + Cu^{2+}(aq) \longrightarrow Zn^{2+}(aq) + Cu(s)$

아연과 황산 구리(Ⅱ) 수용액의 반응

- 전체 화학 반응식 :
$Zn(s) + CuSO_4(aq) \longrightarrow ZnSO_4(aq) + Cu(s)$
- 알짜 이온 반응식 :
$Zn(s) + Cu^{2+}(aq) \longrightarrow Zn^{2+}(aq) + Cu(s)$
- SO_4^{2-}은 구경꾼 이온으로 반응에 참여하지 않는다.

---

4. 여러 가지 산화 환원 반응

(1) **금속과 비금속의 반응** : 금속은 산화되고, 비금속은 환원된다. ➡ 금속은 양이온이 되고, 비금속은 음이온이 된다.

예 $2Na(s) + Cl_2(g) \longrightarrow 2NaCl(s)$

산화
환원

산화 반응 : $2Na \longrightarrow 2Na^+ + 2e^-$
환원 반응 : $Cl_2 + 2e^- \longrightarrow 2Cl^-$

암기 꼭!

금속과 비금속의 성질

금속은 전자를 잃어 양이온이 되려고 하고, 비금속은 전자를 얻어 음이온이 되려는 성질을 가진다.

(2) **금속과 금속 이온의 반응** : 반응성이 작은 금속 이온이 들어 있는 수용액에 반응성이 큰 금속을 넣으면 금속은 산화되고, 금속 이온은 환원된다. 반응성 Cu>Ag

예 $Cu + 2Ag^+ \longrightarrow Cu^{2+} + 2Ag$ (산화, 환원)

산화 반응 : $Cu \longrightarrow Cu^{2+} + 2e^-$
환원 반응 : $2Ag^+ + 2e^- \longrightarrow 2Ag$

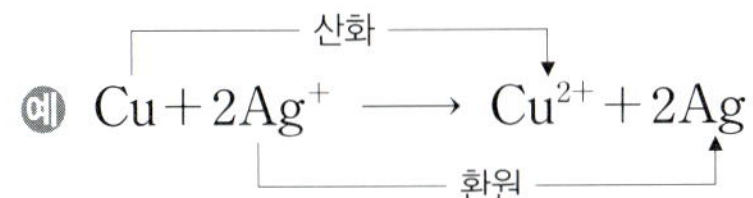
미니탐구 금속과 금속 이온의 반응

질산 은($AgNO_3$) 수용액에 구리(Cu)선을 넣으면 구리선에 $Ag(s)$이 석출되고, 수용액은 점점 푸르게 변한다.

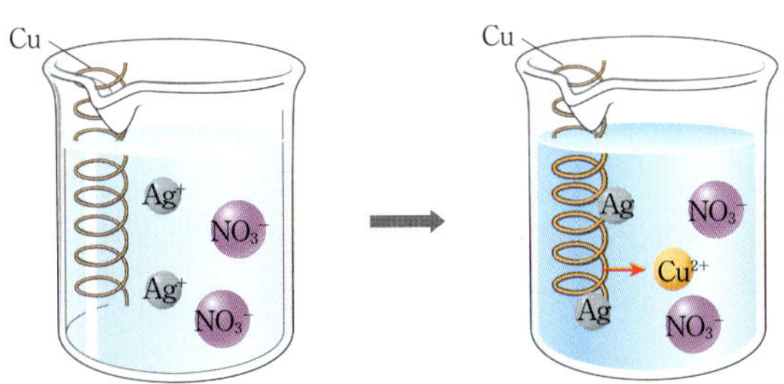

1. 반응성은 Cu>Ag이므로 Cu가 Cu^{2+}으로 산화되어 수용액 속 Cu^{2+} 수가 증가하므로 용액이 점점 푸르게 변한다.
   $Cu \longrightarrow Cu^{2+} + 2e^-$
2. Ag^+은 전자를 얻어 환원되므로 Ag으로 석출된다.
   $Ag^+ + e^- \longrightarrow Ag$
3. Cu 1 mol이 산화될 때 Ag 2 mol이 석출되므로 반응 계수 비는 $Cu : Ag^+ = 1 : 2$이다.
   $Cu + 2Ag^+ \longrightarrow Cu^{2+} + 2Ag$
   반응 몰비 1 : 2

(3) **금속과 산의 반응** : 산 수용액에 이온화 경향이 큰 금속을 넣으면 금속은 산화되고, 산 수용액의 H^+이 환원되어 H_2가 발생한다.

예 $Mg + 2H^+ \longrightarrow Mg^{2+} + H_2$ (산화, 환원)

산화 반응 : $Mg \longrightarrow Mg^{2+} + 2e^-$
환원 반응 : $2H^+ + 2e^- \longrightarrow H_2$

(4) **할로젠과 할로젠화 이온의 반응** : 반응성이 큰 할로젠이 환원되어 음이온이 되고, 반응성이 작은 할로젠이 산화되어 2원자 분자가 된다. 할로젠의 반응성은 $F_2 > Cl_2 > Br_2 > I_2$이다.

반응성 $Cl_2 > Br_2$
예 $2Br^- + Cl_2 \longrightarrow Br_2 + 2Cl^-$ (산화, 환원)

산화 반응 : $2Br^- \longrightarrow Br_2 + 2e^-$
환원 반응 : $Cl_2 + 2e^- \longrightarrow 2Cl^-$

마그네슘과 산소의 반응
공기 중에서 마그네슘(Mg) 리본에 불을 붙이면 격렬히 연소된다. 금속인 마그네슘은 전자를 잃고 산화되어 양이온이 되고, 비금속인 산소는 전자를 얻고 환원되어 음이온이 되므로 이온 결합 물질인 산화 마그네슘(MgO)이 생성된다.

$2Mg(s) + O_2(g) \longrightarrow 2MgO(s)$ (산화, 환원)

금속의 이온화 경향
금속 원소가 전자를 잃고 양이온이 되려는 경향으로, 이온화 경향이 클수록 전자를 잃고 양이온이 되기 쉽다.
$K > Ca > Na > Mg > Al > Zn > Fe > Ni > Sn > Pb > (H) > Cu > Hg > Ag > Pt > Au$
(칼-카-나-마-알-아-철-니-주-납-수-구-수-은-백-금)
(H)는 산에 들어 있는 H^+을 뜻한다.

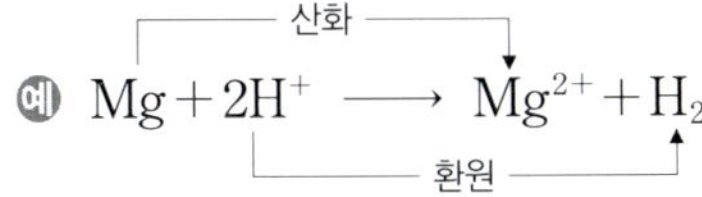
개념 익히기 문제

정답과 해설 p.59

🧠 교과서 문장으로 개념 익히기

01 산소를 얻고, 전자를 잃는 반응을 ☐☐ 반응이라고 한다.

02 전자를 얻고, 산소를 잃는 반응을 ☐☐ 반응이라고 한다.

03 아연과 황산 구리(Ⅱ) 수용액의 반응에서 구리 이온은 ☐☐된다.

04 나트륨과 염소 기체가 반응하여 염화 나트륨이 생성되는 반응에서 염소 원자는 ☐☐된다.

🎲 OX 문제로 개념 익히기

05 산화 반응과 환원 반응은 동시에 일어난다. (○ / ×)

06 마그네슘이 묽은 염산과 반응하여 수소 기체가 발생하는 반응은 산화 환원 반응이다. (○ / ×)

07 $2Br^- + Cl_2 \longrightarrow Br_2 + 2Cl^-$ 반응에서 Br^-은 환원된다. (○ / ×)

08 $Cu + 2Ag^+ \longrightarrow Cu^{2+} + 2Ag$ 반응에서 Ag^+은 산화된다. (○ / ×)

산화수가 증가하는 반응은 산화, 산화수가 감소하는 반응은 환원

1. 산화수 : 어떤 물질에서 각 원자가 어느 정도 산화되었는지를 나타내는 가상적인 전하

(1) 이온 결합 물질에서 산화수 : 각 이온의 전하가 산화수이다.

예 $NaCl$은 Na^+과 Cl^-으로 이루어져 있다.

➡ Na의 산화수 : $+1$, Cl의 산화수 : -1

(2) 공유 결합 물질에서 산화수 : 전기 음성도가 큰 원자가 공유 전자쌍을 모두 가진다고 가정할 때, 각 구성 원자의 전하가 그 원자의 산화수이다.

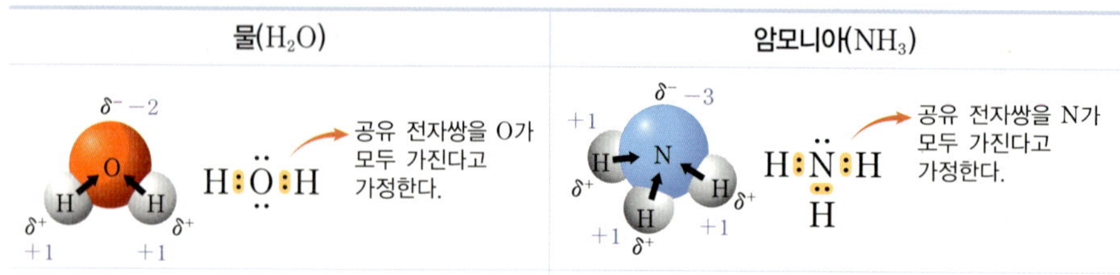

물(H_2O)	암모니아(NH_3)
전기 음성도 : $O>H$	전기 음성도 : $N>H$
➡ H는 전자 1개를 잃으므로 산화수가 $+1$이고, O는 전자 2개를 얻으므로 산화수가 -2이다.	➡ H는 전자 1개를 잃으므로 산화수가 $+1$이고, N는 전자 3개를 얻으므로 산화수가 -3이다.

2. 산화수 규칙 : 원자들의 전기 음성도를 비교하여 산화수를 구할 수 있는데, 몇몇 원자들이 화합물 내에서 일정한 규칙을 나타내므로 산화수 규칙으로부터 산화수를 쉽게 구할 수 있다.

규칙	예
❶ 원소를 구성하는 원자의 산화수는 0이다.	H_2, Fe에서 H, Fe의 산화수는 모두 0
❷ 일원자 이온의 산화수는 그 이온의 전하와 같다.	Na^+에서 Na의 산화수는 $+1$, Cl^-에서 Cl의 산화수는 -1
❸ 화합물 내에서 각 원자의 산화수 총합은 0이다.	H_2O에서 H의 산화수는 $+1$이고, O의 산화수는 -2 ➡ $(+1 \times 2) + (-2) = 0$
❹ 다원자 이온에서 각 원자의 산화수의 총합은 그 이온의 전하와 같다.	CO_3^{2-}에서 C의 산화수는 $+4$이고, O의 산화수는 -2 ➡ $4 + (-2 \times 3) = -2$
❺ 화합물에서 1족 금속 원자의 산화수는 $+1$, 2족 금속 원자의 산화수는 $+2$이다.	$NaCl$에서 Na의 산화수는 $+1$, $MgCl_2$에서 Mg의 산화수는 $+2$
❻ 화합물에서 F의 산화수는 -1이다.	LiF에서 F의 산화수는 -1
❼ 화합물에서 H의 산화수는 $+1$이다. (단, 금속의 수소 화합물에서는 -1이다.)	NH_3에서 H의 산화수는 $+1$ NaH에서 H의 산화수는 -1
❽ 화합물에서 O의 산화수는 -2이다. (단, 과산화물에서는 -1이고, 플루오린 화합물에서는 $+2$ 또는 $+1$이다.) F의 산화수는 항상 -1이다.	MgO에서 O의 산화수는 -2 H_2O_2에서 O의 산화수는 -1 O_2F_2, OF_2에서 O의 산화수는 각각 $+1$, $+2$

3. 산화수 변화와 산화 환원

(1) 산화 : 산화수가 증가하는 반응이다. ➡ 원자가 전자를 잃는 것과 같다.

(2) 환원 : 산화수가 감소하는 반응이다. ➡ 원자가 전자를 얻는 것과 같다.

(3) 산화 환원 반응의 동시성 : 산화되는 물질에서 증가한 산화수의 합은 환원되는 물질에서 감소한 산화수의 합과 같다.

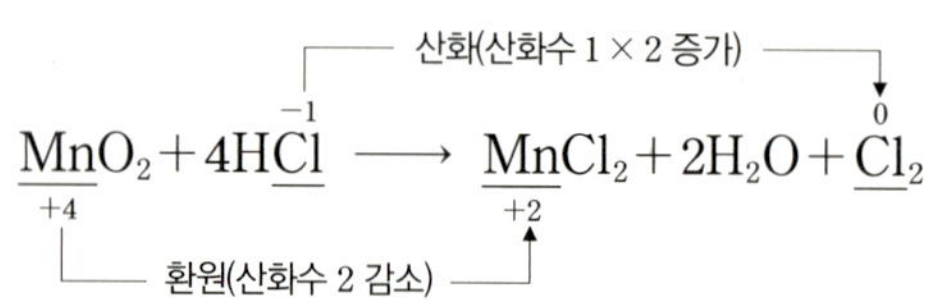

주의! 오개념

공유 결합 물질에서의 산화수

이온 결합 물질에서는 전자가 완전히 이동하지만, 공유 결합 물질에서는 전자가 어느 한쪽으로 완전히 이동하지 않는다. 따라서 공유 결합에서 산화수는 전기 음성도의 상대적 크기에 따라 공유 전자쌍이 완전하게 이동한다고 가정하고 산화수를 구한다.

산화수의 주기성

결합된 원자의 전기 음성도에 따라 전자를 잃거나 얻을 수 있으므로 화합물에 따라 다른 산화수를 가질 수 있다.

예 CO_2에서 전기 음성도는 $O>C$이고 2중 결합하므로 C의 산화수는 $+4$이다. CH_4에서 전기음성도는 $C>H$이고, 단일 결합하므로 C의 산화수는 -4이다.

1, 2주기 원소의 산화수

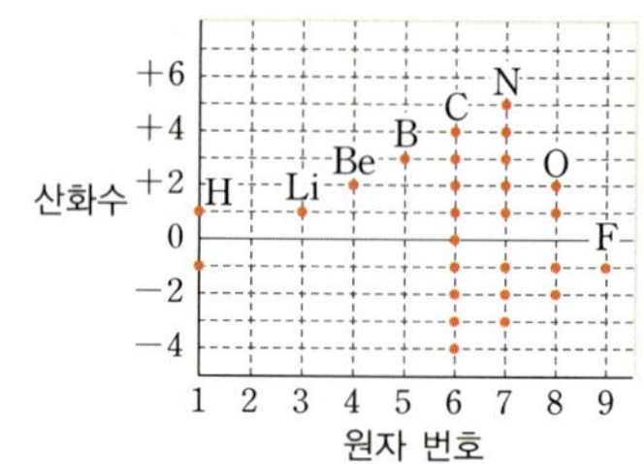

· 전기 음성도는 F이 가장 크므로 화합물에서 F의 산화수는 -1이다.

· N의 가장 큰 산화수는 $+5$이고, 가장 작은 산화수는 -3이다.

· 비금속 원자의 경우 어떤 원자와 결합되었는가에 따라 산화수가 달라질 수 있다.

산화 환원 반응

	산화	환원
산소	얻음	잃음
전자	잃음	얻음
산화수	증가	감소

산화수가 변하는 원자가 없으면 산화 환원 반응이 아니다.

---

4. 산화제와 환원제

(1) **산화제** : 자신은 환원되면서 다른 물질을 산화시키는 물질

(2) **환원제** : 자신은 산화되면서 다른 물질을 환원시키는 물질

(3) **산화제와 환원제의 상대적 세기** : 전자를 잃고 얻는 성질은 상대적이기 때문에 같은 물질이라고 해도 반응하는 물질에 따라 산화되기도 하고 환원되기도 한다.

<blockquote>예 SO_2은 (가)에서 산화제, (나)에서 환원제이다.</blockquote>

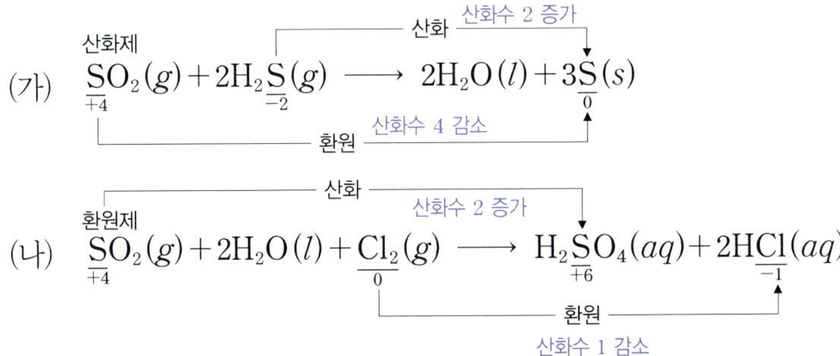

3 산화 환원 반응식

개념 산화 환원 반응에서 원자 수와 산화수 변화가 같게 화학 반응식을 완성한다.

1. 산화 환원 반응의 동시성 : 산화와 환원은 동시에 일어나므로 산화 환원 반응에서 산화수 변화는 같아야 한다.

2. 산화 환원 반응식의 완성 : 반응물과 생성물의 원자 수가 같고, 증가한 산화수와 감소한 산화수가 같도록 화학 반응식의 계수를 완성해야 한다.

<blockquote>예 $Sn^{2+} + MnO_4^- + H^+ \longrightarrow Sn^{4+} + Mn^{2+} + H_2O$의 화학 반응식의 완성</blockquote>

[1단계] 각 원자의 산화수를 구한다.

$$\underset{+2}{Sn^{2+}} + \underset{+7\ -2}{MnO_4^-} + \underset{+1}{H^+} \longrightarrow \underset{+4}{Sn^{4+}} + \underset{+2}{Mn^{2+}} + \underset{+1\ -2}{H_2O}$$

[2단계] 반응 전과 후의 산화수 변화를 확인한다.

산화수 2 증가

$$\underset{+2}{Sn^{2+}} + \underset{+7}{MnO_4^-} + H^+ \longrightarrow \underset{+4}{Sn^{4+}} + \underset{+2}{Mn^{2+}} + H_2O$$

산화수 5 감소

[3단계] 증가한 산화수와 감소한 산화수가 같도록 계수를 맞춘다.

산화수 2 × 5 증가

$$5\underset{+2}{Sn^{2+}} + 2\underset{+7}{MnO_4^-} + H^+ \longrightarrow 5\underset{+4}{Sn^{4+}} + 2\underset{+2}{Mn^{2+}} + H_2O$$

산화수 5 × 2 감소

[4단계] 산화수 변화가 없는 원자들의 수가 같도록 계수를 맞추어 반응식을 완성한다.

$$5Sn^{2+} + 2MnO_4^- + 16H^+ \longrightarrow 5Sn^{4+} + 2Mn^{2+} + 8H_2O$$

O 원자 수=8 ⇒ H_2O의 계수=8
H^+의 계수=16 ⇐ H 원자 수=8 × 2=16

개념 익히기 문제

정답과 해설 p.59

🧠 교과서 문장으로 개념 익히기

09 어떤 물질에서 각 원자가 어느 정도 산화되었는지를 나타내는 가상적인 전하를 ☐☐☐라고 한다.

10 산화 환원 반응에서 자신은 산화되면서 다른 물질을 환원시키는 물질을 ☐☐☐라고 한다.

11 화합물에서 F의 산화수는 항상 ☐이다.

📦 OX 문제로 개념 익히기

12 공유 결합 물질에서 전기 음성도가 큰 원자가 공유 전자쌍을 다 가져온다고 가정하고 산화수를 구한다. (O / X)

13 SO_4^{2-}에서 S의 산화수는 +4이다. (O / X)

14 산화 환원 반응식에서는 증가한 산화수와 감소한 산화수가 같아야 한다. (O / X)

암기 꼭! 🎯

산화제와 환원제

	산화제	환원제
자신의 반응	환원	산화
산소	잃음	얻음
전자	얻음	잃음
산화수	감소	증가

강의 포인트 🔍

산화 환원 반응의 양적 관계

완성된 산화 환원 반응식으로부터 산화나 환원에 필요한 환원제와 산화제의 양(mol)을 알 수 있다.

예 $Fe_2O_3(s) + 3CO(g) \longrightarrow 2Fe(l) + 3CO_2(g)$에서 산화제인 Fe_2O_3과 환원제인 CO는 1 : 3의 몰비로 반응한다.

➡ Fe_2O_3 1 mol이 환원되려면 CO 3 mol이 필요하다.

➡ Fe_2O_3 1 mol이 반응하면 전자 6 mol이 이동한다.

자료 ❶ 산화수법으로 산화 환원 반응식 완성하기

산화수법은 원자들의 산화수 변화를 같게 하여 화학 반응식을 완성하는 방법이다.

$$증가한\ 산화수 = 감소한\ 산화수$$

⟨$MnO_4^- + Sn^{2+} + H^+ \longrightarrow Mn^{2+} + Sn^{4+} + H_2O$의 반응식 완성하기⟩

[1단계] 산화된 원자와 환원된 원자를 찾는다.

산화수 2 증가
$$\underset{+7}{MnO_4^-} + \underset{+2}{Sn^{2+}} + H^+ \longrightarrow \underset{+2}{Mn^{2+}} + \underset{+4}{Sn^{4+}} + H_2O$$
산화수 5 감소

[2단계] 감소한 산화수와 증가한 산화수가 같도록 계수를 맞춘다.

증가한 산화수(2) × 5
$$2\underset{+7}{MnO_4^-} + 5\underset{+2}{Sn^{2+}} + H^+ \longrightarrow 2\underset{+2}{Mn^{2+}} + 5\underset{+4}{Sn^{4+}} + H_2O$$
감소한 산화수(5) × 2

[3단계] 산화수 변화가 없는 원자들의 개수를 맞춘다.

$$2MnO_4^- + 5Sn^{2+} + 16H^+ \longrightarrow 2Mn^{2+} + 5Sn^{4+} + 8H_2O$$

자료 ❷ 이온 전자법으로 산화 환원 반응식 완성하기

이온 전자법은 전자의 이동을 알기 쉽도록 산화 반응식과 환원 반응식을 따로 나타내고, 잃은 전자 수와 얻은 전자 수가 같게 한 후 반응을 합하여 완성하는 방법이다.

$$산화\ 반응에서\ 잃은\ 전자\ 수 = 환원\ 반응에서\ 얻은\ 전자\ 수$$

⟨$MnO_4^- + Cl^- + H^+ \longrightarrow Mn^{2+} + Cl_2 + H_2O$의 반응식 완성하기⟩

[1단계] 산화 반응식과 환원 반응식으로 나눈다.

- 산화 반응 : $Cl^- \longrightarrow Cl_2$
- 환원 반응 : $MnO_4^- \longrightarrow Mn^{2+}$

[2단계] 각 반쪽 반응의 원자의 종류와 수가 같도록 계수를 맞추고, 화살표 양쪽의 전하량이 같도록 맞춘다.

- 산화 반응식 : $2Cl^- \longrightarrow Cl_2 + 2e^-$
- 환원 반응식 : $MnO_4^- + 8H^+ + 5e^- \longrightarrow Mn^{2+} + 4H_2O$

[3단계] 산화 반응에서 잃은 전자 수와 환원 반응에서 얻은 전자 수가 같도록 계수를 맞춘다.

- 산화 반응 : $[2Cl^- \longrightarrow Cl_2 + 2e^-] \times 5$
  - ➡ $10Cl^- \longrightarrow 5Cl_2 + 10e^-$
- 환원 반응 : $[MnO_4^- + 8H^+ + 5e^- \longrightarrow Mn^{2+} + 4H_2O] \times 2$
  - ➡ $2MnO_4^- + 16H^+ + 10e^- \longrightarrow 2Mn^{2+} + 8H_2O$

[4단계] 두 반쪽 반응식을 더하여 화학 반응식을 완성한다.

$$2MnO_4^- + 16H^+ + 10Cl^- \longrightarrow 5Cl_2 + 2Mn^{2+} + 8H_2O$$

01 다음은 용광로에서 일어나는 4가지 화학 반응식이다.

> (가) $2C(s) + O_2(g) \longrightarrow 2CO(g)$
> (나) $Fe_2O_3(s) + 3CO(g) \longrightarrow 2Fe(s) + 3CO_2(g)$
> (다) $CaCO_3(s) \longrightarrow CaO(s) + CO_2(g)$
> (라) $CaO(s) + SiO_2(s) \longrightarrow CaSiO_3(s)$

(가)~(라)에 대한 설명으로 옳은 것만을 |보기|에서 있는 대로 고른 것은?

> —보기—
> ㄱ. 산화 환원 반응은 3가지이다.
> ㄴ. 반응물과 생성물 중 산화수가 가장 작은 원자는 O이다.
> ㄷ. (라)에서 Si의 산화수는 $+4$이다.

① ㄱ 　　② ㄷ 　　③ ㄱ, ㄴ
④ ㄱ, ㄷ 　　⑤ ㄴ, ㄷ

대표 유형문제

02 그림은 무색의 질산 은($AgNO_3$) 수용액에 구리(Cu)선을 넣었을 때 구리선의 표면에 은(Ag)이 석출되는 것을 나타낸 것이다.

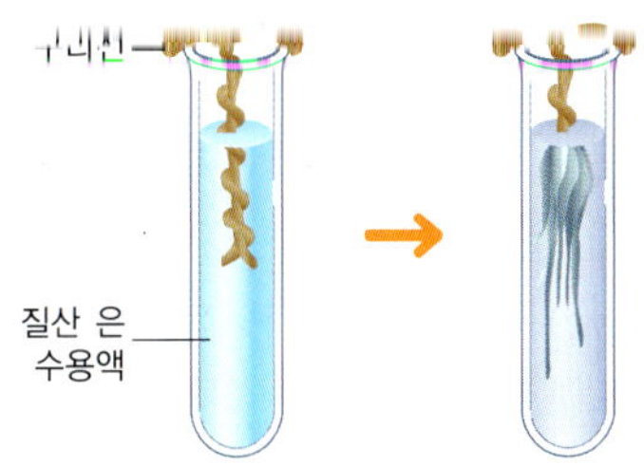

이에 대한 설명으로 옳은 것만을 |보기|에서 있는 대로 고른 것은? (단, Cu의 이온은 Cu^{2+}만 생성된다고 가정한다.)

> —보기—
> ㄱ. 알짜 이온 반응식은 $2Ag^+ + Cu \longrightarrow 2Ag + Cu^{2+}$ 이다.
> ㄴ. 수용액의 색은 푸른색으로 변한다.
> ㄷ. 수용액 속 이온 수는 증가한다.

① ㄱ 　　② ㄷ 　　③ ㄱ, ㄴ
④ ㄱ, ㄷ 　　⑤ ㄴ, ㄷ

---

03 다음은 3가지 화학 반응식이다.

> (가) $2HCl(aq) + Mg(s) \longrightarrow MgCl_2(aq) + H_2(g)$
> (나) $4NH_3(g) + 5O_2(g) \longrightarrow 4NO(g) + 6H_2O(l)$
> (다) $2KBr(aq) + F_2(g) \longrightarrow 2KF(aq) + Br_2(l)$

이에 대한 설명으로 옳은 것만을 |보기|에서 있는 대로 고른 것은?

> —보기—
> ㄱ. (가)에서 Mg은 산화된다.
> ㄴ. (나)에서 NH_3는 산화제이다.
> ㄷ. (다)에서 F_2이 Br_2보다 음이온이 되기 쉬운 것을 알 수 있다.

① ㄱ 　　② ㄴ 　　③ ㄱ, ㄷ
④ ㄴ, ㄷ 　　⑤ ㄱ, ㄴ, ㄷ

대표 유형문제

04 다음은 2가지 산화 환원 반응의 화학 반응식이다.

> (가) $3O_2 + 2H_2S \longrightarrow 2H_2O + 2SO_2$
> (나) $SO_2 + aH_2O + bCl_2 \longrightarrow cH_2SO_4 + dHCl$
> $(a \sim d$는 반응 계수$)$

이에 대한 설명으로 옳은 것만을 |보기|에서 있는 대로 고른 것은?

> —보기—
> ㄱ. $a + b + c + d = 6$이다.
> ㄴ. 반응물과 생성물에서 S의 산화수가 가장 큰 것은 $+6$이다.
> ㄷ. SO_2은 (가)와 (나)에서 모두 산화제이다.

① ㄱ 　　② ㄴ 　　③ ㄱ, ㄴ
④ ㄴ, ㄷ 　　⑤ ㄱ, ㄴ, ㄷ

---

05 그림은 탄소 화합물 (가), (나)의 구조식을 나타낸 것이다.

$$\begin{array}{cc}
\qquad\quad H & \qquad\quad O \\
\qquad\quad | & \qquad\quad \| \\
H-C-O-H & H-C-O-H \\
\qquad\quad | & \\
\qquad\quad H & \\
\text{(가)} & \text{(나)}
\end{array}$$

(가)와 (나)에서 C의 산화수 합은?

① -6 　　② -4 　　③ 0
④ $+2$ 　　⑤ $+6$

개념 다지기 문제

06 그림은 1, 2주기 원자 $X \sim Z$로 이루어진 2가지 분자 (가)와 (나)의 루이스 전자점식을 나타낸 것이다.

$$X:Y::Z: \qquad X:\ddot{Z}:X$$
$$\qquad\qquad\qquad\qquad \ddot{X}$$

(가)   (나)

이에 대한 설명으로 옳은 것만을 |보기|에서 있는 대로 고른 것은? (단, $X \sim Z$는 임의의 원소 기호이다.)

|보기|
ㄱ. X는 17족 원소이다.
ㄴ. (가)와 (나)에서 Z의 산화수는 모두 -3이다.
ㄷ. YX_4에서 Y의 산화수는 $+4$이다.

① ㄱ   ② ㄴ   ③ ㄱ, ㄴ
④ ㄱ, ㄷ   ⑤ ㄴ, ㄷ

07 다음은 수용액에서 일어나는 산화 환원 반응의 화학 반응식이다. $a \sim e$는 반응 계수이다.

$$a\text{MnO}_4^-(aq) + b\text{H}^+(aq) + c\text{ClO}_3^-(aq) \longrightarrow$$
$$2\text{Mn}^{2+}(aq) + d\text{H}_2\text{O}(l) + e\text{ClO}_4^-(aq)$$

이에 대한 설명으로 옳은 것만을 |보기|에서 있는 대로 고른 것은?

|보기|
ㄱ. $\dfrac{d+e}{a+b+c} = \dfrac{8}{13}$이다.
ㄴ. MnO_4^-은 환원제로 작용한다.
ㄷ. MnO_4^- 2 mol이 소모되면 H_2O 3 mol이 생성된다.

① ㄱ   ② ㄴ   ③ ㄱ, ㄷ
④ ㄴ, ㄷ   ⑤ ㄱ, ㄴ, ㄷ

08 표는 원소 $X \sim Z$로 구성된 화합물 (가)~(다)에 대한 자료이다. $X \sim Z$는 각각 H, O, F 중 하나이다.

화합물	(가)	(나)	(다)
분자식	XY_2	Z_2X_2	Z_2X
X의 산화수	$+2$	-1	㉠

이에 대한 설명으로 옳은 것만을 |보기|에서 있는 대로 고른 것은?

|보기|
ㄱ. ㉠은 $+1$이다.
ㄴ. 전기 음성도는 $Y > X$이다
ㄷ. X_2Y_2에서 X의 산화수는 $+1$이다.

① ㄱ   ② ㄷ   ③ ㄱ, ㄴ
④ ㄱ, ㄷ   ⑤ ㄴ, ㄷ

09 다음은 질소(N)가 포함된 4가지 물질에서 N의 산화수 ㉠~㉣을 나타낸 것이다.

$$\underline{\text{N}}\text{O} \qquad \underline{\text{N}}\text{H}_3 \qquad \underline{\text{N}}\text{O}_2 \qquad \text{H}\underline{\text{N}}\text{O}_3$$
$$㉠ \qquad\quad ㉡ \qquad\quad ㉢ \qquad\quad ㉣$$

㉠~㉣에 대한 설명으로 옳은 것만을 |보기|에서 있는 대로 고른 것은?

|보기|
ㄱ. 모두 양수이다.
ㄴ. 총합은 8이다.
ㄷ. 가장 큰 값과 가장 작은 값의 차이는 7이다.

① ㄱ   ② ㄴ   ③ ㄱ, ㄴ
④ ㄱ, ㄷ   ⑤ ㄴ, ㄷ

10 다음은 금속 $A \sim C$와 관련된 2가지 화학 반응식이다.

$$(가)\ 2\text{ANO}_3(aq) + \text{B}(s) \longrightarrow \text{B(NO}_3)_2(aq) + 2\text{A}(s)$$
$$(나)\ a\text{B(NO}_3)_2(aq) + 2\text{C}(s) \longrightarrow$$
$$2\text{C(NO}_3)_3(aq) + a\text{B}(s)$$

이에 대한 설명으로 옳은 것만을 |보기|에서 있는 대로 고른 것은? (단, $A \sim C$는 임의의 원소 기호이다.)

|보기|
ㄱ. $a=3$이다.
ㄴ. 금속 이온의 산화수 비는 $A : B : C = 1 : 2 : 3$이다.
ㄷ. (나)에서 $\text{B(NO}_3)_2$는 산화제로 작용한다.

① ㄱ   ② ㄴ   ③ ㄱ, ㄷ
④ ㄴ, ㄷ   ⑤ ㄱ, ㄴ, ㄷ

고난도 문제

11 다음은 NH_3와 NO_2가 반응하는 산화 환원 반응의 화학 반응식이다. $a \sim c$는 반응 계수이다.

$$aNH_3 + bNO_2 \longrightarrow cH_2O + 7N_2$$

이에 대한 설명으로 옳은 것만을 |보기|에서 있는 대로 고른 것은?

― 보기 ―
ㄱ. $a+b+c=26$이다.
ㄴ. NO_2는 산화제이다.
ㄷ. 반응 전과 후 산화수가 변하지 않는 원소의 종류는 2가지이다.

① ㄱ　　　　　② ㄴ　　　　　③ ㄱ, ㄷ
④ ㄴ, ㄷ　　　　⑤ ㄱ, ㄴ, ㄷ

12 다음은 2가지 산화 환원 반응의 화학 반응식이다.

(가) $Cl_2 + H_2O \longrightarrow HCl + HClO$
(나) $aCr_2O_7^{2-} + bH_2S + cH^+ \longrightarrow 2Cr^{3+} + dS + eH_2O$
　　　　　　　　　　　　　($a \sim e$는 반응 계수)

이에 대한 설명으로 옳은 것만을 |보기|에서 있는 대로 고른 것은?

― 보기 ―
ㄱ. (가)에서 H_2O은 산화제이다.
ㄴ. (나)에서 Cr의 산화수는 $+6$에서 $+3$으로 감소한다.
ㄷ. $\dfrac{d+e}{a+b+c}=\dfrac{5}{6}$이다.

① ㄱ　　　　　② ㄴ　　　　　③ ㄱ, ㄴ
④ ㄱ, ㄷ　　　　⑤ ㄴ, ㄷ

서술형 문제

13 다음은 2가지 산화 환원 반응의 화학 반응식이다.

(가) $2C + O_2 \longrightarrow 2CO$
(나) $2C_2H_2 + 5O_2 \longrightarrow 4CO_2 + 2H_2O$

(가)와 (나)에서 C의 산화수 합을 구하고, 과정을 함께 설명하시오.

____

____

14 다음은 산성 수용액에서 MnO_4^-과 Sn^{2+}의 산화 환원 반응식을 완성하는 단계를 나타낸 것이다.

[1단계] 산화수 변화가 있는 원자의 산화수 변화를 조사한다.
$$MnO_4^- + Sn^{2+} + H^+ \longrightarrow Mn^{2+} + Sn^{4+} + H_2O$$

Mn의 산화수는 $+7$에서 $+2$로 감소하고, Sn의 산화수는 $+2$에서 $+4$로 증가한다.

[2단계] 증가한 산화수와 감소한 산화수가 같도록 반응식을 구한다.

ⓐ

[3단계] 산화수 변화가 없는 원자의 원자 수가 같도록 계수를 정하여 화학 반응식을 완성한다.

ⓑ

(1) ㉠의 화학 반응식을 과정과 함께 구하시오.

____

____

(2) ㉡의 화학 반응식을 과정과 함께 구하시오.

____

____

05 화학 반응에서 열의 출입

❶ 발열 반응과 흡열 반응

개념 화학 반응에서 열을 방출하면 발열 반응, 열을 흡수하면 흡열 반응

1. 화학 반응과 열의 출입 : 화학 반응에서 반응물과 생성물의 에너지 크기가 다르므로 화학 반응이 일어날 때 열의 출입이 있다.

2. 발열 반응과 흡열 반응

(1) **발열 반응** : 화학 반응이 일어날 때 열을 방출하는 반응이다. 발열 반응이 일어나면 주위의 온도가 높아진다.

　예 연소 반응, 중화 반응, 철의 산화 반응, 마그네슘과 염산의 반응, 진한 황산과 물의 반응, 수산화 나트륨의 용해 반응

(2) **흡열 반응** : 화학 반응이 일어날 때 열을 흡수하는 반응이다. 흡열 반응이 일어나면 주위의 열을 흡수하므로 주위의 온도가 낮아진다.

　예 광합성, 탄산수소 나트륨의 열분해, 질산 암모늄의 용해, 냉매의 기화 반응, 질산 암모늄의 용해 반응, 물의 전기 분해

구분	발열 반응	흡열 반응
열의 출입	주위 — 열 ← 플라스크 → 열	주위 — 열 → 플라스크 ← 열
반응의 예와 에너지 변화	메테인의 연소 에너지 : 반응물>생성물 $CH_4(g)+2O_2(g)$ 반응물 에너지 방출 $CO_2(g)+2H_2O(l)$ 생성물 반응의 진행	탄산 칼슘의 열분해 에너지 : 생성물>반응물 $CaO(s)+CO_2(g)$ 생성물 에너지 흡수 $CaCO_3(s)$ 반응물 반응의 진행

(3) **발열 반응과 흡열 반응의 에너지 관계** : 발열 반응은 생성물의 에너지 합이 반응물의 에너지 합보다 작고, 흡열 반응은 생성물의 에너지 합이 반응물의 에너지 합보다 크다.

⏳ 미니탐구　화학 반응에서 출입하는 열

| 실험 과정 |

(가) 나무판의 중앙에 물을 조금 떨어뜨리고, 수산화 바륨 팔수화물$(Ba(OH)_2 \cdot 8H_2O(s))$이 담긴 삼각 플라스크를 올려놓는다.

(나) (가)의 삼각 플라스크에 질산 암모늄$(NH_4NO_3(s))$을 넣고 유리 막대로 잘 저어 녹인 다음, 몇 분 뒤 삼각 플라스크를 들어 올린다.

| 실험 결과 |

· 삼각 플라스크와 나무판이 함께 들어 올려졌고, 나무판 위의 물이 얼어 있었다.

| 분석 |

$Ba(OH)_2 \cdot 8H_2O(s)$과 $NH_4NO_3(s)$의 반응은 물로부터 열을 빼앗아 물을 얼게 하므로 흡열 반응이다.

용해 반응에서의 열 출입

· 물질이 용해될 때 물질 사이의 결합 에너지와 물에 용해되면서의 에너지 차이 때문에 열의 출입이 있다.

· 물에 용해될 때 열이 방출되는 용질 : 수산화 나트륨, 기체 등

· 물에 용해될 때 열이 흡수되는 용질 : 염화 나트륨, 염화 암모늄, 질산 암모늄 등

암기 꼭! ⊚

여러 가지 발열 · 흡열 반응

· 철의 산화 반응 : 발열 반응

$$4Fe+3O_2 \longrightarrow 2Fe_2O_3+열$$

· 마그네슘과 염산의 반응 : 발열 반응

$$Mg+2HCl \longrightarrow MgCl_2+H_2+열$$

· 탄산수소 나트륨의 열분해 : 흡열 반응

$$2NaHCO_3+열 \longrightarrow Na_2CO_3+CO_2+H_2O$$

수산화 바륨 팔수화물과 염화 암모늄의 반응

수산화 바륨 팔수화물과 염화 암모늄의 반응은 흡열 반응이다.

$$Ba(OH)_2 \cdot 8H_2O(s)+2NH_4Cl(s) \rightarrow BaCl_2(aq)+2NH_3(g)+10H_2O(l)$$

개념 어떤 물질이 방출하거나 흡수하는 열량은 비열, 질량, 온도 변화로부터 구할 수 있다.

1. 열량과 비열

(1) 열량 : 물질이 방출하거나 흡수하는 열에너지의 양

(2) 비열 : 물질 $1\,g$의 온도를 $1\,℃$ 높이는 데 필요한 열량으로 단위는 $J/(g \cdot ℃)$이다.

(3) 열용량(C) : 물질의 온도를 $1\,℃$ 높이는 데 필요한 열량으로 단위는 $J/℃$이다.

$$\text{열용량}(C) = \text{비열}(c) \times \text{질량}(m)$$

(4) 열량(Q)은 비열(c), 질량(m), 온도 변화(Δt)를 곱하여 구하고 단위는 J이다.

$$Q = c \times m \times \Delta t$$

2. 열량계를 이용한 열의 측정

화학 반응에서 출입하는 열의 양은 열량계를 사용하여 측정할 수 있다. 열량계와 외부 사이의 출입이 없다고 가정하고 열량계 자체가 흡수하는 열을 무시하면 화학 반응에서 발생한 열량은 열량계 속 용액이 얻은 열량과 같다.

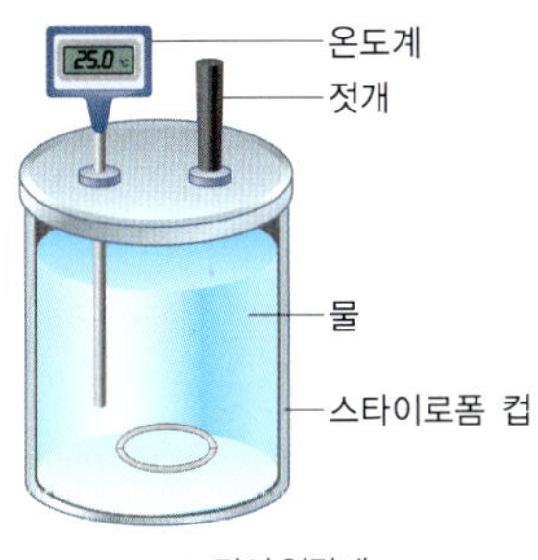

▲ 간이 열량계

$$\text{화학 반응에서 발생한 열량}(Q) = \text{열량계 속 용액이 얻은 열량}(Q)$$

3. 발열 반응과 흡열 반응의 이용

(1) 발열 반응에서는 방출되는 열을 이용할 수 있다.

　　예 주머니 난로는 철 가루가 녹스는 산화 반응에서 발생하는 열을 이용한다.

(2) 흡열 반응에서는 냉각 효과를 이용할 수 있다.

　　예 냉찜질용 주머니는 질산 암모늄(NH_4NO_3)이 물에 녹을 때 흡열 반응이 일어나는 것을 이용한다.

열량의 단위

$1\,J = 0.239\,cal$와 같고, $1\,kcal = 4184\,J$과 같다.

통열량계

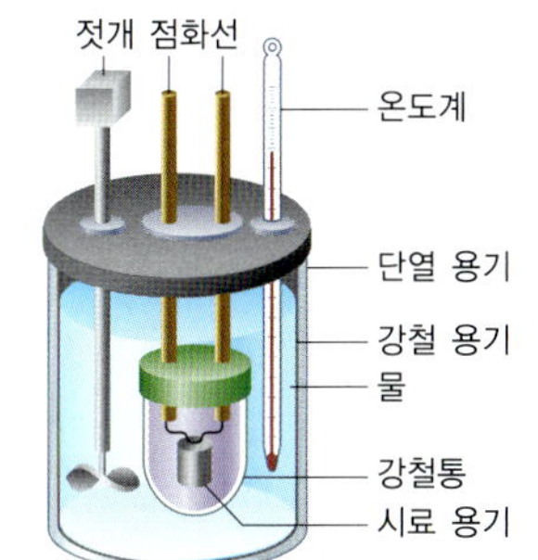

통열량계는 단열이 잘되므로 반응이 일어날 때 출입하는 열량을 보다 정확하게 측정할 수 있다.

통열량계를 이용하면 화학 반응이 일어날 때 발생하는 열로 통이 얻은 열량과 물이 얻은 열량을 합하여 발생한 열량을 구한다.

개념 익히기 문제

정답과 해설 p.61

🧠 교과서 문장으로 개념 익히기

01 화학 반응이 일어날 때 열을 방출하는 반응을 ☐☐☐☐이라고 한다.

02 화학 반응이 일어날 때 열을 흡수하는 반응을 ☐☐☐☐이라고 한다.

03 물질 $1\,g$의 온도를 $1\,℃$ 높이는 데 필요한 열량을 ☐☐이라고 한다.

04 비열×질량×☐☐☐☐로 열량을 구한다.

📦 OX 문제로 개념 익히기

05 발열 반응이 일어날 때 주위의 온도가 높아진다.

(○ / ✕)

06 흡열 반응은 생성물의 에너지 합이 반응물의 에너지 합보다 작다.

(○ / ✕)

07 열량계에서는 화학 반응에서 발생한 열량이 열량계 속 용액이 얻은 열량과 같다고 가정하고 발생한 열량을 구한다.

(○ / ✕)

08 질산 암모늄의 용해 반응을 이용하여 주머니 난로를 만들 수 있다.

(○ / ✕)

탐구 집중 분석 — 열량계를 이용한 열의 측정

📖 실험 과정

[실험 Ⅰ]

(가) 간이 열량계에 물 $100\,g$을 넣고 온도(t_1)를 측정한다.

(나) 열량계에 $A(s)$ $5\,g$을 넣어 녹일 때 최고 온도(t_2)를 측정한다.

[실험 Ⅱ]

(가) 간이 열량계에 물 $100\,g$을 넣고 온도(t_3)를 측정한다.

(나) 열량계에 $B(s)$ $5\,g$을 넣어 녹일 때 최저 온도(t_4)를 측정한다.

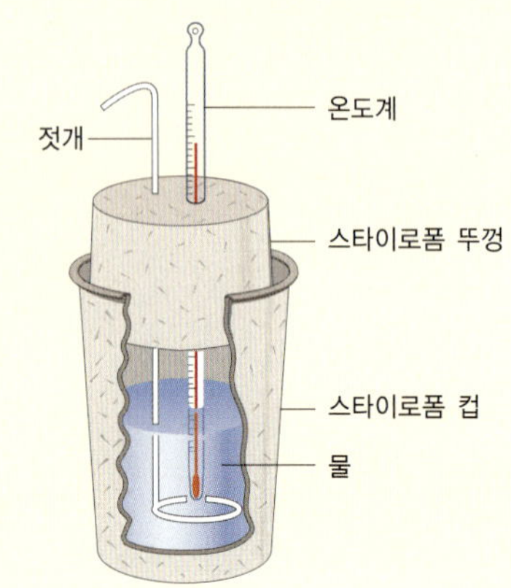

📝 실험 결과

- 실험 Ⅰ : $t_1 = 25\,°C$, $t_2 = 31\,°C$
- 실험 Ⅱ : $t_3 = 25\,°C$, $t_4 = 21\,°C$

🔍 분석

1. 온도 변화로 용해 반응을 발열과 흡열 반응으로 구분할 수 있는가?

⋯ 실험 Ⅰ에서 용액의 온도가 높아졌으므로 $A(s)$의 물에 대한 용해 반응은 발열 반응이다.

⋯ 실험 Ⅱ에서 용액의 온도가 낮아졌으므로 $B(s)$의 물에 대한 용해 반응은 흡열 반응이다.

2. 실험 Ⅰ과 Ⅱ에서 출입한 열량을 구해보자. (단, 용액의 비열은 $4.2\,J/(g \cdot °C)$이다.)

⋯ 열량$=$비열$\times$질량$\times$온도 변화

⋯ 화학 반응에서 발생한 열$=$열량계 속 용액이 얻은 열량

⋯ 실험 Ⅰ에서 방출한 열량 $Q=4.2\,J/(g \cdot °C) \times 105\,g \times 6\,°C = 2646\,J$이다.

⋯ 실험 Ⅱ에서 흡수한 열량 $Q=4.2\,J/(g \cdot °C) \times 105\,g \times 4\,°C = 1764\,J$이다.

🎯 탐구 목표

물질의 용해 반응에서 발열 반응과 흡열 반응을 구분하고, 출입한 열량을 구할 수 있다.

🔬 탐구 포인트

온도 변화로 발열 반응과 흡열 반응을 구하고, $Q=c \times m \times \Delta t$로부터 출입한 열량을 구한다.

정답과 해설 p.61

예제 ❶

발열 반응에 대한 설명으로 옳지 <u>않은</u> 것은?

① 열을 방출하는 반응이다.

② 주위의 온도가 높아지는 반응이다.

③ 반응물의 에너지 합이 생성물의 에너지 합보다 크다.

④ 메테인의 연소 반응은 발열 반응이다.

⑤ 질산 암모늄이 물에 녹는 반응은 발열 반응이다.

예제 ❷ 서술형

$20\,°C$의 물 $98\,g$이 들어 있는 열량계에 $2\,g$의 $X(s)$를 넣고 온도를 측정하였더니 최저 온도가 $18\,°C$였다.

물의 비열이 $4.2\,J/(g \cdot °C)$라고 할 때 이 반응이 발열 반응인지 흡열 반응인지 쓰고, $X(s)$ $1\,g$당 출입한 열량을 구하시오.

개념 다지기 문제

01 화학 반응에서 열의 출입에 대한 설명으로 옳지 <u>않은</u> 것은?

① 발열 반응이 일어나면 주위의 온도가 높아진다.
② 흡열 반응은 열을 흡수하는 반응이다.
③ 흡열 반응에서는 생성물의 에너지 합이 반응물의 에너지 합보다 크다.
④ 중화 반응은 발열 반응이다.
⑤ 탄산수소 나트륨의 열분해 반응은 발열 반응이다.

대표 유형문제

02 그림은 탄산 칼슘($CaCO_3$)의 열분해 반응에서 에너지 변화를 나타낸 것이다.

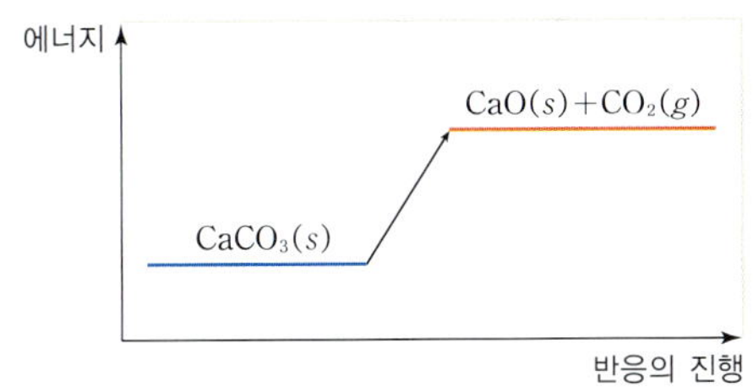

이 반응에 대한 설명으로 옳은 것만을 |보기|에서 있는 대로 고른 것은?

보기
ㄱ. 흡열 반응이다.
ㄴ. 반응이 일어나면 주위의 온도가 높아진다.
ㄷ. 발열 팩에 이용할 수 있다.

① ㄱ
② ㄴ
③ ㄱ, ㄴ
④ ㄱ, ㄷ
⑤ ㄴ, ㄷ

03 다음은 실생활에서 볼 수 있는 3가지 현상에 대한 설명이다.

(가) 더운 여름철에 물을 뿌리면 ㉠물이 증발하여 주위의 온도가 낮아진다.
(나) 에탄올을 손등에 바르면 ㉡에탄올이 증발하여 시원해진다.
(다) 액체 상태의 물을 가열하면 ㉢물이 상태 변화한다.

㉠~㉢ 중 흡열 반응만을 있는 대로 고른 것은?

① ㉠
② ㉡
③ ㉠, ㉢
④ ㉡, ㉢
⑤ ㉠, ㉡, ㉢

대표 유형문제

04 다음은 냉각 팩에 관한 실험이다.

(가) 물이 든 밀봉된 비닐봉지와 | ㉠ |을/를 지퍼 백에 넣는다.
(나) 지퍼 백을 닫고 손으로 눌러 물이 든 비닐봉지를 터뜨리면 | ㉠ |이/가 녹으면서 차가워진다.

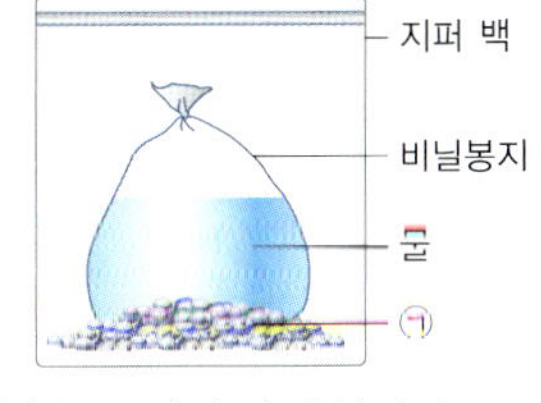

이에 대한 설명으로 옳은 것만을 |보기|에서 있는 대로 고른 것은?

보기
ㄱ. '질산 암모늄(NH_4NO_3)'은 ㉠으로 적절하다.
ㄴ. ㉠이 물에 녹는 반응은 흡열 반응이다.
ㄷ. ㉠이 물에 녹는 반응은 생성물의 에너지가 반응물의 에너지보다 크다.

① ㄱ
② ㄴ
③ ㄱ, ㄷ
④ ㄴ, ㄷ
⑤ ㄱ, ㄴ, ㄷ

05 다음은 3가지 반응이다.

(가) 메테인의 연소 반응
(나) 염화 바륨 팔수화물과 질산 암모늄의 반응
(다) 탄산수소 나트륨의 열분해 반응

(가)~(다) 중 발열 반응만을 있는 대로 고른 것은?

① (가)
② (나)
③ (다)
④ (가), (다)
⑤ (나), (다)

개념 다지기 문제

대표 유형문제

06 다음은 간이 열량계로 수산화 나트륨이 물에 용해될 때 방출하는 열량을 구하는 실험이다.

[실험 과정]

(가) 열량계에 물 99g을 넣고 온도(t_1)을 측정한다.

(나) 열량계에 수산화 나트륨 1g을 넣어 물에 완전히 녹이고 수용액의 최고 온도(t_2)를 측정한다.

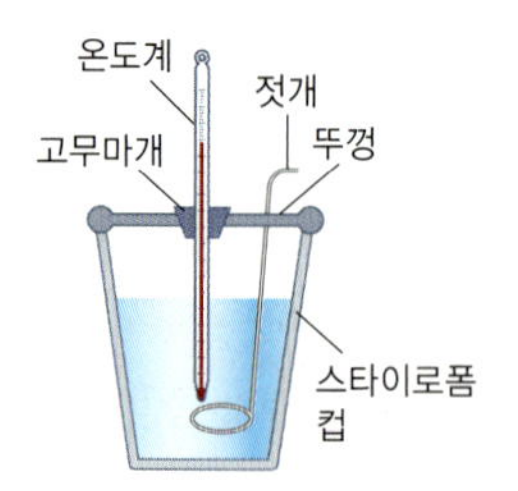

수산화 나트륨 1mol이 물에 용해될 때 방출하는 열량(kJ/mol)을 구하기 위해 위 실험 과정에서 측정한 값 이외에 추가로 필요한 자료만을 |보기|에서 있는 대로 고른 것은?

┌ 보기 ┐
ㄱ. 용액의 비열
ㄴ. 물의 분자량
ㄷ. 수산화 나트륨의 화학식량

① ㄱ   ② ㄴ   ③ ㄱ, ㄷ
④ ㄴ, ㄷ   ⑤ ㄱ, ㄴ, ㄷ

대표 유형문제

07 다음은 고체 X, Y가 각각 물에 용해될 때 출입하는 열량을 구하는 실험이다.

[실험 과정]

(가) 열량계에 물 100g을 넣고 물의 온도(t_1)를 측정한다.

(나) 열량계에 고체 X 1g을 넣어 완전히 녹인 다음 용액의 온도(t_2)를 측정한다.

(다) 고체 Y 1g으로 과정 (가)와 (나)를 반복한다.

[실험 결과]

물질	t_1(℃)	t_2(℃)
X(s)	20	16
Y(s)	20	25

이에 대한 설명으로 옳은 것만을 |보기|에서 있는 대로 고른 것은? (단, 두 수용액의 비열은 서로 같다.)

┌ 보기 ┐
ㄱ. X(s)의 용해 반응은 흡열 반응이다.
ㄴ. 에너지는 Y(aq)이 Y(s)보다 높다.
ㄷ. 1g이 물에 용해될 때 출입하는 열량은 Y(s)>X(s)이다.

① ㄱ   ② ㄴ   ③ ㄱ, ㄷ
④ ㄴ, ㄷ   ⑤ ㄱ, ㄴ, ㄷ

[08~09] 다음은 과자 A를 연소시켰을 때 방출하는 열량을 구하기 위한 실험이다.

[실험 과정 및 결과]

(가) 그림과 같이 장치한 후 과자 A w_1 g을 증발 접시에 담는다.

(나) 둥근바닥 플라스크에 물 100g을 넣고 스탠드에 고정한 후 물의 온도(t_1)를 측정한다.

(다) 과자 A를 연소시켜 둥근바닥 플라스크 속 물의 최고 온도(t_2)를 측정한다.

(라) 연소 후 남은 과자 A의 질량은 w_2 g이다.

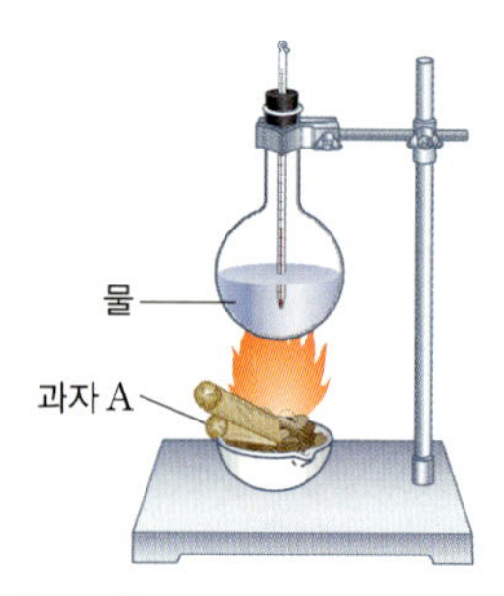

08 이 실험에서 가정하는 것으로 옳은 것은?

① 과자 A는 연소해도 질량이 변하지 않는다.
② 과자 A의 연소 반응은 흡열 반응이다.
③ 과자 A가 연소할 때 방출하는 열은 물이 모두 흡수한다.
④ 물은 비열이 커서 열을 흡수해도 온도가 변하지 않는다.
⑤ 둥근바닥 플라스크는 열을 흡수한다.

09 이 실험으로부터 과자 1g이 연소될 때 방출하는 열량을 구하기 위해 필요한 자료만을 |보기|에서 있는 대로 고른 것은?

┌ 보기 ┐
ㄱ. 물의 비열
ㄴ. 과자 A의 분자량
ㄷ. 과자 A의 비열

① ㄱ   ② ㄴ   ③ ㄱ, ㄷ
④ ㄴ, ㄷ   ⑤ ㄱ, ㄴ, ㄷ

10 다음은 염화 칼슘($CaCl_2$)이 물에 용해되는 반응에 대한 실험이다.

[실험 과정]
(가) 그림과 같이 25 ℃의 물 100 g이 담긴 열량계를 준비한다.
(나) (가)의 열량계에 25 ℃의 $CaCl_2(s)$ w g을 넣어 녹인 후 수용액의 최고 온도를 측정한다.

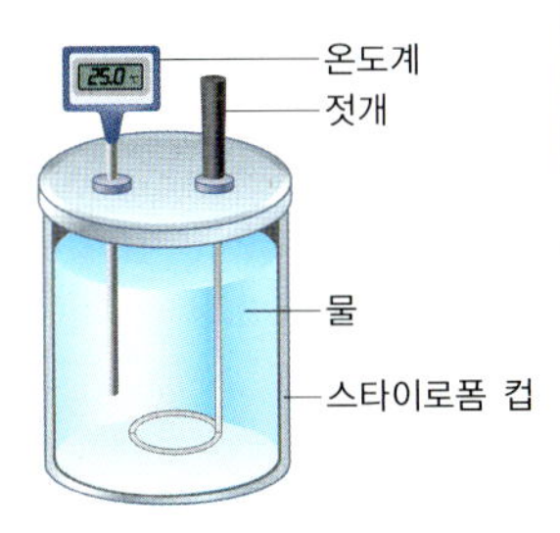

[실험 결과]
• 수용액의 최고 온도 : 30 ℃

이에 대한 설명으로 옳은 것만을 |보기|에서 있는 대로 고른 것은?

┌─ 보기 ─
ㄱ. $CaCl_2(s)$이 물에 녹는 반응은 발열 반응이다.
ㄴ. 출입한 열량을 구하기 위해서는 (나)에서의 $CaCl_2(aq)$의 비열이 필요하다.
ㄷ. 열량계의 젓개를 잘 저어 주면 수용액의 최고 온도가 30 ℃보다 높아진다.

① ㄱ   ② ㄷ   ③ ㄱ, ㄴ
④ ㄴ, ㄷ   ⑤ ㄱ, ㄴ, ㄷ

11 다음은 화학 반응에서의 열 출입을 이용하는 사례에 대한 자료이다.

사례	내용
(가)	산화 칼슘(CaO)과 물이 들어 있는 발열 도시락
(나)	질산 암모늄(NH_4NO_3)이 들어 있는 냉찜질용 팩

이에 대한 설명으로 옳은 것만을 |보기|에서 있는 대로 고른 것은?

┌─ 보기 ─
ㄱ. (가)의 화학 반응식은 $CaO + H_2O \longrightarrow Ca(OH)_2$이다.
ㄴ. (나)에서는 흡열 반응이 일어난다.
ㄷ. (가)와 (나)에서 일어나는 반응은 모두 산화 환원 반응이다.

① ㄱ   ② ㄷ   ③ ㄱ, ㄴ
④ ㄴ, ㄷ   ⑤ ㄱ, ㄴ, ㄷ

12 그림은 $I_2(s)$이 들어 있는 비커 위에 찬물이 담긴 증발 접시를 올려놓고 가열할 때 일어나는 변화를 나타낸 것이다.

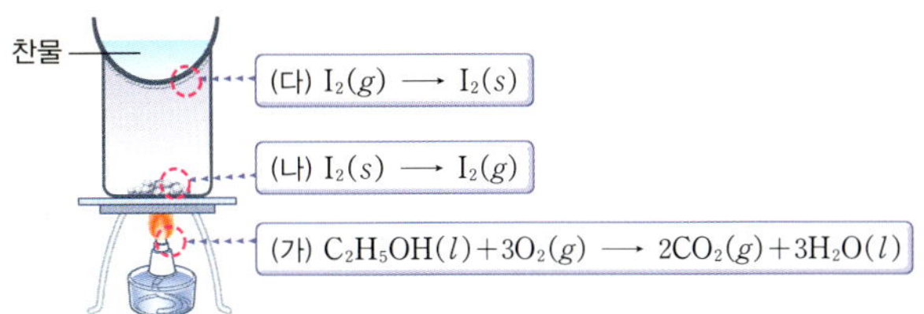

(가)~(다) 중 흡열 반응만을 고르고, 그 까닭을 설명하시오.

13 다음은 X(s), Y(s)가 물에 용해될 때 출입하는 열량을 알아보기 위한 실험이다.

[자료]
• X, Y의 화학식량은 각각 40, 80이다.
• X(aq), Y(aq)의 비열은 모두 c J/(g·℃)이다.

[실험 과정 및 결과]
(가) 2개의 같은 열량계에 20 ℃의 물 98 g씩을 넣는다.
(나) (가)의 열량계에 X(s), Y(s)를 각각 2 g씩 넣고 최고 또는 최저 온도를 측정하였더니 각각 22.5 ℃, 18 ℃이었다.

X(s), Y(s) 각각 1 mol이 물에 용해되었을 때 출입하는 열량의 비를 구하고, 그 까닭을 설명하시오.

14 다음은 물질 X에 대한 자료이다.

• 화학식량 : 40
• 1 mol이 용해될 때 방출하는 열량 : 40 kJ
• 20 ℃의 물 99 g이 들어 있는 열량계에 X 1 g을 녹였을 때의 최고 온도 : t ℃
• X(aq)의 비열 : 4 J/(g·℃)

t를 구하고, 그 까닭을 설명하시오.

04 산화 환원 반응

1 산화 환원 반응

다음은 철을 제련할 때 용광로 내에서 일어나는 반응 (가)~(다)의 화학 반응식을 나타낸 것이다.

> (가) $2C + O_2 \longrightarrow 2CO$
> (나) $Fe_2O_3 + 3CO \longrightarrow 2Fe + 3CO_2$
> (다) $CaCO_3 + SiO_2 \longrightarrow CaSiO_3 + CO_2$

● 다음 설명 중 옳은 것은 ○표, 옳지 <u>않은</u> 것은 ×표 하시오.

1 (가)는 산화 환원 반응이다.　○ / ×

2 (나)는 산화 환원 반응이다.　○ / ×

3 (다)는 산화 환원 반응이다.　○ / ×

4 (가)에서 C의 산화수는 0에서 +2로 증가한다.　○ / ×

5 (나)에서 Fe의 산화수는 −3에서 0으로 증가한다.　○ / ×

6 (다)에서 O의 산화수는 −2로 변하지 않는다.　○ / ×

2 원자의 산화수

그림은 원자 번호 1~20의 원자가 화합물에서 가질 수 있는 산화수를 나타낸 것이다.

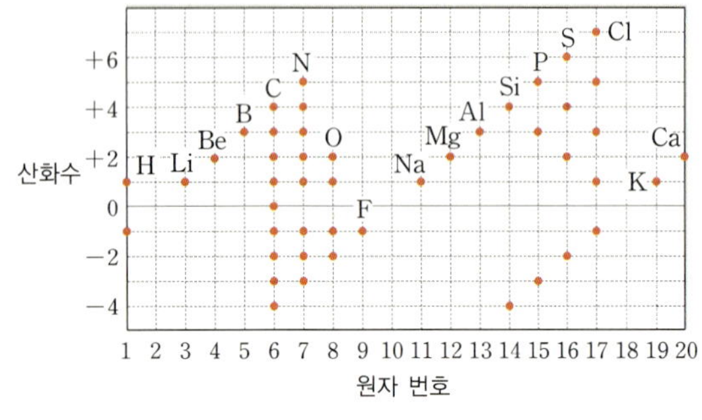

● 다음 설명 중 옳은 것은 ○표, 옳지 <u>않은</u> 것은 ×표 하시오.

1 N_2에서 N의 산화수는 0이다.　○ / ×

2 CO_2에서 C의 산화수는 −4이다.　○ / ×

3 OF_2에서 O의 산화수는 −2이다.　○ / ×

4 $NaCl$에서 Na의 산화수는 +1이다.　○ / ×

5 H_2SO_4에서 S의 산화수는 +6이다.　○ / ×

6 CO_3^{2-}에서 C의 산화수는 +4이다.　○ / ×

3 산화제와 환원제

다음은 2가지 산화 환원 반응의 화학 반응식이다.

> (가) $SO_2 + 2H_2S \longrightarrow 2H_2O + 3S$
> (나) $SO_2 + 2H_2O + Cl_2 \longrightarrow H_2SO_4 + 2HCl$

● 다음 설명 중 옳은 것은 ○표, 옳지 <u>않은</u> 것은 ×표 하시오.

1 (가)에서 SO_2은 산화제이다.　○ / ×

2 (나)에서 S의 산화수는 +4에서 +6으로 증가한다.　○ / ×

3 (나)에서 SO_2은 산화제이다.　○ / ×

4 (나)에서 H_2O은 산화제이다.　○ / ×

5 SO_2은 항상 산화제로 작용한다.　○ / ×

4 산화 환원 반응식

다음은 산화 환원 반응의 화학 반응식이다. $a \sim d$는 반응 계수이다.

$$Cu + aNO_3^- + bH_3O^+ \longrightarrow Cu^{2+} + cNO_2 + dH_2O$$

● 다음 설명 중 옳은 것은 ○표, 옳지 <u>않은</u> 것은 ×표 하시오.

1 Cu의 산화수는 0에서 +2로 증가한다. ○ / ×

2 N의 산화수는 +4에서 +5로 증가한다. ○ / ×

3 $a = c = 2$이다. ○ / ×

4 $b = 6$이다. ○ / ×

5 $d = 4$이다. ○ / ×

6 1 mol의 Cu가 반응할 때 이동한 전자의 양은 2 mol이다.

○ / ×

05 화학 반응에서 열의 출입

5 발열 반응

그림은 수용액 속에서 중화 반응이 일어날 때 반응물과 생성물의 에너지를 나타낸 것이다.

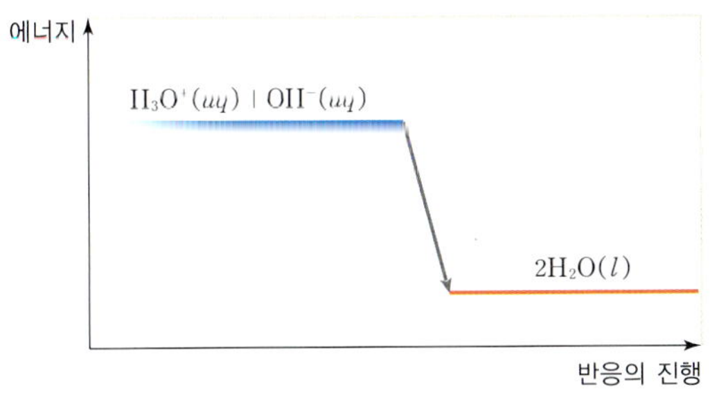

● 다음 설명 중 옳은 것은 ○표, 옳지 <u>않은</u> 것은 ×표 하시오.

1 중화 반응은 발열 반응이다. ○ / ×

2 중화 반응이 일어나면 주위의 온도가 낮아진다. ○ / ×

3 메테인의 연소는 발열 반응이다. ○ / ×

4 질산 암모늄의 용해는 발열 반응이다. ○ / ×

5 물의 기화는 발열 반응이다. ○ / ×

6 흡열 반응

다음은 질산 암모늄(NH_4NO_3)을 이용한 실험이다.

[실험 과정 및 결과]

그림과 같이 물이 묻어 있는 나무판 위에 삼각 플라스크를 올려놓은 후 물 50 g과 ㉠$NH_4NO_3(s)$ w g을 넣고 용해시켰더니 나무판 위의 ㉡물이 얼었고, 삼각 플라스크 바깥에 ㉢물방울이 맺혔다.

● 다음 설명 중 옳은 것은 ○표, 옳지 <u>않은</u> 것은 ×표 하시오.

1 ㉠에서 발열 반응이 일어난다. ○ / ×

2 ㉡에서 흡열 반응이 일어난다. ○ / ×

3 ㉢에서 발열 반응이 일어난다. ○ / ×

4 흡열 반응이 일어나면 주위의 온도가 낮아진다. ○ / ×

학교 시험 대비 문제

01

그림은 아연(Zn)판을 질산 은($AgNO_3$) 수용액에 넣었을 때의 변화를 나타낸 것이다.

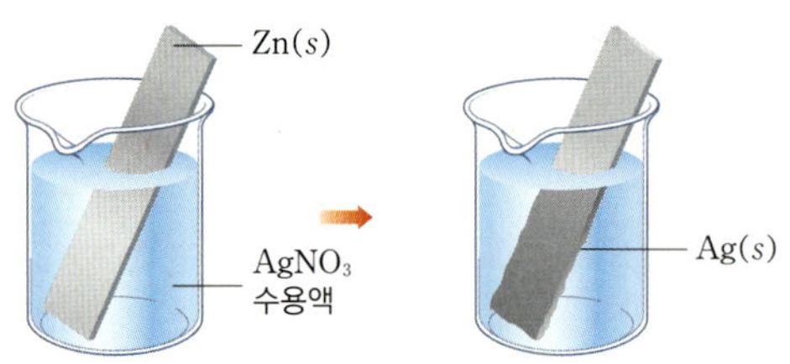

이에 대한 설명으로 옳은 것만을 |보기|에서 있는 대로 고른 것은?

|보기|
ㄱ. Zn은 산화된다.
ㄴ. Ag^+은 환원된다.
ㄷ. 수용액의 양이온 수는 감소한다.

① ㄱ　　　② ㄷ　　　③ ㄱ, ㄴ
④ ㄱ, ㄷ　　　⑤ ㄱ, ㄴ, ㄷ

02

유형 문제

다음은 3가지 화학 반응식이다.

(가) $2KI + Cl_2 \longrightarrow 2KCl + I_2$
(나) $AgNO_3 + HCl \longrightarrow AgCl + HNO_3$
(다) $MnO_2 + 4HCl \longrightarrow MnCl_2 + 2H_2O + Cl_2$

이에 대한 설명으로 옳은 것만을 |보기|에서 있는 대로 고른 것은?

|보기|
ㄱ. (가)~(다)는 모두 산화 환원 반응이다.
ㄴ. (가)에서 Cl_2는 산화제이다.
ㄷ. (다)에서 Mn의 산화수는 $+4$에서 $+2$로 감소한다.

① ㄱ　　　② ㄴ　　　③ ㄷ
④ ㄱ, ㄷ　　　⑤ ㄴ, ㄷ

03

그림은 금속 X 이온이 들어 있는 수용액에 금속 Y와 Z를 순서대로 넣었을 때 수용액 속에 존재하는 금속 양이온만을 모형으로 나타낸 것이다.

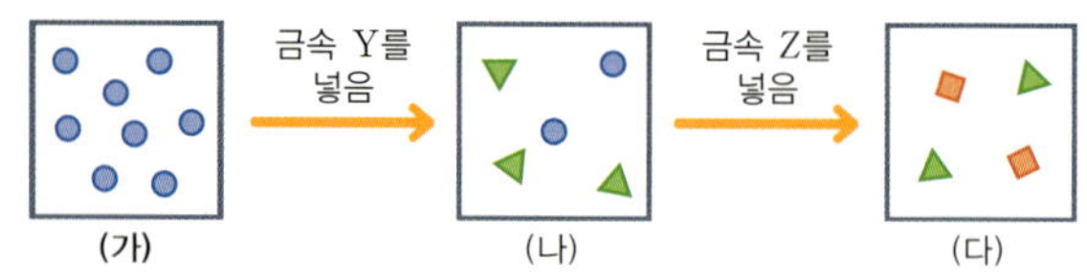

금속 양이온의 산화수로 옳은 것은? (단, 금속 이온의 산화수는 3 이하의 자연수이다.)

	X 이온	Y 이온	Z 이온
①	$+1$	$+2$	$+2$
②	$+1$	$+2$	$+3$
③	$+2$	$+2$	$+3$
④	$+2$	$+3$	$+1$
⑤	$+3$	$+2$	$+2$

04

다음은 질소(N)가 포함된 4가지 물질에서 N의 산화수 ㉠~㉣을 나타낸 것이다.

$\underline{N}O$	$\underline{N}_2O$	$\underline{N}O_2$	$\underline{N}H_3$
㉠	㉡	㉢	㉣

㉠+㉡+㉢+㉣은?

① 3　　　② 4　　　③ 5
④ 7　　　⑤ 10

05

다음은 Cl_2와 관련된 반응의 화학 반응식이다.

$$Cl_2 + H_2O \longrightarrow HCl + HClO$$

이에 대한 설명으로 옳은 것만을 |보기|에서 있는 대로 고른 것은?

|보기|
ㄱ. 산화 환원 반응이다.
ㄴ. H_2O은 환원제이다.
ㄷ. HClO에서 Cl의 산화수는 -1이다.

① ㄱ　　　② ㄴ　　　③ ㄷ
④ ㄱ, ㄷ　　　⑤ ㄴ, ㄷ

06 그림은 CH_4, C_3H_8, C_4H_{10}의 구조식을 각각 나타낸 것이다.

$$H-\overset{\overset{\displaystyle H}{|}}{\underset{\underset{\displaystyle H}{|}}{C}}-H \qquad H-\overset{\overset{\displaystyle H}{|}}{\underset{\underset{\displaystyle H}{|}}{C}}-\overset{\overset{\displaystyle H}{|}}{\underset{\underset{\displaystyle H}{|}}{C}}-\overset{\overset{\displaystyle H}{|}}{\underset{\underset{\displaystyle H}{|}}{C}}-H \qquad H-\overset{\overset{\displaystyle H}{|}}{\underset{\underset{\displaystyle H}{|}}{C}}-\overset{\overset{\displaystyle H}{|}}{\underset{\underset{\displaystyle H}{|}}{C}}-\overset{\overset{\displaystyle H}{|}}{\underset{\underset{\displaystyle H}{|}}{C}}-\overset{\overset{\displaystyle H}{|}}{\underset{\underset{\displaystyle H}{|}}{C}}-H$$

(가)   (나)   (다)

(가)~(다)에서 C 원자의 산화수의 종류는 몇 가지인가?

① 1   ② 2   ③ 3
④ 4   ⑤ 5

대표 유형 문제

07 다음은 산화 환원 반응의 화학 반응식이다. $a \sim c$는 반응 계수이다.

$$a\,Fe^{2+} + MnO_4^- + b\,H^+ \longrightarrow a\,Fe^{3+} + Mn^{2+} + c\,H_2O$$

이에 대한 설명으로 옳은 것만을 |보기|에서 있는 대로 고른 것은?

┌ 보기 ┐
ㄱ. Mn의 산화수는 $+7$에서 $+2$로 감소한다.
ㄴ. $a+b+c=17$이다.
ㄷ. Fe^{2+}은 환원제이다.

① ㄱ   ② ㄷ   ③ ㄱ, ㄴ
④ ㄱ, ㄷ   ⑤ ㄱ, ㄴ, ㄷ

08 그림은 1, 2주기 원자 $A \sim D$로 이루어진 3가지 분자 (가)~(다)의 루이스 전자점식을 나타낸 것이다.

$$A:B\vdots\vdots C: \qquad A:\overset{\displaystyle \cdot\cdot}{\underset{\displaystyle A}{C}}:A \qquad A:\overset{\displaystyle \cdot\cdot}{\underset{\displaystyle \cdot\cdot}{D}}:A$$

(가)   (나)   (다)

이에 대한 설명으로 옳은 것만을 |보기|에서 있는 대로 고른 것은?

┌ 보기 ┐
ㄱ. 원자 번호는 $C > B$이다.
ㄴ. (가)와 (나)에서 A의 산화수는 같다.
ㄷ. BD_2에서 B의 산화수는 -4이다.

① ㄱ   ② ㄴ   ③ ㄱ, ㄴ
④ ㄱ, ㄷ   ⑤ ㄴ, ㄷ

09 그림은 삼각 플라스크에 나트륨(Na)과 염소(Cl_2)를 넣어 반응시켜 염화 나트륨($NaCl$)이 생성되는 반응에서 에너지 변화를 나타낸 것이다.

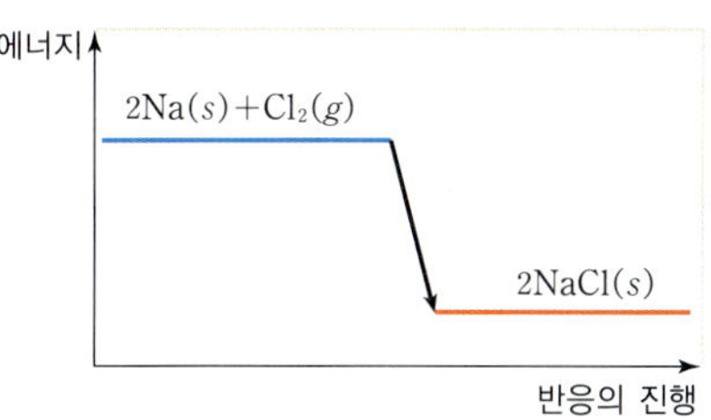

이에 대한 설명으로 옳은 것만을 |보기|에서 있는 대로 고른 것은?

┌ 보기 ┐
ㄱ. 흡열 반응이다.
ㄴ. 반응이 일어나면 주위의 온도가 높아진다.
ㄷ. Cl_2는 환원제이다.

① ㄱ   ② ㄴ   ③ ㄷ
④ ㄱ, ㄷ   ⑤ ㄴ, ㄷ

10 표는 원소 X ~ Z로 구성된 화합물 (가)~(라)에 대한 자료이다. X ~ Z는 각각 H, O, F 중 하나이다.

화합물	(가)	(나)	(다)	(라)
분자식	XY_2	X_2Y_2	Z_2X	Z_2X_2
X의 산화수	㉠	$+1$	㉡	-1

이에 대한 설명으로 옳은 것만을 |보기|에서 있는 대로 고른 것은?

- 보기 -
ㄱ. Y는 F이다.
ㄴ. ㉠+㉡=0이다.
ㄷ. ZXY에서 X의 산화수는 -2이다.

① ㄱ   ② ㄷ   ③ ㄱ, ㄴ
④ ㄱ, ㄷ   ⑤ ㄱ, ㄴ, ㄷ

11 다음은 2가지 산화 환원 반응의 화학 반응식이다. $a \sim d$는 반응 계수이다.

(가) $MnO_2 + 4HCl \longrightarrow MnCl_2 + 2H_2O + Cl_2$
(나) $2Al + aAg_2S + bH_2O \longrightarrow$
$\qquad\qquad\qquad 2Al(OH)_3 + cAg + dH_2S$

이에 대한 설명으로 옳은 것만을 |보기|에서 있는 대로 고른 것은?

- 보기 -
ㄱ. (가)에서 MnO_2는 산화제이다.
ㄴ. $a+b+c+d=18$이다.
ㄷ. (나)에서 Ag 1 mol이 생성되는 데 이동한 전자의 양은 $\frac{1}{12}$ mol이다.

① ㄱ   ② ㄷ   ③ ㄱ, ㄴ
④ ㄴ, ㄷ   ⑤ ㄱ, ㄴ, ㄷ

12 그림은 3가지 반응을 주어진 기준에 따라 각각 분류한 것이다.

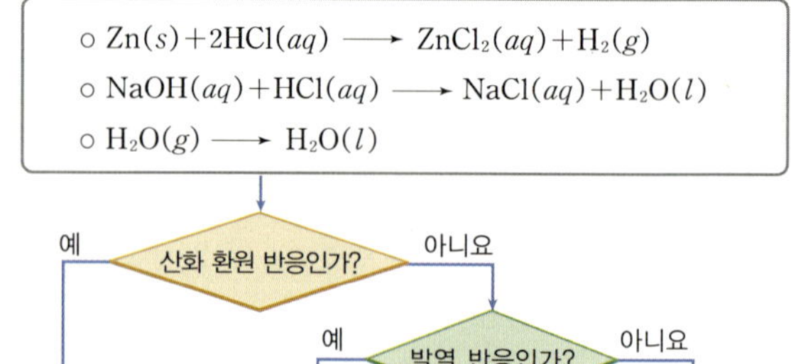

이에 대한 설명으로 옳은 것만을 |보기|에서 있는 대로 고른 것은?

- 보기 -
ㄱ. (가)에서 HCl는 산화제이다.
ㄴ. (나)의 반응이 일어나면 수용액 속 이온 수는 감소한다.
ㄷ. 얼음물이 든 컵에서 (다)가 일어나는 것을 볼 수 있다.

① ㄱ   ② ㄷ   ③ ㄱ, ㄴ
④ ㄱ, ㄷ   ⑤ ㄱ, ㄴ, ㄷ

13 그림은 20 °C의 물 a g이 들어 있는 간이 열량계를 나타낸 것이고, 표는 이 열량계에 $NaOH(s)$, $X(s)$를 각각 녹인 수용액 (가)와 (나)에 대한 자료이다.

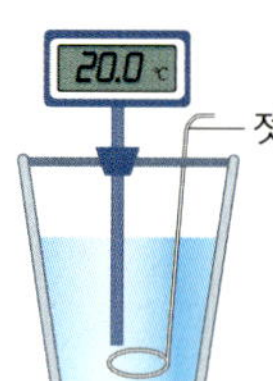

수용액	용질의 종류	용질의 질량(g)	최종 온도(°C)
(가)	$NaOH(s)$	2	22.5
(나)	$X(s)$	2	18.0

이에 대한 설명으로 옳은 것만을 |보기|에서 있는 대로 고른 것은? (단, 수용액의 비열은 같고, 열량계의 열 흡수 및 열량계와 외부 사이의 열 출입은 없다.)

- 보기 -
ㄱ. $NaOH(s)$이 물에 녹는 과정은 발열 반응이다.
ㄴ. (나)에서 $X(s)$ 2g을 추가로 넣으면 최종 온도는 18 °C보다 낮아진다.
ㄷ. 1 g이 용해될 때 출입하는 열량은 $NaOH(s)$이 $X(s)$의 1.25배이다.

① ㄱ   ② ㄷ   ③ ㄱ, ㄴ
④ ㄱ, ㄷ   ⑤ ㄱ, ㄴ, ㄷ

1등급 완성!

서술형 문제

14 다음은 Cl가 포함된 4가지 화합물의 화학식이다.

HCl	$HClO_2$	$HClO_3$	$HClO_4$

4가지 화합물에서 Cl의 산화수가 가장 큰 것과 가장 작은 것의 차를 구하고, 그 까닭을 설명하시오.

15 다음은 산화 환원 반응의 화학 반응식이다.

$$aH_2O_2 + bI^- + 2H^+ \longrightarrow cI_2 + dH_2O$$

$a+b+c+d$를 구하고, 그 까닭을 설명하시오.

16 다음은 이산화 황(SO_2)이 반응물인 화학 반응식 (가)~(다)를 나타낸 것이다.

(가) $2SO_2(g) + O_2(g) \longrightarrow 2SO_3(g)$
(나) $SO_2(g) + 2H_2S(g) \longrightarrow 2H_2O(l) + 3S(s)$
(다) $SO_2(g) + 2H_2O(l) + Cl_2(g) \longrightarrow H_2SO_4(aq) + 2HCl(aq)$

(가)~(다)에서 SO_2이 산화제인지 환원제인지를 쓰고, 그 까닭을 설명하시오.

17 다음은 화학 반응에서 출입하는 열을 알아보기 위한 실험이다.

[실험 과정]
(가) 나무판의 중앙에 물을 조금 떨어뜨리고, 수산화 바륨 팔수화물($Ba(OH)_2 \cdot 8H_2O$)이 담긴 삼각 플라스크를 올려놓는다.
(나) (가)의 삼각 플라스크에 질산 암모늄(NH_4NO_3)을 넣고 유리 막대로 잘 저어 반응시킨 다음, 삼각 플라스크를 들어 올린다.

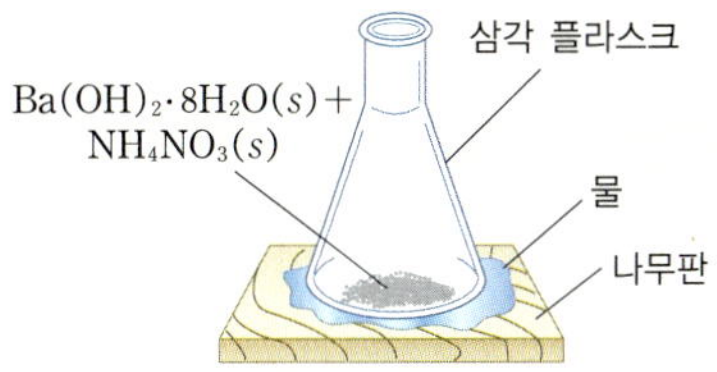

[실험 결과]
- 삼각 플라스크를 들어 올렸더니 나무판이 함께 들어 올려졌다.

실험 결과에서 삼각 플라스크가 들어 올려진 까닭을 화학 반응에서의 열 출입을 이용하여 설명하시오.

18 다음은 염화 칼슘($CaCl_2$)이 물에 녹을 때 발생하는 열량을 구하는 실험이다.

[실험 과정]
(가) 간이 열량계에 물 100 g을 넣고 온도(t_1)를 측정한다.
(나) $CaCl_2(s)$ 10 g을 (가)의 물에 넣고 완전히 녹이면서 최고 온도(t_2)를 측정한다.

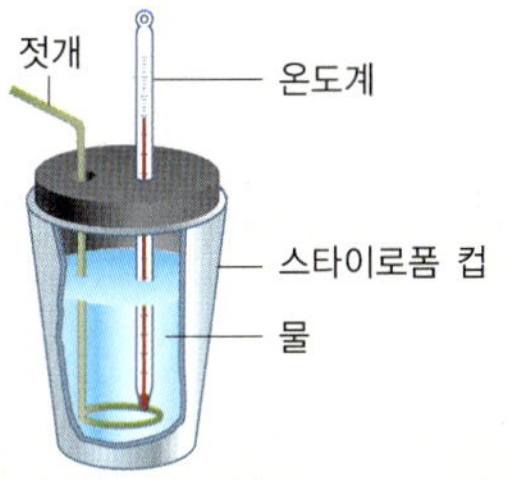

$CaCl_2$ 1 mol이 용해될 때 발생한 열량(kJ)을 구하기 위해 필요한 값이 무엇인지 쓰고, 그 까닭을 설명하시오.

단원 한번에 정리하기

01 동적 평형

1 ❶(　　　　) : 반응 조건에 따라 정반응과 역반응이 모두 일어날 수 있는 반응으로, 화학 반응식에서 ⇌로 나타낸다.

㉲ 석회 동굴에서의 반응

$$CaCO_3(s) + CO_2(g) + H_2O(l) \rightleftharpoons Ca(HCO_3)_2(aq)$$

- **비가역 반응** : 한쪽 방향으로만 진행되는 반응으로 역반응이 일어나지 않거나 정반응에 비해 무시할 수 있을 만큼 거의 일어나지 않는다.

2 ❷(　　　　) : 가역 반응에서 반응물과 생성물의 농도가 변하지 않는 경우 겉으로 보기에 반응이 정지된 것처럼 보이는 상태 ➡ 정반응과 역반응의 속도가 같아 반응물과 생성물의 농도가 일정하게 유지된다.

- **상평형** : 2가지 이상의 상태가 공존할 때의 동적 평형 상태

㉲ 밀폐된 용기에서 액체와 기체의 상평형

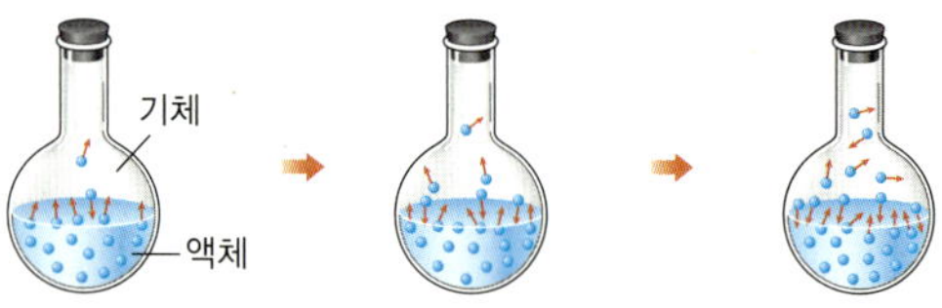

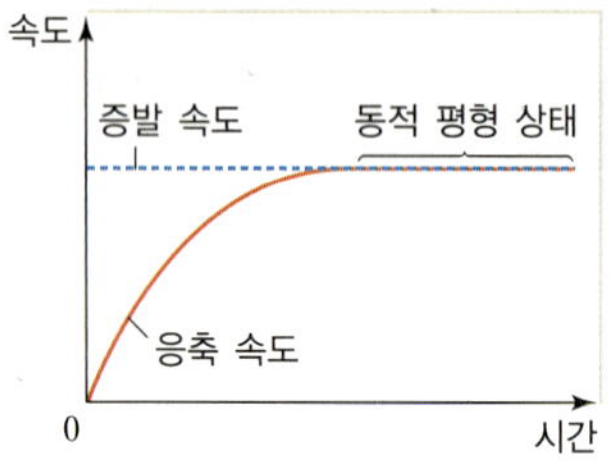

- **용해 평형** : 용질이 용해되는 속도와 석출되는 속도가 같은 상태

㉲ 포화 용액

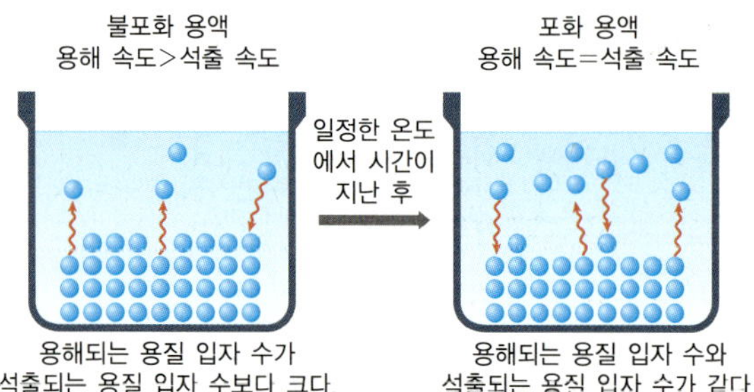

02 물의 자동 이온화와 pH

1 브뢴스테드·로리 산 염기 : 아레니우스 정의보다 확장된 산과 염기에 대한 정의로 양성자(H^+)의 이동으로 설명한다.

- **산** : ❸(　　　　)(H^+)를 주는 물질이다.
- **염기** : 양성자(H^+)를 받는 물질이다.

$$\underset{산}{HCl} + \underset{염기}{H_2O} \rightleftharpoons Cl^- + H_3O^+$$

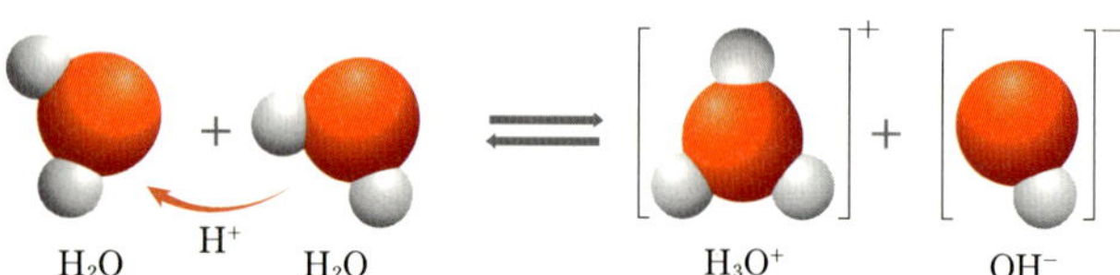

2 ❹(　　　　) : 물은 소량이 이온화하여 H^+의 이동이 생기고 H_3O^+과 OH^-이 존재하게 된다.

$$H_2O(l) + H_2O(l) \rightleftharpoons H_3O^+(aq) + OH^-(aq)$$

3 ❺(　　　　)(K_w) : 물의 자동 이온화 반응에서 생성된 H_3O^+과 OH^-의 몰 농도는 일정하고 두 이온의 몰 농도 곱을 나타낸다.

- 25 ℃에서 K_w : $[H_3O^+][OH^-] = $ ❻(　　　　)

4 **수용액의 액성** : $[H_3O^+] > [OH^-]$이면 ❼(　　　　)이고, $[H_3O^+] = [OH^-]$이면 ❽(　　　)이며, $[H_3O^+] < [OH^-]$이면 ❾(　　　)이다.

5 pH : ❿(　　　　)의 상용로그 값에 음의 부호를 붙인 것

$$pH = -\log[H_3O^+]$$

- $pOH = -\log[OH^-]$
- 25 ℃에서 $pH + pOH = 14$이다.
- 25 ℃에서 $pH < 7$이면 산성, $pH = 7$이면 중성, $pH > 7$이면 염기성이다.
- 25 ℃에서 pH의 범위는 0 ~ 14이다.

03 산 염기 중화 반응

1 ⑪(　　　　) : 산 수용액과 염기 수용액이 반응하여 물과 염을 생성하는 반응

- **중화 반응의 알짜 이온 반응식**

$$H^+(aq) + OH^-(aq) \longrightarrow H_2O(l)$$

2 **중화 반응의 양적 관계** : 산 수용액에 들어 있는 H^+과 염기 수용액에 들어 있는 OH^-은 ⑫(　　　)의 몰비로 반응하여 H_2O을 생성한다.

- 산 수용액의 가수(n_1)와 몰 농도(M_1)와 부피(V_1)의 곱은 염기 수용액의 가수(n_2)와 몰 농도(M_2)와 부피(V_2)의 곱과 같다.

$$n_1 M_1 V_1 = n_2 M_2 V_2$$

예 0.1 M $H_2SO_4(aq)$ 100 mL에 0.1 M $NaOH(aq)$ 200 mL를 가하면 중화점 도달

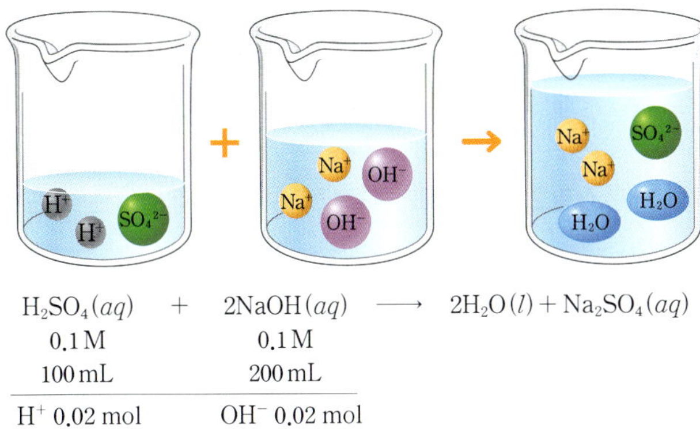

$$H_2SO_4(aq) \quad + \quad 2NaOH(aq) \longrightarrow 2H_2O(l) + Na_2SO_4(aq)$$

0.1 M	0.1 M
100 mL	200 mL
H^+ 0.02 mol	OH^- 0.02 mol

3 ⑬( ) : 농도를 모르는 산 또는 염기 수용액을 농도를 아는 표준 용액으로 중화 반응시켜 농도를 구하는 방법

- **중화 적정 실험 장치**

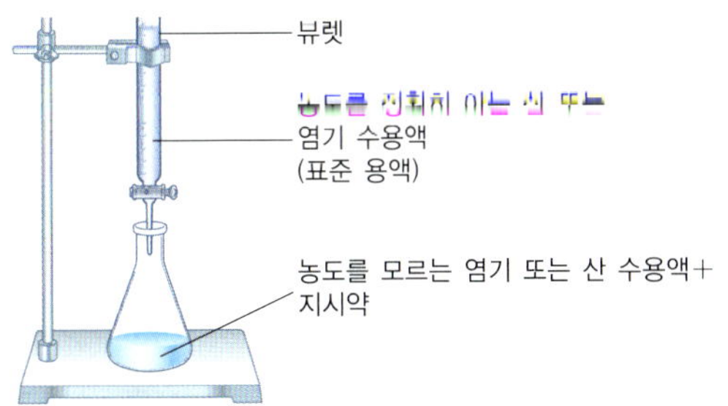

04 산화 환원 반응

1 **전자의 이동과 산화 환원** : 전자를 잃는 반응을 ⑭( )(이)라고 하고, 전자를 얻는 반응을 ⑮( )(이)라고 한다.

예 $CuSO_4(aq)$이 들어 있는 비커에 Zn판을 넣었을 때
➡ Cu가 석출된다.

$$Zn + CuSO_4 \longrightarrow ZnSO_4 + Cu$$

(산화 / 환원)

- **산화 환원 반응의 동시성** : 산화 환원 반응은 동시에 일어난다.

2 ⑯( ) : 어떤 물질에서 각 원자가 어느 정도 산화되었는지를 나타내는 가상적인 전하

- 산화수가 증가하는 반응을 ⑰( )(이)라고 하고, 산화수가 감소하는 반응을 ⑱( )(이)라고 한다.

3 **산화수 규칙** : 원자들의 전기 음성도를 비교하여 산화수를 구할 수 있는데, 몇몇 원자들이 화합물 내에서 일정한 규칙을 나타내므로 산화수 규칙으로부터 산화수를 쉽게 구할 수 있다.
➡ 화합물에서 H, O의 산화수는 각각 $+1$, -2이다.

4 **산화제와 환원제** : 자신은 환원되면서 다른 물질을 산화시키는 물질을 ⑲( )(이)라고 하고, 자신은 산화되면서 다른 물질을 환원시키는 물질을 ⑳( )(이)라고 한다.

5 **산화 환원 반응식** : 반응물과 생성물의 원자 수가 같고, 증가한 산화수와 감소한 산화수가 같도록 화학 반응식의 계수를 맞춰 완성해야 한다.

$$증가한\ 산화수 = 감소한\ 산화수$$

05 화학 반응에서 열의 출입

1 ㉑( ) : 화학 반응이 일어날 때 열을 방출하는 반응이다. 발열 반응이 일어나면 주위의 온도가 높아진다.
예 연소 반응, 중화 반응, 철의 산화 반응

2 ㉒( ) : 화학 반응이 일어날 때 열을 흡수하는 반응이다. 흡열 반응이 일어나면 주위의 열을 흡수하므로 주위의 온도가 내려간다.
예 광합성, 탄산수소 나트륨의 열분해

3 **화학 반응에서 출입하는 열의 측정** : 열량(Q)은 ㉓( )(c), 질량(m), 온도 변화(Δt)를 곱하여 구하고 단위는 J이다.

$$Q = c \times m \times \Delta t$$

- **열량계를 이용한 열의 측정** : 열량계와 외부 사이의 출입이 없다고 가정하고 열량계 자체가 흡수하는 열을 무시하면 화학 반응에서 발생한 열량은 열량계 속 용액이 얻은 열량과 같다.

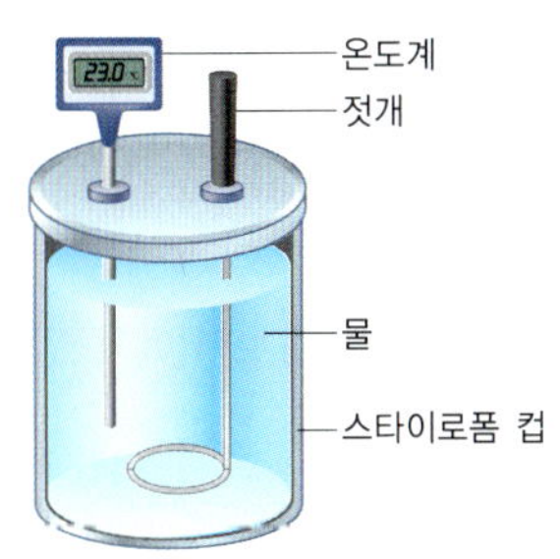

4 **발열 반응과 흡열 반응의 이용** : 발열 반응에서는 방출되는 열을 이용할 수 있고, 흡열 반응에서는 냉각 효과를 이용할 수 있다.
예 철 가루의 산화인 발열 반응을 이용한 주머니 난로, 질산 암모늄의 용해 반응의 흡열 반응을 이용한 냉찜질 팩

01 (3점) 그림은 25 ℃에서 밀폐된 진공 용기 안에 에탄올($C_2H_5OH(l)$)을 넣은 후 에탄올의 기화 반응이 일어날 때 시간에 따른 $C_2H_5OH(l)$의 양(mol)을 나타낸 것이다.

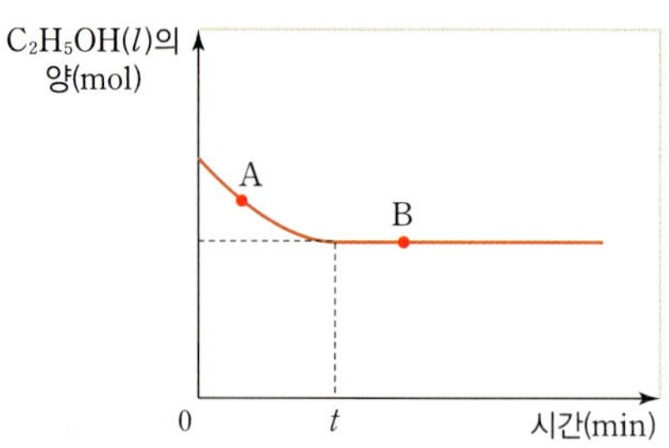

이에 대한 설명으로 옳은 것만을 |보기|에서 있는 대로 고른 것은? (단, 온도는 일정하다.)

보기
ㄱ. t min에서 동적 평형 상태에 도달한다.
ㄴ. $\dfrac{응축\ 속도}{증발\ 속도}$ 는 A에서가 B에서보다 크다.
ㄷ. $\dfrac{C_2H_5OH(g)의\ 양(mol)}{C_2H_5OH(l)의\ 양(mol)}$ 은 B에서가 A에서보다 크다.

① ㄱ   ② ㄴ   ③ ㄱ, ㄷ
④ ㄴ, ㄷ   ⑤ ㄱ, ㄴ, ㄷ

02 (4점) 표는 밀폐된 용기 안에 $H_2O(l)$을 넣은 후 시간(t)에 따른 $H_2O(l)$의 질량과 H_2O의 증발 속도, 응축 속도에 대한 자료이다. $0 < t_1 < t_2 < t_3$이다.

시간	t_1	t_2	t_3
$H_2O(l)$의 질량	w_1	w_2	w_3
$H_2O(l)$의 증발 속도		a	
$H_2O(g)$의 응축 속도	b	$0.5a$	a

이에 대한 설명으로 옳은 것만을 |보기|에서 있는 대로 고른 것은? (단, 온도는 일정하다.)

보기
ㄱ. t_2에서 동적 평형에 도달하였다.
ㄴ. $w_2 > w_3$이다.
ㄷ. $\dfrac{b}{a} > 1$이다.

① ㄱ   ② ㄴ   ③ ㄷ
④ ㄱ, ㄴ   ⑤ ㄴ, ㄷ

03 (3점) 다음은 산 염기 반응 (가)~(다)의 화학 반응식이다.

(가) $HCOOH(aq) + H_2O(l) \longrightarrow$
$\qquad\qquad HCOO^-(aq) + H_3O^+(aq)$

(나) $NH_3(g) + HNO_3(aq) \longrightarrow$
$\qquad\qquad NH_4^+(aq) + NO_3^-(aq)$

(다) $(CH_3)_2NH(g) + HCl(aq) \longrightarrow$
$\qquad\qquad (CH_3)_2NH_2^+(aq) + Cl^-(aq)$

이에 대한 설명으로 옳은 것만을 |보기|에서 있는 대로 고른 것은?

보기
ㄱ. $HCOOH(aq)$은 산성이다.
ㄴ. (나)에서 NH_3는 브뢴스테드 · 로리 염기이다.
ㄷ. (다)에서 $(CH_3)_2NH$은 브뢴스테드 · 로리 산이다.

① ㄱ   ② ㄷ   ③ ㄱ, ㄴ
④ ㄴ, ㄷ   ⑤ ㄱ, ㄴ, ㄷ

04 (3점) 다음은 산 염기 반응 (가)~(다)의 화학 반응식이다.

(가) $H_2CO_3 + H_2O \rightleftharpoons HCO_3^- + H_3O^+$
(나) $HS^- + H_2O \rightleftharpoons H_2S + OH^-$
(다) $(CH_3)_3N + H_2O \rightleftharpoons (CH_3)_3NH^+ + OH^-$

(가)~(다) 중 H_2O이 브뢴스테드 · 로리 산으로 작용하는 반응만을 있는 대로 고른 것은?

① (가)   ② (나)   ③ (다)
④ (가), (나)   ⑤ (나), (다)

05

표는 25 °C에서 수용액 (가)와 (나)에 대한 자료이다.

3점

수용액	(가)	(나)
	NaOH(aq)	HCl(aq)
몰 농도(M)	a	$\dfrac{a}{10}$
부피(mL)	100	200
$\dfrac{[\text{OH}^-]}{[\text{H}_3\text{O}^+]}$	10^{10}	

이에 대한 설명으로 옳은 것만을 |보기|에서 있는 대로 고른 것은? (단, 25 °C에서 물의 이온화 상수(K_w)는 1×10^{-14}이며, 혼합 용액의 부피는 혼합 전 각 용액의 부피의 합과 같다.)

> **보기**
>
> ㄱ. $a = 0.01$이다.
>
> ㄴ. (나)의 용액 속 H_3O^+의 양은 $2 \times 10^{-4}\,\text{mol}$이다.
>
> ㄷ. $\dfrac{\text{(가)의 pH}}{\text{(나)의 pH}} = \dfrac{2}{3}$이다.

① ㄱ ② ㄷ ③ ㄱ, ㄴ

④ ㄴ, ㄷ ⑤ ㄱ, ㄴ, ㄷ

06

표는 25 °C에서 3가지 수용액에 대한 자료이다.

4점

수용액	(가)	(나)	(다)
pH	4	5	10
부피(mL)	100	500	200

이에 대한 설명으로 옳은 것만을 |보기|에서 있는 대로 고른 것은? (단, 25 °C에서 물의 이온화 상수(K_w)는 1×10^{-14}이다.)

> **보기**
>
> ㄱ. (가)~(다) 중 산성 용액은 2가지이다.
>
> ㄴ. (나)에 들어 있는 OH^-의 양은 $2 \times 10^{-9}\,\text{mol}$이다.
>
> ㄷ. (가)와 (다)를 혼합한 용액은 중성이다.

① ㄱ ② ㄷ ③ ㄱ, ㄴ

④ ㄱ, ㄷ ⑤ ㄴ, ㄷ

07

그림은 25 °C에서 a M NaOH(aq)과 물을 혼합하여 b M NaOH(aq)을 만드는 과정을 나타낸 것이다. (나)에서 $\dfrac{[\text{Na}^+]}{[\text{H}_3\text{O}^+]} = 10^{10}$이다.

4점

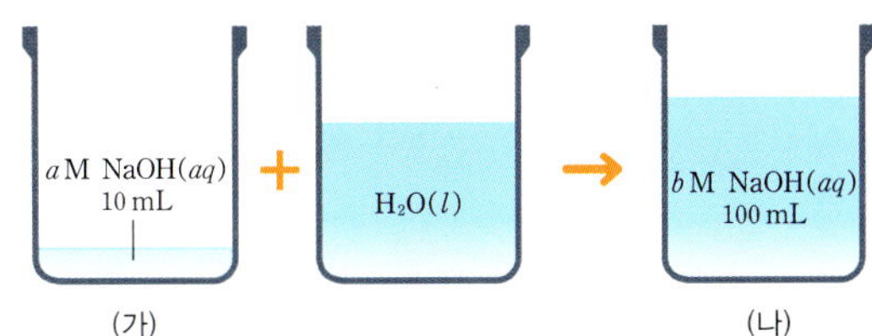

이에 대한 설명으로 옳은 것만을 |보기|에서 있는 대로 고른 것은? (단, 온도는 25 °C로 일정하고, 25 °C에서 물의 이온화 상수(K_w)는 1×10^{-14}이다.)

> **보기**
>
> ㄱ. (나)의 pH = 12이다.
>
> ㄴ. $a = 0.01$이다.
>
> ㄷ. $\dfrac{[\text{OH}^-]}{[\text{H}_3\text{O}^+]}$는 (가)가 (나)의 100배이다.

① ㄱ ② ㄴ ③ ㄱ, ㄷ

④ ㄴ, ㄷ ⑤ ㄱ, ㄴ, ㄷ

08

그림은 부피가 각각 10 mL인 산 또는 염기 수용액 (가)~(다)를 이온 모형으로 나타낸 것이다. (가)~(다) 중 염기 수용액은 2가지이다.

4점

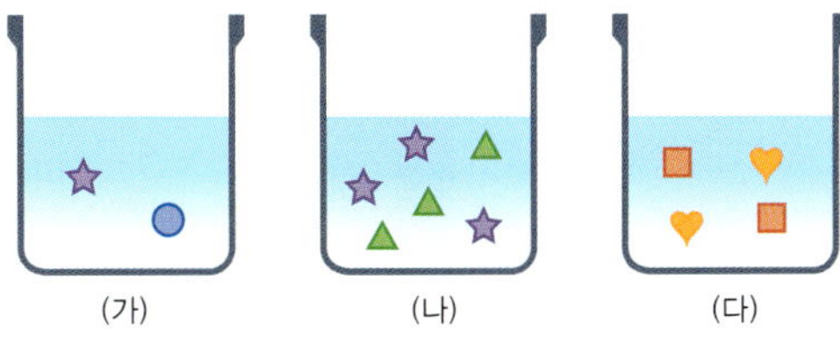

이에 대한 설명으로 옳은 것만을 |보기|에서 있는 대로 고른 것은? (단, 혼합 용액의 부피는 혼합 전 각 용액의 부피의 합과 같다.)

> **보기**
>
> ㄱ. ★은 OH^-이다.
>
> ㄴ. 몰 농도는 (나)가 (가)의 6배이다.
>
> ㄷ. (가)~(다)를 모두 혼합한 용액 10 mL에 들어 있는 이온 수는 (다)의 이온 수보다 크다.

① ㄱ ② ㄷ ③ ㄱ, ㄴ

④ ㄴ, ㄷ ⑤ ㄱ, ㄴ, ㄷ

09 그림은 일정량의 $NaOH(aq)$에 $HCl(aq)$을 넣을 때의 변화를 이온 모형으로 나타낸 것이다. (가)~(다)에서 이온 모형은 나타내지 않았다. `4점`

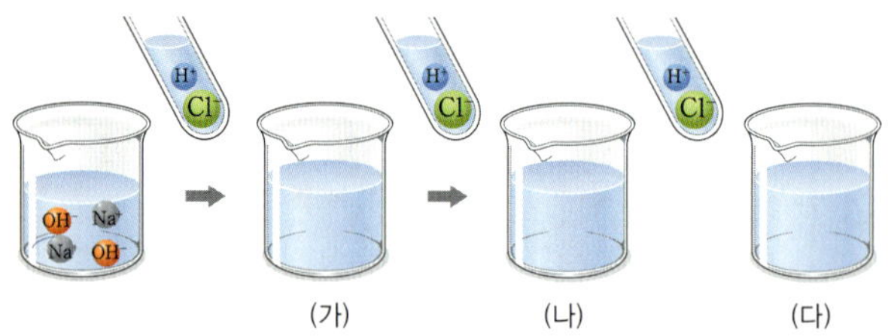

이에 대한 설명으로 옳은 것만을 |보기|에서 있는 대로 고른 것은?

ㄱ. 수용액의 pH는 (나)>(다)이다.

ㄴ. 수용액 속 이온의 수는 (가)>(나)이다.

ㄷ. 생성된 물의 양(mol)은 (다)>(나)이다.

① ㄱ ② ㄷ ③ ㄱ, ㄴ

④ ㄴ, ㄷ ⑤ ㄱ, ㄴ, ㄷ

10 그림은 a M $HCl(aq)$ 10 mL에 b M $NaOH(aq)$의 부피를 달리하여 넣었을 때 혼합 용액에 존재하는 이온 수를 나타낸 것이다. `3점`

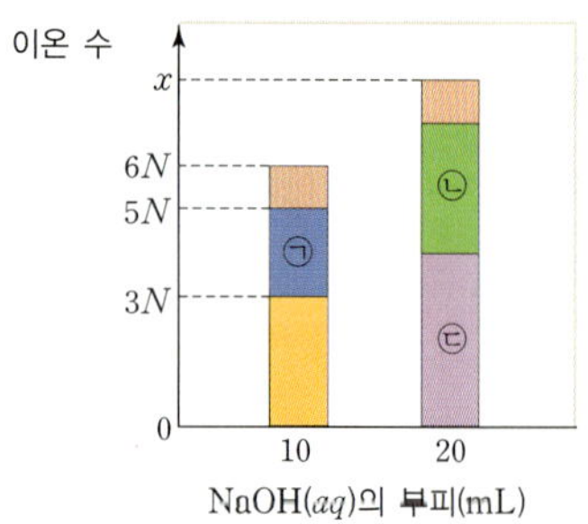

이에 대한 설명으로 옳은 것만을 |보기|에서 있는 대로 고른 것은?

ㄱ. ⓛ은 Cl^-이다.

ㄴ. $x=8N$이다.

ㄷ. $a:b=3:2$이다.

① ㄱ ② ㄷ ③ ㄱ, ㄴ

④ ㄴ, ㄷ ⑤ ㄱ, ㄴ, ㄷ

11 그림은 x M $HCl(aq)$ 10 mL에 y M $NaOH(aq)$을 가할 때 수용액 속에 존재하는 2가지 이온의 수를 가한 $NaOH(aq)$의 부피에 따라 나타낸 것이다. `3점`

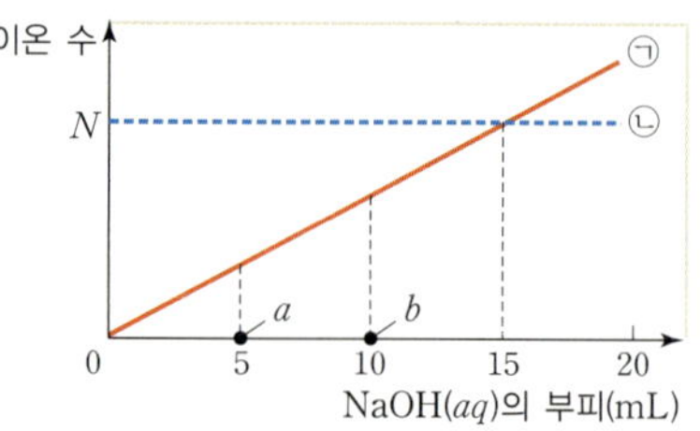

이에 대한 설명으로 옳은 것만을 |보기|에서 있는 대로 고른 것은? (단, 혼합 용액의 부피는 혼합 전 각 용액의 부피의 합과 같다.)

ㄱ. ⓛ은 Na^+이다.

ㄴ. ⓒ의 몰 농도는 a에서가 b에서의 $\dfrac{4}{3}$ 배이다.

ㄷ. $x:y=3:2$이다.

① ㄱ ② ㄷ ③ ㄱ, ㄴ

④ ㄴ, ㄷ ⑤ ㄱ, ㄴ, ㄷ

12 표는 $HCl(aq)$, $NaOH(aq)$, $KOH(aq)$의 부피를 달리하여 혼합한 용액에 대한 자료이다. `4점`

혼합 용액	혼합 전 용액의 부피(mL)			혼합 용액의 음이온 수	생성된 물 분자 수
	$HCl(aq)$	$NaOH(aq)$	$KOH(aq)$		
(가)	10	10	20	$4N$	xN
(나)	20	10	10	$4N$	$2.5N$
(다)	30	y	10	zN	$3.5N$

이에 대한 설명으로 옳은 것만을 |보기|에서 있는 대로 고른 것은? (단, 혼합 용액의 부피는 혼합 전 각 용액의 부피의 합과 같고, 물의 자동 이온화는 무시한다.)

ㄱ. $x=1.25$이다.

ㄴ. $y \times z=120$이다.

ㄷ. 몰 농도 비는 $NaOH(aq):KOH(aq)=1:2$이다.

① ㄱ ② ㄴ ③ ㄷ

④ ㄱ, ㄴ ⑤ ㄴ, ㄷ

13 (4점) 표는 $H_2SO_4(aq)$과 $NaOH(aq)$의 부피를 달리하여 혼합한 용액 (가)~(다)에 대한 자료이다. 두 산과 염기는 모두 이온화된다.

혼합 용액	혼합 전 용액의 부피(mL)		혼합 용액의 전체 이온 수
	$H_2SO_4(aq)$	$NaOH(aq)$	
(가)	10	40	$18N$
(나)	30	30	$18N$
(다)	x	20	$12N$

이에 대한 설명으로 옳은 것만을 |보기|에서 있는 대로 고른 것은? (단, 혼합 용액의 부피는 혼합 전 각 용액의 부피의 합과 같고, 물의 자동 이온화는 무시한다.)

> |보기|
> ㄱ. (가)는 산성이다.
> ㄴ. $x=20$이다.
> ㄷ. 몰 농도 비는 $H_2SO_4(aq):NaOH(aq)=2:3$이다.

① ㄱ   ② ㄴ   ③ ㄷ
④ ㄱ, ㄴ   ⑤ ㄴ, ㄷ

14 (4점) 표는 x M $HA(aq)$과 0.5 M $B(OH)_2(aq)$의 부피를 달리하여 혼합한 용액 (가), (나)에 대한 자료이다. (가), (나)의 액성은 각각 산성, 염기성 중 하나이다.

혼합 용액	혼합 전 용액의 부피(mL)		혼합 용액 속 H^+ 또는 OH^-의 양(mol)
	x M $HA(aq)$	0.5 M $B(OH)_2(aq)$	
(가)	60	50	n
(나)	80	100	$2n$

이에 대한 설명으로 옳은 것만을 |보기|에서 있는 대로 고른 것은? (단, HA, $B(OH)_2$는 수용액에서 완전히 이온화하고, A^-과 B^{2+}은 반응하지 않는다.)

> |보기|
> ㄱ. (가)는 염기성이다.
> ㄴ. $x=1$이다.
> ㄷ. $n=0.1$이다.

① ㄱ   ② ㄴ   ③ ㄷ
④ ㄱ, ㄴ   ⑤ ㄴ, ㄷ

[15~16] (3점)

15 다음은 25 °C에서 식초에 들어 있는 아세트산(CH_3COOH)의 함량을 알아보기 위한 중화 적정 실험이다.

> [실험 과정]
> (가) a % 식초 10 mL에 물을 넣어 100 mL 수용액을 만든다.
> (나) (가)에서 만든 수용액 20 mL를 삼각 플라스크에 넣고 페놀프탈레인 용액을 2~3방울 떨어뜨린다.
> (다) (나)의 삼각 플라스크에 0.1 M $NaOH(aq)$을 한 방울씩 떨어뜨리면서 삼각 플라스크를 흔들어 준다.
> (라) (다)의 삼각 플라스크 속 수용액 전체의 색이 변하는 순간 적정을 멈추고 적정에 사용된 $NaOH(aq)$의 부피(V)를 측정한다.
>
> [실험 결과]
> • $V=20$ mL

이에 대한 설명으로 옳은 것만을 |보기|에서 있는 대로 고른 것은? (단, 물의 자동 이온화는 무시한다.)

> |보기|
> ㄱ. (라)에서 수용액은 붉은색이다.
> ㄴ. 생성된 물의 부피를 무시할 때 (라)에서 $[Na^+]=0.05$ M 이다.
> ㄷ. (가)에 들어 있는 CH_3COOH의 양은 0.002 mol이다.

① ㄱ   ② ㄷ   ③ ㄱ, ㄴ
④ ㄴ, ㄷ   ⑤ ㄱ, ㄴ, ㄷ

16 (4점) a를 구하기 위해 필요한 자료만을 |보기|에서 있는 대로 고른 것은?

> |보기|
> ㄱ. 25 °C에서 a % 식초의 밀도(g/mL)
> ㄴ. CH_3COOH의 분자량
> ㄷ. $NaOH$의 화학식량

① ㄱ   ② ㄷ   ③ ㄱ, ㄴ
④ ㄴ, ㄷ   ⑤ ㄱ, ㄴ, ㄷ

17 다음은 산화 환원 반응의 화학 반응식이다. (3점)

$$aCuS + bNO_3^- + cH^+ \longrightarrow \\ 3Cu^{2+} + aSO_4^{2-} + bNO + dH_2O$$
$$(a \sim d \text{는 반응 계수})$$

이에 대한 설명으로 옳은 것만을 |보기|에서 있는 대로 고른 것은?

┌─ 보기 ─
ㄱ. 반응물과 생성물에서 가장 큰 산화수를 갖는 원자는 S 이다.
ㄴ. $\dfrac{c+d}{a+b} = \dfrac{12}{11}$ 이다.
ㄷ. NO_3^- 2 mol이 모두 반응하였을 때 생성된 H_2O의 양은 1 mol이다.

① ㄱ　　　　② ㄷ　　　　③ ㄱ, ㄴ
④ ㄴ, ㄷ　　　⑤ ㄱ, ㄴ, ㄷ

18 다음은 산화 환원 반응의 화학 반응식이다. (3점)

$$aCr(OH)_4^- + 3ClO^- + bOH^- \longrightarrow \\ aCrO_4^{2-} + 3Cl^- + cH_2O$$
$$(a \sim c \text{는 반응 계수})$$

이에 대한 설명으로 옳은 것만을 |보기|에서 있는 대로 고른 것은?

┌─ 보기 ─
ㄱ. Cr의 산화수는 +4에서 +8로 증가한다.
ㄴ. $a+b+c=9$이다.
ㄷ. ClO^-은 산화제이다.

① ㄱ　　　　② ㄴ　　　　③ ㄷ
④ ㄱ, ㄴ　　　⑤ ㄴ, ㄷ

19 다음은 실험 보고서의 일부이다. (4점)

[실험 제목]

　　　　　　㉠

[실험 과정 및 결과]
(가) 그림과 같이 간이 열량계에 25 ℃의 물 100 g을 넣고 온도를 측정한다.
(나) 염화 칼슘 10 g을 (가)의 물에 녹이고 용액의 최고 온도를 측정하였더니 30 ℃였다.

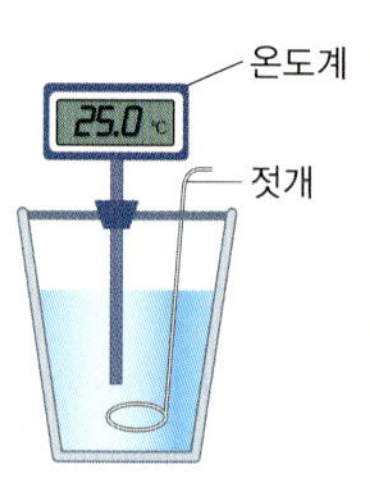

이에 대한 설명으로 옳은 것만을 |보기|에서 있는 대로 고른 것은?

┌─ 보기 ─
ㄱ. 염화 칼슘의 용해는 발열 반응이다.
ㄴ. ㉠으로 '공유 결합 물질의 용해 반응에서 열의 출입 측정하기'가 적절하다.
ㄷ. 간이 열량계에서 손실되는 열량이 없다고 가정하고 실험하는 것이다.

① ㄱ　　　　② ㄷ　　　　③ ㄱ, ㄴ
④ ㄱ, ㄷ　　　⑤ ㄴ, ㄷ

20 다음은 X(s) w g를 연소시킬 때 방출되는 열량(Q)을 구하기 위한 실험 장치와 이와 관련된 자료이다. (3점)

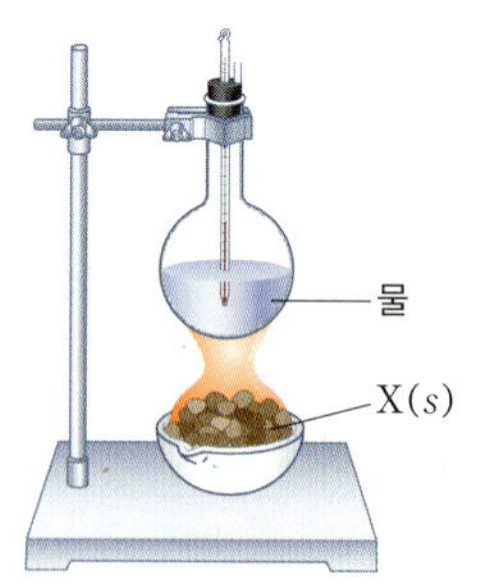

- 물의 처음 온도 : t_1 ℃
- t_1 ℃에서 물의 밀도 : 1 g/mL

X(s) w g을 모두 연소시킬 때 방출되는 열량(Q)을 구하기 위해 필요한 값만을 |보기|에서 있는 대로 고른 것은? (단, X(s)가 연소될 때 방출하는 열량은 물이 모두 흡수한다고 가정한다.)

┌─ 보기 ─
ㄱ. 물의 비열
ㄴ. 물의 부피
ㄷ. 가열 후 물의 최고 온도

① ㄱ　　　　② ㄴ　　　　③ ㄱ, ㄷ
④ ㄴ, ㄷ　　　⑤ ㄱ, ㄴ, ㄷ

21 그림 (가)는 일정한 온도에서 부피가 1 L인 밀폐 용기에 $X(g)$를 넣은 것을, (나)는 용기에서 화학 반응이 일어날 때 시간에 따른 반응물과 생성물의 농도를 나타낸 것이다.

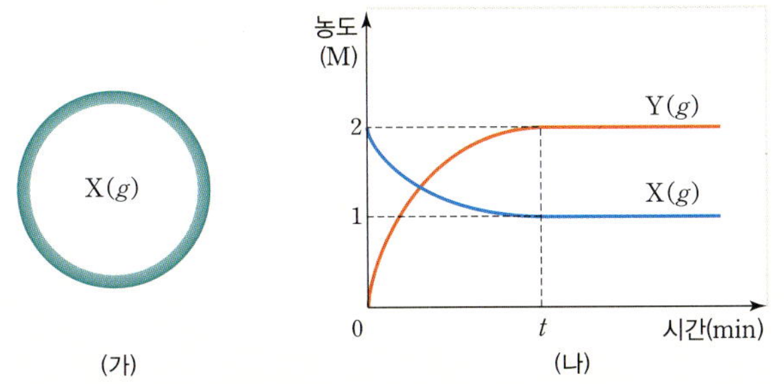

(1) 이 반응의 화학 반응식을 쓰시오. **2점**

(2) $t \text{ min}$ 이후에 동적 평형 상태에 도달하는 까닭을 설명하시오. **3점**

22 표는 3가지 25 °C 수용액 (가)~(다)의 $\dfrac{\text{pH}}{\text{pOH}}$를 나타낸 것이다. 25 °C에서 물의 이온화 상수(K_w)는 1×10^{-14}이다.

수용액	(가)	(나)	(다)
$\dfrac{\text{pH}}{\text{pOH}}$	1	$\dfrac{1}{6}$	$\dfrac{5}{2}$

(1) (가)~(다)의 pH를 구하시오. **3점**

(2) (가)~(다)의 $[\text{OH}^-]$를 구하고 부등호나 등호를 사용하여 비교하시오. **3점**

23 다음은 중화 반응 실험이다.

[실험 과정]
(가) $\text{HCl}(aq)$, $\text{NaOH}(aq)$, $\text{KOH}(aq)$을 준비한다.
(나) $\text{HCl}(aq)$ 10 mL를 비커에 넣는다.
(다) (나)의 비커에 $\text{NaOH}(aq)$ 5 mL를 조금씩 넣는다.
(라) (다)의 비커에 $\text{KOH}(aq)$ 10 mL를 조금씩 넣는다.

[실험 결과]
• (다)와 (라) 과정에서 첨가한 용액의 부피에 따른 혼합 용액의 단위 부피당 전체 이온 수

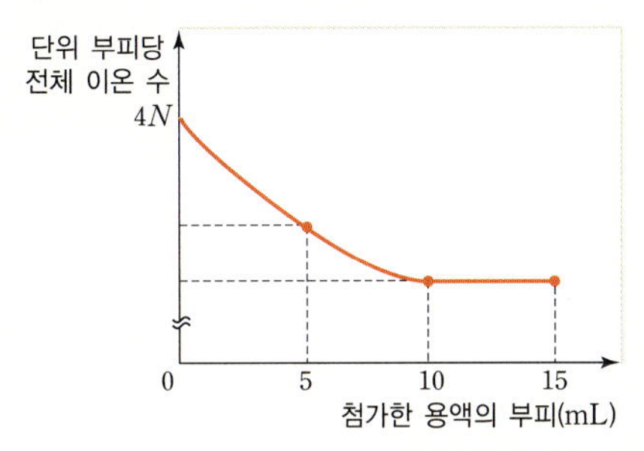

$\text{HCl}(aq)$, $\text{NaOH}(aq)$, $\text{KOH}(aq)$의 몰 농도 비를 구하고, 그 까닭을 설명하시오. (단, 혼합 용액의 부피는 혼합 전 각 용액의 부피의 합과 같고, 물의 자동 이온화는 무시한다.) **6점**

24 다음은 산화 환원 반응의 화학 반응식이다.

$$a\text{Fe}^{2+} + \text{BrO}_3^- + b\text{H}^+ \longrightarrow a\text{Fe}^{3+} + \text{Br}^- + c\text{H}_2\text{O}$$
$$(a \sim c \text{는 반응 계수})$$

(1) 산화제와 환원제를 쓰고, 그 까닭과 함께 설명하시오. **4점**

(2) $a \sim c$를 구하고, 그 과정을 설명하시오. **6점**

투플러스
투2+

메가스터디
고등과학 기본서

투 탑 플러스 2+

화학 Ⅰ

수능 대비

최신 수능 빈출 자료 : 수능 대비 실전 문제

메가스터디 BOOKS

화학 I 수능 대비서의 **수능 1등급으로 가는 지름길!**

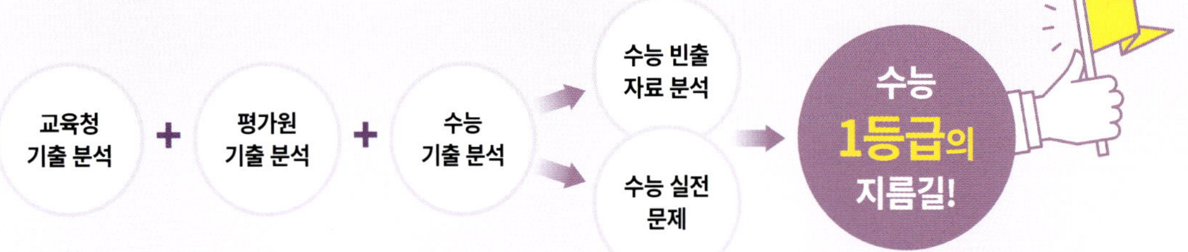

투플러스 2^+

화학 I

구성과 특징

실전 수능

최신 수능 기출 문제 분석을 통한 **"수능 기초 다지기"**

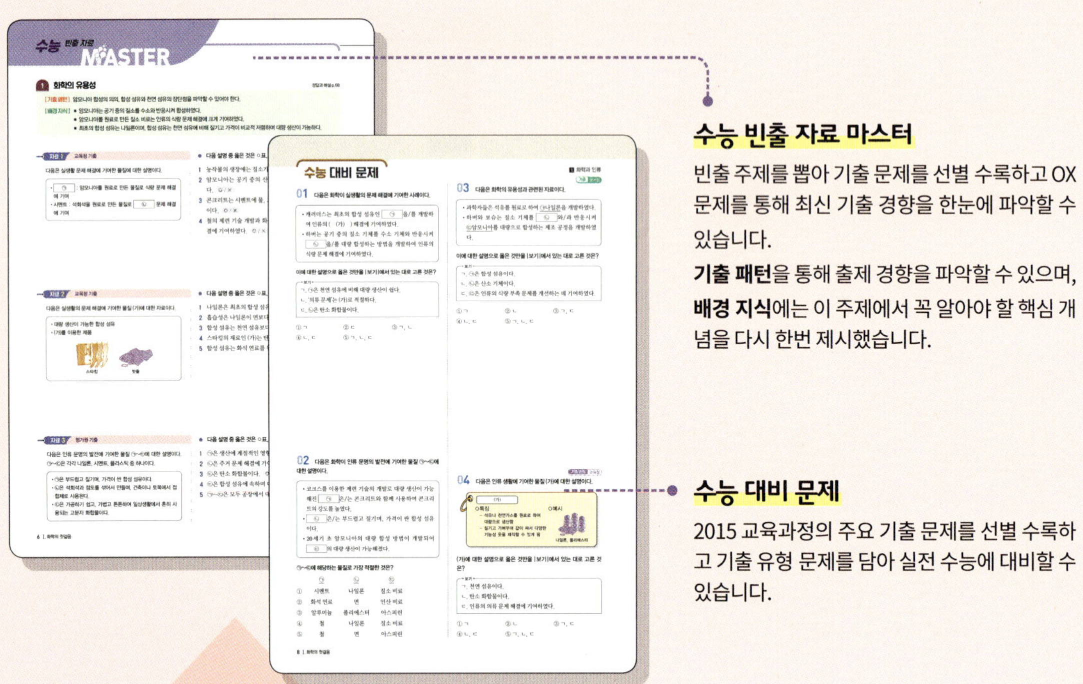

수능 빈출 자료 마스터

빈출 주제를 뽑아 기출 문제를 선별 수록하고 OX 문제를 통해 최신 기출 경향을 한눈에 파악할 수 있습니다.

기출 패턴을 통해 출제 경향을 파악할 수 있으며, **배경 지식**에는 이 주제에서 꼭 알아야 할 핵심 개념을 다시 한번 제시했습니다.

수능 대비 문제

2015 교육과정의 주요 기출 문제를 선별 수록하고 기출 유형 문제를 담아 실전 수능에 대비할 수 있습니다.

최신 수능·평가원·교육청 기출 문제를 분석하여 빈출 유형 수록!

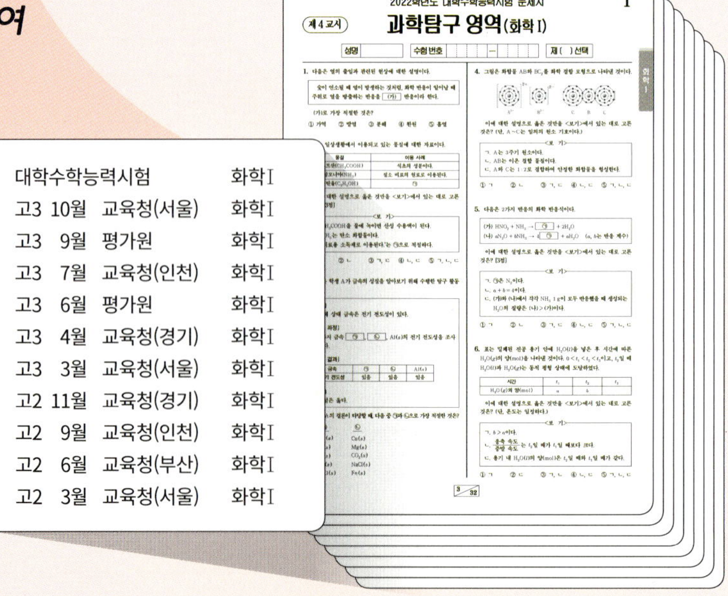

대학수학능력시험		화학 I
고3	10월 교육청(서울)	화학 I
고3	9월 평가원	화학 I
고3	7월 교육청(인천)	화학 I
고3	6월 평가원	화학 I
고3	4월 교육청(경기)	화학 I
고3	3월 교육청(서울)	화학 I
고2	11월 교육청(경기)	화학 I
고2	9월 교육청(인천)	화학 I
고2	6월 교육청(부산)	화학 I
고2	3월 교육청(서울)	화학 I

차례

Contents

최신 수능 기출 문제 분석을 통한 수능 시험 대비
"한권으로 내신부터 수능 대비까지"

I 화학의 첫걸음

1 화학의 유용성

정답과 해설 p.68

[기출 패턴] 암모니아 합성의 의의, 합성 섬유와 천연 섬유의 장단점을 파악할 수 있어야 한다.

[배경 지식]
- 암모니아는 공기 중의 질소를 수소와 반응시켜 합성하였다.
- 암모니아를 원료로 만든 질소 비료는 인류의 식량 문제 해결에 크게 기여하였다.
- 최초의 합성 섬유는 나일론이며, 합성 섬유는 천연 섬유에 비해 질기고 가격이 비교적 저렴하며 대량 생산이 가능하다.

자료 1 　교육청 기출

다음은 실생활 문제 해결에 기여한 물질에 대한 설명이다.

- ⓐ : 암모니아를 원료로 만든 물질로 식량 문제 해결에 기여
- 시멘트 : 석회석을 원료로 만든 물질로 ⓑ 문제 해결에 기여

● 다음 설명 중 옳은 것은 ○표, 옳지 <u>않은</u> 것은 ×표 하시오.

1 농작물의 생장에는 질소가 반드시 필요하다. ○ / ×
2 암모니아는 공기 중의 산소와 수소를 반응시켜 합성한다. ○ / ×
3 콘크리트는 시멘트에 물, 모래, 자갈 등을 섞은 건축 재료이다. ○ / ×
4 철의 제련 기술 개발과 화석 연료의 이용은 주거 문제 해결에 기여하였다. ○ / ×

자료 2 　교육청 기출

다음은 실생활의 문제 해결에 기여한 물질 (가)에 대한 자료이다.

- 대량 생산이 가능한 합성 섬유
- (가)를 이용한 제품

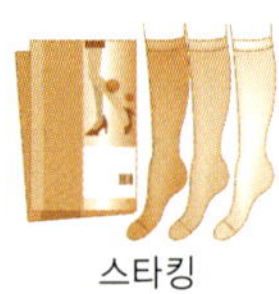
스타킹

밧줄

● 다음 설명 중 옳은 것은 ○표, 옳지 <u>않은</u> 것은 ×표 하시오.

1 나일론은 최초의 합성 섬유이다. ○ / ×
2 흡습성은 나일론이 면보다 좋다. ○ / ×
3 합성 섬유는 천연 섬유보다 대량 생산이 쉽다. ○ / ×
4 스타킹의 재료인 (가)는 탄소 화합물이다. ○ / ×
5 합성 섬유는 화석 연료를 원료로 하여 개발되었다.

　　　　　　　　　　　　　　　　　　　○ / ×

자료 3 　평가원 기출

다음은 인류 문명의 발전에 기여한 물질 ⊙~ⓒ에 대한 설명이다. ⊙~ⓒ은 각각 나일론, 시멘트, 플라스틱 중 하나이다.

- ⊙은 부드럽고 질기며, 가격이 싼 합성 섬유이다.
- ⓛ은 석회석과 점토를 섞어서 만들며, 건축이나 토목에서 접합제로 사용된다.
- ⓒ은 가공하기 쉽고, 가볍고 튼튼하여 일상생활에서 흔히 사용되는 고분자 화합물이다.

● 다음 설명 중 옳은 것은 ○표, 옳지 <u>않은</u> 것은 ×표 하시오.

1 ⊙은 생산에 계절적인 영향을 받는다. ○ / ×
2 ⓛ은 주거 문제 해결에 기여하였다. ○ / ×
3 ⓒ은 탄소 화합물이다. ○ / ×
4 ⓒ은 합성 섬유에 속하며 대량 생산이 가능하다. ○ / ×
5 ⊙~ⓒ은 모두 공장에서 대량 생산이 가능하다. ○ / ×

2 탄소 화합물의 유용성

정답과 해설 p.68

[기출 패턴] 일상생활에서 사용하고 있는 메테인, 에탄올, 아세트산 등과 같은 대표적인 탄소 화합물의 구조와 특징을 파악할 수 있어야 한다.

[배경 지식]
- 메테인 : 가장 간단한 탄화수소, 천연 가스의 주성분, 실온에서 기체이다.
- 에탄올 : 술의 주성분, 손소독제에 이용, 물에 잘 녹는다.
- 아세트산 : 식초의 주성분, 수용액은 산성, 에탄올이 발효되어 만들어진다.

자료 1 교육청 기출

다음은 탄소 화합물 학습 카드와 탄소 화합물 A ~ C 모형을 나타낸 것이다. A ~ C는 각각 메테인, 에탄올, 아세트산 중 하나이다.

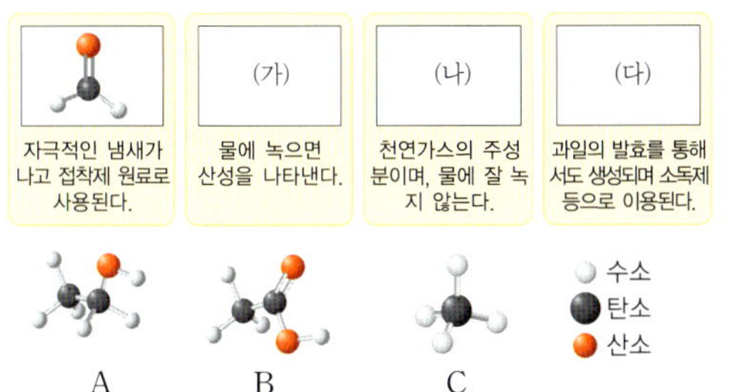

● 다음 설명 중 옳은 것은 ○표, 옳지 <u>않은</u> 것은 ×표 하시오.

1 $\dfrac{\text{H 원자 수}}{\text{C 원자 수}}$ 는 (나)>(가)이다. ○ / ×

2 (나)는 탄화수소이다. ○ / ×

3 (다)는 물에 녹으면 염기성 수용액이 된다. ○ / ×

4 (나)와 (다)는 완전 연소 생성물의 가짓수가 같다.

○ / ×

자료 2 교육청 기출

그림은 메테인(CH_4), 에탄올(C_2H_5OH), 물(H_2O)을 주어진 기준에 따라 분류한 것이다.

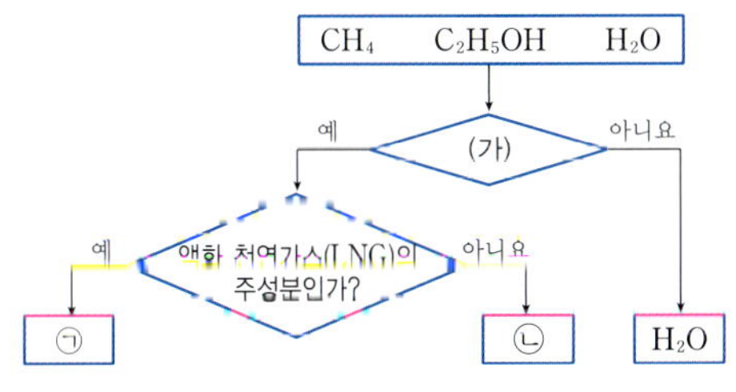

● 다음 설명 중 옳은 것은 ○표, 옳지 <u>않은</u> 것은 ×표 하시오.

1 '탄소 화합물인가?'는 (가)로 적절하다. ○ / ×

2 ㉠은 손소독제의 원료로 사용된다. ○ / ×

3 ㉡에는 하이드록시기가 있다. ○ / ×

4 끓는점은 ㉠이 ㉡보다 높다. ○ / ×

5 ㉡은 당을 발효시켜 만들 수 있다. ○ / ×

6 ㉠과 ㉡은 실온에서 상태가 같다. ○ / ×

자료 3 평가원 기출

그림은 탄소 화합물 (가) ~ (다)의 구조식을 나타낸 것이다. (가) ~ (다)는 각각 메테인, 에탄올, 아세트산 중 하나이다.

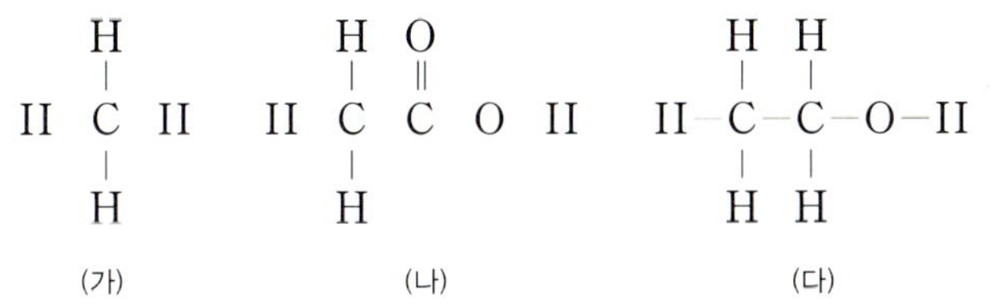

● 다음 설명 중 옳은 것은 ○표, 옳지 <u>않은</u> 것은 ×표 하시오.

1 (가) ~ (다) 중 실온에서 기체 상태인 것은 2가지이다.

○ / ×

2 (나)를 발효시키면 (다)가 생성된다. ○ / ×

3 (가)는 탄화수소이다. ○ / ×

4 수용액이 (나)는 산성, (다)는 중성이다. ○ / ×

5 (다)에는 하이드록시기가 있다. ○ / ×

수능 대비 문제

01 다음은 화학이 실생활의 문제 해결에 기여한 사례이다.

- 캐러더스는 최초의 합성 섬유인 ⬚ ㉠ ⬚ 을/를 개발하여 인류의 ((가)) 해결에 기여하였다.
- 하버는 공기 중의 질소 기체를 수소 기체와 반응시켜 ⬚ ㉡ ⬚ 을/를 대량 합성하는 방법을 개발하여 인류의 식량 문제 해결에 기여하였다.

이에 대한 설명으로 옳은 것만을 |보기|에서 있는 대로 고른 것은?

보기
ㄱ. ㉠은 천연 섬유에 비해 대량 생산이 쉽다.
ㄴ. '의류 문제'는 (가)로 적절하다.
ㄷ. ㉡은 탄소 화합물이다.

① ㄱ ② ㄷ ③ ㄱ, ㄴ
④ ㄴ, ㄷ ⑤ ㄱ, ㄴ, ㄷ

02 다음은 화학이 인류 문명의 발전에 기여한 물질 ㉠~㉢에 대한 설명이다.

- 코크스를 이용한 제련 기술의 개발로 대량 생산이 가능해진 ⬚ ㉠ ⬚ 은/는 콘크리트와 함께 사용하여 콘크리트의 강도를 높였다.
- ⬚ ㉡ ⬚ 은/는 부드럽고 질기며, 가격이 싼 합성 섬유이다.
- 20세기 초 암모니아의 대량 합성 방법이 개발되어 ⬚ ㉢ ⬚ 의 대량 생산이 가능해졌다.

㉠~㉢에 해당하는 물질로 가장 적절한 것은?

	㉠	㉡	㉢
①	시멘트	나일론	질소 비료
②	화석 연료	면	인산 비료
③	알루미늄	폴리에스터	아스피린
④	철	나일론	질소 비료
⑤	철	면	아스피린

03 다음은 화학의 유용성과 관련된 자료이다.

- 과학자들은 석유를 원료로 하여 ㉠나일론을 개발하였다.
- 하버와 보슈는 질소 기체를 ⬚ ㉡ ⬚ 와/과 반응시켜 ㉢암모니아를 대량으로 합성하는 제조 공정을 개발하였다.

이에 대한 설명으로 옳은 것만을 |보기|에서 있는 대로 고른 것은?

보기
ㄱ. ㉠은 합성 섬유이다.
ㄴ. ㉡은 산소 기체이다.
ㄷ. ㉢은 인류의 식량 부족 문제를 개선하는 데 기여하였다.

① ㄱ ② ㄴ ③ ㄱ, ㄷ
④ ㄴ, ㄷ ⑤ ㄱ, ㄴ, ㄷ

04 다음은 인류 생활에 기여한 물질 (가)에 대한 설명이다.

(가)
○특징
- 석유나 천연가스를 원료로 하여 대량으로 생산함
- 질기고 가벼우며 값이 싸서 다양한 기능성 옷을 제작할 수 있게 됨

○예시
나일론, 폴리에스터

(가)에 대한 설명으로 옳은 것만을 |보기|에서 있는 대로 고른 것은?

보기
ㄱ. 천연 섬유이다.
ㄴ. 탄소 화합물이다.
ㄷ. 인류의 의류 문제 해결에 기여하였다.

① ㄱ ② ㄴ ③ ㄱ, ㄷ
④ ㄴ, ㄷ ⑤ ㄱ, ㄴ, ㄷ

05

그림은 물질 ㉠~㉢이 이용되고 있는 건설 현장을 나타낸 것이다.

㉠~㉢에 대한 설명으로 옳은 것만을 |보기|에서 있는 대로 고른 것은?

> ─ 보기 ─
> ㄱ. ㉠에는 C 원자와 H 원자가 모두 포함되어 있다.
> ㄴ. ㉠과 ㉡은 공장에서 대량으로 생산된다.
> ㄷ. ㉢은 '점토'이다.

① ㄱ   ② ㄷ   ③ ㄱ, ㄴ

④ ㄴ, ㄷ   ⑤ ㄱ, ㄴ, ㄷ

06

다음은 일상생활에서 사용하는 제품과 이와 관련된 성분 (가)~(다)에 대한 자료이다.

(가) 설탕($C_{12}H_{22}O_{11}$)   (나) 염화 나트륨(NaCl)   (다) 아세트산(CH_3COOH)

(가)~(다) 중 탄소 화합물만을 있는 대로 고른 것은?

① (가)   ② (나)   ③ (가), (다)

④ (나), (다)   ⑤ (가), (나), (다)

07

그림은 탄소 화합물 (가)와 (나)의 분자 모형을 순서 없이 나타낸 것이다. $\dfrac{\text{H 원자 수}}{\text{O 원자 수}}$ 는 (가)가 (나)의 3배이다.

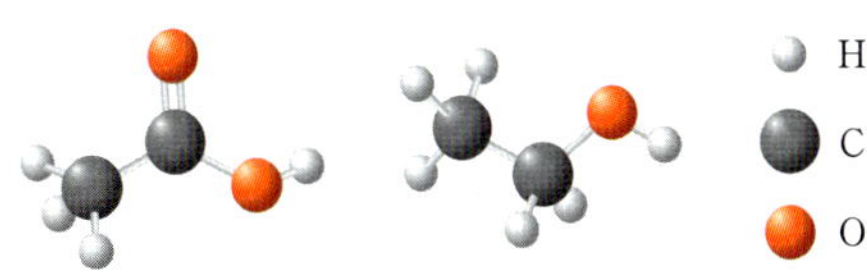

이에 대한 설명으로 옳은 것만을 |보기|에서 있는 대로 고른 것은?

> ─ 보기 ─
> ㄱ. (가)는 손소독제를 만드는 데 사용된다.
> ㄴ. (가)를 발효시키면 (나)가 생성된다.
> ㄷ. (나)의 수용액은 산성이다.

① ㄱ   ② ㄷ   ③ ㄱ, ㄴ

④ ㄴ, ㄷ   ⑤ ㄱ, ㄴ, ㄷ

08

그림은 메테인(CH_4), 에탄올(C_2H_5OH), 암모니아(NH_3)를 주어진 기준에 따라 분류한 것이다.

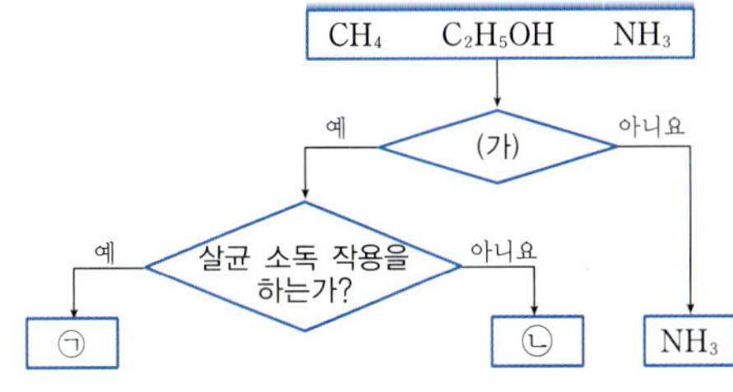

이에 대한 설명으로 옳은 것만을 |보기|에서 있는 대로 고른 것은?

> ─ 보기 ─
> ㄱ. '탄소 화합물인가?'는 (가)로 적절하다.
> ㄴ. ㉠의 완전 연소 생성물은 3가지이다.
> ㄷ. ㉡은 ㉠보다 물에 잘 녹는다.

① ㄱ   ② ㄴ   ③ ㄱ, ㄷ

④ ㄴ, ㄷ   ⑤ ㄱ, ㄴ, ㄷ

09 다음은 메테인(CH_4), 에탄올(C_2H_5OH), 프로페인(C_3H_8)에 대한 세 학생의 대화이다.

제시한 내용이 옳은 학생만을 있는 대로 고른 것은?

① A   ② B   ③ A, B
④ A, C   ⑤ B, C

10 그림은 분자 (가)와 (나)의 구조식을 나타낸 것이고, (가)와 (나)는 각각 에탄올과 아세트산 중 하나이다.

$$\begin{array}{cc}
\text{H O} & \text{H H} \\
\text{H−C−C−O−H} & \text{H−C−C−O−H} \\
\text{H} & \text{H H} \\
\text{(가)} & \text{(나)}
\end{array}$$

이에 대한 설명으로 옳은 것만을 |보기|에서 있는 대로 고른 것은?

┌─ 보기 ─
ㄱ. (가)는 액화 석유가스(LPG)의 주성분이다.
ㄴ. 효모를 이용하여 당을 발효시키면 (나)를 만들 수 있다.
ㄷ. 1 mol을 완전 연소시켰을 때 생성되는 H_2O의 분자 수 비는 (가) : (나)=2 : 3이다.
└─

① ㄱ   ② ㄷ   ③ ㄱ, ㄴ
④ ㄴ, ㄷ   ⑤ ㄱ, ㄴ, ㄷ

11 그림은 탄소 화합물 (가)~(다)의 구조식을 나타낸 것이다. (가)~(다)는 각각 메테인, 에탄올, 아세트산 중 하나이다.

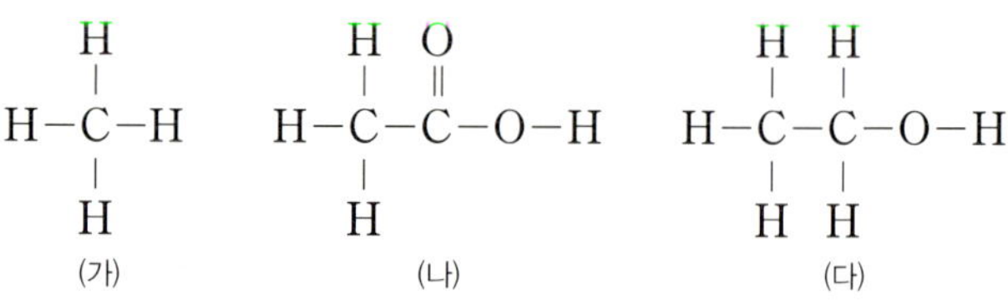

이에 대한 설명으로 옳은 것만을 |보기|에서 있는 대로 고른 것은?

┌─ 보기 ─
ㄱ. (가)는 천연가스의 주성분이다.
ㄴ. (나)를 물에 녹이면 염기성 수용액이 된다.
ㄷ. (다)는 손소독제를 만드는 데 사용된다.
└─

① ㄱ   ② ㄷ   ③ ㄱ, ㄴ
④ ㄱ, ㄷ   ⑤ ㄴ, ㄷ

12 다음은 3가지 탄소 화합물 (가)~(다)에 대한 자료이다.

┌─
• (가)~(다)의 분자 모형은 각각 다음 중 하나이다.

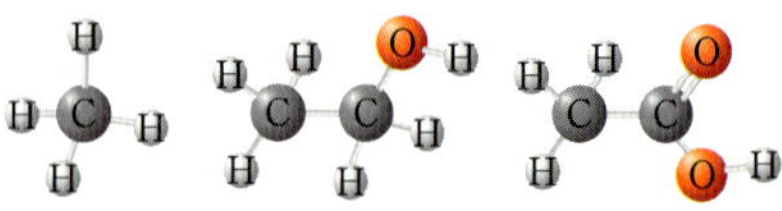

• 구성 원소의 가짓수는 (나)>(다)이다.
• $\dfrac{H\ 원자\ 수}{C\ 원자\ 수}$ 는 (나)>(가)이다.
└─

(가)에 대한 설명으로 옳은 것만을 |보기|에서 있는 대로 고른 것은?

┌─ 보기 ─
ㄱ. 물에 녹으면 H^+을 내놓는다.
ㄴ. (나)가 발효되면 만들어진다.
ㄷ. 천연가스의 주성분이다.
└─

① ㄱ   ② ㄷ   ③ ㄱ, ㄴ
④ ㄴ, ㄷ   ⑤ ㄱ, ㄴ, ㄷ

1 몰과 질량과 부피

정답과 해설 p.69

[기출 패턴] 몰과 입자 수, 몰과 질량, 몰과 부피 사이의 관계를 파악할 수 있어야 한다.

[배경 지식]
- 몰과 입자 수의 관계 : 몰$(mol)=\dfrac{\text{입자 수}}{6.02 \times 10^{23}/mol}$ ⇨ 입자 수$=$몰$(mol)\times(6.02 \times 10^{23}/mol)$
- 몰과 질량과의 관계 : 물질의 양$(mol)=\dfrac{\text{질량}(g)}{1\,mol\text{ 의 질량}(g/mol)}$ ⇨ 질량$(g)=1\,mol$의 질량$(g/mol)\times$물질의 양(mol)
- 몰과 부피 : 기체 분자의 양$(mol)=\dfrac{\text{기체의 부피}(L)}{1\,mol\text{ 의 부피}(L/mol)}$
- 아보가드로 법칙 : 온도와 압력이 같을 때 모든 기체는 같은 부피 속에 같은 수의 분자가 들어 있다.

자료 1 교육청 기출

다음은 $t\,°C$, 1 기압에서 3가지 물질 A~C에 대한 자료이다. $t\,°C$, 1기압에서 기체 1 mol의 부피는 25 L이다. 단, 풍선 내부의 압력은 1 기압이다.

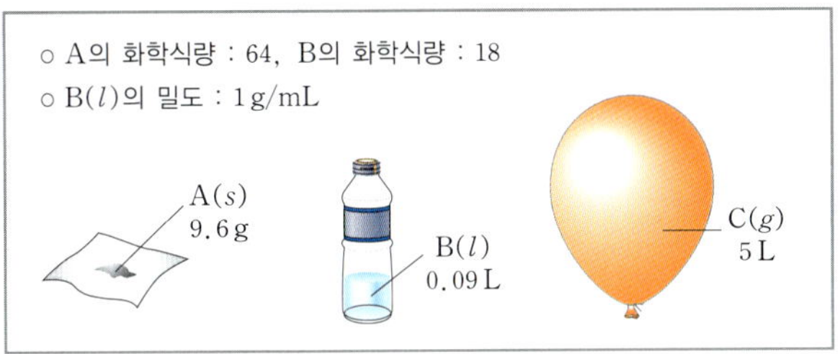

● 다음 설명 중 옳은 것은 ○표, 옳지 <u>않은</u> 것은 ×표 하시오.

1 A의 양(mol)은 $0.15\,mol$이다.   ○ / ×
2 B의 질량은 $180\,g$이다.   ○ / ×
3 B에 들어 있는 B 입자 수는 6.02×10^{22}이다. (단, 아보가드로수는 6.02×10^{23}이다.)   ○ / ×
4 C에 들어 있는 기체 분자 수는 $\dfrac{1}{5} \times 6.02 \times 10^{23}$이다.   ○ / ×
5 물질의 양(mol)은 B>A>C이다.   ○ / ×

자료 2 교육청 기출

그림은 X(g)가 들어 있는 실린더에 Y$_2$(g), ZY$_3$(g)를 차례대로 넣은 것을 나타낸 것이다. 기체들은 서로 반응하지 않으며, 실린더 속 전체 원자 수 비는 (나) : (다)=3 : 7이다. (단, X~Z는 임의의 원소 기호이며, 실린더 속 기체의 온도와 압력은 일정하다.)

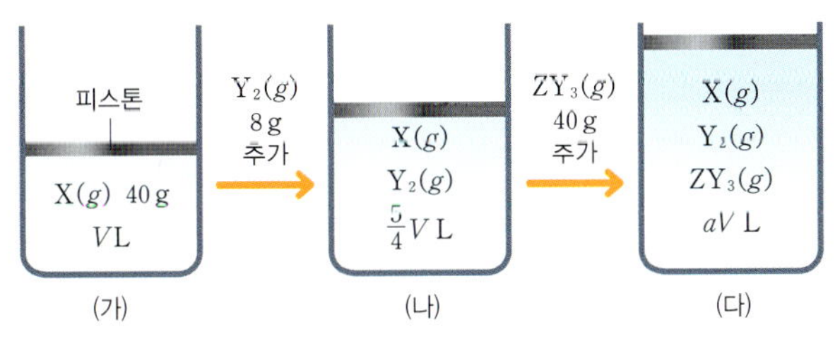

● 다음 설명 중 옳은 것은 ○표, 옳지 <u>않은</u> 것은 ×표 하시오.

1 X와 Y$_2$의 분자량 비는 5 : 4이다.   ○ / ×
2 (다)에서 분자 수 비는 Y$_2$: ZY$_3$=1 : 2이다.   ○ / ×
3 $a=2$이다.   ○ / ×
4 분자량 비는 Y$_2$: ZY$_3$=2 : 5이다.   ○ / ×
5 원자량 비는 X : Y=5 : 2이다.   ○ / ×

2 화학 반응식과 양적 관계

정답과 해설 p.69

[기출 패턴] 화학 반응식에서 계수 비＝몰비＝부피 비(기체의 경우)의 관계를 이용하여 물질의 질량, 양(mol), 부피를 구할 수 있어야 한다.

[배경 지식] ■ 화학 반응식의 의미 : 화학 반응식에서 계수 비는 반응 몰비 또는 분자 수 비와 같고, 기체의 경우 같은 온도와 압력에서 계수 비는 기체의 부피 비와 같다.
■ 화학 반응식에서 계수 비는 몰비와 같으므로 이를 이용하여 반응물이나 생성물 중 한 물질의 질량이나 부피로 부터 나머지 물질의 양(mol)을 계산한다.

자료 1 평가원 기출

그림은 강철 용기에 에탄올(C_2H_5OH)과 산소(O_2)를 넣고 반응시켰을 때, 반응 전과 후 용기에 존재하는 물질과 양을 나타낸 것이다.

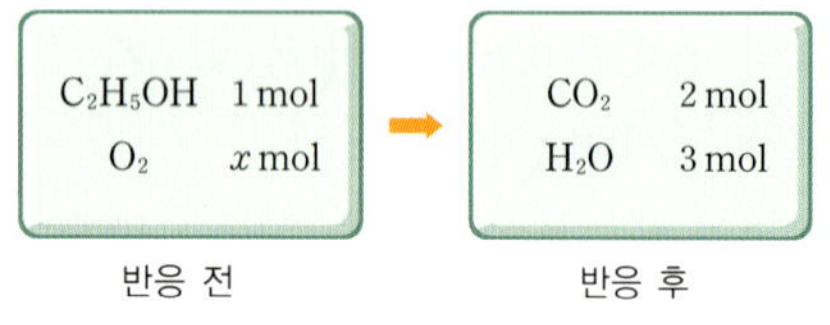

● 다음 설명 중 옳은 것은 ○표, 옳지 <u>않은</u> 것은 ×표 하시오.

1 반응에서 C_2H_5OH과 O_2의 반응 몰비는 1 : 2이다.

○ / ×

2 화학 반응식에서의 계수 비＝몰비＝질량비이다.

○ / ×

3 C_2H_5OH 1 mol이 반응할 때 O_2 3 mol이 반응한다.

○ / ×

4 반응 후 용기 속 O 원자의 총 양은 7 mol이다. ○ / ×

자료 2 교육청 기출

다음은 기체 A와 B로부터 기체 C와 D가 생성되는 반응의 화학 반응식이다. b, d는 반응 계수이며, 자연수이다.

$$A(g) + bB(g) \longrightarrow C(g) + dD(g)$$

그림은 A $3w\,g$이 들어 있는 용기에 B를 넣어 반응을 완결시켰을 때, 넣어 준 B의 질량에 따른 $\dfrac{\text{⊙의 양(mol)}}{\text{전체 물질의 양(mol)}}$을 나타낸 것이다. ⊙은 C, D 중 하나이다.

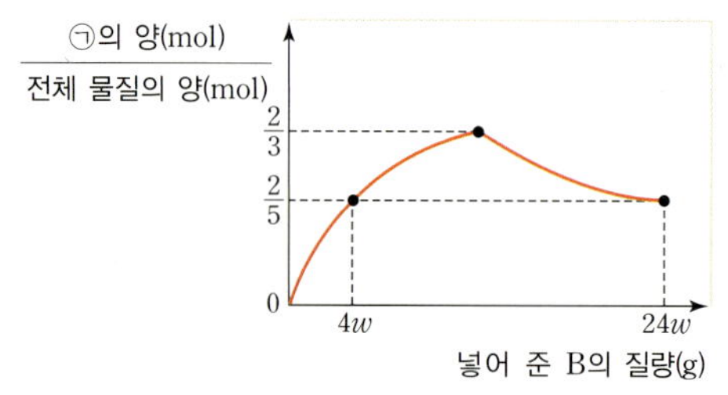

● 다음 설명 중 옳은 것은 ○표, 옳지 <u>않은</u> 것은 ×표 하시오.

1 ⊙은 D이고, $d=2$이다. ○ / ×

2 B $4w\,g$을 넣었을 때 용기 속에 남은 A와 C의 몰비는 A : C＝2 : 1이다. ○ / ×

3 B $24w\,g$을 넣었을 때 용기 속 남은 B와 D의 몰비는 B : D＝1 : 2이다. ○ / ×

4 $b=2$이다. ○ / ×

5 분자량은 B가 A의 2배이다. ○ / ×

3 용액의 농도

정답과 해설 p.69

[기출패턴] 제시된 퍼센트 농도와 몰 농도에서 용질의 양(mol)을 구하고, 용액의 밀도를 이용하여 퍼센트 농도를 몰 농도로 또는 몰 농도 를 퍼센트 농도로 변환할 수 있어야 하며, 용액을 희석할 때 묽은 용액의 몰 농도를 구할 수 있어야 한다.

[배경 지식]　■ 퍼센트 농도(%)$=\dfrac{\text{용질의 질량(g)}}{\text{용액의 질량(g)}}\times100$ ⇨ 용질의 질량(g)$=$용액의 질량(g)$\times\dfrac{\text{퍼센트 농도(%)}}{100}$

　　　　　　　■ 몰 농도(M)$=\dfrac{\text{용질의 양(mol)}}{\text{용액의 부피(L)}}$ ⇨ 용질의 양(mol)$=$용액의 몰 농도(mol/L)$\times$용액의 부피(L)

자료 1　교육청 기출

다음은 $NaOH(s)$ 4g을 이용하여 2가지 농도의 $NaOH(aq)$을 만드는 실험이다. ㉠과 ㉡은 각각 250 mL, 500 mL 중 하나이다. (단, NaOH의 화학식량은 40이다.)

> (가) 소량의 물에 $NaOH(s)$ w g을 녹인 후 ▭㉠▭ 부피 플라스크에 넣고 표시된 눈금선까지 물을 섞어 0.3 M $NaOH(aq)$을 만든다.
>
> (나) 소량의 물에 (가)에서 사용하고 남은 $NaOH(s)$을 모두 녹인 후 ▭㉡▭ 부피 플라스크에 넣고 표시된 눈금선 까지 물을 넣고 섞어 a M $NaOH(aq)$을 만든다.

● 다음 설명 중 옳은 것은 ○표, 옳지 <u>않은</u> 것은 ×표 하시오.

1　㉠은 500 mL이다.　○ / ×

2　(가)에서 NaOH의 양(mol)은 0.075 mol이다.　○ / ×

3　몰 농도는 (가)의 수용액이 (나)의 수용액의 4배이다.

　　　　　　　　　　　　　　　　　　　○ / ×

4　녹아 있는 NaOH의 질량비는 (가) : (나)$=3:1$이다.

　　　　　　　　　　　　　　　　　　　○ / ×

5　(나)에서 수용액의 밀도가 1 g/mL일 때 수용액의 퍼센트 농도는 0.4 %이다.　○ / ×

자료 2　교육청 기출

그림은 용질 A를 녹인 수용액 (가)와 (나)를 혼합한 후 물을 추가하 여 수용액 (다)를 만드는 과정을 나타낸 것이다. A의 화학식량은 60이다.

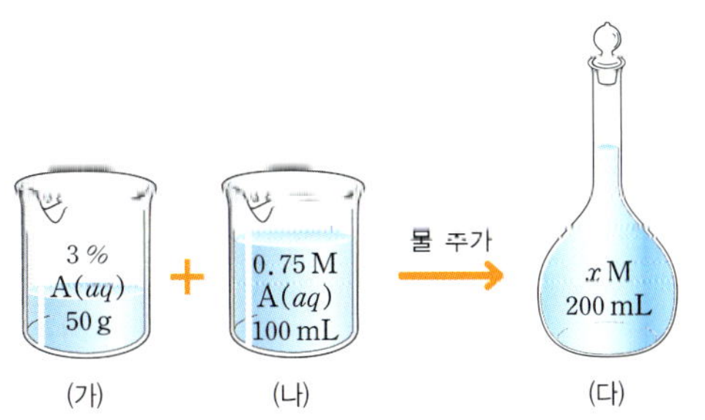

● 다음 설명 중 옳은 것은 ○표, 옳지 <u>않은</u> 것은 ×표 하시오.

1　A의 질량비는 (가) : (나)$=1:4$이다.　○ / ×

2　(가)에서 물의 질량은 47 g이다.　○ / ×

3　(다)에서 수용액에 녹아 있는 A의 양(mol)은 0.1 mol이 다.　○ / ×

4　$x=0.5$이다.　○ / ×

5　(나)에 용질 A 6 g을 추가로 녹이면 몰 농도는 1 M이 된 다.　○ / ×

수능 대비 문제

01

다음은 $A(g) \sim C(g)$에 대한 자료이다.

- $A(g) \sim C(g)$의 질량은 각각 x g이다.
- $B(g)$ 1 g에 들어 있는 X 원자 수와 $C(g)$ 1 g에 들어 있는 Z 원자 수는 같다.

기체	구성 원소	분자당 구성 원자 수	단위 질량당 전체 원자 수 (상댓값)	기체에 들어 있는 Y의 질량(g)
$A(g)$	X	2	11	
$B(g)$	X, Y	3	12	$2y$
$C(g)$	Y, Z	5	10	y

이에 대한 설명으로 옳은 것만을 |보기|에서 있는 대로 고른 것은? (단, $X \sim Z$는 임의의 2주기 원소 기호이다.)

보기
ㄱ. $\dfrac{B(g)의\ 양(mol)}{A(g)의\ 양(mol)} = \dfrac{8}{11}$ 이다.

ㄴ. $C(g)$ 1 mol에 들어 있는 Y 원자의 양은 1 mol이다.

ㄷ. $\dfrac{x}{y} = \dfrac{11}{3}$ 이다.

① ㄱ ② ㄷ ③ ㄱ, ㄴ
④ ㄴ, ㄷ ⑤ ㄱ, ㄴ, ㄷ

02

표는 같은 온도와 압력에서 질량이 같은 기체 (가)~(다)에 대한 자료이다.

기체	분자식	부피(L)
(가)	XY_4	22
(나)	Z_2	11
(다)	X_3Y_8	8

이에 대한 설명으로 옳은 것만을 |보기|에서 있는 대로 고른 것은? (단, $X \sim Z$는 임의의 원소 기호이다.)

보기
ㄱ. XZ_2의 분자량은 X_3Y_8의 분자량과 같다.

ㄴ. 전체 원자 수 비는 (가) : (다)=5 : 4이다.

ㄷ. 원자량 비는 X : Z=3 : 4이다.

① ㄱ ② ㄷ ③ ㄱ, ㄴ
④ ㄴ, ㄷ ⑤ ㄱ, ㄴ, ㄷ

03

다음은 $t\ °C$, 1 atm에서 기체 (가)와 (나)에 대한 자료이다.

- (가)와 (나)의 분자식은 각각 AB, AB_2 중 하나이다.
- 기체 x g에 들어 있는 B의 질량이 (가)는 16 g이고, (나)는 y g이다.
- 기체 1 g의 부피 비는 (가) : (나)=15 : 23이다.
- (가)에서 $\dfrac{B의\ 질량}{A의\ 질량} = z$이다.

$\dfrac{x \times z}{y}$는? (단, A와 B는 임의의 원소 기호이다.)

① $\dfrac{15}{7}$ ② $\dfrac{15}{4}$ ③ $\dfrac{30}{7}$

④ $\dfrac{15}{2}$ ⑤ $\dfrac{60}{7}$

04

그림 (가)는 강철 용기에 메테인($CH_4(g)$) 14.4 g과 에탄올($C_2H_5OH(g)$) 23 g이 들어 있는 것을, (나)는 (가)의 용기에 메탄올($CH_3OH(g)$) x g이 첨가된 것을 나타낸 것이다. 용기 속 기체의 $\dfrac{산소(O)\ 원자\ 수}{전체\ 원자\ 수}$ 는 (나)가 (가)의 2배이다.

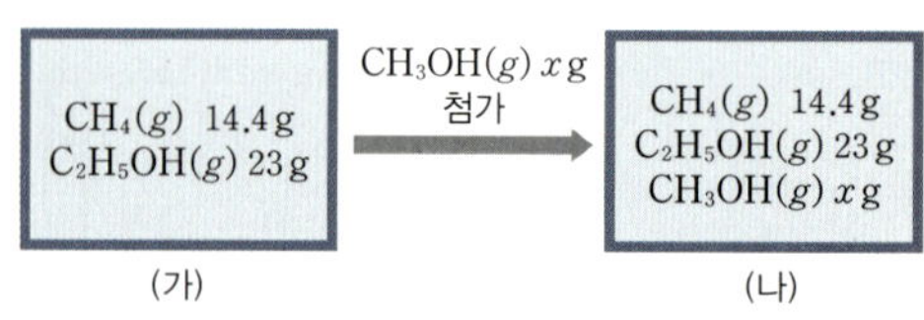

x는? (단, H, C, O의 원자량은 각각 1, 12, 16이다.)

① 16 ② 24 ③ 65
④ 48 ⑤ 64

05

표는 같은 온도와 압력에서 기체 C_2H_x, C_3H_y에 대한 자료이다.

기체	질량(g)	부피(L)	$\dfrac{\text{H의 질량}}{\text{C의 질량}}$
C_2H_x	$3w$	$2V$	$\dfrac{1}{4}$
C_3H_y	$2w$	V	㉠

이에 대한 설명으로 옳은 것만을 |보기|에서 있는 대로 고른 것은? (단, H, C의 원자량은 각각 1, 12이다.)

> **보기**
> ㄱ. $\dfrac{x}{y}=1.5$이다.
> ㄴ. ㉠$=\dfrac{1}{9}$이다.
> ㄷ. 기체의 밀도 비는 $C_2H_x : C_3H_y = 4 : 3$이다.

① ㄱ 　② ㄷ 　③ ㄱ, ㄴ
④ ㄴ, ㄷ 　⑤ ㄱ, ㄴ, ㄷ

06

다음은 탄산 칼슘($CaCO_3$) 분해 반응의 화학 반응식이다.

$$CaCO_3 \longrightarrow CaO + \boxed{\ ㉠\ }$$

이에 대한 설명으로 옳은 것만을 |보기|에서 있는 대로 고른 것은? (단, C, O, Ca의 원자량은 각각 12, 16, 40이다.)

> **보기**
> ㄱ. ㉠은 CO_2이다.
> ㄴ. 10 g의 $CaCO_3$이 분해되면 0.1 mol의 ㉠이 생성된다.
> ㄷ. 0.2 mol의 $CaCO_3$이 분해되면 전체 생성물의 질량은 20 g이다.

① ㄱ 　② ㄴ 　③ ㄱ, ㄴ
④ ㄴ, ㄷ 　⑤ ㄱ, ㄴ, ㄷ

07

다음은 A와 B가 반응하여 C가 생성되는 화학 반응식이다.

$$A(g) + bB(g) \longrightarrow cC(g) \quad (b,\ c\text{는 반응 계수})$$

그림은 $A(g)$ x g이 들어 있는 실린더에 $B(g)$를 넣고 반응시켰을 때, B의 질량에 따른 전체 기체의 부피를 나타낸 것이며, ㉠과 ㉡에서 C의 질량은 같다.

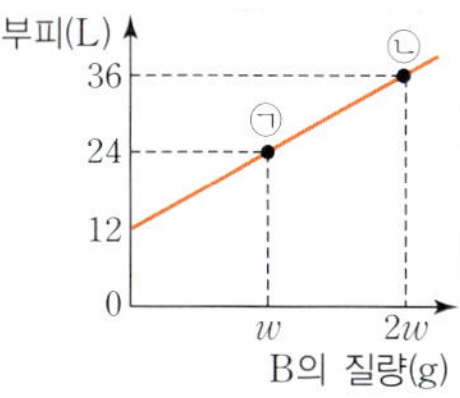

이에 대한 설명으로 옳은 것만을 |보기|에서 있는 대로 고른 것은? (단, 온도와 압력은 20 °C, 1 atm으로 일정하며 기체 1 mol의 부피는 24 L이다.)

> **보기**
> ㄱ. $\dfrac{c}{b}=3$이다.
> ㄴ. C의 분자량은 $x+w$이다.
> ㄷ. ㉡에 $A(g)$ $2x$ g을 넣고 반응을 완결시키면 전체 기체의 부피는 60 L가 된다.

① ㄱ 　② ㄴ 　③ ㄱ, ㄷ
④ ㄴ, ㄷ 　⑤ ㄱ, ㄴ, ㄷ

08

다음은 어떤 반응의 화학 반응식이다.

$$aNH_3(g) + bO_2(g) \longrightarrow cNO(g) + dH_2O(g)$$
$$(a \sim d\text{는 반응 계수})$$

표는 반응물의 양을 달리하여 반응을 완결시킨 실험 Ⅰ과 Ⅱ에 대한 자료이다.

실험	반응물의 양		생성물의 양	
	$NH_3(g)$	$O_2(g)$	$NO(g)$	$H_2O(g)$
Ⅰ	34 g	100 g	㉠ L	
Ⅱ	4 mol	2.5 mol		㉡ g

이에 대한 설명으로 옳은 것만을 |보기|에서 있는 대로 고른 것은? (단, H, N, O의 원자량은 각각 1, 14, 16이고, 기체 1 mol의 부피는 t °C, 1 atm에서 24 L이다.)

> **보기**
> ㄱ. Ⅰ에서 반응 후 남은 물질은 NH_3이다.
> ㄴ. t °C, 1 atm에서 ㉠은 36이다.
> ㄷ. ㉡은 54이다.

① ㄱ 　② ㄷ 　③ ㄱ, ㄴ
④ ㄴ, ㄷ 　⑤ ㄱ, ㄴ, ㄷ

09

그림은 $A(g) + 2B(g) \longrightarrow C(g)$ 반응에서 같은 질량의 기체 A와 B를 실린더에 넣고 반응을 완결시켰을 때, 반응 전후의 모습을 나타낸 것이다. 반응 후 남은 물질의 질량비는 $B : C = 11 : 15$이다.

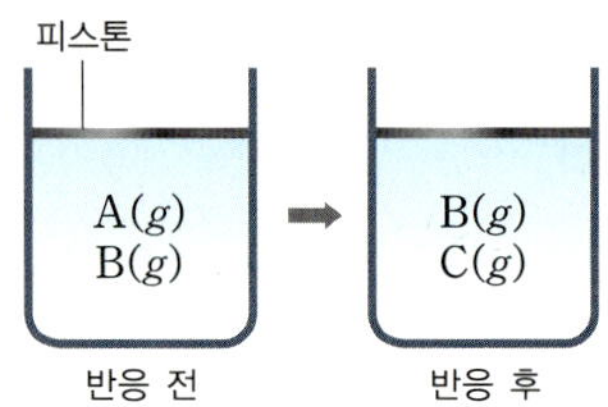

이에 대한 설명으로 옳은 것만을 |보기|에서 있는 대로 고른 것은? (단, 반응 전 후 온도와 압력은 일정하며, 피스톤의 마찰과 질량은 무시한다.)

> |보기|
> ㄱ. 기체의 부피 비는 반응 전 : 반응 후 $= 4 : 3$이다.
> ㄴ. 분자량 비는 $A : C = 13 : 15$이다.
> ㄷ. 반응 후 몰비는 $B : C = 11 : 1$이다.

① ㄱ   ② ㄴ   ③ ㄱ, ㄷ

④ ㄴ, ㄷ   ⑤ ㄱ, ㄴ, ㄷ

10

다음은 $0\,°C$, $1\,atm$에서 프로페인(C_3H_8) $2.2\,g$을 완전 연소시킬 때 생성되는 이산화 탄소의 부피를 구하는 과정이다.

> - 단계 1 : 프로페인이 완전 연소되는 반응의 화학 반응식을 완성한다.
> $$a\,C_3H_8(g) + b\,O_2(g) \longrightarrow c\,CO_2(g) + 4H_2O(l)$$
> $$(a \sim c\text{는 반응 계수})$$
> - 단계 2 : 프로페인의 양(mol)을 구하기 위해서 $2.2\,g$을 $\boxed{\ \text{㉠}\ }$(으)로 나눈다.
> - 단계 3 : 단계 2와 계수 비로부터 $\boxed{\ \text{㉡}\ }$을(를) 구한다.
> $$\text{㉡} = \text{프로페인 } 2.2\,g\text{의 양(mol)} \times \frac{c}{a}$$
> - 단계 4 : ㉡에 ㉢을 곱하여 이산화 탄소의 부피를 구한다.
> $$\text{이산화 탄소의 부피(L)} = \text{㉡} \times \text{㉢}$$

이에 대한 설명으로 옳은 것만을 |보기|에서 있는 대로 고른 것은? (단, H, C, O의 원자량은 각각 1, 12, 16이고, $0\,°C$, $1\,atm$에서 기체 $1\,mol$의 부피는 $22.4\,L$이다.)

> |보기|
> ㄱ. '$44\,g/mol$'은 ㉠으로 적절하다.
> ㄴ. 'CO_2의 양(mol)'은 ㉡으로 적절하다.
> ㄷ. '$22.4\,L/mol$'은 ㉢으로 적절하다.

① ㄱ   ② ㄷ   ③ ㄱ, ㄴ   ④ ㄴ, ㄷ   ⑤ ㄱ, ㄴ, ㄷ

11

그림은 반응 전 실린더 속에 들어 있는 기체 XY와 Y_2를 모형으로 나타낸 것이고, 표는 반응 전과 후의 실린더 속 기체에 대한 자료이다. ㉠은 반응하고 남은 XY와 Y_2 중 하나이고, ㉡은 X를 포함하는 3원자 분자이며 기체이다.

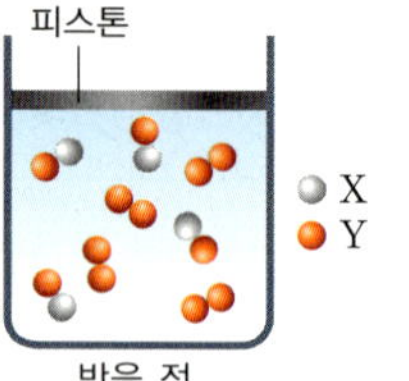

	반응 전	반응 후
기체의 종류	XY, Y_2	㉠, ㉡
전체 기체의 부피(L)	$4V$	$3V$

㉠과 ㉡으로 옳은 것은? (단, X와 Y는 임의의 원소 기호이며, 반응 전과 후 기체의 온도와 압력은 일정하다.)

	㉠	㉡		㉠	㉡
①	XY	XY_2	②	XY	X_2Y
③	Y_2	XY_2	④	Y_2	X_2Y
⑤	Y_2	X_3			

12

다음은 기체 A, B가 반응하여 기체 C를 생성하는 반응의 화학 반응식이다.

$$A(g) + bB(g) \longrightarrow C(g) \quad (b\text{는 반응 계수})$$

표는 실린더에서 A와 B의 질량을 달리하여 반응을 완결시킨 실험 Ⅰ, Ⅱ에 대한 자료이다.

실험	반응 전			반응 후	
	A의 질량 (g)	B의 질량 (g)	전체 기체의 부피(L)	C의 질량 (g)	전체 기체의 부피(L)
Ⅰ	21		$5V$	8	
Ⅱ	14	x	$10V$	16	$6V$

x는? (단, 기체의 온도와 압력은 일정하다.)

① 2   ② 4   ③ 8

④ 16   ⑤ 32

13 다음은 A(g)와 B(g)가 반응하여 C(g)를 생성하는 화학 반응식이다.

$$aA(g) + B(g) \longrightarrow 2C(g) \quad (a는 \text{ 반응 계수})$$

표는 실린더에 A(g)와 B(g)의 질량을 달리하여 넣고 반응을 완결시킨 실험 I, II에 대한 자료이다. $\dfrac{C의\ 분자량}{B의\ 분자량} = 2.5$이고, I과 II에서 반응 후 남은 반응물의 종류는 서로 다르다.

실험	반응 전		반응 후	
	A의 질량 (g)	B의 질량 (g)	$\dfrac{C의\ 양(mol)}{전체\ 기체의\ 양(mol)}$	전체 기체의 부피(L)
I	4	2	$\dfrac{2}{3}$	V_1
II	16	3	$\dfrac{3}{4}$	V_2

$a \times \dfrac{V_1}{V_2}$는? (단, 온도와 압력은 일정하다.)

① $\dfrac{3}{8}$ ② $\dfrac{3}{4}$ ③ 1

④ $\dfrac{3}{2}$ ⑤ $\dfrac{9}{4}$

기출 교육청

14 다음은 A(g)와 B(s)가 반응하여 C(s)를 생성하는 화학 반응식이다.

$$A(g) + 2B(s) \longrightarrow cC(s) \quad (c는 \text{ 반응 계수})$$

그림은 V L의 A(g)가 들어 있는 실린더에 B(s)를 넣어 반응을 완결시켰을 때, 넣어 준 B(s)의 양(mol)에 따른 반응 후 남은 A(g)의 부피(L)와 생성된 C(s)의 양(mol)의 곱을 나타낸 것이다.

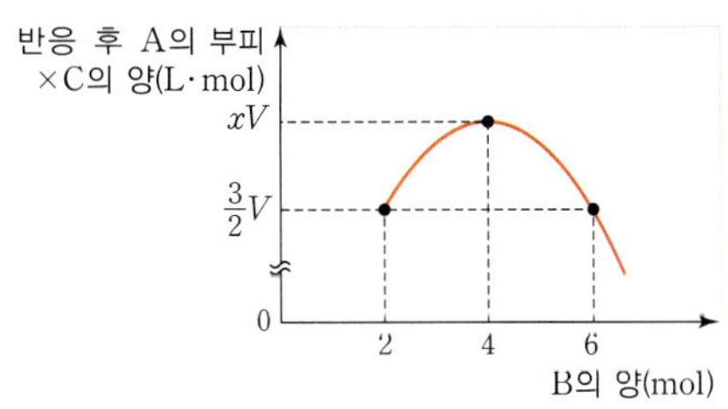

$c \times x$는? (단, 온도와 압력은 일정하다.)

① $\dfrac{5}{3}$ ② 2 ③ $\dfrac{5}{2}$

④ 4 ⑤ 6

기출 수능

15 다음은 A(g)가 분해되어 B(g)와 C(g)를 생성하는 반응의 화학 반응식이고, $\dfrac{C의\ 분자량}{A의\ 분자량} = \dfrac{8}{27}$이다.

$$2A(g) \longrightarrow bB(g) + C(g) \quad (b는 \text{ 반응 계수})$$

그림 (가)는 실린더에 A(g) w g을 넣었을 때를, (나)는 반응이 진행되어 A와 C의 양(mol)이 같아졌을 때를, (다)는 반응이 완결되었을 때를 나타낸 것이다. (가)와 (다)에서 실린더 속 기체의 부피는 각각 2 L, 5 L이다.

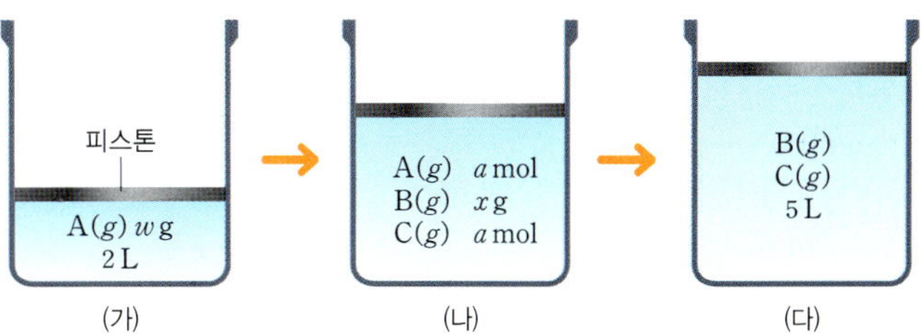

(나)에서 x는? (단, 기체의 온도와 압력은 일정하다.)

① $\dfrac{46}{81}w$ ② $\dfrac{16}{27}w$ ③ $\dfrac{2}{3}w$

④ $\dfrac{23}{27}w$ ⑤ $\dfrac{73}{81}w$

16 다음은 0.1 M NaOH(aq)을 만드는 과정에 대한 자료와 이에 대한 세 학생의 대화이다.

※ 몰 농도(M)$= \dfrac{용질의\ 양(mol)}{[\ ㉠\ ]}$

※ NaOH의 화학식량 : 40

[0.1 M NaOH(aq) 만들기]

(가) NaOH 2 g을 소량의 물이 들어 있는 비커에 넣어 녹인다.

(나) [㉡] mL 부피 플라스크에 (가)의 수용액을 모두 넣는다.

(다) (나)의 부피 플라스크에 물을 표시선까지 넣고 섞는다.

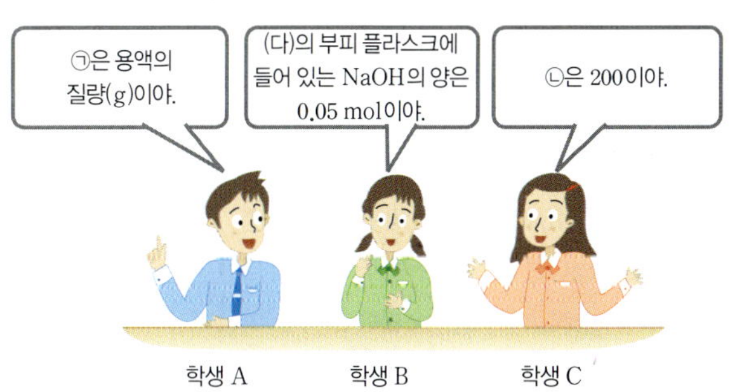

제시한 내용이 옳은 학생만을 있는 대로 고른 것은?

① A ② B ③ C

④ A, B ⑤ B, C

수능 대비 문제

17 그림은 수산화 나트륨(NaOH) 수용액 (가)~(다)를 나타낸 것이다.

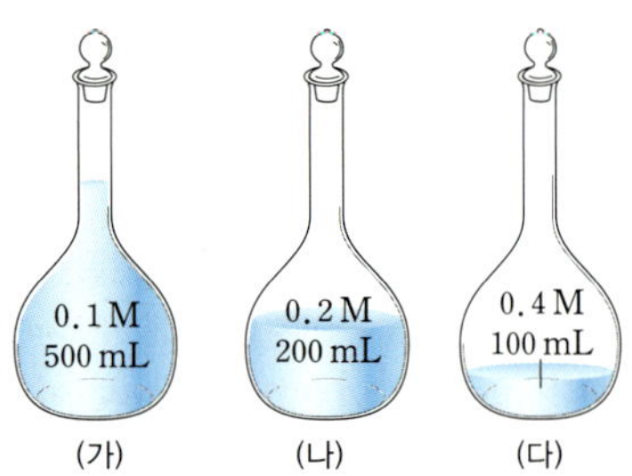

이에 대한 설명으로 옳은 것만을 |보기|에서 있는 대로 고른 것은? (단, NaOH의 화학식량은 40이고, 수용액의 온도는 일정하다.)

보기

ㄱ. 수용액에 녹아 있는 NaOH의 몰비는 (가) : (나)=5 : 4 이다.

ㄴ. (다)에 녹아 있는 NaOH의 질량은 1.6 g이다.

ㄷ. (가)~(다)를 혼합한 후 증류수를 가해 전체 부피를 1300 mL로 만든 수용액의 몰 농도는 0.1 M이다.

① ㄱ   ② ㄷ   ③ ㄱ, ㄴ

④ ㄴ, ㄷ   ⑤ ㄱ, ㄴ, ㄷ

18 다음은 NaOH(aq)에 관한 실험이다.

(가) 2 M NaOH(aq) 150 mL에 물을 넣어 x M NaOH(aq) y mL를 만든다.

(나) 2 M NaOH(aq) y mL에 NaOH(s) 16 g과 물을 넣어 x M NaOH(aq) 1000 mL를 만든다.

$\dfrac{y}{x}$는? (단, NaOH의 화학식량은 40이고, 온도는 일정하다.)

① 50   ② 100   ③ 200

④ 300   ⑤ 500

19 다음은 0.3 M A 수용액을 만드는 실험이다.

(가) 소량의 물에 고체 A x g을 모두 녹인다.

(나) 250 mL 부피 플라스크에 (가)의 수용액을 모두 넣고 표시된 눈금선까지 물을 넣고 섞는다.

(다) (나)의 수용액 50 mL를 취하여 500 mL 부피 플라스크에 모두 넣는다.

(라) (다)의 500 mL 부피 플라스크에 표시된 눈금선까지 물을 넣고 섞어 0.3 M A 수용액을 만든다.

x는? (단, A의 화학식량은 60이고, 온도는 25 ℃로 일정하다.)

① 9   ② 18   ③ 30

④ 45   ⑤ 60

20 다음은 A(aq)에 대한 실험이다. A의 화학식량은 100이다.

[실험 과정 및 결과]

250 mL 부피 플라스크에 x M A(aq) 100 mL와 A(s) 4 g을 넣어 녹인 후, 표시선까지 물을 추가하여 0.2 M A(aq)을 만들었다.

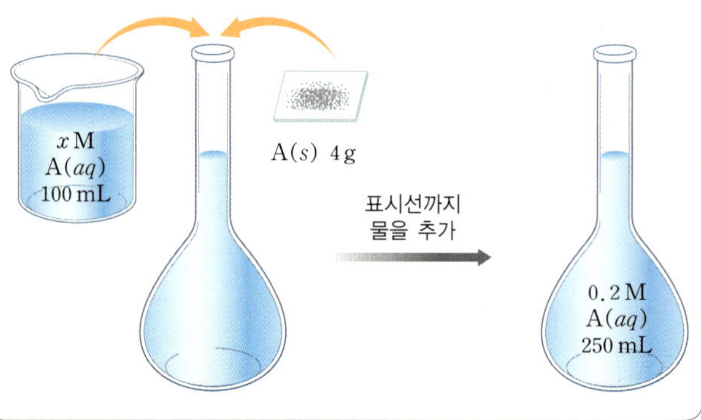

x는?

① 0.1   ② 0.2   ③ 0.3

④ 0.4   ⑤ 0.5

II 원자의 세계

1 원자의 구조

정답과 해설 p.74

[기출패턴] 동위 원소에서 동위 원소의 존재비로부터 분자의 존재비, 원자를 구성하는 양성자 수와 중성자 수의 비를 구할 수 있어야 한다.

[배경 지식] ■ 톰슨의 음극선 실험으로 전자를, 러더퍼드의 알파(α) 입자 산란 실험으로 원자핵을 발견하였다.
■ 동위 원소 : 양성자 수는 같지만 중성자 수가 달라 질량수가 다른 원자이다.
■ 평균 원자량 : 각 동위 원소의 원자량과 존재 비율을 곱한 값을 합하여 구한다.

자료 1 · 평가원 기출

표는 원자 X~Z에 대한 자료이다.

원자	중성자 수	질량수	전자 수
X	6	㉠	6
Y	7	13	
Z	9	17	

● **다음 설명 중 옳은 것은 ○표, 옳지 않은 것은 ×표 하시오.**

1 ㉠은 12이다. ○ / ×
2 X와 Y는 동위 원소이다. ○ / ×
3 양성자 수 비는 X : Z = 2 : 3이다. ○ / ×
4 Z^{2-}의 전자 수는 10이다. ○ / ×

자료 2 · 교육청 기출

다음은 자연계에 존재하는 원소 X에 대한 자료이다.

- X의 동위 원소의 원자량과 존재 비율

동위 원소	^{a}X	^{a+2}X
원자량	a	$a+2$
존재 비율(%)	b	$100-b$

- $\dfrac{\text{분자량이 } 2a+4\text{인 } X_2\text{의 존재 비율(\%)}}{\text{분자량이 } 2a\text{인 } X_2\text{의 존재 비율(\%)}}=\dfrac{1}{9}$ 이다.

● **다음 설명 중 옳은 것은 ○표, 옳지 않은 것은 ×표 하시오.**

1 분자량이 서로 다른 X_2는 4가지이다. ○ / ×
2 $b>50$이다. ○ / ×
3 X의 평균 원자량은 $a+\dfrac{1}{2}$이다. ○ / ×

자료 3 · 평가원 기출

다음은 원자 X의 평균 원자량을 구하기 위해 수행한 탐구 활동이다.

[탐구 과정]
(가) 자연계에 존재하는 X의 동위 원소와 각각의 원자량을 조사한다.
(나) 원자량에 따른 X의 동위 원소 존재 비율을 조사한다.
(다) X의 평균 원자량을 구한다.

[탐구 결과 및 자료]
- X의 동위 원소

동위 원소	원자량	존재 비율(%)
^{a}X	A	19.9
^{b}X	B	80.1

- $b>a$이다.
- 평균 원자량은 w이다.

● **다음 설명 중 옳은 것은 ○표, 옳지 않은 것은 ×표 하시오.**

1 중성자 수는 ^{a}X가 ^{b}X보다 크다. ○ / ×
2 $w=\dfrac{A\times19.9+B\times80.1}{100}$이다. ○ / ×
3 1 g에 들어 있는 원자 수는 ^{b}X가 ^{a}X보다 크다. ○ / ×
4 X는 분자량이 다른 3가지 분자로 존재한다. ○ / ×

---

2 원자 모형과 전자 배치

정답과 해설 p.74

[기출 패턴] 오비탈과 양성자 수의 관계를 설명할 수 있어야 하고, 쌓음 원리, 파울리 배타 원리, 훈트 규칙을 모두 만족하는 전자 배치를 찾아낼 수 있어야 한다. 또한 바닥상태 전자 배치에서 s 오비탈과 p 오비탈의 전자 수, 홀전자 수 등을 파악하여 자료에 해당하는 원자를 찾아내야 한다.

[배경 지식]
- 주 양자수(n) : 오비탈의 크기와 에너지를 결정하는 양자수이다.
- 방위(부) 양자수(l) : 오비탈의 모양을 결정하는 양자수이며, 주 양자수가 n일 때 방위(부) 양자수는 $0 \leq l \leq n-1$의 정숫값을 갖는다.
- 바닥상태 전자 배치 : 쌓음 원리, 파울리 배타 원리, 훈트 규칙을 모두 만족하는 전자 배치이다.

자료 1 수능 기출

표는 수소 원자의 오비탈 (가)~(다)에 대한 자료이다. n, l, m_l는 각각 주 양자수, 방위(부) 양자수, 자기 양자수이다.

	$n+l$	$l+m_l$
(가)	1	0
(나)	2	0
(다)	3	1

● 다음 설명 중 옳은 것은 ○표, 옳지 않은 것은 ×표 하시오.

1 방위(부) 양자수(l)는 (가)=(나)이다.   ○ / ×
2 에너지 준위는 (가)>(나)이다.   ○ / ×
3 (다)의 모양은 구형이다.   ○ / ×
4 바닥상태 수소 원자에서 원자가 전자는 (나)에 들어 있다.
   ○ / ×

자료 2 평가원 기출

다음은 원자 번호가 20 이하인 바닥상태 원자 X~Z에 대한 자료이다.

> - X~Z 각각의 전자 배치에서
> $$\frac{p \text{ 오비탈에 들어 있는 전자 수}}{s \text{ 오비탈에 들어 있는 전자 수}} = \frac{3}{2} \text{으로 같다.}$$
> 원자 번호는 X>Y>Z이다.

● 다음 설명 중 옳은 것은 ○표, 옳지 않은 것은 ×표 하시오.

1 X의 원자가 전자 수는 2이다.   ○ / ×
2 Y의 홀전자 수는 0이다.   ○ / ×
3 Z에서 전자가 들어 있는 오비탈 수는 5이다.   ○ / ×
4 전자가 들어 있는 p 오비탈 수는 X가 Y보다 크다.
   ○ / ×
5 번째 전자 이온화 에너지(n)는 Y>Z이다.   ○ / ×
6 홀전자 수는 X>Z이다.   ○ / ×

자료 3 교육청 기출

그림은 원자 X~Z의 전자 배치를 나타낸 것이다.

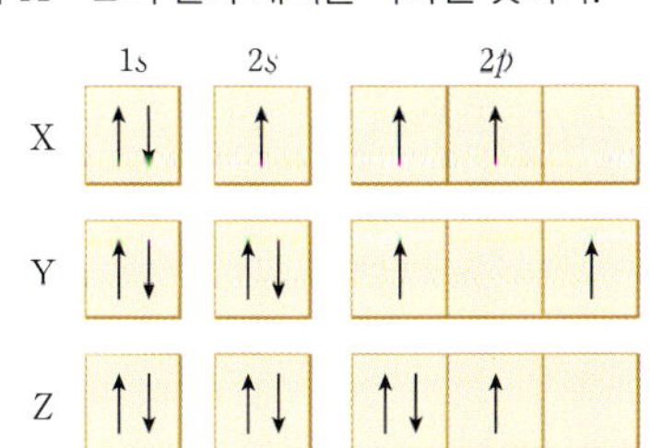

● 다음 설명 중 옳은 것은 ○표, 옳지 않은 것은 ×표 하시오.

1 X는 들뜬상태이다.   ○ / ×
2 Y의 전자 배치는 훈트 규칙을 만족한다.   ○ / ×
3 Z는 바닥상태일 때 홀전자 수가 3이다.   ○ / ×
4 원자가 전자 수는 X와 Y가 같다.   ○ / ×
5 쌓음 원리에 위배되는 전자 배치는 2가지이다.   ○ / ×

자료 4 · 수능 기출

다음은 2주기 바닥상태 원자 X와 Y에 대한 자료이다.

- X와 Y의 홀전자 수의 합은 5이다.
- 전자가 들어 있는 p 오비탈 수는 Y>X이다.

● 다음 설명 중 옳은 것은 ○표, 옳지 <u>않은</u> 것은 ×표 하시오.

1 X는 16족 원소이다. ○ / ×

2 홀전자 수는 X>Y이다. ○ / ×

3 방위(부) 양자수(l)가 1인 전자 수는 Y>X이다.
   ○ / ×

4 전자의 방위(부) 양자수(l)의 총합은 Y>X이다.
   ○ / ×

자료 5 · 평가원 기출

그림은 오비탈 (가), (나)를 모형으로 나타낸 것이고, 표는 오비탈 A, B에 대한 자료이다. (가), (나)는 각각 A, B 중 하나이다.

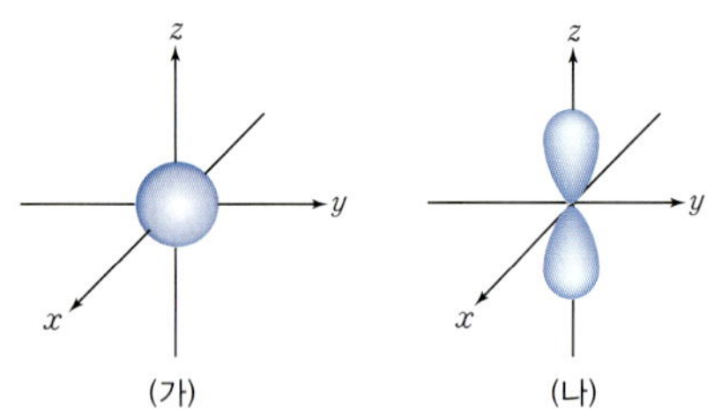

오비탈	주 양자수(n)	방위(부) 양자수(l)
A	1	a
B	2	b

● 다음 설명 중 옳은 것은 ○표, 옳지 <u>않은</u> 것은 ×표 하시오.

1 (가)는 A이다. ○ / ×

2 $a+b=2$이다. ○ / ×

3 수소 원자에서 오비탈의 에너지 준위는 B>A이다.
   ○ / ×

4 $n+l$은 (나)가 (가)보다 크다. ○ / ×

5 (나)의 자기 양자수(m_l)는 $+\dfrac{1}{2}$이다. ○ / ×

자료 6 · 평가원 기출

다음은 수소 원자의 오비탈 (가)~(다)에 대한 자료이다. n은 주 양자수이고, l은 방위(부) 양자수이다.

- (가)~(다)는 각각 $2s$, $2p$, $3s$, $3p$ 중 하나이다.
- (나)의 모양은 구형이다.
- $n-l$는 (다)>(나)>(가)이다.

● 다음 설명 중 옳은 것은 ○표, 옳지 <u>않은</u> 것은 ×표 하시오.

1 (가)는 $2s$이다. ○ / ×

2 (다)의 모양은 구형이다. ○ / ×

3 주 양자수(n)는 (나)>(가)이다. ○ / ×

4 방위(부) 양자수(l)는 (가)>(다)이다. ○ / ×

5 (다)의 $n-l$는 3이다. ○ / ×

6 $n+l$는 (다)>(가)=(나)이다. ○ / ×

7 에너지 준위는 (다)>(가)>(나)이다. ○ / ×

수능 대비 문제

01

그림 (가)는 음극선 실험을, (나)는 러더퍼드의 알파(α) 입자 산란 실험을 나타낸 것이다. (가)와 (나)의 실험 결과로 발견된 입자는 각각 X, Y이다.

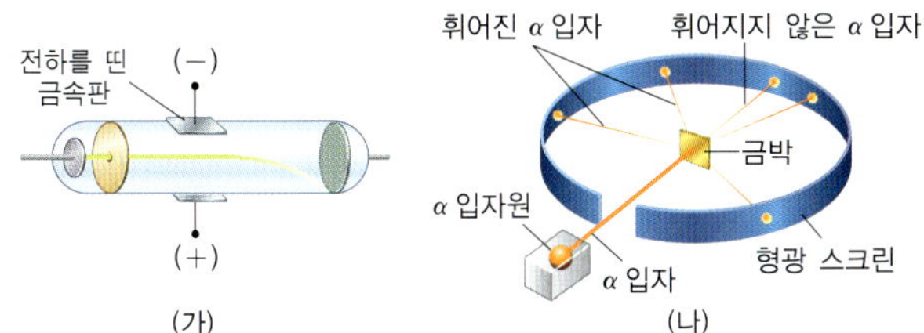

이에 대한 설명으로 옳은 것만을 |보기|에서 있는 대로 고른 것은?

> **보기**
> ㄱ. X는 전자이다.
> ㄴ. 원자 번호는 Y의 수와 같다.
> ㄷ. 입자의 질량은 Y가 X보다 크다.

① ㄱ 　　② ㄷ 　　③ ㄱ, ㄴ
④ ㄱ, ㄷ 　　⑤ ㄴ, ㄷ

02 기출 변형 교육청

그림은 원자의 구조와 관련된 역사를 나타낸 것이다.

1808	1897	1911	1913 (년)
원자설 제안	전자 발견	원자핵 발견	수소 원자의 선 스펙트럼 설명

㉠ 시기의 원자 모형에 대한 설명으로 옳은 것만을 |보기|에서 있는 대로 고른 것은?

> **보기**
> ㄱ. 톰슨이 음극선 실험의 결과로 제안하였다.
> ㄴ. 원자의 중심에 원자 질량의 대부분을 차지하는 입자가 있다.
> ㄷ. (−)전하가 고르게 분포된 공에 (+)전하를 띤 입자가 박혀 있는 원자 모형이다.

① ㄱ 　　② ㄴ 　　③ ㄷ
④ ㄱ, ㄷ 　　⑤ ㄴ, ㄷ

03

표는 X 이온과 Y 이온에 대한 자료이다.

이온	X 이온	Y 이온
원자핵의 전하	+3	+8
전자 수	2	10

이에 대한 설명으로 옳은 것만을 |보기|에서 있는 대로 고른 것은? (단, X와 Y는 임의의 원소 기호이다.)

> **보기**
> ㄱ. X 이온에서 양성자 수는 3이다.
> ㄴ. Y 이온의 전하는 −2이다.
> ㄷ. Y 원자의 전자 수는 X 원자보다 8만큼 크다.

① ㄱ 　　② ㄷ 　　③ ㄱ, ㄴ
④ ㄴ, ㄷ 　　⑤ ㄱ, ㄴ, ㄷ

04 기출 변형 교육청

표는 원자 또는 이온 (가)~(다)에 대한 자료이다. (가)~(다)는 각각 ^{16}X, ^{18}X, $^{n}X^{2-}$ 중 하나이고, ㉠~㉢은 각각 양성자, 중성자, 전자 중 하나이다.

원자 또는 이온	구성 입자 수		
	㉠	㉡	㉢
(가)	a	a	a
(나)	b	b	a
(다)	b	a	a

이에 대한 설명으로 옳은 것만을 |보기|에서 있는 대로 고른 것은? (단, X는 임의의 원소 기호이다.)

> **보기**
> ㄱ. ㉠은 중성자이다.
> ㄴ. (나)는 $^{n}X^{2-}$ 이다.
> ㄷ. $a + b = 18$이다.

① ㄱ 　　② ㄷ 　　③ ㄱ, ㄴ
④ ㄴ, ㄷ 　　⑤ ㄱ, ㄴ, ㄷ

수능 대비 문제

05 그림은 3가지 원자를 분류 기준으로 분류하여 나타낸 것이다. Y와 Z는 질량수가 같다.

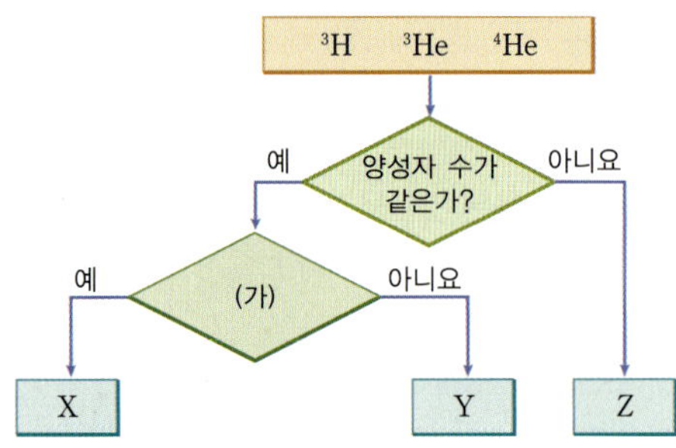

이에 대한 설명으로 옳은 것만을 |보기|에서 있는 대로 고른 것은?

┌─ 보기 ─
ㄱ. '중성자 수가 2인가?'는 (가)로 적절하다.
ㄴ. 전자 수는 Z>X이다.
ㄷ. 중성자 수는 Y>Z이다.
└─

① ㄱ　　　　② ㄷ　　　　③ ㄱ, ㄴ
④ ㄱ, ㄷ　　　⑤ ㄴ, ㄷ

---

07 표는 자연계에 존재하는 X의 동위 원소 (가)와 (나)에 대한 자료이다. ⊙과 ⓒ은 각각 양성자와 중성자 중 하나이다.

원자	(가)	(나)
원자량	6	7
존재 비율(%)	7.5	92.5
⊙ 수	3	3
ⓒ 수	3	4

이에 대한 설명으로 옳은 것만을 |보기|에서 있는 대로 고른 것은? (단, X는 임의의 원소 기호이다.)

┌─ 보기 ─
ㄱ. ⊙은 양성자이다.
ㄴ. X의 평균 원자량은 6.425이다.
ㄷ. $\dfrac{(가) \, 1\,g에 \; 들어 \; 있는 \; 양성자 \; 수}{(나) \, 1\,g에 \; 들어 \; 있는 \; 양성자 \; 수} > 1$이다.
└─

① ㄱ　　　　② ㄴ　　　　③ ㄱ, ㄷ
④ ㄴ, ㄷ　　　⑤ ㄱ, ㄴ, ㄷ

---

06 다음은 자연계에 존재하는 원자 (가)~(다)에 대한 자료이다. (가)~(다)는 각각 ^mX, ^nX, ^lY 중 하나이다.

- X는 원자량이 다른 ^mX와 ^nX로만 존재한다.
- 원자량은 $^mX > ^nX$이고, X의 평균 원자량은 63.6이다.

원자	(가)	(나)	(다)
원자량	63	64	65
중성자 수	a	a	b

이에 대한 설명으로 옳은 것만을 |보기|에서 있는 대로 고른 것은? (단, X, Y는 임의의 원소 기호이다.)

┌─ 보기 ─
ㄱ. (가)는 ^nX이다.
ㄴ. 자연계에서 X의 존재비는 $^mX : ^nX = 1 : 4$이다.
ㄷ. $\dfrac{(가) \, 1\,g에 \; 들어 \; 있는 \; 중성자 \; 수}{(나) \, 1\,g에 \; 들어 \; 있는 \; 중성자 \; 수} > 1$이다.
└─

① ㄱ　　　　② ㄴ　　　　③ ㄱ, ㄴ
④ ㄱ, ㄷ　　　⑤ ㄴ, ㄷ

---

08 다음은 용기 (가)와 (나)에 각각 들어 있는 Cl_2에 대한 자료이다.

- (가)에는 $^{35}Cl_2$와 $^{37}Cl_2$의 혼합 기체가, (나)에는 $^{35}Cl^{37}Cl$ 기체가 들어 있다.
- (가)와 (나)에 들어 있는 기체의 총 양은 각각 1 mol이다.

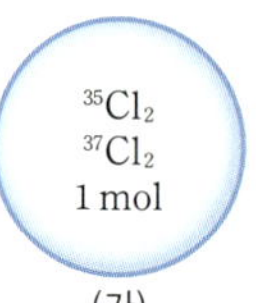

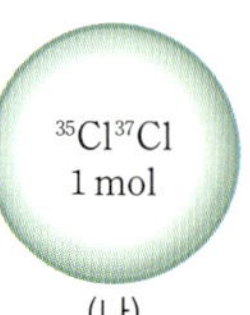

- ^{35}Cl 원자의 양(mol)은 (가)에서가 (나)에서의 $\dfrac{3}{2}$ 배이다.

$\dfrac{(나)에 \; 들어 \; 있는 \; 전체 \; 중성자 \; 수}{(가)에 \; 들어 \; 있는 \; 전체 \; 중성자 \; 수}$ 는?

① $\dfrac{34}{37}$　　　② $\dfrac{19}{20}$　　　③ 1
④ $\dfrac{38}{37}$　　　⑤ $\dfrac{19}{18}$

09 그림은 바닥상태 나트륨($_{11}$Na) 원자에서 전자가 들어 있는 오비탈 중 (가)~(다)를 모형으로 나타낸 것이다. (가)~(다) 중 원자가 전자는 (나)에 들어 있고, 주 양자수와 방위(부) 양자수는 각각 n, l이다.

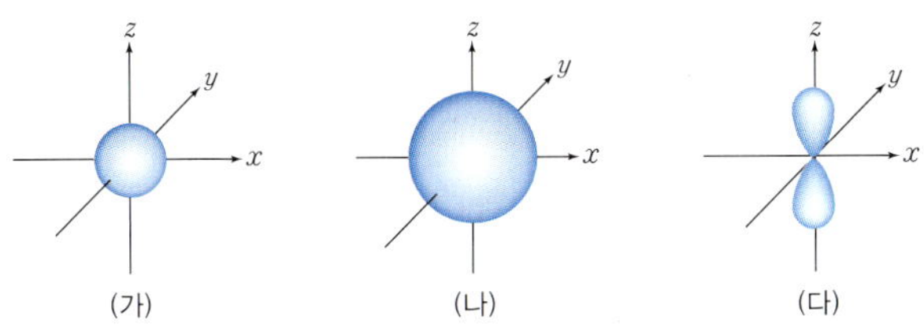

이에 대한 설명으로 옳은 것만을 |보기|에서 있는 대로 고른 것은?

> |보기|
> ㄱ. $n+l$은 (나)>(다)이다.
> ㄴ. 에너지 준위는 (다)>(가)이다.
> ㄷ. 오비탈에 들어 있는 전자 수는 (가)>(나)이다.

① ㄱ   ② ㄴ   ③ ㄱ, ㄴ
④ ㄱ, ㄷ   ⑤ ㄴ, ㄷ

11 다음은 바닥상태 원자 X에 대한 자료이다.

> • 원자가 전자의 주 양자수(n)는 2이다.
> • $\dfrac{s\ 오비탈의\ 전자\ 수}{p\ 오비탈의\ 전자\ 수} = 1$이다.

X^+의 바닥상태 전자 배치로 가장 적절한 것은? (단, X는 임의의 원소 기호이다.)

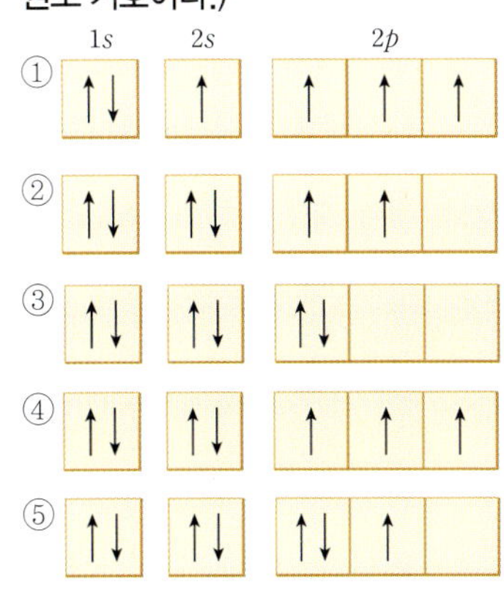

10 표는 수소 원자에서 오비탈 (가)~(다)에 대한 자료이다. n, l, m_l은 각각 주 양자수, 방위(부) 양자수, 자기 양자수이다.

오비탈	(가)	(나)	(다)
$n+l$	2	3	3
$l+m_l$	a	0	1

이에 대한 설명으로 옳은 것만을 |보기|에서 있는 대로 고른 것은?

> |보기|
> ㄱ. $a-1$이다.
> ㄴ. (나)는 $3s$ 오비탈이다.
> ㄷ. 에너지 준위는 (다)>(가)이다.

① ㄱ   ② ㄴ   ③ ㄱ, ㄷ
④ ㄴ, ㄷ   ⑤ ㄱ, ㄴ, ㄷ

12 그림은 3가지 원자의 전자 배치 (가)~(다)를 나타낸 것이다.

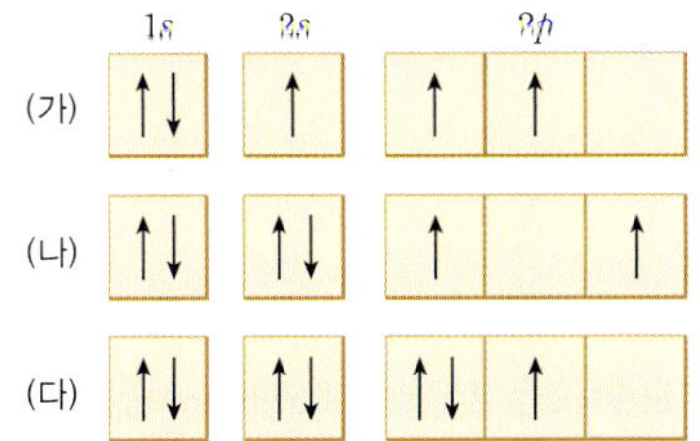

이에 대한 설명으로 옳은 것만을 |보기|에서 있는 대로 고른 것은?

> |보기|
> ㄱ. (가)는 쌓음 원리를 만족한다.
> ㄴ. (나)는 바닥상태 전자 배치이다.
> ㄷ. (가)~(다)는 모두 파울리 배타 원리를 만족한다.

① ㄱ   ② ㄴ   ③ ㄱ, ㄷ
④ ㄴ, ㄷ   ⑤ ㄱ, ㄴ, ㄷ

수능 대비 문제

13 표는 2, 3주기 바닥상태 원자 X와 Y의 전자 배치에 대한 자료이다.

원자	X	Y
전자가 들어 있는 p 오비탈 수 / 전자가 들어 있는 s 오비탈 수	1	$\dfrac{3}{2}$
홀전자 수 / 전자가 들어 있는 p 오비탈 수	$\dfrac{1}{3}$	1

이에 대한 설명으로 옳은 것만을 |보기|에서 있는 대로 고른 것은? (단, X, Y는 임의의 원소 기호이다.)

> **보기**
> ㄱ. Y에서 $\dfrac{p\ \text{오비탈의 전자 수}}{s\ \text{오비탈의 전자 수}}=\dfrac{5}{4}$이다.
> ㄴ. 전자가 들어 있는 p 오비탈 수는 X와 Y가 같다.
> ㄷ. 원자가 전자의 주 양자수(n)는 X>Y이다.

① ㄱ   ② ㄴ   ③ ㄱ, ㄴ
④ ㄱ, ㄷ   ⑤ ㄴ, ㄷ

---

14 표는 2주기 바닥상태 원자 X, Y의 전자 배치에 대한 자료이다.

원자	X	Y
전자가 들어 있는 오비탈 수	n	$n+1$
홀전자 수	2	2

이에 대한 설명으로 옳은 것만을 |보기|에서 있는 대로 고른 것은? (단, X, Y는 임의의 원소 기호이다.)

> **보기**
> ㄱ. X의 원자가 전자 수는 4이다.
> ㄴ. Y에서 $\dfrac{p\ \text{오비탈의 전자 수}}{s\ \text{오비탈의 전자 수}}=\dfrac{2}{3}$이다.
> ㄷ. 방위(부) 양자수가 0인 오비탈의 전자 수는 Y>X이다.

① ㄱ   ② ㄴ   ③ ㄷ
④ ㄱ, ㄷ   ⑤ ㄴ, ㄷ

---

15 표는 2, 3주기 바닥상태 원자 A~C의 전자 배치에 대한 자료이다. n은 주 양자수, l은 방위(부) 양자수이다.

원자	A	B	C
$l=1$인 오비탈의 전자 수 / $l=0$인 오비탈의 전자 수	$\dfrac{3}{2}$	x	$\dfrac{5}{3}$
$n+l=3$인 전자 수	y	6	z

이에 대한 설명으로 옳은 것만을 |보기|에서 있는 대로 고른 것은? (단, A~C는 임의의 원소 기호이다.)

> **보기**
> ㄱ. $x\times(y+z)=24$이다.
> ㄴ. 원자 번호는 B>A이다.
> ㄷ. 전자가 들어 있는 p 오비탈 수는 C>A이다.

① ㄱ   ② ㄴ   ③ ㄱ, ㄷ
④ ㄴ, ㄷ   ⑤ ㄱ, ㄴ, ㄷ

---

16 표는 원자 X의 서로 다른 전자 배치 (가), (나)에서 오비탈의 주 양자수(n)와 오비탈에 들어 있는 전자 수를 나타낸 것이다.

오비탈의 주 양자수(n)		1	2	3
전자 수	(가)	2	8	0
	(나)	2	7	1

이에 대한 설명으로 옳은 것만을 |보기|에서 있는 대로 고른 것은? (단, X는 임의의 원소 기호이다.)

> **보기**
> ㄱ. (가)에서 $n=2$인 모든 오비탈의 에너지 준위는 같다.
> ㄴ. (나)에서 전자가 들어 있는 오비탈 수는 6이다.
> ㄷ. 홀전자 수는 (나)에서가 (가)에서보다 크다.

① ㄱ   ② ㄴ   ③ ㄷ
④ ㄱ, ㄴ   ⑤ ㄴ, ㄷ

1 주기율표

정답과 해설 p.77

[기출 패턴] 주기율표에서 제시된 원소들의 원자가 전자 수, 전자가 들어 있는 전자 껍질 수를 파악하고, 원소들의 전자 배치를 통해 족과 주기, 성질을 알아낼 수 있어야 한다.

[배경 지식] ■ 주기율 : 원소들을 원자 번호 순으로 나열할 때 성질이 비슷한 원소가 일정한 간격을 두고 주기적으로 나타나는 성질
  ■ 원자가 전자의 주기성 : 주기율표에서 원소의 가장 바깥 전자 껍질의 전자 배치를 나타내 보면 원자가 전자 수가 주기적으로 변한다.

자료 1　수능 기출

다음은 질량수가 각각 a, b, c인 원자 ^{a}X, ^{b}Y, ^{c}Z에 대한 자료이다.

- ^{a}X, ^{b}Y, ^{c}Z 각각에서 $\dfrac{\text{중성자 수}}{\text{양성자 수}}=1$이다.
- X에서 $2s$ 오비탈과 $2p$ 오비탈의 에너지 준위는 같다.
- X와 Y는 같은 주기 원소이다.
- $a+b=c$이다.

● 다음 설명 중 옳은 것은 ○표, 옳지 <u>않은</u> 것은 ×표 하시오.

1　X는 수소(H)이다.　○ / ×
2　Y는 18족 원소이다.　○ / ×
3　Z는 전자가 들어 있는 전자 껍질 수가 2이다.　○ / ×
4　X와 Z는 원자가 전자 수가 같다.　○ / ×
5　X와 Y는 전자를 얻어 음이온이 되기 쉽다.　○ / ×

자료 2　교육청 기출

다음은 원자 번호가 3～20인 원소에 대해 주어진 규칙에 따라 만든 주기율표에 대한 자료이다. (단, W～Z는 임의의 원소 기호이다.)

[규칙]
- 원자 번호가 작은 원소를 주기율표의 안쪽에 배치한다.
- 같은 주기 원소는 1족부터 시계 방향으로 원자 번호가 증가하도록 배치한다.
- 같은 족 원소는 주기에서 같은 방향의 영역에 배치한다.

[주기율표]

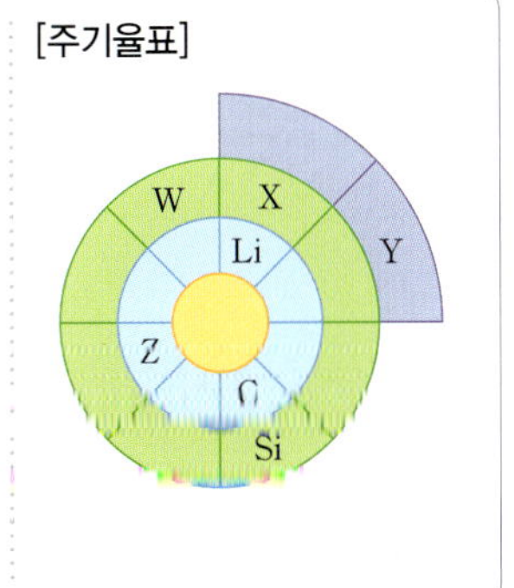

● 다음 설명 중 옳은 것은 ○표, 옳지 <u>않은</u> 것은 ×표 하시오.

1　W～Z 중 2주기 원소는 2가지이다.　○ / ×
2　X의 원자가 전자 수가 1이다.　○ / ×
3　원자가 전자 수는 Y가 W보다 크다.　○ / ×
4　바닥상태에서 전자가 들어 있는 p 오비탈 수는 X가 Z보다 크다.　○ / ×

자료 3　교육청 기출

표는 2, 3주기 바닥상태 원자 X～Z에 대한 자료이다.

원자	X	Y	Z
모든 전자의 주 양자수(n)의 합	a	$a+4$	$a+9$

● 다음 설명 중 옳은 것은 ○표, 옳지 <u>않은</u> 것은 ×표 하시오.

1　X～Z 중 2주기 원소는 2가지이다.　○ / ×
2　원자가 전자 수는 Y가 X보다 크다.　○ / ×
3　전자가 들어 있는 p 오비탈 수는 Z가 Y보다 크다.
　○ / ×
4　모든 전자의 방위(부) 양자수(l)의 합은 Z가 X보다 크다.　○ / ×

2 원소의 주기성

[기출 패턴] 원자가 전자가 느끼는 유효 핵전하, 원자 반지름, 이온 반지름, 제1과 제2 이온화 에너지를 나타낸 자료를 종합적으로 해석하여 원소의 주기적 성질을 파악할 수 있어야 한다.

[배경 지식]
- 원자가 전자가 느끼는 유효 핵전하 : 같은 주기에서 원자 번호가 커질수록 증가한다.
- 원자 반지름 : 같은 족에서 원자 번호가 커질수록, 같은 주기에서 원자 번호가 작아질수록 증가한다.
- 제1 이온화 에너지 : 같은 족에서 원자 번호가 커질수록 감소하고, 같은 주기에서 원자 번호가 커질수록 대체로 증가한다.

자료 1 교육청 기출

그림은 2주기 원소 중 6가지 원소에 대한 자료이다. (단, X~Z는 임의의 원소 기호이다.)

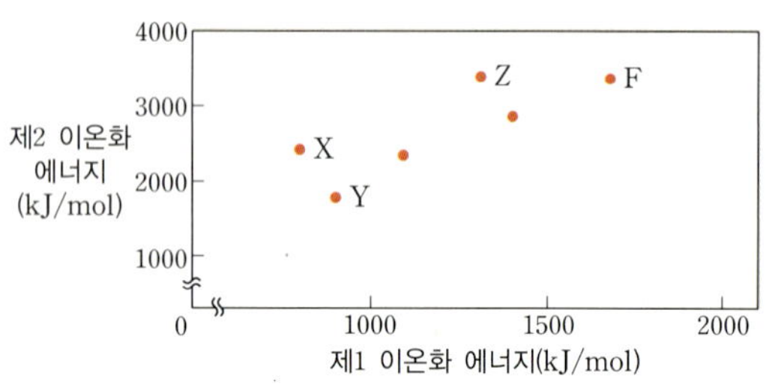

● 다음 설명 중 옳은 것은 ○표, 옳지 <u>않은</u> 것은 ×표 하시오.

1 X는 1족 원소이다.　○ / ×

2 2주기 원소 중 Z보다 제2 이온화 에너지가 큰 원소는 2가지이다.　○ / ×

3 원자 반지름은 Y가 X보다 크다.　○ / ×

4 바닥상태 원자에서 전자가 들어 있는 p 오비탈 수는 F이 Z보다 크다.　○ / ×

자료 2 평가원 기출

다음은 원자 W~Z에 대한 자료이다.

- W~Z는 각각 N, O, Na, Mg 중 하나이다.
- 각 원자의 이온은 모두 Ne의 전자 배치를 갖는다.
- ㉠, ㉡은 각각 이온 반지름, 제1 이온화 에너지 중 하나이다.

● 다음 설명 중 옳은 것은 ○표, 옳지 <u>않은</u> 것은 ×표 하시오.

1 ㉠은 이온 반지름이다.　○ / ×

2 원자가 전자 수는 Z>X이다.　○ / ×

3 제2 이온화 에너지는 Z>X이다.　○ / ×

4 원자가 전자가 느끼는 유효 핵전하는 Y>W이다.
○ / ×

자료 3 평가원 기출

다음은 바닥상태 원자 W~Z에 대한 자료이다. (단, W~Z는 임의의 원소 기호이다.)

- W~Z의 원자 번호는 각각 7~14 중 하나이다.
- W~Z의 홀전자 수와 제2 이온화 에너지

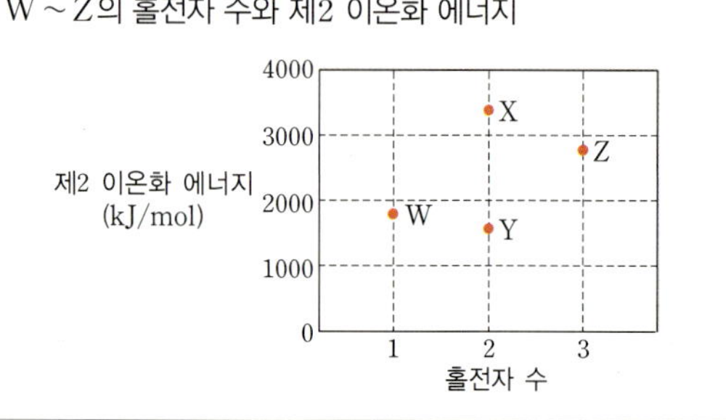

● 다음 설명 중 옳은 것은 ○표, 옳지 <u>않은</u> 것은 ×표 하시오.

1 X는 O이다.　○ / ×

2 3주기 원소는 2가지이다.　○ / ×

3 제1 이온화 에너지는 Y가 W보다 크다.　○ / ×

4 원자가 전자가 느끼는 유효 핵전하는 Z가 X보다 크다.
○ / ×

5 원자 반지름은 W가 X보다 크다.　○ / ×

자료 4 평가원 기출

그림 (가)는 원자 A∼D의 제1 이온화 에너지를, (나)는 주기율표에 원소 ㉠∼㉣을 나타낸 것이다. A∼D는 각각 ㉠∼㉣ 중 하나이다.

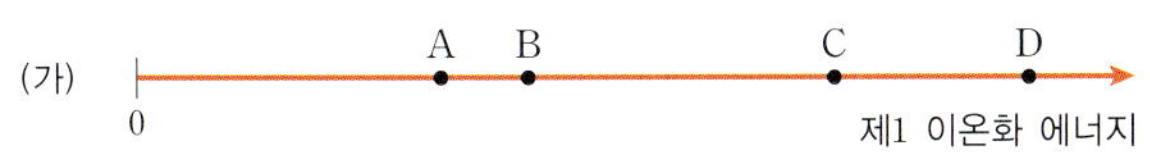

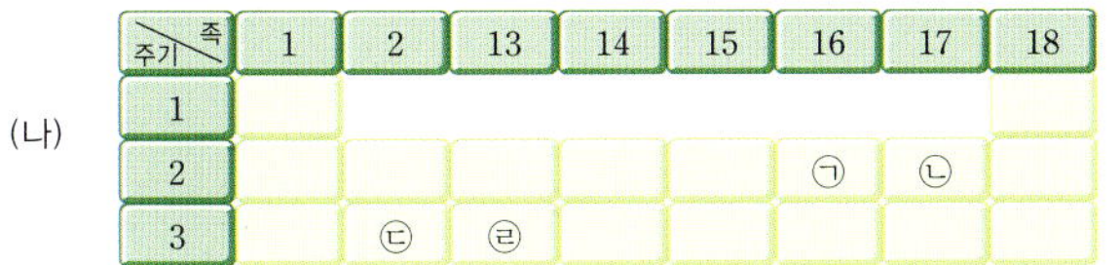

● 다음 설명 중 옳은 것은 ○표, 옳지 않은 것은 ×표 하시오.

1 A는 ㉢이다. ○ / ×

2 제2 이온화 에너지는 C > D이다. ○ / ×

3 원자가 전자가 느끼는 유효 핵전하는 A > B이다. ○ / ×

4 Ne의 전자 배치를 갖는 이온의 반지름은 B > C이다. ○ / ×

5 원자가 전자가 느끼는 유효 핵전하는 A > B이다. ○ / ×

자료 5 평가원 기출

그림은 원자 A∼C에 대하여 $\dfrac{\text{원자 반지름}}{\text{이온 반지름}}$ 과 $\dfrac{\text{이온 반지름}}{|\text{이온의 전하}|}$ 을 나타낸 것이다. A∼C는 각각 O, Na, Al 중 하나이며, A∼C 이온의 전자 배치는 모두 Ne과 같다.

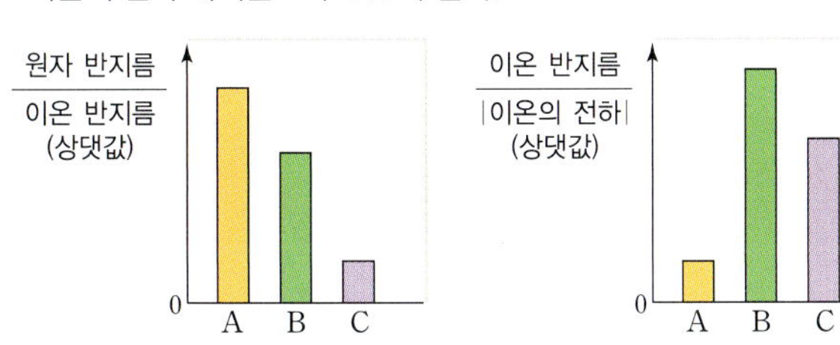

● 다음 설명 중 옳은 것은 ○표, 옳지 않은 것은 ×표 하시오.

1 B는 Na이다. ○ / ×

2 원자가 전자 수는 C > A이다. ○ / ×

3 이온 반지름은 A > B이다. ○ / ×

4 제2 이온화 에너지는 C > B이다. ○ / ×

5 원자가 전자가 느끼는 유효 핵전하는 A > B이다. ○ / ×

자료 6 수능 기출

그림은 원자 V∼Z의 제2 이온화 에너지를 나타낸 것이다. V∼Z는 각각 원자 번호 9∼13의 원소 중 하나이다.

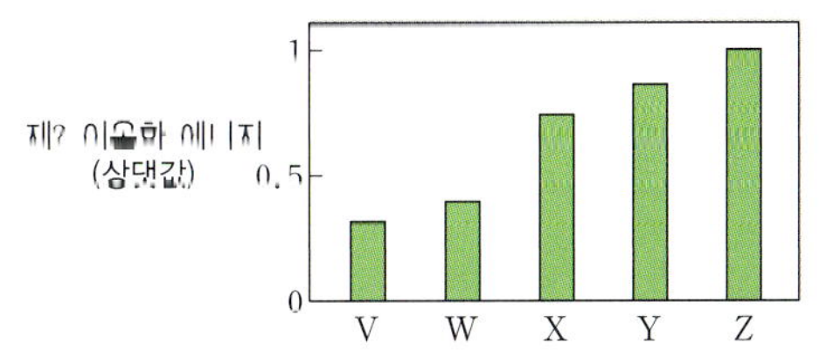

● 다음 설명 중 옳은 것은 ○표, 옳지 않은 것은 ×표 하시오.

1 Z의 원자가 전자 수는 1이다. ○ / ×

2 X와 Y는 모두 2주기 원소이다. ○ / ×

3 원자 반지름은 W > V이다. ○ / ×

4 제1 이온화 에너지는 W > V > Z이다. ○ / ×

5 원자가 전자가 느끼는 유효 핵전하는 W > Z이다. ○ / ×

수능 대비 문제

01
그림은 주기율표의 일부를 나타낸 것이다.

족\주기	1	2	13	14	15	16	17
2	A					B	
3	C						D

바닥상태인 A ~ D에 대한 설명으로 옳은 것만을 |보기|에서 있는 대로 고른 것은? (단, A ~ D는 임의의 원소 기호이다.)

|보기|
ㄱ. B는 홀전자 수와 원자가 전자의 주 양자수(n)가 같다.
ㄴ. A와 C는 화학적 성질이 비슷하다.
ㄷ. C와 D는 전자가 들어 있는 전자 껍질 수가 같다.

① ㄱ   ② ㄷ   ③ ㄱ, ㄴ
④ ㄴ, ㄷ   ⑤ ㄱ, ㄴ, ㄷ

02
그림은 이온 A^{2+}, C^- 과 원자 B의 전자 배치를 모형으로 나타낸 것이다.

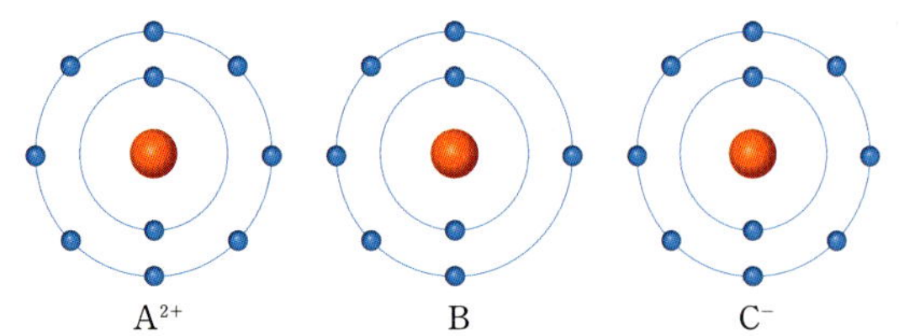

이에 대한 설명으로 옳은 것만을 |보기|에서 있는 대로 고른 것은? (단, A ~ C는 임의의 원소 기호이다.)

|보기|
ㄱ. A는 3주기 원소이다.
ㄴ. B와 C는 모두 전자가 들어 있는 전자 껍질 수가 같다.
ㄷ. 바닥상태 전자 배치에서 홀전자 수는 A가 C보다 크다.

① ㄱ   ② ㄷ   ③ ㄱ, ㄴ
④ ㄴ, ㄷ   ⑤ ㄱ, ㄴ, ㄷ

03
그림은 바닥상태 원자 X ~ Z의 전자 배치를 나타낸 것이다.

$$X : 1s^2 2s^2 2p^5$$
$$Y : 1s^2 2s^2 2p^6 3s^2$$
$$Z : 1s^2 2s^2 2p^6 3s^2 3p^1$$

X ~ Z에 대한 설명으로 옳은 것만을 |보기|에서 있는 대로 고른 것은? (단, X ~ Z는 임의의 원소 기호이다.)

|보기|
ㄱ. 2주기 원소는 2가지이다.
ㄴ. 금속 원소는 2가지이다.
ㄷ. 홀전자 수가 1인 원자는 2가지이다.

① ㄱ   ② ㄷ   ③ ㄱ, ㄴ
④ ㄴ, ㄷ   ⑤ ㄱ, ㄴ, ㄷ

04
그림은 4가지 원소를 2가지 기준에 따라 분류한 것을 나타낸 것이다. A ~ D는 각각 Li, F, Ne, Na 중 하나이다.

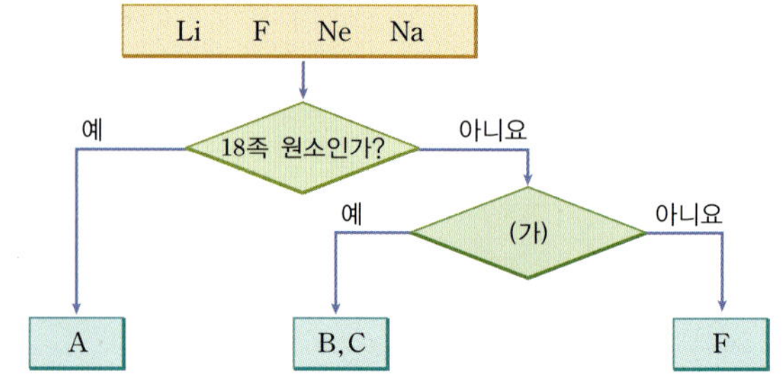

이에 대한 설명으로 옳은 것만을 |보기|에서 있는 대로 고른 것은?

|보기|
ㄱ. '1족 원소인가?'는 (가)로 적절하다.
ㄴ. 원자가 전자 수는 A가 B보다 크다.
ㄷ. 바닥상태에서 전자가 들어 있는 p 오비탈 수는 A가 F보다 크다.

① ㄱ   ② ㄴ   ③ ㄷ
④ ㄱ, ㄷ   ⑤ ㄴ, ㄷ

05 다음은 원소 A ~ E에 대한 자료이다.

- ㉠~㉢은 각각 A ~ E 중 하나이다.

족 주기	1	2	13	14	15	16	17	18
2	㉠					㉡	㉢	
3	㉣						㉤	

- A와 B는 원자가 전자 수가 같다.
- B와 E는 원자가 전자의 주 양자수(n)가 3이다.
- 양성자 수는 A가 D보다 크다.
- 원자가 전자 수는 D가 C보다 크다.

이에 대한 설명으로 옳은 것만을 |보기|에서 있는 대로 고른 것은? (단, A ~ E는 임의의 원소 기호이다.)

┌ 보기 ┐
ㄱ. ㉡은 C이다.
ㄴ. A와 B는 모두 비금속 원소이다.
ㄷ. 방위(부) 양자수(l)가 1인 전자의 수는 E가 D보다 크다.

① ㄱ   ② ㄴ   ③ ㄱ, ㄷ
④ ㄴ, ㄷ   ⑤ ㄱ, ㄴ, ㄷ

06 표는 3주기 바닥상태 원자 A ~ C를 분류 기준에 따라 분류한 것이다.

분류 기준	예	아니요
비금속 원소인가?	A	B, C
$3p$ 오비탈에 전자가 들어 있는가?	A, C	B
홀전자 수가 1인가?	A, B, C	

이에 대한 설명으로 옳은 것만을 |보기|에서 있는 대로 고른 것은? (단, A ~ C는 임의의 원소 기호이고, 원자의 이온은 18족 원소의 전자 배치를 갖는다.)

┌ 보기 ┐
ㄱ. B의 원자가 전자 수는 1이다.
ㄴ. A 이온의 전자 배치는 C 이온과 같다.
ㄷ. 전자가 들어 있는 오비탈 수는 A가 B의 1.5배이다.

① ㄱ   ② ㄴ   ③ ㄱ, ㄷ
④ ㄴ, ㄷ   ⑤ ㄱ, ㄴ, ㄷ

07 다음은 바닥상태 원자 (가)~(라)에 대한 자료이다. (가)~(라)는 각각 O, F, Mg, Al 중 하나이고, 각 원자의 이온은 모두 Ne의 전자 배치를 갖는다.

- (가)와 (나)의 홀전자 수는 모두 1이다.
- 원자 반지름은 (다)>(나)>(라)이다.

이에 대한 설명으로 옳은 것만을 |보기|에서 있는 대로 고른 것은?

┌ 보기 ┐
ㄱ. 이온 반지름은 (가)>(다)이다.
ㄴ. 제2 이온화 에너지는 (다)>(나)이다.
ㄷ. 원자가 전자가 느끼는 유효 핵전하는 (가)>(라)이다.

① ㄱ   ② ㄴ   ③ ㄱ, ㄴ
④ ㄱ, ㄷ   ⑤ ㄴ, ㄷ

08 표는 바닥상태 원자 A ~ C에 대한 자료이다.

원자	A	B	C
총 전자 수	$n+3$	$n+6$	$n+10$
원자가 전자 수	$n+1$	$n-4$	n
홀전자 수	m		$m-1$

이에 대한 설명으로 옳은 것만을 |보기|에서 있는 대로 고른 것은? (단, A ~ C는 임의의 원소 기호이다.)

┌ 보기 ┐
ㄱ. $m+n=6$이다.
ㄴ. 제1 이온화 에너지는 A가 C보다 크다.
ㄷ. 원자가 전자가 느끼는 유효 핵전하는 B가 A보다 크다.

① ㄱ   ② ㄴ   ③ ㄱ, ㄷ
④ ㄴ, ㄷ   ⑤ ㄱ, ㄴ, ㄷ

09 다음은 원자 번호가 연속인 3주기 원자 A ~ C에 대한 자료이다. A ~ C는 임의의 원소 기호이며, 원자 번호 순서가 아니다.

- 원자가 전자가 느끼는 유효 핵전하는 B > A > C이다.
- $\dfrac{\text{제2 이온화 에너지}}{\text{제1 이온화 에너지}}$ 는 C > B > A이다.
- 각 원자의 이온은 18족 원소의 전자 배치를 갖는다.

이에 대한 설명으로 옳은 것만을 |보기|에서 있는 대로 고른 것은?

|보기|
ㄱ. C는 1족 원소이다.
ㄴ. 이온 반지름은 A가 B보다 크다.
ㄷ. 바닥상태에서 p 오비탈의 전자 수는 B와 C가 같다.

① ㄱ ② ㄷ ③ ㄱ, ㄴ
④ ㄱ, ㄷ ⑤ ㄴ, ㄷ

11 그림은 원자 번호가 연속인 2주기 원자 A ~ D의 제2 이온화 에너지를 원자 번호가 증가하는 순서로 나타낸 것이다. 바닥상태 전자 배치에서 B와 C는 전자가 들어 있는 p 오비탈 수가 같다.

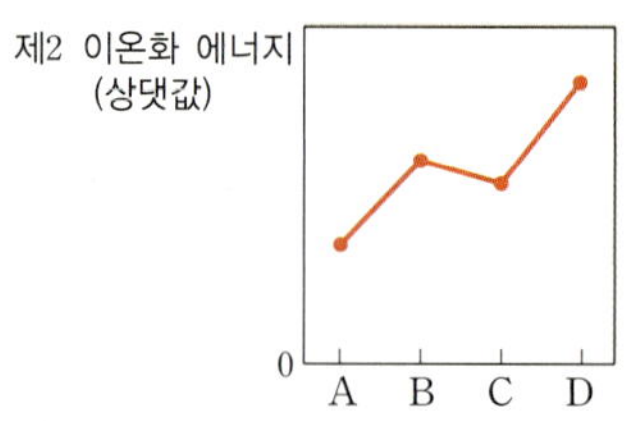

이에 대한 설명으로 옳은 것만을 |보기|에서 있는 대로 고른 것은? (단, A ~ D는 임의의 원소 기호이다.)

|보기|
ㄱ. A는 N이다.
ㄴ. 제1 이온화 에너지는 C > D이다.
ㄷ. 원자가 전자가 느끼는 유효 핵전하는 B > C이다.

① ㄱ ② ㄴ ③ ㄱ, ㄷ
④ ㄴ, ㄷ ⑤ ㄱ, ㄴ, ㄷ

10 다음은 원자 A ~ D에 대한 자료이다.

기출 평가원

- A ~ D는 각각 P, S, K, Ca 중 하나이다.
- 각 원자의 이온은 Ar의 전자 배치를 갖는다.

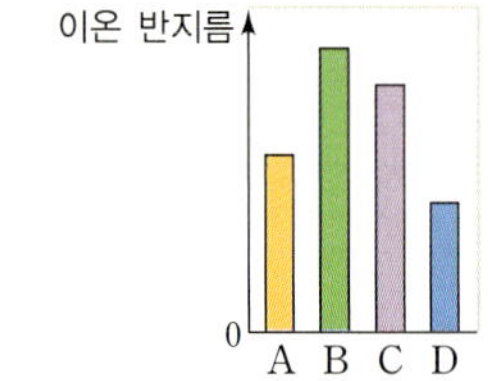

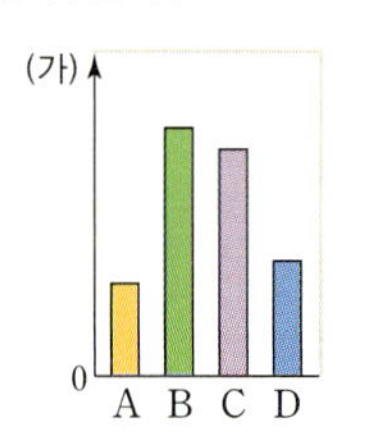

이에 대한 설명으로 옳은 것만을 |보기|에서 있는 대로 고른 것은?

|보기|
ㄱ. '제1 이온화 에너지'는 (가)로 적절하다.
ㄴ. 원자 반지름은 A > D이다.
ㄷ. 원자가 전자가 느끼는 유효 핵전하는 C > B이다.

① ㄱ ② ㄷ ③ ㄱ, ㄴ
④ ㄴ, ㄷ ⑤ ㄱ, ㄴ, ㄷ

12 그림은 2주기 원소 중 6가지 원자의 제1 이온화 에너지와 제2 이온화 에너지를 나타낸 것이다.

기출 변형 교육청

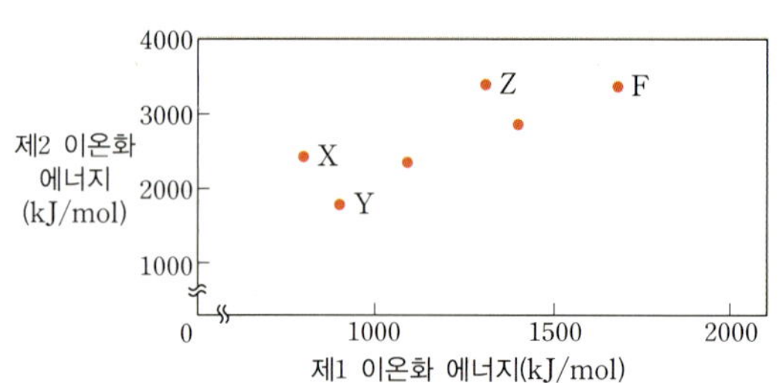

이에 대한 설명으로 옳은 것만을 |보기|에서 있는 대로 고른 것은? (단, X ~ Z는 임의의 원소 기호이다.)

|보기|
ㄱ. X의 원자가 전자 수는 2이다.
ㄴ. 원자 반지름은 Y > X이다.
ㄷ. 제3 이온화 에너지는 Y > Z이다.

① ㄱ ② ㄴ ③ ㄷ
④ ㄱ, ㄷ ⑤ ㄴ, ㄷ

13

다음은 2, 3주기 원자 $a \sim f$에 대한 자료이다.

- $a \sim f$는 바닥상태에서 전자가 들어 있는 p 오비탈 수가 같다.

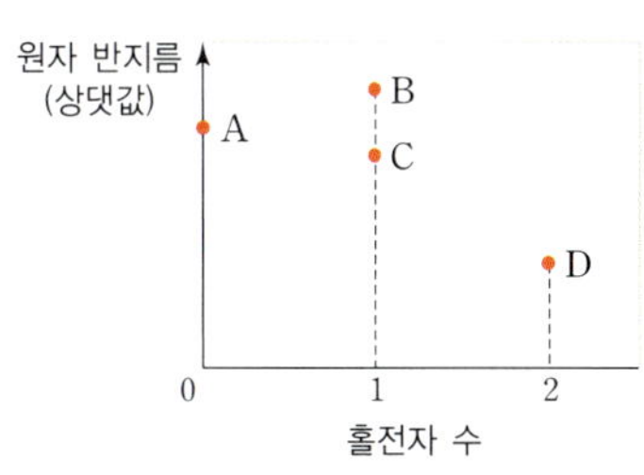

이에 대한 설명으로 옳은 것만을 |보기|에서 있는 대로 고른 것은? (단, $a \sim f$는 임의의 원소 기호이다.)

┌ 보기 ┐
ㄱ. f는 18족 원소이다.
ㄴ. 제1 이온화 에너지는 $c > b > d$이다.
ㄷ. 원자가 전자가 느끼는 유효 핵전하는 $e > c$이다.
└────┘

① ㄱ   ② ㄴ   ③ ㄱ, ㄷ
④ ㄴ, ㄷ   ⑤ ㄱ, ㄴ, ㄷ

14

다음은 바닥상태 원자 A ~ E에 대한 자료이다.

- A ~ E는 각각 N, O, F, S, Cl 중 하나이다.
- A와 B의 홀전자 수는 같다.
- 원자가 전자의 주 양자수(n)는 E > B이다.
- 제2 이온화 에너지는 C가 가장 크다.

이에 대한 설명으로 옳은 것만을 |보기|에서 있는 대로 고른 것은?

┌ 보기 ┐
ㄱ. 원자 반지름은 A > E이다.
ㄴ. 제1 이온화 에너지는 D > C이다.
ㄷ. 원자가 전자가 느끼는 유효 핵전하는 B > C이다.
└────┘

① ㄱ   ② ㄴ   ③ ㄱ, ㄷ
④ ㄴ, ㄷ   ⑤ ㄱ, ㄴ, ㄷ

15

그림은 바닥상태 원자 A ~ D의 홀전자 수와 원자 반지름을 나타낸 것이다. A ~ D는 각각 O, Na, Mg, Al 중 하나이고, 원자의 이온은 모두 Ne의 전자 배치를 갖는다.

이에 대한 설명으로 옳은 것만을 |보기|에서 있는 대로 고른 것은?

┌ 보기 ┐
ㄱ. 제2 이온화 에너지는 D > B이다.
ㄴ. $\dfrac{\text{이온 반지름}}{|\text{이온의 전하}|}$ 은 B > C이다.
ㄷ. 원자가 전자가 느끼는 유효 핵전하는 C > A이다.
└────┘

① ㄱ   ② ㄴ   ③ ㄱ, ㄷ
④ ㄴ, ㄷ   ⑤ ㄱ, ㄴ, ㄷ

16

다음은 바닥상태 원자 W ~ Z에 대한 자료이다.

- W ~ Z는 각각 O, F, Na, Mg, Al 중 하나이다.
- W, X, Y의 홀전자 수는 모두 1이다.
- 각 원자의 이온은 모두 Ne의 전자 배치를 갖는다.
- ㉠과 ㉡은 각각 원자가 전자가 느끼는 유효 핵전하와 이온 반지름 중 하나이다.

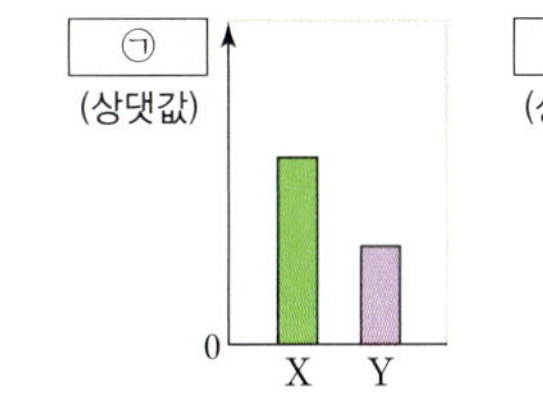
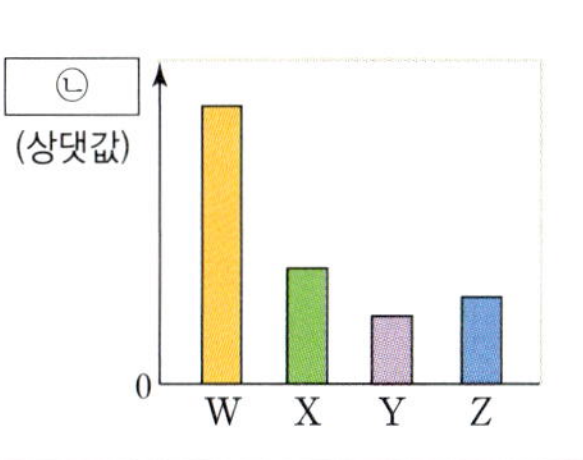

이에 대한 설명으로 옳은 것만을 |보기|에서 있는 대로 고른 것은?

┌ 보기 ┐
ㄱ. 2주기 원소는 2가시이다.
ㄴ. ㉡은 이온 반지름이다.
ㄷ. 제1 이온화 에너지는 Y > Z이다.
└────┘

① ㄱ   ② ㄴ   ③ ㄱ, ㄷ
④ ㄴ, ㄷ   ⑤ ㄱ, ㄴ, ㄷ

수능 대비 문제

17 표는 원자 번호가 연속인 2주기 바닥상태 원자 W ~ Z에 대한 자료이다. W ~ Z는 원자 번호 순서가 아니다.

원자	W	X	Y	Z
홀전자 수	a	a	$a+1$	$a-1$
전자가 들어 있는 p 오비탈 수	b	c	c	c

이에 대한 설명으로 옳은 것만을 |보기|에서 있는 대로 고른 것은? (단, W ~ Z는 임의의 원소 기호이다.)

┌─ 보기 ─
ㄱ. $a+b+c=7$이다.
ㄴ. 원자 반지름은 Y가 X보다 크다.
ㄷ. 제2 이온화 에너지는 Z가 X보다 크다.
└─

① ㄱ ② ㄷ ③ ㄱ, ㄴ
④ ㄴ, ㄷ ⑤ ㄱ, ㄴ, ㄷ

18 다음은 2주기 바닥상태 원자 A ~ C에 대한 자료이다. ㉠은 원자가 전자가 느끼는 유효 핵전하와 제1 이온화 에너지 중 하나이다.

- A ~ C는 각각 N, O, F 중 하나이다.
- 홀전자 수의 합은 x이다.
- ⬚ ㉠ ⬚ 은 C > B > A이다.
- 원자 반지름은 B > A > C이다.

이에 대한 설명으로 옳은 것만을 |보기|에서 있는 대로 고른 것은?

┌─ 보기 ─
ㄱ. $x=6$이다.
ㄴ. ㉠은 제1 이온화 에너지이다.
ㄷ. 제2 이온화 에너지는 C > A > B이다.
└─

① ㄱ ② ㄷ ③ ㄱ, ㄴ
④ ㄴ, ㄷ ⑤ ㄱ, ㄴ, ㄷ

19 다음은 바닥상태인 원자 V ~ Z에 대한 자료이다. V ~ Z는 각각 Li, C, N, O, F 중 하나이다.

- 홀전자 수는 V와 W가 같다.
- 원자가 전자가 느끼는 유효 핵전하는 X > V > W이다.
- 제1 이온화 에너지는 Z가 V보다 크다.

이에 대한 설명으로 옳은 것만을 |보기|에서 있는 대로 고른 것은?

┌─ 보기 ─
ㄱ. X의 원자가 전자 수는 7이다.
ㄴ. 원자 반지름은 W > Z이다.
ㄷ. $\dfrac{\text{제2 이온화 에너지}}{\text{제1 이온화 에너지}}$ 는 Y > V이다.
└─

① ㄱ ② ㄷ ③ ㄱ, ㄴ
④ ㄴ, ㄷ ⑤ ㄱ, ㄴ, ㄷ

20 그림은 원자 A ~ E의 원자 반지름과 이온 반지름을 나타낸 것이다. (가)와 (나)는 각각 원자 반지름과 이온 반지름 중 하나이다. A ~ E의 원자 번호는 각각 15, 16, 17, 19, 20 중 하나이고, 각 원자의 이온은 Ar의 전자 배치를 갖는다.

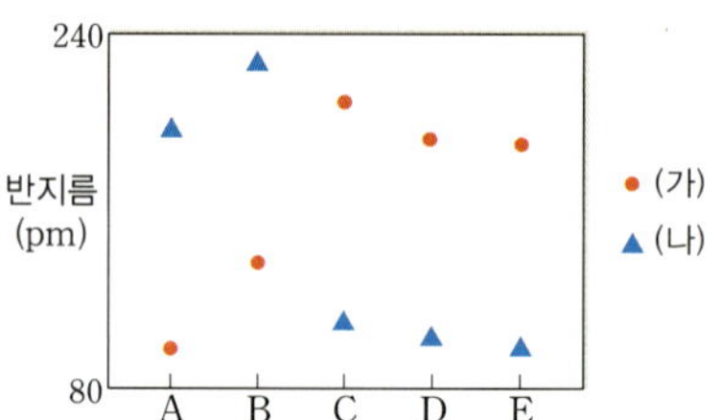

이에 대한 설명으로 옳은 것만을 |보기|에서 있는 대로 고른 것은? (단, A ~ E는 임의의 원소 기호이다.)

┌─ 보기 ─
ㄱ. (나)는 이온 반지름이다.
ㄴ. 제1 이온화 에너지는 C > D이다.
ㄷ. $\dfrac{\text{이온 반지름}}{|\text{이온의 전하}|}$ 은 B > E이다.
└─

① ㄱ ② ㄴ ③ ㄱ, ㄷ
④ ㄴ, ㄷ ⑤ ㄱ, ㄴ, ㄷ

III 화학 결합과 분자의 세계

1 이온 결합과 옥텟 규칙

정답과 해설 p.81

[기출 패턴] 화학 결합의 전기적 성질을 이해하고 이온 결합 물질의 결합 모형을 통해 화합물의 화학식 및 각 이온의 옥텟 규칙 만족 여부를 파악하며, 이온 결합 물질들의 녹는점을 비교할 수 있어야 한다.

[배경 지식] ■ 물의 전기 분해 : 화학 결합(공유 결합)에 전자가 관여함을 알 수 있다.
■ 이온 결합 : 금속 양이온과 비금속 음이온이 정전기적 인력으로 형성된 결합이다.
■ 옥텟 규칙 : 18족 원소(비활성 기체)와 같이 가장 바깥 전자 껍질의 전자 수가 8이 되려는 경향이다.

자료 1 교육청 기출

그림은 물(H_2O)을 전기 분해하는 것을 나타낸 것이다.

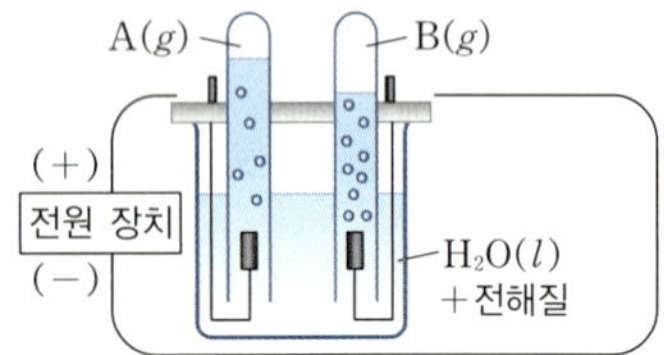

● 다음 설명 중 옳은 것은 ○표, 옳지 않은 것은 ×표 하시오.

1 A(g)는 산소(O_2) 기체이다. ○ / ×
2 물에 넣어준 전해질은 전기 분해된다. ○ / ×
3 H와 O의 원자량이 각각 1, 16일 때 생성된 기체의 질량비는 A(g) : B(g)=16 : 1이다. ○ / ×
4 물을 이루고 있는 수소(H) 원자와 산소(O) 원자 사이의 화학 결합에는 전자가 관여한다. ○ / ×

자료 2 교육청 기출

그림은 화합물 ABC와 DB의 화학 결합 모형을 나타낸 것이다.

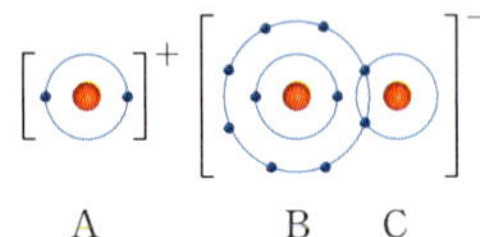

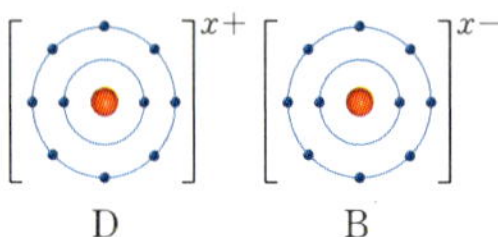

● 다음 설명 중 옳은 것은 ○표, 옳지 않은 것은 ×표 하시오.

1 화합물 ABC와 DB는 모두 이온 결합 물질이다. ○ / ×
2 A와 C는 같은 족 원소이다. ○ / ×
3 D와 B는 같은 주기 원소이다. ○ / ×
4 $x=1$이다. ○ / ×
5 A와 B는 2 : 1로 결합하여 안정한 화합물을 형성한다. ○ / ×

자료 3 수능 기출

다음은 원자 W~Z에 대한 자료이다.

- W~Z는 각각 O, F, Na, Mg 중 하나이다.
- 각 원자의 이온은 모두 Ne의 전자 배치를 갖는다.
- Y와 Z는 2주기 원소이다.
- X와 Z는 2 : 1로 결합하여 안정한 화합물을 형성한다.

● 다음 설명 중 옳은 것은 ○표, 옳지 않은 것은 ×표 하시오.

1 Ne의 전자 배치를 가지는 Mg의 이온은 Mg^{2-}이다. ○ / ×
2 X는 금속 원소이다. ○ / ×
3 W와 Y는 1 : 1로 결합하여 안정한 화합물을 형성한다. ○ / ×
4 녹는점은 WZ가 CaO보다 낮다. ○ / ×

2 공유 결합

정답과 해설 p.81

[기출 패턴] 공유 결합 물질의 결합 모형을 통해 화합물의 화학식 및 각 원자의 옥텟 규칙 만족 여부를 파악하고, 공유 결합 물질의 성질을 이해할 수 있어야 한다.

[배경 지식]
- 공유 결합 : 비금속 원소의 원자와 원자 사이에 전자쌍을 공유하여 형성된 결합이다.
- 공유 결합의 형성 : 비금속 원자들은 공유 결합을 통해 비활성 기체의 전자 배치를 가진다(옥텟 규칙을 만족함).
- 공유 결합 물질의 성질 : 고체 상태와 액체 상태에서 모두 전기 전도성이 없다.

자료 1   평가원 기출

다음은 Na과 ㉠이 반응하여 ㉡과 H_2를 생성하는 반응의 화학 반응식이고, 그림 (가)와 (나)는 ㉠과 ㉡을 각각 화학 결합 모형으로 나타낸 것이다.

$$2Na + 2\boxed{㉠} \longrightarrow 2\boxed{㉡} + H_2$$

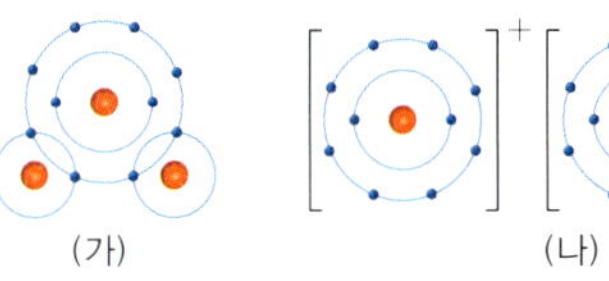

(가)   (나)

● 다음 설명 중 옳은 것은 ○표, 옳지 <u>않은</u> 것은 ×표 하시오.

1 ㉠은 H_2O이다.   ○ / ×

2 ㉡은 이온 결합 물질이다.   ○ / ×

3 Na(s)은 액체 상태에서 전기 전도성이 없다.   ○ / ×

4 (나)에서 음이온의 총 전자 수는 양이온의 총 전자 수보다 크다.   ○ / ×

자료 2   수능 기출

그림은 화합물 WX와 WYZ를 화학 결합 모형으로 나타낸 것이다.

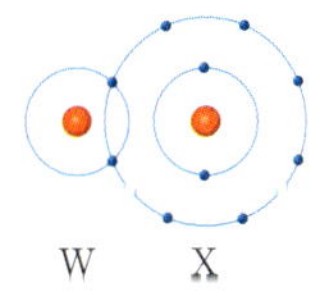 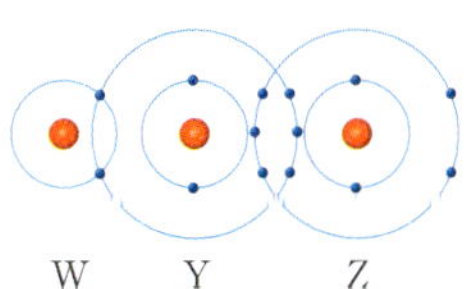

W   X   W   Y   Z

● 다음 설명 중 옳은 것은 ○표, 옳지 <u>않은</u> 것은 ×표 하시오.

1 W는 H(수소)이다.   ○ / ×

2 WX와 WYZ는 모두 공유 결합 물질이다.   ○ / ×

3 원자가 전자 수는 Y > Z이다.   ○ / ×

4 화합물 ZW_3는 액체 상태에서 전기 전도성이 있다.

        ○ / ×

자료 3   교육청 기출

그림은 분자 X_2Y_2와 Z_2Y_2를 화학 결합 모형으로 나타낸 것이다.

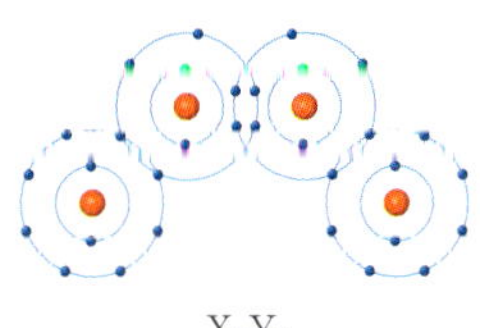 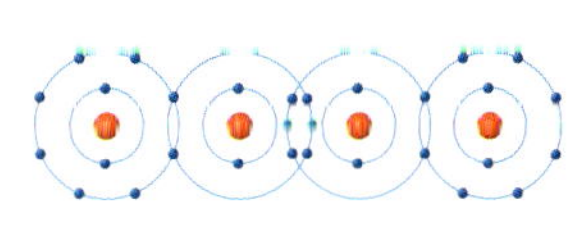

X_2Y_2 Z_2Y_2

● 다음 설명 중 옳은 것은 ○표, 옳지 <u>않은</u> 것은 ×표 하시오.

1 원자 번호는 Z > X이다.   ○ / ×

2 X_2Y_2와 Z_2Y_2에서 모든 원자는 모두 옥텟 규칙을 만족한다.   ○ / ×

3 X_2Y_2와 Z_2Y_2는 모두 다중 결합을 가진다.   ○ / ×

4 X_2Y_2와 Z_2Y_2는 모두 액체 상태에서 전기 전도성이 없다.   ○ / ×

3 금속 결합

정답과 해설 p.81

[기출 패턴] 자유 전자로 인해 나타나는 금속 결합 물질 특유의 여러 가지 성질을 파악할 수 있어야 한다.

[배경 지식]
- 금속 결합 : 금속 양이온과 자유 전자 사이의 정전기적 인력으로 형성된 결합이다.
- 금속 결합 물질의 성질 : 고체 상태와 액체 상태에서 전기 전도성이 있고, 열 전도성, 뽑힘성(연성)과 펴짐성(전성)이 우수하다.

자료 1 수능 기출

다음은 3가지 물질이다.

> 구리(Cu) 염화 나트륨(NaCl) 다이아몬드(C)

● 다음 설명 중 옳은 것은 ○표, 옳지 <u>않은</u> 것은 ×표 하시오.

1 다이아몬드(C)는 공유 결합 물질이다. ○ / ×
2 염화 나트륨(NaCl)은 전성(펴짐성)이 있다. ○ / ×
3 구리(Cu)는 액체 상태에서 전기 전도성이 없다. ○ / ×
4 3가지 물질 중 자유 전자를 가진 것은 1가지이다.
  ○ / ×

자료 2 교육청 기출

그림은 나트륨의 결합 모형과 다이아몬드의 구조 모형을 나타낸 것이다.

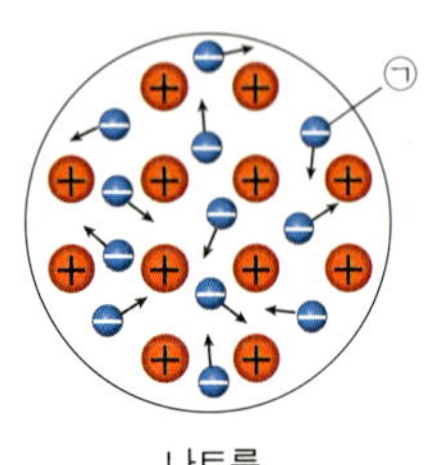
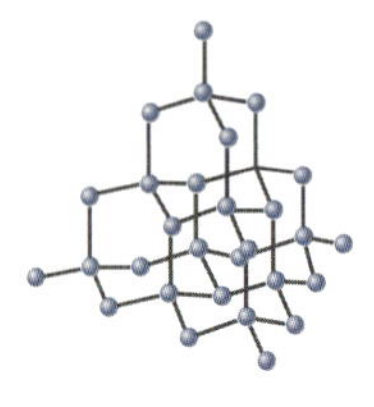

나트륨   다이아몬드

● 다음 설명 중 옳은 것은 ○표, 옳지 <u>않은</u> 것은 ×표 하시오.

1 ㉠은 음이온이다. ○ / ×
2 다이아몬드는 금속 결합 물질이다. ○ / ×
3 나트륨은 뽑힘성(연성)이 있다. ○ / ×
4 나트륨과 다이아몬드는 모두 액체 상태에서 전기 전도성이 있다. ○ / ×

자료 3 교육청 기출

표는 물질 (가)~(다)에 대한 자료이다. (가)~(다)는 각각 구리(Cu), 설탕($C_{12}H_{22}O_{11}$), 염화 칼슘($CaCl_2$) 중 하나이다.

물질	전기 전도성	
	고체 상태	액체 상태
(가)	없음	없음
(나)	없음	있음
(다)	있음	있음

● 다음 설명 중 옳은 것은 ○표, 옳지 <u>않은</u> 것은 ×표 하시오.

1 (가)는 설탕($C_{12}H_{22}O_{11}$)이다. ○ / ×
2 (나)는 공유 결합 물질이다. ○ / ×
3 (다)는 열 전도성이 우수하다. ○ / ×
4 (나)와 (다)에는 모두 금속 양이온이 존재한다. ○ / ×

수능 대비 문제

01 다음은 물(H_2O)의 전기 분해 실험이다. 기출 평가원

[실험 과정]

(가) 비커에 물을 넣고, 황산 나트륨을 소량 녹인다.

(나) (가)의 수용액으로 가득 채운 시험관 A와 B에 전극을 설치하고 전류를 흘려 주어 생성되는 기체를 그림과 같이 시험관에 각각 모은다.

(다) (나)의 각 시험관에 모은 기체의 종류를 확인하고 부피를 측정한다.

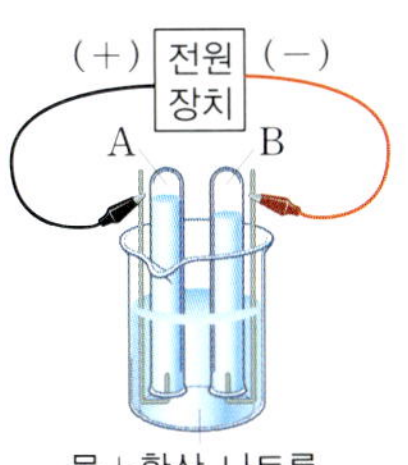

[실험 결과]

- 각 시험관에 모은 기체는 각각 수소(H_2)와 산소(O_2)였다.
- 시험관에 각각 모은 기체의 부피(V) 비는 $V_A : V_B = 1 : 2$였다.

이에 대한 설명으로 옳은 것만을 |보기|에서 있는 대로 고른 것은?

|보기|

ㄱ. A에서 모은 기체는 산소(O_2)이다.

ㄴ. 이 실험으로 물이 화합물이라는 것을 알 수 있다.

ㄷ. 물을 이루고 있는 수소(H) 원자와 산소(O) 원자 사이의 화합 결합에는 전자가 관여한다.

① ㄱ   ② ㄷ   ③ ㄱ, ㄴ

④ ㄴ, ㄷ   ⑤ ㄱ, ㄴ, ㄷ

02 다음은 염화 나트륨($NaCl$) 용융액과 물(H_2O)의 전기 분해를 각각 화학 반응식으로 나타낸 것이다.

(가) $2NaCl(l) \longrightarrow 2Na(s) + \boxed{\ \ \bigcirc\ \ }(g)$

(나) $2H_2O(l) \longrightarrow aH_2(g) + O_2(g)$ (a는 반응 계수)

이에 대한 설명으로 옳은 것만을 |보기|에서 있는 대로 고른 것은?

|보기|

ㄱ. ⊙은 Cl_2이다.

ㄴ. $a = 2$이다.

ㄷ. 순수한 물(H_2O)에서만 반응 (나)가 일어난다.

① ㄱ   ② ㄷ   ③ ㄱ, ㄴ

④ ㄴ, ㄷ   ⑤ ㄱ, ㄴ, ㄷ

03 표는 원소 A ~ C로 이루어진 이온 결합 물질 (가)와 (나)에 대한 자료이다. A ~ C는 각각 O, Na, Mg 중 하나이다.

화합물	(가)	(나)
구성 원소	A, B	B, C
양이온 수와 음이온 수의 비		⊙

이에 대한 설명으로 옳은 것만을 |보기|에서 있는 대로 고른 것은?

|보기|

ㄱ. A는 Mg이다.

ㄴ. ⊙은 B의 이온이다.

ㄷ. 같은 양(mol)의 (가)와 (나)에 각각 들어 있는 음이온의 수는 같다.

① ㄱ   ② ㄴ   ③ ㄱ, ㄷ

④ ㄴ, ㄷ   ⑤ ㄱ, ㄴ, ㄷ

04 표는 4가지 바닥상태 원자 A ~ D의 전자 배치를 나타낸 것이다.

원자	전자 배치
A	$1s^2 2s^2 2p^4$
B	$1s^2 2s^2 2p^5$
C	$1s^2 2s^2 2p^6 3s^1$
D	$1s^2 2s^2 2p^6 3s^2 3p^1$

이에 대한 설명으로 옳은 것만을 |보기|에서 있는 대로 고른 것은? (단, A ~ D는 임의의 원소 기호이다.)

|보기|

ㄱ. A^{2-}과 C^+의 전자 배치는 서로 같다.

ㄴ. B와 C로 이루어진 화합물의 화학식은 CB이다.

ㄷ. A와 D는 3 : 2로 결합하여 안정한 화합물을 형성한다.

① ㄱ   ② ㄷ   ③ ㄱ, ㄴ

④ ㄴ, ㄷ   ⑤ ㄱ, ㄴ, ㄷ

05 표는 바닥상태 원자 A와 B에 대한 자료이다. 홀전자 수는 A > B이고, A와 B로 이루어진 안정한 화합물은 (가)이다.

원자	$\dfrac{p\ \text{오비탈에 들어 있는 전자 수}}{s\ \text{오비탈에 들어 있는 전자 수}}$
A	1
B	1

(가)에 대한 설명으로 옳은 것만을 |보기|에서 있는 대로 고른 것은? (단, A와 B는 임의의 원소 기호이다.)

|보기|
ㄱ. (가)의 화학식은 AB이다.
ㄴ. (가)는 액체 상태에서 전기 전도성이 있다.
ㄷ. (가)에는 -2가 이온이 존재한다.

① ㄱ　　　　② ㄷ　　　　③ ㄱ, ㄴ
④ ㄴ, ㄷ　　　⑤ ㄱ, ㄴ, ㄷ

06 표는 이온 (가)~(다)에 대한 자료이다. (가)~(다)는 각각 원소 A~C의 이온 중 하나이고 이온 전하의 절댓값은 3 이하이며, 모두 네온(Ne)의 전자 배치를 가진다. 원자 번호는 C > A > B 이다.

이온	(가)	(나)	(다)
이온의 전자 수 − 원자가 전자 수	3	4	9

이에 대한 설명으로 옳은 것만을 |보기|에서 있는 대로 고른 것은? (단, A ~ C는 임의의 원소 기호이다.)

|보기|
ㄱ. (나)는 B^{2-}이다.
ㄴ. A ~ C 중 3주기 원소는 2가지이다.
ㄷ. (가)와 (다)가 결합한 화합물의 화학식은 C_2A이다.

① ㄱ　　　　② ㄷ　　　　③ ㄱ, ㄴ
④ ㄴ, ㄷ　　　⑤ ㄱ, ㄴ, ㄷ

07 그림은 1~2주기 원소 A ~ C로 이루어진 화합물 X의 화학 결합 모형을 나타낸 것이다.

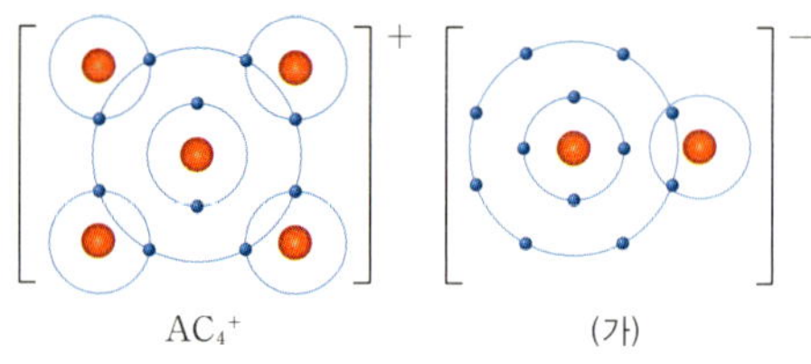

이에 대한 설명으로 옳은 것만을 |보기|에서 있는 대로 고른 것은? (단, A ~ C는 임의의 원소 기호이다.)

|보기|
ㄱ. $X(l)$는 전기 전도성이 있다.
ㄴ. (가)의 화학식은 BC^{-}이다.
ㄷ. 원자 번호는 A > B이다.

① ㄱ　　　　② ㄷ　　　　③ ㄱ, ㄴ
④ ㄴ, ㄷ　　　⑤ ㄱ, ㄴ, ㄷ

08 그림은 주기율표의 일부를 나타낸 것이다.

족\주기	1	2	13	14	15	16	17	18
2	A					B		
3			C				D	

이에 대한 설명으로 옳은 것만을 |보기|에서 있는 대로 고른 것은? (단, A ~ D는 임의의 원소 기호이다.)

|보기|
ㄱ. 화합물 AD에서 양이온과 음이온의 이온당 전자 수 차이는 8이다.
ㄴ. B와 C로 이루어진 안정한 화합물의 화학식은 C_2B_3이다.
ㄷ. $A(s)$와 $D_2(g)$가 반응하여 화합물을 생성할 때 전자는 D에서 A로 이동한다.

① ㄱ　　　　② ㄴ　　　　③ ㄱ, ㄷ
④ ㄴ, ㄷ　　　⑤ ㄱ, ㄴ, ㄷ

09

그림은 NaCl에서 이온 사이의 거리에 따른 에너지를 나타낸 것이다.

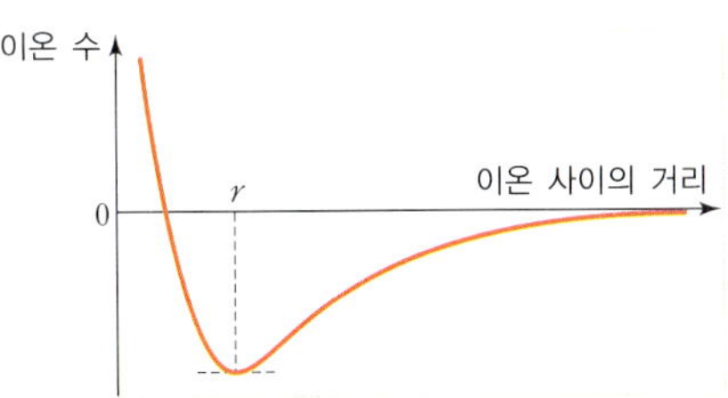

이에 대한 설명으로 옳은 것만을 |보기|에서 있는 대로 고른 것은?

> **보기**
> ㄱ. NaCl에서 이온 결합을 형성할 때 이온 사이의 거리는 r이다.
> ㄴ. 이온 사이의 거리가 r일 때 Na^+과 Cl^- 사이에 반발력이 작용하지 않는다.
> ㄷ. KCl에서 이온 결합을 형성할 때 이온 사이의 거리는 r보다 작다.

① ㄱ ② ㄴ ③ ㄱ, ㄷ
④ ㄴ, ㄷ ⑤ ㄱ, ㄴ, ㄷ

10

그림은 4가지 이온을 각각 결합 모형으로 나타낸 것이다.

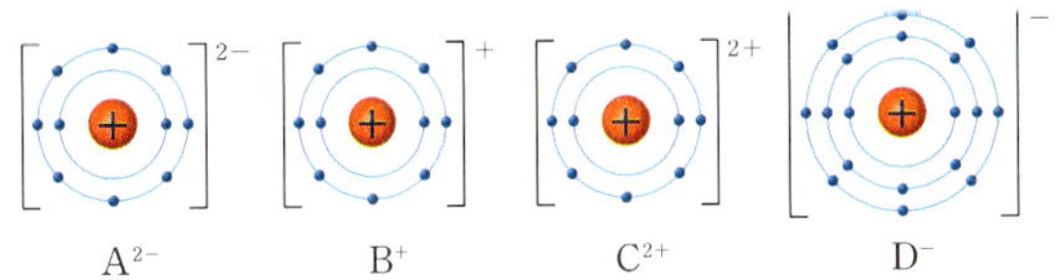

이에 대한 설명으로 옳은 것만을 |보기|에서 있는 대로 고른 것은? (단, A ~ D는 임의의 원소 기호이다.)

> **보기**
> ㄱ. 원자 번호는 D>C>B>A이다.
> ㄴ. 녹는점은 CA가 BD보다 높다.
> ㄷ. 1 mol의 B_2A와 CD_2에 각각 들어 있는 총 이온 수는 같다.

① ㄱ ② ㄷ ③ ㄱ, ㄴ
④ ㄴ, ㄷ ⑤ ㄱ, ㄴ, ㄷ

11

표는 분자 (가)~(다)에 대한 자료이다. (가)~(다)는 각각 H_2S, NH_3, $COCl_2$ 중 하나이다.

분자	(가)	(나)	(다)
He과 같은 전자 배치를 가진 원자 수	2	0	x
Ne과 같은 전자 배치를 가진 원자 수	0	y	1
Ar과 같은 전자 배치를 가진 원자 수	z	2	0

이에 대한 설명으로 옳은 것만을 |보기|에서 있는 대로 고른 것은?

> **보기**
> ㄱ. $x=y+z$이다.
> ㄴ. (나)는 $COCl_2$이다.
> ㄷ. (가)~(다) 중 공유 전자쌍 수가 가장 큰 것은 (다)이다.

① ㄱ ② ㄷ ③ ㄱ, ㄴ
④ ㄴ, ㄷ ⑤ ㄱ, ㄴ, ㄷ

12

그림은 화합물 AB와 CDA를 화학 결합 모형으로 나타낸 것이다.

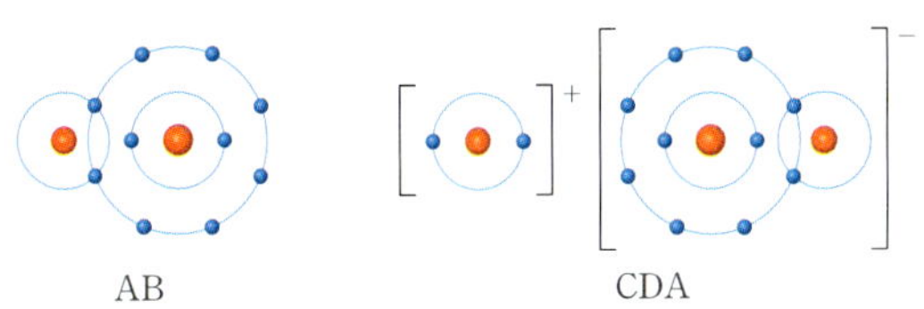

이에 대한 설명으로 옳은 것만을 |보기|에서 있는 대로 고른 것은? (단, A ~ D는 임의의 원소 기호이다.)

> **보기**
> ㄱ. A와 C는 같은 족 원소이다.
> ㄴ. 원자가 전자 수는 B가 D보다 크다.
> ㄷ. AB와 CDA에는 모두 단일 결합이 있다.

① ㄱ ② ㄷ ③ ㄱ, ㄴ
④ ㄴ, ㄷ ⑤ ㄱ, ㄴ, ㄷ

13

다음은 AB와 CD의 반응을 화학 반응식으로 나타낸 것이고, 그림은 AB와 CD를 결합 모형으로 나타낸 것이다.

$$2AB + CD \longrightarrow \text{(가)} + A_2D$$

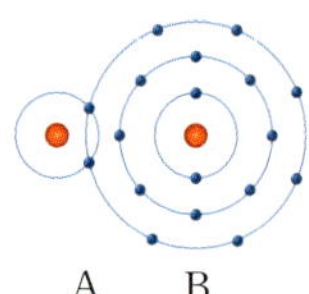
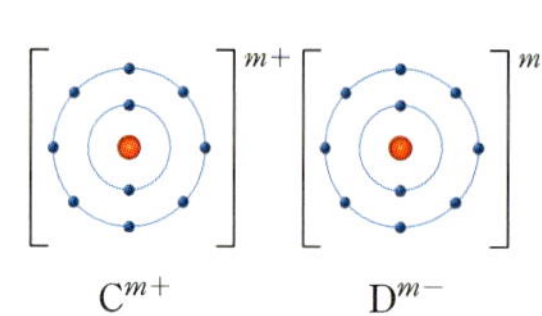

이에 대한 설명으로 옳은 것만을 |보기|에서 있는 대로 고른 것은? (단, A ~ D는 임의의 원소 기호이다.)

|보기|
ㄱ. $m = 2$이다.
ㄴ. (가)는 공유 결합 물질이다.
ㄷ. 비공유 전자쌍 수는 $B_2 > D_2$이다.

① ㄱ   ② ㄴ   ③ ㄱ, ㄷ
④ ㄴ, ㄷ   ⑤ ㄱ, ㄴ, ㄷ

14

다음은 물질 (가)~(다)에 대한 자료이다. (가)~(다)는 각각 Ca, HCl, KCl 중 하나이다.

- (가)는 비금속 원소만으로 이루어져 있다.
- (나)는 고체 상태에서 전기 전도성이 있다.

이에 대한 설명으로 옳은 것만을 |보기|에서 있는 대로 고른 것은?

|보기|
ㄱ. (가)는 HCl이다.
ㄴ. (나)는 금속 결합 물질이다.
ㄷ. (나)와 (다)에는 모두 Ar의 전자 배치와 동일한 양이온이 존재한다.

① ㄱ   ② ㄷ   ③ ㄱ, ㄴ
④ ㄴ, ㄷ   ⑤ ㄱ, ㄴ, ㄷ

15

다음은 5가지 물질의 화학식과 이에 대한 자료이다.

| H_2O | Na | HCl | O_2 | $MgCl_2$ |

- 분자로 존재하는 것은 x가지이다.
- 액체 상태에서 전기 전도성이 없는 것은 y가지이다.

$x + y$는?

① 4   ② 5   ③ 6
④ 7   ⑤ 8

16

다음은 3가지 화학 반응식이다.

- $Fe_2O_3 + 3CO \longrightarrow 2Fe + 3\,\boxed{\text{㉠}}$
- $4Na + O_2 \longrightarrow 2\,\boxed{\text{㉡}}$
- $H_2 + Cl_2 \longrightarrow 2\,\boxed{\text{㉢}}$

㉠~㉢에 대한 설명으로 옳은 것만을 |보기|에서 있는 대로 고른 것은?

|보기|
ㄱ. ㉠은 공유 결합 물질이다.
ㄴ. ㉡은 액체 상태에서 전기 전도성이 있다.
ㄷ. ㉢에는 다중 결합이 존재한다.

① ㄱ   ② ㄷ   ③ ㄱ, ㄴ
④ ㄴ, ㄷ   ⑤ ㄱ, ㄴ, ㄷ

17 표는 고체 (가)~(다)에 대한 자료이다. (가)~(다)는 각각 $C(s)$(다이아몬드), $Fe(s)$, $CaCl_2(s)$ 중 하나이고, ㉠과 ㉡은 각각 '자유 전자를 가지고 있는가?'와 '액체 상태에서 전기 전도성이 있는가?' 중 하나이다.

물질	(가)	(나)	(다)
㉠	예	아니요	예
㉡	예	아니요	아니요

이에 대한 설명으로 옳은 것만을 |보기|에서 있는 대로 고른 것은?

보기
ㄱ. (다)는 $CaCl_2(s)$이다.
ㄴ. ㉡은 '액체 상태에서 전기 전도성이 있는가?'이다.
ㄷ. (가)~(다)에는 모두 양이온이 존재한다.

① ㄱ　　　② ㄴ　　　③ ㄱ, ㄷ
④ ㄴ, ㄷ　　　⑤ ㄱ, ㄴ, ㄷ

18 그림은 3가지 물질을 기준에 따라 분류한 것을 나타낸 것이다.

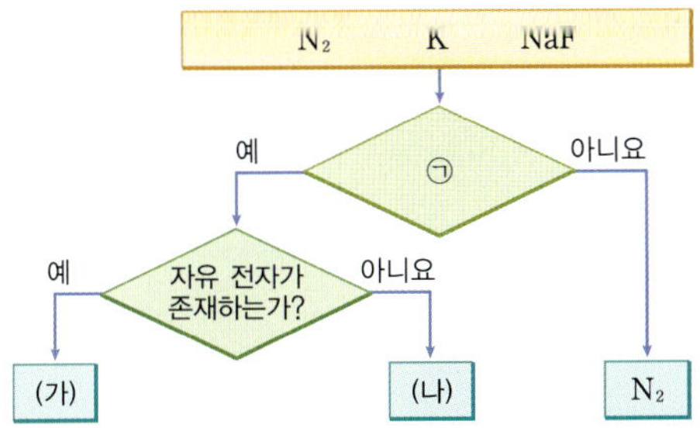

이에 대한 설명으로 옳은 것만을 |보기|에서 있는 대로 고른 것은?

보기
ㄱ. '양이온이 존재하는가?'는 ㉠으로 적절하다.
ㄴ. (나)는 NaF이다.
ㄷ. (가)와 (나)는 모두 액체 상태에서 전기 전도성이 있다.

① ㄱ　　　② ㄴ　　　③ ㄱ, ㄷ
④ ㄴ, ㄷ　　　⑤ ㄱ, ㄴ, ㄷ

19 표는 물질 (가)~(다)에 대한 자료이다. (가)~(다)는 각각 나트륨(Na), 염화 나트륨($NaCl$), 수소(H_2) 중 하나이다.

물질		(가)	(나)	(다)
녹는점(℃)		−259	98	801
끓는점(℃)		−253	889	1465
전기 전도성	고체		있음	
	액체	㉠		있음

이에 대한 설명으로 옳은 것만을 |보기|에서 있는 대로 고른 것은?

보기
ㄱ. (나)는 $NaCl$이다.
ㄴ. (다)에는 양이온이 존재한다.
ㄷ. '있음'은 ㉠으로 적절하다.

① ㄱ　　　② ㄴ　　　③ ㄱ, ㄷ
④ ㄴ, ㄷ　　　⑤ ㄱ, ㄴ, ㄷ

20 표는 고체 (가)~(다)에 대한 자료이다. (가)~(다)는 각각 설탕($C_{12}H_{22}O_{11}$), 염화 나트륨($NaCl$), 알루미늄(Al) 중 하나이다.

고체	결정 구조	전기 전도성	
		고체	액체
(가)	분자 결정		㉠
(나)		없음	㉡
(다)	㉢		있음

이에 대한 설명으로 옳은 것만을 |보기|에서 있는 대로 고른 것은?

보기
ㄱ. (가)는 설탕이다.
ㄴ. '없음'은 ㉠과 ㉡으로 모두 적절하다.
ㄷ. '공유 결정'은 ㉢으로 적절하다.

① ㄱ　　　② ㄴ　　　③ ㄱ, ㄷ
④ ㄴ, ㄷ　　　⑤ ㄱ, ㄴ, ㄷ

1 결합의 극성과 루이스 전자점식

정답과 해설 p.84

[기출 패턴] 전기 음성도의 주기적 성질을 이해하고 극성 공유 결합과 무극성 공유 결합을 구별할 수 있으며, 루이스 전자점식을 통해 공유 전자쌍 수와 비공유 전자쌍 수를 파악할 수 있어야 한다.

[배경 지식] ■ 전기 음성도 : 공유 결합에서 원자가 공유 전자쌍을 끌어당기는 힘을 상대적인 값으로 나타낸 것이다.
■ 결합의 극성 : 서로 다른 원자가 공유 결합하면 공유 전자쌍이 전기 음성도가 큰 원자쪽으로 치우쳐 극성이 발생한다.
■ 루이스 전자점식 : 원소 기호 주위에 원자가 전자를 점으로 표시하여 나타낸 식이다.

자료 1 평가원 기출

다음은 원자 W ~ Z에 대한 자료이다. W ~ Z는 각각 C, O, F, Cl 중 하나이고, 분자 내에서 옥텟 규칙을 만족한다.

- Y와 Z는 같은 족 원소이다.
- 전기 음성도는 X>Y>W이다.

다음 설명 중 옳은 것은 ○표, 옳지 않은 것은 ×표 하시오.

1 Y와 Z는 17족 원소이다. ○ / ×
2 W는 O(산소)이다. ○ / ×
3 W ~ Z 중 전기 음성도가 가장 큰 것은 X이다. ○ / ×
4 XY_2에서 X는 부분적인 $(-)$전하(δ^-)를 띤다. ○ / ×

자료 2 교육청 기출

그림은 분자 AB, BC의 모형에 부분적인 양전하(δ^+)와 부분적인 음전하(δ^-)를 표시한 모습을 나타낸 것이다.

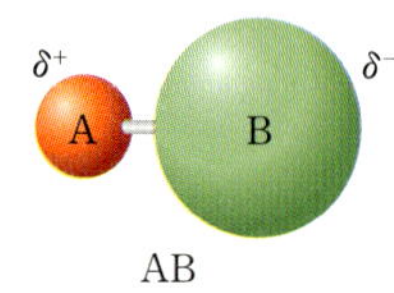

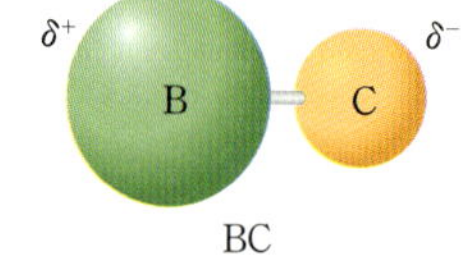

다음 설명 중 옳은 것은 ○표, 옳지 않은 것은 ×표 하시오.

1 AB와 BC에는 모두 극성 공유 결합이 있다. ○ / ×
2 전기 음성도는 B>A이다. ○ / ×
3 분자 CA에서 부분적인 $(+)$전하(δ^+)를 띠는 것은 C이다. ○ / ×
4 결합의 쌍극자 모멘트는 AB와 BC가 모두 0이다.
○ / ×

자료 3 평가원 기출

그림은 1, 2주기 원소 A ~ C로 이루어진 이온 (가)와 분자 (나)의 루이스 전자점식을 나타낸 것이다.

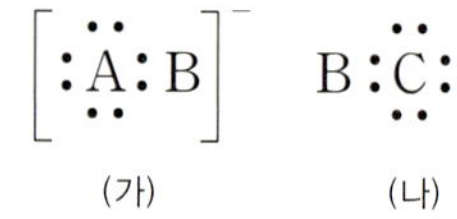

다음 설명 중 옳은 것은 ○표, 옳지 않은 것은 ×표 하시오.

1 B는 H(수소)이다. ○ / ×
2 원자가 전자 수는 A와 C가 같다. ○ / ×
3 1 mol에 들어 있는 전자 수는 (가)와 (나)가 같다.
○ / ×

---

❷ 전자쌍 반발 이론과 분자의 구조

정답과 해설 p.84

[기출 패턴] 전자쌍 반발 이론을 통해 여러 가지 분자의 구조를 예측하고 결합각을 비교할 수 있어야 한다.

[배경 지식]
- 전자쌍 반발 이론 : 분자 또는 이온의 중심 원자 주위의 전자쌍들은 정전기적 반발력을 최소화하기 위해 서로 가능한 멀리 떨어지려고 한다.
- 전자쌍 사이의 반발력 크기 : 전자쌍 사이의 반발력은 비공유 전자쌍이 공유 전자쌍보다 크다.
- 결합각 : 중심 원자의 원자핵과 공유 결합한 원자의 원자핵을 선으로 연결하였을 때 생기는 내각이다.

자료 1 — 수능 기출

다음은 풍선으로 만든 전자쌍 모형을 이용하여 분자 구조를 알아보는 탐구 활동이다.

[탐구 목적]
- 풍선으로 만든 전자쌍 모형에서 풍선의 배열 모습을 통해 중심 원자의 전자쌍이 각각 2개인 분자와 3개인 분자의 구조를 예측한다.

[탐구 과정 및 결과]
- 같은 크기의 풍선 2개와 3개를 각각 매듭끼리 묶었더니 풍선이 그림과 같이 각각 직선형과 평면 삼각형 모양으로 배열되었다.

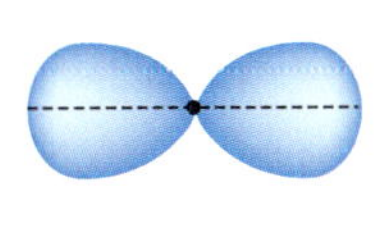 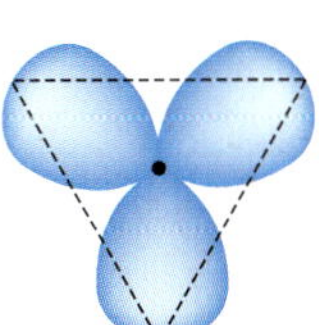

[결론]
- 분자에서 중심 원자의 전자쌍은 풍선의 배열과 마찬가지로

  | ㉠ |

- $BeCl_2$의 분자 구조는 직선형, | ㉡ | 의 분자 구조는 평면 삼각형임을 예측할 수 있다.

● 다음 설명 중 옳은 것은 ○표, 옳지 **않은** 것은 ×표 하시오.

1 '가능한 서로 가까이 있으려 한다.'는 ㉠으로 적절하다.　　○ / ×

2 탐구 과정에서 풍선 1개는 중심 원자 주위의 전자쌍 1개와 같다.　○ / ×

3 같은 크기의 풍선 4개를 매듭끼리 묶으면 풍선들은 정사면체 모양으로 배열된다.　○ / ×

4 'BF_3'는 ㉡으로 적절하다.　○ / ×

5 CF_4의 분자 구조를 예측하기 위해 매듭끼리 묶어야 하는 풍선은 5개이다.　○ / ×

자료 2 — 평가원 기출

그림은 3가지 분자의 구조식을 나타낸 것이다.

$$\overset{\displaystyle H}{\underset{\displaystyle H}{\,H-N\!-\!H\,}}^{\alpha} \qquad \overset{\displaystyle O}{F-C\!-\!F}^{\beta} \qquad \underset{\displaystyle Cl}{Cl-C\!-\!Cl}^{\gamma}$$

H–N–H (α)   F–C–F (β)   Cl–C–Cl (γ)

● 다음 설명 중 옳은 것은 ○표, 옳지 **않은** 것은 ×표 하시오.

1 NH_3는 평면 삼각형 구조이다.　○ / ×

2 COF_2는 입체 구조이다.　○ / ×

3 $\gamma = 109.5°$다.　○ / ×

4 $\beta > \alpha$이다.　○ / ×

3 분자의 극성과 성질

정답과 해설 p.84

[기출 패턴] 분자의 쌍극자 모멘트에 따라 극성 분자와 무극성 분자를 구별하고 분자의 극성의 유무에 따른 물질의 성질을 비교할 수 있어야 한다.

[배경 지식]
- 극성 분자 : 분자 내 전하가 고르게 분포하지 않아 부분적인 전하가 발생하는 분자이다.
- 무극성 분자 : 분자 내 전하가 고르게 분포하여 부분적인 전하의 치우침이 없는 분자이다.
- 분자의 극성과 물질의 성질 : 극성 물질은 극성 용매에, 무극성 물질은 무극성 용매에 잘 용해되며, 극성 물질은 전기적 성질이 있다.

자료 1   평가원 기출

그림은 4가지 분자 (가)~(라)를 루이스 전자점식으로 나타낸 것이다. W ~ Z는 임의의 2주기 원소 기호이다.

(가)   (나)   (다)   (라)

● 다음 설명 중 옳은 것은 ○표, 옳지 않은 것은 ×표 하시오.

1 (라)는 OF_2이다.   ○ / ×
2 결합각은 (가)>(나)이다.   ○ / ×
3 (가)~(라) 중 입체 구조인 것은 1가지이다.   ○ / ×
4 (가)~(라) 중 무극성 분자인 것은 2가지이다.   ○ / ×

자료 2   수능 기출

그림은 4가지 분자를 주어진 기준에 따라 분류한 것이다. ㉠~㉢은 각각 CO_2, FCN, NH_3 중 하나이다.

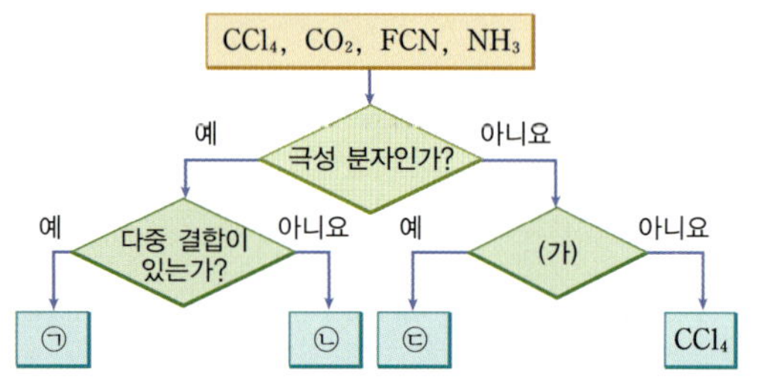

● 다음 설명 중 옳은 것은 ○표, 옳지 않은 것은 ×표 하시오.

1 '분자 모양은 직선형인가?'는 (가)로 적절하다.   ○ / ×
2 ㉡은 NH_3이다.   ○ / ×
3 ㉢에는 무극성 공유 결합이 존재한다.   ○ / ×
4 ㉠의 모든 원자는 동일 직선 위에 있다.   ○ / ×

자료 3   평가원 기출

그림은 3가지 분자 (가)~(다)의 구조식을 나타낸 것이다.

$$H-\underset{\underset{H}{|}}{\overset{\overset{H}{|}}{C}}-H \qquad H-O-H \qquad H-C\equiv N$$

(가)   (나)   (다)

● 다음 설명 중 옳은 것은 ○표, 옳지 않은 것은 ×표 하시오.

1 (가)의 결합각은 90°이다.   ○ / ×
2 (나)는 굽은형 구조이다.   ○ / ×
3 (가)~(다) 중 극성 분자는 1가지이다.   ○ / ×
4 (가)는 무극성 용매에 잘 용해된다.   ○ / ×

수능 대비 문제

01

다음은 원자 $W \sim Z$와 수소(H)로 이루어진 분자 H_aW, H_bX, H_cY, H_dZ에 대한 자료이다. $W \sim Z$는 각각 O, F, S, Cl 중 하나이고, 분자 내에서 옥텟 규칙을 만족한다. W, Y는 같은 주기 원소이다.

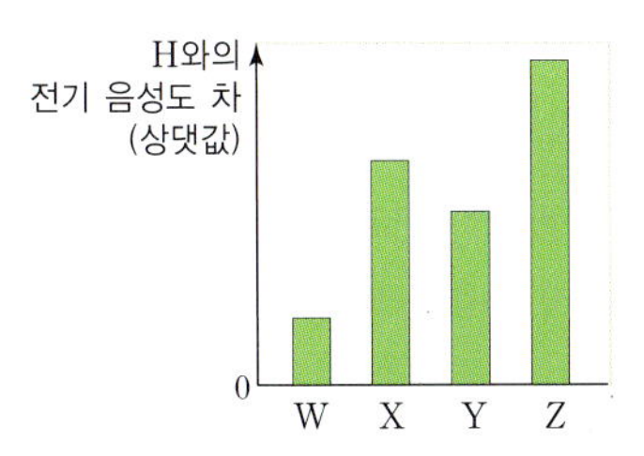

- H와 $W \sim Z$의 전기 음성도 차

- H_aW, H_bX, H_cY, H_dZ에서 H는 부분적인 ($+$)전하 (δ^+)를 띤다.

이에 대한 설명으로 옳은 것만을 |보기|에서 있는 대로 고른 것은?

보기
ㄱ. 전기 음성도는 $X > W$이다.
ㄴ. $c > a$이다.
ㄷ. YZ에서 Y는 부분적인 ($-$)전하(δ^-)를 띤다.

① ㄱ ② ㄴ ③ ㄱ, ㄷ
④ ㄴ, ㄷ ⑤ ㄱ, ㄴ, ㄷ

02 표는 원소 $A \sim C$만으로 이루어진 분자 또는 화합물 (가)~(다)에 대한 자료이다. $A \sim C$는 각각 H, N, F 중 하나이고, 전기 음성도는 C가 가장 크다.

화합물	구성 원소	구성 원소의 전기 음성도 차이
(가)	A	x
(나)	B, C	3.0
(다)	A, C	1.9

이에 대한 설명으로 옳은 것만을 |보기|에서 있는 대로 고른 것은?

보기
ㄱ. $x = 0$이다.
ㄴ. 원자 번호는 $A > B$이다.
ㄷ. (가)~(다) 중 공유 결합 물질은 1가지이다.

① ㄱ ② ㄷ ③ ㄱ, ㄴ
④ ㄴ, ㄷ ⑤ ㄱ, ㄴ, ㄷ

03 그림은 $1 \sim 3$주기 원소로 이루어진 분자 (가)와 (나)의 구조식과 분자에 존재하는 부분 전하를 일부 나타낸 것이다.

$$\overset{\delta^+}{A}-B \qquad \overset{\delta^+}{A}-C-B$$
(가) (나)

이에 대한 설명으로 옳은 것만을 |보기|에서 있는 대로 고른 것은? (단, $A \sim C$는 임의의 원소 기호이다.)

보기
ㄱ. (가)는 HF이다.
ㄴ. 전기 음성도는 $C > A$이다.
ㄷ. A_2와 B_2의 공유 전자쌍 수는 같다.

① ㄱ ② ㄷ ③ ㄱ, ㄴ
④ ㄴ, ㄷ ⑤ ㄱ, ㄴ, ㄷ

04 그림은 탄화수소 (가)~(다)의 구조식이다.

$$\begin{array}{c} H\ H \\ | \ \ | \\ H-C-C-H \\ | \ \ | \\ H\ H \end{array} \qquad \begin{array}{c} H \\ C=C \\ H \end{array} \qquad H-C\equiv C-H$$
(가) (나) (다)

(가)~(다)에 대한 설명으로 옳은 것만을 |보기|에서 있는 대로 고른 것은?

보기
ㄱ. 공유 전자쌍 수는 (가)가 가장 크다.
ㄴ. 무극성 공유 결합이 있는 것은 2가지이다.
ㄷ. (가)~(다)에서 C 원자는 모두 옥텟 규칙을 만족한다.

① ㄱ ② ㄴ ③ ㄱ, ㄷ
④ ㄴ, ㄷ ⑤ ㄱ, ㄴ, ㄷ

05 그림은 2주기 원자 $A \sim C$의 루이스 전자점식과 $A \sim C$로 이루어진 3가지 분자 (가)~(다)의 분자식을 나타낸 것이다. (가)~(다)의 모든 원자는 옥텟 규칙을 만족한다.

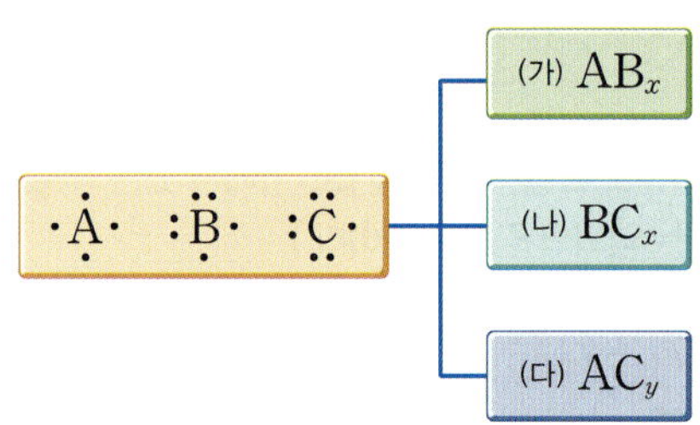

이에 대한 설명으로 옳은 것만을 |보기|에서 있는 대로 고른 것은? (단, $A \sim C$는 임의의 원소 기호이다.)

|보기|
ㄱ. $x+y=6$이다.
ㄴ. (가)에는 2중 결합이 존재한다.
ㄷ. 비공유 전자쌍 수 비는 (나) : (다)=2 : 3이다.

① ㄱ ② ㄷ ③ ㄱ, ㄴ
④ ㄴ, ㄷ ⑤ ㄱ, ㄴ, ㄷ

06 그림은 2, 3주기 원자 $X \sim Z$의 루이스 전자점식을 나타낸 것이다. 전기 음성도는 $Z > X > Y$이다.

$$: \overset{\cdot}{\underset{\cdot}{X}} \cdot \qquad : \overset{\cdot\cdot}{\underset{\cdot\cdot}{Y}} \cdot \qquad : \overset{\cdot}{\underset{\cdot\cdot}{Z}} \cdot$$

이에 대한 설명으로 옳은 것만을 |보기|에서 있는 대로 고른 것은? (단, $X \sim Z$는 임의의 원소 기호이다.)

|보기|
ㄱ. Y는 Cl이다.
ㄴ. X는 XY_2와 XZ_2에서 모두 부분적인 $(-)$전하를 띤다.
ㄷ. 분자 ZY에는 무극성 공유 결합이 존재한다.

① ㄱ ② ㄷ ③ ㄱ, ㄴ
④ ㄴ, ㄷ ⑤ ㄱ, ㄴ, ㄷ

07 다음은 2주기 원소 $X \sim Z$로 구성된 3가지 분자 $I \sim III$의 루이스 구조식과 관련된 탐구 활동이다.

[탐구 과정]
(가) 중심 원자의 주변 원자들을 각각 하나의 선으로 연결한다.

$$\begin{array}{ccc} & Y & \\ & | & \\ Y-X-Y & Z-X-Z & Z-Y-Z \end{array}$$

(나) 각 원자의 원자가 전자 수를 고려하여 모든 원자가 옥텟 규칙을 만족하도록 비공유 전자쌍과 다중 결합을 그린다.
(다) (나)에서 그린 구조로부터 중심 원자의 비공유 전자쌍 수를 조사한다.

[탐구 결과]

분자	I	II	III
분자식	XY_2	XYZ_2	YZ_2
중심 원자의 비공유 전자쌍 수	0	a	2

이에 대한 설명으로 옳은 것만을 |보기|에서 있는 대로 고른 것은?

|보기|
ㄱ. 원자가 전자 수는 $Z > Y$이다.
ㄴ. $a=0$이다.
ㄷ. $I \sim III$ 중 다중 결합이 있는 것은 1가지이다.

① ㄱ ② ㄷ ③ ㄱ, ㄴ
④ ㄴ, ㄷ ⑤ ㄱ, ㄴ, ㄷ

08 그림은 1~3주기 원소 $X \sim Z$로 이루어진 3가지 물질 (가)~(다)의 루이스 전자점식이다. 원자 번호는 $Z > Y$이다.

$$X:X \qquad X:\overset{\cdot\cdot}{Y}:X \qquad \left[Z\right]^+ \left[X:\overset{\cdot\cdot}{\underset{\cdot\cdot}{Y}}:\right]^-$$
$$\text{(가)} \qquad\qquad \text{(나)} \qquad\qquad \text{(다)}$$

이에 대한 설명으로 옳은 것만을 |보기|에서 있는 대로 고른 것은? (단, $X \sim Z$는 임의의 원소 기호이다.)

|보기|
ㄱ. X와 Z는 같은 족 원소이다.
ㄴ. (나)에는 무극성 공유 결합이 있다.
ㄷ. Z와 Y는 $1 : 1$로 결합하여 안정한 화합물을 생성한다.

① ㄱ ② ㄷ ③ ㄱ, ㄴ
④ ㄴ, ㄷ ⑤ ㄱ, ㄴ, ㄷ

09 그림은 2주기 원소 A와 B가 포함된 2가지 이온 (가)와 (나)의 구조식이다.

$$\left[\begin{array}{c} H \\ | \\ H-A-H \\ | \\ H \end{array}\right]^{+} \qquad [H-B]^{-}$$

(가)   (나)

이에 대한 설명으로 옳은 것만을 |보기|에서 있는 대로 고른 것은? (단, A와 B는 임의의 원소 기호이다.)

> **보기**
> ㄱ. 원자가 전자 수는 A>B이다.
> ㄴ. (가)와 (나)에는 모두 비공유 전자쌍이 존재하지 않는다.
> ㄷ. A_2와 B_2에는 모두 다중 결합이 있다.

① ㄱ   ② ㄷ   ③ ㄱ, ㄴ
④ ㄴ, ㄷ   ⑤ ㄱ, ㄴ, ㄷ

10 표는 원자 X~Z와 플루오린(F)으로 이루어진 분자 (가)~(다)에 대한 자료이다. X~Z는 각각 C, N, O 중 하나이고 (가)~(다)에서 모든 원자는 옥텟 규칙을 만족한다.

분자	분자식	중심 원자의 비공유 전자쌍 수
(가)	XF_a	2
(나)	YF_b	0
(다)	ZF_3	c

이에 대한 설명으로 옳은 것만을 |보기|에서 있는 대로 고른 것은?

> **보기**
> ㄱ. $a>b$이다.
> ㄴ. $c=1$이다.
> ㄷ. 전기 음성도는 X>Y>Z이다.

① ㄱ   ② ㄴ   ③ ㄱ, ㄷ
④ ㄴ, ㄷ   ⑤ ㄱ, ㄴ, ㄷ

11 다음은 쌍극자 모멘트의 표시에 대한 설명이다.

> 분자의 쌍극자 모멘트를 표시할 때에는 전기 음성도가 작은 원자에서 전기 음성도가 큰 원자를 향하도록 십자 화살표($\longmapsto$)를 이용하여 표시한다.

각 분자의 모든 결합의 쌍극자 모멘트를 표시한 것으로 옳은 것만을 |보기|에서 있는 대로 고른 것은?

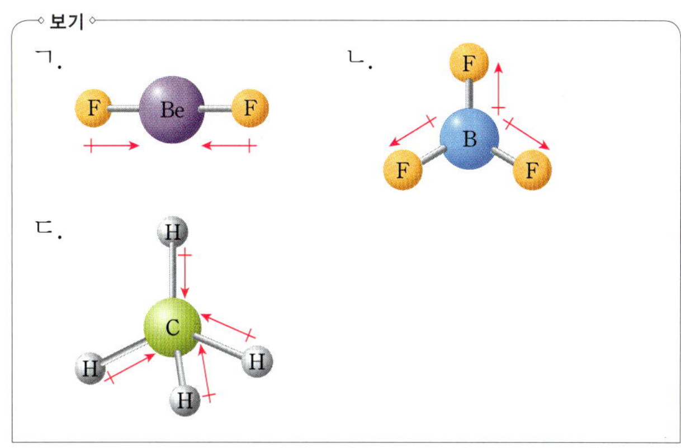

① ㄱ   ② ㄷ   ③ ㄱ, ㄴ
④ ㄴ, ㄷ   ⑤ ㄱ, ㄴ, ㄷ

12 표는 2주기 원소 A~C만으로 이루어진 분자 (가)~(다)에 대한 자료이다. (가)~(다)에서 중심 원자는 모두 1개이고, 모든 원자는 옥텟 규칙을 만족하며, 분자당 구성 원자 수는 4 이하이다.

분자	구성 원소	공유 전자쌍 수 / 분자당 구성 원자 수
(가)	A, B	$\dfrac{2}{3}$
(나)	A, C	$\dfrac{4}{3}$
(다)	A, B, C	1

이에 대한 설명으로 옳은 것만을 |보기|에서 있는 대로 고른 것은? (단, A~C는 임의의 원소 기호이다.)

> **보기**
> ㄱ. A~C 중 원자가 전자 수가 가장 큰 것은 A이다.
> ㄴ. (나)의 분자식은 AC_2이다.
> ㄷ. (가)~(다) 중 무극성 분자는 1가지이다.

① ㄱ   ② ㄷ   ③ ㄱ, ㄴ
④ ㄴ, ㄷ   ⑤ ㄱ, ㄴ, ㄷ

13

표는 분자 (가)~(다)에 대한 자료이다. X~Z는 2주기 원소이고, (가)~(다)에서 모두 옥텟 규칙을 만족한다.

분자	구성 원소	공유 전자쌍 수
(가)	H, X	1
(나)	H, Y	2
(다)	X, Y, Z	4

이에 대한 설명으로 옳은 것만을 |보기|에서 있는 대로 고른 것은? (단, X~Z는 임의의 원소 기호이다.)

|보기|
ㄱ. (가)의 비공유 전자쌍 수는 3이다.
ㄴ. (나)와 (다)는 모두 평면 구조이다.
ㄷ. (가)~(다)는 모두 극성 분자이다.

① ㄱ   ② ㄴ   ③ ㄱ, ㄷ
④ ㄴ, ㄷ   ⑤ ㄱ, ㄴ, ㄷ

14

기출 평가원

다음은 3가지 분자 Ⅰ~Ⅲ에 대한 자료이다.

- 분자식

Ⅰ	Ⅱ	Ⅲ
CH_4	NH_3	HCN

- Ⅰ~Ⅲ의 특성을 나타낸 벤 다이어그램

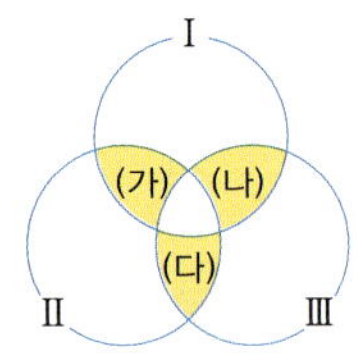

(가) : Ⅰ과 Ⅱ만의 공통된 특성
(나) : Ⅰ과 Ⅲ만의 공통된 특성
(다) : Ⅱ와 Ⅲ만의 공통된 특성

이에 대한 설명으로 옳지 않은 것은?

① '단일 결합만 존재한다.'는 (가)에 속한다.
② '입체 구조이다.'는 (나)에 속한다.
③ '공유 전자쌍 수가 4이다.'는 (나)에 속한다.
④ '극성 분자이다.'는 (다)에 속한다.
⑤ '비공유 전자쌍 수가 1이다.'는 (다)에 속한다.

15

표는 4가지 분자 HCN, $COCl_2$, C_2H_2, BeH_2을 기준에 따라 분류한 것이다.

기준	예	아니요
(가)	C_2H_2, BeH_2	HCN, $COCl_2$
다중 결합이 있는가?	㉠	㉡
무극성 분자인가?	㉢	

이에 대한 설명으로 옳은 것만을 |보기|에서 있는 대로 고른 것은?

|보기|
ㄱ. '직선형 구조인가?'는 (가)로 적절하다.
ㄴ. ㉠에 해당하는 분자는 ㉡에 해당하는 분자보다 많다.
ㄷ. ㉢에 해당하는 분자 중 무극성 공유 결합을 가진 것이 있다.

① ㄱ   ② ㄴ   ③ ㄱ, ㄷ
④ ㄴ, ㄷ   ⑤ ㄱ, ㄴ, ㄷ

16

그림은 2주기 원소 X와 Y로 이루어진 분자의 루이스 전자점식이다.

$$: \overset{\displaystyle ..}{Y} : \overset{\displaystyle ..}{X} : \overset{\displaystyle ..}{Y} :$$
$$\overset{\displaystyle ..}{Y} :$$

이에 대한 설명으로 옳은 것만을 |보기|에서 있는 대로 고른 것은? (단, X와 Y는 임의의 원소 기호이다.)

|보기|
ㄱ. 전기 음성도는 X>Y이다.
ㄴ. 결합각은 120°이다.
ㄷ. 모든 원자는 동일 평면에 존재한다.

① ㄱ   ② ㄷ   ③ ㄱ, ㄴ
④ ㄴ, ㄷ   ⑤ ㄱ, ㄴ, ㄷ

17 그림은 2주기 원소 $A \sim C$와 플루오린(F)으로 이루어진 분자 (가)~(다)의 구조식을 나타낸 것이다. 원자 번호는 $C > B > A$ 이다.

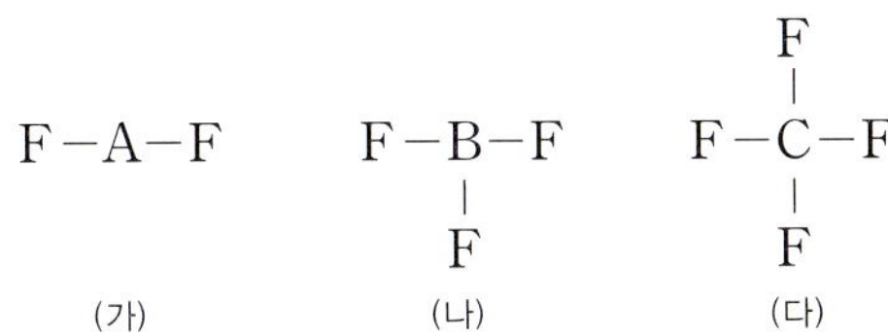

$F-A-F$ $F-B-F$ $F-C-F$

(가)   (나)   (다)

이에 대한 설명으로 옳은 것만을 |보기|에서 있는 대로 고른 것은? (단, $A \sim C$는 임의의 원소 기호이다.)

> **ㄱ.** $A \sim C$ 중 원자가 전자 수가 가장 작은 것은 A이다.
> **ㄴ.** (가)~(다) 중 중심 원자에 비공유 전자쌍이 존재하는 것은 1가지이다.
> **ㄷ.** (가)~(다)는 모두 무극성 분자이다.

① ㄱ   ② ㄴ   ③ ㄱ, ㄷ
④ ㄴ, ㄷ   ⑤ ㄱ, ㄴ, ㄷ

18 그림은 4가지 분자를 기준에 따라 분류한 것을 나타낸 것이다.

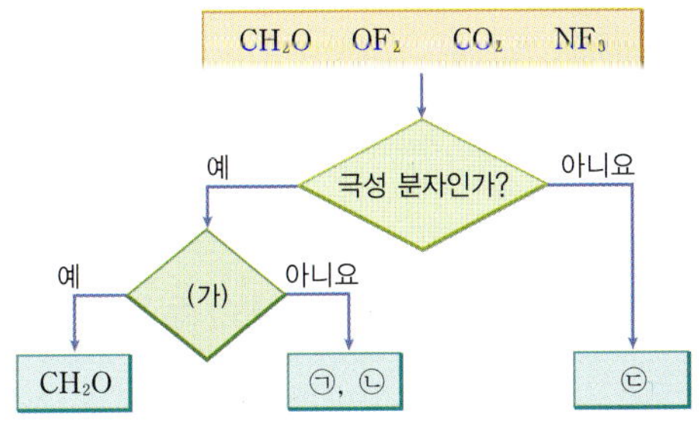

이에 대한 설명으로 옳은 것만을 |보기|에서 있는 대로 고른 것은?

> **ㄱ.** ㉠과 ㉡은 모두 평면 구조이다.
> **ㄴ.** ㉢은 직선형 구조이다.
> **ㄷ.** '다중 결합이 있는가?'는 (가)로 적절하다.

① ㄱ   ② ㄴ   ③ ㄱ, ㄷ
④ ㄴ, ㄷ   ⑤ ㄱ, ㄴ, ㄷ

19 표는 2주기 원소 $X \sim Z$로 이루어진 분자 (가)~(다)에 대한 자료이다. (가)~(다)의 모든 원자는 옥텟 규칙을 만족한다.

분자	(가)	(나)	(다)
구성 원소	X, Y, Z	X, Y	X, Z
구성 원자 수	3	4	4
비공유 전자쌍 수 / 공유 전자쌍 수 (상댓값)	5	6	10

(가)~(다)에 대한 설명으로 옳은 것만을 |보기|에서 있는 대로 고른 것은? (단, $X \sim Z$는 임의의 원소 기호이다.)

> **ㄱ.** (가)의 분자 모양은 굽은형이다.
> **ㄴ.** 무극성 공유 결합이 있는 것은 2가지이다.
> **ㄷ.** 다중 결합이 있는 것은 2가지이다.

① ㄱ   ② ㄴ   ③ ㄱ, ㄴ
④ ㄱ, ㄷ   ⑤ ㄴ, ㄷ

20 다음은 몇 가지 분자의 분자식이다.

CO_2 NCl_3 COF_2 OCl_2 $ClCN$

이에 대한 설명으로 옳은 것만을 |보기|에서 있는 대로 고른 것은?

> **ㄱ.** 입체 구조인 분자는 1가지이다.
> **ㄴ.** 무극성 공유 결합을 가진 분자는 1가지이다.
> **ㄷ.** 분자의 쌍극자 모멘트가 0인 분자는 2가지이다.

① ㄱ   ② ㄷ   ③ ㄱ, ㄴ
④ ㄴ, ㄷ   ⑤ ㄱ, ㄴ, ㄷ

21 표는 분자 (가)~(다)에 대한 자료이다. (가)~(다)는 각각 H_2O_2, CH_2O, CO_2 중 하나이다.

분자	공유 전자쌍 수	비공유 전자쌍 수
(가)	a	㉠
(나)	a	a
(다)	b	㉡

이에 대한 설명으로 옳은 것만을 |보기|에서 있는 대로 고른 것은?

> **보기**
> ㄱ. $a=4$이다.
> ㄴ. ㉠>㉡이다.
> ㄷ. (가)는 입체 구조이다.

① ㄱ　　　　② ㄴ　　　　③ ㄱ, ㄷ
④ ㄴ, ㄷ　　　⑤ ㄱ, ㄴ, ㄷ

---

22 다음은 25 ℃, 1 atm에서 액체인 물질 X, Y에 대한 자료와 X, Y에 아이오딘(I_2)을 첨가하는 실험이다.

[자료]

물질	분자식	분자의 중심 원자에 있는 비공유 전자쌍 수
X	A_mB	2
Y	CD_n	0

[실험 과정 및 결과]
(가) 시험관에 X, Y를 넣었더니 섞이지 않고 두 층으로 분리되었다.
(나) 과정 (가)의 시험관에 I_2을 넣고 흔들어 녹였더니 한 층에서만 녹았다.

이에 대한 설명으로 옳은 것만을 |보기|에서 있는 대로 고른 것은? (단, A~D는 1~3주기 임의의 원소 기호이며, 분자의 중심 원자는 옥텟 규칙을 만족한다.)

> **보기**
> ㄱ. X의 분자 모양은 굽은형이다.
> ㄴ. Y는 무극성이다.
> ㄷ. (나)에서 X층에 I_2이 녹았다.

① ㄱ　　　　② ㄷ　　　　③ ㄱ, ㄴ
④ ㄴ, ㄷ　　　⑤ ㄱ, ㄴ, ㄷ

---

23 그림은 HF 기체를 전기장에 놓았을 때 분자들이 배열된 모습을 나타낸 것이다.

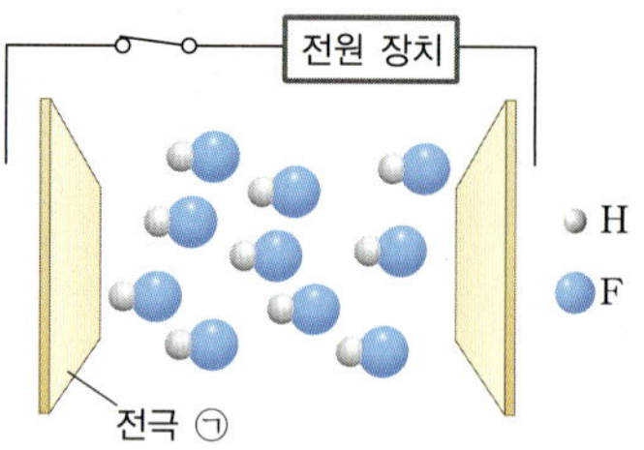

이에 대한 설명으로 옳은 것만을 |보기|에서 있는 대로 고른 것은?

> **보기**
> ㄱ. ㉠은 전원 장치의 (−)극과 연결되어 있다.
> ㄴ. 전원 장치의 전극을 반대로 연결해도 현재와 같은 배열을 유지한다.
> ㄷ. HCl 기체를 전기장에 놓았을 때는 분자들이 일정하게 배열되지 않는다.

① ㄱ　　　　② ㄷ　　　　③ ㄱ, ㄴ
④ ㄴ, ㄷ　　　⑤ ㄱ, ㄴ, ㄷ

---

24 다음은 물질의 용해와 관련된 실험이다.

[실험 과정]
(가) 4개의 시험관 A~D를 준비하여, A와 B에는 물(H_2O)을, C와 D에는 헥세인(C_6H_{14})을 각각 10 mL씩 넣는다.
(나) 시험관 A와 C에는 아이오딘(I_2)을, B와 D에는 황산 구리(Ⅱ)($CuSO_4$)를 각각 1 g씩 넣고 잘 흔들어 준다.

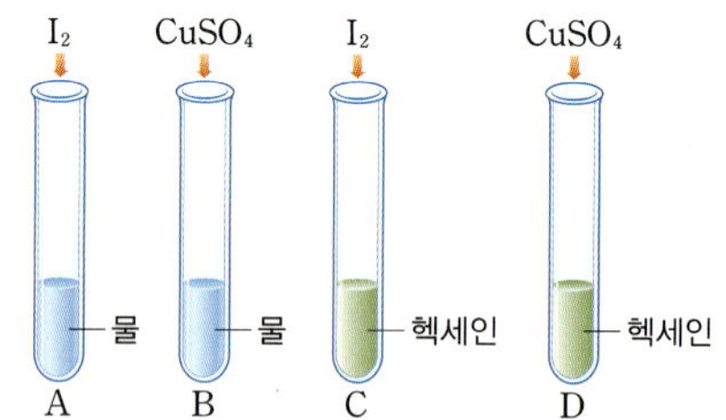

[실험 결과]
• 시험관 B와 C에서만 넣어준 물질이 잘 녹았다.

이에 대한 설명으로 옳은 것만을 |보기|에서 있는 대로 고른 것은?

> **보기**
> ㄱ. 아이오딘(I_2)은 무극성 물질이다.
> ㄴ. 헥세인(C_6H_{14})은 극성 용매이다.
> ㄷ. $CuSO_4$ 대신 드라이아이스(CO_2)를 사용하여 실험해도 같은 결과를 얻을 수 있다.

① ㄱ　　　　② ㄷ　　　　③ ㄱ, ㄷ
④ ㄴ, ㄷ　　　⑤ ㄱ, ㄴ, ㄷ

IV 역동적인 화학 반응

1 동적 평형

정답과 해설 p.87

[기출 패턴] 동적 평형 상태에 대하여 이해할 수 있어야 한다.

[배경 지식]
- 밀폐된 용기에 물을 넣었을 때 동적 평형 상태에서는 $H_2O(g)$의 양(mol)과 $H_2O(l)$의 양(mol)이 일정하다.
- 밀폐된 용기에 물을 넣었을 때 동적 평형 상태에서는 물의 증발 속도와 응축 속도가 같다.
- 용해 반응에서 동적 평형 상태에 도달하면 수용액의 몰 농도는 일정하게 유지된다.

자료 1 평가원 기출

그림은 밀폐된 진공 용기 안에 $H_2O(l)$을 넣은 후 시간에 따른 $\dfrac{H_2O(l)의\ 양(mol)}{H_2O(g)의\ 양(mol)}$을 나타낸 것이다. 시간이 t_2일 때 $H_2O(l)$과 $H_2O(g)$는 동적 평형 상태에 도달하였다. (단, 온도는 일정하다.)

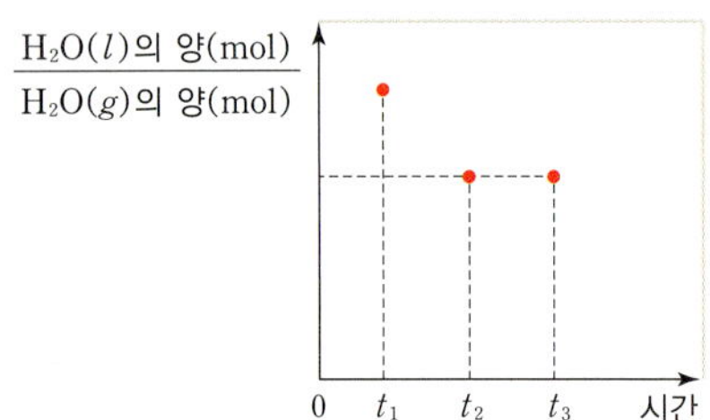

● 다음 설명 중 옳은 것은 ○표, 옳지 <u>않은</u> 것은 ×표 하시오.

1 H_2O의 상변화는 가역 반응이다.　○ / ×

2 t_1일 때 $\dfrac{H_2O(l)의\ 증발\ 속도}{H_2O(g)의\ 응축\ 속도}=1$이다.　○ / ×

3 $\dfrac{t_3일\ 때\ H_2O(g)의\ 양(mol)}{t_2일\ 때\ H_2O(g)의\ 양(mol)}<1$이다.　○ / ×

4 $\dfrac{t_1일\ 때\ H_2O(l)의\ 증발\ 속도}{t_2일\ 때\ H_2O(l)의\ 증발\ 속도}<1$이다.　○ / ×

자료 2 평가원 기출

다음은 설탕의 용해에 대한 실험이다. (단, 온도는 25 °C로 일정하고, 물의 증발은 무시한다.)

[실험 과정]
(가) 25 °C의 물이 담긴 비커에 충분한 양의 설탕을 넣고 유리 막대로 저어준다.
(나) 시간에 따른 비커 속 고체 설탕의 양을 관찰하고 설탕 수용액의 몰 농도(M)를 측정한다.

[실험 결과]

시간	t	$4t$	$8t$
관찰 결과			
설탕 수용액의 몰 농도 (M)	$\dfrac{2}{3}a$	a	

- $4t$일 때 설탕 수용액은 용해 평형에 도달하였다.

● 다음 설명 중 옳은 것은 ○표, 옳지 <u>않은</u> 것은 ×표 하시오.

1 t일 때 설탕의 석출 속도는 0이다.　○ / ×

2 $4t$일 때 설탕의 용해 속도는 석출 속도보다 크다.

　○ / ×

3 녹지 않고 남아 있는 설탕의 질량은 $4t$일 때와 $8t$일 때가 같다.　○ / ×

4 $8t$일 때 설탕 수용액의 몰 농도는 $a\,M$보다 크다.

　○ / ×

2 물의 자동 이온화와 pH

정답과 해설 p.87

[기출 패턴] 산 또는 염기 수용액의 농도로부터 pH를 구하거나 수용액의 부피를 이용하여 H_3O^+ 또는 OH^-의 양(mol)을 구할 수 있어야 한다.

[배경 지식] ■ $pH = -\log[H_3O^+]$이다.
■ 25 °C에서 물의 이온화 상수(K_w)는 $[H_3O^+][OH^-]$이다.
■ H_3O^+의 양(mol)은 $[H_3O^+] \times$수용액의 부피(L)이다.

자료 1 평가원 기출

표는 25 °C에서 수용액 (가)~(다)에 대한 자료이다. (단, 25 °C에서 물의 이온화 상수(K_w)는 1×10^{-14}이다.)

수용액	(가)	(나)	(다)
$\dfrac{[H_3O^+]}{[OH^-]}$	$\dfrac{1}{10}$	100	1
부피		V	$100V$

● 다음 설명 중 옳은 것은 ○표, 옳지 않은 것은 ×표 하시오.

1 (나)에서 $[OH^-] < 1 \times 10^{-7}\,M$이다. ○ / ×

2 $\dfrac{\text{(가)에서 } [H_3O^+]}{\text{(나)에서 } [H_3O^+]} = \dfrac{1}{1000}$이다. ○ / ×

3 $\dfrac{\text{(나)에서 } H_3O^+\text{의 양(mol)}}{\text{(다)에서 } H_3O^+\text{의 양(mol)}} = \dfrac{1}{10}$이다. ○ / ×

4 $\dfrac{\text{(나)에서 } OH^-\text{의 양(mol)}}{\text{(다)에서 } OH^-\text{의 양(mol)}} = 10$이다. ○ / ×

5 (가)의 pH는 7.5이다. ○ / ×

6 (나)의 액성은 산성이다. ○ / ×

7 (다)에서 pH=pOH이다. ○ / ×

자료 2 수능 기출

그림 (가)와 (나)는 수산화 나트륨 수용액($NaOH(aq)$)과 염산($HCl(aq)$)을 각각 나타낸 것이다. (가)에서 $\dfrac{[OH^-]}{[H_3O^+]} = 1 \times 10^{12}$이다. (단, 25 °C에서 물의 이온화 상수(K_w)는 1×10^{-14}이다.)

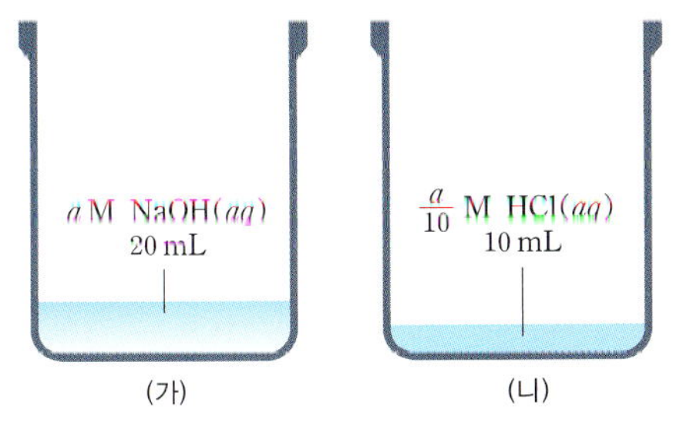

● 다음 설명 중 옳은 것은 ○표, 옳지 않은 것은 ×표 하시오.

1 $a = 0.2$이다. ○ / ×

2 $\dfrac{\text{(가)의 pH}}{\text{(나)의 pH}} > 6$이다. ○ / ×

3 (나)에 물을 넣어 100 mL로 만든 $HCl(aq)$에서 $\dfrac{[Cl^-]}{[OH^-]} = 1 \times 10^{10}$이다. ○ / ×

4 $\dfrac{\text{(가)에서 } OH^-\text{의 양(mol)}}{\text{(나)에서 } H_3O^+\text{의 양(mol)}} = 20$이다. ○ / ×

5 (가)의 pOH는 1이다. ○ / ×

6 (나)에서 OH^-의 양은 1×10^{-14} mol이다. ○ / ×

3 산 염기 중화 반응

정답과 해설 p.87

[기출 패턴] 산과 염기의 중화 반응을 양적 관계로 파악할 수 있어야 한다.

[배경 지식] ■ 중화 반응에서 반응 몰비는 $H^+ : OH^- = 1 : 1$이다.
■ 산과 염기의 가수를 n, n', 산과 염기의 몰 농도를 M, M', 산과 염기의 부피를 V, V'이라고 하면 중화 반응의 양적 관계는 $nMV = n'M'V'$이다.

자료 1 평가원 기출

다음은 중화 반응에 대한 실험이다.

[자료]
• 수용액 A와 B는 각각 $0.25\,M\ HY(aq)$과 $0.75\,M\ H_2Z(aq)$ 중 하나이다.
• 수용액에서 $X(OH)_2$는 X^{2+}과 OH^-으로, HY는 H^+과 Y^-으로, H_2Z는 H^+과 Z^{2-}으로 모두 이온화된다.

[실험 과정]
(가) $a\,M\ X(OH)_2(aq)$ $10\,mL$에 수용액 A $V\,mL$를 첨가하여 혼합 용액 Ⅰ을 만든다.
(나) Ⅰ에 수용액 B $4V\,mL$를 첨가하여 혼합 용액 Ⅱ를 만든다.
(다) $a\,M\ X(OH)_2(aq)$ $10\,mL$에 수용액 A $4V\,mL$와 수용액 B $V\,mL$를 첨가하여 혼합 용액 Ⅲ을 만든다.

[실험 결과]
• Ⅱ에 존재하는 모든 이온의 몰비는 $3 : 4 : 5$이다.
• $\dfrac{\text{Ⅰ에 존재하는 모든 양이온의 몰 농도의 합}}{\text{Ⅲ에 존재하는 모든 양이온의 몰 농도의 합}} = \dfrac{15}{28}$이다.

● 다음 설명 중 옳은 것은 ○표, 옳지 <u>않은</u> 것은 ×표 하시오.

1 Ⅱ는 중성이다. ○ / ×
2 수용액 A는 $0.25\,M\ HY(aq)$이다. ○ / ×
3 $a + V = 4$ 이다. ○ / ×

자료 2 평가원 기출

표는 $0.2\,M\ H_2A(aq)$ $x\,mL$와 $y\,M$ 수산화 나트륨 수용액($NaOH(aq)$)의 부피를 달리하여 혼합한 용액 (가)~(다)에 대한 자료이다.

용액	(가)	(나)	(다)
$H_2A(aq)$의 부피(mL)	x	x	x
$NaOH(aq)$의 부피(mL)	20	30	60
pH		1	
용액에 존재하는 모든 이온의 몰 농도(M) 비			

● 다음 설명 중 옳은 것은 ○표, 옳지 <u>않은</u> 것은 ×표 하시오.

1 (가)는 산성이다. ○ / ×
2 $x = 10$이다. ○ / ×
3 ㉠은 A^{2-}이다. ○ / ×
4 (다)에서 Na^+의 몰 농도는 $\dfrac{1}{40}\,M$이다. ○ / ×

4 중화 적정

정답과 해설 p.87

[기출패턴] 중화 적정 실험 과정에서 산 염기 용액의 농도를 구할 수 있어야 한다.

[배경 지식] ■ 중화 적정에서 표준 용액을 넣는 실험 기구는 뷰렛이다.
  ■ 중화점에서 생성된 물의 양(mol)은 표준 용액의 농도(M)×부피(L)로부터 구할 수 있다.

자료 1 평가원 기출

다음은 중화 적정 실험이다.

[실험 과정]
(가) x M $CH_3COOH(aq)$ 25 mL에 물을 넣어 100 mL 수용액을 만든다.
(나) 삼각 플라스크에 (가)에서 만든 수용액 40 mL를 넣고, 페놀프탈레인 용액을 2~3방울 떨어뜨린다.
(다) 0.2 M $NaOH(aq)$을 뷰렛에 넣고 (나)의 삼각 플라스크에 한 방울씩 떨어뜨리면서 삼각 플라스크를 흔들어 준다.
(라) (다)의 삼각 플라스크 속 수용액 전체가 붉게 변하는 순간 적정을 멈추고, 적정에 사용된 $NaOH(aq)$의 부피(V_1)를 측정한다.
(마) 0.2 M $NaOH(aq)$ 대신 y M $NaOH(aq)$을 사용해서 과정 (나)~(라)를 반복하여 적정에 사용된 $NaOH(aq)$의 부피(V_2)를 측정한다.

[실험 결과]
• V_1 : 40 mL
• V_2 : 16 mL

● 다음 설명 중 옳은 것은 ○표, 옳지 <u>않은</u> 것은 ×표 하시오.

1 (가)에서 만든 수용액의 몰 농도는 $\dfrac{x}{4}$ M이다. ○ / ×

2 (라)에서 생성된 H_2O의 양은 0.08 mol이다. ○ / ×

3 $x=0.8$이다. ○ / ×

4 $y=0.05$이다. ○ / ×

자료 2 평가원 기출

다음은 아세트산(CH_3COOH) 수용액의 몰 농도(M)를 알아보기 위한 중화 적정 실험이다.

[실험 과정]
(가) $CH_3COOH(aq)$을 준비한다.
(나) (가)의 수용액 10 mL에 물을 넣어 100 mL 수용액을 만든다.
(다) (나)에서 만든 수용액 ⑤ mL를 삼각 플라스크에 넣고 페놀프탈레인 용액을 몇 방울 떨어뜨린다.
(라) 그림과 같이 ⓒ 에 들어 있는 0.2 M $NaOH(aq)$을 (다)의 삼각 플라스크에 한 방울씩 떨어뜨리면서 삼각 플라스크를 흔들어 준다.
(마) (라)의 삼각 플라스크 속 수용액 전체가 붉은색으로 변하는 순간 적정을 멈추고 적정에 사용된 $NaOH(aq)$의 부피(V)를 측정한다.

[실험 결과]
• V : 10 mL
• (가)에서 $CH_3COOH(aq)$의 몰 농도 : 1.0 M

● 다음 설명 중 옳은 것은 ○표, 옳지 <u>않은</u> 것은 ×표 하시오.

1 (나)의 $CH_3COOH(aq)$의 양은 0.002 mol이다.
  ○ / ×

2 ⑤은 2이다. ○ / ×

3 ⓒ은 뷰렛이다. ○ / ×

수능 대비 문제

01

표는 밀폐된 용기 안에 $H_2O(l)$을 넣은 후 시간에 따른 H_2O의 증발 속도와 응축 속도에 대한 자료이다. $a>b$이다.

시간	t	$2t$	$4t$
증발 속도	a	a	a
응축 속도	b	a	x

이에 대한 설명으로 옳은 것만을 |보기|에서 있는 대로 고른 것은?

|보기|
ㄱ. H_2O의 상변화는 가역 반응이다.
ㄴ. 용기 내 $H_2O(l)$의 양(mol)은 $2t$에서와 $4t$에서가 같다.
ㄷ. $x=a$이다.

① ㄱ   ② ㄷ   ③ ㄱ, ㄴ
④ ㄴ, ㄷ   ⑤ ㄱ, ㄴ, ㄷ

02

기출 변형 평가원

다음은 설탕의 용해에 대한 실험이다.

[실험 과정]
(가) 25 °C의 물이 담긴 비커에 충분한 양의 설탕을 넣고 유리 막대로 저어준다.
(나) 시간에 따른 비커 속 고체 설탕의 양을 관찰하고 설탕 수용액의 몰 농도(M)를 측정한다.

[실험 결과]

시간	t	$4t$	$8t$
관찰 결과			
설탕 수용액의 몰 농도(M)	$\frac{2}{3}a$	a	

- $8t$일 때 설탕 수용액은 용해 평형에 도달하였다.

이에 대한 설명으로 옳은 것만을 |보기|에서 있는 대로 고른 것은? (단, 온도는 25 °C로 일정하고, 물의 증발은 무시한다.)

|보기|
ㄱ. 설탕의 석출 속도는 $4t$일 때가 t일 때보다 크다.
ㄴ. $8t$일 때 설탕 수용액의 몰 농도는 a M이다.
ㄷ. 녹지 않고 남아 있는 설탕의 질량은 $4t$일 때와 $8t$일 때가 같다.

① ㄱ   ② ㄴ   ③ ㄷ
④ ㄱ, ㄷ   ⑤ ㄴ, ㄷ

03

그림 (가)는 일정량의 물을 용기에 넣어 밀폐시킨 초기의 모습을, (나)는 충분한 시간이 지난 후의 모습을 모형으로 나타낸 것이다.

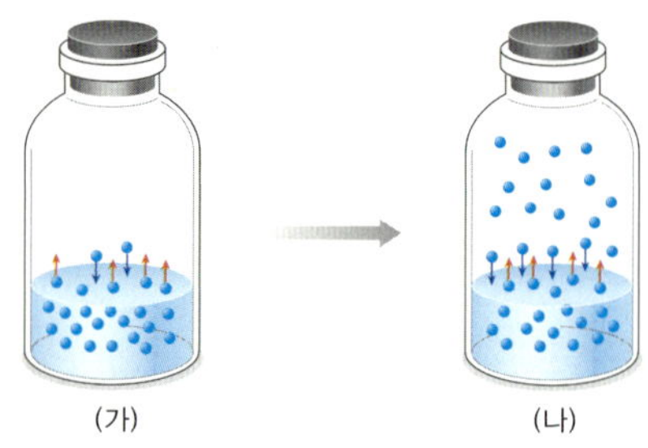

이에 대한 설명으로 옳은 것만을 |보기|에서 있는 대로 고른 것은? (단, 온도는 일정하다.)

|보기|
ㄱ. (가)에서 $\dfrac{\text{물의 응축 속도}}{\text{물의 증발 속도}} < 1$이다.
ㄴ. (나)는 동적 평형 상태이다.
ㄷ. 물의 증발 속도는 (가)>(나)이다.

① ㄱ   ② ㄴ   ③ ㄱ, ㄴ
④ ㄱ, ㄷ   ⑤ ㄴ, ㄷ

04

기출 변형 평가원

다음은 산 염기 반응 (가)~(다)의 화학 반응식이다.

(가) $HCl(g)+H_2O(l) \longrightarrow Cl^-(aq)+H_3O^+(aq)$
(나) $HCO_3^-(aq)+H_2O(l) \longrightarrow$
$\qquad\qquad H_2CO_3(aq)+\boxed{\ \ ㉠\ \ }(aq)$
(다) $HCO_3^-(aq)+HCl(aq) \longrightarrow$
$\qquad\qquad H_2CO_3(aq)+Cl^-(aq)$

이에 대한 설명으로 옳은 것만을 |보기|에서 있는 대로 고른 것은?

|보기|
ㄱ. (가)에서 H_2O은 브뢴스테드·로리 염기이다.
ㄴ. ㉠은 H_3O^+이다.
ㄷ. (다)에서 HCO_3^-은 브뢴스테드·로리 산이다.

① ㄱ   ② ㄴ   ③ ㄷ
④ ㄱ, ㄴ   ⑤ ㄴ, ㄷ

05 다음은 산 염기 반응의 화학 반응식이다.

(가) $HCOOH(aq) + H_2O(l) \longrightarrow$
$$HCOO^-(aq) + H_3O^+(aq)$$

(나) $NH_3(g) + \boxed{\ \ \text{㉠}\ \ }(aq) \longrightarrow$
$$NH_4^+(aq) + NO_3^-(aq)$$

(다) $(CH_3)_2NH(g) + \boxed{\ \ \text{㉡}\ \ }(aq) \longrightarrow$
$$(CH_3)_2NH_2^+(aq) + Cl^-(aq)$$

이에 대한 설명으로 옳은 것만을 |보기|에서 있는 대로 고른 것은?

> **보기**
> ㄱ. (가)에서 HCOOH은 브뢴스테드 · 로리 산이다.
> ㄴ. ㉠은 HNO_3이다.
> ㄷ. (나)에서 ㉡은 브뢴스테드 · 로리 염기이다.

① ㄱ   ② ㄷ   ③ ㄱ, ㄴ
④ ㄴ, ㄷ   ⑤ ㄱ, ㄴ, ㄷ

---

06 기출 평가원

표는 25 °C에서 수용액 (가)~(다)에 대한 자료이다.

수용액	pH	$[H_3O^+]$ (M)	$[OH^-]$ (M)
(가)	x	$100a$	
(나)	$3x$		a
(다)		b	b

이에 대한 설명으로 옳은 것만을 |보기|에서 있는 대로 고른 것은? (단, 온도는 25 °C로 일정하고, 25 °C에서 물의 이온화 상수(K_w)는 1×10^{-14}이다.)

> **보기**
> ㄱ. x는 4이다.
> ㄴ. $\dfrac{a}{b} = 100$이다.
> ㄷ. pH는 (다)>(나)이다.

① ㄱ   ② ㄴ   ③ ㄷ
④ ㄱ, ㄴ   ⑤ ㄴ, ㄷ

---

07 그림은 25 °C에서 $NaOH(aq)$ (가)와, 이 수용액에 물을 추가하여 만든 $NaOH(aq)$을 나타낸 것이다.

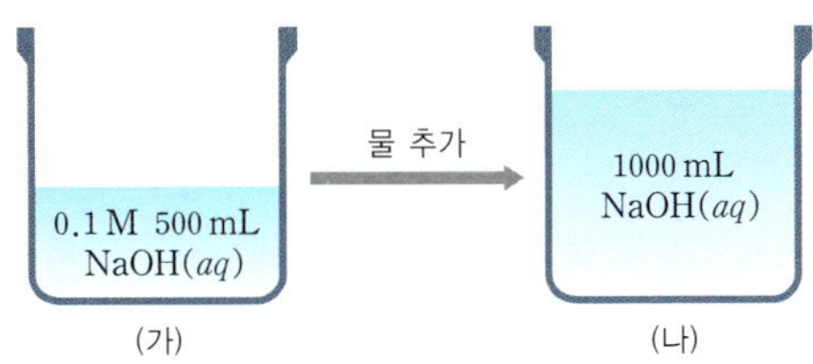

이에 대한 설명으로 옳은 것만을 |보기|에서 있는 대로 고른 것은? (단, 온도는 25 °C로 일정하고, 25 °C에서 물의 이온화 상수(K_w)는 1×10^{-14}이다.)

> **보기**
> ㄱ. 수용액의 pH는 (나)가 (가)의 2배이다.
> ㄴ. (나)의 $[H_3O^+]$는 2×10^{-13} M이다.
> ㄷ. $\dfrac{[OH^-]}{[H_3O^+]}$는 (가)가 (나)의 4배이다.

① ㄱ   ② ㄴ   ③ ㄱ, ㄴ
④ ㄱ, ㄷ   ⑤ ㄴ, ㄷ

---

08 기출 변형 평가원

그림 (가)~(다)는 물($H_2O(l)$), 수산화 나트륨 수용액($NaOH(aq)$), 염산($HCl(aq)$)을 각각 나타낸 것이다.

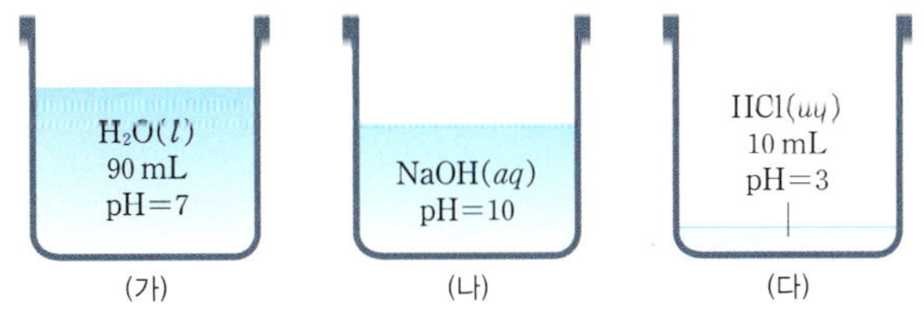

이에 대한 설명으로 옳은 것만을 |보기|에서 있는 대로 고른 것은? (단, 혼합 용액의 부피는 혼합 전 물 또는 용액의 부피의 합과 같고, 물과 용액의 온도는 25 °C로 일정하며, 25 °C에서 물의 이온화 상수(K_w)는 1×10^{-14}이다.)

> **보기**
> ㄱ. (가)에서 H_3O^+의 양은 9×10^{-9} mol이다.
> ㄴ. (다)에서 $[OH^-] = 1 \times 10^{-11}$ M이다.
> ㄷ. (가)와 (다)를 모두 혼합한 수용액의 pOH=9이다.

① ㄱ   ② ㄷ   ③ ㄱ, ㄴ
④ ㄱ, ㄷ   ⑤ ㄱ, ㄴ, ㄷ

09 표는 25 ℃에서 수용액 (가), (나)의 OH^-의 몰 농도를 나타낸 것이다.

수용액	(가)	(나)
$[OH^-]$	1×10^{-9}	1×10^{-5}

25 ℃에서 (나)가 (가)보다 큰 값을 갖는 것만을 |보기|에서 있는 대로 고른 것은?

> |보기|
> ㄱ. 물의 이온화 상수(K_w)
> ㄴ. pH
> ㄷ. $\dfrac{[OH^-]}{[H_3O^+]}$

① ㄱ　　　　　② ㄴ　　　　　③ ㄱ, ㄴ
④ ㄱ, ㄷ　　　　⑤ ㄴ, ㄷ

기출 변형 평가원

10 표는 25 ℃에서 3가지 수용액 (가)~(다)에 대한 자료이다.

수용액	(가)	(나)	(다)
$[H_3O^+]:[OH^-]$	$1:10^2$	$1:1$	$10^2:1$

이에 대한 설명으로 옳은 것만을 |보기|에서 있는 대로 고른 것은? (단, 온도는 25 ℃로 일정하고, 25 ℃에서 물의 이온화 상수(K_w)는 1×10^{-14}이다.)

> |보기|
> ㄱ. (가)는 염기성이다.
> ㄴ. $[OH^-]$의 비는 (나) : (다)=10 : 1이다.
> ㄷ. pH는 (다)가 (가)의 2배이다.

① ㄱ　　　　　② ㄷ　　　　　③ ㄱ, ㄴ
④ ㄱ, ㄷ　　　　⑤ ㄴ, ㄷ

---

11 표는 $HCl(aq)$과 $NaOH(aq)$의 부피를 달리하여 만든 혼합 용액 (가), (나)에 대한 자료이다.

혼합 용액	혼합 전 수용액의 부피(mL)		혼합 용액의 양이온 수
	$HCl(aq)$	$NaOH(aq)$	
(가)	100	20	N
(나)	40	60	$2N$

이에 대한 설명으로 옳은 것만을 |보기|에서 있는 대로 고른 것은? (단, 혼합 용액의 부피는 혼합 전 각 용액의 부피의 합과 같고, 물의 자동 이온화는 무시한다.)

> |보기|
> ㄱ. (나)는 염기성이다.
> ㄴ. 몰 농도 비는 $HCl(aq):NaOH(aq)$=3 : 10이다.
> ㄷ. 생성된 물의 몰비는 (가) : (나)=3 : 5이다.

① ㄱ　　　　　② ㄴ　　　　　③ ㄷ
④ ㄱ, ㄴ　　　　⑤ ㄴ, ㄷ

---

12 그림은 $H_2SO_4(aq)$ 10 mL와 $NaOH(aq)$ 10 mL의 혼합 용액을 이온 모형으로 나타낸 것이다.

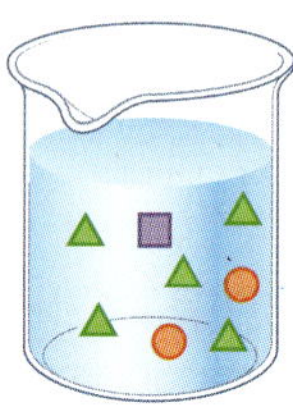

이에 대한 설명으로 옳은 것만을 |보기|에서 있는 대로 고른 것은?

> |보기|
> ㄱ. ▲은 H^+이다.
> ㄴ. ●은 $SO_4{}^{2-}$이다.
> ㄷ. 몰 농도 비는 $H_2SO_4(aq):NaOH(aq)$=2 : 5이다.

① ㄱ　　　　　② ㄷ　　　　　③ ㄱ, ㄴ
④ ㄴ, ㄷ　　　　⑤ ㄱ, ㄴ, ㄷ

13 그림은 0.1 M NaOH(aq) 20 mL에 x M HCl(aq)을 넣을 때 혼합 용액 속 이온 ㉠~㉣의 수를 나타낸 것이다.

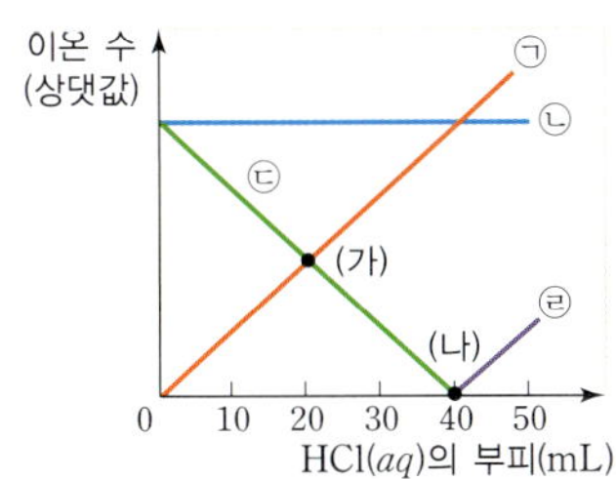

이에 대한 설명으로 옳은 것만을 |보기|에서 있는 대로 고른 것은? (단, 혼합 용액의 부피는 혼합 전 각 용액의 부피 합과 같고, 물의 자동 이온화는 무시한다.)

> 보기
> ㄱ. $x=0.2$이다.
> ㄴ. (가)에서 ㉠의 몰 농도는 0.1 M이다.
> ㄷ. (나)에서 모든 이온의 몰 농도 합은 $\dfrac{1}{15}$ M이다.

① ㄴ ② ㄷ ③ ㄱ, ㄴ
④ ㄴ, ㄷ ⑤ ㄱ, ㄴ, ㄷ

14 표는 HCl(aq), NaOH(aq), KOH(aq)의 부피를 달리하여 혼합한 용액 (가)~(다)에 대한 자료이다. A는 Cl^-, Na^+, K^+ 중 하나이다.

혼합 용액	혼합 전 용액의 부피(mL)			혼합 후 용액의 몰 농도(M)		액성
	HCl(aq)	NaOH(aq)	KOH(aq)	[A]	$[H^+]+[OH^-]$	
(가)	20	20	10	0.16	x	산성
(나)	10	10	20	0.1		중성
(다)	10	20	20	0.08	0.04	㉠

이에 대한 설명으로 옳은 것만을 |보기|에서 있는 대로 고른 것은?

> 보기
> ㄱ. A는 Cl^-이다.
> ㄴ. ㉠은 염기성이다.
> ㄷ. $x=0.12$이다.

① ㄱ ② ㄷ ③ ㄱ, ㄴ
④ ㄴ, ㄷ ⑤ ㄱ, ㄴ, ㄷ

15 다음은 중화 반응에 대한 실험이다.

[자료]
• 수용액에서 H_2A는 H^+과 A^{2-}으로, HB는 H^+과 B^-으로 모두 이온화된다.

[실험 과정]
(가) x M NaOH(aq), y M H_2A(aq), y M HB(aq)을 각각 준비한다.
(나) 3개의 비커에 각각 NaOH(aq) 20 mL를 넣는다.
(다) (나)의 3개의 비커에 각각 H_2A(aq) V mL, HB(aq) V mL, HB(aq) 30 mL를 첨가하여 혼합 용액 Ⅰ~Ⅲ을 만든다.

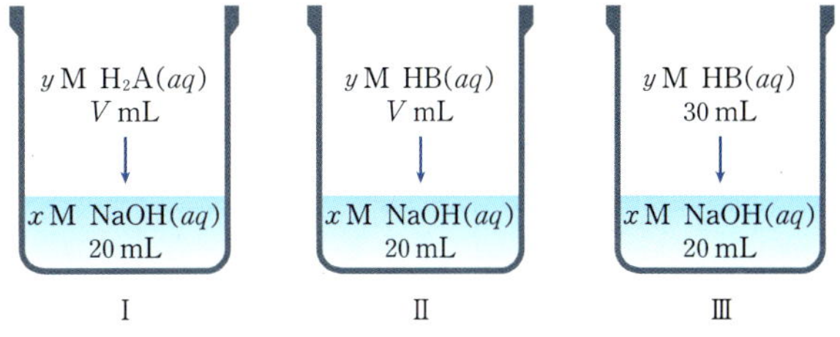

[실험 결과]
• 혼합 용액 Ⅰ~Ⅲ에 존재하는 이온의 종류와 이온의 몰 농도(M)

이온의 종류		W	X	Y	Z
이온의 몰 농도(M)	Ⅰ	$2a$	0	$2a$	$2a$
	Ⅱ	$2a$	$2a$	0	0
	Ⅲ	a	b	0	0.2

$\dfrac{b}{a}\times(x+y)$는? (단, 혼합 용액의 부피는 혼합 전 각 용액의 부피의 합과 같고, 물의 자동 이온화는 무시한다.)

① 2 ② 3 ③ 4 ④ 5 ⑤ 6

16 표는 x M HCl(aq)과 0.1 M NaOH(aq)의 부피를 달리하여 혼합한 용액 (가), (나)에 대한 자료이다.

혼합 용액		(가)	(나)
혼합 전 용액의 부피(mL)	HCl(aq)	40	20
	NaOH(aq)	10	30
전체 이온 수		N	N

x는? (단, 물의 자동 이온화는 무시한다.)

① 0.025 ② 0.05 ③ 0.075 ④ 0.1 ⑤ 0.125

수능 대비 문제

17 다음은 중화 반응에 대한 실험이다.

[자료]
- 수용액 A와 B는 각각 $0.4M$ $YOH(aq)$과 aM $Z(OH)_2(aq)$ 중 하나이다.
- 수용액에서 H_2X는 H^+과 X^{2-}으로, YOH는 Y^+과 OH^-으로, $Z(OH)_2$는 Z^{2+}과 OH^-으로 모두 이온화된다.

[실험 과정]
(가) $0.3M$ $H_2X(aq)$ V mL가 담긴 비커에 수용액 A 5 mL를 첨가하여 혼합 용액 I을 만든다.
(나) I에 수용액 B 15 mL를 첨가하여 혼합 용액 II를 만든다.
(다) II에 수용액 B x mL를 첨가하여 혼합 용액 III을 만든다.

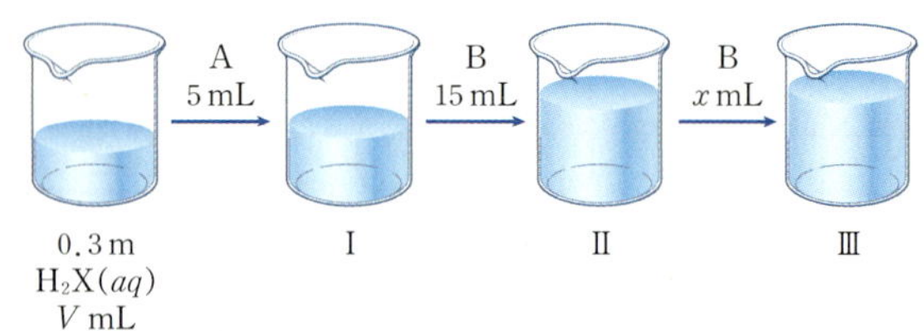

[실험 결과]
- III은 중성이다.
- I과 II에 대한 자료

혼합 용액	I	II
혼합 용액에 존재하는 모든 이온의 몰 농도의 합(상댓값)	8	5
혼합 용액에서 $\dfrac{\text{음이온 수}}{\text{양이온 수}}$	$\dfrac{3}{5}$	$\dfrac{3}{5}$

$\dfrac{x}{V} \times a$는? (단, 혼합 용액의 부피는 혼합 전 각 용액의 부피의 합과 같고, 물의 자동 이온화는 무시하며, X^{2-}, Y^+, Z^{2+}은 반응하지 않는다.)

① $\dfrac{1}{4}$　② $\dfrac{1}{5}$　③ $\dfrac{3}{20}$　④ $\dfrac{1}{10}$　⑤ $\dfrac{1}{20}$

18 다음은 중화 반응에 대한 실험이다.

[자료]
- 수용액에서 HCl는 H^+과 Cl^-으로, H_2SO_4은 H^+과 SO_4^{2-}으로 모두 이온화된다.
- ㉠은 $HCl(aq)$과 $H_2SO_4(aq)$ 중 하나이다.

[실험 과정]
(가) $NaOH(aq)$, $HCl(aq)$, $H_2SO_4(aq)$을 각각 준비한다.
(나) $NaOH(aq)$ 10 mL에 ㉠을 20 mL 첨가한다.
(다) $NaOH(aq)$ 10 mL에 ㉠을 40 mL 첨가한다.

[실험 결과]
- (나)에서 혼합 용액에 존재하는 모든 이온의 종류와 이온의 몰 농도(M)

이온의 종류	X	Y	Z
이온의 몰 농도(M)	$\dfrac{1}{24}$	$\dfrac{1}{12}$	$\dfrac{1}{6}$

이에 대한 설명으로 옳은 것만을 |보기|에서 있는 대로 고른 것은?

보기
ㄱ. ㉠은 HCl이다.
ㄴ. $NaOH(aq)$의 몰 농도는 $0.5M$이다.
ㄷ. (다)에서 혼합 용액에 존재하는 모든 이온의 몰 농도 합은 $\dfrac{3}{20}M$이다.

① ㄱ　② ㄴ　③ ㄱ, ㄴ
④ ㄱ, ㄷ　⑤ ㄴ, ㄷ

19 표는 $0.1M$ $H_2SO_4(aq)$ 10 mL에 $0.2M$ $NaOH(aq)$ x mL를 혼합한 용액에 존재하는 이온 수를 나타낸 것이다.

이온	㉠	㉡	Na^+
이온 수	N	$4N$	$6N$

x는?

① 10　② 15　③ 25　④ 30　⑤ 40

20

그림은 $CH_3COOH(aq)$의 농도를 $0.1\,M\ NaOH(aq)$을 이용하여 알아보기 위한 실험 장치를 나타낸 것이다.

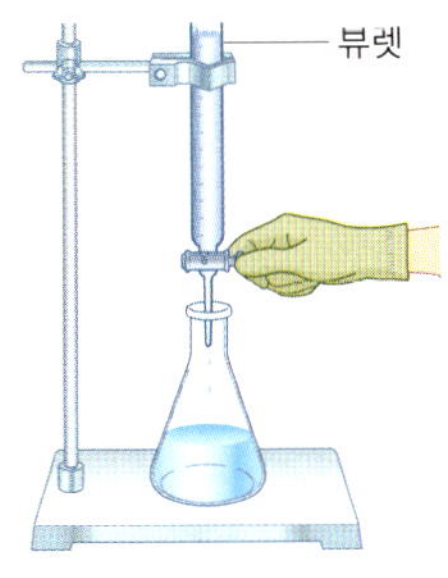

이에 대한 설명으로 옳은 것만을 |보기|에서 있는 대로 고른 것은?

---보기---
ㄱ. $CH_3COOH(aq)$은 삼각 플라스크에 넣는다.
ㄴ. $NaOH(aq)$은 뷰렛에 넣는다.
ㄷ. 지시약으로는 페놀프탈레인 용액이 적절하다.

① ㄱ　　　　② ㄷ　　　　③ ㄱ, ㄴ
④ ㄴ, ㄷ　　　⑤ ㄱ, ㄴ, ㄷ

21

다음은 중화 적정 실험이다.

[실험 과정]
(가) $x\,M\ CH_3COOH(aq)$ $25\,mL$에 물을 넣어 $100\,mL$ 수용액을 만든다.
(나) 삼각 플라스크에 (가)에서 만든 수용액 $40\,mL$를 넣고, 페놀프탈레인 용액을 2~3방울 떨어뜨린다.
(다) $0.2\,M\ NaOH(aq)$을 뷰렛에 넣고 (나)의 삼각 플라스크에 한 방울씩 떨어뜨리면서 삼각 플라스크를 흔들어 준다.
(라) (다)의 삼각 플라스크 속 수용액 전체가 붉게 변하는 순간 적정을 멈추고, 적정에 사용된 $NaOH(aq)$의 부피(V_1)를 측정한다.
(마) $0.2\,M\ NaOH(aq)$ 대신 $y\,M\ NaOH(aq)$을 사용해서 과정 (나)~(라)를 반복하여 적정에 사용된 $NaOH(aq)$의 부피(V_2)를 측정한다.

[실험 결과]
- V_1 : $40\,mL$
- V_2 : $16\,mL$

$x+y$는? (단, 온도는 $25\,℃$로 일정하다.)

① $\dfrac{7}{10}$　② $\dfrac{9}{10}$　③ $\dfrac{11}{10}$　④ $\dfrac{13}{10}$　⑤ $\dfrac{3}{2}$

22

다음은 $CH_3COOH(aq)$의 농도를 알아보기 위한 실험이다.

[실험]
- $CH_3COOH(aq)$ $10\,mL$를 $0.1\,M\ NaOH(aq)$으로 적정하였더니 $20\,mL$가 가해졌다.

이 실험에서 사용한 $CH_3COOH(aq)$의 퍼센트 농도(%)를 알기 위해 필요한 값만을 |보기|에서 있는 대로 고른 것은?

---보기---
ㄱ. CH_3COOH의 분자량
ㄴ. $CH_3COOH(aq)$의 밀도
ㄷ. $NaOH$의 화학식량

① ㄱ　　　　② ㄷ　　　　③ ㄱ, ㄴ
④ ㄱ, ㄷ　　　⑤ ㄴ, ㄷ

23

다음은 아세트산 수용액($CH_3COOH(aq)$)의 중화 적정 실험이다.

[실험 과정]
(가) $CH_3COOH(aq)$을 준비한다.
(나) (가)의 수용액 $x\,mL$에 물을 넣어 $50\,mL$ 수용액을 만든다.
(다) (나)에서 만든 수용액 $30\,mL$를 삼각 플라스크에 넣고 페놀프탈레인 용액을 2~3방울 떨어뜨린다.
(라) (다)의 삼각 플라스크에 $0.1\,M\ NaOH(aq)$을 한 방울씩 떨어뜨리면서 삼각 플라스크를 흔들어 준다.
(마) (라)의 삼각 플라스크 속 수용액 전체가 붉은색으로 변하는 순간 적정을 멈추고 적정에 사용된 $NaOH(aq)$의 부피(V)를 측정한다.

[실험 결과]
- V : $y\,mL$
- (가)에서 $CH_3COOH(aq)$의 몰 농도 : $a\,M$

이에 대한 설명으로 옳은 것만을 |보기|에서 있는 대로 고른 것은?

---보기---
ㄱ. (다)에서 만든 수용액의 몰 농도는 $\dfrac{3}{5}a\,M$이다.
ㄴ. (마)에서 생성된 H_2O의 양은 $0.1y\,mol$이다.
ㄷ. $a=\dfrac{y}{6x}$이다.

① ㄱ　　　　② ㄴ　　　　③ ㄷ
④ ㄱ, ㄷ　　　⑤ ㄴ, ㄷ

1 산화와 환원

정답과 해설 p.90

[기출패턴] 산화수 규칙에 따라 각 원소의 산화수를 통해 산화수 변화를 파악할 수 있어야 한다.

[배경지식]
- 산화수 : 물질을 구성하는 원자가 산화 또는 환원된 정도를 나타내는 가상의 전하이다.
- 산화수 규칙 : 화합물에서 H, O의 산화수는 각각 $+1$, -2이다.
- 산화제 : 다른 물질을 산화시키고 자신은 환원되는 물질이다.
- 환원제 : 다른 물질을 환원시키고 자신은 산화되는 물질이다.

자료 1 평가원 기출

다음은 산화 환원 반응 (가)~(다)의 화학 반응식이다.

$$\text{(가)} \quad 2H_2 + O_2 \longrightarrow \underset{\textcircled{\scriptsize ㄱ}}{2H_2O}$$

$$\text{(나)} \quad \underset{\textcircled{\scriptsize ㄴ}}{O_2} + F_2 \longrightarrow \underset{\textcircled{\scriptsize ㄷ}}{O_2F_2}$$

$$\text{(다)} \quad 5\underset{\textcircled{\scriptsize ㄹ}}{H_2O_2} + 2MnO_4^- + 6H^+ \longrightarrow 2Mn^{2+} + 5O_2 + 8H_2O$$

● 다음 설명 중 옳은 것은 ○표, 옳지 <u>않은</u> 것은 ×표 하시오.

1 (가)에서 O_2는 산화제이다. ○ / ×

2 (다)에서 Mn의 산화수는 증가한다. ○ / ×

3 ㄱ~ㄹ에서 O의 산화수 중 가장 큰 값은 $+1$이다. ○ / ×

4 (나)에서 O의 산화수는 0에서 -1로 감소한다. ○ / ×

자료 2 수능 기출

다음은 산화 환원 반응 (가)와 (나)의 화학 반응식이다.

$$\text{(가)} \quad O_2 + 2F_2 \longrightarrow 2OF_2$$

$$\text{(나)} \quad BrO_3^- + aI^- + bH^+ \longrightarrow Br^- + cI_2 + dH_2O$$
$$(a \sim d \text{는 반응 계수})$$

● 다음 설명 중 옳은 것은 ○표, 옳지 <u>않은</u> 것은 ×표 하시오.

1 (가)에서 O의 산화수는 증가한다. ○ / ×

2 (나)에서 I^-은 산화제로 작용한다. ○ / ×

3 $a+b+c+d=16$이다. ○ / ×

자료 3 수능 기출

그림은 원소 X ~ Z로 이루어진 분자 (가)와 (나)의 구조식을 나타낸 것이다. (가)에서 X의 산화수는 -1이다.

$$
\begin{array}{cc}
\quad Z \quad Z & \quad Z \quad Z \\
\quad | \quad\; | & \quad | \quad\; | \\
Y-X-X-Y & Z-X-X-Z \\
\quad | \quad\; | & \quad | \quad\; | \\
\quad Y \quad Y & \quad Y \quad Y \\
\text{(가)} & \text{(나)}
\end{array}
$$

● 다음 설명 중 옳은 것은 ○표, 옳지 <u>않은</u> 것은 ×표 하시오.

1 (가)에서 Y의 산화수는 $+1$이다. ○ / ×

2 전기 음성도는 $Y > X > Z$이다. ○ / ×

3 (나)에서 X의 산화수는 -1이다. ○ / ×

2 산화 환원 반응식

정답과 해설 p.90

[기출 패턴] 산화수 변화, 산화제와 환원제, 산화 환원 반응식의 완성과 양적 관계가 나오므로 산화 환원 반응에 대해 이해하고 있어야
한다.

[배경 지식] ■ 산화 환원 반응의 동시성 : 산화 환원 반응은 동시에 일어난다.
■ 산화 환원 반응식의 완성 : 산화 환원 반응에서 증가한 산화수와 감소한 산화수는 항상 같으므로 반응물과 생성물의 원자
수와 산화수 변화를 맞추어 화학 반응식을 완성할 수 있다.
■ 산화 환원 반응의 양적 관계 : 화학 반응식의 계수비는 반응 몰비이므로 산화 환원 반응식을 완성하면 반응하는 산화제와
환원제의 양적 관계를 구할 수 있다.

자료 1　평가원 기출

다음은 산화 환원 반응 (가)~(다)의 화학 반응식이다.

> (가) $SO_2 + 2H_2O + Cl_2 \longrightarrow H_2SO_4 + 2HCl$
> (나) $2F_2 + 2H_2O \longrightarrow O_2 + 4HF$
> (다) $aMnO_4^- + bH^+ + cFe^{2+} \longrightarrow Mn^{2+} + cFe^{3+} + dH_2O$
> ($a \sim d$는 반응 계수)

● 다음 설명 중 옳은 것은 ○표, 옳지 않은 것은 ×표 하시오.

1　(가)에서 Cl의 산화수는 감소한다.　○ / ×
2　(나)에서 H_2O은 환원제이다.　○ / ×
3　$a+b+c+d=16$이다.　○ / ×
4　(다)에서 MnO_4^-은 환원제이다.　○ / ×

자료 2　평가원 기출

다음은 산화 환원 반응의 화학 반응식이다.

> $aCuS + bNO_3^- + cH^+ \longrightarrow$
> $3Cu^{2+} + aSO_4^{2-} + bNO + dH_2O$
> ($a \sim d$는 반응 계수)

● 다음 설명 중 옳은 것은 ○표, 옳지 않은 것은 ×표 하시오.

1　CuS는 환원제이다.　○ / ×
2　$a+b>c+d$이다.　○ / ×
3　NO_3^- 2 mol이 반응하면 SO_4^{2-} 1 mol이 생성된다.
○ / ×

자료 3　평가원 기출

다음은 산화 환원 반응 (가)~(다)의 화학 반응식이다.

> (가) $Fe_2O_3 + 2Al \longrightarrow 2Fe + Al_2O_3$
> (나) $Mg + 2HCl \longrightarrow MgCl_2 + H_2$
> (다) $Cu + aNO_3^- + bH_3O^+ \longrightarrow Cu^{2+} + cNO_2 + dH_2O$
> ($a \sim d$는 반응 계수)

● 다음 설명 중 옳은 것은 ○표, 옳지 않은 것은 ×표 하시오.

1　(가)에서 Fe_2O_3은 산화된다.　○ / ×
2　(나)에서 Cl의 산화수는 감소한다.　○ / ×
3　NO_3^- 1 mol이 반응하면 H_2O 3 mol이 생성된다.
○ / ×

3 화학 반응에서 열의 출입

정답과 해설 p.90

[기출패턴] 발열 반응, 흡열 반응을 분류하고, 화학 반응에서 출입하는 열을 측정하는 방법을 알고 있어야 한다.

[배경 지식]
- 발열 반응 : 화학 반응이 일어날 때 열을 방출하여 주위의 온도가 높아지는 반응이다.
- 흡열 반응 : 화학 반응이 일어날 때 열을 흡수하여 주위의 온도가 낮아지는 반응이다.
- 화학 반응에서 열의 측정 : $Q = c$ (비열) $\times m$(질량) $\times \Delta t$(온도 변화)

자료 1 평가원 기출

다음은 열 출입 현상이다.

> - 염화 암모늄을 물에 용해시켰더니 수용액의 온도가 낮아졌다.
>   ㉠
> - 뷰테인을 연소시켰더니 열이 발생하였다.
>   ㉡

● 다음 설명 중 옳은 것은 ○표, 옳지 <u>않은</u> 것은 ×표 하시오.

1 ㉠은 발열 반응이다. ○ / ×

2 ㉡은 흡열 반응이다. ○ / ×

3 흡열 반응은 화학 반응이 일어날 때 열을 흡수하는 반응이다. ○ / ×

자료 2 평가원 기출

다음은 염화 칼슘($CaCl_2$)이 물에 용해되는 반응에 대한 실험과 이에 대한 세 학생의 대화이다.

[실험 과정]
(가) 그림과 같이 25 ℃의 물 100 g이 담긴 열량계를 준비한다.
(나) (가)의 열량계에 25 ℃의 $CaCl_2(s)$ w g을 넣어 녹인 후 수용액의 최고 온도를 측정한다.

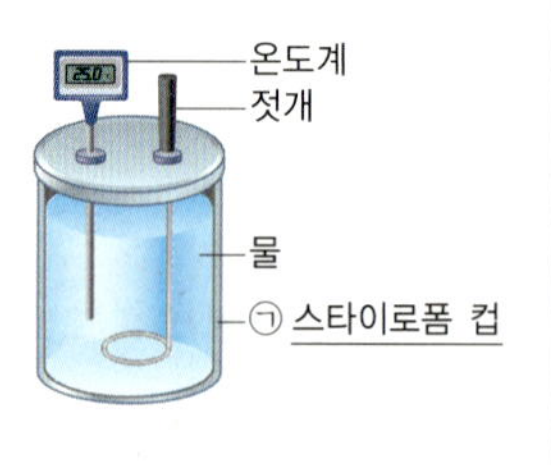

[실험 결과]
- 수용액의 최고 온도 : 30 ℃

● 다음 설명 중 옳은 것은 ○표, 옳지 <u>않은</u> 것은 ×표 하시오.

1 열량계 내부의 온도 변화로 반응에서의 열의 출입을 알 수 있다. ○ / ×

2 $CaCl_2(s)$이 물에 용해되는 반응은 흡열 반응이다. ○ / ×

3 ㉠은 열량계 내부와 외부 사이의 열 출입을 막기 위해 사용한다. ○ / ×

자료 3 평가원 기출

다음은 학생 A가 가설을 세우고 수행한 탐구 활동이다.

[가설]
- ㉠

[탐구 과정 및 결과]
- 25 ℃의 물 100 g이 담긴 열량계에 25 ℃의 수산화 나트륨($NaOH(s)$) 4 g을 넣어 녹인 후 수용액의 최고 온도를 측정하였다.
- 수용액의 최고 온도 : 35 ℃

[결론]
- 가설은 옳다.

● 다음 설명 중 옳은 것은 ○표, 옳지 <u>않은</u> 것은 ×표 하시오.

1 $NaOH(s)$이 물에 녹는 반응에서 열이 방출된다. ○ / ×

2 학생 A의 결론이 타당할 때, ㉠으로 'NaOH이 물에 녹는 반응은 가역 반응이다.'는 적절하다. ○ / ×

3 이 탐구 활동으로부터 $NaOH(s)$ 1 g이 물에 녹았을 때 방출하는 열량을 구할 수 있다. ○ / ×

수능 대비 문제

01 다음은 3가지 화학 반응식이다.

> (가) $2Ca(s) + O_2(g) \longrightarrow 2CaO(s)$
> (나) $CaCO_3(s) \longrightarrow CaO(s) + CO_2(g)$
> (다) $Mg(s) + H_2O(l) \longrightarrow MgO(s) + H_2(g)$

(가)~(다)에 대한 설명으로 옳은 것만을 |보기|에서 있는 대로 고른 것은?

> ┌ 보기 ┐
> ㄱ. (가)에서 O_2는 산화제이다.
> ㄴ. (나)는 산화 환원 반응이다.
> ㄷ. (다)에서 산화수가 감소하는 원자는 H이다.

① ㄱ ② ㄷ ③ ㄱ, ㄴ
④ ㄱ, ㄷ ⑤ ㄴ, ㄷ

03 다음은 이산화 황(SO_2)과 관련된 반응의 화학 반응식이다.

> (가) $SO_2(g) + 2H_2S(g) \longrightarrow 2H_2O(l) + 3S(s)$
> (나) $SO_2(g) + \frac{1}{2}O_2(g) \longrightarrow SO_3(g)$

이에 대한 설명으로 옳은 것만을 |보기|에서 있는 대로 고른 것은?

> ┌ 보기 ┐
> ㄱ. (가)에서 H_2S는 환원된다.
> ㄴ. SO_2은 (가)와 (나)에서 모두 환원제이다.
> ㄷ. (가)와 (나)에서 S의 산화수 중 가장 큰 것은 $+6$이다.

① ㄴ ② ㄷ ③ ㄱ, ㄴ
④ ㄱ, ㄷ ⑤ ㄴ, ㄷ

기출 변형 | 수능

02 다음은 산화 환원 반응 (가)~(다)의 화학 반응식이다.

> (가) $CuO + H_2 \longrightarrow Cu + H_2O$
> (나) $Fe_2O_3 + 3CO \longrightarrow 2Fe + 3CO_2$
> (다) $MnO_2 + 4HCl \longrightarrow MnCl_2 + 2H_2O + Cl_2$

이에 대한 설명으로 옳은 것만을 |보기|에서 있는 대로 고른 것은?

> ┌ 보기 ┐
> ㄱ. (가)에서 Cu의 산화수는 감소한다.
> ㄴ. (나)에서 CO는 환원제이다.
> ㄷ. (다)에서 Mn의 산화수는 $+4$에서 $+2$로 감소한다.

① ㄱ ② ㄷ ③ ㄱ, ㄴ
④ ㄴ, ㄷ ⑤ ㄱ, ㄴ, ㄷ

기출 | 평가원

04 다음은 산화 환원 반응 (가)~(나)의 화학 반응식이다.

> (가) $2H_2 + O_2 \longrightarrow 2\underset{\bigcirc}{H_2O}$
> (나) $\underset{\bigcirc}{O_2} + F_2 \longrightarrow \underset{\bigcirc}{O_2F_2}$
> (다) $5\underset{\bigcirc}{H_2O_2} + 2MnO_4^- + 6H^+ \longrightarrow$
> $\qquad\qquad\qquad\qquad 2Mn^{2+} + 5O_2 + 8H_2O$

이에 대한 설명으로 옳은 것만을 |보기|에서 있는 대로 고른 것은?

> ┌ 보기 ┐
> ㄱ. (가)에서 O_2는 산화제이다.
> ㄴ. (다)에서 Mn의 산화수는 감소한다.
> ㄷ. ㉠~㉣에서 O의 산화수 중 가장 큰 값은 $+1$이다.

① ㄱ ② ㄷ ③ ㄱ, ㄴ
④ ㄴ, ㄷ ⑤ ㄱ, ㄴ, ㄷ

05 다음은 3가지 화학 반응식이다.

> (가) $2Na + Cl_2 \longrightarrow 2NaCl$
> (나) $Cl_2 + H_2O \longrightarrow HCl + HClO$
> (다) $2NaCl + F_2 \longrightarrow 2NaF + Cl_2$

이에 대한 설명으로 옳은 것만을 |보기|에서 있는 대로 고른 것은?

> **보기**
> ㄱ. (가)에서 Na은 산화된다.
> ㄴ. (나)에서 H의 산화수는 증가한다.
> ㄷ. (다)에서 F_2은 산화제이다.

① ㄱ   ② ㄷ   ③ ㄱ, ㄴ
④ ㄱ, ㄷ   ⑤ ㄴ, ㄷ

07 다음은 A_xB와 C_2가 산화 환원 반응하여 AC와 B를 생성하는 화학 반응식과 각 원자의 산화수 일부를 나타낸 것이다. $a \sim c$는 반응 계수이다.

> $$\text{산화수: } a\underset{+1}{A_x}\underset{-2}{B} + C_2 \longrightarrow b\underset{+1}{AC} + cB$$

이에 대한 설명으로 옳은 것만을 |보기|에서 있는 대로 고른 것은?

> **보기**
> ㄱ. $x = 2$이다.
> ㄴ. C_2는 산화제이다.
> ㄷ. $a + b + c = 4$이다.

① ㄱ   ② ㄷ   ③ ㄱ, ㄴ
④ ㄴ, ㄷ   ⑤ ㄱ, ㄴ, ㄷ

기출 평가원

06 다음은 산화 환원 반응 (가)~(다)의 화학 반응식이다.

> (가) $Fe_2O_3 + 2Al \longrightarrow 2Fe + Al_2O_3$
> (나) $Mg + 2HCl \longrightarrow MgCl_2 + H_2$
> (다) $Cu + aNO_3^- + bH_3O^+ \longrightarrow Cu^{2+} + cNO_2 + dH_2O$
> $(a \sim d$는 반응 계수$)$

이에 대한 설명으로 옳은 것만을 |보기|에서 있는 대로 고른 것은?

> **보기**
> ㄱ. (가)에서 Al은 산화된다.
> ㄴ. (나)에서 Mg은 산화제이다.
> ㄷ. (다)에서 $a + b + c + d = 7$이다.

① ㄱ   ② ㄴ   ③ ㄷ
④ ㄱ, ㄴ   ⑤ ㄱ, ㄷ

기출변형 수능

08 다음은 산화 환원 반응 (가)와 (나)의 화학 반응식이다.

> (가) $O_2 + 2F_2 \longrightarrow 2OF_2$
> (나) $BrO_3^- + aI^- + bH^+ \longrightarrow Br^- + cI_2 + dH_2O$
> $(a \sim d$는 반응 계수$)$

이에 대한 설명으로 옳은 것만을 |보기|에서 있는 대로 고른 것은?

> **보기**
> ㄱ. (가)에서 F의 산화수는 변하지 않는다.
> ㄴ. (나)에서 BrO_3^-은 산화제이다.
> ㄷ. $\dfrac{c+d}{a+b} = \dfrac{1}{2}$이다.

① ㄱ   ② ㄴ   ③ ㄷ
④ ㄱ, ㄷ   ⑤ ㄴ, ㄷ

09

다음은 질소(N_2)와 관련된 2가지 반응의 화학 반응식이다.

> (가) $N_2 + 2O_2 \longrightarrow 2NO_2$
> (나) $aNO_2 + bH_2O \longrightarrow cHNO_3 + dNO$
> $\qquad\qquad\qquad\qquad$ ($a \sim d$는 반응 계수)

이에 대한 설명으로 옳은 것만을 |보기|에서 있는 대로 고른 것은?

> |보기|
> ㄱ. (가)에서 N의 산화수는 증가한다.
> ㄴ. $\dfrac{c+d}{a+b} = \dfrac{3}{4}$이다.
> ㄷ. (나)에서 H_2O은 환원제이다.

① ㄱ ② ㄷ ③ ㄱ, ㄴ
④ ㄱ, ㄷ ⑤ ㄴ, ㄷ

10

다음은 산화 환원 반응 (가)~(다)의 화학 반응식이다.

> (가) $SO_2 + 2H_2O + Cl_2 \longrightarrow H_2SO_4 + 2HCl$
> (나) $2F_2 + 2H_2O \longrightarrow O_2 + 4HF$
> (다) $aMnO_4^- + bH^+ + cFe^{2+} \longrightarrow$
> $\qquad\qquad\qquad Mn^{2+} + cFe^{3+} + dH_2O$
> $\qquad\qquad\qquad\qquad$ ($a \sim d$는 반응 계수)

이에 대한 설명으로 옳은 것만을 |보기|에서 있는 대로 고른 것은?

> |보기|
> ㄱ. (가)에서 S의 산화수는 증가한다.
> ㄴ. (나)에서 H_2O은 환원제이다.
> ㄷ. $\dfrac{b}{a+c+d} < 1$이다.

① ㄱ ② ㄴ ③ ㄱ, ㄷ
④ ㄴ, ㄷ ⑤ ㄱ, ㄴ, ㄷ

11

다음은 산화 환원 반응의 화학 반응식이다.

> $aK_2Cr_2O_7 + bH_2O + 3S \longrightarrow$
> $\qquad\qquad cKOH + dCr_2O_3 + 3SO_2$
> $\qquad\qquad\qquad\qquad$ ($a \sim d$는 반응 계수)

이에 대한 설명으로 옳은 것만을 |보기|에서 있는 대로 고른 것은?

> |보기|
> ㄱ. Cr의 산화수는 $+6$에서 $+3$으로 감소한다.
> ㄴ. $a+b+c+d=16$이다.
> ㄷ. S은 환원제이다.

① ㄱ ② ㄴ ③ ㄱ, ㄷ
④ ㄴ, ㄷ ⑤ ㄱ, ㄴ, ㄷ

12

다음은 산화 환원 반응의 화학 반응식이다.

> $aCuS + bNO_3^- + cH^+ \longrightarrow$
> $\qquad\qquad 3Cu^{2+} + aSO_4^{2-} + bNO + dH_2O$
> $\qquad\qquad\qquad\qquad$ ($a \sim d$는 반응 계수)

이에 대한 설명으로 옳은 것만을 |보기|에서 있는 대로 고른 것은?

> |보기|
> ㄱ. S의 산화수는 -2에서 $+6$으로 증가한다.
> ㄴ. $\dfrac{c+d}{a+b} = \dfrac{5}{4}$이다.
> ㄷ. NO_3^- 4 mol이 반응하면 H_2O 3 mol이 생성된다.

① ㄱ ② ㄴ ③ ㄷ
④ ㄱ, ㄷ ⑤ ㄴ, ㄷ

13 다음은 산화 환원 반응의 화학 반응식이다.

$$a\mathrm{Fe}^{2+} + b\mathrm{H_2O_2} + c\mathrm{H}^+ \longrightarrow a\mathrm{Fe}^{3+} + d\mathrm{H_2O}$$
$$(a \sim d는\ 반응\ 계수)$$

이에 대한 설명으로 옳은 것만을 |보기|에서 있는 대로 고른 것은?

|보기|
ㄱ. $\mathrm{H_2O_2}$는 산화제이다.
ㄴ. $\dfrac{c+d}{a+b} = 2$이다.
ㄷ. Fe^{2+} 1 mol이 반응하면 $\mathrm{H_2O}$ 2 mol이 생성된다.

① ㄱ ② ㄷ ③ ㄱ, ㄴ
④ ㄴ, ㄷ ⑤ ㄱ, ㄴ, ㄷ

14 다음은 2가지 반응의 화학 반응식이다.

기출 변형 평가원

(가) $4\mathrm{Al} + 3\mathrm{O_2} \longrightarrow 2\mathrm{Al_2O_3}$
(나) $2\mathrm{Mg} + \mathrm{CO_2} \longrightarrow 2\mathrm{MgO} + \mathrm{C}$

이에 대한 설명으로 옳은 것만을 |보기|에서 있는 대로 고른 것은?

|보기|
ㄱ. (가)에서 $\mathrm{O_2}$는 환원된다.
ㄴ. (나)에서 $\mathrm{CO_2}$는 산화제이다.
ㄷ. (가)와 (나)의 물질 중 산화수가 가장 큰 것은 Al이다.

① ㄱ ② ㄷ ③ ㄱ, ㄴ
④ ㄴ, ㄷ ⑤ ㄱ, ㄴ, ㄷ

15 다음은 금속과 산의 반응에 대한 실험이다.

[화학 반응식]
$$2\mathrm{A}(s) + 6\mathrm{HCl}(aq) \longrightarrow 2\ \boxed{\ \ \unicode{9711}\ \ }(aq) + 3\mathrm{H_2}(g)$$

[실험 과정 및 결과]
(가) $\mathrm{HCl}(aq)$이 들어 있는 비커에 금속 A를 넣었다.
(나) 금속 A의 표면에서 기체가 발생하였다.

이에 대한 설명으로 옳은 것만을 |보기|에서 있는 대로 고른 것은?

|보기|
ㄱ. $\unicode{9711}$은 $\mathrm{ACl_2}$이다.
ㄴ. 이 반응에서 HCl는 산화제이다.
ㄷ. $\mathrm{H_2}(g)$ 1 mol이 생성되었을 때 이동한 전자의 양은 1.5 mol이다.

① ㄱ ② ㄴ ③ ㄷ
④ ㄱ, ㄷ ⑤ ㄴ, ㄷ

16 다음은 산화 환원 반응의 화학 반응식이다.

$$a\mathrm{MnO_4}^- + b\mathrm{SO_3}^{2-} + c\mathrm{H}^+ \longrightarrow$$
$$a\mathrm{Mn}^{2+} + b\mathrm{SO_4}^{2-} + d\mathrm{H_2O}$$
$$(a \sim d는\ 반응\ 계수)$$

이에 대한 설명으로 옳은 것만을 |보기|에서 있는 대로 고른 것은?

|보기|
ㄱ. $\mathrm{MnO_4}^-$은 산화제이다.
ㄴ. $a+b+c+d = 16$이다.
ㄷ. $\mathrm{H_2O}$ 3 mol이 생성되었을 때 이동한 전자의 양은 10 mol이다.

① ㄱ ② ㄷ ③ ㄱ, ㄴ
④ ㄴ, ㄷ ⑤ ㄱ, ㄴ, ㄷ

17 표는 $20\,^\circ\mathrm{C}$의 물 $100\,\mathrm{g}$이 들어 있는 열량계에 용질 A의 질량을 달리하여 용해시킨 수용액의 최종 온도에 대한 자료이다.

수용액	용해된 $A(s)$의 질량	최종 온도($^\circ$C)
(가)	2	t_1
(나)	4	t_2
(다)	6	19

이에 대한 설명으로 옳은 것만을 |보기|에서 있는 대로 고른 것은?

보기
ㄱ. $A(s)$의 용해 반응은 흡열 반응이다.
ㄴ. $A(s)$는 휴대용 손난로에 이용할 수 있다.
ㄷ. $t_1 > t_2$이다.

① ㄱ ② ㄷ ③ ㄱ, ㄴ
④ ㄱ, ㄷ ⑤ ㄴ, ㄷ

---

19 다음은 CO_2와 관련된 2가지 반응의 화학 반응식과 반응에 대한 설명이다.

(가) 드라이아이스가 승화된다.
$$CO_2(s) \longrightarrow CO_2(g)$$
(나) 마그네슘과 이산화 탄소의 반응으로 열과 빛이 발생한다.
$$2Mg(s) + CO_2(g) \longrightarrow 2MgO(s) + C(s)$$

이에 대한 설명으로 옳은 것만을 |보기|에서 있는 대로 고른 것은?

보기
ㄱ. (가)의 반응은 냉각제에 이용할 수 있다.
ㄴ. (나)는 발열 반응이다.
ㄷ. (나)는 산화 환원 반응이다.

① ㄱ ② ㄷ ③ ㄱ, ㄴ
④ ㄴ, ㄷ ⑤ ㄱ, ㄴ, ㄷ

기출 평가원

20 다음은 학생 A가 가설을 세우고 수행한 탐구 활동이다.

[가설]
• ㉠

[탐구 과정 및 결과]
• $25\,^\circ\mathrm{C}$의 물 $100\,\mathrm{g}$이 담긴 열량계에 $25\,^\circ\mathrm{C}$의 수산화 나트륨($NaOH(s)$) $4\,\mathrm{g}$을 넣어 녹인 후 수용액의 최고 온도를 측정하였다.
• 수용액의 최고 온도 : $35\,^\circ\mathrm{C}$

[결론]
• 가설은 옳다.

학생 A의 결론이 타당할 때, 다음 중 ㉠으로 가장 적절한 것은? (단, 열량계의 외부 온도는 $25\,^\circ\mathrm{C}$로 일정하다.)

① 수산화 나트륨($NaOH$)이 물에 녹는 반응은 가역 반응이다.
② 수산화 나트륨($NaOH$)이 물에 녹는 반응은 발열 반응이다.
③ 수산화 나트륨($NaOH$)을 물에 녹인 수용액은 산성을 띤다.
④ 수산화 나트륨($NaOH$)이 물에 녹는 반응은 산화 환원 반응이다.
⑤ 수산화 나트륨($NaOH$)을 물에 녹인 수용액은 전기 전도성이 있다.

기출 변형 수능

18 다음은 실생활에서 일어나는 3가지 현상이다.

㉠ 철가루와 산소가 반응하여 손난로가 뜨거워진다.　㉡ 가스가 연소하여 국이 끓는다.　㉢ 물이 증발하여 시원해진다.

㉠~㉢을 각각 발열 반응과 흡열 반응으로 옳게 분류한 것은?

	발열 반응	흡열 반응
①	㉠	㉡, ㉢
②	㉡	㉠, ㉢
③	㉠, ㉡	㉢
④	㉠, ㉢	㉡
⑤	㉠, ㉡, ㉢	없다

21 다음은 질산 암모늄과 관련된 실험이다.

[실험 과정]

(가) 물이 든 밀봉된 비닐봉지와 질산 암모늄(NH_4NO_3)을 지퍼 백에 넣는다.

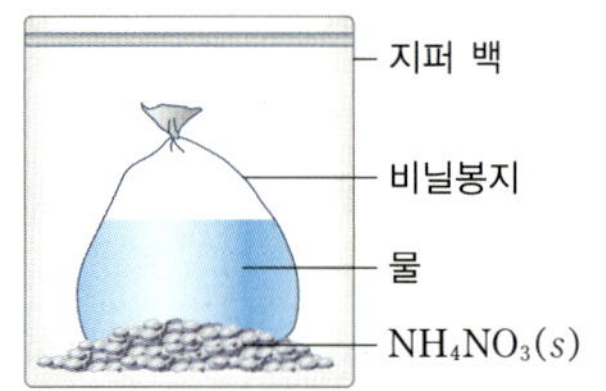

(나) 지퍼 백을 닫고 손으로 눌러 물이 든 비닐봉지를 터뜨리면, NH_4NO_3이 녹으면서 차가워진다.

이에 대한 설명으로 옳은 것만을 |보기|에서 있는 대로 고른 것은?

보기

ㄱ. NH_4NO_3의 용해 반응은 흡열 반응이다.

ㄴ. NH_4NO_3은 냉각 팩으로 이용할 수 있다.

ㄷ. (나)에서 지퍼 백 속 수용액의 이온 수는 감소한다.

① ㄱ   ② ㄷ   ③ ㄱ, ㄴ

④ ㄴ, ㄷ   ⑤ ㄱ, ㄴ, ㄷ

22 다음은 반응 ㉠~㉢과 관련된 현상을 나타낸 것이다.

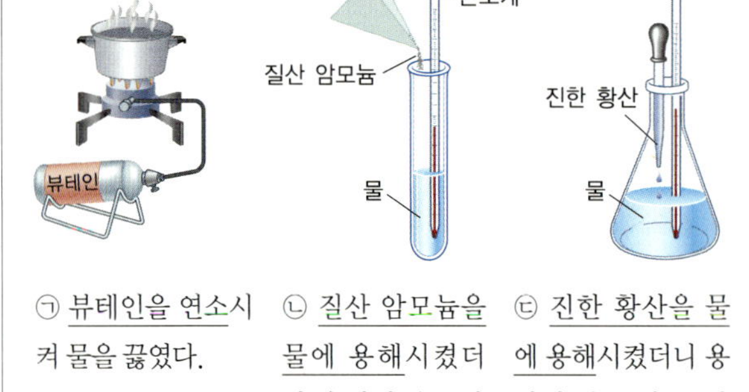

㉠ 뷰테인을 연소시켜 물을 끓였다.

㉡ 질산 암모늄을 물에 용해시켰더니 용액의 온도가 낮아졌다.

㉢ 진한 황산을 물에 용해시켰더니 용액의 온도가 높아졌다.

㉠~㉢ 중 발열 반응만을 있는 대로 고른 것은?

① ㉠   ② ㉡   ③ ㉠, ㉡

④ ㉠, ㉢   ⑤ ㉡, ㉢

23 다음은 염화 칼슘($CaCl_2$)이 물에 용해되는 반응에 대한 실험이다.

[실험 과정]

(가) 그림과 같이 25 ℃의 물 100 g이 담긴 열량계를 준비한다.

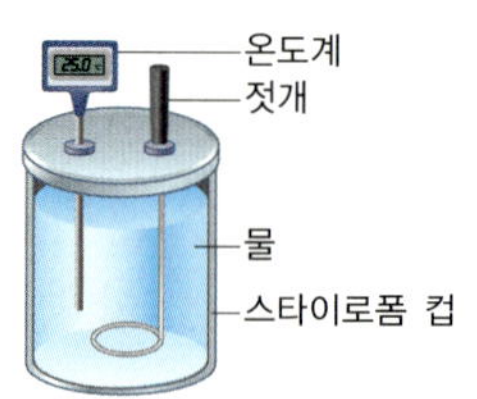

(나) (가)의 열량계에 25 ℃의 $CaCl_2(s)$ w g을 넣어 녹인 후 수용액의 최고 온도를 측정한다.

[실험 결과]

• 수용액의 최고 온도 : 30 ℃

이에 대한 설명으로 옳은 것만을 |보기|에서 있는 대로 고른 것은?

보기

ㄱ. 반응 $CaCl_2(s) \longrightarrow CaCl_2(aq)$은 발열 반응이다.

ㄴ. (가)에서 물의 질량을 200 g으로 하면 수용액의 최고 온도는 30 ℃보다 낮다.

ㄷ. (나)에서 $CaCl_2$의 질량을 $2w$ g으로 하면 최고 온도는 30 ℃이다.

① ㄱ   ② ㄴ   ③ ㄱ, ㄴ

④ ㄱ, ㄷ   ⑤ ㄴ, ㄷ

24 다음은 열 출입 현상과 이에 대한 학생들의 대화이다.

• 질산 암모늄을 물에 용해시켰더니 수용액의 온도가 낮아졌다. ㉠

• 메테인을 연소시켰더니 열이 발생하였다. ㉡

학생 A : ㉠은 발열 반응이야.

학생 B : ㉡은 흡열 반응이야.

학생 C : 발열 반응은 화학 반응이 일어날 때 열을 방출하는 반응이야.

제시한 내용이 옳은 학생만을 있는 대로 고른 것은?

① B   ② C   ③ A, B   ④ A, C   ⑤ B, C

메가스터디BOOKS

www.megastudybooks.com
내용 문의 | 02-6984-6915 구입 문의 | 02-6984-6868,9

값 22,000원

ISBN 979-11-297-0818-2
© megastudybooks 0401202101

메가스터디
고등과학 기본서

탑플러스 ²⁺

화학 Ⅰ

정답과 해설

정답과 해설 : 정답과 해설
내신 대비 : 수능 대비

메가스터디 BOOKS

톱 플러스 2+
화학 Ⅰ
내신 대비 정답과 해설

I. 화학의 첫걸음

1 　화학과 인류

01 　화학과 우리 생활

개념 익히기 문제　　　　　　　　　　　　p.011, 013

01 질소	**02** 암모니아	**03** 합성 섬유, 천연 섬유		
04 나일론	**05** 시멘트	**06** 유리	**07** ×	**08** ○	**09** ×
10 ×	**11** ○	**12** ○	**13** 4	**14** 수소	**15** 이산화 탄소
16 메테인	**17** 산성	**18** 에탄올, 하이드록시기		
19 ○	**20** ○	**21** ×	**22** ×	**23** ○	**24** ×

05 시멘트는 석회석($CaCO_3$)을 가열하여 얻은 생석회(CaO)를 점토와 섞은 건축 재료이고, 콘크리트는 시멘트에 물, 모래, 자갈 등을 혼합한 건축 재료이다.

07 대부분의 생명체는 공기 중의 질소(N_2)를 직접 이용하지 못하므로 질소 비료의 공급이 필요하다.

09 나일론은 면보다 질기고 대량 생산이 가능하지만, 흡습성은 좋지 않다.

10 합성 섬유는 천연 섬유에 비해 질기고 세탁이 간편하다.

15 탄화수소의 탄소가 산소와 결합하면 이산화 탄소가 생성되고, 수소가 산소와 결합하면 물이 생성된다.

19 $\dfrac{\text{H 원자 수}}{\text{C 원자 수}}$ 는 메테인이 4, 아세트산이 2이다.

21 프로페인은 액화 석유가스의 주성분이고, 액화 천연가스의 주성분은 메테인이다.

22 에탄올이 발효되면 아세트산이 된다.

24 에탄올 수용액은 중성이고, 아세트산 수용액은 산성이다.

자료 집중 분석　　　　　　　　　　　　p.014

예제 1

정답 ④

해설 | (가)는 프로페인, (나)는 에탄올, (다)는 메테인이다.
④ 에탄올은 손소독제를 만드는 데 사용된다.
바로알기 ① 탄화수소는 탄소와 수소로만 이루어진 탄소 화합물로 메테인과 프로페인은 탄화수소이다.
② (가)와 (다)는 물에 잘 녹지 않고, (나)는 물에 잘 녹는다.

③ (가)는 LPG의 주성분, (다)는 LNG의 주성분이다.
⑤ 연소시켰을 때 완전 연소 생성물은 (나)와 (다) 모두 이산화 탄소와 물로 같다.

예제 2

모범답안 | (1) (가)에는 하이드록시기($-OH$), (나)에는 카복실기($-COOH$)가 결합되어 있어서 (가)와 (나) 모두 물에 잘 녹는다.
(2) (가)의 수용액은 중성, (나)의 수용액은 산성이다. (가)는 물에서 이온화되지 않지만, (나)는 수용액에서 H^+을 내놓기 때문에 산성을 띤다.
(3) (가)는 술의 주성분이며, 손소독제의 원료로 이용된다.
해설 | (가)는 에탄올, (나)는 아세트산이며 (가)를 발효시키면 (나)가 생성된다. 아세트산은 식초의 주성분이고, 아스피린 합성의 원료로 이용된다.

개념 다지기 문제　　　　　　　　　　　　p.015~017

01 ③	**02** ⑤	**03** ②, ③	**04** ②	**05** ③	**06** ⑤
07 ③	**08** ⑤	**09** ④	**10** ⑤	**11** ③	
고난도 **12** ⑤	**13** ③			
서술형 **14~15** 해설 참조				

01 X는 나일론이다.
ㄱ. 합성 섬유인 나일론은 대량 생산이 가능하며, 천연 섬유에 비해 가격이 싸다.
ㄴ. 나일론 등의 합성 섬유와 면, 마 등의 천연 섬유 모두 탄소 화합물이다.
바로알기 ㄷ. 면은 나일론보다 흡습성이 좋고, 나일론은 면보다 질기고 쉽게 닳지 않는다.

02 ㉠은 암모니아, ㉡은 콘크리트이다.
ㄱ. 암모니아는 질소 비료의 원료로 이용되므로 암모니아의 대량 합성 방법 개발은 식량 문제 해결에 기여하였다.
ㄴ. 시멘트, 콘크리트, 철근 콘크리트 등의 건축 재료의 발달로 대규모 건설이 가능해졌다. 따라서 콘크리트의 개발은 주거 문제 해결에 기여하였다.
ㄷ. 암모니아, 콘크리트, 합성 섬유 등은 모두 공장에서 대량 생산이 가능하다.

03 ②, ③ 합성 섬유인 나일론은 천연 섬유인 면에 비해 질기고, 유연하며, 신축성이 있어 스타킹, 그물 등에 이용된다.
바로알기 ① 천연 섬유와 합성 섬유 모두 탄소 화합물이므로 성분 원소에 탄소가 포함되어 있다.
④ 합성 섬유는 대량 생산이 가능해 천연 섬유에 비해 가격이 저렴하다.
⑤ 합성 섬유는 천연 섬유에 비해 세탁이 간편하다.

04 ② 나일론은 합성 섬유로 대량 생산이 가능하고, 가격이 천연 섬유에 비해 저렴해 의류 문제 해결에 기여하였고, 건축, 제조 위 시멘트와 다양한 건축 재료의 빌딩도 대규모 건설이 가능하게 되었다. 따라서 시멘트는 주거 문제 해결에 기여하였나. 질소 비료는 농업 생산력을 향상시켜 식량 문제 해결에 기여하였다.

05 X는 NH_3이다.
ㄱ. 암모니아(NH_3)는 질소 비료의 원료로 이용된다.
ㄷ. 암모니아 대량 합성 방법의 개발로 인해 질소 비료를 대량 생산할 수 있게 되었고, 질소 비료는 식량 문제 해결에 기여하였다.
🔍**바로알기** ㄴ. 대부분의 생명체는 공기 중의 질소(N_2)를 직접 이용하지 못한다.

06 분자 모형은 메테인(CH_4)이다.
ㄱ. 메테인은 상온에서 기체이다.
ㄴ. 메테인은 천연가스의 주성분으로 연료로 사용되며, 프로페인과 뷰테인은 액화 석유가스(LPG)의 주성분이다.
ㄷ. 메테인은 가장 간단한 탄화수소이며 완전 연소 생성물은 이산화 탄소(CO_2)와 물(H_2O) 2가지이다.

07 ㄱ. 에탄올과 아세트산은 모두 탄소(C) 원자를 가진 탄소 화합물이다.
ㄷ. 에탄올의 하이드록시기($-OH$)와 아세트산의 카복실기($-COOH$)는 모두 물에 잘 녹는 부분이며, 이 부분으로 인해 에탄올과 아세트산은 모두 물에 잘 녹는다.
🔍**바로알기** ㄴ. 에탄올 수용액은 중성이고, 아세트산 수용액은 산성이다.

08 메테인은 C 원자 수가 1이므로 물질 (가)는 C 원자 수가 2이고, $\dfrac{\text{H 원자 수}}{\text{C 원자 수}}=2$이므로 H 원자 수가 4이며, 카복실기($-COOH$)를 가지고 있으므로 (가)는 아세트산($CH_3COOH$)이나.
ㄱ. 메테인은 물에 잘 녹지 않으며, 아세트산은 카복실기를 가지고 있으므로 물에 잘 녹는다.
ㄴ. 자연 상태에서 에탄올이 발효되어 아세트산이 만들어진다.
ㄷ. 식조는 3~6 % 아세트산 수용액이며, 음식을 소러하는 네 이용된다.

09 학생 B. 탄화수소는 탄소(C) 원자와 수소(H) 원자로 이루어졌으며, 완전 연소 생성물은 이산화 탄소(CO_2)와 물(H_2O)로 2가지이다.
학생 C. 에탄올은 살균, 소독 작용을 하므로 손소독제의 원료로 이용된다.
🔍**바로알기** 학생 A. 프로페인은 액화 식유가스(LPG)의 주성분이고, 천연가스의 주성분은 메테인이다.

10 (가)는 에탄올(C_2H_5OH), (나)는 메탄올(CH_3OH)이다.
ㄱ. 에탄올인 (가)는 술의 주성분이고, 메탄올은 마시면 실명하거나 생명이 위험할 수 있으므로 술의 원료로 사용할 수 없다.

ㄴ. 메탄올과 에탄올에는 모두 하이드록시기($-OH$)가 있어 물에 잘 녹는다.
ㄷ. 메탄올과 에탄올은 모두 연료로 이용된다.

11 에탄올을 산화하면 아세트산이 생성된다. 따라서 소독용 의약품인 (나)는 에탄올이고, 식초의 주성분인 (가)는 아세트산이며, 가장 간단한 탄화수소인 (다)는 메테인이다.
ㄱ. 아세트산과 에탄올은 물에 잘 녹고, 메테인은 물에 잘 녹지 않으므로 (가)는 (다)보다 물에 잘 녹는다.
ㄷ. 완전 연소 생성물은 모두 이산화 탄소(CO_2)와 물(H_2O)로 2가지이다.
🔍**바로알기** ㄴ. 상온에서 액체인 것은 아세트산과 에탄올, 2가지이고, 메테인은 상온에서 기체이다.

12 살리실산과 아세트산을 반응시켜 아스피린을 합성하며, 아스피린은 탄소 화합물로 해열제나 진통제로 사용된다. 따라서 (가)는 아스피린, (나)는 아세트산이다.
ㄱ. (가)는 최초의 합성 의약품으로 해열제나 진통제로 사용되며, 인류의 건강 문제 해결에 기여하였다.
ㄴ. 아세트산 수용액은 산성이다.
ㄷ. 분자식이 (가)는 $C_9H_8O_4$이고, (나)는 $C_2H_4O_2$이므로 $\dfrac{\text{O 원자 수}}{\text{C 원자 수}}$가 (가)는 $\dfrac{4}{9}$이고, (나)는 1이므로 $\dfrac{\text{O 원자 수}}{\text{C 원자 수}}$는 (나)가 (가)의 2배보다 크다.

13 $\dfrac{\text{H 원자 수}}{\text{C 원자 수}}$가 에탄올은 3, 프로페인은 $\dfrac{8}{3}$, 아세트산은 2이므로 (가)는 에탄올, (나)는 아세트산, (다)는 프로페인이다.
ㄱ. 에탄올인 (가)와 프로페인인 (다)는 모두 연료로 사용된다.
ㄴ. 아세트산인 (나)의 수용액은 산성이다.
🔍**바로알기** ㄷ. 프로페인은 실온에서 기체이고, 아세트산과 에탄올은 실온에서 액체이다.

14 🟦**서술형**
정답 (1) ㉠ 합성, ㉡ 천연
모범답안 (2) 길기고, 쉽게 닳지 않고, 대량 생산이 가능하며, 다양한 기능의 섬유를 제작할 수 있다.

채점 기준	배점
합성 섬유의 특징을 3가지 이상 옳게 설명한 경우	100 %
합성 섬유의 특징을 2가지만 옳게 설명한 경우	60 %

해설 (2) 합성 섬유는 천연 섬유에 비해 질기고, 쉽게 닳지 않으며, 대량 생산이 가능하고, 가격이 비교적 저렴하다. 또한, 다양한 기능이 있는 의복을 제작할 수 있다.

15 서술형

정답 (1) (가) 메탄올, (나) 아세트산, (다) 에탄올

모범답안 (2) (가)와 (다)는 상온에서 액체이며, 연료로 사용되고, 물에 잘 녹는다. 분자에 하이드록시기($-OH$)를 가지고 있다.

채점 기준	배점
(가)와 (다)의 공통점을 3가지 이상 옳게 설명한 경우	100 %
(가)와 (다)의 공통점을 2가지만 옳게 설명한 경우	50 %

(3) (나)는 에탄올을 발효시켜 만들며, (다)는 과일이나 곡물 속의 당을 발효시켜 만든다.

채점 기준	배점
(나)와 (다)의 제법 2가지를 모두 단어 '발효'를 넣어 제대로 설명한 경우	100 %
(나)와 (다)의 제법 중 1가지만을 단어 '발효'를 넣어 제대로 설명한 경우	50 %

해설 (2) 메탄올과 에탄올은 모두 알코올 램프용 알코올로 이용되고, 자동차 연료로도 사용된다. 또한, 완전 연소하면 모두 이산화 탄소와 물이 생성되고, 탄소 화합물이다. 무색이고, 물에 잘 녹으며 수용액은 중성이다.

학교 시험 빈출 자료 MASTER　　　　　p.018

①	1 ○	2 ○	3 ×	4 ○	5 ○	6 ×
②	1 ×	2 ×	3 ×	4 ○	5 ○	6 ×
③	1 ○	2 ○	3 ×	4 ○	5 ○	

①-3 나일론 등의 합성 섬유는 천연 섬유보다 질기고, 비교적 값이 싸며 대량 생산이 더 쉽다.

①-6 제초제나 살충제와 같은 농약의 사용으로 잡초나 해충의 피해가 줄어 들어 농업 생산성이 증가했다.

②-1 에탄올은 물에 잘 녹고, 메테인은 물에 잘 녹지 않는다.

②-2 에탄올을 발효시키면 아세트산이 생성된다.

②-3 메테인은 상온에서 기체 상태이고, 아세트산은 상온에서 액체 상태이다.

②-6 아세트산에는 카복실기($-COOH$)가 탄소 원자에 결합되어 있고, 에탄올에는 하이드록시기($-OH$)가 탄소 원자에 결합되어 있다.

③-2 메탄올과 포도당은 모두 물에 잘 녹는 부분인 하이드록시기($-OH$)를 가지고 있어 물에 잘 녹는다.

③-3 프로페인이 완전 연소하면 이산화 탄소와 물이 생성된다.

학교 시험 대비 문제　　　　　p.019~021

| 01 ① | 02 ⑤ | 03 ② | 04 ③ | 05 ② | 06 ② |
| 07 ③ | | | | | |

고난도　08 ⑤　09 ⑤　10 ⑤　11 ④

서술형　12~13 해설 참조

---

01 ① 나일론은 캐러더스가 개발한 최초의 합성 섬유로 대량 생산이 가능하다.

바로알기 ② 에탄올은 술의 주성분이며, 소독용 약품, 연료로 사용된다.

④ 포도당은 식품으로 탄소 화합물이다.

⑤ 암모니아는 공기 중의 질소와 수소를 합성시켜 생산한다.

02 (가)는 질소 비료, (나)는 시멘트, (다)는 나일론이다.

ㄱ. 질소 비료(가), 시멘트(나), 나일론(다) 모두 대량 생산이 가능하다.

ㄴ. 암모니아는 공기 중의 질소와 수소를 합성하여 만들며, 암모니아는 질소 비료(가)의 원료이다.

ㄷ. 나일론(나)과 같은 합성 섬유와 면, 마 등의 천연 섬유는 모두 탄소 화합물이다.

03 ㄴ. 플라스틱은 고분자 화합물로 탄소 화합물이다.

바로알기 ㄱ. 에탄올은 물에 잘 녹지만, 플라스틱은 물에 녹지 않는다.

ㄷ. 에탄올에는 하이드록시기($-OH$)가 탄소 원자에 결합되어 있다.

04 최초의 합성 섬유는 나일론이다.

ㄱ. 나일론은 스타킹, 칫솔, 그물 등에 사용되며 대량 생산이 가능하다.

ㄴ. 나일론은 천연 섬유보다 질기며, 유연하고 신축성이 좋다.

바로알기 ㄷ. 면은 나일론보다 흡습성이 뛰어나다.

05 ㄷ. 합성 섬유는 분자량이 10000 이상인 고분자 화합물로 탄소 화합물이다. 탄수화물, 플라스틱, 단백질은 모두 고분자 화합물로 탄소 화합물이다.

바로알기 ㄱ. 염화 나트륨은 구성 원소가 나트륨(Na)과 염소(Cl)이며, 탄소 화합물이 아니다.

ㄴ. 탄소 화합물에서 C 원자 1개는 최대로 4개의 다른 원자와 결합할 수 있다.

06 ② 천연가스의 주성분은 메테인으로 분자식은 CH_4이며, 탄소 원자와 수소 원자로만 이루어진 탄화수소이다.

바로알기 제시된 물질 중 탄소 화합물은 나일론, 메테인, 에탄올, 아세트산이며, 암모니아는 탄소 화합물이 아니다.

나일론은 합성 섬유이며, 에탄올은 술의 주성분, 아세트산은 식초의 주성분이며, 암모니아는 질소 비료의 원료이다.

07 (가)는 메테인(CH_4), (나)는 아세트산(CH_3COOH)이다.

ㄱ. 메테인은 천연가스의 주성분이다.

ㄷ. $\dfrac{\text{H 원자 수}}{\text{C 원자 수}}$가 메테인은 $4\left(=\dfrac{4}{1}\right)$이고, 아세트산은 $2\left(=\dfrac{4}{2}\right)$이므로 $\dfrac{\text{H 원자 수}}{\text{C 원자 수}}$는 (가)가 (나)의 2배이다.

바로알기 ㄴ. 아세트산 수용액은 산성이다.

08 제시된 앞면의 분자 모형은 에탄올(C_2H_5OH)이다.

ㄱ. 에탄올은 술의 주성분이다.

ㄴ. 에탄올은 효모를 이용하여 과일이나 곡물의 당을 발효시켜 만든다.

ㄷ. 에탄올을 발효시키면 아세트산이 만들어지며, 식초의 주성분은 아세트산이다.

09 (가)는 에탄올(C_2H_5OH), (나)는 폼알데하이드(CH_2O)이다.

ㄱ. (가)는 에탄올이다.

ㄴ. (나)에서 O 원자는 C 원자에 결합되어 있다.

ㄷ. $\dfrac{\text{H 원자 수}}{\text{C 원자 수}}$가 (가)는 $\dfrac{6}{2}=3$이고, (나)는 $\dfrac{2}{1}=2$이다.

10 탄소, 수소, 산소로 이루어진 탄소 화합물의 연소 생성물은 이산화 탄소(CO_2)와 물(H_2O)이다.

ㄴ. 분자당 H 원자 수가 에탄올은 6, 프로페인은 8, 메테인은 4, 아세트산은 4이다.

ㄷ. 완전 연소 생성물은 모두 이산화 탄소(CO_2)와 물(H_2O)로 2가지이다.

바로알기 ㄱ. 탄화수소는 탄소 화합물 중 탄소와 수소로만 이루어진 물질로, 프로페인과 메테인 2가지이다.

11 그림은 순서대로 폼알데하이드(CH_2O), 메테인(CH_4), 에탄올(C_2H_5OH)이다.

$\dfrac{\text{H 원자 수}}{\text{O 원자 수}}$가 폼알데하이드는 2이고, 에탄올은 6이며, 메테인에는 O 원자가 없다. 따라서 (가)는 메테인, (나)는 폼알데하이드, (다)는 에탄올이다.

ㄴ. 메테인은 천연가스의 주성분이며, 에탄올은 자동차 연료로 사용되므로 (가)와 (다)는 연료로 사용된다.

ㄷ. 에탄올은 소독용 약품으로 손소독제 등으로 이용된다.

바로알기 ㄱ. 탄화수소는 탄소 원자와 수소 원자로만 이루어진 탄소 화합물로 (나)는 탄소, 수소, 산소 원자로 이루어졌으므로 탄화수소가 아니다.

12 서술형

정답 (1) (가) 암모니아, (나) 나일론

(2) (가)는 식량 문제 해결에, (나)는 의류 문제 해결에 기여하였다.

채점 기준	배점
(가)와 (나)가 실생활 문제 해결에 기여한 부분을 모두 옳게 적은 경우	100 %
(가)와 (나)가 실생활 문제 해결에 기여한 부분 중 1가지만 옳게 적은 경우	50 %

모범답안 (3) 나일론은 천연 섬유에 비하여 질기고, 유연하고, 신축성이 있으며, 비교적 가격이 저렴하고, 대량 생산이 가능하다.

채점 기준	배점
천연 섬유와 비교한 나일론의 특징을 3가지 이상 옳게 서술한 경우	100 %
천연 섬유와 비교한 나일론의 특징을 2가지만 옳게 서술한 경우	50 %

해설 (2) 암모니아는 질소 비료의 원료이며, 암모니아의 대량 생산 방법 개발로 인한 질소 비료의 사용은 식량 문제 해결에 기여하였다.

(3) 나일론은 스타킹, 그물, 칫솔 등 다양한 곳에 이용된다.

13 서술형

정답 (1) (가) 메테인, (나) 아세트산, (다) 에탄올

모범답안 (2) 연료로 이용되는 물질은 (가)와 (다)이며, $\dfrac{\text{H 원자 수}}{\text{C 원자 수}}$는 (가)>(다)이다.

채점 기준	배점
연료로 이용되는 물질을 옳게 찾고 원자 수 비교를 옳게 한 경우	100 %
연료로 이용되는 물질을 옳게 찾았으나 원자 수 비교를 옳게 하지 못한 경우	50 %

(3) (가)는 물에 잘 녹지 않고, (나)와 (다)는 물에 잘 녹으며, (나)의 수용액은 산성, (다)의 수용액은 중성이며, (나)에는 카복실기($-COOH$)가, (다)에는 하이드록시가($-OH$)가 있어 (나)와 (다)는 물에 잘 녹는다.

채점 기준	배점
물에 대한 용해도와 수용액의 액성, 물에 잘 녹는 까닭을 모두 옳게 설명한 경우	100 %
물에 대한 용해도와 수용액의 액성은 제대로 적었으나, 물에 잘 녹는 까닭에 대한 설명이 부족한 경우	50 %

해설 (2) 연료로 사용되는 물질은 메테인(CH_4)과 에탄올(CH_3CH_2OH)이며, $\dfrac{\text{H 원자 수}}{\text{C 원자 수}}$가 메테인은 4이고, 에탄올은 3이다.

(3) 아세트산의 카복실기($-COOH$)와 에탄올의 하이드록시기($-OH$)는 물에 잘 녹는 부분이므로 아세트산과 에탄올은 물에 잘 녹는다.

02 화학식량과 몰

01 원자량	**02** 원자량	**03** 화학식량		**04** 6.02×10^{23},
6.02×10^{23}		**05** $4 \times 6.02 \times 10^{23}$	**06** 0.05	**07** ×
08 ○	**09** ×	**10** ×	**11** ○	**12** g　**13** 32
14 온도, 압력, 같은 부피			**15** 48	**16** 0.75　**17** 분자량 비
18 ×	**19** ×	**20** ×	**21** ○	**22** ×　**23** ○

04 원자나 분자 $1\,mol$은 6.02×10^{23}개의 입자를 뜻하며, 6.02×10^{23}을 아보가드로수라고 한다. 문제에 따라 단서 조건으로 아보가드로수 6×10^{23}를 사용하기도 한다.

07 탄소(^{12}C) 원자 $1\,mol$의 질량이 $12\,g$이다.

08 N_2 $1\,mol$과 NH_3 $0.5\,mol$에 들어 있는 전체 원자 수는 $2\,mol$로 같다.

09 CO_2 $1\,mol$에 들어 있는 산소 원자는 $2\,mol$이므로 산소 원자 수는 $2 \times 6.02 \times 10^{23}$개이다.

10 물(H_2O) 분자 3.01×10^{22}개에 들어 있는 수소 원자의 양은 $\dfrac{2 \times 3.01 \times 10^{22}}{6.02 \times 10^{23}} = 0.1\,mol$이다.

16 암모니아(NH_3) 기체 $5.6\,L$의 양은 $\dfrac{5.6\,L}{22.4\,L/mol} = 0.25\,mol$이다.

18 물(H_2O) $1.8\,g$의 양(mol)$= \dfrac{1.8\,g}{18\,g/mol} = 0.1\,mol$이며, 여기에 들어 있는 H 원자의 수는 $2 \times 6.02 \times 10^{22}$개이다.

19 분자량이 클수록 분자 $1\,g$에 들어 있는 분자의 양(mol)은 작으므로 분자 수도 작다.

20 아보가드로 법칙에 따르면 모든 기체는 같은 온도, 같은 압력에서 같은 부피 속에 같은 수의 기체 분자가 들어 있으며, 고체나 액체는 아보가드로 법칙을 만족하지 않는다.

21 모든 기체는 같은 온도와 압력에서 같은 부피 속에 같은 수의 분자가 들어 있으므로 같은 부피의 기체의 질량비는 분자 1개의 질량비와 같고, 분자 1개의 질량비는 분자량 비와 같다.

22 $0\,°C$, $1\,atm$에서 기체의 부피 비와 분자 수 비가 같다.

23 같은 질량의 $CH_4(g)$과 $H_2(g)$의 몰비는 $CH_4 : H_2$ $= \dfrac{1}{16} : \dfrac{1}{2} = 1 : 8$이므로 부피 비도 $CH_4(g) : H_2(g) = 1 : 8$이다.

예제 1

정답 ②

해설 | ㄴ. CH_3OH $0.5\,mol$에 들어 있는 O 원자의 양은 $0.5\,mol$이고, 그 질량은 $0.5\,mol \times 16\,g/mol = 8\,g$이다.

바로알기 ㄱ. C_2H_2 $1\,mol$에는 H 원자가 $2\,mol$ 들어 있고, CH_3OH $0.5\,mol$에는 H 원자가 $2\,mol$ 들어 있으므로 C_2H_2과 CH_3OH에서 H 원자 수는 같다.

ㄷ. $NaCl$ $2\,mol$에 들어 있는 Na^+의 수는 $2 \times N_A$개이다.

예제 2

모범답안 | ㄱ과 ㄴ. $CH_3OH(l)$ $1\,mol$의 부피를 구하기 위해서는 $CH_3OH(l)$의 밀도와 분자량이 필요하고, $1\,mol$의 부피는 $H_2(g)$가 $CH_3OH(l)$보다 크다.

해설 | 밀도$= \dfrac{질량}{부피}$이므로 $CH_3OH(l)$ $1\,mol$의 부피를 구하려면 $CH_3OH(l)$의 밀도와 CH_3OH $1\,mol$의 질량이 필요하고, CH_3OH $1\,mol$의 질량은 CH_3OH의 분자량에 g을 붙인 값이므로 CH_3OH의 분자량이 필요하다. 같은 양(mol)의 부피는 기체가 액체보다 크므로 $1\,mol$의 부피는 기체인 $H_2(g)$가 액체인 $CH_3OH(l)$보다 크다.

01 ⑤	**02** ③	**03** ③	**04** ⑤	**05** ③	**06** ④
07 ②	**08** ①	**09** ②			
고난도 **10** ⑤	**11** ①				
서술형 **12~13** 해설 참조					

01 ③ CO_2 $4.4\,g$은 $\dfrac{4.4\,g}{44\,g/mol} = 0.1\,mol$이므로 CO_2 $0.1\,mol$에 들어 있는 O 원자의 양은 $0.2\,mol$이다.

H_2O $3.6\,g$은 $\dfrac{3.6\,g}{18\,g/mol} = 0.2\,mol$이고, H_2O $0.2\,mol$에 들어 있는 O 원자의 양은 $0.2\,mol$이다.

바로알기 ⑤ H_2O $1\,mol$에는 H 원자 $2\,mol$이 들어 있고, 그 질량은 $2\,g$이다.

02 $t\,°C$, $1\,atm$에서 기체 $1\,mol$의 부피는 $24\,L$이므로 기체 $6\,L$의 양은 $\dfrac{6\,L}{24\,L/mol} = 0.25\,mol$이다.

④ CO_2 $0.25\,mol$의 질량은 $44\,g/mol \times 0.25\,mol = 11\,g$이다.

⑤ C_2H_6 $0.75\,L$의 양은 $\dfrac{0.75\,L}{24\,L/mol} = \dfrac{1}{32}\,mol$이고, C_2H_6은 분자당 원자 수가 8이므로 C_2H_6 $\dfrac{1}{32}\,mol$에 들어 있는 전체 원자의 양은 $\dfrac{1}{32}\,mol \times 8 = 0.25\,mol$이다.

바로알기 ③ CO_2 $0.25\,mol$에 들어 있는 C 원자의 양은 $0.25\,mol$이고 그 질량은 $12\,g/mol \times 0.25\,mol = 3\,g$이다.

03 NH_3는 분자량이 17이므로 $3.4\,g$은 $0.2\,mol$이고, $0\,°C$, $1\,atm$에서 $CH_4(g)$ $11.2\,L$는 $0.5\,mol$이다.

ㄱ. H 원자의 양이 (가)는 1 mol, (나)는 0.6 mol, (다)는 2 mol이다. 따라서 H 원자의 수는 (다)>(가)>(나)이다.

ㄷ. NH_3는 분자당 원자 수가 4이므로 NH_3 0.2 mol에 들어 있는 전체 원자의 양은 0.8 mol이다.

바로알기 ㄴ. (가)에서 H_2의 질량은 1 g이고, (다)에서 CH_4의 질량은 8 g이다. 따라서 물질의 질량은 (다)가 (가)의 8배이다.

---

04 원자 1개의 질량비는 원자량 비와 같다. 원자량 비가 C : H = 12 : 1이고, C : O = 3 : 4이다. 따라서 C의 원자량을 24라고 하면 H의 원자량은 2이고, O의 원자량은 32이다.

ㄴ. CO_2의 분자량이 88이 되므로 CO_2 44 g은 0.5 mol이며, 여기에는 O 원자 1 mol이 들어 있다.

ㄷ. H_2의 분자량이 4가 되므로 H_2 1 mol의 질량은 4 g이다.

바로알기 ㄱ. C 원자 4개와 O 원자 3개의 질량이 같으므로 C의 원자량을 24라고 하면 4×24=3×(O의 원자량)에서 O의 원자량은 32이다.

---

05 ㄱ. 물질 1 mol의 질량은 분자의 경우, 분자량에 g을 붙인 값에 해당한다. 따라서 ㉠은 'g'이다.

ㄷ. CH_4의 분자량이 16이므로 CH_4 1 mol의 질량은 16 g이다. 따라서 ㉣은 16 g이다.

C_2H_6은 분자량이 30이므로 C_2H_6 16 g은 $\frac{8}{15}$ mol이고, 여기에 들어 있는 C의 양은 $\frac{8}{15}$ mol × 2 = $\frac{16}{15}$ mol이다.

바로알기 ㄴ. CH_4에서 분자당 H 원자 수는 4이므로 ㉡은 4이고, H의 원자량이 1이므로 ㉢은 4이다.

---

06 A~C의 원자량을 각각 a~c라고 하면 $a+2b=44$, $a+b=28$, $b+2c=18$에서 $a=12$, $b=16$, $c=1$이다.

ㄴ. 원자량이 A는 12, B는 16이다.

ㄷ. A_2C_2의 분자량은 26이므로 A_2C_2 1.3 g은 0.05 mol이다. 따라서 들어 있는 C 원자의 양은 0.05 mol × 2 = 0.1 mol이다.

바로알기 ㄱ. 같은 질량에 들어 있는 B 원자 수 비는 (가) : (나) = $\frac{2}{44}$: $\frac{1}{18}$ = 9 : 11이므로 같은 질량에 들어 있는 B 원자 수는 (다)>(가)이다.

---

07 일정한 온도와 압력에서 기체의 부피 비는 몰비와 같다. 물질의 양(mol) = $\frac{질량(g)}{1\ mol의\ 질량(g/mol)}$ 이므로 질량이 같을 때, 물질의 양(mol)은 분자량에 반비례한다.

기체의 부피 비 = 몰비는 $X(g)$: $Y(g)$ = 2 : 1이고, (가)와 (나)에서 기체의 질량이 같으므로 분자량 비는 X : Y = 1 : 2이다. 분자량이 O_2는 32, CH_4은 16이므로 X는 CH_4, Y는 O_2이다.

ㄴ. 일정한 온도와 압력에서 기체의 밀도 비 = 분자량 비이다. 따라서 분자량이 Y가 X의 2배이므로 기체의 밀도는 (나)가 (가)의 2배이다.

다른 풀이 : 밀도 = $\frac{질량}{부피}$ 에서 기체의 부피는 (가)가 (나)의 2배이고, 질량은 같으므로 기체의 밀도는 (나)가 (가)의 2배이다.

바로알기 ㄱ. 기체의 분자량 비가 X : Y = 1 : 2이고, 분자량이 O_2가 CH_4의 2배이므로 X는 CH_4이다.

ㄷ. 총 원자 수 비는 (가) : (나) = 2×5 : 1×2 = 5 : 1이다.

---

08 분자량이 NH_3는 17, CO_2는 44, C_3H_8은 44이다.

ㄱ. NH_3 1.7 g은 0.1 mol이므로 $x=0.1$이고, $CO_2(g)$ 5.6 L에 들어 있는 CO_2의 양이 0.25 mol이므로 $y=0.25$이다. 따라서 $5x=2y$이다.

바로알기 ㄴ. $CO_2(g)$ 0.25 mol의 질량은 44 g/mol × 0.25 mol = 11 g이므로 $a=11$이고, C_3H_8 0.5 mol의 질량은 44 g/mol × 0.5 mol = 22 g이므로 $b=22$이다. 따라서 $b=2a$이다.

ㄷ. $V_1=2.24$이고, $V_2=11.2$이므로 $V_1+V_2=13.44<14$이다.

---

09 분자량이 C_2H_6은 30, C_3H_4은 40이다. 질량이 같을 때 물질의 양(mol)은 분자량에 반비례하며, 같은 온도와 압력에서 몰비 = 기체의 부피 비이다. 따라서 부피 비는 (가) : (나) = 4 : 3이다.

ㄴ. H 원자 수 비는 (가) : (나) = 6×4 : 4×3 = 2 : 1이다.

바로알기 ㄱ. (가)와 (나)에서 두 기체의 질량이 같으므로 몰비는 (가) : (나) = 4 : 3이며, 부피 비도 (가) : (나) = 4 : 3이다.

ㄷ. 온도와 압력이 같을 때 기체의 밀도 비 = 분자량 비이다. 분자량이 C_3H_4 > C_2H_6이므로 기체의 밀도는 (나)>(가)이다.

10

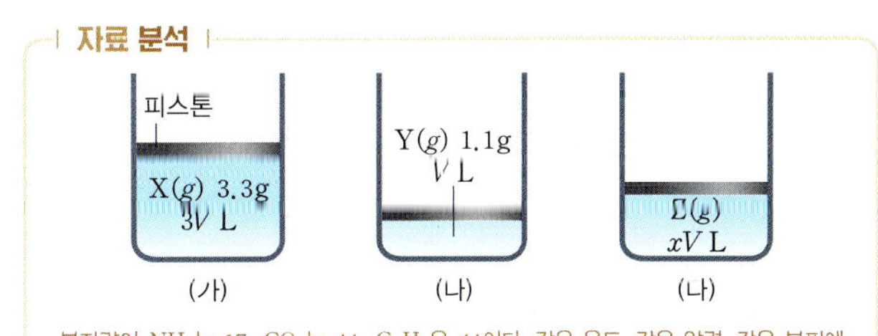

분자량이 NH_3는 17, CO_2는 44, C_3H_8은 44이다. 같은 온도, 같은 압력, 같은 부피에서 기체의 질량비 = 분자량 비이다. (나)의 부피가 $3V$일 때 Y의 질량이 3.3 g이므로 X와 Y는 분자량이 같다. 따라서 X, Y는 각각 CO_2, C_3H_8 중 하나이고, Z는 NH_3이다. X가 C_3H_8이라면 전체 원자 수비가 (가) : (다) = 9 : 8에서 3×11 : x×4 = 9 : 8이므로 $x=\frac{22}{3}>3$이 되어 조건을 만족하지 않는다. 따라서 X는 CO_2이다.

ㄱ. X는 CO_2, Y는 C_3H_8, Z는 NH_3이다.

ㄴ. 전체 원자 수 비가 (가) : (다) = 9 : 8이므로 3×3 : x×4 = 9 : 8에서 $x=2$이다.

ㄷ. (나)에서 Y 1.1 g은 0.025 mol이며, 그 부피는 V L이다. 따라서 (다)에서 부피가 $2V$ L이므로 분자의 양은 0.05 mol이다.

11 $1\,g$에 들어 있는 분자 수 비는 (가) : (나)$=\dfrac{1}{7} : \dfrac{1}{11}=11 : 7$이다. $1\,g$당 분자 수는 분자량에 반비례하므로 분자량 비는 (가) : (나)$=7 : 11$이다.

ㄱ. 분자 1개의 질량비=분자량 비이다. 따라서 분자 1개의 질량비는 (가) : (나)$=7 : 11$이다.

🔍**바로알기** ㄴ. A, B의 원자량을 각각 a, b라고 하면 $a+b : a+2b=7 : 11$에서 $a : b=3 : 4$이므로 원자량 비는 A : B $=3 : 4$이다.

ㄷ. $t\,°C$, $1\,atm$에서 기체 $1\,L$에 들어 있는 분자의 양(mol)은 (가)와 (나)가 같고, 분자당 A 원자 수도 (가)와 (나)가 같으므로 $t\,°C$, $1\,atm$에서 기체 $1\,L$에 들어 있는 A 원자 수는 (가)와 (나)가 같다.

12 〔서술형〕

모범답안 | XY_4에서 $6\times10^{23}\times x\,g=16\,g$에서 $x=\dfrac{8}{3}\times10^{-23}$이고, Y_2의 분자량이 2이므로 Y의 원자량은 1이다. 따라서 X의 원자량은 12, Z의 원자량은 16이므로 XZ_2의 분자량은 44이고 $y=44$이다.

채점 기준	배점
x, y를 아보가드로수, X~Z의 원자량과 관련지어 옳게 설명한 경우	100 %
x와 y를 구하였으나 적절한 설명이 부족한 경우	50 %

해설 | XY_4에서 분자 1개의 질량에 아보가드로수를 곱하면 분자 $1\,mol$의 질량을 구할 수 있다. 따라서 $6\times10^{23}\times x\,g=16\,g$에서 $x=\dfrac{8}{3}\times10^{-23}$이고, Y_2에서 분자 1개의 질량에 아보가드로수를 곱하면 $\dfrac{1}{3}\times10^{-23}\,g\times6\times10^{23}=2\,g$이므로 Y_2의 분자량은 2이다. X~Z의 원자량을 각각 a~c라고 하면 $a+4b=16$, $2b=2$, $a+2b+c=30$에서 $a=12$, $b=1$, $c=16$이다.

13 〔서술형〕

모범답안 | (1) (가)에서 CA_2의 양이 $\dfrac{15\,L}{30\,L/mol}=0.5\,mol$이므로 A의 양은 $1\,mol$이고, (나)에서 CB_2의 양은 $\dfrac{7.5\,L}{30\,L/mol}=0.25\,mol$이므로 B의 양은 $0.5\,mol$이다.

채점 기준	배점
(가)와 (나)에서 A 원자와 B 원자의 양(mol)을 기체의 부피와 기체의 양(mol)의 관계를 이용하여 옳게 설명한 경우	100 %
(가)와 (나)에서 A 원자와 B 원자의 양(mol)을 구했으나, 적절한 설명이 부족한 경우	50 %

정답 (2) A는 16, B는 32

해설 | (1) 기체 분자의 양(mol)$=\dfrac{\text{기체의 부피(L)}}{1\,mol\text{의 부피(L/mol)}}$이다.

$t\,°C$, $1\,atm$이며, 기체 $1\,mol$의 부피는 $30\,L$이므로 (가)에는 CA_2 $0.5\,mol$이 들어 있고, (나)에는 CB_2 $0.25\,mol$이 들어 있다.

(2) CA_2 $0.5\,mol$이 $22\,g$이므로 $1\,mol$은 $44\,g$이고 분자량은 44이며, CB_2 $0.25\,mol$이 $19\,g$이므로 $1\,mol$은 $76\,g$이고 분자량은 76이다. A, B의 원자량을 각각 a, b라고 하면 $12+2a=44$에서 $a=16$, $12+2b=76$에서 $b=32$이다.

03 화학 반응식과 용액의 농도

개념 익히기 문제   p.033, 035

01 종류, 개수	**02** s, g	**03** 15	**04** 0.1	**05** 0.1
06 ×	**07** ○	**08** ○	**09** ○	**10** × **11** 수산화 나트륨, 물
12 100	**13** 용액	**14** 몰 농도	**15** 부피 플라스크	
16 용질의 양	**17** ×	**18** ×	**19** ×	**20** ○
21 ○	**22** ×			

03 $H_2O(g)$와 $O_2(g)$의 계수 비가 $2 : 1$이므로 부피 비도 $2 : 1$이다. 따라서 $H_2O(g)$ $30\,L$가 생성될 때 반응한 $O_2(g)$의 부피는 $15\,L$이다.

04 O_2의 분자량이 32이므로 O_2 $1.6\,g$의 양은 $\dfrac{1.6\,g}{32\,g/mol}=0.05\,mol$이다. $O_2(g)$와 $H_2O(l)$의 계수 비가 $1 : 2$이므로 O_2 $1.6\,g$이 반응할 때 생성되는 H_2O의 양은 $0.1\,mol$이다.

06 물질 $1\,mol$의 질량은 화학식량에 따라 다르므로 반응 몰비와 반응 질량비는 같지 않다.

09 에탄올의 연소 반응의 화학 반응식은 다음과 같다.
$$C_2H_5OH(l)+3O_2(g) \longrightarrow 2CO_2(g)+3H_2O(l)$$
에탄올(C_2H_5OH) $1\,mol$을 완전 연소시키면 이산화 탄소(CO_2) $2\,mol$이 생성된다. 에탄올 $4.6\,g$은 $\dfrac{4.6\,g}{46\,g/mol}=0.1\,mol$이므로 에탄올 $4.6\,g$이 반응할 때 생성되는 이산화 탄소 기체는 $0.2\,mol$이며 그 부피는 $4.48\,L$이다.

10 메테인(CH_4)을 완전 연소시킬 때의 화학 반응식은 다음과 같다.
$$CH_4(g)+2O_2(g) \longrightarrow CO_2(g)+2H_2O(l)$$
메테인(CH_4) 기체 $2.24\,L$는 $0.1\,mol$이다. 반응 몰비가 $CH_4 : H_2O=1 : 2$이므로 생성되는 H_2O의 양은 $0.2\,mol$이며 그 질량은 $3.6\,g$이다.

17 용액의 온도가 변하면 용액의 부피가 변하므로 몰 농도는 온도의 영향을 받는다.

18 $15\,\%$ 설탕물 $50\,g$에는 설탕 $7.5\,g\left(=50\,g\times\dfrac{15}{100}\right)$이 녹아 있다.

19 10 % 설탕물 100 g에서 물의 질량은 90 g이고, 20 % 포도당 수용액 50 g에서 물의 질량은 40 g이므로 물의 질량은 설탕물이 포도당 수용액의 2배보다 크다.

20 0.4 M 포도당 수용액 100 mL에 녹아 있는 포도당의 양은 $0.4\,M \times 0.1\,L = 0.04\,mol$이므로 포도당의 질량은 $0.04\,mol \times 180\,g/mol = 7.2\,g$이다.

21 NaOH 2 g은 0.05 mol이므로 NaOH 2 g이 녹아 있는 수용액 200 mL의 몰 농도는 0.25 M이다.

22 어떤 몰 농도의 용액에 증류수를 가해도 용질의 양(mol)은 변하지 않는다.

탐구 집중 분석   p.036

예제 1

정답 ④

해설 ② 탄산 칼슘 5 g의 양은 $\dfrac{5\,g}{100\,g/mol} = 0.05\,mol$이다.

③ 반응하는 탄산 칼슘의 양은 0.005 mol이고, 반응 몰비가 $CaCO_3 : CO_2 = 1 : 1$이므로 생성되는 CO_2의 양도 0.005 mol이다. 따라서 생성되는 기체의 부피는 $t\,°C$, 1 atm에서 0.15 L이다.

바로알기 ④ 탄산 칼슘 5 g의 양은 0.05 mol이고, 0.1 M HCl 100 mL의 양은 0.01 mol이다. 반응 몰비가 $CaCO_3 : HCl = 1 : 2$이므로 탄산 칼슘은 0.005 mol 반응한다.

예제 2

정답 (1) $Mg(s) + 2HCl(aq) \longrightarrow MgCl_2(aq) + H_2(g)$
(2) 반응한 Mg의 양은 0.05 mol이고, 발생한 $H_2(g)$의 양은 0.05 mol, 그 부피는 1.2 L이다.

해설 Mg 1.2 g은 $\dfrac{1.2\,g}{24\,g/mol} = 0.05\,mol$이고, 발생한 $H_2(g)$ 0.05 mol의 부피는 $0.05\,mol \times 24\,L/mol = 1.2\,L$이다.

개념 다지기 문제   p.038~041

01 ③	02 ①	03 ①	04 ②	05 ③	06 ④
07 ③	08 ②	09 ④	10 ⑤	11 ④	12 ⑤
13 ③	14 ⑤				
고난도	15 ⑤	16 ⑤			
서술형	17~18 해설 참조				

01 ③ 화학 반응식에서 반응물의 계수의 합이 생성물의 계수의 합보다 크므로 반응이 일어나면 기체 분자 수는 감소한다.

바로알기 ① $a=2$이다.

② 화학 반응에서 전체 원자 수는 변하지 않는다.

④ 계수 비=기체의 부피 비이다. 반응이 일어나면 전체 기체의 부피는 감소한다.

⑤ 화학 반응에서 원소의 가짓수는 반응 전과 후에 같다.

02 ㄱ. 화학 반응에서 반응 전과 후 원소의 종류와 원자의 수는 변하지 않는다. 따라서 (가)는 H_2O_2이다.

바로알기 ㄴ. H_2O_2 1 mol이 분해되면 O_2 0.5 mol이 생성된다.

ㄷ. H_2O_2는 분자량이 34이므로 H_2O_2 3.4 g은 0.1 mol이다. 따라서 (가) 3.4 g이 반응하면 H_2O 0.1 mol이 생성되며, 그 질량은 1.8 g이다.

03

│ 자료 분석 │

$$4NH_3(g) + aO_2(g) \longrightarrow bNO(g) + cH_2O(g)$$
$$(a \sim c)\text{는 반응 계수}$$

반응 전과 후의 원자 수가 같도록 계수를 맞춘다.
N 원자 수 : $4 = b$,
O 원자 수 : $2a = b + c$,
H 원자 수 : $3 \times 4 = 2 \times c$에서
$b = 4$이고, $c = 6$이므로 $a = 5$이다.

암모니아(NH_3)와 산소(O_2) 반응의 화학 반응식은
$$4NH_3(g) + 5O_2(g) \longrightarrow 4NO(g) + 6H_2O(g)$$이다.

ㄱ. $a = 5$, $b = 4$, $c = 6$이므로 $a + b + c = 15$이다.

바로알기 ㄴ. NH_3 1 mol이 반응하면 H_2O $\dfrac{3}{2}$ mol이 생성된다.

ㄷ. 질량 보존 법칙에 따르면 반응 전 질량의 총합과 반응 후 질량의 총합은 같다. 계수의 합이 반응 전보다 반응 후가 크므로 반응이 일어나면 전체 기체의 부피가 증가한다. 따라서 기체의 밀도$= \dfrac{\text{기체의 질량}}{\text{기체의 부피}}$이므로 반응이 진행되면 전체 기체의 밀도는 감소한다.

미정 계수법을 이용하여 화학 반응식 완성하기 : 프로페인 (C_3H_8)이 산소(O_2)와 반응하여 이산화 탄소(CO_2)와 물 (H_2O)을 생성하는 반응의 화학 반응식을 완성해 보자.

(가) 반응물과 생성물의 앞에 계수 $a \sim d$를 쓴다.
$$aC_3H_8 + bO_2 \longrightarrow cCO_2 + dH_2O$$

(나) 반응 전과 후에 C, H, O의 원자 수가 같도록 관계식을 세운다.
C 원자 수 : $3a = c$,
H 원자 수 : $8a = 2d$,
O 원자 수 : $2b = 2c + d$

(다) $a \sim d$ 중 한 가지의 값을 임의로 정한 후 다른 계수를 구한다.
$a = 1$로 하면 $c = 3$, $d = 4$, $b = 5$이다.

(라) 계수가 가장 간단한 정수가 되도록 조정한 후, 화학 반응식을 완성한다.
$$C_3H_8 + 5O_2 \longrightarrow 3CO_2 + 4H_2O$$

(마) 물질의 상태를 표시한 후, 반응 전과 후에 원자의 종류와 수가 같은지 확인한다.
$$C_3H_8(g) + 5O_2(g) \longrightarrow 3CO_2(g) + 4H_2O(l)$$

04 수소(H_2) 기체와 산소(O_2) 기체가 반응하여 수증기($H_2O(g)$)가 생성되는 반응의 화학 반응식은 다음과 같다.

$$2H_2(g) + O_2(g) \longrightarrow 2H_2O(g)$$

$H_2(g)$ 0.2 g은 0.1 mol이고, $O_2(g)$ 3.2 g도 0.1 mol이다. 반응 몰비가 $H_2 : O_2 : H_2O = 2 : 1 : 2$이므로 $H_2(g)$ 0.1 mol과 $O_2(g)$ 0.05 mol이 반응하여 $H_2O(g)$ 0.1 mol이 생성된다.

ㄴ. 생성된 H_2O의 양이 0.1 mol이므로 그 질량은 0.1 mol $\times$ 18 g/mol = 1.8 g이다.

🔍 **바로알기** ㄱ. 반응 후 남은 반응물은 O_2이다.

ㄷ. 반응 후 전체 기체의 양은 0.15 mol이므로 실린더 속 기체의 부피는 0.15 mol $\times$ 24 L/mol = 3.6 L이다.

05 금속이 산과 반응하면 $H_2(g)$가 발생한다. 발생한 $X(g)$의 부피가 4.8 L이므로 그 양(mol)은 $\dfrac{4.8\ \text{L}}{24\ \text{L/mol}} = 0.2$ mol이다.

반응 몰비가 $M : X = 1 : 1$이므로 반응한 M의 양은 0.2 mol이다.

ㄱ. X는 H_2이다.

ㄴ. M 0.2 mol이 w g이므로 M 1 mol의 질량은 $5w$ g이다. 따라서 M의 원자량은 $5w$이다.

🔍 **바로알기** ㄷ. 반응 몰비가 $M : HCl = 1 : 2$이므로 반응한 HCl의 양은 0.4 mol이다.

06 포도당($C_6H_{12}O_6$)이 발효하는 반응의 화학 반응식은 다음과 같다.

$$C_6H_{12}O_6(aq) \longrightarrow 2C_2H_5OH(aq) + 2CO_2(g)$$

생성된 에탄올 2.3 g은 $\dfrac{2.3\ \text{g}}{46\ \text{g/mol}} = 0.05$ mol이다.

④ 반응 몰비가 $C_2H_5OH : CO_2 = 1 : 1$이므로 생성된 이산화 탄소의 양은 0.05 mol이며, 그 부피는 0.05 mol $\times$ 24 L/mol = 1.2 L이다.

🔍 **바로알기** ① $a = 2$이다.

② 반응한 포도당은 0.025 mol이고, 그 질량은 0.025 mol $\times$ 180 g/mol = 4.5 g이다.

③ 생성된 에탄올은 0.05 mol이다.

⑤ 에탄올 0.05 mol에 들어 있는 H 원자 수는 $6 \times 10^{23} \times 0.05 \times 6 = 1.8 \times 10^{23}$이다.

07 화학 반응식을 완성하면 다음과 같다.

$$CaCO_3(s) \longrightarrow CaO(s) + CO_2(g)$$

ㄱ. X는 CO_2이다.

ㄴ. 생성된 X의 질량은 $(w_2 - w_3)$ g이므로 생성된 X의 양은 $\dfrac{w_2 - w_3}{44}$ mol이다.

🔍 **바로알기** ㄷ. 반응 몰비가 탄산 칼슘 : $CO_2 = 1 : 1$이므로 반응한 $CaCO_3$의 양은 $\dfrac{w_2 - w_3}{44}$ mol이다. 따라서 반응한 탄산 칼슘의 질량은 $\dfrac{w_2 - w_3}{44}$ mol $\times$ 100 g/mol = $\dfrac{25 \times (w_2 - w_3)}{11}$ g이다.

08 그림에서 XY 4개와 Y_2 2개가 반응하여 XY_2 4개가 생성되었으므로 반응 몰비는 $XY : Y_2 : XY_2 = 2 : 1 : 2$이다.

ㄷ. 반응 몰비=분자 수 비이므로 반응 몰비는 $XY : Y_2 = 2 : 1$이다.

🔍 **바로알기** ㄱ. 화학 반응에서 원소의 종류와 원자의 개수는 변하지 않는다. 따라서 전체 원자 수는 반응 전과 반응 후가 같다.

ㄴ. 화학 반응식은 $2XY + Y_2 \longrightarrow 2XY_2$이다.

09

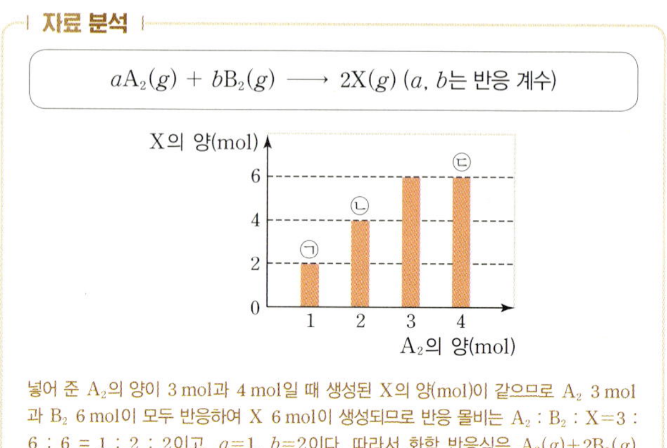

자료 분석

$$aA_2(g) + bB_2(g) \longrightarrow 2X(g)\ (a,\ b\text{는 반응 계수})$$

넣어 준 A_2의 양이 3 mol과 4 mol일 때 생성된 X의 양(mol)이 같으므로 A_2 3 mol과 B_2 6 mol이 모두 반응하여 X 6 mol이 생성되므로 반응 몰비는 $A_2 : B_2 : X = 3 : 6 : 6 = 1 : 2 : 2$이고, $a = 1$, $b = 2$이다. 따라서 화학 반응식은 $A_2(g) + 2B_2(g) \longrightarrow 2AB_2(g)$이다.

ㄴ. A_2 1 mol과 B_2 2 mol이 반응하므로 ㉠에서 반응 후 남은 B_2의 양은 4 mol이다.

ㄷ. ㉡에서 반응 후 용기 속에는 B_2 2 mol과 X 4 mol이 들어 있고, ㉢에서 반응 후 용기 속에는 A_2 1 mol과 X 6 mol이 들어 있으므로 반응 후 전체 기체의 양은 ㉢에서가 ㉡에서보다 1 mol 많다.

🔍 **바로알기** ㄱ. X의 분자식은 AB_2이다.

10 화학식량은 NaOH이 40, $C_6H_{12}O_6$이 180, $C_{12}H_{22}O_{11}$이 342이다.

⑤ 0.5 M $C_{12}H_{22}O_{11}(aq)$ 20 mL에서 $C_{12}H_{22}O_{11}$의 양은 0.5 M $\times$ 0.02 L = 0.01 mol이고, 그 질량은 3.42 g이다.

🔍 **바로알기** ① 30 % NaOH(aq) 10 g에 들어 있는 NaOH의 질량은 10 g $\times$ $\dfrac{30}{100}$ = 3 g이다.

② 0.1 M $C_6H_{12}O_6(aq)$ 100 mL에서 $C_6H_{12}O_6$의 양은 0.1 M $\times$ 0.1 L = 0.01 mol이며, 그 질량은 1.8 g이다.

③ 15 % $C_6H_{12}O_6(aq)$ 15 g에 들어 있는 $C_6H_{12}O_6$의 질량은 15 g $\times$ $\dfrac{15}{100}$ = 2.25 g이다.

④ 2 M $C_6H_{12}O_6(aq)$ 6 mL에서 $C_6H_{12}O_6$의 양은 2 M $\times$ 0.006 L = 0.012 mol이고, 그 질량은 2.16 g이다.

11 ④ 0.5 M 설탕물 10 mL에 증류수를 넣어 만든 50 mL의 설탕물의 농도(x)는 0.5 M $\times$ 0.01 L = x M $\times$ 0.05 L에서 $x = 0.1$이다.

🔍 **바로알기** ① 20 % 포도당 수용액 100 g에는 포도당 20 g이 들어 있고, 50 g에는 포도당 10 g이 들어 있다.

② 0.1 M 설탕 수용액 100 mL에는 설탕 0.01 mol이 들어 있다.

③ 0.1 M 포도당 수용액 100 mL와 0.2 M 설탕물 50 mL에 들이 있는 용질의 양(mol)은 0.01 mol로 같지만, 포도당과 설탕의 분자량이 다르므로 실량은 다르며, 분사량은 설탕이 포도당보다 크므로, 두 수용액에 들어 있는 용질의 질량은 설탕이 포도당보다 크다.

⑤ 퍼센트 농도는 온도의 영향을 받지 않으므로 25 °C인 5 % 포도당 수용액 100 g에서와 50 °C인 5 % 포도당 수용액 100 g에서 포도당의 질량은 같다.

12 ㄱ. 부피 플라스크는 일정 부피의 용액을 만들 때 사용하는 실험 기구로 '부피 플라스크'는 ㉠으로 적절하다.

ㄴ. 2 M NaOH(aq) 100 mL에 들어 있는 NaOH의 양은 2 M × 0.1 L=0.2 mol이고, 그 질량은 8 g이다.

ㄷ. 2 M NaOH(aq) 20 mL에 들어 있는 NaOH의 양은 0.04 mol이므로 x M=$\dfrac{0.04\ \text{mol}}{0.5\ \text{L}}$=0.08 M이다.

13 ㄱ. (가)에서 NaOH의 양은 1 M × 0.1 L=0.1 mol이고, 그 질량은 4 g이며, (나)에서 NaOH의 질량은 1 g이다.

ㄷ. (나)에서 NaOH의 질량은 1 g이고, 수용액의 질량은 100 g이다. (나)에 물 100 g을 추가하면 수용액의 질량은 200 g이 되고, NaOH의 질량은 1 g이므로 퍼센트 농도는 0.5 %가 된다.

🔍 **바로알기**) ㄴ. 몰 농도(M)=$\dfrac{\text{용질의 양(mol)}}{\text{용액의 부피(L)}}$이다.

(가)에 NaOH 4 g을 추가하면 용질의 양(mol)은 2배가 되지만, 용액의 부피가 100 mL가 아니기 때문에 몰 농도가 2 M이 되지 않는다.

14

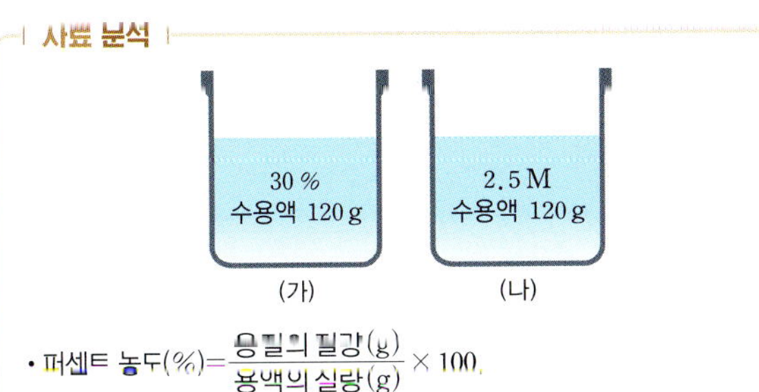

• 퍼센트 농도(%)=$\dfrac{\text{용질의 질량(g)}}{\text{용액의 실량(g)}}$×100,

$\quad$ 용질의 질량(g)=용액의 질량(g)×$\dfrac{\text{퍼센트 농도(%)}}{100}$

➡ (가)에서 A의 질량은 120 g × $\dfrac{30}{100}$=36 g이다.

• 몰 농도(M)=$\dfrac{\text{용질의 양(mol)}}{\text{용액의 부피(L)}}$,

$\quad$ 용질의 양(mol)=용액의 몰 농도(mol/L)×용액의 부피(L)

➡ (나)에서 A(aq)의 밀도가 1.2 g/mL이므로 수용액의 부피는 $\dfrac{120\ \text{g}}{1.2\ \text{g/mL}}$=100 mL이고, A의 양은 2.5 M × 0.1 L=0.25 mol이며, 그 질량은 30 g이다.

ㄱ. A의 질량이 (가)에서는 36 g이고, (나)에서는 30 g이다.

ㄴ. (가)에서 A의 양은 $\dfrac{36\ \text{g}}{120\ \text{g/mol}}$=0.3 mol이나.

ㄷ. (나)에서 퍼센트 농도는 $\dfrac{30\ \text{g}}{120\ \text{g}}$×100=25 %이다.

15

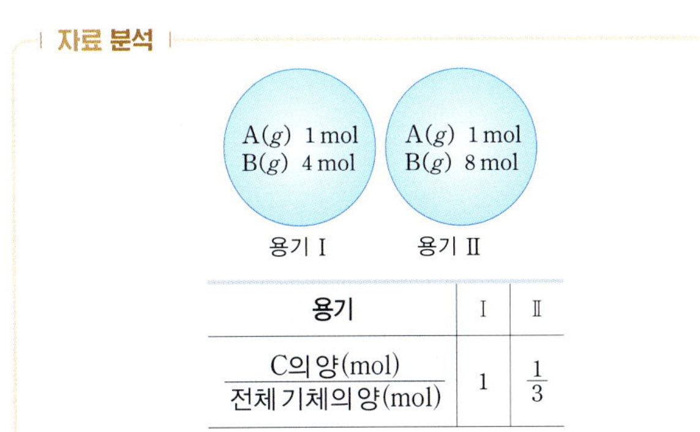

용기	I	II
$\dfrac{\text{C의 양(mol)}}{\text{전체 기체의 양(mol)}}$	1	$\dfrac{1}{3}$

용기 I에서 반응 후 $\dfrac{\text{C의 양(mol)}}{\text{전체 기체의 양(mol)}}$=1이므로 A($g$) 1 mol과 B($g$) 4 mol이 모두 반응하고 이때 생성된 C의 양을 n mol이라고 하면, II에서는 A(g)의 양은 같고, B(g)의 양만 4 mol 더 많으므로 생성된 C(g)의 양은 n mol로 같다. 따라서 $\dfrac{n}{4+n}=\dfrac{1}{3}$에서 n=2이다. 따라서 용기 I에서 각 물질의 양(mol)의 변화는 다음과 같다.

	A(g) +	bB(g) ⟶	cC(g)
반응 전	1	4	0
반응	−1	−4	+2
반응 후	0	0	2

반응 몰비가 A : B : C=1 : 4 : 2이므로 b=4, c=2이다.

ㄱ. 화학 반응식이 A(g)+4B(g) ⟶ 2C(g)이므로 b=4, c=2이며, $b+c$=6이다.

ㄴ. I과 II에서 반응 후 C의 양은 모두 2 mol이다.

ㄷ. 반응 후 용기에 I에서는 C 2 mol, II에서는 C 2 mol과 B 4 mol이 들어 있으므로 반응 후 분자 수 비는 I : II=2 : 6=1 : 3이다.

16

36.5 % 염산의 (HCl)의 몰 농도 구하기

➡ 용액 100 g의 부피: $\dfrac{100\ \text{g}}{1.25\ \text{g/mL}}×\dfrac{1\ \text{L}}{1000\ \text{mL}}=\dfrac{1}{12.5}$ L

➡ 용질의 양: $\dfrac{36.5\ \text{g}}{36.5\ \text{g/mol}}$=1 mol

➡ 몰 농도: $\dfrac{1\ \text{mol}}{\dfrac{1}{12.5}\ \text{L}}$=12.5 M

ㄴ. (나)에서 HCl(aq)의 몰 농도는 $\dfrac{0.5\ \text{mol}}{0.2\ \text{L}}$=2.5 M이다.

ㄷ. (나)에서 HCl(aq)의 밀도가 1 g/mL인데 용액 HCl(aq)의 질량은 200 g이고, 용질 HCl의 질량은 $\dfrac{36.5}{2}$ g이므로 (나)에서 퍼센트 농도는 $\dfrac{\dfrac{36.5}{2}\ \text{g}}{200\ \text{g}}$×100=$\dfrac{36.5}{4}$ % < 10 %이다.

 밀도가 $1.25\ \text{g/mL}$인 $\text{HCl}(aq)$ $40\ \text{mL}$에서 용액의 질량은 $40\ \text{mL} \times 1.25\ \text{g/mL} = 50\ \text{g}$이고, 이때 용질 HCl의 질량은 $50\ \text{g} \times \dfrac{36.5}{100} = \dfrac{36.5}{2}\ \text{g}$이다. 따라서 HCl의 양은 $\dfrac{\frac{36.5}{2}\ \text{g}}{36.5\ \text{g/mol}} = 0.5\ \text{mol}$이다.

17 서술형

정답 (1) $2X_2(g) + Y_2(g) \longrightarrow 2X_2Y(g)$

모범답안 (2) Ⅱ에서 반응 후 남은 반응물이 없으므로 X_2 a mol과 Y_2 $4b$ mol이 모두 반응한다. 따라서 반응 몰비가 $X_2 : Y_2 = 2 : 1$이므로 $a : 4b = 2 : 1$에서 $a = 8b$이고, $a : b = 8 : 1$이다. Ⅰ에서는 X_2 $0.5a(=46)$ mol과 Y_2 $2b$ mol이 반응하므로 Y_2 b mol이 남는다. 따라서 $x = 1$이다.

채점 기준	배점
a와 b의 비, x를 모두 구하고, 그 과정을 옳게 설명한 경우	100 %
a와 b의 비 또는 x를 구했으나 적절한 설명이 부족한 경우	50 %

해설 (2) Ⅱ에서 X_2 a mol과 Y_2 $4b$ mol이 모두 반응하므로 반응 몰비가 $X_2 : Y_2 = 2 : 1$이고, $a : 4b = 2 : 1$에서 $a : b = 8 : 1$이다. Ⅰ에서는 X_2 $0.5a$ mol과 Y_2 $2b$ mol이 반응하므로 각 물질의 양(mol)의 변화는 다음과 같다.

	$2X_2(g)$	$+\ Y_2(g)$	$\longrightarrow 2X_2Y(g)$
반응 전	$0.5a$	$3b$	
반응	$-0.5a$	$-2b$	$+4b$
반응 후	0	b	$4b$

따라서 반응 후 남은 기체는 Y_2이며, 그 양은 b mol이므로 $x = 1$이다.

18 서술형

모범답안 (가)에서 A의 질량은 $10\ \text{g}$이고, A의 양은 $0.1\ \text{mol}$이며, (나)에서 A의 양은 $1.5\ \text{mol}$이다. 따라서 (다)에서 A의 양은 $1.6\ \text{mol}$이다. (다)에서 $\text{A}(aq)$ 수용액의 부피가 $800\ \text{mL}$이므로 $\text{A}(aq)$의 몰 농도는 $\dfrac{1.6\ \text{mol}}{0.8\ \text{L}} = 2\ \text{M}$이다.

채점 기준	배점
(다)에서 $\text{A}(aq)$의 몰 농도를 구하고, 그 과정에서 (가)와 (나)에 존재하는 A의 양을 제대로 구하여 옳게 설명한 경우	100 %
(다)에서 $\text{A}(aq)$의 몰 농도를 구했으나, 적절한 설명이 부족한 경우	50 %

해설 (가)에서 A의 질량은 $200\ \text{g} \times \dfrac{5}{100} = 10\ \text{g}$이며, 이때 A의 양은 $\dfrac{10\ \text{g}}{100\ \text{g/mol}} = 0.1\ \text{mol}$이다.

(나)에서 A의 양은 $3\ \text{M} \times 0.5\ \text{L} = 1.5\ \text{mol}$이다.

(다)에서 A의 양은 $(0.1 + 1.5)\ \text{mol} = 1.6\ \text{mol}$이며, 수용액의 밀도가 $1\ \text{g/mL}$이므로 수용액의 부피는 $800\ \text{mL}$이다.

따라서 (다)에서 $\text{A}(aq)$의 몰 농도는 $\dfrac{1.6\ \text{mol}}{0.8\ \text{L}} = 2\ \text{M}$이다.

①	1 ○	2 ×	3 ×	4 ×	5 ○	
②	1 ○	2 ×	3 ○	4 ×	5 ○	6 ○
③	1 ○	2 ×	3 ○	4 ○	5 ○	6 ○
④	1 ○	2 ×	3 ○	4 ×	5 ○	
⑤	1 ○	2 ○	3 ×	4 ○	5 ×	6 ×
⑥	1 ○	2 ○	3 ○	4 ×		

①-2 원자량 비가 $\text{H} : \text{O} = 1 : 16$이므로 O 원자 3개의 질량은 H 원자 48개의 질량과 같다.

①-3 C의 원자량이 12일 때 H의 원자량은 1, O의 원자량은 16이므로 CH_2O의 분자량은 30이다.

①-4 1 mol의 질량은 원자일 경우에는 원자량 뒤에 그램(g) 단위를, 분자일 경우에는 분자량 뒤에 그램(g) 단위를 붙인 값이다.

②-1 Cu 1 mol은 64 g이고, H_2O 1 mol은 18 g, O_2 1 mol은 32 g이다. 물질 1 mol의 질량은 화학식량이 클수록 크다.

②-2 Cu 3.2 g은 0.05 mol이므로 Cu 원자 3.01×10^{22}개가 들어 있다.

②-4 H_2O 18 g에 들어 있는 O 원자의 양은 1 mol이고, O_2 32 g에 들어 있는 O 원자의 양은 2 mol이다.

②-6 Cu 원자 3.01×10^{23}개는 Cu 원자 0.5 mol이고, 그 질량은 32 g으로 O_2 분자 1 mol의 질량과 같다.

③-1 (가)에는 $\text{CO}_2(g)$ 0.5 mol, (나)에는 $\text{H}_2(g)$ 0.25 mol, (다)에는 $\text{NH}_3(g)$ 1 mol이 들어 있다.

③-2 전체 원자의 양이 (나)는 0.5 mol, (다)는 4 mol이므로 (다)가 (나)의 8배이다.

③-3 기체의 질량이 (가)는 22 g, (나)는 0.5 g이다.

③-4 같은 온도, 압력에서 기체의 밀도는 분자량에 비례한다.

④-2 A 1 mol이 반응하면 B 2 mol이 생성되므로 B의 분자량은 46이다. A 4.6 g은 0.05 mol이므로 A 4.6 g이 반응할 때 생성되는 $\text{B}(g)$는 0.1 mol이고 그 부피는 2.24 L이다.

④-3 0 ℃, 1 atm에서 $\text{A}(g)$ 5.6 L는 0.25 mol이다. $\text{A}(g)$ 0.25 mol의 질량은 $92\ \text{g/mol} \times 0.25\ \text{mol} = 23\ \text{g}$으로 반응물과 생성물의 질량은 같으므로 생성되는 B의 질량은 23 g이다.

④-4 A가 반응하면 모두 B가 되므로 A 4.6 g이 반응하면 B 4.6 g이 생성된다.

⑤-3 반응 몰비가 $\text{CO}_2 : \text{H}_2\text{O} = 1 : 2$이므로 생성된 물질의 양(mol)은 H_2O이 CO_2의 2배이다.

⑤-5 생성된 $\text{H}_2\text{O}(l)$의 양이 0.5 mol이므로 H_2O이 기체이면 그 부피가 11.2 L이지만, H_2O이 액체이므로 그 부피가 11.2 L보다 작다.

⑤-6 생성된 물질의 몰비가 $\text{CO}_2 : \text{H}_2\text{O} = 1 : 2$이므로 생성된 물질의 질량비는 $\text{CO}_2 : \text{H}_2\text{O} = 1 \times 44 : 2 \times 18 = 11 : 9$이다.

⑥-4 부피 플라스크에 표시선까지 증류수를 먼저 넣은 후 $\text{NaOH}(s)$을 넣으면, 용액의 부피가 500 mL가 되지 않아 몰 농도가 0.1 M이 되지 않는다.

01 X 1개의 질량과 추 3개의 질량이 같으므로 질량비는 X : 추=3 : 1이고, X 7개와 Y 6개의 질량이 같으므로 질량비는 X : Y=6 : 7이다.

ㄱ. 원자 1개의 질량비=원자량 비이다. X 1개의 질량×7=Y 1개의 질량×6에서 원자량 비는 X : Y=6 : 7이다.

ㄴ. X 원자 1 mol의 질량은 2×10^{-23} g$\times 6 \times 10^{23}=12$ g이므로 X의 원자량은 12이고, Y의 원자량은 14이다. 따라서 Y_2의 분자량은 28이다.

ㄷ. 질량비는 Y : X : 추=7 : 6 : 2이다. Y 3개의 질량 : X 3개의 질량 : 추 1개의 질량=21 : 18 : 2이므로 Y 3개의 질량은 X 3개 질량과 추 1개 질량의 합보다 크다.

02 물질의 양(mol)$=\dfrac{\text{질량(g)}}{1 \text{ mol의 질량(g/mol)}}$에서 질량이 같을 때 물질의 양(mol)과 분자량은 반비례한다.

① 같은 온도와 압력에서 기체의 부피 비=몰비이므로 몰비는 A : B=1 : 4이다. 기체 A와 B의 질량이 같으므로 분자량 비는 A : B=4 : 1이다. 따라서 $\dfrac{\text{B의 분자량}}{\text{A의 분자량}}=\dfrac{1}{4}$이다.

03

│ 자료 분석 │

분자	H_2	CH_4	CO_2	HCHO
분자 1개의 질량(g)	$\dfrac{1}{3} \times 10^{-23}$	$x\ \dfrac{8}{3} \times 10^{-23}$		
분자량	2	16	44	y 30

분자 1개의 질량에 아보가드로수를 곱하면 분자 1 mol의 질량이 된다.

ㄱ. H_2는 $\dfrac{1}{3} \times 10^{-23}$ g$\times$(아보가드로수)$=2$ g에서 아보가드로수는 6×10^{23}이다.

ㄴ. CH_4에서 분자 1개의 질량에 아보가드로수를 곱하면 분자 1 mol의 질량이 되므로 x g$\times 6 \times 10^{23}=16$ g에서 $x=\dfrac{8}{3} \times 10^{-23}$이다.

ㄷ. H_2의 분자량이 2이므로 H의 원자량은 1이고, CH_4의 분자량이 16이므로 C의 원자량은 12이며, CO_2의 분자량이 44이므로 O의 원자량은 16이다. 따라서 HCHO의 분자량은 30이므로 $y=30$이다.

04 일정한 온도와 압력에서 기체의 부피 비=몰비=분자 수 비이다.

ㄱ. 분자 수 비가 (가) : (나)=6 : 4이므로 부피 비는 (가) : (나)=3 : 2이다.

ㄴ. 밀도$=\dfrac{\text{실량}}{\text{부피}}$이다. 원자 수가 (가)에서 X가 8, Y가 4이고, (나)에서 X가 8, Y가 4이므로 (가)와 (나)에서 전체 기체의 질량은 같다. 질량이 같으므로 전체 기체의 밀도 비는 기체의 부피 비에 반비례한다. 따라서 전체 기체의 밀도 비는 (가) : (나)=2 : 3이다.

바로알기 ㄷ. 전체 원자 수는 (가)와 (나)에서 같다.

05 ㄱ. 화학 반응식을 완성하면 $a=b=2$이다.

바로알기 ㄴ. 화학 반응에서 반응물의 질량의 합과 생성물의 질량의 합은 같다. 반응물은 H_2와 O_2이고, 생성물은 H_2O이므로 반응한 O_2의 질량은 생성된 H_2O의 질량보다 작다.

ㄷ. $t\ ℃$, 1 atm에서 H_2 1 mol이 반응하면 $H_2O(g)$ 1 mol이 생성되며, 그 부피는 V L이다.

06 ㄱ. 탄산 칼슘과 염산이 반응하면 이산화 탄소 기체가 발생한다. 따라서 X는 CO_2이다.

ㄴ. 반응한 $CaCO_3$의 양은 $\dfrac{w_1}{M}$ mol이고, 반응 몰비가 $CaCO_3$: $CO_2=1 : 1$이므로 생성된 X의 양(mol)도 $\dfrac{w_1}{M}$ mol이다.

ㄷ. 생성된 X의 질량은 $(w_1+w_2-w_3)$이고, X의 분자량이 M_x일 때, 반응 몰비가 $CaCO_3$: $CO_2=1 : 1$이므로 $\dfrac{w_1}{M}=\dfrac{(w_1+w_2-w_3)}{M_x}$에서 $M_x=\dfrac{M \times (w_1+w_2-w_3)}{w_1}$이다.

07 ㄷ. (나)에서 NaOH(aq)의 밀도가 1 g/mL이므로 NaOH(aq)의 질량은 500 g이고, NaOH의 질량은 10 g이므로 퍼센트 농도는 $\dfrac{10 \text{ g}}{500 \text{ g}} \times 100=2 \%$이다.

바로알기 ㄱ. 몰 농도(M)$=\dfrac{\text{용질의 양(mol)}}{\text{용액의 부피(L)}}$이다.

따라서 $0.5 \text{ M}=\dfrac{0.25 \text{ mol}}{\text{용액의 부피(L)}}$에서 용액의 부피는 0.5 L이므로 ㉠으로는 '500 mL 부피 플라스크'가 적설하다.

ㄴ. 물질의 양(mol)$=\dfrac{\text{질량(g)}}{1 \text{ mol의 질량(g/mol)}}$이므로 NaOH 10 g은 $\dfrac{10 \text{ g}}{40 \text{ g/mol}}=0.25$ mol이다. 따라서 (가)에서 수용액 속 NaOH의 양(mol)은 0.25 mol이나

08 ㄱ. A와 B의 질량을 각각 w g이라고 하면 A의 양은 $\dfrac{w}{180}$ mol이고, B의 양은 $\dfrac{w}{60}$ mol이므로 용질의 양은 B(aq)가 A(aq)의 3배이다.

ㄴ. A(aq)과 B(aq)의 밀도를 각각 d g/mL라고 하면 용액의 질량은 A(aq), B(aq)이 각가 3000d g, 1000d g이다. 따라서 퍼센트 농도는 A(aq), B(aq)이 각각 $\dfrac{w}{30d} \%$, $\dfrac{w}{10d} \%$이므로 퍼센트 농도는 B(aq)가 A(aq)의 3배이다.

바로알기 ㄷ. A와 B의 질량을 각각 w g이라고 하면 몰 농도는 A(aq)이 $\dfrac{\frac{w}{180}}{3}$ M이고, B(aq)이 $\dfrac{\frac{w}{60}}{1}$ M이므로 몰 농도는 B(aq)가 A(aq)의 9배이다.

09 ③ 같은 온도와 압력에서 기체의 부피 비=몰비이다. 기체의 부피 비가 반응 전 : 반응 후=5 : 4이고, 반응 전 기체의 양이 0.5 mol이므로 반응 후 전체 기체의 양은 0.4 mol이다.

$a≥1$이며, 반응 계수 비가 A : B=a : 1이므로 B 0.3 mol이 모두 반응하려면 A는 0.3 mol보다 많아야 한다. 따라서 A 0.2 mol이 모두 반응하며, 이때 물질의 양(mol) 변화는 다음과 같다.

	aA(g)	+	B(g)	$\longrightarrow$	cC(g)
반응 전(mol)	0.2		0.3		
반응(mol)	-0.2		$-\dfrac{0.2}{a}$		$+\dfrac{0.2 \times c}{a}$
반응 후(mol)	0		$0.3-\dfrac{0.2}{a}$		$\dfrac{0.2 \times c}{a}$

$0.3+\dfrac{0.2 \times (c-1)}{a}=0.4$에서 $2c-a=2$이다. a, c는 모두 3 이하의 자연수이므로 $a=c=2$이고, $\dfrac{c}{a}=1$이다.

10 ④ (가)에서 생성된 $H_2(g)$의 질량이 2 g이므로 그 양은 $\dfrac{2\ g}{2\ g/mol}=1$ mol이다. 반응 몰비가 Mg : H_2=1 : 1이므로 (가)와 (나)에서 각각 반응한 Mg(s)과 NaHCO$_3(s)$의 양은 모두 1 mol이다. 따라서 (나)에서 생성된 $CO_2(g)$의 양은 1 mol이고, 그 질량은 1 mol×44 g/mol=44 g이므로 $w=44$이다. (가)와 (나)에서 반응한 HCl의 양은 각각 2 mol, 1 mol이고, HCl(aq)의 몰 농도가 (가)와 (나)에서 같으므로 HCl(aq)의 부피 비는 a : b=2 : 1이다. 따라서 $\dfrac{b \times w}{a}=22$이다.

11 몰 농도(M)=$\dfrac{\text{용질의 양(mol)}}{\text{용액의 부피(L)}}$이므로 0.3 M CuSO$_4(aq)$ 1 L에 들어 있는 CuSO$_4$의 양은 0.3 M × 1 L=0.3 mol이다.

ㄴ. (나)에 녹아 있는 A의 양은 0.8 M × 1 L=0.8 mol이다.

ㄷ. (가)에서 CuSO$_4$의 질량이 48 g이므로 (나)에 녹아 있는 A의 질량도 48 g이다. 따라서 A 0.8 mol의 질량이 48 g이므로 A 1 mol의 질량은 60 g이고, A의 화학식량은 60이다.

바로알기 ㄱ. (가)에 녹아 있는 CuSO$_4$의 질량은 0.3 mol × 160 g/mol=48 g이다.

12 ㄱ. '부피 플라스크'는 ㉠으로 적절하고, 부피 플라스크는 특정한 몰 농도의 용액을 만들 때 필요한 실험 기구이다.

ㄷ. (다)에서 수용액에 녹아 있는 X의 질량이 15 g이므로 녹아 있는 X의 양은 $\dfrac{15\ g}{60\ g/mol}=0.25$ mol이다.

따라서 a M=$\dfrac{0.25\ mol}{0.5\ L}=0.5$ M이므로 $a=0.5$이다.

바로알기 ㄴ. 3 % X(aq) 200 g에 녹아 있는 X의 질량은 200 g × $\dfrac{3}{100}=6$ g이다.

13 서술형

모범답안 | 물질의 양이 X_2는 $\dfrac{1}{2}$ mol, X_2Y 2 mol이다. 따라서 분자량이 X_2는 28, X_2Y는 44이므로 원자량은 X가 14, Y가 16으로 Y>X이다.

채점 기준	배점
X_2와 X_2Y의 양(mol)과 분자량을 제대로 구하고, X, Y의 원자량을 옳게 비교한 경우	100 %
X_2와 X_2Y의 양(mol)과 분자량만 제대로 구한 경우	50 %

해설 | 분자당 원자 수가 X_2는 2, X_2Y는 3이므로 분자 수는 X_2는 $\dfrac{1}{2}N_A$, X_2Y는 $2N_A$이다. N_A일 때 1 mol이므로 X_2는 0.5 mol, X_2Y는 2 mol이다.

14 서술형

모범답안 | C$_3$H$_x$이 완전 연소하는 반응의 화학 반응식은

$$C_3H_x(g)+\left(3+\frac{x}{4}\right)O_2(g) \longrightarrow 3CO_2(g)+\frac{x}{2}H_2O(g)$$

이며, 전체 기체의 몰비가 반응 전 : 반응 후=6 : 7이므로 $1+\left(3+\dfrac{x}{4}\right)$: $3+\dfrac{x}{2}=6$: 7에서 $x=8$이다. 반응 전 혼합 기체의 양이 3 mol이고, 반응 몰비가 C$_3$H$_8$: O$_2$=1 : 5이므로 반응 전 C$_3$H$_8$의 양은 0.5 mol이며, 모두 반응하였다. 반응 몰비가 C$_3$H$_8$: H$_2$O=1 : 4이므로 생성된 H$_2$O의 양은 2 mol이고, 질량은 36 g이다.

채점 기준	배점
생성된 H$_2$O의 질량을 구하고, 그 과정을 옳게 설명한 경우	100 %
생성된 H$_2$O의 질량을 구하였으나, 적절한 설명이 부족한 경우	50 %

해설 | C$_3$H$_x$이 완전 연소하는 반응의 화학 반응식은 다음과 같다.

$$C_3H_x(g)+\left(3+\frac{x}{4}\right)O_2(g) \longrightarrow 3CO_2(g)+\frac{x}{2}H_2O(g)$$

일정한 온도와 압력에서 기체의 부피 비=몰비이다. 따라서 전체 기체의 몰 비는 반응 전 : 반응 후=6 : 7이다.

$1+\left(3+\dfrac{x}{4}\right)$: $3+\dfrac{x}{2}=6$: 7이므로 $x=8$이다. 따라서 반응의 화학 반응식은 다음과 같다.

$$C_3H_8+5O_2 \longrightarrow 3CO_2+4H_2O$$

반응물은 모두 반응하였고, 반응 몰비가 C$_3$H$_8$: O$_2$=1 : 5이므로 반응 전 C$_3$H$_8$의 양은 0.5 mol이고, O$_2$의 양은 2.5 mol이다. 따라서 반응 전과 후 물질의 양(mol)의 변화는 다음과 같다.

	C$_3$H$_8$	+	5O$_2$	$\longrightarrow$	3CO$_2$	+	4H$_2$O
반응 전(mol)	0.5		2.5				
반응(mol)	-0.5		-2.5		$+1.5$		$+2$
반응 후(mol)	0		0		1.5		2

생성된 H$_2$O의 양은 2 mol이고, 질량은 36 g이다.

15 서술형

모범답안 | 퍼센트 농도 비가 (가) : (나)=3 : 2이므로 $\dfrac{a}{60+a}$: $\dfrac{2a}{200+2a}=3$: 2에서 $a=20$이고, (가)에서 A의 질량은 20 g이므로 A의 양은 0.2 mol이다.

(가)에시 용액의 부피는 $\dfrac{0.08}{d}$ L이므로 (가)의 몰 농도는

$\dfrac{0.2\ \text{mol}}{\dfrac{0.08}{d}\ \text{L}}=2.5d$ M이다.

채섬 기준	배점
(가)의 몰 농도를 풀이 과정을 적고 옳게 설명한 경우	100 %
(가)의 몰 농도를 옳게 적었으나, 적절한 설명이 부족한 경우	50 %

해설 | 퍼센트 농도(%)=$\dfrac{\text{용질의 질량(g)}}{\text{용액의 질량(g)}}\times100$이다.

퍼센트 농도 비가 (가) : (나)=3 : 2이므로

$\dfrac{a}{60+a}:\dfrac{2a}{200+2a}=3:2$에서 $a=20$이다.

(가)에서 용액의 질량이 80 g이므로 용액의 부피는 $\dfrac{0.08}{d}$ L이

고, A의 양은 $\dfrac{20\ \text{g}}{100\ \text{g/mol}}=0.2\ \text{mol}$이다. 따라서 (가)의 몰 농

도는 $\dfrac{0.2\ \text{mol}}{\dfrac{0.08}{d}\ \text{L}}=2.5d$ M이다.

16 서술형

모범답안 | 10 % NaOH(aq) 40 g에 녹아 있는 NaOH의 질량은

$40\ \text{g}\times\dfrac{10}{100}=4\ \text{g}$이고, NaOH의 양은 0.1 mol이다. 따라서

(나)와 (다)에서 NaOH의 양은 각각 0.05 mol이다.

(나)에서 x M=$\dfrac{0.05\ \text{mol}}{0.05\ \text{L}}=1$ M이므로 $x=1$이고,

(다)에서 $\dfrac{0.05\ \text{mol}}{\dfrac{y}{1000}\ \text{L}}=0.5$ M이므로 $y=100$이다.

채점 기준	배점
x, y의 값을 풀이 과정과 함께 옳게 설명한 경우	100 %
x, y의 값을 옳게 구했으나, 적절한 설명이 부족한 경우	50 %

해설 | 10 % 40 g에 녹아 있는 NaOH의 질량은 $40\ \text{g}\times\dfrac{10}{100}=$

4 g이다. 10 % NaOH(aq) 20 g에 녹아 있는 NaOH의 질량은

2 g이고, NaOH의 양은 $\dfrac{2\ \text{g}}{40\ \text{g/mol}}=0.05\ \text{mol}$이다. 따라서

(나)에서 x M=$\dfrac{0.05\ \text{mol}}{0.05\ \text{L}}=1$ M이므로 $x=1$이다.

(다)에서 NaOH의 양은 0.05 mol이고 NaOH(aq)의 몰 농도는

0.5 M이므로 $\dfrac{0.05\ \text{mol}}{\dfrac{y}{1000}\ \text{L}}=0.5$ M에서 $y=100$이다.

단원 한번에 정리하기

p.048~049

❶ 암모니아 ❷ 나일론 ❸ 콘크리트 ❹ 탄소 화합물
❺ 에탄올(C_2H_5OH) ❻ 산성 ❼ 원자량 ❽ 6.02×10^{23}
❾ 아보가드로 법직 ❿ 같다 ⓫ 송뉴 ⓬ 개수 ⓭ 몰비 ⓮ 1:1:2
⓯ 22.4 L/mol ⓰ 퍼센트 농도 ⓱ 용질의 양(mol)

1등급 실전 문제

p.050~055

01 ⑤	02 ②	03 ⑤	04 ③	05 ①, ④	06 ③
07 ②	08 ④	09 ⑤	10 ②	11 ②	12 ②
13 ②	14 ①	15 ⑤	16 ⓪	17 ⑤	18 ④
19 ①	20 ②				

서술형 21~24 해설 참조

---

01 천연가스의 주성분은 메테인(CH_4)이다.

ㄴ. Y는 에탄올(C_2H_5OH)이며, 에탄올은 물에 잘 녹고, 메테인은 물에 잘 녹지 않는다.

ㄷ. X는 구성 원소가 C, H이고, Y는 구성 원소가 C, H, O이므로 완전 연소시키면 모두 이산화 탄소와 물이 생성된다.

바로알기 ㄱ. X는 메테인이다. 프로페인은 액화 석유가스(LPG)의 주성분이다.

02 ㄴ. 암모니아(NH_3)는 질소 비료의 원료이며, 질소 비료의 사용으로 농작물의 대량 생산이 가능해졌다. 따라서 '식량 문제'는 (가)로 적절하다.

바로알기 ㄱ. ㉠은 암모니아로 구성 원소가 질소(N)와 수소(H)이며 탄소 화합물이 아니다.

ㄴ. ㉡은 시멘트, ㉢은 콘크리트이다. 시멘트와 콘크리트의 개발은 주거 문제 해결에 기여하였다.

03 ㄱ. 나일론과 설탕은 탄소 원자와 수소 원자를 포함한 탄소 화합물이다.

ㄴ. 질소 비료의 사용으로 농업 생산력이 증가하였다. 따라서 질소 비료는 식량 문제 해결에 기여하였다.

ㄷ. 나일론은 합성 섬유로 공장에서 대량으로 생산한다.

04 ㄱ. 메테인은 가정용 연료로, 에탄올은 자동차 연료, 알코올 램프용 연료로, 프로페인은 차량용 연료로 사용된다.

ㄷ. 3가지 탄소 화합물 모두 완전 연소 생성물이 이산화 탄소(CO_2)와 물(H_2O) 2가지이다.

바로알기 ㄴ. 실온에서 메테인과 프로페인은 기체이고, 에탄올은 액체이다

05 (가)는 메테인, (나)는 메탄올이나,

① 메테인은 천연가스의 주성분이다.

④ (가) 1 mol을 완전 연소시키면 H_2O 2 mol이 생성되고, (나) 1 mol을 완전 연소시켜도 H_2O 2 mol이 생성된다.

바로알기 ② (가)는 물에 잘 녹지 않고, (나)는 물에 잘 녹는다.

③ 술의 주성분은 에탄올이며, 메탄올은 먹을 수 없다.

⑤ 자연 상태에서 에탄올이 발효되면 아세트산이 생성된다.

06 원자 1개의 질량비=원자량 비이다.

X의 원자량×3=Y의 원자량×1, Y의 원자량×4=Z의 원자량×3에서 원자량 비는 X : Y : Z=1 : 3 : 4이다.

따라서 Y의 원자량이 a이므로 X의 원자량은 $\dfrac{a}{3}$이고, Z의 원자량은 $\dfrac{4a}{3}$이다.

ㄱ. YZ_2의 분자량은 $a+2\times\dfrac{4a}{3}=\dfrac{11a}{3}$이다.

ㄴ. 원자 1 mol의 질량은 원자량에 g을 붙인 값이므로 1 mol의 질량이 X는 $\dfrac{a}{3}$ g, Z는 $\dfrac{4a}{3}$ g이다.

🔍 바로알기 ㄷ. Z 원자 1개의 질량 : X 원자 2개의 질량 : Y 원자 1개의 질량=4 : 2 : 3이므로 Z 원자 1개의 질량은 X 원자 2개와 Y 원자 1개를 합한 질량보다 작다.

07

┤ 자료 분석 ├

물질	X_2Y	Y_2
전체 원자 수	$6N_A$	$3N_A$
질량(g)	36	48
분자 수	$2N_A$	$\dfrac{3}{2}N_A$

· 분자의 양이 X_2Y는 2 mol, Y_2는 1.5 mol이다.
· 분자량은 X_2Y는 $\dfrac{36\,g}{2\,mol}$=18, Y_2는 $\dfrac{48\,g}{\frac{3}{2}\,mol}$=32이다.

① 분자량이 X_2Y는 18, Y_2는 32이다.

③ X는 원자량이 1이므로 X 원자 1개의 질량은 $\dfrac{1}{N_A}$ g이다.

④ 원자량이 X는 1, Y는 16이다.

⑤ X_2Y는 분자량이 18이므로 분자 1개의 질량은 $\dfrac{18}{N_A}$ g이다.

🔍 바로알기 ② 분자의 몰비는 X_2Y : Y_2=4 : 3이다.

08 H_2O의 양은 $\dfrac{90\,g}{18\,g/mol}$=5 mol 이고, $CH_4(g)$의 양은 $\dfrac{12\,L}{24\,L/mol}$=0.5 mol이다.

ㄴ. 풍선 속 CH_4의 양이 0.5 mol이고, CH_4의 분자량이 16이므로 CH_4의 질량은 8 g이다.

ㄷ. 물병 속 H_2O의 양이 5 mol이므로 H 원자의 양은 10 mol이다.

🔍 바로알기 ㄱ. 물질의 양(mol)은 물병 속 H_2O이 풍선 속 CH_4의 10배이다.

09 원자 1개의 질량에 아보가드로수를 곱하면 원자 1 mol의 질량을 구할 수 있다. 원자 1 mol의 질량은 원자량에 g을 붙인 값이다.

W에서 원자 1개의 질량이 $\dfrac{1}{6}\times10^{-23}$ g이므로 원자 1 mol의 질량이 $\dfrac{1}{6}\times10^{-23}\times6\times10^{23}$ g=1 g이고, W의 원자량은 1이며, X~Z의 원자량은 각각 12, 14, 16이다.

ㄱ. 분자량이 XW_4는 16, Z_2는 32이다. 1 g에 포함된 원자 수 비 XW_4 : $Z_2=\dfrac{5}{16} : \dfrac{2}{32}$=5 : 1이다.

ㄴ. 분자량이 XZ_2와 Y_2Z는 모두 44로 같다.

ㄷ. W_2Z의 분자량은 18이므로 W_2Z 1.8 g은 0.1 mol이다. 따라서 W_2Z 1.8 g에 들어 있는 W의 양은 0.2 mol이다.

10 1 g당 분자 수는 분자량에 반비례한다. 따라서 분자량 비는 (가) : (나)=5 : 4이고, 분자량은 AB_3가 AB_2보다 크므로 (가)는 AB_3이고, (나)는 AB_2이다. A, B의 원자량을 각각 a, b라고 하면 $a+3b : a+2b$=5 : 4에서 $a : b$=2 : 1이다.

ㄴ. 원자량은 A>B이다.

🔍 바로알기 ㄱ. (가)는 AB_3이다.

ㄷ. 같은 온도와 압력에서 기체의 부피 비=몰비이고, 질량이 같을 때, 기체의 양(mol)은 분자량에 반비례한다. 따라서 1 g의 부피는 분자량에 반비례한다. 분자량이 (가)>(나)이므로 1 g의 부피는 (나)>(가)이다.

11 같은 온도와 압력에서 부피가 같을 때 기체의 질량비=분자량 비이다. V L일 때 기체의 질량이 H_2A는 1.7 g, H_2B는 0.9 g, AB_2는 3.2 g이므로 분자량 비가 H_2A : H_2B : AB_2=17 : 9 : 32이다.

A, B의 원자량을 각각 a, b라고 하면 $2+a : 2+b : a+2b$=17 : 9 : 32에서 a=32, b=16이다.

ㄷ. B의 질량이 (나)에서는 $3.6\,g\times\dfrac{16}{18}$=3.2 g이고, (다)에서는 $3.2\,g\times\dfrac{32}{64}$=1.6 g이므로 B 원자의 질량은 (나)에서가 (다)에서의 2배이다.

🔍 바로알기 ㄱ. 원자량 비는 A : B=2 : 1이다.

ㄴ. 1 g에 들어 있는 H 원자 수 비는 (가) : (나)=$\dfrac{2}{17} : \dfrac{2}{9}$=9 : 17이므로 1 g에 들어 있는 H 원자 수는 (나)에서가 (가)에서의 2배보다 작다.

12 B_2 3 L를 넣었을 때 A_2와 B_2가 모두 반응하였고, 생성된 X(g)의 부피는 2 L이다. 따라서 화학 반응식은 $A_2(g)$ + $3B_2(g)$ $\longrightarrow$ $2X(g)$이다.

ㄷ. (가)에서 B는 모두 반응한다.

A(g) 1 L의 양을 n mol이라고 할 때, (가)에서 물질의 양(mol)의 변화는 다음과 같다.

	$A_2(g)$ +	$3B_2(g)$ $\longrightarrow$	$2X(g)$
반응 전(mol)	n	$2n$	
반응(mol)	$-\dfrac{2}{3}n$	$-2n$	$+\dfrac{4}{3}n$
반응 후(mol)	$\dfrac{n}{3}$	0	$\dfrac{4}{3}n$

(가)에서 반응 후 기체의 양(mol)은 A_2가 $\dfrac{n}{3}$ mol, X가 $\dfrac{4}{3}n$ mol이므로 X가 A_2의 4배이다.

🔍 바로알기 ㄱ. b=3, c=2이므로 $b\times c$=6이다.

ㄴ. X의 분자식은 AB_3이다.

13 $CaCO_3(s)$과 $HCl(aq)$이 반응하는 화학 반응식은 다음과 같다.

$$CaCO_3(s)+2HCl(aq) \longrightarrow CaCl_2(aq)+H_2O(l)+CO_2(g)$$

반응 몰비가 $CaCO_3 : CO_2 = 1 : 1$이고, $CaCO_3$의 화학식량은 100이고, CO_2의 화학식량은 44이므로 반응 질량비는 $CaCO_3 : CO_2 = 100 : 44$이다.

ㄷ. 반응 몰비가 $CaCO_3 : CO_2 = 1 : 1$이다.

바로알기 ㄱ. Ⅳ에서 $CaCO_3$ 4 g이 모두 반응하면 CO_2 1.76 g이 생성된다. 따라서 Ⅳ에서는 $CaCO_3$이 남는다.

Ⅲ에서는 넣어 준 $CaCO_3$ 3 g이 모두 반응하였으므로 CO_2의 질량은 1.32 g이고, $x=1.32$이다.

Ⅴ에서 생성된 CO_2의 질량은 1.44 g이므로 $y=1.44$이다. 따라서 $y-x=0.12$이다.

ㄴ. 생성된 기체는 CO_2이다.

14 메탄올의 연소 반응의 화학 반응식은 다음과 같다.

$$2CH_3OH(l)+3O_2(g) \longrightarrow 2CO_2(g)+4H_2O(l)$$

반응 몰비가 $CH_3OH : O_2 : CO_2 : H_2O = 2 : 3 : 2 : 4$이므로 $x=2$, $y=3$, $z=4$이다.

① 반응 전과 후 원자의 종류와 개수는 같다. 반응 전과 후 원자 수가 같도록 하면 C 원자에서 $x=2$, H 원자에서 $4x=2z$, O 원자에서 $x+2y=4+z$이므로 $x=2$, $y=3$, $z=4$이다. 따라서 $\dfrac{x+z}{y}=2$이다.

15

$$Mg(s)+2HCl(aq) \longrightarrow MgCl_2(aq)+H_2(g)$$

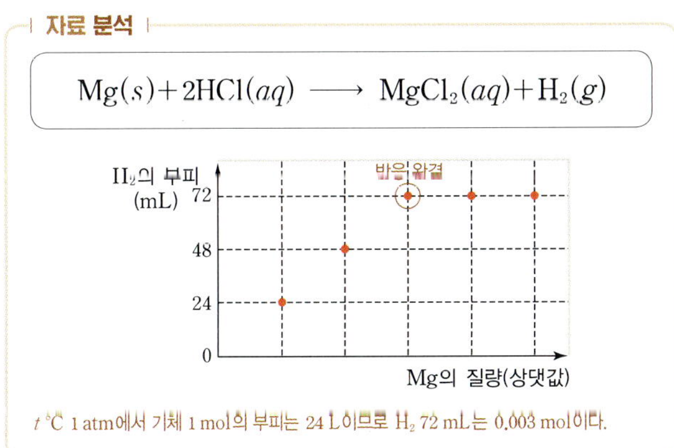

$t\,℃$ 1 atm에서 기체 1 mol의 부피는 24 L이므로 H_2 72 mL는 0.003 mol이다.

③ Mg과 $HCl(aq)$의 반응에서 $H_2(g)$가 72 mL 생성되었을 때 반응이 완결되었다.

$H_2(g)$ 72 mL는 $72 \text{ mL} \times \dfrac{1\text{ L}}{1000\text{ mL}} \times \dfrac{1\text{ mol}}{24\text{ L}} = 0.003\text{ mol}$이다. 반응 몰비가 $HCl : H_2 = 2 : 1$이므로 반응한 HCl의 양은 0.006 mol이다. 따라서 $x\text{ M} \times 0.1\text{ L} = 0.006\text{ mol}$에서 $x=0.06$이다.

16

$$a\Lambda(g)+B(g) \longrightarrow aC(g) \quad (a는 반응 세수)$$

실험	반응 전			반응 후
	$A(g)$의 질량(g)	$B(g)$의 질량(g)	전체 기체의 밀도(상댓값)	전체 기체의 부피(상댓값)
Ⅰ	4	3	4	4
Ⅱ	4	4		5
Ⅲ	12	2	5	x

일정한 온도와 압력에서 기체의 부피 비=몰비이고, 밀도$=\dfrac{질량}{부피}$이다. 반응 전 전체 기체의 질량비가 Ⅰ : Ⅲ$=7 : 14$이고, 전체 기체의 밀도 비가 $4 : 5$이다. 따라서 기체의 부피 비는 Ⅰ : Ⅲ$=\dfrac{7}{4} : \dfrac{14}{5} = 5 : 8$이다.

반응 전 전체 기체의 양을 Ⅰ과 Ⅲ에서 각각 $5n$ mol, $8n$ mol이라고 하고, A 1 g을 p mol, B 1 g을 q mol이라고 하면 Ⅰ에서 $4p+3q=5n$ …①이고, Ⅲ에서 $12p+2q=8n$ …②이다. 식 ①과 ②에서 $p=0.5n$, $q=n$이다. 따라서 Ⅰ에서 A 4 g은 $2n$ mol, B 3 g은 $3n$ mol, Ⅱ에서 A 4 g은 $2n$ mol, B 4 g은 $4n$ mol Ⅲ에서 A 12 g은 $6n$ mol, B 2 g은 $2n$ mol이다. Ⅰ과 Ⅱ에서 A가 모두 반응하며, Ⅰ에서 반응 전과 후 물질의 양(mol)의 변화는 다음과 같다.

	$aA(g)$	$+$	$B(g)$	$\longrightarrow$	$aC(g)$
반응 전(mol)	$2n$		$3n$		
반응(mol)	$-2n$		$-\dfrac{2n}{a}$		$+2n$
반응 후(mol)	0		$3n-\dfrac{2n}{a}$		$2n$

Ⅱ에서 반응 전과 후 물질의 양(mol)의 변화는 다음과 같다.

	$aA(g)$	$+$	$B(g)$	$\longrightarrow$	$aC(g)$
반응 전(mol)	$2n$		$4n$		
반응(mol)	$-2n$		$-\dfrac{2n}{a}$		$+2n$
반응 후(mol)	0		$4n-\dfrac{2n}{a}$		$2n$

반응 후 전체 기체의 부피 비가 Ⅰ : Ⅱ$=(5n-\dfrac{2n}{a}) : (6n-\dfrac{2n}{a})=4 : 5$이므로 $a-2$이다.

Ⅲ에서 반응 전과 후 물질의 양(mol)의 변화는 다음과 같다.

	$2A(g)$	$+$	$B(g)$	$\longrightarrow$	$2C(g)$
반응 전(mol)	$6n$		$2n$		
반응(mol)	$-4n$		$-2n$		$+4n$
반응 후(mol)	$2n$		0		$4n$

Ⅲ에서 반응 후 전체 기체의 양은 $6n$ mol이다. Ⅰ과 Ⅱ에서 전체 기체의 양이 각각 $4n$ mol, $5n$ mol이므로 $x=6$이다.

③ 전체 기체의 질량비가 Ⅰ : Ⅲ$=7 : 14$이므로 기체의 부피 비는 Ⅰ : Ⅲ$=\dfrac{7}{4} : \dfrac{14}{5} = 5 : 8$이다. 반응 전 전체 기체의 양을 Ⅰ과 Ⅲ에서 각각 $5n$ mol, $8n$ mol이라고 할 때, Ⅰ에서 A 4 g은 $2n$ mol, B 3 g은 $3n$ mol, Ⅱ에서 A 4 g은 $2n$ mol, B 4 g은 $4n$ mol, Ⅲ에서 A 12 g은 $6n$ mol, B 2 g은 $2n$ mol이다. Ⅰ과 Ⅱ에서 기체의 양(mol)이 모두 B$>$A이고, B의 반응 계수가 1이므로 Ⅰ과 Ⅱ에서 A가 모두 반응한다. Ⅰ에서 반응 후 B와 C의 양은 각가 $(3n-\dfrac{2n}{a})$ mol, $2n$ mol이고, Ⅱ에서 반응 후 B와 C의 양은 각각 $(4n-\dfrac{2n}{a})$ mol, $2n$ mol이다. 반응 후

전체 기체의 부피 비가 $I : II = (5n - \frac{2n}{a}) : (6n - \frac{2n}{a}) = 4 : 5$ 이므로 $a = 2$이다. III에서는 B가 모두 반응하므로 반응 후 전체 기체의 양은 $6n$ mol이다. I과 II에서 전체 기체의 양이 각각 $4n$ mol, $5n$ mol이므로 $x = 6$이다. $a = 2$이고, $x = 6$이므로 $\frac{x}{a} = 3$이다.

17 ㄱ. 0.2 M 포도당 수용액 250 mL에 들어 있는 포도당의 양은 $0.2\,\text{M} \times 0.25\,\text{L} = 0.05\,\text{mol}$이며, 그 질량은 $0.05\,\text{mol} \times 180\,\text{g/mol} = 9\,\text{g}$이다.

ㄴ. 부피 플라스크는 일정 부피의 용액을 만들 때 사용하는 실험 기구로 '부피 플라스크'는 ⊙으로 적절하다.

ㄷ. (다)에서 수용액의 밀도가 1 g/mL이므로 포도당 수용액의 질량은 250 g이고, 포도당의 질량은 9 g이므로 퍼센트 농도는 $\frac{9\,\text{g}}{250\,\text{g}} \times 100 = 3.6\,\%$이다.

18 ㄴ. 용액의 부피가 30 ℃일 때가 20 ℃일 때보다 크므로 몰 농도는 20 ℃일 때가 30 ℃일 때보다 크다.

ㄷ. 30 ℃일 때 $C_6H_{12}O_6$의 양이 0.2 mol이며, 온도가 변해도 용질의 양은 변하지 않으므로 20 ℃일 때 수용액 속 $C_6H_{12}O_6$의 양은 0.2 mol이다.

🔍**바로알기** ㄱ. 퍼센트 농도는 온도의 영향을 받지 않는다. 용액의 질량과 용질의 질량이 20 ℃일 때와 30 ℃일 때 같으므로 퍼센트 농도는 20 ℃일 때와 30 ℃일 때 같다.

19 퍼센트 농도(%) $= \frac{\text{용질의 질량(g)}}{\text{용액의 질량(g)}} \times 100$이고,

몰 농도(M) $= \frac{\text{용질의 양(mol)}}{\text{용액의 부피(L)}}$이다.

ㄱ. (가)와 (나)에서 NaOH의 질량은 같다. $\text{NaOH}(aq)$의 질량이 (가)>(나)이므로 $\text{NaOH}(aq)$의 퍼센트 농도는 (나)>(가)이다.

🔍**바로알기** ㄴ. $\text{NaOH}(aq)$의 부피가 (가)>(나)이므로 $\text{NaOH}(aq)$의 몰 농도는 (나)>(가)이다.

ㄷ. (가)에서 용액의 몰 농도는 1 M이다. (나)에서 $\text{NaOH}(s)$ 2.4 g을 추가한 용액에 들어 있는 용질의 양은 0.16 mol이고, 이때 용액의 부피가 80 mL라면 용액의 몰 농도가 2 M인데, $\text{NaOH}(s)$ 2.4 g을 추가했기 때문에 용액의 부피가 80 mL가 아니므로 용액의 몰 농도도 2 M이 아니다.

20 ㄴ. (나)에서 A의 양은 $\frac{5\,\text{g}}{100\,\text{g/mol}} = 0.05\,\text{mol}$이고, $\text{A}(aq)$의 부피는 $\frac{1}{12}$ L이다. 따라서 몰 농도는 $\frac{0.05\,\text{mol}}{\frac{1}{12}\,\text{L}} = 0.6\,\text{M}$이다.

🔍**바로알기** ㄱ. (가)에서 A의 양은 $0.2\,\text{M} \times 0.2\,\text{L} = 0.04\,\text{mol}$이고, 그 질량은 4 g이며, (나)에서 A의 질량은 5 g이다.

ㄷ. 수용액의 부피가 (가)에서는 0.2 L이고, (나)에서는 $\frac{1}{12}$ L이다.

---

21 서술형

정답 (1) (가) : 메테인, (나) : 아세트산, (다) : 에탄올

(2) (가) : 기체 상태, (나)와 (다) : 액체 상태

채점 기준	배점
(가)~(다) 중 실온에서 물질의 상태를 모두 옳게 적은 경우	100 %
(가)~(다) 중 2가지만 실온에서 물질의 상태를 옳게 적은 경우	70 %
(가)~(다) 중 1가지만 실온에서 물질의 상태를 옳게 적은 경우	30 %

모범답안 (3) (가)는 천연가스의 주성분으로 가정용 연료로 사용되고, (나)는 식초의 주성분으로 음식을 조리하는 데 사용되며, (다)는 소독용 알코올, 연료 등으로 사용된다.

채점 기준	배점
(가)~(다)의 특징을 모두 제대로 서술한 경우	100 %
(가)~(다) 중 2가지의 특징만을 제대로 서술한 경우	50 %

해설 (3) 아세트산은 아스피린의 합성에도 사용되며, 플라스틱 등의 원료로 사용된다. 에탄올은 술의 주성분이며, 약품의 원료로 사용된다.

22 서술형

정답 (1) $x = 0.2$, $y = 3.4$

모범답안 (2) (가)에서 A_2의 양은 0.1 mol이고, 그 부피는 V L이다. A_2B_2의 분자량은 30이므로 A_2B_2 6 g은 0.2 mol이다. 따라서 $0.1\,\text{mol} : V\,\text{L} = 0.2\,\text{mol} : (A_2B_2(g)\ 6\,\text{g의 부피})$이므로 t ℃, 1 atm에서 $A_2B_2(g)$ 6 g의 부피는 $2V$ L이다.

채점 기준	배점
$A_2B_2(g)$ 6 g의 부피를 기체의 분자량, 양(mol)과 관련지어 옳게 설명한 경우	100 %
$A_2B_2(g)$ 6 g의 부피를 구했으나, 적절한 설명이 부족한 경우	50 %

해설 (1) 분자량이 A_2는 28, B_2는 2이고, AB_3는 17이다. 같은 온도, 같은 압력, 같은 부피일 때, 기체의 질량비=분자량 비이다. 따라서 V L일 때 질량비는 $28 : 2 : 17 = 2.8 : x : \frac{y}{2}$이므로 $x = 0.2$, $y = 3.4$이다.

(2) (가)에서 A_2 2.8 g은 0.1 mol이고, 그 부피가 V L이다. A_2B_2의 분자량은 30이므로 A_2B_2 6 g은 $\frac{6\,\text{g}}{30\,\text{g/mol}} = 0.2\,\text{mol}$이므로 그 부피는 $2V$ L이다.

23 서술형

모범답안 (1) (가)에 녹아 있는 A의 질량은 $200\,\text{g} \times \frac{5}{100} = 10\,\text{g}$이고, (나)에 녹아 있는 A의 양은 $1.5\,\text{M} \times 0.2\,\text{L} = 0.3\,\text{mol}$이므로 A의 질량은 $0.3\,\text{mol} \times 40\,\text{g/mol} = 12\,\text{g}$이다.

채점 기준	배점
(가)와 (나)에서 A의 질량을 구하고, 그 과정을 옳게 설명한 경우	100 %
(가)와 (나)에서 A의 질량을 구했으나, 적절한 설명이 부족한 경우	50 %

정답 (2) 6 %

해설 | (1) 퍼센트 농도(%)=$\dfrac{\text{용질의 질량(g)}}{\text{용액의 질량(g)}} \times 100$이고, 용질의

질량(g)=용액의 질량(g)$\times\dfrac{\text{퍼센트 농도(\%)}}{100}$이다.

몰 농도(M)=$\dfrac{\text{용질의 양(mol)}}{\text{용액의 부피(L)}}$이고, 용질의 양(mol)=용액의

몰 농도(mol/L)×용액의 부피(L)이다.

(2) (나)에서 용액의 밀도가 1 g/mL이므로 용액의 질량은 200 g

이고, 용질의 질량은 12 g이므로 퍼센트 농도는 $\dfrac{12\ \text{g}}{200\ \text{g}} \times 100$

=6 %이다.

24 서술형

모범답안 | (1) (가) → (나)에서 A 2개와 B 1개가 반응하여 C 2
개가 생성되었으므로 반응 몰비는 A : B : C=2 : 1 : 2이다.
B의 반응 계수가 1이므로 $a=c=2$이다.

채점 기준	배점
a, c를 구하고, 그 과정을 옳게 설명한 경우	100 %
a, c를 구했으나, 적절한 설명이 부족한 경우	50 %

(2) B : C=1 : 2

해설 | (1) (가) → (나)에서 A 2개가 감소할 때, B 1개가 감소하
고, C 2개가 생성되었으므로 반응 몰비는 A : B : C =2 : 1 :
2이고, 화학 반응식은 2A(g)+B(g) $\longrightarrow$ 2C(g)이다. 따라
서 $a=c=2$이다.

(2) (나) → (다)에서 A 2개와 B는 1개가 반응하여 C 2개가 생
성되므로 (다)에 들어 있는 물질은 B 2개와 C 4개이다. 따라서
(다)에 들어 있는 물질의 몰비는 B : C=1 : 2이다.

Ⅱ. 원자의 세계

1 원자의 구조

01 원자의 구조

개념 익히기 문제
p.059, 061

01 음극선	**02** 전자	**03** 질량	**04** 알파	**05** 원자핵
06 (+)전하(양전하)	**07** ○	**08** ○	**09** ×	**10** ×
11 ×	**12** ○	**13** 전자	**14** 동위 원소	**15** 화학적
16 원자 번호, 질량수	**17** 평균	**18** ○	**19** ×	**20** ×
21 ○	**22** ×			

03 음극선 실험에서 음극선의 진로에 바람개비를 설치하면 음극
선이 바람개비에 충돌할 때 힘이 작용하여 바람개비가 돌아가므
로 음극선은 질량을 가진 입자의 흐름이라는 것을 알 수 있다.

06 α 입자가 (+)전하를 띠므로 원자 중심에 있는 입자가 (−)전
하를 띠면 α 입자와 충돌할 때 정전기적 인력이 작용하게 되어
튕겨 나오지 않는다.

09 톰슨은 음극선 실험을 통해 전자를 발견하고, (+)전하를 띠
는 공에 (−)전하를 띠는 전자가 박혀 있는 푸딩 모형을 원자 모
형으로 제안하였다.

10 러더퍼드는 α 입자 산란 실험을 통해 원자 질량의 대부분을
차지하고, 매우 작으며 (+)전하를 띠는 원자핵을 발견하였다. 양
성자는 원자핵을 구성하는 입자이다.

13 양성자 1개의 전하량과 전자 1개의 전하량의 크기는 같으며,
원자는 양성자 수와 전자 수가 같으므로 전기적으로 중성이다.

19 $^3_1$H는 양성자 수가 1, 질량수가 3이므로 전자 수는 1, 중성
자 수는 2이다.

20 $^3_2$He은 양성자 수가 2, 질량수가 3이므로 중성자 수는 1이다.

22 ^{10}B와 ^{11}B의 존재 비율이 각각 a%, b%일 때, $a+b=100$,
$\dfrac{10a+11b}{100}=10.8$이므로 $a=20$, $b=80$이다. 따라서 존재 비율
은 ^{11}B가 ^{10}B보다 크다.

탐구 집중 분석
p.062

예제 1

정답 ④

해설 | ① 음극선 실험으로 발견된 X는 전자이므로 (−)전하를 띤다.
② 러더퍼드의 알파(α) 입자 산란 실험으로 발견된 Y는 원자핵
이므로 모든 원자에 존재한다.
③ 원자핵은 원자 질량의 대부분을 차지한다.

⑤ 모든 원자는 중성이므로 전자의 총 전하량과 원자핵의 전하량의 크기는 같다.

🔍 **바로알기** ④ 수소를 제외한 모든 원자에서 전자 수와 원자핵의 수는 같지 않다.

예제 2

모범답안 | 원자핵의 크기는 매우 작고, (+)전하를 띠고 있으며, 질량이 매우 크다.

해설 | α 입자는 (+)전하를 띠는 입자이고, 원자핵 가까이에서 휘어지거나 반대로 튕겨 나오므로 이로부터 원자핵은 (+)전하를 띠고, 질량이 매우 크다는 것을 알 수 있다. 또한 α 입자 대부분이 원자를 그대로 통과하므로 원자핵의 크기가 매우 작음을 알 수 있다.

개념 다지기 문제

p.063~065

| 01 ① | 02 ② | 03 ③ | 04 ② | 05 ① | 06 ③ |
| 07 ④ | 08 ④ | 09 ⑤ | 10 ④ | | |

고난도 **11 ③** **12 ⑤**

서술형 **13~15 해설 참조**

01 ㄱ. 음극선 실험을 통해 전자를 발견하였고, 알파(α) 입자 산란 실험을 통해 원자핵을 발견하였다. 따라서 ㉠은 전자, ㉡은 원자핵이다.

🔍 **바로알기** ㄴ. 원자핵은 원자 질량의 대부분을 차지하므로 입자의 질량은 ㉡이 ㉠보다 크다.

ㄷ. 모든 원자에서 원자핵은 1개씩 존재하고 전자는 원자핵을 구성하는 양성자 수만큼 존재한다.

02 러더퍼드의 α 입자 산란 실험의 결과로 원자핵을 발견하였다.

ㄴ. (+)전하를 띠는 α 입자를 금박에 충돌시켰을 때 산란된 α 입자가 존재하므로 원자핵은 (+)전하를 띤다.

🔍 **바로알기** ㄱ. 실험으로 발견된 입자는 원자핵이다.

ㄷ. 대부분의 α 입자는 금박을 통과하고 극히 일부만 산란되므로 원자핵은 원자의 중심에 매우 작은 크기로 존재함을 알 수 있다.

03 ㄱ. 톰슨의 음극선 실험을 통해 발견된 입자는 전자이므로, X는 전자이며 (−)전하를 띤다.

ㄴ. 원자는 전기적으로 중성이므로 모든 원자에는 전자가 존재한다.

🔍 **바로알기** ㄷ. 전자의 질량은 원자핵보다 매우 작다.

04 입자 X는 전자이고, 음극선 실험의 결과를 근거로 톰슨은 (+)전하를 띠는 공에 전자가 박혀 있는 푸딩 모형을 원자 모형으로 제안하였다.

05 ㄱ. (가)와 (나)의 질량(상댓값)이 같고 (가)와 (다)는 전하를 띠는 입자이므로 (가)는 양성자이다.

🔍 **바로알기** ㄴ. (다)는 전자이며 전자의 질량은 양성자와 중성자보다 매우 작다. 따라서 $x < 1$이다.

ㄷ. 원자에서 양성자인 (가)와 전자인 (다) 사이에 전기적 인력이 작용한다.

06

| 자료 분석 |

	원자	양성자 수	중성자 수	질량수	전자 수
동위 원소	X	7	7	a 14	7
	Y	7	8	15	7
	Z	8	8	16	8

(질량수 = 양성자 수 + 중성자 수)

ㄱ. X는 전자 수가 7이므로 양성자 수가 7이다. 따라서 질량수는 14이므로 $a=14$이다.

ㄷ. Z는 중성자 수가 8, 질량수가 16이므로 양성자 수는 8이다. Y와 Z의 양성자 수는 각각 7, 8이므로, Z의 양성자 수는 Y보다 1만큼 크다.

🔍 **바로알기** ㄴ. Y는 중성자 수가 8, 질량수가 15이므로 양성자 수는 7이다. Z의 양성자 수는 8이므로 Y는 Z의 동위 원소가 아니다. X와 Y는 양성자 수가 7로 같고, 질량수는 다르므로 Y는 X의 동위 원소이다.

07

| 자료 분석 |

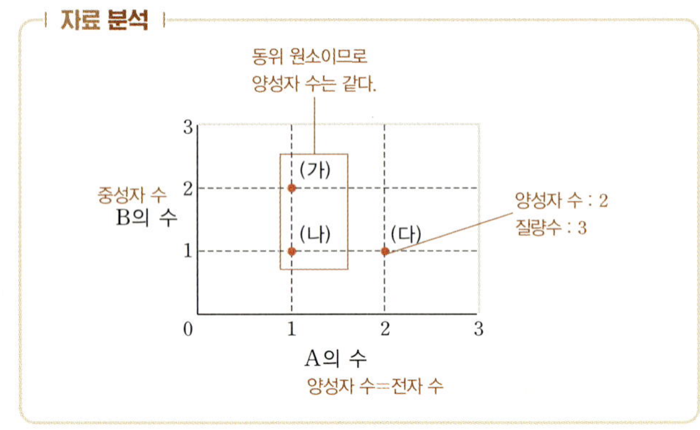

(가)는 (나)의 동위 원소이므로 (가)와 (나)는 양성자 수가 같다. 따라서 A는 양성자 또는 전자이고, B는 중성자이다.

ㄴ. 질량수는 양성자 수와 중성자 수의 합이므로 (가)와 (다)의 질량수는 모두 3이다.

ㄷ. 원자는 전기적으로 중성이므로 양성자 수와 전자 수가 같다. 따라서 (가)와 (나)의 전자 수는 모두 1이고, (다)의 전자 수는 2이다.

🔍 **바로알기** ㄱ. B는 중성자이다.

08 원자는 전기적으로 중성이므로 양성자 수와 전자 수가 같고, 질량수는 양성자 수와 중성자 수의 합이므로 X의 양성자 수는 2, 질량수는 3이다. 따라서 X의 원자 번호와 질량수를 원소 기호에 나타내면 $^{3}_{2}\text{X}$이다.

09 ㄱ. ^{a}X와 ^{a+2}X의 존재 비율은 각각 $50\,\%$이므로 평균 원자량은 $a+1$이다.

ㄴ. X_2는 분자량이 $2a$, $2a+2$, $2a+4$인 3가지 분자로 존재한다.

ㄷ. $^aX_2$의 존재 비율은 $\dfrac{1}{4}$이고, $^aX^{a+1}Y$의 존재 비율은
$\dfrac{1}{2} \times \dfrac{1}{4} = \dfrac{1}{8}$이므로 $\dfrac{^aX_2의\ 존재\ 비율(\%)}{^aX^{a+1}Y의\ 존재\ 비율(\%)} = 2$이다.

10 Y_2는 분자량이 $2b$, $2b+2$, $2b+4$인 3가지 분자로 존재하고, 존재 비율은 각각 $\dfrac{9}{16}$, $\dfrac{6}{16}$, $\dfrac{1}{16}$이므로 평균 분자량은
$$\dfrac{2b \times 9 + (2b+2) \times 6 + (2b+4) \times 1}{16} = 2b+1$$이다.

11 ㄱ. ^1X의 존재 비율이 50 %보다 크므로 X의 평균 원자량은 1.5보다 작다.

ㄴ. XY의 가능한 분자량은 36, 37, 38, 39이므로 분자량이 서로 다른 XY 분자의 종류는 4가지이다.

🔍 **바로알기** ㄷ. 분자량이 70인 Y_2의 존재 비율은 $\dfrac{9}{16} \times 100$
$= \dfrac{900}{16}$ %이고, 분자량이 72인 Y_2의 존재 비율은 $\dfrac{6}{16} \times 100$
$= \dfrac{600}{16}$ %이다. 또한 분자량이 70인 Y_2와 72인 Y_2의 중성자 수는 각각 36, 38이므로 1 mol의 Y_2 중
$$\dfrac{분자량이\ 72인\ Y_2에\ 들어\ 있는\ 중성자\ 수}{분자량이\ 70인\ Y_2에\ 들어\ 있는\ 중성자\ 수} = \dfrac{600 \times 38}{900 \times 36} = \dfrac{19}{27}$$
이다.

12 ㄱ. X_2는 분자량이 서로 다른 3가지 분자로 존재하므로 X의 동위 원소는 2가지이다.

ㄴ. X의 동위 원소 중 원자량이 작은 원자의 존재 비율을 x %, 원자량이 큰 원자의 존재 비율을 y %라고 할 때, (가)~(다)의 존재 비율은 각각 $\dfrac{x^2}{100}$ %, $\dfrac{2xy}{100}$ %, $\dfrac{y^2}{100}$ %이다. 따라서 $x^2 : 2xy = 3a : 2a$이므로 $x : y = 3 : 1$이다. X는 원자량이 작은 원자의 존재 비율이 75 %이므로 X의 평균 원자량은 $\dfrac{1}{2}n+1$보다 작다.

ㄷ. 존재비는 (가) : (다)$=3a : b = 9 : 1$이므로 $\dfrac{a}{b} = 3$이다.

13 서술형

모범답안 | 원자의 대부분은 빈 공간이다. 원자의 중심에 크기가 매우 작고 질량이 큰 입자가 존재한다.

채점 기준	배점
① 원자의 대부분은 빈 공간이고, ② 원자의 중심에 크기가 매우 작고, 질량이 큰 입자가 존재한다고 옳게 설명한 경우	100 %
①~② 중 1가지만 옳게 설명한 경우	50 %

해설 | 러더퍼드의 α 입자 산란 실험에서 α 입자를 금박에 충돌시켰을 때 대부분의 α 입자는 그대로 통과하였으므로 원자의 대부분은 비어 있음을 알 수 있고, 일부 α 입자는 되튕겨 나오거나 산란되었으므로 원자의 중심에 크기가 매우 작고 질량이 큰 입자가 존재함을 알 수 있다.

14 서술형

정답 (1) 1

모범답안 | (2) X와 Y, 동위 원소는 양성자 수가 같고 중성자 수는 다른 원소이나, Y와 Y는 양성자 수가 1로 같고, 중성자 수가 각각 1, 2로 다르므로 동위 원소이다.

채점 기준	배점
양성자 수와 중성자 수를 비교하여 옳게 설명한 경우	100 %
중성자 수만을 비교하여 옳게 설명한 경우	50 %

해설 | (1) 원자는 전기적으로 중성이므로 Z에서 전자 수와 같은 ●이 양성자임을 알 수 있다. 따라서 Y는 ● 수가 1이므로 원자 번호는 1이다.

(2) 동위 원소는 원소의 종류가 같은 원소이므로 양성자 수가 같다. 그러나 중성자 수가 다르므로 질량수는 다르다.

15 서술형

정답 (1) $a=75$, $b=25$

모범답안 | (2) $\dfrac{6}{17}$, X 1 mol에 들어 있는 ^{63}X와 ^{65}X의 존재비는 $3 : 1$이고 ^{63}X와 ^{65}X의 중성자 수는 각각 34, 36이므로

$$\dfrac{X\ 1\,mol에\ 들어\ 있는\ ^{65}X의\ 중성자\ 수}{X\ 1\,mol에\ 들어\ 있는\ ^{63}X의\ 중성자\ 수} = \dfrac{36 \times \dfrac{1}{4}}{34 \times \dfrac{3}{4}} = \dfrac{6}{17}$$이다.

채점 기준	배점
중성자 수 비를 동위 원소의 존재 비율을 이용하여 구하는 과정을 옳게 설명한 경우	100 %
중성자 수 비를 옳게 구하였으나, 적절한 설명이 부족한 경우	50 %

해설 | (1) X의 평균 원자량은 $\dfrac{63a+65b}{100} = 63.5$이고, $a+b = 100$이므로 $a=75$, $b=25$이다.

(2) X 1 mol에 들어 있는 ^{63}X와 ^{65}X는 각각 $\dfrac{3}{4}$ mol, $\dfrac{1}{4}$ mol이므로, 존재 비율을 고려하여 중성자 수를 구하여야 한다.

02 원자 모형과 전자 배치

개념 익히기 문제　　　　　　　　　　p.067, 069

01 원운동　**02** 전자 껍질　　　**03** 오비탈　**04** 구형
05 에너지 준위　　**06** 2, 구형　　　**07** ○　　　**08** ○
09 ○　　**10** ×　　**11** ×　　**12** ○　　**13** 주 양자수
14 방위 양자수　　**15** 주 양자수　　　**16** 파울리 배타 원리
17 바닥상태　　**18** 홀전자　**19** ○　　**20** ○　　　**21** ×
22 ○　　**23** ○　　**24** ○

02 보어 원자 모형에서 전자는 원자핵 주위의 특정한 에너지 준위를 가진 원형 궤도를 따라 원운동하며, 이 불연속적인 전자의 궤도를 전자 껍질이라고 한다.

07 전자는 전자 껍질을 따라 원운동할 수 있으며, 다른 전자 껍질로 전이될 때 에너지를 방출하거나 흡수한다. 수소 원자에서 전자 전이에 의해 방출되는 빛을 스펙트럼으로 나타내어 보면 불연속적인 선 스펙트럼을 볼 수 있는데, 이는 전자가 높은 에너지 준위의 전자 껍질에서 낮은 에너지 준위의 전자 껍질로 전이될 때 두 전자 껍질 사이의 에너지 차이에 해당하는 에너지를 갖는 빛을 방출하기 때문이다.

10 원자핵 주위의 공간에서 전자가 발견될 확률 분포를 나타내는 함수를 오비탈이라고 하는데, s 오비탈의 모양은 구형이고, p 오비탈의 모양은 아령형이다.

11 p 오비탈은 3개의 축 방향으로 존재하므로 원자핵으로부터의 거리가 같더라도 방향에 따라 전자가 발견될 확률이 다르다.

15 수소 원자에는 전자 1개만 존재하므로 주 양자수(n)가 같은 오비탈은 에너지 준위가 같다.

16 파울리 배타 원리에 의하면 1개의 오비탈에 2개의 전자가 들어갈 때 2개의 전자는 스핀 방향이 서로 다르게 배치되므로 4개의 양자수가 모두 같은 전자는 존재하지 않는다. 따라서 파울리 배타 원리에 어긋나는 전자 배치는 불가능한 전자 배치이다.

18 에너지 준위가 같은 오비탈에는 가능한 한 홀전자가 많게 전자 배치를 하는 것을 훈트 규칙이라고 한다.

21 주 양자수(n)가 2인 전자 껍질에는 1개의 $2s$ 오비탈과 3개의 $2p$ 오비탈이 존재한다.

22 1개의 오비탈에는 최대 2개의 전자가 배치되고, 이때 스핀 자기 양자수가 서로 다른 전자가 배치된다. 제시된 전자 배치에서는 1개의 오비탈에 3개의 전자가 배치되었으므로 파울리 배타 원리에 어긋나는 전자 배치이다.

개념 다지기 문제 p.071~073

01 ②	02 ④	03 ③	04 ①	05 ②	06 ③
07 ①	08 ③	09 ①	10 ④		

고난도 11 ③　12 ②

서술형 13~15 해설 참조

01 B. 수소 원자의 선 스펙트럼에서 선이 띄엄띄엄 나타나고 간격이 일정하지 않으므로 수소 원자에서 전자의 에너지 준위는 불연속적임을 알 수 있다.

바로알기 A. 수소 원자에는 1개의 전자가 있으며, 전자 껍질이 여러 개이므로 전자 껍질 사이를 옮겨 다닐 때 전자 껍질의 에너지 준위 차이에 해당하는 에너지의 빛을 방출하므로 스펙트럼에 여러 개의 선이 나타난다.

C. 선 스펙트럼의 간격이 일정하지 않으므로 수소 원자에서 전자 껍질의 에너지 준위의 간격은 일정하지 않음을 알 수 있다.

02 ㄱ. (가)에서 전자는 K 전자 껍질에 있으며 에너지 준위가 가장 낮으므로 바닥상태이다.

ㄷ. 전자의 주 양자수(n)는 (나)에서가 2, (다)에서가 3이므로 (다)에서가 (나)에서보다 크다.

바로알기 ㄴ. 전자의 에너지 준위는 (나)>(가)이므로 (가)에서 (나)로 전이될 때 전자는 에너지를 흡수한다.

03 ㄱ. 오비탈은 전자 발견 확률 분포를 나타낸 것이다.

ㄴ. s 오비탈은 구형으로 원자핵으로부터 거리가 같으면 방향과 관계없이 전자 발견 확률이 같다.

바로알기 ㄷ. K 전자 껍질에는 s 오비탈만 존재하며, p 오비탈은 L 전자 껍질부터 존재한다.

04

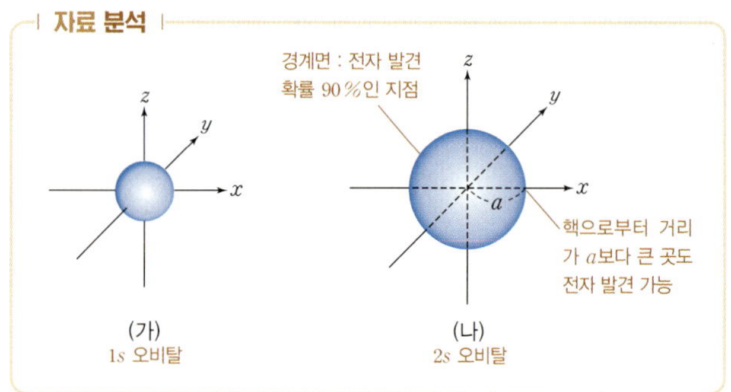

ㄱ. s 오비탈은 주 양자수(n)가 클수록 오비탈의 에너지 준위와 크기가 커진다. 따라서 (가)는 1s 오비탈, (나)는 2s 오비탈이므로 오비탈의 주 양자수(n)는 (나)>(가)이다.

바로알기 ㄴ. 오비탈은 전자 발견 확률 분포를 나타낸 것이므로 전자는 경계면을 따라 원운동하지 않는다.

ㄷ. 오비탈은 전자 발견 확률이 90 %가 되는 지점을 연결한 경계면으로 나타낸 것이므로 전자의 거리가 a보다 큰 곳에서도 전자는 존재할 수 있다.

05 ㄴ. (가)는 s 오비탈이고, (나)는 p 오비탈이므로 방위(부) 양자수(l)는 (가)가 0, (나)가 1이다.

바로알기 ㄱ. (가)와 (나)의 에너지 준위가 같으므로 수소 원자의 오비탈이며, 수소 원자에서 에너지 준위가 같은 s 오비탈과 p 오비탈의 주 양자수(n)는 같다.

ㄷ. (가)와 (나)의 에너지 준위가 같으므로 (가)의 주 양자수(n)는 2 이상이다. 따라서 바닥상태인 수소 원자에서 전자는 (가)에 존재하지 않고 1s 오비탈에 존재한다.

06 Al에서 원자가 전자는 3s 오비탈과 3p 오비탈에 들어 있으므로 제시된 오비탈은 3p 오비탈이다. 3p 오비탈에서 주 양자수는 3, 방위(부) 양자수는 1이므로 $a=3$, $b=1$이고 3p 오비탈에는 전자 1개가 들어 있으므로 |스핀 자기 양자수(m_s)|$=\dfrac{1}{2}$이다. 따라서 $(a+b) \times c=2$이다.

07 ㄱ. (가)의 주 양자수(n)는 1이므로 (가)는 $1s$ 오비탈이다.

바로알기 ㄴ. (다)는 $l=1$이므로 $2p$ 오비탈이며, $x=0$이므로 (다)는 $3s$ 오비탈이다. 따라서 (나)와 (다)는 모두 $n+l=3$이다.

ㄷ. 수소 원자에서 (나)보다 에너지 준위가 낮은 오비탈은 $1s$ 오비탈이므로 (나)보다 에너지 준위가 낮은 오비탈 수는 1이다.

08

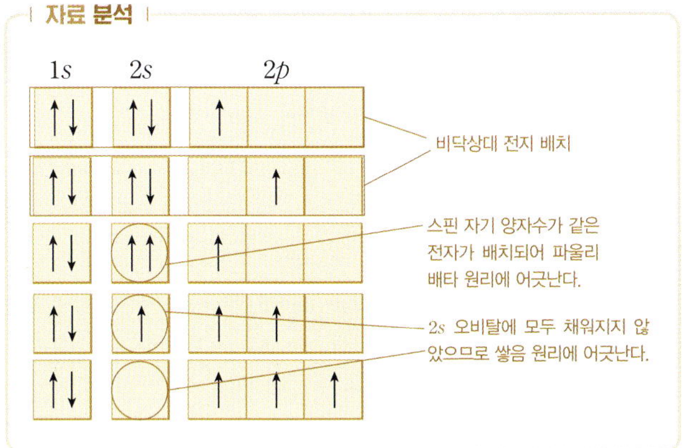

파울리 배타 원리에 의하면 4가지 양자수가 모두 같은 전자는 존재할 수 없으므로 스핀이 같은 방향인 전자가 하나의 오비탈에 배치되는 것은 불가능하다.

09 ㄱ. Y는 18족 원소, Z는 2족 원소이며 홀전자 수는 모두 0이다.

바로알기 ㄴ. 원자가 전자 수는 X가 6, Z가 2이다. 따라서 원자가 전자 수는 X가 Z의 3배이다.

ㄷ. 전자가 들어 있는 p 오비탈 수는 X와 Y 모두 3이다.

10

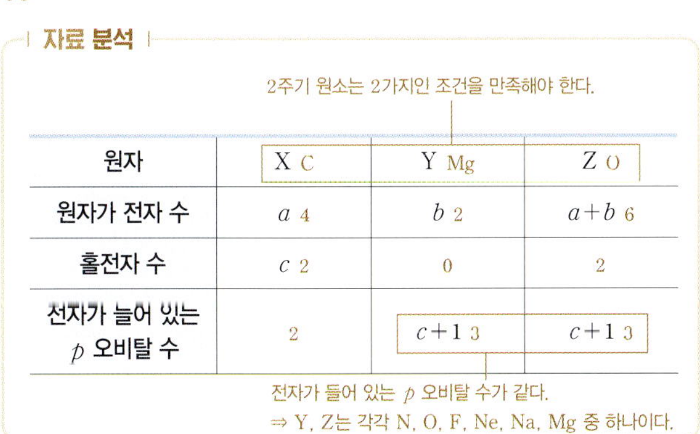

원자	X C	Y Mg	Z O
원자가 전자 수	a 4	b 2	$a+b$ 6
홀전자 수	c 2	0	2
전자가 들어 있는 p 오비탈 수	2	$c+1$ 3	$c+1$ 3

홀전자 수는 0, 1, 2, 3 중 하나이므로 $c<4$이고 Y와 Z는 전자가 들어 있는 p 오비탈 수가 $c+1$로 같으므로 Y와 Z는 각각 p 오비탈 수가 3인 N, O, F, Ne, Na, Mg 중 하나이고, $c=2$이므로 X는 홀전자 수가 2인 C, O, Si, S 중 하나이다. 또한 X와 Y의 원자가 전자 수의 합이 Z와 같고, $b>1$이며, 2주기 원소는 2가지이므로 X는 C, Y는 Mg, Z는 O이다.

ㄴ. X(C)의 홀전자 수는 2, Y(Mg)의 홀전자 수는 0이므로 홀전자 수는 X가 Y보다 크다.

ㄷ. Y(Mg)와 Z(O)의 바닥상태 전자 배치는 다음과 같다.

$Mg : 1s^2 2s^2 2p^6 3s^2$

$O : 1s^2 2s^2 2p^4$

따라서 Y와 Z의 $\dfrac{p\ \text{오비탈의 전자 수}}{s\ \text{오비탈의 전자 수}}$ 는 모두 1이다.

바로알기 ㄱ. $a=4$, $b=2$, $c=2$이므로 $a+b+c=8$이다.

11 2, 3주기 원자에서 $\dfrac{p\ \text{오비탈에 들어 있는 전자 수}}{s\ \text{오비탈에 들어 있는 전자 수}}$ 의 비가 $3:4:5$인 원자의 조합은 (O, Si, S), (Mg, Si, S), (N, O, F)이다. 그런데 홀전자 수는 Y>X이므로 X는 Mg, Y는 Si, Z는 S이다.

ㄱ. 원자가 전자 수는 X가 2, Z가 6이다.

ㄷ. Z의 바닥상태 전자 배치는 $1s^2 2s^2 2p^6 3s^2 3p^4$이므로 전자가 들어 있는 오비탈 수는 9이다.

바로알기 ㄴ. Y는 Si이므로 홀전자 수는 2이다.

12

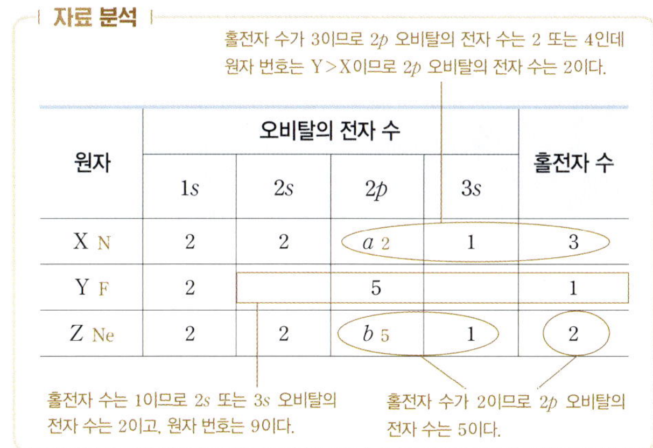

원자	오비탈의 전자 수				홀전자 수
	$1s$	$2s$	$2p$	$3s$	
X N	2	2	a 2	1	3
Y F	2		5		1
Z Ne	2		b 5	1	2

Z는 홀전자 수가 2이므로 $2p$ 오비탈의 전자 수가 1이라면 Z의 원자 번호는 6이므로 이 경우 Y의 원자 번호보다 작으므로 제시된 자료에 맞지 않는다. 따라서 Z에서 $2p$ 오비탈의 전자 수는 5이고 원자 번호는 10이다.

Y는 홀전자 수가 1이므로 원자 번호가 7이라면 X의 원자 번호는 7보다 작아야 한다. 이 경우 X의 원자 번호가 6이면 $2p$ 오비탈의 전자 수는 1이지만 홀전자 수가 3이 아니므로 제시된 자료에 맞지 않는다. 따라서 Y에서 $2s$ 오비탈 또는 $3s$ 오비탈에 전자 2개가 들어 있으며 Y의 원자 번호는 9이다. X의 원자 번호는 9보다 작으므로 $2p$ 오비탈의 전자 수는 2이고 X의 원자 번호는 7이다.

ㄴ. 바닥상태 전자 배치에서 홀전자 수는 X가 3, Y가 1이다.

바로알기 ㄱ. $a=2$, $b=5$이므로 $a+b=7$이다.

ㄷ. X는 15족, Z는 18족 원소이므로 바닥상태에서 전자가 들어 있는 오비탈 수는 모두 5로 같다.

13 **서술형**

정답 (1) (가) $3s$, (나) $2p$

모범답안 (2) (나)는 $2p$ 오비탈이므로 (나)가 가질 수 있는 m_l는 -1, 0, $+1$이다. 그 까닭은 $2p$ 오비탈은 x, y, z축 방향으로 각각 1개의 오비탈이 존재하기 때문이다.

채점 기준	배점
(나)가 가질 수 있는 자기 양자수(m_l)를 모두 제시하고, 그 까닭을 옳게 설명한 경우	100 %
(나)가 가질 수 있는 자기 양자수(m_l)만을 옳게 제시한 경우	50 %

해설 | (1) 오비탈의 에너지 준위는 (가)>(나)이고 (가)의 주 양자수(n)는 3이므로 (나)의 주 양자수(n)는 1 또는 2이다. 방위(부) 양자수(l)는 (나)가 (가)보다 크므로 (나)는 $2p$ 오비탈이고, (가)는 $3s$ 오비탈이다.

(2) $2p$ 오비탈은 에너지 준위가 같은 3개의 오비탈이 존재한다.

14 서술형

모범답안 | 14. $n+l=3$인 오비탈은 $2p$, $3s$이므로 $2p$와 $3s$에 들어 있는 전자의 수는 X가 3, Y가 5, Z가 8이며, X는 N, Y는 F이다. Z는 원자 번호가 17 이하이므로 Na, Ar을 제외한 3주기 원소 중 하나인데 홀전자 수가 Y가 Z보다 크므로 Z는 홀전자 수가 0인 Mg이다. 따라서 X는 N, Y는 F, Z는 Mg이므로 원자가 전자 수의 합은 14이다.

채점 기준	배점
X~Z를 구하는 과정을 옳게 설명하고, X~Z의 원자가 전자 수의 합을 옳게 구한 경우	100 %
X~Z의 원자가 전자 수의 합을 구했으나, 적절한 설명이 부족한 경우	50 %

해설 | $2p$ 오비탈은 주 양자수(n)가 2, 방위(부) 양자수(l)가 1이고, $3s$ 오비탈은 주 양자수(n)가 3, 방위(부) 양자수(l)가 0이다. 따라서 $n+l=3$인 전자는 $2p$ 오비탈과 $3s$ 오비탈에 들어 있는 전자를 의미한다.

15 서술형

정답 (1) 5

모범답안 | (2) (가)=(다)>(나), (가)~(다)의 바닥상태 전자 배치는 각각 $1s^2 2s^2 2p^1$, $1s^2 2s^2 2p^6 3s^2$, $1s^2 2s^2 2p^6 3s^1$이다. 따라서 홀전자 수는 (가)가 1, (나)가 0, (다)가 1이다.

채점 기준	배점
(가)~(다)의 전자 배치를 제시하여 홀전자 수를 옳게 비교한 경우	100 %
(가)~(다)의 홀전자 수만을 옳게 비교한 경우	30 %

해설 | (1) (나)는 원자가 전자 수가 2이므로 2족 원소이고, (가)와 (나)의 s 오비탈의 전자 수가 각각 4, 6이므로 (가)는 2주기, (나)는 3주기 원소이다. 따라서 (나)는 Mg이고 전자 배치는 $1s^2 2s^2 2p^6 3s^2$이다.

또한 (가)와 (다)의 p 오비탈의 전자 수는 각각 1, 6이므로 (가)는 B이고 전자 배치는 $1s^2 2s^2 2p^1$이며, 3주기 원소는 2가지이므로 (다)는 Na이고 전자 배치는 $1s^2 2s^2 2p^6 3s^1$이다. 따라서 (다)에서 s 오비탈의 전자 수는 5이다.

(2) (가)는 $2p$ 오비탈에 전자 1개, (다)는 $3s$ 오비탈에 전자 1개가 들어 있으므로 홀전자 수가 모두 1이고, (나)는 모든 오비탈에 전자가 쌍을 이루어 들어 있으므로 홀전자 수는 0이다.

① 1 ○   2 ○   3 ×   4 ○
② 1 ○   2 ○   3 ×   4 ○   5 ×
③ 1 ○   2 ○   3 ×   4 ×   5 ×   6 ○
④ 1 ○   2 ○   3 ×   4 ×   5 ○   6 ○
⑤ 1 ○   2 ○   3 ×   4 ○   5 ○
⑥ 1 ○   2 ○   3 ×   4 ×   5 ×

①-1 (가)에서 음극선의 진행 방향의 수직으로 전기장을 걸어 주었을 때 음극선이 (+)극으로 휘어졌으므로 음극선은 (−)전하를 띠는 입자의 흐름임을 알 수 있다.

①-2 (나)에서 음극선의 진행 방향에 바람개비를 놓았을 때 힘을 가해 바람개비가 돌아가도록 하였으므로 음극선은 질량을 가진 입자의 흐름임을 알 수 있다.

①-3 (가)와 (나)의 실험 결과로 원자에는 전자가 있음을 알게 되었다.

②-2 α 입자를 금박에 충돌시켰을 때 대부분은 그대로 통과하였으므로 원자의 대부분은 빈 공간임을 알 수 있다.

②-3 α 입자를 금박에 충돌시켰을 때 극히 일부 입자는 휘어지거나 되튕겨 나왔으므로 원자의 중심에 (+)전하를 띠고, 크기가 매우 작은 입자가 존재함을 알 수 있다.

②-5 톰슨 원자 모형에는 원자핵이 존재하지 않으므로 알파(α) 입자 산란 실험의 결과를 설명할 수 없다.

③-1 Cl의 평균 원자량은 $35 \times 0.75 + 37 \times 0.25 = 35.5$이다.

③-3 1 mol의 Cl에는 ^{35}Cl 0.75 mol과 ^{37}Cl 0.25 mol이 들어 있으므로 1 mol의 Cl에 들어 있는 중성자의 양은 $18 \times 0.75 + 20 \times 0.25 = 18.5$ mol이다.

③-4 Cl_2는 분자량이 70, 72, 74인 3가지 분자로 존재한다.

③-5 분자량이 70, 72, 74인 3가지 Cl_2 분자의 존재비는 9 : 6 : 1이다.

③-6 분자량이 72인 Cl_2 분자의 존재 비율은 $\dfrac{6}{16} \times 100 = \dfrac{75}{2}$ %이다.

④-1 바닥상태인 수소 원자에서 전자는 $1s$ 오비탈에 들어 있으므로 (다)는 $1s$ 오비탈이다.

④-2 (나)의 주 양자수(n)는 1보다 크다.

④-3 방위(부) 양자수(l)는 (가)와 (다) 모두 0이다.

④-4 수소 원자에서 오비탈의 에너지 준위는 주 양자수(n)가 클수록 크다. 따라서 (가)와 (나)의 에너지 준위는 서로 같다.

⑤-2 (나)에서 $2p$ 오비탈 1개가 비어 있는데 전자가 쌍을 이루고 있으므로 (나)는 훈트 규칙에 어긋난다.

⑤-3 (다)와 (라)는 한 오비탈에 최대 2개의 전자가 들어 있고 2개의 전자가 들어 있는 오비탈에서 2개의 전자의 스핀 자기 양자수(m_s)가 다르므로 파울리 배타 원리를 만족한다.

⑤-4 (가)에서 방위(부) 양자수(l)가 1인 오비탈은 p 오비탈이므로 p 오비탈의 전자 수는 3이다.

⑤-5 방위(부) 양자수(n)가 0인 오비탈은 s 오비탈이므로 s 오비탈의 전자 수는 (나)가 4, (라)가 5이다.

6-1 (가)는 p 오비탈의 전자 수가 6이고 홀전자 수가 1이므로 s 오비탈의 전자 수는 5이니, 따라서 (가)의 바닥상태 전자 배치는 $1s^2 2s^2 2p^6 3s^1$이다.

6-3 (나)는 p 오비탈의 전자 수가 3이므로 홀전자 수가 3이다. (다)는 s 오비탈의 전자 수가 3이므로 전자 배치는 $1s^2 2s^1$이고 p 오비탈의 전자 수는 0, 홀전자 수는 1이다. 따라서 $a=5$, $b=3$, $c=0$, $d=1$이므로 $a+b+c+d=9$이다.

6-4 원자가 전자 수는 (가)와 (다) 모두 1이다.

6-5 전자가 들어 있는 p 오비탈의 수는 (가)와 (나) 모두 3이다.

학교 시험 대비 문제
p.076~079

01 ②	02 ③	03 ②	04 ③	05 ⑤	06 ④
07 ③	08 ③	09 ③	10 ②	11 ⑤	12 ④
13 ④	14 ④	15 ②			
고난도 16 ④	17 ③				
서술형 18~20 해설 참조					

01 ㄴ. 실험에서 음극선의 진행 방향의 수직으로 전기장을 걸어 주었을 때 (+)극 쪽으로 음극선이 휘었으므로 음극선은 (−)전하를 띤 입자의 흐름임을 알 수 있다.

바로알기 ㄱ. 실험을 통해 직진성을 알아보려면 음극선의 진행 방향에 장애물을 설치하여야 한다.

ㄷ. 실험을 통해 질량을 가진 입자의 흐름임을 알아보려면 음극선의 진행 방향에 바람개비를 설치해야 한다.

02 ㄱ. α 입자를 금박에 충돌시켰을 때 대부분의 α 입자는 산란되지 않았으므로 원자의 대부분은 빈 공간임을 알 수 있다.

ㄴ. 극히 일부의 α 입자가 산란되거나 되튕겨 나오므로 원자의 중심에는 원자핵이 있음을 알 수 있다.

바로알기 ㄷ. 이 실험으로 원자에는 (+)전하를 띠는 입자가 존재함을 알 수 있다.

03 ① 원자핵에는 (+)전하를 띠는 양성자가 있으므로 원자핵은 (+)전하를 띤다.

③ 양성자와 전자의 전하량의 크기는 같고 부호는 반대이며, 원자를 구성하는 양성자와 전자의 수는 같으므로 원자는 전기적으로 중성이다.

④ 원자핵의 질량은 원자 전체 질량의 대부분을 차지하고 원자핵을 이루는 양성자와 중성자의 질량은 전자보다 매우 크다.

⑤ 양성자는 (+)전하를 띠고 전자는 (−)전하를 띠므로 양성자와 전자 사이에 전기적 인력이 작용한다.

바로알기 ② 질량수가 1인 수소(H) 원자에는 중성자가 존재하지 않는다.

04 ㄱ, ㄴ. (가)와 (나)의 질량(상댓값)은 같고, (나)와 (다)의 전하량(상댓값)의 크기는 같으므로 (가)는 중성자, (나)는 양성자, (다)는 전자이다. 양성자와 중성자의 질량은 전자보다 크므로 $a>b$이다.

바로알기 ㄷ. 원자핵을 구성하는 입자는 양성자와 중성자이므로 (가)와 (나)이다.

05 ㄱ. $^7_3$Li의 원자 번호는 3이므로 양성자 수는 3이다.

ㄴ. $^{16}_8$O이 양성자 수는 8이므로 전자 수도 8이나. 따라서 $^{16}_8$O^{2-}의 전자 수는 10이다.

ㄷ. $^{14}_6$C의 질량수는 14, 양성자 수는 6이므로 중성자 수는 8이다. $^{16}_8$O의 질량수는 16, 양성자 수는 8이므로 중성자 수는 8이다.

06

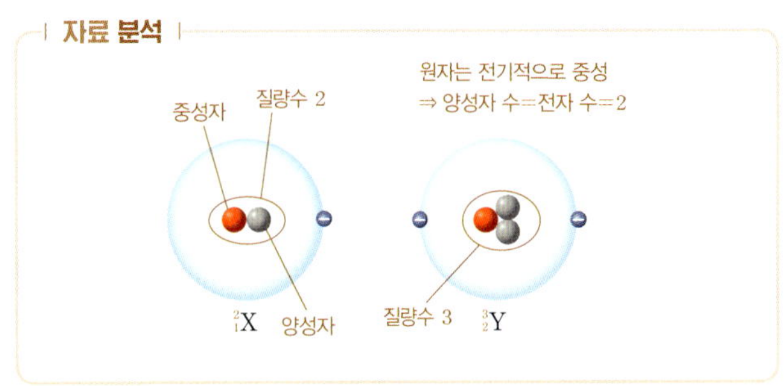

ㄱ. 원자는 전기적으로 중성이므로 양성자 수와 전자 수가 같다. Y에서 ●의 수는 전자 수와 같으므로 ●은 양성자이다.

ㄷ. 질량수는 양성자 수와 중성자 수의 합과 같으므로 X는 2, Y는 3이다.

바로알기 ㄴ. 중성자 수는 X와 Y 모두 1이다.

07 ㄱ. X_2는 분자량이 $2a$, $2a+2$, $2a+4$인 3가지 분자로 존재한다.

ㄷ. 분자량이 $2a$인 X_2 분자의 존재 비율은 25%이고, 분자량이 $2b$인 Y_2 분자의 존재 비율은 $\dfrac{9}{16} \times 100\%$이다. 따라서 $\dfrac{\text{분자량이 } 2a \text{인 } X_2\text{의 존재 비율}}{\text{분자량이 } 2b \text{인 } Y_2\text{의 존재 비율}} = \dfrac{4}{9}$이다.

바로알기 ㄴ. Y의 평균 원자량은 $b \times 0.75 + (b+2) \times 0.25 = b + \dfrac{1}{2}$이다.

08 ㄱ. 주 양자수(n)는 오비탈의 에너지를 결정하며, 수소 원자에서 주 양자수(n)가 클수록 오비탈의 에너지 준위는 높다.

ㄴ. s 오비탈의 방위(부) 양자수(l)는 0이다.

바로알기 ㄷ. p 오비탈의 자기 양자수(m_l)는 -1, 0, $+1$의 3가지가 가능하다.

09 Na에서 원자가 전자는 (가)에 들어 있으므로 (가)는 $3s$ 오비탈이다.

ㄱ. (가)는 $3s$ 오비탈, (나)는 $2p$ 오비탈이므로 주 양자수(n)는 (가)>(나)이다.

ㄴ. (가)의 방위(부) 양자수는 0, (나)의 방위(부) 양자수는 1이므로 (가)와 (나)의 $n+l$은 모두 3이다.

바로알기 ㄷ. 오비탈에 들어 있는 전자 수는 (가) 1, (나) 2이다.

10

오비탈	X $2p$	Y $2s$	Z $3s$
n	2	2	3
l	1	0	0
$n+l$	a 3	b 2	a 3
$l+m_l$		c 0	0

X와 Y는 $n=2$이므로 $2s$ 오비탈과 $2p$ 오비탈 중 하나이고 Z는 $n=3$이고 $n+l$은 X와 Z가 같으므로 X는 $2p$ 오비탈, Y는 $2s$ 오비탈, Z는 $3s$ 오비탈이다.

ㄴ. 수소 원자에서 $2s$ 오비탈과 $2p$ 오비탈의 에너지 준위는 같다. 따라서 X와 Y의 에너지 준위는 같다.

바로알기 ㄱ. $a=3$, $b=2$, $c=0$이므로 $a+b+c=5$이다.

ㄷ. 방위(부) 양자수(l)는 Y와 Z가 0으로 같다.

11 ㄱ. (가)는 주 양자수가 2이고 오비탈의 모양은 구형이므로 $2s$ 오비탈이고, (나)는 주 양자수가 2이고 방위(부) 양자수가 1인 $2p$ 오비탈이다. 또한 (나)와 (다)는 $n+l$이 같으므로 (다)는 $3s$ 오비탈이다.

ㄴ. (가)와 (다)는 모두 $m_l=0$이고 주 양자수는 (가)가 2, (다)가 3이므로 $n+m_l$은 (다)가 (가)보다 크다.

ㄷ. 방위(부) 양자수는 (가)가 0, (나)가 1이다.

12 ㄱ. X는 $1s$ 오비탈에 전자가 모두 채워지지 않아 쌓음 원리에 어긋나므로 들뜬상태이다.

ㄷ. Z는 에너지 준위가 같은 $2p$ 오비탈 1개가 비어 있는데 나머지 2개의 오비탈에는 전자가 쌍을 지어 채워져 있으므로 훈트 규칙에 어긋난다.

바로알기 ㄴ. Y는 $2s$ 오비탈과 $2p$ 오비탈에 들어 있는 전자가 원자가 전자이므로 원자가 전자 수는 5이다. 따라서 Y는 15족 원소이다.

13 ㄴ, ㄷ. $2p$ 오비탈에 전자가 모두 채워지지 않았는데 $3p$ 오비탈에 전자가 채워져 있으므로 쌓음 원리에 어긋난다. 따라서 들뜬상태이다.

바로알기 ㄱ. $_{12}$Mg의 바닥상태 전자 배치는 $1s^22s^22p^63s^2$이므로 원자가 전자 수는 2이다.

14 ㄴ. 바닥상태 전자 배치이므로 A와 B의 홀전자 수는 모두 2이다.

ㄷ. 방위(부) 양자수는 s 오비탈이 0, p 오비탈이 1이므로 오비탈에 들어 있는 모든 전자의 방위(부) 양자수의 합은 p 오비탈에 들어 있는 전자 수와 같다. 따라서 B가 A의 2배이다.

바로알기 ㄱ. 원자가 전자 수는 A가 4, B가 6이다.

15 A와 B의 바닥상태 전자 배치를 나타내면 다음과 같다.
A : $1s^22s^22p^4$
B : $1s^22s^22p^63s^2$

ㄴ. $n+l=3$인 전자는 $2p$ 오비탈과 $3s$ 오비탈에 들어 있는 전자이므로 A는 4, B는 8이다.

바로알기 ㄱ. s 오비탈의 전자 수는 A가 4, B가 6이다.

ㄷ. 전자가 들어 있는 p 오비탈 수는 A와 B 모두 3이다.

16 ㄴ. X는 $_{11}^{23}$X로만 존재하므로 X^{35}Y와 X^{37}Y의 존재비는 ^{35}Y와 ^{37}Y의 존재비와 같다. ^{35}Y와 ^{37}Y의 존재 비율을 각각 $a\%$, $b\%$라고 할 때 Y의 평균 원자량은 35.5이므로 $a\times0.35+b\times0.37=35.5$, $a+b=100$이므로 $a=75$, $b=25$이다. 따라서 $\dfrac{\text{X}^{35}\text{Y의 존재 비율(\%)}}{\text{X}^{37}\text{Y의 존재 비율(\%)}}=3$이다.

ㄷ. X^{35}Y 1 mol에 들어 있는 중성자 수는 30 mol이고, X^{37}Y 1 mol에 들어 있는 중성자 수는 32 mol이다.

바로알기 ㄱ. Y$_2$는 분자량이 70, 72, 74인 3가지 분자로 존재한다.

17

원자	X Na	Y F	Z S
전자 배치	$1s^22s^22p^63s^1$	$1s^22s^22p^5$	$1s^22s^22p^63s^23p^4$
$l=0$인 전자의 총 수 s 오비탈의 전자 수	5	4	6
$l=1$인 전자의 총 수 p 오비탈의 전자 수	6	5	10

$l=0$인 전자는 s 오비탈의 전자이고 $l=1$인 전자는 p 오비탈의 전자이다. X는 s 오비탈의 전자 수가 5이므로 전자 배치는 $1s^22s^22p^63s^1$이고, Y는 p 오비탈의 전자 수가 5이므로 전자 배치는 $1s^22s^22p^5$이다. 또한 Z는 p 오비탈의 전자 수가 10이므로 전자 배치는 $1s^22s^22p^63s^23p^4$이다.

ㄱ. X~Z의 홀전자 수는 각각 1, 1, 2이므로 홀전자 수의 합은 4이다.

ㄷ. $\dfrac{\text{전자가 들어 있는 } s \text{ 오비탈의 수}}{\text{전자가 들어 있는 } p \text{ 오비탈의 수}}$는 X가 1, Z가 $\dfrac{1}{2}$이다.

바로알기 ㄴ. X는 3주기 원소, Y는 2주기 원소이므로 원자가 전자의 주 양자수는 X가 Y보다 크다.

18 서술형

모범답안 A, C. A와 C는 모두 원자핵이 존재하므로 α 입자 산란 실험에서 산란되거나 되튕겨 나오는 α 입자를 설명할 수 있지만, B는 원자핵이 없으므로 산란되거나 되튕겨 나오는 α 입자를 설명할 수 없다.

채점 기준	배점
α 입자 산란 실험의 결과로 원자핵이 존재해야 함을 언급하여 옳게 설명한 경우	100 %
A와 C를 옳게 썼으나, 적절한 설명이 부족한 경우	50 %

해설 α 입자 산란 실험의 결과로부터 원자핵이 존재함을 알게 되었으므로 α 입자 산란 실험의 결과를 설명하려면 원자 모형에 원자핵이 있어야 한다.

정답 (1) (가)>(나)

모범답안 (2) (나)는 $2p$ 오비탈이므로 x, y, z축 방향으로 각각 1개의 오비탈이 존재하여 (나)의 자기 양자수는 -1, 0, $+1$을 갖는다.

채점 기준	배점
$2p$ 오비탈은 각 축 방향으로 3가지가 존재함을 포함하여 옳게 설명한 경우	100 %
(나)의 자기 양자수는 -1, 0, $+1$의 3가지가 존재한다고만 설명한 경우	50 %

해설 (1) Mg의 바닥상태 전자 배치는 $1s^22s^22p^63s^2$이므로 주 양자수(n)가 3인 (가)는 $3s$ 오비탈이고, 방위(부) 양자수(l)가 1인 (나)는 $2p$ 오비탈이다. 따라서 오비탈의 에너지 준위는 (가)>(나)이다.
(2) $2p$ 오비탈은 각 축 방향으로 존재하므로 3가지 오비탈이 존재한다.

모범답안 (1) (다), (다)는 1개의 $2p$ 오비탈에 스핀 자기 양자수가 같은 전자가 배치되어 있어 파울리 배타 원리에 어긋나므로 존재할 수 없는 전자 배치이다.

채점 기준	배점
스핀 자기 양자수가 같은 전자는 존재할 수 없음을 제시하여 옳게 설명한 경우	100 %
파울리 배타 원리에 어긋나기 때문이라고만 설명한 경우	50 %

(2) (나), $2p$ 오비탈에 전자가 모두 채워지기 전에 $3s$ 오비탈에 전자가 채워져 있어 쌓음 원리에 어긋나므로 들뜬상태 전자 배치이다.

채점 기준	배점
$2p$ 오비탈에 전자가 채워지기 전에 $3s$ 오비탈에 전자가 채워져 있음을 제시하여 옳게 설명한 경우	100 %
쌓음 원리에 어긋나기 때문이라고만 설명한 경우	50 %

2 원소의 주기적 성질

U3 주기율표

개념 익히기 문제　　　　　　　　　　p.083, 085

01 원자량　**02** 양성자 수, 원자 번호　　**03** 주기율
04 주기, 족　　**05** 전자 껍질 수　　**06** 원자가 전자 수
07 ○　**08** ○　**09** ○　**10** ○　**11** ○　**12** ×
13 원자가 전자　**14** 0　**15** ns^2np^5　**16** 금속
17 비금속　**18** ○　**19** ×　**20** ×　**21** ○　**22** ○

04 전자가 들어 있는 전자 껍질 수를 주기라고 하며, 주기율표에서 가로줄이 주기이다. 또한 성질이 비슷한 원소를 세로줄에 오게 배치하였으며, 이를 족이라고 한다.

11 16족 원소의 원자는 가장 바깥 전자 껍질에 있는 전자 수가 6이므로 원자가 전자 수는 6이다.

12 3주기 원소들은 전자가 들어 있는 전자 껍질 수가 3으로 같다.

14 18족 원소의 원자는 가장 바깥 전자 껍질에 2개 또는 8개의 전자가 배치되어 있지만 이 원자들은 화학 결합에 관여하지 않는다. 따라서 18족 원소는 다른 원소와 거의 반응을 하지 않으므로 원자가 전자 수는 0이다.

16 금속 원소는 전자를 잃고 양이온이 되기 쉬운 원소이다.

17 비금속 원소는 대부분 전자를 얻고 음이온이 되기 쉽다.

18 바닥상태의 전자 배치가 $1s^22s^22p^4$인 원자는 원자가 전자의 주 양자수(n)가 2이므로 2주기 원소이다.

19 He과 Be은 모두 가장 바깥 전자 껍질의 전자 수가 2이지만 He은 비활성 기체이므로 원자가 전자 수가 0인 18족 원소이고, Be은 원자가 전자 수가 2인 2족 원소이다.

20 원자가 전자의 전자 배치가 $3s^23p^3$인 원소는 3주기 15족 원소이다.

개념 다지기 문제　　　　　　　　　　p.087~089

01 ②　**02** ⑤　**03** ④　**04** ③　**05** ③　**06** ④
07 ⑤　**08** ⑤　**09** ⑤　**10** ①
고난도 **11** ③　**12** ⑤
서술형 **13~15** 해설 참조

01 ㄴ. 전자가 들어 있는 전자 껍질 수를 주기라고 하며, 이는 주기율표의 가로줄에 해당된다.
바로알기 ㄱ. 모즐리가 원소의 주기적 성질이 양성자 수와 관련이 있다는 것을 알고 원소들을 원자 번호 순으로 배열하였고, 현대의 주기율표는 이를 바탕으로 만든 것이다.
ㄷ. 원자가 전자 수가 같은 원소는 같은 세로줄에 배열하며, 이를 족이라고 한다.

02 ㄴ. 원자가 전자 수가 1인 원소는 1족 원소이므로 A, B의 2가지이다.
ㄷ. 전자가 들어 있는 전자 껍질 수가 3인 원소는 3주기 원소이므로 D, E, F의 3가지이다.
바로알기 ㄱ. 금속 원소는 B, D의 2가지이다.

03 ㄴ. B는 3주기 1족, C는 3주기 2족 원소이므로 금속 원소는 2가지이다.
ㄷ. A는 2주기 원소이고, D는 3주기 17족 원소이므로 3주기 원소는 B, C, D의 3가지이다.
바로알기 ㄱ. A의 가장 바깥 전자 껍질에는 6개의 전자가 채워져 있으므로 A의 원자가 전자 수는 6이다.

04 ㄱ. A의 원자가 전자 수는 6, B의 원자가 전자 수는 7이다.

ㄴ. C와 D는 모두 전자가 들어 있는 전자 껍질 수가 3이므로 3주기 원소이다.

🔍**바로알기** ㄷ. B와 C의 이온은 Ne의 전자 배치를 가지므로 이온의 전자 수는 B와 C가 같다.

05

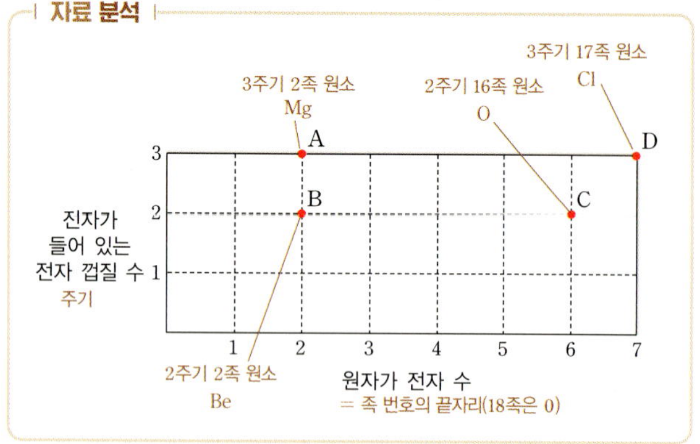

ㄱ. A와 B는 원자가 전자 수가 2로 같으므로 화학적 성질이 비슷하다.

ㄴ. A와 D는 모두 전자가 들어 있는 전자 껍질 수가 3이므로 3주기 원소이다.

🔍**바로알기** ㄷ. A는 3주기 2족 원소이므로 전자가 들어 있는 p 오비탈 수는 3이고, C는 2주기 16족 원소이므로 전자가 들어 있는 p 오비탈 수는 3이다.

06 X는 전자가 들어 있는 전자 껍질 수가 3이므로 3주기 원소이고, 원자가 전자 수는 4이므로 $3s$ 오비탈에 2개, $3p$ 오비탈에 2개의 원자가 전자가 들어 있다.

07 ①, ② X의 바닥상태 전자 배치는 $1s^22s^22p^6$이다. 따라서 X는 2주기 18족 원소이다.

③ X는 18족 원소이므로 원자가 전자 수는 0이다.

④ X는 상온에서 기체로 존재한다.

🔍**바로알기** ⑤ 비금속 원소이지만 비활성 기체로 전자를 얻어 음이온이 되기 어렵다.

08

X의 원자가 전자 수는 7이므로 홀전자 수는 1이다. 홀전자 수는 X가 Y보다 크므로 Y는 홀전자 수가 0이고, 3주기 금속 원소 중 홀전자 수가 0인 원소는 Mg이다. 또한 전자가 들어 있는 오비탈 수는 Y>X이므로 X는 2주기 17족 원소인 F이다.

ㄱ. X는 2주기 원소이다.

ㄴ. Y의 전자 배치는 $1s^22s^22p^63s^2$이다.

ㄷ. X와 Y의 안정한 이온의 전자 배치는 모두 Ne과 같다.

09 He과 Ne은 모두 18족 원소인 비활성 기체이며, 비금속 원소이다. 또한 He은 1주기, Ne은 2주기 원소이다. Mg은 3주기 2족 금속 원소이다. He과 Ne은 모두 원자가 전자 수가 0이지만, 가장 바깥 껍질의 전자 수는 He이 2, Ne이 8이고, Mg은 원자가 전자 수가 2이다. 따라서 (가)로 '비활성 기체이다.'를, (나)로 '가장 바깥 껍질의 전자 수가 2이다.'를 사용하면 제시된 것과 같이 3가지 원소를 분류할 수 있다.

10 X는 전자가 들어 있는 오비탈 수가 5이므로 3개의 $2p$ 오비탈에 모두 전자가 들어 있고, 홀전자 수는 2이므로 $2p$ 오비탈의 전자 수는 4이다.

ㄱ. X는 $2s$ 오비탈과 $2p$ 오비탈에 각각 2개, 4개의 전자가 들어 있으므로 원자가 전자 수는 6이다.

🔍**바로알기** ㄴ. X의 바닥상태 전자 배치는 $1s^22s^22p^4$이다. 따라서 $2p$ 오비탈의 전자 수는 4이다.

ㄷ. X는 전자가 들어 있는 전자 껍질 수가 2이므로 2주기 원소이다.

11

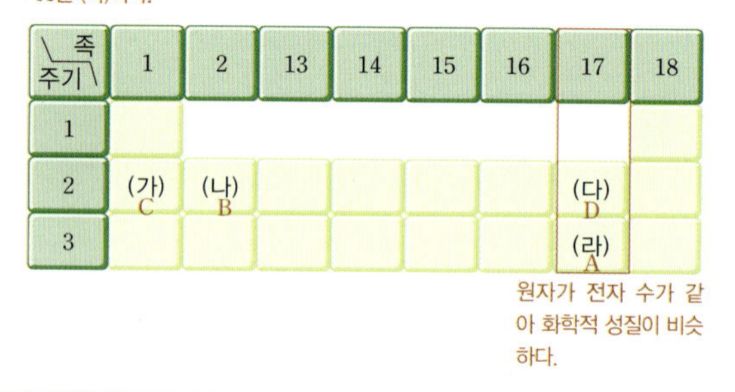

(가), (다), (라)의 홀전자 수는 1이고 (나)의 홀전자 수는 0이므로 B는 (나)에 해당한다. 또한 원자가 전자 수의 주 양자수는 (라)가 가장 크므로 A는 (라)에 해당한다. 원자가 전자 수는 D>B이므로 D는 (다)에 해당하고 C는 (가)에 해당한다.

ㄱ. C는 (가)에 해당하는 1족 원소이다.

ㄴ. A와 D는 모두 17족 원소이므로 화학적 성질이 비슷하다.

🔍**바로알기** ㄷ. B와 D는 모두 2주기 원소이고 B의 전자 배치는 $1s^22s^2$이고 D의 전자 배치는 $1s^22s^22p^5$이므로 s 오비탈의 전자 수가 4로 같다.

12 바닥상태에서 전자가 들어 있는 p 오비탈 수가 3인 원자는 N, O, F, Ne, Na, Mg이다. 이들 원자 중 홀전자가 있는 원자는 N, O, F, Na이고 s 오비탈의 전자 수가 4인 원자는 N, O, F, Ne이다. 따라서 A는 Na, C는 Mg, D는 Ne이다. 또한 $\dfrac{p \text{ 오비탈의 전자 수}}{s \text{ 오비탈의 전자 수}} = 1$인 원자는 O, Mg이므로 B는 O이다.

ㄱ. B는 O이다.

ㄴ. A와 C는 모두 금속 원소이므로 전자를 잃고 양이온이 되기 쉽다.

ㄷ. A는 3주기 원소, D는 2주기 원소이므로 원자가 전자의 주양자수(n)는 A가 D보다 크다.

13

모범답안 | (1) 멘델레예프는 원자량을 기준으로 원소를 배열하여 주기율표를 완성하였다. 따라서 원자량이 작은 원소부터 큰 원소 순으로 배열하면 Cl, K, Ar, Ca이다.

채점 기준	배점
멘델레예프가 원자량을 기준으로 주기율표를 완성했음을 제시하여 옳게 설명한 경우	100 %
원소의 배열만 옳게 설명한 경우	50 %

(2) 모즐리는 양성자 수를 원자 번호로 정하여 원소를 배열하고 주기율표를 완성하였다. 따라서 양성자 수가 작은 원소부터 큰 원소 순으로 배열하면 Cl, Ar, K, Ca이다.

채점 기준	배점
모즐리가 양성자 수(원자 번호)를 기준으로 주기율표를 완성했음을 제시하여 옳게 설명한 경우	100 %
원소의 배열만 옳게 설명한 경우	50 %

해설 | 멘델레예프는 원자량을 기준으로 주기율표를 완성하였고, 모즐리는 양성자 수(원자 번호)를 기준으로 주기율표를 완성하였다.

14

모범답안 | (1) B, D, 원소의 화학적 성질을 결정하는 것은 원자가 전자 수이므로 원자가 전자 수 같은 B와 D는 화학적 성질이 비슷하다.

채점 기준	배점
원소를 옳게 쓰고, 원자가 전자 수를 이용하여 화학적 성질이 비슷함을 옳게 설명한 경우	100 %
같은 족에 속하기 때문이라고만 설명한 경우	50 %

(2) C는 18족 원소인 비활성 기체이며 가장 바깥 전자 껍질에 있는 전자가 화학 결합에 참여하지 않으므로 원자가 전자가 아니다. 따라서 C의 원자가 전자 수는 0이다.

채점 기준	배점
화학 결합을 제시하여 옳게 설명한 경우	100 %
비활성 기체이기 때문이라고만 설명한 경우	50 %

해설 | (1) 같은 족에 속한 원소는 원자가 전자 수 같으므로 화학적 성질이 비슷하다.

(2) 18족 원소는 가장 바깥 전자 껍질에 전자가 모두 채워져 있어 화학 결합에 관여하지 않으므로 원자가 전자 수가 0이다.

15

정답 (1) Li, Be, Na, Mg, Al

모범답안 | (2) O, 원소의 화학적 성질을 결정하는 것은 원자가 전자 수이므로 원자가 전자 수 같은 O는 S과 화학적 성질이 비슷하다.

채점 기준	배점
원자가 전자 수를 이용하여 화학적 성질이 비슷함을 옳게 설명한 경우	100 %
같은 족에 속하기 때문이라고만 설명한 경우	50 %

해설 | (1) 2주기에서 금속 원소는 Li과 Be이고, 3주기에서 금속 원소는 Na, Mg, Al이다.

(2) 같은 족에 속한 원소는 원자가 전자 수 같아 화학적 성질이 비슷하다. 따라서 S은 같은 족에 속한 O와 화학적 성질이 비슷하다.

04 원소의 주기적 성질

개념 익히기 문제 p.091, 093

01 유효 핵전하 **02** 가려막기 효과 **03** 원자 반지름
04 감소 **05** 작다 **06** 유효 핵전하 **07** × **08** ×
09 ○ **10** ○ **11** × **12** ○ **13** 이온화 에너지
14 유효 핵전하 **15** 전자 껍질 수 **16** 증가 **17** 원자가 전자 수 **18** ○ **19** × **20** ○ **21** × **22** ×

02 다전자 원자에서 전자 사이의 반발력과 안쪽 전자 껍질의 전자가 원자핵을 가리는 가려막기 효과로 인해 전자에 작용하는 원자핵의 인력이 약해진다.

04 같은 주기에서 원자 번호가 증가할수록 원자가 전자가 느끼는 유효 핵전하가 증가하면서 원자핵과 전자 사이의 인력이 증가하여 원자 반지름은 작아진다.

05 금속 원소의 원자가 18족 원소의 전자 배치를 갖는 이온이 될 때 전자 껍질 수가 감소하므로 이온 반지름은 원자 반지름보다 작다.

06 전자 수가 같은 이온은 원자 번호가 커질수록 전자가 느끼는 유효 핵전하가 증가하여 원자핵과 전자 사이의 인력이 증가하므로 이온 반지름은 작아진다.

07 전자가 2개 이상인 원자에서 전자가 느끼는 유효 핵전하는 가려막기 효과에 의해 양성자 수에 의한 핵전하보다 작다.

08 같은 주기에서 원자 번호가 증가할수록 원자가 전자가 느끼는 유효 핵전하는 증가하므로 O 원자가 N 원자보다 크다.

11 원자가 전자를 얻어 음이온이 되면 전자 사이의 반발력이 증가하므로 전자가 느끼는 유효 핵전하는 감소한다.

15 같은 족에서 원자 번호가 증가할수록 전자 껍질 수가 증가하면 원자핵과 전자 사이의 거리가 멀어져 인력이 약해지므로 전자를 떼어 내기 쉽다. 따라서 같은 족에서 원자 번호가 증가할수록 이온화 에너지는 감소한다.

17 원자에서 원자가 전자를 모두 떼어 내면 안쪽 전자 껍질의 전자를 떼어 내어야 하므로 순차 이온화 에너지가 급격히 증가한다. 따라서 순차 이온화 에너지가 급격히 증가하기 전까지 떼어 낸 전자 수는 원자가 전자 수와 같다.

18 같은 족에서 원자 번호가 증가할수록 제1 이온화 에너지는 감소하므로 1족에서 원자의 이온화 에너지는 H>Li>Na>K이다.

19 같은 주기에서 원자 번호가 증가할수록 제1 이온화 에너지는 대체로 증가하지만 예외적으로 2족 원소의 제1 이온화 에너지는 13족 원소보다 크다.

21 Li 원자에서 전자 1개를 떼어 내면 He의 전자 배치를 갖게 되므로 제2 이온화 에너지가 급격히 증가한다. 따라서 제2 이온화 에너지는 Li이 He보다 크다.

22 원자에서 원자가 전자를 모두 떼어 내면 안쪽 전자 껍질의 전자를 떼어 내어야 하므로 순차 이온화 에너지가 급격히 증가한다. 따라서 순차 이온화 에너지가 급격히 증가하기 전까지 떼어 낸 전자 수는 원자가 전자 수와 같으므로 어떤 3주기 원자의 순차 에너지가 $E_n \ll E_{n+1}$일 때 이 원자의 원자가 전자 수는 n이다.

p.094

예제 1

정답 ③

해설 | A~D는 각각 N, O, F, Na, Mg, Al 중 하나이다. 제1 이온화 에너지는 Na<Al<Mg<O<N<F이고, 제1 이온화 에너지와 원자 또는 이온 반지름이 모두 증가하는 경우를 찾으면 Al<Mg, O<N이므로 A는 Al, B는 Mg, C는 O, D는 N이다.

ㄱ. 원자 반지름은 A가 C보다 크고, 이온 반지름은 C가 A보다 크므로 ㉠은 이온 반지름이다.

ㄴ. B는 Mg이다.

바로알기 ㄷ. 제1 이온화 에너지는 N>O이고, 제2 이온화 에너지는 O>N이므로 $\dfrac{\text{제1 이온화 에너지}}{\text{제2 이온화 에너지}}$ 는 D(N)가 C(O)보다 크다.

---

p.096~099

01 ④	02 ②	03 ④	04 ①	05 ⑤	06 ②
07 ③	08 ⑤	09 ③	10 ④	11 ⑤	12 ②
13 ⑤	14 ②	15 ④			
고난도 16 ②	17 ⑤				
서술형 18~20 해설 참조					

01 원자가 전자가 느끼는 유효 핵전하는 같은 주기에서 원자 번호가 증가할수록 커지므로 전자가 느끼는 유효 핵전하는 $c>a$이다. 또한 같은 원자에서 안쪽 전자 껍질에 있는 전자가 느끼는 유효 핵전하가 바깥 전자 껍질에 있는 전자가 느끼는 유효 핵전하보다 크므로 $b>c$이다. 따라서 전자가 느끼는 유효 핵전하는 $b>c>a$이다.

02 (가)~(다)는 각각 원자 번호가 8, 9, 11, 12 중 하나이므로 각각 O, F, Na, Mg 중 하나이다. 원자 번호는 (가)>(나)>(다)이고 O, F, Na, Mg의 홀전자 수는 각각 2, 1, 1, 0이므로 (가)는 Na, (나)는 F, (다)는 O이다.

ㄴ. 원자 반지름은 3주기 1족 원소인 Na이 가장 크므로 (가)>(나)이다.

바로알기 ㄱ. 2주기 원소는 (나)와 (다) 2가지이다.

ㄷ. 같은 주기에서 원자가 전자가 느끼는 유효 핵전하는 원자 번호가 클수록 크다. 따라서 원자가 전자가 느끼는 유효 핵전하는 (나)>(다)이다.

03

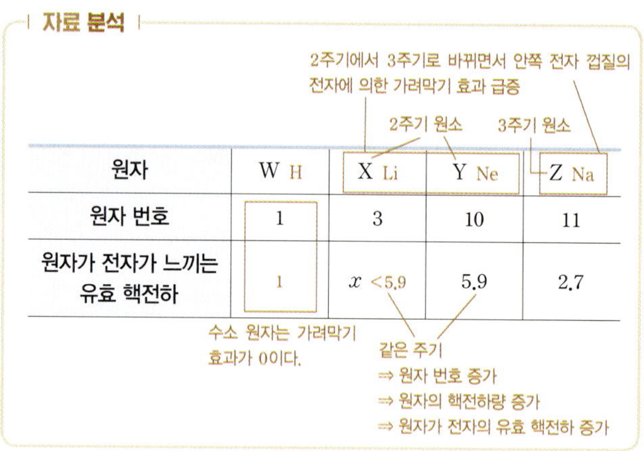

원자	W H	X Li	Y Ne	Z Na
원자 번호	1	3	10	11
원자가 전자가 느끼는 유효 핵전하	1	$x<5.9$	5.9	2.7

ㄱ. 같은 주기에서 원자 번호가 클수록 원자가 전자가 느끼는 유효 핵전하가 크므로 $x<5.9$이다.

ㄷ. Y는 2주기 18족 원소인 Ne이고 Z는 3주기 1족 원소인 Na이다. 같은 주기에서 원자가 전자가 느끼는 유효 핵전하가 증가하다가 주기가 바뀌면 안쪽 전자 껍질에 있는 전자의 가려막기 효과가 크게 증가하므로 원자가 전자가 느끼는 유효 핵전하는 급격히 감소하게 된다.

바로알기 ㄴ. W는 수소이므로 원자가 전자가 느끼는 유효 핵전하는 1이다.

W의 $\dfrac{\text{유효 핵전하}}{\text{핵전하}}=1$이고, Y의 $\dfrac{\text{유효 핵전하}}{\text{핵전하}}<1$이다. 따라서 $\dfrac{\text{유효 핵전하}}{\text{핵전하}}$ 는 W가 Y보다 크다.

04 ㄱ. 원자가 전자 수는 X가 2, Z가 1이다.

🔍**바로알기** ㄴ. 원자 반지름은 같은 주기에서 원자 번호가 작을수록, 같은 족에서 원자 번호가 클수록 크다. Y는 2주기 13족 원소이고, Z는 3주기 1족 원소이므로 원자 반지름은 Z>Y이다.

ㄷ. 원자가 전자가 느끼는 유효 핵전하는 같은 주기에서 원자 번호가 클수록 크다. 따라서 원자가 전자가 느끼는 유효 핵전하는 Y>X이다.

05

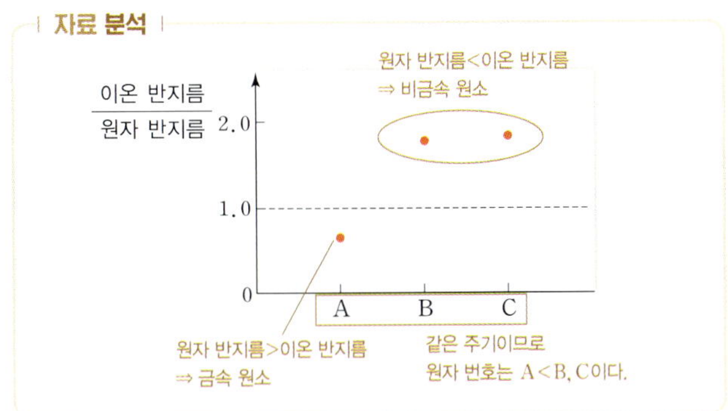

금속 원소는 원자 반지름이 이온 반지름보다 크고, 비금속 원소는 이온 반지름이 원자 반지름보다 크다. 따라서 금속 원소는 $\frac{이온\ 반지름}{원자\ 반지름}<1$이고, 비금속 원소는 $\frac{이온\ 반지름}{원자\ 반지름}>1$이다.

ㄱ. B와 C는 모두 비금속 원소이므로 B 이온과 C 이온의 전자 배치는 모두 Ar과 같다.

ㄴ. 같은 주기에서 원자 반지름은 원자 번호가 작을수록 크다. 따라서 원자 반지름은 A>B이다.

ㄷ. 같은 주기에서 원자가 전자가 느끼는 유효 핵전하는 원자 번호가 클수록 크다. 따라서 원자가 전자가 느끼는 유효 핵전하는 C가 A보다 크다.

06 원자 반지름은 Na>Mg>O>F이므로 A는 F, B는 O, C는 Mg, D는 Na이다.

ㄴ. 전자 수가 같은 이온의 반지름은 원자 번호가 클수록 작다. 따라서 이온 반지름은 A>C이다.

🔍**바로알기** ㄱ. B는 O이다.

ㄷ. 같은 주기에서 원자가 전자가 느끼는 유효 핵전하는 원자 번호가 클수록 크다. 따라서 원자가 전자가 느끼는 유효 핵전하는 C가 D보다 크다.

07 X는 3주기 2족 원소, Y는 2주기 17족 원소이다.

ㄱ. 원자 번호는 X가 12, Y가 9이다.

ㄴ. 주기율표에서 원자 반지름은 왼쪽 아래로 갈수록 커지므로 X가 Y보다 크다.

🔍**바로알기** ㄷ. 제2 이온화 에너지는 3주기 원소 중 X가 가장 작으므로 제2 이온화 에너지는 Y가 X보다 크다.

08 O, Na, Mg의 이온 반지름은 O>Na>Mg이므로, X가 O일 때 Y는 Mg, Z는 Na이다. 만일 X가 Na라면 Y는

Mg인데 원자가 전자가 느끼는 유효 핵전하는 O가 Mg보다 크므로 Z에 해당하는 원소가 없다. 따라서 X는 O, Y는 Mg, Z는 Na이고 주기율표에서 원자 반지름은 왼쪽 아래로 갈수록 커지므로 원자 반지름은 Z>Y>X이다.

09

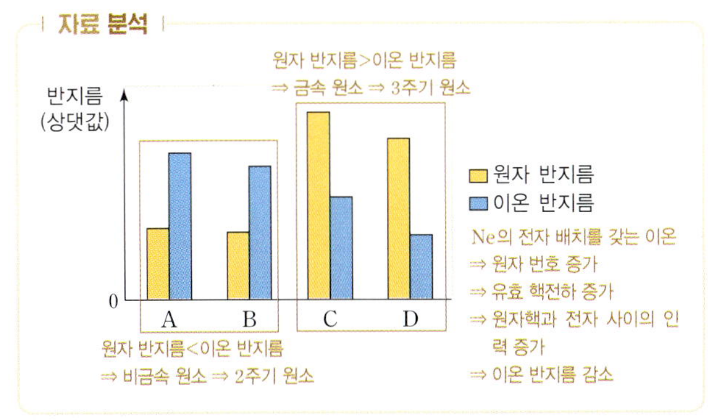

ㄱ. A와 B는 원자 반지름이 이온 반지름보다 작으므로 비금속 원소이고, 음이온은 Ne의 전자 배치를 가지므로 A와 B는 2주기 원소이다.

ㄴ. 주기율표에서 제1 이온화 에너지는 오른쪽 위로 갈수록 크므로, 제1 이온화 에너지는 B가 C보다 크다.

🔍**바로알기** ㄷ. 같은 주기에서 원자가 전자가 느끼는 유효 핵전하는 원자 번호가 클수록 크다. 같은 주기에서 원자 반지름이 작을수록 원자 번호가 크므로 원자 번호는 C<D이다. 따라서 원자가 전자가 느끼는 유효 핵전하는 D가 C보다 크다.

10 제1 이온화 에너지는 같은 족에서 2주기 원소가 3주기 원소보다 크고, 2, 3주기에서 15족 원소가 16족 원소보다 크다. 따라서 A와 B는 2주기 원소이고 C와 D는 3주기 원소이다.

ㄴ. A~D 중 원자 반지름은 3주기 15족 원소가 가장 크므로 원자 반지름은 C가 B보다 크다.

ㄷ. 2주기에서 제2 이온화 에너지는 16족 원소가 15족 원소보다 크다. 따라서 제2 이온화 에너지는 B가 A보다 크다.

🔍**바로알기** ㄱ. D는 3주기 원소이다.

11 ㄱ. 제1 이온화 에너지는 A>B>C이므로 A~C가 같은 주기 원소라면 17족 원소인 C의 제1 이온화 에너지가 가장 커야 하는데, 제시된 자료에서는 C가 가장 작으므로 C는 3주기 17족 원소이고, A와 B는 모두 2주기 원소이다.

ㄴ. C는 3주기 17족 원소로 C⁻은 Ar의 전자 배치를 갖는다.

ㄷ. 2주기에서 제2 이온화 에너지는 16족 원소가 15족 원소보다 크므로 제3 이온화 에너지는 B가 A보다 크다.

12 바닥상태 전자 배치에서 Li, C, O, F의 홀전자 수는 각각 1, 2, 2, 1이고 제2 이온화 에너지는 Li>O>F>C이다. 원자가 전자 수는 (가)>(다)이므로 (가)가 C 또는 O인 경우 (다)는 Li인데 제2 이온화 에너지는 (라)>(다)이므로 (라)에 해당하는 원자가 없다. (가)가 F일 때 (나)는 Li이고 제2 이온화 에너지는 (라)>(다)이므로 (다)는 C, (라)는 O이다.

ㄴ. 같은 주기에서 원자 반지름은 원자 번호가 작을수록 크므로
(나)>(다)이다.

🔍바로알기 ㄱ. (가)는 F이다.

ㄷ. 제1 이온화 에너지는 O가 C보다 크므로 (라)>(다)이다.

13

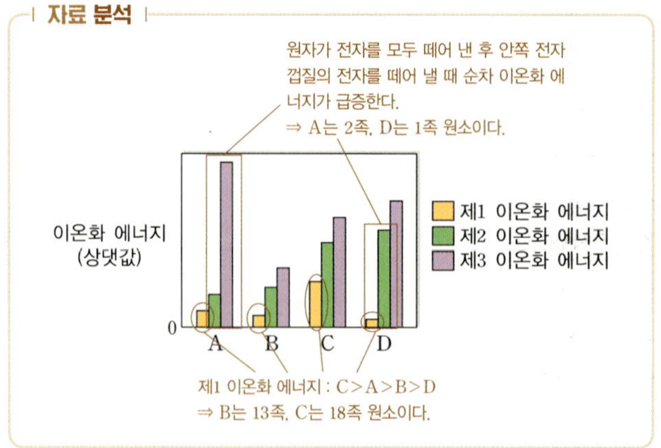

A는 $E_2 \ll E_3$이므로 2족 원소, D는 $E_1 \ll E_2$이므로 1족 원소이다. 원자 번호가 연속이고, B는 제1 이온화 에너지가 A보다 작으므로 13족 원소이며 C는 제1 이온화 에너지가 가장 크므로 2주기 18족 원소이다. A, B, D는 3주기 원소이다.

ㄴ. 원자 반지름은 A>B이다.

ㄷ. 원자가 전자 수는 B가 3, D가 1이다.

🔍바로알기 ㄱ. 2주기 원소는 C 1가지이다.

14 X는 $E_2 \ll E_3$이므로 2족 원소이고, Y는 $E_3 \ll E_4$이므로 13족 원소이다. 또한 Z는 $E_1 \ll E_2$이므로 1족 원소이다. 따라서 원자 번호는 Y>X>Z이다.

15 ㄴ. 같은 주기에서 원자가 전자가 느끼는 유효 핵전하는 원자 번호가 클수록 크므로 원자가 전자가 느끼는 유효 핵전하는 Y>Z이다.

ㄷ. 전자 배치가 같은 이온 반지름은 원자 번호가 작을수록 크므로 이온 반지름은 X>Y이다.

🔍바로알기 ㄱ. 같은 주기에서 원자 반지름은 원자 번호가 작을수록 크므로 원자 반지름은 Z>X이다.

16 원자 반지름은 Na>Mg>O>F이고, 이온 반지름은 O>F>Na>Mg이다. 이온 반지름은 C>A이므로 C는 Na이다.

ㄴ. A는 Mg이고 원자 반지름은 D>B이므로 B는 F, D는 O이다. 따라서 원자가 전자가 느끼는 유효 핵전하는 B>D이다.

🔍바로알기 ㄱ. 원자 반지름은 Na>Mg이므로 $a>8$이다.

ㄷ. Na에서 전자 1개를 떼어 낸 Na^+은 Ne의 전자 배치를 갖게 되므로 두 번째 전자를 떼어 내는 것이 매우 어렵다. 따라서 A~D 중 제2 이온화 에너지는 C가 가장 크다.

17 ㄱ. 원자가 전자가 느끼는 유효 핵전하가 W>X, Y>Z인데 ㉠과 ㉡은 각각 X>W, Z>Y이므로 W는 B, X는 Be, Y는 O, Z는 N이다.

ㄴ. 제1 이온화 에너지는 Y, Z가 W, X보다 크므로 ㉠은 원자 반지름, ㉡은 제1 이온화 에너지이다.

ㄷ. 2주기 원소 중 제2 이온화 에너지는 Li이 가장 크고 Ne이 두 번째로 크다. 또한 O의 제2 이온화 에너지는 F보다 크므로 2주기 원소 중 Y보다 제2 이온화 에너지가 큰 원소는 2가지이다.

18 서술형

모범답안 C, D, 금속 원소의 원자는 Ne의 전자 배치를 갖는 이온이 될 때 전자 껍질 수가 감소하므로 원자 반지름이 이온 반지름보다 크다. 따라서 원자 반지름이 이온 반지름보다 큰 C와 D가 금속 원소이다.

채점 기준	배점
원자 반지름과 이온 반지름을 비교하여 옳게 설명한 경우	100 %
C, D를 골랐으나, 적절한 설명이 부족한 경우	50 %

해설 금속 원소는 원자가 전자를 모두 잃고 이온이 될 때 전자 껍질 수가 감소하므로 원자 반지름이 이온 반지름보다 크고, 비금속 원소는 전자를 얻어 이온이 될 때 전자 사이의 반발력이 증가하므로 원자 반지름이 이온 반지름보다 작다.

19 서술형

정답 (1) A>B>C>D

모범답안 (2) C와 D의 바닥상태 전자 배치는 각각 $1s^2 2s^2 2p^6 3s^2 3p^3$, $1s^2 2s^2 2p^6 3s^2 3p^4$로 D의 $3p$ 오비탈 1개에 전자 2개가 배치되어 있다. 따라서 전자 사이의 반발력이 D가 C보다 커 D의 전자를 떼어 내기 더 쉽기 때문에 제1 이온화 에너지는 C가 D보다 크다.

채점 기준	배점
C와 D의 전자 배치를 제시하여 제1 이온화 에너지를 옳게 비교한 경우	100 %
C와 D의 제1 이온화 에너지를 옳게 비교했으나, 적절한 설명이 부족한 경우	50 %

해설 (1) 같은 주기에서 원자 반지름은 원자 번호가 작을수록 크다. (2) C는 15족 원소, D는 16족 원소이므로 C와 D의 바닥상태 전자 배치는 각각 $1s^2 2s^2 2p^6 3s^2 3p^3$, $1s^2 2s^2 2p^6 3s^2 3p^4$이다. 따라서 C는 훈트 규칙을 만족하여 전자 사이의 반발력이 가장 작게 전자가 배치되어 있고, D는 전자쌍이 있어 전자 사이의 반발력이 C보다 크므로 제1 이온화 에너지는 C가 D보다 크다.

20 서술형

정답 (1) W : 4, X : 5

모범답안 (2) Y>Z>X, X~Z에서 첫 번째 전자를 떼어 내었을 때 Y^+의 전자 배치에서 홀전자 수가 가장 크므로 두 번째 전자를 떼어 내기가 가장 어렵다. 따라서 제2 이온화 에너지는 Y>Z>X이다.

채점 기준	배점
+1의 양이온이 되었을 때 전자 배치를 제시하고, 홀전자 수를 비교하여 옳게 설명한 경우	100 %
X~Z의 제2 이온화 에너지만을 옳게 비교한 경우	50 %

 W~Z의 홀전자 수의 합은 8이므로 W~Z의 홀전자 수는 각각 1, 2, 3, 2와 2, 3, 2, 1 중 하나이다. W~Z의 홀전자 수가 2, 3, 2, 1인 경우 W~Z는 각각 C, N, O, F이므로 제1 이온화 에너지는 X가 Y보다 크다는 조건을 만족한다. 따라서 W는 C, X는 N이므로 원자가 전자 수는 각각 4, 5이다.
(2) 제1 이온화 에너지로 전자를 떼어 낸 후, N^+, O^+, F^+의 전자 배치는 각각 C, N, O와 같다. 따라서 제2 이온화 에너지는 O>F>N이다.

  p.100~101

① 1 ○ 2 ○ 3 × 4 ○ 5 ○ 6 ×
② 1 ○ 2 ○ 3 × 4 ○ 5 × 6 ×
③ 1 × 2 ○ 3 ○ 4 ○ 5 × 6 ○
④ 1 × 2 ○ 3 ○ 4 × 5 ×
⑤ 1 × 2 ○ 3 ○ 4 × 5 ×
⑥ 1 ○ 2 ○ 3 ○ 4 × 5 ×

①-3 (가)에 해당하는 원소들은 같은 주기 원소이므로 전자가 들어 있는 전자 껍질 수가 같다.

①-4 (나)에 해당하는 원소들은 같은 족 원소이므로 원자가 전자 수가 같아 화학적 성질이 비슷하다.

①-6 (가)에 해당하는 원소는 1족과 2족 원소이므로 바닥상태 전자 배치에서 홀전자 수는 각각 1과 0이고, (나)에 해당하는 원소는 16족 원소이므로 바닥상태 전자 배치에서 홀전자 수는 2이다.

②-3 (나)는 3주기 17족 원소이므로 원자가 전자의 전자 배치는 $3s^23p^5$이다.

②-5 같은 주기에서 1족과 2족 원소의 원자가 전자는 s 오비탈에 들어 있고, 13~17족 원소의 원자가 전자는 s 오비탈과 p 오비탈에 들어 있다.

②-6 같은 주기에 속한 원소들은 전자가 들어 있는 전자 껍질 수는 같지만, 전자가 들어 있는 오비탈 수는 다를 수 있다.

③-3 전자 수 같은 이온은 원자 번호가 클수록 전자가 느끼는 유효 핵전하가 크므로 원자핵과 전자 사이의 인력이 커 이온 반지름은 작다.

③-4 B와 C는 원자 반지름이 이온 반지름보다 크므로 3주기 금속 원소이고, A는 원자 반지름이 이온 반지름보다 작으므로 2주기 비금속 원소이다.

③-5 같은 주기에서 원자 반지름은 원자 번호가 작을수록 크다. 따라서 원자 반지름은 C>B이므로 원자 번호는 B>C이다.

③-6 A~C의 이온은 Ne의 전자 배치를 가지므로 이온 반지름은 원자 번호가 작을수록 크다. 따라서 ㉠은 A의 이온이다.

④-1 같은 주기에서 원자 번호가 증가할수록 원자핵의 전하량이 증가하므로 원자가 전자가 느끼는 유효 핵전하는 증가한다.

④-4 비금속 원소는 원자가 전자를 얻어 음이온이 될 때 전자 사이의 반발력이 커지므로 이온 반지름이 원자 반지름보다 커진다.

④-5 Ne의 전자 배치를 갖는 이온은 원자 번호가 클수록 전자가 느끼는 유효 핵전하가 커 원자핵과 전자 사이의 인력이 크므로 이온 반지름은 작아진다.

⑤-1 같은 족에서 제1 이온화 에너지는 원자 번호가 증가할수록 작아진다. 원자 번호가 증가할수록 전자 껍질 수가 증가하여 핵과 원자가 전자 사이의 인력이 감소하기 때문이다.

⑤-3 2주기 15족 원자의 전자 배치에서 $2p$ 오비탈의 전자가 훈트 규칙을 만족하여 3개의 오비탈에 각각 1개의 전자가 배치되어 있고, 2주기 16족 원자의 전자 배치에서 전자쌍이 존재하므로 전자 사이의 반발력이 15족 원자보다 크다. 따라서 제1 이온화 에너지는 N가 O보다 크다.

⑤-4 3주기 13족 원자인 Al은 $3s$ 오비탈보다 에너지 준위가 높은 $3p$ 오비탈에 전자가 존재하는데 $3p$ 오비탈의 전자를 떼어 내는 것이 Mg의 $3s$ 오비탈의 전자를 떼어 내는 것보다 쉬우므로 제1 이온화 에너지는 Mg이 Al보다 크다.

⑤-5 F^+의 전자 배치는 $1s^22s^22p^4$이고, O^+의 전자 배치는 $1s^22s^22p^3$이므로 제2 이온화 에너지는 O가 F보다 크다.

⑥-2 A는 $E_1 \ll E_2$, C는 $E_2 \ll E_3$이므로 A는 원자가 전자 수가 1인 1족 원소, C는 원자가 전자 수가 2인 2족 원소이다. 또한 제1 이온화 에너지는 C>B>A이므로 B는 13족 원소이다. 따라서 원자 번호는 B>C>A이다.

⑥-3 B는 13족 원소이므로 원자가 전자 수는 3이다.

⑥-4 원자가 전자를 모두 떼어 내는 데 B는 $E_1+E_2+E_3$의 에너지가 필요하고, C는 E_1+E_2의 에너지가 필요하다.

⑥-5 원자 반지름은 원자 번호가 클수록 작으므로 A>C>B이다.

  p.102~105

01 ⑤ 02 ⑤ 03 ③ 04 ① 05 ② 06 ④
07 ② 08 ④ 09 ④ 10 ④ 11 ④ 12 ④
13 ② 14 ⑤
고난도 15 ③ 16 ⑤
서술형 17~19 해설 참조

01 ㄱ. X는 전자가 들어 있는 전자 껍질 수가 3이므로 3주기 원소이다.
ㄴ. X는 주 양자수가 3인 오비탈의 전자 수가 2이므로 2족 원소이다.
ㄷ. 3주기 2족 원소는 Mg이며, Mg은 금속 원소이다.

02 ㄴ. B는 2주기 16족 원소로 원자가 전자 수는 6이다. 따라서 B의 원자가 전자의 전자 배치는 $2s^22p^4$이다.
ㄷ. C와 D는 모두 3주기 원소이므로 전자가 들어 있는 전자 껍질 수는 모두 3으로 같다.
바로알기 ㄱ. A는 1주기 1족 원소인 수소(H)로 비금속 원소이고, C는 3주기 1족 원소인 나트륨(Na)으로 금속 원소이다.

03 원자 A와 B의 바닥상태 전자 배치는 각각 $1s^22s^22p^63s^2$, $1s^22s^22p^4$이다.
ㄱ. A는 전자가 들어 있는 전자 껍질 수가 3이므로 3주기 원소이다.

ㄷ. 원자가 전자의 주 양자수(n)는 A가 3, B가 2이다.

바로알기 ㄴ. 원자가 전자 수는 A가 2, B가 6이다.

04 ㄱ. C는 금속 원소이므로 Na이다.

바로알기 ㄴ. 홀전자 수가 1인 것은 F, Na이므로 A는 F이다. B, D는 각각 O, S 중 하나이다. 따라서 원자가 전자 수는 A가 7, D가 6이다.

ㄷ. 같은 족 원소인 O와 S은 화학적 성질이 비슷하다. B와 화학적 성질이 비슷한 것은 D이다.

05

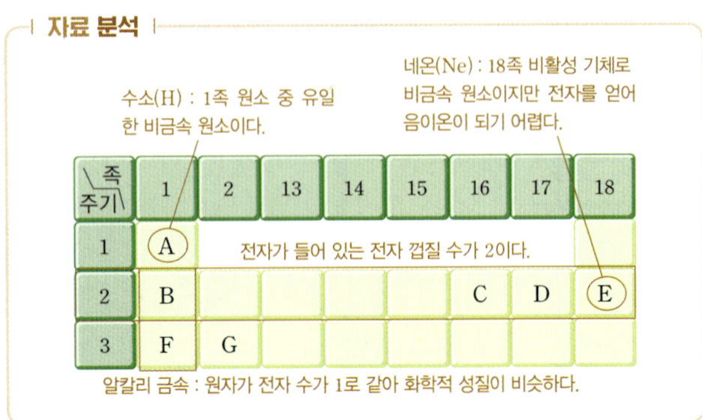

ㄴ. 전자가 들어 있는 전자 껍질 수가 2인 원소는 2주기 원소이므로 B, C, D, E의 4가지이다.

바로알기 ㄱ. A는 수소(H)이므로 비금속 원소이다. 따라서 금속 원소는 B, F, G의 3가지이다.

ㄷ. 전자를 얻어 음이온이 되기 쉬운 원소는 C, D의 2가지이다. E는 비금속 원소이지만 비활성 기체로 음이온이 되기 어렵다.

06 B와 D의 홀전자 수는 각각 0, 1이므로 B는 Mg, D는 Cl이다.

ㄱ. B보다 원자 반지름이 큰 A는 3주기 1족 원소이므로 전자를 잃고 양이온이 되면 반지름이 감소하고, D는 Cl이므로 전자를 얻어 음이온이 되면 반지름이 증가한다. 따라서 이온 반지름은 D > A이다.

ㄷ. 같은 주기에서 원자 번호가 증가할수록 원자가 전자가 느끼는 유효 핵전하는 증가하므로 원자가 전자가 느끼는 유효 핵전하는 C > B이다.

바로알기 ㄴ. 3주기에서 제1 이온화 에너지는 2족 원소가 1족 원소보다 크므로 B > A이다.

07 ㄴ. 제1 이온화 에너지는 같은 주기에서 15족 원소가 16족 원소보다 크므로 A > B이다.

바로알기 ㄱ. 원자 반지름은 주기율표에서 왼쪽 아래로 갈수록 증가하므로 D가 가장 크다.

ㄷ. 원자가 전자가 느끼는 유효 핵전하는 같은 주기에서 원자 번호가 클수록 증가하므로 C > B이다.

08 제1 이온화 에너지로 전자 1개를 떼어 내면 B^+의 전자 배치에서 홀전자 수가 3으로 가장 크므로 B의 제2 이온화 에너지가 가장 크다. 따라서 제2 이온화 에너지는 B > C > A이다.

09 ㄱ. 제2 이온화 에너지는 O > F > Al > Mg이므로 A는 Mg, B는 Al, C는 F, D는 O이다.

ㄷ. 제1 이온화 에너지는 F이 O보다 크므로 C > D이다.

바로알기 ㄴ. 원자 반지름은 B가 C보다 크다.

10 Ne의 전자 배치를 갖는 이온의 반지름은 원자 번호가 클수록 작다. 따라서 이온 반지름은 O > F > Mg > Al이므로 D > C > A > B이다.

11

원자	A O	B F	C Na	D Mg
원자 번호	n 8	$n+1$ 9	$n+3$ 11	$n+4$ 12
홀전자 수	2	1	1	0
이온	O^{2-}	F^-	Na^+	Mg^{2+}

⇒ 이온이 Ne의 전자 배치를 갖는 원자 중 홀전자 수가 2, 0인 원자는 각각 O, Mg이다.

⇒ $n=8$이므로 B와 C는 원자 번호가 각각 9, 11인 F, Na이다.

A~D 이온은 Ne의 전자 배치를 가지므로 A는 O, B는 F, C는 Na, D는 Mg이다.

ㄴ. B와 D 이온의 전하는 각각 -1, $+2$이고 이온 반지름은 B가 D보다 크므로 $\dfrac{\text{이온 반지름}}{|\text{이온의 전하}|}$ 은 B가 D보다 크다.

ㄷ. C는 제1 이온화 에너지는 가장 작고, 제2 이온화 에너지는 가장 크므로 A~D 중 $\dfrac{\text{제2 이온화 에너지}}{\text{제1 이온화 에너지}}$ 는 C가 가장 크다.

바로알기 ㄱ. A의 원자가 전자 수는 6이다.

12 ㄴ. 같은 주기에서 제2 이온화 에너지는 18족 원소가 17족 원소보다 크다. 따라서 제2 이온화 에너지는 C가 B보다 크다.

ㄷ. C는 2주기 18족 원소이고 D는 3주기 1족 원소로, 2주기 18족 원소에서 3주기 1족 원소가 될 때 전자 껍질 수가 증가하므로 원자가 전자가 느끼는 유효 핵전하는 크게 감소한다. 따라서 원자가 전자가 느끼는 유효 핵전하는 C가 D보다 크다.

바로알기 ㄱ. A는 2주기 13족 원소로 같은 주기의 1족 원소보다 원자 반지름이 작고, D는 3주기 1족 원소로 2주기 1족 원소보다 원자 반지름이 크다. 따라서 원자 반지름은 D가 A보다 크다.

13 ㄴ. B는 Al, C는 O이므로 바닥상태 원자에서 홀전자 수는 C가 B보다 크다.

바로알기 ㄱ. A는 Mg이므로 원자 반지름이 이온 반지름보다 크다. 따라서 $\dfrac{\text{이온 반지름}}{\text{원자 반지름}} < 1$이다.

ㄷ. D는 F으로 2주기 원소 중 D보다 제2 이온화 에너지가 큰 원자는 Li, O, Ne의 3가지이다.

14 X~Z의 홀전자 수의 합은 1이므로 X~Z에는 Ne과 Be이 포함되어 있다. 원자가 전자가 느끼는 유효 핵전하는 Y가 가장 크므로 Y는 Ne이고, 제2 이온화 에너지는 X가 가장 크므로 X는 Li이다. 따라서 Z는 Be이다.

ㄱ. X는 Li이다.

ㄴ. 원자 반지름은 1족 원소인 Li이 가장 크다. 따라서 X가 Z보다 크다.

ㄷ. 제1 이온화 에너지는 Ne이 가장 크므로 Y가 Z보다 크다.

15 제1 이온화 에너지는 P>S>Ca>K이므로 X는 K, Ca 중 하나이고, Y는 P, S 중 하나이다.

ㄱ. X는 금속 원소이므로 원자 반지름이 이온 반지름보다 크다. 따라서 ㉠은 이온 반지름, ㉡은 원자 반지름이다.

ㄴ. Z는 원자 반지름이 이온 반지름보다 크고, 이온 반지름이 X보다 크므로 Z는 K이다. X는 Ca이며, 제1 이온화 에너지는 Y가 W보다 크므로 W는 S, Y는 P이다. 따라서 제2 이온화 에너지는 Z가 Y보다 크다.

바로알기 ㄷ. 원자가 전자가 느끼는 유효 핵전하는 원자 번호가 큰 X가 Z보다 크다.

16 원자 번호가 8, 11, 12인 원자는 각각 O, Na, Mg이고, $\dfrac{p\ 오비탈의\ 전자\ 수}{s\ 오비탈의\ 전자\ 수}$ 는 O가 1, Na이 $\dfrac{6}{5}$, Mg이 1이다. A와 C는 각각 O, Mg 중 하나이고 B는 Na이다. 또한 $\dfrac{이온\ 반지름}{|이온의\ 전하|}$ 은 C가 가장 작으므로 C는 Mg이다. 따라서 A는 O이다.

ㄱ. 원자가 전자 수는 A가 6으로 가장 크다.

ㄴ. 원자 반지름은 주기율표에서 왼쪽 아래로 갈수록 크므로 B가 가장 크다.

ㄷ. 원자가 전자가 느끼는 유효 핵전하는 같은 주기에서 원자 번호가 클수록 크므로 C>B이다.

17 서술형
정답 (1) ㉠ : C, ㉡ : B
모범답안 (2) C>D>B>A, Ne의 전자 배치를 갖는 이온은 전자 수가 같은 이온으로 원자 번호가 클수록 전자가 느끼는 유효 핵전하가 커서 이온 반지름이 작아진다. 따라서 이온 반지름은 C>D>B>A이다.

채점 기준	배점
이온 반지름과 전자가 느끼는 유효 핵전하의 관계를 제시하여 옳게 설명한 경우	100 %
이온 반지름을 옳게 비교하였으나, 적절한 설명이 부족한 경우	50 %

해설 (1) 같은 주기에서 제1 이온화 에너지는 17족 원소가 16족 원소보다 크고, 2족 원소가 13족 원소보다 크다. 따라서 제1 이온화 에너지는 ㉡>㉠>㉢>㉣이므로 A는 ㉣, B는 ㉢, C는 ㉠, D는 ㉡이다.
(2) Ne의 전자 배치를 갖는 이온은 원자 번호가 클수록 전자가 느끼는 유효 핵전하가 크므로 원자핵과 전자 사이의 인력이 증가하여 이온 반지름은 감소한다.

18 서술형
모범답안 A, B, 금속 원자가 원자가 전자를 잃고 양이온이 될 때 전자 껍질 수가 감소하므로 금속 원소는 원자 반지름이 이온 반지름보다 크다. 따라서 금속 원소는 A, B이다.

채점 기준	배점
전자 껍질 수 감소에 의해 이온 반지름이 감소한다는 것을 포함하여 옳게 설명한 경우	100 %
금속 원소 A, B를 골랐으나, 적절한 설명이 부족한 경우	50 %

19 서술형
정답 (1) 2
모범답안 (2) X는 제3 이온화 에너지가 가장 크므로 2족 원소이고 원자 번호는 W<X<Y<Z이므로 W는 1족, Y는 13족, Z는 14족 원소이다. 따라서 제2 이온화 에너지는 W>Y>Z>X이다.

채점 기준	배점
제2 이온화 에너지를 비교하여 옳게 설명한 경우	100 %
제2 이온화 에너지를 옳게 비교하였으나, 적절한 설명이 부족한 경우	50 %

해설 (1) X는 $\dfrac{E_3}{E_2}$ 가 가장 크므로 X는 2주기 원소 중 E_2가 가장 작고 E_3가 가장 크다. 따라서 X는 2족 원소이므로 원자가 전자 수는 2이다.
(2) 2주기 원소 중 제2 이온화 에너지는 1족 원소가 가장 크고, 2족 원소가 가장 작다. 또한 13족 원소가 2족과 14족 원소보다 제2 이온화 에너지가 크다.

1등급 실전 문제　　p.108~113

01 ④	02 ③	03 ③	04 ②	05 ⑤	06 ①
07 ⑤	08 ②	09 ③	10 ①	11 ⑤	12 ③
13 ④	14 ②	15 ①	16 ⑤	17 ③	18 ③
19 ②	20 ①				

서술형 **21~25 해설 참조**

01 ㄱ. α 입자가 원자를 지나갈 때 대부분은 통과하므로 원자는 대부분 비어 있음을 알 수 있다.

ㄷ. 원자핵의 질량이 α 입자보다 작다면 충돌에 의해 원자핵이 튕겨 나올 수 있다. 그러나 α 입자가 튕겨 나왔으므로 원자핵의 질량은 크다는 것을 알 수 있다.

바로알기 ㄴ. α 입자 중 일부는 산란되거나 되튕겨 나오므로 α 입자는 (+)전하를 띰을 알 수 있다.

02 A. 톰슨은 음극선 실험을 통해 음극선은 질량을 가지며 (−) 전하를 띠는 입자로 되어 있음을 발견하고, 이 입자를 전자라고 하였다.

C. 원자핵은 (+)전하를 띠는 입자이고 전자는 (−)전하를 띠는 입자이며, 두 입자 사이에 전기적 인력이 작용한다.

🔍 **바로알기** B. 러더퍼드의 α 입자 산란 실험을 통해 원자 대부분은 빈 공간이며 원자의 중심에는 크기가 매우 작고 질량이 큰 입자인 원자핵이 있음을 알게 되었다.

03 ㄱ. (가)와 (나)는 전하가 같은 이온이므로 양성자 수가 같다. 따라서 (가)의 원자는 (나)의 원자의 동위 원소이다.

ㄴ. 질량수는 원자핵을 구성하는 양성자 수와 중성자 수의 합과 같으므로 (가)는 6, (나)는 7이다.

🔍 **바로알기** ㄷ. (가)와 (나)의 양성자 수는 같으므로 🔴은 양성자, ⚪은 중성자이며, 질량수가 1인 수소(H) 원자에는 ⚪(중성자)이 없다.

04

| 자료 분석 |

양성자 수는 같고, 질량수는 다르므로 동위 원소이다.

원자	(가)	(나)	(다)
양성자 수	5	6	6
질량수	11	13	12
㉠의 수 − 전자의 수	1	1	0

중성자

원자는 전기적으로 중성이므로 ㉠이 양성자라면 0이어야 한다. ⇒ ㉠은 중성자이다.

(가)는 전기적으로 중성이므로 양성자 수와 전자 수가 같다. 따라서 ㉠이 양성자라면 양성자와 전자 수의 차는 0이어야 하는데 제시된 자료에서는 1이므로 ㉠은 중성자이다.

ㄷ. (가)는 ㉠의 수와 전자의 수의 차가 1이므로 (가)의 중성자 수는 6이다. 따라서 (가)의 질량수는 11이므로, (나)의 질량수는 (가)보다 2만큼 크다.

🔍 **바로알기** ㄱ. ㉠은 중성자이다.

ㄴ. (다)는 중성자와 전자 수의 차가 0이므로 중성자 수가 6이다. 따라서 중성자 수는 (가)와 (다)가 모두 6이다.

05 ㄱ. ^{63}X와 ^{65}X의 존재 비율을 각각 $a\%$, $b\%$라고 할 때, $63 \times \dfrac{a}{100} + 65 \times \dfrac{b}{100} = 63.5$이고 $a+b=100$이므로 $a=75$, $b=25$이다.

ㄴ. ^{63}X와 ^{65}X는 동위 원소이므로 중성자 수는 ^{65}X가 ^{63}X보다 크다.

ㄷ. 원자량은 ^{65}X가 ^{63}X보다 크므로 $1\,g$에 들어 있는 원자 수는 ^{63}X가 ^{65}X보다 크다.

06 ㄱ. 분자량이 작은 (가)의 존재 비율이 분자량이 큰 (다)의 존재 비율보다 크므로 XY의 평균 분자량은 116보다 작다.

🔍 **바로알기** ㄴ, ㄷ. $\dfrac{^{35}X\text{의 존재 비율}(\%)}{^{37}X\text{의 존재 비율}(\%)} = 3$이므로 ^{35}X, ^{37}X의 존재 비율은 각각 75%, 25%이고, ^{79}Y, ^{81}Y의 존재 비율$(\%)$을 각각 a, b라고 할 때 $a \times \dfrac{75}{100} = \dfrac{3}{8}n$, $b \times \dfrac{25}{100} = \dfrac{1}{8}n$이므로 $a = b = \dfrac{1}{2}n$이다. 따라서 $\dfrac{^{35}X\text{의 존재 비율}(\%)}{^{81}Y\text{의 존재 비율}(\%)} = \dfrac{3}{2}$이고, $\dfrac{^{79}Y_2\text{의 존재 비율}(\%)}{^{81}Y_2\text{의 존재 비율}(\%)} = 1$이다.

07

| 자료 분석 |

가장 바깥 전자 껍질 ⇒ X는 3주기 13족 원소

전자 껍질	(가) M	(나) K	(다) L
전자 껍질에 들어 있는 전자 수	$a+1$ 3	a 2	$a+6$ 8
전자가 들어 있는 오비탈 수	b 2	1	c 4

$3s$ 오비탈에 전자 2개, $3p$ 오비탈에 전자 1개가 들어 있다.

$2s$ 오비탈과 3개의 $2p$ 오비탈에 전자가 들어 있다.

ㄱ. 원자 번호가 20 이내인 1~4주기 원자에서 K, L, M 전자 껍질에는 각각 2, 8, 8개의 전자가 최대로 채워진다. 바닥상태 원자이므로 (가)는 M 전자 껍질, (나)는 K 전자 껍질, (다)는 L 전자 껍질이다. 따라서 $a=2$이고 가장 바깥 전자 껍질인 (가)에 들어 있는 전자 수는 3이므로 X의 원자가 전자 수는 3이다.

ㄴ. 전자 껍질에 있는 오비탈의 주 양자수는 (가)가 3, (다)가 2이다.

ㄷ. (가)에서 $3s$ 오비탈과 1개의 $3p$ 오비탈에 전자가 들어 있고, (다)에서 $2s$ 오비탈과 3개의 $2p$ 오비탈에 전자가 들어 있다. 따라서 $b=2$, $c=4$이다.

08

| 자료 분석 |

- (가)의 주 양자수(n)는 3이다.
  ⇒ (가)는 $3s$, $3p$, $3d$ 오비탈 중 하나이다.
- (나)의 주 양자수(n)는 3보다 작다.
  ⇒ (나)는 $1s$, $2s$, $2p$ 오비탈 중 하나이다.
- 방위(부) 양자수(l)는 (나)가 (가)보다 크다.
  ⇒ (나)는 방위(부) 양자수가 1인 $2p$ 오비탈이므로 (가)는 방위(부) 양자수가 0인 $3s$ 오비탈이다.

ㄴ. (가)는 $n=3$이고 (나)는 $n<3$인데 l은 (나)가 (가)보다 크므로 (가)는 $3s$ 오비탈, (나)는 $2p$ 오비탈이다.

🔍 **바로알기** ㄱ. (가)는 $3s$ 오비탈이므로 $m_l=0$이다.

ㄷ. (가)는 $n=3$, $l=0$이고 (나)는 $n=2$, $l=1$이므로 (가)와 (나)는 모두 $n+l=3$이다.

09 ㄱ. (가)는 $2p$ 오비탈 1개가 비어 있는데 나머지 2개의 오비탈에 있는 전자가 쌍을 이루고 있으므로 훈트 규칙에 어긋난다.

ㄴ. (나)와 (다)는 쌓음 원리, 훈트 규칙, 파울리 배타 원리를 모두 만족하므로 바닥상태 전자 배치이다.

🔍 **바로알기** ㄷ. (라)에 배치된 전자는 모두 파울리 배타 원리를 만족하고 있으며, 쌓음 원리에 어긋나므로 들뜬상태이다.

10

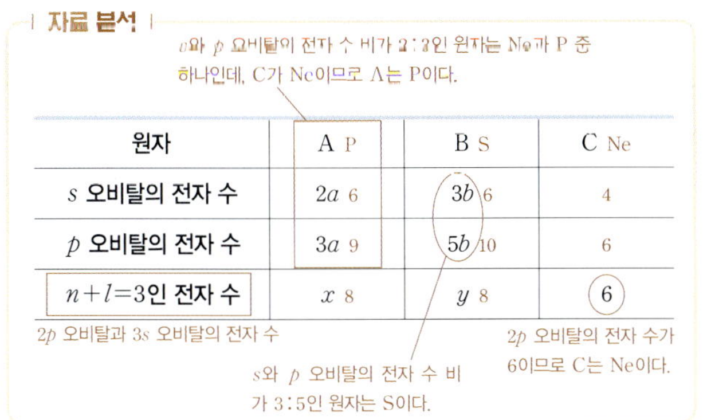

원자	A P	B S	C Ne
s 오비탈의 전자 수	$2a$ 6	$3b$ 6	4
p 오비탈의 전자 수	$3a$ 9	$5b$ 10	6
$n+l=3$인 전자 수	x 8	y 8	6

u와 p 오비탈의 전자 수 비가 2:3인 원자는 Ne과 P 중 하나인데, C가 Ne이므로 A는 P이다.

$2p$ 오비탈과 $3s$ 오비탈의 전자 수

s와 p 오비탈의 전자 수 비가 3:5인 원자는 S이다.

$2p$ 오비탈의 전자 수가 6이므로 C는 Ne이다.

A는 s 오비탈과 p 오비탈의 전자 수 비가 2:3이므로 Ne, P 중 하나이다. B는 s 오비탈과 p 오비탈의 전자 수 비가 3:5이므로 S이다. $n+l=3$인 전자는 $2p$ 오비탈과 $3s$ 오비탈의 전자인데 C는 $n+l=3$인 전자 수가 6이므로 Ne이다. 따라서 A는 P이다.

ㄱ. A는 15족 원소이므로 홀전자 수는 3이다.

바로알기 ㄴ. C의 바닥상태 전자 배치는 $1s^2 2s^2 2p^6$이므로 $\dfrac{p\ \text{오비탈의 전자 수}}{s\ \text{오비탈의 전자 수}}=\dfrac{3}{2}$이다.

ㄷ. 전자가 들어 있는 p 오비탈 수는 A와 B 모두 6으로 같다.

11 ① 가장 바깥 전자 껍질의 전자 수가 4이므로 X는 14족 원소이다.

② 전자가 들어 있는 전자 껍질 수가 2이므로 2주기 원소이다.

③ 원자는 전기적으로 중성이므로 양성자 수는 전자 수와 같고, 양성자 수는 원자 번호와 같다. 전자 수가 6이므로 원자 번호는 6이다.

④ 14족 원소이므로 원자가 전자 수는 4이다.

바로알기 ⑤ X의 바닥상태 전자 배치는 $1s^2 2s^2 2p^2$이고 훈트 규칙을 만족하므로 전자가 들어 있는 오비탈 수는 4이다.

12 ㄱ. C는 15족 원소이고, E는 17족 원소이므로 원자가 전자 수는 C가 5, E가 7이다.

ㄷ. 전자가 들어 있는 전자 껍질 수가 2인 원소는 2주기 원소이므로 B, C, D의 3가지이다.

바로알기 ㄴ. A는 비금속 원소이고 B는 금속 원소이므로 A와 B는 화학적 성질이 다르다. B와 화학적 성질이 비슷한 원소는 A, C, D, E 중에는 없다.

13

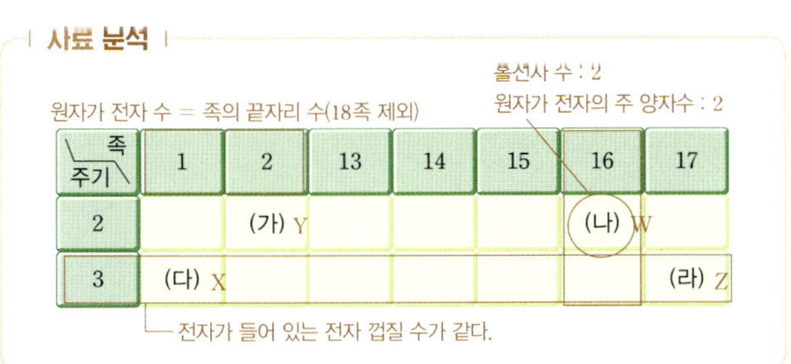

족 주기	1	2	13	14	15	16	17
2			(가) Y			(나) W	
3	(다) X						(라) Z

원자가 전자 수 = 족의 끝자리 수(18족 제외)

홀선자 수 : 2

원자가 전자의 주 양자수 : 2

전자가 들어 있는 전자 껍질 수가 같다.

W는 홀전자 수와 원자가 전자의 주 양자수가 같으므로 W는 (나)에 해당되고 원자가 전자 수가 W보다 큰 Z는 (라)에 해당된다. 또한 X와 Z는 전자가 들어 있는 전자 껍질 수가 같으므로 X는 (다)에 해당되고, Y는 (가)에 해당된다.

ㄱ. (라)는 Z이다.

ㄷ. 원자가 전자 수는 X가 1, Y가 2이다.

바로알기 ㄴ. W는 2주기 16족 원소이고 X는 3주기 1족 원소이므로 원자 번호는 X가 W보다 크다.

14

원자	X	Y
원자가 전자의 전자 배치	$2s^2 2p^5$ ($a=5$)	$3s^2 3p^1$ ($b=1$)
홀전자 수	c 1	c 1
전자가 들어 있는 p 오비탈 수	d 3	$d+1$ 4

X는 2주기, Y는 3주기 원소

Y는 X보다 전자가 들어 있는 p 오비탈 수가 크다.
⇒ Y는 Al이다.
⇒ X와 Y는 홀전자 수가 1이다.
⇒ X는 F이다.

전자가 들어 있는 p 오비탈 수는 Y가 X보다 1만큼 크므로 $b=1$이고, Y의 홀전자 수가 1이므로 $c=1$이다. 따라서 $a=5$, $d=3$이다.

ㄴ. X 이온과 Y 이온은 모두 Ne의 전자 배치를 갖는 등전자 이온이다. 등전자 이온에서 이온 반지름은 원자 번호가 클수록 작으므로 이온 반지름은 X가 Y보다 크다.

바로알기 ㄱ. $a+b=6$이고, $c+d=4$이다.

ㄷ. X는 2주기 17족 원소이므로 2주기 원자 중 X보다 제2 이온화 에너지가 큰 원자는 Li, O, Ne의 3가지이다.

15

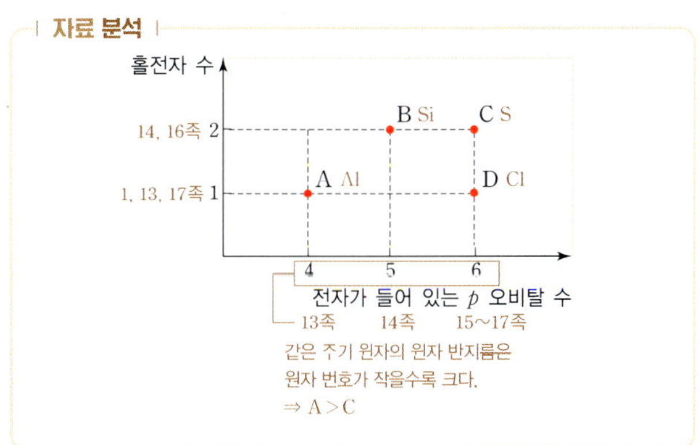

A는 전자가 들어 있는 p 오비탈 수가 4, 홀전자 수가 1이므로 전자 배치가 $1s^2 2s^2 2p^6 3s^2 3p^1$인 Al이고, B는 전자가 들어 있는 p 오비탈 수가 5, 홀전자 수가 2이므로 전자 배치가 $1s^2 2s^2 2p^6 3s^2 3p^2$인 Si이다. 또한 C는 전자가 들어 있는 p 오비탈 수가 6, 홀전자 수가 2이므로 전자 배치가 $1s^2 2s^2 2p^6 3s^2 3p^4$인 S이고, D는 전자가 들어 있는 p 오비탈 수가 6, 홀전자 수가 1이므로 전자 배치가 $1s^2 2s^2 2p^6 3s^2 3p^5$인 Cl이다.

ㄱ. 같은 주기에서 원자 번호가 증가할수록 원자 반지름은 감소하므로 원자 반지름은 A > C이다.

🔍 **바로알기** ㄴ. 3주기에서 제2 이온화 에너지는 13족 원소가 14족 원소보다 크므로 A > B이다.

ㄷ. 같은 주기에서 원자 번호가 증가할수록 원자가 전자가 느끼는 유효 핵전하는 증가하므로 D > C이다.

16 이온 반지름은 O > F > Li > Be이므로 A는 Be, B는 Li, C는 F, D는 O이다

ㄴ. 같은 주기에서 원자 반지름은 원자 번호가 작을수록 크므로 원자 반지름은 B > C이다.

ㄷ. 2주기에서 제1 이온화 에너지는 17족 원소가 16족 원소보다 크므로 C > D이다.

🔍 **바로알기** ㄱ. A는 Be이다.

17

┌─ **자료 분석** ─┐
- A ~ C의 홀전자 수의 합은 6이다.
  ⇒ A ~ C의 홀전자 수는 각각 1, 2, 3 중 하나이다.
- 제1 이온화 에너지는 C > B > A이다.
  ⇒ 원자 번호가 A > B인데 제1 이온화 에너지가 B > A이므로 A는 O, B는 N이다.
- 원자 반지름은 B > A > C이다.
  ⇒ 원자 번호는 C > A > B이다.
  ⇒ C는 F이다.

A ~ C는 홀전자 수의 합이 6이므로 A ~ C는 각각 Li, B, C, N, O, F 중 하나이다. 제1 이온화 에너지와 원자 반지름은 모두 B가 A보다 크므로 A는 O, B는 N이고 제1 이온화 에너지는 C가 가장 크므로 C는 F이다.

ㄱ. 홀전자 수는 A가 2, B가 3이므로 B > A이다.

ㄷ. 원자가 전자가 느끼는 유효 핵전하는 원자 번호가 클수록 크므로 C > B이다.

🔍 **바로알기** ㄴ. O에서 전자 1개를 떼어 내면 $2p$ 오비탈에 3개의 홀전자가 있고, F에서 전자 1개를 떼어 내면 $2p$ 오비탈에 전자쌍이 존재하여 전자 사이의 반발력이 크므로 제2 이온화 에너지는 16족 원소인 O가 17족 원소인 F보다 크다.

18 2, 3주기 원자 중 이온이 Ne의 전자 배치를 갖는 원자는 N, O, F, Na, Mg, Al이다. A ~ D는 홀전자 수가 모두 다르고 이온 반지름은 N > O > F > Na > Mg > Al이므로 C는 O, D는 N이다. 또한 A, B는 Na, Mg, Al 중 하나인데 제1 이온화 에너지가 B가 A보다 크므로 B는 Mg이고, 이온 반지름은 B가 A보다 크므로 A는 Al이다.

ㄱ. A는 Al이다.

ㄴ. 제2 이온화 에너지는 16족 원소가 15족 원소보다 크므로 C > D이다.

🔍 **바로알기** ㄷ. 전자가 들어 있는 p 오비탈 수는 B와 C 모두 3으로 같다.

19 같은 주기에서 제1 이온화 에너지는 15족 원소가 16족 원소보다 큰데, 제1 이온화 에너지는 B가 A보다 크므로 A는 3주기

15족, B는 2주기 16족 원소이다. 따라서 C는 3주기 16족 원소이다.

ㄴ. 같은 주기에서 원자 반지름은 원자 번호가 작을수록 크므로 원자 반지름은 A > C이다.

🔍 **바로알기** ㄱ. A는 3주기 원소이다.

ㄷ. 같은 족에서 제1 이온화 에너지는 원자 번호가 작을수록 크다. 따라서 제1 이온화 에너지는 B > C이다.

20 C의 홀전자 수가 2일 때 A는 Ne, B는 F이므로 이 경우 D에 해당하는 원자가 존재하지 않는다. C의 홀전자 수가 3일 때 A는 Ne, D는 F, B는 O이고 제시된 자료를 만족한다.

ㄱ. A는 Ne이므로 18족 원소이다.

🔍 **바로알기** ㄴ. 제1 이온화 에너지는 15족 원소인 C가 16족 원소인 B보다 크다.

ㄷ. B는 O, D는 F이므로 18족 원소의 전자 배치를 갖는 이온의 반지름은 B가 D보다 크다.

21 서술형

정답 (1) $^{3}_{1}Y$

모범답안 (2) X, Y, 원자는 전기적으로 중성이므로 양성자 수와 전자 수가 같다. Y에서 ⚪의 수는 전자 수와 같으므로 ⚪은 양성자이고, 🔴은 중성자이다. 동위 원소는 양성자 수는 같으나 질량수가 다른 원소이므로 X와 Y는 양성자 수가 같고 질량수가 다른 동위 원소이다.

채점 기준	배점
양성자와 중성자를 알아내는 과정을 제시하고 동위 원소를 찾아 옳게 설명한 경우	100 %
동위 원소를 찾아 썼지만, 적절한 설명이 부족한 경우	50 %

해설 (1) 원자는 전기적으로 중성이므로 양성자 수와 전자 수가 같다. Y 원자에서 ⚪ 수는 전자 수와 같으므로 ⚪은 양성자이고, 🔴은 중성자이다. 따라서 Y는 원자 번호가 1이고 질량수가 3이다.

(2) X는 양성자 수가 1, 질량수가 2이고, Y는 양성자 수가 1, 질량수가 3이다. 따라서 X와 Y가 동위 원소이다.

22 서술형

모범답안 (1) ^{a}X와 ^{a+2}X의 존재 비율(%)을 각각 x, y라고 할 때 분자의 존재 비율은 $^{a}X_2 : ^{a+2}X_2 = 1 : 1 = x^2 : y^2$이다. 따라서 $x = y$이므로 ^{a}X와 ^{a+2}X의 존재 비율은 각각 50 %이다.

채점 기준	배점
X의 동위 원소의 존재 비율을 구하는 과정과 함께 옳게 설명한 경우	100 %
X의 동위 원소의 존재 비율을 구하였으나, 적절한 설명이 부족한 경우	50 %

정답 (2) $a + 1$

해설 (1) X_2는 분자량이 다른 3가지 분자로 존재하므로 X의 동위 원소는 ^{a}X와 ^{a+2}X이다. 분자량이 $2a$인 X_2 분자를 (가), 분자량이 $2a + 2$인 X_2 분자를 (나), 분자량이 $2a + 4$인 X_2 분자를 (다)라고 할 때, 동위 원소의 존재비가 $^{a}X : ^{a+2}X = x : y$라면

3가지 X_2 분자의 존재비는 (가):(나):(다)$=x^2:2xy:y^2$이다.
(2) 원자의 평균 원자량은 동위 원소의 원자량과 존재 비율의 곱을 더한 값과 같다. X의 평균 원자량은 $a \times 0.5+(a+2) \times 0.5 = a+1$이다.

23 서술형

정답 (1) (가) : $2s$ 오비탈, (나) : $2p$ 오비탈, (다) : $3s$ 오비탈

모범답안 (2) (가) : 2, (나) : 6, (다) : 1, $_{11}$Na의 바닥상태 전자 배치는 $1s^22s^22p^63s^1$이다. (가)~(다)는 각각 $2s$, $2p$, $3s$ 오비탈이므로 (가)~(다)에 들어 있는 전자 수는 각각 2, 6, 1이다.

채점 기준	배점
$_{11}$Na의 바닥상태 전자 배치를 제시하여 (가)~(다)에 들어 있는 전자 수를 옳게 구한 경우	100 %
(가)~(다)에 들어 있는 전자 수만을 옳게 구한 경우	50 %

해설 (1) (나)는 주 양자수가 2이므로 $2s$ 또는 $2p$ 오비탈인데 $n+l$이 (다)와 같으므로 $2p$ 오비탈이고, (다)는 $3s$ 오비탈이다. 따라서 (가)는 $2s$ 오비탈이다.
(2) $_{11}$Na의 바닥상태 전자 배치는 쌓음 원리, 파울리 배타 원리를 만족해야 한다.
따라서 $_{11}$Na의 바닥상태 전자 배치는 $1s^22s^22p^63s^1$이다.

24 서술형

모범답안 $B>A>D>C$, A~D 이온은 Ne의 전자 배치를 가지므로 원자 번호가 클수록 이온 반지름이 작다. 따라서 A~D의 원자 번호는 각각 12, 11, 9, 8이다. 같은 주기에서 원자 번호가 작을수록, 같은 족에서 원자 번호가 클수록 원자 반지름이 커지므로 원자 반지름은 $B>A>D>C$이다.

채점 기준	배점
이온 반지름을 이용하여 A~D에 해당하는 원자를 구한 후 A~D의 원자 반지름을 비교하고 그 까닭을 옳게 설명한 경우	100 %
A~D에 해당하는 원자를 옳게 구했지만, 적절한 설명이 부족한 경우	50 %

해설 전자 수가 같은 이온의 반지름은 원자 번호가 클수록 전자가 느끼는 유효 핵전하가 커 원자핵과 전자 사이의 인력이 크므로 이온 반지름이 작다.

25 서술형

정답 (1) $A:2$, $B:3$, $C:6$

모범답안 (2) $A>B$, A와 B의 원자가 전자의 전자 배치는 각각 $3s^2$, $3s^23p^1$이므로, B는 에너지 준위가 높은 $3p$ 오비탈의 전자를 떼어 낼 때 A보다 에너지가 적게 필요하다. 따라서 제1 이온화 에너지는 A가 B보다 크다.

채점 기준	배점
2족과 13족 원소의 바닥상태 전자 배치를 제시하여 옳게 설명한 경우	100 %
제1 이온화 에너지를 옳게 비교했지만, 적절한 설명이 부족한 경우	50 %

해설 (1) A는 $E_2 \ll E_3$, B는 $E_3 \ll E_4$, C는 $E_6 \ll E_7$이므로 A~C의 원자가 전자 수는 각각 2, 3, 6이다.
(2) 2족 원소와 13족 원소의 제1 이온화 에너지는 원소의 바닥상태 전자 배치와 관련이 있다.

— Ⅲ. 화학 결합과 분자의 세계 —

1 화학 결합

01 이온 결합

개념 익히기 문제 p.117, 119

01 수소, 산소 **02** 전자 **03** 옥텟 **04** 1 **05** ○
06 × **07** ○ **08** ○ **09** ○ **10** × **11** 이온
12 낮은 **13** 고체, 액체 **14** ○ **15** × **16** ×
17 ○

01 물의 전기 분해에서 ($-$)극에서는 수소 기체가, ($+$)극에서는 산소 기체가 발생한다.

02 물이 전기 분해된다는 사실로부터 물의 구성 원자들 사이의 화학 결합에 전자가 관여함을 알 수 있다.

03 옥텟 규칙은 원자의 가장 바깥 전자 껍질에 8개의 전자가 채워지려 하는 경향을 의미한다.

04 나트륨(Na) 원자의 전자 수는 11이고 원자가 전자 수는 1이므로 전자 1개를 잃고 Na$^+$이 되면 L 전자 껍질에 전자가 8개 채워지며 옥텟 규칙을 만족한다.

05 순수한 물은 전류가 잘 흐르지 않아 전기 분해가 잘 되지 않으므로 황산 나트륨과 같은 전해질(이온 결합 물질)을 소량 넣어 줘야 한다.

07 염화 나트륨 용융액의 전기 분해에서 ($+$)극에서는 염소(Cl_2) 기체가, ($-$)극에서는 금속 나트륨(Na)이 각각 생성된다.

08 염화 나트륨 용융액의 전기 분해를 화학 반응식으로 나타내면 $2NaCl \longrightarrow 2Na+Cl_2$이다. 따라서 ($-$)극에서 생성되는 Na과 ($+$)극에서 생성되는 Cl_2의 몰비는 ($-$)극 : ($+$)극$=2:1$이다.

12 양이온과 음이온은 인력과 반발력이 균형을 이루어 에너지가 가장 낮은 거리에서 이온 결합을 형성한다.

14 금속 원소는 옥텟 규칙을 만족하기 위해 주로 전자를 잃고 양이온이 되려 하고, 비금속 원소는 옥텟 규칙을 만족하기 위해 주로 전자를 얻어 음이온이 되려 한다.

15 이온 결합 물질에서 양이온의 총 전하량과 음이온의 총 전하량은 같으므로 Na$^+$과 O^{2-}은 $2:1$로 결합하여 Na_2O를 형성한다.

17 이온 결합 물질은 외부 힘을 받으면 이온의 층이 밀리면서 두 층의 경계면에서 같은 전하를 띤 이온들 사이의 반발력이 작용하여 쉽게 부서진다.

예제 1

정답 ④

해설 물의 전기 분해에서 산소와 수소는 1 : 2의 부피 비로 발생한다.

예제 2

정답 (1) 전극 (가) : (−)극, 전극 (나) : (+)극

모범답안 (2) 물에 전자를 공급하면 물이 수소와 산소로 분해되는 것으로 보아, 물 분자를 이루는 수소와 산소의 화학 결합에 전자가 관여함을 알 수 있다.

해설 전극 (가)에서 생성된 기체의 양이 전극 (나)에서 생성된 기체의 양보다 크므로, (가)에서 수소 기체가, (나)에서 산소 기체가 발생하였음을 알 수 있다. 물의 전기 분해에서 수소 기체는 (−)극에서, 산소 기체는 (+)극에서 발생하므로 (가)는 (−)극, (나)는 (+)극이다. 물이 전기 분해되는 것으로 보아 물의 구성 원자들 사이의 화학 결합에 전자가 관여함을 알 수 있다.

개념 다지기 문제   p.121~123

01 ④	02 ②	03 ⑤	04 ①	05 ⑤	06 ⑤
07 ②	08 ③	09 ③			

고난도 10 ⑤   11 ④

서술형 12~13 해설 참조

01 물의 전기 분해 장치에서 전원 장치의 (−)극에 연결된 시험관에서는 수소(H_2) 기체가, (+)극에 연결된 시험관에서는 산소(O_2) 기체가 2 : 1의 몰비로 각각 생성된다. 따라서 A_2는 O_2, B_2는 H_2이다.

ㄴ. B_2는 H_2이고, H_2가 생성되는 시험관에 연결된 전극은 (−)극이다.

ㄷ. 생성된 기체의 부피는 $B_2(H_2)$가 $A_2(O_2)$의 2배이다.

바로알기 ㄱ. A_2는 O_2이다.

02 물의 전기 분해 실험은 공유 결합 화합물이 구성 원소로 분해될 때 전자가 관여하는 것을 확인하고, 이를 통해 공유 결합에 전자가 관여함을 알아내기 위한 실험이다. 따라서 ㉠으로 '전자'가 가장 적절하다.

03 염화 나트륨 용융액($NaCl(l)$)이 전기 분해되는 반응의 화학 반응식은 $2NaCl(l) \longrightarrow 2Na(s) + Cl_2(g)$이다. 전기 분해 과정에서 (+)전극에서는 염소(Cl_2)가, (−)전극에서는 나트륨(Na)이 각각 생성된다.

ㄱ. (가) 전극은 전원 장치의 (+)극에 연결되어 있으므로 (가) 전극에서 생성되는 물질은 염소(Cl_2)이다.

ㄴ. (나) 전극은 전원 장치의 (−)극에 연결되어 있으므로, (나) 전극 주위에서는 Na^+이 전극으로부터 전자를 받아 Na으로 환원되는 반응이 일어난다.

ㄷ. 고체 상태의 염화 나트륨은 전기 전도성이 없으므로 전기 분해되지 않는다.

04 X는 전자 수가 11이므로 Na이고, Y는 전자 수가 17이므로 Cl이다. Na과 Cl의 옥텟 규칙을 만족하는 이온은 각각 Na^+, Cl^-이므로 X^+, Y^-이다.

05 ⑤ Ar은 18족 원소이며 원자 상태에서 옥텟 규칙을 만족한다.

06 A^+은 Na^+, B^{2+}은 Mg^{2+}, C^{2-}은 O^{2-}, D^-은 Cl^-, E^+은 K^+이다.

ㄴ. A와 C로 이루어진 물질 A_2C는 이온 결합 물질로 수용액 상태에서 전기 전도성이 있다.

ㄷ. $B^{2+}(Mg^{2+})$와 $D^-(Cl^-)$은 1 : 2의 개수비로 결합하여 화합물 BD_2를 형성한다.

바로알기 ㄱ. 원자 번호는 E(K)가 D(Cl)보다 크다.

07 ㄴ. 이온 사이의 거리가 b일 때 에너지가 가장 낮으므로 이온 결합이 형성되는 이온 사이의 거리는 b이다.

바로알기 ㄱ. Na^+과 Cl^- 사이에 인력과 반발력이 균형을 이루는 것은 이온 사이의 거리가 b일 때이다.

ㄷ. NaF은 NaCl보다 음이온의 크기가 작으므로 이온 결합이 이루어지는 이온 사이의 거리는 NaF가 b보다 작다.

08 Na^+과 Cl^-이 결합한 이 화합물은 NaCl이다.

ㄱ. NaCl은 이온 결합 물질이다.

ㄷ. 이온 결합 물질은 액체 상태에서 전기 전도성이 있다.

바로알기 ㄴ. 화학식은 NaCl이다.

09 외부 힘을 가했을 때 결정이 쉽게 쪼개지는 것으로 보아 화합물 XF는 이온 결합 물질이다.

ㄱ. X는 3주기 원소이고 F^-과 1 : 1로 결합하였으므로 X는 Na이다.

ㄴ. XF는 NaF이고 Na^+과 F^-의 전자 배치는 모두 Ne과 같으므로 서로 같다.

바로알기 ㄷ. NaF은 이온 결합 물질이므로 고체 상태에서 전기 전도성이 없다.

10 $XY(l)$가 전기 분해하여 생성되는 물질은 각각 $X(s)$, $Y_2(g)$이므로 화학 반응식은 $2XY(l) \longrightarrow 2X(s) + Y_2(g)$이다.

ㄱ. X는 금속 원소, Y는 비금속 원소이고 바닥상태 원자 X와 Y의 홀전자 수는 같으므로 이 조건을 만족하는 X는 나트륨(Na), Y는 염소(Cl)이다.

ㄴ. 화학 반응식으로부터 생성된 물질의 양(mol)은 $X(s)$가 $Y_2(g)$의 2배임을 알 수 있다. 따라서 $a=2$이다.

ㄷ. X 이온은 Na^+, Y 이온은 Cl^-이고 이온 반지름은 $Cl^- > Na^+$이다.

11 이온 사이의 거리에 따른 이온 결합 물질의 녹는점의 차이를 알아보기 위해서는 같은 전하량의 이온으로 구성된 화합물들을 서로 비교해야 한다.

A. NaCl과 MgO은 이온의 전하량이 다르므로 이온 사이의 거리에 따른 이온 결합 물질의 녹는점의 차이를 알아보기에 적절하지 않다.
B. NaF과 NaCl은 이온의 전하량이 같으므로 이온 사이의 거리에 따른 이온 결합 물질의 녹는점의 차이를 알아보기에 적절하다.
C. MgO과 CaO은 이온의 전하량이 같으므로 이온 사이의 거리에 따른 이온 결합 물질의 녹는점의 차이를 알아보기에 적절하다.

12 서술형

정답 (1) A_2 : H_2(수소), B_2 : O_2(산소)

모범답안 | (2) 순수한 물은 전류가 잘 흐르지 않으므로 황산 나트륨과 같은 전해질을 소량 녹여 전류가 잘 흐르게 해줘야 물의 전기 분해가 잘된다.

채점 기준	배점
전해질을 넣어줘야 하는 까닭에 대해 옳게 설명한 경우	100 %

13 서술형

정답 (1) 잘 부서진다.

모범답안 | (2) 고체 상태에서 양이온과 음이온이 강하게 결합하고 있기 때문에 이온들이 자유롭게 움직일 수 없다.

채점 기준	배점
고체 상태에서 이온이 잘 움직일 수 없음을 설명한 경우	100 %
상태에 대한 언급없이 이온이 잘 움직일 수 없음을 설명한 경우	50 %

해설 | (1) 이온 결합 물질은 고체 상태에서 외부 힘을 받으면 이온의 층이 밀리면서 두 층의 경계면에서 같은 전하를 띤 이온들 사이의 반발력이 작용하여 쉽게 부서진다.
(2) 고체 상태의 이온 결합 물질은 양이온과 음이온이 정전기적 인력으로 강하게 결합되어 있어 이온들이 자유롭게 이동할 수 없다. 따라서 이온 결합 물질은 고체 상태에서 전기 전도성이 없다.

02 공유 결합과 금속 결합

개념 익히기 문제 p.125, 127

01 공유	**02** 단일	**03** 2, 2	**04** 탄소	**05** 없다	**06** ×
07 ○	**08** ○	**09** ×	**10** ×	**11** 자유 전자	
12 금속	**13** 뽑힘성(연성), 펴짐성(전성)		**14** 고체	**15** ×	
16 ○	**17** ○	**18** ×	**19** ○		

01 비금속 원자들이 전자쌍을 서로 공유하여 생성하는 결합을 공유 결합이라고 한다.

03 산소 원자는 원자가 전자 수가 6이므로 옥텟 규칙을 만족하기 위해 필요한 전자 수가 2이다. 따라서 2개의 산소 원자는 서로 2개씩의 전자를 내놓아 2개의 전자쌍을 공유하여 2중 결합을 형성한다.

04 다이아몬드와 흑연은 모두 탄소 원자로 이루어진 공유 결합 물질이다.

06 공유 결합은 비금속 원자들 사이에 형성된다.

09~10 공유 결합 물질은 대부분 고체, 액체 상태에서 모두 전기 전도성이 없다.

12 금속 양이온과 자유 전자 사이의 정전기적 인력으로 생성된 결합을 금속 결합이라고 한다.

13 금속 결합 물질은 외부의 힘에 의해 모양이 변형되어도 자유 전자가 이동하면서 금속 양이온이 떨어져 나가는 것을 막는다. 이로 인해 뽑힘성(연성), 펴짐성(전성)이 크다.

14 금속 결합 물질은 자유 전자를 가지고 있어 고체와 액체 상태에서 모두 전기 전도성이 크고, 열 전도성도 크다.

15 금속 양이온과 비금속 음이온 사이의 정전기적 인력에 의해 형성되는 결합은 이온 결합이다.

18~19 금속 결합 물질은 대부분 고체, 액체 상태에서 모두 전기 전도성이 있다.

자료 집중 분석 p.128

예제 1

정답 ③

해설 ㄱ. 고체 알루미늄은 금속 결정이므로 펴짐성(전성)이 있다.
ㄴ. 고체 산화 칼슘은 이온 결합 물질이므로 전기 전도성이 없다.
ㄷ. 다이아몬드는 탄소 원자로 이루어진 공유 결정이다.

개념 다지기 문제 p.129~131

01 ⑤	**02** ①	**03** ④	**04** ③	**05** ④	**06** ④
07 ②	**08** ③				
고난도 **09** ②	**10** ⑤				
서술형 **11~12** 해설 참조					

01 (가)는 H_2O이고, (나)는 CO_2이다.
ㄱ. H_2O과 CO_2는 모두 공유 결합 물질이다.
ㄴ. 공유 전자쌍 수는 H_2O이 2, CO_2가 4이므로 (나)가 (가)의 2배이다.
ㄷ. H_2O과 CO_2에서 O 원자의 전자 배치는 모두 Ne과 같다.

02 (가)는 H_2, (나)는 HF이다.
ㄱ. H_2는 공유 결합 물질이다.
바로알기 ㄴ. (나)는 HF이다.
ㄷ. 공유한 전자쌍은 (가)와 (나)가 1개로 같다.

03 ② H_2O에는 H 원자 2개와 O 원자 1개 사이에 각각 단일 결합을 형성하므로 2개의 단일 결합이 존재한다.
바로알기 ④ 2중 결합은 두 원자 사이에 2개의 전자쌍을 공유하는 것이다.

04 A는 N, B는 F이고 AB₃는 NF₃이다.

ㄱ. NF₃의 모든 원자는 공유 결합한 상태에서 모두 Ne과 같은 전자 배치를 가진다.

ㄷ. N와 F은 결합할 때 전자 1개씩을 내놓고 전자쌍 1개를 공유한다.

🔍 **바로알기** ㄴ. NF₃는 공유 결합 물질이므로 액체 상태에서 전기 전도성이 없다.

05 A는 H, B는 C(탄소), C는 O, D는 Cl이다.

ㄴ. BC₂는 CO₂이고, BA₄는 CH₄이다. 두 분자의 공유 전자쌍 수는 4로 같다.

ㄷ. CD₂는 OCl₂이고, OCl₂의 세 원자는 모두 옥텟 규칙을 만족한다.

🔍 **바로알기** ㄱ. H와 Cl가 결합한 화합물은 HCl이고 공유 결합 물질이다.

06 A는 Na, B는 O, C는 F이다.

ㄴ. A₂B는 Na₂O이고, B₂는 O₂이다. 두 분자에서 O는 모두 옥텟 규칙을 만족한다.

ㄷ. B₂는 O₂, BC₂는 OF₂이고 두 분자의 공유 전자쌍 수는 2로 같다.

🔍 **바로알기** ㄱ. 화합물 AC는 NaF이므로 이온 결합 물질이다.

07

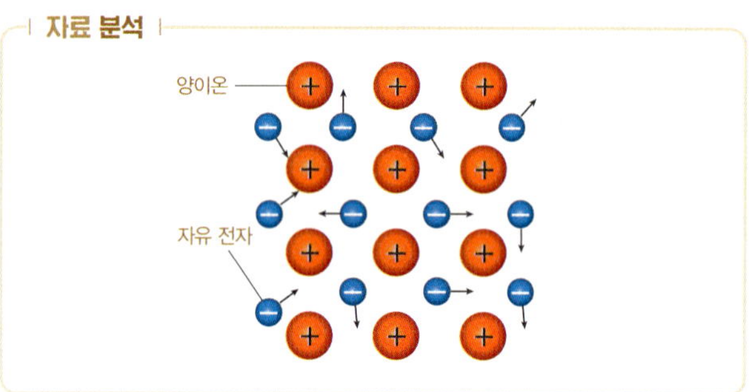

ㄴ. 금속 결합에서 금속 양이온과 자유 전자 사이에는 정전기적 인력이 작용한다.

🔍 **바로알기** ㄱ. ⓛ은 자유 전자이므로 음이온이 아니다.

ㄷ. 외부에서 힘을 가했을 때 금속은 쉽게 부서지지 않고 모양이 변형된다.

08 ㄱ. 흑연과 다이아몬드는 모두 탄소(C)로만 이루어져 있다.

ㄴ. 흑연과 다이아몬드는 원자들이 공유 결합으로 이루어져 있으므로 공유 결정이다.

🔍 **바로알기** ㄷ. 흑연은 전기 전도성이 있지만, 다이아몬드는 전기 전도성이 없다.

09 (가)는 OF₂, (나)는 CH₂O이다. A는 O, B는 F, C는 C(탄소), D는 H이다.

ㄴ. 단일 결합의 수는 OF₂와 CH₂O가 2로 같다.

🔍 **바로알기** ㄱ. O는 16족 원소, F은 17족 원소이므로 같은 족 원소가 아니다.

ㄷ. Ne의 전자 배치와 같은 원자의 수는 OF₂가 3, CH₂O가 2이다.

10 ㄱ. (가)는 금속 결합 물질이고 (나)는 이온 결합 물질이다.

ㄴ. 금속 결합 물질과 이온 결합 물질에는 모두 양이온이 존재한다.

ㄷ. 금속 결합 물질은 고체와 액체 상태에서, 이온 결합 물질은 액체 상태에서 전기 전도성이 있다.

11 서술형

정답 (1) (가) : H₂O, (나) : O₂

모범답안 (2) 공유 결합 물질이다. 공유된 전자쌍 수가 2이다. 산소(O)가 포함되어 있다. 분자이다. 등

채점 기준	배점
(가)와 (나)의 공통점 2가지를 옳게 서술한 경우	100 %
(가)와 (나)의 공통점 1가지만 옳게 서술한 경우	50 %

12 서술형

정답 (1) (가) : Al(s), (나) : NaCl(s), (다) : CO₂(s)

모범답안 (2) (가), (Al(s))은 금속 결합 물질로 자유 전자가 자유롭게 움직일 수 있어 고체 상태에서도 전류를 잘 흐르게 하기 때문이다.

채점 기준	배점
(가)를 옳게 답하고, 고체 상태에서 전기 전도성이 있는 까닭을 옳게 설명한 경우	100 %
(가)를 옳게 답하였으나, 고체 상태에서 전기 전도성이 있는 까닭을 옳게 설명하지 못한 경우	50 %

해설 (1) 이온 결합 물질과 금속 결합 물질에는 모두 금속 양이온이 존재하며, 이중 음이온이 존재하는 것은 이온 결합 물질이다. 공유 결합 물질에는 이온이 존재하지 않는다.

(2) 금속 결합 물질인 Al은 자유 전자가 자유롭게 움직일 수 있으므로 고체 상태에서 전기 전도성이 있다.

학교 시험 빈출 자료 MASTER p.132~133

① 1 ○ 2 ○ 3 × 4 × 5 ○
② 1 ○ 2 ○ 3 × 4 × 5 ×
③ 1 ○ 2 × 3 × 4 ○ 5 ○
④ 1 × 2 ○ 3 × 4 × 5 ○
⑤ 1 ○ 2 ○ 3 ○ 4 × 5 ×
⑥ 1 × 2 ○ 3 ○ 4 ○ 5 ×

①-3 황산 나트륨은 물에 전류가 잘 흐를 수 있도록 넣어준 전해질이고 물이 전기 분해되는 동안 전기 분해되지 않는다.

①-4 B에 모인 기체는 수소(H₂)이고 수소에는 단일 결합만 존재한다.

②-3 C에서는 이온 사이의 반발력이 인력보다 더 큰 영향을 미친다.

②-5 이온 사이의 인력과 반발력이 균형을 이룰 때 에너지는 가장 낮고 안정하다.

③-1 A는 1족 원소이므로 원자가 전자 수가 1이다. 따라서 이온 결합 물질 AX에서 A의 이온은 A^+이다.

③-2 이온 사이의 거리는 AX가 AY보다 더 작고 양이온은 A^+으로 같으므로 음이온의 크기는 X^-이 Y^-보다 작다.

③-5 AX와 CZ는 이온 사이의 거리가 비슷하지만 이온의 전하량이 큰 CZ가 녹는점이 더 높다.

④-2 B는 O, C는 N이므로 원자가 전자 수는 B>C이다.

④-4 공유 전자쌍 수는 $B_2(O_2)$가 2, $D_2(H_2)$가 1이다.

⑤-2 (나)는 Na^+이므로 +1가 양이온이다.

⑤-5 전원 장치를 연결하여 전류를 흘려 주었을 때 자유 전자는 (+)극으로 이동하지만, 금속 양이온은 이동하지 않는다.

⑥-1 A는 고체 상태에서 전기 전도성이 없고 액체 상태에서 전기 전도성이 있으므로 이온 결합 물질이다. 이온 결합 물질은 뽑힘성(전성)이 없다.

⑥-3 A는 이온 결합 물질, B는 금속 결합 물질이므로 A와 B에는 모두 금속 양이온이 존재한다.

학교 시험 대비 문제　　　　　p.134~137

01 ②　02 ②　03 ④　04 ⑤　05 ②　06 ④
07 ③　08 ⑤
고난도 09 ①　10 ①　11 ③　12 ③
서술형 13~16 해설 참조

---

01 ㄴ. 물의 전기 분해에서 동일한 시간 동안 발생한 기체의 부피는 전극 (가)에서가 (나)에서보다 크므로 (가)와 (나)에서 발생한 기체는 각각 수소(H_2), 산소(O_2)이다.

바로알기 ㄱ. (가)에서 수소(H_2)가 발생하였으므로 (가)는 (−)극이다.

ㄷ. 물이 전기 분해되는 것으로부터 성분 원소의 결합에 전자가 관여함은 알 수 있으나 물이 공유 결합 물질인지의 여부는 알 수 없다.

02 ㄴ. 이온 결합 물질의 결정은 외부에서 힘을 가했을 때 이온의 층이 밀리면서 층 경계면에서 같은 전하를 띤 이온들끼리 반발력이 작용하여 층과 층이 쉽게 분리된다. 따라서 $NaCl(s)$을 비롯한 이온 결합 물질의 결정은 쉽게 부스러진다.

바로알기 ㄱ. NaCl은 이온 결합 물질이므로 고체 상태와 액체 상태에서 모두 이온이 존재한다.

ㄷ. 이온 결합 물질은 액체 상태에서 전기 전도성이 있으나 고체 상태에서는 전기 전도성이 없다.

03 **바로알기** ① Ca^{2+}과 O^{2-}이 이온 결합한 화합물의 화학식은 CaO이다.

04 (가)는 CO_2, (나)는 FCN이다.

ㄱ. CO_2와 FCN에는 모두 다중 결합이 존재한다.

ㄴ. CO_2와 FCN은 공유 전자쌍 수가 4로 같다.

ㄷ. CO_2와 FCN에서 각각 Ne의 전자 배치를 가지는 원자 수는 3으로 같다.

05 A^{2+}은 Mg^{2+}이고, B^{2-}은 O^{2-}이다.

ㄴ. Mg^{2+}과 O^{2-}은 정전기적 인력으로 이온 결합한다.

바로알기 ㄱ. A는 Mg이므로 3주기 원소이고, B는 O이므로 2주기 원소이다.

ㄷ. 이온 반지름은 O^{2-}이 Mg^{2+}보다 크므로, A^{2+}이 B^{2-}이 더 작다.

06 N_2, O_2, F_2 중 공유 전자쌍 수는 N_2가 가장 크므로 N_2는 Y_2이다. Z_2에는 다중 결합이 존재하므로 Z_2는 O_2이다. 따라서 Z는 O이고, X는 F이다.

ㄱ. Y_2는 N_2이므로 Y는 N이다.

ㄷ. Z_2X_2는 O_2F_2이고 YX_3는 NF_3이다. 두 분자의 공유 전자쌍 수는 3으로 같다.

바로알기 ㄴ. F_2에는 단일 결합만 존재한다.

07 A_2는 H_2이고, B_2는 O_2이다.

ㄱ. O_2는 공유 결합 물질이다.

ㄷ. H_2O와 O_2의 공유 전자쌍 수는 2로 같다.

바로알기 ㄴ. H_2에는 단일 결합만 존재한다.

08 ㉠은 자유 전자이다.

ㄴ. Na(s) 내부에는 양이온과 자유 전자가 존재한다.

ㄷ. 전류를 흘려 주면 자유 전자는 (+)극 쪽으로 이동한다.

바로알기 ㄱ. Na은 금속 결합 물질이며, 금속 결합 물질은 분자를 이루지 않는다.

09 ㄱ. A는 3주기에 속한 1족 원소이므로 Na이다. 금속 원소인 Na과 1 : 1로 결합하여 화합물을 이루는 3주기 원소는 Cl이다. 따라서 AB는 NaCl이고 각각 Na^+과 Cl^-이 결합한 이온 결합 물질이다.

바로알기 ㄴ. (가)는 (−)극 쪽으로 이동하므로 (+)전하를 띠고 있다. 따라서 양이온이므로 Na^+이다.

ㄷ. (+)극에서는 Cl^-이 전자를 잃고 $Cl_2(g)$가 생성된다.

10 A는 Li, B는 F, C는 Mg이다.

ㄱ. A~C 중 금속 원소는 Li, Mg 2가지이다.

바로알기 ㄴ. 화합물 AB는 LiF이고 Li^+과 F^-이 결합한 것이다. 이 때 Li^+은 He과 같은 전자 배치를, F^-은 Ne과 같은 전자 배치를 하고 있으므로 양이온과 음이온의 전자 배치는 서로 다르다.

ㄷ. Mg과 F은 1 : 2로 결합하여 MgF_2을 형성하므로, C와 B로 이루어진 화합물의 화학식은 CB_2이다.

11 ㄱ. (가)는 HCl이고, (나)는 LiCl이다.

ㄷ. HCl과 LiCl에는 모두 Cl가 포함되어 있다.

바로알기 ㄴ. HCl는 공유 결합 물질이고, LiCl은 이온 결합 물질이다.

12 4가지 물질 중 이온 결합 물질은 NaCl이고, 공유 결합 물질은 HCl, CO_2이며, 금속 결합 물질은 Mg이다.

ㄱ. 고체 상태에서 양이온이 존재하는 것은 이온 결합 물질과 금속 결합 물질이므로 Mg, NaCl 2가지이다.

ㄷ. 액체 상태에서 전기 전도성이 있는 것은 이온 결합 물질과 금속 결합 물질이므로 Mg, NaCl 2가지이다.

🔍 **바로알기**) ㄴ. 고체 상태에서 전기 전도성이 있는 것은 금속 결합 물질이므로 Mg 1가지이다.

13 서술형
정답 (1) ㉠ NaCl, ㉡ BaO

모범답안 | (2) 이온 사이의 거리가 비슷할 때 녹는점은 이온의 전하량이 클수록 높기 때문이다.

채점 기준	배점
녹는점이 차이나는 까닭을 옳게 설명한 경우	100 %

해설 | (1) 이온 사이의 거리가 녹는점에 미치는 영향을 알아보기 위해서는 양이온 또는 음이온의 전하량이 같은 물질들끼리 비교해야 한다.

(2) 이온 사이의 거리가 비슷한 2가지 이온 결합 물질 중 이온의 전하량이 더 큰 물질의 녹는점이 더 높다.

14 서술형
정답 (1) $r=a$

모범답안 | (2) $r=b$에서 이온 결합이 형성되며, 이때 Na^+과 Cl^- 사이의 인력과 반발력이 균형을 이루어 에너지가 가장 작기 때문이다.

채점 기준	배점
이온 결합이 형성되는 거리를 옳게 답하고 그 까닭을 바르게 설명한 경우	100 %
이온 결합이 형성되는 거리만 옳게 답하고 그 까닭을 설명하지 못한 경우	50 %

해설 | (1) 이온 사이의 거리가 가까울수록 반발력이 커진다. 따라서 $r=a$일 때 반발력이 더 크다.

15 서술형
정답 (1) (가) $Na(s)$, (나) $NaCl(s)$

모범답안 | (2) (가)에서 자유 전자, (나)에서 음이온(Cl^-)이다.

채점 기준	배점
(가)와 (나)에서 각각 (−)전하를 띠는 입자 2가지를 옳게 서술한 경우	100 %
(가)와 (나)에서 각각 (−)전하를 띠는 입자 중 1가지만 옳게 서술한 경우	50 %

해설 | (1) (가)는 금속 양이온에 자유 전자가 있으므로 금속 결합 물질인 $Na(s)$이고, (나)는 양이온과 음이온이 규칙적으로 배열되어 있는 이온 결합 물질인 $NaCl(s)$이다.

16 서술형
정답 (1) (가) NaOH, (나) HOF

채점 기준	배점
2가지 화학식을 모두 옳게 답한 경우	100 %
1가지 화학식만 옳게 답한 경우	50 %

모범답안 | (2) (가)는 힘을 가했을 때 쉽게 부서진다. (가)는 이온 결합 물질이므로 힘을 가했을 때 이온의 층이 밀리면서 층 경계면에서 같은 전하를 띤 이온들 사이의 반발력으로 쉽게 부서지게 된다.

채점 기준	배점
쉽게 부서지는 물질로 (가)를 옳게 답하고, 그 까닭을 옳게 설명한 경우	100 %
쉽게 부서지는 물질로 (가)를 옳게 답하였으나, 그 까닭을 옳게 설명하지 못한 경우	50 %

2 분자의 구조와 성질

03 결합의 극성과 루이스 전자점식

개념 익히기 문제   p.141, 143

01 전기 음성도	**02** 4.0	**03** 무극성, 극성	
04 0이 아니다	**05** ○	**06** ○	**07** ×	**08** ○
09 ×	**10** 원자가 전자	**11** 공유, 비공유	**12** 2, 3
13 ○	**14** ○	**15** ×	**16** ×

04 극성 공유 결합의 쌍극자 모멘트는 0이 아니다.

05~06 전기 음성도는 같은 족에서는 원자 번호가 증가할수록 감소하고, 같은 주기에서는 원자 번호가 증가할수록 증가한다.

07 공유 결합에서 공유 전자쌍은 전기 음성도가 더 큰 원자 쪽으로 끌린다.

08 같은 원자는 전기 음성도가 서로 같으므로 공유한 전자쌍이 어느 쪽으로도 끌리지 않는 무극성 공유 결합을 한다.

12 전자쌍 1개를 공유하는 결합을 단일 결합, 전자쌍 2개를 공유하는 결합을 2중 결합, 전자쌍 3개를 공유하는 결합을 3중 결합이라고 하며, 전자쌍 1개를 각각 결합선 1개로 나타낸다.

13 루이스 전자점식은 원소 기호 주위에 원자가 전자 수만큼 점을 찍어 나타내므로 산소의 루이스 전자점식에서 점은 6개이다.

15 이온도 루이스 전자점식으로 나타낼 수 있다.
예 NaCl의 루이스 전자점식 : $[Na]^+$ $[:\ddot{Cl}:]^-$

🔘 **자료 집중 분석**   p.144

예제 1

정답 ⑤

해설 | 전기 음성도는 수소가 2.1, 탄소가 2.5이므로 탄소가 크다. 따라서 수소와 탄소의 결합에서 부분적인 (−)전하(δ^-)를 띠는 것은 탄소이다.

01 ⑥ 02 ③ 03 ③ 04 ④ 05 ⑤ 06 ③
07 ② 08 ②
고난도 09 ② 10 ①
서술형 11~12 해설 참조

01 ㄱ. H_2와 O_2, Cl_2는 모두 같은 원자끼리 공유 결합하여 무극성 공유 결합을 가지고 있으므로 부분적인 전하를 띠지 않는다.
ㄴ. 전기 음성도는 O가 Cl보다 크므로 O와 Cl이 공유 결합했을 때 부분적인 (−)전하를 띠는 것은 O이다.
ㄷ. H_2O_2에는 O와 O 사이에 무극성 공유 결합이 있다.

02 A는 수소(H), B는 탄소(C), C는 산소(O), D는 염소(Cl)이다.
ㄱ. 전기 음성도는 C(O)가 B(C)보다 크다.
ㄷ. 분자 C_2D_2는 O_2Cl_2이고, O_2Cl_2에는 O와 O 사이에 무극성 공유 결합이 있다.
🔍 **바로알기**) ㄴ. 분자 BA_4는 CH_4이고, CH_4에서 부분적인 (+)전하를 띠는 원자는 H이므로 부분적인 (+)전하를 띠는 원자 수는 4이다.

03 (가)의 (+)극에서 생성된 물질은 Cl_2이고, (나)의 (+)극에서 생성된 물질은 O_2이다.
ㄱ. Cl_2와 O_2는 모두 2원자 분자이다.
ㄴ. Cl_2와 O_2에는 모두 무극성 공유 결합이 있다.
🔍 **바로알기** ㄷ. Cl_2에는 단일 결합만 존재하지만, O_2에는 2중 결합이 존재하므로 O_2에는 다중 결합이 존재한다.

04 🔍 **바로알기** ④ 공유 결합한 두 원자 중 전기 음성도가 큰 원자는 부분적인 (−)전하를 띤다.

05 ㄱ. CO_2, $COCl_2$에는 2중 결합이, FCN에는 3중 결합이 있다. 따라서 CO_2, FCN, $COCl_2$는 모두 다중 결합을 가진다.
ㄴ. CO_2, FCN, $COCl_2$의 모든 원자는 옥텟 규칙을 만족한다.
ㄷ. CO_2, FCN, $COCl_2$의 중심 원자는 모두 C이므로 중심 원자 주위에는 비공유 전자쌍이 없고 공유 전자쌍만 존재한다.

06 옥텟 규칙을 만족하므로 (가)에서 A는 O이고, (나)에서 B는 N이다.
ㄱ. 원자가 전자 수는 O>N이므로 A>B이다.
ㄴ. (가)는 H_2O이고, H_2O의 공유 전자쌍 수와 비공유 전자쌍 수는 2로 같다.
🔍 **바로알기** ㄷ. (나)는 NH_3이고 NH_3에서 N은 부분적인 (−)전하를 띤다.

07 ㄴ. BF_3와 NF_3의 공유 전자쌍 수는 3으로 같다.
🔍 **바로알기** ㄱ. Li과 F은 각각 Li^+과 F^-이 되어 이온 결합을 한다.
ㄷ. 비공유 전자쌍 수는 BeF_2과 CO_2가 각각 6, 4이다.

08 ② X는 N, Y는 Cl이다. X와 Y는 1 : 3의 개수 비로 공유 결합하여 화합물 $A(XY_3(NCl_3))$를 형성하며, 공유 결합은 모두 단일 결합이고 X에는 비공유 전자쌍이 1개 있다.

09 ㄴ. 비공유 전자쌍이 없는 분자는 BeH_2, CH_4 2가지이다.
🔍 **바로알기** ㄱ. 다중 결합이 있는 분자는 O_2, HCN 2가지이다.
ㄷ. 옥텟 규칙을 만족하지 않는 중심 원자가 있는 것은 BeH_2, BF_3 2가지이다.

10 (가)는 HCN, (나)는 CH_2O이다. A는 H, B는 C(탄소), C는 N, D는 O이다.
ㄱ. 전기 음성도는 O>N이므로 D>C이다.
🔍 **바로알기** ㄴ. A(H)는 (가)와 (나)에서 모두 부분적인 (+)전하를 띠므로 (가)와 (나)에서 부분적인 전하는 같다.
ㄷ. Ne과 같은 전자 배치를 가진 원자 수는 (가)와 (나)가 2로 같다.

11 서술형
정답 (1) (나)
모범답안 (2) Y, (나)에서 X와 Y가 결합하였을 때 Y가 부분적인 (−)전하(δ^-)를 띠고 있기 때문이다.

채점 기준	배점
Y가 부분적인 (−)전하를 띠는 까닭에 대해 옳게 설명한 경우	100 %
Y를 골랐지만 까닭을 옳게 설명하지 못한 경우	40 %

12 서술형
정답 (1) 없다((가)와 (나) 모두 무극성 공유 결합이 없다).
모범답안 (2) BAC_2는 COF_2이고 $\dfrac{\text{비공유 전자쌍 수}}{\text{공유 전자쌍 수}}=\dfrac{8}{4}=2$이다. A_2C_2는 O_2F_2이고 $\dfrac{\text{비공유 전자쌍 수}}{\text{공유 전자쌍 수}}=\dfrac{10}{3}$이다.

채점 기준	배점
2가지 값을 모두 옳게 구한 경우	100 %
1가지 값만 옳게 구한 경우	50 %

해설 (1) (가)는 CO_2, (나)는 OF_2이므로 무극성 공유 결합은 (가)와 (나)에 모두 존재하지 않는다.

04 분자의 구조와 성질

개념 익히기 문제 p.149, 151

01 전자쌍 반발   02 2   03 120°   04 정사면체
05 ○   06 ×   07 ○   08 ○   09 ×   10 크다
11 107°   12 극성   13 섞이지 않는다   14 ×   15 ○
16 ×   17 ×

02 BeF_2은 Be 원자 주위에 2개의 전자쌍만 존재하므로 전자쌍 반발 이론에 따라 전자쌍 사이의 반발력이 최소가 되도록 서로 반대편으로 배열된다.

04 메테인 분자의 C 원자 주위는 모두 C−H 공유 결합만 4개 존재하므로 결합각은 109.5°이다.

06 비공유 전자쌍이 주변의 공간을 더 차지한다.

07 중심 원자에 비공유 전자쌍이 존재하지 않고 2개의 원자만 결합한 분자는 각각의 전자쌍들이 중심 원자를 사이에 두고 반대편으로 배열되어 직선형 구조가 된다.

08 BF_3는 평면 삼각형 구조이므로 구성 원자가 모두 동일 평면에 있다.

11 CH_4은 정사면체 구조이고 결합각은 $109.5°$, NH_3는 삼각뿔형 구조이고 결합각은 $107°$, H_2O은 굽은형 구조이고 결합각은 $104.5°$이다.

13 극성 물질은 극성 물질과, 무극성 물질은 무극성 물질과 잘 섞인다. 극성 물질과 무극성 물질은 잘 섞이지 않는다.

14 중심 원자 주위에 공유 전자쌍과 비공유 전자쌍이 각각 2개인 분자는 굽은형 구조이다.

16 NH_3는 극성 분자이고, CO_2는 무극성 분자이다.

탐구 집중 분석
p.152

예제 1

정답 ③

해설 | 물은 극성 용매이므로 극성 물질과 이온 결합 물질을 잘 녹인다. 5가지 물질 중 암모니아, 에탄올은 극성 물질이고, 염화 나트륨은 이온 결합 물질이므로 물과 잘 섞이는 물질은 3가지이다.

예제 2

정답 (1) A는 헥세인, B는 물이다.

모범답안 | (2) 무극성 물질인 A는 대전체에 아무 영향을 받지 않으며, B는 대전체의 전하가 바뀌더라도 대전체에 동일하게 끌려간다.

해설 | (1) A의 액체 줄기는 똑바로 떨어지고 B의 액체 줄기는 대전체 쪽으로 휘어지므로 A는 무극성 물질, B는 극성 물질이다. 따라서 A는 헥세인, B는 물이다.

(2) A는 대전체의 전하에 관계없이 똑바로 떨어진다. B는 대전체의 전하를 (−)에서 (+)로 바꾸더라도 떨어지는 동안 분자들의 배열이 기존 실험과 반대가 되면서 대전체 쪽으로 끌려가게 된다.

개념 다지기 문제
p.153~155

01 ④	02 ⑤	03 ④	04 ②	05 ④	06 ⑤
07 ③	08 ④				

고난도 09 ① 　 10 ⑤
서술형 11~12 해설 참조

01 바로알기 ④ 중심 원자 주위에 비공유 전자쌍이 있을 경우 공유 전자쌍과 비공유 전자쌍 사이의 반발력을 모두 고려해야 한다.

02 ㄱ. (가)에서 공유 전자쌍은 중심 원자의 양쪽 정반대에 위치하므로 결합각은 $180°$이다.

ㄴ. (나)에서 전자쌍들의 배치 모양이 정삼각형이므로 공유 전자쌍 수는 3이다. 따라서 $a=3$이다.

ㄷ. CH_4의 공유 전자쌍 수는 4이므로 CH_4은 (다)와 같은 정사면체 구조의 배치를 가진 분자이다.

03 ④ 풍선은 중심 원자 주위의 전자쌍을 의미하므로 (가)는 중심 원자 주위에 전자쌍이 3개인 분자, (나)는 4개인 분자이다. 제시된 물질들 중 (가)로 BCl_3, BF_3, (나)로 CH_4, CCl_4, CF_4가 가장 적절하다.

04 ② (가)는 H_2O, (나)는 CO_2이다. 분자 구조는 H_2O이 굽은형 구조, CO_2가 직선형 구조이다.

05 바로알기 ④ 중심 원자 주위에 공유 전자쌍과 비공유 전자쌍이 각각 2개씩 있는 3원자 분자는 굽은형 구조이다.

06 ⑤ $\alpha=104.5°$, $\beta=107°$, $\gamma=109.5°$이므로 $\gamma>\beta>\alpha$이다.

07 A는 B(붕소), B는 C(탄소), C는 O, D는 F이다.

ㄱ. AD_3는 BF_3이고 평면 삼각형 구조이므로 모든 원자는 동일 평면에 있다.

ㄴ. BD_4는 CF_4이고 무극성 분자이다.

바로알기 ㄷ. C_2D_2는 O_2F_2이고 단일 결합만 존재한다.

08 ④ 가느다란 물줄기에 (−)전하를 띠는 대전체를 가까이 가져가면 물줄기는 대전체 쪽으로 끌리면서 떨어지고, 이때 물 분자들은 부분적인 (+)전하(δ^+)를 띠는 수소 쪽이 대전체를 바라보며 떨어지게 된다.

09 분자의 쌍극자 모멘트가 0이 아닌 것은 극성 분자이다. CO_2, CF_4, NH_3, OF_2 중 극성 분자인 것은 NH_3, OF_2이다. 부분적인 (+)전하를 띤 원자 수는 NH_3가 3, OF_2가 1이다. 따라서 (가)와 (나)를 모두 만족하는 것은 NH_3뿐이다.

10 ㄱ. (가)와 (나)는 공유 전자쌍 수가 3으로 같다.

ㄴ. 결합각은 (가)가 $120°$, (다)가 약 $109.5°$이므로 (가)가 (다)보다 크다.

ㄷ. (나)와 (다)는 극성 분자이므로 분자의 쌍극자 모멘트가 0이 아니다.

11 서술형

정답 (1) 암모니아

모범답안 | (2) 비공유 전자쌍에 의한 반발력은 공유 전자쌍에 의한 반발력보다 크므로 중심 원자에 비공유 전자쌍이 1개 있는 암모니아보다 비공유 전자쌍이 2개 있는 물의 결합각이 더 작다.

채점 기준	배점
물의 결합각이 작은 까닭을 옳게 설명한 경우	100 %

정답 (1) 극성 물질

모범답안 | (2) 액체 술기는 이 실험 결과와 마찬가지로 $(-)$로 대전된 물체 쪽으로 가까이 끌리면서 떨어신다(변함없나).

①	1 ×	2 ○	3 ○	4 ×	5 ○
②	1 ○	2 ○	3 ○	4 ×	5 ×
③	1 ×	2 ○	3 ×	4 ×	5 ○
④	1 ×	2 ○	3 ×	4 ×	5 ○
⑤	1 ×	2 ×	3 ○	4 ○	5 ○
⑥	1 ○	2 ×	3 ○	4 ○	5 ×

①-2 W는 Si, X는 C(탄소), Y는 Cl, Z는 F이므로 같은 2주기 원소이다.

①-4 XY_4는 CCl_4이고 전기 음성도는 Cl > C이므로 부분적인 $(-)$전하를 띠는 원자는 Cl이다. 따라서 XY_4에서 부분적인 $(-)$전하를 띠는 원자 수는 4이다.

②-2 X_2는 N_2, Y_2는 O_2이고 X_2, Y_2의 공유 전자쌍 수는 각각 3, 2이므로 공유 전자쌍 수는 X_2가 Y_2보다 크다.

②-4 YZ_2는 OF_2로 비공유 전자쌍 수가 8이고, XZ_3는 NF_3로 비공유 전자쌍 수가 10이다.

②-5 ZWX는 FCN이므로 $\dfrac{\text{비공유 전자쌍 수}}{\text{공유 전자쌍 수}} = \dfrac{4}{4} = 1$이다.

③-1 X는 N(질소)이다.

③-2 (가)에서 X에는 공유 전자쌍 3개와 비공유 전자쌍 1개가 존재하며, 주위의 F에는 공유 전자쌍 1개와 비공유 전자쌍 3개씩이 존재하므로 모든 원자는 옥텟 규칙을 만족한다.

③-3 (나)는 평면 삼각형 구조로 평면 구조이다.

③-4 (가)의 비공유 전자쌍 수는 10, (나)의 비공유 전자쌍 수는 9이다.

④-1 옥텟 규칙을 만족하지 않는 원자는 H와 Be이다. 따라서 옥텟 규칙을 만족하지 않는 원자를 포함하는 것은 3가지이다.

④-2 입체 구조인 것은 CH_4, NH_3 2가지이다.

④-3 CH_2O와 CO_2는 C와 O 사이에 2중 결합이 있다.

④-4 분자의 모든 원자가 직선 위에 있는 것은 BeF_2, CO_2 2가지이다.

⑤-1 A는 N, B는 O, C는 C(탄소)이다. 원자가 전자 수는 B가 가장 크다.

⑤-2 (다)는 CH_4으로 결합각은 $109.5°$이다.

⑤-5 (나)의 비공유 전자쌍 수는 2이고, A_2는 N_2이므로 A_2의 비공유 전자쌍 수는 2이다.

⑥-3 Y는 무극성 물질이므로 물에 잘 섞이지 않는다.

⑥-5 대전체의 진하가 바뀌이도 액체 술기는 데선제에 가까워지머 떨어긴다

01 ①	02 ②	03 ⑤	04 ①	05 ②	06 ④
07 ②	08 ③				
고난도 09 ⑤	10 ⑤	11 ①	12 ①		
서술형 13~16 해설 참조					

01 2주기 바닥상태 원자 중 홀전자 수가 0인 것은 Be, Ne이고, 홀전자 수가 1인 것은 Li, B, F이며, 홀전자 수가 2인 것은 C, O이다. 같은 주기에서 서기 음성노는 원사 번호가 글수록 커지고 18족 원소는 전기 음성도가 없으므로 분항 조건을 만속하는 A는 Be, B는 B(붕소), C는 C(탄소), D는 O이다.

ㄴ. 2주기 원소 중 Be보다 전기 음성도가 작은 것은 Li 1가지이다.

바로알기 ㄱ. 원자 번호는 B(붕소)가 C(탄소)보다 작다.

ㄷ. CD_2는 CO_2이므로 공유 전자쌍 수는 4이다.

02 ② 분자 BF_3에서 부분적인 $(-)$전하를 띤 원자는 F이고, CH_4에서 부분적인 $(-)$전하를 띤 원자는 C이며, O_2F_2에서 부분적인 $(-)$전하를 띤 원자는 F이다. 따라서 분자당 부분적인 $(-)$전하를 띤 원자 수는 BF_3가 3, CH_4이 1, O_2F_2가 2이므로 $BF_3 > O_2F_2 > CH_4$이다.

03 (가)는 에탄올, (나)는 아세트산이다.

ㄱ. 비공유 전자쌍 수는 (가)가 2, (나)가 4이다.

ㄴ. 전기 음성도는 O > C이고, (가)와 (나)에서 O는 모두 C와 결합하므로 부분적인 $(-)$전하를 띤다.

ㄷ. (가)와 (나)에는 모두 C−C 사이에 무극성 공유 결합이 있다.

04 ㄱ. A는 Li, B는 N, C는 O이다.

바로알기 ㄴ. A_2C는 Li_2O이므로 이온 결합 물질이다.

ㄷ. B_2는 N_2, C_2는 O_2이므로 비공유 전자쌍 수는 B_2와 C_2가 각각 2, 4이다. 따라서 비공유 전자쌍 수는 C_2가 B_2보다 크다.

05 Y는 C(탄소)이다. 원자가 전자 수는 Y > X이므로 X는 B(붕소)이다.

ㄴ. (가)는 BF_3, (나)는 CH_4이므로 중심 원자 주위에 공유 전자쌍만 존재하고 비공유 전자쌍은 존재하지 않는다.

바로알기 ㄱ. (가)는 중심 원자가 B이고 옥텟 규칙을 만족하지 않는다.

ㄷ. (가)와 (나)에는 모두 무극성 공유 결합이 존재하지 않는다.

06 ④ 입체 구조인 것은 NH_3, CCl_4이고, NH_3, CCl_4 중 극성을 띠는 분자는 NH_3이다.

07 (가)는 OF_2, (나)는 FCN이다.

ㄴ. (나)의 분자식은 FCN이다.

바로알기 ㄱ. OF_2는 극성 분자이므로 분자의 쌍극자 모멘트가 0이 아니다.

ㄷ. OF_2는 굽은형 구조이고, FCN은 직선형 구조이다.

08 ㄱ. Y는 H_2O과 섞이지 않으므로 무극성 물질이고, X는 Y와 섞이지 않으므로 극성 물질이다.

ㄷ. 시험관을 힘껏 흔들어주면 그 과정에서 X와 H_2O은 섞이게 되어 하나의 층이 되므로 충분한 시간이 지나면 시험관 내부의 액체는 2개의 층을 이룬다. 따라서 $a = 2$이다.

 ㄴ. 섞이지 않는 두 액체 중 밀도가 큰 쪽이 아래에 위치하므로 액체의 밀도는 H_2O가 Y보다 크다.

09 ㄱ. A는 중심 원자가 옥텟 규칙을 만족하고 다중 결합이 있으므로 CO_2이다.

ㄴ. B는 H_2O이고 C는 BeH_2이다. B와 C는 공유 전자쌍 수가 2로 같다.

ㄷ. BF_3에는 비공유 전자쌍이 있고 BeH_2에는 없으므로 '비공유 전자쌍이 존재하는가?'는 (가)로 적절하다.

10

| 자료 분석 | | | |

분자	구성 원소	분자 당 원자 수	공유 전자쌍 수
(가) OF_2	A, B	3	2
(나) CO_2	B, C	3	4
(다) COF_2	A, B, C	4	4

- 공유 전자쌍 수가 2이고, 분자당 구성 원자 수가 3이므로 (가)에서 중심 원자는 O이고 나머지 원자는 F이다.
- 공유 전자쌍 수가 4이고, 분자당 구성 원자 수가 4이므로 (나)에서 중심 원자는 C이고 나머지 원자는 O이다.
- A, B, C가 C, O, F 중 하나이므로 (다)는 COF_2이다.

ㄱ. A는 F, B는 O, C는 C(탄소)이다.

ㄴ. 비공유 전자쌍 수는 OF_2가 8, CO_2가 4이므로 (가)가 (나)의 2배이다.

ㄷ. CO_2와 COF_2에는 모두 2중 결합이 있으므로 다중 결합이 있다.

11 AH_4, BH_3, H_2C는 각각 CH_4, NH_3, H_2O이다.

ㄱ. A는 C(탄소), B는 N, C는 O이다. 원자가 전자 수는 O>N>C(탄소)이므로 C>B>A이다.

 ㄴ. $\alpha=109.5°$, $\beta=107°$, $\gamma=104.5°$이므로 $\alpha\sim\gamma$ 중 가장 큰 것은 α이다.

ㄷ. CH_4, NH_3, H_2O은 모두 중심 원자가 옥텟 규칙을 만족한다.

12 (가)는 CO_2, (나)는 FCN이다. W는 O, X는 C, Y는 F, Z는 N이다.

ㄱ. C, N, O, F 중 전기 음성도는 C가 가장 작으므로 X가 가장 작다.

 ㄴ. 비공유 전자쌍 수는 CO_2와 FCN이 4로 같다.

ㄷ. 분자의 쌍극자 모멘트는 CO_2가 0이고 FCN은 0이 아니므로 (가)와 (나)의 쌍극자 모멘트는 같지 않다.

13 서술형

정답 (1) C

모범답안 (2)

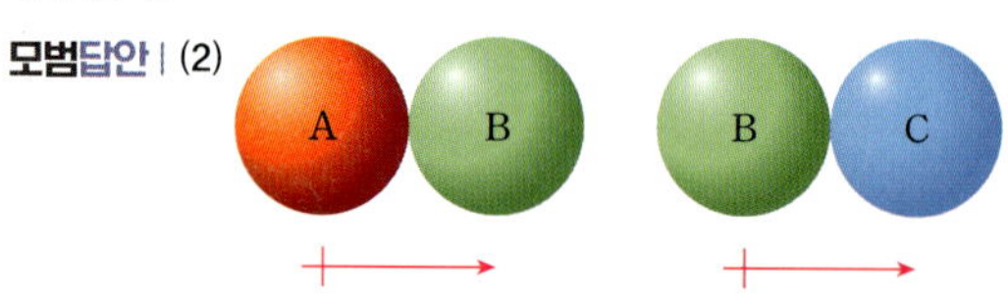

채점 기준	배점
2가지 물질의 쌍극자 모멘트를 모두 옳게 그린 경우	100 %
1가지 물질의 쌍극자 모멘트만 옳게 그린 경우	50 %

해설 (1) 전기 음성도는 C>A이므로 분자 AC에서 부분적인 (−) 전하를 띠는 원자는 C이다.

(2) 쌍극자 모멘트를 화살표(⊢⟶)로 나타낼 때 화살표의 촉이 전기 음성도가 큰 원자를 향하도록 그린다.

14 서술형

모범답안 (1) (가) :Ö::Ö: (나) :Ö::C::Ö:

채점 기준	배점
2가지 물질의 루이스 전자점식을 모두 옳게 그린 경우	100 %
1가지 물질의 루이스 전자점식만 옳게 그린 경우	50 %

(2) (가)의 $\dfrac{\text{비공유 전자쌍 수}}{\text{공유 전자쌍 수}}=\dfrac{4}{2}=2$이고, (나)의

$\dfrac{\text{비공유 전자쌍 수}}{\text{공유 전자쌍 수}}=\dfrac{4}{4}=1$이므로 (가)가 (나)보다 더 크다.

채점 기준	배점
2가지 값을 모두 옳게 답하여 비교한 경우	100 %
1가지 값만 옳게 답하여 비교한 경우	50 %

15 서술형

정답 (1) 플루오린(F)이다.

모범답안 (2)

$$\begin{matrix} & O & \\ & \| & \\ F & - C - & F \end{matrix}$$

, (가)는 평면 삼각형 구조이다.

채점 기준	배점
루이스 구조식을 바르게 그리고, (가)의 구조를 옳게 설명한 경우	100 %
(가)의 구조는 옳게 설명하였으나, 루이스 구조식을 잘못 그린 경우	50 %
루이스 구조식은 바르게 그렸으나, (가)의 구조를 옳게 설명하지 못한 경우	50 %

16 서술형

모범답안 (1) (가)의 쌍극자 모멘트는 0이고, (나)의 쌍극자 모멘트는 0이 아니다.

채점 기준	배점
2가지 물질의 쌍극자 모멘트에 대해 모두 옳게 설명한 경우	100 %
1가지 물질의 쌍극자 모멘트에 대해서만 옳게 설명한 경우	50 %

(2) 극성 분자, 루이스 구조식으로는 대칭 구조로 보이지만, 실제 구조는 사면체 입체 구조로서 대칭을 이루지 않으므로 분자의 쌍극자 모멘트가 0이 아니기 때문이다.

채점 기준	배점
(다)가 극성 분자임을 답하고, 그 까닭을 옳게 설명한 경우	100 %
(다)가 극성 분자임을 답하였으나, 그 까닭을 옳게 설명하지 못한 경우	50 %

　　　　　　　p.162~163

❶ H_2　❷ O_2　❸ 8　❹ 양이온　❺ 음이온　❻ 인력　❼ 낮은
❽ 전자　❾ 1　❿ 2중　⓫ 자유 전자　⓬ 분자　⓭ 없음　⓮ 있음
⓯ 전기 음성도　⓰ 커질수록　⓱ 작아질수록　⓲ 0　⓳ 극성　⓴ 점
㉑ 멀리　㉒ 결합각　㉓ 굽은형　㉔ 107°

1등급 실전 문제　　　　　　　p.164~169

01 ⑤	02 ⑤	03 ③	04 ③	05 ⑤	06 ③
07 ④	08 ②	09 ③	10 ④	11 ②	12 ②
13 ④	14 ②	15 ③	16 ③	17 ②	18 ①
19 ⑤	20 ③				

서술형　21~24 해설 참조

01 ㄴ. 공유 결합 물질인 물과 이온 결합 물질인 염화 나트륨의 용융액에 전류를 흘려 주었을 때 모두 성분 원소로 분해되는 것으로 보아 공유 결합과 이온 결합에 전자가 관여함을 알 수 있다.
ㄷ. (가)와 (나)에서 일어나는 반응의 화학 반응식은 다음과 같다.
(가) $2H_2O(l) \longrightarrow 2H_2(g) + O_2(g)$
(나) $2NaCl(l) \longrightarrow 2Na(s) + Cl_2(g)$
(가)에서는 (+)극과 (−)극에서 각각 O_2와 H_2가 1:2의 몰비로 생성된다. (나)에서는 (+)극과 (−)극에서 각각 Cl_2와 Na이 1:2의 몰비로 생성된다.
바로알기　ㄱ. (나)에서는 (−)극에서 나트륨이 생성되지만, (가)에서는 수소(H_2) 기체와 산소(O_2) 기체만 생성된다.

02 X는 Mg이고, Y는 S이다.
ㄱ. S는 비금속 원소이다.
ㄴ. (가)에서 Mg은 Mg^{2+}이 되므로 전자를 잃는다.
ㄷ. (나)는 S^{2-}이므로 Ar과 전자 배치가 같다.

03 ㄱ. 실험에서 XY는 고체 상태에서 전기 전도성이 없고, 액체 상태에서는 전기 전도성이 있으므로 XY는 이온 결합 물질이다.
ㄴ. XY는 이온 결합 물질이므로 XY(s)와 XY(l) 모두 양이온과 음이온이 존재한다.
바로알기　ㄷ. 포도당은 공유 결합 물질이므로 고체 상태와 액체 상태에서 모두 전기 전도성이 없다. 이에 같은 실험 결과를 얻을 수 없다.

04 바로알기　③ Li^+과 OH^-이 이온 결합한 화합물의 화학식은 LiOH이다.

05 ㄱ. 이온 반지름은 F^-이 Na^+보다 크므로 Na^+의 이온 반지름은 NaF의 이온 사이의 거리 r_0의 절반보다 작다.
ㄴ. 이온 반지름은 $K^+ > Na^+$, $Cl^- > F^-$이므로 이온 결합이 형성되는 이온 사이의 거리는 $KCl > NaF$이다. 따라서 KCl에서 이온 사이의 거리는 r_0보다 크다.
ㄷ. 그림에서 에너지가 $-\frac{1}{2}E$인 r값은 0보다 크고 r_0보다 작은 지점에 1개, r_0보다 큰 지점에 1개로 존재하므로 2가지이다.

06 ㄱ. 이온의 크기는 $Cl^- > F^-$이므로 이온 사이의 거리는 (나)>(가)이다. 따라서 $a > 231$이다.
ㄷ. 이온의 크기는 $Ca^{2+} > Mg^{2+}$이므로 이온 사이의 거리는 $CaO > MgO$이다. 따라서 녹는점은 MgO이 CaO보다 높다.
바로알기　ㄴ. 이온 사이의 거리가 (나)>(가)이므로 녹는점은 (가)>(나)이다. (가)와 (다)의 이온 사이의 거리는 비슷하지만 이온의 전하량은 (다)가 (가)보다 크므로 녹는점은 (다)>(가)이다. 따라서 $c > b > 802$이다.

07 A는 O, B는 N, C는 F이다.
A와 C의 공유 결합 물질에서 A_2C_x에서 A가 2개라면 C도 2개가 되어야 하고 A_2C_x는 O_2F_2이며 $x=2$이다. BC_y는 NF_3이며 $y=3$이다. 따라서 $\frac{y}{x} = \frac{3}{2}$이다.

08 (가)는 NF_3, (나)는 HCN이다.
ㄴ. HCN에는 C와 N 사이에 3중 결합이 존재한다.
바로알기　ㄱ. NF_3의 모든 구성 원자는 옥텟 규칙을 만족한다.
ㄷ. NF_3와 HCN에 공통으로 존재하는 원소는 N 1가지이다.

09 BCl_3, NH_3, CF_4의 공유 전자쌍 수는 각각 3, 3, 4이므로 (가)는 CF_4이다. (다)에는 옥텟 규칙을 만족하지 않는 원자가 존재하므로 (다)는 BCl_3이다.
ㄱ. (가)는 CF_4, (다)는 BCl_3이므로 (나)는 NH_3이다.
ㄴ. CF_4의 모든 원자는 Ne의 전자 배치와 같으므로 모두 전자 배치가 같다.
바로알기　ㄷ. NH_3와 BCl_3의 공유 전자쌍 수는 3으로 같다.

10 ㄴ. 전기 전도성이 좋으면 저항이 낮아져 각종 전기 관련 용품에 사용 가능하다. 이는 금속의 전기 전도성이 좋은 것을 이용하는 사례이다.
ㄷ. 금속의 전성(펴짐성)과 전기 전도성이 좋은 것은 모두 금속 내의 자유 전자 때문이다.
바로알기　ㄱ. 얇은 판 모양으로 만들 수 있는 성질은 금속의 전성(펴짐성)이다.

11 (가)는 NaCl, (나)는 흑연(C), (다)는 이산화 탄소(CO_2)이다.
ㄷ. (가)는 이온 결합 물질이고 외부 힘에 의해 쉽게 깨지거나 부스러진다. (나)는 흑연으로 층 단위로 잘 부서진다. (다)는 드라이 아이스로서 각 분자들 간의 인력이 작아 쉽게 부서진다.

 ㄱ. NaCl은 이온 결합 물질이고 고체 상태에서 전기 전도성이 없으나, 흑연(C)은 전기 전도성이 있다.

ㄴ. 흑연(C)은 공유 결정, 이산화 탄소(CO_2)는 분자 결정이다.

12 Y와 Z는 홀전자 수가 같으므로 F과 Cl 중 하나이고 X는 O이다. 전기 음성도는 F이 원소들 중 가장 크므로 Z는 Cl이고 Y는 F이다.

ㄴ. Z는 Cl이므로 3주기 원소이다.

 ㄱ. 원자가 전자 수는 O와 Cl이 각각 6, 7이므로 Y > X이다.

ㄷ. XZ_2는 OCl_2, XY_2는 OF_2이다. OCl_2에서 O는 부분적인 (−)전하를 띠지만, OF_2에서 O는 부분적인 (+)전하를 띤다.

13 NH_3, CH_4, N_2의 공유 전자쌍 수는 각각 3, 4, 3이다. 따라서 (가)는 CH_4이다. (나)에는 무극성 공유 결합이 있으므로 (나)는 N_2이고 (다)는 NH_3이다.

ㄴ. 비공유 전자쌍 수는 N_2가 2, NH_3가 1이므로 (나)>(다)이다.

ㄷ. 부분적인 (−)전하를 띠는 원자 수는 CH_4와 NH_3가 1로 같으므로 (가)와 (다)가 같다.

 ㄱ. (가)는 CH_4이다.

14 (가)는 CH_2O, (나)는 HCN이다. X는 C, Y는 O, Z는 N이다.

ㄷ. $\dfrac{\text{비공유 전자쌍 수}}{\text{공유 전자쌍 수}}$ 는 (가)가 $\dfrac{2}{4}$, (나)가 $\dfrac{1}{4}$이므로 (가)가 (나)의 2배이다.

 ㄱ. N의 원자가 전자 수는 5이다.

ㄴ. CO_2에는 2중 결합이 있으므로 다중 결합이 존재한다.

15 A^+은 Na^+, B^-은 Cl^-이고 화합물 AB는 NaCl이다.

ㄱ. NaCl은 이온 결합 물질이다.

ㄴ. B는 Cl이다.

 ㄷ. Na^+의 전자 배치는 Ne과 같고, Cl^-의 전자 배치는 Ar과 같다.

16

┤ **자료 분석** ├

비공유 전자쌍
공유 전자쌍 ┊ 공유 전자쌍
H : O : H
│
비공유 전자쌍

루이스 전자점식에서 공유 전자쌍은 결합하는 각 원자의 원소 기호 사이에 표기한다. 비공유 전자쌍은 비공유 전자쌍이 존재하는 해당 원자의 원소 기호 주위에만 표기한다.

ㄱ. ㉠과 ㉢은 비공유 전자쌍이고, ㉡과 ㉣은 공유 전자쌍이다.

ㄴ. ㉡과 ㉢ 사이의 반발력은 공유 전자쌍과 비공유 전자쌍 사이의 반발력이고, ㉡과 ㉣ 사이의 반발력은 공유 전자쌍 사이의 반발력이다. 따라서 ㉡과 ㉢ 사이의 반발력은 ㉡과 ㉣ 사이의 반발력보다 크다.

 ㄷ. H_2O은 극성 분자이다.

17 (가)는 평면 삼각형 구조이므로 BF_3이고 X는 B(붕소)이다. (나)는 삼각뿔형 구조이므로 NF_3이고 Y는 N이다. (다)는 정사면체 구조이므로 CF_4이고 Z는 C(탄소)이다.

ㄴ. BF_3와 NF_3는 공유 전자쌍 수가 3으로 같다.

 ㄱ. 원자가 전자 수는 C(탄소) > B(붕소)이므로 Z > X이다.

ㄷ. BF_3의 결합각은 120°, NF_3의 결합각은 102.5°, CF_4의 결합각은 109.5°이다. 따라서 (가)~(다) 중 결합각이 가장 큰 것은 (가)이다.

18 ㄱ. 전기 음성도는 F > O > C > H이므로 A는 H, B는 C(탄소), C는 O, D는 F이다.

 ㄴ. A_2C는 H_2O이고 CD_2는 OF_2이다. H_2O에서 O는 부분적인 (−)전하를 띠지만, OF_2에는 부분적인 (+)전하를 띤다.

ㄷ. BC_2는 CO_2이고 BA_4는 CH_4이다. CO_2와 CH_4은 모두 무극성 분자이므로 분자의 쌍극자 모멘트가 0으로 같다.

19 ㄱ. 비공유 전자쌍 수는 (가)가 2, (나)가 1, (다)가 1, (라)가 0이므로 (가)가 가장 크다.

ㄴ. (나)와 (다)는 모두 중심 원자 주위에 공유 전자쌍 3개와 비공유 전자쌍 1개가 있으므로 삼각뿔형 구조이다.

ㄷ. (라)는 정사면체 구조이므로 결합각은 109.5°이다.

20 ㄱ. A는 극성 용매인 물에 잘 섞였으므로 극성 물질이다.

ㄷ. 무극성 물질인 C를 물에 넣으면 섞이지 않고 층을 이룬다.

 ㄴ. B는 A와 잘 섞이므로 극성 물질이고, C는 B와 섞이지 않으므로 무극성 물질이다. D는 C와 서로 잘 섞이므로 D도 무극성 물질이다. 따라서 B와 D는 잘 섞이지 않는다.

21

정답 (1) (가) : NaF, (나) : MgO

모범답안 (2) MgO, 녹는점은 이온 사이의 거리가 비슷할 때 이온의 전하량이 클수록 높으며, 이온의 전하량이 같을 때는 이온 사이의 거리가 작을수록 높다. 이온의 전하량은 MgO이 NaF보다 크고, 이온 사이의 거리도 MgO이 NaF보다 작기 때문에 MgO이 NaF보다 녹는점이 높다.

채점 기준	배점
녹는점이 더 높은 물질을 MgO으로 답하고, 이온의 전하량과 이온 사이의 거리 2가지 항목 모두를 옳게 설명한 경우	100 %
녹는점이 더 높은 물질을 MgO으로 답하고, 이온의 전하량과 이온 사이의 거리 중 1가지 항목 옳게 설명한 경우	50 %
녹는점이 더 높은 물질을 MgO으로 답하였으나, 그 까닭을 설명하지 못한 경우	20 %

22 서술형

모범답안 | (1) b, 이온 반지름이 $K^+ > Na^+$, $Cl^- > F^-$이므로 이온 사이의 거리는 KCl이 NaF보다 크기 때문이다.

채점 기준	배점
더 큰 것을 b로 답하고, 그 까닭을 옳게 설명한 경우	100 %
더 큰 것을 b로 답하고, 그 까닭을 옳게 설명하지 못한 경우	40 %

(2) MgO, 이온 결합 에너지가 클수록 이온 사이의 결합력이 크기 때문에 이온 결합 에너지가 더 큰 MgO이 녹는점이 높다.

채점 기준	배점
녹는점이 더 높은 물질을 MgO으로 답하고, 그 까닭을 옳게 설명한 경우	100 %
녹는점이 더 높은 물질을 MgO으로 답하였으나, 그 까닭을 설명하지 못한 경우	40 %

해설 | (2) 양이온과 음이온 사이에 작용하는 정전기적 인력이 클수록 이온 사이의 거리에 따른 에너지를 나타낸 그림에서 이온 결합 에너지의 절댓값($|E|$)은 커진다.

23 서술형

정답 (1) (가) AC, (나) D_2B_3

모범답안 | (2) $A(s)$는 $Li(s)$이고 금속 결합 물질이므로 $Li(s)$은 전기 전도성이 있다. BC_2는 $OF_2(l)$이고 공유 결합 물질이므로 $OF_2(l)$은 전기 전도성이 없다. $DC_3(l)$는 $AlF_3(l)$이고 이온 결합 물질이므로 $AlF_3(l)$은 전기 전도성이 있다.

채점 기준	배점
3가지 물질의 전기 전도성을 모두 옳게 답한 경우	100 %
2가지 물질의 전기 전도성만 옳게 답한 경우	50 %
1가지 물질의 전기 전도성만 옳게 답한 경우	20 %

해설 | 전자 배치로부터 A는 Li, B는 O, C는 F, D는 Al이다.
(1) A, B, C는 각각 Li, O, F이므로 A와 C로 이루어진 안정한 화합물 (가)의 화학식은 AC(LiF), B와 D로 이루어진 안정한 화합물 (나)의 화학식은 $D_2B_3(Al_2O_3)$이다.

24 서술형

정답 (1)

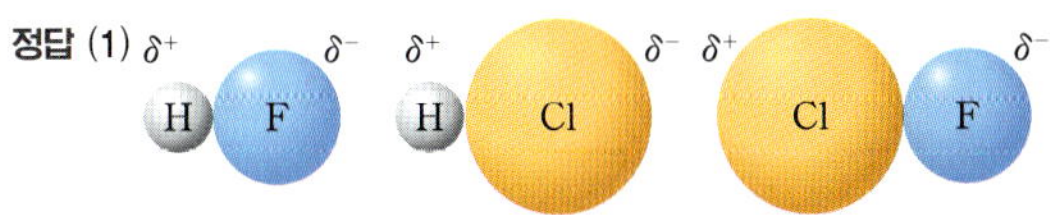

모범답안 | (2) 전기 음성도가 더 큰 원자가 부분적인 ($-$)전하를 띤다.
(유사 정답) 전기 음성도가 더 작은 원자가 부분적인 ($+$)전하를 띤다.

채점 기준	배점
전기 음성도의 크기에 따라 부분적인 전하를 띤다는 설명을 한 경우	100 %

Ⅳ. 역동적인 화학 반응

1 화학 반응에서의 동적 평형

01 동적 평형

개념 익히기 문제 p.173

01 가역 반응 **02** 동적 평형 **03** 상평형
04 석출 속도 **05** × **06** × **07** × **08** ○

01 정반응과 역반응이 모두 일어날 수 있는 반응을 가역 반응이라고 한다.

03 2가지 이상의 상태가 평형을 이루고 있는 상태를 상평형이라고 한다.

04 용해 평형 상태에서는 더 이상 용질이 용매에 녹지 않는다. 이때 용해 속도와 석출 속도는 같다.

07 밀폐된 용기에 액체를 넣었을 때 시간에 따라 증발 속도는 일정하게 유지되고, 응축 속도는 증가하여 동적 평형 상태에 도달하게 된다.

개념 다지기 문제 p.175~177

01 ⑤ **02** ⑤ **03** ③ **04** ② **05** ① **06** ③
07 ② **08** ③ **09** ③
고난도 **10** ② **11** ③
서술형 **12~14** 해설 참조

01 ㄱ. 이 반응은 반응물과 생성물 사이에 $\rightleftharpoons$가 존재하므로 가역 반응이다.
ㄴ. 정반응으로 탄산 칼슘이 주성분인 석회암이 녹아 동굴이 생성된다.
ㄷ. 역반응으로 석회 동굴에서 $CaCO_3(s)$이 생성되므로 종유석, 석순이 생성된다.

02 ㄴ. (나)에서는 충분한 시간이 지났으므로 물의 증발 속도와 응축 속도가 같은 동적 평형 상태이다.
ㄷ. (가)에서는 물의 증발이 일어나기 시작하여 $H_2O(g)$의 분자 수가 증가하고 (나)에서는 동적 평형에 도달하여 $H_2O(g)$는 일정하게 유지된다. 따라서 용기 속 $H_2O(g)$의 분자 수는 (나)에서가 (가)에서보다 크다.
바로알기 ㄱ. 물의 증발 속도는 (가)와 (나)에서 같다.

03 (가), (다) 가역 반응은 정반응과 역반응이 모두 일어나는 반응이다. 물이 수증기가 될 수 있으므로 (가)는 가역 반응이다. 설탕물에서 물을 증발시키면 설탕이 석출되므로 (다)는 가역 반응이다.
바로알기 (나) 물과 이산화 탄소는 메테인과 산소로 되기 어려우므로 (나)는 비가역 반응이다.

04 ㄴ. 동적 평형 상태이므로 녹아 있는 설탕의 양은 일정하게 유지되고 설탕물의 농도는 일정하다.

바로알기 ㄱ. 동적 평형에 도달한 것이므로 설탕의 용해와 석출 반응은 일어난다.

ㄷ. 이미 설탕은 더 녹을 수 없는 상태로 동적 평형 상태에 도달한 것이므로 설탕을 더 넣어도 석출 속도와 용해 속도는 같다.

05 ㄱ. 동적 평형 상태에서는 정반응 속도와 역반응 속도가 같아서 반응이 일어나지 않는 것처럼 보인다.

바로알기 ㄴ. 동적 평형 상태에서는 정반응과 역반응이 모두 일어난다.

ㄷ. 동적 평형 상태에서는 역반응이 일어나야 하므로 가역 반응에서만 동적 평형 상태가 존재한다.

06 ㄱ. 밀폐된 용기에 $H_2O(l)$을 넣으면 시간에 따라 물의 증발 속도는 일정하고 응축 속도는 증가하므로 ㉠은 증발 속도, ㉡은 응축 속도이다.

ㄴ. t_2일 때 물의 증발 속도와 응축 속도가 같아졌으므로 동적 평형 상태이다.

바로알기 ㄷ. t_1일 때는 동적 평형 상태에 도달하기 전이므로 물의 증발 속도>응축 속도이다. 따라서 $\dfrac{H_2O(g)의\ 응축\ 속도}{H_2O(l)의\ 증발\ 속도}$ <1이다.

07 ㄷ. t_2일 때 동적 평형 상태에 도달하였으므로 t_3일 때도 동적 평형 상태이며 X의 증발 속도와 응축 속도는 같다.

바로알기 ㄱ. t_2일 때 동적 평형 상태에 도달하였으므로 $a<1$이다.

ㄴ. t_3에서는 동적 평형 상태이므로 X의 증발 속도와 응축 속도가 t_2에서와 같다. 따라서 $b=1$이다.

08 ㄱ. (나)에서 동적 평형에 도달하였으므로 이 반응은 가역 반응이다.

ㄴ. 화학 반응식은 $2NO_2(g) \rightleftharpoons N_2O_4(g)$이므로 $N_2O_4(g)$가 생성되면서 기체의 양(mol)은 감소하게 된다. 따라서 기체의 양(mol)은 (가)>(나)이다.

바로알기 ㄷ. (나)에서는 동적 평형 상태이므로 정반응과 역반응이 같은 속도로 일어난다.

09 ㄱ. 0~t 동안 증발 속도>응축 속도이므로 $H_2O(l)$의 양(mol)은 감소한다.

ㄴ. t 이후에 물의 증발 속도=응축 속도이므로 동적 평형 상태에 도달하게 된다.

바로알기 ㄷ. $\dfrac{H_2O(l)의\ 양(mol)}{H_2O(g)의\ 양(mol)}$은 t 이후에 일정하게 유지된다.

10 ㄴ. (가)에서는 NaCl이 더 용해될 수 있고, (나)에서는 더 용해될 수 없으므로 수용액의 농도는 (나)>(가)이다.

바로알기 ㄱ. (가)는 불포화 상태이므로 용해 속도가 석출 속도보다 큰 상태이고 동적 평형 상태가 아니다.

ㄷ. NaCl의 석출 속도는 용해된 NaCl의 양이 많을수록 크다. 따라서 석출 속도는 (나)>(가)이다.

11 ㄱ. (가)에서는 물의 증발 속도≫응축 속도이므로 물의 양은 (나)에서 감소한다. 따라서 $h_1>h_2$이다.

ㄴ. (나)는 동적 평형 상태에 도달한 것이므로 $H_2O(l) \rightleftharpoons H_2O(g)$ 반응의 정반응과 역반응의 속도는 같다.

바로알기 ㄷ. (나)에 물을 추가해도 온도가 일정하므로 증발 속도는 변하지 않고 일정하다.

12 서술형

정답 (1) (가) 가역 반응, (나) 비가역 반응

모범답안 (2) (가), (가)가 가역 반응이고 설탕이 더 이상 녹지 않는 포화 상태에 도달하여 용해 속도와 석출 속도가 같은 동적 평형 상태에 도달한 것이다.

채점 기준	배점
(가)를 옳게 고르고, (가)에서 용해 속도와 석출 속도가 같다는 것을 언급하여 설명한 경우	100 %
(가)만 옳게 고른 경우	50 %

13 서술형

모범답안 1.1, t_1일 때보다 t_2일 때 $H_2O(l)$의 양(mol)이 크므로 시간 순서는 t_2가 t_1보다 먼저이다. t_3에서는 $H_2O(l)$의 양(mol)이 t_1에서와 같으므로 t_1 또는 t_3에서 동적 평형 상태에 도달한 것이고 t_3에서의 $H_2O(g)$의 양(mol)은 t_1에서와 같다. 따라서 $x=1.1$이다.

채점 기준	배점
시간의 순서가 $t_2 \rightarrow t_1$ 또는 t_3이고, t_1과 t_3에서 $H_2O(l)$의 양(mol)이 같다고 나타내고, x를 구한 경우	100 %
t_1과 t_3에서 $H_2O(l)$의 양(mol)이 같음을 나타낸 경우	50 %
x를 옳게 구한 경우	50 %

14 서술형

모범답안 (1) A=B, 증발 속도는 온도가 일정하면 같으므로 A와 B에서 증발 속도는 같다.

채점 기준	배점
증발 속도가 같고, 온도가 같다는 것을 둘 다 나타낸 경우	100 %
위 2가지의 경우 중 1가지만 설명한 경우	50 %

(2) B>A, 응축 속도는 $C_2H_5OH(g)$의 분자가 많을수록 커지기 때문이다.

채점 기준	배점
응축 속도를 옳게 비교하고, 까닭을 옳게 설명한 경우	100 %
응축 속도만 옳게 비교한 경우	50 %

해설 (1) 온도가 일정하면 분자 운동 에너지가 같아서 액체 분자 사이의 인력을 끊고 증발할 수 있는 속도가 일정하게 된다. 따라서 온도가 일정하면 증발 속도는 일정하게 유지된다.

(2) $C_2H_5OH(g)$의 양은 B>A이고, 기체 상태의 분자가 많으면 액체 상태로 변하는 과정이 더 많이 이루어질 수 있으므로 응축 속도가 빠르다.

개념 익히기 문제 p.178, 181

01 산 **02** 양성자 **03** 염기 **04** ○ **05** ○ **06** ×
07 자동 이온화 **08** 이온화 상수 **09** 1×10^{-14}
10 14 **11** 염기성, 산성 **12** ○ **13** ○ **14** ×
15 ○ **16** ○

02~03 브뢴스테드·로리 산 염기 정의에서 H^+(양성자)를 주는 물질을 산, H^+를 받는 물질을 염기로 정의하였다.

06 NH_3는 수용액에서 OH^-을 내놓지 않으므로 아레니우스 산 염기 정의에서는 염기에 해당하지 않지만 H^+를 받으므로 브뢴스테드·로리 염기이다.

09 25 ℃에서 물의 이온화 상수(K_w)는 1×10^{-14}이다.

14 pH는 $[H_3O^+]$의 상용로그 값에 음의 부호를 붙인 것이다.

15 25 ℃에서 중성 용액의 $[H_3O^+]=1 \times 10^{-7}$M이므로 산성 용액은 이보다 $[H_3O^+]$가 더 커야 한다.

16 0.01 M의 $[OH^-]=1 \times 10^{-2}$M이므로 pOH=2이다. 25 ℃에서 pH+pOH=14이므로 pH=12이다.

자료 집중 분석 p.182

예제 1

정답 ⑤

해설 ⑤ $[H_3O^+]$는 B(aq)이 10^{-3}M, C(aq)이 10^{-7}M이므로 $[H_3O^+]$는 B(aq)이 C(aq)의 10^4배이다.
바로알기 ① A(aq)의 pH=13이므로 염기성이다.
② A(aq)의 pH=13이므로 pOH=14-13=1이다. 따라서 $[OH^-]=0.1$M이다.
③ B(aq)의 pH=3이므로 pOH=14-3=11이다.
④ C(aq)의 pH=7이므로 중성이다.

개념 다지기 문제 p.183~185

01 ① **02** ③ **03** ⑤ **04** ① **05** ① **06** ⑤
07 ③ **08** ② **09** ⑤
고난도 **10** ③ **11** ⑤
서술형 **12~14** 해설 참조

01 ㄱ. NH_3는 H_2O로부터 H^+를 받는 물질이다.
바로알기 ㄴ. NH_3는 H^+를 받는 물질이므로 브뢴스테드·로리 염기이다.

ㄷ. H_2O은 H^+를 주는 물질이므로 브뢴스테드·로리 산이다.

02 ㄱ. (가)에서 HCN는 H^+를 주는 물질이므로 브뢴스테드·로리 산이다.
ㄴ. (나)에서 $(CH_3)_3N$은 H^+를 받는 물질이므로 브뢴스테드·로리 염기이다.
바로알기 ㄷ. (가)에서 H_2O은 H^+를 받는 물질이고, (다)에서 H_2O은 H^+를 주는 물질이다.

03 ㄱ. ㉠은 HCN가 H^+를 주고 생성되는 물질이므로 CN^-이다.
ㄴ. (나)에서 H_2O은 CN^-에게 H^+를 주는 물질이므로 브뢴스테드·로리 산이다.
ㄷ. ㉡은 OH^-이고, (다)에서 ㉡은 HCN로부터 H^+를 받는 물질이므로 브뢴스테드·로리 염기이다.

04 ㄱ. K_w는 H_3O^+과 OH^-의 몰 농도 곱이다.
바로알기 ㄴ. 25 ℃에서 K_w는 1×10^{-14}이고, 50 ℃에서는 값이 달라진다.
ㄷ. HCl 수용액에서도 온도가 같으면 K_w는 일정하다.

05 NaOH 4g은 0.1 mol이므로 NaOH 수용액의 농도는 $\dfrac{0.1 \text{ mol}}{1 \text{ L}}=0.1$M이다.
ㄱ. NaOH 수용액의 농도는 0.1 M이므로 $[OH^-]=0.1$M이다. 따라서 pOH=1이고, pH=14-pOH=13이다.
바로알기 ㄴ. pH=13이므로 $[H_3O^+]=10^{-13}$M이다.
ㄷ. NaOH(aq)의 농도는 0.1 M이므로 $[Na^+]=0.1$M이다.

06 $\dfrac{[OH^-]}{[H_3O^+]}$는 (가)~(다)가 각각 $\dfrac{10^{-8}}{10^{-6}}$, $\dfrac{10^{-6}}{10^{-8}}$, $\dfrac{10^{-4}}{10^{-10}}$이다.
ㄴ. (나)의 $[H_3O^+]=10^{-8}$M이므로 pH=8이다.
ㄷ. $[OH^-]$는 (나)와 (다)에서 각각 10^{-6}M, 10^{-4}M이므로 (나):(다)=1:100이다.
바로알기 ㄱ. (가)의 $[H_3O^+]=10^{-6}$M이므로 산성이다.

07 ㄱ. pH가 7보다 작은 수용액은 (가)와 (나)이므로 산성 수용액은 2가지이다.
ㄴ. (다)에서 pH=10이므로 pOH=4이다. 따라서 $[OH^-]=1 \times 10^{-4}$M이다.
바로알기 ㄷ. H_3O^+의 양(mol)은 (가)가 $10^{-3} \times 0.1=10^{-4}$ mol이고, (나)가 $10^{-4} \times 0.01=10^{-6}$ mol이므로 (가)가 (나)의 100배이다.

08 ㄴ. (나)의 $[H_3O^+]=1 \times 10^{-5}$M이므로 pH=5이고, (다)의 $[H_3O^+]=1 \times 10^{-4}$M이므로 pH=4이다. 따라서 pH는 (나)가 (다)보다 크다.
바로알기 ㄱ. 25 ℃에서 물의 이온화 상수는 1×10^{-14}이고 (나)가 산성 용액이므로 ㉠은 H_3O^+이고, ㉡은 OH^-이다.

ㄷ. $\dfrac{[OH^-]}{[H_3O^+]}$ 는 (가)가 1이고, (나)가 $\dfrac{10^{-9}}{10^{-5}}=10^{-4}$이므로 (가)가 (나)의 10^4배이다.

09 ㄱ. 수용액의 부피가 10배가 되었으므로 몰 농도는 $\dfrac{1}{10}$배가 되어야 한다. 따라서 (나)에서 $[H_3O^+]=10^{-3}\,M$이므로 $pH=x=3$이다.

ㄴ. (나)에서 $pH=3$, $pOH=11$이므로 $\dfrac{pOH}{pH}=\dfrac{11}{3}$이다.

ㄷ. $\dfrac{[OH^-]}{[H_3O^+]}$ 의 비는 (가) : (나) $=\dfrac{10^{-12}}{10^{-2}}:\dfrac{10^{-11}}{10^{-3}}=1:100$이다.

10 ㄱ. (나)에서 $x=10^{-12}(M)\times0.01(L)=1\times10^{-14}(mol)$이다.

ㄴ. (가)에서 $10^{-2}\,M\times\dfrac{y\,mL}{1000\,mL/L}=1\times10^{-3}\,mol$이다. 따라서 $y=100$이다.

🔍 **바로알기** ㄷ. (가)에서 H_3O^+의 양은 $1\times10^{-3}\,mol$이고, (나)에서 OH^-의 양은 $1\times10^{-4}\,mol$이므로 (가)와 (나)를 혼합한 용액의 액성은 산성이다.

11

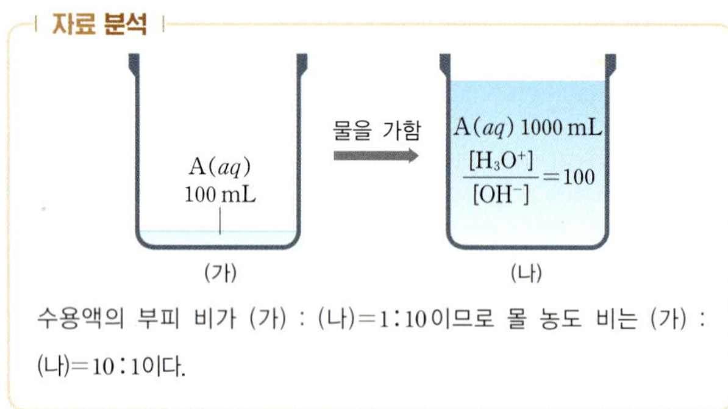

┤ **자료 분석** ├

수용액의 부피 비가 (가) : (나) $=1:10$이므로 몰 농도 비는 (가) : (나) $=10:1$이다.

ㄱ. (나)의 $\dfrac{[H_3O^+]}{[OH^-]}=100$이므로 $[H_3O^+]=10^{-6}\,M$이다. 따라서 (가)에 들어 있는 H_3O^+의 양은 $10^{-6}\,mol$이고, 부피는 $100\,mL$이므로 (가)의 $[H_3O^+]=10^{-5}\,M$이고 $pH=5$이다.

ㄴ. (나)의 $[OH^-]=10^{-8}\,M$이므로 $pOH=8$이다.

ㄷ. $\dfrac{pOH}{pH}$ 는 (가)가 $\dfrac{9}{5}$이고, (나)가 $\dfrac{8}{6}$이므로 $\dfrac{27}{20}$배이다.

12 서술형

모범답안 | $K_w=[H_3O^+][OH^-]$이고, $25\,^\circ\mathrm{C}$에서 물의 자동 이온화 반응이 일어나면 $[H_3O^+]=[OH^-]=1\times10^{-7}\,M$이다. 따라서 $K_w=1\times10^{-14}$이다.

채점 기준	배점
이온화 상수(K_w)의 정의를 나타내고, $[H_3O^+]$와 $[OH^-]$를 나타낸 경우	100 %
위 2가지 내용 중 1가지만 언급한 경우	50 %

해설 | 자동 이온화 반응이 일어나면 같은 양의 H_3O^+과 OH^-이 생성된다.

13 서술형

모범답안 | (가)의 $pH=4$이므로 $pOH=10$이고 $a=0.1(L)\times10^{-10}(M)=10^{-11}(mol)$이다. (나)의 $[H_3O^+]=\dfrac{10^{-10}\,mol}{0.1\,L}=10^{-9}\,M$이므로 $b=9$이다. 따라서 $a\times b=9\times10^{-11}$이다.

채점 기준	배점
$a\times b$를 옳게 구하고, 그 까닭을 옳게 설명한 경우	100 %
a만 옳게 구한 경우	50 %
b만 옳게 구한 경우	50 %

해설 | $pH+pOH=14$이므로 (가)의 $pOH=10$이다. 수용액의 OH^-의 양(mol)은 $[OH^-]\times$수용액의 부피로 구할 수 있다.

14 서술형

정답 (1) 0.1

모범답안 | (2) $a=0.1$이므로 $NaOH(aq)$의 $pH=13$이다. $NaOH(aq)$의 pH를 12로 만들기 위해서는 수용액의 몰 농도가 $\dfrac{1}{10}$배가 되게 하면 되므로 $NaOH(aq)$에 물을 가해 수용액의 부피가 $200\,mL$가 되게 하면 된다.

채점 기준	배점
수용액의 부피가 10배가 되어야 하는 것을 언급하고 $200\,mL$가 되게 함을 설명한 경우	100 %
수용액에 물을 $180\,mL$를 가한다고만 한 경우	50 %

해설 | (1) $\dfrac{[OH^-]}{[H_3O^+]}=1\times10^{12}$이므로 $[OH^-]=0.1\,M$이다. 따라서 $a=0.1$이다.

(2) 수용액의 $pH=13$이므로 pH가 12가 되려면 몰 농도가 $\dfrac{1}{10}$배가 되어야 한다. 이때 수용액의 부피는 10배가 되어야 한다. $180\,mL$의 물을 가한다고만 하면 혼합 수용액의 부피는 실험 후에 변할 수 있으므로 혼합 후의 수용액의 부피가 $200\,mL$가 되게 해야 한다.

03 산 염기 중화 반응

개념 익히기 문제 p.187, 189

01 중화 반응	**02** 1:1	**03** 5	**04** 0.02	**05** ○
06 ×	**07** ○	**08** ×	**09** 중화 적정	**10** 중화점
11 지시약	**12** 뷰렛	**13** ○	**14** ○	**15** ×	**16** ○

02 중화 반응의 알짜 이온 반응식은 $H^+(aq)+OH^-(aq)\longrightarrow H_2O(l)$이다.

03 $0.2\,M$ $NaOH(aq)$의 부피를 $x\,mL$라고 하면 중화 반응의 양적 관계에 따라 $1\times0.1\times10=1\times0.2\times x$이므로 $x=5$이다.

04 $0.1\,M$ $H_2SO_4(aq)$ $100\,mL$에 들어 있는 H^+의 양은 $2\times0.1\times0.1=0.02\,mol$이다.

06 2가 산과 1가 염기가 반응한다고 하면 구경꾼 이온 수 비는 음이온 수 : 양이온 수=1 : 2이다.

08 중화 반응의 화학 반응식은 $HCl(aq)+NaOH(aq)$ $\longrightarrow H_2O(l)+NaCl(aq)$이므로 완전히 중화되어도 전체 이온 수는 반응 전과 같다.

11 $HCl(aq)$의 농도를 결정하는 중화 적정 실험에서 표준 용액으로 염기인 $NaOH(aq)$을 사용하므로 중화점을 판단하기 위해서 지시약으로 페놀프탈레인 용액을 사용하는 것이 적절하다.

13 중화 반응의 양적 관계에 따라 $1 \times M \times V = 1 \times M' \times V'$이므로 $M=M'$이다.

15 중화 반응의 화학 반응식은 $HCl(aq)+NaOH(aq)$ $\longrightarrow H_2O(l)+NaCl(aq)$이므로 중화점까지 혼합 용액 속 전체 이온 수는 일정하다.

16 중화 반응의 화학 반응식은 $HCl(aq)+NaOH(aq)$ $\longrightarrow H_2O(l)+NaCl(aq)$이므로 중화점에서 Na^+과 Cl^- 수는 같다.

탐구 집중 분석 p.190

예제 1

정답 ③

해설 | ③ (가)에서 식초의 몰 농도는 $1\,M$이므로 식초 $10\,mL$에 들어 있는 CH_3COOH의 양은 $0.01\,mol$이다.

예제 2

모범답안 | 중화 반응의 양적 관계에서 CH_3COOH과 $NaOH$은 모두 1가 산과 염기이므로 CH_3COOH 수용액의 몰 농도를 $x\,M$라고 하면 $1 \times x \times 0.01 = 1 \times 0.1 \times 0.025$에서 $x=0.25$이다. 따라서 CH_3COOH 수용액의 몰 농도는 $0.25\,M$이다.

해설 | 중화 반응의 양적 관계는 $nMV=n'M'V'$이다.

개념 다지기 문제 p.191~193

01 ③	02 ②	03 ⑤	04 ④	05 ③	06 ③
07 ③	08 ②				

고난도 09 ② 10 ④

서술형 11~13 해설 참조

01 ㄱ. 수용액이 염기성에서 중성이 된 지점이 (다)이므로 중화점은 (다)이다.

ㄴ. (라)의 용액에는 H^+이 존재하므로 산성이다.

바로알기 ㄷ. (다)에서 중화점에 도달하므로 생성된 물의 양(mol)은 (다)와 (라)에서 같다.

02 (가)의 액성은 산성이므로 $HCl(aq)$ $80\,mL$에 들어 있는 음이온 수가 $2N$이다.

(나)의 액성은 염기성이므로 $NaOH(aq)$ $20\,mL$에 들어 있는 음이온 수가 N이다.

ㄴ. 같은 부피에 들어 있는 이온 수는 $NaOH(aq)$이 $HCl(aq)$의 2배이므로 혼합 전 몰 농도는 $NaOH(aq)$이 $HCl(aq)$의 2배이다.

바로알기 ㄱ. (다)에서 $HCl(aq)$ $40\,mL$에 들어 있는 H^+의 수는 N이고, $NaOH(aq)$ $20\,mL$에 들어 있는 OH^-의 수는 N이므로 혼합 용액의 액성은 중성이다. 따라서 ㉠은 중성이다.

ㄷ. 생성된 물 분자 수는 (나)와 (다)에서 N으로 같다.

03 ㄱ. (가)에도 존재하고 (다)에서 존재하는 구경꾼 이온인 ■은 A^-이고, ●은 H^+이며, ▲은 구경꾼 이온인 B^+이며, ★은 OH^-이다.

ㄴ. (다)에 ▲이 4개 있으므로 (나)에는 ▲이 2개 존재한다. 따라서 가해 준 BOH $10\,mL$에는 OH^-이 2개 들어 있어야 하므로 (나) 수용액은 산성이다.

ㄷ. HA 수용액은 $20\,mL$에 들어 있는 이온 수가 6이고, BOH 수용액은 $20\,mL$에 들어 있는 이온 수가 8이므로 수용액의 몰 농도 비는 HA : BOH=3 : 4이다.

04 ㄱ. 이온 수 비는 $Na^+ : Cl^-=1 : 8$이고, (가)의 혼합 전 Cl^-의 양은 $0.4 \times 0.02 = 0.008\,mol$이므로 Na^+의 양은 $0.001\,mol$이어야 한다. 따라서 $x \times 0.01 = 0.001$이므로 $x=0.1$이다.

ㄷ. $0.4\,M$ $HCl(aq)$ $10\,mL$에 들어 있는 H^+의 양은 $0.004\,mol$이고, $0.1\,M$ $NaOH(aq)$ $40\,mL$에 들어 있는 OH^-의 양은 $0.004\,mol$이므로 (나)의 액성은 중성이다. 따라서 ㉠은 중성이다.

바로알기 ㄴ. (나)에서 Na^+의 양은 $0.1 \times 0.04 = 0.004\,mol$이고, 혼합 용액의 부피는 $50\,mL$이므로 $[Na^+] = \dfrac{0.004}{0.05} = 0.08\,M$이다.

05 혼합 용액의 전체 이온 수는 혼합 용액의 액성을 나타내는 혼합 전 용액의 혼합 전 전체 이온 수와 같다.

ㄱ. 만약 (가)가 산성이라면 혼합 전 $HCl(aq)$ $20\,mL$에 들어 있는 전체 이온 수가 $3N$이고, (나)의 액성은 염기성이 되어 $NaOH(aq)$ $20\,mL$에 들어 있는 전체 이온 수는 $4N$이 되고 자료의 조건을 만족한다.

ㄷ. $20\,mL$에 들어 있는 이온 수는 $HCl(aq)$, $NaOH(aq)$이 각각 $3N$, $4N$이므로 몰 농도 비는 $HCl(aq) : NaOH(aq)=3 : 4$이다.

바로알기 ㄴ. $HCl(aq)$ $20\,mL$에 들어 있는 전체 이온 수가 $3N$이므로 (나)에 들어 있는 Cl^-의 수는 $1.5N$이다.

06 ㄱ. ㉠은 $KOH(aq)$을 넣을수록 증가하므로 구경꾼 이온인 K^+이다.

ㄷ. $HCl(aq)$ $50\,mL$를 완전히 중화시키는 데 필요한 $KOH(aq)$은 $100\,mL$이므로 몰 농도 비는 $HCl(aq) : KOH(aq)=2 : 1$이다.

바로알기 ㄴ. $KOH(aq)$ $100\,mL$를 넣었을 때 중화점에 도달하므로 $150\,mL$를 넣었을 때 생성되는 물 분자 수는 $2N$이다.

07 ㄱ. 중화 적정에서 표준 용액을 넣는 실험 기구는 뷰렛이다.
ㄷ. 중화 반응의 양적 관계에 따라 $CH_3COOH(aq)$의 몰 농도를 x M라고 하면 $1 \times x \times 0.01 = 1 \times 0.1 \times 0.04$이므로 $x=0.4$이다.

🔍**바로알기** ㄴ. 페놀프탈레인 용액은 염기성에서 붉은색으로 변한다.

08 10 mL $CH_3COOH(aq)$의 질량은 밀도가 $1\,g/mL$이므로 $10\,g$이다. $CH_3COOH(aq)$의 몰 농도는 0.4M이므로 10 mL의 $CH_3COOH(aq)$에 들어 있는 CH_3COOH의 양은 $0.004\,mol$이고 CH_3COOH의 질량은 $0.24\,g$이다. 따라서 퍼센트 농도는 $\dfrac{0.24}{10} \times 100 = 2.4\,\%$이다.

09 만약 Ⅰ의 액성이 산성이라면 반응 전 $HCl(aq)$ 20 mL에 들어 있는 양이온 수가 반응 후에도 남아 있는 양이온 수의 합과 같으므로 용액 Ⅱ의 양이온 수가 $7.5N$이 되어 자료와 맞지 않는다. 만약 Ⅰ의 액성이 염기성이라면 $NaOH(aq)$ 10 mL의 Na^+ 수는 $5N$이고, 용액 Ⅱ에서 양이온 수가 증가한 것으로 보아 액성이 산성으로 바뀐 것을 알 수 있다. 따라서 $HCl(aq)$ 총 30 mL에 들어 있는 H^+ 수가 $6N$임을 알 수 있다.
ㄴ. Ⅱ의 H^+ 수는 N이므로 이를 중화시키기 위해 필요한 $NaOH(aq)$의 부피는 2 mL이다. 따라서 $x=2$이다.

🔍**바로알기** ㄱ. Ⅰ의 액성은 염기성이다.
ㄷ. 10 mL에 들어 있는 이온 수는 $HCl(aq)$과 $NaOH(aq)$이 각각 $4N$, $10N$이므로 몰 농도 비는 $HCl(aq):NaOH(aq)=2:5$이다.

10

| 자료 분석 |

혼합 용액	혼합 전 용액의 부피(mL)			혼합 용액의 음이온 수	생성된 물 분자 수
	$HCl(aq)$ 음이온 수	$NaOH(aq)$ 음이온 수	$KOH(aq)$ 음이온 수		
(가) 염기성	10 $2N$	10 N	20 $3N$	$4N$	x $2N$
(나) 산성	20 $4N$	10 N	10 $1.5N$	$4N$	$2.5N$

· (가)가 산성이면 H^+이 남게 되므로 Cl^- 수가 $4N$이고, (나)에서 Cl^- 수가 $8N$이 되어 주어진 조건에 맞지 않는다. 따라서 (가)는 염기성이다.
· (나)는 산성이고 생성된 물 분자 수는 혼합 전 전체 OH^-의 수와 같다.

(가)의 액성을 산성이라고 하면 $HCl(aq)$ 10 mL에 들어 있는 음이온 수가 $4N$이 되는데 (나)에서는 조건을 만족하지 않게 된다. 따라서 (가)는 염기성이고, (나)는 산성이 된다. $NaOH(aq)$, $KOH(aq)$ 10 mL의 음이온 수를 각각 a, b라고 하면 $a+2b=4N$, $a+b=2.5N$에서 $a=N$, $b=1.5N$이다.
ㄱ. (가)는 염기성이다.
ㄴ. (가)는 염기성이므로 $HCl(aq)$의 H^+이 모두 중화 반응하여 물 분자 $2N$을 생성하게 된다.

🔍**바로알기** ㄷ. 10 mL의 음이온 수는 몰 농도 비와 같으므로 $HCl(aq):KOH(aq)=2N:1.5N=4:3$이다.

11 서술형
모범답안 ■은 H^+이고, ▲은 OH^-이므로 두 수용액을 혼합하면 중화 반응하여 ▲이 모두 사라지고 ■이 1개, ○이 3개, ☆이 2개 들어 있는 수용액이 된다.

12 서술형
정답 (1) ㉠ : Na^+, ㉡ : OH^-
모범답안 (2) $x:y=4:1$, 혼합 전 이온 수 비는 $NaOH(aq):HCl(aq)=2:1$이므로 $10x:20y=2:1$에서 $x:y=4:1$이다.

채점 기준	배점
중화 반응의 양적 관계를 이용하여 $x:y$를 옳게 구한 경우	100 %
중화 반응의 양적 관계식을 세웠으나 부정확한 경우	25 %

13 서술형
정답 (1) ㉣
모범답안 (2) $x:y=1:2$, $NaOH(aq)$ 20 mL를 혼합하였을 때 중화점에 도달하므로 $2 \times x \times 20 = 1 \times y \times 20$에서 $x:y=1:2$이다.

채점 기준	배점
2가 산과 1가 염기의 중화 반응의 양적 관계를 이용하여 $x:y$를 옳게 구한 경우	100 %
$x:y$를 옳게 구했으나 그 과정이 옳지 않은 경우	25 %

해설 (1) 중화점에서 이온 수 비는 $Na^+:SO_4^{2-}=2:1$이다.

① 1 ×   2 ×   3 ○   4 ○   5 ○   6 ○
② 1 ○   2 ×   3 ○   4 ○   5 ×   6 ○
③ 1 ×   2 ○   3 ○   4 ×
④ 1 ○   2 ×   3 ○   4 ○   5 ○   6 ○
⑤ 1 ○   2 ×   3 ○   4 ○   5 ○   6 ×
⑥ 1 ○   2 ○   3 ×   4 ○   5 ○
⑦ 1 ○   2 ○   3 ×   4 ○   5 ○
⑧ 1 ×   2 ×   3 ○   4 ○   5 ○
⑨ 1 ×   2 ○   3 ○   4 ×   5 ○

①-1 증발 속도는 (가)에서와 (나)에서가 같다.
①-2 (다)에서 동적 평형 상태에 도달하였고, 물의 증발과 응축은 계속 일어난다.
②-2 $2t$ 이후 동적 평형 상태에 도달하였으므로 물의 증발과 응축은 같은 속도로 일어나고 있다.
②-5 t에서보다 $2t$에서 $H_2O(g)$의 분자 수가 크므로 $\dfrac{H_2O(g)\text{의 양(mol)}}{H_2O(l)\text{의 양(mol)}}$은 $2t$에서가 t에서보다 크다.
③-1 동적 평형 상태에서는 증발 속도와 응축 속도가 같아야 하므로 t_3에서 동적 평형 상태에 도달한 것이다.
③-4 t_2에서 $\dfrac{X(g)\text{의 양(mol)}}{X(l)\text{의 양(mol)}}=1$이므로 t_1에서는 $\dfrac{X(g)\text{의 양(mol)}}{X(l)\text{의 양(mol)}}<1$이다.

④-2 (가)에서 H_2O은 아레니우스 정의에 따른 산 또는 염기에 해당하지 않는다.

⑤-2 (나)의 pOH=5이므로 pH=9이다.

⑤-6 (가)에서 pH=2이므로 pOH=14-2=12이고, (나)에서 pOH=5이므로 pH=14-5=9이다. 따라서 $\dfrac{(가)에서 pOH}{(나)에서 pH}=\dfrac{12}{9}=\dfrac{4}{3}$이다.

⑥-3 (나)의 pH=6이므로 $[H_3O^+]=1\times10^{-6}$ M이고, H_3O^+의 양은 1×10^{-7} mol이므로 부피 $V=\dfrac{1\times10^{-7}}{1\times10^{-6}}=0.1$ L=100 mL이다. 따라서 $y=100$이다.

⑦-3 중화점에서 생성된 H_2O의 양은 0.005 mol이므로 CH_3COOH의 몰 농도(M)는 $\dfrac{0.005}{0.01}=0.5$ M이다.

⑧-1 (나)에서는 (가)에서보다 $HCl(aq)$의 부피가 2배이므로 (가)와 (나)에서 $HCl(aq)$이 모두 반응했다면 전체 이온 수는 2배가 되어야 한다. 따라서 (가)에서는 $NaOH(aq)$이 과량이므로 염기성이다.

⑧-2 (나)에서는 $HCl(aq)$이 과량이므로 산성이다.

⑨-1 (가)에서 $Cl^-:Br^-=2:1$이고, (나)에서 $Cl^-:Br^-:OH^-=2:3:1$이다. 따라서 ㉠은 Cl^-이다.

⑨-4 전체 이온의 몰 농도 비는 (가) : (나)$=\dfrac{6}{5V}:\dfrac{12}{10V}=1:1$이다.

01 ⑤   02 ①   03 ④   04 ②   05 ③   06 ⑤
07 ③   08 ①   09 ②   10 ②   11 ④   12 ③
13 ⑤
고난도   14 ⑤   15 ③   16 ②   17 ⑤
서술형 18~22 해설 참조

01 ㄱ. t_2에서 동적 평형에 도달하였으므로 t_3에서 $H_2O(g)$의 양은 t_2에서와 같은 d mol이다.

ㄴ. t_1일 때 증발 속도는 t_2일 때와 같고 응축 속도는 t_2일 때보다 작으므로 $\dfrac{응축\ 속도}{증발\ 속도}<1$이다.

ㄷ. t_1에서 t_2로 가면서 $H_2O(l)$의 양은 감소하므로 $a>b$이다.

02 ㄱ. (가)에서는 증발이 더 일어나서 증발 속도가 응축 속도보다 크다.

바로알기 ㄴ. (나)에서는 증발 속도와 응축 속도가 같다. 따라서 증발과 응축이 일어난다.

ㄷ. 증발 속도는 온도에 따라 변하므로 (가)와 (나)에서 같다.

03 ㄱ. (나)에서 동적 평형 상태에 도달했으므로 $Br_2(l)$의 기화는 역반응인 응축이 일어나는 가역 반응이다.

ㄷ. (나)에서 동적 평형 상태에 도달했으므로 증발 속도와 응축 속도가 같다.

바로알기 ㄴ. $Br_2(g)$의 응축 속도는 $Br_2(g)$ 분자 수가 더 큰 (나)에서가 (가)에서보다 크다.

04 ㄴ. (가)는 반응 초기이므로 정반응 속도가 역반응 속도보다 크다.

바로알기 ㄱ. $NO_2(g)$가 $N_2O_4(g)$로 되는 반응은 가역 반응이므로 (나)에서 동적 평형 상태에 도달하여 $NO_2(g)$와 $N_2O_4(g)$가 모두 존재한다.

ㄷ. 정반응이 일어나면 기체의 분자 수가 감소하므로 기체의 양은 (가)>(나)이다.

05 ㄱ. (가)에서 H_3O^+은 H^+를 주는 물질이므로 브뢴스테드·로리 산이다.

ㄴ. (나)에서 HCOOH은 H^+을 내놓으므로 아레니우스 산이다.

바로알기 ㄷ. (다)에서 CO_3^{2-}은 H_2O로부터 H^+를 받는 물질이므로 브뢴스테드·로리 염기이다.

06 ㄱ. (가)에서 HCO_3^-은 H^+를 받는 물질이므로 브뢴스테드·로리 염기이다.

ㄴ. (나)에서 H_3O^+은 CO_3^{2-}에게 H^+를 주는 물질이므로 브뢴스테드·로리 산이다.

ㄷ. H_2O은 (가)와 (나)에서 H^+를 받는 물질이므로 브뢴스테드·로리 염기이다.

07 ㄱ. 이 반응에서 H_2O이 이온화하여 H_3O^+과 OH^-이 생성되므로 물의 자동 이온화 반응이다.

ㄴ. 이 반응으로 생성된 H_3O^+과 OH^-의 양은 같으므로 몰 농도도 같다.

바로알기 ㄷ. 이 반응에서 H_2O은 H^+를 주기도 하고 받기도 하므로 산과 염기로 모두 작용한다.

08 ㄱ. pH=12이므로 $[OH^-]=0.01$ M이다. $AOH(aq)$의 양은 0.01 M $\times 1$ L$=0.01$ mol이고, 화학식량은 a이므로 $x=0.01a$이다.

바로알기 ㄴ. pH=12이므로 $[OH^-]=0.01$ M이다.

ㄷ. 이 수용액에서 100 mL를 취한 용액도 pH=12이다.

09 (가)에서 $\dfrac{pOH}{pH}=1$이므로 pH=7이다. (나)에서 $\dfrac{pOH}{pH}=6$이므로 pH=2, pOH=12이다. 따라서 (가)와 (나)의 pH 차는 7-2=5이다.

10 ㄴ. (나)의 pOH=1이므로 pH=13이다.

바로알기 ㄱ. (가)의 pH=3이므로 pOH=11이다.

ㄷ. (다)의 pH=4이므로 $[H_3O^+]=1\times10^{-4}$ M이다.

11 ㄱ. (가)는 $[H_3O^+]=[OH^-]=1\times10^{-7}$이고, (나)는 $[H_3O^+]=1\times10^{-2}$ M이므로 $\dfrac{(가)의 pH}{(나)의 pH}=\dfrac{7}{2}$이다.

ㄷ. (다)에서 $\dfrac{[\text{OH}^-]}{[\text{H}_3\text{O}^+]}=\dfrac{1\times 10^{-2}}{1\times 10^{-12}}=10^{10}$이다.

바로알기 ㄴ. $\dfrac{\text{(다)의 pH}}{\text{(나)의 pOH}}=\dfrac{12}{12}=1$이다.

12 ㄱ. 표준 용액인 $0.1\,\text{M}$ $\text{NaOH}(aq)$은 뷰렛에 넣어야 한다.
ㄴ. $\text{CH}_3\text{COOH}(aq)$의 몰 농도를 x라고 하면 $1\times x\times 0.01$ $=1\times 0.1\times 0.02$이므로 $x=0.2$이다.

바로알기 ㄷ. (라)에서 생성된 물의 양은 중화 반응에 사용된 NaOH의 양과 같으므로 $0.1\times 0.02=0.002\,\text{mol}$이다.

13 ㄱ. (가) → (나)에서 $\text{NaOH}(aq)$의 부피가 증가하면서 혼합 용액의 양이온 수가 증가하였으므로 (나)는 염기성, (가)는 산성 이다.
ㄴ. (가)에서 $\text{HCl}(aq)$ $100\,\text{mL}$에 들어 있는 양이온 수가 혼합 후에도 같으므로 $\text{HCl}(aq)$ $100\,\text{mL}$의 H^+ 수는 N, $\text{NaOH}(aq)$ $60\,\text{mL}$에 들어 있는 Na^+ 수는 $2N$이다. $10\,\text{mL}$당 이온 수는 몰 농도에 비례하므로 $x:y=\dfrac{N}{100}:\dfrac{2N}{60}=3:10$이다.
ㄷ. $\dfrac{\text{Cl}^-\ \text{수}}{\text{Na}^+\ \text{수}}$는 (가)에서 $\dfrac{3}{2}$이고, (나)에서 $\dfrac{1}{5}$이므로 (가):(나) $=15:2$이다.

14 ㄱ. (가)에서 황산 구리(Ⅱ) 수용액이 포화 상태이므로 동적 평형 상태이다.
ㄴ. (나)에서 $\text{CuSO}_4(s)$가 석출되므로 수용액에 용해된 CuSO_4 의 양(mol)이 감소한다. 따라서 수용액의 농도는 (가)>(나) 이다.
ㄷ. (나)에서도 동적 평형 상태에 도달한 것이므로 용해 속도와 석출 속도가 같다.

15 ㄱ. (다)에서 $\text{pH}=1$이므로 $[\text{H}_3\text{O}^+]=0.1\,\text{M}$이다. 따라서 (다)에서 HCl의 양은 $0.1\,\text{mol}$이다. (가)에서 HCl의 양은 $0.1\times 0.6=0.06\,\text{mol}$이므로 (나)에 들어 있어야 하는 HCl의 양 은 $0.04\,\text{mol}$이어야 한다. 따라서 $x=0.2$이다.
ㄷ. (나)에서 $x=0.2$이므로 $[\text{H}_3\text{O}^+]=0.2\,\text{M}$이고, $K_\text{w}=1\times 10^{-14}$이므로 $[\text{OH}^-]=\dfrac{1\times 10^{-14}}{0.2}=5\times 10^{-12}\,\text{M}$이다.

바로알기 ㄴ. (다)의 $\text{pH}=1$이므로 들어 있는 HCl의 양은 $0.1\,\text{M}\times 1\,\text{L}=0.1\,\text{mol}$이다.

16 중화점까지 가해진 $0.2\,\text{M}$ $\text{NaOH}(aq)$의 부피가 $40\,\text{mL}$이 므로 (다)의 삼각 플라스크에 들어 있는 CH_3COOH의 양은 $0.2\times 0.04=0.008\,\text{mol}$이다.
$0.5\,\text{M}$ $\text{CH}_3\text{COOH}(aq)$ $x\,\text{mL}$에 들어 있는 CH_3COOH의 양은 $0.5\times\dfrac{x}{1000}$이고, 이로부터 만든 수용액 $50\,\text{mL}$ 중 $20\,\text{mL}$만 취 했으므로 들어 있는 CH_3COOH의 양은 $0.5\times\dfrac{x}{1000}\times\dfrac{2}{5}=$ 0.008이므로 $x=40$이다.

17

혼합 용액		(가)	(나)	(다)
혼합 전 용액의 부피 (mL)	$\text{HCl}(aq)$	30 $\text{H}^+\ 3N$	0	10 $\text{H}^+\ N$
	$\text{H}_2\text{SO}_4(aq)$	0	15 $\text{H}^+\ 3N$	10
	$\text{NaOH}(aq)$	20 $\text{Na}^+\ 3N$	10 $\text{Na}^+\ 1.5N$	x $\text{Na}^+\ 0.15xN$
혼합 용액의 액성		중성	산성	염기성
$[\text{Na}^+]+[\text{H}^+]$		3	6	5

(다)는 염기성이므로 Na^+과 H^+ 중 Na^+만 존재하고 $[\text{Na}^+]=\dfrac{0.15xN}{20+x}$ $=\dfrac{5N}{50}$이므로 $x=40$이다.

(가)의 용액이 중성이므로 $\text{NaOH}(aq)$ $20\,\text{mL}$에 들어 있는 Na^+ 의 수는 $3N$이라고 할 수 있고, $\text{HCl}(aq)$ $30\,\text{mL}$에 들어 있는 H^+ 수는 $3N$이라고 할 수 있다. 수용액의 부피는 (가) : (나)$=2:1$이므로 (나)에서 Na^+과 H^+ 수의 합은 $3N$이어야 하고 $\text{H}_2\text{SO}_4(aq)$ $15\,\text{mL}$에 들어 있는 H^+ 수는 $3N$이다.
ㄱ. (다)는 염기성이므로 Na^+과 H^+ 수의 합은 $\text{NaOH}(aq)$에 들어 있는 이온 수와 같으므로 $\dfrac{0.15xN}{20+x}=\dfrac{5N}{50}$에서 $x=40$이다.
ㄴ. $10\,\text{mL}$에 들어 있는 H_2SO_4, NaOH의 양(mol)은 각각 N, $1.5N$이므로 몰 농도 비는 $\text{H}_2\text{SO}_4(aq):\text{NaOH}(aq)=2:3$이다.
ㄷ. 각 수용액에 들어 있는 모든 음이온의 종류와 수는 (나)에서 $\text{SO}_4{}^{2-}$ $1.5N$, (다)에서 Cl^- N, $\text{SO}_4{}^{2-}$ N, OH^- $3N$이므로 모든 음이온의 몰 농도 비는 (나) : (다)$=\dfrac{1.5N}{25}:\dfrac{5N}{60}=18:25$이다.

18 서술형
정답 (1) A : X(l), B : X(g)
모범답안 (2) 동적 평형 상태에서는 증발과 응축 속도가 일정하여 물질의 양이 변하지 않으므로 $t\,\text{min}$ 이후가 동적 평형 상태이다.

채점 기준	배점
동적 평형 상태인 이유를 옳게 설명한 경우	100 %

19 서술형
모범답안 (가)에서 CH_3COOH은 H^+를 주는 물질이므로 브뢴스 테드·로리 산이고, H_2O은 H^+를 받는 물질이므로 브뢴스테 드·로리 염기이다. (나)에서 NH_3는 H^+를 받는 물질이므로 브 뢴스테드·로리 염기이고, H_2O은 H^+를 주는 물질이므로 브뢴 스테드·로리 산이다.

채점 기준	배점
(가)와 (나)에서 브뢴스테드·로리 산 염기를 옳게 구분하고, 그 까닭을 옳게 설명한 경우	100 %
브뢴스테드·로리 산 염기만 옳게 구분한 경우	50 %

20 서술형
모범답안 (나)>(가)>(다), (가)에서 $\text{pH}=7$, (나)에서 $\text{pH}=2$,

(다)에서 pH$=10$이다.

채점 기준	배점
(가)~(다)를 옳게 비교하고 그 까닭을 옳게 설명한 경우	100 %
(가)~(다)만 옳게 비교한 경우	50 %

해설 (가)에서 pH$=$pOH$=7$이고, (나)에서 pH$=2$, pOH$=12$, (다)에서 pH$=10$, pOH$=4$이다.

21 서술형

정답 (1) ● : H^+, ■ : Cl^-, ▲ : Na^+, ★ : OH^-

모범답안 (2) HCl(aq) V mL에 들어 있는 총 이온 수는 $2N$이고, NaOH(aq) $2V$ mL에 들어 있는 총 이온 수는 $4N$이므로 몰 농도 비는 HCl(aq) : NaOH(aq) $=1 : 1$이다.

채점 기준	배점
부피와 이온 수를 고려하여 몰 농도를 옳게 비교한 경우	100 %
부피와 이온 수를 옳게 비교하였으나 몰 농도의 비교가 옳지 않은 경우	50 %

22 서술형

모범답안 (1) HCl(aq) : 0.5 M, NaOH(aq) : 0.3 M, 두 산과 염기가 모두 1가 산과 염기이므로 전체 양이온의 양(mol)은 혼합 용액의 액성과 같은 혼합 전 용액에 들어 있는 이온의 양(mol)과 같다. 따라서 HCl(aq)의 몰 농도를 a M라고 하면 $a \times 0.02 = 0.01$이므로 $a = 0.5$이고, NaOH(aq)의 몰 농도를 b M라고 하면 $b \times 0.04 = 0.012$이므로 $b = 0.3$이다.

채점 기준	배점
몰 농도를 옳게 구하고 그 까닭을 옳게 설명한 경우	100 %
몰 농도만 옳게 구한 경우	50 %

(2) 1.5, HCl(aq)의 몰 농도는 0.5 M이고, NaOH(aq)의 몰 농도는 0.3 M이므로 Ⅲ에서 전체 양이온의 양(mol)은 HCl(aq)의 H^+의 양(mol)과 같다. 따라서 $x=1.5$이다.

채점 기준	배점
x를 옳게 구하고 그 까닭을 옳게 설명한 경우	100 %
x만 옳게 구한 경우	50 %

(3) 산성, Ⅲ에서 혼합 전 H^+의 양은 1.5×10^{-2} mol이고, OH^-의 양은 1.2×10^{-2} mol이므로 액성은 산성이다.

채점 기준	배점
㉠을 옳게 쓰고 그 까닭을 옳게 설명한 경우	100 %
㉠만 옳게 쓴 경우	50 %

04 산화 환원 반응

개념 익히기 문제   p.205, 207

01 산화	**02** 환원	**03** 환원	**04** 환원	**05** ○	**06** ○
07 ×	**08** ×	**09** 산화수	**10** 환원제	**11** -1	**12** ○
13 ×	**14** ○				

01~02 산화 반응은 산소를 얻고, 전자를 잃는 반응이고, 환원 반응은 산소를 잃고, 전자를 얻는 반응이다.

03 아연과 황산 구리(Ⅱ) 수용액의 반응에서 아연은 아연 이온으로 산화되고, 구리 이온은 구리로 환원된다.

04 나트륨과 염소 기체가 반응하면 나트륨은 산화되어 나트륨 이온이 되고, 염소는 환원되어 염화 이온이 된다.

07 $2Br^- + Cl_2 \longrightarrow Br_2 + 2Cl^-$ 반응에서 Br^-은 전자를 잃고 산화된다.

08 $Cu + 2Ag^+ \longrightarrow Cu^{2+} + 2Ag$ 반응에서 Ag^+은 전자를 얻어 Ag으로 환원된다.

11 화합물은 서로 다른 원자들이 결합한 물질이므로 전기 음성도가 가장 큰 F의 화합물에서 F의 산화수는 항상 -1이다.

13 S의 산화수를 x라고 하면, O의 산화수는 화합물에서 -2이므로 $x + (4 \times (-2)) = -2$에서 $x = +6$이다.

개념 다지기 문제   p.209~211

01 ⑤	**02** ③	**03** ③	**04** ③	**05** ③	**06** ②
07 ③	**08** ⑤	**09** ②	**10** ⑤		
고난도 **11** ⑤	**12** ⑤				
서술형 **13~14** 해설 참조					

01 ㄴ. 산화수가 가장 작은 원자는 -2의 산화수를 갖는 O이다.

ㄷ. (라)에서 O, Ca의 산화수는 각각 -2, $+2$이므로 Si의 산화수는 $+4$이다.

🔍 **바로알기** ㄱ. 산화수 변화가 있는 반응은 (가)와 (나)이다.

02 $AgNO_3$ 수용액에 Cu를 넣었을 때 Ag이 석출되었으므로 Ag^+은 환원되고, Cu가 산화된 것이다.

ㄱ. 알짜 이온 반응식은 $2Ag^+ + Cu \longrightarrow 2Ag + Cu^{2+}$이다.

ㄴ. 수용액 속에 Cu^{2+}이 생성되므로 수용액의 색이 푸른색으로 변한다.

🔍 **바로알기** ㄷ. 수용액 속에 Ag^+이 Cu^{2+}으로 바뀌므로 이온 수는 감소한다.

03 ㄱ. (가)에서 Mg의 산화수는 0에서 +2로 증가한다.

ㄷ. F_2이 Br^-과 반응하여 F^-이 되므로 F_2이 Br_2보다 음이온이 되기 쉽다.

🔍 **바로알기** ㄴ. (나)에서 N의 산화수는 −3에서 +2로 증가하므로 NH_3는 자신은 산화되면서 다른 물질을 환원시키는 환원제이다.

04 ㄱ. (나)에서 S의 산화수는 +4에서 +6으로 증가하고 Cl의 산화수는 0에서 −1로 감소하므로 $b=1$, $d=2$, $c=1$이므로 H와 O의 원자 수를 같게 하면 $a=2$이다. 따라서 $a+b+c+d=6$이다.

ㄴ. S의 산화수가 가장 큰 것은 H_2SO_4에서 S의 산화수로 +6이다.

🔍 **바로알기** ㄷ. (가)의 SO_2에서 S의 산화수는 +4에서 0으로 감소하므로 SO_2은 산화제이다. (나)의 SO_2에서 S의 산화수는 +4에서 +6으로 증가하므로 SO_2은 환원제이다.

05 전기 음성도는 O>C>H이고, 화합물에서 H, O의 산화수는 각각 +1, −2이므로 C의 산화수는 (가), (나)에서 각각 −2, +2이다. 따라서 (가)와 (나)에서 C의 산화수 합은 0이다.

06 루이스 전자점식으로부터 원자가 전자 수는 X∼Z가 각각 1, 4, 5이므로 X∼Z는 각각 H, C, N임을 알 수 있다.

ㄴ. 전기 음성도는 Z>Y>X이므로 (가)와 (나)에서 Z(N)의 산화수는 모두 −3이다.

🔍 **바로알기** ㄱ. X(H)는 1족 원소이다.

ㄷ. YX_4(CH_4)에서 전기 음성도는 Y>X이므로 Y(C)의 산화수는 −4이다.

07 Mn의 산화수는 +7에서 +2로 감소하고, Cl의 산화수는 +5에서 +7로 증가하므로 $a=2$, $c=e=5$이다. 반응물에서 O 원자 수가 23이므로 생성물에서 이와 같게 하려면 $d=3$이다. 따라서 $b=6$이 된다.

ㄱ. $\dfrac{d+e}{a+b+c}=\dfrac{3+5}{2+6+5}=\dfrac{8}{13}$이다.

ㄷ. 반응 계수 비=반응 몰비이므로 2 mol의 MnO_4^-이 소모되면 H_2O 3 mol이 생성된다.

🔍 **바로알기** ㄴ. MnO_4^-에서 Mn의 산화수는 감소하므로 MnO_4^-은 산화제로 작용한다.

08 (가)와 (나)에서 전기 음성도는 Y>X>Z임을 알 수 있으므로 X∼Z는 각각 O, F, H이다.

ㄴ. 전기 음성도는 Y>X이다.

ㄷ. X_2Y_2의 구조식은 Y−X−X−Y이고, Y의 산화수는 −1이므로 X의 산화수는 +1이다.

🔍 **바로알기** ㄱ. (다)는 H_2O이므로 ㉠은 −2이다.

09 산화수 규칙에서 H, O의 산화수는 각각 +1, −2이므로 ㉠∼㉣은 각각 +2, −3, +4, +5이다.

ㄴ. ㉠∼㉣의 총합은 2+(−3)+4+5=8이다.

🔍 **바로알기** ㄱ. ㉡은 음수이다.

ㄷ. 가장 큰 값은 +5이고, 가장 작은 값은 −3이므로 차이는 8이다.

10 ㄱ. (나)에서 금속 이온과 결합한 NO_3^- 수로부터 이온의 산화수는 B, C가 각각 +2, +3임을 알 수 있으므로 $a=3$이다.

ㄴ. (가)에서 A는 NO_3^-과 결합하므로 A의 산화수는 +1이고, B, C의 산화수는 각각 +2, +3이다.

ㄷ. (나)에서 B의 산화수는 +2에서 0으로 감소하므로 자신은 환원되고 다른 물질을 산화시키는 산화제이다.

11 ㄱ. N_2에서 N의 산화수는 0이므로 NH_3에서 N의 산화수는 −3에서 0으로 증가한 것이고, NO_2에서 N의 산화수는 +4에서 0으로 감소한 것이다. 따라서 산화수 변화를 맞추면 $a=4$, $b=3$이지만, 생성물의 N 원자 수가 14이므로 $a=8$, $b=6$, $c=12$이고, $a+b+c=26$이다.

ㄴ. NO_2에서 N의 산화수는 +4에서 0으로 감소하므로 자신은 환원되면서 다른 물질을 산화시키는 산화제이다.

ㄷ. 반응 전후 산화수가 변하지 않는 원자는 H, O 2가지이다.

12 ㄴ. $Cr_2O_7^{2-}$에서 O의 산화수는 −2이므로 Cr의 산화수를 x라고 하면 $2x+(−2×7)=−2$에서 $x=+6$이다.

ㄷ. (나)에서 Cr의 산화수는 +6에서 +3으로 감소하고, S의 산화수는 −2에서 0으로 증가한다. $a=1$이고, b와 d는 3이다. 반응물에서 O 원자 수가 7이므로 e는 7이고, c는 8이다. $\dfrac{d+e}{a+b+c}=\dfrac{3+7}{1+3+8}=\dfrac{5}{6}$이다.

🔍 **바로알기** ㄱ. (가)에서는 산화수가 변하는 원자가 Cl이고 H와 O의 산화수는 변하지 않는다. 따라서 (가)에서 H_2O은 산화제나 환원제가 아니다.

13 🟧 서술형

모범답안 | 5, C의 산화수는 (가)의 C에서 0, CO에서 +2, (나)의 C_2H_2에서 −1, CO_2에서 +4이다. 따라서 C의 산화수 합은 0+2+(−1)+4=5이다.

채점 기준	배점
4가지 화합물에서 C의 산화수를 옳게 구하고 합을 정확하게 구한 경우	100 %
4가지 화합물 중 1가지의 C의 산화수를 옳게 구한 경우	25 %

14 🟧 서술형

모범답안 | (1) Mn의 감소한 산화수가 5이고, Sn의 증가한 산화수가 2이므로 산화수 변화를 10으로 같게 해 주면 $2MnO_4^- + 5Sn^{2+} + H^+ \longrightarrow 2Mn^{2+} + 5Sn^{4+} + H_2O$이다.

채점 기준	배점
산화수 변화를 10으로 나타내고 각 반응의 반응 계수를 옳게 구한 경우	100 %
산화수 변화는 옳게 설명하였으나 계수를 옳게 구하지 못한 경우	25 %

(2) 반응물에서 O의 원자 수가 8이므로 H_2O의 반응 계수는 8이고, H^+의 계수는 16이다. 따라서 $2MnO_4^- + 5Sn^{2+} + 16H^+$ $\longrightarrow 2Mn^{2+} + 5Sn^{4+} + 8H_2O$이다.

채점 기준	배점
O와 H의 반응물과 생성물에서 원자 수를 옳게 구하고 계수를 옳게 구한 경우	100 %
O나 H 중 1가지의 원자 수만 옳게 구하고 계수를 완성한 경우	50 %

05 화학 반응에서 열의 출입

개념 익히기 문제　　　　　　　　　　　　p.213

01 발열 반응　　**02** 흡열 반응　　**03** 비열
04 온도 변화　　**05** ○　　**06** ×　　**07** ○　　**08** ×

04 열량은 비열×질량×온도 변화로부터 구할 수 있다.

06 흡열 반응은 생성물의 에너지 합이 반응물의 에너지 합보다 크다.

08 질산 암모늄의 용해 반응을 이용하여 냉찜질 팩을 만들 수 있다.

탐구 집중 분석　　　　　　　　　　　　p.214

예제 1
정답 ⑤

해설 | ⑤ 질산 암모늄이 물에 녹을 때에는 열을 흡수하므로 흡열 반응이 일어난다.

예제 2
모범답안 | 흡열 반응, 흡수한 열량은 $Q = 4.2 \times 100 \times 2 = 840\,J$이고, X의 질량이 2g이므로 1g당 출입한 열량은 420 J이다.

해설 | 최저 온도가 18 ℃이므로 온도를 낮아지게 하는 X의 용해 반응은 흡열 반응이다. 열량을 구하는 식은 비열×수용액의 질량×온도 변화이다.

개념 다지기 문제　　　　　　　　　　　p.215~217

01 ⑤　　**02** ①　　**03** ⑤　　**04** ⑤　　**05** ①　　**06** ③
07 ③　　**08** ③　　**09** ①
고난도　**10** ③　　**11** ③
서술형　**12~14** 해설 참조

01 ㉠ 탄산수소 나트륨의 열분해 반응은 열을 흡수하여 분해 반응이 일어나는 흡열 반응이다.

02 ㄱ. 탄산 칼슘의 열분해 반응은 생성물의 에너지 합이 반응물의 에너지 합보다 크므로 흡열 반응이다.
바로알기 ㄴ. 흡열 반응이 일어나면 주위의 온도가 낮아진다.
ㄷ. 발열 팩은 발열 반응을 이용하여 만들 수 있다.

03 ㉠ 물이 증발하는 것은 흡열 반응이다.
㉡ 에탄올이 증발하는 것은 흡열 반응이다.
㉢ 물을 가열하면 물이 수증기로 상태 변화하므로 흡열 반응이다.

04 ㄱ. 냉각 팩에서의 반응이므로 ㉠은 용해 반응에서 흡열 반응이 일어날 수 있는 질산 암모늄(NH_4NO_3)이 적절하다.
ㄴ. 냉각 팩으로 이용해야 하므로 흡열 반응이 일어나야 한다.
ㄷ. 흡열 반응에서는 열을 흡수하므로 생성물의 에너지가 반응물의 에너지보다 크다.

05 (가) 메테인의 연소 반응에서는 열이 방출된다.
바로알기 (나) 염화 바륨 팔수화물과 질산 암모늄의 반응에서는 열이 흡수된다.
(다) 탄산수소 나트륨의 열분해 반응에서는 열이 흡수된다.

06 ㄱ, ㄷ. 수산화 나트륨 1g을 녹인 실험에서 방출한 열량은 용액의 비열×용액의 질량×온도 변화로부터 구할 수 있고, 이렇게 구한 값에 수산화 나트륨의 화학식량을 곱하면 수산화 나트륨 1 mol이 물에 녹을 때 방출하는 열량을 구할 수 있다.
바로알기 ㄴ. 물의 분자량은 필요하지 않다.

07 ㄱ. 반응 후 수용액의 온도가 낮아졌으므로 X(s)의 용해 반응은 흡열 반응이다.
ㄷ. 같은 질량이 용해되었을 때 온도 변화는 Y가 X보다 크므로 1g이 물에 용해될 때 출입하는 열량은 Y(s) > X(s)이다.
바로알기 ㄴ. Y(s)가 용해되는 반응은 발열 반응이므로 생성물 Y(aq)의 에너지가 반응물 Y(s)의 에너지보다 낮다.

08 ③ 과자 A가 연소할 때 방출하는 열을 물이 모두 흡수한다고 가정하고 물의 온도 변화를 측정한다.
바로알기 ① 연소 후 질량이 감소하므로 연소 후 질량을 측정한다.
② 과자 A의 연소 반응은 발열 반응으로 이 열을 물이 흡수한다고 가정한다.
④ 물의 온도 변화로 과자 A가 연소할 때 방출하는 열량을 구한다.
⑤ 둥근바닥 플라스크는 열을 흡수하지 않는다고 가정한다.

09 감소한 과자의 질량은 $(w_1 - w_2)$ g이고 이때 방출한 열량은 물이 모두 흡수하였다고 가정하였으므로 물의 비열×물의 질량×$(t_2 - t_1)$으로 과자 $(w_1 - w_2)$ g이 연소할 때 방출한 열량을 구하면 과자 1 g이 연소할 때 방출하는 열량을 구할 수 있다.

10 ㄱ. 용해 후 수용액의 온도가 높아지므로 $CaCl_2(s)$이 용해되는 반응은 발열 반응이다.
ㄴ. 출입한 열량=수용액의 비열×(100+w) × 5로 구할 수 있으므로 수용액의 비열이 필요하다.
바로알기 ㄷ. 열량계의 젓개로 잘 저어 주면 녹는 속도가 빨라질 뿐 최고 온도에는 변화가 없다.

11 ㄱ. CaO과 H_2O이 반응하면 $Ca(OH)_2$이 생성되면서 열이 발생한다.

ㄴ. (나)는 냉찜질용 팩으로 이용되는 사례이므로 온도가 낮아지는 흡열 반응이다.

🔍**바로알기** ㄷ. (가)와 (나)에서는 원자들의 산화수 변화가 없으므로 산화 환원 반응이 아니다.

12 서술형

모범답안 | (나), 고체의 승화가 일어나므로 (나)는 흡열 반응이다.

채점 기준	배점
흡열 반응을 옳게 고르고 그 까닭을 옳게 설명한 경우	100 %
흡열 반응만 옳게 고르고 그 까닭은 옳지 않은 경우	50 %

해설 | (가)는 연소 반응이므로 발열 반응이고, (나)는 $I_2(s)$의 승화이므로 흡열 반응이며, (다)는 $I_2(g)$의 승화이므로 발열 반응이다.

13 서술형

모범답안 | $X:Y=5:8$, $X(s)$, $Y(s)$ 1 mol이 각각 물에 녹았을 때 출입하는 열량은 각각 $(c \times 100 \times 2.5 \times 20)$ J, $(c \times 100 \times 2 \times 40)$ J이다.

채점 기준	배점
수용액의 온도 변화와 열량 구하는 식을 이용하여 1 mol이 용해되었을 때 출입하는 열량의 비를 옳게 구한 경우	100 %
2가지의 물질 중 1가지만 옳게 구한 경우	50 %

14 서술형

모범답안 | 22.5, $X(s)$ 1 mol이 용해될 때 방출하는 열량이 40 kJ이므로 1 g이 용해될 때 방출하는 열량은 1 kJ이다. 따라서 $1000\,J=4\,J/(g \cdot \degree C) \times 100 \times \varDelta t$이므로 $\varDelta t=2.5$이다.

채점 기준	배점
t를 옳게 구하고, 그 까닭을 옳게 설명한 경우	100 %
1 g이 용해될 때의 열량만 옳게 구한 경우	25 %

	1	2	3	4	5	6
①	1 ○	2 ○	3 ×	4 ○	5 ×	6 ○
②	1 ○	2 ×	3 ×	4 ○	5 ○	6 ○
③	1 ○	2 ○	3 ×	4 ×	5 ×	
④	1 ○	2 ○	3 ○	4 ×	5 ○	6 ○
⑤	1 ○	2 ×	3 ○	4 ×	5 ×	
⑥	1 ×	2 ×	3 ○	4 ○		

①**-3** (다)에서는 산화수 변화가 있는 원자가 없으므로 산화 환원 반응이 아니다.

①**-5** (나)에서 Fe의 산화수는 $+3$에서 0으로 감소한다.

②**-2** CO_2에서 O의 산화수는 -2이므로 C의 산화수는 $+4$이다.

②**-3** OF_2에서 전기 음성도는 $F>O$이므로 F의 산화수는 -1이고, O의 산화수는 $+2$이다.

③**-3** (나)에서 S의 산화수는 $+4$에서 $+6$으로 증가하므로 SO_2은 환원제이다.

③**-4** (나)에서 H_2O은 구성 원자의 산화수가 변하지 않으므로 산화제도 환원제도 아니다.

③**-5** SO_2은 (가)에서는 산화제로, (나)에서는 환원제로 작용한다.

④**-2** NO_3^-에서 O의 산화수는 -2이므로 N의 산화수는 $+5$이고, NO_2에서 O의 산화수는 -2이므로 N의 산화수는 $+4$이다. 따라서 N의 산화수는 $+5$에서 $+4$로 감소한다.

④**-4, 5** $b=4$, $d=6$이다.

⑤**-2** 중화 반응은 발열 반응이므로 중화 반응이 일어나면 주위의 온도가 높아진다.

⑤**-4** 질산 암모늄의 용해는 흡열 반응이다.

⑤**-5** 물의 기화는 열을 흡수하는 흡열 반응이다.

⑥**-1** 질산 암모늄의 용해는 흡열 반응이다.

⑥**-2** 물이 얼면 열이 방출되므로 발열 반응이다.

01 ⑤	02 ⑤	03 ①	04 ②	05 ①	06 ③
07 ⑤	08 ③	09 ②			
고난도 10 ③	11 ③	12 ⑤	13 ⑤		
서술형 14~18 해설 참조					

01 ㄱ. Zn은 Zn^{2+}으로 산화된다.

ㄴ. Ag^+은 전자를 얻어 Ag으로 환원된다.

ㄷ. 알짜 이온 반응식은 $Zn+2Ag^+ \longrightarrow Zn^{2+}+2Ag$이므로 수용액 속 양이온 수는 감소한다.

02 ㄴ. (가)에서 Cl의 산화수는 0에서 -1로 감소하므로 Cl_2는 자신은 환원되면서 다른 물질을 산화시키는 산화제이다.

ㄷ. MnO_2에서 O의 산화수는 -2이므로 Mn의 산화수는 $+4$이고, $MnCl_2$에서 Cl의 산화수는 -1이므로 Mn의 산화수는 $+2$이다.

🔍**바로알기** ㄱ. (가)와 (다)는 산화수 변화가 있는 원자가 존재하므로 산화 환원 반응이지만, (나)는 산화 환원 반응이 아니다.

03 ① (가)에서 (나)로의 변화에서 X 이온은 6개가 감소하고, Y 이온은 3개가 증가하였으므로 산화수 비는 X 이온 : Y 이온 $=1:2$이다. 따라서 X 이온, Y 이온의 산화수는 각각 $+1$, $+2$이고, 전체 양전하의 합은 $+8$이다. 따라서 (다)에서는 Y^{2+}의 수가 2이므로 Z 이온은 $+2$의 산화수를 갖게 된다.

04 ② 화합물에서 H, O의 산화수는 각각 $+1$, -2이므로 ㉠~㉣은 각각 $+2$, $+1$, $+4$, -3이다. 따라서 ㉠$+$㉡$+$㉢$+$㉣$=4$이다.

05 ㄱ. Cl의 산화수가 0에서 −1, +1로 변하므로 산화 환원 반응이다.

바로알기 ㄴ. H_2O에서 H와 O의 산화수는 변하지 않으므로 H_2O은 산화제나 환원제가 아니다.

ㄷ. 전기 음성도는 O>Cl>H이므로 Cl의 산화수는 +1이다.

06 ③ (가)에서 H의 산화수는 +1이므로 C의 산화수는 −4이다. (나)에서 C와 C 사이에는 전기 음성도 차이가 없으므로 C의 산화수는 −3, −2를 갖는다. (다)에서도 C의 산화수는 −3, −2를 갖는다. 따라서 (가)~(다)에서 C 원자의 산화수 종류는 3가지이다.

07 ㄱ. MnO_4^-에서 O의 산화수는 −2이므로 Mn의 산화수는 +7이다. Mn^{2+}의 산화수는 +2이다. 따라서 Mn의 산화수는 +7에서 +2로 감소한다.

ㄴ. Mn의 산화수는 5 감소하고, Fe의 산화수는 1 증가하므로 $a=5$이다. 반응물에서 O의 원자 수가 4이므로 $c=4$이고, $b=8$이다. 따라서 $a+b+c=17$이다.

ㄷ. Fe^{2+}은 산화되므로 환원제이다.

08 A~D는 각각 H, C, N, O이다.

ㄱ. 원자 번호는 B, C가 각각 6, 7이므로, 원자 번호는 C>B이다.

ㄴ. (가)와 (나)에서 A의 산화수는 +1로 같다.

바로알기 ㄷ. 전기 음성도는 D>B이므로 BD_2에서 B의 산화수는 +4이다.

09 ㄴ. 발열 반응이므로 열이 주위로 방출되어 주위의 온도가 높아진다.

바로알기 ㄱ. 반응물의 에너지가 생성물의 에너지보다 크므로 이 반응은 발열 반응이다.

ㄷ. Cl_2에서 Cl의 산화수는 0에서 −1로 감소하므로 Cl_2는 자신은 환원되고 다른 물질을 산화시키는 산화제이다.

10 X_2Y_2에서 X의 산화수는 +1이고, Z_2X_2에서 X의 산화수는 −1이므로 X~Z는 각각 O, F, H이다.

ㄱ. Y는 전기 음성도가 가장 큰 F이다.

ㄴ. ㉠은 +2이고, ㉡은 −2이므로 ㉠+㉡=0이다.

바로알기 ㄷ. ZXY에서 Y는 Z보다 전기 음성도가 크고, Y보다 전기 음성도가 작으므로 X의 산화수는 0이다.

11 ㄱ. (가)에서 Mn의 산화수는 +4에서 +2로 감소하므로 MnO_2는 산화제이다.

ㄴ. Al의 산화수는 0에서 +3으로 증가하고, 그 양이 2mol이므로 이동한 전자의 양은 총 6mol이다. 따라서 $a=3$, $c=6$이고, 원자의 개수를 맞추면 $b=6$, $d=3$이므로 $a+b+c+d=18$이다.

바로알기 ㄷ. (나)에서 Ag의 계수가 6이므로 1mol의 Ag이 생성되는 데 이동한 전자의 양은 1mol이다.

12 산화수의 변화가 있는 반응은 $Zn(s)+2HCl(aq) \longrightarrow ZnCl_2(aq)+H_2(g)$으로 (가)이다. 중화 반응은 발열 반응으로 $NaOH(aq)+HCl(aq) \longrightarrow NaCl(aq)+H_2O(l)$이 (나)이다. (다)는 $H_2O(g) \longrightarrow H_2O(l)$이다.

ㄱ. (가)에서 H의 산화수는 +1에서 0으로 감소하므로 HCl는 산화제이다.

ㄴ. (나)에서 반응 전 이온의 수가 4라면 반응 후에는 그 수가 2로 감소하므로 수용액 속 이온 수는 감소한다.

ㄷ. 얼음물이 든 컵 표면에서 수증기가 물이 되는 액화가 일어난다.

13 ㄱ. $NaOH(s)$을 물에 녹였을 때 온도가 높아졌으므로 $NaOH(s)$의 용해 반응은 발열 반응이다.

ㄴ. $X(s)$가 물에 녹는 반응은 흡열 반응이므로 2g을 추가로 넣으면 18 °C보다 온도가 낮아진다.

ㄷ. $Q=cm\Delta t$에서 수용액의 비열, 질량이 같으므로 온도 변화로부터 1g이 용해될 때 출입하는 열량은 $NaOH(s)$이 $X(s)$의 1.25배이다.

14 서술형

모범답안 8, 전기 음성도는 O>Cl>H이고, 화합물에서 H, O의 산화수는 각각 +1, −2이므로 HCl, $HClO_2$, $HClO_3$, $HClO_4$에서 Cl의 산화수는 각각 −1, +3, +5, +7이다. 따라서 가장 큰 것은 +7이고, 가장 작은 것은 −1이므로 그 차는 $7-(-1)=8$이다.

채점 기준	배점
수소와 산소의 산화수를 기반으로 Cl의 산화수를 옳게 구하고, 그 차를 옳게 구한 경우	100 %
Cl의 산화수만 옳게 구한 경우	50 %

해설 화합물에서 H, O의 산화수는 각각 +1, −2이다.

15 서술형

모범답안 6, O의 산화수는 −1에서 −2로 변하고, I의 산화수는 −1에서 0으로 변한다. 생성물에서 I의 원자 수가 2이므로 $c=1$, $b=2$이고, 이동한 전자의 양은 2 mol이므로 $a=1$이다. H의 원자 수는 반응물에서 총 4이므로 $d=2$이다. 따라서 $a+b+c+d=1+2+1+2=6$이다.

채점 기준	배점
산화수 변화로 $a+b+c+d$를 옳게 구하고, 그 까닭을 옳게 설명한 경우	100 %
a~d 중 1가지만 옳게 구한 경우	25 %

해설 산화된 원자의 증가한 산화수와 환원된 원자의 감소한 산화수가 같아야 한다.

모범답안 | (가)에서 S의 산화수는 $+4$에서 $+6$으로 증가하므로 SO_2은 환원제이다.

(나)의 SO_2에서 S의 산화수는 $+4$이고, 생성물 S에서 S의 산화수는 0으로 산화수가 감소하므로 SO_2은 산화제이다.

(다)에서 S의 산화수는 $+4$에서 $+6$으로 증가하므로 SO_2은 환원제이다.

채점 기준	배점
S의 산화수로 (가)~(다)에서 산화제와 환원제를 옳게 설명한 경우	100 %
(가)~(다)에서 1가지만 옳게 설명한 경우	33 %

모범답안 | 삼각 플라스크 내에서 일어난 반응이 흡열 반응이므로 주위의 온도가 내려가고, 나무판과 삼각 플라스크 사이에 있던 물의 온도가 내려가면서 얼기 때문에 삼각 플라스크와 나무판이 함께 들어 올려진다.

채점 기준	배점
삼각 플라스크 내부에서 흡열 반응이 일어나서 물의 상태가 변하였음을 언급한 경우	100 %
삼각 플라스크 내부의 열 출입을 설명하지 않고 물의 상태 변화만 언급한 경우	25 %

모범답안 | $CaCl_2$ 1 mol의 질량인 화학식량이 있어야 10 g을 화학식량으로 나누어 양(mol)을 구할 수 있다. 또한 $Q=cm\Delta t$이므로 (나)에서 $CaCl_2$ 수용액의 비열이 있어야 한다.

채점 기준	배점
화학식량과 비열이 필요함을 언급하고 그 까닭을 옳게 설명한 경우	100 %
화학식량과 비열만 언급한 경우	50 %

단원 한번에 정리하기
p.224~225

❶ 가역 반응 ❷ 동적 평형 ❸ 양성자 ❹ 물의 자동 이온화
❺ 물의 이온화 상수 ❻ 1×10^{-14} ❼ 산성 ❽ 중성 ❾ 염기성
❿ $[H_3O^+]$ ⓫ 중화 반응 ⓬ 1:1 ⓭ 중화 적정 ⓮ 산화 ⓯ 환원
⓰ 산화수 ⓱ 산화 ⓲ 환원 ⓳ 산화제 ⓴ 환원제 ㉑ 발열 반응
㉒ 흡열 반응 ㉓ 비열

1등급 실전 문제
p.226~231

01 ③	02 ②	03 ③	04 ⑤	05 ③	06 ①
07 ③	08 ①	09 ①	10 ⑤	11 ⑤	12 ①
13 ②	14 ②	15 ③	16 ③	17 ⑤	18 ⑤
19 ④	20 ⑤				

서술형 **21~24 해설 참조**

01 ㄱ. t min에서 $C_2H_5OH(l)$의 양이 일정해졌으므로 동적 평형 상태에 도달한 것이다.

ㄷ. A에서보다 B에서 $C_2H_5OH(g)$의 양(mol)이 많다.

🔍 **바로알기** ㄴ. A와 B에서 C_2H_5OH의 증발 속도는 같지만, C_2H_5OH의 응축 속도는 B에서가 A에서보다 크다.

02 ㄴ. t_3에서 동적 평형 상태에 도달하였으므로 $H_2O(l)$의 질량은 t_2에서 t_3로 가면서 감소하게 된다. 따라서 $w_2 > w_3$이다.

🔍 **바로알기** ㄱ. $H_2O(l)$의 증발 속도와 $H_2O(g)$의 응축 속도가 같을 때 동적 평형 상태에 도달한 것이므로 t_3에서 동적 평형 상태에 도달한 것이다.

ㄷ. $a > b$이므로 $\dfrac{b}{a} < 1$이다.

03 ㄱ. $HCOOH(aq)$에서 H_3O^+이 존재하므로 산성이다.

ㄴ. (나)에서 NH_3는 H^+를 받는 물질이므로 브뢴스테드 · 로리 염기이다.

🔍 **바로알기** ㄷ. $(CH_3)_2NH$은 H^+를 받는 물질로 작용하므로 브뢴스테드 · 로리 염기이다.

04 ⑤ (가)에서 H_2O은 H^+를 받는 물질이므로 브뢴스테드 · 로리 염기이다. (나)에서 H_2O은 H^+를 주는 물질이므로 브뢴스테드 · 로리 산이다. (다)에서 H_2O은 H^+를 주는 물질이므로 브뢴스테드 · 로리 산이다.

05 ㄱ. (가)의 $\dfrac{[OH^-]}{[H_3O^+]} = 10^{10}$이므로 $[OH^-] = 1 \times 10^{-2}$ M이다. 따라서 $a = 0.01$이다.

ㄴ. (나)의 몰 농도가 0.001 M이고, 수용액의 부피가 0.2 L이므로 H_3O^+의 양은 2×10^{-4} mol이다.

🔍 **바로알기** ㄷ. (가)의 $pH = 12$이고, (나)의 $pH = 3$이다.

06 ㄱ. pH가 7보다 작은 (가)와 (나)는 산성 용액이다.

🔍 **바로알기** ㄴ. (나)에서 $[H_3O^+]$는 1×10^{-5} M이므로 $[OH^-] = \dfrac{1 \times 10^{-14}}{1 \times 10^{-5}} = 1 \times 10^{-9}$ M이다. 따라서 OH^-의 양은 5×10^{-10} mol이다.

ㄷ. (가)에서 H_3O^+의 양은 1×10^{-5} mol이고, (다)에서 OH^-의 양은 2×10^{-5} mol이므로 (가)와 (다)를 혼합하면 용액의 액성은 염기성이다.

07 ㄱ. (나)에서 $\dfrac{[Na^+]}{[H_3O^+]} = 10^{10}$이므로 $[OH^-] = 1 \times 10^{-2}$ M이다. 따라서 $pOH = 2$이므로 $pH = 12$이다.

ㄷ. $\dfrac{[OH^-]}{[H_3O^+]}$ 는 (가)에서 $\dfrac{10^{-1}}{10^{-13}} = 10^{12}$이고, (나)에서 $\dfrac{10^{-2}}{10^{-12}} = 10^{10}$이므로 (가)가 (나)의 100배이다.

🔍 **바로알기** ㄴ. (나)에서 $pOH = 2$이므로 $b = 0.01$이고, (가) 수용액의 몰 농도는 (나)의 10배이므로 $a = 0.1$이다.

08 ㄱ. 염기성 용액이 2가지라고 하였으므로 (가)와 (나)에 공통으로 들어 있는 ☆은 OH^-이다.

🔎 **바로알기** ㄴ. (가)와 (나)에 들어 있는 염기는 1가 염기이고, 이온 수는 (나)가 (가)의 3배이므로 몰 농도는 (나)가 (가)의 3배이다.

ㄷ. (가)~(다)를 모두 혼합한 용액의 이온 수는 8이고, 수용액의 부피는 $30\,mL$이다. 따라서 혼합 용액의 $10\,mL$에 들어 있는 이온 수는 $\dfrac{8}{3}$이고 (다)의 이온 수보다 작다.

09 ㄱ. 혼합 용액의 액성은 (가)~(다)에서 각각 염기성, 중성, 산성이므로 pH는 (나)>(다)이다.

🔎 **바로알기** ㄴ. OH^-과 H^+이 반응하면 이온 수가 감소하므로 수용액 속 이온 수는 (가)와 (나)에서 모두 4이다.

ㄷ. (나)에서 중화점에 도달하므로 생성된 물의 양(mol)은 (나)=(다)이다.

10

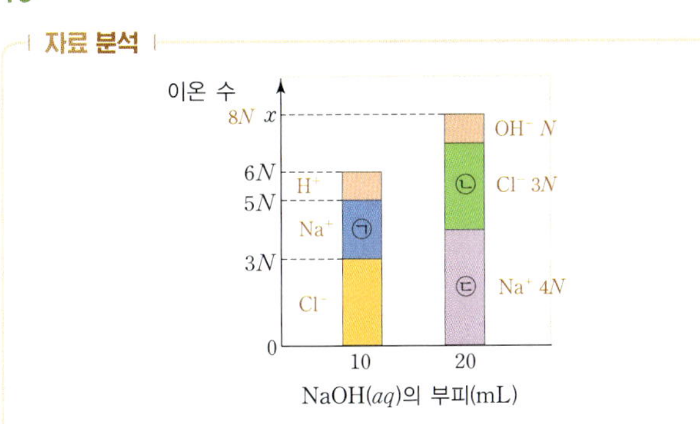

- $NaOH(aq)$의 부피는 2배가 되므로 Na^+의 수는 $10\,mL$일 때보다 $20\,mL$일 때 2배여야 한다. 따라서 ㉠과 ㉢은 Na^+이다.
- $NaOH(aq)$을 $10\,mL$ 가했을 때 들어 있는 이온은 Cl^- $3N$, Na^+ $2N$, H^+ N이다.
- $NaOH(aq)$을 $20\,mL$ 가했을 때 들어 있는 이온은 Na^+ $4N$, Cl^- $3N$, OH^- N이다.

ㄱ. ㉡은 이온 수가 $3N$인 Cl^-이다.

ㄴ. $NaOH(aq)$을 $20\,mL$ 가했을 때 총 이온 수는 $8N$이므로 $x=8N$이다.

ㄷ. $10\,mL$에 들어 있는 이온 수는 $HCl(aq)$이 $6N$, $NaOH(aq)$이 $4N$이므로 몰 농도 비는 $a:b=3:2$이다.

11 ㄱ. $NaOH(aq)$를 가할수록 이온 수가 증가하므로 ㉠은 Na^+이다.

ㄴ. ㉡은 Cl^-이고 이온 수 변화가 없으므로 몰 농도는 a와 b에서 각각 $\dfrac{N}{15}$, $\dfrac{N}{20}$으로 나타낼 수 있다. 따라서 ㉡의 몰 농도는 a에서가 b에서의 $\dfrac{4}{3}$배이다.

ㄷ. $HCl(aq)$은 $10\,mL$에 들어 있는 이온 수가 $2N$이고, $NaOH(aq)$은 $15\,mL$에 들어 있는 이온 수가 $2N$이므로 $x:y=3:2$이다.

12

혼합 용액	혼합 전 용액의 부피(mL)			혼합 용액의 음이온 수	생성된 물 분자 수
	$HCl(aq)$	$NaOH(aq)$	$KOH(aq)$		
(가) 염기성	10 H^+ $2N$, Cl^- $2N$	10 Na^+ N, OH^- N	20 K^+ $3N$, OH^- $3N$	$4N$	xN $2N$
(나) 산성	20 H^+ $4N$, Cl^- $4N$	10 Na^+ N, OH^- N	10 K^+ $1.5N$, OH^- $1.5N$	$4N$	$2.5N$
(다)	30 H^+ $6N$, Cl^- $6N$	y 20 Na^+ $2N$, OH^- $2N$	10 K^+ $1.5N$, OH^- $1.5N$	zN $6N$	$3.5N$

(가)와 (나)에서 혼합 용액의 음이온 수는 같으므로 (가)에서 음이온 수는 염기 수용액에 의해 결정되고, (나)에서 음이온 수는 산 수용액에 의해 결정된다고 가정할 수 있다. 따라서 $10\,mL$에 들어 있는 이온 수는 $HCl(aq)$, $NaOH(aq)$, $KOH(aq)$이 각각 $4N$, $2N$, $3N$이다.

ㄴ. $y=20$, $z=6$이다.

🔎 **바로알기** ㄱ. $x=2$이다.

ㄷ. 몰 농도 비는 $NaOH(aq):KOH(aq)=2:3$이다.

13 ㄴ. (다)에서 반응 전에 Na^+은 $5N$, OH^-은 $5N$이 들어 있으므로 반응 전 H^+은 $8N$, SO_4^{2-}은 $4N$이 들어 있어야 조건을 만족할 수 있으므로 $x=20$이다.

🔎 **바로알기** ㄱ. (가)가 산성이라면 H^+ $6N$, SO_4^{2-} $6N$, Na^+ $6N$이어야 하는데 (나)에서는 조건을 만족할 수 없으므로, (가)는 염기성이고, 들어 있는 이온은 SO_4^{2-} $2N$, Na^+ $10N$, OH^- $6N$이다.

ㄷ. $10\,mL$에 들어 있는 용질의 몰비는 $H_2SO_4(aq):NaOH(aq)$ $=2:2.5=4:5$이다.

14 (나)에서 $B(OH)_2(aq)$의 부피가 2배가 되었으므로 (가)를 산성, (나)를 염기성이라고 하면 (가)에서 H^+의 양은 $(0.06x-0.05)\,mol$, (나)에서 OH^-의 양은 $(0.1-0.08x)\,mol$이다. 따라서 $(0.06x-0.05):(0.1-0.08x)=1:2$에서 $x=1$이고, $n=0.01$이다.

ㄴ. $x=1$이다.

🔎 **바로알기** ㄱ. (가)는 산성, (나)는 염기성이다.

ㄷ. $x=1$이므로 (가)에서 H^+의 양은 $0.06-0.05=0.01\,mol$이다. 따라서 $n=0.01$이다.

15 ㄱ. 페놀프탈레인 용액의 색은 염기성에서 붉은색으로 변하므로 붉은색으로 변한 순간 적정을 멈추어야 한다.

ㄴ. 수용액에 가해진 $NaOH$의 양은 $0.1\times0.02=0.002\,mol$이고, 수용액 전체의 부피는 $40\,mL$이므로 $[Na^+]=0.05\,M$이다.

🔎 **바로알기** ㄷ. (나)에 들어 있는 CH_3COOH의 양은 $0.002\,mol$인데 (가)에서 $20\,mL$를 취했으므로 (가)에 들어 있는 CH_3COOH의 양은 $0.002\times5=0.01\,mol$이다.

16 ㄱ, ㄴ. (나)에 들어 있는 CH_3COOH의 양은 $0.002\,mol$이므로 분자량을 곱하여 질량을 구하고, 밀도와 $CH_3COOH(aq)$의 부피 $20\,mL$를 곱하면 $CH_3COOH(aq)$의 질량을 구할 수 있다.

$$a=\frac{CH_3COOH의\ 질량(g)}{CH_3COOH(aq)의\ 질량(g)}\times100$$으로부터 구할 수 있다.

🔍 **바로알기** ㄷ. 반응한 $NaOH$의 양(mol)만 필요하므로 $NaOH$의 화학식량은 필요하지 않다.

17 ㄱ. 생성물인 SO_4^{2-}의 S이 가장 큰 산화수인 $+6$을 갖는다.

ㄴ. S의 산화수는 -2에서 $+6$으로 8 증가하고, N의 산화수는 $+5$에서 $+2$로 3 감소하므로 이동한 전자 수를 같게 하면 $a=3$, $b=8$이고, 반응 전과 후의 원자 수를 같게 하면 $d=4$, $c=8$이다.

ㄷ. $b=8$, $d=4$이므로 NO_3^- $2\,mol$이 모두 반응하면 H_2O $1\,mol$이 생성된다.

18 ㄴ. ClO^-의 계수가 3이므로 산화수 변화를 같게 하면 $a=2$이고, H와 O의 원자 수를 같게 하면 $b=2$, $c=5$이다. 따라서 $a+b+c=9$이다.

ㄷ. Cl의 산화수는 $+1$에서 -1로 감소하므로 ClO^-은 산화제이다.

🔍 **바로알기** ㄱ. $Cr(OH)_4^-$에서 Cr의 산화수는 $+3$이고, CrO_4^{2-}에서 Cr의 산화수는 $+6$이다.

19 ㄱ. 염화 칼슘의 용해 반응 후에 수용액의 온도가 높아졌으므로 발열 반응이다.

ㄷ. 간이 열량계에서는 열 손실이 없다고 가정하고 열의 출입을 측정한다.

🔍 **바로알기** ㄴ. 염화 칼슘은 이온 결합 물질이므로 ㉠으로 '공유 결합 물질의 용해 반응에서 열의 출입 측정하기'는 적절하지 않다.

20 $X(s)$ $w\,g$을 모두 연소시켰을 때 방출되는 열량이 물의 온도를 높이는 데 사용되었으므로 $Q=c\times m\times\Delta t$에서 물의 비열, 물의 질량, 온도 변화가 필요하다. $t_1\,°C$에서 물의 밀도가 자료로 제시되어 있으므로 물의 부피가 필요하다.

21 서술형

정답 (1) $X(g)\rightleftharpoons 2Y(g)$

모범답안 (2) $t\,min$ 이후에 X와 Y의 농도가 변하지 않으므로 정반응 속도와 역반응 속도가 같은 동적 평형 상태에 도달한 것이다.

채점 기준	배점
평형에 도달하는 까닭을 농도 변화로 설명한 경우	100 %
평형에 도달하는 까닭을 속도로만 설명한 경우	50 %

해설 화학 반응식의 계수는 변화된 양을 비교하여 구할 수 있다.

22 서술형

정답 (1) (가) 7, (나) 2, (다) 10

모범답안 (2) $[OH^-]$는 (가)~(다)에서 각각 $10^{-7}\,M$, $10^{-12}\,M$, $10^{-4}\,M$이므로 $[OH^-]$는 (다)>(가)>(나)이다.

채점 기준	배점
$\frac{pH}{pOH}$를 이용하여 $[OH^-]$를 구하고 옳게 비교한 경우	100 %
$[OH^-]$ 비교만 옳은 경우	33 %

23 서술형

모범답안 $HCl(aq):NaOH(aq):KOH(aq)=2:3:1$, 반응 전 $HCl(aq)$ $10\,mL$의 단위 부피당 이온 수가 $4N$이므로 단위 부피가 $1\,mL$라면 $10\,mL$에는 H^+ $20N$, Cl^- $20N$이 들어 있다. (라)에서 $KOH(aq)$ $5\,mL$를 가했을 때 중화점에 도달하므로 총 이온 수는 $40N$으로 일정하고, KOH $5\,mL$를 가했을 때 단위 부피당 이온 수가 같으므로 $25\,mL$에 총 $50N$의 이온 수가 있어야 하므로 $KOH(aq)$은 $5\,mL$에 $10N$의 이온이 들어 있다. 따라서 $NaOH(aq)$ $5\,mL$가 가해졌을 때에는 $15N$의 OH^-이 가해진 것이므로 몰 농도 비는 $HCl(aq):NaOH(aq):KOH(aq)$ $=2:3:1$이다.

채점 기준	배점
몰 농도 비를 옳게 구한 경우	100 %
3가지 수용액 중 2가지의 몰 농도만 옳게 구한 경우	50 %

24 서술형

모범답안 (1) Fe의 산화수는 $+2$에서 $+3$으로 증가하므로 Fe^{2+}은 환원제이다. Br의 산화수는 $+5$에서 -1로 감소하므로 BrO_3^-은 산화제이다.

채점 기준	배점
산화제와 환원제를 옳게 구하고 까닭이 타당한 경우	100 %
산화제와 환원제 중 1가지만 옳게 구하고 까닭이 타당한 경우	50 %

(2) Fe의 산화수는 1 증가하고, Br의 산화수는 6 감소하므로 $a=6$이고, 반응 전과 후의 원자 수를 같게 하면 $c=3$, $b=6$이다.

채점 기준	배점
각 계수를 옳게 구한 경우	100 %
계수 1가지만 옳게 구한 경우	33 %

탑플러스
투2+
화학 I
수능 대비 정답과 해설

I. 화학의 첫걸음

1 화학과 인류

1
자료 1	1 ○	2 ×	3 ○	4 ○	
자료 2	1 ○	2 ×	3 ○	4 ○	5 ○
자료 3	1 ×	2 ○	3 ○	4 ×	5 ○

2
자료 1	1 ○	2 ○	3 ×	4 ○		
자료 2	1 ○	2 ×	3 ○	4 ×	5 ○	6 ×
자료 3	1 ×	2 ×	3 ○	4 ○	5 ○	

1 **1** ㉠은 질소 비료, ㉡은 주거이다.

1-2 암모니아는 공기 중의 질소와 수소를 반응시켜 합성한다.

1-4 가정에서 취사와 난방에 화석 연료를 이용하여 편안한 주거 환경이 가능해졌다.

2-1 (가)는 나일론이다.

2-2 흡습성은 면이 나일론보다 좋다.

2-4 스타킹의 재료인 나일론은 탄소 화합물이며, 합성 섬유는 모두 탄소 화합물이다.

3 ㉠은 나일론, ㉡은 시멘트, ㉢은 플라스틱이다.

3-1 나일론은 합성 섬유로 공장에서 생산하며, 계절적인 영향을 받지 않는다.

3-4 플라스틱은 합성 수지라고 하며, 의류에 해당하는 합성 섬유가 아니다. 플라스틱은 대량 생산이 가능하다.

2 **1** A는 에탄올, B는 아세트산, C는 메테인이며, (가)는 아세트산, (나)는 메테인, (다)는 에탄올이다.

1-1 $\dfrac{\text{H 원자 수}}{\text{C 원자 수}}$ 는 (가)가 2, (나)가 4이다.

1-3 에탄올 수용액은 중성이다.

1-4 (나)와 (다)의 완전 연소 생성물은 모두 이산화 탄소와 물 2가지이다.

2 ㉠은 메테인, ㉡은 에탄올이다.

2-1 H_2O은 탄소 화합물이 아니므로 '탄소 화합물인가?'는 (가)로 적절하다.

2-2 손소독제의 원료로 사용되는 것은 에탄올이다.

2-3, 6 실온에서 액체로 존재하는 물질이 기체로 존재하는 물질보다 끓는점이 높다. 실온에서 메테인은 기체, 에탄올은 액체로 존재한다.

3 (가)는 메테인, (나)는 아세트산, (다)는 에탄올이다.

3-1 실온에서 (가)는 기체 상태이고, (나)와 (다)는 액체 상태이다. 따라서 실온에서 기체 상태인 것은 1가지이다.

3-2 에탄올(다)을 발효시키면 아세트산(나)이 된다.

| 01 ③ | 02 ④ | 03 ③ | 04 ④ | 05 ③ | 06 ③ |
| 07 ⑤ | 08 ① | 09 ③ | 10 ④ | 11 ④ | 12 ③ |

01 ㉠은 나일론, ㉡은 암모니아(NH_3)이다.
ㄱ. 합성 섬유인 나일론은 천연 섬유에 비해 대량 생산이 쉽다.
ㄴ. 합성 섬유의 개발로 값이 싸고, 대량 생산이 쉬운 의복을 이용할 수 있게 되었으므로 '의류 문제'는 (가)로 적절하다.
🔍 **바로알기** ㄷ. 암모니아에는 탄소 원소가 없으므로 암모니아는 탄소 화합물이 아니다.

02 ④ ㉠은 철, ㉡은 나일론 등의 합성 섬유, ㉢은 질소 비료가 적절하다.
철은 산화 철이 주성분인 철광석을 코크스와 함께 용광로에서 높은 온도로 가열하여 얻으며, 철근 콘크리트는 콘크리트의 강도를 높인 건축 재료이다. 따라서 ㉠은 철이 적절하다. 면은 천연 섬유이므로 ㉡으로 적절하지 않다. 암모니아를 원료로 질소 비료를 생산하므로 ㉢으로는 질소 비료가 적절하다.

03 ㄱ. 나일론은 합성 섬유이며, 합성 섬유의 개발은 의류의 대량 생산이 가능해 인류의 의류 문제 해결에 기여하였다.
ㄷ. ㉢은 질소 비료의 대량 생산을 가능하게 하여 인류의 식량 부족 문제를 개선하는 데 기여하였다.
🔍 **바로알기** ㄴ. ㉡은 수소이다.

04 (가)는 합성 섬유이다.
ㄴ. 합성 섬유는 모두 탄소 화합물이다.
ㄷ. 합성 섬유는 천연 섬유보다 질기고 가벼우며, 대량 생산이 가능하고, 가격이 비교적 저렴하여 의류 문제 해결에 기여하였다.
🔍 **바로알기** ㄱ. 나일론, 폴리에스터는 합성 섬유이다.

05 ㄱ. 플라스틱은 탄소 화합물이며, 모든 탄소 화합물에는 탄소(C) 원자와 수소(H) 원자가 포함되어 있다.

ㄴ. 플라스틱과 나일론은 공장에서 대량 생산이 가능하다.

 ㄷ. ⓒ은 시멘트이다.

06 탄소 화합물에는 탄소(C) 원자와 수소(H) 원자가 포함되어 있다. 설탕과 아세트산은 모두 구성 원소가 탄소(C), 수소(H), 산소(O)인 탄소 화합물이다.

 염화 나트륨은 구성 원소가 나트륨(Na)과 염소(Cl)로 탄소 화합물이 아니다.

07 그림의 탄소 화합물은 순서대로 아세트산, 에탄올이며, $\dfrac{\text{H 원자 수}}{\text{O 원자 수}}$가 아세트산은 2, 에탄올은 6이므로 (가)는 에탄올, (나)는 아세트산이다.

ㄱ. 에탄올은 소독용 알코올로 사용되며, 손소독제의 원료로 사용된다.

ㄴ. 아세트산은 자연 상태에서 에탄올을 발효시키면 생성된다.

ㄷ. 아세트산 수용액은 산성, 에탄올 수용액은 중성이다.

08 살균 소독 작용을 하는 것은 에탄올이므로 ⊙은 에탄올(C_2H_5OH), ⓒ은 메테인(CH_4)이다.

ㄱ. 메테인과 에탄올은 탄소 화합물이고, 암모니아는 탄소 화합물이 아니므로 '탄소 화합물인가?'는 (가)로 적절하다.

 ㄴ. 에탄올의 완전 연소 생성물은 이산화 탄소와 물 2가지이다.

ㄷ. 에탄올은 물에 잘 녹고, 메테인은 물에 잘 녹지 않는다.

09 학생 A. 메테인, 에탄올, 프로페인은 모두 연료로 사용된다.

학생 B. $\dfrac{\text{H 원자 수}}{\text{O 원자 수}}$가 에탄올은 3, 프로페인은 $\dfrac{8}{3}$이므로 에탄올이 프로페인보다 크다.

 학생 C. 메테인은 천연가스의 주성분이고, 프로페인은 액화 석유가스의 주성분이다.

10 (가)는 아세트산, (나)는 에탄올이다.

ㄴ. 에탄올은 술의 주성분으로 효모를 이용하여 당을 발효시켜 만든다.

ㄷ. 분자 내에 H 원자 수가 n인 탄소 화합물 1 mol을 완전 연소시키면 H_2O $\dfrac{n}{2}$ mol이 생성된다. 분자당 H 원자 수 비가 (가) : (나)=4 : 6이므로 H를 완전 연소시킬 때 생성되는 H_2O의 분자 수 비는 (가) : (나)=2 : 3이다.

 ㄱ. 액화 석유가스의 주성분은 프로페인이다.

11 (가)는 메테인, (나)는 아세트산, (다)는 에탄올이다.

ㄱ. 메테인은 천연가스의 주성분이며 액화 천연가스(LNG)의 형태로 가정용 연료로 사용된다.

ㄷ. 에탄올은 소독용 알코올로 사용되므로 손소독제를 만드는 데 사용된다.

 ㄴ. 아세트산 수용액은 산성, 에탄올 수용액은 중성이며, 메테인은 물에 잘 녹지 않는다.

12 그림에서 분자 모형은 순서대로 메테인(CH_4), 에탄올(C_2H_5OH), 아세트산(CH_3COOH)이다. 구성 원소의 가짓수가 메테인은 2, 에탄올과 아세트산은 3이다. 따라서 (다)는 메테인이고, (가), (나)는 각각 에탄올, 아세트산 중 하나이다. $\dfrac{\text{H 원자 수}}{\text{C 원자 수}}$가 메테인은 4, 에탄올은 3, 아세트산은 2이므로 (가)는 아세트산, (나)는 에탄올이다.

ㄱ. 아세트산은 물에 녹으면 H^+을 내놓아 산성을 띤다.

ㄴ. 에탄올을 발효시키면 아세트산이 생성된다.

 ㄷ. 천연가스의 주성분은 메테인이다.

2 물질의 양과 화학 반응식

  p.11~13

1 자료1 1 ○ 2 × 3 × 4 ○ 5 ×
　　자료2 1 ○ 2 ○ 3 × 4 ○ 5 ○

2 자료1 1 × 2 × 3 ○ 4 ○
　　자료2 1 ○ 2 ○ 3 × 4 ○ 5 ○

3 자료1 1 × 2 ○ 3 ○ 4 ○ 5 ×
　　자료2 1 × 2 × 3 ○ 4 ○ 5 ×

1 **1-1** A의 양은 $\dfrac{9.6\,\text{g}}{64\,\text{g/mol}}=0.15\,\text{mol}$이다.

1-2 밀도=$\dfrac{\text{질량}}{\text{부피}}$이고, 질량=밀도×부피이므로 $B(l)$ 0.09 L는 $1\,\text{g/mL}\times90\,\text{mL}=90\,\text{g}$이다.

1-3 B 90 g은 5 mol이므로 B에 들어 있는 B 입자 수는 $5\times6.02\times10^{23}=3.01\times10^{22}$이다.

1-5 $C(g)$ 5 L는 $\dfrac{5\,\text{L}}{25\,\text{L/mol}}=0.2\,\text{mol}$이므로 물질의 양(mol)은 A가 0.15 mol, B가 5 mol, C가 0.2 mol이다.

2 일정한 온도와 압력에서 기체의 부피 비=몰비이다.

기체의 부피 비가 (가) : (나)=1 : $\dfrac{5}{4}$이므로 $X(g)$ 40 g의 양을 n mol이라고 하면, $Y_2(g)$ 8 g의 양은 $\dfrac{1}{4}n$ mol이다.

(나)에는 X n mol과 Y_2 $\dfrac{1}{4}n$ mol이 들어 있으므로, 전체 원자의 양은 $\dfrac{3}{2}n$ mol이다.

전체 원자 수 비가 (나) : (다)=3 : 7이므로 (다)에서 전체 원자의 양은 $\dfrac{7}{2}n$ mol이고, $ZY_3(g)$의 전체 원자의 양은 $2n$ mol이므로 $ZY_3(g)$ 40 g의 양은 $\dfrac{1}{2}n$ mol이다.

분자량 비는 X : Y$_2$=40 : 32
원자량 비는 X : Y : Z=5 : 2 : 4

2-1, 5 X n mol은 40 g이고, Y$_2$ $\frac{1}{4}n$ mol은 8 g이므로 분자량 비는 X : Y$_2$=40 : 32=5 : 4이고, 원자량 비는 X : Y=5 : 2이다.

2-2 (다)에서 Y$_2$는 $\frac{1}{4}n$ mol, ZY$_3$는 $\frac{1}{2}n$ mol이다.

2-3 (다)에서 전체 기체의 양은 $\frac{7}{4}n$ mol이므로 부피는 $\frac{7}{4}V$ L이다. 따라서 $a=\frac{7}{4}$이다.

2-4 Y$_2$ $\frac{1}{4}n$ mol은 8 g이고, ZY$_3$ 40 g의 양은 $\frac{1}{2}n$ mol이므로 분자량 비는 Y$_2$: ZY$_3$=2 : 5이다.

2 **1-1** 에탄올의 연소 반응의 화학 반응식은 다음과 같다.
$$C_2H_5OH(l)+3O_2(g) \longrightarrow 2CO_2(g)+3H_2O(l)$$
반응 몰비가 C$_2$H$_5$OH : O$_2$=1 : 3이므로 $x=3$이다.
또한 반응 전과 후 O 원자 수가 같도록 하면 $1+2x=4+3$에서도 $x=3$임을 알 수 있다.

1-2 화학 반응식에서 계수 비≠질량비이다.

2-1 그래프의 꺾인 지점에서 반응물이 모두 반응했으며, 이때 $\frac{\text{⊙의 양(mol)}}{\text{전체 물질의 양(mol)}}=\frac{2}{3}$이고, 생성물의 몰비가 C : D=1 : d이므로 생성된 C의 양을 n mol이라고 하면 ⊙이 C인 경우 $\frac{n}{n+dn}=\frac{2}{3}$에서 $d=\frac{1}{2}$이므로 d가 자연수인 조건을 만족하지 않는다. 따라서 ⊙은 D이고, $\frac{dn}{n+dn}=\frac{2}{3}$에서 $d=2$이다.

2-2 B $4w$ g을 넣었을 때 반응 후, $\frac{\text{⊙의 양(mol)}}{\text{전체 물질의 양(mol)}}=\frac{2}{5}$ 이므로 생성된 C의 양을 k mol이라고 하면 생성된 D의 양은 $2k$ mol이고, 남은 A의 양은 $2k$ mol이며, 반응 전과 후 물질의 양(mol)의 변화는 다음과 같다.

	A(g)	$+$ bB(g)	$\longrightarrow$ C(g)	$+$ 2D(g)
반응 전(mol)	$3k(=3w\,g)$	bk	0	0
반응(mol)	$-k$	$-bk$	$+k$	$+2k$
반응 후(mol)	$2k$	0	k	$2k$

용기 속 남은 A와 C의 몰비는 2 : 1이다.

2-3, 4 A와 B는 각각 k mol, bk mol$(=4w\,g)$이 반응하며, B $24w$ g$(=6bk\,g)$을 넣었을 때 반응 전후 물질의 양(mol)의 변화는 다음과 같다.

	A(g)	$+$ bB(g)	$\longrightarrow$ C(g)	$+$ 2D(g)
반응 전(mol)	$3k$	$6bk$	0	0
반응(mol)	$-3k$	$-3bk$	$+3k$	$+6k$
반응 후(mol)	0	$3bk$	$3k$	$6k$

$\frac{\text{⊙의 양(mol)}}{\text{전체 물질의 양(mol)}}=\frac{6k}{3bk+9k}=\frac{2}{5}$에서 $b=2$이고 남은 B와 D의 몰비는 1 : 1이다.

2-5 A k mol과 B k mol의 질량이 각각 w g, $2w$ g이므로 분자량은 B가 A의 2배이다.

3 **1-1** ⊙이 500 mL인 경우 NaOH의 양이 0.3 M×0.5 L =0.15 mol이므로 NaOH의 질량이 6 g이 되어 조건을 만족하지 않는다. 따라서 ⊙은 250 mL이며 $w=3$이다.

1-2 (가)에서 NaOH의 질량이 3 g이므로 NaOH의 양은 $\frac{3\,g}{40\,g/mol}=0.075$ mol이다.

1-3 (나)에서 NaOH의 질량은 1 g이고, 수용액의 부피는 500 mL이므로 몰 농도는 0.05 M이다. (가) 수용액의 몰 농도는 0.3 M이고, (나) 수용액의 몰 농도는 0.05 M이므로 몰 농도는 (가) 수용액이 (나) 수용액의 6배이다.

1-5 (나)에서 용액의 질량은 500 g이고, 용질의 질량은 1 g이므로 수용액의 퍼센트 농도는 $\frac{1\,g}{500\,g}\times100=0.2\,\%$이다.

2 (가)에는 A 1.5 g$(=\frac{3\times50}{100})$이 녹아 있다. A가 (가)에는 0.025 mol, (나)에는 0.075 mol, (다)에는 0.1 mol 들어 있다.

2-1 A의 질량이 (가)에서는 1.5 g, (나)에서는 4.5 g이다.

2-2 (가)에서 물의 질량은 $50-1.5=48.5\,(g)$이다.

2-5 (다)에 용질 6 g을 추가로 녹이면 용질의 질량은 12 g이 되며 용질의 양은 0.2 mol이 된다. 이때 용액의 부피가 200 mL이면 용액의 몰 농도가 1 M이 되지만 용액 200 mL에 용질 A를 추가로 녹였기 때문에 용액의 부피가 200 mL가 아니다.

01 A(g)~C(g)의 질량이 같으므로 단위 질량당 전체 원자 수를 분자당 구성 원자 수로 나누면 분자 수 비를 구할 수 있다.

분자 수 비는 $A(g):B(g):C(g)=\dfrac{11}{2}:\dfrac{12}{3}:\dfrac{10}{5}=11:8:4$ 이다.

ㄱ. 분자 수 비가 $A(g):B(g)=11:8$이므로 $\dfrac{B(g)의 양(mol)}{A(g)의 양(mol)}=\dfrac{8}{11}$이다.

ㄴ. 분자 수 비가 $B(g):C(g)=2:1$이고, 기체에 들어 있는 Y의 질량이 $B(g):C(g)=2:1$이므로 분자당 Y 원자 수가 같다. B가 3 원자 분자이므로 B에서 Y 원자 수는 1 또는 2이다. B가 XY_2이면, C는 Y_2Z_3이고, 분자 수 비가 $B:C=2:1$이므로 $(B(g)$에 들어 있는 X 원자 수)$:(C(g)$에 들어 있는 Z 원자 수)$=2:3$이 되므로 조건을 만족하지 않는다.
따라서 B는 X_2Y, C는 YZ_4이고, $C(g)$ 1 mol에 들어 있는 Y 원자는 1 mol이다.

🔎**바로알기** ㄷ. 질량이 같을 때 분자량과 기체의 양(mol)은 반비례한다. 분자 수의 비가 $A(g):B(g)=11:8$이므로 분자량 비는 $A:B=8:11$이다. A는 X_2이고, B는 X_2Y이므로 원자량 비는 $X:Y=4:3$이다. X, Y의 원자량을 각각 $4M$, $3M$이라고 하면 $x=8M\times11$이고, $2y=3M\times8$이므로 $\dfrac{x}{y}=\dfrac{22}{3}$이다.

02 같은 온도와 압력에서 기체의 부피 비=몰비이다. 몰비가 (가) : (다)$=11:4$이고, (가)와 (다)의 질량이 같으므로 분자량 비는 $XY_4:X_3Y_8=4:11$이고, 원자량 비는 $X:Y=12:1$이다. 몰비가 (가) : (나)$=2:1$이므로 분자량 비는 $XY_4:Z_2=1:2$이다. 따라서 원자량 비는 $X:Y:Z=12:1:16$이다.

ㄱ. 분자량 비는 $XZ_2:X_3Y_8=12+16\times2:12\times3+1\times8$ $=1:1$이다.

ㄴ. 전체 원자 수 비는 (가) : (다)$=22\times5:8\times11=5:4$이다.

ㄷ. 원자량 비는 $X:Z=3:4$이다.

03 기체 1 g의 부피는 분자량에 반비례한다. 따라서 분자량 비가 (가) : (나)$=23:15$이므로 분자식이 (가)는 AB_2, (나)는 AB이고, 원자량 비는 $A:B=7:8$이다.
(가) 23 g에 들어 있는 B의 질량이 16 g이므로 $x=23$이고, (나) 15 g에 들어 있는 B의 질량이 8 g이므로 (나) 23 g에 들어 있는 B의 질량은 $\dfrac{8\times23}{15}$ g이다.

(가)는 분자식이 AB_2이므로 (가)에서 $\dfrac{B의 질량}{A의 질량}=\dfrac{16}{7}$이다. 따라서 $x=23$, $y=\dfrac{8\times23}{15}$, $z=\dfrac{16}{7}$이므로 $\dfrac{x\times z}{y}=\dfrac{30}{7}$이다.

04 ① 분자량이 CH_4은 16, CH_3OH은 32, C_2H_5OH은 46이다. (가)에 들어 있는 CH_4의 양은 0.9 mol이고, C_2H_5OH의 양은 0.5 mol이다. CH_3OH x g의 양은 $\dfrac{x}{32}$ mol이다.

(가)에서 $\dfrac{산소(O) 원자 수}{전체 원자 수}=\dfrac{0.5}{9}=\dfrac{1}{18}$이고,

$\dfrac{산소(O) 원자 수}{전체 원자 수}$가 (나)가 (가)의 2배이므로 (나)는

$\dfrac{산소(O) 원자 수}{전체 원자 수}=\dfrac{1}{9}$이다.

(나)에서 O 원자의 양은 $(0.5+\dfrac{x}{32})$ mol이고, 전체 원자의 양은 $(9+\dfrac{6x}{32})$ mol이다. 따라서 $\dfrac{0.5+\dfrac{x}{32}}{9+\dfrac{6x}{32}}=\dfrac{1}{9}$에서 $x=48$이다.

05 같은 온도, 같은 압력, 같은 부피일 때 기체의 질량비=분자량 비이다. 따라서 C_3H_y 기체가 $2V$ L일 때 질량이 $4w$ g이므로 분자량 비는 $C_2H_x:C_3H_y=3:4$이다.
C_2H_x에서 $\dfrac{H의 질량}{C의 질량}=\dfrac{1}{4}$이므로 $\dfrac{1\times x}{12\times2}=\dfrac{1}{4}$에서 $x=6$이다.
분자량 비가 $C_2H_x:C_3H_y=30:3\times12+1\times y=3:4$에서 $y=4$이다.

ㄱ. $x=6$, $y=4$이므로 $\dfrac{x}{y}=1.5$이다.

ㄴ. C_3H_y에서 $\dfrac{H의 질량}{C의 질량}=\dfrac{1\times4}{12\times3}=\dfrac{1}{9}$이다.

🔎**바로알기** ㄷ. 같은 온도, 같은 압력에서 기체의 밀도 비=분자량 비이다. 따라서 기체의 밀도 비는 $C_2H_x:C_3H_y=3:4$이다.

06 ㄱ. 탄산 칼슘($CaCO_3$) 분해 반응의 화학 반응식은 $CaCO_3 \longrightarrow CaO+CO_2$이며, ㉠은 CO_2이다.

ㄴ. $CaCO_3$의 화학식량이 100이므로 $CaCO_3$ 10 g은 0.1 mol이다. 반응 몰비가 $CaCO_3:CO_2=1:1$이므로 0.1 mol의 $CaCO_3$이 분해되면 0.1 mol의 CO_2가 생성된다.

ㄷ. $CaCO_3$ 0.2 mol의 질량은 20 g이다. 화학 반응에서 반응물의 질량의 총합과 생성물의 질량의 총합은 같으므로 20 g의 $CaCO_3$이 분해될 때 전체 생성물의 질량도 20 g이 된다.

07 일정한 온도와 압력에서 기체의 부피 비=몰비이다. $A(g)$ x g의 부피는 12 L이고, ㉠과 ㉡에서 생성된 C의 질량이 같으므로 A x g과 B w g이 반응하면 $C(g)$ 24 L가 생성되며, 이때 C의 질량은 $(x+w)$ g이다. ㉠ → ㉡에서 넣어 준 B의 질량은 w g이고 전체 부피가 12 L 증가했으므로 $B(g)$ w g의 부피는 12 L이다. 따라서 ㉠에서 반응 몰비가 $A:B:C=12:12:24$ $=1:1:2$이므로 계수 비는 $A:B:C=1:1:2$이고 $b=1$, $c=2$이다.

ㄴ. ㉠에서 생성된 $C(g)$의 부피가 24 L이므로 C의 양은 1 mol이고, 이때 C의 질량이 $(x+w)$ g이므로 C의 분자량은 $x+w$이다.

ㄷ. ㉡에는 B w g과 C $(x+w)$ g이 들어 있으며, 여기에 $A(g)$ $2x$ g을 넣고 반응을 완결시키면 실린더에는 $A(g)$ x g과 C $2(x+w)$ g이 남게 되어 전체 기체의 부피는 12 L + (24 L × 2) $=60$ L가 된다.

🔎**바로알기** ㄴ. $b=1$, $c=2$이므로 $\dfrac{c}{b}=2$이다.

08 반응 전과 후 원자 수가 같도록 계수를 맞추면 $a=c$, $3a=2d$, $2b=c+d$에서 $a:b:c:d=4:5:4:6$이다.

ㄷ. Ⅱ에서 O_2 2.5 mol이 모두 반응하므로 생성되는 H_2O의 양은 3 mol이며, 그 질량은 54 g이다. 따라서 ⓒ은 54이다.

🔍 **바로알기** ㄱ. NH_3 34 g은 2 mol, O_2 100 g은 $\frac{25}{8}$ mol이고, 반응 몰비가 NH_3 : O_2=4 : 5이므로 Ⅰ에서 반응 후 남는 물질은 O_2 $\frac{5}{8}$ mol이다.

ㄴ. NH_3와 NO의 반응 몰비가 NH_3 : NO=1 : 1이므로 Ⅰ에서 생성되는 $NO(g)$의 양은 2 mol이고, 그 부피는 48 L이다. 따라서 ⊙은 48이다.

09

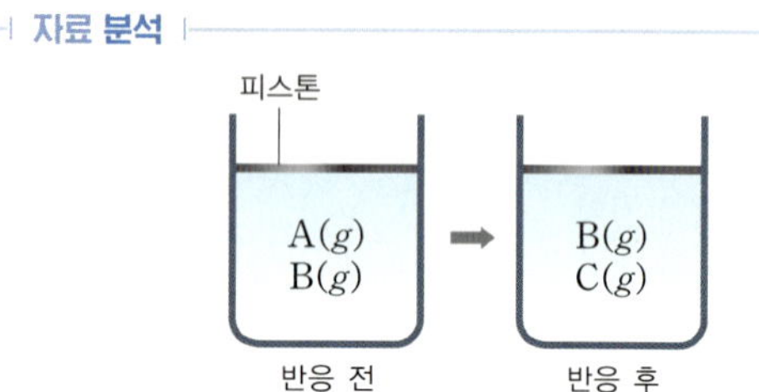

질량 보존 법칙에 의하면 반응 전 물질의 질량의 총합은 반응 후 물질의 총합과 같다. 반응 후 남은 물질의 질량비가 B : C=11 : 15이므로 실린더 속 전체 기체의 질량을 26m이라고 하면, 반응 전 A와 B의 질량이 같으므로 반응 전 A의 질량은 13m, B의 질량도 13m이다. 반응 전과 후 물질의 질량 변화는 다음과 같다.

	A(g) $+$	2B(g) $\longrightarrow$	C(g)
반응 전(g)	$13m$	$13m$	
반응(g)	$-13m$	$-2m$	$+15m$
반응 후(g)	0	$11m$	$15m$

반응 몰비는 A : B : C=1 : 2 : 1이고, 반응 질량비는 A : B : C=13 : 2 : 15이므로 분자량 비는 A : B : C=$\frac{13}{1}$: $\frac{2}{2}$: $\frac{15}{1}$=13 : 1 : 150이다.

ㄴ. 반응 몰비는 A : C=1 : 1이고, 반응 질량비는 A : C=13 : 15이므로 분자량 비는 A : C=13 : 15이다.

ㄷ. 반응 후 몰비는 B : C=$\frac{11m}{1}$: $\frac{15m}{15}$=11 : 1이다.

🔍 **바로알기** ㄱ. 분자량 비가 A : B : C=13 : 1 : 15이므로 전체 기체의 몰비는 반응 전 : 반응 후 $=\frac{13m}{13}+\frac{13m}{1}$: $\frac{11m}{1}$ $+\frac{15m}{15}$=7 : 6이다. 따라서 같은 온도와 압력에서 기체의 부피 비=몰비이므로 기체의 부피 비는 반응 전 : 반응 후=7 : 6이다.

10

화학 반응식을 완성하면 다음과 같다.

$$C_3H_8(g)+5O_2(g) \longrightarrow 3CO_2(g)+4H_2O(l)$$

ㄱ. 물질의 양(mol)은 물질의 질량을 물질 1 mol의 질량으로 나누면 구할 수 있다. 따라서 '44 g/mol'은 ⊙으로 적설하다.

ㄴ. 계수 비=몰비이므로 프로페인 2.2 g에 해당하는 양(mol)에 $\frac{c}{a}$을 곱한 ⓒ은 CO_2의 양(mol)이다.

ㄷ. CO_2의 양(mol)에 $CO_2(g)$ 1 mol의 부피를 곱하면 $CO_2(g)$의 부피를 구할 수 있다.

11

③ ⓒ이 X를 포함하며 3원자 분자이므로 ⓒ은 XY_2 또는 X_2Y 중 하나이다. ⓒ이 X_2Y인 경우 화학 반응식은 $aXY + bY_2 \longrightarrow cX_2Y$($a{\sim}c$는 반응 계수)에서 $2b+c=0$이 되어 조건을 만족하지 않는다. 따라서 ⓒ은 XY_2이고, 화학 반응식은 $2XY + Y_2 \longrightarrow 2XY_2$이다. 반응 전 분자 모형 수가 XY는 4, Y_2가 4이고, 반응 몰비가 XY : Y_2=2 : 1이므로 반응 후 실린더 속에 들어 있는 분자 모형 수는 Y_2가 2, XY_2가 4이다. 따라서 ⊙은 Y_2이다.

12

반응 후 C의 질량이 Ⅱ에서가 Ⅰ에서보다 2배이다. 따라서 반응한 A, B의 질량은 Ⅱ에서가 Ⅰ에서의 2배이다. Ⅰ에서 A 21 g이 모두 반응했다면 Ⅱ에서 반응한 A의 질량은 42 g이 되어야 하므로 조건을 만족하지 않는다. 따라서 Ⅰ에서는 B가 모두 반응했다. Ⅱ에서 B가 모두 반응했다면 Ⅰ에서 반응한 B의 질량은 $\frac{x}{2}$ g이며, A의 질량이 Ⅰ에서가 Ⅱ에서보다 많으므로 Ⅰ에서도 B가 모두 반응한다. 전체 기체의 부피가 Ⅱ에서가 Ⅰ에서의 2배인데, Ⅱ에서가 Ⅰ에서보다 반응 전 질량이 B의 질량은 2배지만, A의 질량은 $\frac{2}{3}$배이므로 전체 기체의 부피는 2배가 아니다. 따라서 Ⅱ에서는 A가 모두 반응했다.

② Ⅰ에서는 B가, Ⅱ에서는 A가 모두 반응했다. Ⅱ에서 반응한 A의 질량은 14 g이고, 생성된 C의 질량이 16 g이므로 반응한 B의 질량은 2 g이다. 반응 질량비는 A : B : C=14 : 2 : 16=7 : 1 : 8이다. 반응 몰비는 A : C=1 : 1이므로 분자량 비는 A : C=7 : 8이다. Ⅰ에서는 A 7 g과 B 1 g이 반응하여 C 8 g이 생성되었다. Ⅰ에서 A 21 g을 $3n$ mol, B 1 g을 bn mol, C 8 g을 n mol이라 하면 반응 전과 후 물질의 양(mol)의 변화는 다음과 같다.

	A $+$	bB $\longrightarrow$	C
반응 전(mol)	$3n$	bn	0
반응(mol)	$-n$	$-bn$	$+n$
반응 후(mol)	$2n$	0	n

Ⅱ에서 A 14 g은 $2n$ mol, C 16 g은 $2n$ mol이며, B x g을 mn mol이라 하면 반응 전과 후 물질의 양(mol)의 변화는 다음과 같다.

	A $+$	bB $\longrightarrow$	C
반응 전(mol)	$2n$	mn	0
반응(mol)	$-2n$	$-2bn$	$+2n$
반응 후(mol)	0	$(m-2b)n$	$2n$

반응 전 전체 기체 부피 비가 Ⅰ : Ⅱ=$(3n+bn)$: $(2n+mn)$=1 : 2에서 $m-2b=4 \cdots$⊙이고, Ⅱ에서 전체 기체의 부피 비가 반응 전 : 반응 후=$(2n+mn)$: $((m-2b)n+2n)$=5 : 3에서 $m-5b=-2 \cdots$ⓒ이므로 ⊙과 ⓒ에서 $b=2$, $m=8$이다. 따라서 분자량 비는 A : B : C=14 : 1 : 16이고, B 1 g이 $2n$ mol이므로 $x=4$이다.

13 Ⅰ에서 B 2 g이 모두 반응할 경우, 반응한 A의 질량을 x g이라고 하면 $x<4$이다. B 3 g이 모두 반응하기 위해 필요한 A의 질량은 $1.5x$ g이며, $1.5x<16$이다.

Ⅱ에서 A 16 g이 모두 반응하기 위해 필요한 B의 질량은 3 g보다 커야 하므로 조건을 만족하지 않는다. 따라서 Ⅰ에서는 A가, Ⅱ에서는 B가 모두 반응한다.

Ⅰ에서 반응한 B의 질량을 y g이라고 하면 반응 후 남은 B의 질량은 $(2-y)$ g, 생성된 C의 질량은 $(4+y)$ g이다.
$\dfrac{\text{C의 분자량}}{\text{B의 분자량}}=2.5$이므로 A~C의 분자량을 각각 kM, $2M$, $5M$이라고 하면 Ⅰ에서 반응 후 $\dfrac{\text{C의 양(mol)}}{\text{전체 기체의 양(mol)}}$

$$=\dfrac{\dfrac{4+y}{5M}}{\dfrac{2-y}{2M}+\dfrac{4+y}{5M}}=\dfrac{2}{3}$$

이므로 $y=1$이다.

따라서 반응 질량비는 A : B : C$=4:1:5$이다.

Ⅱ에서는 A 12 g과 B 3 g이 반응하므로 남은 A의 질량은 4 g이고, 생성된 C의 질량은 15 g이다.

Ⅱ에서 반응 후 $\dfrac{\text{C의 양(mol)}}{\text{전체 기체의 양(mol)}}=\dfrac{\dfrac{15}{5M}}{\dfrac{4}{kM}+\dfrac{15}{5M}}=\dfrac{3}{4}$이므로 $k=4$이다.

반응 몰비가 A : B$=\dfrac{12}{4}:\dfrac{3}{2}=a:1$이므로 $a=2$이다.

일정 온도와 압력에서 기체의 부피 비=몰비이므로 $V_1:V_2$
$=\dfrac{1}{2}+\dfrac{5}{5}:\dfrac{4}{4}+\dfrac{15}{5}=3:8$이다. 따라서 $a\times\dfrac{V_1}{V_2}=\dfrac{3}{4}$이다.

14 ④ 반응 후 A의 부피×C의 양이 넣어 준 B의 양이 6 mol일 때 $\dfrac{3}{2}V$ (L·mol)>0이므로 이때 남은 반응물은 A이다. A(g) V L에 들어 있는 A의 양을 n mol이라고 하면, 넣어 준 B의 양이 2 mol일 때 반응 전과 후 물질의 양(mol)의 변화는 다음과 같다.

	A	$+$	2B	$\longrightarrow$	cC
반응 전(mol)	n		2		
반응(mol)	-1		-2		$+c$
반응 후(mol)	$n-1$		0		c

넣어 준 B의 양이 6 mol일 때 반응 전과 후 물질의 양(mol)의 변화는 다음과 같다.

	A	$+$	2B	$\longrightarrow$	cC
반응 전(mol)	n		6		
반응(mol)	-3		-6		$+3c$
반응 후(mol)	$n-3$		0		$3c$

반응 후 A의 부피×C의 양이 B를 2 mol 넣었을 때와 6 mol 넣었을 때 같고, 기체의 부피 비=몰비이므로 $(n-1)\times c$ $=(n-3)\times 3c$에서 $n=4$이다. A(g) 4 mol이 V L이므로 A(g) 3 mol은 $\dfrac{3}{4}V$ L이다. 따라서 $\dfrac{3}{4}V\times c=\dfrac{3}{2}V$에서 $c=2$이다. 넣어 준 B의 양이 4 mol 때 반응 전과 후 물질의 양(mol)

의 변화는 다음과 같다.

	A	$+$	2B	$\longrightarrow$	2C
반응 전(mol)	4		4		
반응(mol)	-2		-4		$+4$
반응 후(mol)	2		0		4

반응 후 A 2 mol은 $\dfrac{1}{2}V$ L이고, 생성된 C의 양은 4 mol이므로 $xV=\dfrac{1}{2}V\times 4$에서 $x=2$이다. 따라서 $c\times x=4$이다.

15 ① (가)에서 A(g) 2 L에 들어 있는 A의 양을 $2n$ mol이라고 하자. 일정한 온도와 압력에서 기체의 부피 비=몰비=계수 비이다. 부피 비가 (가) : (다)$=2:5$이므로 A $2n$ mol이 반응하면 생성되는 B의 양과 C의 양의 합이 $5n$ mol이다. 계수 비가 A : B : C$=2:b:1$이므로 $2:b+1=2:5$에서 $b=4$이다.
$\dfrac{\text{C의 분자량}}{\text{A의 분자량}}=\dfrac{8}{27}$이므로 A의 분자량을 $27M$, C의 분자량을 $8M$, B의 분자량을 M_B라고 하자.
화학 반응식이 $2A(g) \longrightarrow 4B(g) + C(g)$이므로 $2\times 27M$ $=4\times M_B+8M$에서 $M_B=11.5M$이다. 반응 몰비가 B : C$=4:1$이고, (나)에서 C가 a mol 생성되었으므로 (나)에서 생성된 B의 양은 $4a$ mol이다. 따라서 $\dfrac{x\text{ g}}{11.5M\text{ g/mol}}=4a$ mol에서 $x=46aM$이다. C a mol의 질량은 $8aM$ g이고, A a mol의 질량은 $27aM$ g이다. (가)와 (나)에서 전체 기체의 질량이 같으므로 $27aM+46aM+8aM=w$에서 $aM=\dfrac{w}{81}$이므로, 이를 $x=46aM$에 대입하면 $x=\dfrac{46}{81}w$이다.

16 학생 B. 용질의 양(mol)$=\dfrac{\text{질량(g)}}{\text{1 mol의 질량(g/mol)}}$이므로 NaOH 2 g의 양은 $\dfrac{2\text{ g}}{40\text{ g/mol}}=0.05$ mol이다.

따라서 (다)의 부피 플라스크에 들어 있는 NaOH의 양은 0.05 mol이다.

 학생 A. 몰 농도(M)$=\dfrac{\text{용질의 양(mol)}}{\text{용액의 부피(L)}}$이므로 ㉠은 '용액의 부피(L)'이다.
학생 C. 0.1 M NaOH(aq) ㉡ mL에 녹아 있는 NaOH의 양이 0.05 mol이므로 $0.1\text{ M}\times\dfrac{㉡}{1000}\text{ L}=0.05$ mol에서 ㉡은 500이다.

17 ㄱ. (가)에서 NaOH의 양은 $0.1\text{ M}\times 0.5\text{ L}=0.05$ mol이고, (나)에서 NaOH의 양은 $0.2\text{ M}\times 0.2\text{ L}=0.04$ mol이다.

ㄴ. (다)에서 NaOH의 양은 $0.4\text{ M}\times 0.1\text{ L}=0.04$ mol이고, NaOH의 질량은 $0.04\text{ mol}\times 40\text{ g/mol}=1.6$ g이다.

ㄷ. (가)~(다)를 혼합한 용액에서 NaOH의 양은 0.13 mol이고, 혼합 용액의 부피가 1.3 L이므로 용액의 몰 농도는 $\dfrac{0.13\text{ mol}}{1.3\text{ L}}$ $=0.1$ M이다.

18 ④ 수용액에 물을 넣어 묽혀도 용질의 양은 변하지 않는다.

(가)에서 NaOH의 양은 $2\,\mathrm{M}\times0.15\,\mathrm{L}=x\,\mathrm{M}\times\dfrac{y}{1000}\,\mathrm{L}=0.3\,\mathrm{mol}$
에서 $x\times y=300$ ……①이다.

(나)에서 $2\,\mathrm{M}$ $\mathrm{NaOH}(aq)$ $y\,\mathrm{mL}$에 들어 있는 NaOH의 양은
$2\,\mathrm{M}\times\dfrac{y}{1000}\,\mathrm{L}=\dfrac{y}{500}\,\mathrm{mol}$ 이고, NaOH $16\,\mathrm{g}$은 $\dfrac{16\,\mathrm{g}}{40\,\mathrm{g/mol}}$
$=0.4\,\mathrm{mol}$ 이며, $x\,\mathrm{M}$ $\mathrm{NaOH}(aq)$ $1000\,\mathrm{mL}$에 들어 있는
NaOH의 양은 $x\,\mathrm{mol}$이므로 $\dfrac{y}{500}+0.4=x$ ……②이다.

따라서 ①과 ②에서 $x=1$, $y=300$이므로 $\dfrac{y}{x}=300$이다.

19 ④ (나)의 $\mathrm{A}(aq)$ $250\,\mathrm{mL}$에는 $\mathrm{A}\,x\,\mathrm{g}$이 들어 있으므로
$\mathrm{A}(aq)$ $50\,\mathrm{mL}$에는 $\mathrm{A}\,\dfrac{x}{5}\,\mathrm{g}$이 들어 있다.

(라)에서 $0.3\,\mathrm{M}$ $\mathrm{A}(aq)$ $500\,\mathrm{mL}$에서 A의 양은 $0.3\,\mathrm{M}\times0.5\,\mathrm{L}$
$=0.15\,\mathrm{mol}$이고, 이때 A의 질량은 $\dfrac{x}{5}\,\mathrm{g}$이므로 $0.15\,\mathrm{mol}\times$
$60\,\mathrm{g/mol}=\dfrac{x}{5}\,\mathrm{g}$에서 $x=45$이다.

20 ① 용질의 양$(\mathrm{mol})=\dfrac{\text{용질의 질량}(\mathrm{g})}{1\,\mathrm{mol}\text{의 질량}(\mathrm{g/mol})}$ 이다. $x\,\mathrm{M}$
$\mathrm{A}(aq)$ $100\,\mathrm{mL}$에 들어 있는 A의 양은 $x\,\mathrm{M}\times0.1\,\mathrm{L}=0.1x\,\mathrm{mol}$
이고, A $4\,\mathrm{g}$은 $\dfrac{4\,\mathrm{g}}{100\,\mathrm{g/mol}}=0.04\,\mathrm{mol}$이며, $0.2\,\mathrm{M}$ $\mathrm{A}(aq)$
$250\,\mathrm{mL}$에 들어 있는 A의 양은 $0.2\,\mathrm{M}\times0.25\,\mathrm{L}=0.05\,\mathrm{mol}$이다.
혼합 전과 후 용질의 양(mol)은 서로 같으므로 $0.1x+0.04$
$=0.05$에서 $x=0.1$이다.

Ⅱ. 원자의 세계

1 원자의 구조

수능 빈출 자료 MASTER p.20~22

❶
자료 1	1 ○	2 ○	3 ×	4 ○
자료 2	1 ×	2 ○	3 ○	
자료 3	1 ×	2 ○	3 ×	4 ○

❷
자료 1	1 ○	2 ×	3 ×	4 ×		
자료 2	1 ○	2 ×	3 ○	4 ×	5 ○	6 ×
자료 3	1 ○	2 ○	3 ○	4 ×	5 ×	
자료 4	1 ×	2 ×	3 ○	4 ○		
자료 5	1 ○	2 ×	3 ○	4 ○	5 ×	
자료 6	1 ×	2 ○	3 ×	4 ○	5 ○	6 ×	7 ×

❶ **1-1** 원자는 전기적으로 중성이므로 양성자 수와 전자 수
가 같다. 따라서 X의 양성자 수는 6이므로 질량수는 12이다.

1-3 질량수는 양성자 수와 중성자 수의 합과 같으므로 Z의 양
성자 수는 8이다. 따라서 양성자 수 비는 $\mathrm{X}:\mathrm{Z}=3:4$이다.

1-4 Z의 양성자 수는 8이므로 전자 수도 8이다. 따라서 Z^{2-}
의 전자 수는 10이다.

2-1 $\mathrm{X_2}$는 분자량이 $2a$, $2a+2$, $2a+4$인 3가지 분자로 존재
한다.

2-2 존재비는 $^{a}\mathrm{X_2}:{}^{a+2}\mathrm{X_2}=9:1$이므로 $b=75$이다.

2-3 X의 평균 원자량은 $a\times\dfrac{3}{4}+(a+2)\times\dfrac{1}{4}=a+\dfrac{1}{2}$이다.

3-1 $^{a}\mathrm{X}$는 $^{b}\mathrm{X}$의 동위 원소이므로 $^{a}\mathrm{X}$와 $^{b}\mathrm{X}$는 양성자 수가 같
다. 질량수는 $b>a$이므로 중성자 수는 $^{b}\mathrm{X}>{}^{a}\mathrm{X}$이다.

3-3 원자량은 $^{b}\mathrm{X}>{}^{a}\mathrm{X}$이므로 $1\,\mathrm{g}$에 들어 있는 원자 수는
$^{a}\mathrm{X}>{}^{b}\mathrm{X}$이다.

❷ **1-1** (가)는 $1s$, (나)는 $2s$ 오비탈이므로 (가)와 (나)는 모두
$l=0$이다.

1-3 (다)의 $n+l=3$이므로 $2p$ 또는 $3s$ 오비탈 중 하나인데,
$l+m_l=1$이므로 $l=1$인 $2p$ 오비탈이다. 따라서 (다)의 모양은
아령형이다.

1-4 수소 원자의 바닥상태 전자 배치는 $1s^1$이므로 원자가 전
자는 (가)에 들어 있다.

2-1 X는 Ca, Y는 P, Z는 Ne이다. 따라서 X는 2족 원소이
므로 원자가 전자 수는 2이다.

2 -3 Z의 바닥상태 전자 배치는 $1s^2 2s^2 2p^6$이다.

2 -4 X와 Y는 전자가 들어 있는 p 오비탈 수가 모두 6이다.

2 -5 Y는 3주기 원자인 P, Z는 2주기 원자인 Ne이다.

2 -6 X와 Z의 홀전자 수는 모두 0이다.

3 -3 Z는 바닥상태일 때 3개의 $2p$ 오비탈에 각각 전자가 1개씩 배치된다.

3 -4 X의 원자가 전자 수는 3, Y의 원자가 전자 수는 4이다.

3 -5 쌓음 원리에 위배되는 전자 배치는 X 1가지이다. Z는 쌓음 원리는 만족하지만 훈트 규칙에 위배된다.

4 -1 X와 Y의 홀전자 수의 합은 5이므로 X, Y는 C와 N 또는 N와 O 중 하나인데, 전자가 들어 있는 p 오비탈 수가 Y>X이므로 X는 C, Y는 N이다.

4 -3 방위(부) 양자수(l)가 1인 전자는 p 오비탈의 전자이다.

4 -4 s 오비탈의 전자는 방위(부) 양자수(l)가 0이고, p 오비탈의 전자는 방위(부) 양자수(l)가 1이다. 따라서 전자의 방위(부) 양자수(l)의 총합은 p 오비탈의 전자 수와 같다.

5 -1 주 양자수(n)가 1인 오비탈은 $1s$ 오비탈이므로 (가)는 A이다. (나)는 B로 주 양자수(n)가 2이므로 $2p$ 오비탈이다.

5 -2 $1s$ 오비탈의 방위(부) 양자수는 0이고, $2p$ 오비탈의 방위(부) 양자수는 1이므로 $a=0$, $b=1$이다.

5 -3 수소 원자에서 오비탈의 에너지 준위는 주 양자수(n)가 클수록 크다. 따라서 주 양자수(n)는 B>A이므로 오비탈의 에너지 준위는 B>A이다.

5 -5 자기 양자수(m_l)는 $-l \leq m_l \leq +l$의 정숫값이므로 $2p$ 오비탈의 자기 양자수는 $+\frac{1}{2}$의 값을 가질 수 없다.

6 -1 (나)는 모양이 구형이므로 $2s$나 $3s$ 오비탈 중 하나이다. $n-l$은 $2s$는 2, $2p$는 1, $3s$는 3, $3p$는 2로 (나)는 $3s$가 될 수 없으므로 $2s$이고, (가)는 $2p$, (다)는 $3s$이다.

6 -3 주 양자수는 (가)가 2, (나)가 2로 같다.

6 -4 방위(부) 양자수는 (가)가 1, (다)가 0이다.

6 -6 $n+l$는 (가)가 3, (나)가 2, (다)가 3이다.

6 -7 수소 원자의 경우 오비탈의 에너지 준위는 오비탈의 종류에 관계없이 주 양자수에 의해서만 결정되므로, 에너지 준위는 (다)>(가)=(나)이다.

수능 대비 문제
p.23~26

01 ④	02 ①	03 ③	04 ⑤	05 ①	06 ④
07 ③	08 ④	09 ⑤	10 ②	11 ④	12 ④
13 ⑤	14 ①	15 ①	16 ⑤		

01 ㄱ. 음극선의 실험 결과로 전자가 발견되었다. 따라서 X는 전자이다.

ㄷ. 원자 질량의 대부분을 원자핵이 차지하므로 입자의 질량은 Y가 X보다 크다.

바로알기 ㄴ. 러더퍼드의 α 입자 산란 실험 결과로부터 원자핵이 발견되었다. 따라서 Y는 원자핵이며, 원자 번호는 원자핵을 구성하는 양성자 수와 같다.

02 전자가 발견된 후, 원자핵이 발견되기 전의 원자 모형이므로 ㉠ 시기의 원자 모형은 톰슨의 원자 모형이다.

ㄱ. 톰슨은 음극선 실험을 통해 전자를 발견하고 새로운 원자 모형을 제안하였다.

바로알기 ㄴ, ㄷ. 톰슨의 원자 모형은 (+)전하가 고르게 분포된 공에 (−)전하를 띤 전자가 박혀 있는 모형이므로, 원자의 중심에는 질량이 큰 입자가 존재하지 않는다.

03 ㄱ. X 이온에서 원자핵의 전하는 +3이고 전자 수는 2이므로 X 이온에서 원자핵을 구성하는 양성자 수는 3이다.

ㄴ. Y 이온에서 원자핵의 전하는 +8이고 전자 수는 10이므로 Y 이온의 전하는 −2이다.

바로알기 ㄷ. X 원자의 전자 수는 3이고 Y 원자의 전자 수는 8이므로 Y 원자의 전자 수는 X 원자보다 5만큼 크다.

04

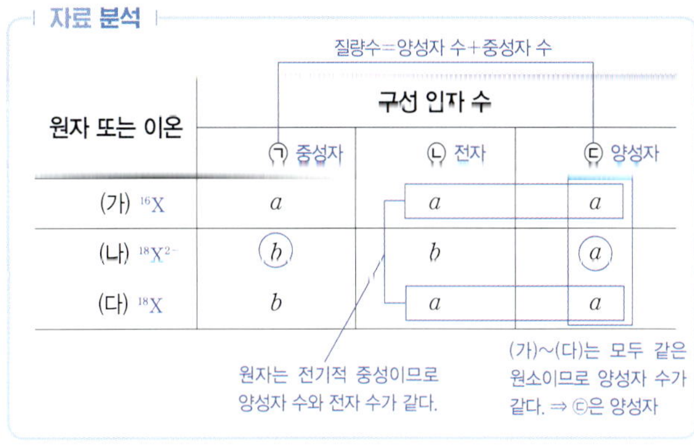

│ 자료 분석 │

질량수＝양성자 수＋중성자 수

원자 또는 이온	구성 인자 수		
	㉠ 중성자	㉡ 전자	㉢ 양성자
(가) ^{16}X	a	a	a
(나) ^{18}X^{2-}	b	b	a
(다) ^{18}X	b	a	a

원자는 전기적 중성이므로 양성자 수와 전자 수가 같다.

(가)~(다)는 모두 같은 원소이므로 양성자 수가 같다. ⇒ ㉢은 양성자

ㄱ. (가)~(다)는 모두 같은 원소이므로 양성자 수가 모두 같다. 따라서 ⓒ은 양성자이다. 또한 ^{16}X와 ^{18}X는 양성자 수와 전자 수가 같으므로 ⓑ은 전자이다. 따라서 ⓐ은 중성자이다.

ㄴ. (나)는 양성자 수와 전자 수가 다르므로 ^{n}X^{2-}이다.

ㄷ. (다)는 ^{18}X이므로 $a+b=18$이다.

05 ㄱ. ^{3}He과 ^{4}He은 양성자 수가 같으므로 각각 X와 Y 중 하나이고, Z는 ^{3}H이다. Y와 Z는 질량수가 같으므로 X는 ^{4}He, Y는 ^{3}He이다. 따라서 '중성자 수가 2인가?'는 (가)로 적절하다.

🔍 **바로알기** ㄴ. 원자는 전기적으로 중성이므로 전자 수는 양성자 수와 같다. 따라서 전자 수는 X가 Z보다 크다.

ㄷ. Y는 양성자 수가 2이고 Z는 양성자 수가 1이므로 중성자 수는 Y가 1, Z가 2이다.

06 ㄱ. (가)와 (나)는 중성자 수가 같으므로 동위 원소가 아니다. 또한 X의 평균 원자량은 63.6이므로 (나)와 (다)가 X의 동위 원소라면 평균 원자량이 63.6이 될 수 없다. 따라서 X의 동위 원소는 (가)와 (다)이고 원자량은 ^{m}X$>^n$X이므로 (가)는 ^{n}X이다.

ㄷ. 원자량은 (나)>(가)이고 (가)와 (나)의 중성자 수는 같으므로 $\dfrac{(가)\ 1\ g에\ 들어\ 있는\ 중성자\ 수}{(나)\ 1\ g에\ 들어\ 있는\ 중성자\ 수}>1$이다.

🔍 **바로알기** ㄴ. (가)와 (다)의 존재 비율(%)을 각각 x, y라고 할 때 $63x+65y=6360$, $x+y=100$이므로 $x=70$, $y=30$이다.

07 ㄱ. (가)와 (나)는 동위 원소이므로 양성자 수가 같다. 따라서 ⓐ은 양성자이다.

ㄷ. 원자량은 (나)>(가)이므로 1 g에 들어 있는 원자의 양(mol)은 (가)>(나)이다. 따라서 $\dfrac{(가)\ 1\ g에\ 들어\ 있는\ 양성자\ 수}{(나)\ 1\ g에\ 들어\ 있는\ 양성자\ 수}>1$이다.

🔍 **바로알기** ㄴ. X의 평균 원자량은 $6×0.075+7×0.925$ $=6.925$이다.

08 ^{35}Cl 원자의 양(mol)은 (가)에서가 (나)에서의 $\dfrac{3}{2}$배이므로 (가)에서 ^{35}Cl 원자의 양은 $\dfrac{3}{2}$ mol, ^{37}Cl 원자의 양은 $\dfrac{1}{2}$ mol이다. (가)에서 전체 중성자 수는 $18×\dfrac{3}{2}+20×\dfrac{1}{2}=37$ mol이고, (나)에서 전체 중성자 수는 38 mol이다. 따라서 $\dfrac{(나)에\ 들어\ 있는\ 전체\ 중성자\ 수}{(가)에\ 들어\ 있는\ 전체\ 중성자\ 수}=\dfrac{38}{37}$이다.

09 $_{11}$Na의 원자가 전자 수는 1이고 3s 오비탈에 들어 있으므로 (나)는 3s이다. 따라서 (가)는 1s 또는 2s이고, (다)는 2p이다.

ㄴ. 다전자 원자에서 2p 오비탈의 에너지 준위는 1s 오비탈과 2s 오비탈보다 크므로 에너지 준위는 (다)>(가)이다.

ㄷ. 오비탈에 들어 있는 전자 수는 (가)가 2, (나)가 1이다.

🔍 **바로알기** ㄱ. (나)는 $n=3$, $l=0$이고, (다)는 $n=2$, $l=1$이다. 따라서 (가)와 (나)는 모두 $n+l=3$이다.

10

오비탈	(가) 2s	(나) 3s	(다) 2p
n	2	3	2
l	0	0	1
$n+l$	2	3	3
$l+m_l$	a 0	0	1

⇒ (가)의 자기 양자수(m_l)는 0이므로 $l+m_l=0$이다.
⇒ 수소(H) 원자에서 오비탈의 에너지 준위는 주 양자수(n)가 클수록 크다.
⇒ (가)와 (다)는 주 양자수(n)가 같으므로 에너지 준위가 같다.

(가)는 $n+l=2$이므로 2s 오비탈이다.

ㄴ. (나)는 $n+l=3$이므로 2p 오비탈 또는 3s 오비탈 중 하나인데 3s 오비탈은 $l=m_l=0$이므로 (나)는 3s 오비탈이다.

🔍 **바로알기** ㄱ. 2s 오비탈은 $l=m_l=0$이므로 $a=0$이다.

ㄷ. (다)는 2p 오비탈이다. 수소 원자에서 2s 오비탈과 2p 오비탈의 에너지 준위는 같다.

11 X의 원자가 전자의 주 양자수는 2이므로 X는 2주기 원소이고, $\dfrac{s\ 오비탈의\ 전자\ 수}{p\ 오비탈의\ 전자\ 수}=1$이므로 X는 O이다. 따라서 O$^+$의 바닥상태 전자 배치는 $1s^22s^22p^3$이다.

12 ㄴ. (나)는 쌓음 원리, 훈트 규칙, 파울리 배타 원리를 모두 만족하므로 바닥상태 전자 배치이다.

ㄷ. (가)~(다)는 1개의 오비탈에 1개 또는 2개의 전자가 채워져 있고, 쌍을 이루는 전자는 스핀 방향이 서로 반대로 채워졌으므로 모두 파울리 배타 원리를 만족한다.

🔍 **바로알기** ㄱ. (가)에서 2s 오비탈에 전자 1개만 채워진 상태에서 2p 오비탈에 전자가 채워졌으므로 쌓음 원리에 위배된다.

13 2, 3주기 원소 중 $\dfrac{전자가\ 들어\ 있는\ p\ 오비탈\ 수}{전자가\ 들어\ 있는\ s\ 오비탈\ 수}=1$인 원자는 C, Na과 Mg인데 이 중 $\dfrac{홀전자\ 수}{전자가\ 들어\ 있는\ p\ 오비탈\ 수}=\dfrac{1}{3}$인 원자는 Na이다. 따라서 X는 Na이다.

또한 $\dfrac{전자가\ 들어\ 있는\ p\ 오비탈\ 수}{전자가\ 들어\ 있는\ s\ 오비탈\ 수}=\dfrac{3}{2}$인 원자는 N, O, F, Ne인데 이 중 $\dfrac{홀전자\ 수}{전자가\ 들어\ 있는\ p\ 오비탈\ 수}=1$인 원자는 N이다. 따라서 Y는 N이다.

ㄴ. 전자가 들어 있는 p 오비탈 수는 X와 Y 모두 3이다.

ㄷ. X는 3주기 원소, Y는 2주기 원소이므로 원자가 전자의 주 양자수는 X가 Y보다 크다.

🔍 **바로알기** ㄱ. N의 바닥상태 전자 배치는 $1s^22s^22p^3$이다. 따라서 Y의 $\dfrac{p\ 오비탈의\ 전자\ 수}{s\ 오비탈의\ 전자\ 수}=\dfrac{3}{4}$이다.

14 바닥상태 2주기 원자 중 홀전자 수가 2인 원자는 C와 O이다. 전자가 들어 있는 오비탈 수는 O가 C보다 크므로 X는 C, Y는 O이다.

ㄱ. X는 14족 원소이므로 원자가 전자 수는 4이다.

바로알기 ㄴ. Y의 전자 배치는 $1s^2 2s^2 2p^4$이다. 따라서 $\dfrac{p\ \text{오비탈의 전자 수}}{s\ \text{오비탈의 전자 수}}=1$이다.

ㄷ. 방위(부) 양자수가 0인 오비탈은 s 오비탈이다. X와 Y는 s 오비탈의 전자 수가 모두 4이다.

15

원자	A P	B Ne	C S
$\dfrac{l=1\text{인 오비탈의 전자 수}}{l=0\text{인 오비탈의 전자 수}}$	$\dfrac{3}{2}$	x $\dfrac{3}{2}$	$\dfrac{5}{3}$
$n+l=3$인 전자 수	y 8	6	z 8

$l=0$인 오비탈은 s 오비탈이고, $l=1$인 오비탈은 p 오비탈이다. A는 P, B는 Ne, C는 S이다.

ㄱ. B의 바닥상태 전자 배치는 $1s^2 2s^2 2p^6$이므로 $x=\dfrac{3}{2}$이다. A와 C는 모두 3주기 원소이고 A는 15족, C는 16족 원소이므로 $n+l=3$인 전자의 수는 모두 8이다. 따라서 $x\times(y+z)=24$이다.

바로알기 ㄴ. 원자 번호는 A가 B보다 크다.

ㄷ. 전자가 들어 있는 p 오비탈의 수는 A와 C 모두 6이다.

16 ㄴ. (나)에서 $n=1$인 오비탈 수는 1, $n=2$인 오비탈 수는 4, $n=3$인 오비탈 수는 1이므로 전자가 들어 있는 오비탈의 수는 6이다.

ㄷ. (가)에서 홀전자 수는 0이고 (나)에서 홀전자 수는 2이다.

바로알기 ㄱ. $n=2$인 오비탈에는 $2s$ 오비탈과 $2p$ 오비탈이 있으며, 다전자 원자에서 에너지 준위는 $2p>2s$이다. 따라서 (가)에서 $n=2$인 모든 오비탈의 에너지 준위는 같지 않다.

2 원소의 주기적 성질

수능 빈출 자료 M*ASTER   p.27~29

1
자료 1	1 ○	2 ○	3 ○	4 ○	5 ×
자료 2	1 ×	2 ○	3 ○	4 ×	
자료 3	1 ○	2 ○	3 ×	4 ○	

2
자료 1	1 ×	2 ○	3 ○	4 ×	
자료 2	1 ○	2 ×	3 ○	4 ○	
자료 3	1 ○	2 ○	3 ○	4 ×	5 ○
자료 4	1 ×	2 ○	3 ○	4 ×	5 ○
자료 5	1 ○	2 ○	3 ×	4 ×	5 ○
자료 6	1 ○	2 ○	3 ×	4 ×	5 ○

1 **1**-1 수소 원자에서 s 오비탈과 p 오비탈의 에너지 준위는 같다.

1-2 X와 Y는 같은 주기 원소이므로 Y는 1주기 18족 원소인 He이다.

1-3 X의 질량수는 2, Y의 질량수는 4이므로 $a=2$, $b=4$이다. 따라서 $c=6$이므로 Z는 원자 번호가 3인 Li이다.

1-5 18족 원소인 He은 비금속 원소이지만 안정하여 음이온이 되기 어렵다.

2-3 W는 18족 원소이므로 원자가 전자 수가 0이고, Y는 2족 원소이므로 원자가 전자 수가 2이다.

2-4 X와 Z의 바닥상태 전자 배치는 각각 $1s^2 2s^2 2p^6 3s^1$, $1s^2 2s^2 2p^4$이다.

3-1 주 양자수(n)의 합은 2주기 원소에서 원자 번호가 1 증가할 때 2만큼, 3주기 원소는 원자 번호가 1 증가할 때 3만큼 증가한다. Z는 X보다 2주기에서 원자 번호 3만큼, 3주기에서 원자 번호 1만큼 크므로 Na이다. 따라서 X는 N이고, Y는 F이다.

3-2 X는 N, Y는 F, Z는 Na이므로 원자가 전자 수는 Y가 X보다 크다.

3-3 전자가 들어 있는 p 오비탈 수는 Y와 Z가 3으로 같다.

3-4 모든 전자의 방위(부) 양자수(l)의 합은 p 오비탈의 전자 수와 같으므로 X는 3, Z는 6이다.

2 **1**-1 제1 이온화 에너지는 Y가 X보다 크므로 X는 1족 또는 13족 원소인데, 제2 이온화 에너지는 F이 X보다 크므로 X는 13족 원소이다.

1-2 Z는 산소(O)이므로 2주기 원소 중 Z보다 제2 이온화 에너지가 큰 원소는 Li과 Ne 2가지이다.

2-1 원자 반지름은 Na>Mg>N>O이고, 이온 반지름은 N>O>Na>Mg, 제1 이온화 에너지는 N>O>Mg>Na이다. W가 Na일 때 Y는 Mg이고 ㉠은 이온 반지름이므로 제시된 자료에 부합하며, X는 O, Z는 N이다.

2-2 원자가 전자 수는 Z가 5, X가 6이다.

2-3 Z는 N이고, X는 O이므로 제2 이온화 에너지는 X>Z이다.

3-1 원자 번호 7~14인 원자는 N, O, F, Ne, Na, Mg, Al, Si이다. 홀전자 수가 3인 Z는 N이고, 홀전자 수가 2인 X와 Y는 각각 O와 Si 중 하나인데 제2 이온화 에너지는 O>Si이므로 X는 O, Y는 Si이다. 홀전자 수가 1인 W는 F, Na, Al 중 하나인데 이 중 제2 이온화 에너지가 N보다 작고 Si보다 큰 원자는 Al이므로 W는 Al이다.

3-4 원자가 전자가 느끼는 유효 핵전하는 Z(N)가 X(O)보다 작다.

4-1 ㉠~㉣의 제1 이온화 에너지는 ㉡>㉠>㉢>㉣이므로 A는 ㉣, B는 ㉢, C는 ㉠, D는 ㉡이다.

4-2 2주기에서 제2 이온화 에너지는 16족 원소가 17족 원소보다 크다.

4-4 Ne의 전자 배치를 갖는 이온의 반지름은 원자 번호가 작을수록 크다. 따라서 이온 반지름은 C가 B보다 크다.

5-1 이온 반지름은 O>Na>Al이고 |이온의 전하|는 Al>O>Na이다. $\dfrac{\text{이온 반지름}}{|\text{이온의 전하}|}$이 가장 작은 A는 Al이고, $\dfrac{\text{원자 반지름}}{\text{이온 반지름}}$이 가장 작은 C는 O이므로 B는 Na이다.

5-2 A는 Al, C는 O이므로 원자가 전자 수는 C>A이다.

5-4 B(Na)의 제2 이온화 에너지는 $1s^2 2s^2 2p^6$의 전자 배치에서 전자 1개를 잃는 것이고, C(O)의 제2 이온화 에너지는 $1s^2 2s^2 2p^3$의 전자 배치에서 전자 1개를 잃는 것이므로 제2 이온화 에너지는 B>C이다.

6-1 원자 번호 9~13인 원소는 F, Ne, Na, Mg, Al이고 제2 이온화 에너지는 Na>Ne>F>Al>Mg이다. 따라서 Z는 Na이므로 원자가 전자 수는 1이다.

6-4 3주기에서 제1 이온화 에너지는 2족 원소>13족 원소>1족 원소이다. 따라서 제1 이온화 에너지는 V>W>Z이다.

수능 대비 문제
p.30~34

01 ⑤	02 ③	03 ④	04 ①	05 ④	06 ③
07 ④	08 ④	09 ③	10 ⑤	11 ①	12 ⑤
13 ④	14 ④	15 ④	16 ②	17 ③	18 ③
19 ⑤	20 ②				

01 ㄱ. B는 2주기 16족 원소로 전자 배치는 $1s^2 2s^2 2p^4$이다. 따라서 B의 홀전자 수와 원자가 전자의 주 양자수(n)는 모두 2이다.

ㄴ. A와 C는 모두 원자가 전자 수가 1인 알칼리 금속이므로 화학적 성질이 비슷하다.

ㄷ. C와 D는 모두 3주기 원소이므로 전자가 들어 있는 전자 껍질 수가 3으로 같다.

02 ㄱ. A^{2+}은 원자 A가 전자 2개를 잃어 형성된 이온이므로 A는 3주기 2족 원소이다.

ㄴ. B는 2주기 원소이고, C^-은 원자 C가 전자 1개를 얻어 형성된 이온이므로 C는 2주기 원소이다. 따라서 B와 C는 모두 전자가 들어 있는 전자 껍질 수가 2로 같다.

🔍 **바로알기** ㄷ. A는 2족 원소이므로 홀전자 수가 0이고, C는 17족 원소이므로 홀전자 수가 1이다.

03 ㄴ. X는 2주기 17족 원소이므로 비금속 원소이다. Y는 3주기 2족 원소이고, Z는 3주기 13족 원소이므로 금속 원소이다.

ㄷ. X와 Z는 홀전자 수가 모두 1이고, Y는 홀전자 수가 0이다.

🔍 **바로알기** ㄱ. 주기는 전자가 들어 있는 전자 껍질 수와 같으므로 2주기 원소는 X 1가지이다.

04

— 자료 분석 —

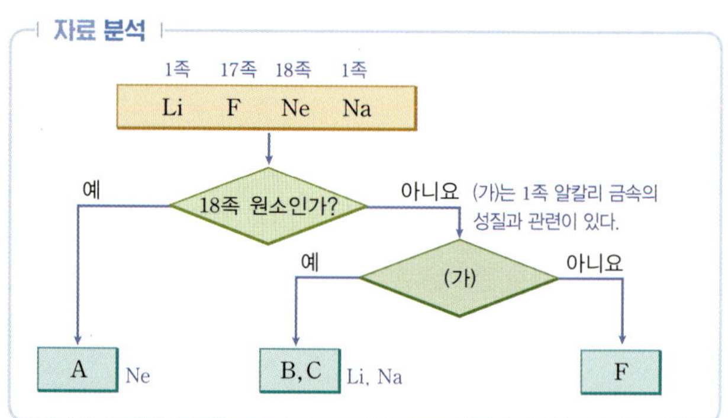

ㄱ. Li, F, Ne, Na 중 18족 원소는 Ne이므로 A는 Ne이고, (가)로 F이 '아니요'로 분류되었으므로 B와 C는 각각 Li, Na 중 하나이다. 따라서 '1족 원소인가?'는 (가)로 적절하다.

🔍 **바로알기** ㄴ. A는 18족 원소이므로 원자가 전자 수가 0이고, B는 1족 원소이므로 원자가 전자 수가 1이다.

ㄷ. F과 Ne은 전자가 들어 있는 p 오비탈 수가 3으로 같다.

05

— 자료 분석 —

- ㉠~㉤은 각각 원소 A~E 중 하나이다.

족 \ 주기	1	2	13	14	15	16	17	18
2	㉠C					㉡D	㉢A	
3	㉣E							㉤B

- A와 B는 원자가 전자 수가 같다.
  ⇒ 같은 족 원소이다.
- B와 E는 원자가 전자의 주 양자수(n)가 3이다.
  ⇒ 3주기 원소이다. 따라서 B는 ㉣ 또는 ㉤ 중 하나이다.
- 양성자 수는 A가 D보다 크다.
  ⇒ 원자 번호는 A가 D보다 크다. 따라서 A는 ㉢이고 같은 족인 B는 ㉤이며, E는 ㉣이다.
- 원자가 전자 수는 D가 C보다 크다.
  ⇒ D는 ㉡이고 C는 ㉠이다.

A와 B는 원자가 전자 수가 같으므로 (㉠, ㉣) 또는 (㉢, ㉤) 중 하나이다. B와 E는 원자가 전자의 주 양자수(n)가 3이므로 모두 3주기 원소이고, A는 2주기 원소이다. 양성자 수는 A가 D보다 크므로 A는 ㉢에 해당되고, B는 A와 원자가 전자 수가 같으므로 ㉤에 해당된다. 따라서 E는 ㉣에 해당된다. 또한 원자가 전자 수는 D가 C보다 크므로 C와 D는 각각 ㉠과 ㉡에 해당된다.

ㄴ. A와 B는 모두 17족 원소이므로 비금속 원소이다.

ㄷ. 방위(부) 양자수(l)가 1인 전자는 p 오비탈에 들어 있는 전자이다. 따라서 p 오비탈의 전자 수는 D가 4, E가 6이다.

🔎 바로알기 ㄱ. ㉡은 D이다.

06 3주기 원소 중 홀전자 수가 1인 원자는 Na, Al, Cl이고 이 중 비금속 원소는 Cl이므로 A은 Cl이다. 또한 $3p$ 오비탈에 전자가 들어 있는 원자는 Al, Cl이므로 C는 Al이고 B는 Na이다.

ㄱ. B는 Na이므로 원자가 전자 수가 1이다.

ㄷ. A와 B의 전자 배치는 각각 $1s^2 2s^2 2p^6 3s^2 3p^5$, $1s^2 2s^2 2p^6 3s^1$이므로 전자가 들어 있는 오비탈 수가 A가 9이고, B가 6이다.

🔎 바로알기 ㄴ. A 이온의 전자 배치는 Ar과 같고, C 이온의 전자 배치는 Ne과 같다.

07 홀전자 수가 1인 원자는 F, Al이고, 원자 반지름이 F이 가장 작으므로 (가)는 F, (나)는 Al이다. 따라서 원자 반지름은 (다)>(나)>(라)이므로 (다)는 Mg, (라)는 O이다.

ㄱ. 등전자 이온의 반지름은 원자 번호가 클수록 작다. 따라서 이온 반지름은 (가)>(다)이다.

ㄷ. 원자가 전자가 느끼는 유효 핵전하는 같은 주기에서 원자 번호가 클수록 크다. 따라서 원자가 전자가 느끼는 유효 핵전하는 (가)>(라)이다.

🔎 바로알기 ㄴ. 제2 이온화 에너지는 Al>Mg이므로 (나)>(다)이다.

08

원자	A N	B Ne	C Si
총 전자 수	$n+3$ 7	$n+6$ 10	$n+10$ 14
원자가 전자 수	$n+1$ 5	$n-4$ 0	n 4
홀전자 수	m 3	0	$m-1$ 2

- A, B이 원자가 전자 수는 각각 $n+1$, $n-4$이다.
  ⇒ $0 \leq n-4 \leq 7$이므로 $4 \leq n \leq 6$이다.
- $n=4$인 경우 A는 N, B는 Ne, C는 Si이다.
  ⇒ A의 홀전자 수는 3이므로 C의 홀전자 수는 2이다. 따라서 $m=3$이다.
- $n=5$인 경우 A는 O, B는 Na, C는 P이다.
  ⇒ A의 홀전자 수는 2, C의 홀전자 수는 3이므로 제시된 자료에 맞지 않는다.
- $n=6$인 경우 A는 F, B는 Mg, C는 S이다.
  ⇒ A의 홀전자 수는 1, C의 홀전자 수는 2이므로 제시된 자료에 맞지 않는다.

원자가 전자 수는 0~7 중 하나이므로 n은 4, 5, 6 중 하나이나. $n=4$일 때 A는 N, B는 Ne, C는 Si이고 A의 홀전자 수는 3, C의 홀전자 수는 2이다. $n=5$일 때 A는 O, B는 Na, C는 P이고 A와 C의 홀전자 수는 각각 2, 3이므로 자료에 맞지 않는다. $n=6$일 때 A는 F, B는 Mg, C는 S이고 A와 C의 홀전자 수는 각각 1, 2이므로 제시된 자료에 맞지 않는다. 따라서 A는 N, B는 Ne, C는 Si이다.

ㄴ. 제1 이온화 에너지는 C(Si)는 같은 주기의 P보다 작고, A(N)는 P보다 크므로 제1 이온화 에너지는 A가 C보다 크다.

ㄷ. 같은 주기에서 원자 번호가 클수록 원자가 전자가 느끼는 유효 핵전하가 크다. 따라서 원자가 전자가 느끼는 유효 핵전하는 B가 A보다 크다.

🔎 바로알기 ㄱ. $n=4$이고 $m=3$이므로 $m+n=7$이다.

09 같은 주기에서 원자 번호가 증가할수록 원자가 전자가 느끼는 유효 핵전하는 증가하므로 원자 번호는 B>A>C이다.

ㄱ. 1족 원소는 제1 이온화 에너지는 가장 작고, 제2 이온화 에너지가 가장 크다. C의 $\dfrac{\text{제2 이온화 에너지}}{\text{제1 이온화 에너지}}$가 가장 크므로 C는 1족 원소이다.

ㄴ. C가 3주기 1족 원소이므로 A는 3주기 2족 원소, B는 3주기 13족 원소이다. 전자 수 같은 이온 반지름은 원자 번호가 클수록 작다. 따라서 이온 반지름은 A가 B보다 크다.

🔎 바로알기 ㄷ. p 오비탈의 전자 수는 B 7, C가 6이다.

10 P, S, K, Ca의 이온 반지름은 Ca<K<S<P이므로 A는 K, B는 P, C는 S, D는 Ca이다.

ㄱ. 제1 이온화 에너지는 K<Ca<S<P이므로 '제1 이온화 에너지'는 (가)로 적절하다.

ㄴ. 같은 주기에서 원자 반지름은 원자 번호가 작을수록 크므로 원자 반지름은 A>D이다.

ㄷ. 같은 주기에서 원자가 전자가 느끼는 유효 핵전하는 원자 번호가 클수록 크므로 C>B이다.

11 2주기 원자의 제2 이온화 에너지는 Be<C<B<N<F<O<Ne<Li이므로 A~D는 각각 Be, B, C, N이거나 N, O, F, Ne인데, 바닥상태 전자 배치에서 B와 C는 전자가 들어 있는 p 오비탈 수가 같으므로 A~D는 각각 N, O, F, Ne이다.

ㄱ. A는 N이다.

🔎 바로알기 ㄴ. 2주기 원소 중 제1 이온화 에너지는 18족 원소인 D(Ne)가 가장 크므로 제1 이온화 에너지는 D>C이다.

ㄷ. 원자가 전자가 느끼는 유효 핵전하는 같은 주기에서 원자 번호가 클수록 크다. 따라서 원자가 전자가 느끼는 유효 핵전하는 C>B이다.

12

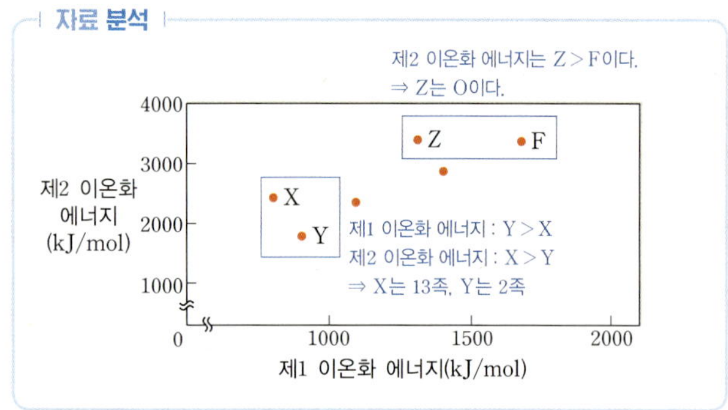

제1 이온화 에너지는 Y>X이고 제2 이온화 에너지는 X>Y이므로 X는 13족, Y는 2족 원소이다. Z의 제2 이온화 에너지는 F보다 크므로 Z는 16족 원소이다.

ㄴ. 원자 반지름은 같은 주기에서 원자 번호가 작을수록 크다. 따라서 원자 반지름은 Y>X이다.

ㄷ. Y는 2족 원소이므로 세 번째 전자를 떼어 낼 때 안쪽 전자 껍질의 전자를 떼어 내야 하므로 제3 이온화 에너지가 매우 크다. 따라서 제3 이온화 에너지는 Y>Z이다.

바로알기 ㄱ. X는 13족 원소이므로 원자가 전자 수는 3이다.

13 2, 3주기 원자 중 바닥상태에서 전자가 들어 있는 p 오비탈 수가 같은 원자는 N, O, F, Ne, Na, Mg이다.

제2 이온화 에너지는 Mg<N<F<O<Ne<Na이므로, a는 Mg, b는 N, c는 F, d는 O, e는 Ne, f는 Na이다.

ㄴ. 2주기 원자에서 제1 이온화 에너지는 17족>15족>16족 원소이므로 $c>b>d$이다.

ㄷ. 같은 주기에서 원자가 전자가 느끼는 유효 핵전하는 원자 번호가 클수록 크다. 따라서 $e>c$이다.

바로알기 ㄱ. f는 1족 원소이다.

14 제2 이온화 에너지는 C가 가장 크므로 C는 O이고 A와 B는 각각 F와 Cl 중 하나이다. 또한 원자가 전자의 주 양자수(n)는 E가 B보다 크므로 E는 3주기 원소이다. 따라서 A는 Cl, B는 F, E는 S이고, D는 N이다.

ㄴ. C는 O, D는 N이므로 제1 이온화 에너지는 D>C이다.

ㄷ. 같은 주기에서 원자가 전자가 느끼는 유효 핵전하는 17족 원소인 B가 16족 원소인 C보다 크다.

바로알기 ㄱ. A와 E는 모두 3주기 원소이고 원자 번호는 A>E이므로 원자 반지름은 E>A이다.

15 A의 홀전자 수는 0이므로 Mg이고, D의 홀전자 수는 2이므로 O이다. 원자 반지름은 Na>Al이므로 B는 Na, C는 Al이다.

ㄴ. 이온 반지름은 B>C이고 이온의 전하는 C>B이므로 $\dfrac{\text{이온 반지름}}{|\text{이온의 전하}|}$은 B>C이다.

ㄷ. 같은 주기에서 원자가 전자가 느끼는 유효 핵전하는 원자 번호가 클수록 증가하므로 C>A이다.

바로알기 ㄱ. 제2 이온화 에너지는 3주기 1족 원소인 Na이 가장 크므로 B>D이다.

16 W, X, Y의 홀전자 수는 모두 1이므로 W~Y는 각각 F, Na, Al 중 하나이다. W~Y의 이온 반지름은 F>Na>Al이고 원자가 전자가 느끼는 유효 핵전하는 Al>Na이므로 W는 F, X는 Na, Y는 Al이다. 또한 이온 반지름은 X>Z>Y이므로 Z는 Mg이다.

ㄴ. ㉠은 원자가 전자가 느끼는 유효 핵전하이고 ㉡은 이온 반지름이다.

바로알기 ㄱ. 2주기 원소는 W(F) 1가지이다.

ㄷ. 제1 이온화 에너지는 같은 주기에서 2족 원소가 13족 원소보다 크므로 제1 이온화 에너지는 Z>Y이다.

17

원자	W C	X O	Y N	Z F
홀전자 수	a 2	a 2	$a+1$ 3	$a-1$ 1
전자가 들어 있는 p 오비탈 수	b 2	c 3	c 3	c 3

ㄱ. $a=2$, $b=2$, $c=3$이므로 $a+b+c=7$이다.

ㄴ. 같은 주기에서 원자 반지름은 원자 번호가 클수록 작으므로 원자 반지름은 Y가 X보다 크다.

바로알기 ㄷ. 2주기 원소에서 제2 이온화 에너지는 16족 원소가 17족 원소보다 크므로 X가 Z보다 크다.

18 원자 반지름은 B>A>C이므로 A는 O, B는 N, C는 F이다.

ㄱ. A~C의 홀전자 수는 각각 2, 3, 1이므로 $x=6$이다.

ㄴ. 원자가 전자가 느끼는 유효 핵전하는 C>A>B이고 제1 이온화 에너지는 C>B>A이므로 ㉠은 제1 이온화 에너지이다.

바로알기 ㄷ. 제2 이온화 에너지는 16족 원소인 O가 가장 크므로 A>C>B이다.

19 바닥상태에서 홀전자 수는 V와 W가 같으므로 V와 W는 (Li, F) 또는 (C, O) 중 하나이다. 만일 V와 W가 Li, F 중 하나라면 제시된 원자 중 F보다 원자가 전자가 느끼는 유효 핵전하가 큰 원자는 존재하지 않으므로 V는 O, W는 C이고 X는 F이다. 또한 제1 이온화 에너지는 Z가 V보다 크므로 Z는 N이다. 따라서 Y는 Li이다.

ㄱ. X는 F이므로 원자가 전자 수는 7이다.

ㄴ. 원자 반지름은 원자 번호가 작은 W가 Z보다 크다.

ㄷ. $\dfrac{\text{제2 이온화 에너지}}{\text{제1 이온화 에너지}}$ 는 1족 원소인 Li이 가장 크므로 Y > V 이다.

20 원자 번호가 15, 16, 17, 19, 20인 원자는 각각 P, S, Cl, K, Ca이다. 이 중 비금속 원자인 P, S, Cl은 이온 반지름이 원자 반지름보다 크고, 금속 원자인 K, Ca은 원자 반지름이 이온 반지름보다 크다. A, B와 C, D, E가 같은 경향성을 나타내므로 A, B는 금속 원자, C, D, E는 비금속 원자이고 (가)는 이온 반지름, (나)는 원자 반지름이다. 따라서 A는 Ca, B는 K, C는 P, D는 S, E는 Cl이다.

ㄴ. 제1 이온화 에너지는 15족 원소인 P이 16족 원소인 S보다 크다.

바로알기 ㄱ. (나)는 원자 반지름이다.

ㄷ. B의 이온은 B^+이고 E의 이온은 E^-이므로 $\dfrac{\text{이온 반지름}}{|\text{이온의 전하}|}$ 은 E > B이다.

Ⅲ. 화학 결합과 분자의 세계

1 화학 결합

1 자료1 1 ○ 2 × 3 × 4 ○
　　자료2 1 ○ 2 ○ 3 × 4 × 5 ○
　　자료3 1 × 2 ○ 3 × 4 ×

2 자료1 1 ○ 2 ○ 3 ○ 4 ×
　　자료2 1 ○ 2 ○ 3 × 4 ×
　　자료3 1 × 2 ○ 3 ○ 4 ○

3 자료1 1 ○ 2 × 3 × 4 ○
　　자료2 1 × 2 × 3 ○ 4 ×
　　자료3 1 ○ 2 × 3 ○ 4 ○

1 **1**-2 순수한 물은 전류가 잘 흐르지 않아 전기 분해가 잘 되지 않으므로 이온 결합 물질인 전해질을 넣어준다.

1-3 생성된 A와 B의 부피 비는 A : B=1 : 2이고, 부피 비는 몰비와 같으므로 생성된 기체의 질량비는 $A(g) : B(g) = 32 \times 1 : 2 \times 2 = 8 : 1$이다.

2-3 B(O)는 2주기 원소, D(Mg)는 3주기 원소이다.

2-4 DB는 MgO이므로 $x=2$이다.

2-5 A(Li)와 B(O)는 2 : 1로 결합하여 $A_2B(Li_2O)$를 형성한다.

3-3 W는 Mg, Y는 F이므로 1 : 2로 결합하여 안정한 화합물 MgF_2을 형성한다.

3-4 WZ는 MgO이고 이온 사이의 거리가 CaO보다 작으므로 녹는점은 CaO보다 높다.

2 **1**-3 Na(s)은 금속 결합 물질이므로 액체 상태에서 전기 전도성이 있다.

1-4 (나)에서 음이온 1개의 총 전자 수와 양이온 1개의 총 전자 수는 모두 10으로 같다.

2-3 Y는 C(탄소), Z는 N(질소)이고 원자가 전자 수는 각각 4, 5이다.

2-4 ZW₃는 NH₃이고 공유 결합 물질이므로 액체 상태에서 전기 전도성이 없다.

3-1 X는 N(질소), Y는 F(플루오린), Z는 C(탄소)이다.

3-2 X_2Y_2와 Z_2Y_2에서 모든 원자는 Ne과 같은 전자 배치를 가지므로 옥텟 규칙을 만족한다.

3 **1**-3 금속 결합 물질은 고체, 액체 상태에서 모두 전기 전도성이 있다.

1-4 자유 전자는 금속 결합 물질인 구리에만 존재한다.

2-1 ㉠은 자유 전자이다.

2-2, 4 공유 결합 물질인 다이아몬드는 액체 상태에서 전기 전도성이 없다.

3-2 (나)는 염화 칼슘($CaCl_2$)이므로 이온 결합 물질이다.

수능 대비 문제

p.39~43

01 ⑤	02 ③	03 ③	04 ⑤	05 ④	06 ①
07 ③	08 ②	09 ①	10 ⑤	11 ③	12 ⑤
13 ③	14 ⑤	15 ③	16 ③	17 ①	18 ⑤
19 ②	20 ①				

01 ㄱ. A에서 모은 기체는 B에서 모은 기체보다 부피가 작으므로 산소(O_2)이다.

ㄴ. 이 실험을 통해 물이 구성 원소로 분해됨을 확인할 수 있으므로, 물이 화합물이라는 것을 알 수 있다.

ㄷ. 물의 전기 분해 실험을 통해 물을 구성하는 원자들의 결합을 끊을 때 전자가 관여함을 알 수 있다. 따라서 물을 이루고 있는 각 원자 사이의 화학 결합에는 전자가 관여한다.

02 ㄱ. 염화 나트륨($NaCl$) 용융액의 전기 분해 반응의 화학 반응식은 $2NaCl(l) \longrightarrow 2Na(s)+Cl_2(g)$이다. 따라서 ㉠은 Cl_2이다.

ㄴ. 물(H_2O)의 전기 분해 반응의 화학 반응식은 $2H_2O(l) \longrightarrow 2H_2(g)+O_2(g)$이다. 따라서 $a=2$이다.

🔍**바로알기** ㄷ. 순수한 물은 전기 전도성이 없어 전기 분해가 잘 되지 않는다. 이에 황산 나트륨(Na_2SO_4)과 같은 전해질을 소량 넣어준 뒤 전류를 흘려 주면 반응 (나)가 일어날 수 있다.

03 (가)와 (나)는 모두 이온 결합 물질이므로 B는 O이다.

ㄱ. (가)는 A와 B가 1:1로 결합한 물질이므로 MgO이다. 따라서 A는 Mg이다.

ㄷ. MgO과 Na_2O 각 1 mol에 각각 들어 있는 음이온은 O^{2-} 1 mol이므로 같은 양의 MgO과 Na_2O에 각각 들어 있는 음이온의 수는 같다.

🔍**바로알기** ㄴ. (나)는 B와 C가 1:2 또는 2:1로 결합한 물질이고 Na과 O가 결합하였으므로 Na_2O이다. 따라서 ㉠은 Na^+이므로 B의 이온이 아니다.

04 A는 O, B는 F, C는 Na, D는 Al이다.

ㄱ. O^{2-}과 Na^+의 전자 배치는 모두 Ne과 같다.

ㄴ. B(F)와 C(Na)로 이루어진 화합물의 화학식은 CB(NaF)이다.

ㄷ. A(O)와 D(Al)는 3:2로 결합하여 안정한 화합물 D_2A_3(Al_2O_3)를 형성한다.

05 $\dfrac{p \text{ 오비탈에 들어 있는 전자 수}}{s \text{ 오비탈에 들어 있는 전자 수}}=1$인 바닥상태 원자는 O와 Mg이다. 홀전자 수는 O>Mg이므로 A는 O, B는 Mg이다. Mg과 O로 이루어진 안정한 화합물 (가)는 MgO이다.

ㄴ. MgO은 이온 결합 물질이므로 액체 상태에서 전기 전도성이 있다.

ㄷ. MgO은 Mg^{2+}과 O^{2-}이 결합한 것이므로 -2가 이온인 O^{2-}이 존재한다.

🔍**바로알기** ㄱ. (가)는 MgO이므로 (가)의 화학식은 BA이다.

06 (가)~(다)의 이온의 전자 수는 모두 10이므로, 원자가 전자 수는 (가)가 7, (나)가 6, (다)가 1이다. 이온 전하의 절대값은 3 이하이므로 (가)는 F^-, (나)는 O^{2-}, (다)는 Na^+이다. 따라서 A는 F, B는 O, C는 Na이다.

ㄱ. (나)는 O^{2-}이고, O는 B이므로 B^{2-}이다.

🔍**바로알기** ㄴ. A~C 중 3주기 원소는 Na 1가지이다.

ㄷ. (가)는 F^-, (다)는 Na^+이다. (가)와 (다)가 결합한 화합물은 NaF이므로 화학식은 CA이다.

07 AC_4^+은 NH_4^+이고 (가)는 OH^-이므로 X는 NH_4OH이다. A는 N, B는 O, C는 H이다.

ㄱ. X(NH_4OH)는 이온 결합 물질이므로 액체 상태에서 전기 전도성이 있다.

ㄴ. (가)는 OH^-이므로 화학식은 BC^-이다.

🔍**바로알기** ㄷ. A는 N, B는 O이므로 원자 번호는 B>A이다.

08 A는 Li, B는 O, C는 Al, D는 Cl이다.

ㄴ. O(B)와 Al(C)으로 이루어진 안정한 화합물은 Al_2O_3이므로, 화학식은 C_2B_3이다.

🔍**바로알기** ㄱ. 화합물 AD는 LiCl이고, 양이온은 Li^+, 음이온은 Cl^-이다. Li^+과 Cl^-의 이온당 전자 수는 각각 2, 18이므로 이온당 전자 수 차이는 16이다.

ㄷ. $Li(s)$과 $Cl_2(g)$가 반응하여 화합물을 형성할 때 Li은 Li^+이 되면서 전자를 Cl에게 주고, Cl은 전자를 받아 Cl^-이 되므로 전자는 A에서 D로 이동한다.

09 ㄱ. 에너지가 가장 낮은 지점인 r에서 이온 결합이 형성된다.

🔍**바로알기** ㄴ. 이온 사이의 거리가 r일 때에도 Na^+과 Cl^- 사이에는 반발력이 작용한다.

ㄷ. 이온 반지름은 $K^+>Na^+$이므로 KCl에서 이온 결합을 형성할 때 이온 사이의 거리는 r보다 크다.

10 화학 결합 모형으로부터 A^{2-}은 O^{2-}, B^+은 Na^+, C^{2+}은 Mg^{2+}, D^-은 Cl^-이다.

ㄱ. 원자 번호는 Cl>Mg>Na>O이므로 D>C>B>A이다.

ㄴ. CA는 MgO, BD는 NaCl이다. 이온의 전하량은 MgO이 NaCl보다 크고, 이온 사이의 거리는 NaCl이 MgO보다 크므로 녹는점은 MgO이 NaCl보다 높다.

ㄷ. B_2A는 Na_2O, CD_2는 $MgCl_2$이다. 1 mol의 두 물질에 각각 들어 있는 총 이온 수는 3 mol로 같다.

11

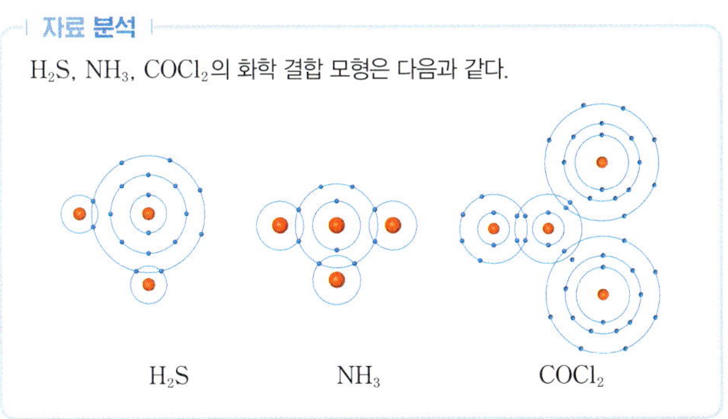

(가)~(다)에서 He과 같은 전자 배치를 가진 원자는 H이고, Ne과 같은 전자 배치를 가진 원자는 C, N, O이다. Ar과 같은 전자 배치를 가진 원자는 S, Cl이다. (가)는 H의 수가 2이므로 H_2S이고 $z=1$이다. (나)는 H가 없으므로 $COCl_2$이고 $y=2$이다. (다)는 NH_3이고 $x=3$이다.

ㄱ. $x=3$이고 $y=2$, $z=1$이므로 $x=y+z$이다.

ㄴ. (나)는 $COCl_2$이다.

🔍**바로알기** ㄷ. H_2S, NH_3, $COCl_2$ 중 공유 전자쌍 수가 가장 큰 것은 $COCl_2$이므로 (나)이다.

12 AB는 HF, CDA는 LiOH이다. A는 H, B는 F, C는 Li, D는 O이다.

ㄱ. H와 Li은 같은 1족 원소이다.

ㄴ. 원자가 전자 수는 F가 7, O가 6이므로 B가 D보다 크다.

ㄷ. HF와 LiOH의 OH^-에는 모두 단일 결합이 존재한다.

13 AB는 HCl이고 화학 반응식에서 AB의 계수가 2이므로 CD는 MgO이다.

화학 반응식은 $2HCl + MgO \longrightarrow MgCl_2 + H_2O$이다.

ㄱ. MgO은 Mg^{2+}과 O^{2-}으로 이루어져 있으므로 $m=2$이다.

ㄷ. B_2는 Cl_2, D_2는 O_2인데 분자당 비공유 전자쌍 수는 Cl_2가 6, O_2가 4이므로 비공유 전자쌍 수는 $B_2 > D_2$이다.

🔍**바로알기** ㄴ. (가)는 $MgCl_2$이고 이온 결합 물질이다.

14 ㄱ. (가)는 비금속 원소만으로 이루어져 있으므로 HCl이다.

ㄴ. (나)는 고체 상태에서 전기 전도성이 있으므로 Ca이고, Ca은 금속 결합 물질이다.

ㄷ. (다)는 KCl이다. Ca과 KCl에는 각각 Ca^{2+}과 K^+이 존재하므로 모두 Ar과 전자 배치가 동일한 양이온이 존재한다.

15 ③ 5가지 물질 중 분자로 존재하는 것은 H_2O, HCl, O_2 3가지이므로 $x=3$이고, 액체 상태에서 전기 전도성이 없는 것 역시 H_2O, HCl, O_2 3가지이므로 $y=3$이다. 따라서 $x+y=6$이다.

16 ㉠은 CO_2, ㉡은 Na_2O, ㉢은 HCl이다.

ㄱ. CO_2는 공유 결합 물질이다.

ㄴ. Na_2O은 이온 결합 물질이므로 액체 상태에서 전기 전도성이 있다.

🔍**바로알기** ㄷ. HCl에는 단일 결합만 존재한다.

17

물질	(가) $Fe(s)$	(나) $C(s)$	(다) $CaCl_2(s)$
㉠	예	아니요	예
㉡	예	아니요	아니요

➡ ㉠과 ㉡은 각각 '자유 전자를 가지고 있는가?'와 '액체 상태에서 전기 전도성이 있는가?' 중 하나이고 (가)는 ㉠과 ㉡이 모두 '예'이므로 자유 전자를 가지고 있고, 액체 상태에서 전기 전도성이 있는 물질이다. 따라서 (가)는 $Fe(s)$이다.

➡ (나)는 ㉠과 ㉡이 모두 '아니요'이므로 자유 전자가 없고 액체 상태에서 전기 전도성이 없는 물질이므로 $C(s)$(다이아몬드)이다. 따라서 (다)는 $CaCl_2(s)$이다.

$C(s)$(다이아몬드)는 공유 결합 물질, $Fe(s)$은 금속 결합 물질, $CaCl_2(s)$은 이온 결합 물질이다. 이중 액체 상태에서 전기 전도성이 있는 것은 금속 결합 물질과 이온 결합 물질이므로 ㉠은 '액체 상태에서 전기 전도성이 있는가?'이다.

ㄱ. (다)는 액체 상태에서 전기 전도성이 있지만 자유 전자를 가지지 않으므로 $CaCl_2(s)$이다.

🔍**바로알기** ㄴ. $C(s)$(다이아몬드), $Fe(s)$, $CaCl_2(s)$ 중 자유 전자를 가지고 있는 것은 1가지뿐이므로 ㉡은 '자유 전자를 가지고 있는가?'이다.

ㄷ. (가)는 $Fe(s)$, (나)는 $C(s)$이다. $Fe(s)$과 $CaCl_2(s)$에는 양이온이 존재지만 $C(s)$에는 존재하지 않는다.

18 ㄱ. N_2, K, NaF 중 K, NaF에만 양이온이 존재하므로 '양이온이 존재하는가?'는 ㉠으로 적절하다.

ㄴ. N_2, K, NaF 중 자유 전자가 존재하는 것은 K뿐이므로 (가)는 K이고, (나)는 NaF이다.

ㄷ. K은 금속 결합 물질이고, NaF은 이온 결합 물질이므로 모두 액체 상태에서 전기 전도성이 있다.

19 ㄴ. (다)는 액체 상태에서 전기 전도성이 있으므로 염화 나트륨(NaCl)이다. 따라서 이온 결합 물질이므로 양이온(Na^+)이 존재한다.

🔍**바로알기** ㄱ. (나)는 고체 상태에서 전기 전도성이 있으므로 나트륨(Na)이다.

ㄷ. (가)는 공유 결합 물질 H_2이고, 공유 결합 물질은 액체 상태에서 전기 전도성이 없으므로 ㉠으로 '없음'이 적절하다.

20 (나)는 고체 상태에서 전기 전도성이 없으므로 염화 나트륨(NaCl)이고, (다)는 알루미늄(Al)이다.

ㄱ. (가)는 분자 결정이므로 설탕($C_{12}H_{22}O_{11}$)이다.

ㄷ. 알루미늄(Al)은 금속 결정이므로 '공유 결정'은 ㉢으로 적절하지 않다.

2 분자의 구조와 성질

수능 빈출 자료 M*ASTER p.44~46

1
자료1	1 ○	2 ×	3 ×	4 ○
자료2	1 ○	2 ○	3 ×	4 ×
자료3	1 ○	2 ×	3 ○	

2
자료1	1 ×	2 ○	3 ○	4 ○	5 ×
자료2	1 ×	2 ×	3 ○	4 ○	

3
자료1	1 ○	2 ×	3 ×	4 ○
자료2	1 ○	2 ○	3 ×	4 ○
자료3	1 ×	2 ○	3 ×	4 ○

1 **1**-2 W는 C(탄소)이다.

1-3 전기 음성도가 가장 큰 것은 Y(F)이다.

1-4 전기 음성도는 X>Y이므로 공유 전자쌍은 X 쪽으로 끌린다.

2-3 전기 음성도는 B>A, C>B로 C>B>A이므로 CA에서 C는 부분적인 (−)전하를 띤다.

2-4 AB, BC의 각 공유 결합은 극성 공유 결합이므로 결합의 쌍극자 모멘트는 0이 아니다.

3-2 A는 O(산소)이고, C는 F(플루오린)이다. 원자가 전자 수는 A가 6, C가 7이다.

3-3 (가)는 OH^-이고 (나)는 HF이다. (가)와 (나) 각 1 mol에 들어 있는 전자의 양은 10 mol로 같다.

2 **1**-1 전자쌍 반발 이론에 따라 전자쌍들은 반발력으로 인해 서로 멀리 있으려 한다.

1-4 BF_3는 공유 전자쌍 수가 3이므로 풍선 3개를 매듭끼리 묶은 모양과 같은 전자쌍 배열 구조를 가진다.

2-1 NH_3는 중심 원자 N에 비공유 전자쌍이 1개 있으므로 삼각뿔형 구조이다.

2-2 COF_2는 평면 삼각형 구조이다.

3 **1**-3 (가)~(라) 중 (가) NF_3와 (나) CF_4는 입체 구조이다.

1-4 (가)~(라) 중 (나) CF_4와 (다) CO_2는 무극성 분자이다.

2-3 ㉢은 CO_2이고 CO_2에는 극성 공유 결합만 존재한다.

2-4 ㉠은 FCN이고 직선형 구조이다.

3-1 (가)는 분자 모양이 정사면체 구조이고 결합각은 109.5°이다.

3-3 (가)는 무극성 분자이고, (나)와 (다)는 극성 분자이다.

수능 대비 문제 p.47~52

01 ①	02 ①	03 ④	04 ③	05 ⑤	06 ①
07 ③	08 ①	09 ②	10 ②	11 ④	12 ②
13 ⑤	14 ②	15 ④	16 ④	17 ③	18 ④
19 ②	20 ①	21 ①	22 ③	23 ①	24 ①

01 전기 음성도는 F>O>Cl>S>H이다. H와 전기 음성도 차이 순서에 따라 Z는 F, X는 O, Y는 Cl, W는 S이다.

ㄱ. 같은 족에서 원자 번호가 작을수록 전기 음성도는 크다. X는 O, W는 S이므로 전기 음성도는 X>W이다.

🔍 **바로알기** ㄴ. a와 b는 2, c와 d는 1이므로 $a>c$이다.

ㄷ. 전기 음성도가 Z>Y이므로 YZ에서 Y는 부분적인 (+)전하(δ^+)를 띤다.

02 전기 음성도는 C가 가장 크므로 C는 F이다. (나)와 (다)에 모두 F이 포함되고 그 중 구성 원소의 전기 음성도 차이가 더 큰 (나)에 Li이 포함된 것이므로 (나)는 LiF이고, (다)는 HF이다. A는 H, B는 Li이다.

ㄱ. (가)는 H_2이고 A로만 이루어진 분자이므로 구성 원소의 전기 음성도 차이가 없다. 따라서 $x=0$이다.

🔍 **바로알기** ㄴ. 원자 번호는 Li>H이므로 B>A이다.

ㄷ. (가)~(다) 중 공유 결합 물질은 (가)와 (다) 2가지이다.

03

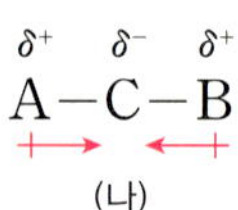

┤ 자료 분석 ├

$$\overset{\delta^+ \quad \delta^-}{A-B} \qquad \overset{\delta^+ \quad \delta^- \quad \delta^+}{A-C-B}$$

(가)   (나)

• (가)에서 원자 A와 B의 공유 전자쌍은 B 쪽으로 끌리고 B는 부분적인 (−)전하를 띤다. ➡ 전기 음성도는 B가 A보다 크다.
• (나)에서 B가 부분적인 (+)전하를 띠므로 B와 C의 공유 전자쌍은 C 쪽으로 끌리며, 전기 음성도는 C가 B보다 크다. ➡ 전기 음성도는 B가 A보다 크므로 C 역시 A보다 크다. 따라서 A와 C의 공유 전자쌍 역시 C 쪽으로 끌리며 A는 부분적인 (+)전하, C는 부분적인 (−)전하를 각각 띤다.

(가)에서 B와 결합한 A가 부분적인 (+)전하를 띠므로 전기 음성도는 B>A이다. (나)에서 C와 결합한 B가 부분적인 양전하를 띠므로 전기 음성도는 C>B이다. 따라서 전기 음성도는 C>B>A이다.

ㄴ. 전기 음성도는 C>B>A이므로 C>A이다.

ㄷ. A는 H, B는 Cl이다. H_2와 Cl_2의 공유 전자쌍 수는 1로 같다.

바로알기 ㄱ. (가)(A－B)가 될 수 있는 분자 조합은 H－F, H－Cl, Cl－F이다. 이 중 F은 B가 될 수 없으므로 (가)는 HCl이다.

04 ㄱ. 공유 전자쌍 수는 (가)가 7, (나)가 6, (다)가 5이므로 (가)가 가장 크다.

ㄷ. (가)~(다)에서 C 원자 주위에는 모두 공유 전자쌍이 4개씩 있으므로 옥텟 규칙을 만족한다.

바로알기 ㄴ. (가)~(다) 모두 C 원자와 C 원자 사이에 무극성 공유 결합이 있다.

05 A는 C(탄소), B는 O, C는 F이다.

ㄱ. (가)는 CO_2이므로 AB_2이고 $x=2$이다. (다)는 CF_4이므로 AC_4이고 $y=4$이다. 따라서 $x+y=6$이다.

ㄴ. CO_2에는 2중 결합이 존재한다.

ㄷ. (나)는 OF_2이고 비공유 전자쌍 수는 8이다. (다) CF_4의 비공유 전자쌍 수는 12이므로 비공유 전자쌍 수 비는 (나) : (다) $=8:12=2:3$이다.

06 ㄱ. X는 O, Y는 Cl, Z는 F이다.

바로알기 ㄴ. XY_2와 XZ_2는 OCl_2와 OF_2이고, 전기 음성도가 F＞O＞Cl이므로 O는 (가)에서 부분적인 (－)전하를, (나)에서 부분적인 (＋)전하를 띤다.

ㄷ. ZY는 FCl이고, 극성 공유 결합만 존재한다.

07 중심 원자에 비공유 전자쌍이 없는 Ⅰ은 CO_2, 중심 원자에 비공유 전자쌍이 2개 있고 2개의 원자와 공유 결합하는 Ⅲ은 OF_2이다. 따라서 Ⅱ는 COF_2이다.

ㄱ. X는 C, Y는 O, Z는 F이다. 원자가 전자 수는 F＞O이므로 Z＞Y이다.

ㄴ. XYZ_2는 COF_2이므로 중심 원자의 비공유 전자쌍 수 $a=0$이다.

바로알기 ㄷ. CO_2, COF_2, OF_2 중 다중 결합이 있는 것은 CO_2, COF_2 2가지이다.

08 원자 번호는 Z＞Y이므로 X는 H, Y는 O, Z는 Na이다.

ㄱ. H와 Na은 모두 1족 원소이다.

바로알기 ㄴ. (나)는 H_2O이고 무극성 공유 결합은 없다.

ㄷ. Z(Na)와 Y(O)는 2:1로 결합하여 안정한 화합물 Z_2Y (Na_2O)를 생성한다.

09 (가)는 NH_4^+, (나)는 OH^-이다. A는 N, B는 O이다.

ㄷ. N_2에는 3중 결합이, O_2에는 2중 결합이 있으므로 모두 다중 결합이 있다.

바로알기 ㄱ. 원자가 전자 수는 O＞N이므로 B＞A이다.

ㄴ. NH_4^+에는 비공유 전자쌍이 없지만, OH^-에는 비공유 전자쌍이 3개 있다.

10 X는 O, Y는 C, Z는 N이다.

ㄴ. (다)는 NF_3이므로 중심 원자의 비공유 전자쌍 수는 1이다.

바로알기 ㄱ. (가)는 OF_2이므로 XF_2이고 $a=2$이다. (나)는 CF_4이므로 YF_4이고 $b=4$이다. 따라서 $b＞a$이다.

ㄷ. 전기 음성도는 O＞N＞C이므로 X＞Z＞Y이다.

11 전기 음성도는 F＞C＞B＞Be이다. 전기 음성도가 큰 원자 쪽으로 십자 화살표의 화살촉이 향하도록 그림을 그린 것은 ㄴ과 ㄷ이다.

12 (가)는 3원자 분자이고 단일 결합만 존재한다. 2주기 원소만으로 이루어져 있으므로 (가)는 OF_2이다. (나)는 3원자 분자이고 2중 결합이 2개 존재하므로 CO_2이다. (가)와 (나)에 모두 A가 포함되므로 A는 O, B는 F, C는 C(탄소)이다. 따라서 (다)는 COF_2이다.

ㄷ. OF_2, CO_2, COF_2 중 무극성 분자는 CO_2 1가지이다.

바로알기 ㄱ. C, O, F 중 원자가 전자 수가 가장 큰 것은 F이므로 A~C 중 원자가 전자 수가 가장 큰 것은 B(F)이다.

ㄴ. (나)는 CO_2이므로 CA_2이다.

13 (가)와 (나)는 모두 H가 X 또는 Y에 결합되어 있으므로 공유 전자쌍 수는 H 원자 수와 같다. 따라서 (가)는 공유 전자쌍 수가 1이므로 2원자 분자이고 HF이다. (나)는 공유 전자쌍 수가 2이므로 3원자 분자이고 H_2O이다. X는 F, Y는 O이므로 (다)는 COF_2이고 Z는 C(탄소)이다.

ㄱ. HF의 비공유 전자쌍은 F 주변에 3개 존재한다.

ㄴ. H_2O은 굽은형 구조, COF_2는 평면 삼각형 구조이므로 (나)와 (다)는 모두 평면 구조이다.

ㄷ. HF, H_2O, COF_2는 모두 극성 분자이다.

14 ① Ⅰ과 Ⅱ에는 모두 단일 결합만 존재한다.

③ Ⅰ과 Ⅲ의 공유 전자쌍 수는 4로 같다.

④ Ⅱ와 Ⅲ은 모두 극성 분자이다.

⑤ Ⅱ와 Ⅲ의 비공유 전자쌍 수는 1로 같다.

바로알기 ② Ⅰ의 분자 구조는 정사면체로 입체 구조이지만, Ⅲ의 분자 구조는 직선형으로 입체 구조가 아니다.

15 ㄴ. ㉠에 해당하는 분자는 C_2H_2, HCN, $COCl_2$ 3가지이고, ㉡에 해당하는 분자는 BeH_2 1가지이므로 ㉠에 해당하는 분자는 ㉡에 해당하는 분자보다 많다.

ㄷ. ㉢에 해당하는 분자는 C_2H_2, BeH_2이고, 이 중 C_2H_2는 무극성 공유 결합을 가지고 있다.

바로알기 ㄱ. C_2H_2, BeH_2, HCN가 모두 직선형 구조이므로 '직선형 구조인가?'는 (가)로 적절하지 않다.

16 (가)는 BF_3이고 X는 B(붕소), Y는 F이다.

ㄴ. BF_3는 평면 삼각형 구조이고 결합각은 120°이다.

ㄷ. BF_3는 평면 구조이므로 모든 원자가 동일 평면에 존재한다.

바로알기 ㄱ. 전기 음성도는 F＞B(붕소)이므로 Y＞X이다.

17 (다)는 CF_4이고 C는 C(탄소)이다. 원자 번호는 C>B>A이
므로 (가)는 BeF_2, (나)는 BF_3이고, A는 Be, B는 B(붕소)이다.
ㄱ. Be, B, C 중 원자가 전자 수가 가장 작은 것은 Be이므로
A이다.
ㄷ. BeF_2, BF_3, CF_4는 모두 무극성 분자이다.

바로알기 ㄴ. BeF_2, BF_3, CF_4는 모두 중심 원자에 비공유 전
자쌍이 존재하지 않는다.

18 ㄴ. ㉢은 무극성 분자이므로 CO_2이다. CO_2는 직선형 구조
이다.
ㄷ. CH_2O, OF_2, NF_3 중 다중 결합이 있는 것은 CH_2O뿐이므
로 '다중 결합이 있는가?'는 (가)로 적절하다.

바로알기 ㄱ. ㉠과 ㉡은 각각 OF_2, NF_3 중 하나이다. OF_2는
평면 구조이고, NF_3는 입체 구조이다.

19 (가)는 3원자 분자이므로 분자에 각각 X, Y, Z가 1개씩 들
어 있다. (가)는 ONF 또는 FCN 중 하나이다. (가)가 ONF일
경우 $\dfrac{\text{비공유 전자쌍 수}}{\text{공유 전자쌍 수}}=\dfrac{6}{3}=2$이고 이 경우 조건을 만족하는
(나)와 (다)는 존재하지 않는다. 따라서 (가)는 FCN이고
$\dfrac{\text{비공유 전자쌍 수}}{\text{공유 전자쌍 수}}=\dfrac{4}{4}=1$이다.
(나)의 $\dfrac{\text{비공유 전자쌍 수}}{\text{공유 전자쌍 수}}=\dfrac{6}{5}$이므로 (나)는 C_2F_2이고, (다)의
$\dfrac{\text{비공유 전자쌍 수}}{\text{공유 전자쌍 수}}=2$이고 N와 F으로 이루어져 있으므로
N_2F_2이다.
ㄴ. FCN, C_2F_2, N_2F_2 중 무극성 공유 결합이 있는 것은 C_2F_2,
N_2F_2 2가지이다.

바로알기 ㄱ. (가)는 FCN이고 직선형 구조이다.
ㄷ. (가)~(다)에는 모두 다중 결합이 존재한다.

20 ㄱ. 입체 구조인 분자는 NCl_3 1가지이다.

바로알기 ㄴ. 무극성 공유 결합을 가진 분자는 존재하지 않는
다.
ㄷ. 분자의 쌍극자 모멘트가 0인 분자는 CO_2 1가지이다.

21 H_2O_2, CH_2O, CO_2의 공유 전자쌍 수와 비공유 전자쌍 수
는 다음과 같다.

분자	공유 전자쌍 수	비공유 전자쌍 수
H_2O_2	3	4
CH_2O	4	2
CO_2	4	4

ㄱ. (나)는 공유 전자쌍 수와 비공유 전자쌍 수가 같다. H_2O_2,
CH_2O, CO_2 중 공유 전자쌍 수와 비공유 전자쌍 수가 같은 것
은 CO_2이므로 (나)는 CO_2이고 $a=4$이다.

바로알기 ㄴ. (가)는 공유 전자쌍 수가 4이므로 CH_2O이다.

(다)는 H_2O_2이고 $b=3$이다. CH_2O의 비공유 전자쌍 수는 2이
므로 ㉠은 2이고, H_2O_2의 비공유 전자쌍 수는 4이므로 ㉡은 4
이다. 따라서 ㉡>㉠이다.
ㄷ. CH_2O는 평면 구조이다.

22 ㄱ. X는 B가 중심 원자이고 중심 원자의 비공유 전자쌍 수
가 2이므로 B는 16족 원소, A는 1족(수소) 또는 17족 원소이
다. 따라서 X는 A_2B이고 굽은형 구조이다.
ㄴ. I_2은 무극성 물질이고 굽은형 구조인 A_2B는 극성 물질이므
로 잘 섞이지 않는다. (나)에서 I_2이 한 층에만 녹았으므로 Y층
에 녹았고 이로부터 Y는 무극성 물질이다.

바로알기 ㄷ. I_2는 물질 Y층에 녹았다.

23

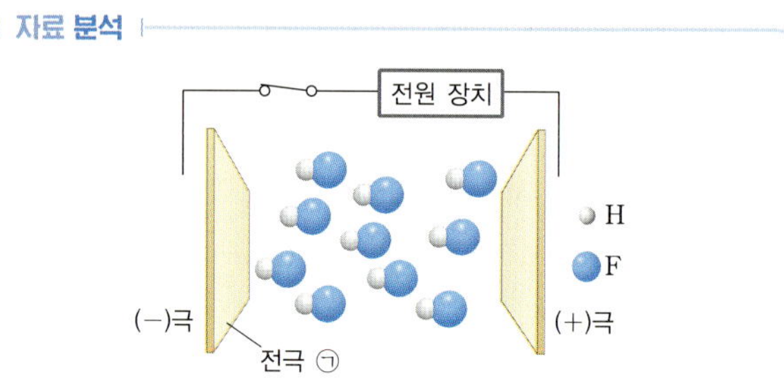

전기 음성도는 F이 H보다 크므로 분자 HF에서 H는 부분적인 (+)전하
를, F은 부분적인 (−)전하를 띤다.

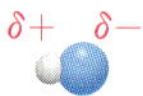

기체 상태의 극성 분자들을 전기장에 놓았을 때 분자의 부분적인 (+)전하
를 띠는 부분은 (−)극 방향을 향하고, 부분적인 (−)전하를 띠는 부분은 (+)
극 방향을 향하여 일정하게 배열된다.

ㄱ. 전기장에서 HF는 부분적인 (+)전하(δ^+)를 띠는 H 쪽이 전
극 ㉠을 바라보고 있으므로 ㉠은 전원 장치의 (−)극과 연결되어
있다.

바로알기 ㄴ. 전원 장치의 전극을 반대로 연결하면 좌우 전극
이 반대가 되므로 전기장 내 분자들의 배열도 반대가 된다.
ㄷ. HCl는 극성 물질이므로 HF와 마찬가지로 전기장에 놓았을
때 분자들이 일정하게 배열된다.

24 ㄱ. 아이오딘(I_2)은 같은 아이오딘 원자만으로 이루어진 2원
자 분자이므로 무극성 물질이다.

바로알기 ㄴ. 헥세인(C_6H_{14})은 이온 결합 물질인 황산 구리
(Ⅱ)($CuSO_4$)를 잘 녹이지 않고 무극성 물질인 I_2만 잘 녹였으므
로 무극성 용매이다.
ㄷ. 드라이아이스(CO_2)는 무극성 물질이므로 물에 잘 녹지 않는
다. 따라서 같은 결과를 얻을 수 없다.

IV. 역동적인 화학 반응

1 화학 반응에서의 동적 평형

1 **자료1** 1 ○ 2 × 3 × 4 ×
    자료2 1 × 2 ○ 3 ○ 4 ×

2 **자료1** 1 ○ 2 × 3 ○ 4 × 5 ○ 6 ○ 7 ○
    자료2 1 × 2 ○ 3 × 4 ○ 5 ○ 6 ○

3 **자료1** 1 ○ 2 × 3 ×
    자료2 1 ○ 2 × 3 ○ 4 ×

4 **자료1** 1 ○ 2 × 3 ○ 4 ×
    자료2 1 ○ 2 × 3 ○

1 **1-2** t_2일 때 동적 평형 상태에 도달하였으므로 t_1일 때 $\dfrac{\text{H}_2\text{O}(l)\text{의 증발 속도}}{\text{H}_2\text{O}(g)\text{의 응축 속도}} > 1$이다.

1-3 t_2일 때 동적 평형 상태에 도달하므로 $\text{H}_2\text{O}(g)$의 양은 t_2 이후에 일정하게 유지된다.

따라서 $\dfrac{t_3\text{일 때 H}_2\text{O}(g)\text{의 양(mol)}}{t_2\text{일 때 H}_2\text{O}(g)\text{의 양(mol)}} = 1$이다.

1-4 동적 평형 상태에 도달할 때까지 증발 속도는 일정하게 유지된다.

2-1 t일 때는 용해 속도가 석출 속도보다 큰 상태이므로 석출 속도는 0이 아니다.

2-2 $4t$일 때 동적 평형 상태이므로 설탕의 용해 속도와 석출 속도는 같다.

2-4 $4t$일 때 동적 평형 상태에 도달하였으므로 $8t$일 때 설탕 수용액의 몰 농도는 $4t$일 때와 같은 a M이다.

2 **1-2** $\dfrac{(\text{가})\text{에서 }[\text{H}_3\text{O}^+]}{(\text{나})\text{에서 }[\text{H}_3\text{O}^+]} = \dfrac{10^{-7.5}}{10^{-6}} = 10^{-1.5}$이다.

1-4 $\dfrac{(\text{나})\text{에서 OH}^-\text{의 양(mol)}}{(\text{다})\text{에서 OH}^-\text{의 양(mol)}} = \dfrac{10^{-8} \times V}{10^{-7} \times 100V} = \dfrac{1}{1000}$이다.

2-1 (가)에서 $\dfrac{[\text{OH}^-]}{[\text{H}_3\text{O}^+]} = 1 \times 10^{12}$이므로 $[\text{H}_3\text{O}^+] = 1 \times 10^{-13}$ M, $[\text{OH}^-] = 0.1$ M이다. 따라서 $a = 0.1$이다.

2-3 100 mL로 만든 HCl에서 $[\text{H}_3\text{O}^+] = [\text{Cl}^-] = 1 \times 10^{-3}$ M이고 $[\text{OH}^-] = 1 \times 10^{-11}$ M이므로 $\dfrac{[\text{Cl}^-]}{[\text{OH}^-]} = \dfrac{1 \times 10^{-3}}{1 \times 10^{-11}} = 1 \times 10^{8}$이다.

3 **1-2** Ⅱ는 중성인 용액이고, 존재할 수 있는 이온은 X^{2+},

Y^-, Z^{2-}이고, 양이온과 음이온의 전하량 합은 0이어야 하므로 이온의 몰비는 $\text{Z}^{2-}:\text{Y}^-:\text{X}^{2+} = 3:4:5$이다. 수용액 A와 B의 몰 농도 비는 1:3이고, 수용액 A는 V mL, 수용액 B는 $4V$ mL가 첨가되었으므로 수용액 A는 0.75 M $\text{H}_2\text{Z}(aq)$이고, B는 0.25 M $\text{HY}(aq)$이다.

1-3 혼합 용액 Ⅱ가 중성이므로 Ⅰ은 염기성이고, Ⅲ은 산성이다. 따라서 Ⅱ에서 혼합 전 OH^-의 양은 $a \times 10 \times 2$ mmol이고, H^+의 양은 $(0.25 \times 4V) + (2 \times 0.75 \times V) = 2.5V$ mmol이므로 $a = \dfrac{V}{8}$이다. Ⅰ에서 존재하는 모든 양이온 수는 a M $\text{X(OH)}_2(aq)$ 10 mL에 들어 있는 X^{2+}의 수와 같으므로 $\dfrac{V}{8} \times 10$ mmol이고, 수용액의 부피는 $(10+V)$ mL이다. Ⅲ에 존재하는 양이온 수는 $(0.25 \times V) + (2 \times 0.75 \times 4V) - (2 \times \dfrac{V}{8} \times 10) + (\dfrac{V}{8} \times 10) = 5V$ mmol이고, 부피는 $(10+5V)$ mL이므로 $\dfrac{\text{Ⅰ에 존재하는 모든 양이온의 몰 농도의 합}}{\text{Ⅲ에 존재하는 모든 양이온의 몰 농도의 합}} = \dfrac{\frac{1.25V}{10+V}}{\frac{5V}{10+5V}}$

$= \dfrac{15}{28}$에서 $V = 4$이다. 따라서 $a + V = \dfrac{9}{2}$이다.

2-2 (가)에 존재하는 이온의 몰 농도 비는 $\text{A}^{2-}:\text{H}^+:\text{Na}^+ = 2:3:1$이다. $\text{A}^{2-}:\text{Na}^+ = \dfrac{0.2x}{1000} : \dfrac{20y}{1000} = 2:1$이므로 $x = 200y$이다. (나)에서 용액의 부피는 $\dfrac{x+30}{1000}$ L이므로 H^+의 몰 농도는 $\dfrac{0.4x - 30y}{x+30} = 0.1$ M이므로 $x = 20$, $y = 0.1$이다.

2-4 (다)의 부피는 80 mL이므로 Na^+의 몰 농도는 $\dfrac{0.006\,\text{mol}}{0.08\,\text{L}} = \dfrac{3}{40}$ M이다.

4 **1-2** (라)에서 가해 준 0.2 M $\text{NaOH}(aq)$의 부피는 40 mL이므로 $0.2 \times 0.04 = 0.008$ mol이다.

1-4 y M $\text{NaOH}(aq)$을 사용했을 때 중화점까지 넣어 준 부피가 16 mL이므로 $0.2 \times 40 = y \times 16$이고 $y = 0.5$이다.

2-2 0.002 mol의 CH_3COOH을 얻으려면 $100\,\text{mL} \times \dfrac{1}{5} = 20$ mL의 $\text{CH}_3\text{COOH}(aq)$이 필요하다. 따라서 ㉠은 20이다.

01 ⑤ 02 ① 03 ③ 04 ① 05 ③ 06 ②
07 ⑤ 08 ③ 09 ⑤ 10 ③ 11 ④ 12 ④
13 ② 14 ③ 15 ② 16 ③ 17 ④ 18 ⑤
19 ④ 20 ⑤ 21 ④ 22 ③ 23 ③

01 ㄱ. $2t$에서 동적 평형 상태에 도달하였으므로 H_2O의 상변화는 가역 반응이다.

ㄴ. $2t$에서 동적 평형 상태에 도달하였으므로 $H_2O(l)$의 양(mol)은 $2t$에서와 $4t$에서가 같다.

ㄷ. $4t$에서 동적 평형 상태이므로 증발 속도와 응축 속도는 같다. 따라서 $x=a$이다.

02 ㄱ. 용해된 설탕의 양이 많을수록 석출 속도가 커지므로 $4t$일 때가 t일 때보다 석출 속도가 크다.

🔍 **바로알기** ㄴ. $8t$일 때 용해 평형에 도달하였으므로 몰 농도는 a M보다 크다.

ㄷ. $4t$에서 $8t$로 가면서 설탕의 용해는 증가하므로 녹지 않고 남아 있는 설탕의 질량은 $4t$일 때가 $8t$일 때보다 크다.

03 ㄱ. (가)에서 물의 증발 속도가 응축 속도보다 크므로 $\dfrac{\text{물의 응축 속도}}{\text{물의 증발 속도}}<1$이다.

ㄴ. (나)에서는 충분한 시간이 지났으므로 동적 평형 상태이다.

🔍 **바로알기** ㄷ. 물의 증발 속도는 온도에 따라 일정하므로 (가)와 (나)에서 같다.

04 ㄱ. (가)에서 H_2O은 H^+를 받는 물질이므로 브뢴스테드·로리 염기이다.

🔍 **바로알기** ㄴ. ㉠은 OH^-이다.

ㄷ. (다)에서 HCO_3^-은 H^+를 받는 물질이므로 브뢴스테드·로리 염기이다.

05 ㄱ. (가)에서 $HCOOH$은 H^+를 주는 물질이므로 브뢴스테드·로리 산이다.

ㄴ. ㉠은 NH_3에게 H^+를 주고 NO_3^-이 되는 물질이므로 HNO_3이다.

🔍 **바로알기** ㄷ. (나)에서 ㉡은 H^+를 주는 물질이므로 브뢴스테드·로리 산이다.

06 (가)에서 $10^{-x}=100a$이고, (나)에서 $a=\dfrac{10^{-14}}{10^{-3x}}$이므로 $a=10^{-14+3x}$이다. 따라서 $10^{-x}=10^{-12+3x}$이고, $x=3$이므로 $a=10^{-5}$이다.

ㄴ. (다)에서 $[H_3O^+]=[OH^-]$이므로 $b=10^{-7}$이고, $\dfrac{a}{b}=\dfrac{10^{-5}}{10^{-7}}=100$이다.

🔍 **바로알기** ㄱ. $x=3$이다.

ㄷ. pH는 (나)가 9, (다)가 7이므로 (나)>(다)이다.

07 ㄴ. (나)의 몰 농도는 0.05 M이므로 $[H_3O^+]=\dfrac{1\times10^{-14}}{5\times10^{-2}}=2\times10^{-13}$ M이다.

ㄷ. $\dfrac{[OH^-]}{[H_3O^+]}$는 (가)와 (나)에서 각각 $\dfrac{10^{-1}}{10^{-13}}=10^{12}$, $\dfrac{5\times10^{-2}}{2\times10^{-13}}=2.5\times10^{11}$이므로 (가)가 (나)의 4배이다.

🔍 **바로알기** ㄱ. pH는 (가)가 13, (나)가 $13-\log2$이다.

08 ㄱ. (가)에서 $[H_3O^+]=1\times10^{-7}$M이고, 부피는 90mL이므

로 H_3O^+의 양은 $1\times10^{-7}\times0.09=9\times10^{-9}$mol이다.

ㄴ. (나)에서 pH=10이므로 pOH=4이다. 따라서 $[OH^-]=1\times10^{-4}$M이다.

🔍 **바로알기** ㄷ. (다)에서 H_3O^+의 양은 1×10^{-5}mol이고, 혼합 용액의 부피는 100mL이므로 $[H_3O^+]=\dfrac{1\times10^{-5}}{0.1}=1\times10^{-4}$M이다. 따라서 pH=4이므로 pOH=10이다.

09 ㄴ. pH는 (가)와 (나)에서 각각 5, 9이므로 (나)가 (가)보다 크다.

ㄷ. $\dfrac{[OH^-]}{[H_3O^+]}$는 (가)와 (나)에서 각각 $\dfrac{10^{-9}}{10^{-5}}$, $\dfrac{10^{-5}}{10^{-9}}$이므로 (나)가 (가)보다 크다.

🔍 **바로알기** ㄱ. K_w는 25 °C 수용액에서 모두 같다.

10 25 °C에서 수용액의 성질과 관계없이 모든 수용액의 $[H_3O^+][OH^-]=1\times10^{-14}$이다.

ㄱ. (가)는 $[H_3O^+]<[OH^-]$이므로 염기성이다.

ㄴ. (나)는 $[H_3O^+]:[OH^-]=1:1$이므로 $[H_3O^+]=[OH^-]=1\times10^{-7}$M이다. (다)는 $[H_3O^+]:[OH^-]=10^2:1$이므로 $[OH^-]=1\times10^{-8}$M이다. 따라서 $[OH^-]$의 비는 (나):(다)=10:1이다.

🔍 **바로알기** ㄷ. (가)는 $[H_3O^+]:[OH^-]=1:10^2$이므로 $[H_3O^+]=1\times10^{-8}$M이고 pH=8이다. (다)는 $[H_3O^+]:[OH^-]=10^2:1$이므로 $[H_3O^+]=1\times10^{-6}$M이고 pH=6이다. 따라서 pH는 (다)가 (가)의 $\dfrac{3}{4}$배이다.

11 혼합 전 수용액에 들어 있는 이온을 나타내면 다음과 같다.

혼합 용액	혼합 전 수용액의 이온의 종류와 수	
	HCl(aq)	NaOH(aq)
(가)	H^+ N, Cl^- N	Na^+ $\frac{2}{3}N$, OH^- $\frac{2}{3}N$
(나)	H^+ $\frac{2}{5}N$, Cl^- $\frac{2}{5}N$	Na^+ $2N$, OH^- $2N$

ㄱ. (나)는 OH^-이 있으므로 염기성이다.

ㄴ. 10 mL에 들어 있는 이온 수는 HCl(aq)이 $\dfrac{1}{5}N$, NaOH(aq)이 $\dfrac{2}{3}N$이므로 몰 농도 비는 HCl(aq):NaOH(aq)=3:10이다.

🔍 **바로알기** ㄷ. 생성된 물의 양(mol)은 (가), (나)에서 각각 $\dfrac{2}{3}N$, $\dfrac{2}{5}N$이므로 (가):(나)=5:3이다.

12 ㄴ. ▲은 Na^+, ■은 OH^-, ●은 SO_4^{2-}이다.

ㄷ. 10 mL에 들어 있는 용질의 몰비가 몰 농도 비이므로 $H_2SO_4(aq):NaOH(aq)=2:5$이다.

🔍 **바로알기** ㄱ. ▲은 Na^+이다.

13 ㄷ. (나)에서는 Na^+ 0.002 mol, Cl^- 0.002 mol이 들어 있으므로 모든 이온의 몰 농도 합은 $\dfrac{0.004}{0.06}=\dfrac{1}{15}$M이다.

 ㄱ. 중화점까지 가한 $HCl(aq)$의 부피는 $40\,mL$이므로 $x=0.05$이다.

ㄴ. ㉠은 Cl^-이다. (가)에서 Cl^-의 양은 $0.001\,mol$이고 혼합 용액의 부피는 $40\,mL$이므로 ㉠의 몰 농도는 $\dfrac{0.001}{0.04}=0.025\,M$이다.

14 ㄱ. (가)와 (다)에서 혼합 용액의 부피는 $50\,mL$로 같고, $[A]$는 (가)가 (다)의 2배이다. 혼합 전 수용액의 부피가 (가)에서가 (다)에서의 2배인 것은 $HCl(aq)$뿐이므로 A는 Cl^-이다.

ㄴ. (나)에서 중성이므로 (다)에서는 염기성이다.

 ㄷ. $HCl(aq)$의 몰 농도는 $0.4\,M$이고, $NaOH(aq)$, $KOH(aq)$의 몰 농도를 각각 $a\,M$, $b\,M$라고 하면 (나)에서 $a+2b=0.4$이고, (다)에서 $2a+2b=0.6$이므로 $a=0.2$, $b=0.1$이다. 따라서 $x=0.06$이다.

15

이온의 종류		W	X	Y	Z
이온의 몰 농도(M)	I	$2a$	0	$2a$	$2a$
	II	$2a$	$2a$	0	0
	III	a	b	0	0.2

- I과 II는 수용액의 부피가 같으므로 W는 같은 양(mol)으로 들어 있는 Na^+임을 알 수 있다. 또한 III에서 W의 몰 농도가 $a\,M$이므로 부피 비는 II:III=1:2이고, $V=5$이다.
- I에서 Y와 Z는 각각 H^+과 A^{2-} 중 하나인데, III에서 Z가 존재하므로 Z는 H^+, Y는 A^{2-}이고, X는 B^-이다.

$W(Na^+)$의 몰 농도는 II에서가 III에서의 2배이므로 혼합 용액의 부피는 III에서가 II에서의 2배이다. 따라서 $V=5$이다. 또한 혼합 용액 I에서 $W(Na^+)$와 $Y(A^{2-})$의 몰 농도가 같으므로 혼합 전 이온의 양(mol)도 같다. 따라서 $x\times20=y\times5$이고 $y=4x$이다. 혼합 전후 Na^+, B^-의 양(mol)은 변하지 않으므로 혼합 용액 II의 $W(Na^+)$는 $x\times20=2a\times25$이므로 $a=\dfrac{2}{5}x$이다. 또한 $HB(aq)$의 양은 III에서가 II에서의 6배이므로 혼합 용액 속 $X(B^-)$의 양(mol)도 6배이다. 따라서 $b\times50=6\times2a\times25$이므로 $b=6a$이다. 혼합 용액 III에서 혼합 전 OH^-의 양은 $x\times0.02\,mol$, H^+의 양은 $y\times0.03\,mol$이고 혼합 후 H^+의 양은 $0.2\times0.05=0.01\,mol$이므로 H^+의 양(mol)은 $0.03y=0.02x+0.01$이므로 $x=\dfrac{1}{10}$이고 $y=4x$이므로 $y=\dfrac{4}{10}$이다.

따라서 $\dfrac{b}{a}\times(x+y)=6\times\left(\dfrac{1}{10}+\dfrac{4}{10}\right)=3$이다.

16 (가)에서 $HCl(aq)$ $40\,mL$에 들어 있는 전체 이온 수가 N이고, (나)에서 $NaOH(aq)$ $30\,mL$에 들어 있는 전체 이온 수가 N이므로 몰 농도 비는 $HCl(aq):NaOH(aq)=3:4$이다.

17 A는 $a\,M$ $Z(OH)_2(aq)$이고, B는 $0.4\,M$ $YOH(aq)$이다. A $5\,mL$에 들어 있는 Z^{2+}의 양은 $5a\,mmol$, OH^-의 양은 $10a\,mmol$이므로 용액 I에서 $\dfrac{\text{음이온 수}}{\text{양이온 수}}=\dfrac{0.3V}{0.6V-5a}=\dfrac{3}{5}$이고, $5a=0.1V$에서 $a=0.02V$이다. B $15\,mL$에 들어 있는 Y^+과 OH^-의 양은 각각 $6\,mmol$이므로 용액 II의 H^+의 양은 $(0.5V-6)\,mmol$, X^{2-}의 양은 $0.3V\,mmol$, Y^+의 양은 $6\,mmol$, Z^{2+}의 양은 $0.1V\,mmol$이고, 전체 이온의 양은 $0.8V\,mmol$이다. 용액 I에서 전체 이온의 양은 $0.8V\,mmol$이므로 혼합 용액에 존재하는 모든 이온의 몰 농도 합은 I:II $=\dfrac{0.8V}{V+5}:\dfrac{0.8V}{V+20}=8:5$이다. 따라서 $V=20$이고, 용액 II에서 남아 있는 H^+의 양은 $2\,mmol$이고, B $x\,mL$를 가했을 때 중화점에 도달하므로 $2-0.4x=0$에서 $x=5$이다.

따라서 $\dfrac{x}{V}\times a=\dfrac{1}{10}$이다.

18

이온의 종류	X	Y	Z
이온의 몰 농도(M)	$\dfrac{1}{24}$	$\dfrac{1}{12}$	$\dfrac{1}{6}$

- (나)에서 혼합 용액에 존재하는 이온의 몰비가 $1:2:4$이므로 가장 작은 수의 이온인 X를 SO_4^{2-}이라고 하면, Y를 OH^-, X를 Na^+이라고 해야 총 전하량이 0이 된다. ➡ X~Z는 각각 SO_4^{2-}, OH^-, Na^+이다.
- (나)에서 수용액의 총 부피는 $30\,mL$이므로 X~Z의 양(mol)은 각각 $\dfrac{1}{800}\,mol$, $\dfrac{1}{400}\,mol$, $\dfrac{1}{200}\,mol$이다.

ㄴ. (나)의 결과 Na^+의 양은 $5\times10^{-3}\,mol$이므로 $NaOH(aq)$의 몰 농도를 $a\,M$라고 하면 $a\times0.01=5\times10^{-3}$이므로 $a=0.5$이다.

ㄷ. (나)에서 $[SO_4^{2-}]=\dfrac{1}{24}\,M$이므로 SO_4^{2-}의 양은 $\dfrac{1}{24}\times0.03=1.25\times10^{-3}\,mol$이다. (다)에서 가해 준 부피는 2배이므로 중성 용액이 되고 SO_4^{2-}은 $2.5\times10^{-3}\,mol$, Na^+은 $5\times10^{-3}\,mol$이 들어 있는 것이므로 모든 이온의 몰 농도 합은 $\dfrac{7.5\times10^{-3}}{0.05}=\dfrac{3}{20}\,M$이다.

 ㄱ. ㉠은 H_2SO_4이다.

19 ㉠은 SO_4^{2-}, ㉡은 OH^-이어야 한다. 따라서 $0.1\,M$ $H_2SO_4(aq)$ $10\,mL$에 들어 있는 SO_4^{2-}의 양은 $0.001\,mol$이므로 $NaOH$의 양은 $0.006\,mol$이어야 한다. 따라서 $x=30$이다.

20 ㄱ. 농도를 모르는 용액은 삼각 플라스크에 넣는다.

ㄴ. 표준 용액은 뷰렛에 넣는다.

ㄷ. 염기성으로 변할 때 색 변화가 있는 지시약을 사용해야 하므로 지시약으로는 페놀프탈레인 용액이 적절하다.

21 (가)에서 만든 $CH_3COOH(aq)$의 몰 농도는 $\frac{x}{4}$ M이다. $0.2M$ $NaOH(aq)$을 사용했을 때 중화점까지 넣어 준 부피가 $40\,mL$이므로 $\frac{x}{4} \times 40 = 0.2 \times 40$이고, $x=0.8$이다. 또한 y M $NaOH(aq)$을 사용했을 때 중화점까지 넣어 준 부피가 $16\,mL$이 므로 $0.2 \times 40 = y \times 16$이고 $y=0.5$이다. 따라서 $x+y=\frac{13}{10}$ 이다.

22 ㄱ, ㄴ. $CH_3COOH(aq)$의 몰 농도를 $0.2M$로 구했으므로 CH_3COOH의 양을 알 수 있다. 따라서 CH_3COOH의 분자량을 곱하면 질량을 구할 수 있고, 수용액의 부피가 $10\,mL$이므로 밀도를 곱하여 질량을 구하면 퍼센트 농도를 구할 수 있다.

🔍 **바로알기** ㄷ. 반응한 $NaOH$의 양만 필요하므로 $NaOH$의 화학식량은 필요한 자료가 아니다.

23 ㄷ. (마)에서는 $\frac{3}{5} \times a \times x = 0.1 \times y$의 양적 관계가 성립하므로 $a = \frac{y}{6x}$이다.

🔍 **바로알기** ㄱ. (가)에서 $CH_3COOH(aq)$의 몰 농도는 a M인데 (나)에서 $x\,mL$를 취했고 이에 물을 가해 $50\,mL$의 수용액을 만들었으므로 (나)에서 몰 농도는 $\frac{ax}{50}$ M이고, (다)에서 이 수용액의 $30\,mL$만 취했으므로 (나)에서의 몰 농도와 같다. 따라서 (다)에서 만든 수용액의 몰 농도는 $\frac{ax}{50}$ M이다.

ㄴ. (마)에서 생성된 물의 양은 $0.1 \times \frac{y}{1000} = y \times 10^{-4}\,mol$이다.

2 산화 환원 반응과 열의 출입

수능 빈출 자료 M⁺ASTER

p.64~66

1 **자료 1**	1 ○	2 ×	3 ○	4 ×
자료 2	1 ○	2 ×	3 ×	
자료 3	1 ○	2 ×	3 ×	
2 **자료 1**	1 ○	2 ○	3 ×	4 ×
자료 2	1 ○	2 ×	3 ×	
자료 3	1 ×	2 ×	3 ○	
3 **자료 1**	1 ×	2 ×	3 ○	
자료 2	1 ○	2 ×	3 ○	
자료 3	1 ○	2 ×	3 ×	

1 **1**-2 (다)에서 Mn의 산화수는 $+7$에서 $+2$로 감소한다.

1-4 (나)의 O_2에서 O의 산화수는 0이고, O_2F_2에서 O의 산화수는 $+1$이다. 따라서 O의 산화수는 0에서 $+1$로 증가한다.

2-2 I의 산화수는 -1에서 0으로 증가하므로 I^-은 자신은 산화되면서 다른 물질을 환원시키는 환원제이다.

2-3 Br의 산화수는 6 감소하고 I의 산화수는 1 증가하므로 $a=6$이고 $c=3$이다. 나머지 H, O 원자의 계수를 맞추면 $b=6$, $d=3$이다. 따라서 $a+b+c+d=18$이다.

3-2 (가)에서 산화수는 Y는 $+1$, Z는 -1이어야 X의 산화수가 -1이 될 수 있다. 따라서 전기 음성도는 Z>X>Y이다.

3-3 전기 음성도는 Z>X>Y이므로 (나)에서 Z의 산화수는 -1, Y의 산화수는 $+1$이고, X의 산화수는 $+1$이다.

2 **1**-3 (다)에서 Mn의 산화수는 $+7$에서 $+2$로 5 감소하고, Fe의 산화수는 $+2$에서 $+3$으로 1 증가한다. 따라서 $c=5$이고, $a=1$이며 반응 전과 후의 O 원자 수가 4이므로 $d=4$, $b=8$이다. 따라서 $a+b+c+d=18$이다.

1-4 Mn의 산화수는 $+7$에서 $+2$로 감소하므로 MnO_4^-은 산화제이다.

2-2 산화 환원 반응식에서 Cu의 원자 수는 같아야 하므로 $a=3$이다. 산화 환원 반응에서 증가한 산화수의 합은 감소한 산화수의 합과 같다. 증가한 S의 산화수는 8이고 감소한 N의 산화수는 3이므로 $8a=3b$이다. 따라서 $b=8$이다. O 원자 수는 $3b=4a+b+d$, H 원자 수는 $c=2d$이므로 $c=8$, $d=4$이다.

2-3 반응 몰비는 화학 반응식의 계수비와 같으므로 $NO_3^- : SO_4^{2-} = 8 : 3$이다. 따라서 NO_3^- $2\,mol$이 반응하면 SO_4^{2-} $\frac{3}{4}\,mol$이 생성된다.

3-1 (가)에서 Fe_2O_3은 Fe로 환원된다.

3-2 (나)에서 Cl의 산화수는 -1로 변하지 않는다.

3 **1**-1 수용액의 온도가 낮아졌으므로 ㉠은 흡열 반응이다.

1-2 열이 발생하였으므로 ㉡은 발열 반응이다.

2-2 수용액의 온도가 $25\,℃$에서 $30\,℃$로 높아졌으므로 $CaCl_2(s)$이 물에 용해되는 반응은 발열 반응이다.

3-2 수용액의 온도 변화를 측정하므로 ㉠으로 'NaOH이 물에 녹는 반응은 발열 반응이다.'가 적절하다.

3-3 $NaOH(s)$ $1g$이 물에 녹았을 때 방출하는 열량을 구하기 위해서는 수용액의 비열이 있어야 한다.

01 ④	02 ⑤	03 ②	04 ⑤	05 ④	06 ①
07 ⑤	08 ⑤	09 ③	10 ⑤	11 ③	12 ①
13 ⑤	14 ⑤	15 ②	16 ⑤	17 ④	18 ③
19 ⑤	20 ②	21 ③	22 ④	23 ③	24 ②

01 ㄱ. (가)에서 O의 산화수는 0에서 -2로 감소하므로 O_2는 산화제이다.

ㄷ. (다)에서 H의 산화수는 $+1$에서 0으로 감소한다.

바로알기 ㄴ. (나)에서 산화수가 변하는 원자가 없으므로 (나)는 산화 환원 반응이 아니다.

02 ㄱ. Cu의 산화수는 $+2$에서 0으로 감소한다.

ㄴ. (나)에서 CO는 산화되므로 환원제이다.

ㄷ. (다)에서 Mn의 산화수는 $+4$에서 $+2$로 감소한다.

03 ㄷ. (가)와 (나)에서 S의 산화수가 가장 큰 것은 SO_3에서 $+6$이다.

바로알기 ㄱ. (가)의 H_2S에서 S의 산화수는 -2이고, 생성물 S에서 S의 산화수는 0이므로 H_2S는 산화된다.

ㄴ. SO_2은 (가)에서 산화제이고, (나)에서 환원제이다.

04 ㄱ. (가)에서 H의 산화수는 0에서 $+1$로 증가하고 O의 산화수는 0에서 -2로 감소하므로 H_2는 산화되고 O_2는 환원된다. 따라서 O_2는 산화제이다.

ㄴ. MnO_4^-에서 Mn의 산화수는 $+7$이므로 (다)에서 Mn의 산화수는 $+7$에서 $+2$로 감소한다.

ㄷ. O의 산화수는 H_2O에서 -2, O_2에서 0, O_2F_2에서 $+1$, H_2O_2에서 -1이다. 따라서 ㉠~㉣에서 O의 산화수 중 가장 큰 값은 $+1$이다.

05 ㄱ. (가)에서 Na의 산화수는 0에서 $+1$로 증가하므로 Na은 산화된다.

ㄷ. (다)에서 F의 산화수는 0에서 -1로 감소하므로 산화제이다.

바로알기 ㄴ. (나)에서 H의 산화수는 $+1$로 변하지 않는다.

06 ㄱ. (가)에서 Al은 산소를 잃었으므로 산화된 것이다.

바로알기 ㄴ. (나)에서 Mg의 산화수는 0에서 $+2$로 증가하므로 자신은 산화되고 다른 물질을 환원시키는 환원제이다.

ㄷ. (다)에서 Cu의 산화수는 0에서 $+2$로 증가하고, N의 산화수는 $+5$에서 $+4$로 감소하므로 반응 계수 $a=c=2$이다. 반응 전과 후의 원자 수를 같게 하면 $b=4$, $d=6$이다. 따라서 $a+b+c+d=14$이다.

07 ㄱ. A_xB에서 산화수는 A, B가 각각 $+1$, -2이므로 $x=2$이다.

ㄴ. C_2에서 C의 산화수는 0이고, AC에서 C의 산화수는 -1이므로 산화수가 감소한 것이다. 따라서 C_2는 산화제이다.

ㄷ. $a=1$, $b=2$, $c=1$이므로 $a+b+c=4$이다.

08 ㄴ. (나)에서 Br의 산화수는 $+5$에서 -1로 감소하므로 BrO_3^-은 산화제이다.

ㄷ. 산화 환원 반응은 동시에 일어나므로 산화수의 증가량과 감소량은 같아야 한다. Br의 산화수는 6 감소하고 I의 산화수는 1 증가하므로 $a=6$이고 $c=3$이다. 나머지 H, O 원자의 개수를 맞추면 $b=6$, $d=3$이다. 따라서 $\dfrac{c+d}{a+b}=\dfrac{1}{2}$이다.

바로알기 ㄱ. (가)에서 F의 산화수는 0에서 -1로 감소한다.

09 ㄱ. (가)에서 N의 산화수는 0에서 $+4$로 증가한다.

ㄴ. (나)에서 N의 산화수는 $+4$에서 $+6$으로 증가하기도 하고, $+4$에서 $+2$로 감소하기도 한다. 반응 전과 후의 원자 수를 같게 하면 $a=3$, $b=1$, $c=2$, $d=1$이다. 따라서 $\dfrac{c+d}{a+b}=\dfrac{3}{4}$이다.

바로알기 ㄷ. (나)에서 H_2O은 구성 원자의 산화수 변화가 없으므로 산화제 또는 환원제가 아니다.

10 ㄱ. (가)에서 S의 산화수는 $+4$에서 $+6$으로 증가한다.

ㄴ. (나)의 H_2O에서 H의 산화수는 반응 전과 후에 변화가 없고, O의 산화수는 -2에서 0으로 증가한다. 따라서 H_2O은 자신은 산화되고 다른 물질을 환원시키는 환원제이다.

ㄷ. (다)에서 Mn의 산화수는 $+7$에서 $+2$로 5 감소하고, Fe의 산화수는 $+2$에서 $+3$으로 1 증가한다. 따라서 $c=5$이고, $a=1$이며 반응 전과 후의 O 원자 수가 4이므로 $d=4$, $b=8$이다. 따라서 $\dfrac{b}{a+c+d}=\dfrac{8}{1+5+4}=\dfrac{4}{5}<1$이다.

11 ㄱ. $K_2Cr_2O_7$에서 Cr의 산화수는 $+6$이고, Cr_2O_3에서 Cr의 산화수는 $+3$이다.

ㄷ. S의 산화수는 0에서 $+4$로 증가하므로 S은 환원제이다.

바로알기 ㄴ. Cr의 산화수는 3 감소하고, S의 산화수는 4 증가하므로 산화수 변화와 반응 전 후 원자 수를 같게 하면 $a=2$, $b=2$, $c=4$, $d=2$이다. 따라서 $a+b+c+d=10$이다.

12 ㄱ. S의 산화수는 -2에서 $+6$으로 증가한다.

바로알기 ㄴ. S의 산화수는 -2에서 $+6$으로 8 증가하고, N의 산화수는 $+5$에서 $+2$로 3 감소하므로 $a=3$, $b=8$이고 반응 전과 후 원자 수를 같게 하면 $c=8$, $d=4$이다. 따라서 $\dfrac{c+d}{a+b}=\dfrac{12}{11}$이다.

ㄷ. NO_3^- 4 mol이 반응하면 H_2O 2 mol이 생성된다.

13 ㄱ. H_2O_2에서 O의 산화수는 -1이고, H_2O에서 O의 산화수는 -2이므로 O의 산화수는 감소한다. 따라서 H_2O_2는 산화제이다.

ㄴ. $a=1$, $b=1$, $c=2$, $d=2$이다.

ㄷ. 반응 계수비는 $Fe^{2+}:H_2O=1:2$이다.

14 ㄱ. (가)에서 O의 산화수는 0에서 -2로 감소하므로 O_2는 환원된다.

ㄴ. (나)에서 C의 산화수는 $+4$에서 0으로 감소하므로 CO_2는 산화제이다.

ㄷ. (가)와 (나)의 물질 중 Al의 산화수가 $+3$으로 가장 크다.

15 ㄴ. H의 산화수는 $+1$에서 0으로 감소하므로 HCl는 산화제이다.

 ㄱ. ⊙은 ACl_3이다.

ㄷ. H_2 $3\,mol$이 생성되었을 때 이동한 전자의 양은 $6\,mol$이므로 H_2 $1\,mol$이 생성되었을 때 이동한 전자의 양은 $2\,mol$이다.

16 ㄱ. Mn의 산화수는 $+7$에서 $+2$로 감소하므로 MnO_4^-은 산화제이다.

ㄴ. S의 산화수는 $+4$에서 $+6$으로 증가하므로 $a=2$, $b=5$이고, 반응 전과 후의 원자 수를 같게 하면 $c=6$, $d=3$이다.

ㄷ. H_2O의 계수는 3이므로 $3\,mol$의 H_2O이 생성되었을 때 이동한 전자의 양은 $10\,mol$이다.

17 ㄱ. (다)에서 온도가 $20\,°C$보다 낮아졌으므로 A의 용해는 흡열 반응이다.

ㄷ. 최종 온도는 t_2가 t_1보다 낮다.

 ㄴ. A는 냉각제로 이용할 수 있다.

18 ③ ⊙, ⓒ은 발열 반응이고, ⓒ은 흡열 반응이다.

19 ㄱ. 드라이아이스의 승화는 흡열 반응이므로 냉각제에 이용할 수 있다.

ㄴ. (나)는 열과 빛이 발생하므로 발열 반응이다.

ㄷ. (나)는 Mg과 C의 산화수가 변하므로 산화 환원 반응이다.

20 수산화 나트륨($NaOH$)을 물에 녹였을 때 열이 발생하였으므로 수산화 나트륨($NaOH$)이 물에 녹는 반응은 발열 반응이다. 따라서 탐구 과정 및 결과를 통해 '가설은 옳다.'고 결론을 맺었으므로 학생 A가 세운 가설로 '수산화 나트륨($NaOH$)이 물에 녹는 반응은 발열 반응이다.'는 적절하다.

21 ㄱ. NH_4NO_3이 용해되었을 때 차가워졌으므로 흡열 반응이다.

ㄴ. NH_4NO_3의 용해 반응이 흡열 반응이므로 냉각 팩으로 이용할 수 있다.

 ㄷ. NH_4NO_3이 용해되면 NH_4^+과 NO_3^-으로 이온화되므로 지퍼 백 속 수용액의 이온 수는 증가한다.

22 ⊙ 뷰테인의 연소는 발열 반응이다.

ⓒ 진한 황산의 용해는 발열 반응이다.

 ⓒ 질산 암모늄의 용해는 흡열 반응이다.

23 ㄱ. $CaCl_2$의 용해 반응은 발열 반응이다.

ㄴ. 물의 질량을 2배로 하면 최고 온도는 $30\,°C$보다 낮아진다.

 ㄷ. (나)에서 $CaCl_2$의 질량을 2배로 하면 방출되는 열이 2배가 되므로 최고 온도는 $30\,°C$보다 높아진다.

24 학생 C. 발열 반응에서는 열이 방출되어 주위의 온도가 높아진다.

 학생 A. ⊙은 흡열 반응이다.

학생 B. ⓒ은 발열 반응이다.